會　社　法

[第 3 版]

梁　明　朝

法　文　社

제3판 머리말

근래 저자는 수강생들에게 각 주일의 강의 분량을 1~2주 미리 읽고 그들이 쉽게 이해하는 내용과 상세한 설명이 필요한 부분을 구분하여 메모해 달라고 부탁하였고, 그들로부터 전달받은 보고서를 숙지한 다음 강의에 임하고 있다. 아울러 강의 다음주에는 지난주 강의내용이 어떻게 전달되고 그들이 어느 정도를 이해하고 있는지를 점검해 보았다. '소통'이 강조되고 있는데 그 기본은 '상호성(mutuality)'라고 생각한다. 이러한 저자의 시도와 노력의 결과가 이번 제3판에 충분히 반영되도록 여러 부분의 서술을 보완·수정하였다.

이 책의 구판에서, 2012년에 시행된 개정상법의 내용을 정확하게 반영하지 못했던 설명이 일부 발견되어 이번에 모두 바로 잡았다. 아울러 주목하여야 할 최근의 판례를 빠짐없이 추가하고 구판에서 누락되었던 중요판례를 보충하였다. 2014년 회사법 개정에서는 무기명주식제도의 폐지가 중요하다. 이 제도의 폐지에 따라 그와 연결된 부분의 수정이 이루어졌다.

종래 국가시험 또는 모의시험의 출제에서는 수험생들이 상장회사의 특례규정까지 언급하지 않도록 하는 자상한 배려가 있었다. 그러나 최근의 시험문제에서는 상장회사의 특례규정까지 찾아서 답하도록 하는 문제가 등장하고 있다. 이 책의 해당 부분에 그러한 특례규정을 보완하였다. 수험생들은 문제에 등장하는 회사가 비상장회사인가 상장회사인가에 주의를 기울여서 해당조문을 반드시 확인하고 답하는 훈련을 하여야 할 것이다. 이번 제3판에서는 회사분할을 다루는 모의시험 문제 등 몇 가지 사례를 추가하였으며, 구판에 실려 있던 샘플답안을 간추려서 읽기 쉽도록 정리하였다.

이번 개정판을 준비하는 동안에 많은 분량의 원고정리와 교정 작업을 남윤경 변호사가 정성을 다하여 도와주었다. 이번 가을학기에 교수로서 새로운 길을 시작하는 계기를 맞아 성실한 상법 연구자, 마음 따뜻한 교육자가 되시기를 기대한다. 빈번한 개정판 출간을 허락해 주신 법문사 사장님, 저자와의 오랜 인연으로 각별히 마음을 써주신 김용석 과장님, 진행을 맡아주신 정해찬님께 크게 감사드린다.

2014년 8월

양 명 조

제2판 머리말

이 책의 제2판은 2011년 4월에 개정되고 2012년 4월부터 시행되고 있는 상법 회사편의 개정내용을 모두 반영하여 마련되었다. 이번 개정에서는 회사의 종류에 유한책임회사를 새로 추가하고 다른 회사종류에 맞추어 그 법률관계를 규정하였다. 주식회사에 관하여는 수종의 주식부분을 종류주식으로 재편하고 배당가능이익을 재원으로 하는 자기주식 취득을 허용하였다. 집행임원을 상법에 규정함으로써 그에 걸맞은 권한과 책임을 부과하였다. 회사기회의 유용을 금지하는 규정을 신설하였고 이사와 회사 간의 자기거래의 규제 대상을 확대하고 이사회의 승인 요건을 재적이사수의 3분의 2 이상으로 강화하였으며 실체적·절차적 공정성 요건을 명문화하였다.

주식회사의 회계에 관한 종전의 규정이 회계 실무에 부합하도록 개선되었으며, '자본'이 '자본금'으로 용어가 바뀌었고 현물배당이 도입되었으며 건설이자배당은 삭제되었다. 이번 개정으로 오랫동안 논의·추진되어온 회사법 개정작업은 대부분 마무리되었고 우리 회사법의 선진화·실효성 확보가 달성되리라 기대한다. 종래 집중투표제의 도입에서 경험하였듯이 새로운 종류의 회사, 주식회사의 집행임원제도, 무액면주식 등은 가까운 장래에 크게 활용되지는 않을 것으로 전망한다.

지난해 회사법 강의에서는 기존의 법조항과 개정상법의 해당규정을 비교하여 강의하는 데 초점을 맞추었다. 금년도 강의에서는 특별한 경우가 아니면 개정 전 상법규정은 언급하지 않고 새로운 규정에 맞추어 강의할 수 있도록 깔끔하게 정리하였다.

개정상법의 회사편은 전면개정에 버금갈 정도로 많은 부분이 바뀌었다. 개정 전 회사법 규정으로 공부한 수험생은 개정·신설·삭제된 부분을 꼼꼼하게 찾아서 단시간 내에 익숙해지도록 노력하여야 할 것이다. 수험생 모두에게 부담되는 것은 사례형 문제 외에 선택형도 대비하여야 하는 점이다. 시험에 대비하여 개정된 회사편의 조항과 새로 정비된 시행령의 규정을 정확하게 익히는 것이 중요하다.

추가된 사항이 많아서 새로운 부분의 집필에 노력을 들였고 참고문헌 역시 많은 개편이 있어서 인용 면수의 대대적 수정이 따랐다. 힘든 원고 정리와 교정 작업에 고은정 · 김솔이 · 남윤경 법학석사의 도움을 받았다. 본교 대학원 상법 교실 학생 여러분 모두가 성공적으로 학업을 계속하기 바란다.

이 책의 출판을 계속 도와주시는 법문사 사장님과 항상 훌륭하게 편집을 해 주시는 김용석 과장님, 매끄럽게 진행을 담당해 주신 전영완 씨에게 크게 감사드린다.

2012년 7월

양 명 조

머 리 말

이 책은 회사법의 판례, 이론과 사례를 주당 3시간 15주의 강의 분량에 맞추어 펴낸 교재이다. 저자가 그동안 강의교재로 사용해 온 「회사법개론」의 많은 부분을 고쳐 쓰고 테크니컬한 최근 판례를 완벽하게 보완하여 새로운 제목의 교재를 펴내게 되었다. 특히 많은 정성을 들여 마련한 사례와 샘플답안은 독자들에게 크게 기여할 것으로 기대한다. 우리 상법전 제3편에서 회사법을 수용하고 있으며 회사법은 지금까지 국가시험의 상법과목 출제범위에 포함되었고 상법의 한 부분과목으로 강의되어 왔다. 그러나 우리에게 비교·소개되는 다른 나라의 입법에서 회사법이 상법전에 포함되어 있는 예는 더 이상 찾아보기 어렵다. 회사법의 규율대상인 회사는 4가지 종류이다. 회사실무를 보면 주식회사의 수가 대부분을 차지하며 강의대상이 되는 판결도 거의 모두 주식회사의 법률분쟁을 다루고 있다. 이 책도 주식회사법 위주로 편성되어 있다.

회사법은 변호사시험에서 민사법 과목의 일부로서 출제대상이 된다. 사례형 출제에 대비하여 이 책에는 사례문제와 샘플답안을 실었다. 시험시간 60분을 예정한 1개의 사례문제에서 사실관계를 제시한 다음 포괄적인 질문을 1~2개만 부과하는 방식의 출제보다 작게 나누어진 소질문을 여러 개 묻는 방식의 출제가 선호되고 있다. 이러한 방식이 수험생에게 채점기준을 예측할 수 있게 하여 채점의 객관성과 명확성을 담보할 수 있다.

사례형 문제를 푸는 수험생에게 중요한 것은 논점을 빠뜨리지 않는 것과 각 논점에 적합한 분량으로 요령있게 설명하는 것이다. 그리고 결론(문제의 해결) 부분에서 소질문 하나하나에 대하여 한두 줄로 정확하게 답해야 한다는 것이다. 사례형 문제에 답하는 수험생은 자신이 재판부라고 생각하고 결론을 내려야 할 것이다. 두 갈래의 판결이 있을 수 없듯이 답은 하나가 되어야 한다. 학설의 대립과 판례에 따라 결론이 달라질 수 있다 하더라도 그 중 하나의 입장을 선택하여 단일의 결론을 이끌어내어야 한다. 사실관계에서 분명하게 밝혀져 있지 않은 부분에 대하여는 상식에 맞추어 문제를 풀어나가야 한다. 거래 상대방이 대가를 지급한 거래의 경우에 상대방이 선의라면 어떻고 악의라면 어떻게 된다는 결론은 넌센스이다. 악의이면서 그러한 거래를 성사시켜서 대가를 지급할 사람이 있겠는가.

사례형 문제는 그 문제 전체를 하나로 보아 일관성있게 답해야 한다. 소질문이 여럿 있더라도 각각에 대한 답이 모순되지 않게 연결되고 전체의 흐름에서 벗어나지 않아야 할 것이다. 소질문에서 출제자의 의도를 파악하는 것도 중요하다. 자신의 성급한 판단을 자제하고 질문에서 유도하고 있는 방향에 맞추어 논점을 지적하고 설명해나가야 한다. 그렇게 하여야만 채점기준에 어울리는 답안이 될 수 있고 논점을 모두 챙길 수 있게 될 것이다. 이 책의 사례문제에 실려있는 샘플답안은 저자가 완벽한 모범답안으로 제시하는 것이 아니다. 실제 시험에서 제한된 시간의 제약을 받으면서 또 압박감을 떨칠 수 없는 상황에서 작성하게 될 답안의 예를 보여주고 있다. 샘플답안 하나하나에 다소간의 결점이나 약점이 발견될 수 있으며 그러한 지적을 통하여 완성도 높은 답안작성을 연습할 수 있도록 하기 위하여 샘플이 마련되어 있다.

이 책을 준비하면서 본인의 오랜 제자들인 이명희, 남윤경, 고은정 법학석사 3인의 도움을 받았다. 이 책의 출판을 맡아 주신 법문사 배효선 사장님과 세심한 편집을 해 주신 김용석 과장님, 출판과정을 훌륭하게 마무리해 주신 전영완 씨에게 깊이 감사드린다.

2011년 2월

양 명 조

차　　례

제1장 통　칙

제 2 장 주식회사

제 3 장 합명회사

제 4 장 합자회사

제 5 장 유한책임회사

제 6 장 유한회사

제 7 장 외국회사

제 8 장 벌 칙

찾아보기

참고문헌 및 인용약어표

강위두[강] …… 제3전정판 회사법, 2002

권기범[권] …… 현대회사법론, 2001

김용태[김] …… 전정 상법(상), 1984

김정호[김(정)] …… 상법강의(상), 1999

서돈각[서(돈)] …… 상법학원론(상), 1986

서헌제[서(헌)] …… 상법강의(상), 2001

서돈각 · 정완용[서 · 정] …… 제4전정 상법강의 [상권], 1999

송옥렬[송] …… 상법강의, 2011

손주찬[손] …… 제14정판[전정판] 상법[상], 2003

이기수 · 최병규[이 · 최] …… 회사법[상법강의 Ⅱ], 2011

이범찬 · 최준선[이 · 최(준)] …… 상법(상), 1999

이병태[이(병)] …… 전정 상법(상), 1987

이철송[이(철)] …… 제20판 회사법강의, 2012

임홍근[임] …… 회사법, 2000

정경영[정(경)] …… 상법학강의, 2007

정동윤[정(동)] …… 상법(상)(제4판), 2012

정무동[정(무)] …… 전정판 상법강의(상) 1984

정찬형[정(찬)] …… 제15판 상법강의(상), 2012

채이식[채] …… (개정판) 상법강의(상), 1996

최기원[최] …… 제14판 신회사법론, 2012

최준선 …… 제7판 회사법, 2012

제4판 주석상법[회사(Ⅰ)~(Ⅵ)] [주석상법] …… 한국사법행정학회, 1984

민사판례연구 XI[민사판례연구] …… 민사판례연구회, 1984

上柳克郞 · 鴻常夫 · 竹內昭夫[日本新版註釋會社法] …… 新版註釋會社法, 1990

제 1 장
통　　칙

제 1 절　기업형태로서의 회사

제1　기업(Venture)형태의 선택

기업은 일정한 계획에 따라 계속적으로 영리활동을 수행하는 경제적 조직체를 가리킨다. 기업을 경영하고자 하는 사람 또는 사람들은 우선 자신들이 구상하는 기업을 어떠한 형태로 조직할 것인가를 결정하여야 한다. 기업형태는 크게 나누어 보면 개인기업과 공동기업으로 구별되고 공동기업은 다시 조합, 익명조합, 회사로 나누어 볼 수 있다. 조합은 2인 이상이 서로 출자하여 공동사업을 경영할 것을 약정함으로써 성립하는 계약이고(민법 제703조), 익명조합은 영업을 담당하는 영업자와 출자를 담당하는 익명조합원간의 계약에 의한 조직체이다(제78조).

기업의 형태를 선택함에 있어서 중요한 고려사항으로는 사업의 규모, 구성원간의 인적 관계, 사적자치의 허용정도, 구성원의 대내적 또는 대외적 책임, 구성원의 경영참여여부와 경영능력유무, 이익분배·손실분담 등을 들 수 있다. 특히 중요한 고려사항은 세법상의 취급에 대한 고려 즉 세제상의 유리, 불리함이 될 것이다.

일반적으로 공동기업은 개인기업에 비하여 대규모의 사업을 수행할 수 있고 많은 이익을 낼 수 있으며 손실을 다수인에게 분담시킬 수 있는 장점을 가진다. 반면에 개인기업은 책임소재가 분명하고 열성적인 기업경영을 기대할 수 있는 외에 영업비밀 내지는 노하우의 보유 및 유지가 용이하다는 장점을 가진다. 공동기업형태 중 특히 회사기업의 장점으로 열거되는 것은 대규모의 자본을 조달할 수 있고 경영능력 및 사업노력을 쉽게 모을 수 있으며 위험이 분산되고 기업의 영속성이 보장된다는 점이다.

회사기업이 항상 유리한 것만은 아니다. 회사기업의 문제점으로 지적되는 것은 주인의식의 결여로 무책임한 경영이 이루어질 수 있으며(이를 '대리인 문제'라 한다) 대주주의 사리추구나 횡포로 인한 소액주주의 이익이 침해될 수 있다는 점이다. 그밖에 회사기업은 기업결합 등을 통하여 독점화되기 쉬우며 선진국에서 후진국으로 공해산업을 이전하기 위한 수단이 되기도 하고(이를테면 Union Carbide사의 인도 보팔 시에서의 독가스유출사고) 역사적으로는 동인도회사·동양척식회사 등과 같이 식민지착취를 위한 기업형태로 이용되기도 하였다.

제2 회사의 개념

일상생활에서는 일정한 규모 이상의 기업을 회사라고 부르기도 하지만 상법에서의 회사는 '상행위나 그밖의 영리를 목적으로 하여 (상법 제3편의 규정에 따라) 설립된 (사단)법인'을 말한다. 상법상의 회사의 개념은 영리성, 사단성, 법인성, 상인성, 준칙성의 요소를 가진다. 아래에서는 이러한 개념요소를 나누어 설명하기로 한다.

1. 영 리 성

회사는 '상행위나 그밖의 영리를 목적으로 하는' 법인이다(제169조). 여기서 상행위라 함은 제46조의 기본적 상행위를 가리키는 것으로 보면 충분하다. 상행위를 영위하는 회사는 당연상인(제4조)이 되는 반면 기본적 상행위 이외의 사업을 수행하는 회사는 의제상인(제5조 제2항)이 된다. 회사가 상인이라는 것은 회사의 행위에 대하여 원칙적으로 상법총칙과 상행위편의 규정이 적용된다는 의미를 가진다. '영리를 목적으로' 한다는 것은 회사가 영리사업을 수행하여 그 이익의 귀속주체가 되는 것에 그치지 않고 사업에서 생긴 이익을 그 사원에게 분배하는 것을 목적으로 하여야 한다는 것을 말한다. 이렇게 볼 때 협동조합은 영리사업을 수행하지 않는다는 점에서 회사와 구별되며 상호회사(보험업법 제34조 이하)는 회사라는 명칭이 붙어 있으나 보험료의 갹출을 통하여 그 구성원에게 직접적 보장기능을 수행할 뿐이므로 상법상의 회사와 구별된다. 판례도 협동조합은 대외적으로 영리를 목적으로 하는 것이 아니라고 지적하였다.

회사가 이익을 분배하는 방법으로는 이익배당과 잔여재산분배가 있다.

대판 2000. 2. 11, 99다53292 농업협동조합법에 의하여 설립된 조합이 영위하는 사업의 목적은 조합원을 위하여 차별 없는 최대의 봉사를 함에 있을 뿐 영리를 목적으로 하는 것이 아니므로, 동 조합이 그 사업의 일환으로 조합원이 생산하는 물자의 판매사업을 한다 하여도 동 조합을 상인이라 할 수는 없고, 따라서 그 물자의 판매대금 채권은 3년의 단기소멸시효가 적용되는 민법 제163조 제6호 소정의 '상인이 판매한 상품의 대가'에 해당하지 아니한다.

〈사실관계 및 쟁점〉 피고 최중섭은 1993. 3. 초순경 원고 창녕농업협동조합이 운영하는 농산물집하장에 찾아가 동 집하장의 소장으로서 원고 조합을 대리한 소외 김인구와 사이에 피고 최중섭이 위 집하장 등의 중매인으로서 원고 조합과 거래를 하기로 하는 약정을 맺었고 이에 원고 조합은 피고 최중섭의 중매인 번호로 133번을 부여하였다. 그 후 피고 최중섭은 당시 위 집하장 등의 중매인협회 회장으로 있던 피고 최중길을 현지대리인으로 선정하고 위 집하장에서의 물품매수 등을 위임하였다. 이에 피고 최중길은 피고 최중섭을 대리하여 1993. 3. 11.부터 같은 해 5. 4.까지 수십회에 걸쳐 위 집하장에서 피고 최중섭의 명의로 토마토 등을 경락받아 이를 피고 최중섭에게 보내주었다. 위 기간 동안의 물품대금이 합계 금 103,569,150원이 되었으며, 피고 최중섭은 원고 조합에게 직접 또는 피고 최중길을 통하여 위 물품대금 중 금 79,885,240원을 변제하였으나, 그 나머지 물품대금 23,683,910원에 대해서는 변제하지 아니하였다. 이에 원고 조합은 피고 최중섭은 위 물품대금의 채무자로서, 그리고 피고 최중길은 위 물품대금에 대한 연대보증인으로서 위 나머지 물품대금 23,683,910원을 연대하여 지급할 의무가 있다고 주장하면서, 이 사건 물품대금 청구의 소를 1998. 초경에 제기하였다.

피고 최중길에 대한 청구 부분은 별론으로 하고(실제 위 피고에 대해서는 그러한 연대보증을 한 사실이 인정되지 아니하였다), 피고 최중섭의 '위 물품대금채권은 원고 조합이 상인으로서 판매한 상품 또는 상품의 대가로서 민법 제163조 제6호 소정의 채권에 해당하므로 3년의 단기소멸시효에 의하여 소멸하였다'는 항변과 관련하여 쟁점이 되는 것은 원고 조합이 상인인가 하는 점이다.

이에 대하여 원심(창원지법 1999. 8. 12. 선고 98나6927 판결) 및 대법원은 위 판시 내용과 같이 '농업협동조합법에 의하여 설립된 조합이 농업협동조합법 제5조(2002. 1. 14. 법률 제659제9호로 개정되기 전의 법률)에 의하여 그 영위하는 사업의 목적은 조합원을 위하여 차별 없는 최대의 봉사를 함에 있을 뿐 영리를 목적으로 하는 것이 아니므로 동 조합이 그 사업의 일환으로 조합원이 생산하는 물자의 판매사업을 한다 하여도 동 조합을 상인이라 할 수는 없고, 따라서 그 물자의 판매대금 채권은 3년의 단기소멸시효가 적용되는 민법 제163조 제6호 소정의 '상인이 판매한 상품의 대가'에 해당하지 아니한다'라고 판시하여 피고 최중섭의 단기소멸시효 항변을 배척하였다.

2. 사 단 성

(1) 사단의 의미

회사는 '사단'이다. 사단이라 함은 2인 이상의 일정한 목적을 위한 통일적인 결합체를 말한다. 같은 2인 이상의 구성원을 필요로 하기는 하지만 조합은 2인 이상이 서로 출자하여 공동사업을 경영할 것을 약정함으로써 성립하는 계약이다(민법 제703조). 사단의 경우 구성원과 구성원의 관계는 중요하지 않고 단체로서의 단일성과 독립성이 강한 것이 특징이다. 그 구성원은 단체를 통하여 간접적으로 결합되어 있다.

2011년 개정상법에서 '사단'이라는 용어를 회사의 정의에서 제외하였다. 이는 합명회사와 합자회사가 실질상 조합에 불과함에도 모든 회사를 사단이라고 했던 것을 바로잡고, 1인 회사의 존재를 반영한 것이다. 이러한 변경에도 불구하고 회사가 사단이 아닌 것은 아니다. 보통의 회사는 수인의 사원으로 구성되게 되며, 1인 회사는 예외적인 것이다. 회사법의 대부분 규정은 수인의 사원을 예정하고 있다. 이 때문에 1인회사에는 개별 조문을 합리적으로 수정·변경하여 적용할 필요가 생긴다.

대판 1992. 7. 10, 92다2431 조합은 어느 정도 단체성에서 오는 제약을 받게 되는 것이지만 구성원의 개인성이 강하게 드러나는 인적 결합체인데 비하여 비법인 사단은 구성원의 개인성과는 별개로 권리의무의 주체가 될 수 있는 독자적 존재로서의 단체적 조직을 가지고 있는 특성이 있다. … 민법상 조합의 명칭을 가지고 있는 단체라 하더라도 고유의 목적을 가지고 사단적 성격을 가지는 규약을 만들어 이에 근거하여 의사결정 기관 및 집행기관인 대표자를 두는 등의 조직을 갖추고 있고 기관의 의결이나 업무집행방법이 다수결의 원칙에 의하여 행하여지며, 구성원의 가입, 탈퇴 등으로 인한 변경에 관계없이 단체 그 자체가 존속되고 그 조직에 의하여 대표의 방법, 총회나 이사회 등의 운영, 자본의 구성, 재산의 관리 기타 단체로서의 주요사항이 확정되어 있는 경우에는 비법인 사단으로서의 실체를 가진다고 할 것이다.

주식회사와 유한회사는 사단성이 강하고 합명회사와 합자회사는 조합성이 강하다. 복수사원의 존재는 합명·합자회사의 성립요건인 동시에(제178조, 제268조) 존속요건이다(제227조 제3호, 제269조). 다만 유한책임회사, 주식회사와 유한회사의 경우는 1인의 사원만으로 설립이 가능하고(제287조의2, 제288조, 제543조 제1항) 존속중에 사원의 수가 1인으로 줄어들더라도 해산되지 않는다. 유한책임회사, 주식회사와 유한회사의 해산사유 중에는 사원이 1인이 된 때라는 사유는 들어있지 않다(제287조의38, 제517조, 제609조, 제227조 제3호 참조).

(2) 1인 주식회사

(가) 제도의 배경

주식회사의 경우 상법 제288조에서 발기인의 수를 제한하지 않음으로써, 또 유한회사의 경우에는 상법 제543조 제1항의 '2인 이상의 사원이 공동으로 정관을 작성'하도록 되어 있던 구법 규정을 '사원이 정관을 작성하여야 한다'로 개정함으로써 1인회사의 설립을 허용하고 있다.

1인회사의 설립을 허용한 것은 사실상의 개인기업을 법인화할 수 있도록 한 것이다. 가계와 개인기업의 회계분리·책임분리를 바람직하다고 보아 그 방향으로 유도하기 위한 것이다. 그밖에도 「독점규제 및 공정거래에 관한 법률」(이하 '독점규제법'으로 약칭한다)에서 지주회사의 설립을 허용하게 된 것과(동법 제9조), 종래 사실상의 1인회사를 제도화시킬 필요가 부각되었던 것, 벤처산업의 창업지원과 육성 등을 위하여 회사설립 절차를 간소화시킬 필요가 있었던 것, 성립 후에는 1인회사로의 전환이 인정되는 것 등도 1인회사의 허용배경으로 지적되고 있다. 국내 기업이 외국에 자회사를 설립하는 경우에는 과거에도 1인회사의 형태를 취해왔다.

유한책임회사, 주식회사와 유한회사의 경우에 1인회사를 인정하는 것은 이들 회사가 회사재산이 기초를 이루는 자본중심의 회사이기 때문이다. 주식회사에 있어서 회사의 재산과 주주의 재산이 법적으로 완전 분리되어 회사재산만이 회사채무에 대한 책임을 부담하며 주주는 회사채무를 변제할 책임을 부담하지 않는다. 회사채권자의 입장에서는 그 주주가 누구인가 또는 몇 사람인가는 그 이해관계에 영향을 미치지 않는다. 이와 같이 주주는 대외적으로 책임을 지지 아니하므로 주주의 성명과 주소는 등기사항이 아니고 공시되지 아니한다. 이하에서는 종래의 상법 규정이 1인회사의 법률관계에서 어떻게 조정되어 적용되어야 할 것인가를 살펴보기로 한다.

(나) 주주총회 소집절차

상법에서는 주식회사의 주주총회 소집절차를 상세히 규정하고 있다. 우선 이사회에서 주주총회 소집에 관한 의사결정을 하여야 하고 총회일 2주간 전에 개별 주주에게 소집통지를 하여야 한다(제362조, 제363조). 법에서 정한 소집절차를 위반하면 주주총회결의취소의 사유가 된다. 1인회사의 경우에도 상법 소정의 주주총회 소집절차를 밟아야 하는가. 법에 따른 총회 소집절차를 밟지 않았다 하더라도 전원출석 주주총회의 결의의 효력은 다툴 수 없다는 것이 확립된 이론이다. 이러한 이론에 비추어 볼 때 1인회사의 주주가 주주총회절차를 거치지 아니하고 스스로 결의한 경우에는 결의의 하자를 문제삼을 수 없다고 하여야 할 것이다.

대판 2007. 2. 22, 2005다73020 주식회사에 있어서 총 주식을 한 사람이 소유한 이른바 1인 회사의 경우 그 주주가 유일한 주주로서 주주총회에 출석하면 전원총회로서 성립하고 그 주주의 의사대로 결의가 될 것임이 명백하므로 따로 총회소집절차가 필요 없으며, 실제로 총회를 개최한 사실이 없었다 하더라도 그 1인 주주에 의하여 의결이 있었던 것으로 주주총회 의사록이 작성되었다면 특별한 사정이 없는 한 그 내용의 결의가 있었던 것으로 볼 수 있고, 이 점은 한 사람이 다른 사람의 명의를 빌려 주주로 등재하였으나 총 주식을 실질적으로 그 한 사람이 모두 소유한 경우에도 마찬가지라고 할 수 있으나, 이와 달리 주식의 소유가 실질적으로 분산되어 있는 경우에는 상법상의 원칙으로 돌아가 실제의 소집절차와 결의절차를 거치지 아니한 채 주주총회의 결의가 있었던 것처럼 주주총회 의사록을 허위로 작성한 것이라면 설사 1인이 총 주식의 대다수를 가지고 있고 그 지배주주에 의하여 의결이 있었던 것으로 주주총회 의사록이 작성되어 있다 하더라도 도저히 그 결의가 존재한다고 볼 수 없을 정도로 중대한 하자가 있는 때에 해당하여 그 주주총회의 결의는 부존재하다고 보아야 한다.

대판 2004. 12. 10, 2004다25123 주식회사에 있어서 회사가 설립된 이후 총 주식을 한 사람이 소유하게 된 이른바 1인회사의 경우에는 그 주주가 유일한 주주로서 주주총회에 출석하면 전원 총회로서 성립하고 그 주주의 의사대로 결의가 될 것임이 명백하므로 따로 총회소집절차가 필요 없고, 실제로 총회를 개최한 사실이 없었다 하더라도 그 1인 주주에 의하여 의결이 있었던 것으로 주주총회의사록이 작성되었다면 특별한 사정이 없는 한 그 내용의 결의가 있었던 것으로 볼 수 있고, 이는 실질적으로 1인회사인 주식회사의 주주총회의 경우도 마찬가지이며, 그 주주총회의사록이 작성되지 아니한 경우라도 증거에 의하여 주주총회 결의가 있었던 것으로 볼 수 있다.

대판 1976. 4. 13, 74다1755 주식회사에 있어서 회사가 설립된 이후 총 주식을 한 사람이 소유하게 된 이른바 1인 회사의 경우에는 그 주주가 유일한 주주로서 주주총회에 출석하면 전원 총회로서 성립하고 그 주주의 의사대로 결의가 될 것임이 명백하므로 따로이 총회소집절차가 필요 없고 실제로 총회를 개최한 사실이 없었다 하더라도 그 1인 주주에 의하여 의결이 있었던 것으로 주주총회 의사록이 작성되었다면 특별한 사정이 없는 한 그 내용의 결의가 있었던 것으로 볼 수 있다.

〈사실관계 및 쟁점〉 본 사안은 대표이사및이사직무집행정지및대행자선임가처분에 관한 사건이었다. 피신청인들인 양주일 외 2명이 소속하는 세운교통 주식회사(이하 '소외 회사'라 한다)는 1968. 4. 22. 정관에 따라 그 주식 5,000주에 대한 주권을 기명식으로 발행하였는데, 당시 대표이사이던 신청외 손숙호가 그 전 주식을 취득하여 그 회사를 경영하다가 1968. 11. 20. 그 주식을 신청외 곽이병에게 양도하였다. 그런데 신청외 곽이병은 위와 같이 손숙호로부터 취득한 주식 중 신청인인 정봉원에게 1,500주를, 신청외 정원재와 이상근에게 각 1,500주를 나누어 주기로 약속하였으나 이에 대한 양도절차는 밟지 않은 채, 곽이병이 대표이사, 신청인 정봉원과 위 신청외 정원제가 이사, 신청외 이상근이 감사로 각 취임하여 동 회사를 운영하여 오던 중 경영난 등 사정으로 인하여 위 곽이병이 1969. 5. 12. 주식전부와 회사경영권을 피신청인인 양두일에게 넘겨주면서 주식양도증서와 이사들의 사임서 및 회사관계 인장까지를 모두 교부하였다. 그런데 위 양두일은 같은 날 이사회와 임시주주총회를 소집하였거나 개최한 사실이 없음에도 불구하고 위와 같이 교부받은 인장들을 사용하여 위 곽이병이가 1969. 5. 12. 회사 임시주주총회를 소집하고 그 회의에 곽이병을 비롯한 주주 5명이 전원참석하여 이사였던 신청인 정봉원과 곽이병 및 정원재, 감사였던 이상근을 각 해임한 다음 피신청인들을 이사로 새로 선임하고 새로 선임된 이들 이사들로 구성된 이사회에서 피신청인 양두일을 대표이사로 선임하였다는 결의가 있었던 것처럼 꾸며서 등기를 하고 다시 1972. 8. 20.자 이사회에서 위 양두일을 해임하고 피신청인 양주일을 대표이사로 선임하는 내용의 결의를 하여 현재까지 피신청인들이 대표이사 또는 이사로서의 직무를 수행하고 있다.

그런데 위 곽이병이 소외 회사의 주주 겸 대표이사로 재직하고 있을 때 이사로 있었던 신청인 정봉원이 1969. 5. 12.자 임시주주총회에서 이사의 지위에서 해임되자 소외 회사의 동 주주총회결의가 부존재이고 따라서 동인에 대한 이사직 해임과 동 결의에서 선임되었다는 새로운 임원들의 선임이 무효라는 전제아래 피신청인들인 위 양주일 외 2인을 상대로 대표이사및이사직무집행정지와 그 대행자의 선임을 구하는 이 사건 가처분신청을 제기한 것이다. 이에 대해 피신청인들은 소외 회사는 그 당시 피신청인 양두일의 1인 회사이어서 위 양두일의 의사결정만 있다면 따로 주주총회가 필요없는 것이라고 항변하였다.

여기서 쟁점이 되는 것은 주식회사에 있어서 회사가 설립된 이후 총 주식을 한 사람이 소유하게 된 이른바 1인 회사의 경우에 상법 소정의 주주총회 소집절차를 밟아야 하는가 하는 점이다.

원심판결(대구고법 1974. 9. 10. 선고 74나246 판결)은 '설사 소외 회사가 실질적으로 위 양두일의 1인 주주였다고 하더라도 사실관계에서 인정한 바와 같이 주주총회의 소집절차나 회의개최사실도 없이 필요에 응하여 회사에 보관 중인 이사의 인감을 사용하여 마음대로 주주총회의사록을 만든 경우에는 그 결의가 존재하는 것으로 보기 어렵다'고 판시하여 피신청인들의 주장을 배척하였다. 그러나 대법원은 '이른바 1인 회사의 경우에는 그 주주가 유일한 주주로서 주주총회에 출석하면 전원총회로서 성립하고 그 주주의 의사대로 결의가 될 것임이 명백하므로 따로이 총회소집절차가 필요없다 할 것이고, 실제로 총회를 개최한 사실이 없었다 하더라도 그 1인 주주에 의하여 의결이 있었던 것으로 주주총회 의사록이 작성되었다면 특별한 사정이 없는 한 그 내용의 결의가 있었던 것으로 볼 수 있어 형식적인 사유만에 의하여 결의가 없었던 것으로 다툴 수는 없다 할 것이다'라고 판시하여 원심판결을 파기환송하였다.

(다) 영업전부 또는 중요재산의 양도

주식회사의 경영에 관한 의사결정은 이사회에서 하도록 되어 있으나 특별히 중요한 결정은 주주총회에서 결의하도록 규정되어 있다. 그러한 중요사항의 결의에 있어서 주주가 1인뿐인 회사는 어떻게 하여야 할 것인가. 1인주주가 대표이사를 겸하고 있다면 회사의 영업전부의 양도 또는 중요재산의 양도에 앞서 주주총회의 특별결의(제374조 제1항 제1호)를 받지 않아도 된다고 해석한다(손, 429~430면).

(라) 이사와 회사간의 거래에 대한 이사회의 승인

이사와 주식회사간의 거래에 대해서는 이사회의 승인을 받아야 한다(제398조). 이는 이사와 회사간의 이익충돌거래에서 이사의 사리(私利) 추구를 방지하기 위한 것이다. 이와 관련하여 1인회사의 경우는 1인 주주의 동의만 있으면 제398조의 규정에 불구하고 이사회의 승인을 받지 않더라도 유효한 거래를 할 수 있다는 견해가 있다(강, 40면; 정(동), 340면; 최, 53면). 그러나 주주가 이사회의 권한을 대신 행사할 수 있다는 것은 주식회사법의 기초적 사고에 반할 뿐 아니라 아무리 1인회사라 하더라도 회사의 이익과 주주의 이익을 동일시할 수 없다는 점에서 별도로 이사회의 승인이 필요한 것으로 새겨야 할 것이다(이(철), 45면). 자기거래를 제한함으로써 보호하려는 회사의 이익은 주주의 이해관계를 넘어 회사채권자, 피용자, 고정적 거래처, 회사소재지의 지방자치단체 등의 관심의 대상이기도 하다(손, 449면). 판례는 위와 같은 경우에 이사회의 승인이 필요하지 않다는 입장이다. 한편 자본총액이 10억원 미만인 회사로서 이사가 1인 또는 2인인 경우에는 자기거래에 대하여 이사회 대신 주주총회의 승인을 받아야 하므로(제383조 제1항·제4항) 1인회사의 1인 주주 또는 주주 전원의 동의로써 유효한 자기거래를 체결할 수 있다.

대판 2002. 7. 12, 2002다20544 회사의 채무부담행위가 상법 제398조 소정의 이사의 자기거래에 해당하여 이사회의 승인을 요한다고 할지라도, 위 규정의 취지가 회사 및 주주에게 예기치 못한 손해를 끼치는 것을 방지함에 있다고 할 것이므로, 그 채무부담행위에 대하여 사전에 주주 전원의 동의가 있었다면 회사는 이사회의 승인이 없었음을 이유로 그 책임을 회피할 수 없다.

〈사실관계 및 쟁점〉 피고 주식회사 근화건영의 대표이사인 소외 박효순은 개인 자격에서 원고 김재홍과의 사이에 차용금채무를 부담하고 있었다. 그런데 소외 박효순은 피고 회사의 대표이사의 자격에서 자신이 원고에게 개인적으로 부담하고 있던 위 차용금채무를 피고회사로 하여금 인수하도록 하고, 이에 기하여 원고는 피고회사를 상대로 이 사건 대여금청구의 소를 제기하였다. 이에 대해 피고회사는 위와 같이 소외 박효순이 피고회사의 대표이사의 자격에서 자신의 개인채무를 피고회사가 인수하도록 한 행위는 상법 제398조 소정의 이사의 자기거래에 해당하는데, 피고회사의 이사회의 승인을 얻지 아니하였으므로 위 인수행위는 무효라고 항변하였다.

여기서 쟁점이 된 것은 위와 같은 피고회사의 차용금채무 인수행위가 이사의 자기거래에 해당하는지 여부 및 1인회사의 경우에도 자기거래행위에 대하여 이사회의 승인을 요하는가 하는 점이다.

원심(광주고법 2002. 3. 15. 선고 2001나3725 판결) 및 대법원은 '피고회사의 주식이 설립자로서 회사의 경영을 전적으로 책임지고 있는 대표이사이자 주주인 박효순 1인에게 사실상 전부 귀속되어 있다고 인정한 다음 (소외 박효순이 피고회사의 대표이사의 자격에서 자신이 원고에게 개인적으로 부담하고 있던 위 차용금채무를 피고회사로 하여금 인수하도록 한 것은 – 저자) 박효순 1인이 동의한 것으로 주주 전원의 동의가 있었다고 볼 수 있으므로 피고회사가 이사회의 승인이 없었음을 이유로 그 책임을 회피할 수 없다'라고 하여 피고회사의 위 항변을 배척하였다.

(마) 주식양도에 대한 이사회의 승인

주식회사의 주주는 원칙적으로 자기가 보유한 주식을 자유롭게 양도할 수 있다. 다만 이러한 자유양도에 제한을 가할 수 있다. 즉 상법 제335조 제1항 단서에 따라 주식회사는 정관의 규정을 둠으로써 주식양도에 이사회의 승인을 받도록 할 수 있다. 이러한 정함을 두고 있는 주식회사가 1인회사일 경우 1인주주가 주식을 양도하는 경우에도 이사회의 승인을 받아야 하는가. 정관의 규정으로 주식양도를 제한하는 취지가 이질적인 사람이 주주로 개입하는 것을 방지하기 위한 것이라면 현재 다른 주주가 없는 상황에서 1인주주의 주식양도에 이사회의 승인을 받도록 할 이유는 없다 할 것이다(정(동), 340면; 최, 54면).

(바) 법인격부인과 주주의 책임

1인회사의 경우 실질상 1인주주의 개인기업이라고 볼 수 있다. 이 때문에 1인회사의 법률관계는 뒤에서 다루어지는 법인격부인이론을 적용받기 쉬울 것이다. 그렇다고 하여 1인회사의 법률관계를 항상 주주의 법률관계로 본다면 유한책임의 원칙이라는 회사제도의 효용을 전면 부인하는 것이 되어 부당하다.

3. 법 인 성

(1) 상법상의 모든 회사는 법인이다

다른 나라의 입법례와는 다르게 우리 상법에서는 다섯 가지 종류의 회사 모두에 법인격을 부여하고 있다(제171조). 법인격 부여는 회사의 법률관계를 간단하게 처리하고 법률효과의 귀속을 명확하게 하기 위한 기술적 배려이다. 아울러 대외적으로는 책임재산을 분명하게 구분하기 위한 것이다. 회사는 반드시 그 '종류'를 밝힌 상호를 가지도록 강제하는 것도(제19조, 제20조) 책임소재를 분명하게 하기 위한 것이다.

(2) 법인격 부여여부는 입법정책적인 문제이다

법인격의 부여는 사단성(社團性)을 전제로 하는 것이었으나 1인회사가 인정되는 이상 법인성을 사단성과 연결지을 필요는 없다. 사단성이 약한 인적회사 또는 1인회사에까지 법인격을 부여한 것은 정책적 고려에서 나온 것이다. 합명회사는 그 실질이 조합에 해당하므로 법인격을 부여하는 것은 우리 법체계에 잘 맞지 않다. 주식회사는 사단성이 뚜렷하므로 법인격을 부여하는 것이 적당하다. 그럼에도 상법에서 일괄하여 모든 회사를 법인으로 하고 있는 것은 회사 법률관계를 간명하게 처리하고 권리·의무의 귀속을 확실하게 하기 위한 것이다.

(3) 법인격 부여의 효과

(가) 회사(법인)명의로 권리·의무의 귀속주체가 된다.

(나) 회사 자체의 명의로 소송당사자가 된다.

(다) 회사의 재산은 회사 구성원의 재산과 구별된다.

(라) 회사의 채권자에 대하여 회사 자체의 재산만이 책임재산이 된다. 원칙적으로 사원은 회사의 채무에 대하여 책임을 지지 않는다.

(4) 법인격의 취득시기와 소멸시기

회사는 설립절차를 거쳐 설립등기를 함으로써 법인격을 취득한다. 이러한 법인격의 취득을 상법에서는 회사가 성립한다고 기술하고 있다(제172조). 반면에 회사의 법인격 소멸은 청산종결등기로써 이루어지는 것이 아니라 실질적인 청산종결이 있을 때(사실의 문제) 법인격이 소멸된다. 판례도 동일한 입장이다. 이 점에서 회사의 법인격 취득시기는 외부에서 보아 뚜렷함에 반하여 그 소멸시기는 뚜렷하지 아니하다.

대판 1969. 2. 4, 68다2284 청산종결의 등기가 종료된 법인이라 할지라도 아직 소송이 계속 중이면 그 법인격이 소멸되었다고 할 수 없다.

(5) 법인격부인이론(Piercing the corporate veil; Haftungsdurchgriffslehre)

법인격부인이론이라 함은 회사와 제3자간의 특정의 법률관계에 있어서 회사와 사원간의 독립한 법인격을 인정하지 아니하고 회사채무를 사원의 채무로 인정하는 것을 가리킨다. 주식회사의 경우라면 주주의 유한책임을 부인하는 법리이다.

예상소요자금에 훨씬 미달하는 자금으로 회사를 설립하여 사업을 시작한 다음 주로 은행차입에 의존하여 사업을 계속하다가 도산하여 은행채무를 이행하지 못하게 된 경우, 회사의 사실상 소유주인 대주주에게 회사채무를 이행할 책임을 지우자는 것이 법인격부인이론이다. 앞에서 본 1인회사가 법인격부인을 당하기 쉬운 경우이다. 조세문제·선적문제를 쉽게 해결하기 위하여 100% 지주회사의 자회사를 설립하여 영업활동을 담당하도록 하는 경우도 같다. 페이퍼컴퍼니에 해당하는 자회사의 책임을 지주회사에 묻기 위하여 법인격부인이론을 원용할 수 있다. 근래에는 채무면탈을 위하여 새로운 회사를 설립한 경우에 신설회사가 기존회사의 채권자에게 독립한 법인격을 주장하여 채무를 면할 수 없다고 한 판결이 많다.

설립무효·취소(제184조), 해산명령(제176조), 해산판결(제241조, 제520조)의 경우는 회사의 법인격이 영구적으로 박탈되는 데 반하여, 법인격부인의 경우는 법인격이 부인된 특정의 사안이나 법률관계에 한하여 그 회사의 독립적 법인성이 제한을 받는다.

법인격부인이론은 사원(주주)유한책임의 대원칙에 대한 도전으로 법인격의 독립성을 무시하고 회사와 사원(주주)의 실질적 동일성을 인정하는 이론이므로 극히 예외적인 경우에 적용될 수 있는 이론이다. 원칙적으로 회사제도를 악용하는 경우에 한하여 이 법리를 적용하여야 할 것이다. 100% 지주회사라 하더라도 그것만으로 자회사의 채권자에게 책임을 지게 할 수는 없다. 완전한 지배가 이루어지고 사실상 모회사의 사업부문을 자회사가 영위하는 정도로 동일체성이 인정되어야 모회사에 대하여 법인격부인이론을 적용할 수 있을 것이다.

이 이론의 근거로는 회사에 정책적으로 법인격을 부여한 입법취지 외에 신의성실의 원칙과 권리남용금지를 들기도 하고(다수설, 판례: 대판 2001. 1. 19, 97다21604) 법인성의 내재적 한계에서 그 근거를 찾기도 한다(정(찬), 446면). 이 이론은 다른 법규정이나 법리에 의해 해결할 수 없는 경우에 맨 마지막으로 적용되어야 할 이론이다.

대판 1988. 11. 22, 87다카1671 선박회사인 甲, 乙, 丙이 외형상 별개의 회사로 되어 있지만 甲 회사 및 乙 회사는 선박의 실제상 소유자인 丙 회사가 자신에 소속된 국가와는 별도의 국가에 해운기업상의 편의를 위하여 형식적으로 설립한 회사들로서 그 명의로 선박의 적을 두고 있고(이른바 편의치적), 실제로는 사무실과 경영진 등이 동일하다면 이러한 지위에 있는 甲 회사가 법률의 적용을 회피하기 위하여 丙 회사가 甲 회사와는 별개의 법인격을 가지는 회사라는 주장을 내세우는 것은 신의성실의 원칙에 위반하거나 법인격을 남용하는 것으로 허용될 수 없다.

〈사실관계 및 쟁점〉 원고 그랜드 하모니 인코퍼레이티드 몬로비아 리베리아(이하 '원고 회사'라 한다)는 몬로비아 브로드 스트리트 80에 주사무소를 둔 리베리아 회사로서 1981. 4. 1. 역시 리베리아 회사로서 주사무소를 원고 회사와 같이 하는 소외 토우체스트 쉽핑 리미티드(Touchest Shipping Ltd.)와의 사이에 이 사건 선박에 관한 선박관리계약을 체결하면서 원고 회사를 대표하여 다니엘 푸치에 리가, 토우체스트 쉽핑 리미티드를 대표하여 데니스 푸핑 리가 각 서명하였고, 같은 날 토우체스트 쉽핑 리미티드는 같은 선박에 관하여 홍콩 케네디로드 17 호프웰센트 36층에 사무소를 둔 위 칩스테드 리미티드와 선박관리복대리계약을 체결하면서 토우체스트 쉽핑 리미티드를 대표하여 데니스 푸핑 리가, 칩스테드 리미티드를 대표하여 앞서 원고 회사의 대표자로 서명한 다니엘 푸치에 리가 각 서명하였다. 토우체스트 쉽핑 리미티드의 사실상의 주소지는 칩스테드 리미티드 방으로 칩스테드 리미티드와 주소가 같을 뿐 아니라 전화번호, 텔렉스번호도 같으며 토우체스트 쉽핑 리미티드의 회장은 데니스 푸핑 리, 사장은 원고 회사의 총무이사인 다니엘 푸치에 리이고 칩스테드 리미티드의 이사는 다니엘 푸치에 리와 데니스 푸핑 리이고, 원고의 사장은 데니스 푸핑 리이었는데, 이들 두 사람은 형제간이다.

이 사건 선박의 선장인 추이 윙 첸은 칩스테드 리미티드의 홍콩 본사로부터 이 사건 선박을 피고 현대미포조선소(이하 '피고 회사'라 한다)에서 수리하라는 지시를 받고 1985. 4. 1. 이 사건 선박을 울산항에 입항시키면서 입항신고시 소유자를 칩스테드 홍콩으로 기재하였고, 칩스테드 리미티드의 동경지사장 소외 이석록도 1985. 6. 10. 위 피고 회사와의 사이에 선박수리비에 관한 대금결제계약서를 작성함에 있어서 이 사건 선박소유자를 칩스테드 리미티드로 기재하였다. 그리하여 위 피고 회사는 이 사건 선박을 칩스테드 리미티드의 소유로 알고 수리하여 주었으나 위 칩스테드 리미티드가 수리비를 지급하지 아니하므로 이 사건 선박을 가압류하였다.

그러자 원고 회사는 이 사건 선박이 칩스테드 리미티드의 소유가 아니라 원고 회사 자신의 소유라고 주장하면서 제3자 이의의 소를 제기한 것이다. 그런데 이 사건 선박의 실제 소유자인 칩스테드 리미티드는 자신이 소속된 국가와는 별도의 국가인 리베리아에 해운기업상의 편의를 위하여 형식적으로 위 원고 회사를 설립하여 그의 명의로 선박의 적을 두고(이른바 편의치적) 이름뿐인 위 원고 회사와 관리계약을 체결하여 마치 선박관리를 담당하는 기업인 것처럼 행동하여 왔다.

여기서 쟁점이 된 것은 이른바 편의치적을 위하여 설립된 회사에 불과한 원고 회사가 이 사건 선박의 소유자라고 주장하여 이 사건 가압류집행의 불허를 구하는 것이 가능한가 하는 점이다.

이에 대하여 원심판결(대구고법 1987. 6. 4. 선고 86나1100 판결)은 위와 같은 원고 회사의 주장은 선박의 편의치적이라는 일종의 편법행위가 용인되는 한계를 넘어서 채무면탈이라는 불법목적을 달성하려고 함에 지나지 아니하여 신의칙상 허용될 수 없다고 하고, 이에 더 나아가 대법원은 원고 회사 및 토우체스트 쉽핑 리미티드와 칩스테드 리미티드는 외형상 별개의 회사로 되어 있으나 원고 회사 및 토우체스트 쉽핑 리미티드는 이 사건 선박의 실제상 소유자인 칩스테드 리미티드가 편의치적을 위하여 설립한 회사들로서 실제로는 사무실과 경영진 등이 동일하므로 이러한 지위에 있는 원고 회사가 법률의 적용을 회피하기 위하여 별개의 법인격을 가지는 회사라는 주장을 내세우는 것은 신의성실의 원칙에 위반하거나 법인격을 남용하는 것으로서 허용되어서는 아니된다 할 것이라고 판시하여 원고 회사의 주장을 기각하였다.

대판 2001. 1. 19, 97다21604 회사가 외형상으로는 법인의 형식을 갖추고 있으나 법인의 형태를 빌리고 있는 것에 지나지 아니하고 그 실질에 있어서는 완전히 그 법인격의 배후에 있는 타인의 개인기업에 불과하거나 또는 그것이 배후자에 대한 법률적용을 회피하기 위한 수단으로 쓰여지는 경우에는, 비록 외견상으로는 회사의 행위라 할지라도 회사와 그 배후자가 별개의 인격체임을 내세워 회사에게만 그로 인한 법적 효과가 귀속됨을 주장하면서 배후자의 책임을 부정하는 것은 신의성실의 원칙에 위반되는 법인격의 남용으로서 심히 정의와 형평에 반하여 허용될 수 없다. 따라서 회사는 물론 그 배후자인 타인에 대하여도 회사의 행위에 관한 책임을 물을 수 있다고 보아야 할 것이다.

〈사실관계 및 쟁점〉 피고 이정수는 예전부터 여러 회사를 사실상 지배하면서 이들 회사를 내세워 그 회사 명의 또는 자신의 개인 명의로 빌딩 또는 오피스텔 등의 분양사업을 하여 오던 중, 이러한 사업의 일환으로 1991년 5월 3일에 피고 회사의 전 대표이사인 소외 최일형으로부터 피고 회사의 주식을 양수한 다음 자신이 피고 회사의 대표이사로 취임하여 이 사건 건물의 분양 및 관리를 하여왔다.

원고 박병일은 1991년 6월 19일에 피고 회사로부터 이 사건 건물 중 5층 제2호를 금 423,832,500원에 분양 받고, 1992년 3월 30일까지 계약금과 1·2차 중도금 합계금 254,280,000원을 지급하였다. 원고는 위 분양계약 당시 피고 회사와 입주시 잔금 84,972,500원을 지급하기로 약정하였을 뿐, 위 건물의 완공 및 입주 예정일에 관하여는 별도의 약정을 하지 아니하였다. 그런데 피고 회사는 위 분양계약에 앞서 1991년 6월 10일에 소외 주식회사 건영(이하 '소외 회사'라 한다)과의 사이에 이 사건 건물 신축공사에 관하여 공사대금 16,649,600,000원, 공사완공일 1993. 8. 10.까지, 공사대금은 기성고 10% 완성시마다 같은 비율의 공사대금을 지급하기로 하는 내용의 공사도급계약을 체결하였고, 피고 회사는 당초 이 사건 건물을 분양하여 그 분양대금으로 공사대금을 지급할 예정이었으나 예상과 달리 분양이 저조하여 일부 공사대금의 지급을 지체하자 소외 회사는 1992년 8월 지하 5층 지상 7층까지의 골조공사만 시행한 채

공사를 중단하여 현재까지 공사가 사실상 중단된 상태로 남아 있게 되었다. 그러자 원고는 피고 회사의 채무불이행으로 인하여 위 분양계약을 해제하였다(해제의 의사표시가 기재된 1996. 5. 9.자 원고 준비서면이 진술된 같은 달 10일 또는 늦어도 원심 변론종결 당시에 해제되었다).

피고 회사 주식은 모두 5,000주인데 외형상으로는 피고 이정수 등 4인의 명의로 분산되어 있으나 실질적으로는 피고 이정수가 위 주식의 대부분을 소유하고 있고, 주주총회나 이사회의 결의 역시 외관상 회사로서의 명목을 갖추기 위한 것일 뿐 실질적으로는 이러한 법적 절차가 지켜지지 아니한 채 피고 이정수 개인의 의사대로 회사 운영에 관한 일체의 결정이 이루어져 왔다. 또한 피고 회사 사무실은 현재 폐쇄되어 그곳에 근무하는 직원은 없고, 피고 회사가 수분양자들로부터 지급받은 분양대금 약 78억원 중 30억원 가량은 피고 이정수가 임의로 위 최일형으로부터 이 사건 건물의 부지인 이 사건 대지를 자신의 명의로 매입하는 자금으로 사용하였으며, 회사채권자들에 의한 강제집행에 대비하여 위 대지에 관하여 제3자 명의로 가등기를 경료하였다가 이를 말소하는 등 피고 회사의 재산과 피고 이정수 개인 재산이 제대로 구분되어 있지도 아니하였다. 더욱이 피고 회사가 시행하는 이 사건 공사는 공사 발주금액만도 166억원 가량에 이르는 대규모 공사이고 이 사건 건물의 분양대금도 수백억원에 이르는 데에 반하여 피고 회사의 자본금은 5,000만 원에 불과할 뿐만 아니라 이마저도 명목상의 것에 불과하고 위 분양대금으로 매수한 이 사건 대지는 피고 이정수 개인 명의로 소유권이전등기가 경료되어 있고 나머지 분양대금 역시 그 용도가 명확히 밝혀지지 아니한 채 모두 사용되어 피고 회사의 실제 자산은 사실상 전혀 없다시피 함이 밝혀졌다.

이와 같은 제반 사정에 비추어 보면 피고 회사는 형식상은 주식회사의 형태를 갖추고 있으나 이는 회사의 형식을 빌리고 있는 것에 지나지 아니하고 그 실질은 배후에 있는 피고 이정수의 개인기업이라 할 것이고 따라서 피고 회사가 분양사업자로 내세워져 수분양자들에게 이 사건 건물을 분양하는 형식을 취하였다 할지라도 이는 외형에 불과할 뿐이고 실질적으로는 위 분양사업이 완전히 피고 이정수의 개인사업과 마찬가지라고 할 것이다.

그런데 피고 이정수는 아무런 자력이 없는 피고 회사가 자기와는 별개의 독립한 법인격을 가지고 있음을 내세워 이 사건 분양사업과 관련한 모든 책임을 피고 회사에게만 돌리고 비교적 자력이 있는 자신의 책임을 부정하고 있음이 명백한 바, 이는 신의성실의 원칙에 위반되는 법인격의 남용으로서 정의와 형평에 크게 반하여 허용될 수 없다 할 것이고, 따라서 피고 회사로부터 이 사건 오피스텔을 분양받은 원고로서는 피고 회사는 물론 피고 회사의 실질적 지배자로서 그 배후에 있는 피고 이정수에 대해서도 위 분양계약의 해제로 인한 매매대금의 반환을 구할 수 있다 할 것이다.

대판 2004. 11. 12, 2002다66892 **가**. 기존회사가 채무를 면탈할 목적으로 기업의 형태·내용이 실질적으로 동일한 신설회사를 설립하였다면, 신설회사의 설립은 기존회사의 채무면탈이라는 위법한 목적달성을 위하여 회사제도를 남용한 것이므로, 기존회사의 채권자에 대하여 위 두 회사가 별개의 법인격을 갖고 있음을 주장하는 것은 신의성실의 원칙상 허용될 수 없다 할 것이어서 기존회사의 채권자는 위 두 회사 어느 쪽에 대하여서도 채무의 이행을 청구할 수 있다.

나. 기존회사의 채무면탈을 목적으로 기업의 형태와 내용이 실질적으로 동일하게 설립된 신설회사가 기존회사와 별개의 법인격임을 내세워 그 책임을 부정하는 것은 신의성실에 반하거나 법인격을 남용하는 것으로서 허용될 수 없다.

대판 2008. 9. 11, 2007다90982 **법인격부인론의 적용에 있어 '법인격 형해화' 또는 '법인격 남용'을 인정하기 위한 요건**

회사가 외형상으로는 법인의 형식을 갖추고 있으나 법인의 형태를 빌리고 있는 것에 지나지 아니하고 실질적으로는 완전히 그 법인격의 배후에 있는 사람의 개인기업에 불과하거나, 그것이 배후자에 대한 법률적용을 회피하기 위한 수단으로 함부로 이용되는 경우에는, 비록 외견상으로는 회사의 행위라 할지라도 회사와 그 배후자가 별개의 인격체임을 내세워 회사에게만 그로 인한 법적 효과가 귀속됨을 주장하면서 배후자의 책임을 부정하는 것은 신의성실의 원칙에 위배되는 법인격의 남용으로서 심히 정의와 형평에 반하여 허용될 수 없고, 따라서 회사는 물론 그 배후자인 타인에 대하여도 회사의 행위에 관한 책임을 물을 수 있다고 보아야 한다. 여기서 회사가 그 법인격의 배후에 있는 사람의 개인기업에 불과하다고 보려면, 원칙적으로 문제가 되고 있는 법률행위나 사실행위를 한 시점을 기준으로 하여, 회사와 배후자 사이에 재산과 업무가 구분이 어려울 정도로 혼용되었는지 여부, 주주총회나 이사회를 개최하지 않는 등 법률이나 정관에 규정된 의사결정절차를 밟지 않았는지 여부, 회사 자본의 부실 정도, 영업의 규모 및 직원의 수 등에 비추어 볼 때, 회사가 이름뿐이고 실질적으로는 개인 영업에 지나지 않는 상태로 될 정도로 형해화되어야 한다. 또한, 위와 같이 법인격이 형해화될 정도에 이르지 않더라도 회사의 배후에 있는 자가 회사의 법인격을 남용한 경우, 회사는 물론 그 배후자에 대하여도 회사의 행위에 관한 책임을 물을 수 있으나, 이 경우 채무면탈 등의 남용행위를 한 시점을 기준으로 하여, 회사의 배후에 있는 사람이 회사를 자기 마음대로 이용할 수 있는 지배적 지위에 있고, 그와 같은 지위를 이용하여 법인 제도를 남용하는 행위를 할 것이 요구되며, 위와 같이 배후자가 법인 제도를 남용하였는지 여부는 앞서 본 법인격 형해화의 정도 및 거래상대방의 인식이나 신뢰 등 제반 사정을 종합적으로 고려하여 개별적으로 판단하여야 한다.

대판 2006. 8. 25, 2004다26119 **모회사가 자회사의 독자적인 법인격을 주장하는 것이 법인격의 남용에 해당하기 위한 요건**

친자회사는 상호간에 상당 정도의 인적·자본적 결합관계가 존재하는 것이 당연하므로, 자회사의 임·직원이 모회사의 임·직원 신분을 겸유하고 있었다거나 모회사가 자회사의 전 주식을 소유하여 자회사에 대해 강한 지배력을 가진다거나 자회사의 사업 규모가 확장되었으나 자본금의 규모가 그에 상응하여 증가하지 아니한 사정 등만으로는 모회사가 자회사의 독자적인 법인격을 주장하는 것이 자회사의 채권자에 대한 관계에서 법인격의 남용에 해당한다고 보기에 부족하고, 적어도 자회사가 독자적인 의사 또는 존재를 상실하고 모회사가 자신의 사업의 일부로서 자회사를 운영한다고 할 수 있을 정도로 완전한 지배력을 행사하고 있을 것이 요구되며, 구체적으로는 모회사와 자회사 간의 재산과 업무 및 대외적인 기업거래활동 등이 명확히 구분되어 있지 않고 양자가 서로 혼용되어 있다는 등의 객관적 징표가 있어야 하며, 자회사의 법인격이 모회사에 대한 법률 적용을 회피하기 위한 수단으로 사용되거나 채무면탈이라는 위법한 목적 달성을 위하여 회사제도를 남용하는 등의 주관적 의도 또는 목적이 인정되어야 한다(다만 실제 의도의 입증을 요구하는 것은 아니고 객관적 사정으로 미루어 그 의도를 추단할 수 있으면 충분하다. 밑줄-저자).

대판 2008. 8. 21, 2006다24438 기존회사가 채무를 면탈하기 위하여 기업의 형태·내용이 실질적으로 동일한 신설회사를 설립하였다면, 신설회사의 설립은 기존회사의 채무면탈이라는 위법한 목적 달성을 위하여 회사제도를 남용한 것에 해당한다. 이러한 경우에 기존회사의 채권자에 대하여 위 두 회사가 별개의 법인격을 갖고 있음을 주장하는 것은 신의성실의 원칙상 허용될 수 없으므로, 기존회사의 채권자는 위 두 회사 어느 쪽에 대하여도 채무의 이행을 청구할 수 있다. 여기에서 기존회사의 채무를 면탈할 의도로 신설회사를 설립한 것인지 여부는 기존회사의 폐업 당시 경영상태나 자산상황, 신설회사의 설립시점, 기존회사에서 신설회사로 유용된 자산의 유무와 그 정도, 기존회사에서 신설회사로 이전된 자산이 있는 경우 그 정당한 대가가 지급되었는지 여부 등 제반 사정을 종합적으로 고려하여 판단하여야 한다.

4. 상 인 성

회사는 성립과 동시에 상인자격을 취득한다. 즉 설립등기에 의한 법인격취득시기에 상인자격도 취득한다. 법인격취득 이전에, 즉 설립등기에 앞서 행해진 설립사무 수행행위를 '상인'의 행위로 보아 상법을 적용할 것인가. 그것이 상인자격을 취득하기 전에 이루어진 것이기는 하지만 회사(상인)가 영업을 위하여

하는 보조적 상행위로 보아 상법규정을 적용할 수 있다(제47조 제1항). 회사가 제46조에 열거된 상행위를 수행하는 경우에는 당연상인(제4조)이 되며 그 밖의 사업을 하더라도 제5조 제2항에 따라 의제상인이 된다. 회사는 상호를 선정하여야 하며 회사 종류에 따른 명칭을 사용하여야 한다(제19조).

상인과 비상인을 대비시키는 경우 해산 후에는 영업활동을 중지하므로 해산시점을 기준으로 상인자격을 상실하는가 하는 의문이 제기된다. 적극적 영업활동은 수행하지 않지만 영업의 마무리활동은 계속한다는 점에서 법인격 소멸시까지는 상인자격도 유지하는 것으로 볼 수 있다.

5. 준 칙 성

회사는 상법 회사편의 규정에 따라 설립되어야 한다(민법 제39조 제1항 참조). 물적·인적 시설을 갖추었더라도 상법상의 요건을 갖추어 '회사'로서 등기하지 못하면 회사가 되지 못한다.

제 2 절 회사의 종류

제1 상법상의 분류

상법에서는 합명회사(合名會社), 합자회사(合資會社), 유한책임회사(有限責任會社), 주식회사(株式會社), 유한회사(有限會社) 다섯 종류의 회사를 규정하고 있다(제170조). 다섯 가지 종류의 회사는 사원의 책임의 유형에 따른 분류이다. 민법에서 채무(債務)와 책임(責任)을 논의하는 경우에 책임이라 함은 특정인의 재산이 강제집행의 목적이 되는 것을 말하지만 회사법에서의 책임은 회사가 제3자에 대하여 채무를 부담하는 경우에 사원이 이것을 변제할 채무를 부담하는 것을 가리킨다. 이것을 '좁은 의미의 책임'이라고도 하며 이것에 출자의무를 추가한 것을 넓은 의미의 책임이라고 한다. 회사의 제3자에 대한 채무에는 대출금채무, 원재료매입대금채무, 공장시설임차료채무, 피용자에 대한 임금채무 등이 있다.

책임은 다시 책임의 한도액의 유무에 따라 유한책임과 무한책임으로, 그리고 책임의 성격(상대방)에 따라 직접책임과 간접책임으로 나누어진다. 유한책임이라 함은 출자액(정확하게는 출자약정액)을 한도로 책임을 지는 것이고, 무한책임은 사원이 자신의 전 재산을 가지고 책임을 지는 것을 가리킨다. 직접책임이라 함은 회사채무의 채권자가 사원을 상대로 회사채무의 이행을 청구할 수 있는 것을 가리킨다. 간접책임은 회사채무의 채권자가 사원이 이미 출자한 재산으로 구성된 회사재산에만 집행할 수 있을 뿐 사원 각자에게 이행을 청구하거나 사원 개인의 재산에 집행할 수 없는 것을 가리킨다. 다만 책임의 개념을 협의로 이해할 때 직접책임・간접책임의 구분은 비유적이고 경제적인 의미밖에 없으며 간접책임을 엄격하게 해석하면 책임이 없다는 것과 같음을 주의할 필요가 있다.

합명회사는 직접・연대・무한책임을 부담하는 무한책임사원만으로 구성되어 있으며 합자회사는 합명회사의 무한책임사원과 같은 무한책임사원과 직접・연대・유한책임을 부담하는 유한책임사원의 두 가지 사원으로 구성되어 있다. 이 때문에 합자회사에 관한 상법규정에는 유한책임사원이 추가되는 데 따른 상당수의 특별규정이 들어 있으며 그 밖에는 모두 합명회사에 관한 규정들이 준용된다(제269조).

이에 반하여 유한책임회사의 사원, 주식회사의 주주와 유한회사의 사원은 각각 출자금액, 주식인수가액 내지는 출자액(또는 출자약정액)을 한도로 책임을 부담할 뿐이다(제287조의7, 제331조, 제553조). 이를 합명회사의 사원과 비교하면 넓은 의미의 책임을 기준으로 간접・유한책임을 부담한다고 할 수 있다.

1. 합명회사

합명회사는 회사채권자에 대하여 직접・연대・무한책임을 지는 무한책임사원으로 구성된 회사이다. 여기서 '연대책임'이라 함은 사원 서로의 연대를 가리키고 사원과 회사간의 연대책임이라는 뜻이 아니다. 회사의 책임과의 관계에서 사원의 책임은 보충적인 것이다. 상법 제212조 제1항에서는 '회사의 재산으로 회사의 채무를 완제할 수 없는 때' 회사의 채무에 대한 사원의 책임을 부과하고 있으며, 동조 제2항에서는 '회사재산에 대한 강제집행이 주효하지 못한 때' 사원의 책임을 인정하고 있다. 사원은 회사에 변제의 자력이 있으며 집행이 용이한 것을 증명함으로써 회사의 채무에 대한 책임을 면할 수 있다(제212조 제3항). 이들 모두의 규정은 무한책임사원의 책임의 보충성을 확인해 주고 있다.

모든 사원은 원칙적으로 회사의 업무집행과 회사대표에 관하여 권리·의무를 가진다(소유와 경영의 일치). 구성원의 재산과 노력의 공동체로서 응집력이 강한(신뢰관계가 돈독한) 소수인의 공동사업에 적당하다. 사원의 개성이 중요시되는 회사이므로 각 사원은 지분을 자유롭게 양도하지 못한다. 즉, 사원은 다른 사원(전원)의 동의를 얻지 아니하면 그 지분의 전부 또는 일부를 타인에게 양도하지 못한다(제197조).

대판 2009. 5. 28, 2006다65903 **합명회사 사원 또는 합자회사 무한책임사원의 회사 채권자에 대한 책임의 발생시기**

합명회사는 실질적으로 조합적 공동기업체여서 회사의 채무는 실질적으로 각 사원의 공동채무이므로, 합명회사 사원의 책임은 회사가 채무를 부담하면 법률의 규정에 기해 당연히 발생하는 것이고, '회사의 재산으로 회사의 채무를 완제할 수 없는 때' 또는 '회사재산에 대한 강제집행이 주효하지 못한 때'에 비로소 발생하는 것은 아니며, 이는 회사 채권자가 그와 같은 경우에 해당함을 증명하여 합명회사의 사원에게 보충적으로 책임의 이행을 청구할 수 있다는 책임이행의 요건을 정한 것으로 봄이 타당하다. 그리고 합자회사의 장에 다른 규정이 없는 사항은 합명회사에 관한 규정을 준용하므로(상법 제269조), 합자회사의 무한책임사원의 회사 채권자에 대한 책임은 합명회사의 사원의 책임과 동일하다.

2. 합자회사

무한책임사원과 유한책임사원 두 가지 종류의 사원으로 구성되는 회사이다. 유한책임사원의 자본참여가 있다는 점을 제외하고는 합명회사와 법률관계를 같이 한다. 따라서 합자회사에는 별도의 규정이 없는 한 합명회사에 관한 규정을 준용한다(제269조).

유한책임사원은 회사채권자에 대하여 출자액을 한도로, 정확하게는 출자미이행분을 한도로 직접책임을 부담한다. 업무집행이나 회사대표의 권한은 없으며, 유한책임사원의 지분은 무한책임사원 전원의 동의를 얻으면 양도할 수 있다(제276조).

3. 유한책임회사

유한책임회사는 사원들이 유한책임을 지므로 회사채권자를 보호하기 위하여 성립 전에 출자를 이행해야 한다(제287조의4). 유한책임회사의 사원은 다른 사원(전원)의 동의를 받지 않으면 그 지분의 전부 또는 일부를 타인에게 양도하지 못한다. 다만 업무를 집행하지 않는 사원의 경우는 지분의 양도를 위해서 업무를 집행하는 사원 전원의 동의가 필요하다(제287조의8).

유한책임회사는 유한책임사원만으로 구성되지만, 조합적 실질로 인해 소유와 경영의 분리가 강요되지 않고, 업무집행자 외에 별도의 기관을 갖지 않는다. 업무집행자가 아닌 사원은 합자회사의 유한책임사원처럼 감시권을 갖는다(제287조의14).

4. 주식회사

주식으로 세분화된 자본금을 기초로 형성되는 자본단체로서 사단성이 강한 회사이다. 주주는 주식인수가액을 한도로 출자의무를 부담할 뿐(제331조), 회사채권자에 대하여 직접책임을 지지 않는다. 이러한 주주의 유한책임과 주식의 자유양도성의 보장 때문에 공중으로부터의 대규모 자본의 조달에 편리하므로 많은 자본을 요하는 사업에 적당하다.

설립시에 발기인이 있어야 하며(제288조) 주식회사의 자본금은 주식으로 분할되어야 하고 회사가 액면주식을 발행할 경우 1주의 금액은 100원 이상이어야 한다(제329조 제3항). 기관구성이 주주총회, 대표이사, 이사회, 감사로 세분화되어 있으며 소유와 경영이 분리되어 있다. 설립시에는 확정자본제도를 채택하고 있으며, 그 후에는 수권의 범위 내에서 수시로 신주발행을 하여 자기자본을 조달할 수 있고, 사채(社債)라는 유가증권형태의 타인자본조달도 가능하다.

5. 유한회사

유한회사는 출자액을 한도로 유한책임을 부담하는 사원만으로 구성되는 회사이다. 그 폐쇄적 성격 때문에 소수의 사원에 의한 중소기업에 적당한 회사형태이다.

주식회사에 비하여 규정이 단순하고 법적 규제가 완화되어 있다. 지분양도에 일정한 제한이 가해질 수 있다.

① 현물출자의 경우 과대평가가 있었다면 사원이 그 부족액의 전보책임을 회사에 대하여 부담한다(제550조).

② 지분의 양도를 정관으로 제한할 수 있다(제556조).

사원상호간의 인적 신뢰를 중시하며, 사원의 개성을 중시하는 데에서 나온 제한이다.

③ 기관구성의 단순성

i) 이사회제도를 이용할 수 있기는 하지만(제564조) 1인 이사가 원칙적 형태로 규정되어 있고(제561조) '이사회'를 두는 것은 선택에 맡겨져 있다.

ii) 감사는 임의기관으로 되어 있어 둘 수도 있고 두지 않을 수도 있다(제568조).

iii) 사원총회의 서면결의가 허용되고 있다(제577조).

제2 이론상의 분류

상법상의 다섯 가지 회사를 두 가지로 그루핑하여 인적회사와 물적회사로 대비시켜 보는 것이 그 특징을 이해하는 데 도움이 된다.

인적회사라 함은 개개의 사원의 '개성'을 중요시하는 회사이다. 개성이라 함은 사원 개개인의 재산상태, 경영의 전문지식과 경험, 성실성, 현직 경영참여의 기여도(시간적 여유) 등을 말한다. 인적회사에서는 사원과 사원, 사원과 회사의 관계가 밀접하고, 소유와 경영이 일치하며 민법상의 조합이 그 원형이다. 합명회사가 대표적이다.

물적회사는 자본의 결합을 중요시하는 회사로서 사원과 사원, 사원과 회사와의 관계가 희박하고 원칙적으로 소유와 경영이 분리된다. 주식회사가 물적회사의 성질을 뚜렷하게 나타내고 있다.

유한책임회사는 대내적인 법률관계에서는 인적회사의 실체를 가지고, 대외적인 법률관계에서는 사원이 유한책임을 지므로 물적회사의 특성을 가진다. 물적회사와 인적회사의 차이는 다음과 같다.

<인적회사(합명회사)와 물적회사(주식회사)의 비교>

사 항	인적회사(합명회사)	물적회사(주식회사)
자본금	무제한	유한회사는 최저자본금제한
출자	금전, 기타 재산, 노무, 신용	금전, 기타 재산(현물출자)
설립의 하자	설립무효·취소의 소	설립무효의 소
법률관계	내부 : 임의법규 외부 : 강행법규	전부 강행법규
사원의 책임	직접·연대·무한	간접·유한
사단성	약하다	강하다
사원의 수	소수	다수
사원의 경영참가	자기기관 소유와 경영의 일치	제3자기관 소유와 경영의 분리
의사결정	전원일치의 원칙	다수결
사원지위의 이전	제한	자유
1인회사	해산사유	허용
이익배당	규제없음	엄격규제
청산방법	임의청산	법정청산만 허용
기타	퇴사·제명제도	(기업)회생제도

제3 회사의 조직변경

1. 의　　의

회사의 조직변경은 회사의 인격을 동일하게 유지하면서 합명회사, 합자회사, 유한책임회사, 주식회사, 유한회사 중 한 종류의 회사에서 다른 종류의 회사로 그 조직을 변경하는 것이다. 회사의 종류에 따라 사원의 책임에 차이가 있으며 그 조직과 대외적 이미지도 각각 다르므로 기존의 사원이 회사의 종류를 바꾸고자 할 수 있다. 이 때 그 회사를 청산하고 다른 회사를 설립하는 데 드는 번잡과 비용을 줄이기 위한 것이 조직변경이다.

상법에서는 인적회사 상호간과 물적회사 상호간에만 조직변경을 허용하고 있다. 즉 합명회사는 합자회사로(제242조~제244조), 합자회사는 합명회사로(제286조) 조직변경을 할 수 있으며, 주식회사와 유한회사는 서로 조직변경을 할 수 있다(제604조~제608조). 주식회사는 총주주의 동의를 얻어 유한책임회사로 또 유한책임회사는 총사원의 동의에 의하여 주식회사로 조직변경을 할 수 있다(제287조의43). 인적회사와 물적회사간의 조직변경이 허용되지 않는 것은 사원의 책임이 현저하게 다르고 조직변경에 따른 법률관계가 복잡할 것을 우려한 것이라고 설명된다.

대판 1985. 11. 12, 85누69 회사의 조직변경은 회사가 그의 인격의 동일성을 보유하면서 법률상의 조직을 변경하여 다른 종류의 회사로 되는 것을 일컫는다 할 것이고, 상법상 합명, 합자회사 상호간 또는 주식, 유한회사 상호간에만 회사의 조직변경이 인정되고 있을 뿐이므로 소외 계룡건설 합자회사가 그 목적, 주소, 대표자 등이 동일한 주식회사인 계룡건설산업 주식회사를 설립한 다음, 계룡건설합자회사를 흡수합병하는 형식을 밟아 사실상 합자회사를 주식회사로 변경하는 효과를 꾀하였다 하더라도 이를 법률상의 회사조직변경으로 볼 수는 없다.

2. 합명·합자회사간의 조직변경

(1) 조직변경의 모습

(가) 합명회사의 합자회사로의 조직변경

합명회사에는 무한책임사원만이 있고 합자회사에는 무한책임사원과 유한책임사원이 있어야 하므로, 합명회사는 일부사원을 유한책임사원으로 변경하거나 유한책임사원을 별도로 가입시킴으로써 합자회사로 조직변경을 할 수 있다(제242조 제1항).

합명회사의 사원이 1인으로 줄어들어서 해산된 경우에도 유한책임사원을 가입시켜서 조직변경과 함께 회사계속을 이룰 수 있다(제242조 제2항).

(나) 합자회사의 합명회사로의 조직변경

합자회사는 유한책임사원을 없앰으로써 합명회사로 조직을 변경할 수 있다(제286조 제1항). 유한책임사원 전원이 퇴사하여 합자회사로 존속할 수 없게 된 때에도 합명회사로 조직을 변경하여 회사를 계속할 수 있다(제286조 제2항).

(2) 총사원의 동의

합명회사와 합자회사간의 조직변경을 위하여는 총사원의 동의가 있어야 한다(제242조 제1항, 제286조 제1항). 인적회사간의 조직변경이 있게 되면 사원의 종류에 변화가 생기고 이는 모든 사원의 책임에 영향을 미치므로 상법은 총사원의 동의를 조직변경의 요건으로 규정하고 있다.

(3) 변경등기와 조직변경의 효력발생

합명회사나 합자회사가 조직을 변경한 때에는 본점소재지에서는 2주간 내에, 지점소재지에서는 3주간 내에, 변경전 회사에 있어서는 해산등기를, 변경후 회사에 있어서는 설립등기를 하여야 한다(제243조, 제286조 제3항, 상업등기법 제74조). 해산등기와 설립등기를 따로 하도록 한 것은 합명회사 등기부와 합자회사 등기부가 별도로 작성·관리되고 있기 때문이다(상업등기법 제5조).

변경등기를 함으로써 조직변경의 효력이 생긴다. 이와달리 사실상 조직변경이 이루어진 때 조직변경의 효력이 발생한다고 보는 견해도 있다. 조직변경의 등기에 관한 상법의 규정을 보면 먼저 조직변경이 완료되고 그것의 공시를 위하여 등기를 요구하고 있는 것으로 보이므로(제243조, 제606조) 사실상 조직변경이 된 때를 효력발생시기로 보는 견해도 일리가 있다.

그러나 아래에서 보는 바와 같이 조직변경에 따라 무한책임사원에서 유한책임사원으로 지위를 바꾼 사원이 무한책임을 부담하는 기간의 기산점이 변경등기시로 되어 있는 것과 같이 조직변경의 효력발생시기는 대외적으로 중대한 영향을 미치게 된다. 따라서 객관적으로 명확성을 확보할 수 있는 등기시에 조직변경의 효력이 발생하는 것으로 보는 것이 타당할 것으로 생각한다.

(4) 조직변경의 효과

(가) 회사의 동일성 유지

변경 전의 회사와 변경 후의 회사는 동일성을 유지하므로 조직변경에 따른 권리·의무의 승계는 문제되지 아니하며 변경후의 회사가 권리·의무의 귀속주체가 된다.

(나) 사원의 책임

합명회사의 무한책임사원 중에서 합자회사로 조직변경하면서 유한책임사원이 된 자는 본점에서 조직변경등기(해산등기+설립등기)를 하기 전에 생긴 회사채무에 대하여 (설립)등기후 2년 내에는 무한책임사원으로서의 책임을 면하지 못한다(제244조). 이는 합명회사의 사원이 퇴사한 경우에 2년간 책임을 면하지 못하는 것과 같은 취지로 회사채권자를 보호하기 위한 것이다(제225조 제1항). 합자회사가 합명회사로 조직변경된 경우 변경전에 유한책임사원이었던 자가 조직변경전에 생긴 모든 회사채무에 대하여 무한책임을 지는 것은 합명회사에 새로 가입한 사원의 경우와 같다(제213조). 이러한 사원의 책임에 관한 규정이 있기 때문에 인적회사의 조직변경에는 별도의 채권자보호절차가 요구되지 않고 있다.

3. 유한책임회사 · 주식회사간의 조직변경

(1) 조직변경의 허용과 제한

주식회사가 유한책임회사로 조직을 변경할 때에는 주식회사의 유한회사로의 조직 변경에 대한 제한 요건이 준용된다(제287조의44). 주식회사가 사채의 상환을 완료하지 못한 때에는 유한책임회사로 조직변경을 할 수 없고(제604조 제1항 단서), 조직변경후의 회사의 자본금 또는 주식발행가액의 총액은 조직변경시에 회사에 현존하는 순재산액을 초과하지 못하며(제604조 제2항, 제607조 제2항), 유한책임회사가 주식회사로 조직을 변경하기 위해서는 법원의 인가를 얻어야 효력이 생긴다(제287조의44, 제607조 제3항).

(2) 조직변경절차

(가) 조직변경 결의

유한책임회사에서 주식회사로 조직변경할 때에는 총사원의 동의가 필요하고, 주식회사에서 유한책임회사로의 조직변경할 때에는 총주주의 동의로 한 결의가 필요하다(제287조의43). 조직변경의 결의에서는 정관 기타 조직변경에 필요한 사항을 정하여야 한다(제604조 제3항, 제607조 제5항).

(나) 채권자보호절차

조직변경 후 회사가 동일성을 유지한다 하더라도 회사의 종류에 따라 채권자의 이해관계가 중대한 영향을 받을 수 있으므로 상법은 유한책임회사와 주식회사 상호간의 조직변경의 경우에도 채권자보호철차를 거치도록 하고 있다. 이에는 합명회사 합병의 경우에 있어서의 채권자보호절차에 관한 규정이 준용된다(제287조의44, 제232조).

(다) 변경등기

주식회사와 유한책임회사간의 조직변경이 있을 때, 변경 전 회사의 해산등기와 변경 후 회사의 설립등기가 필요하다(제287조의44, 제606조, 제549조 제2항).

(3) 조직변경의 효과

유한책임회사가 주식회사로 변경된 경우에는 유한책임회사의 사원이 주식회사의 주주가 되고, 주식회사가 유한책임회사로 변경된 경우에는 주주가 유한책임회사의 사원이 된다.

변경 전 주식회사의 순재산액이 변경 후 유한책임회사의 자본에 미달하는 때에는 조직변경결의 당시의 주주와 이사가 변경 후 회사에 대하여 연대하여 그 부족분을 전보할 책임이 있다(제287조의44, 제605조 제1항). 이 경우 이사의 책임은 총사원의 동의로 면제할 수 있으나 주주의 책임은 면제할 수 없다(제287조의44, 제606조 제2항, 제550조 제2항, 제551조 제2항 · 제3항).

마찬가지로 변경 전 유한책임회사의 순재산액이 변경 후의 주식회사의 주식의 발행가액의 총액에 미달하는 때에는 조직변경결의 당시의 사원 · 업무집행자(유한회사의 이사, 감사 대신 유한책임회사에는 기관으로서 업무집행자가 있을 뿐이다)는 그 부족분에 대한 전보책임을 진다(제607조 제4항). 이 경우 업무집행자의 책임은 총주주의 동의로 면제할 수 있으나, 사원의 책임은 면제할 수 없다(제287조의44, 제607조 제4항, 제550조 제2항, 제551조 제2항 · 제3항).

4. 주식회사 · 유한회사간의 조직변경

(1) 조직변경의 허용과 제한

물적회사와 인적회사 상호간에는 조직변경이 허용되지 않음은 앞에서 지적하였다. 주식회사와 유한회사간의 조직변경은 원칙적으로 허용되지만 몇 가지 제한이 가해져 있다.

물적회사간의 조직변경에 대한 제한을 보면 첫째, 주식회사가 사채의 상환을 완료하지 못한 때에는 유한회사로 조직변경을 할 수 없다(제604조 제1항 단서). 유한회사는 사채의 형태로 채무를 부담할 수 없기 때문이다. 둘째, 조직변경후의 회사의 자본은 조직변경시에 회사에 현존하는 순재산액을 초과하지 못한다(제604조 제2항, 제607조 제2항). 셋째, 유한회사가 주식회사로 조직을 변경하기 위하여는 법원의 허가를 얻어야 한다(제607조 제3항). 이는 주식회사의 설립요건을 갖추지 못한 주식회사의 등장을 막기 위한 것이다.

(2) 조직변경절차

(가) 변경결의

주식회사를 유한회사로 변경하는 경우에는 총주주의 동의가 있어야 하고, 유한회사를 주식회사로 변경하는 경우에는 총사원의 일치에 의한 결의가 있어야 한다(제604조 제1항, 제607조 제1항). 회사의 종류에 따라 사원의 지위가 달라지므로 조직변경에 사원전원의 동의를 요구하고 있는 것은 당연하다. 조직변경의 결의에서는 정관 기타 조직변경에 필요한 사항을 정하여야 한다(제604조 제3항, 제607조 제5항).

(나) 채권자보호절차

조직변경 후 회사가 동일성을 유지한다 하더라도 회사의 종류에 따라 채권자의 이해관계에 중대한 영향을 미칠 수 있으므로 상법은 조직변경의 경우에도 채권자보호절차를 거치도록 하고 있다. 이에는 합명회사 합병의 경우에 있어서의 채권자보호절차에 관한 규정이 준용된다.

(다) 변경등기

주식회사와 유한회사간의 조직변경에도 변경 전 회사의 해산등기와 변경 후 회사의 설립등기가 필요함은 등기부가 회사의 종류별로 되어 있기 때문이다. 조직변경의 효력발생시기를 확실하게 하기 위하여 변경등기시에 그 효력이 발생하는 것으로 보아야 함은 인적회사간의 조직변경의 경우와 같다.

(3) 조직변경의 효과

유한회사가 주식회사로 변경된 경우에는 유한회사의 사원이 주식회사의 주주가 되고, 주식회사가 유한회사로 변경된 경우에는 주주가 유한회사의 사원이 된다.

물적회사의 조직변경에 특유한 것으로 조직변경 전의 주주, 사원, 이사, 감사는 순재산액 부족분에 대한 전보책임을 부담한다. 변경 전 주식회사의 순재산액이 변경 후 유한회사의 자본에 미달하는 때에는 조직변경결의 당시의 주주와 이사는 변경 후 회사에 대하여 연대하여 그 부족분을 전보할 책임이 있다(제605

조 제1항). 이 경우 이사의 책임은 총사원의 동의로 면제할 수 있으나 주주의 책임은 면제할 수 없다(제605조 제2항, 제550조 제2항, 제551조 제2항 · 제3항).

변경 전 유한회사의 순재산액이 변경 후의 주식회사의 주식의 발행가액의 총액(발행가액×발행주식총수)에 미달하는 때에는 조직변경결의 당시의 사원 · 이사 · 감사는 그 부족분에 대한 전보책임을 진다(제607조 제4항). 이 경우 이사 · 감사의 책임은 총주주의 동의로 면제할 수 있으나, 사원의 책임은 면제할 수 없다(제607조 제4항, 제550조 제2항, 제551조 제2항 · 제3항).

5. 조직변경절차의 하자

회사의 조직변경절차에 하자가 있는 경우 상법상 이에 대한 처리규정은 없다. 그러나 조직변경에 있어서 변경 전의 회사와 변경 후의 회사는 동일성을 유지하지만 형식적으로는 회사의 해산과 설립의 등기를 하여야 하는 점(제243조, 제286조, 제606조, 상업등기법 제74조, 제102조, 제110조)에 비추어 회사설립의 무효 · 취소에 관한 소의 규정이 준용되어야 할 것이다(정(찬), 482면; 이(철), 130면).

제 3 절 회사의 설립

제1 회사의 설립에 대한 국가의 간섭

회사제도가 등장한 이래 회사설립에 대한 국가의 간섭과 감독의 정도는 크게 달라져 왔다. 초기에는 국가에서 방임하는 태도를 취하였으나 불량한 목적을 위한 회사설립의 폐단이 발견되어 회사설립을 규제하게 되었다. 이를 위하여 개개의 회사별로 특별한 설립근거법이 마련되어야만 설립할 수 있도록 하던 시기가 있었다(예를 들면 영국의 East Indian Company). 현재 우리나라에서도 특수회사의 경우에는 설립근거법이 마련되어 있다(예, 한국전력공사법).

특허주의시대를 거쳐 회사설립에 대한 규제가 보다 완화된 모습이 '허가주의'이다. 이는 일반적 회사법에서 국가의 허가나 면허를 받아 회사를 설립할 수 있도록 규정하던 방식이다. 관련 행정기관에서 행정처분으로 설립을 허가하는 것으로 실질적 심사권을 가지는 것이 특색이다.

19세기 이후에는 자본주의의 융성에 따른 회사기업의 수요가 많아졌고 허가관청의 자의적 재량권 행사를 봉쇄하기 위하여 '준칙주의'가 도입되었다. 오늘날 세계 각국에서 채택하고 있는 준칙주의에 의하면 회사법에서 회사설립의 요건을 규정하고 신청인이 이러한 요건을 충족한 경우에 국가는 별도의 허가나 면허와 같은 처분없이 회사설립의 등기를 받아주고 있다. 원칙적으로 자유설립에 맡기되 회사기업이 기본적 조직을 갖추도록 규제하는 것이다.

제2 설립행위의 성질

회사의 설립은 절차나 과정을 가리키는 용어로서 그러한 절차가 종료되면 설립등기를 마치고 회사가 '성립'하게 된다. 회사는 성립함으로써 법인격을 취득한다. 설립의 과정에서 설립관여자의 설립행위가 있게 되는데, 이러한 설립행위가 어떠한 성질의 것이냐에 대하여 논란이 있었다.

대부분의 논자들은 설립행위를 정관작성 등 설립을 위해 행해지는 (장차) 사원이 될 자의 법률행위라고 하면서 인적회사의 경우는 정관작성만으로, 주식회사의 경우는 정관작성과 주식인수가 설립행위를 구성한다고 설명한다.

설립행위의 성질에 관하여는 민법학에서의 사단법인의 설립의 성질논의에 맞추어 합동행위라고 하는 입장이 다수설이다(강, 72~73면; 서 · 정, 306면; 손, 472면; 채, 403면; 최, 100면). 이에 대하여 설립과정 중의 개별행위에 따라 성격을 달리 보자는 견해(권, 69면; 정(동), 377면)가 있고 인적회사의 설립행위와 물적회사의 설립행위를 나누어 각각 합동행위 및 합동행위와 계약이라고 보는 설도 있다(정(찬), 468면). 한편 인적회사와 주식회사를 구별하지 않고 정관작성만을 설립행위로 보면서 합동행위라고 설명하기도 한다(이(철), 93~95면). 설립행위의 성질을 구별하는 것은 그에 대하여 어떠한 법규정이나 법원칙을 적용할 것인가를 정하기 위한 것이다.

법률행위를 단독행위 · 계약 · 합동행위 세 가지로 분류하는 전통적 입장에 따를 때 설립행위를 이들 중 어디에 해당한다고 볼 것인가. 여기서 인적회사의 설립행위와 주식회사의 설립행위를 별개로 설명하지 않고 통일하여 정관작성행위만을 설립행위로 본다면 설립행위에 계약의 법리를 적용하는 것은 적당하지 않음을 쉽게 알 수 있다. 계약은 주로 대립당사자간의 의사의 합치에 의해 성립하는 것으로 이해되고 있기 때문이다. 문제는 주식회사 설립시의 주식인수까지 설립행위로 볼 때 발생한다. 발기인에 의한 주식인수까지는 합동행위로 보아도 무방한데 반하여 모집주주에 의한 주식인수는 설립중의 회사(또는 성립후의 회사)에의 입사계약이라는 계약으로 볼 수밖에 없다. 모집주주의 주식인수에 신주발행시의 주식인수와 다른 법리를 적용할 이유는 없기 때문이다.

주식회사의 경우에만 별도로 취급하여 설립행위가 정관작성과 주식인수로 구성된다고 설명하는 것보다 인적회사와 물적회사를 통틀어 설립행위는 정관작성만을 가리키는 것으로 보고 이는 계약과 다르다는 점을 부각시켜 합동행위라고 설명하는 것이 일관성을 유지할 수 있어 적당하다.

제3 정관의 성질과 효력

1. 정관의 성질

회사의 설립시에 작성된 정관은 회사내부의 법률관계를 규율하는 규범으로서, 제정법으로서의 회사법을 보충하거나 (임의법규인 규정을) 변경하는 효력을 가진다. 정관은 상법에서 정한 절차에 따라 변경할 수 있다. 이러한 규범으로서의 정관을 '실질적(추상적) 의미에서의 정관'이라고 한다면 그것을 기재한 서면을 '형식적 의미에서의 정관'이라고 한다.

정관의 법적 성질에 관하여는 자치법규로 보는 것이 통설이다(강, 181면; 권, 286면; 서·정, 310~311면; 임, 65면; 정(찬), 469면; 최, 153면). 한편 소수설은 정관의 법적 성질을 계약으로 보고 있다(김(정), 426면; 정(동), 384면).

통설은 정관을 작성한 설립당사자(주식회사의 발기인 등)뿐 아니라 회사의 기관, 그리고 장래의 구성원(사원)까지 구속한다는 점을 강조하는 것이다. 한편 소수설은 정관을 작성한 자 간에는 그에 구속될 합의(계약)를 한 것이고, 그 후에 사원이나 기관이 된 자는 정관의 내용을 승인하고 구성원이 되는 것이라는 식으로 설명하면서 계약이라고 한다.

정관의 경우에도 그 성질을 논의하는 이유는 정관과 관련하여 발생하는 법률문제에 어떠한 법규정이나 법리를 적용할 것인가를 알아내기 위한 것이다. 소수설과 같이 정관을 계약으로 본다면 그 법률관계에 계약의 법리, 구체적으로는 민법의 계약에 관한 규정이 적용되어야 할 것이다. 그러나 계약설을 취하는 논자들은 계약법의 전면적 적용을 주장하는 것이 아니다. 계약법의 개별조항이 가지는 의미를 음미하여 정관에 유추적용할 것인지 여부를 결정하여야 한다고 한다(이 · 최, 157면; 정(동), 384~385면; 채, 405면). 그렇다면 구태여 정관을 계약으로 볼 필요가 있는가는 의문이다.

생각해보면 정관은 사원이 될 자들간의 의사의 합치에 의하여 작성되기는 하지만 이는 단체 내지 조직의 규범을 만드는 것이다. 회사의 정관은 회사성립 후에는 구성원 모두를 구속한다. 특히 정관변경의 경우를 생각해 보면 그러한 변경에 반대한 자에 대해서도 구속력을 가진다. 또한 회사의 구성원이나 기관담당자의 변경에 불구하고 효력이 유지된다. 이러한 점을 고려할 때 정관은 자치법규의 대표적인 예로 보아야 할 것이다.

2. 정관의 효력

정관은 자치법규이므로 회사의 구성원과 회사기관 등 회사 내부의 자에게만 적용되고 회사 외부의 자를 구속하는 것은 아니다. 정관으로 임의법규와 다른 내용을 규정할 수는 있으나 강행법규에 어긋난 정관규정은 효력이 없다. 정관은 자치법규로서 '법'에 해당하므로 그 해석문제는 사실문제가 아니고 법률문제로서 상고이유에 해당한다. 다음 판결은 민법상의 비영리법인에 관한 것이기는 하지만 영리법인인 회사의 경우에도 그 논리가 타당하다고 생각한다.

대판 2000. 11. 24, 99다12437 사단법인의 정관은 이를 작성한 사원뿐만 아니라 그 후에 가입한 사원이나 사단법인의 기관 등도 구속하는 점에 비추어 보면 그 법적 성질은 계약이 아니라 자치법규로 보는 것이 타당하므로, 이는 어디까지나 객관적인 기준에 따라 그 규범적인 의미 내용을 확정하는 법규해석의 방법으로 해석되어야 하는 것이지, 작성자의 주관이나 해석 당시의 사원의 다수결에 의한 방법으로 자의적으로 해석될 수는 없다 할 것이어서, 어느 시점의 사단법인의 사원들이 정관의 규범적인 의미 내용과 다른 해석을 사원총회의 결의라는 방법으로 표명하였다 하더라도 그 결의에 의한 해석은 그 사단법인의 구성원인 사원들이나 법원을 구속하는 효력이 없다.

회사의 행위가 정관에 위반된 경우 그 행위는 법규위반으로서 무효가 된다. 그러나 정관으로 대표이사의 권한을 제한했다 하더라도 정관위반을 이유로 대표이사의 행위의 효력을 부인하는 것은 금지된다(제389조 제3항, 제209조 제2항). 이는 회사와 거래한 제3자의 보호를 위한 것이다.

그 밖에 회사가 정관으로 공동대표의 정함을 둔 경우에 회사와 거래하는 상대방이 공동대표 전원과 거래하여야 하는 것은 정관이 회사 외부의 자에게까지 효력을 미치는 것으로 보일 수도 있다. 공동대표의 정함은 등기로 공시된다(제317조 제2항 제10호). 이러한 경우를 가리켜 정관의 구속력은 사원이나 기관에만 미치지만 그 효과는 제3자에게까지 미치는 것이라고 설명되기도 한다(이(철), 96~97면; 정(동), 385면; 최, 154면).

제 4 절　회사의 능력

제1　권리능력

상법상의 회사는 모두 법인격을 보유하며 권리·의무의 주체가 될 수 있다. 이는 회사가 일반적 권리능력을 가진다는 것이고 구체적·개별적으로는 회사의 권리능력에 다음과 같은 제한이 따른다.

1. 성질상의 제한

회사는 법인이므로 자연인만 누릴 수 있는 권리는 가질 수 없다. 이것이 법인의 성질로부터 나오는 권리능력의 제한이다. 회사는 가족법상의 권리·의무의 주체가 될 수 없음은 당연하다. 그러나 인격권(상호권, 명예권)을 향유할 수 있다. 상업사용인은 될 수 없으나, 다른 회사의 발기인이나 주주, 유한책임사원, 감사 등은 될 수 있다. 주식회사 발기인의 업무는 정형적인 것일 뿐 아니라 한

시적인 것이기 때문이다. 회사가 주식회사의 이사가 될 수 있느냐에 대하여는 학설이 대립하고 있으나, 이사회라는 회의체의 구성원으로서 경영에 대한 지식과 경험, 판단능력을 갖추고 토론을 통하여 회사의 업무집행에 관한 의사결정에 임하여야 한다는 이사 지위의 특성을 고려할 때 이사는 자연인이라야 한다고 본다.

2. 법률에 의한 제한

회사는 다른 회사의 무한책임사원이 되지 못한다(제173조). 이러한 제한의 취지는 회사가 무한대의 위험에 노출되는 것을 방지하기 위한 것이다. 이러한 상법상의 제한 외에 개별 법률에서 회사의 행위를 제한하는 예가 있다.

보험업법 제10조의 “보험회사는 생명보험업과 손해보험업을 겸영하지 못한다”는 규정과 같이 특정행위를 제한하는 것이 그 예이다. 이러한 규정을 단속법규로 보는 견해도 있는데 그렇게 본다면 위와 같은 규정은 권리능력과는 아무런 관계가 없게 된다.

3. 목적에 의한 제한

민법 제34조에서는 “법인은 정관으로 정한 목적범위에서 권리와 의무의 주체가 된다”고 규정하고 있다. 회사의 경우에는 정관에 ‘목적’을 기재하여야 하는데(제179조 제1호, 제289조 제1항 제1호 등) 여기서 목적이라 함은 그 회사가 영위할 사업의 종류를 가리킨다.

회사도 법인이므로 법인에 관한 일반원칙인 민법 제34조는 상법에서 특히 배제하지 않는 한(제1조 참조), 회사에도 적용되어야 할 것이다(정(희), 293면). 이러한 관점에서 소수설과 판례(대판 1975. 12. 23, 75다1479)는 회사가 정관에 기재한 사업의 범위를 벗어나는 법률행위를 한 경우에 원칙적으로 그 효과를 회사에 귀속시킬 수 없다고 한다. 이러한 엄격한 입장을 제한설이라고 한다. 다만 목적범위를 둘러싸고 일어나는 분쟁을 제거하는 것이 거래안전을 위하여 필요하므로 판례와 소수설은 제한설을 완화하여 목적범위를 넓게 해석하고 있다. 즉 ‘목적달성에 필요한 행위’, ‘목적에 반하지 않는 행위’는 목적범위 내의 행위로 보고 있다(대판 1987. 9. 8, 86다카1349).

대판 1975. 12. 23, 75다1479 회사의 대표이사가 회사를 대표하여 타인의 극장위탁경영으로 인한 손해배상의무를 연대보증한 것이 회사의 사업목적범위에 속하지 아니하는 경우에는 회사를 위하여 효력이 있는 적법한 보증으로 되지 아니하므로 회사는 손해배상책임이 없다.

〈사실관계 및 쟁점〉 소외 김규환은 원고 사단법인 철우회로부터 이 사건 극장의 경영을 위탁받았는데, 그로 인하여 위 원고에게 이 사건 손해배상의무를 부담하게 되었다. 그런데 피고 서광산업 주식회사의 대표이사인 서봉수가 위 피고 회사를 대표하여 소외 김규환의 원고 법인에 대한 손해배상의무를 연대보증하였고, 그 연대보증을 함에 있어 동 회사의 주주 및 이사들의 보증결의를 거쳤다. 다만 피고 회사의 정관에는 위와 같은 타인의 손해배상의무에 대한 보증은 그 사업목적으로 정해져 있지 않았다. 그러나 원고 법인은 소외 김규환을 상대로 하여서는 위 손해배상의무를, 피고 회사를 상대로 하여서는 위 손해배상의무에 대한 보증채무를 연대하여 이행할 것을 청구하는 이 사건 소를 제기하였다. 피고 회사는 동 회사의 대표이사인 서봉수가 동 회사를 대표하여 위와 같이 연대보증을 한 것은 피고 회사의 정관 소정의 사업목적 범위에 속하지 아니하는 행위로서 피고 회사에 대하여는 그 효력이 없다고 항변하였다.

여기서 쟁점이 된 것은 위와 같이 피고 회사의 정관 소정의 사업목적에 속하지 아니한 법률행위(이 사건에서는 소외 김규환의 손해배상의무에 대한 연대보증행위)의 효력을 동 회사에 귀속시킬 수 있느냐 하는 점이다. 즉 회사의 권리능력이 정관 소정의 목적에 의하여 제한을 받느냐 하는 점이다.

이에 대해 원심(서울고법 1975. 5. 30, 75나200)은 피고 회사를 대표하여 이 사건 연대보증행위를 한 것은 동 회사의 정관 소정의 사업목적 범위에 속하지 아니한다고 보아 동 회사의 위와 같은 항변을 받아들여 원고의 청구를 기각하였다. 대법원도 원심판결을 지지하면서 더 나아가 '피고 회사의 주주 및 이사들이 이 사건 보증의 결의를 하였다 함은 피고 회사가 한 보증이라 함을 말하는 것으로 볼 것인바, 그렇더라도 적법한 보증의 효력이 없다'라고 판시하여 원고의 상고를 기각하였다.

대판 1987. 9. 8, 86다카1349 회사의 권리능력은 회사의 설립근거가 된 법률과 회사의 정관상의 목적에 의하여 제한되나 그 목적범위 내의 행위라 함은 정관에 명시된 목적 자체에 국한되는 것이 아니고 그 목적을 수행하는데 있어 직접 또는 간접으로 필요한 행위는 모두 포함되며 목적수행에 필요한지 여부도 행위의 객관적 성질에 따라 추상적으로 판단할 것이지 행위자의 주관적, 구체적 의사에 따라 판단할 것은 아니다.

〈사실관계 및 쟁점〉 주식회사 광명건설의 대표이사 이수왕이 원고 이충식으로부터 금원을 차용함에 있어서 그 담보로 약속어음을 발행하고, 피고 경일투자금융 주식회사의 대표이사 김희창이 위 차용금을 보증하기 위하여 피고 회사 명의로 위 약속어음에 배서하여 이를 원고에게 교부하였다. 위와 같이 위 약속어음의 소지인이 된 원고가 지급기일에 그 지급을 위하여 제시하였으나 그 지급이 거절되었다. 이에 원고가 주위적 청구로서 배서인인 피고 회사에 대하여 소구권에 기하여 동 약속어음금의 이행을, 제1차 예비적 청구로서 원고가 위 이수왕에게 금원을 대여할 때 피고 회사가 보증하였음을 원인으로 하여 보증금의 이행을, 제2차 예비적 청구로서 위 이수왕이 여러 회사를 설립하여 운영하던 중 자금사정으로 피고 회사의 대표이사인 위 김희창 등과 공모하여 변칙적으로 자금을 조달하는 방법으로 위와 같이 이수왕이 발행한 약속어음에 김희창이 피고 회사명의로 배서한 행위는 단기금융업을 영위하는 피고 회사의 업무와 밀접한 관련을 갖고 있고 외관상으로 피고 회사의 직무행위임을 전제로 피고 회사의 불법행위로 인한 손해배상의무이행을 각각 청구하였다.

여기서 쟁점이 된 것은 제1, 2차 예비적 청구인 보증채무 및 손해배상채무의 이행은 별론으로 하고, 주위적 청구에 관하여 피고 회사의 권리능력이 정관 소정의 목적에 의하여 제한을 받는지 여부, 그 제한을 받는다면 이 사건 피고 회사의 어음배서행위가 위 목적범위 내의 행위에 해당하는지 여부 등이다.

이에 대해 원심(대구고법 1986. 5. 9. 선고 85나1213 판결)은 피고 회사는 단기금융업법에 의하여 설립된 회사로서 동법 제2조, 제7조에 규정된 어음의 발행, 매매, 인수 및 어음매매의 중개를 행할 수 있고 피고 회사의 정관상 목적도 위 업무에 제한됨을 전제로 이 사건에서 단기금융업을 영위하는 피고 회사가 타인의 차용금채무에 대하여 보증을 하거나 그 목적으로 어음배서를 하여 채무를 부담하는 행위는 피고 회사의 권리능력 밖의 법률행위로서 그 효력이 없다고 이에 대한 원고의 약속어음금 이행의 청구를 배척하였다. 다만 원심판결은 피고 회사의 위와 같은 어음배서행위가 동 회사의 권리능력 밖의 행위임을 전제로 제2차 예비적 청구인 피고 회사의 불법행위로 인한 손해배상책임을 인정하였다.

그러나 대법원은 위 판결요지와 같은 이유로 '이 사건 피고 회사가 단기금융업을 영위하는 회사로서 회사의 목적인 어음의 발행, 할인, 매매, 인수, 보증, 어음매매의 중개를 함에 있어서 어음의 배서는 행위의 객관적 성질상 위 목적수행에 직접·간접으로 필요한 행위라고 하여야 할 것이다'라고 하여 원심판결 중 원고의 주위적 청구에 관한 패소부분을 파기환송하였다.

한편 상법에서 민법 제34조를 준용하지 않고 있음을 근거로 목적에 의한 제한을 인정하지 않는 제한부정설이 압도적 다수설의 입장이다. 이에 의하면 정관 소정의 사업과 관련없는 행위라도 그 효력을 인정받게 된다.

제한설은 회사의 사원과 채권자의 이익보호를 중요시하는 반면, 제한부정설은 회사와 거래한 상대방의 이익보호에 중점을 두고 있다. 또한 정관상 목적에 관하여 제한설은 이를 회사의 권리능력을 제한하는 기능을 하는 것으로 보는 반면, 제한부정설은 이를 권리능력과는 관계없고 회사내부에서 기관의 책임을 추궁할 수 있는 근거로서 기능한다고 본다. 회사 기관(주식회사의 이사)의 책임을 추궁하는 경우에는 회사와 사원의 이익보호가 우선적으로 고려되어야 할 것이므로 목적범위를 넓힐 필요가 없을 것이다.

○○고속주식회사의 정관상의 목적을 보면 ① 여객운송사업과 ② 주택건설사업이 들어 있다. ○○고속이 하도급업자에 대한 하도급 대금지급을 연기하는 대신 그에 대한 보상으로 하도급업자의 은행차입채무를 연대보증한 경우 그러한 보증행위가 목적범위외의 행위로서 무효인가가 문제된다. 이 문제에 대하여 제한부정설의 입장에서는 ○○고속의 보증책임을 인정하는 데 아무 문제가 없다. 한편 제한설에 따르더라도 문제의 연대보증은 동 회사의 목적달성에 필요한 행위이므로 목적범위 내의 행위로 보게 된다. 다른 예로서 ○○건설주식회사가 대학에 기부금을 출연하는 행위가 목적범위를 벗어나는가가 문제된다. 목적에 의한 제한을 부정한다면 기부행위의 유효성을 문제삼을 필요가 없다. 한편 제한을 인정하더라도 대학에 대한 기부가 기업이미지의 향상에 기여하고 동회사의 장래 건설수주(예, 아파트 재건축사업)를 증가시키는 데 도움이 된다면 목적범위 내에 속하는 것으로 볼 수 있을 것이다.

제2 불법행위능력

회사를 대표하는 사원이 그 업무집행으로 인하여 타인에게 손해를 가한 때에 회사는 그 사원과 연대하여 배상할 책임이 있다(제210조, 제269조, 제389조 제3항, 제567조).

회사의 사용인이 업무집행에 관하여 불법행위를 한 때, 민법 제756조에 따라 회사의 책임이 결정된다. '사무의 집행에 관하여'의 해당여부는 행위의 유형에 따라 객관적으로 판단하여야 하고 행위자의 의사에 따를 것은 아니다. 다음 판결의 사실관계는 관련성 여부의 판단에 도움을 줄 수 있다.

대판 1980. 1. 15, 79다1230 회사의 대표이사가 그 업무집행 중 불법행위로 인하여 제3자에게 손해를 가한 때에는 대표이사는 회사와 연대하여 배상할 책임이 있고 그 불법행위는 고의는 물론 과실 있는 때에도 성립된다.

〈사실관계 및 쟁점〉 원고 권종찬은 소외 김경중과 종전부터 금원대차거래관계가 있었는데, 1976. 7. 중순 경 동 소외인으로부터 동 소외인이 1976. 5. 7.이래 대표이사로 있는(1976. 7. 20. 사임하였으나 사임등기는 같은 달 27.에 되었음) 피고 주식회사 해광의 자금난을 해결해 달라는 요청을 받았다. 이에 원고는 동 소외인의 위와 같은 요청을 받아들이기로 하고 1976. 7. 21. 피고 회사의 사무실에서 동 소외인과의 사이에 피고 회사가 소외 우성관광 주식회사로부터 임차하여 사용하고 있는 피고 회사의 사무실에 관한 임차인으로서의 일체의 권리와 그 사무실의 집기 비품 전부를 양수하는 양수계약을 체결하였다. 위 양수계약 중에는 위 사무실에 있던 피고 회사 소유의 집기, 비품인 이 사건 텔레비전, 냉장고, 복사기 각 1개 및 타자기 2개(한글, 영문) 등 4종목의 물건도 포함되어 있었으며, 원고는 위 4종목의 물건을 대금 1,500,000원으로 정하여 매입함은 물론 위 사무실과 이 사건 물건 및 기타 집기 등을 인도받아 점유하게 되었다. 원고는 피고 회사의 위 사무실의 임차기간이 1976. 8. 11.로 만료됨에 따라 같은 달 28.자로 소외 우성관광 주식회사로부터 위 사무실을 임차하였다.

그런데 1976. 7. 20. 피고 회사의 대표이사에 취임하고, 같은 달 27.에 그 등기를 마친 공동피고 김연수는 1976. 9. 4. 원고에게 임차인으로서의 일체의 권리를 양도한 위 사무실을 임대인인 위 소외 우선관광 주식회사에게 명도하고 퇴거하면서 피고 회사의 직원들을 시켜 이미 양도되어 인도된 원고 소유가 된 이 사건 물건을 불법반출시켜 이의 반환을 거부함으로써 원고의 이 사건 물건에 대한 회수청구를 불능하게 하였다.

이에 원고는 피고 회사의 대표이사인 공동피고 김연수의 위와 같은 이 사건 물건에 대한 불법반출행위로 인하여 자신의 이 사건 물건에 대한 회수청구를 불능하게 함으로써 위 물건의 시가 상당의 손해를 가하였다는 이유로 상법 제389조 제3항, 제210조에 의하여 피고 김연수에 대하여 피고 회사와 연대하여 위 손해에 대한 배상책임을 구하는 이 사건 소를 제기하였다.

여기서 쟁점이 된 것은 피고 회사의 대표이사인 공동피고 김연수의 위와 같은 불법행위에 대하여 피고 회사도 불법행위책임을 지느냐 하는 점이다.

이에 대해 원심(서울고법 1979. 5. 1, 78나2217 판결) 및 대법원은 '상법 제389조 제3항 및 제210조의 규정에 의하면 회사의 대표이사가 그 업무집행 중 불법행위로 인하여 타인에게 손해를 가한 때에는 대표이사는 회사와 연대하여 배상할 책임이 있고 그 불법행위는 고의가 있는 때에는 물론이고 과실이 있는 때에도 성립된다고 해석된다'라고 하여 피고 회사도 불법행위책임을 부담함을 인정하고 있다. 이 때 피고 회사와 위 김연수의 책임은 부진정연대책임이라고 할 것이다.

제 5 절　회사의 합병

제1 의　의

회사의 합병이라 함은 두 개 이상의 회사가 법에서 정하고 있는 절차에 따라 단일회사가 되는 것을 말한다. 당사회사의 일부 또는 전부가 해산하고 청산절차 없이 그 재산이 포괄적으로 존속회사 또는 신설회사에 이전하며 소멸회사의 사원은 존속회사 또는 신설회사의 사원이 된다(뒤의 44면, 대판 2003. 2. 11, 2001다1435 참조).

합병으로 인하여 동업계의 산업집중이 이루어지고 그로 인한 독점형성의 가능성 때문에 독점규제법에서는 일정한 거래분야에서 경쟁을 실질적으로 제한할 우려가 있는 합병을 금지하고 있다(동법 제7조). 그러나 합병은 경쟁제한적 효과 외에 경쟁촉진적 효과도 가질 수 있다. 기업은 합병을 통하여 규모의 경제와 유통단계의 통합을 달성함으로써 경영합리화를 도모할 수 있고, 비효율적인 경영진을 축출할 수 있으며, 국제경쟁력을 강화해 나갈 수 있다. 특히 「금융산업의 구조개선에 관한 법률」은 금융기관간의 건전한 경쟁촉진·금융업무의 효율성 제고를 위하여 금융기관 간의 합병을 장려하고 있다. 그 밖에 합병은 도산기업의 구제를 위하여도 유익하게 이용될 수 있다. 미국에서의 소위 '도산기업의 법리'(failing firm doctrine)가 이를 뒷받침하고 있다.

한편 상법의 이념인 기업의 유지라는 관점에서도 회사의 합병은 청산절차를 거치지 않고 소멸회사의 영업상태와 고객관계를 존속회사에 그대로 이전시킬 수 있어 기존회사의 해체와 새로운 설립에 따르는 여러 가지 손실·낭비를 피할 수 있다는 유리한 측면을 가지고 있다.

제2 성 질

합병의 성질을 어떻게 이해할 것인가에 대하여 세 가지의 견해가 제시되어 왔다.

첫째, 인격합일설의 입장에서는 합병을 복수의 회사를 단일회사로 하는 단체법상의 행위로서, 사단법상의 특별한 계약으로 본다. 그 효과로서 권리·의무의 포괄승계와 사원의 수용이 따르게 된다고 한다. 이 설이 다수설이다.

둘째, 현물출자설은 합병을 소멸회사의 영업전부를 현물출자하는 자본의 증가(흡수합병의 경우) 또는 회사의 설립(신설합볍의 경우)으로 본다. 현물출자설에 대한 비판으로는 ① 현물출자의 경우 출자자가 사원이 되는 반면, 합병에서는 소멸회사 자체가 존속회사 또는 신설회사의 사원이 되지 않고, 소멸회사의 사원이 존속회사나 신설회사의 사원이 되어 출자자와 사원이 되는 자가 달라진다는 점, ② 현물출자는 재산출자를 가리키는데 부채만을 출자의 목적으로 할 수는 없으므로 채무초과인 회사를 소멸회사로 하는 합병을 인정할 수 없다는 어려움이 지적되고 있다.

셋째, 재산합일설에서는 회사의 합병을 당사회사의 재산의 통합으로 이해하는데 이 설의 약점은 소멸회사의 사원과 피용자가 존속회사나 신설회사에 수용되는 관계를 설명하기 어렵다는 점이다.

제3 합병의 종류

회사의 합병에는 대체로 흡수합병과 신설합병 두 가지가 있다. 흡수합병은 둘 이상의 회사가 합병하여 흡수회사만 존속하고 피흡수회사는 소멸하는 형태이다. 실제 회사실무에 있어서는 주로 흡수합병만이 이용된다. 신설합병은 합병당사회사 모두가 소멸하고 새로운 회사가 설립되는 형태이다.

합병의 종류와 관련하여 '사실상의 합병'이라는 개념이 사용되고 있다. 이는 상법상의 합병절차에 따르지 않고 영업양도, 재산인수, 주식양도 등을 통하여 법률상의 합병과 같은 경제적 효과를 달성하는 경우를 말한다. 오래전에 호남전력주식회사가 발전설비를 한국전력공사에 매각하고 대금을 수령한 후 해산한 다음 청산절차를 거쳐 소멸한 사례는 그 경제적 효과면에서 흡수합병과 같다고 할 수 있다.

제4 합병의 제한

실제에 있어서는 같은 종류인 주식회사와 주식회사간의 합병이 대부분을 차지하지만, 상법에서는 서로 다른 종류의 회사간에도 합병할 수 있도록 허용하고 있으며, 일단 해산한 회사도 존속중의 회사를 존속회사로 하여 합병할 수 있다고 규정하고 있다(제174조 제3항).

다만 합병 당사회사의 일방 또는 쌍방이 유한책임회사, 주식회사 또는 유한회사인 때에는 합병후 존속하거나 신설되는 회사는 유한책임회사, 주식회사 또는 유한회사이어야 한다. 이는 물적회사의 사원이 인적회사의 사원이 됨으로써 책임이 확대되는 것을 막기 위한 것이다(제174조 제2항).

유한회사가 주식회사와 합병하여 존속회사나 신설회사를 주식회사로 하는 때에는 법원의 인가를 받아야 합병의 효력이 인정된다(제600조 제1항). 여기서 주식회사의 설립에는 엄격한 설립검사의 규정이 있고(제298조~제300조, 제310조~316조) 증자(신주발행)의 경우에도 비슷한 검사규정이 있음에(제422조) 반하여, 유한회사의 경우에는 설립과 증자에 그러한 검사규정이 없다는 차이를 주목할 필요가 있다. 유한회사와 주식회사가 합병하여 존속회사나 신설회사를 주식회사로 하는 경우에 법원의 인가를 받도록 규제하는 것은 먼저 유한회사 형태로 설립한 다음 그것을 주식회사에 흡수시킴으로써 주식회사의 설립과 증자시에 적용되는 단속규정의 회피를 방지하기 위한 것이다. 유한회사와 주식회사가 합병하는 경우에는 주식회사의 사채상환이 완료되지 않는 한, 존속회사나 신설회사를 유한회사로 하지 못한다(제600조 제2항). 유한회사에는 사채제도가 인정되지 않기 때문이다.

앞에서 본 바와 같이 독점규제법에서도 일정한 거래분야에서 경쟁을 실질적으로 제한하는 합병을 금지하고 있다(동법 제7조).

제5 합병절차

1. 합병계약

합병당사자간에 합병계획이 구체화되고 당사회사 모두가 이에 합의하면 합병계약이 체결된다. 합병계약은 당사회사간에 합병조건, 존속회사 또는 신설회사의 정관의 내용 등 합병에 필요한 사항을 포함하는 계약으로서 당사회사의 대표기관 간에 체결된다.

인적회사가 인적회사로 합병하는 경우에는 특별한 방식이 필요하지 않으나, 인적회사가 합병하여 주식회사를 신설하거나 주식회사 또는 유한회사가 합병하는 때에는 합병계약서에 법정사항을 기재하여야 한다(제525조, 제523조, 제524조, 제603조).

합병계약은 합명회사(또는 합자회사, 유한책임회사) 총사원의 동의, 주주총회의 결의, 또는 유한회사 사원총회의 결의를 정지조건으로 하는 합병의 예약 또는 본계약이다. 합명회사나 합자회사, 유한책임회사가 합병을 하기 위하여는 총사원의 동의가 필요하다(제230조, 제269조, 제287조의41).

2. 합병대차대조표의 공시

합병당사회사는 승인결의를 위한 주주총회의 2주간 전부터 각 회사의 대차대조표를 본점에 비치하여 주주와 회사채권자의 열람 및 등본·초본청구에 응하여야 한다(제522조의2 제1항·제2항).

3. 합병의 결의

당사회사의 대표자간에 체결된 합병계약은 각 회사의 내부에서 승인을 받아야 효력이 생긴다. 합명·합자회사의 경우는 총사원의 동의(제230조, 제269조)를 받아야 하며, 주식회사의 경우는 주주총회의 특별결의(제522조)에 의한 승인을, 유한회사의 경우는 사원총회의 결의(제598조)로 승인을 받아야 한다.

합병계약은 내부적 승인의 부결로써 실효된다.

4. 회사채권자 보호절차

합병당사회사들은 합병결의 후 2주간 내에 채권자에 대하여 일정기간(1월 이상) 내에 이의가 있으면 이의를 제출할 것을 공고하고 또 알고 있는 채권자에 대하여 개별적으로 최고(催告)하여야 한다(제232조 제1항, 제269조, 제287조의41, 제530조 제2항, 제603조).

이 기간 내에 이의를 제출하지 아니한 채권자는 동의한 것으로 보며, 이의제출자에 대하여는 변제, 담보제공 또는 상당한 재산을 신탁회사에 신탁하여야 한다(제232조 제2항·제3항, 제269조, 제530조 제2항, 제603조). 채권자보호절차 위반은 합병무효의 원인이 되며, 과태료의 제재대상이 된다(제635조 제1항 제14호).

5. 설립위원

신설합병의 경우 정관의 작성 기타 설립에 관한 행위는 각 회사에서 선임한 설립위원이 공동으로 하여야 한다(제175조). 설립위원은 합병결의와 동일한 방법으로 선임한다.

6. 창립총회 또는 보고총회의 소집

신설합병의 경우 제반절차 종료 후 설립위원은 창립총회를 소집하여야 하고(제527조, 제604조), 흡수합병의 경우는 존속회사에서 보고총회를 소집한다(제526조, 제603조).

7. 등　기

이상의 합병절차가 완료되면 본점소재지에서는 2주간 내, 지점소재지에서는 3주간 내에 존속회사는 변경등기, 소멸회사는 해산등기, 신설회사는 설립등기를 하여야 한다.

존속회사와 신설회사의 등기로써 합병의 효력이 발생한다(제234조).

제6 합병의 효과

1. 청산절차 불요

합병의 효력이 발생하면 소멸회사는 청산절차를 거치지 않고 소멸한다.

2. 사원의 수용

합병 중 가장 흔한 형태인 주식회사와 주식회사간의 합병의 경우 소멸회사의 기존 주주에게는 존속회사 또는 신설회사의 주식이 배정된다. 이와 관련하여 배정하는 주식의 비율의 불공정성여부에 관한 다툼이 있을 수 있다. 합병에 반대하는 주주는 소정의 절차를 거쳐 회사에 대하여 주식매수청구권을 행사할 수 있다(제522조의3).

3. 권리 · 의무의 포괄적 이전

합병의 효력발생과 함께 소멸회사의 권리의무는 존속회사 또는 신설회사에 포괄적으로 이전된다.

대판 2003. 2. 11, 2001다1435 회사의 합병이라 함은 두 개 이상의 회사가 계약에 의하여 신 회사를 설립하거나 또는 그 중의 한 회사가 다른 회사를 흡수하고, 소멸회사의 재산과 사원(주주)이 신설회사 또는 존속회사에 법정절차에 따라 이전 · 수용되는 효과를 가져오는 것으로서, 소멸회사의 사원(주주)은 합병에 의하여 1주 미만의 단주만을 취득하게 되는 경우나 혹은 합병에 반대한 주주로서의 주식매수청구권을 행사하는 경우 등과 같은 특별한 경우를 제외하고는 원칙적으로 합병계약상의 합병비율과 배정방식에 따라 존속회사 또는 신설회사의 사원권(주주권)을 취득하여, 존속회사 또는 신설회사의 사원(주주)이 된다.

〈사실관계 및 쟁점〉 소외 최익환은 1998. 9. 15. 합자회사 일광종합건설(이하 '일광건설'이라 한다)에 입사하여 무한책임사원으로서 6억 4,820만원의 출자를 이행하고 대표사원에 취임하였다. 그 후 위 일광건설은 합자회사 동림건설로 상호가 변경되었으며, 위 최익환은 2000. 4. 10. 소외 최종환에게 자신의 지분 일부인 4억 8,600만원을 양도하고 위 대표사원직을 사임하였으나 유한책임사원으로서 1억 6,220만원의 출자지분은 그대로 가지고 있었다. 그런데 위 동림건설은 2000. 6.경 피고 주식회사 대유건설에 흡수합병되어 해산되었으며, 그때 합병비율은 피고 회사와 동림건설 사이에 1:1의 비율로 결정하였다.

원고 덕산공영 주식회사는 위 최익환에 대하여 대여금채권 145,693,649원을 가지고 있었는데, 최익환에 대한 집행력 있는 가집행선고부 판결정본에 기하여 1998. 12. 4. 대전지방법원 홍성지원 98타기2578, 257제9호로, 채무자 최익환이 제3채무자 일광건설에 대하여 가지고 있는 4억 2,900만원의 출자이행금 반환청구채권 중 145,693,649원 및 지연손해금 채권에 대한 압류 및 추심명령을 받았고, 그 명령이 1998. 12. 5. 일광건설에게 송달되었다. 그 후 원고는 위 동림건설이 2000. 6.경 피고 주식회사 대유건설에 흡수합병되어 소멸하게 되자 동림건설의 사원이던 최익환이 당연히 동림건설로부터 퇴사하였다고 할 것이므로 위 최익환이 동림건설에 대하여 출자지분환금채권을 행사할 수 있는 상태에 있게 되었다고 보아 위 채권압류 및 추심명령에 기하여 피고 회사를 상대로 위 추심금의 이행을 구하는 이 사건 소를 제기하였다.

여기서 쟁점이 된 것은 위 동림건설이 피고 회사에 흡수합병되어 소멸하게 되면 동림건설의 사원이던 위 최익환이 동림건설에서 당연히 퇴사하는 효과가 발생하느냐 하는 점이다.

이에 대해 원심(대전고법 2001. 1. 31, 2000나1967 판결)은 동림건설이 피고 회사에 흡수합병되어 소멸됨으로써 동림건설의 사원이던 최익환이 동림건설에서 당연히 퇴사하는 효과가 생겼다고 보아 원고의 청구를 인용하였다. 그러나 대법원은 위 판결요지와 같이 피고 회사가 2000. 6.경 동림건설을 흡수합병함에 있어 그 합병비율이 피고 회사와 동림건설 사이에 1:1의 비율로 결정됨으로써 소멸되는 동림건설 사원에게 배정되는 피고 회사의 주식에 단주가 발생할 여지가 없었고, 동림건설은 합자회사로서 합병에 반대하는 사원의 주식매수청구권이 발생할 여지도 없어서, 동림건설의 사원이던 위 최익환은 위 합병일자에 정상적으로 피고 회사의 주식을 배정받아 피고 회사의 주주가 되었다는 이유로 원심판결을 파기환송하였다.

대판 1980. 3. 25, 77누265 상법 제235조(상법 제530조에 의하여 주식회사에 준용된다)에는 흡수합병의 경우에 있어서 합병 후 존속하는 회사는 합병으로 인하여 소멸된 회사의 권리·의무를 승계한다고 규정하고 있고, 국세기본법 제23조에는 법인이 합병한 때에 합병 후 존속하는 법인은 합병으로 인하여 소멸된 법인에게 부과되거나 그 법인이 납부할 국세·가산금과 체납처분비를 납부할 의무를 진다고 규정하고 있는데 위 규정들과 회사합병의 법리에 비추어 보면 회사합병이 있는 경우에는 피합병회사의 권리·의무는 사법상의 관계나 공법상의 관계를 불문하고 그 성질상 이전을 허용하지 않는 것을 제외하고는 모두 합병으로 인하여 존속하는 회사에게 승계되는 것으로 보아야 한다.

4. 소송절차의 중단

소송수행중인 회사가 합병으로 인하여 소멸하게 되면 소송절차는 중단된다. 이 경우에는 합병으로 인하여 설립된 신설회사나 합병후 존속하는 회사가 소송절차를 수계하여야 한다(민사소송법 제234조).

> **대판 2002. 9. 24, 2000다49374** 소송계속 중 일방 당사자의 합병에 의한 소멸로 인하여 소송절차 중단사유가 발생하였음에도 이를 간과하고 변론이 종결되어 판결이 선고된 경우에는 그 판결은 소송에 관여할 수 있는 적법한 수계인의 권한을 배제한 결과가 되는 절차상 위법은 있지만 그 판결이 당연무효라 할 수는 없고, 다만 그 판결은 대리인에 의하여 적법하게 대리되지 않았던 경우와 마찬가지로 보아 대리권 흠결을 이유로 상소 또는 재심에 의하여 그 취소를 구할 수 있을 뿐이나, 소송대리인이 선임되어 있는 경우에는 민사소송법 제95조에 의하여 그 소송대리권은 당사자인 법인의 합병에 의한 소멸로 인하여 소멸되지 않고 그 대리인은 새로운 소송수행권자로부터 종전과 같은 내용의 위임을 받은 것과 같은 대리권을 가지는 것으로 볼 수 있으므로, 법원으로서는 당사자의 변경을 간과하여 판결에 구 당사자를 표시하여 선고한 때에는 소송수계인을 당사자로 경정하면 될 뿐, 구 당사자 명의로 선고된 판결을 대리권 흠결을 이유로 상소 또는 재심에 의하여 취소할 수는 없다.

제7 합병의 무효

1. 총 설

회사의 합병이 상법의 규정에 위반하여 이루어진 경우에는 당연히 무효가 된다 할 것이다. 그러나 일단 합병의 효력이 발생한 후에는 그에 기초하여 새로운 법률관계가 형성·발전하여 나가게 되는 바, 합병의 무효를 무효의 일반원칙에 따라 처음부터 효력이 없다고 하거나 쉽게 그 무효를 주장할 수 있게 한다면 이미 전개된 법률관계의 안정을 해하게 될 것이다. 아울러 무효를 주장하지 않는 자와의 관계에서는 그 효력이 획일적으로 확정되지 않을 경우 법률관계가 복잡해질 수 있다. 이 때문에 상법에서는 법률관계의 안정과 획일적인 확정을 위하여 합병의 무효도 설립무효와 같이 소송으로만 다툴 수 있도록 한 것이다.

대판 1993. 5. 27, 92누14908 **가.** 회사합병에 있어서 합병등기에 의하여 합병의 효력이 발생한 이후에는 합병무효의 소를 제기하는 외에 합병결의무효확인청구만을 독립된 소로서 구할 수 없다.

나. 청구의 인낙은 당사자의 자유로운 처분이 허용되는 권리에 관하여만 허용되는 것으로서 회사법상의 주주총회결의의 하자를 다투는 소나 회사합병무효의 소 등에 있어서는 인정되지 아니하므로, 이와 같이 법률상 인정되지 아니하는 권리관계를 대상으로 하는 청구인낙은 효력이 없다.

〈사실관계 및 쟁점〉 원고 신영건설 주식회사는 포장공사업을 업종으로 하는 건설업면허를 가지고 있는 회사이다. 소외 재설공영 주식회사(이하 '재설공영'이라 한다)는 1986.경 '토목, 건축공사업'으로 건설업면허(토목건축 제21제9호, 이하 '이 사건 면허'라 한다)를 받았는데, 1986. 6.부터 1987. 6.까지 전후 257회에 걸쳐 건설업면허 명의를 대여해 주었다는 범죄사실로 1987. 8. 벌금 1,000만원의 약식명령을 받고 정식재판을 청구하였으나 1990. 1. 23. 대법원판결로 유죄가 확정되었다. 한편 피고 건설부장관은 1988. 3.경 수사기관으로부터 위 재설공영이 건설업면허의 대여 등 건설업법을 위반하였음을 통보받고 그 무렵 위 재설공영에 대한 건설업면허를 취소하는 행정처분을 위한 청문을 시행한 결과 위 재설공영측이 위반사실을 극구 부인하면서 차후 형사재판에서 그 진실여부를 다투겠다고 하자 위 형사재판결과를 기다리기로 하고 위 재설공영에 대한 면허취소를 보류하고 있었다.

그 후 원고 회사는 1990. 3. 27. 재설공영을 흡수합병하여 합병등기를 마친 후 1990. 7. 18. 피고에게 이 사건 면허의 건설업면허증 및 면허수첩을 분실하였다는 이유로 재교부신청을 하였고, 이에 피고는 1990. 7. 19. 원고 회사와 재설공영의 합병관계를 서류상 확인하고 원고 회사 명의로 건설업면허증과 건설업면허수첩을 재교부하였다. 그러던 중 재설공영의 이사이던 소외 이영우가 원고 회사를 상대로 재설공영의 1990. 1. 12.자 주주총회에서 재설공영을 원고 회사에게 흡수합병하기로 하는 내용의 주주총회결의의 효력을 다투는 대전지방법원 90가단3775 합병결의 무효확인청구소송에서 1990. 11. 9. 원고 회사(위 사건의 피고)가 위 이영우의 청구를 인낙하여 인낙조서가 작성되었고 1990. 12. 19. 위 재설공영의 등기부가 부활되었다.

이에 피고는 1990. 12. 28. 원고 회사와 위 재설공영에 대하여 위 건설업법위반을 이유로 재설공영이 가지고 있던 이 사건 면허의 취소를 통지하였다. 그 후 원고 회사는 1991. 2. 28. 위 재설공영이 상호를 변경한 정신종합건설 주식회사를 재합병하였다.

그 후 원고 회사는 피고에 대하여 위 면허취소처분의 취소를 구하는 이 사건 소를 제기하였다.

여기서 쟁점이 된 것은 합병등기로 합병의 효력이 발생한 이후에 합병무효의 소 이외에 합병을 위한 주주총회결의무효확인청구를 독립한 소로서 구할 수 있느냐 하는 점 및 회사법상 주주총회결의의 하자를 다투는 소나 회사합병무효의 소 등에서도 청구의 인낙이 인정되느냐 하는 점 등이다.

이에 대해 원심(서울고법 1992. 8. 26, 91구850 판결)은 '피고가 원고 회사에 대하여 이 사건 면허증 등을 재교부해 준 것은 새로운 면허를 발급하거나 면허를 갱신해 준 것이 아니라 면허권자인 법인을 흡수합병한 원고 회사가 그 권리의무를 포괄승계한 것으로 보고 단순히 분실한 면허증 등을 재교부한 것에 불과하므로, 원고 회사와 재설공영 사이의 1990. 3. 27.자 합병은 위 합병결의무효확인의 소의 인낙으로 무효가 되었기 때문에 위와 같이 합병으로 원고 회사가 취득한 면허는 다시 원래 면허권자인 합병전 재설공영에 귀속되었다 할 것이어서 그 후에 피고가 원고 회사에 대하여 한 이 사건 면허취소의 통지는 면허권자가 아닌 자에 대하여 한 것이므로 아무런 효력이 없고 따라서 원고 회사가 피고의 원고 회사에 대한 위 면허취소통지(처분)의 취소를 구하는 것은 소의 이익이 없으며, 또한 원고 회사가 위 1991. 2. 28.자 재설공영에 대한 재합병으로 재설공영의 권리의무를 승계한 지위에서 재설공영에 대한 이 사건 면허취소처분의 위법을 주장할 수 있다 할 것이지만, 원고 회사는 재설공영의 위 면허가 합병으로 소멸되었음을 주장하고 있는 점으로 보아 원고 회사가 이 사건에서 재설공영에 대한 면허취소처분의 취소를 구하는 취지는 아니다'라고 판시하여 원고 회사의 청구를 기각하였다.

그러나 이에 대해 대법원은 위 판결요지와 같은 이유로 위 재설공영의 주주총회에서 이루어진 원고 회사와 재설공영 사이의 합병결의의 효력을 다투어 소외 이영우가 원고 회사를 상대로 제기한 무효확인청구소송에서 원고 회사가 위 이영우의 청구를 인낙하고 그에 관하여 인낙조서가 작성되었다 하여 그 합병이 무효로 되는 것은 아니라 할 것이므로 그 합병으로 인하여 원고 회사에게 이전된 이 사건 면허는 의연히 원고 회사에게 남아 있다고 보아야 할 것이라고 하여 원심판결을 파기환송한 것이다.

2. 무효의 원인

대표적인 합병무효의 원인으로는 ① 합병금지규정(제174조 제2항, 제600조 제1항·제2항)을 위반한 때, ② 합병계약서를 전혀 작성하지 않았거나 합병계약서의 법정요건(제523조, 제524조, 제525조)을 충족시키지 못한 때, ③ 합병결의에 하자가 있는 때, ④ 합병에 필요한 인가·허가를 받지 아니한 때를 들 수 있다. 그 이외에 합병비율이 현저하게 불공정한 경우도 무효의 원인이 될 수 있다(이(철), 125면; 정(찬), 497면).

대판 2009. 4. 23, 2005다22701,22718 **국민은행 · 한국주택은행 합병 사건**

현저하게 불공정한 합병비율을 정한 합병계약은 사법관계를 지배하는 신의성실의 원칙이나 공평의 원칙 등에 비추어 무효이고, 따라서 합병비율이 현저하게 불공정한 경우 합병할 각 회사의 주주 등은 상법 제529조에 의하여 소로써 합병의 무효를 구할 수 있다. 다만, (흡수합병시 존속회사가 발행하는 합병신주를 소멸회사의 주주에게 배정·교부함에 있어서 적용할 - 저자)합병비율은 자산가치 이외에 시장가치, 수익가치, 상대가치 등의 다양한 요소를 고려하여 결정되어야 할 것인 만큼 엄밀한 객관적 정확성에 기하여 유일한 수치로 확정할 수 없고, 그 제반요소의 고려가 합리적인 범위 내에서 이루어진 것이라면 결정된 합병비율이 현저하게 부당하다고 할 수 없다. 따라서 합병당사회사의 전부 또는 일부가 주권상장법인인 경우 증권거래법과 그 시행령 등 관련 법령이 정한 요건과 방법 및 절차 등에 기하여 합병가액을 산정하고 그에 따라 합병비율을 정하였다면 그 합병가액 산정이 허위자료에 의한 것이라거나 터무니없는 예상 수치에 근거한 것이라는 등의 특별한 사정이 없는 한, 그 합병비율이 현저하게 불공정하여 합병계약이 무효로 된다고 볼 수 없다.

3. 합병무효의 소

(1) 제소기간

합병무효의 소는 합병등기일로부터 6월내에 제기하여야 한다(제236조 제2항, 제269조, 제529조, 제603조). 합병을 승인한 주주총회의 결의에 흠이 있었던 경우 문제의 합병이 효력을 발생하기 전이라면 주주총회결의취소·무효확인의 소를 제기하여 다툴 수 있다. 그러나 합병이 효력이 발생한 후에는 합병무효의 소로써만 분쟁을 해결하여야 한다.

(2) 제소권자

합병무효의 소는 사원, 청산인, 파산관재인, 합병을 승인하지 아니한 회사채권자가 제기할 수 있다(제236조 제1항, 제269조).

(3) 소송절차

합병무효의 소에는 설립무효의 소에 관한 규정이 대부분 준용된다. 즉 전속관할, 공고, 병합심리에 관한 규정 등이 준용된다(제240조, 제186조~191조, 제269조, 제530조 제2항, 제603조).

(4) 무효판결의 효력

합병무효의 판결은 제3자에 대하여도 그 효력이 있다(제240조, 제190조). 이를 판결의 대세적 효력 내지는 형성력이라 한다. 이는 소송당사자간에만 효력이 인정되는 기판력과 구별된다. 무효판결의 확정으로 합병당사회사는 합병전의 상태로 환원하여 분할된다. 즉 소멸회사는 부활하고 신설회사는 소멸한다.

합병무효판결이 확정되었더라도 판결확정전에 생긴 회사와 사원 및 회사와 제3자간의 권리의무에 영향을 미치지 않는다(제240조, 제190조, 제269조, 제530조 제2항, 제603조).

존속회사나 신설회사가 합병후 취득한 재산은 원상에 회복한 회사들의 공유가 되고 합병후 부담한 채무는 원래의 회사들의 연대채무가 된다. 채무의 분담이나 재산에 대한 지분은 당사회사간의 협의로 정할 수 있으나, 협의가 성립하지 않는 경우에는 법원이 청구에 따라 각 회사의 재산상태 등 제반사정을 참작하여 이를 정한다(제239조, 제269조, 제530조, 제603조).

합병무효판결의 확정에 따라 존속회사는 변경등기를, 신설회사는 해산등기를, 소멸회사는 회복등기를 하여야 한다(제238조, 제269조, 제530조 제2항, 제603조).

(5) 패소원고의 책임

합병무효의 소를 제기한 자가 패소한 경우에 악의·중과실이 있는 경우에는 회사에 대하여 연대하여 손해를 배상할 책임을 진다(제240조, 제191조, 제269조 등).

제 6 절 회사의 해산명령과 해산판결

제1 총 설

회사의 해산은 회사의 법인격을 소멸시키는 원인이 되는 법률사실이다. 어떠한 사유로 회사가 해산에 이르게 되느냐는 각종의 회사별로 상법에 다르게 규정되어 있다. 이 절에서는 모든 회사에 공통되는 해산사유인 해산명령과 해산판결을 설명한다.

해산으로써 회사의 법인격이 바로 소멸되는 것이 아니고 회사는 해산후에도 청산의 목적범위 내에서 동일회사로 존속하다가(제245조, 제269조, 제287조의45,

第542조 제1항, 第613조 제1항) 청산이 종결된 때 법인격이 소멸한다.

제2 해산명령

회사의 해산명령은 주로 공익의 관점에서 법원이 회사의 법인격을 박탈하는 제도이다. 준칙주의에 따르는 회사설립의 남용을 통제하기 위한 제도 중의 하나이기도 하다. 다음 각호의 사유에 해당하는 때 법원은 이해관계인이나 검사의 청구에 의하여 또는 직권으로 회사의 해산을 명할 수 있다(제176조 제1항).

① 회사의 설립목적이 불법인 것인 때

② 회사가 정당한 사유없이 설립 후 1년 내에 영업을 개시하지 아니하거나 1년 이상 영업을 휴지하는 때

③ 이사 또는 회사의 업무를 집행하는 사원이 법령 또는 정관에 위반하여 회사의 존속을 허용할 수 없는 행위를 한 때

위의 세 가지 해산명령사유 중 설명을 필요로 하는 것은 두 번째 사유이다. 이 사유는 휴면회사의 해산을 규정한 상법 제520조의2와 비교해 볼 수 있는 규정이다. 특히 영업불개시나 영업휴지를 이유로 하는 해산명령제도는 당좌거래 개설만을 위하여 유령회사를 설립한 경우, 탈세목적으로 신용카드가맹점 가입만을 위하여 회사를 설립한 경우 등을 대상으로 하여 공중의 오인을 유발할 수 있는 가공의 회사를 방지하기 위한 제도이기도 하다. 법문에서는 '설립 후' 1년 내에 영업을 개시하지 아니하거나라고 표현하고 있으나 '성립 후'로 읽는 것이 정확을 기할 수 있을 것이다. 여기서 영업의 개시라고 하는 것은 영업 전부를 개시하여야 한다는 의미는 아니다. 따라서 상당한 정도로 회사의 목적인 사업을 수행하는 이상 부분적 개업의 경우라도 해산명령의 대상은 되지 아니한다. 영업을 개시하지 못하거나 1년 이상 영업을 휴지하더라도 '정당한 사유'만을 갖추었다면 해산명령의 대상이 되지 아니한다. 개업에 장기간이 소요되는 사업으로서 건설이자가 지급되고 있었다거나(구법 제463조 참조) 불경기로 인하여 1년 이상 휴업하는 경우에는 '정당한 사유'를 인정받을 수 있을 것이다. 부동산소유권분쟁으로 인하여 점포임대 등의 사업을 1년 이상 휴지하였더라도 정당한 사유가 없

다고 할 수 없다고 한 결정이 있다(대법원 1978. 7. 26, 78마106 결정). 반면에 소유권분쟁에서 회사가 패소한 경우에는 영업의 휴지에 정당한 사유를 인정해주지 않은 결정이 있다(대법원 1979. 1. 31, 78마56 결정).

대결 1978. 7. 26, 78마106 시장경영 목적의 회사가 시장건물신축 중 그 소유권을 둘러싼 분쟁으로 수년간 그 기능을 사실상 상실하고 정상적인 업무수행을 하지 못하다가 그 후 확정판결에 기하여 정상적인 업무수행을 할 수 있게 된 경우에 상법 제176조 제1항 제2호 후단 소정의 회사해산명령 사유인 "회사가 정당한 사유없이 1년 이상 영업을 휴지하는 때"에 해당한다고 볼 수 없다.

〈사실관계 및 쟁점〉 사건본인회사인 용산제일시장 주식회사는 이미 검사의 청구에 기하여 해산명령결정이 내려졌다. 그런데 상대방들인 석진우 외 7인은 위 해산명령결정 사실을 전혀 모르고 있다가 위 사건본인회사의 재산관계 소송이 최종적으로 대법원에서 확정될 무렵인 1977. 4. 29.경에 비로소 위 사실을 알게 되었다.

본래 위 사건본인인 용산제일시장 주식회사는 1967. 9. 23. 공익을 위한 공인시장경영, 일용품도산매 기타 이에 부대되는 사업경영을 목적으로 설립된 이래 소외 전홍진으로부터 동용섭이 위 공사의 1, 2층 건물 골조부분만 완성된 단계에서 위 상인들이 낸 돈의 일부를 임의로 소비하고 도주하자 위 상인들과 위 사건본인회사 사이에 위 신축중인 건물의 소유권을 둘러싸고 분쟁이 발생하여 그때부터 위와 같은 건물소유권분쟁에 관한 대법원의 확정판결이 있을 때까지 위 사건본인회사는 그 기능을 사실상 상실하고 시장경인 소유의 서울 용산구 용산동 2가 8의13 등 6필지 지상에 2층 점포 1동을 임차하여 상인들을 입주시켜 시장을 개설하였는데 그 후 위 사건본인회사는 동 지상에 구건물을 헐고 근대식 시장건물을 신축하기 위하여 시장상인들로부터 미리 점포임대차 보증금을 거두어 시장건물을 신축하다가 당시 위 사건본인회사의 대표이사이던 소외 망 박영 점포임대와 그 차임징수, 납세 등 정상적인 업무수행을 하지 못하였다.

이에 상대방들인 석진우 외 7인은 1977. 5. 3. 위 사건본인회사의 해산명령결정에 대하여 본건 추완항고를 제기하면서, 위 사건본인회사가 과거 수년동안 부동산소유권분쟁으로 인하여 점포임대 등의 업무수행을 정상적으로 하지 못한 것을 가리켜 상법 제176조 1항 제2호 후단 소정의 회사해산명령사유에 해당한다고 볼 수 없다고 주장하였다. 원심(서울고법 1978. 4. 1, 77라22 결정)이 상대방들의 추완항고를 받아들이고 위 검사의 사건본인회사에 대한 해산명령신청을 기각하는 결정을 내리자 검사가 원심결정에 대하여 재항고를 한 것이다.

여기서 쟁점이 된 것은 본건 추완항고가 적법한 것인지 여부 및 추완항고가 적법하다면 위 사건본인회사가 위와 같이 과거 수년동안 부동산소유권분쟁으로 인하여 점포임대 등의 업무수행을 정상적으로 하지 못한 것이 위 회사의 해산명령 사유에 해당하는가 하는 점이다.

이에 대해 원심(서울고법 1978. 4. 1, 77라22 결정) 및 대법원은 위 사건본인회사의 시장점포 입주상인들과 위 사건본인회사 간에 시장건물관계를 둘러싼 분쟁으로 인하여 위 사건본인회사가 위 시장상인들에게 사실상 시장 운영권을 빼앗겨 각 그들이 책임질 수 없는 사유로 인하여 원결정에 대한 즉시 항고기간을 준수할 수 없었다고 하여 상대방들의 본건 추완항고가 적법한 것이라고 전제한 다음 이제 위 사건본인회사의 재산관계소송이 대법원의 위 확정판결에 기하여 위 신축건물을 회수하고 그 기능을 회복하여 위 상인들과의 거래관계를 정산하는 등 정상적인 업무수행을 할 수 있는 위치로 복귀하였음을 인정할 수 있으므로 위 사건본인회사가 과거 수년동안 위와 같은 특별한 사정 때문에 그 정상적인 업무수행을 하지 못한 것을 가리켜 상법 제176조 1항 제2호 후단 소정의 회사해산명령사유인 회사가 정당한 사유 없이 1년 이상 영업을 휴지하는 때에 해당한다고 볼 수는 없다고 판시하여 재항고인의 재항고를 기각하였다.

대결 1979. 1. 31, 78마56 회사의 기본재산인 동시에 영업의 근간이 되는 부동산의 소유권 귀속과 등기절차 등에 관련된 소송이 계속되었기 때문에 부득이 영업을 계속하지 못하였다 하여 회사해산명령결정을 다투는 경우에 위 소송이 부당하게 제기한 것이었다면 그 영업휴지는 상법 제176조 제1항 제2호 소정의 영업휴지에 정당한 사유가 있는 경우에 해당되지 아니한다.

〈사실관계 및 쟁점〉 재항고인인 초정천연탄산 주식회사는 그의 기본재산이고 동시에 영업의 근간이 되는 광천이 위치하고 있는 이 사건 계쟁부동산에 관하여 신청 외 한국광천개발 주식회사와의 사이에서 그 부동산의 소유권귀속과 등기절차 등에 관하여 다투고 있었다. 그러나 위 초정천연탄산 주식회사는 그 설립 후 1년 내에 소규모로나마 영업을 개시하기는 하였지만 위 다툼이 발생한 이후로는 영업활동을 휴지하고 있었다.

그런데 이 사건 계쟁부동산은 원래 신청외 정순배가 원소유자들로부터 매수하여 등기의 편의상 그가 다수주주로 있던 재항고인인 위 초정천연탄산 주식회사의 명의로 신탁하여 두었다가 이를 해지함에 따라 재항고인 회사는 1969. 12. 9.자 주주총회의 특별결의를 거쳐 위 정순배에 대한 중간등기를 생략하고 그가 대표이사로 있는 한국광천개발 주식회사 명의로 적법하게 소유권이전등기절차를 이행하였다. 그럼에도 불구하고 재항고인은 위 한국광천개발 주식회사를 상대로 이 사건 계쟁부동산의 소유권귀속과 등기절차 등에 관하여 다투고 있었던 것이다.

이에 제1심법원은 위 초정천연탄산 주식회사는 그 설립 후 1년 내에 소규모로나마 영업을 개시하기는 하였지만 1972. 8.경 또는 1973. 7.경 이후부터 현재에 이르기까지 1년 이상 그 영업을 휴지하고 있다는 이유로 상법 제176조 1항 제2호(회사가 정당한 사유 없이 설립 후 1년 내에 영업을 개시하지 아니하거나 1년 이상 영업을 휴지한 때)에 의하여 위 회사의 해산을 명하는 결정을 내려고, 이에 위 회사가 항고하였으나 원심(서울고법 1978. 1. 28, 77라14)은 제1심법원에서와 같은 이유로 위 회사의 항고를 기각하였다. 다시 위 회사가 대법원에 재항고한 것이다.

위 회사는 그 재항고이유로서 재항고인 회사가 위와 같이 그 영업을 휴지한 것은 재항고인 회사의 기본재산이고 동시에 재항고인 회사의 영업에 근간이 되는 광천이 위치하고 있는 부동산에 관하여 신청외 한국광천개발 주식회사와의 사이에 그 소유권 귀속과 등기절차 등에 관련된 소송이 계속되어 부득이 영업을 계속하지 못한 것이므로 재항고인 회사가 정당한 사유 없이 영업을 휴지한 경우에 해당되지 않는다는 취지로 주장하였다.

여기서 쟁점이 된 것은 재항고인 회사가 위와 같은 소송관계로 인하여 재항고인 회사가 그 영업을 휴지함에 있어서 그 정당한 사유가 있는 경우에 해당하느냐 하는 점이다.

대법원은 '이 사건 계쟁부동산은 원래 신청외 정순배가 원소유자들로부터 매수하여 등기편의상 그가 다수주주로 있던 재항고인 회사명의로 신탁하였다가 이를 해지함에 따라 재항고인 회사는 1969. 12. 9.자 주주총회의 특별결의를 거쳐 위 정순배에 대한 중간등기를 생략하고 그가 대표이사로 있는 한국광천개발주식회사 명의로 적법하게 소유권이전등기절차를 한 것이라고 인정되어 이를 다투는 소송에서 재항고인 회사의 패소로써 확정되었음을 알 수 있으므로, 결국 재항고인 회사는 이 사건 부동산에 관한 소유권을 가지고 있지 못하였고 또 자신의 의사에 의하여 적법하게 한국광천개발 주식회사로 그 소유권이전등기를 넘겨준 것임에도 불구하고 이와 상반되는 무근한 사실을 내세워 그 소유권이 재항고인 회사에 있다고 주장하여 그 소유권의 귀속과 등기의 효력을 다투는 부당한 소송을 제기하였던 것에 불과하고 그 영업휴지에 관하여 정당한 사유가 있는 경우에 해당한다고는 할 수 없다'라고 하여 재항고인의 재항고를 기각하였다.

해산명령을 청구할 수 있는 이해관계인은 회사설립에 직접 법률상 이해관계를 가진 자를 가리킨다. 그러나 대법원은 휴면회사의 상호를 사용하려는 목적만 가지고는 해산명령에 있어서의 이해관계인 요건을 충족시키지 못한다고 결정한 예가 있으며(대법원 1995. 9. 12, 95마686 결정), 지입된 버스의 차주도 이해관계인이 아니라고 한 결정(대법원 1976. 12. 15, 76마368 결정)이 있다. 해산명령의 재판절차는 비송사건절차법에 따른다(비송사건절차법 제90조 이하).

대결 1995. 9. 12, 95마686 상법 제176조 제1항에 의하여 법원에 회사의 해산명령을 청구할 수 있는 이해관계인이란 회사 존립에 직접 법률상 이해관계가 있는 자라고 보아야 한다. 따라서 "전자랜드"라는 명칭의 빌딩을 소유하고 같은 명칭의 서비스표 및 상표등록을 한 자가 그 상호를 "전자랜드주식회사"로 변경하려고 하는데, 휴면회사인 "전자랜드판매주식회사"로 인하여 상호변경 등기를 할 수 없다는 사실만으로는 위와 같은 이해관계인이라 보기 어렵다.

대결 1976. 12. 15, 76마368 비송사건절차법 제139조, 제154조, 제155조의 관계규정에 비추어 볼 때 이해관계인은 자기가 한 회사의 해산명령신청이 기각되었을 때에 한하여 그 재판에 대한 즉시항고를 할 수 있을 뿐, 검사가 해산명령신청을 하여 해산을 명하는 재판이 있는 경우에는 즉시항고를 할 수 없는 것으로 제한하여 볼 근거와 이유는 없으나, 회사의 주주나 감사가 아닌 지입된 버스의 차주는 이해관계인에 해당되지 아니하므로 이해관계인으로서 위 재판에 대하여 즉시항고를 할 수 없다.

해산명령의 청구가 있는 경우 법원은 해산을 명하기 전이라도 이해관계인이나 검사의 청구에 의하여 또는 직권으로 관리인의 선임 기타 회사재산의 보전을 위하여 필요한 처분을 할 수 있다(제176조 제2항).

검사의 청구에 의하거나 법원의 직권으로 해산을 명하는 경우를 제외하고 이해관계인의 해산청구가 있는 경우에 회사가 그 청구가 악의임을 소명하면 법원은 청구인에게 상당한 담보의 제공을 명할 수 있다(제176조 제3항 · 제4항). 이는 해산명령의 청구를 남용하는 것을 막기 위한 것이다.

제3 해산판결

1. 의　의

위의 해산명령제도가 공익의 관점에서 회사의 존속을 허용할 수 없을 때 법원이 그 해산을 명령하는 제도인데 반하여 해산판결제도는 사원의 이익을 보호하기 위한 제도이다. 회사제도를 유지시킴으로써 사원에게 손해가 초래될 경우 판결로써 법인격을 박탈할 수 있도록 한 제도이다. 해산명령제도는 비송사건절차에 의한 결정인데 반하여 해산판결은 소송절차에 따른다.

2. 해산판결의 사유

(1) 합명회사 · 합자회사

상법에서는 '부득이한 사유'가 있는 때에 합명회사와 합자회사의 사원은 법원에 회사의 해산을 청구할 수 있다고 규정하고 있다(제241조 제1항, 제269조). 부득이한 사유라 함은 ① 문제된 회사의 법인격을 존속시키는 것이 사원의 이익에 반하는 동시에 ② 회사내부의 어려운 사정을 지분의 양도, 일부사원의 제명 · 퇴사, 총사원의 동의에 의한 회사해산 등의 방법으로 해결할 수 없는 경우를 가리킨다.

(2) 유한책임회사 · 주식회사 · 유한회사

유한책임회사의 각 사원은 부득이한 사유가 있는 경우 해산을 청구할 수 있다(제287조의42, 제241조). 주식회사의 발행주식총수의 100분의 10 이상의 주식을 가진 주주(소수주주) 또는 유한회사의 자본의 10분의 1 이상의 출자좌수를 가진 사원(소수사원)은, ① 회사의 업무가 현저한 정돈상태(stand-still)를 계속하여 회복할 수 없는 손해가 생긴 때 또는 생길 염려가 있는 때 또는 ② 회사재산의 관리 또는 처분의 현저한 실당(失當)으로 인하여 회사의 존립을 위태롭게 한 때에 해당하고 '부득이한 사유'가 있을 경우 법원에 회사의 해산을 청구할 수 있다(제520조, 제613조 제1항). 해산판결이 회사의 소멸로 연결되는 극단적 조치임에 비추어 '부득이한 사유'는 회사의 정돈상태나 존립이 위태로운 상태를 임원교체 또는 유지청구나 대표소송제기와 같은 다른 구제수단으로는 해소할 수 없는 경우를 가리키는 것으로 보아야 할 것이다.

3. 청구권자

해산명령의 청구권자가 검사, 이해관계인 등으로 넓게 규정되어 있음에 반하여 해산판결은 사원이나 주주에 한하여 청구할 수 있다. 회사를 더 이상 유지시키는 것이 적당하지 않다 하여 해산판결을 청구하게 되는 제도의 취지에 비추어 볼 때 비록 해산판결의 사유에 책임이 있는 사원이라 하더라도 해산판결의 청구를 할 수 있도록 하여야 할 것이다(이(철), 136면).

4. 소　송

해산판결청구사건은 소송사건으로서 형성의 소에 해당한다. 이러한 소송은 본점소재지를 관할하는 지방법원에 전속한다(제241조 제2항, 제186조). 해산판결의 확정으로써 회사는 해산하고 청산절차를 밟아야 한다. 패소원고에게 악의·중과실이 있었던 경우 설립무효·취소의 소의 예에 따라 회사에 대하여 연대하여 손해배상책임을 진다(제241조 제2항, 제191조).

제 7 절　회사의 계속

제1　의　의

회사의 계속은 기업유지의 이념을 구현하기 위한 제도이다. 회사의 다양한 해산사유 중 일부는 그러한 사유가 발생하였다 하더라도 반드시 회사를 소멸시켜야만 하는 것이 아닌 경우가 있다. 그러한 경우에 사원들이 회사의 존속을 원한다면 청산절차를 진행시킬 것이 아니라 일정한 보완을 거쳐 회사를 유지시키는 것이 바람직할 것이다. 회사의 계속을 통하여 해산후의 회사가 해산전의 회사로 복귀하게 된다.

제2　회사종류별 계속사유

1. 합명회사

(1) 회사설립의 무효 또는 취소의 판결이 확정된 경우에 그 무효나 취소의 원인이 특정한 사원에 한하는 것인 때에는 다른 사원 전원의 동의로써 회사를 계속할 수 있다. 이 때 그 무효 또는 취소의 원인이 있는 사원은 퇴사한 것으로 본다(제194조 제1항·제2항). 이로써 남게 된 사원이 1인에 불과하게 되면 새로 사원을 가입시켜서 회사를 계속할 수 있다(제194조 제3항).

(2) 회사가 존립기간의 만료 기타 정관에서 정한 사유가 발생하여 해산한 때(제229조 제1항, 제227조 제1호)와 총사원의 동의로 해산한 때(제229조 제1항, 제227조 제2호)에는 사원의 전부 또는 일부(2인 이상)의 동의로 회사를 계속할 수 있다. 그러나 회사의 계속에 동의하지 아니한 사원은 퇴사한 것으로 본다(제229조 제1항).

(3) 사원이 1인으로 되어 해산한 때에는 새로 사원을 가입시켜서 회사를 계속할 수 있다(제229조 제2항). 이러한 경우에 유한책임사원을 새로 가입시키면 합자회사로 조직변경을 할 수 있다(제242조 제2항). 이 때에는 회사의 계속과 조직변경이 동시에 이루어지게 된다.

2. 합자회사

합명회사의 계속사유가 합자회사에 적용되는(제269조)외에 합자회사는 두 가지 종류의 사원으로 구성된 회사이므로 어느 한 종류의 사원이 모두 퇴사함으로써 해산하게 된다(제285조 제1항). 이 경우에 남아있는 무한책임사원 또는 유한책임사원은 그들 전원의 동의로 다른 종류의 사원을 새로 입사시키거나 일부사원의 책임을 변경시켜서 회사를 계속할 수 있다(제285조 제2항).

3. 유한책임회사

합명회사의 계속사유 중 '사원이 1인으로 된 때에는 새로운 사원을 가입시켜 회사를 계속할 수 있다'는 규정을 제외하고 합명회사의 계속사유는 유한책임회사의 해산 후 계속에 준용된다(제287조의40, 제227조 제1호 · 제2호, 제229조 제1항 · 제3항, 제287조의6, 제194조).

(1) 회사설립의 무효 또는 취소의 판결이 확정된 경우에 그 무효나 취소의 원인이 특정한 사원에 한하는 것인 때에는 다른 사원 전원의 동의로써 회사를 계속할 수 있다. 이 때 그 무효 또는 취소의 원인이 있는 사원은 퇴사한 것으로 본다(제287조의6, 제194조 제1항 · 제2항).

(2) 회사가 존속기간의 만료 기타 정관으로 정한 사유가 발생하여 해산한 때(제287조의40, 제229조 제1항, 제227조 제1호)와 총사원의 동의로 해산한 때(제287조의40, 제229조 제1항, 제227조 제2호)에는 사원의 전부 또는 일부(2인 이상)의

동의로 회사를 계속할 수 있다(제287조의40, 제229조 제1항). 동의하지 않은 사원은 퇴사한 것으로 본다(제287조의40, 제229조 제1항).

(3) 파산선고에 의하여 해산한 경우(제227조 제5호)에 파산폐지결정이 있으면 정관변경에 따라 회사를 계속할 수 있다(채무자 회생 및 파산에 관한 법률 제540조).

4. 주식회사

(1) 주식회사가 존립기간의 만료 기타 정관에 정한 사유의 발생 또는 주주총회의 결의에 의하여 해산한 경우에는 주주총회의 특별결의에 의해 계속할 수 있다(제519조).

(2) 5년 이상 등기한 사실이 없어서 해산이 간주된 휴면회사라도 3년 이내에는 주주총회의 특별결의로써 계속할 수 있다(제520조의2 제3항).

5. 유한회사

유한회사는 존립기간의 만료 기타 정관에서 정한 사유의 발생 또는 사원총회의 결의에 의하여 해산한 경우에는 사원총회의 특별결의로써 회사를 계속할 수 있다(제610조 제1항).

제3　회사계속의 등기와 효과

회사를 계속하는 경우에 있어서 이미 회사의 해산등기를 하였을 때에는 본점소재지에서는 2주간 내에, 지점소재지에서는 3주간 내에 회사계속의 등기를 하여야 한다(제229조 제3항, 제269조, 제285조 제3항, 제521조의2, 제611조).

회사의 계속을 통하여 해산후의 회사가 해산전의 회사로 복귀하게 된다. 양자는 그 동일성이 인정된다. 회사계속에는 소급효가 없다. 합명회사의 사원이 1인으로 되어 새로 사원을 가입시켜서 회사를 계속하는 경우(제229조 제4항) 또는 합자회사의 무한책임사원 전원이 퇴사하여 다른 무한책임사원을 가입시켜 회사를 계속한 경우(제285조 제3항) 새로 가입한 사원은 그 가입전에 생긴 회사채무에 대하여 다른 사원과 동일한 책임을 진다(제213조).

제 2 장
주식회사

제 1 절 의 의

주식회사는 사단법인성이 뚜렷한 회사로서 주식으로 세분화된 자본금을 재산적 기초로 하며 모든 주주가 주식인수가액을 한도로 하여 출자의무를 부담할 뿐, 회사의 채무에 대하여 사원(주주)은 아무런 책임을 지지 않고 회사재산만이 책임을 지는 회사이다. 자본금(자본단체), 주식, 주주의 유한책임이 주식회사의 세 가지 특징적 요소라 할 수 있는데 각각 나누어 살펴보기로 한다.

제1 자본금/자본단체

주식회사에 있어서는 사원의 개성이 중요하지 않고 회사채무에 대한 담보가 되는 것은 회사재산뿐이다. 이 때문에 주식회사의 자본금은 특별히 중요한 의미를 가지며 주식회사를 자본단체라고 부르기도 한다.

거래계에서는 일정한 사업을 하는데 필요한 자금을 자본금이라고 부르기도 하지만 상법상 주식회사의 자본금은 특별한 의미를 가진다. 상법에서는 주식회사의 자본금에 대하여 액면주식을 발행한 경우에는 발행주식의 액면총액(제451조 제1항), 무액면주식을 발행한 경우에는 주식 발행가액의 2분의 1 이상의 금액으로서 이사회에서 자본금으로 계상하기로 한 금액의 총액(제451조 제2항)이라고 정하고 있다. 발행주식의 액면총액은 발행주식총수×액면금액으로 계산된다. 이러한 자본금은 회사재산의 기초를 이룬다. 다만 자본금은 장부상·계산상의 수치로서 특정 주식회사의 대차대조표상 자본 및 부채의 부에 기재될 뿐이고 현금형태로 보관되어 있는 것은 아니다. 즉 대차대조표에 기재된 자본금액은 회사의 책임재산의 현황을 정확하게 나타내지 못할 수 있다. 그럼에도 그 회사가 최소한 자본금액에 상당하는 순자산(총자산－부채)을 책임재산으로서 보유하여야 한다는 규범적 의미를 가진다. 주식회사의 자본금은 5천만원 이상이어야 했으나, 2009년 개정시 제329조 제1항이 삭제되어 현재는 최저자본금에 대한 규정이 없다.

주식회사의 자본금과 관련하여 종래 세 가지 원칙이 논의되어 왔다. 각 원칙을 나누어 살펴보기로 한다.

1. 자본유지(충실)의 원칙

자본유지의 원칙 또는 자본충실의 원칙이라 함은 주식회사는 자본금에 상당하는 현실적 재산(순자산)을 유지(보유)하여야 한다는 원칙이다. 이 원칙을 구현하기 위한 상법상의 제도로는 다음과 같은 것이 있다.

① 주식의 액면미달발행의 금지(제330조)

② 납입기일에 있어서의 주식인수가액의 전액납입 및 현물출자의 이행(제295조, 제303조, 제421조, 제425조)

③ 발기인과 이사의 인수 및 납입 담보책임(제321조, 제428조)

④ 회사의 동의를 받지 아니한 경우의 납입관련 상계금지(제421조 제2항)

⑤ 자기주식의 취득제한(제341조)

⑥ 이익배당의 제한과 법정준비금제도(제458조, 제462조)

2. 자본금확정의 원칙

자본금확정의 원칙이라 함은 정관으로 자본금을 확정하여야 한다는 원칙이다. 이 원칙은 자본금이 정관에 기재되어 확정될 것과 그 전액을 인수·납입할 것을 요구하는 확정자본제와 어울리는 원칙이다. 그런데 우리 상법은 설립시를 제외하고는 정관에 자본금의 기재를 요구하지 않는 수권자본제를 채택하고 있다. 수권자본제에서 수권이라 함은 회사성립 후 주식(신주)발행의 권한이 이사회에 위임되어 있고 정관의 정함이나 주주총회 결의를 필요로 하지 않는다는 뜻이다. 우리 상법은 일단 회사가 성립한 후에는 발행예정주식총수의 범위 내에서 이사회에서 필요할 때마다 신주를 발행할 수 있도록 하고 있어서 자본금이 정관에 기재되지 않는다. 이 때문에 자본금확정의 원칙은 우리 상법상 주식회사의 자본금에 관한 원칙이 될 수 있는가에 대한 의문이 제기된다.

설립시 발행하는 주식의 총수와 1주의 금액(액면주식을 발행하는 경우)은 설립시의 정관에 기재되어야 하고(제289조 제1항 제4호 · 제5호) 그 전액을 인수 · 납입시켜야 한다(제295조 제1항, 제305조). 이와 같이 회사설립시의 자본금(발행주식액면총액)은 원시정관에 기재되어 확정되고 이 주식은 모두 인수되어야 한다는 점에서 설립시에는 현행 상법하에서도 자본금확정의 원칙이 인정되고 있다(제289조 제1항 제4호, 제5호의 정관기재사항). 무액면주식을 발행하는 경우라도 '설립시에 발행하는 주식의 총수'가 정관에 기재되고 인수되어야 하며 주식의 발행가액과 주식의 발행가액 중 자본금으로 계상하는 금액이 정관으로 정해지거나 발기인 전원의 동의로 정해진다(제291조). 그러나 일단 회사가 성립한 후 신주발행에 의한 자본증가의 경우에는 수권자본제에 따라 발행주식수를 정관에 기재할 필요가 없고 인수 · 납입된 부분에 대해서만 신주발행의 효력이 생기므로 일단 회사가 성립한 후에는 자본금확정의 원칙은 유지되지 않는다.

3. 자본금불변의 원칙

자본금불변의 원칙(불감소의 원칙)은 다른 말로 자본금감소절차 엄격화의 원칙이라고 할 수 있는데 자본금을 변경시키기 위해서는 엄격한 법정절차를 밟아야 한다(제438조, 제439조)는 원칙이다. 회사채권자는 회사에 [자본금+부채]에 상당하는 실질재산(집행가능재산)이 있을 것으로 기대한다. 새로 설립된 주식회사가 일단 영업활동을 개시한 후에는 자본금의 금액과 회사의 순자산(총자산-부채)의 수치가 정확하게 일치할 수는 없다. 상법 제451조의 자본금은 비록 장부상의 수치이기는 하지만 '규범적 기준'으로서 중요한 의의를 가진다. 이러한 자본금이 감소되는 것을 엄격하게 통제하지 않는다면, 회사채권자의 이익을 침해하게 될 뿐 아니라 자본유지의 원칙도 무의미한 것이 되고 실효성을 거둘 수 없다.

이러한 점에서 자본금불변의 원칙은 자본유지의 원칙을 보완하는 기능을 수행한다. 자본금의 변경은 자본금의 감소와 증가로 나누어진다. 수권자본제를 채택하고 있는 우리 상법상 자본금의 증가는 이사회에서 필요한 때마다 신주를 발행할 수 있듯이 엄격한 통제가 이루어지지 않고 있으므로 자본금불변의 원칙은 결국 절반의 원칙에 지나지 않는다는 논의도 있을 수 있다. 그러나 자본금불변의 원칙 자체가 원래 채권자의 보호를 위하여 불감소를 강조한 원칙이었으므로 증가에 엄격한 절차가 요구되지 않는다 하여, 자본금불변의 원칙이 우리 상법상의 주식회사의 자본금에 관한 원칙이 될 수 없다고 하는 것은 적당하지 않다.

제2 주 식

주식회사의 자본금은 전부 주식으로 세분화되며 액면주식의 금액은 균일해야 한다(제329조 제2항).

주식은 두 가지 의미를 가진다. 하나는 자본금의 구성분자(단위)라는 뜻이고 다른 하나는 주주로서의 권리·의무, 즉 사원의 지위 또는 자격을 의미한다. 주주권은 다시 자익권과 공익권으로 구별되는데 자익권 중 대표적인 것으로는 이익배당청구권이 있으며 공익권의 예로는 의결권, 대표소송제기권 등을 들 수 있다. 주식이라는 용어와 주권이라는 용어는 비법률가들이나 일상 거래계에서는 혼동되어 사용되기도 한다. 그러나 법학도의 입장에서 보면 주식은 주주권을 가리키고 주권은 주주권을 표창하는 유가증권이므로 양자는 엄격히 구별되어야 한다. 상법의 해당 조문에서도 이를 분명히 구별하고 있다(제336조 제1항 등).

제3 주주의 유한책임

주주의 책임은 주식인수가액을 한도로 한다. 그런데 회사설립시나 신주발행에 있어서 일단 주식을 인수한 자가 주금액 전액을 납입한 후 주주가 되므로 결국 주주의 책임은 주식인수인으로서의 책임에 지나지 않는다. 유한책임을 다른 각도에서 보면 회사성립 후 또는 신주의 효력발생 후 이미 납입한 주금액을 초과하여 그 이상의 책임을 지지 않는다는 의미이다. 따라서 주주에게 추가출자를 요구하는 것은 주식회사의 기본원리에 반하게 된다. 가상의 예이지만 주주총회에서 추가출자를 하기로 결의하였다면 그러한 주주총회의 결의는 무효이다. 주주의 유한책임에 대한 유일한 예외는 법인격부인의 경우인데 이에 대하여는 앞의 회사의 개념부분에서 설명한 바 있다. 다만, 주주 스스로 회사채무를 분담하거나 과점주주의 제2차 납세의무의 경우에는 유한책임원칙이 적용되지 아니한다.

대판 1989. 9. 12, 89다카890 상법 제331조의 주주유한책임원칙은 주주의 의사에 반하여 주식의 인수가액을 초과하는 새로운 부담을 시킬 수 없다는 취지에 불과하고 주주들의 동의 아래 회사채무를 주주들이 분담하는 것까지 금하는 취지는 아니다.

〈사실관계 및 쟁점〉 피고 주식회사 삼보상호신용금고(이하 '피고 금고'라 한다)의 대표이사이던 소외 김응종과 북부산지점장이던 소외 김찬경이 부외거래를 하여 위 피고 금고에게 합계 금 3,358,188,000원 상당의 손해를 입히게 되었다. 이에 피고 금고의 전·현직 이사이며 대주주이던 원고 정태용과 소외 김병하, 김규태, 유용주 등 4인이 위 사태를 수습하기 위하여 각자 일정한 금원을 피고 금고에 제공하기로 약정하였다. 그 약정에 따라 원고는 금 360,000,000원을 피고 금고에 지급하였다.

그 후 원고는 위와 같이 피고 금고에 별도의 금원을 제공하기로 한 약정은 주주유한책임원칙에 반하여 무효라고 주장하면서, 피고 금고 외 2인을 상대로 위 제공한 금원에 상당한 손해배상을 구하는 이 사건 소를 제기하였다.

이에 대하여 원심(부산고법 1988. 12. 7, 88나1523 판결) 및 대법원은 위 판결요지와 같은 이유로 원고의 금원제공약정은 주주유한책임원칙에 반하지 아니한다고 보아 위 청구를 기각하였다.

대판 1990. 9. 11, 90누1083 (구)국세기본법 제39조 제2호에 규정된 출자자의 제2차납세의무제도는 법인의 유한책임사원이나 과점주주(출자자)에 한하여 적용되는 상법상의 주주 등의 유한책임원칙에 대한 예외적인 규정이라고 보아야 할 것이므로 위 규정에 의한 제2차납세의무자는 법인의 체납세액 전액에 대하여 납세의무를 부담하는 것이고(현행 국세기본법 제39조에서는 비례책임으로 변경 - 저자) 그 책임이 주식점유비율에 따라 한정되는 것은 아니다.

제 2 절 설 립

제1 총 설

주식회사의 설립행위는 합동행위로 보는 것이 다수설이다. 이에 대하여 합동행위와 계약이 병존한다는 설이 있다(정(찬), 468면). 그러나 다수설에서도 주식회사의 모집설립에서의 주식인수는 설립중의 회사에의 입사계약(다수설) 또는 성립할 회사에의 입사계약(소수설)이라고 하므로 결과적으로 차이가 있는 것은 아니다.

상법상 주식회사는 다른 종류의 회사에 비하여 상대적으로 많은 자본금과 많은 수의 사원을 예정하고 있다. 동시에 물적회사로서의 성격이 뚜렷하다. 주식회사의 설립절차는 다음 세 가지의 특징을 가진다.

1. 주식회사는 자본적 결합체이므로 정관작성, 주식인수, 기관선임 등 실체형성을 위한 복잡한 설립절차가 요구된다.

2. 상법상의 규정을 충족시키는 한 주식회사는 자유롭게 설립된다. 이러한 준칙주의에 따른 사기설립 등 폐단을 방지하기 위하여 상법에서는 설립경과조사, 공시제도를 두고 있다. 주식회사의 설립에 관한 상법의 규정은 강행법규로 해석된다.

3. 주식회사의 경우는 설립주체를 확실하게 하고 설립관련 책임의 소재를 분명히 하기 위하여 발기인 제도를 두어 그들에게 설립사무를 맡기는 동시에 엄격한 책임을 지우고 있다.

제2 설립절차

1. 개 설

주식회사의 설립은 3단계의 절차를 거쳐 이루어진다.

제1단계는 회사의 구조나 조직을 정하는 절차인데 발기인의 정관작성이 여기에 해당한다.

제2단계는 기업자본형성절차인데 주식인수와 주금액의 납입으로 이루어진다.

제3단계로 설립등기를 함으로써 주식회사가 성립하여 법인격을 취득하게 된다.

상법에서는 주식회사의 설립방법으로 두 가지 절차를 규정하고 있는데 이

[회사설립절차의 흐름]

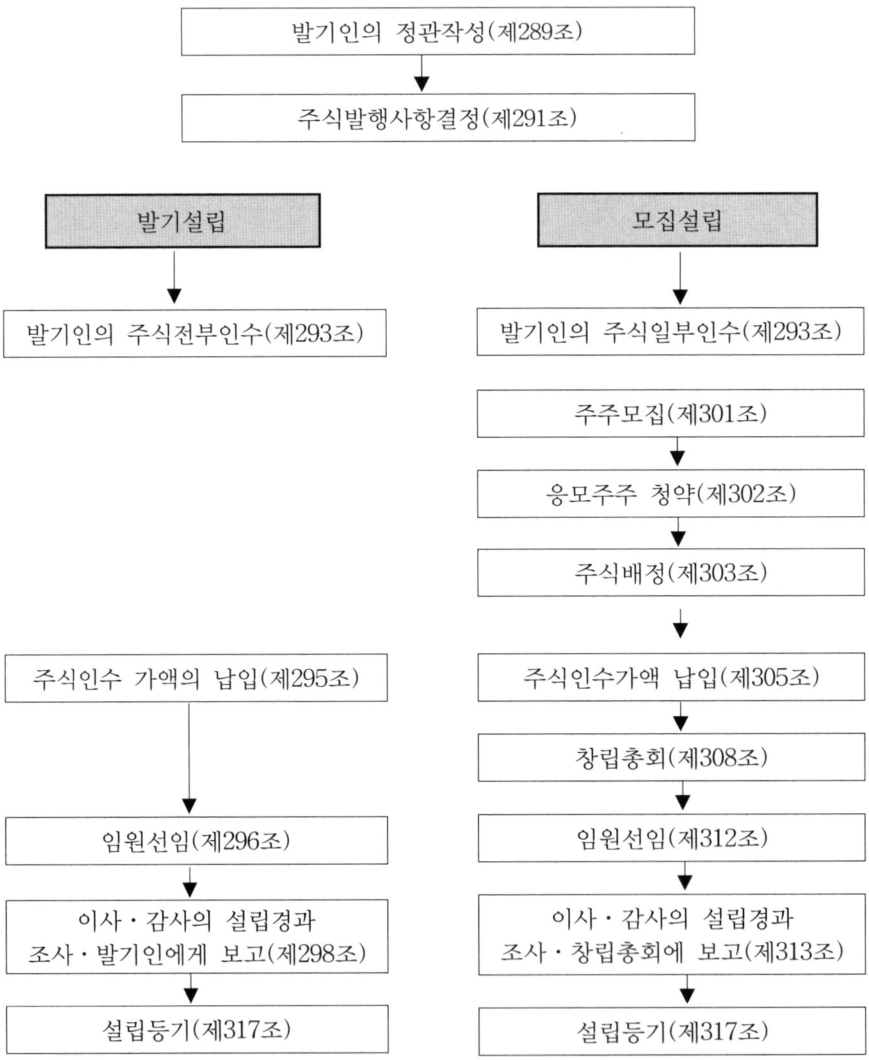

두 가지는 위 설립절차 중 제2단계, 즉 주식인수방법의 차이에 따라 구분된다.

발기설립은 발기인만으로 설립시에 발행되는 주식의 전부를 인수하는 경우를 가리키고, 모집설립은 발기인이 그 중 일부만을 인수하고 나머지는 일반공중으로부터 모집하는 설립방법을 가리킨다.

1995년 상법 개정전에는 모집설립의 경우에는 법원의 간섭을 받지 않는 데 반하여 발기설립을 하는 경우 법원이 선임한 검사인에 의한 설립과정의 조사를 받아야 했다. 이러한 법원의 간섭을 피하고 비용을 절약하기 위하여 소규모의 가족회사를 설립하는 경우에도, 원래 대규모 주식회사를 예정하여 규정된 모집설립절차를 밟는 것이 관례였다. 현행상법에서는 발기설립의 경우에도 이사·감사가 설립과정을 조사하여 발기인에게 보고하도록 하여(제298조) 법원의 관여를 배제하고 있다.

변태설립사항이 있을 경우 1995년 개정전에는 사항을 불문하고 예외없이 법원의 검사를 받아야 했으나 현행법에서는 사항별로 법원의 검사를 대체할 수 있는 다른 방법이 규정되어 있어서 설립당사자들은 법원의 검사를 받거나 대체방법에 의하거나 하는 선택의 기회를 가진다. 변태설립사항이 발기인의 특별이익이나 발기인의 보수 또는 설립비용일 경우에는 공증인의 조사·보고로 갈음할 수 있고 변태설립사항이 현물출자이거나 재산인수인 경우에는 공인된 감정인의 감정으로 법원이 선임한 검사인에 의한 검사를 대신할 수 있다(제299조의2, 제310조).

2. 발기설립과 모집설립

(1) 주식인수인의 범위에 따른 두 가지 설립절차

주식회사의 설립절차를 보면, 발기인이 정관을 작성하고(제289조) 주식발행사항을 결정함으로써(제291조) 설립절차가 시작된다. 그 후에는 주식발행내용에 따라 발기설립절차와 모집설립절차로 나누어진다. 발기설립은 설립시에 발행하는 주식전부를 발기인들이 인수하는 설립방식이며, 모집설립은 설립시에 발생하는 주식 중 일부를 발기인들이 인수하고 나머지는 발기인 이외의 자가 인수하는 방식이다. 두 방식을 대비하여 보면 다음 표와 같다. 실질적으로 발기설립에 해당함에도 불구하고 형식상 모집설립의 방법을 택하여 회사설립을 하였다면 설립무효의 원인이 된다(대판 1992. 2. 14, 91다31494 참조).

<발기설립과 모집설립의 차이>

항 목	발 기 설 립	모 집 설 립
주식인수	설립시 발행주식의 전부를 발기인들이 인수(제293조)	일부는 발기인이 인수하고 나머지에 대해서는 주주를 모집(제301조)
주식의 납입	발기인이 정한 은행 기타 금융기관과 장소에 납입(제302조 제2항 제9호)	주식청약서에 기재한 은행 기타 금융기관의 납입장소에 납입(제305조 제2항, 제302조 제2항)
납입의 해태	채무불이행	법정의 실권절차(제307조)
창립총회	불필요	필요(제308조～제316조)
이사·감사의 선임	발기인의 의결권의 과반수(제296조 제1항)	출석의결권의 3분의 2와 인수주식총수의 과반수(제309조, 제312조)
설립경과의 조사	① 변태설립사항 : 법원선임 검사인의 조사, 법원의 변경(제299조, 제300조) 단, 공증인의 조사와 감정인의 감정으로 대체할 수 있음 ② 기타 설립에 관한 모든 사항 : 이사와 감사가 조사하여 발기인에게 보고(제298조 제1항)	① 변태설립사항 : 법원선임 검사인의 조사, 창립총회의 변경(제310조, 제314조)단, 공증인의 조사나 감정인의 감정으로 대체할 수 있음 ② 기타 설립에 관한 모든 사항 : 이사와 감사가 조사하여 창립총회에 보고(제313조 제1항)
창립 전의 원시정관의 변경	발기인 전원의 동의와 공증인의 인증을 요구	창립총회의 결의(제316조)

(2) 변태설립사항(제290조)이 있는 경우의 설립경과 조사

원칙적으로는 법원이 선임한 검사인의 조사(제298조 제4항)를 받아야 하지만 사항별로 다음과 같은 대체방법이 허용된다.

- 대체방법
  - 공증인의 조사·보고
    - 발기인의 특별이익
    - 설립비용, 발기인의 보수
  - 공인된 감정인의 조사·보고
    - 현물출자
    - 재산인수

발기설립의 경우 변태설립사항을 조사한 검사인이나 공증인·감정인은 조사 또는 감정결과를 법원에 보고하여야 한다(제299조 제1항, 제299조의2). 그러나 현물출자·재산인수의 재산총액이 자본금의 5분의 1 이내이고 일정한 금액(5천만원, 시행령 제7조 제1항) 이하인 경우 등 제299조 제2항 각호에 해당할 때는 법원에 대한 보고의 대상에서 제외된다. 법원은 검사인 또는 공증인의 조사보고서 또는 감정인의 감정결과와 발기인의 설명서를 심사하여 변태설립사항이 부당하다고 인정한 때에는 이를 변경하여 각 발기인에게 통고할 수 있다(제300조 제1항). 이러한 법원의 변경에 불복하는 발기인은 그 주식의 인수를 취소할 수 있다. 이 경우에는 정관을 변경하여 설립에 관한 절차를 속행할 수 있다. 법원의 통고가 있은 후 2주 내에 주식의 인수를 취소한 발기인이 없는 때에는 정관은 통고에 따라 변경된 것으로 본다(제300조 제2항·제3항).

모집설립의 경우 변태설립사항을 조사한 검사인이나 공증인·감정인은 보고서를 창립총회에 제출하여야 한다(제310조 제2항). 창립총회에서는 변태설립사항이 부당하다고 인정한 때에는 이를 변경할 수 있다(제314조 제1항). 법원의 간섭을 받지 않고 창립총회에서 변경하는 것이 발기설립의 경우와 크게 다른 점이다. 이러한 변경에 불복하는 발기인이 주식인수를 취소할 수 있는 것, 정관변경을 통한 설립절차의 속행, 발기인의 주식취소가 없을 경우 창립총회의 결정대로 정관변경이 의제되는 것 등은 발기설립에 관한 규정이 준용된다(제314조 제2항).

3. 발기인·발기인조합·설립중의 회사

(1) 발기인

주식회사 설립에는 발기인이 필요하다(제288조). 주식회사의 설립절차에 있어서 발기인은 실질적으로는 회사의 설립을 기획하고 그 설립사무를 집행하는 자이며, 형식적으로는 발기인으로서 정관에 기명날인 또는 서명한 자이다(제289조 제1항). 발기인의 수에는 제한이 없으므로 1인의 발기인만 둘 수도 있다(제288조). 1인의 발기인으로 성립한 회사는 1인회사가 된다. 개인기업을 주식회사로 바꾸거나 지주회사가 100% 자회사를 설립하는 경우에 1인회사의 형태를 택하게 된다.

유사발기인이라 함은 발기인이 아니면서 주식청약서 기타 주식모집에 관한 서면에 자기의 성명과 회사의 설립에 찬조하는 뜻을 기재할 것을 승낙한 자를 가리킨다. 유사발기인에게도 발기인과 동일한 책임이 부과된다(제327조).

발기인의 자격에 제한은 없다. 법인도 발기인이 될 수 있다. 법인은 주식회사의 이사가 될 수 없다고 보는 입장에 서더라도 발기인의 업무는 정형적이며 한시적인 것이므로 법인도 발기인은 될 수 있다고 보는 데 어려움이 없다.

주식의 인수는 발기인의 의무이다. 각 발기인은 서면으로 1주 이상의 주식을 인수하여야 한다(제293조).

(2) 발기인조합

발기인이 수인 있는 경우에는 발기인 서로간에 주식회사의 설립을 목적으로 하는 계약을 체결하고 그 계약의 이행으로서 정관의 작성 및 설립에 관한 행위를 하는데 이 계약관계가 발기인조합(Gründersgesellschaft)으로서의 민법상의 조합이다. 그러나 계약서 작성과 같이 현실적인 계약체결을 요구하는 것은 아니다. 발기인조합은 처음에는 발기인이 될 자들로 구성되었다가 정관이 작성되면 발기인으로서 정관에 기명날인 또는 서명한 자가 조합의 구성원으로서 확정된다.

발기인조합의 의사결정은 다른 약정이 없는 한 과반수의 다수결에 의한다(민법 제706조 제2항). 이사·감사의 선임도 같다(제296조). 다만 정관작성(제289조 제1항)과 주식발행사항의 결정(제291조)에는 발기인 전원의 동의를 필요로 한다.

발기인조합으로부터의 탈퇴·가입은 민법의 조합에 관한 규정(제716조)에 의하나 주식청약서의 작성교부 후 또는 주식인수인과의 관계가 생긴 때에는 발기인 전원의 동의가 있더라도 주식인수인 전원의 동의가 없으면 탈퇴할 수 없다. 이는 주식인수인의 신뢰보호를 위한 책임이다. 모집설립의 경우에는 발기인이 아닌 주식인수인이 있게 된다.

발기인조합은 정관의 작성에 의하여 소멸하는 것이 아니고 회사성립시까지 존속한다. 발기인은 발기인조합의 내부계약에 따라 서로 권리를 취득하고 의무를 부담한다. 발기인의 행위는 조합계약의 이행행위인 동시에 '설립중의 회사'의 기관으로서의 업무집행활동이라는 이원적 성질을 가진다.

(3) 설립중의 회사

(가) 의 의

주식회사의 설립등기 전에 어느 정도 실체가 형성된 미완성의 회사를 강학상 '설립중의 회사'라고 부른다. 장래 성립할 회사의 전신으로서 비록 법인격은 없으나 실질적으로는 그와 동일한 실체이다. 설립중의 회사는 주식회사의 설립단계에서 발생한 권리・의무가 어떻게 성립된 회사로 귀속하는가를 원활하게 설명하기 위하여 만들어진 개념이다. 발기인 개인이나 발기인 조합에 일단 권리・의무를 귀속시킨다면 그로부터 성립 후의 회사로의 이전절차를 필요로 하는데 이러한 불편과 번잡을 덜기 위하여 고안된 것이 설립중의 회사이다.

대판 1970. 8. 31, 70다1357 주식회사의 설립과정에 있어서의 소위 설립중의 회사라 함은 상법규정에 명시된 개념이 아니고 발기인이 회사의 설립을 위하여 필요한 행위로 인하여 취득 또는 부담하였던 권리・의무가 회사의 설립과 동시에 그 설립된 회사에 귀속되는 관계를 사회학적 및 법률적으로 포착하여 설명하기 위한 강학상의 개념이다. 실질적으로는 회사불성립의 확정을 정지조건으로 하여 발기인에게 귀속됨과 동시에 같은 사실을 해제조건으로 하여 설립('성립' - 저자)될 회사에 귀속되는 것이고, 형식적으로 회사성립을 해제조건으로 하여 발기인에게 귀속됨과 동시에 같은 사실을 정지조건으로 하여 설립('성립'-저자)된 회사에 귀속되는 것이다.

(나) 성 질

설립중의 회사는 법인격 없는 사단이라고 보는 것이 통설이다. 발기인을 '기관'이라고 하는 이상 '사단'에 해당한다고 보는 것이 옳다. 이에 대하여 특수한 성질의 단체 내지는 독자적인 (독특한) 조직형태라고 보는 소수설(정(동), 410면)이 있다. 어떤 제도의 성질을 논의하는 것은 그 제도에 적용할 법규정 또는 법원리를 찾아내기 위한 것인데 특수하다거나 독특하다는 것만으로는 성질을 논의하는 실익을 얻기 어렵다.

(다) 창립시기

설립중의 회사의 창립시기에 관하여 정관작성시라고 보는 설과 총액인수시라고 보는 설이 있다. 그러나 전자는 자본단체로서의 주식회사의 실체를 형성하는 데 정관작성만으로는 미흡하다는 결점이 있고 후자는 모집설립의 경우에는 부적당하다. 발기인이 주식을 인수한 후에도 설립중의 회사라는 실체를 인정하지 않고 설립시에 발행하는 주식전부의 인수가 있을 때까지 기다려서 실체형성을 인정하는 것은 설립중의 회사라는 개념의 효용을 감소시킨다.

정관이 작성되고 발기인이 각자가 1주 이상의 주식을 인수했을 때 설립중의 회사가 창립되는 것으로 보는 것이 무난하다고 생각한다(다수설).

대판 1985. 7. 23, 84누678 설립중의 회사라 함은 설립등기 이전에 어느 정도 실체가 형성된 미완성의 회사를 말하는 강학상의 개념으로서 이는 정관이 작성되고 발기인이 1주 이상의 주식을 인수하였을 때 비로소 성립한다.

〈사실관계 및 쟁점〉 소외 최일남, 문의제, 강명구, 정한원 등 4인은 1970. 7. 8. 시장용지로 공고된 체비지인 서울 구로구 독산동 소재 시흥토지구획정리사업지구 35구획 625평(이하 '이 사건 토지'라 한다)을 서울특별시로부터 시장법에 의한 법인을 설립하고 그 법인 앞으로 소유권이전등기를 하여서 시장개설을 하는 조건으로 매수하였다. 원고 이재진 외 2인 및 소외 박재원, 이상임, 김석기 등 6인(이하 '원고 등 6인'이라 한다)은 1978. 3. 9. 위 최일남 등으로부터 이 사건 토지를 대금 140,625,000원에 공동매수하기로 매매계약을 체결하고 그 최종잔대금을 1979. 5. 10.에 전부 지급하였다. 그 후 원고 등 6인은 이 사건 토지의 소유권이전등기를 위하여 1979. 5. 17. 자본금 3,000,000원의 삼능개발 주식회사(이하 '소외 회사'라 한다)를 설립하였으나 시장건물의 신축 등에 소요되는 자금 등의 부족으로 시장개설을 할 형편이 되지 아니하자 1979. 8. 20.경 소외 진설에게 이 사건 토지를 금 206,000,000원에 매도하였다. 아울러 소외 진설이 이 사건 토지의 소유권이전등기를 법인명의로 언제든지 할 수 있도록 하기 위하여 그에게 원고 이재진 외 2인(이하 '원고들'이라 한다)은 그 소유하고 있던 위 소외 회사의 주식을 양도함고 동시에 위 회사의 대표이사 및 이사 등 직책에서 사임하는 방법으로 회사의 운영권을 양도하였다. 그 후 피고 관악세무서장은 1983. 2. 14. 원고들이 이 사건 토지를 1978. 4. 15. 소외 최일남 등으로부터 금 140,625,000원에 매수하여 1979. 5. 17. 소외 삼능개발 주식회사에 금 206,000,000원에 등기 없이 매도하고서 그에 관한 과세표준 확정신고나 소득세액의 납부를 하지 아니하였다 하여 원고들에게 각각 양도소득세, 신고불성실 가산세 및 납부불성실 가산세 등을 부과하는 이 사건 양도소득세부과처분을 행하였다.

이에 대하여 원고들은 이 사건 토지의 매매당사자는 자연인이 아닌 국세기본법 제13조, 동법시행령 제8조 규정에 의하여 시장법인의 설립을 준비중이던 법인격 없는 단체인 것이므로 위 과세처분은 위법하다고 주장하였다.

여기서 쟁점이 된 것은 이 사건 토지의 매수주체가 누구인가 하는 점이다. 즉, 원고들 자연인인가 아니면 소외 회사의 설립단계에 있는 설립중의 회사인가 하는 점이다.

원심(서울고법 1984. 10. 29, 83구1069 판결) 및 대법원은 '이 사건 토지를 매수하고 그 잔대금을 완납할 때인 1979. 5. 10.까지 소외 회사는 국세기본법시행령 제8조 소정의 실체를 갖춘 단체로 형성되지 아니하였다'는 이유로 이 사건 토지의 매수주체는 원고들인 자연인이라고 하여 원고들의 청구를 기각하였다.

대판 1994. 1. 28, 93다50215 설립중의 회사라 함은 주식회사의 설립과정에서 발기인이 회사의 설립을 위하여 필요한 행위로 인하여 취득하게 된 권리의무가 회사의 설립과 동시에 그 설립된 회사에 귀속되는 관계를 설명하기 위한 강학상의 개념으로서 정관이 작성되고 발기인이 적어도 1주 이상의 주식을 인수하였을 때 비로소 성립하는 것이고(같음, 대판 2000. 1. 28, 99다35337), 이러한 설립중의 회사로서의 실체가 갖추어지기 이전에 발기인이 취득한 권리, 의무는 구체적 사정에 따라 발기인 개인 또는 발기인조합에 귀속되는 것으로서 이들에게 귀속된 권리의무를 설립 후의 회사에 귀속시키기 위하여는 양수나 채무인수 등의 특별한 이전행위가 있어야 한다.

(라) 발기인의 지위

발기인은 설립중의 회사의 구성원이며 동시에 설립중의 회사의 기관이다.

발기인은 회사설립을 위하여 설립중의 회사의 명의로 법률행위를 할 수 있으나 경우에 따라 발기인조합의 명의나 발기인의 개인명의로 행위할 수도 있다. 여기서 '명의로 한다' 함은 그 자에게 법률효과가 귀속한다는 의미이다. 발기인이 발기인조합이나 발기인 개인명의로 법률행위를 한 경우에는 발기인은 그 효과를 설립중의 회사에 이전시켜야 한다. 이 때 발기인조합이나 발기인 개인명의로 취득한 권리·의무를 설립중의 회사에 귀속시키기 위해서는 특별한 이전행위를 하여야 한다.

대판 1990. 12. 26, 90누2536 설립중의 회사라 함은 주식회사의 설립과정에 있어서 발기인이 회사의 설립을 위하여 필요한 행위로 인하여 취득하게 된 권리·의무가 회사의 설립과 동시에 그 설립된 회사에 귀속되는 관계를 설명하기 위한 강학상의 개념으로서 정관이 작성되고 발기인이 적어도 1주 이상의 주식을 인수하였을 때 비로소 성립하는 것이고, 이러한 설립중의 회사로서의 실체가 갖추어지기 이전에 발기인이 취득한 권리·의무는 구체적 사정에 따라 발기인 개인 또는 발기인조합에 귀속되는 것으로서 이들에게 귀속된 권리·의무를 설립후의 회사에 귀속시키기 위하여는 양수나 채무인수 등의 특별한 이전행위가 있어야 할 것인바, 원고 앞으로 소유권이전등기가 마쳐진 이 사건 토지에 관하여 원고가 발기인이던 회사의 장부에 원고가 토지매입자금을 입금하여 회사자금으로 이 사건 토지를 매입한 것으로 기재되었다거나 설립등기 후에 위 토지의 정지작업을 하였다는 사실만으로는 위 회사가 원고로부터 위 토지의 매수인으로서의 지위를 인수하였다고 보기는 어렵다고 할 것이다.

〈사실관계 및 쟁점〉 원고 정종현은 소외 서중광, 이정대, 조중해 등과 함께 돼지고기 가공업을 영위할 목적으로 소외 제일식품 주식회사를 설립하기로 하고 1982. 2. 29.부터 1983. 3. 30.까지 사이에 합계 금 62,510,000원을 출자하였다. 위 서중광 등은 위 회사의 공장부지로 사용하기 위하여 1982. 12. 24. 소외 이춘성으로부터 이 사건 토지를 소외 조중해 명의로 매수하고, 그 대금 33,000,000원은 1983. 1. 17.에 위 서중광과 원고가 출자한 자금으로 지급완료하였다. 위 서중광 등은 1983. 2. 11. 소외 회사의 설립등기를 마쳤으나 용인군으로부터 축산물작업장 설치허가를 얻지 못하게 되어 회사의 존립자체가 어렵게 되자, 원고는 1983. 5. 17. 위 투자금의 회수를 확보하기 위하여 당사자의 동의를 얻어 중간등기를 생략하고 이 사건 토지에 관하여 곧바로 원고 명의로 소유권이전등기를 경료하였다. 그 다음날 위 소외인들은 동업관계를 청산하기로 합의하고 회사의 처분을 대표이사이던 박규진에게 의뢰하였으나 인수인을 구하지 못한 위 박규진이 관계서류와 인장을 원고에게 교부하여 원고가 소외 회사의 청산인으로 취임한 후 1984. 3. 12. 이 사건 토지를 주식회사 지드에게 금 67,500,000원에 매도하였다. 피고 방산세무서장은 원고가 이 사건 토지를 직접 취득하여 주식회사 지드에게 양도하였고 그 양도소득이 원고에게 귀속되었다고 보아 양도소득세를 부과하였다. 이에 대하여 원고는 이 사건 토지는 소외 제일식품 주식회사가 그 설립단계에서 공장부지로 취득하였다가 그 청산시 양도한 것으로서 원고 개인에 대한 양도소득세부과는 위법하다고 주장하여 양도소득세부과처분 취소를 구하는 이 사건 소를 제기하였다.

여기서 쟁점이 된 것은 이 사건 토지를 발기인 조중해 명의로 취득할 당시 소외 회사가 설립중의 회사로서의 실체를 형성하고 있었는지 여부(설립중 회사의 성립시기) 및 설립중의 회사로서 실체가 형성되기 전에 발기인 조중해 명의로 취득한 이 사건 토지매수인으로서의 지위를 설립후의 회사(설립중의 회사)인 소외 회사에 귀속시킬 수 있는 특별한 이전행위가 있었느냐 하는 점이다.

원심(서울고법 1990. 2. 22, 89구10007 판결)은 '이 사건 토지는 소외 회사가 설립단계에서 공장부지로 취득하였다가 원고에 대한 투자금반환의 형태로 지급된 것으로 보아야 할 것이다'라는 이유로 피고의 원고에 대한 이 사건 양도소득세부과처분은 위법하다고 판시하였다. 즉, 이 사건 토지취득 당시 소외 회사의 설립중의 회사로서의 실체형성을 인정하였다.

그러나 대법원은 '소외 회사의 정관은 설립등기일인 1983. 2. 11.에 작성되었음'을 이유로 발기인 조중해 명의로 이 사건 토지를 취득할 당시인 1982. 12. 24.에는 그 정관조차도 작성되지 아니하였음이 명백하므로 소외 회사는 설립중의 회사로서의 실체를 형성하지 못하였을 뿐만 아니라 특별히 원고로부터 위 토지의 매수인으로서의 지위를 인수하였다고 볼 수 있는 이전행위도 있었다고 보기 어렵다고 보아 원심판결을 파기환송하였다.

(마) 성립된 회사에 대한 관계

발기인이 권한의 범위내에서 한 행위로 생긴 권리·의무는 우선 실질적으로 설립중의 회사에 총유적으로 귀속하였다가 회사가 성립하면 법률상 당연히 형식적으로도 성립후의 회사에 이전된다. 그러나 비법인 사단에 대하여도 일반적 권리능력을 인정하는 최근의 경향에 의하면 '총유'라는 개념을 원용할 필요는 없게 된다.

(바) 해 체

설립중의 회사는 회사성립에 의하여 발전적으로 해체된다. 회사가 불성립으로 끝날 경우 회사해산에 준하여 청산을 하여야 한다. 이 경우에 설립중의 회사가 부담한 의무에 대하여는 발기인이 연대책임을 진다(제326조 제1항).

4. 주식회사의 정관

(1) 의의 및 효력

주식회사의 정관은 회사가 제정한 자치법규로서 회사의 조직 및 사업에 관한 단체법상의 근본규칙이다. 자치법규가 규범력을 가지기 위해서는 법률에 의한 수권이 필요한데 상법상의 정관에 관한 규정에서 그 근거를 찾을 수 있다. 한편 정관을 주주간 계약으로 이해하는 입장도 있다(정(동), 384면). 자치법규로서의 정관은 무형의 것이지만 형식적으로는 회사의 근본규칙을 기재한 서면을 가리키기도 한다.

정관은 자치법규이므로 회사의 내부에 있는 자를 구속하는 효력이 있을 뿐이다. 정관의 작성자는 발기인이며 발기인은 반드시 정관에 기명날인 또는 서명하여 책임소재를 명백하게 하여야 한다. 정관은 공증인의 인증을 받음으로써 효력이 생긴다. 공증인의 인증이 그 유효요건이다. 다만 자본금총액이 10억원 미만인 회사('소규모회사'라 한다)를 발기설립하는 경우는 발기인의 기명날인 또는 서명만으로 효력이 생긴다(제292조).

대판 2000. 11. 24, 99다12437 사단법인의 정관은 이를 작성한 사원뿐만 아니라 그 후에 가입한 사원이나 사단법인의 기관 등도 구속하는 점에 비추어 보면 그 법적 성질은 계약이 아니라 자치법규로 보는 것이 타당하므로, 이는 어디까지나 객관적인 기준에 따라 그 규범적인 의미 내용을 확정하는 법규해석의 방법으로 해석되어야 하는 것이지, 작성자의 주관이나 해석 당시의 사원의 다수결에 의한 방법으로 자의적으로 해석될 수는 없다 할 것이어서, 어느 시점의 사단법인의 사원들이 정관의 규범적인 의미 내용과 다른 해석을 사원총회의 결의라는 방법으로 표명하였다 하더라도 그 결의에 의한 해석은 그 사단법인의 구성원인 사원들이나 법원을 구속하는 효력이 없다.

대판 2007. 6. 28, 2006다62362 **정관변경시 효력발생요건**

주식회사의 원시정관은 공증인의 인증을 받음으로써 효력이 생기는 것이지만 일단 유효하게 작성된 정관을 변경할 경우에는 주주총회의 특별결의가 있으면 그때 유효하게 정관변경이 이루어지는 것이고, 서면인 정관이 고쳐지거나 변경 내용이 등기사항인 때의 등기 여부 내지는 공증인의 인증 여부는 정관변경의 효력발생에는 아무 소장이 없다(대법원 1978. 12. 26. 선고 78누167 판결 참조).

(2) 절대적 기재사항

상법에서 정관에 기재할 것을 요구하는 최소한도의 사항을 절대적 기재사항이라 한다. 그 중 하나라도 누락되거나 그 기재가 위법이면 정관의 무효는 물론 회사의 설립자체가 무효가 될 수 있는 사항으로서 제289조 제1항에서는 다음 사항을 열거하고 있다.

(가) 목 적

주식회사가 영위할 사업의 종류를 목적이라 한다. 일상 언어상의 '목적'이라는 말과 다른 뜻임을 주의하여야 한다. 회사실무에서는 정관의 목적조항에 장래 영위할 사업분야 또는 예상되는 사업 종류를 모두 나열하는 경향이다.

(나) 회사가 발행할 주식의 총수

회사가 발행할 주식의 총수를 보통 '발행예정주식총수'라 부르며 이사회에 신주발행의 권한이 수여되었다는 뜻에서 수권자본이라고도 한다. 발행예정주식총수는 주식회사가 발행할 수 있는 신주식 수의 최고 한도를 정해 준다. 회사 성립 후 신주 발행을 통하여 발행예정주식총수가 소진되면 주주총회의 특별결의에 의한 정관변경절차를 거쳐 이를 증가시킬 수 있다. 이 경우에 발행예정주식총수는 아무런 제한없이 증가시킬 수 있다. 1995년 개정상법 전에는 증가시킬 수 있는 한도를 기발행주식총수의 4배로 제한하고 있었다(구 상법 제437조 참조).

(다) 1주의 금액

액면주식을 발행할 경우 100원 이상으로서 균일하여야 한다(제329조 제2항·제3항).

(라) 설립시에 발행하는 주식의 총수

2011년 개정상법은 설립시에 발행하는 주식의 총수는 발행예정주식총수의 4분의 1 이상이어야 한다는 규정을 삭제하였다(개정전 제289조 제2항 참조).

(마) 그밖에 상호, 본점의 소재지, 회사가 공고를 하는 방법, 발기인의 성명·주민등록번호 및 주소가 기재되어야 한다.

(3) 상대적 기재사항

(가) 총 설

정관의 상대적 기재사항이라 함은 그 기재가 없더라도 정관 자체의 효력에는 영향을 미치지 않으나, 그 사항을 정관에 기재하지 않으면 회사와 주주에 대한 관계에서 그 사항의 효력을 인정받지 못하는 것을 말한다. 예를 들면, 회사가 '종류주식'을 발행할 경우 정관으로 각 종류주식의 내용과 수를 정하여야 하고(제344조 제2항), 정관의 규정 없이는 그러한 주식을 발행하지 못한다.

(나) 변태설립사항

1) 의 의

설립당시 특히 문제가 되는 상대적 기재사항은 '변태'(특이한, 이례적인)설립사항인데 이를 위험한 약속이라고도 부른다(제290조). 여기서 위험하다는 것은 회사의 자본충실을 침해할 위험이 있다는 의미이다. 변태설립사항은 정관에 기재하지 않으면 그 효력을 인정받지 못한다. 효력이 없다는 의미는 무엇인가. 예를 들어 발기인이 특별이익을 받기로 설립중의 회사 또는 발기인조합과 합의했다 하더라도 정관에 기재되지 않은 이상 회사를 상대로 특별이익의 급여 청구를 할 수 없다는 것이다. 문제의 거래가 재산인수에 해당한다면 정관기재가 없는 이상 재산인수계약이 무효이고 양도인이 회사를 상대로 매매대금의 지급을 청구할 수 없다. 현물출자의 경우에는 정관의 기재가 없으면 이전행위가 무효이고 현물출자자가 주주의 지위를 취득할 수 없게 된다.

대판 1967. 6. 13, 67다302 발기인 상호간 또는 피고회사와 주주 상호간의 현물출자에 관한 약정은 정관의 기재가 없는 한 무효이다.

〈사실관계 및 쟁점〉 원고 김일득은 화물자동차 2대, 대표이사 최봉길 등은 화물자동차 19대 등 합계 21대를 각 출자하여 피고 주식회사 경인화물을 설립하고, 주식회사설립을 위한 형식으로 정관에 자본총액은 금 1,000,000원, 발행할 주식총수는 10,000주, 1주의 금액은 100원으로 규정하고 같은 내용을 등기하였다. 한편 피고 회사 발기인 상호간 또는 피고회사와 주주 상호간에 피고 회사에 화물자동차를 출자한 자만이 주주의 자격을 취득하고, 피고 회사에 출자한 화물자동차를 다른 사람에게 매각하면 주주의 자격을 상실하고, 이를 매수한 자가 주주의 자격을 취득하여 주주가 되기로 약정하였다. 다만 피고 회사의 정관에는 현물출자한 주주의 기재가 전혀 없었다.

그런데 원고는 피고 회사 설립시 출자한 화물자동차 2대 중 1대는 1961. 11. 1. 소외 남상섭에게, 나머지 1대는 1962. 4. 7. 소외 김재복에게 각 매각하였다. 그 후 원고는 1964. 12. 19.자 피고 회사의 제3차 주주총회에서 다른 이사와 같이 이사직을 해임당하였다.

이사였던 원고는 위 피고 회사의 제3차 주주총회는 그 소집절차 내지 성립에 하자가 있어 적법한 주주총회가 아니므로 위 주주총회는 부존재 내지 취소되어야 한다는 주장과 함께 원고가 피고 회사의 주주임을 확인하는 이 사건 소를 제기하였다.

여기서 쟁점이 된 것은 현물출자에 관한 정관 기재가 없음에도 불구하고 발기인 상호간 또는 피고 회사와 주주간의 약정에 의하여 현물출자한 자가 주주의 자격을 갖는 것으로 인정할 수 있는지 여부 및 적법한 것으로 볼 수 없는 주주총회에서 행한 원고의 이사직 해임이 유효한지 여부 등이다.

이에 대하여 원심(서울고법 1967. 1. 25, 66나544 판결)은 발기인 상호간 또는 피고회사와 주주상호간에 현물출자의 약정에 의하여 주주의 자격을 취득하고 상실할 수 있음을 인정하고, 또한 피고 회사의 제3차 주주총회의 적법여부를 판단함이 없이 원고가 현재 피고 회사의 이사가 아니라는 이유로 원고의 이 사건 청구를 모두 기각하였다.

그러나 대법원은 '주식회사에 있어서는 주주는 주식을 인수 또는 양수함으로써 되는 것이고, 주식의 양도는 일정한 방법에 의하여야 하며, 이러한 규정은 성질상 강행법규이며, 발기인 상호간 또는 피고 회사와 주주상호간의 현물출자에 관한 약정은 정관의 기재가 없는 한 무효이고, 또한 적법하지 않는 주주총회에서 행한 원고의 이사직 해임은 유효하지 아니하다'는 이유로 원고의 이 사건 소 중 주주확인청구부분은 각하의견으로, 주주총회결의 부존재 내지 취소청구부분은 인용의견으로 원심판결을 파기 환송하였다.

상법 제290조에서는 다음 네 가지를 변태설립사항으로 규정하고 있다. 이를 구체적으로 살펴보면 아래와 같다.

2) 유 형

① 발기인이 받을 특별이익과 이를 받을 자의 성명

발기인이 회사설립과 관련하여 특별한 공로를 세운 경우, 예를 들어 사업에 필요한 자산이나 면허를 취득하는 데 특히 기여한 경우 그에 대한 보답으로서 회사가 발기인에게 특별이익을 공여할 수 있다. 이는 발기인의 노무에 대한 대가와 구별하여야 한다. 어떠한 특별이익이 제공될 수 있는가에 관하여 이익배당, 잔여재산분배, 신주인수에 있어서의 우선권을 발기인에게 공여할 수 있는 특별이익으로 생각해 볼 수 있다. 그러나 이러한 항목들은 주주평등의 원칙에 반하므로 적당하지 않다. 무상주의 교부 역시 자본충실의 원칙에 반하므로 허용되지 아니한다. 이러한 것을 제외하면 현실적으로는 회사설비의 이용에 관한 특권, 회사제품의 총판매권, 회사에 대한 독점적 납품권 등이 특별이익의 예가 될 수 있다.

특별이익은 별도의 반대급부를 전제로 하지 않고 발기인이었던 지위에 대하여 인정하는 채권자적 권리이므로 일단 부여된 뒤에는 그 이익의 성질과 정관의 규정에 반하지 않는 한 양도 또는 상속의 대상이 될 수 있다. 발기인의 특별이익은 주주로서 가지는 권리가 아니므로 그가 주식을 양도한 후에도 별도의 권리로 남는다.

다만 회사실무상 특별이익을 정관에 기재하는 일은 드물다. 이는 변태설립사항을 기재할 경우 검사인이나 공증인의 조사를 받아야 하는데 회사설립관여자들이 그러한 조사를 꺼리기 때문으로 보인다. 이러한 규정의 실질적 중요성은 특별이익을 받기로 약속을 받은 발기인(회사성립 후는 주주)의 입장에서 볼 때 그러한 내용이 정관에 기재되지 않은 이상 그 이행을 강제할 수 없는 불이익을 당하게 된다는 점이다. 발기인이 받을 특별이익은 원칙적으로 법원이 선임한 검사인의 조사를 받아야 하지만 공증인의 조사·보고로 대체될 수 있다(제298조

제4항, 제299조의2).

② 현물출자를 하는 자의 성명과 그 목적인 재산의 종류, 수량, 가격과 이에 대하여 부여할 주식의 종류와 수

현물출자는 금전 이외의 재산을 대가로 주식을 배정받는 것이다. 현물출자의 대상이 될 수 있는 것은 경제적 가치를 확정할 수 있고 양도가 가능한 재산, 대차대조표상 자산으로 계상할 수 있는 재산이라야 한다. 영업용의 토지, 건물, 특허권 등을 출자하여 주식의 배정을 받는 경우가 좋은 예이다. 한편 일정한 영업목적에 의하여 조직화된 사업체 즉 인적·물적 조직을 그 동일성을 유지하면서 일체로서 현물출자하는 것도 가능하다. 신주발행에 있어서 회사의 채권자가 자신의 회사에 대한 채권을 출자하여 주주가 될 수 있는가. 출자전환이라고 부르는 문제이다. 개정전에는 주금액의 납입상계를 금지하고 있었으나 2011년 개정법에서 제334조가 삭제되었고 회사의 동의(이사회 의결)를 받으면 출자전환이 허용되게 되었다(제421조 제2항).

대판 1996. 7. 9, 96다13767 상법 제42조 제1항은 영업양수인이 양도인의 상호를 계속 사용하는 경우에는 양도인의 영업으로 인한 제3자의 채권에 대하여 양수인도 변제할 책임이 있다고 규정하고 있는바, 영업을 출자하여 주식회사를 설립하고 그 상호를 계속 사용하는 경우에는 영업의 양도는 아니지만 출자의 목적이 된 영업의 개념이 동일하고 법률행위에 의한 영업의 이전이라는 점에서 영업의 양도와 유사하며 채권자의 입장에서 볼 때는 외형상의 양도와 출자를 구분하기 어려우므로 새로 설립된 법인은 상법 제42조 제1항의 규정의 유추적용에 의하여 출자자의 채무를 변제할 책임이 있고, 여기서 말하는 영업의 출자라 함은 일정한 영업목적에 의하여 조직화된 업체 즉 인적·물적 조직을 그 동일성을 유지하면서 일체로서 출자하는 것을 말한다.

회사입장에서 현물출자제도는 회사경영에 필요한 특정재산의 확보수단(예, 의류판매용 매장의 설치장소, 놀이공원 부지)이 되기도 한다. 발명특허의 공업화, 영업의 출자 등의 경우에도 유용한 제도이다.

주식회사로의 사실상의 조직변경을 원하는 합명회사의 사원들이 출자지분을 현물출자하여 주식회사를 설립할 수 있는가 하는 질문이 있을 수 있다. 상법에서는 합명회사가 주식회사로 조직변경하는 것을 허용하지 않고 있다. 물적회사와 물적회사간, 인적회사와 인적회사간의 조직변경만 허용된다. 그런데 회사는

합명회사의 지분을 양수하여 무한책임사원이 되는 것이 금지되므로(제173조) 이 문제에서의 출자지분의 현물출자는 허용되지 않는 것으로 보아야 한다.

현물출자의 가장 큰 문제는 그 평가가 공정하지 않거나 그 이행이 부실한 때에는 회사성립시부터 자본충실(유지)을 훼손할 위험이 있다는 점이다. 이는 주식의 액면가액미달의 발행이 원칙적으로 금지되는 것과 비교된다. 이 때문에 상법에서는 공정한 평가와 이행의 확실성을 확보하기 위하여 설립시의 현물출자에 대하여 법원이 선임한 검사인의 조사나 공인된 감정인의 감정을 받도록 하고 있다(제298조 제4항, 제299조의2).

대판 1960. 11. 24, 4292민상874,875 현물자산에 관한 사항은 이를 정관에 기재하지 아니하면 그 효력이 없다고 규정한 것은 회사설립시에 출자의 목적인 재산의 가격을 부당하게 고가로 평가하여 회사의 자본적 기초를 위태롭게 함으로써 회사채권자를 해하는 것과 현물출자한 자에게 부당하게 많은 주수(株數)를 배당하여 금전출자한 주주를 해하는 것을 방지하려는 데 그 목적이 있는 것이다.

현물출자는 언제 이행되어야 하는가. 주금액의 납입기일에 출자의 목적인 재산을 인도하여야 하고 권리의 설정 또는 이전에 등기, 등록 등을 요할 때는 이에 관한 서류를 완비하여 교부하여야 한다(제295조 제2항).

현물출자는 주주 지위의 취득과 서로 대가관계에 있어 유상성을 가지므로 출자자는 양도소득세 또는 법인세를, 회사는 취득세 또는 등록세를 각각 부담하게 된다.

대판 2000. 6. 23, 98두7558 주식회사의 발기설립의 경우에 현물출자에 의한 주식의 인수로써 주식인수인이 된 자는 현물출자이행의 의무를 부담하는 한편 설립중의 회사의 사원이 되었다가 현물출자가 이행되고 현물출자에 관한 사항과 현물출자의 이행에 관하여 검사인의 검사를 받는 등 제반절차를 마쳐 설립등기를 하였을 때에 주주의 지위로 전환되는바, 주식회사 발기설립시의 현물출자는 궁극적으로 주주 지위의 취득을 반대급부로 하는 것으로서 주주의 지위를 취득하게 되는 설립등기시에 반대급부의 전부 이행이 있다고 볼 수 있으므로, 대금청산일에 상응하는 설립등기시를 양도소득세의 양도차익 계산에 있어서 양도시기로 보아야 한다.

③ 회사성립후에 양수할 것을 약정한 재산의 종류, 수량, 가격과 그 양도인의 성명

재산인수(財産引受)는 발기인이 회사의 성립을 조건으로 하여 금전 이외의 재산을 회사에서 양수할 것을 약속하는 계약이다. 설립중의 회사의 단계에서 발기인이 회사성립후에 필요한 재산을 미리 확보하여야 할 경우가 있을 수 있다. 이러한 경우에 재산인수제도를 이용하게 된다. 재산인수는 매매의 예약 또는 조건부 매매에 해당한다.

현물출자는 사단법상의 계약이며 대가가 주식인데 반하여 재산인수는 개인법상의 계약이며 대가가 금전이다. 발기인은 설립자체를 위한 행위와 설립에 필요한 행위를 할 수 있을 뿐 성립될 회사의 실질적 영업활동을 위하여 필요한 행위(점포, 기계설비의 구입 등)는 할 수 없는 것이 원칙이다. 재산인수는 성립후 회사의 활동을 원활하게 하기 위하여 상법에서 특별히 인정한 것이다.

재산인수와 함께 살펴보아야 할 제도중에 사후설립(제375조, 제374조)이 있다. 사후설립이라 함은 주식회사가 그 성립 후 2년 내에 그 성립 전부터 존재하는 재산으로서 영업을 위하여 계속하여 사용하여야 할 것을 자본금의 20분의 1 이상에 해당하는 대가로 취득하는 계약을 체결하는 것을 가리킨다. 이러한 계약을 체결함에는 주주총회의 특별결의를 거쳐야 한다(제375조, 제374조). 사후설립을 재산인수와 비교해 보면 재산인수는 발기인이 회사성립 전에 체결하는 계약인데 반하여 사후설립은 대표이사가 계약을 체결하고 회사성립후에 하는 재산취득계약이라는 차이를 가진다.

재산인수는 정관에 기재하여야 그 효력이 있으며 엄격한 조사를 받아야 한다. 재산인수를 변태설립사항으로 하여 법원선임의 검사 또는 감정인의 감정을 받도록(제298조 제4항, 제299조의2) 한 취지는 현물출자의 탈법행위로 이용되지 않도록 하기 위한 것이다.

정관에 기재되지 않은 재산인수는 무효이며 회사의 추인을 허용해서는 안 될 것이다(다수설). 이에 대하여 정관의 기재없이 행해진 재산인수는 무권대리행위로 보아 민법상의 무권대리행위의 추인(민법 제130조)의 예에 따라 주주총회의 특별결의에 의한 추인을 허용하자는 견해(정(찬), 638면; 채, 409면)도 있다. 이는 사후설립(제375조)의 경우와 재산인수의 경우를 같은 규제대상으로 이해하자는

견해이다.

생각해보면 무효인 재산인수에 추인을 허용한다면 재산인수를 정관에 기재하여 법원이 선임한 검사인의 검사나 공인된 감정인의 감정을 받도록 한 법의 취지를 무시하는 결과가 될 것이다. 민법에 따르면 무효행위의 추인을 인정하더라도 새로운 법률행위를 한 것으로 보게 되는데(민법 제139조), 회사가 성립한 이상 (성립전 계약인) 재산인수는 있을 수 없으므로 재산인수의 추인은 민법규정상으로도 허용될 수 없다. 일단 무효가 된 재산인수의 대상인 재산을 성립 후의 회사가 계속 필요로 한다면 무효인 재산인수계약의 회복을 시도할 것이 아니라 회사가 새로 매매계약을 체결하여 목적재산을 취득하면 될 것이다. 이러한 계약이 사후설립에 해당하는 경우에는 사후설립에 관한 규제절차(주주총회의 특별결의)를 거쳐야 할 것이다.

판례는 정관에 기재되지 않은 재산인수는 무효이지만, 그것이 동시에 사후설립에 해당하는 경우라면 주주총회의 특별결의에 의한 추인은 가능하다고 하였다. 이러한 판례는 재산인수로서의 추인을 정면으로 허용하였다기보다 사후설립에 해당하는 것으로 보아 그 효력을 인정한 것으로 보아야 할 것이다. 이러한 입장은 다수의 이해관계인이 관련되어 있고 여러 개의 법률관계가 연속되어 발생하게 될 회사법 분야의 법률행위는 가급적 효력을 유지시키는 것이 바람직하다는 점에서 이해되어야 할 것이다. 사후설립이 현물출자나 재산인수 규제의 탈법을 위해서 악용되지 않도록 상법은 주주총회의 특별결의를 거치도록 하고 있는 것이다. 그러나 사후설립도 법원이 선임한 검사인의 조사나 감정인(鑑定人)의 감정을 받도록 하여야 균형이 맞고 현물출자나 재산인수의 우회수단으로 이용되는 것을 막을 수 있을 것이다.

대판 1994. 5. 13, 94다323 상법 제290조 제3호 소정의 '회사성립 후에 양수할 것을 약정'한다 함은 회사의 변태설립의 일종인 재산인수로서 발기인이 설립될 회사를 위하여 회사의 성립을 조건으로 다른 발기인이나 주식인수인 또는 제3자로부터 일정한 재산을 매매의 형식으로 양수할 것을 약정하는 계약을 의미하므로, 당사자 사이에 회사를 설립하기로 합의하면서 그 일방은 일정한 재산을 현물로 출자하고, 타방은 현금을 출자하되, 현물출자에 따른 번잡함을 피하기 위하여 회사의 성립 후 회사와 현물출자자 사이의 매매계약에 의한 방법에 의하여 위 현물출자를 완성하기로 약정하고 그 후 회사설립을 위한 소정의 절차를 거쳐 위 약정에 따른 현물출자가 이루어진 것이라면, 위 현물출자를 위한 약정은 그대로 위 법조가 규정하는 재산인수에 해당한다고 할 것이어서 정관에 기재되지 아니하는 한 무효이다.

〈사실관계 및 쟁점〉 원고(선정당사자) 권태영 및 선정자 권태식은 1984. 12. 19. 소외 박일랑과 공동으로 광산업 등을 목적으로 하는 피고 효일산업 주식회사를 설립하기로 합의하고, 원고 및 위 선정자는 금 96,040,000원으로 평가된 그들 공동소유의 이 사건 각 광업권을 현물로 출자하고, 위 박일랑은 금 100,000,000원을 출자하되, 위 현물출자에 따른 번잡함을 피하기 위하여 피고 회사의 성립 후 피고 회사 및 원고, 위 선정자 사이에 매매계약에 의한 광업권이전등록의 방법에 의하여 위 현물출자를 완성하기로 하고, 한편 원고 및 위 선정자는 발행주식총수의 49%에 해당하는 주식을, 위 박일랑은 발행주식총수의 51%에 해당하는 주식을 가지기로 약정하였다. 위 약정에 따라 1985. 2. 7. 피고 회사의 설립등기가 마쳐진 후 같은 달 21. 이 사건 각 광업권에 관하여 원고 및 위 선정자로부터 피고 회사 명의의 매매를 원인으로 한 각 광업권이전등록이 경료되었다. 그런데 피고 회사 설립 후의 이 사건 광업권양수와 관련하여서는 정관에 변태설립사항으로서 기재된 바가 없었다. 그 후 피고 회사는 이 사건 광업권자로서 광산의 개발 등 영업을 하여 오던 중 1986. 2. 11. 위 선정자 권태식이 피고 회사를 상대로 설립무효의 소송을 제기한 결과 피고 회사의 설립절차에 관하여 상법상 강행규정에 위반한 하자가 있다는 이유로 피고 회사의 설립을 무효로 한다는 판결이 1992. 2. 14. 확정되었다.

이에 따라 원고는 위와 같은 각 광업권의 양수약정은 상법 제290조 제3호 소정의 재산인수로서 정관에 기재하여야 하는데도 피고 회사가 이를 정관에 기재하지 아니하여 위의 각 광업권의 양수약정은 무효라는 이유로 위 각 광업권이전등록의 말소를 구하는 이 사건 소를 제기하였다.

여기서 쟁점이 된 것은 첫째, 현물출자에 따른 번잡함을 피하기 위하여 피고 회사의 성립 후에 피고 회사와 원고 및 선정자가 양도계약에 의한 광업권이전등록의 방법으로 위의 광업권을 양도하기로 한 약정의 법적 성질이 무엇인가 하는 점, 둘째, 위 광업권양도계약을 재산인수라고 한다면 이는 정관기재 등 요건을 갖추지 아니하는 재산인수로서 그 효력은 어떠한가 하는 점 등이다.

이에 대하여 원심(서울고법 1993. 10. 20, 92나35426 판결) 및 대법원은 위와 같은 현물출자를 위한 약정은 상법 제290조 제3호가 규정하는 재산인수에 해당하고, 이것이 정관에 기재되지 아니하였으므로 무효라고 판단하여 이 사건 각 광업권에 관한 피고 회사 명의의 위 각 광업권이전등록의 말소를 구하는 원고의 청구를 인용하였다.

대판 1992. 9. 14, 91다33087 **가.** 상법 제290조 제3호는 변태설립사항의 하나로서 회사성립 후에 양수할 것을 약정한 재산의 종류, 수량, 가격과 그 양도인의 성명은 정관에 기재함으로써 그 효력이 있다고 규정하고 있고, 이 때에 회사의 성립 후에 양수할 것을 약정한다 함은 이른바 재산인수로서 발기인이 회사의 성립을 조건으로 다른 발기인이나 주식인수인 또는 제3자로부터 일정한 재산을 매매의 형식으로 양수할 것을 약정하는 계약을 의미한다고 할 것이고, 아직 원시정관의 작성 전이어서 발기인의 자격이 없는 자가 장래 성립할 회사를 위하여 위와 같은 계약을 체결하고 그 후 그 회사의 설립을 위한 발기인이 되었다면 위 계약은 재산인수에 해당하고 정관에 기재가 없는 한 무효라고 할 것이다.

나. 갑과 을이 공동으로 축산업 등을 목적으로 하는 회사를 설립하기로 합의하고 갑은 부동산을 현물로 출자하고 을은 현금을 출자하되, 현물출자에 따른 번잡함을 피하기 위하여 회사의 성립 후 회사와 갑 간의 매매계약에 의한 소유권이전등기의 방법에 의하여 위 현물출자가 이루어진 것이라면, 위 현물출자를 위한 약정은 그대로 상법 제290조 제3호가 규정하는 재산인수에 해당한다고 할 것이어서 정관에 기재되지 아니하는 한 무효라고 할 것이나, 위와 같은 방법에 의한 현물출자가 동시에 상법 제375조가 규정하는 사후설립에 해당하고 이에 대하여 주주총회의 특별결의에 의한 추인이 있었다면 회사는 유효하게 위 현물출자로 인한 부동산의 소유권을 취득한다.

〈사실관계 및 쟁점〉 소외 망 이승복은 축산업 등을 경영하기 위하여, 1968. 7.경 자신의 동생인 소외 이창복과 소외 김승환, 이창선에게 자신 소유의 전답 합계 86,206평과 임야 합계 925정보에 대하여 축산업과 기타 부대 사업을 추진하는 일체의 권한을 위임한다는 내용의 위임장을 교부하면서 그 사업자금을 투자할 동업자를 물색할 것을 의뢰하였다. 그 후 소외 이곤은 위 이창복 등을 통하여 위와 같은 사업에 대한 투자를 권유받고 1969. 2.경 이승복과 이곤은 위 사업을 공동으로 추진하기로 하고 이를 위하여 축산업 등을 목적으로 하는 주식회사 형태의 원고 방일개발 주식회사를 설립하기로 하고, 위 회사의 자본금은 설립 당시 액면 금 1천원의 주식 1만주를 발행하여 금 1천만원으로 정하고, 그 자금출자는 소외 이곤이 현금 5백만원을 출자하고 위 이승복이 위 위임장에 제시한 토지들을 금 5백만원으로 평가하여 현물로 투자하기로 하되, 위 토지들을 투자함에 있어 상법상 현물출자의 방식을 취하려면 회사 정관에 기재하여야 하고 시가감정을 하여야 하는 등 법적 절차가 복잡하고 시간과 비용도 상당히 소요되므로, 일단 소외 이곤이 자본금 1천만원을 현금으로 전액 출자하여 원고회사를 설립한 다음 원고회사에서 위 이승복이 현물로 투자하기로 한 위 토지들을 금 5백만원에 매수하는 방식을 취하되, 그 매매대금 상당인 금 5백만원을 위 이승복에게 지급하는 대신 위 자본금 중 위 이승복 부담부분까지 출자한 소외 이곤이 위 출자금 중에서 금 5백만원을 되찾아 가기로 약정하였다. 위와 같은 약정에 따라 1969. 3. 5. 위 이곤의 출자에 의하여 이승복, 이곤 등이 발기인으로서 주식을 인수하고, 3. 7. 창립총회 및 이사회를 개최하여 소외 이곤을 대표이사로 선임한 후 회사의 설립등기까지 마쳤다. 위와 같이 회사설립절차가 완료된 후인 3. 10. 위 이승복으로부터 동인이 현물로 투자하기로 한 토지들의 목록과 등기부등본 등을 제시받아 위 이승복이 요구하는 위토(位土) 등 일부 토지는 제외하기로 하여 원고회사가 매수할 부동산목록을 작성하였고, 그 다음 날인 3. 11. 위 부동산목록을 첨부한 부동산매매계약서 및 등기서류인 위임장, 매도증서 등을 각 작성하였다. 그런데 그 후 위 매매계약에 따른 등기과정에서 위 매매목적 토지 중 약 250정보가 그 이전에 이미 제3자에게 처분된 사실이 밝혀짐에 따라 이 사건 토지들을 포함한 나머지인 약 750정보의 토지에 대하여만 3. 17.부터 8. 6.까지 사이에 원고 방일개발 주식회사의 명의로 각 소유권이전등기를 경료하였다. 위 매매계약 이후인 1969. 3. 18. 원고 회사의 전주주가 출석한 임시주주총회에서 원고 회사가 망 이승복으로부터 이 사건 토지들이 포함된 약 750정보를 금 5백만원에 매수하는 것을 승인한다는 내용의 결의를 출석주주 전원의 찬성으로 가결하였다. 또한 이 사건 소제기 이후인 1989. 3. 9. 소외 이곤(소유주식 2,000주), 이창선, 김승환(소유주식 1,000주)이 각 참석하고 소외 이영희(소유주식 1,500주)와 소외 최호선(소유주식 500주)은 그 의결권의 행사를 소외 이곤에게 위임하여 총주식 10,000주 중 과반수가 넘는 6,000주가 출석한 임시주주총회에서 출석주주 전원의 찬성으로 이 사건 매매계약을 승인한다는 결의를 하였다.

이에 대하여 피고 이문원은 이 사건 매매계약은 원고 회사의 설립등기가 경료된 1969. 3. 7.이후인 3. 11. 원고 회사의 대표이사인 소외 이곤과 위 이승복 사이에 이루어진 것이므로 재산인수임을 전제로 매매계약이 무효라고 항변하였다.

여기서 쟁점은 아직 원시정관이 작성되기 전이어서 발기인의 자격이 없는 자가 장래 성립할 회사를 위하여 회사의 성립 후에 일정한 재산을 양수할 것을 약정하는 계약을 체결하고 그 후 그 회사의 설립을 위한 발기인이 된 경우 위 계약의 성질이 무엇인가 하는 점이다.

이에 대하여 원심(서울고법 1991. 7. 23, 91다33087)은 이 사건 매매계약은 원고 회사의 설립등기가 경료된 1969. 3. 7. 이후인 3. 11. 원고 회사의 대표이사인 소외 이곤과 위 이승복 사이에 이루어진 것이므로 이는 재산인수가 아니라 상법상의 사후설립에 해당하고, 위에서 본 바와 같이 위 매매계약 이후 위 계약을 추인하는 주주총회의 특별결의가 있었으므로 위 매매계약은 유효하다고 판시하였다.

한편 대법원은 '위에서 본 바와 같이 1969. 2.경 소외 망 이승복과 소외 이곤이 공동으로 축산업 등을 목적으로 하는 원고 회사를 설립하기로 합의하고 위 이승복은 금 5,000,000원으로 평가된 부동산을 현물로 출자하고 소외 이곤은 현금 5,000,000원을 출자하되 현물출자에 따른 번잡함을 피하기 위하여 원고 회사의 성립 후 원고 회사와 위 이승복간의 매매계약에 의한 소유권이전등기의 방법에 의하여 위 현물출자를 완성하기로 약정하고 그 후 회사설립을 위한 소정의 절차를 거쳐 위 약정에 따른 현물출자가 이루어진 것이라면, 위 현물출자를 위한 약정은 그대로 상법 제290조 제3호가 규정하는 재산인수에 해당한다고 할 것이어서 정관에 기재되지 아니하는 한 무효라고 하지 않을 수 없고, 한편 위와 같은 방법에 의한 현물출자가 동시에 상법 제375조가 규정하는 사후설립에 해당하고 이에 대하여 주주총회의 특별결의에 의한 추인이 있었다면 원고 회사는 유효하게 위 현물출자로 인한 부동산의 소유권을 취득한다고 할 것' 이라고 판시하여 원고 회사의 이 사건 토지에 관한 매매계약은 유효하다고 하였다.

대판 1989. 2. 14, 87다카1128 갑과 을 회사 사이의 토지매매가 현물출자에 관한 상법상의 규제를 피하기 위한 방편으로 행하여져 무효인지의 여부를 가리기 위하여는 그 매매행위가 회사의 성립 전에 발기인들에 의하여 이루어진 재산인수인지 아니면 회사가 성립된 후에 회사의 대표이사에 의하여 이루어진 사후설립인지를 심리, 확정한 후에 그것이 유효요건을 갖추었는지 여부를 심리하여 그 유·무효를 판단하여야 한다.

④ 회사가 부담할 설립비용과 발기인이 받을 보수

설립비용은 회사의 기구를 확립하고 법인격을 취득하기 위하여 필요한 비용이다. 이에는 설립준비사무소의 차임, 사무원의 급료, 정관의 작성·인증비, 주식청약서 인쇄비 등이 있다. 그러나 공장매입비용, 매장설치비용과 같은 개업준비 비용이나 성립후의 사업에 필요한 비용은 설립비용에 포함시킬 수 없다. 다음 판례의 사안은 주식회사에 관한 것은 아니지만 그 취지는 주식회사에 원용할 수 있다.

대판 1965. 4. 13, 64다1940 피고 조합은 그 조합원의 가구의 공동생산, 공동가공, 공동소비를 목적으로 하여 설립된 조합인바, 피고 조합이 설립되기 전의 설립중인 피고 조합 발기인들이 관청에서 하는 부당한 가구 등의 도급수의계약체결을 방지하는데 공동노력하기로 하고 그에 필요한 비용을 차입한 금원은 특별한 사정이 없는 한 설립중인 위 조합의 설립 자체를 위한 비용이라고 볼 수 없는 것을 원심에서 그 조합의 목적사업을 위한 비용이라 하여 설립 후의 조합에게 변제할 책임이 있다고 판단하였음은 설립 중인 법인의 행위에 대하여서의 설립 후의 법인의 책임에 관한 법리를 오해한 위법이 있다고 할 것이다.

〈사실관계 및 쟁점〉 피고 전국가구공업 협동조합은 1963. 3. 31. 그 조합원의 가구의 공동생산, 공동가공, 공동소비 등을 목적으로 하여 창립총회를 개최하여 그 이사장으로 소외 이찬우, 그 이사로 소외 조찬승, 위영환, 이종실, 박명종, 김종진, 이완산 등을 각 선임하고, 1963. 7. 4. 그 설립등기를 경료하였다.

그런데 피고 조합이 위 창립총회가 있기 전의 설립 중인 피고 조합의 발기인대표 소외 이찬우와 그 발기인인 소외 이완산, 김현준, 박명종, 정백규, 위영환 등은 관청에서 하는 부당한 가구 등의 도급수의계약체결을 방지하는데 공동노력하기로 하고 그에 필요한 비용을 차입하기로 하여 위 발기인대표와 발기인들이 1963. 3. 30. 원고 김복동으로부터 금 16,000원을 차입하였다. 이에 원고는 위 피고 조합을 상대로 위 대여금의 반환을 구하는 이 사건 소를 제기하였다.

여기서 쟁점이 된 것은 설립 중인 피고 조합의 발기인대표와 발기인들이 위와 같은 목적으로 위하여 타인으로부터 차입한 비용이 피고 조합의 설립을 위한 비용에 해당하여 성립 후의 피고 조합이 그 차용금채무를 부담하느냐 하는 점이다.

이에 대하여 원심(전주지법)은 위와 같은 비용은 피고 조합의 목적사업을 위한 비용이라고 하여 피고 조합에게 그 차용금채무의 변제책임이 있다고 판시하였다. 그러나 대법원은 위와 같은 비용은 피고 조합의 설립 자체를 위한 비용 즉 설립비용은 아니라고 하여 원심판결을 파기환송한 것이다(특히 피고 조합은 그 명칭이 조합이지만, 중소기업협동조합법 제4조 1항은 이를 법인으로 하고, 같은법 제10조는 위 법에 규정된 사항 이외에는 민법 및 상법에 관한 규정을 준용한다고 규정하고 있다).

발기인의 보수는 회사설립사무에 종사한 발기인의 노무제공에 대한 대가로서 봉급의 성격을 갖는다. 이 점에서 발기인의 보수는 발기인이 받을 (공로나 기여에 대한 대가로서의) 특별이익과 다르다.

설립비용과 발기인의 보수를 변태설립사항으로 열거하여 법원이 선임한 검사인의 조사나 공증인의 조사・보고를 받도록(제298조 제4항, 제299조의2) 한 것은 회사부담의 한도액을 명기시킴으로써 발기인에 의한 부당한(과다한) 비용지출을 막고자 하는 것이다.

3) 검사인 등의 조사・보고

모집설립의 경우 변태설립사항은 주식청약서에 기재하여 모집주주들이 알 수 있게 하여야 한다(제302조 제2항 제2호). 변태설립사항은 정관에 기재하여야 할 뿐 아니라 이사나 발기인은 이에 관한 조사를 하게 하기 위하여 검사인의 선임을 법원에 청구하여야 한다(제298조 제4항). 변태설립사항 중 발기인이 받을 특별이익과 설립비용, 발기인의 보수액에 대한 조사는 공증인의 조사로 대신할 수 있고 현물출자와 재산인수에 대한 조사는 공인된 감정인의 감정으로 대신할 수 있다(제299조의2). 발기설립의 경우 이들 검사인, 공증인, 공인된 감정인은 조사결과를 법원에 보고하여야 하고 법원은 변태설립사항이 부당하다고 인정한 때에는 이를 변경하여 각 발기인에게 통고할 수 있다(제300조 제1항). 한편 모집설립의 경우에는 검사인 등의 조사결과는 창립총회에 보고되고(제310조 제2항),

창립총회에서 변태설립사항이 부당하다고 인정한 때에는 이를 변경할 수 있다(제314조 제1항). 현물출자와 재산인수에 있어서 그 재산총액이 크지 않거나 그 재산이 거래소에서 시세가 있는 유가증권인 경우 등에는 검사인의 조사・보고가 면제된다(제299조 제2항).

(4) 임의적 기재사항

절대적 기재사항과 상대적 기재사항 외에 강행법규, 선량한 풍속 기타 사회질서, 주식회사의 본질에 반하지 않고 상법이 허용하는 범위 내에서 필요한 사항은 정관에 기재하여 그 효력을 인정받을 수 있다. 주식의 명의개서절차, 정기총회의 소집시기, 주주총회의 의장이 될 자 또는 그 선임방법, 이사와 감사의 수 등이 임의적 기재사항의 예가 된다.

5. 가장납입

(1) 의 의

주금을 실제 납입하지 않고 납입한 것으로 가장하여 설립등기를 마치는 것을 가장납입이라 한다. 2009년 상법 개정 전에는 주식회사의 최저자본금이 5천만원으로 규정되어 있었기 때문에 가장납입의 시도가 있었으나 현재는 주식회사의 설립에 최저자본금을 요구하고 있지 아니하므로 가장납입이 문제되는 일은 없어졌으리라 본다.

(2) 가장납입의 유형

(가) 통모가장납입

발기인들과 납입금보관은행이 서로 통모하여 납입금이 없거나 부족함에도 불구하고 은행이 발기인에게 납입금보관증명서(제318조 제1항)를 발급하여 발기인이 이를 가지고 설립등기를 하는 경우를 통모가장납입이라 하고 일본식 용어로 '예합'(預合)이라 한다. 상법에서는 이러한 경우를 예정하여 은행이나 그 밖의 금융기관은 증명한 보관금액에 대하여는 납입이 부실하거나 그 금액의 반환에 제한이 있다는 것을 이유로 회사에 대항하지 못한다고 하여 그러한 통모를 무효로 규제하고 있다(제318조 제2항).

(나) 일시차입에 의한 가장납입

발기인이 타인으로부터 돈을 차입하여 납입하여 설립등기를 마친 후 납입금 보관은행으로부터 납입금을 인출하여 변제하는 경우가 일시차입에 의한 가장납입이다. '보이기 돈'(見金)이라고도 한다. 이 때 형식상으로는 주금의 납입이 있으나 실질적으로는 자금이 회사에 들어오지 않았으므로 납입이 무효라고 보는 것이 다수설이나, 판례는 금원의 이동에 따른 현실의 불입이 있다고 보아, 주금납입의 가장수단으로 이용되는 사정은 발기인 또는 이사의 주관적 의도에 불과하므로 가장납입을 유효한 납입이라고 한다(대판 1983. 5. 24, 82누522).

판례에 의하면 일시차입에 의한 가장납입을 주도한 발기인과 이사들은 공동불법행위책임을 지므로 연대하여 회사에 대해 손해배상책임을 지고(대판 1989. 9. 12, 89누916), 주금의 가장납입이 일시 차입금을 가지고 주주들의 주금을 체당(대신)납입한 것과 같이 볼 수 있어 주금납입이 종료된 후에도 주주는 회사에 대하여 체당납입한 주금을 상환할 의무가 있다고 본다(대판 2004. 3. 26, 2002다29138). 또한 가장납입에 관여한 발기인과 이사들은 납입가장죄(제628조 제1항)와 공정증서원본부실기재죄(형법 제228조) 및 동행사죄(형법 제229조)가 성립하고 횡령죄는 성립하지 않는다고 본다(대판 2004. 6. 17, 2003도7645 전원합의체).

대판 1983. 5. 24, 82누522 일시적인 차입금으로 주금납입의 외형을 갖추고 회사설립이나 증자후 곧바로 그 납입금을 인출하여 차입금을 변제하는 주금의 가장납입 소위 견금의 경우에도 금원의 이동에 따른 현실의 불입이 있는 것이고 설령 그것이 주금납입의 가장수단으로 이용된 것이라 할지라도 이는 납입을 하는 발기인, 이사들의 주관적 의도에 불과하고 이러한 내심적 사정은 회사의 설립이나 증자와 같은 집단적 절차의 일환을 이루는 주금납입의 효력을 좌우할 수 없다.

대판 1998. 12. 23, 97다20649 [2] 주식회사를 설립하면서 일시적인 차입금으로 주금납입의 외형을 갖추고 회사 설립절차를 마친 다음 바로 그 납입금을 인출하여 차입금을 변제하는 이른바 가장납입의 경우에도 주금납입의 효력을 부인할 수는 없다.

[3] 회사 설립 당시 원래 주주들이 주식인수인으로서 주식을 인수하고 가장납입의 형태로 주금을 납입한 이상 그들은 바로 회사의 주주이고, 그 후 그들이 회사가 청구한 주금 상당액을 납입하지 아니하였다고 하더라도 이는 회사 또는 대표이사에 대한

채무불이행에 불과할 뿐 그러한 사유만으로 주주로서의 지위를 상실하게 된다고는 할 수 없으며, 또한 주식인수인들이 회사가 정한 납입일까지 주금 상당액을 납입하지 아니한 채 그로부터 상당 기간이 지난 후 비로소 회사의 주주임을 주장하였다고 하여 신의성실의 원칙에 반한다고도 할 수 없다.

대판 2004. 3. 26, 2002다29138 [1] 주식회사를 설립하면서 일시적인 차입금으로 주금납입의 외형을 갖추고 회사 설립절차를 마친 다음 바로 그 납입금을 인출하여 차입금을 변제하는 이른바 가장납입의 경우에도 주금납입의 효력을 부인할 수는 없다고 할 것이어서 주식인수인이나 주주의 주금납입의무도 종결되었다고 보아야 할 것이고, 한편 주식을 인수함에 있어 타인의 승낙을 얻어 그 명의로 출자하여 주식대금을 납입한 경우에는 실제로 주식을 인수하여 그 대금을 납입한 명의차용인만이 실질상의 주식인수인으로서 주주가 된다고 할 것이고 단순한 명의대여인은 주주가 될 수 없다.

[2] 주식회사의 자본충실의 요청상 주금을 납입하기 전에 명의대여자 및 명의차용자 모두에게 주금납입의 연대책임을 부과하는 규정인 상법 제332조 제2항은 이미 주금납입의 효력이 발생한 주금의 가장납입의 경우에는 적용되지 않는다고 할 것이고, 또한 주금의 가장납입이 일시 차입금을 가지고 주주들의 주금을 체당납입한 것과 같이 볼 수 있어 주금납입이 종료된 후에도 주주는 회사에 대하여 체당납입한 주금을 상환할 의무가 있다고 하여도 이러한 주금상환채무는 실질상 주주인 명의차용자가 부담하는 것일 뿐 단지 명의대여자로서 주식회사의 주주가 될 수 없는 자가 부담하는 채무라고는 할 수 없다.

대판 2004. 6. 17, 2003도7645 전원합의체 **〔다수의견〕** 상법 제628조 제1항 소정의 납입가장죄는 회사의 자본충실을 기하려는 법의 취지를 유린하는 행위를 단속하려는 데 그 목적이 있는 것이므로, 당초부터 진실한 주금납입으로 회사의 자금을 확보할 의사 없이 형식상 또는 일시적으로 주금을 납입하고 이 돈을 은행에 예치하여 납입의 외형을 갖추고 주금납입증명서를 교부받아 설립등기나 증자등기의 절차를 마친 다음 바로 그 납입한 돈을 인출한 경우에는, 이를 회사를 위하여 사용하였다는 특별한 사정이 없는 한 실질적으로 회사의 자본이 늘어난 것이 아니어서 납입가장죄 및 공정증서원본불실기재죄와 불실기재공정증서원본행사죄가 성립하고, 다만 납입한 돈을 곧바로 인출하였다고 하더라도 그 인출한 돈을 회사를 위하여 사용한 것이라면 자본충실을 해친다고 할 수 없으므로 주금납입의 의사 없이 납입한 것으로 볼 수는 없고, 한편 주식회사의 설립업무 또는 증자업무를 담당한 자와 주식인수인이 사전 공모하여 주금납입취급은행 이외의 제3자로부터 납입금에 해당하는 금액을 차입하여 주금을 납입하고 납입취급은행으로부터 납입금보관증명서를 교부받아 회사의 설립등기절차 또는 증자등기절차를 마친 직후 이를 인출하여 위 차용금채무의 변제에 사용하는 경우, 위와 같은 행위는 실질적으로 회사의 자본을 증가시키는 것이 아니고 등기를 위하여 납입을 가장하는 편법에 불과하여 주금의 납입 및 인출의 전과정에서 회사의 자본금에는 실제 아무런 변동이 없다고 보아야 할 것이므로, 그들에게 회사의 돈을 임의로 유용한다는 불법영득의 의사가 있다고 보기 어렵다 할 것이고, 이러한 관점에서 상법상 납입가장죄의 성립을 인정하는 이상 회사 자본이 실질적으로 증가됨을 전제로 한 업무상횡령죄가 성립한다고 할 수는 없다.

〔**반대의견**〕 이른바 견금 방식의 가장납입의 경우에도 납입으로서의 효력을 인정하는 종래 대법원의 견해를 따르는 한 납입이 완료된 것은 진실이고, 따라서 등기공무원에 대하여 설립 또는 증자를 한 취지의 등기신청을 함으로써 상업등기부원본에 발행주식의 총수, 자본의 총액에 관한 기재가 이루어졌다 할지라도 이를 두고 '허위신고'를 하여 '불실의 사실의 기재'를 하게 한 경우에 해당한다고 할 수 없어 공정증서원본불실기재·동행사죄가 성립할 여지가 없으며, 또한 주금납입과 동시에 그 납입금은 회사의 자본금이 되는 것이기 때문에 회사의 기관이 이를 인출하여 자신의 개인 채무의 변제에 사용하는 것은 회사에 손해를 가하는 것이 될 뿐만 아니라 불법영득의사의 발현으로서 업무상횡령죄가 성립한다고 볼 수밖에 없다.

6. 실권절차

모집설립의 경우, 주식인수인이 납입하지 않을 때에는 발기인은 다시 일정한 기일을 정하여 그 기일 내에 납입의 이행을 하지 않을 때에는 그 권리를 잃는다는 뜻을 그 기일의 2주간 전에 주식인수인에게 통지하여야 하며, 이러한 최고에도 불구하고 납입을 하지 않은 때에는 주식인수인은 당연히 실권한다(제307조).

7. 설립등기

(1) 설립등기의 시기

발기설립의 경우에는 검사인(공증인·감정인으로 대체가능)의 조사, 보고(제299조, 제299조의2)와 그에 따른 법원의 변경처분(제300조)이 종료한 날로부터 2주일 내에 그리고 모집설립의 경우에는 창립총회가 종결한 날 또는 변태설립사항의 변경절차(제314조)가 종료한 날로부터 2주일 내에 설립등기를 하여야 한다

(제317조 제1항).

(2) 등기사항

① 목적, 상호, 회사가 발행할 주식의 총수, 액면주식을 발행하는 경우 1주의 금액, 본점의 소재지, 회사가 공고를 하는 방법

② 자본금의 액

③ 발행주식의 총수, 그 종류와 각종주식의 내용과 수

④ 주식의 양도에 관하여 이사회의 승인을 얻도록 정한 때에는 그 규정

⑤ 주식매수선택권을 부여하도록 정한 때에는 그 규정

⑥ 지점의 소재지

⑦ 회사의 존립기간 또는 해산사유를 정한 때에는 그 기간 또는 사유

⑧ 주주에게 배당할 이익으로 주식을 소각할 것을 정한 때에는 그 규정

⑨ 전환주식을 발행하는 경우에는 제347조에 게기한 사항

⑩ 사내이사, 사외이사, 그밖에 상무(常務)에 종사하지 아니하는 이사와 감사 및 집행임원의 성명 및 주민등록번호

⑪ 회사를 대표할 이사 또는 집행임원의 성명·주민등록번호 및 주소

⑫ 둘 이상의 대표이사 또는 대표집행임원이 공동으로 회사를 대표할 것을 정한 때에는 그 규정

⑬ 명의개서대리인을 둔 때에는 그 상호 및 본점소재지

⑭ 감사위원회를 설치한 때에는 감사위원회 위원의 성명 및 주민등록번호

(3) 설립등기의 목적

상법에서 주식회사의 설립등기를 요구하고 등기사항을 법정하고 있는 것은 국가로 하여금 준칙주의에 따르는 회사설립의 법정요건의 구비여부를 조사할 수 있는 기회를 가지게 하고 회사가 성립된 사실과 그 조직구성의 기본적 내용(예, 회사를 대표하는 자)을 공시하게 함으로써 다수의 이해관계인들의 이익을 보호하고 거래의 안전을 도모하기 위한 것이다.

(4) 설립등기의 효과

(가) 본래의 효과

설립등기를 함으로써 주식회사는 법인격을 취득한다. 이를 회사의 성립이라 한다(제172조). 이로써 설립중의 회사의 구성원인 주식인수인은 주주가 되며 설립중의 회사의 적극재산은 당연히 성립후의 회사에 귀속한다. 소극재산(채무)은 정관에 기재된 범위 내에서만 등기후의 회사에 귀속한다.

(나) 특별한 효과

1) 주식인수의 무효 또는 취소가 제한된다(제320조 제1항). 일단 회사가 성립한 후에는 주식인수인은 주식청약서의 요건의 흠결을 이유로 하여 그 인수의 무효를 주장하거나 사기, 강박 또는 착오를 이유로 하여 그 인수를 취소하지 못한다. 그러나 제한능력자에 의한 주식인수의 취소는 허용된다.
2) 권리주(주식인수인의 지위)양도의 제한이 해제된다(제319조).
3) 주권발행이 허용된다(제355조 제2항).
4) 상호권이 발생한다(제19조, 제22조, 제23조 제4항).
5) 발기인의 자본충실책임이 발생한다(제321조).

8. 설립에 관한 책임

(1) 책임의 엄격성

주식회사의 경우 그 설립절차의 복잡성으로 인하여 과오나 위법, 부정행위의 가능성이 크다. 주식회사의 설립과 관련하여 사기설립이나 불건전한 설립이 있게 되면 다수의 이해관계인에게 손해를 끼칠 염려가 있기 때문에 법에서는 설립관여자에게 엄중한 책임을 지우고 있는 것이다.

(2) 발기인의 책임

(가) 회사성립의 경우

1) 회사에 대한 책임

① 자본충실의 책임

a) 의 의　　주식회사가 설립시부터 공시된 자본에 결함이 있게 되면 자본충실의 원칙이 근본적으로 훼손되게 된다. 이러한 사태를 방지하기 위하여 상법

에서는 설립에 직접 관여한 발기인들에게 자본충실책임을 지우고 있다. 발기인의 자본충실책임은 인수담보책임과 납입담보책임으로 나누어진다. 회사의 설립시 발행한 주식으로서 회사가 성립한 후에 아직 인수되지 아니한 주식이 있거나(예를 들면, 주식청약서의 위조로 인수가 무효인 경우 등) 주식인수의 청약이 취소된 때(예를 들면, 채권자취소권에 의한 취소(민법 제406조); 제한능력자의 인수를 법정대리인이 취소한 경우 등)에는 발기인이 이를 공동으로 인수한 것으로 본다(제321조 제1항). 이것이 인수담보책임이다.

다음으로 회사가 설립등기를 마쳐서 성립한 후 납입을 완료하지 아니한 주식이 있는 때에는 발기인은 연대하여 그 납입을 하여야 한다(제321조 제2항). 주식회사의 설립이 정상적으로 이루어졌다면 납입을 완료하지 아니한 상태에서 설립등기가 완료될 수는 없으므로 성립후에 납입을 완료하지 않은 주식은 있을 수 없다. 납입사무처리상의 착오 등 극히 예외적인 경우를 대비하는 것이 납입담보책임제도이다.

발기인이 인수담보책임을 이행한 경우에는 그만큼 보유주식수가 증가하게 되는 반면, 납입담보책임을 이행한 경우에는 납입을 하여야 할 원래의 인수인이 그 부분에 관하여 주주가 되고 발기인은 대납한 주금액을 상환받을 수 있을 뿐이다.

발기인의 인수 및 납입담보책임은 발기인의 명의로 주식을 인수한 사실상의 주식인수인에게도 확대적용되어야 할 것이다(제332조 유추).

b) 성 질 발기인의 자본충실책임은, 자본충실을 도모하기 위한 법정의 특별책임으로서 무과실연대책임이다. 일단 회사성립후에는 회사의 해산이나 파산, 설립무효시에도 발기인은 자본충실책임을 면하지 못한다.

c) 흠결의 정도 발기인에게 자본충실책임을 지우는 것은 근소한 인수, 납입의 흠결로 인한 회사의 설립무효를 방지하기 위한 제도이므로 흠결이 현저하면 설립무효로 다루어야 한다. 근소한 정도인가의 판단은 회사의 규모, 업종 등 제반상황에 따라 결정해야 한다. 한편 전혀 납입이 없는 것으로 인정되는 경우에는 회사의 부존재에 해당한다고 보아야 할 것이다(최, 207면).

d) 현물출자의 경우 상법에서는 금전출자와 현물출자를 구별하여 각각의 경우에 금전출자의 '납입'과 현물출자의 '이행'으로 용어를 구별(제305조 제1

항・제3항, 제295조)하여 사용하고 있다. 현물출자는 목적물의 개성이 뚜렷하므로 현물출자불이행의 경우 회사는 발기인에 대하여 손해배상을 청구할 수 있을 뿐이고 발기인의 이행담보책임은 인정되지 않는다. 이는 유한회사의 사원이 현물출자 불이행분에 한하여 그 가액을 연대하여 지급할 책임을 부담하는 것(제551조)과 비교된다.

e) 책임의 추궁 원래는 회사가 발기인의 자본충실책임을 묻게 된다. 그 밖에 소수주주(발행주식총수의 100분의 1 이상을 소유한 주주)는 대표소송의 요건을 갖추어 발기인을 상대로 자본충실책임을 추궁할 수 있다(제324조, 제403조~406조).

f) 발기인 간의 부담부분은 각자 인수한 주식수에 따르지 아니하고 두수평등(頭數平等)의 원칙에 따라 정해지며 상호구상할 수 있다.

g) 책임의 소멸・면제 발기인의 자본충실책임은 10년의 소멸시효에 걸린다. 자본충실책임은 총주주의 동의로도 면제할 수 없다(제324조에서 준용하는 제400조와 비교). 발기인에게 자본충실책임을 지우는 것은 주로 회사(에 대한)채권자의 보호를 위한 것이기 때문이다.

② 손해배상책임

발기인이 회사의 설립에 관하여 그 임무를 해태한 때(예를 들어 현물출자의 과대평가)에는 회사에 대하여 연대하여 손해를 배상할 책임이 있다(제322조 제1항). 발기인은 '설립중의 회사'의 기관으로서 선량한 관리자의 주의로써 설립사무를 집행하여야 한다. 발기인의 손해배상책임은 이러한 선관주의의무를 위반한 것에 대한 책임이다(제382조 제2항 유추). 예를 들어 발기인들이 주식인수대금을 가장납입하여 회사를 설립하기로 공모한 후 회사성립과 동시에 납입하였던 주식인수대금을 인출한 경우 이는 회사설립에 관하여 자본충실의무 등 선량한 관리자로서의 임무를 다하지 못한 때에 해당하여 회사에 대한 손해배상책임을 부담한다.

발기인의 (성립후의) 회사에 대한 책임은 발기인이 이러한 임무를 해태한 때 '설립중의 회사'에 대하여 손해배상책임을 지는 것을 그와 동일한 실체인 성립후의 회사에 대한 책임으로 전환시킨 것이다. 발기인의 손해배상책임은 과실책임으로서 과실 있는 발기인만이 책임을 진다. 여기서 과실이라 함은 발기인으로서 일반적으로 요구되는 주의를 다하지 못한 것을 가리킨다.

발기인의 손해배상책임은 계약상의 채무불이행책임이 아니다. 발기인과 (성립 후의) 회사간에 위임에 준하는 계약을 인정하기 어렵기 때문이다. 또 민법 제750조의 불법행위에서와 같은 위법성(요건)이 요구되지 않고 고의·과실의 입증책임을 회사에 부담시키는 것도 적당하지 않으므로 불법행위에 의한 책임과도 다르게 보아야 한다. 결국 법정의 손해배상책임이라고 부를 수밖에 없다. 소수주주는 대표소송의 방식으로 발기인의 손해배상책임을 추궁할 수 있다(제324조, 제403조~제406조). 발기인의 손해배상책임은 총주주의 동의로 면책이 가능하다(제324조, 제400조).

대판 1989. 9. 12, 89누916 발기인 甲, 乙이 주식인수대금을 가장납입하는 방법으로 회사를 설립하기로 공모하고, 회사설립과 동시에 납입하였던 주식인수대금을 인출하였다면 甲과 乙은 회사의 설립에 관하여 자본충실의무 등 선량한 관리자로서의 임무를 다하지 못한 발기인들로서 또는 회사의 소유재산인 주식인수납입금을 함부로 인출하여 회사에 대하여 손해를 입힌 공동불법행위자로서의 책임을 면할 수 없으므로 회사에게 그 손해를 연대하여 배상할 책임이 있고, 따라서 연대채무자 중 1인인 乙이 무자력이더라도 다른 연대채무자인 甲에게 자력이 있어 위 손해배상채권의 회수가 가능하다면 위 채권을 구 상속세법시행령(1986. 12. 31. 대통령령 제1203제8호로 개정되기 전의 것) 제5조 제5항 제1호 나목에 의하여 주식가액을 산출하기 위한 회사의 순자산가액에 산입할 수 있다.

〈사실관계 및 쟁점〉 소외 박해선과 임희수는 1983. 8.경 소외 대웅건설 주식회사(이하 '소외 회사'라 한다)를 설립하여 건설업을 공동경영하기로 하고, 회사설립행위는 위 임희수가 박해선이 출연한 자금으로 그의 주도하에 설립하며, 회사자본금은 금 300,000,000원, 발행주식은 60,000주로 하되 위 임희수는 아무런 자산이 없는 무자력자이고 박해선도 위 주식인수가액을 납입할만한 여유자산이 없었으므로 사채업자로부터 총발행주식가액 300,000,000원을 차용하여 주금을 가장납입하였다가 1983. 8. 29. 위 회사설립등기를 마친 직후 위 돈을 인출하여 채권자에게 변제하였다.

그런데 위 임희수는 소외 회사를 설립함에 있어 위 박해선으로부터 설립비용으로 금 6,210,000원을 제공받았으며, 소외 회사 발행주식총수 60,000주 중 6,000주는 위 박해선이 인수하고, 나머지 주식 5,4000주 중 13,800주는 위 임희수 자신의 명의로, 40,200주는 위 공우협 등 6인의 명의를 빌려 그들 명의로 각 인수하는 것으로 하여 그 자신과 위 박해선 및 소외 공우협 등을 발기인으로 하여 설립등기를 마쳤던 것이다.

그 후 위 임희수는 1984. 2.경 회사설립등기 후 위 박해선에게 반환하여 주기로 약정한 회사설립비용 금 6,210,000원을 반환하여 주지 못하자 이에 갈음하여 그 소유의 기명주식의 전부를 박해선에게 양도하고, 위 박해선은 위 양수주식 중 18,000주는 그의 동서인 원고 김종규를, 6,000주는 처인 원고 조분식을, 12,000주는 처형인 원고 조화자를 각 그들과의 합의하에 소유주주로 주주명부에 명의개서하였다. 다만 위 각 주식은 증권거래소에 상장되지 아니한 비상장주식이었다.

한편 위 소외 회사는 설립 후 현금자산도 없고, 소외 삼아종합건설 주식회사로부터 그 명의의 건설업면허 등을 양수받기로 하였으나 위 삼아종합건설이 사실상 파산상태에 빠지게 되어 위 면허 등을 양수받을 수 없게 되어 정부발주공사 등을 수급할 수 없는 등 거의 아무런 영업활동도 하지 못하고 있다가 1985. 7. 25. 피고 관악세무서장(이하 '피고'라고만 한다)에게 폐업신고를 하기에 이르렀다.

피고는 1985. 8. 1. 위 박해선이 위와 같이 위 임희수로부터 양수받은 주식 중 일부를 원고 김종규 등 3인의 명의로 주주명부에 명의개서한 사실에 대하여 이는 위 박해선이 원고들에게 각 주식을 증여한 것으로 보아 그 액면가액 합계금을 증여재산가격으로 인정하여 이를 기초로 과세표준을 산출하여 원고들에게 각 증여세 및 방위세부과처분을 하였다.

이에 대하여 원고들은 첫째, 위 박해선이 원고들의 승낙 없이 원고들을 위 각 주식의 소유자로 소외 회사의 주주명부에 명의개서한 것이므로 이 사건 과세처분은 위법하고, 둘째, 소외 회사는 그 설립시 주금가장납입되었고 소득도 없어 이 사건 과세처분 당시 사실상 도산하여 아무런 자산도 없었으므로 피고가 원고들의 수증자산가액을 위 각 주식의 액면합계금 상당액으로 평가하여 이를 기초로 세액을 산출부과하였음은 위법하므로 이 사건 각 과세처분은 취소되어야 한다고 주장하였다.

여기서 쟁점이 된 것은 발기인들이 주금가장납입을 한 경우 과세표준산출의 기초가 되는 증여재산가액을 산출함에 있어서 회사의 순자산가액에 회사의 발기인들에 대한 체당금상환채권 이외에 손해배상채권도 포함하는지 하는 점이다.

이에 대하여 원심(서울고법 1989. 1. 20, 87구1477 판결)은 소외 박해선과 임희수는 사채업자로부터 금 300,000,000원을 차용하여 소외 회사의 주식인수대금으로 가장납입하였다가 1989. 8. 23. 그 회사설립직후 이를 인출하여 채권자에게 변제하였고, 또 1985. 7. 25. 피고에게 폐업신고를 하였으며, 이 사건 부과처분 당시에는 회사 사무실조차 없었던 사실에 비추어 구 상속세법시행령 제5조 제5항 제1호 나목에 의하여 이 사건 주식의 1주당 가액은 당해법인의 순자산가액/발행총주식의 산식에 의하여 산출되어야 하는바, 소외 회사는 위 박해선, 임희수 등에 대하여 주식인수대금 상당의 체당금상환청구권을 회수할 가능성이 전혀 없으므로 위 회사의 주식가액을 평가함에 있어서 위 임희수에 대한 채권상당액은 위 회사의 순자산가액에 포함시킬 수 없게 되었음에도 불구하고 그 순자산가액이 그 자본금 300,000,000원 상당액이 됨을 전제로 증여의제된 이 사건 주식의 액면가액을 증여재산가액으로 보고 이를 기초로 세액을 산출한 것은 위법하다고 판시하였다. 즉 원심은 소외 회사의 소외인들에 대한 체당금상환청구권만을 판단하고, 손해배상채권에 대해서는 전혀 판단하지 아니한 것이다.

그러나 대법원은 '소외 임희수는 무자력이어서 그에 대한 위 체당금상환청구권은 회수할 수 없게 되었다고 판시한 것은 옳지만, 회수가능한 채권은 당연히 위 순자산가액에 포함된다고 할 것인바, 소외 박해선과 임희수는 주금의 가장납입으로 소외 회사에 대하여 주식인수대금 300,000,000원 상당의 손해배상책임을 부담하고 이 책임은 연대책임이므로 연대채무자 중의 1인인 소외 임희수가 무자력이라 하더라도 다른 연대채무자인 위 박해선에게 있어 위 손해배상채권의 회수가 가능하다면 위 채권을 이 사건 주식가액을 산출하기 위한 회사의 순자산가액에 산입할 수 있다'라고 판시하여 원심판결을 파기환송하였다. 즉 소외인들의 소외 회사에 대한 체당금상환채무는 각자의 주식인수가액에 상응한 별개 독립의 채무이지만, 손해배상채무는 연대채무이기 때문에 그 중 1인에게 전부의 이행을 구할 수 있다고 본 것이다.

2) 제3자에 대한 책임

발기인이 회사의 설립에 관하여 악의 또는 중과실로 인하여 그 임무를 해태한 때에는 그 발기인은 제3자에 대하여도 연대하여 손해를 배상할 책임이 있다(제322조 제2항). 발기인의 제3자에 대한 책임은 법에서 정한 특별책임이며 경과실은 면책시키고 있다는 점에서 일반불법행위책임과 비교된다. 또 악의나 중과실이 발기인의 임무해태에 관하여 있으면 되고 직접 제3자에 대한 위법성은 요구되지 않는다는 점에서 발기인의 책임은 일반불법행위책임과 다르다. 민법 제750조의 불법행위를 구성하려면 악의·중과실의 방향이 피해자에게 향하여져 있어야 한다는 점에서 발기인의 제3자에 대한 책임은 법정책임이라고 부른다.

여기서의 악의는 해의까지 요구하는 것은 아니고 임무해태를 알고 있으면 악의에 해당한다. 악의 외에 해의까지 요구한다면 발기인이 책임을 면하기 쉽게 된다. 발기인의 임무해태와 제3자의 손해 사이에 상당인과관계가 있어야 하며 이는 제3자가 입증하여야 한다. 발기인에 대한 제3자의 손해배상청구와 회사의 손해 유무는 관계가 없다.

발기인의 책임을 물을 수 있는 제3자의 범위에는 회사 이외의 자가 모두 포함된다. 주식청약인, 주식인수인, 주주, 회사채권자 등이다. 발기인이 회사의 설립에 관하여 임무를 해태하여 회사 또는 제3자에게 손해배상책임을 지는 경우에 이사 또는 감사도 책임을 질 때에는 발기인과 이사, 감사는 연대하여 손해를 배상할 책임을 진다(제323조). 제3자의 손해와 회사의 손해와의 관계를 보면 회사의 손해가 동시에 주주의 손해이기도 한 경우가 있을 수 있고 회사에 대한 손해와 별도로 주주가 손해를 입은 경우도 있을 수 있다.

제3자가 발기인에 대하여 상법상의 손해배상청구권과 일반불법행위를 근거로 한 손해배상청구권(민법 제750조)을 가지는 경우 그 경합이 인정된다(청구권경합이고 법조경합과 다름).

(나) 회사불성립의 경우

설립절차를 상당히 진행하였으나 사정상 회사가 성립하지 못하고 중도에 좌절되는 경우가 있다. 이러한 경우에는 발기인이 회사의 설립에 관한 행위에 대하여 연대책임을 지는 동시에 설립에 관하여 지급한 비용을 부담한다(제326조).

회사불성립의 경우에는 성립후의 회사와의 연결을 위한 개념인 설립 중의 회사는 생각할 필요가 없고 '설립중의 회사'는 처음부터 존재하지 않았던 것이 된다. 이 경우 발기인 외에는 권리·의무의 귀속주체가 없기 때문에 주식인수인 등 제3자의 이익보호를 위하여 정책적으로 무과실의 연대책임을 발기인에게 부과한 것이다. 회사가 성립하지 않았으므로 '회사'를 상대로 한 임무해태책임은 있을 수 없다.

회사가 성립하지 못하고 좌절된 경우에 예상되는 책임을 예시해 보면, 설립사무소의 차임, 사무원의 급료, 주주모집광고의 광고료, 납입취급사무의 수수료 등의 지급채무와 주식인수인에 대한 납입금, 청약증거금, 현물출자의 목적물 등의 원상회복·반환의무 등이 있다.

(3) 이사, 감사, 검사인의 책임

(가) 이사, 감사의 책임

회사성립전에 선임된 이사와 감사는 모집설립의 경우에 창립총회에서 설립경과에 대한 조사, 보고 등의 의무를 부담한다. 그 밖에 이사는 설립등기신청의 의무를 부담한다. 이들이 그 임무를 해태한 때에는 회사 또는 제3자에 대하여 손해배상책임을 진다(제323조). 명문의 규정은 없으나, 제3자에 대한 책임은 악의, 중과실의 경우에 한한다고 보아야 할 것이다(제322조 제2항 유추).

(나) 검사인의 책임

법원이 선임한 검사인이 악의 또는 중대한 과실로 인하여 그 임무를 해태한 때에는 회사 또는 제3자에 대하여 손해를 배상할 책임이 있다(제325조).

(다) 유사발기인의 책임

주식청약서 기타 주식모집에 관한 서면에 자기의 성명과 회사의 설립에 찬조하는 뜻을 기재할 것을 승낙한 자는 발기인과 동일한 책임이 있다(제327조). 상법에서 유사발기인에게 책임을 지운 것은 설립중의 회사와 거래한 제3자의 보호를 위한 규정이므로 책임의 상대방을 제한할 이유가 없다는 설도 있으나, 주식청약자 및 인수인에 대해서만 책임을 진다는 것이 통설이다.

유사발기인은 발기인으로서의 권한은 가지지 않으므로 설립에 관한 임무해태책임은 지지 않는다. 책임의 내용을 구체적으로 열거하면 회사성립의 경우에는 자본충실의 책임을 부담하고 회사불성립의 경우에는 납입금반환의 연대책임이 특히 중요하다.

9. 설립의 무효

(1) 총 설

합명회사의 경우와는 달리 주식회사의 경우에는 설립무효의 제도만 있을 뿐 사원(주주)의 개인적 사정을 고려한 설립취소의 제도는 없다. 이는 주주의 개성이 중요시되지 않기 때문이다. 주식회사의 설립에 관하여 하자가 있는 경우에 일반원칙에 따라 언제든지 누구라도 어떠한 방법으로든지 그 무효를 주장할 수 있게 하면 오히려 법률관계의 혼잡과 불안정을 초래하여 다수의 이해관계자의 이익을 침해할 우려가 있다. 이 때문에 법률관계의 획일확정과 법적 안정을 도모하기 위하여 설립무효는 소로써만 주장할 수 있도록 하고 있다. 이와 같은 설립무효의 소는 회사의 설립등기를 그 전제로 한다.

설립무효의 소의 제소권자에는 제한이 있기 때문에 회사내부에 불화나 충돌이 없는 이상 실제로 설립무효의 소가 제기되는 사례는 드물다. 제소기간이 경과되어도 더 이상 설립에 관한 회사를 다툴 수 없게 된다.

(2) 무효의 원인

객관적 원인에 한정된다. 사원 개인의 주관적 사정에 따른 무효는 인정되지 않는다. 회사의 설립이 선량한 풍속 기타 사회질서에 반하는 경우, 설립절차가 강행법규 또는 주식회사의 본질에 반하는 경우가 주된 무효원인이 된다. 예를 들어 보면 발기인 아닌 자가 정관을 작성한 경우(제288조), 정관의 절대적 기재사항이 누락된 경우, 정관에 위법의 기재가 있는 경우(제289조), 정관에 공증인의 인증이 없는 경우(제292조), 주식의 인수·납입의 현저한 흠결(부족)이 있는 경우(제321조), 모집설립시 창립총회의 소집이 없었던 경우(제308조 제1항) 등이다. 특히 판례는 실질적으로는 발기설립에 해당함에도 불구하고 형식상 모집설립의 방법으로 회사설립을 한 경우 발기설립 절차상의 하자를 이유로 그 회사설립은 무효라고 하였다.

대판 1992. 2. 14, 91다31494 **가**. 회사를 설립함에 있어 모집설립의 절차를 갖추었으나 발기인이 주식모집 전에 주식의 대부분을 인수하고 형식상 일반공중으로부터 주식을 모집함에 있어 발기인이 타인의 명의를 모용하여 주식을 인수하였다면 명의모용자가 주식인수인이라 할 것이어서 결국 주식 전부를 발기인이 인수한 결과가 된다 할 것이므로 회사의 설립을 발기설립으로 보아야 한다.

나. 변론주의의 원칙상 당사자가 주장하지 아니한 사실을 기초로 법원이 판단할 수 없는 것이지만 소송물의 전제가 되는 권리관계나 법률효과를 인정하는 진술은 권리자백으로서 법원을 기속하는게 아니므로 청구의 객관적 실체가 동일하다고 보여지는 한 법원은 원고가 청구원인으로 주장하는 실체적 권리관계에 대한 정당한 법률해석에 의하여 판결할 수 있다.

다. 원고가 소장에서 피고 회사의 설립이 모집설립임을 전제로 창립총회가 개최되지 아니하였음을 그 무효 사유로 주장하고 있으나 한편 준비서면 등에 의하여 피고 회사의 설립은 원래 발기설립으로 하여야 하나 편의상 모집설립의 절차를 취하였는바, 이는 탈법적 방법으로 그 설립이 선량한 풍속 기타 사회질서, 강행법규 또는 주식회사의 본질에 반하여 설립된 회사로서 그 설립이 당연무효라고 주장하였다면 위 "나"항의 법리에 비추어 원심이 피고 회사 설립의 무효사유를 위 창립총회 개최의 결여를 덧붙인 외에 발기설립절차의 하자로 인정하였다 하더라도 이는 원고 청구의 범위 내에 속하는 사항에 대한 판단이어서 정당하고 변론주의의 법리를 오해한 위법이 있다 할 수 없다.

〈사실관계 및 쟁점〉 소외 권태영과 소외 박일랑은 1984. 12.경 위 박일랑이 금 100,000,000원을 출자하고 위 권태영이 3개의 광업권을 출자하여 피고 효일산업 주식회사를 설립하기로 하고, 박일랑측은 소외 홍정의, 박선병을, 권태영측은 소외 권수열, 권태식, 권영창, 권태영, 이은명을 각 발기인으로 내세우고 박일랑측에서 회사설립사무를 주관하면서 실질적으로는 발기설립을 하면서도 이에 의하면 (1995년 개정되기 전의 상법상 - 저자) 법원의 통제를 받아야 하는 등의 불편한 점을 고려하여 모집설립의 방법을 택하되, 1주의 금액을 10,000원으로 하고 회사설립시에 10,000주를 발행하는 것으로 정관을 작성하기로 합의하였다. 위 합의에 따라 위 발기인들이 9,500주를 인수하고 나머지 500주는 발기인이 아닌 공모주주로 소외 홍성욱의 명의를 모용하여 동인이 인수한 것처럼 서류를 작성하였다. 1985. 2. 7. 피고 회사의 창립총회가 소집된 바 없었음에도 위 박일랑측은 창립총회를 개최하여 이사, 감사를 선임한 것으로 의사록을 작성하여 회사설립등기를 마쳤다.

원고 권태식은 위 권태영측의 발기인이자 성립된 피고 회사의 이사의 자격에서 이 사건 피고 회사의 설립이 모집설립임을 전제로 하여 회사설립절차 중 창립총회가 개최되지 아니하였음을 그 무효사유로 주장하는 한편 1988. 2. 20. 및 1988. 9. 19.자 준비서면에서 피고 회사의 설립은 원래 발기설립으로 하여야 하나 편의상 모집설립의 절차를 취하였는바 이는 탈법적 방법으로 그 설립이 선량한 풍속 기타 사회질서, 강행법규 또는 주식회사의 본질에 반하여 설립된 회사로서 그 설립이 당연무효라고 주장하면서 이 사건 회사설립무효의 소를 제기하였다.

여기서 쟁점이 된 것은 피고 회사의 설립절차의 법적 성격이 무엇인가 하는 점이다. 이는 주식회사의 설립절차에 관한 상법상 규정은 모두 강행규정이라는 점에 비추어, 발기설립 또는 모집설립에 필요한 각 절차의 이행여부에 따라 피고 회사의 설립이 무효인가가 결정되기 때문이다.

이에 대하여 원심(서울고법 1991. 7. 26, 90나21775 판결)은 '피고 회사의 설립은 발기설립에 해당하고, 정관의 작성, 검사인의 조사 보고 등 발기설립의 절차를 전혀 밟지 아니하여 무효이다'라고 판시하였다. 한편 대법원은 위 판결요지와 같은 이유로 '회사를 설립함에 있어 모집설립의 절차를 갖추어 발기인이 주식모집 전에 주식의 대부분을 인수하고 형식상 일반공중으로부터 주식을 모집함에 있어 발기인이 타인의 명의를 모용하여 주식을 인수하더라도 명의모용자가 주식인수인이라 할 것이어서 결국 주식전부를 발기인이 인수한 결과가 된다 할 것이므로 피고 회사의 설립은 발기설립에 해당한다'라고 판시하여 원심의 결론을 지지하였다.

다만 1995년 상법개정 전에는 발기설립시 법원이 선임한 검사인에 의한 설립경과의 조사를 받도록 되어 있어서 법원에 의한 간섭을 회피하기 위하여 형식상 모집설립의 방법을 취하는 경우가 대부분이었으나, 위 상법개정으로 발기설립시에도 모집설립의 경우와 같이 원칙적으로 이사·감사의 의한 설립경과조사를 받도록 하여 위와 같은 탈법적 방법에 의한 회사 설립의 경우가 줄어들 것으로 보인다. 그러나 현행 상법상으로도 발기설립의 경우 변태설립사항에 관한 조사보고는 여전히 법원에 하여야 하고 법원이 변경통고를 할 수 있기 때문에 법원의 간섭의 여지는 있다(제299조 1항, 제299조의2).

(3) 설립무효의 소

(가) 성 질

설립무효판결의 확정으로 회사의 설립이 없었던 것으로 되어 법률관계의 변동이 초래되므로 설립무효의 소는 형성의 소이다.

(나) 당사자

설립무효의 소의 원고가 될 수 있는 자(제소권자)는 주주, 이사 또는 감사(제328조 제1항)이다. 의결권 없는 주주 역시 원고가 될 수 있다. 피고는 회사이다. 그밖에 일정한 거래분야의 실질적 경쟁을 제한하는 회사설립에 대하여는 공정거래위원회가 설립무효의 소를 제기할 수 있다(독점규제법 제16조 제2항). 잠재적 경쟁관계에 있는 둘 이상의 기업이 합작법인을 설립하는 경우가 그 예가 될 것이다.

원고적격을 제한한 것은 설립무효의 소 제도를 남용하는 것을 방지하기 위한 것이다. 피고는 회사가 되는데 대표이사(원고)가 설립무효의 소를 제기한 경우에는 감사가 피고인 회사를 대표한다(제394조).

(다) 제소기간

설립무효의 소는 회사성립의 날(설립등기를 한 날, 제172조)로부터 2년내에 제기하여야 한다(제328조 제1항).

(라) 관 할

설립무효의 소는 본점소재지의 지방법원의 관할에 전속한다(제328조 제2항, 제186조). 본점 소재지는 정관상 기재에 따른다.

(마) 공고, 병합심리

설립무효의 소가 제기된 때에는 회사는 지체없이 공고하여야 하며 수개의 설립무효의 소가 제기된 때에는 법원은 이를 병합심리하여야 한다. 이는 소송의 낭비를 방지하고, 판결의 충돌을 피하기 위한 것이다(제328조 제2항, 제187조, 제188조).

(바) 재량기각

심리 중 그 원인이 된 하자가 보완되고 회사의 제반사정을 참작하여 설립을 무효로 하는 것이 부적당하다고 인정되는 경우에는 법원은 그 청구를 기각할 수 있다(제328조 제2항, 제189조).

(4) 설립무효판결의 효과

(가) 원고승소의 경우

1) 대세적 효력

설립무효판결은 형성판결로서 제3자에게도 효력이 있다(제328조 제2항, 제190조). 설립무효판결이 확정되면 회사의 법인격은 설립등기시에 소급하여 소멸한다.

2) 소급효의 배제

설립무효판결은 그 판결확정전에 생긴 회사와 주주 및 제3자간의 권리의무에 영향을 미치지 아니한다(제328조 제2항, 제190조 단서). 판결확정시까지의 법률관계를 존중하고 혼란을 피하기 위한 것이다. 따라서 회사와 제3자간의 계약상의 권리・의무, 불법행위책임, 주주의 회사에 대한 권리(예를 들어 배당의결된 배당지급청구권), 회사성립시의 발기인의 책임(제321조, 제322조)은 그대로 유지・존속된다.

여기서 소급효가 배제된다는 것은 무효판결이 그 이전에 형성된 회사와 주주 및 제3자간의 권리・의무에 영향을 미치지 않는다는 것일 뿐, 판결확정시까지는 회사의 법인격이 유지된다는 의미가 아님을 주의하여야 한다. 설립무효판결의 확정으로 당해 회사는 처음부터 법인격을 취득하지 못한 것이 된다.

3) 청 산

설립무효판결이 확정된 경우에 회사의 법인격이 소멸함에 따라 회사성립시로부터 무효판결 확정시까지 회사가 주체가 되었던 법률관계에서 발생한 권리・의무의 귀속주체가 없어져 버린다. 여기서 기존의 법률관계를 정리할 필요가 생기는데, '사실상의 회사'라는 주체를 의제하여 이 문제를 해결할 수 있다. 문제의 회사는 법인격을 취득하지 못한 것이 되지만 사실상의 회사로 인정됨으로써 유효하게 성립했던 회사가 해산한 경우에 준하여 청산하여야 한다(제328조 제2항, 제193조). 설립무효의 판결이 있은 후에 회사계속은 허용되지 아니한다(제519조).

(나) 원고패소의 경우

원고패소판결의 효력은 당사자간에만 미치므로(기판력의 범위) 제소기간내 다른 제소권자는 동일하거나 다른 원인을 들어 다시 설립무효의 소를 제기할 수 있다. 다만 2년의 제소기간이 지난 후에는 다른 제소권자도 제소할 수 없다.

원고패소의 경우 원고에게 악의나 중대한 과실이 있는 때에는 회사에 대한 연대배상책임이 있다(제191조, 제328조 제2항).

(5) 회사의 부존재

회사의 설립등기는 되어 있으나, 회사의 인적, 물적 기초가 전혀 갖추어져 있지 않은 경우, 상대적으로 설립무효의 원인이 되는 하자보다 '현저한' 정도의 하자가 있는 경우를 회사의 부존재라고 부른다. 부존재인 회사는 처음부터 없었던 것이 되고, 누구든지 소송 또는 소송 이외의 방법으로 제소기간의 제한 없이 그 부존재 또는 설립의 무효를 주장할 수 있다.

제 3 절 주 식

주식은 주식회사 자본금의 구성단위인 동시에 주주권(사원권)을 가리킨다. 일반인들은 주권도 주식이라고 부르는 수가 있으나 주주권을 표창하는 유가증권인 주권은 개념상 주식과 구분하여 사용하여야 한다.

제1 주식평등의 원칙

1. 의 의

주주는 그가 구성원으로 있는 회사와의 법률관계에 있어서 보유주식수에 따라 평등한 권리를 가진다. 이것이 주식평등의 원칙인데 주식의 귀속주체가 주주라는 관점에서 주주평등의 원칙이라고 부르기도 한다. 합명회사에 있어서 사원의 평등이 사원의 권리를 가진 자 모두에게 평등한 취급을 하여야 한다는 의미에서 두수(頭數)주의에 입각한 절대적 평등이라면, 주식회사의 경우 주주평등은 보유주식수에 따른 비례적 평등이라는 점이 서로 다르다. 이러한 특색은 자본단체로서의 주식회사에 당연한 것이다.

상법 어디에서도 주식평등의 원칙을 선언한 규정은 없으나 각 주주가 출자액을 한도로 유한책임을 부담하므로 각자는 책임의 크기 즉, 보유주식수에 상응한 권리를 가지도록 하는 것이 형평에 부합한다고 볼 수 있다. 종류주식에 대한 차별의 근거를 마련한 상법의 규정(제344조 내지 제351조)은 주식평등의 원칙을 전제로 예외를 정한 것이다.

2. 주식평등의 원칙의 효용

주식평등의 원칙의 가장 중요한 효용은 다수결로 이 원칙에 대한 예외를 결의할 수 없게 하여 개별 주주의 이익을 보호해줄 수 있다는 점이다. 주식평등에 반하는 신주발행조건, 자본금감소조건, 합병조건 등을 주주총회나 이사회에서 결의하였다 하더라도 그것은 무효이다. 주식평등의 원칙은 주식회사의 법률관계를 규율하는 규범중에서 가장 근본적인 것이며 강행규범이다(이(철), 308면). 이에 대한 예외는 법률의 규정만으로 설정될 수 있을 뿐, 다수결에 기초한 정관의 규정이나 주주총회나 이사회의 결의, 또는 대표이사의 업무집행의 형태로 이 원칙에 반하는 취급을 할 수 없다. 주식평등의 원칙에 위반되는 법률행위는 무효이다. 그러나 불이익을 받게 될 주주 스스로가 그러한 결과를 승인하면 평등원칙에 반하는 법률행위라도 유효하다고 본 판례가 있다.

대판 1980. 8. 26, 80다1263 주주총회에서 대주주에게는 30%, 소수주주에게는 33%의 이익배당을 하기로 결의한 것은 대주주가 자기들의 배당받을 몫의 일부를 떼내어 소수주주들에게 고루 나누어 주기로 한 것이니, 이는 주주가 스스로 그 배당받을 권리를 포기하거나 양도하는 것과 마찬가지여서 본조(상법 제464조)에 위반된다고 할 수 없다.

〈사실관계 및 쟁점〉 피고 주식회사 영풍은 1979. 2. 26. 제28기 정기주주총회에서 제2호 의안인 이익잉여금처분안 승인의 건에 관하여 피고 회사 발행주식의 1% 이상을 가진 소위 대주주에게는 30%, 1% 미만을 가진 소위 소액주주에게는 33%의 이익배당을 하기로 결의하였다. 위와 같은 피고 회사의 주주총회는 적법한 소집절차를 거쳐 위 같은날 원고 주식회사 조흥은행 대강당에서 발행주식 총 6,780,000주, 총주주 577명 중 총 4,368,990주, 117명이 참석하여 출석주주 전원일치에 의하여 위 의안이 가결되었다. 한편 위 의안에 대하여 불이익을 받는 발행주식 1% 이상을 가진 대주주는 13인, 법인(위탁주주 포함) 8명으로서 위 주주총회에 전원출석하여 결의에 찬성한 것이다. 위 결의를 함에 있어서 위 결의안의 제안동기는 소액주주보호와 증권거래의 활성화를 위하여 정부당국과 증권감독원의 권유로 대주주측에서 발의한 것이고, 법인세법 제22조 제3항 제2호의 규정을 참작하여 발행주식의 1%를 기준으로 대주주, 소액주주로 구분한 것이었다.

원고 주식회사 조흥은행은 피고 회사의 1979. 2. 26.자 정기주주총회결의는 이익배당에 있어서의 주주평등의 원칙을 규정한 상법 제464조에 위반한 것으로서 무효라고 주장하여 이 사건 주주총회결의무효확인의 소를 제기하였다.

여기서 쟁점이 된 것은 주주(주식)평등의 원칙을 간접적으로 규정한 상법규정은 모두 강행법규인바, 위와 같은 강행법규에 위반한 내용의 법률행위는 모두 예외 없이 무효가 되느냐 하는 점이다.

이에 대하여 원심(서울고법 1980. 4. 14, 79나3882 판결)은 '상법 제464조의 취지는 정관상 같은 종류의 주식을 가진 주주는 이익이나 이자배당에 있어서 주식 수에 따라 이를 배당받을 권리가 있고, 누구든지 자기의 의사에 의하지 아니하고 위 평등의 원칙에 반하는 내용을 강요당하지 아니한다는 것일 뿐 자기의 배당받을 권리를 포기하거나 양도하는 것을 절대로 금지한다는 취지는 아니라고 할 것이므로, 모든 대주주가 참석하여 당해 사업연도 잉여이익 중 자기들이 배당받을 몫의 일부를 스스로 떼내어 소액주주들에게 고루 나눠주기로 한 것이니 그 결의내용이 위 규정에 반하는 것이라고 할 수 없다'라고 판시하여 원고의 청구를 기각하였다.

한편 대법원도 같은 취지로 판시하여 원심의 결론을 지지하였다.

제2 주식의 분류

주식은 다양한 기준에 따라 여러 가지로 분류해 볼 수 있으며 일정한 표준이 되는 주식에 특수한 속성이 추가된 주식도 있다. 이를 주식의 종류라는 제목하에 논하기도 하지만 그러한 제목은 종류주식만을 대상으로 하는 것과 같은 오해가 있을 수 있으므로 '주식의 분류'라는 제목이 적당하다.

1. 액면주식 · 무액면주식

액면주식은 1주의 금액이 정관에 정해지고 그 금액이 주권에 표시되는 주식이다. 1주의 금액은 100원 이상일 것을 요구하고 있다(제329조 제3항). 액면가액이 최저 100원으로 낮게 정해져 있는 것은 주식시세가 높은 상장회사의 주식액면분할을 원활하게 하여 1주의 거래가격을 낮출 수 있게 하기 위한 것이다. 액면분할을 통하여 자사주식의 대중성을 높일 수 있고 주주분산(예, 국민주)의 혜택을 누릴 수 있다. 예를 들어 전자회사의 경우 다수의 소비자를 주주로 끌어들이면 그 회사가 생산하는 가전제품의 매출증대 효과를 얻을 수 있다.

무액면주식은 1주의 주금액이 정해지지 않은 주식이다. 무액면 주식은 총자본에 대한 비례적 관계만을 나타낼 뿐이다. 회사는 정관으로 정한 경우에 주식의 전부를 무액면주식으로 발행할 수 있다. 무액면주식이나 액면주식 중 한가지만 발행하여야 한다. 회사는 정관으로 정하는 바에 따라 발행된 액면주식을 무액면주식으로 전환하거나 무액면주식을 액면주식으로 전환할 수 있다(제329조 제1항 · 제4항). 회사설립시에 무액면주식을 발행하는 경우에는 주식의 발행가액과 주식의 발행가액 중 자본금으로 계상하는 금액을 정관 또는 발기인 전원의 동의로 정한다(제291조 제3호). 무액면주식을 발행하면 액면미달발행의 제한(제330조)을 받지 않게 되어 회사가 자본조달을 쉽게 할 수 있다.

2. 유상주 · 무상주

회사설립시에 발행되는 주식이나 신주발행시에 발행되는 주식은 원칙적으로 대가를 지급받고 발행된다. 이와 같이 주금액의 납입이나 현물출자를 대가로 발행되는 주식을 유상주라 한다. 이에 반하여 무상주는 준비금의 자본전입에 따라 대가지급 없이 교부되는 주식이다.

3. 종류주식

(1) 의 의

보통의 주식은 권리내용에 관하여 동일한 비례적 단위를 가리키는데 반하여 종류주식은 상법에서 그 권리내용을 다르게 정한 주식이다. 종류주식은 권리내용이 다른 여러가지의 주식발행을 전제로 한다. 회사는 이익의 배당, 잔여재산의 분배, 주주총회에서의 의결권의 행사, 상환 및 전환 등에 관하여 내용이 다른 종류의 주식을 발행할 수 있다(제344조 제1항). 종래 이익배당과 잔여재산분배 등에 관하여 '수종의 주식'이라는 이름으로 권리내용이 다른 종류의 주식을 인정하였던 것과 달리 개정상법은 종류주식을 다양화하면서 상환주식과 전환주식도 종류주식에 포함하였다. 종류주식의 다양화는 회사의 입장에서는 주식에 의한 자본조달을 원활히 하고 기업지배관계의 조정 기능도 발휘할 수 있을 것이다. 투자자의 입장에서는 다양한 투자상품에 접근할 수 있는 기회를 가지게 된다.

종류주식은 다른 주주들의 이해관계에 중대한 영향을 미칠 수가 있으므로 상법은 종류주식을 발행하는 경우 반드시 정관에 기재하도록 하고 있다(제344조 제2항).

(2) 이익배당 · 잔여재산 분배에 관한 종류주식

(가) 의 의

회사가 자금조달을 원활하게 하기 위하여 이용하는 것이 이익배당이나 잔여재산분배에 관한 종류주식이다. 회사가 이익의 배당 내용이 다른 종류주식을 발행하는 경우에는 정관에 그 종류주식의 주주에게 교부하는 배당재산의 종류, 배당재산의 가액의 결정방법, 이익을 배당하는 조건 등 이익배당에 관한 내용을 정하여야 하고, 잔여재산 분배의 경우에는 잔여재산의 종류, 가액의 결정방법, 잔여재산분배에 관한 내용에 관하여 정하여야 한다(제344조의2 제1항, 제2항).

이익배당이나 잔여재산 분배에 있어 주주의 권리의 내용과 그 재산적 이익을 분배받는 순위에 따라 일반적으로 우선주, 보통주, 후배주 등으로 구별된다. 종래 이익의 배당이나 잔여재산분배에 있어서 흔한 예로는 이익배당 우선주가 있는 정도였다. 개정상법에서는 우선 · 열후라는 것에 한정하지 않고 이익배당이나 잔여재산분배의 내용(목적물) 자체를 종류주식의 구성요소로 주식의 내용을 설계하여 다양한 내용의 종류주식을 발행할 수 있게 하였다.

잔여재산분배에 대해서는 주식배당이나 현물배당이 불가능하기 때문에 결국 정관에 종류주식별로 잔여재산분배의 순위와 내용을 명시하면 충분하다고 볼 수도 있다. 그러나 청산절차에서 환가처분을 마친 후 분배를 하게 되는 이상 잔여재산분배 우선주를 발행한 경우 잔여재산의 종류와 그에 따른 환가처분의 방법 등은 주주들의 이해관계에 영향을 미치게 된다. 이러한 점을 고려하면 잔여재산의 종류에 따른 환가처분방법까지 정관에 기재하도록 하는 것이 바람직하다.

(나) 우선주

이익의 배당 또는 잔여재산 분배 등과 같은 재산적 이익을 받는 데 있어서 우선적 지위가 인정된 주식을 우선주(preferred stock)라 한다. 우선주는 다시 참가적 · 비참가적 우선주 그리고 누적적 · 비누적적 우선주로 나누어진다.

참가적(participating) 배당우선주는 보통주가 우선주보다 고율의 배당을 받을 때 여기에 참가하여 그 차액까지 받는 우선주이다. 비참가적 배당우선주는 소정의 배당만 받고 잔여이익은 모두 보통주에게 배당하는 우선주로서 보통주의 배당률이 우선주의 그것보다 높을 수 있다.

누적적(cumulative) 배당우선주는 특정 영업연도의 이익이 소정의 배당에 부족할 경우 다음 영업연도 이후의 이익으로서 부족액을 채워주는 것이고 비누적적 배당우선주는 부족분을 차년도에 이월시켜 보충해주지 않는 우선주이다. 정관에 다른 정함이 없는 한 비참가적 · 누적적 배당우선주로 해석하는 것이 합리적이고, 주주의 기대에 부합하게 된다.

과거 상당기간 동안 우리나라에서는 소위 '1% 우선주'라 하여 보통주보다 1% 포인트 높은 배당을 지급하는 대신 의결권을 박탈하는 우선주제도의 남용이 유행하였다. 이는 배당률을 미리 정하여야 한다는 우선주 본래의 모습에서 이탈하는 것으로 1995년 개정법에서는 그러한 남용을 봉쇄하기 위하여 이익배당우선주에 대하여는 정관으로 최저배당률을 정하도록 강제하는 방법으로 이를 규제하였다(구 상법 제344조 제2항). 그러나 2011년 개정법은 회사가 다양한 형태의 종류 주식을 발행할 수 있도록 하기 위하여 위 최저배당률 조항을 삭제하였고 다시 1% 우선주도 상법상 종류주식의 하나로 발행할 수 있게 되었다.

(다) 후배주(後配株)

후배주는 주주의 재산적 청구권에 관하여 보통주보다 열후적(劣後的) 지위가 부여된 주식이다.

(라) 보통주

보통주는 이익배당이나 잔여재산 분배에 있어 어떠한 제한이나 우선권도 주어지지 않은 주식으로서 우선주와 후배주를 판단함에 있어서 기준이 되는 주식이다.

(마) 혼합주

혼합주는 이익배당에 관하여는 우선적 지위를 인정하면서 잔여재산 분배에 관하여는 열후적 지위를 인정하는 등 재산적 내용의 취급에 있어 우대와 홀대가 병존하는 주식이다.

(3) 의결권 행사의 내용에 관한 종류주식

(가) 의 의

회사는 의결권이 없거나 제한되는 종류주식을 발행할 수 있다. 2011년 개정 전에는 이익배당에 관한 우선주에 한해 의결권 없는 우선주를 발행할 수 있었으나 이익배당의 우선 여부에 관계없이 의결권이 없는 주식(무의결권주식)뿐만 아니라 의결권이 부분적으로 제한되는 주식(의결권제한주식)의 발행이 가능해졌다. 의결권제한주식은 정관에 정한 일부 사항에 대하여 의결권이 없는 주식이다(예를 들어, 정관변경이나 이사선임에 대하여는 의결권이 없고 나머지 사항에 대하여는 의결권이 있는 주식 또는 이사 선·해임의안에 대해서는 의결권을 가지지 않는 주식 등). 의결권을 배제하거나 제한하는 종류주식은 회사의 지배나 경영보다는 투자수익에 관심을 가지는 대중 주식투자자의 성향이 반영된 것이라 할 수 있다. 경영권을 확보하고자 하는 주주와의 이해 조정을 위해서 단지 투자수익을 목적으로 하는 주주에게 투하자본 회수의 위험을 경감시키거나 주식의 발행가를 낮추는 등 투자유인요소를 제공하면서 이익처분안에 대한 의결권을 제외한 다른 의결권은 배제하는 방법 등이 이용될 수 있다.

의결권의 제한은 1개의 의결권에 대하여 '의결권을 행사할 수 있는 사항'을 제한하는 방식을 취할 수 있다. 그러나 제369조 제1항의 "의결권은 1주마다 1개로 한다"는 규정은 강행규정으로 해석되기 때문에, 1주에 대하여 1개 미만의 의결권을 부여하는 방식으로 '의결권 수'를 제한하거나 1주당 복수의 의결권을 부여하는 내용의 종류주식의 발행은 인정되지 않는다.

의결권이 전적으로 배제된 무의결권주식의 주주도 종류주주총회에서는 의결권을 가진다(제435조, 제436조 참조). 이사의 책임면제를 위하여 총주주의 동의가 필요한 경우(제400조), 유한회사로의 조직변경의 경우와 같이 총주주의 일치에 의한 결의가 필요한 경우(제604조)와 회사분할을 위한 주주총회의 승인(제530조의3 제3항)에는 무의결권주식을 가진 주주의 동의까지 받아야 한다.

(나) 발 행

회사가 의결권이 없는 종류주식이나 의결권이 제한되는 종류주식을 발행하는 경우에는 정관에 의결권을 행사할 수 없는 사항과, 의결권행사 또는 부활의 조건을 정한 경우에는 그 조건 등을 정하여야 한다(제344조의3 제1항).

(다) 발행한도

의결권 행사와 관련한 종류주식의 총수는 발행주식총수의 4분의 1을 초과하지 못하며, 의결권이 없거나 제한되는 종류주식수의 합계가 발행주식총수의 4분의 1을 초과하여 발행된 경우에는 회사는 지체 없이 그 제한을 초과하지 아니하도록 하기 위하여 필요한 조치를 하여야 한다(제344조의3 제2항). 이는 과도하게 적은 수의 의결권 있는 주식으로 회사를 지배하고자 하는 폐단을 막기 위한 것이다.

(라) 정족수계산과 무의결권주식

주주총회의 의결에 있어서 의결권 없는 주주가 가진 주식의 수는 발행주식의 총수에 산입하지 아니한다(제371조 제1항). 보통결의의 경우라면 출석한 주주의 의결권의 과반수와 발행주식총수의 4분의 1 이상의 수로써 의결되는데(제368조 제1항) 이 경우 의결권 없는 주식수는 발행주식총수에서 공제한다. 즉 출석한 주주의 의결권의 과반수의 찬성을 받고 그것이 발행주식총수 중에서 무의결권주식의 수를 뺀 주식총수의 4분의 1 이상이라야 결의가 성립한다. 예를 들어 10,000 주식을 발행한 회사에서 2,000 주식이 무의결권주식이라고 하자. 이 회사 주주총회에 무의결권주식의 주주 전원이 출석하고 의결권 있는 주식 3,000 주식을 가진 주주들이 출석하였다면 제368조 제1항에 따라 출석한 주주의 의결권의 과반수(1,501주)이고 발행주식총수[10,000주식－2,000주식(무의결권주식) 즉 8,000주식]의 4분의 1이상(2,000주식 이상) 결국은 2,000주식 이상의 찬성으로 총회의 결의가 성립한다.

(마) 의결권의 부활

회사가 의결권이 없는 종류주식이나 의결권이 제한되는 종류주식을 발행하는 경우 의결권행사 또는 부활의 조건을 정할 경우에는 정관에 그 조건 등을 정하여야 한다(제344조의3 제1항). 종래 무의결권주식은 우선배당을 받지 아니하는 경우 상법의 규정에 의하여 의결권이 자동적으로 부활되는 것으로 규정되었으나 개정상법은 이에 관하여 정관에서 자율적으로 다양한 조건을 정할 수 있도록 하고 있다.

(바) 의결권 외의 권리

무의결권주식의 주주는 주주총회의 소집통지를 받을 권리도 가지지 못한다

(제363조 제8항). 그러나 주주총회에 출석하여 발언할 수 있으며 주주총회의 소집도 청구할 수 있다(소수설). 그밖에 주주에게 부여되는 각종의 소제기권 등(제376조 등) 공익권을 행사할 수 있다.

(4) 주식의 상환에 관한 종류주식

(가) 의 의

상환주식은 주식의 발행시부터 장차 이익으로써 상환하여 소각할 것이 예정된 주식이다. 개정전 상법에서는 상환주식을 이익배당 우선주에 소각이라는 부가조건이 추가된 주식으로 보아 수종의 주식과 구분하여 특수한 주식의 형태로 다루었다. 그러나 개정상법에서 상환주식은 그 자체가 종류주식의 일종으로서 우선주 아닌 종류주식도 상환주식으로 발행할 수 있게 되었다. 종래 상환권이 회사에만 인정되었던 것과는 달리 주주가 상환할 권리를 갖는 주식(의무상환주식)의 발행도 가능해졌으며, 회사가 상환의 대가로 지급할 수 있는 것이 현금에 국한되지 않고 다른 유가증권으로까지 확대되었다.

원래 주식은 자본금의 구성단위로서 회사가 존속하는 한 납입금을 되돌려 받을 수 없고 회사의 존립과 운명을 같이 하는 것이 원칙이다. 상환주식은 이러한 원칙에 대하여 법이 허용하는 예외이다. 회사의 재정상태가 열악하고 장래의 사업전망이 불투명하여 신주발행을 통한 자기자본조달이 어려워진 경우에 투자자에게 제시할 수 있는 여러 가지 인센티브(투자유인방안) 중의 하나(일정기간의 우선배당을 받은 후 투자금을 회수하게 된다는 점)로서 고안된 것이 상환주식 제도이다.

주금액의 환급이라는 점에서 상환주식은 제343조의 자기주식의 소각과 비교된다. 자기주식의 소각은 배당가능이익을 재원으로 하여 취득한 자기주식을 이사회 결의로 소각하는 반면 상환주식은 미리 그러한 조건이 정해져 발행된 주식이라는 점에서 구별된다.

상환주식의 상환은 타인자본의 한 가지 형태인 사채의 상환과 경제적으로 비슷하지만 이익의 존재를 조건으로 한다는 점에서 이익 여부를 불문하고 상환해야 하는 사채와 다르다.

(나) 종 류

상환주식은 '회사상환주식(상환사유부주식)'과 '주주상환주식(상환청구권부주식)'으로 나누어진다. 회사상환주식에는 회사가 정한 상환조항에 따라 주주의 의사와는 무관하게 회사가 상환하여야 하는 '강제상환주식'과 상환을 원하는 주주의 것만을 상환해주는 '임의상환주식'이 있을 수 있다.

강제상환주식은 상환의 선택권(option)이 회사에 있고, 정관의 규정에 따라 강제상환이 이루어진다는 점에서 상환주식제도의 취지에 맞는다. 임의상환주식은 회사와 주주의 합의로 상환이 이루어진다. 개정전 상법에서 상환주식은 배당우선주만 상환주식으로 발행할 수 있었는데 임의상환주식의 경우 합의가 이루어지지 못하면 우선주식을 상환해버림으로써 회사의 이익배당부담을 덜 수 있게 한 상환주식제도의 취지를 살리지 못한다는 문제가 있었다. 현행 상법에 의하면 회사는 이익배당 또는 잔여재산분배에 관한 종류주식뿐만 아니라 의결권 행사와 관련한 종류주식에 대하여도 상환주식을 발행할 수 있으므로(제345조 제5항 참조) 임의상환주식의 효용이 발휘될 수 있을 것이다.

주주상환주식의 경우는 임의상환이 있을 수 없고 주주의 상환청구가 있으면 회사는 반드시 상환해야 한다.

(다) 발 행

회사상환주식에 있어서 회사는 정관에 상환가액, 상환기간, 상환의 방법과 상환할 주식의 수를 정하여 회사의 이익으로써 소각할 수 있는 종류주식을 발행할 수 있다(제345조 제1항). 주주상환주식의 경우 회사는 정관에 주주가 회사에 대하여 상환을 청구할 수 있다는 뜻, 상환가액, 상환청구기간, 상환의 방법을 정하여야 한다(제345조 제3항). 상환주식은 제344조가 규정하고 있는 종류주식에 한하여 발행할 수 있고, 정관에 종류주식으로 규정되어 있지 아니한 보통주식에 상환조건을 붙인 상환주식은 발행할 수 없다(제345조 제5항)(이(철), 288면).

(라) 상 환

상환은 회사에 배당가능이익이 있을 것을 법정 조건으로 한다. 상환기간이 도래하더라도 이익이 없는 한 상환하지 못하므로 회사는 그에 대비하여 매년 이익의 일부를 임의준비금인 상환기금(sinking fund)으로 적립하는 것이 보통이다.

회사상환주식의 경우 회사는 상환대상인 주식의 취득일부터 2주 전에 그 사실을 그 주식의 주주 및 주주명부에 적힌 권리자에게 따로 통지하여야 하고 이때 통지는 공고로 갈음할 수 있다(제345조 제2항). 회사는 정관에 정해진 상환기간 내에 상환하여야 한다. 반면 주주상환주식의 경우 정관의 정함에 따라 주주가 회사에 상환을 청구하면 된다. 주주의 상환청구권은 형성권으로 볼 수 있고 주주의 상환청구로 회사는 이에 응하여 상환할 의무를 진다. 그러나 상환은 회사에 배당가능이익이 존재하여야 가능하므로 주주의 상환청구가 있으면 언제나 즉시 상환이 실행될 수 있는 것은 아니다. 현실적으로 배당가능이익이 없는 경우 주주에 대한 상환은 지연될 수밖에 없다.

개정상법은 상환의 대가에 관하여 현물상환을 허용하였다. 따라서 주식 취득의 대가로 현금 외에 유가증권(그 회사의 주식은 제외한다)이나 그 밖의 자산을 교부할 수 있다(제345조 제4항). 이 경우에는 그 자산의 장부가액이 제462조에 따른 배당가능이익을 초과하여서는 아니 된다.

(마) 상환의 효과

상환주식의 상환이 이루어지면 그 주식은 소멸하므로 회사의 발행주식총수가 줄어든다. 회사의 주식이 액면주식으로 발행된 경우 상환으로 인하여 그 회사의 자본금이 줄어드는가. 주식의 상환은 이익을 재원으로 하는 것이지 자본금에서 상환하는 것이 아니므로 주식의 소각과 자본금의 감소는 별개의 문제이다. 자본금은 상법이 정한 엄격한 자본금감소절차(제438조 이하)를 밟지 않는 이상 감소하지 않는다(자본금불감소의 원칙). 따라서 제451조에 대한 예외로 자본금이 발행주식의 액면총액을 초과하는 현상이 나타난다.

발행주식총수 중 상환된 주식부분에 대한 신주의 재발행은 이미 행사된 발행권한을 다시 인정하는 이중의 발행수권이 되므로 허용되지 않는다고 보는 것이 다수설이다. 그러나 자본조달의 기동성과 원활성을 돕기 위하여는 상환된 주식수만큼 재발행할 수 있도록 허용하여야 한다는 견해가 유력하다(최(준), 230면).

(5) 주식의 전환에 관한 종류주식

(가) 의 의

회사가 종류주식을 발행하는 경우에 어느 한 종류의 주식(예를 들어, 우선주식)으로부터 다른 종류의 주식(예를 들어, 보통주식)으로 전환을 청구하는 권리가 부여된 주식을 전환주식이라 한다(제346조 제1항). 앞의 상환주식의 '상환'은 '갚는다'는 뜻인데 비하여 '전환'은 '바꾼다'는 뜻이다.

개정 전 상법에서는 주주의 청구에 의하여 전환되는 전환주식만을 인정하였지만, 개정법에 따르면 일정한 사유가 발생할 경우 회사 스스로 주주가 인수한 주식을 다른 종류의 주식으로 전환시킬 수 있는 전환주식을 발행할 수 있게 되었다. 또한 개정 전에는 전환주식은 수종의 주식에 전환권이라는 속성이 부가된 것으로 보았으나, 개정법에서는 이를 독립한 종류주식으로 다루고 있다.

전환주식의 효용은 잠재적 주식인수인을 상대로 다양한 선택의 기회라는 인센티브(투자유인)를 제공함으로써 주식발행을 쉽게 하여 기동성 있게 자기자본을 조달할 수 있도록 하기 위한 것이다. 또 이익배당에 관한 종류주식 외의 종류주식에 관해서도 전환주식으로 발행할 수 있게 됨으로써 회사는 경영권 방어 등 다양한 용도로 전환주식을 이용할 수 있게 되었다.

(나) 발 행

전환주식에 관하여 회사는 정관에 전환의 조건, 전환의 청구기간, 전환으로 인하여 발행할 주식의 수와 내용을 정하여야 한다(제346조 제1항). 회사가 전환권을 갖는 주식의 경우에는 정관으로 정하는 사유가 발생한 때에 전환이 가능하므로 정관에 전환사유를 정해 두어야 한다(제346조 제2항). 또한 전환주식을 발행하는 경우 주식을 다른 종류의 주식으로 전환할 수 있다는 뜻, 전환의 조건, 전환으로 인하여 발행할 주식의 내용, 전환청구기간 또는 전환의 기간을 주식청약서 또는 신주인수권증서에 적어야 한다(제347조).

주주가 전환권을 가지는 경우 전환청구는 전환하고자 하는 주식의 종류·수와 청구연월일을 기재한 청구서 2통에 주주가 기명날인 또는 서명한 다음 주권을 첨부하여 회사에 제출함으로써 한다(제349조). 주주의 전환청구권은 권리의 행사로써 법률관계에 변동이 초래되는 형성권이다. 회사의 승낙을 기다리지 않고 청구를 한 때에 당연히 구주식의 소멸과 신주식의 발행이라는 효과가 생긴다(제350조 제1항 전문). 전환청구는 주주명부폐쇄기간 중에도 할 수 있는데, 주주명부폐쇄기간 중에 전환된 주식의 주주는 그 기간 중의 주주총회의 결의에 관하여는 의결권을 행사할 수 없다(제350조 제2항).

회사가 전환권을 가지는 경우 회사의 전환결정으로 전환절차가 시작된다.

정관에 정한 전환사유가 발생하면 회사는 전환 여부를 결정한다. 전환할 것이 결정되면 회사는 그 주식의 주주 및 주주명부에 적힌 권리자에게 ① 전환할 주식, ② 2주 이상의 일정한 기간 내에 그 주권을 회사에 제출하여야 한다는 뜻, ③ 그 기간 내에 주권을 제출하지 아니할 때에는 그 주권이 무효로 된다는 뜻을 따로 통지하여야 한다(제346조 제3항 본문). 통지는 공고로 갈음할 수 있다(제346조 제3항 단서). 전환의 효력은 주권제출기간이 끝난 때에 발생한다(제350조 제1항 후문).

전환주식의 전환이 있게 되면 구주식은 소멸하고 정관에 이미 정해진 신주식이 발행되어야 한다. 이와 같이 전환주식의 전환은 회사가 신규재원의 조달을 위하여 하는 보통의 (증자)신주발행과 다르고 신주가 발행되는 특별한 경우(예, 주식배당, 준비금의 자본전입 등) 중 하나에 해당한다.

(다) 전환청구의 효과

전환권자가 전환기간 중 전환청구를 하면 회사는 전환주식의 주주에게 전환된 신주식을 발행하여 교부하여야 한다. 전환으로 인하여 신주식을 발행하는 경우 신주식의 발행가액은 전환 전의 주식의 발행가액으로 한다(제348조). 이는 신주식의 발행가액의 합계액과 전환주식(구주식)의 발행가액의 합계액이 같은 금액이라야 한다는 뜻이다. 이로써 전환 후 부여되는 신주식의 수가 제한된다.

① 예를 들어 1주의 액면금액을 5,000원으로 정하고 있는 회사에서 전환주식의 발행가액을 액면금액과 같게 하여 100주를 발행하였다면 전환 후 발행하는 신주식의 수는 당초 전환주식의 수보다 많을 수 없다. 신주식의 수가 전환주식의 수보다 많으면 신주식은 액면미달발행이 될 수밖에 없는데, 상법 제417조의 요건을 갖추지 않은 액면미달발행은 허용되지 않기 때문이다. 같은 이유로 1주의 액면금액을 5,000원으로 정하고 있는 회사에서 전환주식을 발행가액 7,000원으로 10,000주식을 발행하였다면 그 전부에 대하여 전환청구가 있을 경우 부여하는 주식수는 제348조에 따라 14,000주식(7,000×10,000÷5,000)을 상한선으로 한다. 신주식의 발행가액의 합계액과 전환주식의 발행가액의 합계액이 같은 금액이어야 한다는 것은 결국 전환조건을 제한하여 무리한 전환주식의 발행을 통제하는

효과를 가진다. 위의 예에서 전환주식을 발행할 때의 액면초과금은 자본준비금으로 적립했다가 신주의 수가 초과된 만큼 자본금이 증가되면 자본준비금을 쪼개어 자본금으로 전입하여야 한다.

② 만약 전환주식을 제417조의 요건을 갖추어 액면미달로 발행하였다면 전환청구에 대하여 부여하는 주식수가 전환주식의 수보다 줄어들어야 한다. 신주식의 수가 전환주식의 수보다 줄어들지 않으려면 신주식의 발행가액을 액면미달로 할 수밖에 없다. 그런데 주주가 전환권을 갖는 경우는 전환청구만으로, 회사가 전환권을 갖는 경우는 주권제출기간이 끝난 때에 신주발행의 효력이 생기므로 신주식의 액면미달발행은 제417조의 요건을 갖추지 못한다. 이 때문에 액면미달의 전환주식 발행은 허용되기 어렵다. 그것을 허용한다면 신주식에 대하여 액면미달의 제한 규정을 회피할 수 있게 하는 것이 된다(제330조 참조).

③ 현실성은 없으나 구주식이 액면미달로 발행되었음에도 불구하고 신주식을 액면가로 발행하려면 신주식의 수가 구주식보다 줄어들 수밖에 없다. 이와 같이 신주식의 발행가를 액면가로 유지함으로써 신주식의 발행주식수가 줄어든다면 그만큼 자본금을 감소시켜야 할 것인가. 이 문제에 대하여 다수설은 주주총회의 특별결의와 채권자보호절차 등 엄격한 자본금감소절차(제438조 이하)를 거치지 않았으므로 자본금감소는 있을 수 없다고 한다(서(헌), 608면; 손, 629면; 이 · 최, 577면; 정(동), 459면; 정(찬), 692면). 이에 대하여 이러한 경우 자본금감소가 되므로 채권자보호절차를 밟아야 한다는 소수설이 있다(이(철), 300면).

이상의 여러 국면을 고려할 때 전환주식 자체를 액면미달로 발행하는 것은 실무상 필요성과 현실성이 의문시되고 자본충실의 원칙과 충돌할 수 있으므로 전환주식의 액면미달 발행은 허용되지 않는다고 보아야 할 것이다(주석상법, 회사(Ⅱ), 432면).

다음으로 전환주식의 전환으로 그 회사의 미발행주식수가 어떤 영향을 받는가 보기로 하자. 예를 들어 정관에 20,000주식의 우선주식을 발행할 수 있고 그 중 5,000주식은 전환주식으로 발행할 수 있도록 한 규정을 두고 있는 회사에서 5,000주식을 전환주식으로 발행하였다가 전환이 완료되어 그만큼의 보통주식을 발행했다고 하자. 이와 같이 우선주식을 보통주식으로 전환할 경우 전환으로 소멸된 수만큼 미발행 우선주식수가 증가되는가. 이 문제에 대하여 일단 그 수만큼 발행권한을 행사하였으므로 우선주의 미발행 주식수가 증가하는 것으로 보아서는 안 된다고 할 수도 있다. 그러나 통설은 전환으로 소멸된 수만큼 전환청구권이 배제된 상태로 우선주식의 미발행 주식수가 증가한다고 새긴다. 우선주의 수권이 보통주의 수권으로 바뀌어 행사된 것으로 보고 우선주의 수권은 남아 있다고 하는 것이다.

전환청구를 한 때에 또는 주권제출기간이 끝난 때에 전환의 효력이 발생하지만 계산의 편의를 위하여 그 주식의 이익배당에 관하여는 주주가 전환을 청구한 때 또는 주권제출기간이 끝난 때가 속하는 영업연도 말에 전환된 것으로 본다(제350조 제3항 전단). 영업연도가 1월 1일부터 12월 31일로 되어 있는 회사에서 6월 30일에 전환청구가 있었다면 당해연도 12월 31일에 전환된 것으로 보고 1년분 전부에 대한 우선배당을 받게 된다. 그러나 정관의 규정으로 이러한 원칙과 다르게 정할 수 있다. 즉 1년을 거슬러 그 청구를 한 때가 속하는 영업연도의 직전 영업연도 말에 전환된 것으로도 할 수 있다(제350조 제3항 후단).

(라) 변경등기

회사는 종류주식의 내용과 수를 등기하여야 하므로(제317조 제2항 제3호) 전환주식의 전환 후 각 종류주식의 수가 바뀌게 되면 그 변경에 따른 등기를 하여야 한다. 변경등기는 전환을 청구한 날 또는 주권제출기간이 끝난 날이 속하는 달의 마지막 날부터 2주 내에 본점소재지에서 하여야 한다(제351조).

제3 주 주

1. 의 의

주주(shareholder)는 회사의 설립 또는 신주발행의 경우에 주식을 원시취득하거나 합병, 상속 등으로 주식을 승계취득하여 주식이 표창하는 권리·의무의 주체가 된 자를 가리킨다. 주주인지 여부는 실질적 법률관계에 의하여 정하여지고 명의를 따지지 아니하므로(제332조, 실질설). 따라서 명의차용자가 실질적인 주주가 되고 단순한 명의대여자는 주주가 될 수 없다(대판 1998. 4. 10, 97다50619). 주주의 지위는 사망, 주식의 소각, 주식의 양도, 단주의 처리 등으로 상실되고 당사자의 의사표시로 주주의 지위를 포기할 수 없다(대판 2002. 12. 24, 2002다54691).

주식회사는 자본금이 중심이 되므로 상법상 주주의 자격에는 아무런 제한이 없다. 따라서 자연인은 물론, 법인, 외국인, 외국법인도 주주가 될 수 있다. 또한 주주의 수에 대해서도 아무런 제한이 없다. 주주가 1인이 되더라도 주식회사의 해산사유가 되지 않는다.

대결 1991. 4. 30, 90마672 주주권은 주식의 소각 또는 주금체납에 의한 실권절차 등 법정사유에 의하여서만 상실되는 것이고 주주가 사실상 주권을 포기하고 주권을 멸각하거나 회사에 주식포기의 의사표시를 하고 반환하더라도 위와 같은 행위만으로는 주식이 소멸되거나 주주의 지위를 상실하지 아니한다.

대판 1998. 4. 10, 97다50619 실제로 주식을 인수하여 그 대금을 납입한 명의차용인만이 실질상의 주식인수인으로 주주가 되고, 단순한 명의대여자에 불과한 자는 주주로 볼 수 없다.

대판 2002. 12. 24, 2002다54691 [1] 주주권은 주식의 양도나 소각 등 법률에 정하여진 사유에 의하여서만 상실되고 단순히 당사자 사이의 특약이나 주주권 포기의 의사표시만으로 상실되지 아니하며 다른 특별한 사정이 없는 한 그 행사가 제한되지도 아니한다.

[2] 주주가 일정기간 주주권을 포기하고 타인에게 주주로서의 의결권 행사권한을 위임하기로 약정한 사정만으로는 그 주주가 주주로서의 의결권을 직접 행사할 수 없게 되었다고 볼 수 없다.

2. 주주평등의 원칙

(1) 의 의

주주는 주식회사와의 법률관계에서 그가 가지고 있는 주식 수에 따라 평등하게 취급받아야 한다. 이것이 주주평등의 원칙이다. 상법에 이 원칙을 선언한 명문의 규정이 있는 것은 아니지만 여러 조항에 이 원칙의 정신이 반영되어 있다.

(2) 내 용

주주평등의 원칙은 이익배당청구권, 잔여재산분배청구권, 신주인수권, 의결권 등 주주의 중요한 권리에 관하여 적용된다. 총회결의취소소송의 제소권, 재무제표 등의 열람권 등과 같이 주주의 소유주식수에 상관없이 주주라면 누구나 행사할 수 있는 권리에는 보유주식수에 따른 평등취급의 중요성이 인정될 수 없다. 동일한 내용의 주식에 대하여는 동일한 취급을 하여야 한다는 원칙이므로 동일한 종류의 주식에 대하여 신주인수권, 주식의 병합·소각, 주권불소지 등에 관해 소유주식의 비율에 따라 다른 취급을 하는 것은 인정되지 않는다.

주주평등의 원칙은 주주의 재산권을 보장하기 위한 강행규범이므로, 이에 반하는 정관규정, 이사회 결의 등은 모두 무효이다(대판 2009. 11. 26, 2009다51820).

(3) 예 외

주주평등의 원칙은 법에 명문의 규정을 두어 배제하거나 제한할 수 있다. 종류주식, 의결권 없는 주식, 감사의 선임, 소수주주권 등에 관한 규정이 이에 해당된다.

대판 2007. 6. 28, 2006다38161,38178 회사가 직원들을 유상증자에 참여시키면서 퇴직시 출자 손실금을 전액 보전해 주기로 약정한 경우, 그러한 내용의 '손실보전합의 및 퇴직금 특례지급기준'은 유상증자에 참여하여 주주의 지위를 갖게 될 회사의 직원들에게 퇴직시 그 출자 손실금을 전액 보전해 주는 것을 내용으로 하고 있어서 회사가 주주에 대하여 투하자본의 회수를 절대적으로 보장하는 셈이 되고 다른 주주들에게 인정되지 않는 우월한 권리를 부여하는 것으로서 주주평등의 원칙에 위반되어 무효이다. 비록 그 손실보전약정이 사용자와 근로자의 관계를 규율하는 단체협약 또는 취업규칙의 성격을 겸하고 있다고 하더라도, 주주로서의 지위로부터 발생하는 손실에 대한 보상을 주된 목적으로 한다는 점을 부인할 수 없는 이상 주주평등의 원칙의 규율 대상에서 벗어날 수는 없을 뿐만 아니라, 그 체결 시점이 위 직원들의 주주자격 취득 이전이라 할지라도 그들이 신주를 인수함으로써 주주의 자격을 취득한 이후의 신주매각에 따른 손실을 전보하는 것을 내용으로 하는 것이므로 주주평등의 원칙에 위배되는 것으로 보아야 하고, 위 손실보전약정 당시 그들이 회사의 직원이었고 또한 시가가 액면에 현저히 미달하는 상황이었다는 사정을 들어 달리 볼 수는 없다.

3. 주주의 권리

(1) 의 의

주주의 사원권적 지위를 포괄적으로 나타내는 주주권('주식'의 의의와 같음)과 구별하여, 주주가 회사에 대하여 갖는 개개의 구체적 권리를 주주의 권리라고 한다. 주주의 권리는 단체법상의 권리로서 일반 채권과는 성격이 다르므로, 구체화된 것이 아니면 주주의 자격과 분리하여 양도・입질・압류할 수 없으며 시효에 걸리지도 않는다.

(2) 권리의 내용

(가) 공익권・자익권

주주가 회사의 운영에 참가하는 것을 목적으로 하는 권리를 공익권이라 하고, 주주로서 재산적 이익을 받는 것을 목적으로 하는 권리를 자익권이라 한다. 공익권으로는 주주총회소집청구권, 의결권, 대표소송의 제기권 등이 있고, 자익권으로는 이익배당청구권, 잔여재산분배청구권, 신주인수권 등이 있다. 공익권을 행사하면 그 효과가 회사와 주주 전체에게 귀속하나, 자익권을 행사하면 그 효과는 권리를 행사한 주주에게만 귀속한다.

(나) 단독주주권・소수주주권

1주를 소유하는 주주라도 행사할 수 있는 권리를 단독주주권이라 하고, 일정 수의 주식을 소유하는 주주만이 행사할 수 있는 권리를 소수주주권이라 한다. 소수주주권은 소유과 경영의 분리의 원칙에 반하여 주주에게 경영간섭을 할 수 있게 하기도 한다. 소수주주권은 적절하게 행사되면 유용한 감시장치가 될 수 있지만, 지나치게 영세한 주주에게 소수주주권을 인정하는 것은 바람직하지 않으므로 상법은 사안에 따라 소수주주의 주식보유비율을 다르게 요구하고 있다. 자익권은 모두 단독주주권이지만, 공익권 중 상당부분은 소수주주권으로 되어 있다.

소수주주권은 소유주식 비율이 발행주식총수의 100분의 1 이상, 100분의 3

이상, 100분의 10 이상 보유하였는지를 기준으로 구분된다. 유지청구권, 대표소송제기권은 발행주식 총수의 100분의 1 이상을 요하며, 주주제안권, 주주총회소집청구권, 이사해임청구권, 회계장부열람권 등 대부분의 소수주주권은 발행주식총수의 100분의 3이상을 요하고, 해산판결청구권은 발행주식총수의 100분의 10 이상을 요한다. 상장회사의 경우에는 소수주주권이 용이하게 행사될 수 있도록 소수주주권의 요건을 완화한 내용의 규정이 마련되어 있다(제542조의6). 이에 의하면 비상장회사에 비하여 소수주주권의 주식보유비율을 낮추고 일부 소수주주권의 경우 권리행사전 6개월의 보유기간을 요건으로 하는 것이 특징이다.

4. 주주의 의무

(1) 주금납입의무

주주는 회사에 대하여 주식의 인수가액에 대한 납입의무를 진다(제331조). 회사의 자본충실을 위하여 이 의무는 면제가 허용되지 않고 회사의 동의를 받지 않는 한 상계를 할 수도 없다(제421조 제2항), 회사가 주주의 주금납입의무를 대신하여 이행할 수도 없다. 납입의무는 회사설립 전 또는 신주인수 전에 납입하여야 하므로 엄밀히 말하면 주식인수인의 의무일 뿐, 주주의 의무는 아니라고도 할 수 있다. 납입의무는 상행위가 아니므로 10년의 소멸시효에 걸린다(민법 제160조).

(2) 충실의무

주주는 회사에 대해서뿐만 아니라 다른 주주에 대해서도 충실의무를 부담한다고 보는 것이 통설이다. 그러나 지배주주가 소수주주에 대하여도 충실의무를 부담하는가에 대해서는 논의가 있다. 지배주주가 소수주주와 이해관계가 충돌할 때 지배주주의 개인의 이익이 아니라 공정한 입장에서 의사를 결정하여야 하는 의무가 있는지의 문제로서 미국과 독일에서는 지배주주의 충실의무를 판례로 인정하고 있으나, 아직 우리나라 법상 명문의 규정도 없고 이에 관한 판례도 없다.

5. 주식의 공유

하나의 주식을 수인이 분할하여 소유하는 것은 주식불가분의 원칙상 불가능하나, 주식을 수인이 공유하는 것은 가능하다. 주식의 공동인수, 공동상속 등으로 인하여 주식의 공유가 발생할 수도 있으나, 주주 상호간의 약정으로 공유관계로 전환되기도 한다.

주식을 공유하게 되면 민법상 준공유에 관한 규정이 준용되나, 다음의 경우에는 상법상 특칙이 적용된다. 즉, 수인이 공동으로 주식을 인수한 자는 연대하여 납입할 책임이 있고, 주식이 수인의 공유에 속하는 때에는 공유자는 주주의 권리를 행사할 자 1인을 정하여야 하며, 주주의 권리를 행사할 자가 없는 때에는 공유자에 대한 통지나 최고는 그 1인에 대하여 하면 된다(제333조). 주식의 공유에 관한 조항은 공유를 넓게 '공동소유'로 이해하면 총유와 합유의 경우에도 적용될 수 있다.

제4 주 권

1. 의의 및 성질

주권은 주주의 지위, 즉 사원권을 표창하는 유가증권이다. 주식을 양도하기 위하여는 주권을 교부하여야 한다(제336조 제1항). 주주는 주주명부의 명의개서를 청구할 때 주권을 제시하여야 한다. 주권은 이미 발생한 주주권이 화체된 것이며 증권의 발행으로써 새로운 권리가 창설되는 것은 아니다. 또 주주권의 이전에만 증권을 필요로 할 뿐 그 행사시마다 증권을 제시하여야 하는 것은 아니다. 이러한 점을 반영하여 주권을 비설권증권·불완전유가증권이라고 한다.

2. 주권의 단위

하나의 주식이 하나의 주권에 화체되는 것이 기본적인 모습이겠지만 1개의 주권에 수개의 주식을 표창하는 주권을 발행할 수 있다. 10주권, 100주권 등이 그 예이다.

3. 주권의 기재사항

주권에는 다음의 사항과 번호를 명기하고 대표이사가 기명날인 또는 서명하여야 한다(제356조).

① 회사의 상호

② 회사의 성립연월일

③ 회사가 발행할 주식의 총수

④ 액면주식을 발행하는 경우 1주의 금액

⑤ 회사의 성립후 발행된 주식에 관하여는 그 발행연월일

⑥ 종류주식이 있는 경우 그 주식의 종류와 내용

⑦ 주식의 양도에 관하여 이사회의 승인을 얻도록 정한 때에는 그 규정

이와 같이 법에서 주권의 기재사항을 정하고 있다는 점에서 주권은 요식증권에 해당한다. 그러나 주권의 요식증권성은 어음·수표의 경우와 같이 엄격하지 않다. 별로 중요하지 않은 기재사항 예를 들어, 회사의 성립연월일(제2호), 회사가 발행할 주식의 총수(제3호) 회사성립후 발행되는 주식의 발행연월일(제5호)의 흠결은 주권을 무효화하지 않는다. 일단 발행된 주권은 기재사항의 변경이 있는 경우 발행시에 기재되었던 내용을 변경하지 않더라도 그 효력에 영향을 받지 아니한다.

4. 주권의 발행시기

회사는 주권을 회사성립후 또는 신주납입기일후 지체없이 발행하여야 한다(제355조 제1항). 지체없이 발행하도록 한 것은 주식의 양도에는 주권의 교부가 필요하므로(제336조 제1항) 주식의 자유양도성을 확보하여 주기 위한 것이다. 여기서 "지체없이"라 함은 회사 성립후 6개월이 경과하면 주권없이 주식을 양도하더라도 회사에 대항할 수 있도록 한 규정에 비추어 일응 6개월로 볼 수 있다(제335조 제3항 단서 참조). 회사의 위와 같은 주권발행의무에 대응하여 주주는 회사에 대하여 주권의 발행·교부청구권을 갖는다.

대판 1982. 9. 28, 82다카21 상법 제335조 제2항의 규정은 주권발행 전의 주

식양도는 회사에 대하여 대항할 수 없을 뿐만 아니라 회사도 이를 승인하지 못하며 대 회사관계에 있어서는 아무런 효력이 없다는 것이나 그렇다고 양도당사자 사이에 있어서까지 양도·양수의 효력을 부정하는 취지라고 해석되지 않으므로 그 당사자 간에서는 유효하다 할 것이니, 주권발행 전의 주식을 전전 양수한 원고가 회사에 대하여 원시주주를 대위하여 직접 원고에게 주권의 발행교부를 청구할 수는 없다 할지라도 원시주주들의 회사에 대한 주권발행 및 교부청구권을 대위행사하여 원시주주에의 주권발행 및 교부를 구할 수 있다.

〈사실관계 및 쟁점〉 피고 한림내화공업주식회사(이하 '피고 회사'라고 한다)는 1972. 3. 7. 설립된 회사로서, 설립 당시 그 발행주식총수는 보통주식 20,000주, 1주 금액 500원, 자본총액은 금 10,000,000원이었다. 피고 회사의 주식은 그 원시주주인 피고 김대범, 김봉갑이 각 3,250주, 소외 망 김석기, 피고 정원조가 각 1,000주, 피고 정상수, 이병화, 이현우가 각 500주, 피고 고두범이 10,000주를 인수하였다. 그런데 피고 고두범은 1972. 6. 1. 그 소유주식을 피고 김봉갑에게 양도하고 피고 김봉갑은 위 양수주식을 피고 이대곤에게 양도하였으며, 위 피고 고두범을 제외한 나머지 원시주주들은 같은날 그 소유주식 전부를 피고 이대곤에게 양도하고, 피고 이대곤은 1973. 6. 27. 그 양수주식 전부(결과적으로 피고회사 발행주식 전부)를 원고에게 양도하였고, 피고회사는 현재까지도 주권을 발행하지 아니하고 있으며, 그 결과 원시주주들에게 그 인수주식 해당의 주권을 교부하지 아니하고 있다. 이에 원고는 피고 회사에 대하여는 피고 이대곤 및 다른 원시주주들을 순차대위하여 원시주주에의 주권의 발행과 인도를, 다른 피고들에 대하여는 순차로 주권양도절차이행과 그 인도를 각 구하는 이 사건 소를 제기하였다.

여기서 쟁점이 된 것은 주권발행 전 주식의 양도의 효력이 양도·양수 당사자 사이에서도 부정되는가 하는 점 및 주권발행 전 주식을 전전양수한 양수인이 그 전 양도인을 순차대위하여 회사에 대하여 자신에게 주권의 발행·교부를 청구할 수 있는가 하는 점이다.

이에 대하여 원심(대구고법 1981. 12. 3, 81나557 판결)은 '이 사건 변론종결시까지 피고 회사의 주권이 발행되지 아니한 상태에서 원시 주주들 및 순차 양수인들로부터 피고 회사 주식을 전전양수하였다 할지라도 피고 회사에 대하여는 효력이 없다 할 것이므로 이를 피고 회사에게 유효하게 주장할 있음을 전제로 한 원고의 본건 청구는 이유없다'라고 하여 원고의 청구를 기각하였다.

그러나 대법원은 위 판결요지와 같은 이유로 '본건에 있어서는 원심은 모름지기 원고의 주장사실 즉 피고 이대곤을 제외한 피고들이 원시주주들인 여부 및 대위권의 바탕이 되는 주식의 양도여부를 심리하여 그 청구의 당부를 가려야 할 것임에도 불구하고, 막바로 주권발행 전의 주식양도는 회사에 대하여 효력이 없다 하여 원고의 청구를 기각하였음은 위 주권발행 전의 주식양도에 관한 법리를 오해한 위법이 있다'고 하여 원심판결을 파기환송하였다.

다만, 1984. 4. 10. 개정상법은 상법 제335조 제3항에 단서에 '그러나 회사성립후 또는 신주의 납입기일후 6월이 경과한 때에는 그러하지 아니하다'라고 신설하여 일정한 기간이 지난 후에는 주권발행 전의 주식양도라 할지라도 당사자간에서는 물론이고 회사에 대하여도 유효한 주식양도가 된다. 따라서 현행상법에 따르면 위 사안에서 원고는 피고 이대곤 및 다른 원시주주들인 피고들을 순차대위하여 피고 회사에 대하여 자신에게 주권의 발행과 인도를 구할 수 있다고 보아야 할 것이다.

5. 주권의 효력발생시기

주권의 효력발생시기에 관하여는 회사가 작성한 주권을 회사의 의사로 주주에게 교부할 때 효력이 발생한다는 교부시설이 통설이고 판례(대판 1977. 4. 12, 76다2766)이다. 이에 대하여 작성된 주권을 누구에게든지 전달할 때 효력이 발생한다는 발행시설과 그 작성만으로 효력이 발생한다는 작성시설도 생각해 볼 수 있다.

주권의 발행경로를 보면, 대강 인쇄소(주로 한국조폐공사) → 회사 또는 대행회사(명의개서대행회사, 자본시장법 제365조) → 주주취득으로 간추려 볼 수 있는데, 효력발생시기에 관한 논의는 주권이 주주의 수중에 들어오기 전에 효력이 발생되어 압류나 선의취득의 대상이 될 수 있는가의 문제를 대상으로 한다. 작성시설과 발행시설은 주권의 유통을 원활하게 하고 거래의 안전을 보호할 수 있는 장점이 있다. 반면에 주주가 자기의 주권을 받아보지도 못하고 선의취득 등으로 인하여 권리를 상실하게 될 위험이 있다. 주권은 어음·수표와는 달리 유통성이 크게 강조될 필요가 없으므로 주주의 권리를 우선시켜서 교부시설을 택하는 것이 적당하다.

작성은 되었지만 아직 주주에게 교부되기 전의 주권을 상실한 경우에 주권의 선의취득이 가능한가 하는 점에 대하여 교부시설에 따르면, 주권이 주주에게 교부되기 전에는 주권으로서의 외형을 갖추고 있더라도 이는 단순한 지편(종이)에 불과하므로, 이를 제3자가 취득하였다 하더라도 이는 유효한 주권이 아니므로 선의취득이 불가능하다. 결국 주주는 여전히 회사에 대하여 주권의 발행·교부청구권을 가진다고 해야 한다.

또 교부시설에 의하면, 주주에게 교부되기 전의 주권에 대한 강제집행방법으로는 채무자인 주주가 회사에 대하여 가지고 있는 주권교부청구권을 채권자가 압류한 후 회사가 주권을 발행하면 채무자인 주주의 주권을 채권자의 위임을 받은 집행관에게 인도할 것을 명령받아 이를 환가하는 방법에 의하여야 한다(대판 1974. 12. 28, 73마332 참조).

대판 1977. 4. 12, 76다2766 상법 제355조 규정의 주권발행은 동법 제356조 소정의 형식을 구비한 문서를 작성하여 이를 주주에게 교부하는 것을 말하고, 위 문서가 주주에게 교부된 때에 비로소 주권으로서의 효력을 발생한다고 해석되므로 피고 회사가 주주권을 표창하는 문서를 작성하여 이를 주주가 아닌 제3자에게 교부하여 주었다 하더라도 위 문서는 아직 피고 회사의 주권으로서의 효력을 갖지 못한다고 보아야 할 것이다.

〈사실관계 및 쟁점〉 원고인 부산수산 주식회사(이하 '원고 회사'라 한다)는 피고인 한국전력 주식회사(이하 '피고 회사'라 한다)의 전신인 소외 경성전기 주식회사의 주주로서 기명식 주식 24,215주를 소유하고 있었다. 피고 회사는 1961. 6.경 위 소외 경성전기 주식회사 외에 조선전업, 남선전기 주식회사 등 3개 회사의 합병으로 신설되었는바, 피고 회사는 위 합병으로 舊株를 회수하고 액면금 1,000원의 기명식 신주를 발행하였다. 그런데 원고 회사는 그 상호 및 대표자를 변경한 적이 없는데도 불구하고, 1961. 6. 23.경 소외 대한수산 주식회사(이하 '대한 수산'이라고 한다)가 원고 회사가 상호를 대한수산으로 변경하고 역시 그 대표자를 변경한 것처럼 허위의 주소 및 대표자변경계를 피고 회사에게 제출하였으며, 그와 같은 변경계를 제출받은 피고 회사로서는 위 변경계에 첨부된 부동산등기부등본의 기재만을 그대로 믿고서 원고 회사의 상호가 대한수산 주식회사로 상호변경이 적법하게 된 것으로 오인하고 원고 회사라 자칭하는 동 소외 대한수산에게 원고 소유의 위 舊株券 24,215매와 상환으로 주주명을 대한수산 주식회사로 하여 1주 액면금 1,000원의 1,232주의 新株券을 발행하여 주었다. 그 후 위 주식에 대한 주권은 전전유통되어 현재 소외 대한증권 주식회사의 수중에 들어가 있다.

한편 원고 회사와 대한수산은 전혀 별개의 회사이며, 원고 회사 소유의 위 舊株券을 위 대한수산이 피고 회사에게 제출하게 된 경위는 원고 회사와 위 대한수산에 함께 관여하고 있던 소외 이윤영이 원고 회사 소유의 舊株를 소지하고 있다가 사망하였는데, 이를 소외 이재웅이 임의로 가져가서 위 대한수산의 직원으로서 위와 같이 불법 행사하게 된 것이다.

이에 원고 회사는 피고 회사에 대하여 주된 청구로서 원고 소유인 위 1,232주에 대한 주권의 발행·교부와 함께 그동안 받지 못한 이익배당금의 지급을 구하고, 예비적 청구로서 위 주권의 발행·교부가 불가능한 경우에는 위 주식의 변론종결 당시의 시가 상당액의 손해배상을 구하였다.

여기서 쟁점이 된 것은 특히 작성되었지만 아직 주주에게 교부되기 전의 주권을 상실한 경우에 주권의 선의취득이 가능한가 하는 점이다. 이를 판단하기 위해서는 주권의 효력이 어느 시기에 발생하는가 하는 점이 전제되어야 한다. 왜냐하면 주권의 선의취득은 주권으로서 효력이 발생한 이후에 취득한 경우에만 인정되기 때문이다.

원심(서울고법 1976. 10. 27, 74나1595 판결) 판결은 '피고 회사가 비설권증권인 주권을 그 주식에 대한 진정한 권리자가 아닌 소외 대한수산 주식회사에게 발행하여 주었다고 하더라도 적법한 주식소유권자인 원고에 대한 주권발행의무가 면제된다고 할 수 없다'는 이유로 피고 회사에 대하여 新株券의 발행·교부를 명하고, 이익배당금청구에 관하여는 피고 회사의 소멸시효항변을 받아들여 그 일부만을 인용하는 판결을 선고하였다. 이에 대하여 피고 회사는 '적어도 발행회사가 법정형식을 구비한 증권을 작성하여 이를 타인에게(주주에게 한하지 않고) 교부할 목적으로 발행회사의 수중을 떠나게 하면(자발적 의사로 임의로 그 증권을 유통상태에 두면) 그 증권은 유효한 주권이 된다고 보아야 할 것(발행설의 입장)'이라는 이유로 상고를 제기하였다.

그러나 대법원은 위 판결요지와 같은 이유로 '피고 회사가 주주권을 표창하는 문서를 작성하여 이를 주주가 아닌 제3자에게 교부하여 주었다 하더라도 위 문서는 아직 피고 회사의 주권으로서 효력을 갖지 못한다고 보아야 할 것'이라는 이유로 피고 회사의 상고를 기각하였다.

6. 주권의 불소지

주권의 소지를 원하지 않는 주주는 그 뜻을 회사에 신고할 수 있는데 이를 불소지제도라고 부른다(제358조의2). 주권이 발행되기 전에 주권불소지의 신고가 있으면 회사는 그 뜻을 주주명부에 기재하고 주권을 발행하지 않는다. 일단 주권이 발행된 후에는 불소지의 신고와 함께 주주는 주권을 회사에 제출하여야 하며 회사는 제출받은 주권을 무효로 하거나 명의개서대리인에게 임치하여야 한다. 원래 주권의 불소지제도는 주권의 보관(保管, 보호예수)은 아니지만 매번 폐기후 다시 발행하게 되는 낭비를 막기 위하여 임치(任置)가 허용되게 된 것이다. 불소지의 주주는 언제든지 회사에 대하여 주권의 발행(처음부터 발행이 없었거나 제출된 주권을 무효화시킨 경우) 또는 반환(임치시킨 경우)을 청구할 수 있다(제358조의2 제4항). 불소지상태로는 주식양도를 할 수 없고(제336조 제1항 참조) 다시 주권을 교부받아서 양도하여야 한다. 이 점에서 대체결제제도와 다르다.

7. 주권의 상실과 재발행

주권을 상실한 자는 공시최고를 거쳐 제권판결을 받음으로써 상실한 주권을 무효로 하고 회사에 대하여 주권의 재발행을 청구할 수 있다(제360조).

그러나 제권판결은 소급하여 주권을 무효로 하거나 제권판결 취득자가 실질적인 권리자임을 확정하지 아니한다. 따라서 공시최고기간 중 또는 그 전에 상실된 주권을 선의취득한 자가 권리의 신고나 청구를 하지 아니한 경우 제권판결로 인하여 실질적 권리를 잃게 되는가가 문제된다.

주권의 유통성 보호요구는 어음·수표의 경우보다 훨씬 낮다. 또 주권의 소지만으로 권리행사를 할 수 없고 회사에 대한 대항력의 취득을 위하여 명의개서를 요구하고 있는 점 등을 고려할 때 선의취득자의 보호보다 제권판결취득자의 보호가 우선되어야 할 것이다. 이렇게 본다면 상실된 주권의 선의취득이 인정된다 하더라도 공시최고기간 내에 권리신고를 하지 않은 취득자는 제권판결이 내려진 후에는 권리행사를 할 수 없는 것으로 새겨야 한다.

대판 2013. 12. 12, 2011다112247 상법 제360조 제1항은 "주권은 공시최고의 절차에 의하여 이를 무효로 할 수 있다"라고 정하고, 같은 조 제2항은 "주권을 상실한 자는 제권판결을 얻지 아니하면 회사에 대하여 주권의 재발행을 청구하지 못한다"라고 정하고 있다. 이는 주권은 주식을 표창하는 유가증권이므로 기존의 주권을 무효로 하지 아니하고는 동일한 주식을 표창하는 다른 주권을 발행할 수 없다는 의미로서, 위 규정에 반하여 제권판결 없이 재발행된 주권은 무효라고 할 것이다.

한편 증권이나 증서의 무효를 선고한 제권판결의 효력은 공시최고 신청인에게 그 증권 또는 증서를 소지하고 있는 것과 동일한 지위를 회복시키는 것에 그치고 공시최고 신청인이 실질적인 권리자임을 확정하는 것은 아니다. 따라서 증권이나 증서의 정당한 권리자는 제권판결이 있더라도 실질적 권리를 상실하지 아니하고, 다만 제권판결로 인하여 그 증권 또는 증서가 무효로 되었으므로 그 증권 또는 증서에 따른 권리를 행사할 수 없게 될 뿐이다(대법원 1967. 9. 26. 선고 67다1731 판결 등 참조). 그리고 민사소송법 제490조, 제491조에 따라 제권판결에 대한 불복의 소가 제기되어 제권판결을 취소하는 판결이 확정되면 제권판결은 소급하여 효력을 잃고 정당한 권리자가 소지하고 있던 증권 또는 증서도 소급하여 그 효력을 회복하게 된다.

그런데 위와 같이 제권판결이 취소된 경우에도 그 취소 전에 제권판결에 기초하여 재발행된 주권이 여전히 유효하여 그에 대한 선의취득이 성립할 수 있다면, 그로 인하여 정당한 권리자는 권리를 상실하거나 행사할 수 없게 된다. 이는 실제 주권을 분실한 적이 없을 뿐 아니라 부정한 방법으로 이루어진 제권판결에 대하여 적극적으로 불복의 소를 제기하여 이를 취소시킨 정당한 권리자에게 가혹한 결과이고, 정당한 권리자를 보호하기 위하여 무권리자가 거짓 또는 부정한 방법으로 제권판결을 받은 때에는 제권판결에 대한 불복의 소를 통하여 제권판결이 취소될 수 있도록 한 민사소송법의 입법 취지에도 반한다. 또한 민사소송법이나 상법은 제권판결을 취소하는 판결의 효력을 제한하는 규정을 두고 있지도 아니하다.

따라서 기존 주권을 무효로 하는 제권판결에 기하여 주권이 재발행되었다고 하더라도 제권판결에 대한 불복의 소가 제기되어 제권판결을 취소하는 판결이 선고·확정되면, 재발행된 주권은 소급하여 무효로 되고, 그 소지인이 그 후 이를 선의취득할 수 없다고 할 것이다.

대판 1981. 9. 8, 81다141 주권이 상실된 경우에는 공시최고절차에 의하여 제권판결을 얻지 아니하는 이상 회사에 대하여 주권의 재발행을 청구할 수 없다. 따라서 주권을 분실한 것이 원고(주권소지인인 주주 – 저자)가 아니고 주권발행회사라 하더라도 위 주권에 대한 제권판결이 없는 이상 동 회사에 대하여 주권의 재발행을 청구할 수 없다.

대판 1993. 11. 9, 93다32934 약속어음에 관한 제권판결의 효력은 그 판결 이후에 있어서 당해 어음을 무효로 하고 공시최고 신청인에게 어음을 소지함과 동일한 지위를 회복시키는 것에 그치는 것이고, 공시최고 신청인이 실질상의 권리자임을 확정하는 것은 아니나, 취득자가 소지하고 있는 약속어음은 제권판결의 소극적 효과로서 약속어음으로서의 효력이 상실되는 것이므로 약속어음의 소지인은 무효로 된 어음을 유효한 어음이라고 주장하여 어음금청구를 할 수 없다.

8. 주권예탁제도

상장주식을 빈번하게 거래하는 증권회사나 증권회사의 고객들은 주식양도시마다 주권을 현물로 교부하는 대신 예탁결제원에 주권을 예탁해 놓고 각자의 계좌간의 장부거래로 결제한다. 이를 보관의 관점에서 예탁제도라고 부르며 주권없는 주식거래라는 점에서 증권대체결제(證券對替決濟)라고 한다(자본시장과 금융투자업에 관한 법률(이하 '자본시장법'이라 한다) 제309조~제312조).

대체결제제도는 증권의 교부없이 증권에 화체된 권리를 이전시킬 수 있도록 하기 위하여 고안된 제도로서 증권양도나 담보설정을 간편하게 하고 증권의 도난·분실사고를 줄이기 위한 제도이다. 주주는 자기의 주권을 증권회사에 예탁하고 각 증권회사는 다시 그 주권을 한국예탁결제원(이하 '예탁결제원'이라 한다)에 맡기도록 한 제도이다.

이러한 관계는 [주권소유자(실질주주) → (예탁) → 증권회사 → (예탁) → 예탁결제원]으로 줄여볼 수 있다.

예탁증권의 양도는 각 증권(실물)에 대한 권리의 양도가 아니라 공유지분을 양도하는 것으로 구성되고 있으며 통장거래 또는 카드거래로 이루어진다. 예탁증권에 대한 강제집행은 유가증권에 관한 공유지분에 대한 법원의 압류명령에 의하여 개시되며(민사집행규칙 제176조~제182조), 위와 같이 압류된 예탁유가증권지분의 처분은 압류채권자에게 양도하라는 명령(예탁유가증권지분양도명령) 또는 집행관에게 법원이 정하는 방법으로 매각하라는 명령(예탁유가증권지분매각명령) 기타 적당한 방법으로 현금화될 수 있다.

제5 주주명부

1. 주주명부의 의의

(1) 의 의

주주와 주권에 관한 사항을 명백히 하기 위하여 주주를 기초로 하여 작성되는 회사의 장부를 주주명부라 한다(제352조). 주주명부는 기업회계에 관한 것이 아니므로 상업장부는 아니다. 이사는 주주명부를 작성하여 본점에 비치하고 주주와 회사채권자의 열람청구에 제공하여야 한다(제396조). 주주명부의 기재사항은 상법에 규정되어 있다(제352조).

(2) 기 능

상법에서는 주주명부에 대하여 몇가지 효용이나 기능을 부여하고 있다.

(가) 주식이전의 대항요건을 갖추기 위하여는 주주명부에 명의개서를 하여야

한다(제337조).

(나) 주식의 질권설정을 주주명부에 등록하여 두면 질권행사를 간편하게 할 수 있다(제340조).

(다) 회사가 주주에 대하여 하는 통지나 최고의 송부처의 근거가 된다(제353조).

(3) 실질주주명부

증권회사는 고객이 예탁한 주권을 예탁결제원에 예탁하여야 한다. 예탁결제원은 예탁받은 주권을 가지고 해당 발행회사에 예탁결제원의 이름으로 명의개서를 한다(자본시장법 제314조 제2항). 이때 예탁결제원은 그 주권을 증권회사에 예탁한 실질주주의 명단을 발행회사에 통지하여야 하고 발행회사는 실질주주의 명단을 기초로 하여 실질주주명부를 작성하여야 한다(자본시장법 제315조 제3항, 제316조 제1항). 실질주주명부에 기재되면 주주명부에 기재된 것과 동일한 효력을 가지므로(자본시장법 제316조 제2항) 실질주주가 주주로서 권리행사를 할 수 있게 된다. 실질주주가 주주총회에서 의결권을 행사하지 않을 경우 일정한 요건하에 실질주주의 주식에 대한 의결권을 예탁결제원이 행사할 수 있다(자본시장법 제314조). 이 제도는 주주의 수가 매우 많은 상장회사의 정족수 확보를 쉽게 해주기 위한 제도이다. 이 경우 예탁결제원은 다른 주주들의 찬성과 반대의 의결권수에 비례하여 예탁주식의 의결권을 분할행사하여야 한다(자본시장법 시행령 제317조 제1항·제2항). 이것을 가리켜 '그림자 투표'(shadow voting)라 부른다.

(4) 전자주주명부

회사는 정관으로 정하는 바에 따라 전자문서로 전자주주명부를 작성할 수 있다(제352조의2).

2. 주주명부의 효력

(1) 자격수여적 효력

주주명부상의 기재는 실질적 권리를 추정하는 추정력을 갖는다.

(2) 면책적 효력

명부상 기재된 자를 주주로 취급함으로써 회사는 면책된다. 주주 또는 질권자에 대한 회사의 통지 또는 최고는 주주명부상의 주소나 그들로부터 통지받은 주소로 하면 된다. 또 주주명부상의 주주에게 배당금을 지급한 이상 진정한 권리자가 나타나더라도 이중으로 배당금을 지급하여야 하는 것과 같은 책임을 면한다.

(3) 대항력

주식의 양수인은 명의개서를 함으로써 회사에 대하여 대항할 수 있다(제337조). 명의개서 후에는 주권의 제시 없이 주주로서의 권리(의결권 등)를 행사할 수 있다.

대판 2010. 3. 11, 2007다51505 **주주명부의 추정력**

주주명부에 주주로 등재되어 있는 이는 그 회사의 주주로 추정되며 이를 번복하기 위하여는 그 주주권을 부인하는 측에 입증책임이 있다(대법원 1985. 3. 26. 선고 84다카2082 판결 등 참조). … 주주명부에 주주로 등재되어 있는 이는 주주로서 주주총회에서 의결권을 행사할 자격이 있다고 추정되므로, 특별한 사정이 없는 한 주주명부상의 주주는 회사에 대한 관계에서 그 주식에 관한 의결권을 적법하게 행사할 수 있다. 따라서 한편 주주명부상의 주주임에도 불구하고 회사에 대한 관계에서 그 주식에 관한 의결권을 적법하게 행사할 수 없다고 인정하기 위하여는, 주주명부상의 주주가 아닌 제3자가 주식인수대금을 납입하였다는 사정만으로는 부족하고, 그 제3자와 주주명부상의 주주 사이의 내부관계, 주식 인수와 주주명부 등재에 관한 경위 및 목적, 주주명부 등재 후 주주로서의 권리행사 내용 등에 비추어, 주주명부상의 주주는 순전히 당해 주식의 인수과정에서 명의만을 대여해 준 것일 뿐 회사에 대한 관계에서 주주명부상의 주주로서 의결권 등 주주로서의 권리를 행사할 권한이 주어지지 아니한 형식상의 주주에 지나지 않는다는 점이 증명되어야 한다.

대판 2007. 9. 6, 2007다27755 **주주명부의 추정력**

주주명부에 주주로 등재되어 있는 자는 일응 그 회사의 주주로 추정되며 이를 번복하기 위해서는 그 주주권을 부인하는 측에 입증책임이 있으므로(대법원 1985. 3. 26. 선고 84다카2082 판결 등 참조), 주주명부의 주주 명의가 신탁된 것이고 그 명의차용인으로서 실질상의 주주가 따로 있음을 주장하려면 그러한 명의신탁관계를 주장하는 측에서 명의차용사실을 입증하여야 한다. 그런데 원심의 판시와 같이 주주명부상의 주주가 아닌 제3자가 실제로 신주인수대금의 납입행위를 하였다고 하더라도 그와 같은 행위의 기초된 원인관계로서는 원심이 판시한 명의신탁관계를 비롯하여 자본금 납입을 일방의 출자의무로 하는 동업관계나 신주인수대금의 단순한 차용관계 등 여러 형태의 법률관계를 상정할 수 있으므로 제3자[에] 의한 주식인수절차의 원인관계 내지 실질관계를 규명함이 없이 단순히 제3자가 신주인수대금의 납입행위를 하였다는 사정만으로는 그 제3자를 주주 명의의 명의신탁관계에 기초한 실질상의 주주라고 단정할 수 없다.

따라서 이 사건 주식에 관하여 주주명부의 기재와 달리 소외 1을 실질상의 주주로 인정하기 위해서는 원고의 주주권을 다투는 피고 회사측에서 제3자인 소외 1에 의하여 신주인수대금의 납입행위가 이루어졌다는 사정 외에 그와 같은 납입행위가 원고가 주장하는 동업관계가 아니라 원고와 소외 1 사이의 명의신탁약정에 의한 것임을 입증하여야 할 것[이다.]

3. 명의개서

(1) 주식양도의 대항요건

주식양도는 양도인과 양수인사이에서는 주권의 교부로써 효력이 발생하지만(제336조 제1항) 회사에 대한 관계에서 대항요건을 갖추기 위해서는 명의개서가 필요하다. 주주명부에는 주주의 성명과 주소, 각 주주가 가진 주식의 종류와 수 등이 기재되므로(제352조 제1항) 주식양도로 주주가 바뀐 경우에는 이러한 변경이 주주명부에 기재되어야 한다. 이와 같이 주식양도에 따라 양수인의 이름을 주주명부에 등재하는 것이 명의개서이다. 명의개서는 주주명부의 기재를 진실에 합치하도록 고치는 것이다.

명의개서를 통하여 회사는 주식의 귀속주체를 확인할 수 있으며 명의개서를 하지 않은 양수인이나 상속인은 회사에 대하여 주주임을 대항할 수 없다(제337조 제1항). 기명주식의 이전이 있더라도 명의개서를 하여 양수인 등의 이름을 주주명부에 등재하지 아니하면 회사에 대하여 대항하지 못하도록 한 결과, 회사는 주식의 귀속주체에 관한 분쟁에 휘말리지 않고 간단하게 주주권을 행사할 자를 판정할 수 있다.

(2) 명의개서의 절차

(가) 청구권자

명의개서는 주주가 회사에 대하여 청구함으로써 이루어진다. 명의개서는 주주주로서의 권리를 회사에 대하여 행사할 수 있는 대항요건을 갖추는 것이고 명의개서를 함으로써 주주권을 취득하게 되는 것은 아니다. 주식의 귀속여부는 명의개서 여부와 관계없이 실체법상의 효력요건을 갖추었느냐에 따라 정하여진다. 먼저 주식을 취득하고 난 다음 주주로서 명의개서를 청구하는 것이므로 명의개서청구에 양도인의 협력은 필요하지 아니하다. 명의개서 청구 역시 일단 주주가 된 자의 권리행사이다.

주권의 점유자는 이를 적법한 소지인으로 추정하므로(제336조 제2항) 주권소지인이 명의개서를 청구할 수 있다고 할 수도 있고, 주권의 교부를 받은 양수인이 명의개서를 청구할 수 있다고 할 수도 있으나 결국은 이들이 '주주'이기 때문에 명의개서를 청구할 수 있는 것이다.

대판 2010. 10. 14, 2009다89665 명의개서청구권은 기명주식을 취득한 자가 회사에 대하여 주주권에 기하여 그 기명주식에 관한 자신의 성명, 주소 등을 주주명부에 기재하여 줄 것을 청구하는 권리로서 기명주식을 취득한 자만이 그 기명주식에 관한 명의개서청구권을 행사할 수 있다. 또한 기명주식의 취득자는 원칙적으로 취득한 기명주식에 관하여 명의개서를 할 것인지 아니면 명의개서 없이 이를 타인에게 처분할 것인지 등에 관하여 자유로이 결정할 권리가 있으므로, 주식 양도인은 다른 특별한 사정이 없는 한 회사에 대하여 주식 양수인 명의로 명의개서를 하여 달라고 청구할 권리가 없다. 이러한 법리는 주권이 발행되어 주권의 인도에 의하여 기명주식이 양도되는 경우뿐만 아니라, 회사 성립 후 6월이 경과하도록 주권이 발행되지 아니하여 양도인과 양수인 사이의 의사표시에 의하여 기명주식이 양도되는 경우에도 동일하게 적용된다.

(나) 주권의 제시와 회사의 심사

명의개서 청구를 할 때는 회사에 대하여 주권을 제시하여야 한다. 상속·합병 등 포괄승계에 의하여 주식을 취득한 경우에도 주권을 제시하여 명의개서를 청구하여야 하지만 주권불소지 상태의 주식을 포괄승계하였다면 그 사실을 증명하여 명의개서를 청구할 수 있다.

주권발행전에 한 주식의 양도로서 회사성립후 또는 신주의 납입기일후 6월이 경과하여 회사에 대하여 효력이 있다면 주권을 제시하지 않고도 명의개서를 청구할 수 있다.

대판 1992. 10. 27, 92다16386 주권발행 전에 한 주식의 양도도 회사성립 후 또는 신주의 납입기일 후 6월이 경과한 때에는 회사에 대하여 효력이 있는 것으로서, 이 경우 주식의 양도는 지명채권의 양도에 관한 일반원칙에 따라 당사자의 의사표시만으로 효력이 발생하는 것이고, 상법 제337조 제1항에 규정된 주주명부상의 명의개서는 주식의 양수인이 회사에 대한 관계에서 주주의 권리를 행사하기 위한 대항요건에 지나지 않는 것이므로, 회사성립 후 또는 신주의 납입기일 후 6월이 경과하도록 회사가 주권을 발행하지 아니한 경우에 당사자간에 의사표시만으로 주식을 양수한 사람은 특별한 사정이 없는 한 양도인의 협력을 받을 필요 없이 단독으로 자신이 주식을 양수한 사실을 증명함으로써 회사에 대하여 그 명의개서를 청구할 수 있다.

〈사실관계 및 쟁점〉 소외 김종선이 1975. 12. 30. 그의 처인 소외 송윤진과 자녀들인 원고 김지원 외 3인(이하 '원고들'이라고만 한다)을 주주로, 자본총액 금 1,000,000원, 회사가 발행할 주식의 총수 1,000주, 1주의 금액 금 1,000원, 주식의 종류 보통주식으로 하는 소외 대견기업 주식회사를 설립함에 있어서, 원고들은 자신들이 인수할 소외 회사의 주식에 관하여 피고 윤종학 외 6인(이하 '피고들'이라고만 한다)과의 사이에 주주명의를 신탁하기로 하는 명의신탁계약을 체결하였다. 그 후 소외 회사는 1976. 5. 25. 자본총액을 금 50,000,000원으로 증자하였고 이 때에도 원고들은 피고들과 사이에 위 증자주식에 대한 주주명의를 신탁하기로 하는 명의신탁계약을 체결하였다. 한편 소외 회사는 1987. 8. 18. 회사가 발행할 주식의 총수를 10,000주, 1주의 금액을 5,000원, 주식의 종류를 보통주식으로 하는 주식병합을 하였으나, 설립 후 10년이 넘었는데도 불구하고 현재까지 주권을 발행하지 아니한 상태였다.

이에 원고들은 이 사건 소장부본의 송달로써 위와 같은 피고들에 대한 주식의 명의신탁계약을 해지하는 의사표시를 하였음을 이유로 피고들은 원고들에게 주위적으로 각 명의신탁된 주식에 대한 명의개서절차를 이행하라는 청구를, 예비적으로 그 주식(즉, 주주권)의 양도를 청구하는 소를 제기하기에 이른 것이다.

여기서 쟁점이 된 것은 명의신탁된 주식에 대한 명의신탁계약을 해지한 경우 동 주식에 대한 주주권자 및 명의개서청구의 상대방이 누구인지 여부의 점이다.

이에 대하여 제1심(서울지법 서부지원 1991. 12. 13, 91가단14409 판결)과 원심(서울민사지법 1992. 3. 26, 92나2676 판결)은 '주식의 양수인은 회사에 대하여 단독으로 주주명부의 명의개서청구를 할 수 있고, 이에 양도인의 협력을 요하지 아니하므로 주식의 양도인을 상대로 명의개서절차의 이행을 구하는 이 건 주위적 소는 소의 이익이 없어 부적법하고, 한편 주식명의신탁계약해지를 전제로 그 양도의 의사를 구하는 취지의 이 건 예비적 청구는 명의신탁해지의 효과는 신탁자의 의사표시에 의하여 발생하는 것이지 이에 달리 수탁자의 의사표시를 요하지 아니하므로 이 건에서 다른 절차 없이 피고들이나 이 건 회사에 대하여 그 주주임을 주장하면 족하고 달리 피고들에게 주식양도의 의사표시를 소구할 아무런 소의 이익이 없으므로 역시 부적법하다'라고 판시하여 원고의 소를 각하하였다. 대법원도 판결요지와 같은 이유로 원고의 상고를 기각하였다.

주권의 점유자는 이를 적법한 소지인으로 추정하므로(제336조 제2항) 명의개서를 청구함에 있어서 주권의 제시 외에 적법한 주주라는 것까지 증명할 필요가 없고 회사는 주권의 진정성 여부만을 심사하면 된다. 회사가 형식적 자격을 갖춘 자에게 명의개서를 하여준 이상 그가 실질적 자격이 없더라도 회사는 악의였거나 중과실이 있었던 경우가 아니라면 면책된다(이(철), 351면; 정(동), 510면; 정(찬), 756면; 채, 657면).

(다) 명의개서의 효과

주식의 취득자는 명의개서를 함으로써 회사에 대항할 수 있다(제337조 제1항). 주주명부에 기재된 주주는 적법한 주주로 추정되며(정(찬), 756면; 대판 1989. 7. 11, 89다카5345), 회사가 주주명부에 기재된 주주를 상대로 주주권의 행사를 받아들이거나 통지 또는 최고를 하면 면책된다(제353조 제1항). 이러한 효과는 주주명부의 효력에서 나오는 것이기도 하다.

그러나 명의개서가 권리창설적 효력(설권적 효력)을 가지는 것은 아니기 때문에 명의개서로 인해서 주식의 귀속자가 결정되는 것은 아니며, 진정한 주주여부가 다투어지는 경우 명의개서를 한 자가 우선하는 것은 아니다.

대판 1989. 7. 11, 89다카5345 상법상 주권의 점유자는 적법한 소지인으로 추정하고 있으나(제336조 제2항) 이는 주권을 점유하는 자는 반증이 없는 한 그 권리자로 인정된다는 것, 즉 주권의 점유에 자격수여적 효력을 부여한 것이므로 이를 다투는 자는 반대사실을 입증하여 반증할 수 있고, 또한 기명주식의 이전은 취득자의 성명과 주소를 주주명부에 기재하여야만 회사에 대하여 대항할 수 있는 바(제337조 1항), 이 역시 주주명부에 기재된 명의상의 주주는 실질적 권리를 증명하지 않아도 주주의 권리를 행사할 수 있게 한 자격수여적 효력만을 인정한 것뿐이지 주주명부의 기재에 창설적 효력(공신력과 비교 - 저자)을 인정하는 것이 아니므로 반증에 의하여 실질상 주식을 취득하지 못하였다고 인정되는 자가 명의개서를 받았다 하여 주주의 권리를 행사할 수 있는 것은 아니다.

〈사실관계 및 쟁점〉 피고 부산택시 주식회사(이하 '피고 회사'라고 한다)의 주주 겸 대표이사인 소외 정영주는 나머지 9인의 주주들로부터 처분위임을 받은 피고회사 발행 전주식 50,000주를 소외 이원환에게 금 720,000,000원에 양도하고, 위 대금완불전인 1984. 8. 1. 위 발행주식에 관한 주권을 인도받아 소외 이원환이 주주로서의 모든 권리를 행사하기로 하는 주식양도계약을 체결하였다. 이에 따라 소외 이원환은 위 50,000주 중 48,000주에 관하여 주권을 그 앞으로 배서함과 동시에 주식대장상의 주주명의까지 그 자신 앞으로 개서하여 자신이 이사가 되고 소외 이석재를 대표이사로 취임시켜 피고 회사를 경영하여 왔다. 위 이원환은 피고 회사 발행의 주식 중 소외 박영궐 명의로 있던 2,000주에 관하여는 위 소외 이석재에게 수고비조로 양도하여 그 앞으로 주주명의를 이전하도록 하고, 나머지 48,000주에 대한 주권 등은 그의 인장과 함께 위 이석재에게 보관시키면서 이를 적정한 가격으로 타인에게 처분할 것을 위임하였다. 한편 소외 이원환은 소외 최상길, 박인기 및 주주였던 박두영 등 3인(이하 '승계 3인'이라고 한다)과의 사이에 위 48,000주를 대금 106,896,815원에 양도하기로 하고, 먼저 위 승계 3인은 금 100,000,000원만을 지급한 뒤 위 35,000주의 주권 및 분실한 13,000주의 주권에 대한 소외 이원환 작성의 각서 등을 위 이원환으로부터 인도받은 후 주식명의개서절차를 마치지 아니하고 위 잔대금도 지급하지 아니한 채 이를 다시 위 이석재에게 보관위임하였다. 그 후 위 이석재 및 위 승계 3인은 피고 회사의 주식 50,000주 중 위 이석재가 1,000주, 승계 3인인 박인기와 박두영이 각 16,000주, 위 최상길이 17,000주를 보유하는 것으로 상호조정·확정하였다. 위 이석재와 승계 3인은 원고 박명호와의 사이에서 피고 회사의 전주식 50,000주를 대금 826,000,000원에 양도하기로 계약을 체결하고 그날 개최된 피고 회사의 임시주주총회에서 이사 이석재를 제외한 나머지 이사 및 감사를 모두 해임하고 원고 박명호, 배영순, 최민조를 이사로, 또 원고 박정하를 감사로 각 선임하였고, 같은 날 이사회에서 원고 박명호가 대표이사로 선임되어 피고회사를 경영하게 되었다. 한편 원고 박명호는 위 양도계약에 따라 위 이석재 및 승계 3인에게 위 계약 당일 금 250,000,000원을, 중도금조로 발행한 약면 금 50,000,000원 및 금 180,000,000원의 약속어음 2매를 각 지급기일에 결제하였다. 그런데 나머지 금원의 지급을 둘러싸고 위 당사자간에 상호분쟁이 발생하게 되자 위 승계 3인으로부터 주권의 보관위임을 받은 위 이석재는 위 원고 박명호에게 위 주권의 교부를 거절하고 위 원고의 잔금지급의무 불이행을 이유로 위 주식양도계약을 해제한다는 통지를 하였다.

한편 위 이석재는 소외 이원환의 명의로 배서 및 명의개서를 마친 피고 회사의 주식 48,000주에 관하여 위 이원환의 인장을 사용하여 주식명의개서청구서 및 주식양도증서를 작성하고 이에 따라 피고 회사의 전주식에 관하여 주식대장상의 주주명의를 자기 앞으로 이전하여 놓은 이래 피고 회사의 정관상 규정된 주주총회소집절차를 거치지 아니하고 1985. 7. 11. 부산 동구 범 2동 소재 국제호텔 커피숍에서 혼자 출석, 임시주주총회를 개최하여 원고들을 각 직위에서 해임하고, 자신을 포함하여 소외 이만조, 이근우를 이사로, 소외 박현룡을 감사로 각 선임하였다. 또한 같은 날 위 이사들이 이사회를 개최하여 위 이석재를 대표이사로 선임하였다.

이에 대하여 원고들은 위 1985. 11. 7.자 임시주주총회 및 이사회는 소집절차를 전혀 거치지 아니한 채 일부 주식만을 소유한 주주가 참석하여 개최한 것이므로 이는 그 소집절차에 총회결의가 존재한다고 볼 수 없을 정도의 중대한 하자가 있으며, 한편 위와 같은 부존재한 주주총회의 결의에 의하여 선임된 이사들이 참석한 같은 날 이사회 결의도 역시 존재한다고 볼 수 없어 무효라고 주장하면서, 이 사건 임시주주총회결의부존재확인 및 이사회결의무효확인을 구하는 소를 제기하였다.

여기서 쟁점이 된 것은 주권을 점유한 자가 주주명부상의 명의개서를 받았으나 실질상 주식을 취득하지 못한 경우 주주로서의 권리를 행사할 수 있느냐 하는 점이다. 즉 피고 회사가 발행한 주식 50,000주 중 2,000주를 소유한 위 이석재가 나머지 48,000주에 대하여 위에서 본 바와 같이 그 소유자인 소외 이원환의 인장을 사용하여 자신 앞으로 주주명의개서를 마치고 그 주권을 점유하는 경우 주권점유 및 명의개서의 추정력에 의하여 피고 회사에 대하여 주주로서의 권리를 행사할 수 있느냐 하는 점인 것이다.

이에 대하여 원심(대구고법 1989. 1. 19, 86나1639 판결)은 소외 이원환이 소외 정영주 등으로부터 인도받은 피고 회사의 주식 50,000주 중 그 앞으로 배서 및 명의개서를 마친 48,000주의 주식을 취득하였다 할 것인데, 그 이후의 주식소유관계는, 양도·양수당사자 사이에서는 위 이석재가 1,000주, 승계 3인 중 박인기 및 박두영이 각 16,000주, 위 최상길이 17,000주의 비율로 각 소유하게 되었고. 한편 피고 회사에 대한 관계에서는 48,000주의 주식에 관하여는 위 이원환이, 그리고 나머지 2,000주의 주식에 관하여는 위 이석재가 주주의 지위를 갖는다고 할 것이다. 따라서 위 이석재만이 참석하여 개최한 1985. 11. 7.자 피고 회사의 임시주주총회결의는 그 소집절차에 총회결의가 존재한다고 볼 수 없을 정도의 중대한 하자가 있다고 할 것이므로 부존재하고, 한편 같은 날의 이사회결의는 그러한 부존재한 주주총회에서 선임된 이사들로 개최되었기 때문에 역시 그 결의가 존재한다고 볼 수 없어 무효라고 판단하였다. 대법원도 원심의 사실인정 및 판단이 정당하다고 하여 원심의 결론을 지지하였다.

대판 1991. 5. 28, 90다6774 주주로부터 기명주식을 양도받은 자라 하더라도 주주명부에 명의개서를 하지 아니하여 그 양도를 회사의 대항할 수 없는 이상, 그 주주에 대한 채권자에 불과하고, 또 제권판결에 하자가 있다 하더라도 제권판결에 대한 불복의 소에 의하여 그 제권판결이 취소되지 않는 한 회사에 대하여 적법한 주주로서의 권한을 행사할 수 없으므로, 회사의 주주로서 주주총회 및 이사회결의무효 등 확인을 소구할 이익이 없다.

대판 2002. 12. 24, 2000다69927 기명주식이 양도된 후 주식회사의 주주명부상 양수인 명의로 명의개서가 이미 이루어졌다면, 그 후 그 주식양도약정이 해제되거나 취소되었다 하더라도 주주명부상의 주주 명의를 원래의 양도인 명의로 복구하지 않는 한 양도인은 주식회사에 대한 관계에 있어서는 주주총회에서 의결권을 행사하기

위하여 주주로서 대항할 수 없다.

(라) 명의개서를 마치지 않은 주주의 지위

기명주식을 취득하였으면서도 명의개서를 마치지 아니한 주주는 그 이전을 회사에 대항할 수 없다는 것이 상법의 규정이다. 이러한 규정으로부터 양도인과 양수인간 또는 이들과 제3자와의 관계에서는 취득자가 주주로서의 권리를 가진다는 것은 의문이 없다. 여기서 더 나아가 문제되는 것은 ① 회사가 명의개서를 마치지 아니한 주주(광의의 실기주)에게 주주권의 행사를 허용할 수 있는가/허용하여야 하는가, ② 취득자가 명의개서를 게을리 하고 있는 동안에 주주명부상의 주주로 남아 있는 자가 이익배당을 받거나 신주를 배정받아서 차지할 수 있는가(협의의 실기주) 하는 것이다. 그밖에 회사가 부당하게 명의개서를 거절한 경우 취득자는 어떠한 구제를 받을 수 있는가도 해결되어야 한다.

1) 회사에 의한 권리행사 허용문제

실기주의 문제로서 후술한다.

2) 명의개서 해태기간중의 이익귀속

실기주의 문제로서 후술한다.

3) 부당한 명의개서거부에 대한 구제

주식을 취득한 자는 당연히 회사에 대하여 명의개서를 청구할 수 있다. 회사가 정당한 이유없이 명의개서를 거부하면 손해배상책임을 지고 이사 등은 과태료의 제재를 받는다(제635조 제1항 제7호). 그리고 그 주식취득자는 회사에 대하여 명의개서청구의 소를 제기할 수 있을 뿐만 아니라 필요한 경우에는 임시로 주주의 지위를 정하는 가처분을 청구할 수도 있을 것이다. 명의개서를 거부할 정당한 사유라는 것은 주주명부가 폐쇄중이라거나(제354조), 법원에서 명의개서 금지가처분을 명한 경우 등이다(민사집행법 제300조 참조). 정당한 이유없이 명의개서를 거부당한 주주(취득자)는 회사에 대하여 주주로서의 권리를 행사할 수 있다고 하여야 신의칙에 맞을 것이다(이(철), 354면; 임, 299~300면; 정(동), 512면).

따라서 명의개서를 부당하게 거부당한 주주는 명의개서를 청구한 시점 이후의 이익배당이나 신주발행에 대하여 주주로서의 권리를 가지며 소집통지를 받지 못하여 주주총회에 참석하지 못하였다면 주주총회결의의 하자를 다툴 수 있다.

대판 1993. 7. 13, 92다40952 주식을 양도받은 주식양수인들이 명의개서를 청구하였는데도 위 주식양도에 입회하여 그 양도를 승낙하였고 더구나 그 후 주식양수인들의 주주로서의 지위를 인정한 바 있는 회사의 대표이사가 정당한 사유 없이 그 명의개서를 거절한 것이라면 회사는 그 명의개서가 없음을 이유로 그 양도의 효력과 주식양수인의 주주로서의 지위를 부인할 수 없다.

〈사실관계 및 쟁점〉 피고 주식회사 대호리조트(이하 '피고 회사'라고 한다)는 1989. 1. 13. 관광레져산업, 건설업, 광업, 콘도 및 숙박회원권 판매업 등을 목적으로 하여 총발행주식 20,000주, 1주 금액 금 5,000원, 자본금 100,000,000원으로 설립되었다. 피고 회사는 같은 해 6. 23. 총발행주식 80,000주, 자본금 400,000,000원으로 하는 증자를 실시하여 당시 피고 회사의 주식분포를 보면 소외 양영록 30,400주, 소외 이인순 18,400주, 소외 이은직 4,000주, 소외 이남직 3,200주, 소외 주상철 800주 등을 소유하고, 한편 원고 이상철 13,600주, 원고 김영숙 2,400주, 원고 이상욱 7,200주(이하 '나머지 원고 3인'이라고 한다) 등을 소유하고 있었다. 한편 피고 회사의 대주주이자 실질적 경영자이던 소외 양영록은 휴양시설의 건립·분양과 관련하나 사기분양으로 구속되자, 그 수습책으로서 일부 수분양자들에게는 분양대금을 반환하여 주었으며, 1990. 7. 14. 나머지 수분양자들의 대표자인 원고 김영조 등 4인(이하 '원고 4인'이라고 한다)에게는 자신 소유의 피고 회사 주식 30,400주를 양도하여 주었다. 그런데 위 30,400주는 총발행주식 80,000주의 기명주식 중 38%에 해당하고 회사 성립 후 6개월이 경과하였음에도 주권이 발행되어 있지 아니하였다.

한편 소외 양영록과 원고 김영조 등 4인 사이의 위 주식양도 당시 피고 회사의 대표이사이던 소외 박기주가 입회하여 그 양도를 승낙하였고, 그 이후 원고 김영조 등 4인을 피고 회사의 주주로서의 지위를 인정한 바 있었다. 그럼에도 불구하고 원고 4인이 1990. 8. 30. 피고 회사에 대하여 명의개서청구를 하자 피고 회사의 대표이사인 위 박기주는 정당한 사유 없이 이를 거절하였다.

그런데 소외 양영록이 1990. 10. 초순경 위 주식양도사실을 다투자, 원고 4인은 위 나머지 원고 3인과 함께 같은 해 10. 18. 주주총회를 개최하여 당시 대표이사이던 소외 박기주 등 위 양영록측 사람들을 대표이사직 등에서 해임하고 자신들을 대표이사 등으로 선임하는 결의를 하였다. 이에 대하여 위 양영록측에서는 위 원고 4인이 위 양영록으로부터 위 주식양도를 받기 이전인 같은 해 5. 28. 위 박기주가 이미 위 양영록의 주식 중 14,400주를 대리인 소외 이인순을 통하여 양도받아 위 양영록측이 전체 주식의 약 70%를 보유하고 있다고 주장하면서 원고 4인 및 나머지 원고 3인 그리고 소외 주상철 등에게는 소집통지를 전혀 하지 아니하고 같은 해 10. 25. 임시주주총회를 개최하여 원고 등을 해임하고 다시 위 박기주 등을 대표이사 등으로 선임하는 이

사건 주주총회결의를 하였다.

이에 원고들이 피고 회사의 주주의 지위에 있음을 이유로 이 사건 주주총회결의의 취소, 무효확인 또는 부존재확인 등을 구하는 이 사건 소를 제기하였다.

여기서 쟁점이 된 것은 1990. 8. 30. 원고 4인의 명의개서청구에 대하여 피고 회사가 정당한 사유 없이 이를 거절한 경우 그 명의개서가 없음을 이유로 위 원고 4인의 주식양수 및 주주로서의 지위를 부인할 수 있는가 하는 점이다.

이에 대하여 원심(서울고법 1992. 8. 12, 92나16739 판결) 및 대법원은 '주식을 양도받은 원고 4인이 1990. 8. 30. 명의개서를 청구하였는데도 위 주식양도에 입회하여 그 양도를 승낙하였고 더구나 그 후 원고 4인의 주주로서의 지위를 인정한 바 있는 피고 회사의 대표이사인 위 박기주가 정당한 사유 없이 그 명의개서를 거절한 것이라면 그 명의개서가 없음을 이유로 그 양도의 효력과 주식양수인의 주주로서의 지위를 부인할 수는 없다'라고 판시하였다. 그 결과 원고 4인 이외에 나머지 원고 3인 및 소외 주상철 등 합계 54,400주(전체 발행주식 80,000주 중 68%)를 소유하고 있던 주주들에게 소집통지를 함이 없이 개최된 1990. 10. 25.자 임시주주총회는 그 소집절차상의 하자가 중대하여 위 임시주주총회에서 한 결의는 법률상 유효한 결의로 존재한다고 볼 수 없고, 이에 터잡은 그 후의 이사회결의도 법률상 무효라는 결론에 이르렀다.

4. 주주명부의 폐쇄와 기준일제도

(1) 제도의 필요성

주식은 항상 유통되고 있음에 반하여 주주총회에서의 의결권행사 또는 이익배당금의 수령과 같이 주주권의 집단적 행사와 관련하여 회사측은 특정 시점에 있어서의 주주를 확정할 필요가 있다. 이러한 필요를 충족시키기 위하여 상법에서는 주주명부의 폐쇄제도와 기준일제도를 마련해 두고 있다.

(2) 주주명부의 폐쇄

회사는 이사회 결의로 또는 대표이사의 결정으로 의결권을 행사하거나 배당을 받을 자 기타 주주 또는 질권자로서의 권리를 행사할 자를 확정하기 위하여 일정한 기간을 정하여 주주명부의 기재변경을 정지시킬 수 있다(제354조 제1항). 이것을 '주주명부의 폐쇄'라고 한다. 결산기가 12월 31일인 회사에서 "00년 1월 1일부터 1월 15일까지 주주명부를 폐쇄한다"고 공고를 했다면 폐쇄기간 중에 주식을 양수한 자는 명의개서를 할 수 없고 정기총회에서 의결권을 행사할 수 없다. 폐쇄기간은 3개월을 초과하지 못하며 폐쇄기간의 공고는 그 폐쇄기간 개시 2주간전에 공고를 해야 한다. 단 정관에서 폐쇄기간을 지정한 때에는 공고할 필요가 없다(제354조 제4항). 주주명부의 폐쇄기간 중에는 명의개서, 질권등록을 할 수 없다. 따라서 폐쇄기간 시기(始期)의 주주명부상의 주주가 권리행사자로 확정된다. 단, 폐쇄기간 중이라도 권리귀속 또는 권리자 확인과 관계없는 사항, 예를 들어 주주의 주소변경은 폐쇄기간중임에도 불구하고 허용된다.

폐쇄기간 중에도 전환주식의 전환청구는 할 수 있으나(제347조 제3항이 삭제됨), 의결권 없는 우선주를 보통주로 전환하더라도 그 보통주로 당해 폐쇄기간 중에 의결권을 행사할 수는 없다(제350조 제2항).

(3) 기준일

폐쇄의 경우와 같은 목적으로, 일정한 날을 정하여 그 날 현재의 주주명부에 기재되어 있는 주주나 질권자를 권리행사자로 일률적으로 확정하는 것이 기준일제도이다(제354조 제1항).

주주명부의 폐쇄가 없는 이상 기준일이 지정되어 있더라도 명의개서는 아무런 제한을 받지 아니한다. 명의개서는 주주명부의 기능이 계속 유지될 수 있다는 점에서 보면 주주명부의 폐쇄보다 기준일제도가 효율적이라고 할 수 있다.

기준일은 주주나 질권자로서 권리를 행사할 날에 앞선 3월내의 날로 정하여야 한다(제354조 제3항). 회사가 기준일을 정한 때에는 그 날의 2주간 전에 이를 공고하여야 한다. 단 정관에서 기준일을 지정한 경우에는 공고할 필요가 없다(제354조 제4항).

(4) 양제도의 병용

주주명부의 폐쇄나 기준일, 이 두 가지 제도의 취지가 같은 이상 둘 중 하나만 이용하면 그 목적을 달성할 수 있겠지만 회사실무를 보면 양제도를 같이 쓰고 있다. 우선 기준일제도만 이용하는 것이 효율적이라 할 수 있겠지만 폐쇄제도를 병용하는 것이 합리적일 경우가 많다. 영업년도 말의 주주명부상의 주주를 이익배당 수령권자로 정하는 경우(기준일), 약 2~3개월 후에 개최될 정기주주총회에서 기준일 현재의 주주가 재무제표 특히 배당의안을 의결·승인하도록 하기 위하여는 정기주주총회 종료시까지 주주명부를 폐쇄시킬 필요가 있다. 양제도를 같이 활용함으로써 기준일의 대상인 이익배당 수령권자와 배당의안에 대한 의결권자를 일치시킬 수 있는 것이다. 다만 기준일로 배당수령권자 외에 정기총회 의결권자까지 같이 정한다면 실익은 없다고 할 수도 있다. 아울러 결산기 이후 상당기간 동안은 회사의 회계부서가 특별히 바쁜 시기이므로 이 기간 동안 명의개서청구에 따른 사무의 번잡을 줄이기 위하여서 양제도가 병용되기도 한다.

다른 한편 주주명부의 폐쇄만으로도 충분할 듯하지만 2~3주 이상으로 폐쇄기간을 정하는 것은 실무관행과 맞지 아니하다. 기준일을 정하는 것은 주식양수인에게 권리행사의 준비를 하도록 주의를 환기시키고 명의개서를 독려하여 주주명부를 정리하도록 하기 위한 것이다. 또한 영업년도 말일의 주주명부상 주주에게 정기총회에서의 의결권을 부여하고 이익배당금을 지급한다고 기준일을 정해두면 기준일의 정함이 없을 경우 제기될 수 있는 몇 가지 문제를 해결할 수 있다. 예를 들면 주주명부 폐쇄기간 중에 발행된 신주식의 주주에게도 정기총회에서 의결권을 인정할 것인가와 그러한 신주주에게 배당을 하여야 하는가 하는 의문을 배제시킬 수 있다. 그러나 회사실무상 주주명부 폐쇄기간중에 신주가 발행되는 일은 거의 없다.

(5) 상법규정을 위반한 주주명부폐쇄와 기준일

주주명부폐쇄제도와 기준일제도는 회사가 시행을 할 수도 있고 하지 않을 수도 있지만 일단 시행을 한다면 상법규정에 부합하게 실시를 하여야 한다. 상법에서는 주주의 이익보호를 위하여 너무 장기간의 폐쇄가 이루어지지 않도록 하고 기준일 설정이나 폐쇄기간 개시 이전에 상당기간의 시간적 여유를 두도록 배려하고 있기 때문이다.

회사가 상법규정을 따르지 않고 주주명부를 폐쇄했거나 기준일을 정하였더라도 일률적으로 무효로 볼 것은 아니고 사항별로 거래의 안전이나 주주의 이익보호를 중대하게 침해하면 무효이고 그렇지 않다면 효력에 영향을 미치지 않는다고 보는 것이 통설이다. 예를 들어 주주명부의 폐쇄기간이 법정기간 3월을 초과하여 정해진 경우 그 시기(始期)가 분명하다면 초과부분만이 무효이고 시기가 불분명하다면 전부가 무효라고 새긴다(강, 309면; 서·정, 366면; 손, 645면; 이·최, 257면; 이(병), 538면; 이(철), 340면; 정(찬), 717면; 최, 322면).

폐쇄 및 기준일의 공고기간을 위반한 폐쇄 또는 기준일에 대하여는 무효라는 견해(서·정, 366~367면; 손, 645면; 최, 324면)가 있고 공고기간의 경미한 위반, 공고사항의 경미한 미비는 효력에 영향을 미치지 않는 것으로 보자는 견해도 있다(이(철), 341면). 주주명부의 폐쇄나 기준일 설정이 이사회의 결의를 거치지 않고 이루어진 경우에는 그러한 내부절차의 흠결만으로 폐쇄와 기준일 설정을 무효로 돌린다면 법률관계의 혼란이 초래될 것이므로 유효로 보아야 할 것이다(무효로 보는 견해로는, 이(철), 340면).

제6 주식의 양도

1. 총 설

(1) 의의 및 양도방법

주식의 양도는 주식을 법률행위에 의하여 이전하는 것이다. 주식의 양도로써 주주로서의 지위가 일괄하여 양수인에게 이전한다. 양도의 결과 양수인의 입장에서는 주식의 승계취득이 있게 된다. 주식양도행위는 매매나 증여와 같은 채권계약의 이행행위로서 이루어지는 준물권행위이다. 따라서 그 주식양도계약이 해제되면 계약의 이행으로 이전된 주식은 당연히 양도인에게 복귀한다. 이 경우 이미 양수인이 명의개서를 하였다면 양도인은 양수인의 협력 없이도 회사에 대하여 다시 명의개서를 요구할 수 있다.

대판 2002. 9. 10, 2002다29411 회사성립 후 또는 신주의 납입기일 후 6월이 경과한 경우 주권발행 전의 주식은 당사자의 의사표시만으로 양도할 수 있고, 그 주식양도계약이 해제되면 계약의 이행으로 이전된 주식은 당연히 양도인에게 복귀하게 된다.

〈사실관계 및 쟁점〉 소외 조병완은 2000. 4. 9. 피고 김도식과 사이에 피고가 실제 경영주인 소외 아산준설 주식회사를 금 550,000,000원에 인수하되, 위 인수대금 중 금 300,000,000원은 위 아산준설의 소외 한빛은행(현재 우리은행으로 변경됨)에 대한 대출금채무 300,000,000원을 대신 변제하거나 위 대출금채무의 담보로 제공한 피고 소유의 담보부동산을 교체하여 줌으로써 이를 갈음하고, 다만 위 대출금채무 변제나 위 담보부동산 교체는 위 주식에 대한 양도절차를 마치고 아산준설을 경영하면서 이를 이행하여 주기로 약정하였다(이하 '이 사건 인수계약'이라고 한다). 위 조병완은 피고에게 이 사건 인수대금으로 위 계약 당일에 피고에게 액면 금 50,000,000원의 약속어음 1매(이하 '이 사건 제1 어음'이라고 한다)를, 2000. 5. 2. 액면금 50,000,000원의 자기앞수표 및 액면금 80,740,000원의 약속어음(이하 '이 사건 제2 어음'이라고 한다)을 각 교부하였고, 그 후 위 자기앞수표는 현금화되었다. 한편 위 조병완은 이 사건 인수계약 체결 당시 이 사건 인수계약으로 인하여 취득하게 될 아산준설의 총발행주식 100,000주 중 50%는 자신이 보유하고, 나머지 50%는 소외 김준식 및 황선재에게 각 25%씩을 양도할 예정이었다. 이 때 피고는 위 조병완의 요구로 주식양도의무이행의 일부로서 아산준설 총발행주식 100,000주 중 그 25%에 해당하는 25,000주를 소외 황선재에게 양도하였다.

그런데 피고는 2000. 6. 1. 조병완에게 이 사건 인수계약 내용과는 달리 위 담보부동산을 교체해 주어야 주식양도를 해주겠다고 하였고, 이에 조병완은 당초 약정대로 주식양도이행을 먼저 해줄 것과 만일 피고가 이를 이행하지 아니할 경우 인수대금으로 교부한 자기앞수표로 지급한 금 50,000,000원 및 이 사건 각 어음의 반환을 요구하였으나, 피고가 이를 거절하였다. 그러자 조병완은 2000. 9. 1. 피고가 이 사건 인수계약에 따른 의무이행을 하지 아니하였으므로 이를 해제한다는 내용의 통지를 하였고, 위 통지는 그 무렵 피고에게 도달하였다. 다만, 이 때까지도 위 아산준설은 위 발행주식에 대한 주권을 발행하지 아니하였다.

그 후 조병완은 2000. 9. 2. 원고 이영철에게 이 사건 인수계약의 해제에 따라 발생하는 자신의 피고에 대한 위 50,000,000원 및 이 사건 각 어음에 대한 반환채권을 양도하였고, 같은 날 조병완은 피고에게 위 양도사실을 통지하였다. 이에 원고가 피고에게 양수금으로서 금 50,000,000원과 위 각 어음의 반환 및 위 각 어음의 반환채권에 대한 강제집행이 불능일 경우에 각 액면금액의 반환을 구하는 이 사건 소를 제기하였다. 이에 피고는 이 사건 인수계약 체결 이후 조병완의 요구로 주식양도의무 이행의 일부로서 아산준설의 총발행주식 100,000주 중 25%에 해당하는 25,000주를 황선재에게 양도하였으므로, 위 해제에 따른 원상회복으로서 위 주식 25,000주를 반환받거나 이 사건 인수계약상의 인수대금 550,000,000원 중 위와 같이 양도한 주식비율에 해당하는 금 137,500,000 (550,000,000×0.25%)에서 원고가 구하는 현금 50,000,000원을 공제한 나머지 금 87,500,000원을 반환받기 전에는 원고의 청구에 응할 수 없다고 주장하였다.

여기서 쟁점이 된 것은 주식양도계약이 해제될 경우에 별도의 양도절차가 필요한가 여부의 점이다. 이에 대하여 원심(서울고법 2002. 4. 18, 2001나56760 판결) 및 대법원은 위 판결요지와 같은 이유로 그 주식양도계약에 해제되면 계약의 이행으로 이전된 주식은 당연히 양도인에게 복귀한다고 판시하여, 피고의 위 항변을 배척하였다. 따라서 조병완은 이 사건 인수계약의 해제로써 그 원상회복의무를 다하였다고 할 것이어서 피고는 원고의 청구대로 그 원상회복의무를 이행하여야 한다는 결과가 된다.

'주권이 발행된 경우' 주식양도는 주권을 교부함으로써 한다(제336조 제1항). 주권이 발행되어 있지 않은 경우와 예탁결제원에 주권이 예탁된 경우는 예외적으로 주권의 교부 없이 주식양도가 이루어진다. 주권불소지의 경우는 회사로부터 주권을 교부받아야만 양도할 수 있다. 주권 없이 주식양도가 이루어지는 경우 양도인과 양수인의 단순한 의사표시의 합치만으로 양도의 효력이 발생한다. 이 때 이러한 양도를 회사에 대항하기 위해서는 양수인이 명의개서를 하여야 함은 당연하다. 아울러 양수인은 양도인이 다른 사람에게 같은 주식을 다시 이중으로 양도할 경우에도 대비하여야 한다. 이중양도로 인한 권리다툼을 예방하기 위하여 양수인은 양도인으로 하여금 회사에 대한 통지를 확정일자 있는 증서로 해줄 것을 요구하여야 한다(민법 제450조 제2항).

대판 1995. 5. 23, 94다36421 주권발행 전의 주식의 양도는 지명채권 양도의 일반원칙에 따르고, 주권발행 전의 주식양도의 제3자에 대한 대항요건으로는 지명채권의 양도와 마찬가지로 확정일자 있는 증서에 의한 양도통지 또는 회사의 승낙이라고 보는 것이 상당하고, 주주명부상의 명의개서는 주식 양수인들 상호간의 대항요건이 아니라 적법한 양수인이 회사에 대한 관계에서 주주의 권리를 행사하기 위한 대항요건에 지나지 아니한다.

대판 2013. 2. 14, 2011다109708 주권발행 전의 주식에 관하여 주주명의를 신탁한 사람이 수탁자에 대하여 명의신탁계약을 해지하면 그 주식에 대한 주주의 권리는 그 해지의 의사표시만으로 명의신탁자에게 복귀하는 것이고, 이러한 경우 주주명부에 등재된 형식상의 주주명의인이 실질적인 주주의 주주권을 다투는 경우에 그 실질적인 주주가 주주명부상의 주주명의인을 상대로 주주권의 확인을 구할 이익이 있다고 할 것이며(대법원 1998. 6. 12. 선고 97다38510 판결 등 참조), 이는 그 실질적인 주주의 채권자가 자신의 채권을 보전하기 위하여 그 실질적인 주주를 대위하여 명의신탁계약을 해지하고 주주명의인을 상대로 주주권의 확인을 구하는 경우에도 마찬가지라고 보아야 하고, 그 주식을 발행한 회사를 상대로 명의개서절차의 이행을 구할 수 있다거나 명의신탁자와 명의수탁자 사이에 직접적인 분쟁이 없다고 하여 달리 볼 것은 아니다.

(2) 주식의 양도에 주권의 교부가 필수요건인가

주식의 양도는 매매나 증여 등 채권계약을 이행하는 준물권행위로서 행해진다. 상법에서는 “주식의 양도에 있어서는 주권을 교부하여야 한다”(제336조 제1항)고 규정하고 있다. 상법의 규정이 주식을 양도함에 있어서 양도의 합의 외에 주권의 교부를 요구하고 있는데 대하여 주권의 교부를 주식양도의 성립요건이라고 설명하기도 한다(이(철), 346면). 그러나 양도인과 양수인 2 당사자간의 관계만을 본다면 주권의 교부는 주식양도의 효력발생요건이라고 하여야 할 것이다. 문제는 주식양도에 주권의 교부를 요구하고 있는 상법 제336조 제1항은 주권이 발행된 경우에만 적용되는 것이냐, 주권이 발행되지 않은 경우에는 일정기간 주식양도를 금지하기까지 하는 것이냐 하는 점이다. 제336조 제1항을 주식양도의 효력(또는 성립)요건을 규정한 절대적 규정으로 이해한다면 주권발행 전에는 주식양도가 금지되고 예외적으로 회사성립 후 또는 신주의 납입기일 후 6월이 경과한 후에만 주권의 교부없이 (주권이 발행되지 않았더라도) 주식을 양도할 수 있다고 새길 수도 있다(제335조 제3항 참조)(이(철), 377면). 그러나 상법 제335조 제3항에서는 주권발행 전에 한 주식의 양도는 회사에 대하여 효력이 없다고 규정하고 있을 뿐 주권발행 전의 주식양도를 금지하고 있지는 아니하다. 따라서 회사성립 후 또는 신주의 납입기일 후 6월이 경과하기 전에 주권이 발행되지 않은 동안에도 주식양도는 허용된다고 보아야 할 것이다. 제336조 제1항은 주권이 발행되어 있음을 전제로 주식양도는 주권의 교부로써 하도록 하는 규정이다. 회사성립 후 또는 신주의 납입기일 후 6월 이내의 기간에 주권이 발행되어 있지 않더라도 양도인과 양수인은 그들간의 합의만으로 주식양도를 유효하게 할 수 있으며 회사에 대항할 수 없을 뿐이라고 새기면 될 것이다.

6월이 경과하지 않았다 하여 주권교부없는 주식양도의 효력을 부인해 보았자 양도와 관련한 양도당사자간, 나아가서는 제3자와의 법률관계만 복잡하게 만들 뿐이라고 생각한다. 이러한 기간 동안 주권의 교부없는 주식양도를 일체 금지한다면 주권발행전의 주식양도를 회사에 대항할 수 없는 것으로 규정한 상법의 의도를 넘어서 과도하게 주식양도를 제한하는 결과가 되고 말 것이다. 제336조 제1항은 일단 주권이 발행된 후에는 주식을 양도할 때 주권을 교부하도록 함으로써 이중양도의 기회를 봉쇄하고 법률관계를 명확하게 하고자 하는 취지로 이해하면 될 것이다.

대판 1993. 12. 28, 93다8719 주권발행 전의 주식의 양도는 지명채권양도의 일반원칙에 따라 당사자 사이의 의사의 합치만으로 효력이 발생하는 것이지만, 주권 발행 후의 주식의 양도에 있어서는 주권을 교부하여야만 효력이 발생하는 것이다.

〈사실관계 및 쟁점〉 피고 경남콘크리트공업 주식회사의 주식은 기명식으로 발행하게 되어 있는데, 원고 고은종 외 3인이 소외 이광호에게 자기들의 소유인 피고 회사의 주식을 전부 양도할 당시 발행된 주식 120,000주 중 회사가 성립될 때 발행된 6,300주에 대하여는 주권이 발행되었고, 나머지 113,700주에 대하여는 주권이 발행되지 아니하였다. 그런데 원고들이 위 소외 이광호에게 주권은 전혀 교부하지 아니하고 단지 주식양도증서만을 교부하는 방법으로 위 주식 전부를 양도하였다.

여기서 쟁점이 된 것은 위 소외 이광호가 피고 회사가 발행한 주식을 전부 취득하여 1인 주주가 되었다고 보아야 할 것인가 하는 점이다. 이에 대하여 대법원은 '이미 주권이 발행된 6,300주에 대하여는 이를 양도할 때에 주권을 교부하지 아니한 이상 주식양도의 효력이 발생하였다고 할 수 없다'라고 하여, 위 소외 이광호가 1인 주주가 된 것은 아니라고 하였다.

(3) 주권의 교부는 현실적 인도를 필요로 하는가

주식양도를 위한 주권의 교부는 원칙적으로 주권의 현실적 인도를 필요로 하지만 민법에서 정한 간이인도(민법 제188조 제2항), 점유개정(민법 제189조), 목적물반환청구권의 양도에 의한 인도(민법 제190조)로도 할 수 있는 것이다. 그러나 주권불소지(株券不所持)의 경우에는 불소지의 상태로 주식양도를 할 수 없고 주권을 발행받거나 교부받아서 현실적 교부가 있어야만 양도할 수 있다.

앞에서 본 증권대체결제제도는 목적물(주권)반환청구권의 양도에 의한 인도로 이해할 수 있다.

대판 1977. 3. 8, 76다1292 기명주식의 양도는 주권과 이에 주주로 표시된 자의 기명날인이 있는 양도증서의 교부에 의하여서만 이를 한다는 상법 제336조 제1항 후단(현행 상법 제336조 제1항) 규정취지는 첫째로, 주권의 교부는 현실의 인도 이외에 간이의 인도, 점유개정, (목적물)반환청구권의 양도에 의하여서도 가능하다 할 것이며, 둘째, 주주의 기명날인이 있는 양도증서라는 것은 주주가 그 주식을 양도하는 의사를 명확하게 하기 위하여 요구되는 것으로 여기에는 특별한 요식을 요하는 취지가 아니므로 따라서 법관이 관여하여 작성되는 화해조서에 양도하는 취지가 분명하게 기재된 경우에는 이는 양도증서로서 유효하다(현재의 상법규정에서는 양도증서를 요구하고 있지 아니하다 - 저자).

(4) 주식양도의 자유와 제한

주식의 자유로운 양도를 보장하는 것은 주주가 출자했던 자금을 회수할 수 있도록 하는 것이다. 주식회사의 경우 주주가 업무집행을 담당하지 않을 뿐 아니라 출자를 마친 후에 추가로 책임을 지는 일도 없으므로 어떠한 사람이 주주가 되든 회사나 다른 주주에게 중요한 의미를 가지는 것은 아니다. 그러나 한편 주주는 주주총회를 통하여 정관의 내용을 결정할 수 있고 이사를 선임할 수 있으므로 상당수의 주식을 보유한 주주는 영향력을 행사할 수 있다. 그러한 주주가 누구이냐 하는 것이 회사나 다른 주주에게 중요하지 않다고 단언할 수는 없다. 이러한 점을 고려할 때 회사로 하여금 주주구성을 제한할 수 있도록 하는 자율권을 부여하는 것이 필요할 수 있다.

1995년 개정 전 상법 하에서는 정관으로도 주식양도를 금지하거나 제한할 수 없었다. 현행법에서는 정관의 규정으로 주식양도를 제한할 수 있도록 허용하고 있다. 이는 기존주주에게 우호주주의 지주비율를 유지할 수 있게 해 주거나 외부인사 배제의 길을 터주어서 폐쇄회사로 운영할 수 있도록 해 주기 위한 것이다. "주식은 타인에게 양도할 수 있다. 다만, 회사는 정관이 정하는 바에 따라 이사회의 승인을 받도록 할 수 있다"고 규정함으로써(제335조 제1항) 주식양도의 절대적 자유에 제한을 가하고 있다. 이러한 정관에 의한 주식양도의 제한 외에 상법과 특별법에서는 일정한 경우 주식양도의 효력을 회사에 대항할 수 없도록 하기도 하고, 또 다른 경우에는 주식의 취득을 제한함으로써 반사적으로 주식양도에 제한을 가하고 있다.

2. 정관에 의한 주식양도의 제한

(1) 양도제한의 의미

상법에서 정관으로 주식양도를 제한할 수 있도록 허용한 것은 회사의 내부적 특수성에 따른 필요성, 즉 응집력의 유지 · 강화, 기업비밀의 보호, 외국자본으로부터 국가중요산업의 보호 등을 고려하여 폐쇄적 회사로서 운영할 수 있도록 한 배려이다. 다만, 이는 주식의 양도를 전제로 양수인을 제한할 수 있도록 한 것이지 정관으로써 주식의 양도 그 자체를 금지할 수 있도록 허용한 것은 아니다. 정관의 주식양도 제한규정이 없는 회사에서 주주와 회사 또는 주주들 간의 약정으로 일정한 기간 동안 주식양도를 금지한 사안에서 판례는 그러한 약정이 무효임을 밝히고 있다.

회사의 정관에서 주식양도에 이사회의 승인을 받도록 규정(제한)하고 있는 경우 이사회의 승인을 받지 않고 주식을 양도하면 그 양도는 회사에 대하여 효력이 없다(제335조 제2항). 그러나 이사회의 승인을 받지 않고 주식양도를 하였다 하더라도 양 당사자 간에서는 그 양도가 유효하다. 이러한 유효를 전제로 상법은 양도인뿐 아니라 양수인도 양수의 승인절차를 밟을 수 있도록 규정한 것이다.

정관에 의한 주식양도의 제한은 회사안팎의 모든 사람들이 중대한 이해관계를 가지게 되므로 등기로써 공시하여야 한다(제317조 제2항 제3호의2). 정관에 규정을 두었더라도 등기를 하지 아니한 경우에는 선의의 제3자에게 대항하지 못한다(제37조 제1항). 양도인이 양도제한 사실을 알지 못하는 경우는 드물겠지만 양수인이 그러한 사실을 알고 있을 것으로 기대하기는 어렵다.

대판 2008. 7. 10, 2007다14193 **주식양도의 제한약정**

주식의 양도를 제한하는 방법으로서 이사회의 승인을 요하도록 정관에 정할 수 있다는 상법 제335조 제1항 단서의 취지에 비추어 볼 때, 주주들 사이에서 주식의 양도를 일부 제한하는 내용의 약정을 한 경우, 그 약정은 주주의 투하자본회수의 가능성을 전면적으로 부정하는 것이 아니고, 공서양속에 반하지 않는다면 당사자 사이에서는 원칙적으로 유효하다고 할 것이다(대법원 2000. 9. 26. 선고 99다48429 판결 취지 참조). … 주식의 양도는 이사회의 승인을 얻도록 규정되어 있는 회사의 정관에도 불구하고 이사회의 승인을 얻지 아니하고 주식을 양도한 경우에 그 주식의 양도는 회사에 대하여 효력이 없을 뿐, 주주 사이의 주식양도계약 자체가 무효라고 할 수는 없다.

대판 2000. 9. 26, 99다48429 **가.** 상법 제335조 제1항 단서는 주식의 양도를 전제로 하고, 다만 이를 제한하는 방법으로서 이사회의 승인을 요하도록 정관에 정할 수 있다는 취지이지 주식의 양도 그 자체를 금지할 수 있음을 정할 수 있다는 뜻은 아니기 때문에, 정관의 규정으로 주식의 양도를 제한하는 경우에도 주식양도를 전면적으로 금지하는 규정을 둘 수는 없다.

나. 회사와 주주들 사이에서, 혹은 주주들 사이에서 회사의 설립일로부터 5년 동안 주식의 전부 또는 일부를 다른 당사자 또는 제3자에게 매각·양도할 수 없다는 내용의 약정을 한 경우, 그 약정은 주식양도에 이사회의 승인을 얻도록 하는 등 그 양도를 제한하는 것이 아니라 설립 후 5년간 일체 주식의 양도를 금지하는 내용으로 이를 정관으로 규정하였다고 하더라도 주주의 투하자본회수의 가능성을 전면적으로 부정하는 것으로서 무효라는 이유로, 정관으로 규정하여도 무효가 되는 내용을 나아가 회사와 주주들 사이에서, 혹은 주주들 사이에서 약정하였다고 하더라도 이 또한 무효가 된다.

〈사실관계 및 쟁점〉 소외 주식회사 포항제철과 코오롱그룹 관련 5개 회사는 1993. 12. 30.경 당시 정부의 제2 이동통신사업 추진과 관련하여 새로이 설립될 피고 주식회사 신세기통신(이하 '피고 회사'라고 한다)의 지배주주로 선정되었다. 소외 포항제철과 코오롱 등 국내외 24개 회사와 피고 회사는 1994. 6. 3. 피고 회사의 납입자본금 1,000억원을 각자 일정한 지분별로 정하여진 금액을 투자하기로 하는 내용의 합작투자계약을 체결하였다. 한편 소외 포항제철은 위 합작투자계약의 당사자들을 대리하여 1994. 6. 4. 소외 주식회사 경방과 사이에 위 경방이 위 합작투자계약의 내용을 인정하고, 피고 회사에 대하여 0.8%의 지분에 상응한 금액을 투자하기로 하는 내용의 계약을 체결하였다.

피고 회사와 주주들은 1994. 6. 3. 위 합작투자계약시에, 그리고 주주들을 대리한 위 소외 포항제철과 주식회사 경방은 1994. 9. 4. 투자약정시에, 피고 회사 발행주식의 양도제한에 관하여 '합작회사(이하 '피고 회사'를 말한다)가 사전에 공개되는 경우를 제외하고 합작회사의 설립일로부터 5년 동안, 합작회사의 어느 주주도 합작회사 주식의 전부 또는 일부를 다른 당사자 또는 제3자에게 매각, 양도할 수 없다. 단 법률상 또는 정부의 조치에 의하여 그 주식의 양도가 강제되는 경우 또는 당사자들 전원이 그 양도에 동의하는 경우는 예외로 한다. (중략) 위 계약들에 의한 주식의 양도제한에 위배하여 합작회사의 주식이 양도된 경우 그 주식양수인은 위 계약들에 따른 어떠한 권리와 이익도 가지지 아니하며, 그 주식의 양도인은 본 계약 및 위 합의서 등의 서면에 의한 약정 및 의무에 대하여 계속 책임을 진다'는 내용의 합의를 하였다. 그런데 소외 乙은 1997. 9. 10. 위 주식회사 경방으로부터 피고 회사 발행의 주식 350,000주를 매수하고 동 주권을 교부받아 소지하고 있다가, 같은 날 원고 홍승캐피탈 주식회사(이하 '원고 회사'라고 한다)에게 위 주식을 매도하고 동 주권을 교부하였다. 원고 회사는 피고 회사에 대하여 이 사건 주식에 대한 명의개서를 요구하였으나, 피고가 위와 같은 양도금지 약정을 들어 이를 거절하였다. 이에 원고 회사가 피고 회사를 상대로 명의개서이행을 구하는 이 사건 소를 제기하였다.

여기서 쟁점이 된 것은 '소외 乙의 원고에 대한 주식양도가 피고 회사와 주주간 또는 주주들 상호간의 계약상의 주식양도제한약정에 위반한 것으로서 피고 회사에 대하여 그 효력이 없다'고 보아야 하는가 하는 점이다.

이에 대하여 원심(서울고법 1998. 7. 13, 98나65917 판결) 및 대법원은 위 판결요지와 같은 이유로 위와 같은 정관 외의 약정도 무효라고 보고, 이 약정을 근거로 이 약정에 위반한 주식양도의 양수인의 주주명부 명의개서 신청을 거절할 수 없다고 판시하였다. 본 판결은 정관의 규정이 아닌 당사자들 사이에 주식의 양도를 전면적으로 제한하는 내용의 약정이 있는 경우, 그 약정은 무효라는 것을 명확히 한 것이다.

(2) 양도승인의 청구

(가) 승인청구자와 청구절차

주식의 양도에 관하여 이사회의 승인을 얻어야 하는 경우에는 주식을 양도하고자 하는 주주(제335조의2 제1항)나 주식을 취득한 자(제335조의7 제1항)는 회사에 대하여 양도의 승인 또는 취득의 승인을 청구할 수 있다. 승인청구는 양도의 상대방 및 양도하고자 하는 주식의 종류와 수를 기재한 서면으로 하여야 한다. 여기서 양도하고자 하는 주식의 종류와 수라 함은 회사가 종류주식을 발행한 경우 보통의 주식 등 특정한 주식의 종류와 수를 말한다.

(나) 승인 여부의 통지

회사는 주식의 양도나 주식취득의 승인청구를 받은 경우 청구가 있는 날로부터 1월 이내에 양도주주나 취득자에게 그 승인 여부를 서면으로 통지하여야 한다(제335조의2 제2항, 제335조의7 제2항). 회사가 위 1월 기간 내에 주주에게 승인거부의 통지를 하지 아니한 때에는 주식의 양도에 관하여 이사회의 승인이 있는 것으로 본다(제335조의2 제3항).

(다) 승인거부의 효과

양도승인을 거부당한 주주는 통지를 받은 날로부터 20일 이내에 회사에 대하여 양도상대방을 지정해 줄 것을 청구하거나 회사 스스로 주식을 매수해 줄 것을 청구할 수 있다(제335조의2 제4항). 이러한 두 가지 선택 외에 이사회의 승인을 받지 못한 채로 양수인에게 양도할 수도 있다. 이 경우 양수인은 다시 회사에 대하여 양도상대방을 지정해 줄 것을 청구하거나 회사 스스로 그 주식을 매수해 줄 것을 청구할 수 있다(제335조의7 제2항).

(3) 양도상대방의 지정

(가) 지정청구

양도승인을 거부당한 주주가 양도의 상대방을 지정하여 줄 것을 청구한 경우에는 이사회는 그 상대방을 지정하고 청구가 있은 날로부터 2주간 내에 주주 및 지정된 상대방에게 지정사실을 서면으로 통지하여야 한다. 지정청구 후 2주간 내에 이사회가 양도상대방의 지정통지를 하지 아니한 때는 당초에 주주가 양도승인을 청구한 것에 대한 이사회의 승인이 있는 것으로 된다(제335조의3).

(나) 지정된 자의 매도청구권

이사회에 의하여 주식양도의 상대방으로 지정된 자는 지정통지를 받은 날로부터 10일 이내에 지정청구를 한 주주에 대하여 그 주식을 자기에게 매도할 것을 서면으로 청구할 수 있다(제335조의4 제1항). 다만 지정받은 자가 반드시 매도청구를 하여야 하는 것이 아님은 당연하다. 지정받은 자의 매도청구에 의하여 지정청구를 한 주주와 지정받은 자 사이에 매매계약이 성립하는 것으로 보는 것이 다수설(이(철), 369면; 정(경), 416면; 정(찬), 750면)이다. 이 견해에 의하면 지정받은 자의 매도청구권은 형성권에 해당한다. 그러나 매매가격에 대한 합의가 이루어지지 못한 경우에 매매계약이 성립되었다고 할 수 있을까 하는 의문은 남는다. 가격은 매매계약에서 가장 중요한 계약조건 중의 하나이기 때문이다. 주식의 양도상대방으로 지정된 자가 위 기간 내에 매도청구를 아니한 때에는 당초의 주식양도승인청구에 이사회의 승인이 있는 것으로 본다(제335조의4 제2항, 제335조의3 제2항).

(다) 매도가격의 결정

이사회에서 양도상대방으로 지정된 자가 매도청구를 함으로써 그와 주주간에 체결될 매매계약의 매도가액은 1차적으로 매도청구인과 주주간의 협의로 결정된다. 다만 매도청구를 받은 날로부터 30일 이내에 협의(합의)가 이루어지지 아니한 경우 주주 또는 매도청구인은 법원에 대하여 매수가액의 결정을 청구할 수 있다. 이에 따라 법원이 주식의 매도가액을 결정하는 경우에는 회사의 재산상태, 그밖의 사정을 참작하여 공정한 가액으로 이를 산정하여야 한다(제335조의5 제2항, 제374조의2 제4항 · 제5항). 한편 주주 또는 매도청구인이 반드시 법원에 매수가액결정청구를 하여야 하는 것은 아니므로 가격합의가 이루어지지 않은 것만으로 두 당사자 간의 교섭이 종료될 수도 있다. 그 후에는 회사에 대한 주식매수청구를 할 수 있다고 새긴다.

(4) 회사에 대한 매수청구

양도승인을 거부당한 주주는 양도상대방의 지정을 청구하는 대신 회사에 대하여 회사 스스로 그 주식을 매수해 줄 것을 청구할 수 있다(제335조의2 제4항). 이 경우에는 회사의 영업양도, 영업양수, 임대행위에 대한 주주총회의 특별결의사항에 반대하는 주주의 주식매수청구권에 관한 규정이 준용된다(제335조의6, 제374조의2 제2항~제4항).

3. 상법의 개별규정에 의한 주식거래(양도와 취득) 제한

상법규정에 따라 주식의 양도가 제한되는 경우로는 법규정에서 직접적으로 양도를 제한하기도 하고 주식의 취득을 금지하는 법규정의 반사적 효과로 주식의 양도가 제한되기도 한다.

(1) 권리주 양도제한

(가) 권리주의 의의 및 양도제한의 취지

권리주라 함은 주식의 종류가 아니고 주식의 인수로 인한 권리를 가리킨다. 주식의 인수로 인한 권리의 양도는 회사에 대하여 효력이 없다(제319조, 제425조 제1항). 권리주의 양도를 제한하는 이유는 그 양도를 허용할 경우 설립절차나 신주발행절차가 번잡해지고 지체되는 것을 방지하기 위한 것이다. 아울러 부수적으로 투기행위(주식 청약증거금 영수증의 양도에 의한)를 방지하기 위한 것이다.

(나) 위반효과

주식의 인수로 인한 권리가 양도된 경우 회사에 대한 관계에서만 무효이다. 회사가 자발적으로 그 효력을 인정하는 것은 허용할 것인가. 이 문제는 권리주 양도의 효력을 제한하는 상법규정의 취지와 관련지어 해결하여야 할 것이다. 회사에 대한 관계에서 권리주양도의 효력을 부인하는 입법의도가 권리주가 전전양도되는 경우에 회사가 입게 될 피해를 예방하기 위한 것이라면 회사가 자기의 이익을 포기하고 권리주양도의 효력을 인정해 주는 것을 막을 이유는 없을 것이다. 소수설은 권리주양도를 제한하는 주된 이유를 주식인수인의 교체로 인한 설립절차 또는 신주발행절차의 번잡과 지체를 예방하기 위한 것이라고 보고 회사가 권리주양도의 효력을 자발적으로 인정하는 것을 허용하자고 한다(강, 315면).

그러나 권리주양도의 효력을 제한하는 것은 투기행위의 방지라는 공익적 목적을 위한 것이기도 하다. 그렇다면 회사로 하여금 법에서 정한 효력과 다른 효과를 생기게 하는 것은 허용할 수 없다 할 것이다. 이러한 견지에서 회사에 의한 효력인정을 허용할 수 없다고 보는 것이 다수설의 입장이다(손, 657~659면; 이·최, 277면; 이(철), 375면; 정(동), 488면; 최, 342~343면). 판례도 다수설의 견해와 같다.

다수설·판례대로 회사가 권리주 양수인의 주주지위를 인정해 주지 못하도록 금지한다면 대가를 지급하고 권리주를 취득한 자는 주주로서 권리를 행사할 수 없게 된다. 이러한 문제는 권리주를 양수한 자가 사실상 또는 사법절차를 통하여 양도인의 협조를 받아 일단 양도인 명의로 주주명부에 등재한 후에 명의개서를 하면 해결될 수 있다. 그러나 그러한 협조를 받을 수 없다면 문제의 해결이 어려워진다. 결국은 회사가 그 효력을 인정하는 식으로 해결할 수밖에 없을 것이다.

대판 1965. 12. 7, 65다2069 주식(주권)발행 전의 주식의 양도(상법 제335조 제2항)나 신주발행에 의한 주식을 인수하였으므로 인한 권리의 양도(제425조, 제319조)가 회사에 대하여 효력이 없는 것(회사가 그 양도를 승인하는 경우에도 그 효력이 부정된다 - 저자)이라 하여 회사와 주주 또는 신주인수인과의 사이에서 회사가 장차 발행할 주권의 교부에 관하여 미리 발행하는 주권보관증과 같은 특정의 증서(그 성질이 면책증권이었는가, 자격증권이었는가를 따질 필요 없다)를 소지하는 사람의 청구에 따라 그 증서와 상환으로서만 이를 교부하기로 하는 특약의 효력까지를 부정할 수는 없을 것이며, 그러한 특약이 있은 경우에는 그 주권의 교부청구권자인 주주 또는 신주인수인이나 그들의 청구권을 압류한 채권자라 할지라도 그 증서와의 상환 없이는 회사에 대하여 주권의 교부를 청구할 수 없을 것이고, 회사로서는 이러한 청구인들에 대한 주권의 교부를 그 증서의 적법한 소지인에게 대항할 수 없을 것이다.

〈사실관계 및 쟁점〉 원고 한국증권거래소(이하 '원고'라고 한다)는 소외 영화증권주식회사(이하 '소외 회사'라고 한다)에 대한 약속어음금 169,215,340원의 채권 중 금 10,000,000원의 집행보전을 위하여 위 소외 회사가 피고 주식회사 한일은행(이하 '피고 은행'이라고 한다)에 대하여 가지고 있는 피고 은행의 무상할당주(속칭 제2신주) 8,985주의 교부청구권을 서울민사지방법원 1963. 2. 2.자 63카44제1호로서 가압류하였다. 원고가 위 소외 회사에 대한 서울민사지방법원 63차314제9호 집행력 있는 가집행선고부 지급명령정본에 의한 동 법원 1963. 9. 30.자 63타340제3호로 유가증권압류 및 인도명령의 집행력 있는 정본에 기하여 제3채무자인 피고 은행에 대하여 주식인도의 집행을 하려 하였으나, 집행불능이 되었다. 그런데 피고 은행은 원고가 위 소외 회사의 피고 은행에 대한 주권교부청구권을 가압류하기 전인 1963. 1. 22.자로 위 소외 회사에 대하여 후일 발행하는 주권과 상환한다는 특약하에 주권보관증(주금납입증명서, 청약주금영수증 등도 같은 용도로 이용됨)을 발행하였다. 한편, 원고는 위 주식보관증을 증권거래소법 제2조 1항 제6호에 규정된 "신주인수권을 표창하는 증서"로 인정하고 그 거래소에 상장시켜 거래케 한 사실이 있었다. 원고의 1963. 9. 30.자 유가증권압류 및 인도명령 집행이 불능하게 된 것은 그 주권이 위 가압류집행 후인 1963. 3. 12.부터 같은 해 3. 26.까지 사이에 이미 제3채무자인 피고 은행으로부터 그 가압류채무자인 위 소외 회사에 대하여 위 주권보관증과 상환으로 교부되었기 때문이었다.

원고는 위와 같이 유가증권압류 및 인도명령의 집행이 불능하게 되자, 피고 은행이 원고의 위와 같은 가압류집행이 있은 후에 피고 은행이 고의로 소외 회사에게 주식실물을 교부하는 불법행위를 감행했다고 하여 피고 은행에 대하여 이로 인한 손해배상을 구하는 이 사건 소를 제기하였다. 이에 대하여 피고 은행은 소외 회사에 대하여는 이미 1963. 1. 22.에 주권보관증이 발급되고, 위 주식보관증은 증권거래법상 유가증권으로서 전전유통되어 원고의 증권거래소의 증권시장에 상장되어 매매되는 것이므로 원고의 위 가압류집행은 당초부터 그 목적물이 없어져서 집행불능이었다고 항변하였다.

여기서 쟁점이 된 것은 피고 은행이 소외 회사에 대하여 발급한 위 주권보관증의 법적 성질이 무엇인가 하는 점이다. 이에 대하여 대법원은 위와 같은 주권보관증은 상법상의 유가증권은 아니지만, 증권거래법상 전전유통성이 인정되는 유가증권에는 해당된다고 판시하였다. 즉, 위 주권보관증은 회사와 주주 또는 신주인수인과의 사이에서 회사가 장차 발행할 주권의 교부에 관하여 미리 주권보관증을 발행하여 위 특정증서 소지인의 청구에 따라 그 증서와 상환으로서만 주권을 교부하기로 하는 것으로서, 본래의 주권교부청구권을 표창하는 유가증권은 아니지만 (이와 유사한) 주권을 교부받을 수 있는 지위를 표창하는 증권거래법상 유통성을 인정하여야 하는 유가증권이라는 의미이다. 따라서 피고 은행으로서는 위 가압류채권자인 원고에 대하여도 그 보관증과의 상환이 아니면 주권의 교부를 거부할 수 있다. 반면 위 소외 회사의 그 보관증과 상환으로 하는 주권교부청구에 대하여 위 가압류를 이유로 하여 이를 거부할 수 없었으므로 그 가압류 후의 피고 은행의 위 소외 회사에 대한 위 주권교부를 원고의 위 채무명의에 기한 집행을 불능하게 한 불법행위에 해당한다고는 할 수 없다.

(2) 주권발행 전의 주식양도 제한

(가) 제한의 취지

주권발행 전에 한 주식의 양도는 회사에 대하여 효력이 없다(제335조 제3항). 주권발행 전에는 상법에서 정하고 있는 주식양도방법(주권의 교부)을 따를 수도 없고, 공시수단이 없어 이중양도의 경우 등에 거래의 안전이 위협받을 수 있다. 이러한 점을 감안하여 상법에서 주권발행전의 주식양도는 회사에 대하여 효력이 없다고 규정한 것이다. 이러한 제한은 아울러 회사가 주주를 관리하는 사무처리의 번잡을 덜어주기 위한 것이기도 하다. 이러한 제한을 가함으로써 주주가 회사의 주권발행을 독촉하는 등 주권의 발행을 촉진시키게 될 것이다. 이로써 주식의 양도는 주권의 교부로써 하도록 하고 있는 제336조의 규정의 실효성을 확보할 수도 있다.

회사실무를 보면 소규모회사 등에서는 장기간 또는 아예 주권을 발행하지 않기도 한다. 이러한 현실을 고려하여 상법에서는 회사 성립후 또는 신주의 납입기일후 6월이 경과한 때에는 주권없는 주식양도도 회사에 대하여 효력을 가지도록 규정하고 있다(제335조 제3항 단서).

대판 1965. 4. 6, 64다205 상법 제335조 제2항(현행상법 제335조 제3항)의 입법취지는 주권발행 전의 주식양도를 인정함으로 인하여 법률관계가 복잡혼란에 빠지는 것을 피하기 위한 것이라고 해석된다.

(나) 주권발행 없는 주식양도

1) 회사성립후 6월 경과 전 또는 신주의 납입기일후 6월 경과 전의 양도

회사성립 후 또는 신주의 납입기일 후 6월이 경과하기 전에 주권발행없이 주식양도가 행해졌다면 그러한 양도는 회사에 대하여 효력이 없다. 회사가 양도를 승인하고 명의개서를 받아 주었더라도 회사에 대한 관계에서는 무효이다. 그 후(6월의 제한기간 동안에) 발행한 주권을 회사는 양도인에게 교부할 수 있을 뿐 양수인에게 교부하더라도 그 주권은 무효이다. 주권은 적법한 주주에게 교부되어야 효력이 발생하기 때문이다(교부시설).

대판 2000. 3. 23, 99다67529 상법 제355조의 주권발행은 같은법 제356조 소정의 형식을 구비한 문서를 작성하여 이를 주주에게 교부하는 것을 말하고, 위 문서가 주주에게 교부된 때에 비로소 주권으로서의 효력을 발생하는 것이므로 회사가 주주권을 표창하는 문서를 작성하여 이를 주주가 아닌 제3자에게 교부하여 주었다 할지라도 위 문서는 아직 회사의 주권으로서의 효력을 가지지 못한다.

제336조에서 주식의 양도에 주권의 교부를 요구하고 있기 때문에 주권발행 전단계에서는 주식양도 자체가 불가능한 것이 아닌가 하는 의문이 제기될 수 있다. 그러나 제336조에서 주식양도에 주권의 교부를 요구하는 것은 주권이 발행된 경우를 전제로 하는 것이므로 주권발행 전이라 하여 주식양도가 금지되는 것은 아니다. 판례도 이와 같은 취지에서 주권발행 전의 주식양도에 대하여 의사표시만으로 그 양도의 효력을 인정하고 있다. 주식에 질권을 설정하는 경우도 같다. 양도인과 양수인간에서는 유효한 주식양도가 이루어질 수 있으며 양도인이 발행될 주권을 수령하여 양수인에게 전달하면 된다(배려의무).

대판 2012. 2. 9, 2011다62076,62083 주권발행 후의 주식의 양도는 주권을 교부하여야 효력이 발생하고(「상법」 제336조 제1항), 이 경우 주권의 교부는 당사자 사이의 주식양도에 관한 의사표시와 함께 주식양도의 효력발생요건이 되지만, 주권의 교부가 없더라도 당사자 사이의 주식양도에 관한 의사표시만으로 주식양도를 목적으로 하는 양도계약은 유효하게 성립한다. 그리고 주권발행 전에 한 주식의 양도는 회사에 대하여 효력이 없으나 회사성립 후 또는 신주의 납입기일 후 6월이 경과한 때에는 회사에 대하여도 효력이 있다[「상법」 제335조 제3항, 구 「상법」(1995. 12. 29. 법률 제5053호로 개정되기 전의 것, 이하 '구 「상법」') 제335조 제2항]. 이 경우 주식의 양도는 지명채권의 양도에 관한 일반원칙에 따라 당사자의 의사표시만으로 효력이 발생하는 것이고 (대법원 1995. 5. 23. 선고 94다36421 판결 등 참조), 나아가 주권발행 전에 한 주식의 양도가 회사성립 후 또는 신주의 납입기일 후 6월이 경과하기 전에 이루어졌다고 하더라도 그 이후 6월이 경과하고 그때까지 회사가 주권을 발행하지 않았다면, 그 하자는 치유되어 회사에 대하여도 유효한 주식양도가 된다(대법원 2002. 3. 15. 선고 2000두1850 판결 참조).

대결 2000. 8. 16, 99그1 주권발행 전의 주식에 대한 양도도 인정되고, 주권발행 전의 주식의 담보제공을 금하는 법률규정도 없으므로 주권발행 전의 주식에 대한 질권설정도 가능하다고 할 것이지만, 상법 제338조 1항은 기명주식을 질권의 목적으로 하는 때에는 주권을 교부하여야 한다고 규정하고 있으나, 이는 주권이 발행된 기명주식의 경우에 해당하는 규정이라고 해석함이 상당하므로, 주권발행 전의 주식입질에 관하여는 상법 제338조 1항의 규정이 아니라 권리질권설정의 일반원칙인 민법 제345조로 돌아가 그 권리의 양도방법에 의하여 질권을 설정할 수 있다고 보아야 한다.

〈사실관계 및 쟁점〉 소외 주식회사 신영산업(이하 '소외 회사'라고 한다)은 성립된 지 6월이 경과하였음에도 불구하고 주권을 발행하지 아니하고 있다. 위 소외 회사의 주주인 채무자 겸 특별항고인인 김시환은 그의 채권자인 이영운에게 자신이 소유하고 있는 소외 회사의 주식에 대하여 질권을 설정하였다. 그 후 채무자가 피담보채무를 변제하지 아니하자 채권자인 이영운은 대구지방법원에 질권변제충당 허가신청을 하여, 동 법원으로부터 위 질권변제충당을 허가한다는 결정(대구지법 1998. 2. 18.자 98파1395 결정)을 받았다. 이에 채무자인 김시환은 '주권발행 전의 주식에 대하여는 질권설정이 불가능하므로 이 사건 신청인은 적법한 질권자가 아니다'라는 이유로 이 사건 특별항고를 하였다.

여기서 쟁점이 된 것은 주권발행 전의 주식에 대하여 질권설정이 가능한가 하는 점이다. 이에 대하여 원심 및 대법원은 위 판결요지와 같은 이유로 주권발행 전의 주식이라 하더라도 권리질권설정의 일반원칙인 민법 제345조상의 그 권리의 양도방법에 의하여 질권설정이 가능하다고 판시하였다.

다만, '담보물권은 주로 채권자 상호간의 변제 우선순위에 관한 문제로서, 회사가 주권발행을 해태한다하여 주권의 교부 없는 질권설정을 인정한다면 공시를 수반하지 아니한 담보권을 인정하게 되어 회사의 주권발행해태와 무관한 다른 채권자들이 불이익을 받는 결과가 될 수 있다. 위의 판례에서는 일반론으로 주권발행 전이라도 회사성립 후 6월이 경과한 때에는 주권의 교부없이 질권설정이 유효하다고 하는데 이에 대한 비판도 있을 수 있다.

대판 1975. 4. 22, 75다174 주권발행 전의 주식양도는 회사에 대하여 효력이 없으나 당사자간에는 양도의 효력이 있다.

2) 6월 경과 후 양도제한의 해제

주권발행 전의 주식양도는 회사에 대하여 효력이 없기 때문에 주권발행이 장기간 지연되는 경우 양도를 원하는 주주나 양수인은 커다란 불이익을 당하게 된다. 소규모의 주식회사에서는, 지체없이 주권을 발행하라는 상법의 규정(제355조 제1항)에 불구하고 주권을 발행할 계획조차 세우지 않는 경우도 많다. 이러한 실무현실에 대처하기 위하여 제335조 제3항 단서에서는 회사성립 후 또는 신주의 납입기일 후 6월이 경과할 때까지 주권이 발행되지 않았다면 단순한 의사표시만으로 양도가 가능하고 그러한 양도는 회사에 대하여도 효력이 있다고 규정하고 있다.

자본시장법에는 주권발행전이고 회사성립 후 또는 신주의 납입기일 후 6월이 경과하기 전이라도 대체방법에 의한 상장주식의 양도는 회사에 대하여 유효하다는 예외가 규정되어 있다. 증권시장에서의 매매거래가 고객계좌부 또는 예탁자계좌부상 계좌간 대체의 방법으로 결제되는 경우에는 언제든지 발행회사에 대하여 그 효력이 있다(자본시장법 제311조 제4항).

대판 1996. 8. 20, 94다39598 주권발행 전의 주식양도라 하더라도 회사성립 후 6월이 경과한 후에 이루어진 때에는 회사에 대하여 효력이 있으므로 그 주식양수인(B)은 주주명부상의 명의개서 여부와 관계 없이 회사의 주주가 되고, 그 후 그 주식양도 사실을 통지받은 바 있는 회사가 주식양도인(A)의 회사에 대한 채무이행을 확보하기 위하여 그 주식에 관하여 주주가 아닌 제3자(C)에게 주주명부상의 명의개서 절차를 마치고 그에게 기명식 주권을 발행하였다 하더라도 그로써 그 제3자(C)가 주주가 되고 주식양수인(B)이 주주권을 상실한다고는 볼 수 없다.

3) 주권발행 없는 6월 전 주식양도의 6월 경과후의 효력

회사가 주권을 발행하지 않는 상태가 회사성립 후 또는 신주의 납입기일 후 6월을 경과하도록 계속될 경우, 6월 경과 전에 주권없이 이루어진 주식양도는 여전히 회사에 대하여 효력이 없는 것으로 취급하여야 할 것인가. 다수의 논자들과 판례는 양수인의 보호가 필요하다는 점과 계속하여 무효라고 할 경우 6월 경과 후 다시 한번 같은 양도가 있게 되면 효력이 인정된다는 점을 지적하면서 하자의 치유를 인정한다(이·최, 279~280면; 이(철), 377면; 정(동), 489면; 정(찬), 676면; 채, 649면; 대판 2002. 3. 15, 2002두1850). 이에 대하여 하자의 치유를 허용하는 것이 적당하지 않다는 반대견해도 있다(강, 318면; 최, 345면).

대판 1995. 3. 24, 94다47728 주권발행 전에 한 주식의 양도도 회사성립 후 또는 신주의 납입기일 후 6월이 경과한 때에는 회사에 대하여 효력이 있는 것으로서,

이 경우 주식의 양도는 지명채권의 양도에 관한 일반원칙에 따라 당사자의 의사표시만으로 효력이 발생하는 것이고, 상법 제337조 제1항에 규정된 주주명부상의 명의개서는 주식을 취득한 자가 회사에 대한 관계에서 주주의 권리를 행사하기 위한 대항요건에 지나지 않고, 회사 이외의 제3자에 대한 관계에서의 대항요건은 아니므로, 회사 성립 후 또는 신주의 납입기일 후 6월이 경과하도록 회사가 주권을 발행하지 아니한 경우 그 주식을 취득한 자는 특별한 사정이 없는 한 상대방의 협력을 받을 필요 없이 단독으로 자신이 주식을 취득한 사실을 증명함으로써 회사에 대하여 그 명의개서를 청구할 수 있는 것이고, 이 경우에 명의개서의 청구에 소정 서류의 제출을 요한다고 하는 정관의 규정이 있다 하더라도, 이는 주식의 취득이 적법하게 이루어진 것임을 회사로 하여금 간이명료하게 알 수 있게 하는 방법을 정한 것에 불과하여 주식을 취득한 자가 그 취득사실을 증명한 이상 회사는 위와 같은 서류가 갖추어지지 아니하였다는 이유로 명의개서를 거부할 수는 없다.

대판 2000. 3. 23, 99다67529 주권발행 전의 주식양도라 하더라도 회사 성립 후 6월이 경과한 후에 이루어진 때에는 회사에 대하여 효력이 있으므로 그 주식양수인(B)은 주주명부상의 명의개서 여부와 관계없이 회사의 주주가 되고, 그 후 그 주식양도 사실을 통지받은 바 있는 회사가 그 주식에 관하여 주주가 아닌 제3자(C)에게 주주명부상의 명의개서절차를 마치고 나아가 그에게 기명식 주권을 발행하였다 하더라도, 그로써 그 제3자가 주주가 되고 주식양수인(B)이 주주권을 상실한다고는 볼 수 없다.(B, C 표시 - 저자)

대판 2002. 3. 15, 2000두1850 상법 제335조 제3항은 '주권발행 전에 한 주식의 양도는 회사에 대하여 효력이 없다. 그러나 회사성립 후 또는 신주의 납입기일 후 6월이 경과한 때에는 그러하지 아니한다'라고 규정하고 있는바, 주권발행 전의 주식의 양도는 지명채권의 양도에 관한 일반원칙에 따라 당사자의 의사표시만으로 효력이 발생하는 것이고, 회사성립 후 또는 신주의 납입기일 후 6월이 경과하기 전에 이루어졌다고 하더라도 그 이후 6월이 경과하고 그 때까지 회사가 주권을 발행하지 않았다면, 그 하자는 치유되어 회사에 대하여도 유효한 주식양도가 된다고 봄이 상당하다고 할 것이다.

〈사실관계 및 쟁점〉 소외 제일환경산업 주식회사(이하 '소외 회사'라고 한다)는 1995. 10. 17. 자본금 1억원(총 발행주식 10,000주)으로 설립된 법인으로서, 설립 당시 대표이사이던 원고 김송철이 4,800주의 주식을, 원고의 배우자인 소외 진영애가 3,500주의 주식을 각 소유하고 있었다. 원고는 1996. 3.경 소외 회사가 경영상·기술상 위기에 처하자 소외 회사의 감사이던 소외 김청천에게 원고와 진영애의 소유 주식 중

5,100주를 무상으로 양도하여 줄 터이니 소외 회사의 대표이사가 되어 경영에 직접 참여하여 당시 소외 현대중공업 주식회사와 체결을 교섭 중인 시설공사계약 문제를 잘 해결하고 나중에 주식의 소유비율대로 이익을 배당하자고 제의하고 김청천이 이를 승낙하여 같은 달 8. 원고 및 진영애 소유의 주식 중 5,100주를 김청천에게 양도하였다. 이에 따라 소외 회사의 '주주명부'상으로도 김청천이 5,100주, 원고가 3,000주, 소외 황도일이 1,900주의 주식을 각 소유하는 것으로 명의개서가 이루어졌고, 이어 개최된 소외 회사의 임시주주총회 및 이사회에서 김청천이 대표이사로 선임되어 이후 주로 위 시설공사의 추진 등 소외 회사의 대외적인 업무를 처리하면서 원고와 함께 소외 회사를 공동운영하였으나 소외 회사는 경영실적이 적어 1997. 1.경부터는 사실상 영업활동을 중단하였다. 또한 원고는 위 김청천과 사이에 분쟁이 발생하여 같은 달 23. 그 동안 원고가 작성한 경리장부를 김청천에게 인계하고 이후 회사의 업무에 관여하지 아니하였다. 또한 소외 회사는 아직까지도 주권을 발행하지 아니하였다.

한편, 소외 회사는 1996. 3. 31. 피고 송파세무서장에게 부가가치세 등 과세표준 및 세액의 신고를 대표이사인 김청천 명의로 하면서 위와 같은 주식양도에 따른 주주명부(1996. 3. 11. 공증된 임시주주총회의사록에 첨부된 것임)상의 변동상황이 기재되지 아니하고 소외 회사설립 당시 주식소유비율이 기재된 '1996사업연도 주식 및 출자지분변동상황명세서'를 그대로 제출하였다. 이에 피고는 소외 회사의 부가가치세등 납세의무 성립 당시 원고가 구 국세기본법(1998. 12. 28. 법률 제557제9호로 개정되기 전의 것) 제39조 1항 제2호, 제2항 소정의 제2차 납세의무를 지는 과점주주에 해당한다고 보고 원고에게 이 사건 부가가치세등 부과처분을 하였다. 이에 원고가 위 부과처분의 취소를 구하는 이 사건 소를 제기한 것이다.

여기서 쟁점이 된 것은 1996. 3. 8. 원고 및 소외 진영애 소유의 주식 중 5,100주를 김청천에게 양도한 행위가 회사에 대하여 효력이 인정되느냐 하는 점이다. 즉, 회사성립 후 또는 신주납입기일 후 6월이 경과하기 전에 주권발행 전의 주식양도가 이루어졌으나, 6월이 경과할 때까지도 주권이 발행되지 아니할 경우에 위 주식양도의 하자가 치유되느냐 하는 점이다.

이에 대하여 원심(서울고법 2002. 2. 2, 99누10461 판결) 및 대법원은 위 판결요지와 같은 이유로 이러한 경우에도 위 주식양도의 하자는 치유되고, 따라서 회사에 대하여도 유효한 주식양도가 된다고 판시하였다.

결국, 소외 회사가 1995. 10. 17. 성립된 후 6월이 경과하여 현재까지 주권을 발행하지 아니하고 있으므로 소외 회사의 성립일로부터 6월이 경과하기 전인 1996. 3. 8. 원고와 김청천 사이의 의사표시만으로 이루어진 이 사건 주식양도도 소외 회사에 대하여 유효하게 되기 때문에, 원고는 이 사건 각 국세의 납세의무 성립 당시 구 국세기본법 제39조 1항 제2호, 제2항 소정의 제2차 납세의무를 지는 과점주주에 해당하지 아니하게 된다. 따라서 피고의 이 사건 부과처분은 위법하여 취소되게 된 것이다.

대판 2012. 11. 29, 2012다38780 주권발행 전 주식의 양도는 양도인과 양수인 사이의 주식 양도에 관한 의사의 합치, 즉 주식양도계약만으로 그 효력이 발생하므로, 주식양도계약이 체결됨으로써 바로 양도인은 양도의 목적이 된 주식을 상실하고 양수인이 이를 이전받아 그 주주가 된다. 그와 같이 하여 주권발행 전 기명주식을 양도받은 사람은 다른 특별한 사정이 없는 한 양도인의 협력 없이도 그 주식을 발행한 회사에 대하여 자신이 주식을 취득한 사실을 증명함으로써 명의개서를 청구할 수 있고, 그 명의개서로써 회사에 대한 관계에서 주주로서의 권리를 행사할 자격을 갖추게 된다. 한편 주식 양도의 원인이 된 매매·증여 기타의 채권계약에서 다른 약정이 없는 한 양도인은 그 채권계약에 기하여 양수인이 목적물인 주식에 관하여 완전한 권리 내지 이익을 누릴 수 있도록 할 의무를 진다고 할 것이다. 그러므로 양도인은 이미 양도한 주식을 제3자에게 다시 양도 기타 처분함으로써 양수인의 주주로서의 권리가 침해되도록 하여서는 아니된다. 나아가 회사 이외의 제3자에 대하여 주식의 양도를 대항하기 위하여는 지명채권의 양도에 준하여 확정일자 있는 증서에 의한 양도의 통지 또는 그와 같은 승낙(이하 단지 '제3자대항요건'이라고 한다)이 있어야 하므로, 양도인은 위와 같은 의무의 일환으로 양수인에 대하여 회사에 그와 같은 양도통지를 하거나 회사로부터 그러한 승낙을 받을 의무를 부담한다(대법원 1995. 5. 23. 선고 94다36241 판결, 대법원 2006. 9. 14. 선고 2005다45537 판결 등 참조).

따라서 양도인이 제1양수인에 대하여 앞서 본 바와 같은 원인계약상의 의무를 위반하여 이미 자신에 속하지 아니하게 된 주식을 다시 제3자에게 양도하고 제2양수인이 주주명부상 명의개서를 받는 등으로 제1양수인이 회사에 대한 관계에서 주주로서의 권리를 제대로 행사할 수 없게 되었다면, 이는 그 한도에서 이미 제1양수인이 적법하게 취득한 주식에 관한 권리를 위법하게 침해하는 행위로서 양도인은 제1양수인에 대하여 그로 인한 불법행위책임을 진다고 할 것이다. 이러한 양도인의 책임은 주식이 이중으로 양도되어 주식의 귀속 등에 관하여 각 양수인이 서로 양립할 수 없는 이해관계를 가지게 됨으로써 이들 양수인이 이른바 대항관계에 있게 된 경우에 앞서 본 대로 그들 사이의 우열이 이 중 누가 제3자대항요건을 시간적으로 우선하여 구비하였는가에 달려 있어서 그 여하에 따라 제1양수인이 제2양수인에 대하여 그 주식의 취득을 대항할 수 없게 될 수 있다는 것에 의하여 영향을 받지 아니한다.

대판 2006. 9. 14, 2005다45537 주권발행 전 주식의 양도는 당사자의 의사표시만으로 효력이 발생하고, 주권발행 전 주식을 양수한 사람은 특별한 사정이 없는 한 양도인의 협력을 받을 필요 없이 단독으로 자신이 주식을 양수한 사실을 증명함으로써 회사에 대하여 그 명의개서를 청구할 수 있지만, 회사 이외의 제3자에 대하여 양도사실을 대항하기 위하여는 지명채권의 양도에 준하여 확정일자 있는 증서에 의한 양도통지 또는 승낙을 갖추어야 한다는 점을 고려할 때, 양도인은 회사에 그와 같은 양도통지를 함으로써 양수인으로 하여금 제3자에 대한 대항요건을 갖출 수 있도록 해 줄 의무를 부담한다. 따라서 양도인이 그러한 채권양도의 통지를 하기 전에 제3자에게 이중으로 양도하고 회사에게 확정일자 있는 양도통지를 하는 등 대항요건을 갖추어 줌으로써 양수인이 그 제3자에게 대항할 수 없게 되었고, 이러한 양도인의 배임행위에 제3자가 적극 가담한 경우라면, 제3자에 대한 양도행위는 사회질서에 반하는 법률행위로서 무효이다.

대판 2010. 4. 29, 2009다88631 **주권발행전의 주식의 양도**

상법 제335조 제3항 소정의 주권발행 전에 한 주식의 양도는 회사 성립 후 6월이 경과한 때에는 회사에 대하여 효력이 있는 것으로서 이러한 주권발행 전의 주식의 양도는 지명채권 양도의 일반원칙에 따르는 것이므로, 주권발행 전의 주식양도의 제3자에 대한 대항요건으로는 지명채권의 양도와 마찬가지로 확정일자 있는 증서에 의한 양도통지 또는 회사의 승낙이라고 보는 것이 상당하다(대법원 1995. 5. 23. 선고 94다36421 판결 참조).

그런데, 주권발행 전 주식이 양도된 경우 그 주식을 발행한 회사가 확정일자 있는 증서에 의하지 아니한 주식의 양도 통지나 승낙의 요건을 갖춘 주식양수인(이하 '제1 주식양수인'이라 한다)에게 명의개서를 마쳐 준 경우, 그 주식을 이중으로 양수한 주식양수인(이하 '제2 주식양수인'이라 한다)이 그 후 회사에 대하여 양도 통지나 승낙의 요건을 갖추었다 하더라도, 그 통지 또는 승낙 역시 확정일자 있는 증서에 의하지 아니한 것이라면 제2 주식양수인으로서는 그 주식 양수로써 제1 주식양수인에 대한 관계에서 우선적 지위에 있음을 주장할 수 없으므로, 회사에 대하여 제1 주식양수인 명의로 이미 적법하게 마쳐진 명의개서를 말소하고, 제2 주식양수인 명의로 명의개서를 하여 줄 것을 청구할 권리가 없다고 할 것이다. 따라서 이러한 경우 회사가 제2 주식양수인의 청구를 받아들여 그 명의로 명의개서를 마쳐 주었다 하더라도 이러한 명의개서는 위법하므로 회사에 대한 관계에서 주주의 권리를 행사할 수 있는 자는 여전히 제1 주식양수인이[다.]

… 한편, 주식의 양도통지가 확정일자 없는 증서에 의하여 이루어짐으로써 제3자에 대한 대항력을 갖추지 못하였더라도 확정일자 없는 증서에 의한 양도통지나 승낙 후에 그 증서에 확정일자를 얻은 경우에는 그 일자 이후에는 제3자에 대한 대항력을 취득하는 것이나(대법원 2006. 9. 14. 선고 2005다45537 판결 참조), 그 대항력 취득의 효력이 당초 주식 양도통지일로 소급하여 발생하는 것은 아니[다.]

(3) 자기주식취득의 제한

(가) 제한의 취지

개정전 상법 제341조에서는 몇가지 예외의 경우를 제외하고 회사가 자기주식을 취득하는 것을 금지하고 있었다. 자기의 계산으로 자기의 주식을 취득하는 것은 출자의 환급에 해당하여 자본충실을 훼손할 수 있고 회사채권자의 이익을 해할 수 있기 때문에 엄격한 통제가 필요한 것이다. 회사경영진에 의한 투기목적, 주가조작 등의 악용우려, 불공정한 지배권 획득의 우려가 있다. 회사가 자신의 구성원(사원)이 된다는 것은 모순이라는 지적도 있을 수 있다. 다른 한편으로 회사가 일부 주주로부터만 자기주식을 취득하는 경우 그러한 기회를 부여받은 주주와 그렇지 못한 주주간의 유리·불리의 문제(주주평등 위반)도 고려되어야 한다.

자기주식취득의 문제점에도 불구하고 주식이 유가증권 형태로 유통되는 이상 일시적으로 회사가 자기회사의 주식을 취득할 수도 있고, 주식소각을 위하여, 또는 주식매수선택권의 행사에 대비하는 등 특정한 목적을 위하여 자기회사의 주식취득을 허용하여야 할 경우가 있게 마련이다.

개정전 상법 제341조의2에서는 이사 등이 주식매수선택권(stock option)을 행사함에 있어서 회사가 보유하고 있는 자기주식을 매수하는 방식을 선택하는 경우 등에 대비하여 회사가 자기주식을 확보해둘 수 있다고 규정하고 있었다. 그러한 경우에도 자기주식을 취득하는 재원은 배당가능이익으로 한정하였다. 개정상법에서는 배당가능이익을 재원으로 하는 자기주식취득을 전면 허용하고 있으므로 특히 주식매수선택권 행사 등에 대비한 자기주식취득을 별도로 규정할 필요가 없게 되었다.

개정상법에서는 배당가능이익을 재원으로 하는 자기주식취득을 정면으로 허용하면서 개정전 상법에서 예외적으로 허용되던 자기주식취득의 몇가지 경우를 '특정목적을 위한 자기주식취득'으로 정리하였다. 개정상법의 다른 변화는 '자기주식'의 정의에서 '자기의 계산으로'의 부분을 '자기의 명의와 계산으로'라고 수정한 것이다. 이에 따라 '타인명의와 자기의 계산으로' 취득된 자기회사의 주식은 더 이상 자기주식의 논의 범위에 포함되지 않게 되었나 하는 의문이 제기된다.

그러나 종래의 판례에서 그 무효가 다투어졌던 것은 대부분 '타인명의'의 자기주식취득이었고 이러한 '타인명의와 회사계산'에 의한 자기주식취득의 효력문제는 개정법 이후에도 여전히 소송 또는 분쟁의 대상이 될 것으로 전망한다.

개정상법에서 전면허용한 배당가능이익을 재원으로 한 자기주식취득은 법문에서 명시하고 있듯이 '회사명의'의 자기주식취득에 한정된다. 현실적으로 배당가능이익을 재원으로 하여 타인명의로 자기회사의 주식을 취득하도록 한다는 것은 생각하기 어렵다. 다만 앞으로도 배당가능이익과 무관하게 (개정전의 판례에 등장한 사례에서처럼) 회사가 타인명의로 회사의 계산으로 자기주식을 취득하려는 시도가 있을 수 있다. 개정상법 이후에도 경영진 또는 회사가 부당한 의도로 타인명의를 이용하여 자기주식을 취득하는 것은 허용될 수 없다. 개정상법에서는 허용되는 자기주식의 취득을 '회사의 명의와 회사의 계산으로' 취득하는 것으로 한정시켰으므로 타인명의를 이용한 자기주식의 취득은 전면 금지된다고 보아야 한다. 이러한 타인명의를 이용한 취득을 '사실상의'(또는 '숨은') 자기주식취득이라고 부를 수 있다. 금지된 자기주식취득의 효력을 무효로 보았던 종래의 판례의 입장과 그러한 자기주식의 자익권·공익권 행사를 모두 부인해온 통설의 입장은 타인명의로 취득한 사실상의 자기주식에 대하여 앞으로도 그대로 유지되어야 할 것이다.

(나) 배당가능이익에 의한 자기주식취득 허용

1) 배당가능이익으로 취득

개정상법에서는 개정전 제341조를 전면 수정하였다. 예외적으로 자기주식의 취득이 허용되는 항목을 제341조의2로 보내서 모으고 제341조는 배당가능이익을 재원으로 자기주식을 취득하는 것을 원칙적으로 허용하는 새로운 내용으로 개편하였다. 제1항에서는 직전결산기의 대차대조표 상의 순자산액에서 제462조 제1항 각호의 금액을 뺀 금액의 범위내에서 '자기의 명의와 계산으로' 자기의 주식을 취득할 수 있도록 허용하면서, 다만 ① 거래소에서 시세가 있는 주식의 경우에는 거래소에서 취득하는 방법, ② 주식의 상환에 관한 종류주식(제345조 제1항)의 경우 외에 각 주주가 가진 주식 수에 따라 균등한 조건으로 취득하는 것으로서 시행령 제9조와 제10조에서 정한 방법에 따르도록 하였다.

자기주식을 취득하려는 회사는 미리 주주총회의 결의로 아래에 열거된 사항을 결정하여야 한다. 배당가능이익을 재원으로 취득하는 만큼 정관에서 이익배당의 결정권을 이사회에 부여하고 있는 회사(제462조 제2항)는 이사회 결의로 자기주식취득사항을 정할 수 있다(제341조 제2항).

① 취득할 수 있는 주식의 종류 및 수

② 취득가액 총액의 한도

③ 자기주식을 취득할 수 있는 기간(1년 이내로 제한됨)

2) 위법한 자기주식취득과 이사의 책임

회사에 해당영업연도의 결산기에 배당가능이익이 발생하지 못할 우려가 있으면 제341조에 따른 자기주식의 취득이 금지된다. 제341조 제3항에서는 '순자산액이 제462조 제1항 각 호의 금액의 합계액에 미치지 못할 우려가 있는 경우', 즉 배당가능이익이 발생하지 않을 우려가 있는 경우에는 제341조에 따른 자기주식취득이 금지됨을 밝히고 있다. 아울러 해당영업연도의 결산기에 이르러 배당가능이익이 발생하지 못함에도 불구하고 회사가 제341조의 규정에 따라 자기주식을 취득했다면 이사는 연대하여 부족 금액을 회사에 배상하여야 할 책임을 진다. 다만 이사가 배당가능이익이 발생하지 않을 우려가 없다고 판단할 때 주의를 게을리하지 아니하였음을 증명하면 그 책임을 면할 수 있다(제341조 제4항).

(다) 특정목적에 의한 자기주식취득 허용

개정상법은 배당가능이익을 재원으로 하는 자기주식취득(제341조) 외에 제341조의 2에서 아래의 경우에 특정목적을 위한 자기주식취득을 허용하고 있다. 이 경우에도 제341조의 법문과의 연관상 '회사명의와 회사계산에 의한' 취득에 한정되는 것으로 새겨야 할 것이다.

① 회사의 합병 또는 다른 회사의 영업전부의 양수로 인한 때

② 회사의 권리를 실행함에 있어 그 목적을 달성하기 위하여 필요한 때

③ 단주의 처리를 위하여 필요한 때

④ 주주가 주식매수청구권을 행사한 때(제335조의2 제4항, 제374조의2, 제522조의3)

개정전 상법 제341조에서는 '주식을 소각하기 위한 때'라는 항목을 제1호로

열거하고 있었다. 개정상법에서는 배당가능이익을 재원으로 하는 자기주식의 취득을 전면 허용하면서 제341조의2에서 특정목적을 위한 자기주식취득 항목에 '주식을 소각하기 위한 때'는 포함시키지 않았다. 소각의 경우는 제343조 제1항 단서만으로 충분히 커버되는 것으로 보지 않았나 생각한다. 그러나 배당가능이익을 재원으로 하는 소각 외에 상환주식의 상환, 자본금감소절차에 따른 소각의 경우에도 역시 자기주식취득이 필요하므로 '주식을 소각하기 위한 때'라는 항목도 제341조의2에 남겨두었어야 옳았다고 생각한다.

단주(端株)의 처리는 주식의 병합, 주식배당, 회사합병 등의 경우에 회사가 단주를 모아(자기주식 취득) 매각하고 금전으로 분배하는 경우에 필요하다. 정수(整數)로 나누어지지 않는 주식이 단주이다. 주식매수청구권의 행사는 주식양도승인청구에 대하여 이사회가 양도승인을 거부하여 주주가 주식매수청구권을 행사한 경우(제335조의6), 합병이나 영업양도의 결의에 반대하는 주주가 회사에 대하여 주식매수청구권을 행사한 경우(제374조의2, 제522조의3) 등에 있게 된다.

자기주식취득 허용항목 중 특히 설명을 필요로 하는 것은 '회사의 권리를 실행함에 있어 필요한 때'이다. 이는 회사가 자기주식을 대물변제로 받을 수 있도록 허용해준다. 또 회사가 채권자로서 채무자를 상대로 강제집행을 하는 경우에 채무자에게 채권자회사의 주식 외에는 집행가능한 재산이 없으며 그 주식을 적당한 가격에 매입할 원매자가 없다면 회사가 일시적으로 그러한 주식이라도 취득해 두었다가 적당한 시기에 상당한 가격으로 환가할 수 있도록 해준다. 이 경우 채무자의 무자력에 대해서는 자기주식취득의 필요성을 주장하는 회사에게 그 입증책임이 있다.

대판 1977. 3. 8, 76다1292 주식회사가 자기 주식을 취득할 수 있는 경우로서 상법 제341조 제3호가 규정한 회사의 권리를 실행함에 있어서 그 목적을 달성하기 위하여 필요한 때라 함은 회사가 그의 권리를 실행하기 위하여 강제집행, 담보권의 실행 등에 당하여 채무자에 회사의 주식 이외에 재산이 없는 때에 한하여 회사가 자기 주식을 경락 또는 대물변제 등으로 취득할 수 있다고 해석되며 따라서 채무자의 무자력은 회사의 자기주식 취득이 허용되기 위한 요건사실로서 자기주식 취득을 주장하는 회사에게 그 무자력의 입증책임이 있다.

〈사실관계 및 쟁점〉 피고 동신주식회사(이하 '피고 회사'라고 한다) 발행의 주식(이하 '이 사건 주식'이라고 한다)은 원래 소외 망 박양조 소유로 동인이 1971. 12. 25. 사망하자 그의 처 김부용과 아들인 박영준, 박일준이 공동상속하였다. 원고 김대헌은 1973. 6. 5. 위 상속인들로부터 이 사건 주식을 양도받았다. 다만, 그 주식의 인도는 위 상속인들이 피고 회사와 그 당시 이 사건 주식에 관하여 질권을 취득하여 실제로 점유하고 있던 소외 농어촌개발공사(현재는 농업기반공사로 변경됨)에 대한 이 사건 주식반환청구권을 양도받아 이 사건 주식을 적법히 양수받은 후 이 양도사실을 1973. 10. 15. 피고 회사와 위 농어촌개발공사에 통지하였다.

한편, 피고 회사는 이 사건 주식 소유자이던 소외 망 박양조가 1971. 9. 6. 현재 피고 회사에 대하여 부담한 채무금 15,229,469원을 1972. 1. 25.까지 갚지 못할 때에는 위 채무변제에 갈음하여 이 사건 주식을 피고 회사에 양도한다는 양도증서와 이 사건 주식을 질물로서 소지하고 있던 위 농어촌개발공사에 대한 주식반환청구권의 양도증을 소지하고 있음을 기화로 위 변제기가 지난 1973. 10. 26.경 그 일자를 소급하여 1973. 6. 9. 피고 회사 명의로 명의변경절차를 마쳤다.

원고는 이 사건 주식에 대한 피고 회사 명의로의 변경은 상법 제341조 규정에 위반하여 무효이므로 이 사건 주식의 적법한 양수인으로서 주주명의변경무효확인 및 동 명의변경말소절차이행을 구하는 이 사건 소를 제기하였다.

여기서 쟁점이 된 것은 피고 회사의 이 사건 주식에 대한 명의변경이 상법 제341조 소정의 자기주식 취득에 해당하여 무효인가 하는 점이다.

이에 대해 원심(광주고법 1976. 5. 13, 75나285 판결)은 '피고 회사의 이 사건 주식에 대한 명의변경은 상법 제341조 제1호(주식소각을 위한 때), 제2호(회사의 합병 또는 다른 회사의 영업전부의 양수로 인한 때)가 아닌 경우로서 같은 조 제3호(회사의 권리를 실행함에 있어서 그 목적을 달성하기 위하여 필요한 때) 소정의 자기주식 취득에 해당하는바, 피고 회사가 위 박양조의 이 사건 주식을 취득하기 위해서는 위 박양조가 이 사건 주식 이외에는 어떠한 재산도 없는 경우에 최종적으로 동인 소유의 주식을 취득하여야 하는데 피고 회사가 이 사건 주식에 대해 피고 회사 명의로 명의변경 당시 위 소외 망 박양조가 이 사건 주식 외에 재산이 없었다는 증거도 없고, 오히려 위 명의변경 당시인 1973. 10. 26. 위 박양조의 상속인인 소외 김부용명의의 부동산이 있음을 인정할 수 있어 피고 회사의 이 사건 주식의 취득은 상법 제341조의 자기주식 취득의 금지규정에 위배되어 무효이다'라고 판시하여 원고의 이 사건 청구를 인용하였다. 한편, 대법원도 위 판결요지와 같은 이유로 상법 제341조 제3호에 의한 자기주식 취득의 유효를 주장하기 위한 요건사실로서 채무자의 무자력에 관한 입증책임은 자기주식 취득을 주장하는 회사에 있다고 보아 원심판결의 결론을 지지하였다.

(라) 자본시장법의 규정

주권상장법인은 상법 제341조 제1항에 따른 방법 또는 신탁업자를 매개로 하여 이사회결의로써 자기주식을 취득할 수 있다. 그러나 그 취득금액은 상법 제462조 제1항의 규정에 의한 이익배당을 할 수 있는 한도 내라야 한다(자본시장법 제165조의3). 주권상장법인은 적대적 기업인수(hostile M&A)에 대항하여 경영권을 방어할 수 있게 되는데 현재의 경영진이 회사자금으로 경영권을 방어할 수 있도록 하는 것이 옳은가에 대한 비판도 있다(이(철), 317~318면). 참고로 적대적 기업인수에 대한 대항수단으로서 현재의 경영진이 취하는 자기주식취득의 모습을 보면, 자기공개매수(self tender offer, 자사의 모든 주주들에게 특정가격으로 그 소유주식을 매수하겠다는 조건부 제한적 공개요청), 공개시장매입(대상회사가 공개시장에서 자기주식을 당시 시장가격으로 직접 매입하는 경우), Greenmailer로부터의 취득(대상회사가 인수자로부터 인수자가 이미 매입한 자기주식을 다시 취득하는 경우), 백기사 동원(제3자의 우호지분 확보) 등이 있다.

(마) 해석에 의한 자기주식취득 허용

상법규정에서 자기주식취득을 허용하는 경우를 떠나서 자기주식취득의 폐해가 전혀 있을 수 없는 때에는 해석상 자기주식취득이 허용된다. 그러한 예로는 ① 증여를 받는 등 자기주식을 무상으로 취득하는 경우, ② 신탁계약에 따라 자기주식을 수탁받는 경우, ③ 양도담보취득 등으로 질권취득이 허용되는 범위내에서(제341조의3 참조) 자기주식을 담보취득하는 경우를 들 수 있다.

대판 1996. 6. 25, 96다12726 회사는 원칙적으로 자기의 계산으로 자기의 주식을 취득하지 못하는 것이지만, 회사가 무상으로 자기주식을 취득하는 때와 같이 회사의 자본적 기초를 위태롭게 하거나 회사채권자와 주주의 이익을 해한다고 할 수 없는 경우에는 예외적으로 자기주식의 취득을 허용할 수 있다(동지 1989. 11. 28, 88누9268).

〈사실관계 및 쟁점〉 피고 주식회사 삼연유통(이하 '피고 회사'라고 한다)은 1984. 9. 7. 일용품수급 및 점포임대사업 등을 목적으로 발행주식 10,000주, 자본금 50,000,000원으로 설립된 회사이다. 그 후 피고 회사는 대구 동구 신기동에 있는 반야월시장의 현대화사업 추진과정에서 1985. 11.경 시유지인 위 시장부지를 대구시로부터 불하받았으나 그 대금을 마련하지 못하여 사업추진에 애로를 겪게 되었다. 이에 원고 김성경은 피고 회사를 인수하여 그 사업을 추진하기로 하고, 1985. 11. 27. 당시 피고 회사의 주주이자 실제 자본주이던 소외 김종억 및 당시 대표이사이던 소외 우경민 사이에, 원고가 주식대금 및 당시 이사들의 퇴직위로금조로 금 80,000,000원과 당시 이사인 소외 김용환의 투자금반환조로 금 83,700,000원을 출자하여 피고 회사의 전주식을 일단 인수하되 위 원고는 그 70%만 보유하고 나머지 30%는 위 김종억 등이 3인 이상을 선정하여 그들에게 배분하기로 하는 주식인수계약을 체결하고, 같은 해 12. 1. 당시 피고 회사의 주주들이 회의를 열어 위 주식인수계약을 추인한 후, 위 김종억 및 위 주식인수계약을 추인한 피고 회사의 주주들로부터 그 각 보유주식을 양도받아 피고 회사 발행 주식 10,000주 전부를 취득한 다음 위 주식인수계약에 따라 위 김종억이 선정한 위 김종억 자신과 소외 김용환, 강해원에게 각 1,000주씩 배분하여 줌으로써, 위 원고는 피고 회사 주식의 70%를 보유하게 되었고, 같은 해 12. 3. 피고 회사 대표이사로 선임되었다.

한편, 원고는 1986. 1.경 장차 피고 회사자본을 증자할 것을 전제로 그 보유주식 7,000주 중에서 각 1,800주를 소외 박준영, 유시옥에게, 600주를 소외 오영주에게, 300주를 소외 정재식에게, 200주를 소외 조군자에게 각 양도하고, 소외 조수찬에게도 300주를 양도함으로써 같은 해 2. 1. 현재 피고 회사 발행주식 10,000주는 위 김종억, 김용환, 강해원이 각 1,000주씩을, 위 박준영, 유시옥, 오영주, 정재식, 조군자, 조수찬 등이 위 각 양수주식 도합 5,000주를 보유하는 한편, 원고는 그 나머지 2,000주만을 보유하게 되었다.

그런데 원고는 위와 같이 1986. 1.경 그 보유주식 중 2,000주를 제외한 나머지 주식을 타에 양도한 후에도 피고 회사의 대표이사로 있으면서 1987. 1.부터 같은 해 2.까지 사이에 개인적인 채무변제를 위하여 피고 회사 명의로 합계 금 261,200,000원 가량의 약속어음 6매를 발행하였다가 위 각 어음이 부도처리된 후 그 소지인들이 피고 회사를 상대로 어음금청구소송을 제기하자 그 해결방안으로 같은 해 6. 22. 피고 회사의 대표이사직을 사임함과 동시에 그 보유주식 2,000주를 피고 회사에 무상으로 양도하였다.

원고는 위와 같이 그 보유주식 2,000주를 피고 회사에 양도하였다 하더라도 이는 상법 제341조 소정의 자기주식의 취득에 해당하여 무효이므로 원고는 여전히 피고 회사의 주식 2,000주를 보유하고 있다고 주장하면서 피고 회사를 상대로 자신이 피고 회사의 주주임을 확인한다는 이 사건 주주권확인소송을 제기하였다.

여기서 쟁점이 된 것은 피고 회사가 원고로부터 그 보유주식 2,000주를 취득한 행위가 상법 제341조 소정의 자기주식의 취득에 해당하여 무효가 되는가 하는 점이다.

이에 대하여 원심(대구고법 1996. 1. 11, 93나969 판결)은 '주식회사의 자기주식의 취득은 이를 인정할 경우 실질적으로 주주에게 출자를 반환한 것과 같은 결과를 가져와 회사의 재산적인 기초를 위태롭게 하므로 상법 제341조에서 이를 금지하고 있고 이에 반하는 자기주식의 취득행위는 무효로 되지만, 자기주식의 취득이라 하더라도 그것이 무상취득인 경우에는 위와 같은 폐단이 발생할 여지가 없어 예외적으로 자기주식취득이 인정되는 상법 제341조의 각호에 해당하지 않더라도 이를 허용함이 마땅하다'고 판시하여 원고의 이 사건 청구를 기각하였다. 한편, 대법원도 위 판결요지와 같은 이유로 원심판결의 결론을 지지하였다.

(바) 자기주식의 지위와 처분

1) **자기주식의 지위**

상법에서 허용하는 자기주식이라 하더라도 회사에서 보유하는 자기주식은 의결권행사나 이익배당수령을 할 수 없다. 자기주식으로 있는 동안은 모든 자익권·공익권의 행사가 금지된다.

2) **자기주식의 처분**

개정전 법에서는 자기주식에 대하여 회사는 '상당한 시기에' 그것을 처분하여야 한다고 규정하였다. 그러나 현행 상법에서는 그러한 시간적 압력(제약)을 가하지 않고 정관에서 정하는 바에 따르거나 그러한 규정이 없으면 이사회의 결정에 따라 처분하도록 정하고 있다(제342조). 회사가 보유하는 자기주식은 이사회 결의로써 소각할 수 있다(제343조 제1항).

(사) 허용되지 않는 자기주식취득의 효과

회사가 허용되지 않는 자기주식을 취득한 경우 그 효과에 관하여 학설이 대립하고 있다. 무효설에 의하면 자기주식의 취득제한은 자본충실을 도모하고 주가조작을 방지함으로써 회사, 회사채권자 및 주주 나아가 투자대중의 이익을 보호하는 등 공익목적을 위하여 규정된 것이므로 양도인의 선의·악의를 불문하고 무효로 보아야 할 것이라고 한다. 다수설(송, 783~784면; 정(경), 407면; 정(찬), 734면; 최, 363면)과 판례의 입장이다.

무효설과 정반대되는 견해인 유효설은 거래의 안전을 우선시키자는 입장으로서 자기주식취득금지규정을 명령적 규정으로 보아 금지에 위반한 자기주식의 취득도 유효하다고 하면서 자기주식취득금지를 위반한 이사의 손해배상책임만 물을 수 있다고 한다(채, 639면). 그러나 유효설대로라면 엄격한 요건을 충족하는 경우에 한하여 자기주식취득을 허용하고 있는 법의 취지가 무시되고 만다.

A회사가 자기의 계산으로 Y를 내세워 Y명의로 X로부터 자기회사의 주식을 취득하는 경우에 X는 선의인 경우가 많을 것이다. 부분적 무효설은 회사가 제3자의 명의로 자기주식을 취득한 경우와 같이 양도인이 그 주식을 회사가 취

득하는 것을 알지 못하여 양도인에게 악의가 없는 한 취득금지에 위반한 자기주식의 취득도 유효하다고 한다(손, 667면). 상대적 무효설은 양도인의 선의·악의를 묻지 않고 자기주식취득은 무효라고 하면서, 다만 (제2거래에서의) 선의의 제3자에게는 대항하지 못한다고 한다(이(철), 397면; 정(동), 496면). 부분적 무효설과 상대적 무효설을 통틀어 상대적 무효설이라고 부르기도 한다.

대판 2003. 5. 16, 2001다44109 **가.** 주식회사가 자기의 계산으로 자기의 주식을 취득하는 것은 회사의 자본적 기초를 위태롭게 하여 회사와 주주 및 채권자의 이익을 해하고 주주평등의 원칙을 해하며 대표이사 등에 의한 불공정한 회사지배를 초래하는 등의 여러 가지 폐해를 생기게 할 우려가 있으므로 상법은 일반예방적인 목적에서 이를 일률적으로 금지하는 것을 원칙으로 하면서, 예외적으로 자기주식의 취득이 허용되는 경우를 유형적으로 분류하여 명시하고 있으므로 상법 제341조, 제341조의2, 제342조의2 또는 증권거래법 등에서 명시적으로 자기주식의 취득을 허용하는 경우 외에, 회사가 자기주식을 무상으로 취득하는 경우 또는 타인의 계산으로 자기주식을 취득하는 경우 등과 같이 회사의 자본적 기초를 위태롭게 하거나 주주 등의 이익을 해한다고 할 수 없는 것이 유형적으로 명백한 경우에도 자기주식의 취득이 예외적으로 허용되지만, 그밖의 경우에 있어서는 설령 회사 또는 주주나 회사채권자 등에게 생길지도 모르는 중대한 손해를 회피하기 위하여 부득이 한 사정이 있다고 하더라도 자기주식의 취득은 허용되지 아니하는 것이고 위와 같은 금지규정에 위반하여 회사가 자기주식을 취득하는 것은 당연히 무효이다(동지 대법원 1964. 11. 12, 64마719 결정).

나. 회사 아닌 제3자의 명의로 회사의 주식을 취득하더라도 그 주식취득을 위한 자금이 회사의 출연에 의한 것이고 그 주식취득에 따른 손익이 회사에 귀속되는 경우라면, 상법 기타의 법률에서 규정하는 예외사유에 해당하지 않는 한, 그러한 주식의 취득은 회사의 계산으로 이루어져 회사의 자본적 기초를 위태롭게 할 우려가 있는 것으로서 상법 제341조가 금지하는 자기주식의 취득에 해당한다.

다. 주식회사의 자본충실의 원칙상 주식의 인수대금은 그 전액을 현실적으로 납입하여야 하고 그 납입에 관하여 상계로써 회사에 대항하지 못하는 것이므로 회사가 제3자에게 주식인수대금 상당의 대여를 하고 제3자는 그 대여금으로 주식인수대금을 납입한 경우에, 회사가 처음부터 제3자에 대하여 대여금 채권을 행사하지 아니하기로 약정되어 있는 등으로 대여금을 실질적으로 회수할 의사가 없었고 제3자도 그러한 회사의 의사를 전제로 하여 주식인수청약을 한 때에는, 그 제3자가 인수한 주식의 액면금액에 상당하는 회사의 자본이 증가되었다고 할 수 없으므로 위와 같은 주식인수대금의 납입은 단순히 납입을 가장한 것에 지나지 아니하여 무효이다.

〈사실관계 및 쟁점〉 파산자 대한종합금융 주식회사(이하 '대한종합금융'이라고 한다)는 1997. 12. 10. 유동성부족으로 인하여 금융감독위원회로부터 영업정지처분을 받게 되자 그 무렵 유상증자 등을 통하여 자기자본비율(BIS)을 높이겠다는 경영정상화계획을 금융감독위원회에 제출하였는데, 그 당시 대한종합금융은 영업정지상태에 있었으므로 정상화 여부가 불투명하여 유상증자에 참여하려는 주주가 많지 않았다. 이에 대한종합금융은 편법적인 방법으로 자기자본을 이용하여 증자하기로 하고 원고 주식회사 동원(이하 '원고 회사'라고 한다)에게 주금회수를 보장하여 주겠다면서 대한종합금융으로부터 중장기원화대출명목으로 대출을 받아 그 대출금으로 대한종합금융이 실시할 예정인 유상증자에 참여하여 달라고 부탁하였다. 그리하여 원고 회사는 1998. 6. 19. 대한종합금융의 제안에 따라 원고 또는 그가 지정하는 자의 이름으로 대한종합금융의 유상증자에 참여하기로 하되, 금 100억원을 대한종합금융으로부터 대출받아 이를 신주인수의 청약대금으로 대한종합금융에 납입하고, 인수한 주식 전부를 대한종합금융에 담보로 제공하며, 대한종합금융이 영업정지를 받는 등의 사유가 발생하는 경우에는 그 전 일자로 대한종합금융에 대하여 원고 회사가 위 주식의 매수(환매)를 청구할 수 있는 권리가 발생한 것으로 간주하고 그 매수가격을 발행가액으로 하여 원고 회사의 위 대출금채무와 상계된 것으로 보고(이하 '이 사건 주식매수 및 상계약정'이라고 한다) 이자 등 일체의 채권에 대하여 대한종합금융의 권리가 상실되는 것으로 계약을 체결하였다(이하 '이 사건 계약'이라 한다). 그리하여 원고 회사는 위 계약에 따라 대한종합금융이 유상증자를 위하여 발행한 신주 200만 주에 대하여 계열회사인 소외 동원광업 주식회사 명의로 청약을 하면서 위 대출금 중 100억원을 주금으로 납입하였다. 그런데 대한종합금융은 1999. 4. 10. 다시 영업정지처분을 받았고, 그 후 1999. 10. 18. 파산선고를 받아 파산관재인으로 피고 최형기 외 1인이 선임되었다.

원고 회사는 위 중장기원화대출약정에 따른 피고에 대한 대출금채무는 통정허위표시 내지 비진의표시에 따라 무효이고, 가사 그렇지 아니하다 하더라도 이 사건 주식매수 및 상계약정에 따라 위 대출금채무가 소멸하였다고 주장하면서 이 사건 채무부존재확인의 소를 제기하였다. 이에 대하여 피고는 위 중장기원화대출약정은 유효하고 다만 이 사건 주식매수 및 상계약정은 대한종합금융으로 하여금 주주인 원고 회사로부터 자기주식을 취득하도록 하는 것을 전제로 하여 약정한 것이므로 이는 상법 제341조에서 정한 자기주식취득금지에 위배되어 무효이고 또한 이는 파산채권자를 해함을 알고 한 행위이거나 파산자의 의무에 속하지 아니함에도 불구하고 지급정지나 파산신청이 있은 후에 한 채무소멸에 관한 행위이므로 이는 파산법(현재는 파산법, 화의법, 회사정리법을 "채무자회생 및 파산에 관한 법률"이라는 단일법으로 통합하였다) 제64조 제1호의 고의부인의 대상이 되거나 같은 조 제2호 또는 제4호의 위기부인의 대상이 되므로 위 각 규정에 기하여 부인권을 행사한다고 주장하였다. 이외에도 피고는 이 사건 주식매수 및 상계약정이 주주평등의 원칙위반이라거나 신의칙위반이라는 항변을 제출하였다.

여기서 쟁점이 된 것은 다른 쟁점에 대해서는 별론으로 하고 위 중장기원화대출약정을 포함한 이 사건 주식매수 및 상계약정이 실질적으로 하나의 법률행위를 구성한다고 보아 자기주식취득을 금지한 상법 제341조의 규정에 위반하는 것은 아닌가 하는 점이다.

이에 대하여 원심(서울고법 2001. 6. 14, 2001나3636 판결)은 '상법 제341조는 주식의 소각 등 예외적인 경우를 제외하고는 주식회사가 자기의 계산으로 자기의 주식을 취득하는 것을 금지하고 있고, 이는 강행규정에 해당하므로 상법 제341조에 반하여 주식회사로 하여금 유상으로 자기주식을 취득하도록 하는 약정은 무효라고 할 것이다. 그러나 이 사건 주식매수 및 상계약정에 따라 대한종합금융이 원고 회사에 대한 중장기원화대출원리금채권을 상실하는 대가로 자기주식을 취득하게 되더라도 대한종합금융의 자본충실을 저해하거나 다른 주주들 또는 채권자들의 이익을 해한다고 볼 수는 없고, 따라서 이 사건 주식매수 및 상계약정은 자기주식의 취득이 허용되는 예외적인 경우에 해당한다."고 판시하였다. 그러나 대법원은 "이 사건 계약은 원고 회사가 청약하는 신주인수대금을 대한종합금융이 대출의 형식으로 제공하여 납입하게 하지만 원고 회사에게는 그 대여금상환의 책임을 지우지 아니하고 그 주식인수에 따른 손익을 대한종합금융에 귀속시키기로 하는 내용의 계약이라고 할 것이고, 따라서 이 계약의 실질은 대한종합금융의 계산 아래 대한종합금융이 원고 회사 또는 원고 회사가 지정하는 자의 명의로 대한종합금융 스스로 발행하는 신주를 인수하여 취득하는 것을 목적으로 하는 것으로서, 이는 자기주식의 취득이 금지되는 유형에 해당한다고 할 것이므로, 위 계약은 대출약정을 포함한 그 전부가 무효라고 할 것이고, 그 계약에 따라 원고 회사가 대한종합금융의 대여금으로 신주대금을 납입한 것 역시 무효라고 할 것이다. 그렇다면, 위 계약에 기초하여 원고 회사와 대한종합금융 사이에서 이루어진 100억원의 대출약정은 무효이므로 위 대출약정에 따른 원고 회사의 채무는 존재하지 아니한다고 할 것이다'라고 판시하여 이 사건 계약은 실질적으로 상법 제341조에 의하여 금지되는 자기주식의 취득에 해당한다고 보았다.

대판 2011. 4. 28, 2009다23610 원심이 인정한 사실관계에 비추어 볼 때, 피고가 글로벌피앤티에게 선급금을 지급하고, 글로벌피앤티가 이 사건 주식 인수대금으로 사용할 자금을 대출받을 때 그 대출원리금 채무를 연대보증하는 방법으로 글로벌피앤티로 하여금 이 사건 주식 인수대금을 마련할 수 있도록 각종 금융지원을 한 것을 비롯하여 원심 판시와 같이 피고의 이사인 소외인 등이 피고의 중요한 영업부문과 재산을 글로벌피앤티에게 부당하게 이전하는 방법을 통하여 글로벌피앤티로 하여금 주식취득을 위한 자금을 마련하게 하고 이를 재원으로 이 사건 주식을 취득하게 함으로써 결국 글로벌피앤티를 이용하여 피고를 지배하게 되었다 하더라도, 이러한 사정들만으로는 글로벌피앤티가 이 사건 주식 인수대금을 마련한 것이 피고의 출연에 의한 것이라는 점만을 인정할 수 있을 뿐, 더 나아가 소외인 등이 설립한 글로벌피앤티의 이 사건 주식취득에 따른 손익이 피고에게 귀속되는 관계에 있다는 점을 인정하기는 어렵고, 달리 기록을 살펴보아도 법률상 별개의 회사들인 피고와 글로벌피앤티 사이에 글로벌피앤티의 이 사건 주식취득에 따른 손익을 피고에게 귀속시키기로 하는 명시적 또는 묵시적 약정이 있었다는 등 글로벌피앤티의 이 사건 주식취득에 따른 손익이 피고에게 귀속되는 것으로 볼만한 사정을 찾아볼 수 없다.

따라서 사정이 이러하다면 위에서 본 법리에 따라 글로벌피앤티의 이 사건 주식취득이 피고의 계산에 의한 주식취득으로서 피고의 자본적 기초를 위태롭게 할 우려가 있는 경우로서 상법 제341조가 금지하는 자기주식의 취득에 해당한다고 볼 수 없으며, 결국 원심판결에는 상법 제341조가 금지하는 자기주식의 취득에 관한 법리를 오해함으로써 판결에 영향을 미친 위법이 있다.

〈사실관계〉 주식회사 글로벌피앤티(이하 '글로벌피앤티'라 한다)는 페이퍼코리아 주식회사(이하 '페이퍼코리아'라 한다)의 경영진이 자본금 5,000만원을 공동출자 하여 설립한 것이다. 글로벌피앤티는 페이퍼코리아에 국내 신문고지 원료를 납품하도록 하였다. 페이퍼코리아의 경영진은 글로벌피앤티를 운영하기 위해 자신들의 부하 직원으로 근무했던 직원을 대표이사로 영입하였고, 설립 당시 상근 직원은 1인 뿐이었다. 당시 글로벌피앤티는 신문고지 원료를 구입할 자금과 보관할 창고시설도 없었다. 그러나 페이퍼코리아로부터 과산화수소 저장용 탱크를 임차한 후부터 국내 신문고지 구매대행업무 외에 과산화수소를 페이퍼코리아에게 공급하는 업무 등도 취급하게 되었다. 그러나 글로벌피앤티의 영업은 신문고지 원료나 과산화수소를 구입하여 페이퍼코리아에게 매도하는 것이 영업의 전부였고 영업망과 영업방식은 페이퍼코리아의 것을 동일하게 사용하였다. 또한 세금계산서 정리와 급여 지불 등의 경리 업무까지 모두 페이퍼코리아가 대신 해주는 실정이었다. 페이퍼코리아는 재무팀장을 글로벌피앤티의 감사로 임명하였으며, 두 회사의 회계처리를 담당케 하는 등으로 두 회사의 경영과 경리 전반을 통제했다. 또한 페이퍼코리아가 국내 업체로부터 신문고지 원료를 실질적으로 직접 구입하였음에도 불구하고 형식상으로는 글로벌피앤티를 통해 구입한 것처럼 하여 페이퍼코리아로 하여금 구매대행수수료 명목으로 글로벌피앤티에게 3,588,867,420원을 지급하도록 하였다. 페이퍼코리아에 대한 지배권 및 안정적인 경영권을 확보할 목적으로 버추얼텍(페이퍼코리아의 원래 대주주)이 보유한 페이퍼코리아의 주식 중 이 사건 주식(250만 주, 전체 발행주식 9,976,016주의 약 25%)을 글로벌피앤티 명의로 인수하기 위하여, 버추얼텍의 대표이사를 비롯한 수인 사이에서 이 사건 주식을 200억 원에 매입하기로 합의하였다. 그런데 신문고지 원료에 대하여는 선납품 후 결제하는 것이 업계의 관행인데다가 페이퍼코리아가 대금 지불을 지체한 적이 없었으므로 선급금을 지급할 이유가 전혀 없었고 페이퍼코리아가 결제해 주지 않으면 물품대금을 지불할 능력이 없었던 글로벌피앤티로서는 정상적인 방법으로 그 선급금을 상각할 수도 없었음에도 불구하고, 이 사건 주식의 인수대금으로 사용하도록 할 목적으로 페이퍼코리아로 하여금 글로벌피앤티에게 신문고지 원료 선급금 명목으로 40억 9,000

만 원을 지급하도록 하였다. 또한, 페이퍼코리아가 글로벌피앤티를 위해 채무를 부담할 이유가 전혀 없으므로 연대보증을 하더라도 글로벌피앤티로부터 그에 따른 위험부담에 상응하는 반대급부를 받는 등의 조치를 취했어야 할 것임에도 그러한 조치를 취하지 아니한 채, 글로벌피앤티가 우리은행으로부터 이 사건 주식 인수대금으로 사용하는 데 필요한 130억 원을 대출받을 수 있도록 페이퍼코리아로 하여금 그 대출원리금의 지급을 담보하기 위하여 156억 원을 연대보증하게 하였다.

이에 따라 글로벌피앤티는 우리은행 대출금 130억 원, 페이퍼코리아로부터 지급받은 선급금 40억 9,000만 원 등을 포함하여 200억 원을 지급하고 버추얼텍으로부터 페이퍼코리아의 주식을 인수하였고, 이로써 글로벌피앤티가 페이퍼코리아의 최대 주주가 되었다.

대판 2005. 2. 18, 2002도2822 신주발행에 있어서 타인의 명의로 주식을 인수한 경우에는 실제로 주식을 인수하여 그 대금을 납입한 명의차용인만이 실질상의 주식인수인으로 주주가 되고, 단순한 명의대여자에 불과한 자는 주주로 볼 수 없다. 회사가 신주를 발행하여 실제로는 타인으로부터 제3자 명의로 자금을 빌려 자기의 계산으로 신주를 인수하면서도 제3자 명의를 차용한 경우, 이는 상법 등에서 허용하지 않는 자기주식의 취득에 해당하므로 회사의 신주인수행위는 무효라고 보아야 할 것이지만, 신주인수대금의 납입을 위하여 회사가 제3자 명의로 금원을 차용한 행위의 효력은 부정할 수가 없고 그 차용원리금의 상환의무는 회사가 부담한다고 보아야 하므로, 회사의 대표이사가 가지급금의 형식으로 회사의 자금을 인출하여 위 차용원리금 채무의 변제에 사용하였다고 하더라도 이는 업무상 횡령죄에 해당한다고 볼 수 없다.

(아) 자기주식의 질취제한

통상의 거래범위를 넘는 자기주식의 질권취득은 자기주식의 취득금지를 회피하기 위한 탈법수단으로 악용될 수 있다. 예를 들어 피담보채권의 채무불이행에 따라 질권취득한 주식이 적당한 가격에 경매되지 않으면 피담보채권의 금액만큼 주금액의 환급이 있은 것이 된다. 이 때문에 상법에서는 자기주식의 질권취득에 한도를 설정하고 있다(제341조의3). 뒤에서 상세하게 설명한다.

(4) 자회사에 의한 모회사주식의 취득 제한

(가) 자회사에 의한 모회사 주식 취득의 금지

독점규제법에서는 지주회사라는 용어를 사용하는데 상법에서는 '모회사'라는 용어를 사용한다. 다른 회사의 발행주식의 총수의 100분의 50을 초과하는 주식을 가진 회사(이를 '모회사'라고 한다)의 주식은 다음의 두 가지 경우를 제외하고는 그 다른 회사(이를 '자회사'라고 한다)가 이를 취득할 수 없다(제342조의2 제1항). 그러나 자회사에 의한 모회사주식의 질권취득은 무제한 허용된다.

① 주식의 포괄적 교환(기존 두 회사 중 하나의 회사가 100% 지주회사가 되는 경우), 주식의 포괄적 이전(신설회사가 100% 지주회사가 되는 경우), 회사의 합병 또는 다른 회사의 영업전부의 양수로 인한 때

② 회사의 권리를 실행함에 있어 그 목적을 달성하기 위하여 필요한 때

위의 예외규정에 들어있는 주식의 포괄적 교환과 주식의 포괄적 이전은 지주회사의 설립을 쉽게 하기 위하여 2001년 상법개정시에 신설된 제도이다. 그 중 주식의 포괄적 교환을 보면 자회사(A′)가 제3의 회사(C)의 주식을 가지고 있다가 그 C회사가 A′의 모회사(A)의 완전(100%) 자회사로 바뀌는 경우에 C회사의 기존의 주주(A′회사)에게는 A회사의 신주가 배정된다(제360조의2). 이로써 A′회사는 모회사인 A회사의 주식을 취득할 수밖에 없다.

한편 주식의 포괄적 이전의 경우는 완전모회사(X)가 신설되는 경우이므로 자회사(A′)가 제3의 회사(C)의 주식의 포괄적 이전의 결과 모회사(A)의 신주식을 배정받게 되는 일은 생각할 수 없다. C회사의 주식을 가지고 있던 A′회사는 주식의 포괄적 이전으로 인하여 신설되는 회사(X)의 주식을 취득하기 때문이다(제360조의15 참조). 포괄적 이전의 경우에는 자회사인 A′회사가 이미 존재하는 모회사(A)의 주식을 받게 되는 경우는 있을 수 없다. 결국 자회사의 모회사 주식취득에 대한 예외규정 중 주식의 포괄적 이전 부분은 예외를 인정할 필요가 없다.

모회사(甲)와 자회사(乙)가 합하여 또는 자회사가 다른 회사(丙)의 발행주식총수의 100분의 50을 초과하는 주식을 보유하고 있으면 그 다른 회사(丙)는 앞

甲 ↓　50/100 초과 乙	50/100 초과 甲　→　乙 25/100　35/100 ↘ 丙 ↙	甲 ↓　50/100 초과 乙 ↓　50/100 초과 丙
乙은 甲의 자회사	丙은 甲의 자회사	丙은 乙과 甲 각각의 자회사

의 모회사(甲)의 자회사로 다루어진다(제342조의2 제3항). 정확하게는 손(孫)회사가 된다.

자회사에 의한 모회사주식의 취득이 예외적으로 허용되는 경우에도 자회사는 그 모회사의 주식을 취득한 날로부터 6월 이내에 처분하여야 한다(제342조의2 제1항 제1호·제2호, 제342조의2 제2항). 자회사가 예외적으로 보유할 수 있는 모회사 주식에 대하여 주주인 자회사는 의결권과 같은 공익권과 이익배당청구권과 같은 자익권을 행사할 수 없다. 다만 무상주의 교부는 받을 수 있다.

금지위반의 효과에 대하여는 무효설이 다수설이다. 그 밖에 부분적 무효설, 상대적 무효설 등이 주장되고 있다.

(나) 주식의 상호보유

주식의 상호보유라 함은 하나의 회사(A)가 다른 회사(B)의 주식을 소유하고 그 다른 회사(B)가 처음의 회사(A)의 주식을 소유하는 것이다. 우리 상법은 자회사에 의한 모회사의 주식취득을 금지함으로써 모자회사간의 주식상호보유를 금지하고 있다. 독점규제법의 제한과 다르게 상법에서는 모자회사 관계에 있지 아니한 회사간의 주식상호보유는 금지하지 않는다.

주식의 상호보유는 이를 통하여 기업간 결속의 강화, 원자재의 확보, 경영정보 교환, 기술제휴를 도모할 수 있다는 점에서 그 효용성을 인정받고 있으며 실제 그 사례가 적지 않다. 그러나 우리나라의 경우 상호보유가 가공적 자본증가를 위하여 과도하게 이루어져 있으며 그로 인한 폐단이 크게 우려되어 왔다. 특히 우리나라 기업들이 가공적 자본증가의 유혹을 물리치기 어려웠던 것은 과거에 은행감독기관이 소정의 부채비율(예를 들어 200%)을 초과하는 회사에 대하여는 은행의 대출을 금지하는 규제를 가하여왔기 때문이다. 정부는 대기업의 재무구조 개선을 위하여 부채비율을 200% 미만으로 낮추도록 강력하게 유도하여 왔으며 현재 대기업집단 소속회사들은 대부분 기준비율을 넘기지 않고 있다.

주식상호보유의 폐단으로 일반적으로 거론되는 것으로는 자본의 공동화(가공적 자본금증가), 한 회사의 임원이 타회사의 주주총회에서 영향력을 행사하게 된다는 점, 기존주주의 지주비율의 감소로 인한 소수주주권의 행사방해, 경영진의 전횡, 주가조작의 가능성, 기업결합의 강화에 따른 독점력 형성 등이 있다.

모자회사관계에 있지 아니한 회사간에는 주식의 상호보유는 허용되지만 의결권 행사는 제한된다. 한 회사(A), 모회사 및 자회사(A+A′) 또는 자회사(A′)가 다른 회사(B)의 발행주식총수의 10분의 1을 초과하여 보유하고 B회사 역시 A회사의 주식을 보유하고 있다면 B회사가 가지고 있는 A회사의 주식은 의결권이 배제된다(제369조 제3항). 이러한 요건의 충족여부는 실제로 소유하고 있는 주식수를 기준으로 판단하여야 하며 주주명부상의 명의개서를 하였는지 여부와는 상관이 없다.

이러한 제한(의결권 행사를 못하게 되는)을 알 수 있도록 하기 위하여 상법은 회사(A)가 다른 회사(B)의 주식을 10분의 1을 초과하여 취득하면 그 다른 회사에게 통지하도록 강제하고 있다(제342조의3). 이로써 그 다른 회사(B)는 자기가 보유하는 A회사의 주식의 의결권을 행사할 수 없음을 알 수 있게 된다. 나아가 B회사가 A회사의 경영개입에 대항하기 위한 방어조치를 취하여 경영권 안정을 도모하도록 배려한 것이기도 하다.

제한을 넘는 상호보유의 경우 의결권을 행사할 수 없게 함으로써 상호주의 폐단 중 영향력 행사, 지배 등 의결권행사의 왜곡화는 방지할 수 있다. 이 경우에 의결권은 배제되나 다른 자익권은 행사할 수 있다. 통지를 받고도 주식을 취득했다면 의결권을 행사하지 못하게 하더라도 부당한 권리침해가 되지 않는다. 그러면 통지를 받지 못하고 (주식을 취득하여) 의결권을 행사했다면 어떠할까. 주주총회 결의의 하자의 문제로 해결될 수밖에 없다.

대판 2001. 5. 15, 2001다12973 상법 제342조의3에는 '회사가 다른 회사의 발행주식총수의 10분의 1을 초과하여 취득한 때에는 그 다른 회사에 대하여 지체없이 이를 통지하여야 한다'라고 규정되어 있는바, 이는 회사가 다른 회사의 발행주식총수의 10분의 1 이상을 취득하여 의결권을 행사하는 경우 경영권의 안정을 위협받게 된 그 다른 회사는 역으로 상대방 회사의 발행주식의 10분의 1 이상을 취득함으로써 이른바 상호보유주식의 의결권제한 규정(상법 제369조 제3항)에 따라 서로 상대회사에 대하여 의결권을 행사할 수 없도록 방어조치를 취하여 다른 회사의 지배가능성을 배제하고 경영권의 안정을 도모하도록 하기 위한 것으로서, 특정주주총회에 한정하여 각 주주들로부터 개별안건에 대한 의견을 표시하게 하여 의결권을 위임받아 의결권을 대리행사하는 경우에는 회사가 다른 회사의 발행주식총수의 10분의 1을 초과하여 의결권을 대리행사할 권한을 취득하였다고 하여도 위 규정이 유추적용되지 않는다('소유'가 아니므로 통지해줄 필요가 없다 - 저자).

4. 특별법에 의한 주식양도 제한

(1) 독점규제법

독점규제법 제7조에서는 일정한 거래분야에서 경쟁을 실질적으로 제한하는 주식취득을 금지하고 있다. 또 상호출자제한기업집단에 속하는 계열회사간의 상호출자를 전면적으로 금지하고 있다(독점규제법 제9조).

(2) 자본시장법

자본시장법에서는 내부자거래를 금지하고 있는데(자본시장법 제172조) 이러한 금지도 주식거래 또는 주식양도를 제한하는 효과를 가진다.

내부자거래(insider trading)라 함은 주권상장법인의 임원, 직원 또는 주요주주(예를 들어 의결권 있는 발행주식총수의 100분의 10 이상의 주식을 소유한 자) 등 이른바 내부자(insider)가 그 직무 또는 지위에 의하여 얻은 내부정보를 이용하여 소속 회사의 주식을 거래하는 것이다. 이러한 거래가 규제의 대상이 되는 이유는 이들 내부자는 소속 회사의 주가에 영향을 미칠 만한 회사의 기밀, 예를 들면 유상증자 또는 무상증자나 자산재평가의 계획, 합병, 신상품 개발 등 중요한 정보를 알게 될 기회가 많으므로 다른 일반 투자자들보다 유리한 입장에서 미리 소속 회사의 주식을 매매하여 이익을 얻을 수 있고, 따라서 매매 상대방인 일반투자자는 손해를 보게 될 가능성이 많기 때문이다.

그밖에 자본시장법에서는 공공적 법인(자본시장법 제152조 제3항에 따라 국가기간산업 등 국민경제상 중요한 산업을 영위하는 법인)이 발행한 주식의 소유를 제한하고 있다. 공공적 법인이 발행하는 주식을 상장 당시에 발행주식총수의 100분의 10 이상을 소유하고 있던 주주는 누구의 명의로 하든지 자기의 계산으로 그 비율을 초과하여 소유하지 못한다(자본시장법 제167조 제1항 제1호). 그리고 그 이외의 자는 발행주식총수의 100분의 3을 초과하여 주식을 소유하지 못한다(자본시장법 제167조 제1항 제2호). 다만 소유비율한도에 관하여 금융위원회의 승인을 얻은 경우에는 그 소유비율한도까지 소유할 수 있다(자본시장법 제167조 제2항). 이상의 기준을 초과하여 사실상 주식을 소유하는 자는 그 초과분에 한하여 의결권을 행사할 수 없다(자본시장법 제167조 제3항).

(3) 은행법

은행법에서는 기업집단의 은행지배를 금지하고 은행의 산업지배를 막기 위하여(금산분리의 원칙) 금융기관주식의 소유한도를 제한하고 있으며 금융기관에 의한 다른 금융기관 또는 주식회사의 주식소유제한을 규정하고 있다. 이러한 은행법상의 취득제한의 반사적 효과로 주식양도가 제한된다.

먼저 금융기관의 주주 1인 및 그와 특수관계에 있는 자는 금융기관의 의결권 있는 발행주식총수의 100분의 4(다만 지방은행의 경우는 100분의 15)를 초과하는 주식을 소유하거나 사실상 지배하지 못한다(은행법 제15조). 그리고 다른 회사의 발행주식총수의 100분의 15를 초과하는 주식을 소유하여서는 안 된다(은행법 제37조 제1항).

5. 주권의 선의취득

(1) 선의취득의 의의

주권의 점유자는 적법한 소지인으로 추정된다(제336조 제2항). 권리자로서의 외관을 갖춘 자로부터 주권을 양수한 경우에는 비록 양도인이 무권리자라 하더라도 악의·중과실이 없는 한 주식의 권리자가 될 수 있다. 이것이 주권의 선의취득이다(제359조, 수표법 제21조 준용). 주식을 양도할 때 주권을 배서양도하는 것이 아니고 교부에 의하여 양도하므로(제336조 제1항) 어음법이 아니라 수표법을 준용한 것이다.

(2) 선의취득의 요건

(가) 선의취득을 인정받기 위하여는 주권이 유효한 것이어야 한다. 즉 주권이 효력을 발생한 후의 취득이라야 한다. 앞에서 본 바와 같이 우리나라의 통설 및 판례는 주권의 효력발생시기에 관하여 교부시설을 취하고 있다.

대판 1965. 8. 24, 65다968 회사가 적법히 주권을 작성하여 주주에게 교부할 의사로서 교부하였고 그 교부에 있어서 교부를 받은 자에 대한 착오가 있다 하여도 이미 그 주권이 전전유통되어 제3자가 악의 또는 중대한 과실 없이 선의취득을 한 경우에는 본래 주주의 주주권은 상실되었다 아니할 수 없고 따라서 그 주권발행은 유효라고 해석하여야 한다.

〈사실관계 및 쟁점〉 원고 우예흡은 피고 주식회사 한국상업은행(이하 '피고 은행'이라고 한다) 발행의 이 사건 주식을 소유한 소외 망 우종립의 사망으로 동인 소유의 위 주식을 상속하였다. 그런데 소외 우기훈, 우종하는 공모하여 원고의 인장을 위조하여 원고의 기류신고와 인감신고를 하고, 위 우기훈은 자기가 마치 원고 본인인 것과 같이 가장하여 피고 은행에게 호주상속에 의한 주주명의서환청구(명의개서청구)와 주권교부청구를 하였다. 이에 피고 은행은 주주명부상의 주주명의를 원고명의로 서환(개서)하고 원고명의로 된 주권을 작성하여 주주인 원고에게 교부할 의사로서 원고를 가장한 위 우기훈에게 교부하였다. 그 후 위 우기훈은 위조된 원고 인장으로 수취인 백지로 된 배서를 하고 명의서환(명의개서)에 필요한 위임장을 작성 첨부하여 이 사건 주권 중 일부를 1962. 5. 18. 원고명의로부터 소외 유림증권 주식회사에게, 1962. 6. 5. 위 소외 유림증권으로부터 소외 김동만에게, 1963. 2. 26. 위 소외 김동만으로부터 소외 유화증권 주식회사에게 각 순차 배서양도하였다. 또한 위 나머지 주권에 대해서는 1962. 9. 29. 원고명의로부터 소외 대유증권 주식회사에게, 1962. 11. 22. 위 소외 대유증권으로부터 소외 안병승에게 각 순차 배서양도하였다.

다만, 위 각 주권에 대한 배서양도가 있을 때마다 피고 은행 주주명부상 주주명의가 각 양수인 명의로 명의서환(명의개서)이 완료되었으며, 위의 각 양도는 모두 증권회사를 통하여 이루어졌다.

원고는 피고 은행을 상대로 이 사건 주식에 대하여 자신이 적법한 주주권자라는 전제하에서 주주권존재확인을 구하는 이 사건 소를 제기하였다.

여기서 쟁점이 된 것은 주권에 대한 선의취득은 주권의 효력이 발생한 이후에 가능한바, 본 사안에서 피고 은행의 이 사건 주식에 관한 주권의 발행이 그 효력을 발생한 것인가 하는 점이다.

이에 대해 원심(서울고법 1965. 4. 21, 64나1504 판결) 및 대법원은 '주권발행이라 함은 회사의 권한 있는 기관이 주주권의 일정단위를 표시한 증권을 작성하여 이것을 주주에게 교부함을 말하고, 그와 같은 문서가 작성되었다 하여도 주주에게 교부하기 전에는 아직 주권으로서의 효력은 발생할 수 없는 것'이라고 하여 주권의 효력발생시기에 관하여 통설과 마찬가지로 이른바 교부시설을 취하였다. 이는 판례의 확립된 태도이다. 이에 따르면, 피고 은행이 이 사건 주권을 주주인 원고에게 교부할 의사로써 교부하였는데 그 교부를 받은 자에 대해 착오를 일으킨 것이므로, 교부시설의 입장에서 위 주권은 그 효력을 발생하지 아니한 것이라고 볼 여지가 있다. 그러나 본 사안에서는 원고로부터 적법한 권한을 수여받지 아니한 소외 우기훈이 원고의 인장을 위조하여 원고의 기류신고와 인감신고를 하고, 마치 원고 본인인 것처럼 피고 은행에 대하여 원고 명의로 주주명의서환(개서)청구와 주권교부청구를 한 것이다. 또한 피고 은행에 대한 관계에서는 주주명부상 명의개서가 원고명의로 이루어진 것이다. 결국, 피고 은행은 주주인 원고에게 위 주권을 교부할 의사로서 주주명부상 명의개서인인 원고에게 교부한 것이지만 다만 그 교부에 있어서 교부받은 자에 대하여 착오를 일으킨 것이므로, 피고 은행의 위와 같은 착오에 악의 또는 중과실이 없는 한 주주명부의 면책력에 의하여 위 주권의 교부행위는 적법하다 할 것이다. 즉, 위 주권은 피고 은행의 주권으로서 그 효력을 발생하였다고 보아야 하며, 제3자의 선의취득의 대상이 된다고 보아야 할 것이다. 대법원도 위 판결요지와 같은 이유로 제3자의 주권의 선의취득을 인정하고, 그 반사적 효과로서 원고의 주주권 상실을 인정하였다.

(나) 무권리자 등으로부터의 취득이어야 한다

주권의 선의취득에는 동산의 선의취득에 관한 규정(민법 제249조 이하)이 준용되지 않고 수표법상의 선의취득규정이 준용된다(제359조). 그런데 수표법 제21조는 선의취득의 요건을 '어떤 사유로든'이라고 규정함으로써 대리권의 흠결, 의사표시의 하자 등의 경우에도 선의취득을 인정하므로 주권의 선의취득도 무권리자로부터의 취득에 한정되지 아니하고 넓게 인정될 수 있다. 판례는 대리권의 흠결(양도인의 무권대리)의 경우에도 주권의 선의취득을 인정하고 있다(대판 1997. 12. 12, 95다49646). 다만, 의사표시의 하자의 경우에 대해서 판례의 입장은 불분명하다.

(다) 양도행위에 의한 취득

주권의 선의취득은 개별적 양도의 경우에 인정된다. 합병이나 상속 등 포괄승계의 경우에는 선의취득이 허용되지 않는다. 또한 법에 의하여 처분이 금지되어 양수인의 소유가 인정되지 아니하는 경우에도 선의취득이 허용되지 않는다.

대판 1964. 5. 5, 63다775 동산의 선의취득에 필요한 점유의 취득은 현실적인 인도가 있어야 하고 소위 점유개정에 의한 점유취득만으로서는 그 요건을 충족할 수 없다.

(라) 양도인의 무권리 등에 대한 악의·중과실이 없어야 한다

양수인이 양도인의 무권리, 대리권의 흠결, 의사표시의 하자를 알지 못했고 알지 못한데 대하여 중대한 과실이 없어야 한다. 양수인의 악의나 중과실에 대한 입증책임은 반환청구자에게 있다. 중과실이라 함은 거래상 필요한 주의를 현저하게 게을리한 경우 또는 조금만 주의를 기울였다면 알 수 있었을 경우를 말한다. 악의·중과실의 존부는 주권취득의 시점을 기준으로 판단한다.

대판 2000. 9. 8, 99다58471 **가**. 주권의 점유를 취득하는 방법에는 현실의 인도(교부) 외에 간이인도, 반환청구권의 양도가 있으며, 양도인이 소유자로부터 보관을 위탁받은 주권을 제3자에게 보관시킨 경우에, 반환청구권의 양도에 의하여 주권의 선의취득에 필요한 요건인 주권의 점유를 취득하였다고 하려면, 양도인이 그 제3자에 대한 반환청구권을 양수인에게 양도하고 지명채권양도의 대항요건을 갖추어야 한다.

나. 주권의 취득이 악의 또는 중대한 과실로 인한 때에는 선의취득이 인정되지 않는바(상법 제359조, 수표법 제21조), 여기서 악의 또는 중대한 과실의 존부는 주권취득의 시기를 기준으로 결정하여야 하며, 중대한 과실이란 거래에서 필요로 하는 주의의무를 현저히 결여한 것을 말한다.

다. 양도인이 소유자로부터 보관위탁을 받아 제3자(주식회사)에게 보관시킨 주권을 양수인에게 양도한다는 약정을 하고 양수인이 제3자(주식회사)의 대표이사의 지위도 겸하고 있은 경우, 양도인이 주권반환청구권을 양도하고 지명채권양도의 대항요건을 갖추어 양수인에게 선의취득의 요건으로서의 주권의 점유취득은 있었으나 그 취득 당시 거래에서 필요로 하는 주의의무를 현저히 결여한 중대한 과실이 있다면 선의취득이 인정되지 아니한다.

제7 주식의 담보

1. 주식의 입질과 양도담보

주식의 담보제공은 주로 주권을 질권자에게 교부하는 질권설정의 방식에 의한다(제338조 제1항). 기명주식의 질권설정은 약식질과 등록질 두 가지 방식으로 나뉜다. 그밖에 양도담보에 의한 주식의 담보제공 방법이 있다. 상법에서는 질권설정에 관한 규정만 두고 있으므로 양도담보의 설정 및 효력은 회사실무 관행과 민법학에서의 양도담보에 관한 이론에 따른다. 주권이 발행된 경우 주식에 대한 입질이나 양도담보의 설정에는 별 문제가 없으나, 주권이 발행되기 전의 경우 주식에 대한 입질이나 양도담보의 설정이 가능한지, 가능하다면 그 설정방법이 문제된다. 이에 대해 판례는 주권발행전의 주식에 대한 입질이나 양도담보의 설정은 민법상 권리질권 설정방법이나 지명채권 양도방법에 의한다고 한다.

대결 2000. 8. 16, 99그1 주권발행 전의 주식에 대한 양도도 인정되고, 주권발행 전 주식의 담보제공을 금하는 법률규정도 없으므로 주권발행 전 주식에 대한 질권설정도 가능하다고 할 것이지만, 상법 제338조 제1항은 기명주식을 질권의 목적으로 하는 때에는 주권을 교부하여야 한다고 규정하고 있으나, 이는 주권이 발행된 기명주식의 경우에 해당하는 규정이라고 해석함이 상당하므로, 주권발행 전의 주식입질에 관하여는 상법 제338조 제1항의 규정이 아니라 권리질권설정의 일반원칙인 민법 제345조로 돌아가 그 권리의 양도방법에 의하여 질권을 설정할 수 있다고 보아야 한다.

대판 1995. 7. 28, 93다61338 채권담보의 목적으로 이루어진 주식양도 약정 당시에 회사의 성립 후 이미 6개월이 경과하였음에도 불구하고 주권이 발행되지 않은 상태에 있었다면, 그 약정은 바로 주식의 양도담보로서의 효력을 갖는다.

2. 약식질과 등록질

(1) 약식질

약식질은 주권을 질권자에게 교부함으로써 성립한다. 주권의 계속점유가 제3자 대항요건이다(제338조). 약식질의 질권자는 우선변제권과 전질권(민법 제355조, 제329조, 제336조)을 가진다. 약식질권자도 물상대위를 하게 된다. 즉 질권의 효력은 주식의 소각·병합·분할·전환, 준비금의 자본전입으로 인하여 종전의 주주가 받을 금전이나 주식에 대해서 미친다(제339조, 제461조 제4항). 아울러 그 효력은 이익배당에도 미치나 회사가 지급·인도하기 전에 압류하여야 한다.

(2) 등록질

회사가 질권설정자의 청구에 의하여 질권자의 성명과 주소를 주주명부에 부기하고 그 성명을 주권에 기재하는 방법에 의한 질권설정을 등록질이라 한다.

등록질의 경우에는 질권자를 회사에 대하여 알리고 회사로부터 인정받는 것이므로 압류 없이 소각, 병합, 전환, 이익배당, 잔여재산의 분배로 받을 금전이나 주식에 물상대위하여 우선변제를 받을 수 있다(제340조 제2항). 물상대위의 대상이 금전인 경우에는 직접 수령하여 변제에 충당할 수 있고 물상대위의 대상이 주식인 경우에 회사를 상대로 주권교부를 청구할 수 있다(제340조 제3항).

등록질권자의 채권의 변제기가 이미 도래한 경우에는 질권자가 회사로부터 금전을 지급받아 변제에 충당하고 정산을 하면 된다. 회사가 금전을 지급할 때

변제기가 도래하지 않았다면 질권자는 회사로 하여금 그 금액을 공탁하도록 할 수 있으며 질권은 그 공탁금 위에 존재하게 된다(제340조 제2항, 민법 제353조 제3항).

주주의 신주인수권에 대하여 질권의 효력이 미치는가의 문제에 대하여 긍정설은 주식수의 증가에 따른 주식의 가치하락(희석화, watering)으로부터 질권자를 보호하기 위하여는 신주인수권에 대하여도 질권의 효력이 미치는 것으로 새겨야 한다고 한다(정(동), 522면). 한편 부정설에 의하면 질권자가 신주인수권을 행사하더라도 질권설정자인 주주에게 납입을 강요할 수 없기 때문에 실익이 없다고 한다(이(철), 422면; 최, 360면).

3. 자기주식의 질취제한

(1) 서

자기주식의 취득이 일정한 요건을 충족하는 경우에 허용되는 것은 위에서 살펴본 바와 같다. 자기주식의 취득이 규제된다 하더라도 자기주식의 질취(質取)가 무제한 허용된다면 자기주식취득의 규제를 회피하는 수단으로 악용될 소지가 있다. 그렇다고 하여 자기주식의 질취까지 자기주식취득과 같은 정도로 엄격하게 규제한다면 우연히 채권자 회사의 주식을 보유하고 있는 자에게 재산을 담보로서 활용하는 길을 봉쇄하는 결과가 되어 가혹할 수 있다. 한편 자기주식의 질취를 무제한 허용할 경우 질취한 주식의 담보가치가 그 회사의 재정상태에 의존하므로 회사의 재무구조가 악화된 경우 질취한 자기주식의 가치 역시 하락하여 회사의 재정상태를 가속적으로 악화시킬 수 있다. 이에 상법에서는 자기주식의 질취에 일정한 한도를 정해 놓고 있는 것이다.

(2) 질취의 제한과 예외

회사는 발행주식의 총수의 20분의 1을 초과하지 아니하는 범위내에서만 자기주식을 질권의 목적으로 취득할 수 있다(제341조의3). 그러나 회사의 합병 또는 다른 회사의 영업전부의 양수로 인한 때와 회사의 권리를 실행함에 있어 그 목적을 달성하기 위하여 필요한 때에는 위의 한도를 초과하여 질권의 목적으로 취득할 수 있다(제341조의2). 여기서 권리실행을 위하여 필요한 때는 적당한 다른 담보가 없는 경우와 같이 '부득이한 경우'로 엄격하게 새겨야 할 것이다. 질권 취득이라는 것이 처음부터 피담보채권의 담보확보라는 권리실행을 위하여 이루어질 것은 당연하기 때문이다.

(3) 제한위반의 효과

회사가 자기주식질취한도를 초과하여 자기주식을 질취한 경우 한도를 넘는 부분에 대한 질권의 효력을 어떻게 볼 것인가가 문제된다. 한도를 넘는 부분에 대한 질권의 효력을 인정한다면 자기주식취득규제를 회피하는 탈법수단으로 악용될 수 있으므로 무효로 보아야 할 것이다(이 · 최(준), 567면; 최, 407면). 이에 대하여 그러한 질권취득은 원칙적으로 무효이지만 질권설정자가 악의가 아닌 한 무효를 주장할 수 없다는 상대적 무효설(임, 259면)과 수량초과 정도를 무효로 보는 것은 적당하지 않으며 무효라 해보았자 회사에 불리할 뿐이므로 유효로 보아야 한다는 유효설(정(동), 517면; 손, 682~683면)이 있다.

초과부분의 질권을 무효라 할 경우 질권취득이 순차적으로 이루어졌다면 시기적으로 초과하게 된 시점 이후의 질취분을 무효로 보면 될 것이고 여러 건의 질취가 동시에 이루어진 경우라면 건별 질취주식수의 비율에 따라 안배하여 무효화시키면 될 것이다.

제8 주식의 소각 · 분할 · 병합

1. 주식의 소각

(1) 의 의

주식의 소각이라 함은 회사가 존속 중에 발행주식 중 일부를 절대적으로 소멸(실효)시키는 것을 말한다. 주식의 소각은 회사의 존속 중에 주식이 소멸한다는 점에서 해산시의 주식소멸과 다르다. 주식의 소각으로 자본금이 감소하면 자본금불변의 원칙에 영향을 미칠 수 있고 주금액의 환급은 원칙적으로 금지된다는 점에서 주식의 소각은 오로지 상법의 규정에 따라서만 허용된다.

(2) 소각의 종류

주식의 소각은 자본금감소의 규정(제438조 이하)에 따라 하는 경우와 회사가 보유한 자기주식을 소각하는 경우가 있다(제343조 제1항). 그밖에 주식의 상환에 관한 종류주식의 소각이 있다(제345조). 자본금감소를 위한 소각의 경우는 자본금이 감소하므로 채권자보호절차를 밟아야 하나, 자기주식의 소각과 상환주식의 상환의 경우는 배당가능이익을 재원으로 하고 그로 인하여 자본금이 감소하지 아니하므로 채권자보호절차가 요구되지 아니한다. 자기주식의 소각과 상환주식 상환의 경우는 상법 제451조의 계산방법에 따른 금액과 회사의 자본금 사이에 차이가 생기게 된다. 자기주식의 소각과 상환주식의 상환의 차이는 자기주식의 소각에 있어서는 그 대상이 미리 예정되어 있지 아니하나, 상환주식의 경우는 상환주식으로 발행된 종류주식에 한정되므로 상환의 대상이 특정되어 있다는 점이 다르다.

상환에 관한 종류주식에 대해서는 이미 상세하게 설명하였고 자본금감소를 위한 주식소각은 뒤의 자본금감소에서 다룬다. 자기주식의 소각에 관하여는 자기주식의 취득허용과 처분 부분에서 언급하였다.

대판 2008. 7. 10, 2005다24981 [1] 주식의 강제소각의 경우와 달리, 회사가 특정 주식의 소각에 관하여 주주의 동의를 얻고 그 주식을 자기주식으로서 취득하여 소각하는 이른바 주식의 임의소각에 있어서는, 회사가 그 주식을 취득하고 상법 소정의 자본감소의 절차뿐만 아니라 상법 제342조가 정한 주식실효 절차까지 마친 때에 소각의 효력이 생긴다.

[2] 주식 임의소각의 경우 그 소각의 효력이 상법 제342조의 주식실효 절차까지 마쳐진 때에 발생한다 하더라도, 주주가 주식소각대금채권을 취득하는 시점은 임의소각의 효력발생시점과 동일한 것은 아니며, 적어도 임의소각에 관한 주주의 동의가 있고 상법 소정의 자본감소의 절차가 마쳐진 때에는 주식소각대금채권이 발생하고, 다만 그때까지 주주로부터 회사에 주권이 교부되지 않은 경우에는 회사는 주주의 주식소각대금청구에 대하여 주권의 교부를 동시이행항변 사유로 주장할 수 있을 뿐이다.

2. 주식의 분할

(1) 의 의

주식의 분할이라 함은 회사의 자본금(제451조)을 그대로 유지하면서 기존의 주식의 액면금액을 쪼개어 주식수를 증가시키는 것이다. 예를 들면, 액면금액 10,000원의 주식을 발행하고 있는 회사가 1주식을 10주식으로 분할하면 액면금액이 1,000원으로 감소한다. 이 경우 발행주식총수는 10배로 증가하므로 회사의 자본금은 바뀌지 아니한다. 1998년 개정상법에서 주식의 분할에 관한 규정을 신설하였다. 주식분할제도는 1주의 거래시세가 월등하게 높은 회사들의 주식의 거래를 활성화하는 데 이용될 수 있다. 소액투자자들은 일반적으로 1주당 거래시세가 너무 높은 주식의 매입을 꺼리는 경향을 보인다. 소비자상품을 생산하는 회사나 대중을 상대로 서비스를 제공하는 회사는 소액 다수의 주주를 확보하면 주주의 수만큼 고객층을 확대해 나갈 수 있다(소위 '국민주').

(2) 1주의 최저금액과 분할절차

액면주식의 경우 분할후의 1주의 최저금액은 100원이므로(제329조의2 제2항) 이보다 더 세분하는 것은 허용되지 아니한다. 액면주식의 분할이 있게 되면 정관의 절대적 기재사항인 1주의 금액(제289조 제1항 제4호)이 변경되므로 주주총회의 특별결의를 거쳐야 한다(제434조). 주식분할의 절차는 주식병합의 절차를 따른다(제329조의2 제3항, 제440조 내지 제443조).

(3) 효력 발생

주식분할의 효력은 주권제출기간의 만료시에 발생한다(제441조 참조)(정(동), 181면; 최, 767면). 주식분할로 인하여 담보권자에게 불이익이 생겨서는 아니되므로 분할전 주식에 대한 질권자는 분할후 주식에 대하여 질권을 가지게 된다(제339조).

주식분할로 인하여 그 배수만큼 회사의 발행주식총수와 개별 주주의 보유주식수가 증가한다. 액면주식을 발행한 경우 회사의 자본금은 발행주식총수 × 액면금액(제451조)으로 산출되므로 주식분할로 인하여 자본금이 변경되지는 아니한다. 주식분할이 있은 후에도 자본금에 변화가 없다는 점에서 주식분할은 자본금이 증가하는 준비금의 자본전입이나 주식배당의 경우와 다르다.

(4) 변경등기

액면주식을 발행한 경우 주식분할로 인하여 1주의 금액과 발행주식총수가 변경되므로 이에 따른 변경등기를 하여야 한다(제317조 제2항 제1호・제3호, 제317조 제4항, 제183조).

3. 주식의 병합

주식의 병합은 이미 발행된 수개의 주식을 합하여 그보다 적은 수의 주식으로 하는 회사의 행위를 가리킨다. 주식병합의 결과 1주의 실질적 지분이 증가한다. 주식의 병합 중에는 액면금액을 변경하지 않는 경우와 액면금액을 증가시키는 경우가 있을 수 있다. 액면금액을 그대로 유지하면서 병합을 하면 주식수가 감소하고 이에 따라 자본금이 감소하게 된다. 액면금액을 증가시키는 주식병합의 경우 그 주식의 단위(액면금액)가 커지게 되므로 유통성을 감소시키고 단주를 발생시켜 기존 주주의 이해관계에 영향을 미칠 수 있다. 5주를 2주로 병합하는 경우 甲이 7주를 보유한 주주라면 2주를 받고, 2×2/5는 현금으로 정산받는다. 이 경우 발행주식총수가 적은(예, 50주) 회사라면 甲은 지주(持株, 지분)비율이 낮아진다. 상법에서는 주식병합을 일반적으로 허용하지는 않고 자본금감소(제440조)나 회사합병(제530조 제3항)의 경우에 주식병합을 할 수 있도록 규정하고 있다.

대판 2005. 12. 9, 2004다40306 구 상법(1991. 5. 31. 법률 제437제2호로 개정되기 전의 것)상 주식병합에 있어서 일정한 기간을 두어 공고와 통지의 절차를 거치도록 한 취지는 신 주권을 수령할 자를 파악하고 실효되는 구 주권의 유통을 저지하기 위하여 회사가 미리 구 주권을 회수하여 두려는 데 있다 할 것인바, 사실상 1인 회사에 있어서 주식병합에 관한 주주총회의 결의를 거친 경우에는 회사가 반드시 위와 같은 공고 등의 절차를 통하여 신 주권을 수령할 자를 파악하거나 구 주권을 회수하여야 할 필요성이 있다고 보기는 어려우므로, 주식병합에 관한 주주총회의 결의에 따라 그 변경등기가 경료되었다면 위와 같은 공고 등의 절차를 거치지 않았다고 하더라도 그 변경등기 무렵에 주식병합의 효력이 발생한다고 봄이 상당하다.

제9 실기주(실념주)

1. 의 의

기명주식의 양수인은 자기의 성명과 주소를 주주명부에 기재하지 아니하면 회사에 대항하지 못한다(제337조 제1항). 실기주라 함은 주식의 양수인이 주주명부에 명의개서를 게을리하여 회사에 대하여 권리행사를 할 수 없는 경우를 가리킨다. 즉 신주인수의 청약을 할 수 없거나 이익배당의 지급 또는 준비금의 자본전입으로 발행되는 신주(무상주)의 교부를 받을 수 없는 주식을 넓은 의미의 실기주라 한다. 이러한 넓은 의미의 실기주 외에 협의로는 주식의 양수인이 신주배정기준일까지 명의개서를 하지 않고 있는 동안 그 주식의 양도인인 주주명부상의 주주가 발행받은 신주를 가리킨다. 광의의 실기주의 경우 또는 협의의 실기주가 발생한 경우, 회사, 양도인, 양수인 3 당사자의 법률관계에 관하여 상당한 논의가 있어 왔다.

2. 양수인(실질주주)의 지위

기명주식의 이전은 취득자(양수인)의 성명과 주소를 주주명부에 기재하지 아니하면 회사에 대항하지 못하므로(제337조 제1항) 명의개서를 하지 아니한 양수인은 회사를 상대로 신주인수권을 주장할 수 없다. 회사는 양도인인 주주명부상의 주주를 상대로 주식인수를 최고하고 청약을 받아 배정을 하면 된다.

이와는 달리 회사가 양수인을 주주로 인정할 수 있는가. 명의개서를 하지 아니한 양수인은 회사에 대항하지 못하지만 그가 실질상의 주주이므로 회사가 그러한 사실을 알고 양수인에게 청약을 최고하고 청약을 받아 그에게 신주를 배정할 수 있다고 보는 것이 다수설(편면적 구속설)(송, 760면; 정(경), 414면; 정(동), 512면; 정(찬), 758면; 채, 659면)이다. 한편 다수설대로라면 회사가 양도인과 양수인 중에서 권리행사를 할 자를 선택할 수 있는 것이 되어 문제가 될 수 있다고 하면서 회사도 양수인을 주주로 인정할 수 없다고 하는 소수설(쌍방적 구속설)이 있다(이(철), 355면; 최, 398면). 그러나 실제로 회사의 자의적인 선택에 대하여 문제가 제기되지는 않을 것이다. 회사가 양수인에게 권리행사를 허용한 경우에 양도인이 별도로 권리주장을 하는 일은 생각할 수 없기 때문이다. 한편 회사가 양도인, 양수인 양자의 권리행사를 모두 거부하는 것은 허용될 수 없다. 판례도 명의개서를 하지 아니한 실질상의 주주를 회사측에서 주주로 인정하는 것은 무방하다고 설시하였다.

대판 1989. 10. 24, 89다카14714 구 상법(1984. 4. 10. 법률 제372제4호로 개정되기 전의 것) 제337조의 규정은 주주권이전의 효력요건을 정한 것이 아니고 회사에 대한 관계에서 누가 주주로 인정되느냐 하는 주주의 자격을 정한 것으로서 기명주식의 취득자가 주주명부상의 주주명의를 개서하지 아니하면 스스로 회사에 대하여 주주권을 주장할 수 없다는 의미이고, 명의개서를 하지 아니한 실질상의 주주를 회사측에서 주주로 인정하는 것은 무방하다고 해석할 것이다.

3. 양도인(주주명부상의 주주)의 지위

(가) 회사에 대한 관계

양도인은 비록 주주명부상의 주주로 남아 있으나 주식을 양도하였으므로 실질적인 주주의 지위에 있지는 아니하다. 이와 관련하여 회사는 신주배정기준일 현재의 주주명부상의 주주에게 신주배정을 하여야 하므로 양도인만이 신주인수권을 가진다는 소수설이 있으나 위에서 본 바와 같이 회사가 양수인에게 신주배정을 하고자 한다면 양도인은 신주에 관한 권리주장을 할 수 없다고 보아야 할 것이다. 다만 실질적인 주주인 양수인이 신주인수권을 행사하지 아니한 경우에 양도인이 그 권리를 행사할 수 있고 회사는 그것을 거부할 수 없다. 그러나 판례는 신주배정기준일 현재 주주명부상의 주주(양도인)에게 신주가 귀속된다고 하였다(형식설).

대판 1995. 7. 28, 94다25735 상법 제416조에 의하여 주식회사가 주주총회나 이사회의 결의로 신주를 발행할 경우에 발생하는 구체적 신주인수권은 주주의 고유권에 속하는 것이 아니고 위 상법의 규정에 의하여 주주총회나 이사회의 결의에 의하여 발생하는 구체적 권리에 불과하므로, 그 신주인수권은 주주권의 이전에 수반되어 이전되지 아니하는바, 회사가 신주를 발행하면서 그 권리의 귀속자를 주주총회나 이사회의 결의에 의한 일정 시점에 있어서의 주주명부에 기재된 주주로 한정할 경우, 그 신주인수권은 그 일정 시점에 있어서의 실질상의 주주인가의 여부와 관계없이 회사에 대하여 법적으로 대항할 수 있는 주주, 즉 주주명부에 기재된 주주에게 귀속된다.

대판 1988. 6. 14, 87다카2599,2600 상법 제461조에 의하여 주식회사가 이사회의 결의로 준비금을 자본에 전입하여 주식을 발행할 경우에는 회사에 대한 관계에서는 이사회의 결의로 정한 일정한 날에 주주명부에 주주로 기재된 자만이 신주의 주주가 된다고 할 것이므로, 甲이 丙 주식회사의 기명주식을 실질적으로 취득하였으나 丙 주식회사의 이사회가 신주를 발행하면서 정한 기준일 현재 甲이 기명주주의 명의개서를 하지 아니하여 乙이 그 주주로 기재되어 있었다면 丙 주식회사에 대한 관계에서는 신주의 주주는 乙이라 할 것이다.

〈사실관계 및 쟁점〉 대전주정공업 주식회사(이하 '대전주정'이라고 한다)는 1978. 11. 30. 대한주정공업 주식회사(이하 '대한주정'이라고 한다) 발행의 1,074주에 대하여 명의개서를 마친 주주이다. 그런데 대한주정은 1984. 12. 3.자로 자산재평가적립금을 자본전입하여 100% 무상증자를 실시하고 신주를 발행하였다. 그 신주배정 기준일은 1984. 12. 20.이었다. 한편, 대전주정이 보유한 위 1,074주의 주식에 관하여는 위 대전주정이 1979. 10. 6. 대전세무서로부터 주세징수유예를 받을 목적으로 피고 대한보증보험 주식회사(피고)와 피보험자를 대전세무서, 보험금액을 금 32,120,000원으로 한 납세보증보험계약을 체결하면서 피고 회사에 위 1,074주를 담보로 제공하고, 만일 대전주정이 유예받은 세금을 납부하지 못하여 피고 회사가 위 보험금액을 세무서에 지급하고 위 대전주정에 대하여 구상채권을 갖게 되면 위 1,074주에 관한 권리를 피고 회사에 귀속시키기로 약정하면서, 백지식 배서와 주권을 교부하였다. 그 후 피고 회사가 1980. 4. 25. 보험금을 대전세무서에 지급함으로써 위 납세보증보험계약 및 주식양도계약에 의하여 위 1,074주에 관한 권리는 피고 회사에게 귀속되었으나, 주주명부상의 명의개서는 이루어지지 아니하여 여전히 위 대전주정이 주주명부상 주주로 기재되어 있었다. 그런데 대한주정 이사회는 1984. 12. 3. 자산재평가적립금을 자본전입하여 무상신주를 발행하면서, 같은 해 12. 20. 현재 주주명부상 주주에게 1주당 1주씩 배당하기로 결의하였다. 한편, 대한주정은 주주명부상 주주인 대전주정에게 위와 같이 배정된 신주를 찾아갈 것을 통지하였으나 그 통지는 송달불능이 되어 그 신주는 대한주정이 계속 보관하였다.

위와 같이 배정된 신주 1,074주에 관해 원고 홍성용(양도인의 채권자)이 1985. 4. 25. 법원으로부터 대한주정이 보관중이던 위 신주에 관하여 주식압류명령을 받고 1985. 5. 8. 집달관에게 위 신주에 관한 압류집행을 위임하여 동 집달관이 이를 압류집행 후 A은행 지점에 보관하였다. 그 후 원고는 1985. 7. 16. 법원으로부터 추심에 갈음할 양도명령을 받고 그 명령정본이 1985. 7. 18.경 채무자인 대전주정과 제3채무자인 대한주정에게 각 송달되었다.

피고 회사(대한보증보험, 양수인)는 1985. 7. 16. 법원으로부터 위 신주에 대한 주식 압류명령을 받고, 1985. 7. 26. 집달관에 의하여 위 A은행 지점에 보관하고 있던 위 신주를 꺼내어 다시 압류절차를 취한 후 도로 위 A은행 지점에 보관하였다.

원고는 본소로서, 위 신주 1,074주는 위 1985. 7. 16.자 양도명령에 의하여 원고에게 귀속되었다고 주장하면서 피고 회사가 행한 1985. 7. 26.자 압류집행의 불허를 구하는 제3자 이의 및 주식소유권확인의 소를 제기하였다. 이에 대하여 피고 회사는 자신이 이미 1980. 4. 25. 위 1,074주(舊株)를 양도받아 신주인수권을 가지고 있었으므로 위 신주는 모두 자신에게 귀속되었다고 주장하면서, 제3자 이의 및 주식소유권확인의 반소를 제기하였다.

여기서 쟁점이 된 것은 주식양수인이 명의개서를 하지 아니한 상태에서 발행된 신주가 누구에게 귀속되는가 하는 점이다. 즉, 신주의 귀속권자가 양도인인가 아니면 양수인인가 하는 점이다.

이에 대하여 원심(서울고법 1987. 9. 7, 86나3770,3771 판결) 및 대법원은 '상법 제461조에 의하여 주식회사가 이사회의 결의로 준비금을 자본에 전입하여 주식을 발행할 경우에는 회사에 대한 관계에서는 이사회의 결의로 정한 일정한 날에 주주명부에 주주로 기재된 자만이 신주의 주주가 된다고 할 것이다'라고 판시하였다. 이에 의하면, 이 사건에서 피고 회사가 위 대한주정의 기명주식을 실질적으로 취득하였었으나 위 대한주정의 이사회가 위 신주를 발행하면서 정한 1984. 12. 20. 현재 피고 회사가 명의개서를 하지 아니하고 있었고 위 대전주정이 그 주주로 기재되어 있었다면 위 대한주정에 대한 관계에서는 이 사건 신주의 주주는 위 대전주정이라고 한 것이다. 따라서 원고가 이 사건 신주에 대하여 위 대전주정을 채무자, 위 대한주정을 제3채무자로 하여 한 주식압류는 무효라고 할 수 없다고 보았다.

(나) 경제적 이익의 귀속

양도인이 신주의 배정을 받아 주금액을 납입함으로써 신주의 주주가 된 경우(유상신주) 또는 양도인이 무상신주를 배정받은 경우에 양수인이 양도인을 상대로 신주에 대한 경제적 이익의 반환을 청구할 수 있느냐가 문제된다. 이에 대하여 준사무관리설은 양수인은 양도인에게 유익비용을 상환하고 신주의 반환을 청구하거나 양도인이 그 신주식을 매각한 경우에는 그 매각대금의 반환을 청구할 수 있다고 한다. 양도인에게 관리의사가 없으므로 민법상 사무관리에 해당한다고 보기 어려우나 양도인이 양수인을 위하여 신주인수를 한 것으로 법적으로 의제할 수 있다고 한다(이(철), 355면; 최, 401~402면). 한편 부당이득설에서는 양수인이 양도인을 상대로 신주발행가액과 시가의 차액을 부당이득으로 반환청구할 수 있다고 한다(정(동), 513면). 준사무관리라는 개념이 필요한가에 의문을 표시하는 입장에서는 사무관리이론으로 반환청구를 인정한다(정(찬), 759면).

생각해 보면 양수인이 적극적으로 신주인수를 하고자 하였다면 그러한 권리행사를 할 수 있었을 것이다. 반면에 양수인이 신주인수를 시도하지 않았던 경우에 양도인이 '법률상 원인 없이' 이익을 얻었다고 보기 어렵고(민법 제741조 참조) 당해 신주를 인수할 의사가 없었던 양수인에게 손해가 있었다고 볼 수도 없으므로 부당이득의 문제로 해결하기는 어렵다. 결국 양도인과 양수인의 관계는 준사무관리로 해결하는 다수설의 입장이 옳다고 생각한다.

제10 주주명의차용의 문제

1. 문제의 소재

회사설립시나 신주발행시에 주식을 인수하거나(명의차용의 경우) 이미 발행된 주식을 양수함에(명의신탁의 경우) 있어서 투자자가 자신의 명의를 사용하지 않고 타인의 명의를 사용하여 그 타인의 명의로 인수 또는 양수를 하는 경우가 있다. 주식인수의 경우 명의차용자와 명의대여자 중 어느 쪽이 주금액을 납입할 책임을 지느냐 하는 문제가 발생한다. 또 주식이 효력을 발생한 후에는 명의차용자(실질주주)와 명의대여자(주주명부상의 주주) 중 누가 주주로서의 지위를 차지하느냐도 문제된다. 누구를 주주로 인정할 것이냐의 문제는 타인의 명의로 주식을 양수하여 그 타인(명의대여자)의 명의로 명의개서를 한 경우에도 마찬가지이다. 널리 타인명의사용의 경우에는 승낙을 받고 사용한 경우 외에, 승낙을 받지 아니하고 사용한 경우와 아예 가설인의 명의를 사용한 경우 등이 포함된다.

2. 주금의 납입책임

타인의 승낙을 얻어 그 타인의 명의로 주식을 인수한 자는 그 타인과 연대하여 주금을 납입할 책임을 진다(제332조 제2항). 한편 타인의 승낙 없이 그 타인의 명의로 주식을 인수한 경우는 명의사용자(명의차용자)가 주식인수인이 되고 주금납입의 책임을 진다. 가설인의 명의를 사용한 경우에도 명의사용자가 주식인수인으로서의 책임을 진다(제332조 제1항). 한편 본조는 자기를 위하여 타인명의로 주식을 인수한 경우에 관한 것이고, 타인 B(소득세 납세실적이 없는 C의 처)를 위하여 타인 A(C의 변호사인 아들)의 명의로 C(B의 남편)가 주식을 인수한 경우에는 적용되지 아니한다. 후자의 경우에는 타인 A가 주식인수인이 된다.

이와 같은 상법의 규정은 타인명의로 주식을 인수한 경우에도 그 주식인수는 유효함을 선언한 것이다. 특히 가설인의 명의로 주식을 인수하였더라도 유효로 본다는 점에서 의의가 있다.

3. 주주의 자격 인정

타인명의로 주식을 인수하여 주주명부상 그 타인이 주주로 등재되어 있는 경우 또는 타인명의로 주식을 양수하여 그 타인명의로 명의개서를 하여 그 타인이 주주명부상의 주주로 등재된 경우 주주명부상의 주주(명의주주)와 실질적인 투자자(실질주주) 중 누구를 주주로 보아야 할 것인가. 우선 회사의 입장에서 의결권, 이익배당청구권, 신주인수권 등의 주주권을 누구에게 행사시킬 것인가가 문제되고 제3자와의 관계에서도 권리분쟁이 생길 수 있다. 즉 명의주주로부터 주식을 양수한 제3자가 보호받을 수 있는가. 또 명의주주의 채권자가 그 주식에 압류할 수 있느냐 등이 문제된다. 이에 대하여 압도적 다수설과 판례는 실질상의 주주를 주주로 보아야 한다고 하는 반면, 주주명부상의 주주를 주주로 보아야 한다는 소수설이 있다(손, 411면).

(1) 실질설

실질설은 실질적으로 출자한 자를 주주로 보자고 한다. 즉 명의대여자는 자신이 주주가 된다는 의사가 있는 것으로 볼 수 없는 반면 명의차용자는 자기에게 주식인수의 효과를 귀속시키려는 의사로 청약을 한 것이므로 명의차용자가 주주가 된다고 보는 것이 옳다고 한다. 그리고 명의차용자를 주주로 보는 것이 명의차용자를 주식인수인으로 보고 있는 상법 제332조 제1항과도 일관된다고 한다. 다만 동조 제2항에서 명의대여자의 연대책임을 규정하고 있으나 이것때문에 명의대여자가 주주권을 취득하는 것으로 보아서는 안 될 것이라고 한다(정(동), 442면; 정(찬), 698면). 실질설에 의하면 실질주주, 즉 명의차용자에게 주주총회소집통지를 한 이상 소집절차상의 하자에 해당하지 아니하며 오히려 회사가 명의대여사실을 알면서 명의대여자에게 주주총회소집통지를 하면 하자있는 총회의 소집에 해당한다고 한다(대판 1978. 4. 25, 78다805; 대결 1980. 9. 19, 80다396).

명의차용의 사실을 아는 회사는 명의차용자에게 배당금을 지급하여야 하며 신주의 배정도 명의차용자에게 하여야 한다는 것이 실질설의 일관된 결론이 될 것이다. 그러나 판례는 주식양도후의 실기주에 대하여 형식설을 취하고 있다(대판 1995. 7. 28, 94다25735).

(2) 형식설

형식설에 의하면 명의대여자가 주주가 된다고 한다. 특히 명의대여자의 승낙을 얻어서 그의 명의로 주식을 인수한 경우 단체법에서의 외관주의 또는 표시주의의 원칙에 따라 실질관계 여하를 불문하고 명의대여자가 대 회사관계에서 주주로 취급되어야 한다는 것이다(손, 411면, 469면). 주식에 관한 법률관계는 집단적 · 객관적 · 획일적으로 다루어져야 한다고 한다. 다음으로 회사가 실질주주가 누구인가를 확인하는 것은 사실상 어려운 일이며 일시적으로 회사의 경영진이 실질주주의 존재를 확인했다 하더라도 그러한 인식이 계속 승계된다고 볼 수도 없다고 한다. 형식설에서 지적하는 실질설의 또 하나의 문제는 실질설을 관철시킨다면 실질주주가 그 때까지 명의주주의 이름으로 이루어진 모든 법률관계의 효력을 부정할 수 있게 되어 회사의 법률관계가 불안정해진다고 한다.

(3) 판 례

판례는 다수설과 동일하게 실질적으로 출자한 자를 주주로 보고 있다. 명의대여자는 주주로 볼 수 없기 때문에 명의대여자는 소수주주임을 전제로 한 주주총회 소집허가신청(제366조 제1항)을 할 수 없다고 한다. 한편, 상법 제332조 제2항은 자본충실을 기하기 위한 규정으로서 이미 주금납입의 효력이 발생한 후에는 적용될 여지가 없어 (가장납입의 경우) 체당(대신)납입한 주금을 상환할 의무자는 명의차용자뿐이라고 한다.

대결 1980. 9. 19, 80마396 타인의 승낙을 얻어 그 명의를 빌려서 주식을 인수하고 그 대금을 납입한 경우에는 그 명의차용인만이 실질상의 주식인수인으로서 주주가 되는 것이고 단순한 명의대여인은 주주가 될 수 없다.

〈사실관계 및 쟁점〉 상대방 회사인 오주건설 주식회사는 신청외 장진남의 실질적 1인회사이다. 상대방 회사의 설립 당시 신청외 장진남은 자신의 처인 신청인 김영순 외에 아들들인 신청인들의 승낙을 받아 그들의 명의로 주식을 인수하고 인수대금을 납입하였다. 신청인들은 자신들이 상대방회사의 소수주주임을 전제로 이 사건 임시주주총회소집허가신청을 하였다.

여기서 쟁점이 된 것은 단순한 명의대여자에 불과한 신청인들이 상대방 회사의 주주가 될 수 있는가 하는 점이다. 이에 대하여 원심(서울고법 1980. 7. 30, 80라45 결정)은 신청인들은 단순한 명의대여자에 불과하므로 상대방 회사의 주주가 아니기 때문에 그 신청적격이 없다라는 이유로 이 사건 임시주주총회소집허가신청을 기각하자, 신청인들이 대법원에 재항고한 것이다. 한편, 대법원은 위 결정요지와 같은 이유로 신청인들은 상대방 회사의 주주가 아니라는 이유로 재항고를 기각한 것이다.

대판 2002. 3. 26, 2002다29138 상법 제332조 제2항은 '타인의 승낙을 얻어 그 명의로 주식을 인수한 자는 그 타인과 연대하여 납입할 책임이 있다'라고 규정하고 있는바, 이는 주식회사의 자본충실을 기한다는 취지에서 주금의 납입을 완료하기 전에 실질상 주주인 명의차용자와 외관을 창출한 명의대여자 모두에게 주금납입의 연대책임을 부과하는 규정이라고 할 것이고, 따라서 주금납입이 완료된 경우에는 위 규정이 적용되지 않는다고 할 것이다. 주식회사를 설립하면서 일시적인 차입금으로 주금납입의 외형을 갖추고 회사설립절차를 마친 다음 바로 그 납입금을 인출하여 차입금을 변제하는 이른바 가장납입의 경우에도 주금납입의 효력을 부인할 수는 없다고 할 것이어서 주식인수인이나 주주의 주금납입의무도 종결되었다고 보아야 할 것이고, 한편 주식을 인수함에 있어 타인의 승낙을 얻어 그 명의로 출자하여 주식대금을 납입한 경우에는 실제로 주식을 인수하여 그 대금을 납입한 명의차용인만이 실질상의 주식인수인으로서 주주가 된다고 할 것이고 단순한 명의대여인은 주주가 될 수 없다고 할 것이다. 따라서 주식회사의 자본충실의 요청상 주금을 납입하기 전에 명의대여자 및 명의차용자 모두에게 주금납입의 연대책임을 부과하는 규정인 상법 제332조 제2항은 이미 주금납입의 효력이 발생한 주금의 가장납입의 경우에는 적용되지 않는다고 할 것이고, 또한 주금의 가장납입이 일시 차입금을 가지고 주주들의 주금을 체당납입한 것과 같이 볼 수 있어 주금납입이 종료된 후에도 주주는 회사에 대하여 체당납입한 주금을 상환할 의무가 있다고 하여도 이러한 주금상환채무는 실질상 주주인 명의차용자가 부담하는 것일 뿐 단지 명의대여자로서 주식회사의 주주가 될 수 없는 자가 부담하는 채무라고는 할 수 없을 것이다.

(4) 결 론

타인명의를 차용하여 주식인수를 한 경우 법률관계에 대한 학설의 대립은 주로 누구를 주식인수인으로 볼 것인가에 초점이 맞추어져 있다. 그러나 이 문제는 곧 주주명부상의 주주와 그 명의를 차용한 주주 중 누구를 주주로 볼 것인가의 문제로 진행된다. 주식인수시의 명의차용을 타인명의로 주식을 양수한(명의신탁) 경우와 다르게 보는 것은 적당하지 않다. 나아가 주식양수인이 명의개서를 해태하고 있는 경우와도 일관되게 해석되어야 한다.

물론 명의차용자가 가설인의 명의를 사용하였다면 명의대여자가 전면에 등장할 여지가 없으므로 차용자만을 주주로 취급하면 될 것이다. 그리고 명의대여자와 차용자 두 사람 사이에서는 차용자가 주주로서의 이익을 향수하여야 한다는 점에 대하여도 이론이 있을 수 없다. 반면에 대 회사관계에서는 주주명부의 기재에 대항력과 자격수여적 효력이 인정되므로 회사는 명의주주만을 주주로 인정하면 된다고 할 수 있다. 즉 회사가 명의주주에게 총회소집통지를 하고 그에게 배당금을 지급하거나 신주배정을 하더라도 아무런 하자가 있을 수 없다. 그러나 판례는 회사가 실질주주를 알았거나 중과실로 알지 못한 경우에 명의주주에게 의결권 행사를 허용한 것은 위법이라고 하였다(대판 1998. 9. 8, 96다45818).

다음으로 주주명부가 창설적 효력 내지 공신력을 가지는 것은 아니므로 제3자에 대한 관계에서, 즉 명의주주로부터 주식을 양수한 양수인의 보호와 명의주주의 채권자의 당해 주식에 대한 압류의 효력 등의 문제를 해결하는 데 있어서는 실질관계에 따라 주식의 귀속주체를 정할 수밖에 없다. 실질주주와 명의주주간에 주식의 귀속을 둘러싼 다툼이 있을 경우 그 귀속주체를 결정할 권한이 회사에 없음은 물론이다.

이러한 결론을 사례에 적용해보면, 회사가 실질주주에게 총회소집통지를 한 경우 소집절차상의 하자에 해당하지 아니하며 명의주주에게만 소집통지를 하였다 하더라도 역시 소집절차상의 하자를 인정할 수 없다. 즉 두 경우 모두 결의취소의 소 또는 결의부존재확인의 소의 원인이 될 수 없다. 명의주주에게 배당금을 지급한 경우 회사는 면책된다.

요약하면, 실질주주와 명의주주 양자간의 관계에서는 실질주주에게 주주로서의 이익이 귀속되어야 하는 것은 너무나 당연하다. 회사에 대한 관계에서는 단체법의 획일적 처리원칙에 따라 명의주주가 주주로 취급받아야 하지만 회사가 실질주주를 주주로 취급하는 것은 금지할 수 없다. 실질주주가 있음에도 불구하고 실질주주의 뜻에 반하여 명의주주가 권리행사를 하도록 허용하는 것은 정의에 맞지 않는다. 회사가 실질주주를 주주로 취급하고자 하는데 실질주주라고 주장하는 자의 실질주주 여부가 다투어지는 경우 회사는 법원의 결정에 따를 수밖에 없다(예를 들면 실질주주라고 하면서 배당금지급을 청구하는 경우). 제3자의 주식양수나 주식에 대한 제3자의 압류 등 제3자에 대한 관계에서는 실질주주가 주식의 귀속주체로 다루어져야 하며 주주명부상의 기재는 주식의 귀속주체를 결정하는데 있어서 일응의 추정력을 가질 뿐이다. 이 점에서 주식의 명의차용의 경우에 대하여 부동산에 관한 명의신탁의 법리(대외적으로 수탁자를 권리자로 인정하는)를 원용하는 것은 적당하지 아니하다고 본다.

제 4 절 주식회사의 기관

제1 총 설

주식회사는 법인이므로 자연인에 의하여 설립되고 경영될 수밖에 없다. 회사의 의사를 결정하거나 회사를 위하여 행위를 하는 자연인 또는 자연인의 모임을 기관이라 한다. 주식회사의 경영기구는 인적회사에 비교해 볼 때 분화되어

[주식회사의 기관과 영향력 행사 주체]

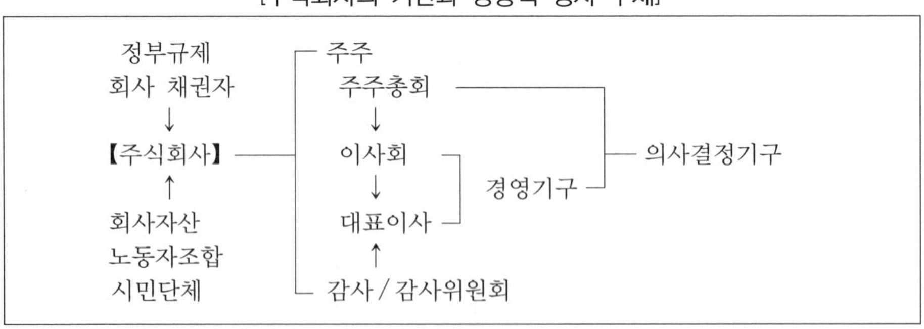

있으며 소유와 경영이 분리되어 있다. 소유와 경영의 분리의 바탕에는 적자관리(適者管理)와 '기업자체'로서의 회사(소유자는 바뀌더라도)라는 아이디어가 내재해 있다.

회사법의 초기단계에서 삼권분립이라는 민주정치체제의 영향을 받아 주식회사의 기관도 의사기관(주주총회), 집행기관(이사회, 대표이사), 감독기관(감사, 감사위원회, 검사인)으로 분화되었다. 그 후 현대에 이르러 국가권력구조는 커다란 변화를 보였으며 주식회사의 기구도 변화해 왔다. 특히 오늘날의 주식회사의 실제를 보면 정부조직 내에서 입법부의 통법부화(通法府化) 현상과 같이 주주총회는 형해화하고 실질적으로는 대표이사, 집행임원, 이사회가 주식회사의 경영을 전담하고 있다.

제2 주주총회

Ⅰ. 총 설

1. 의 의

주주총회는 주주전원에 의하여 구성되고 회사의 기본조직과 경영에 관한 중요사항을 의결하는 필요적 기관이다. 상설기관성 여부는 관점에 따라 인정되기도 하고 부인되기도 한다.

기업경영의 복잡화, 전문화에 따라 전문경영지식과 경험을 갖추지 못한(아마추어) 주주들의 모임인 주주총회의 기능과 역할은 축소될 수밖에 없게 되었다. 대규모 주식회사의 경우 그 경영은 대부분 이사회가 맡게 되고 주주총회의 기능은 형식적인 것으로 전환되었다. 이러한 실정을 반영하여 우리 회사법에서는 주주총회의 권한을 상법과 정관에 정하는 사항에 한하여 결의할 수 있도록 한정하고 있다(제361조). 그러나 아직도 주주총회는 이사·감사의 선임·해임권을 가지고 있으며, 정관으로 그 권한을 확대시킬 수 있으므로 주식회사의 최고기관이라 할 수 있다.

2. 주주총회의 결의사항

(1) 보통결의

주주총회의 결의는 상법 또는 정관에 다른 정함이 있는 경우 외에는 출석한 주주의 의결권의 과반수와 발행주식총수의 4분의 1 이상의 수로써 하여야 한다(제368조 제1항). 이사·감사의 선임(제382조, 제409조 제1항), 이사가 제출한 재무제표의 승인(제449조) 등이 대표적 보통결의사항이다. 회사가 정관으로 보통결의의 의결정족수나 최소표결수를 가중할 수 있으나 감경할 수 없다는 데 의견이 일치한다(정(동), 568면; 이(철), 544면). 상법상의 주주총회 결의요건은 일반회의체의 다수결의 원칙이 회사운영의 편의를 도모하기 위하여 변경·완화된 것이므로 법에서 정한 요건보다 더 완화하는 것은 결의의 정당성을 훼손하게 될 우려가 있다.

(2) 특별결의

출석한 주주의 의결권의 3분의 2 이상의 수와 발행주식 총수의 3분의 1 이상의 수로써 하는 결의를 특별결의라 한다(제434조). 특별결의사항에는 정관의 변경(제434조), 영업의 전부 또는 중요한 일부의 양도(제374조), 이사의 해임(제385조 제1항), 자본금감소(제438조) 등이 있다. 회사는 정관으로 특별결의의 최소표결수나 의결정족수를 가중할 수 있으나 완화는 허용될 수 없다(다수설). 이에 대하여 가중을 허용하더라도 '과반수출석과 3분의 2 이상의 찬성'을 상한선으로 하자는 주장이 있다(이(철), 546면).

(3) 특수결의

총주주의 동의를 요하는 특수결의사항에는 이사·감사의 회사에 대한 책임면제(제400조), 주식회사의 유한회사로의 조직변경(제604조)이 있다.

(4) 종류주주총회

회사가 종류주식을 발행한 경우, 어느 종류주식의 주주에게 손해를 미치게 될 때 주주총회의 결의 외에 손해를 입을 염려가 있는 종류의 주주들만을 대상으로 결의를 요구하는바, 이를 종류주주총회라 한다.

종류주주총회가 필요한 경우로는 정관을 변경함으로써 어느 종류주식의 주주에게 손해를 미치게 될 때(제435조 제1항), 상법 제344조 제3항에 따라 주식의 종류에 따라 특수하게 정하는 경우와 회사의 분할 또는 분할합병, 주식교환, 주식이전 및 회사의 합병으로 인하여 어느 종류의 주주에게 손해를 미치게 될 경우(제436조)가 있다.

이 경우 종류주주총회의 결의는 출석한 주주의 의결권의 3분의 2 이상의 수와 그 종류의 발행주식총수의 3분의 1 이상의 수로써 하여야 하고(제435조 제2항), 의결권 없는 주식도 종류주주총회에서는 의결권을 가진다(제435조 제3항).

대판 2006. 1. 27, 2004다44575,44582 **종류주주총회결의가 필요한 경우 및 확인소송의 대상**

상법 제435조 제1항은 "회사가 수종의 주식을 발행한 경우에 정관을 변경함으로써 어느 종류의 주주에게 손해를 미치게 될 때에는 주주총회의 결의 외에 그 종류의 주주의 총회의 결의가 있어야 한다."고 규정하고 있는바, 위 규정의 취지는 주식회사가 보통주 이외의 수종의 주식을 발행하고 있는 경우에 보통주를 가진 다수의 주주들이 일방적으로 어느 종류의 주식을 가진 소수주주들에게 손해를 미치는 내용으로 정관을 변경할 수 있게 할 경우에 그 종류의 주식을 가진 소수주주들이 부당한 불이익을 받게 되는 결과를 방지하기 위한 것이므로, 여기서의 '어느 종류의 주주에게 손해를 미치게 될 때'라 함에는, 어느 종류의 주주에게 직접적으로 불이익을 가져오는 경우는 물론이고, 외견상 형식적으로는 평등한 것이라고 하더라도 실질적으로는 불이익한 결과를 가져오는 경우도 포함되며, 나아가 어느 종류의 주주의 지위가 정관의 변경에 따라 유리한 면이 있으면서 불이익한 면을 수반하는 경우도 이에 해당된다고 할 것이다.

… 앞에서 본 상법 제435조 제1항의 문언에 비추어 보면, 어느 종류 주주에게 손해를 미치는 내용으로 정관을 변경함에 있어서 그 정관변경에 관한 주주총회의 결의 외에 추가로 요구되는 종류주주총회의 결의는 정관변경이라는 법률효과가 발생하기 위한 하나의 특별요건이라고 할 것이므로, 그와 같은 내용의 정관변경에 관하여 종류주주총회의 결의가 아직 이루어지지 않았다면 그러한 정관변경의 효력이 아직 발생하지 않는 데에 그칠 뿐이고, 그러한 정관변경을 결의한 주주총회결의 자체의 효력에는 아무런 하자가 없다고 할 것이다.

… 그러나 정관의 변경결의의 내용이 어느 종류의 주주에게 손해를 미치게 될 때에 해당하는지 여부에 관하여 다툼이 있는 관계로 회사가 종류주주총회의 개최를 명시적으로 거부하고 있는 경우에, 그 종류의 주주가 회사를 상대로 일반 민사소송상의 확인의 소를 제기함에 있어서는, 정관변경에 필요한 특별요건이 구비되지 않았음을 이유로 하여 정면으로 그 정관변경이 무효라는 확인을 구하면 족한 것이지, 그 정관변경을

내용으로 하는 주주총회결의 자체가 아직 효력을 발생하지 않고 있는 상태(이른바 불발효 상태)라는 관념을 애써 만들어서 그 주주총회결의가 그러한 '불발효 상태'에 있다는 것의 확인을 구할 필요는 없다.

3. 소 집

(1) 소집권자

(가) 이사회

주주총회의 소집결정은 이사회의 권한에 속한다(제362조). 이사회에서 소집일시·장소·의안 등을 결정하면 대표이사가 세부적 사항을 정하고 절차를 밟아 소집한다(의사결정/실행행위).

적법한 절차에 따라 소집하지 않았거나 소집권을 가지지 않은 자가 주주총회를 소집하였다(절차상의 하자) 하더라도 1인회사의 주주나 주주전원이 출석하여 결의한 것은 유효하다.

대판 1993. 2. 26, 92다48727 임시주주총회가 법령 및 정관상 요구되는 이사회의 결의 없이 또한 그 소집절차를 생략하고 이루어졌다고 하더라도, 주주의 의결권을 적법하게 위임받은 수임인과 다른 주주 전원이 참석하여 총회를 개최하는 데 동의하고 아무런 이의 없이 만장일치로 결의가 이루어졌다면 이는 다른 특별한 사정이 없는 한 유효한 것이다[같음, 대판 2002. 12. 24, 2000다69927; 대판 2008. 6. 26, 2008도1044]

〈사실관계 및 쟁점〉 피고 세림제약 주식회사는 1988. 7. 26.경 원고 전도윤이 자본을 투자하고 소외 김재훈이 마약중독해독제에 대한 제조기술을 제공하여 마약중독해독제 등 의약품제조 및 수출입 등을 목적으로 발행주식 총수 5,000주, 1주의 금액 10,000원, 자본의 총액 금 50,000,000원으로 하여 설립된 회사이다. 원고와 위 김재훈이 피고 회사의 주식 50%씩을 소유하여 사실상 2인 회사로 운영하여 오다가 보다 많은 자본금을 확보하기 위하여 1988. 7. 27.경부터 1990. 5. 10.까지 소외 민달식으로부터 금 100,000,000원을 투자받고 위 소외인에게 원고 소유의 주식 중 300주를 양도하였다. 위 민달식은 피고 회사의 이사로 취임하여 그 경영에 참여하였다. 그 후 피고 회사의 경영이 어려워지자 원고와 소외 민달식 및 곽경연(원고의 처임)은 1990. 9. 10. 소외 안건순과의 사이에 주식 및 경영권 등의 양도·양수계약을 체결하였다(이하 '이 사건 양도계약'이라고 한다). 위 양도계약에 따라 원고 등은 같은 날짜로 원고 소유의 주식 2,200주와 위 민달식 소유 주식 300주를 위 안건순에게 양도한다는 내용의 주식양도증서, 원고 등이 피고 회사의 대표이사·이사·감사 등의 직위에서 사임한다는 내용의 사임서, 위 양도계약을 추인하는 내용의 이사회결의서를 각 작성하여 위 안건순에게 교부하였고, 원고는 대표이사 직인까지 교부하였다. 한편 소외 민달식은 위 양도계약을 추인하는 임시주주총회를 소집하면서 다만 소집일자는 총회예정일인 1990. 9. 22.로부터 14일 이전인 1990. 9. 8.로 소급하여 통지하였다(원고 등은 위 소집통지의 수령확인증을 미리 작성하여 위 안건순에게 교부하였다). 피고 회사의 주식 2,500주를 소유한 김재훈과 300주를 소유한 위 민달식은 1990. 9. 22. 위 양도계약을 추인한다는 내용의 결의를 한 다음 이에 따른 임시주주총회의사록을 작성하였고, 이어서 위 안건순과 김재훈은 피고 회사의 발행주식 전부인 5,000주를 소유한 주주들로서 별도의 소집절차 없이 회합하여 위 안건순, 김상두를 각 이사로, 소외 안성모를 감사로 선임한다는 내용의 결의를 하고, 위 안건순, 김상두 및 김재훈은 위 안건순과 김재훈을 공동대표이사로 선임한다는 내용의 이사회결의를 하여 이에 따른 주주총회 및 이사회 의사록을 작성하여 피고 회사의 법인등기부에 같은 내용의 등기를 경료하였다.

원고는 위 양도계약이 무효라는 이유에 대해 여러 가지 주장을 하였으나, 그 중 중요한 것은 '위 양도계약에 따라 원고 등의 주식이 위 안건순에게 확정적으로 양도된 것이 아니고, 위 안건순으로부터 투자금을 반제받을 것을 정지조건으로 하여 그 양도의 효력이 발생하는 조건부 계약인데, 아직 위 정지조건이 성취되지 아니하여 위 양도계약의 효력이 발생하지 아니하였음을 전제로 원고를 배제하고 이루어진 위 주주총회 및 이사회 결의는 주주총회나 이사회의 개최사실 조차 없을 뿐만 아니라 피고 회사의 대표이사이자 주식의 50%를 소유하고 있는 주주인 원고의 참여 없이 이루어진 것으로 부존재한다'라고 주장하면서, 이 사건 결의부존재확인의 소를 제기하였다.

여기서 쟁점이 된 것은 위 양도계약에 따른 당사자 쌍방의 의사의 내용이 무엇이고, 또한 주주총회소집에 관한 이사회결의 없이 또한 그 소집절차 없이 이루어진 주주총회결의라 하더라도 주주전원이 출석하여 결의를 행한 것이라면 그 결의가 유효한가 하는 점이다.

이에 대해 원심(서울고법 1992. 10. 7, 92나12140 판결)은 첫 번째 쟁점에 관해 '원고가 그 소유 주식을 위 소외 안건순에게 확정적으로 양도한 것은 아니라고 하더라도, 원고는 위 소외인에게 피고 회사의 경영권을 양도하고, 소외인이 피고 회사를 경영하는데 협조를 하되 원고는 피고 회사의 경영에는 불참할 뿐 아니라 대표이사직을 사임하고 소외인이 권리를 행사할 수 있도록 주주총회결의 등 모든 조치를 수행하기로 약정한 사실에 비추어 보면 원고 등이 피고 회사의 경영에서 물러나고 소외인이 피고 회사를 실질적으로 경영하도록 경영권을 이양하기 위하여 이에 필요한 주주총회에서 원고 등이 그 소유주식의 의결권을 위 소외인으로 하여금 행사하도록 위임하되 위 소외인이 피고 회사를 경영하여 그 수익금으로부터 쌍방 합의된 원고 등의 투자금을 변제할 경우에 그 변제비율에 따라 비로소 원고 등의 주식이 소외인에게 확정적으로 자동양도되는 성질의 의결권위임 및 조건부 주식양도계약을 체결한 것으로 해석함이 상당하다'라고 판시하여 위 소외인이 위 주주총회에서 의결권을 행사한 것은 적법하다고 보았다. 한편, 두 번째 쟁점에 관해서는 '소외 안건순 등을 이사로 선임한 위 1990. 9. 22.자 임시주주총회가 그 소집절차를 생략하고 이루어진 바 있다고 하더라도 그 당시 피고 회사의 발행주식 5,000주 중 위 안건순이 원고 등으로부터 2,500주에 대해 그 의결권을 위임받고 있고, 위 김재훈이 나머지 2,500주를 소유하고 있었으므로 주식의 의결권을 적법히 행사할 수 있는 주식의결권의 수임인 내지 주주전원이 참석하여 총회개최에 동의하고 아무런 이의 없이 한 결의는 유효한 주주총회라 할 것이고, 위 주주총회결의에 의하여 선임된 이사들 전원이 참석하여 개최한 같은 날자 이사회 역시 유효하다'고 판시하여 원고의 청구를 기각하였다.

한편, 대법원도 첫 번째 쟁점에 관해서는 원심의 판단이 정당하다고 보고, 두 번째 쟁점에 관해서는 위 판결요지와 같은 이유로 원심의 결론을 지지하였다.

(나) 소수주주

소수주주(발행주식 총수의 100분의 3 이상에 해당하는 주식을 가진 주주)는 회의의 의안과 소집이유를 기재한 서면을 이사회에 제출하여 임시총회의 소집을 청구할 수 있다(제366조 제1항). 발행주식총수의 100분의 3의 보유요건은 1인의 주주에 한하지 않고 여러 명의 주주가 합산하여 요건을 갖추면 된다. 주식보유요건은 총회소집시까지 유지되어야 한다. 한편, 6월 전부터 계속하여 상장회사의 발행주식총수의 1천분의 15 이상의 주식을 보유한 자는 소집청구를 할 수 있다(제542조의6 제1항). 판례는 구 증권거래법상 요구되었던 6월의 보유기간을 갖추지 못한 경우라도 상법 제366조 요건을 갖추면 그에 기하여 총회소집청구권을 행사할 수 있다고 하였다.

이러한 청구를 회사가 수용하지 않는 경우에는 총회소집을 청구한 소수주주는 법원의 허가를 얻어 총회를 소집할 수 있다(제366조 제2항). 이 경우 소집허가결정에 대하여는 불복신청할 수 없다(비송사건절차법 제81조 제2항). 다만, 판례는 이 소집허가결정에 대하여 민사소송법상 특별항고가 허용된다고 한다.

무의결권주식의 주주도 소수주주로서 임시총회의 소집을 청구할 수 있는가의 문제에 대하여는 부정설이 다수설이다. 소수주주에 의해서 소집된 임시총회에서는 법원의 허가를 얻은 의제만을 결의할 수 있다고 해석한다. 정관에서 주주총회의 의장이 될 자를 정하고 있는 경우에도 소수주주가 소집한 임시총회에서는 그 회의를 주재할 의장은 법원이 이해관계인의 청구나 직권으로 선임할 수 있다(제366조 제2항). 이러한 총회는 비상총회의 성격을 띠는데 통상의 총회에서의 의장에 반대하는 세력의 주주가 소집하는 경우가 많을 것이므로 회의진행의 공정성을 확보하기 위함이다. 그러나 판례는 소수주주에 의해 소집된 임시총회에서도 의장은 원칙적으로 정관에 정해진 바에 따른다는 입장을 시사하였었다.

대판 2004. 12. 10, 2003다41715 상법 제366조에 의하면, 발행주식의 총수의 100분의 3 이상에 해당하는 주식을 가진 주주는 회의의 목적사항과 소집의 이유를 기재한 서면을 이사회에 제출하여 임시총회의 소집을 청구할 수 있고(제1항), 이 청구가 있은 후 지체 없이 총회 소집의 절차를 밟지 아니한 때에는 청구한 주주는 법원의 허가를 얻어 총회를 소집할 수 있으며(제2항), 한편 증권거래법 제191조의13 제5항에 의하면, 6월 전부터 계속하여 주권상장법인 또는 협회등록법인의 발행주식총수의 1000분의 30(대통령령이 정하는 법인의 경우에는 1000분의 15) 이상에 해당하는 주식을 대통령령이 정하는 바에 의하여 보유한 자는 상법 제366조에서 규정하는 주주의 권리를 행사할 수 있다. 이와 같은 소수주주의 주주총회소집청구권에 관한 법률 조항들이 만들어진 연혁과 그 입법 취지를 살펴보면, 증권거래법 제191조의13 제5항은 1997. 1. 13. 증권거래법이 개정되면서 같은 법 제191조의13 제2항으로 신설된 것인데(2001. 3. 28. 개정법에서 제5항으로 됨) 위 조항은, 당시 상법상의 소수주주의 주주총회소집청구요건인 주식보유비율 5%를 완화시켜 주권상장법인(1998. 2. 24. 개정으로 협회등록법인도 포함됨)의 경우에는 3%(그 후 1997. 3. 22. 신설된 시행령 제84조의20 제1항에 따라 최근 사업연도말 자본금이 1천억 원 이상인 법인의 경우에는 1.5%) 이상의 주식을 보유하고 있으면 주주총회의 소집을 청구할 수 있도록 하고, 시행령 제84조의20 제2항의 신설을 통해 그 주식보유비율요건을 계산할 때 합산할 주식의 보유방법에 관하여도 주식을 소유한 경우뿐만 아니라 주주권 행사에 관한 위임장을 취득한 경우 등까지로 확대함으로써 소수주주의 주주총회소집청구요건을 완화한 규정으로서, 그 입법 취지는 상장기업의 경우 주식보유비율 5% 이상이라는 그 당시 상법상의 주식보유요건을 갖추지 못한 주주에게도 증권거래법에서 정한 주식보유요건을 갖추면 주주총회소집청구를 할 수 있도록 함으로써 기업경영의 투명성을 제고하고 소수주주의 권익을 보호하려는 데 있었고, 다만 증권거래법의 위 조항에 보유기간요건을 두어 주주총회소집청구의 요건을 일부 강화하고는 있으나 이는 소수주주권 행사의 요건을 완화함으로 인하여 소수주주권의 행사를 목적으로 주식을 취득한 자가 그 권리를 남용하는 것을 방지하기 위한 부수적인 목적에서 비롯된 것으로 볼 수 있다. 그런데 증권거래법의 위 조항에 따라 소수주주의 주주총회소집청구요건이 완화되었음에도 불구하고, 1998. 12. 28. 상법이 개정되면서 같은 법 제366조의 주주총회소집청구요건인 주식보유비율이 5% 이상에서 3% 이상으로 낮아짐으로써 상법과 증권거래법상의 각 주주총회소집청구를 위한 주식보유비율이 3% 이상으로 동일하게 된 반면, 증권거래법상의 보유기간요건은 그대로 유지됨으로 말미암아 시행령에서 따로 정하고 있는 일정한 법인과 주식보유방법을 논외로 하면, 일반적인 경우 증권거래법에 기한 소수주주의 주주총회소집청구요건이 상법상의 그것보다 더 엄격해지는 결과로 되었는바, 이와 같은 상법 및 증권거래법의 해당 조항의 개정 연혁, 입법 취지, 각 그 조항의 내용 및 적용범위 등을 종합적으로 고려해 보면, 증권거래법 제191조의13 제5항은 상법 제366조의 적용을 배제하는 특별법에 해당한다고 볼 수 없고, 주권상장법인 내지 협회등록법인의 주주는 증권거래법 제191조의13 제5항이 정하는 6월의 보유기간요건을 갖추지 못한 경우라 할지라도 상법 제366조의 요건을 갖추고 있으면 그에 기하여 주주총회소집청구권을 행사할 수 있다고 봄이 상당하다.

대결 1991. 4. 30, 90마672 상법 제366조 제2항의 규정에 의한 소수주주의 신청에 의하여 법원이 비송사건절차법 제145조 제1항의 규정에 의하여 임시주주총회의 소집을 허가한 결정에 대하여는 같은 조 제2항에 의하여 불복의 신청을 할 수 없고 민사소송법 제420조(현행법 제449조 - 저자) 소정의 특별항고가 허용된다.

(다) 법원의 명령

회사의 업무집행에 관하여 부정행위 또는 법령이나 정관에 위반한 중대한 사실이 있음을 의심할 사유가 있는 때에는 발행주식총수의 100분의 3 이상에 해당하는 주식을 가진 소수주주는 법원에 검사인의 선임을 청구하여 회사의 업무와 재산상태를 조사시킬 수 있다(제467조 제1항). 검사인은 그 조사의 결과를 법원에 보고하여야 하는데 이러한 보고를 받은 법원은 필요하다고 인정하면 대표이사(이사가 1인인 소규모 회사에서는 이사에게)에게 주주총회의 소집을 명할 수 있다(제467조 제3항). 소집된 주주총회에는 검사인의 보고서가 제출된다.

(라) 감사에 의한 소집

감사 또는 감사위원회는 임시총회를 소집할 수 있다. 감사는 이사의 직무집행을 감사하고 영업에 관한 보고를 요구하거나 회사의 업무와 재산상태를 조사할 수 있는데, 그러한 직무를 수행하는 과정에서 알게 된 사실 중에는 회사차원의 대처가 필요한 것이 있을 수 있다. 이러한 사실을 주주총회에 보고하여 대응하도록 하기 위하여 감사에게 임시총회 소집요구권을 부여한 것이다. 감사는 회의의 목적사항과 소집의 이유를 기재한 서면을 이사회에 제출하여 임시총회의 소집을 청구할 수 있고, 그 소집청구가 있은 후 이사회가 지체없이 소집절차를 밟지 않으면 소집을 청구했던 감사는 법원의 허가를 얻어 총회를 소집할 수 있다(제412조의3, 제366조 제2항).

이러한 감사에 의한 임시총회의 소집은 감사 대신 감사위원회가 설치된 회사에서는 감사위원회가 그 권한을 행사한다(제415조의2 제7항, 제412조의3).

(2) 소집의 시기

정기총회는 매년 1회 일정한 시기에 소집하여야 한다(제365조 제1항). 이는 결산기를 연 1회로 하고 있는 보통의 경우를 예정한 것이고 연 2회 이상의 결산기를 정한 회사는 매 결산기에 정기총회를 소집하여야 한다(제365조 제2항). 그 밖에 필요 있는 경우에 수시로 주주총회가 소집될 수 있는데 이것이 임시총회이다(제365조 제3항). 주주의 출석이 현저하게 불편한 시간에 주주총회를 소집하는 것은 주주총회의 결의의 하자에 해당할 수 있다.

(3) 소집지

주주총회는 정관에 다른 정함이 없으면 본점소재지 또는 이에 인접한 장소에 소집하여야 한다(제364조). 주주의 출석이 현저하게 불편한 장소를 소집지로 선택하면 결의방법이 현저하게 불공정한 경우로서 주주총회 결의취소의 소의 원인이 된다.

대판 2003. 7. 11, 2001다45584 주주총회의 개회시각이 부득이한 사정으로 당초 소집통지된 시각보다 지연되는 경우에도 사회통념에 비추어 볼 때 정각에 출석한 주주들의 입장에서 변경된 개회시각까지 기다려 참석하는 것이 곤란하지 않을 정도라면 절차상의 하자가 되지 아니할 것이나, 그 정도를 넘어 개회시각을 사실상 부정확하게 만들고 소집통지된 시각에 출석한 주주들의 참석을 기대하기 어려워 그들의 참석권을 침해하기에 이르렀다면 주주총회의 소집절차가 현저히 불공정하다고 하지 않을 수 없다.

또한, 소집통지 및 공고가 적법하게 이루어진 이후에 당초의 소집장소에서 개회를 하여 소집장소를 변경하기로 하는 결의조차 할 수 없는 부득이한 사정이 발생한 경우, 소집권자가 대체 장소를 정한 다음 당초의 소집장소에 출석한 주주들로 하여금 변경된 장소에 모일 수 있도록 상당한 방법으로 알리고 이동에 필요한 조치를 다한 때에 한하여 적법하게 소집장소가 변경되었다고 볼 수 있을 것이다.

앞서 본 인정 사실에 의하면, 피고 은행 노동조합원 등의 방해행위로 인하여 소집통지된 시각에 그 소집장소에서 주주총회를 개회할 수 없었던 사정은 인정되나, 소집통지된 시각 이후 언제 개회될지 알 수 없는 불확정한 상태가 지속되다가 12시간이 경과한 같은 날 22 : 15경 주주총회가 개회된 것이라면, 이미 사회통념상 당초의 개회시각에 출석하였던 주주들의 참석을 기대할 수 없어 이들의 참석권을 침해하였다 할 것이고, 또한 그나마 같은 날 22 : 15까지 개회를 기다리고 있던 일반 주주들에게 소집장소가 변경되었다는 통지마저 제대로 이루어지지 아니하였다는 것이므로, 이 사건 주주총회의 소집절차는 일부 주주에 대하여 주주총회 참석의 기회를 박탈함으로써 현저하게 불공정하였다 할 것이다.

원심이 이 사건 주주총회의 소집절차가 현저하게 불공정하여 위법하다고 판단한 것은 정당하고, 거기에 주주총회의 소집장소 등 변경에 관한 법리를 오해한 위법이 있다거나 판결에 영향을 미친 이유모순의 위법이 있다고 할 수 없다.

(4) 소집절차

회일을 정하여 2주간 전에 각 주주에 대하여 서면 또는 전자문서로 통지를 발송하여야 한다. 다만, 그 통지가 주주명부상의 주주의 주소에 계속 3년간 도달하지 아니한 때에는 회사는 당해 주주에게 총회의 소집을 통지하지 아니할 수 있다(제363조 제1항). 자본금 총액이 10억원 미만인 소규모회사는 주주총회일의 10일 전에 각 주주에게 서면으로 통지를 발송하거나 각 주주의 동의를 받아 전자문서로 통지를 발송할 수 있다. 주주 전원의 동의가 있을 경우에는 소집절차 없이 주주총회를 개최할 수 있으며, 서면에 의한 결의로써 주주총회의 결의를 갈음할 수 있다(제363조 제3항 · 제4항). 이러한 소집절차는 의결권없는 주주에 대하여는 적용되지 아니한다(제363조 제7항). 따라서 자기주식이나 상호주를 보유한 주주에게는 통지를 하지 않아도 된다. 다만 특별이해관계에 있는 주주(제368조 제4항)는 여기서 말하는 의결권없는 주주에 포함되지 아니하고 의결권을 행사할 수 없는 주주에 해당한다. 통지서에는 회의의 목적사항을 적어야 한다(제363조 제2항).

상장회사가 주주총회를 소집하는 경우 의결권 있는 발행주식총수의 100분의 1 이하의 주식을 소유하는 주주를 대상으로 정관으로 정하는 바에 따라 주주총회일의 2주전에 주주총회를 소집하는 뜻과 회의의 목적사항을 둘 이상의 일간

신문에 각각 2회 이상 공고할 수 있다(제542조의4 제1항, 시행령 제31조 제1항). 또는 금융감독원 또는 한국거래소가 운용하는 전자공시시스템에 공고하는 방법으로 소집통지를 갈음할 수 있다(시행령 제31조 제2항). 상장회사가 이사·감사의 선임을 위한 주주총회의 소집통지나 공고를 하는 경우에는 후보자의 성명, 약력, 추천인, 후보자와 최대주주와의 관계, 후보자와 해당회사와의 최근 3년간의 거래내역을 통지하거나 공고하여야 한다(제542조의4 제2항, 시행령 제31조 제3항).

상장회사의 주주총회 소집통지 또는 공고에 추가하여야 할 사항으로는 ① 사외이사, 그 밖의 해당회사의 상무에 종사하지 아니하는 이사의 이사회 출석률, 이사회 의안에 대한 찬반 여부 등 활동내역과 보수에 관한 사항, ② 최대주주 등과의 거래로서 상법에서 이사회승인을 받도록 규정한 거래의 거래내역(제542조의9 제3항). ③ 영업현황 등 사업개요와 주주총회의 목적사항별로 금융위원회가 정하는 방법에 따라 작성한 참고서류 등이 시행령에 열거되어 있다(제542조의4 제3항, 시행령 제31조 제4항). 이러한 사항에 대하여는 회사의 인터넷 홈페이지의 게재 및 회사 본점 등에 비치함으로써 소집/공고의 기재에 갈음할 수 있다(시행령 제31조 제5항).

소집절차를 법에 따라 밟지 않은 주주총회결의의 효력을 판정함에 있어서 그 위반(흠)의 정도에 따라 결의취소사유가 되기도 하고 결의부존재사유가 되기도 한다. 주주 대부분에게 소집통지를 하지 않은 경우 부존재사유가 될 수 있으나 총회를 개최하지도 않고 서류상으로만 개최한 것으로 기재를 남긴 경우와 비교해보면 일단 소집통지가 있었다면 부존재를 주장하기 어려울 것으로 보인다. 판례는 1인회사의 경우 또는 주주전원이 출석하여 결의를 한 경우에는 이른바 전원출석총회로서 소집절차상의 하자를 문제삼을 수 없다고 한다. 상법에서는 주주총회의 공고방식으로 신문에 하는 방법 외에 정관으로 정하는 바에 따라 전자적 방법에 의할 수도 있도록 하고 있다(제289조 제3항 내지 제6항).

주주총회가 일단 소집된 후 그것을 철회하기 위하여는 어떠한 절차가 필요한가. 소집을 철회하기로 하는 이사회 결의를 거친 후 소집통지와 동일한 서면으로 총회소집철회를 통지한 이상 그 주주총회의 소집은 적법하게 철회되었다고 한 판례가 있다(대판 2011. 6. 24, 2009다35033).

대판 2011. 6. 24, 2009다35033 주주총회의 소집철회

원심이 인용한 제1심판결의 이유에 의하면, 원심은, 원고 회사의 대표이사인 소외 1이 2005. 7. 14. 이사회를 소집하여 원고 회사의 임시주주총회를 2005. 7. 29. 오전 11 : 00에 소집하기로 하는 내용의 이사회결의가 이루어진 후, 같은 날 주주들에게 그 임시주주총회 소집통지서를 발송한 사실, 그러나 소외 1은 2005. 7. 29.자로 예정된 임시주주총회의 소집을 철회하기로 계획한 후, 2005. 7. 28. 16 : 00에 이사회를 소집하여 2005. 7. 29.자 임시주주총회의 소집을 철회하기로 하는 내용의 이사회결의가 이루어지자마자 임시주주총회가 개최될 장소의 출입문에 2005. 7. 29.자 임시주주총회가 이사회결의로 철회되었다는 취지의 공고문을 부착하고, 이사회에 참석하지 않은 주주들(소외 2, 3, 4)에게는 퀵서비스를 이용하여 2005. 7. 29. 11 : 00 개최 예정이었던 임시주주총회가 이사회결의로 그 소집이 철회되었다는 내용의 소집철회통지서를 보내는 한편 전보와 휴대전화(직접 통화 또는 메시지 녹음)를 이용하여 같은 취지의 통지를 한 사실을 인정한 다음, 이 사건 2005. 7. 29.자 임시주주총회가 적법하게 철회되었다고 판단하였다.

원심이 인정한 사실관계에 비추어 볼 때, 이 사건 2005. 7. 29.자 임시주주총회의 소집을 철회하기로 하는 이사회결의를 거친 후, 소집통지와 같은 방법인 서면에 의한 소집철회통지를 한 이상, 위 임시주주총회의 소집이 적법하게 철회되었다고 볼 수 있으므로, 같은 취지의 원심 판단은 정당하다.

… 소유와 경영의 분리를 원칙으로 하는 주식회사에서 주주는 주주총회 결의를 통하여 회사의 경영을 담당할 이사의 선임과 해임 및 회사의 합병, 분할, 영업양도 등 법률과 정관이 정한 회사의 기초 내지는 영업조직에 중대한 변화를 초래하는 사항에 관한 의사결정을 하기 때문에, 이사가 주주의 의결권행사를 불가능하게 하거나 현저히 곤란하게 하는 것은, 주식회사 제도의 본질적 기능을 해하는 것으로서 허용되지 아니하고, 그러한 것을 내용으로 하는 이사회결의는 무효로 보아야 한다.

원심이 인용한 제1심판결의 이유에 의하면, 원고 회사의 대표이사인 소외 1이 2005. 7. 14. 서울고등법원 2005라263호로 자신이 소외 2에게 교부하였던 1,000주짜리 주권 15장에 기한 주식 15,000주 중 14,400주에 대하여 소외 2 측의 의결권행사를 허용하는 가처분결정이 내려진 것을 알지 못한 채, 이사회결의를 거쳐 2005. 7. 29.자로 임시주주총회를 소집하였다가, 위와 같은 가처분결정이 내려진 것을 뒤늦게 알고는 위 가처분결정에 대하여 이의절차로 불복할 시간을 벌기 위하여 일단 2005. 7. 29.자로 예정된 임시주주총회의 소집을 철회하기로 계획한 후, 2005. 7. 20. 이 사건 2005. 7. 28.자 이사회를 소집한 사실, 소외 1은 2005. 7. 26. 원고 회사의 다른 이사들에게 2005. 7. 28.자로 개최예정인 이사회에서 2005. 7. 29.자 임시주주총회 소집이 철회될 예정이라는 내용의 통지서를 발송하는 한편 같은 날 원고 회사의 다른 주주들(소외 2, 3, 4, 5, 6)에게 위 가처분결정에 대한 이의사건의 판결이 선고될 때까지 그 결과를 알 수 없으므로 2005. 7. 29.자 임시주주총회 소집을 철회하기 위하여 위

2005. 7. 28.자 이사회를 소집하였다는 내용의 통지서를 발송하였고, 결국 2005. 7. 28. 개최된 이사회에서 2005. 7. 29.자 임시주주총회 소집을 철회하기로 하는 내용의 결의가 이루어진 사실을 알 수 있다.

그러나 원심이 인용한 제1심판결의 이유와 이 사건 기록에 의하여 알 수 있듯이, ① 2005. 7. 29.자 임시주주총회 소집을 철회하기로 하는 내용의 이 사건 2005. 7. 28.자 이사회결의가 이루어질 당시는, 소외 1 측과 소외 2 측 사이에 원고 회사의 경영권을 둘러싸고 극심한 분쟁이 발생하였던 때로서, 소외 2 측이 취득하였다고 주장하는 원고 회사의 일부 주식에 대하여 소외 2 측의 의결권행사를 허용하는 가처분결정만이 있었을 뿐, 확정판결 등을 통하여 그 일부 주식이 소외 2 측에게 귀속되는 것으로 확정된 상황은 아니었던 점, ② 의결권행사허용가처분결정을 받은 소외 2 측으로서는, 2005. 7. 29.자 임시주주총회의 소집이 철회되었다 하더라도, 발행주식총수의 100분의 3 이상에 해당하는 주식을 가진 주주로서 구 상법 제366조(2009. 5. 28. 법률 제9746호로 개정되기 전의 것)의 규정에 따라 회의의 목적사항과 소집의 이유를 기재한 서면을 이사회에 제출하여 임시주주총회의 소집을 청구할 수 있고, 임시주주총회 소집절차를 밟지 아니하는 경우에는 법원의 허가를 얻어 임시주주총회를 소집할 수 있었던 점에 비추어 볼 때, 앞서 본 사정만으로는 2005. 7. 29.자 임시주주총회 소집을 철회하기로 하는 내용의 이 사건 2005. 7. 28.자 이사회결의로 인하여 주주인 소외 2 측의 의결권행사가 불가능하게 되거나 현저히 곤란하게 된다고 볼 수 없기 때문에, 위 이사회결의가 주식회사 제도의 본질적 기능을 해하는 것으로서 무효가 되기에 이르렀다고 보기 어렵다.

… 이사회 소집통지를 할 때에는, 회사의 정관에 이사들에게 회의의 목적사항을 함께 통지하도록 정하고 있거나 회의의 목적사항을 함께 통지하지 아니하면 이사회에서의 심의·의결에 현저한 지장을 초래하는 등의 특별한 사정이 없는 한, 주주총회 소집통지의 경우와 달리 회의의 목적사항을 함께 통지할 필요는 없다.

… 주주총회결의의 효력이 그 회사 아닌 제3자 사이의 소송에 있어 선결문제로 된 경우에는 당사자는 언제든지 당해 소송에서 그 주주총회결의가 처음부터 무효 또는 부존재한다고 주장하면서 다툴 수 있는 것이고, 반드시 먼저 회사를 상대로 주주총회의 효력을 직접 다투는 소송을 제기하여야 하는 것은 아니다(대법원 1992. 9. 22. 선고 91다5365 판결 참조).

대판 2009. 3. 26, 2007도8195 주주총회 소집의 통지·공고가 행하여진 후 소집을 철회하거나 연기하기 위해서는 소집의 경우에 준하여 이사회의 결의를 거쳐 대표이사가 그 뜻을 그 소집에서와 같은 방법으로 통지·공고하여야 한다고 봄이 상당하다.

그런데 앞서 본 바와 같이 공소외 재단법인이 이 사건 주식을 증여받아 취득함에 있어 이사회의 의결을 요하지 않는다고 할 것이므로 이 사건 주식은 공소외 재단법인에 귀속되었다 할 것이어서 피고인 2 등에 의한 위 주주총회 연기 요청은 적법한 주주에 의한 것으로 보기 어렵다. 또한 원심이 인정한 위와 같은 사실관계에 의하더라도, 이미 서면에 의한 우편통지의 방법으로 소집통지가 행하여진 주주총회에 대하여 주주총회 소집일로부터 불과 3일 전에 이사회가 주주총회 연기를 결정한 후 소집 통지와 같은 서면에 의한 우편통지 방법이 아니라 휴대폰 문자메시지를 발송하는 방법으로 각 주주들에게 통지하고 일간신문 및 주주총회 장소에 그 연기를 공고하였을 뿐이므로, 이러한 주주총회의 연기는 적법한 절차에 의한 것으로 볼 수 없어 위 주주총회가 적법하게 연기되었다고 할 수 없다. 따라서 이와 달리 이 사건 주주총회가 적법하게 연기되었음을 전제로 한 원심의 판단은 주주총회의 소집통지 및 그 연기 등에 관한 법리를 오해하여 판결결과에 영향을 미친 위법이 있다 할 것이다. 이 점을 지적하는 검사의 상고이유는 이유 있다.

(5) 총회의 질서유지

주주총회의 의장은 총회의 질서를 유지하고 의사를 정리한다. 총회의 의장은 고의로 의사진행을 방해하기 위한 발언·행동을 하는 등 현저히 질서를 문란하게 하는 자에 대하여 그 발언의 정지 또는 퇴장을 명할 수 있다(제366조의2 제2항·제3항).

대판 1976. 4. 13, 74다1755 주식회사에 있어서 회사가 설립된 이후 총 주식을 한 사람이 소유하게 된 이른바 1인 회사의 경우에는 그 주주가 유일한 주주로서 주주총회에 출석하면 전원총회로서 성립하고 그 주주의 의사대로 결의가 될 것임이 명백하므로 따로이 총회소집절차가 필요 없고 실제로 총회를 개최한 사실이 없었다 하더라도 그 1인 주주에 의하여 의결이 있었던 것으로 주주총회의사록이 작성되었다면 특별한 사정이 없는 한 그 내용의 결의가 있었던 것으로 볼 수 있다.

〈사실관계 및 쟁점〉 피신청인 양주일 외 2인이 소속하는 소외 세운교통 주식회사는 1968. 4. 22. 정관에 따라 주식 5,000주에 대한 주권을 기명식으로 발행하였는데, 당시 대표이사이던 신청외 손숙호가 그 전 주식을 취득하여 위 소외 회사를 경영하다가 1968. 11. 20. 위 주식 전부를 신청외 곽이병에게 양도하였고, 위 곽이병은 1969. 5. 12. 위 주식 전부와 회사경영권을 피신청인인 양두일에게 넘겨주면서 주식양도증서와 이사들의 사임서 및 회사관계 인장까지를 모두 교부하였다. 한편, 위 곽이병은 위 주식 전부를 신청외 손숙호로부터 양도받은 후 위 주식 중 신청인 정봉헌에게 1,500주를, 신청외 정원재와 이상근에게 1,500주를 각각 나누어 주기로 약속하였으나 이에 대한 양도절차를 지는 아니한 채 위 곽이병이 대표이사로, 신청인과 위 신청외인들이 이사 또는 감사로 각각 취임하여 소외 회사를 운영하여 오던 중 경영난 등 사정으로 위와 같이 피신청인 양두일에게 위 주식 전부를 양도한 것이다. 그런데 위 양두일은 위와 같이 곽이병으로부터 소외 회사 주식 전부를 양도받고 인장까지 교부받음을 기화로 같은 날 이사회와 임시주주총회를 소집하였거나 개최한 사실이 없음에도 불구하고 위 인장들을 사용하여 위 곽이병이 1969. 5. 12. 소외 회사 임시주주총회를 소집하고 그 회의에 곽이병을 비롯한 주주 5명이 전원 참석하여 이사였던 신청인과 곽이병 및 정원재, 감사였던 위 이상근을 각각 해임한 다음 피신청인들을 이사로 선임하고 새로 선임된 이들 이사들로 구성된 회의에서 피신청인 양두일을 대표이사로 선임하였다는 결의가 있었던 것처럼 꾸며서 등기를 하고 다시 1972. 8. 20.자 이사회에서 위 양두일을 해임하고 피신청인 양주일을 대표이사로 선임하는 내용의 결의를 하여 현재 피신청인들이 대표이사 또는 이사로서의 직무를 수행하고 있다.

이 사건은 위 곽이병이 주주일 때에 이사로 있다가 1969. 5. 12.자로 해임된 정봉헌에 의하여 제기된 것이다. 신청인은 소외 회사의 1969. 5. 12.자 임시주주총회결의는 부존재이므로 신청인에 대한 이사직해임과 그 회의에서 선임되었다는 새로운 임원들의 선임이 무효라는 전제아래, 위 양주일외 2인을 상대로 대리이사및이사직무집행정지와 그 대행자의 선임을 구하는 가처분신청을 제기한 것이다. 이에 대해 피신청인들은 위 소외 회사는 그 당시 피신청인 양두일의 1인 회사였으니 양두일의 의사결정만 있었다면 따로 주주총회가 필요없는 것이라고 주장하였다.

여기서 쟁점이 된 것은 첫째, 과연 소외 회사가 1969. 5. 12.자 임시주주총회를 개최할 당시 위 양두일의 1인 회사였는가 하는 점, 둘째, 총회소집절차 없이 개최된 주주총회에 주주 전원이 출석하여 결의를 할 경우 그 소집절차상의 하자가 치유되는가 하는 점, 셋째, 1인 회사에서 아예 총회소집이나 회의개최사실이 없음에도 그 1인 주주에 의하여 결의가 있었던 것처럼 총회의사록이 작성된 경우 그 결의가 유효한가 하는 점이다.

원심(대구고법 1974. 9. 10, 74나246 판결)은 '1969. 5. 12. 총회 당시 소외 회사가 위 양두일의 1인 회사였다 하더라도 총회소집이나 회의개최사실이 없었으므로 그 결의는 존재하는 것으로 보기 어렵다'고 판시하여 신청인의 주장을 받아 들였다. 그러나 대법원은 위 판결요지와 같은 이유로 원심판결을 파기 환송하였다.

물론 판례는 '주주총회의 소집절차에 관한 법의 규정은 각 주주의 이익을 보호하려는데 그 목적이 있는 것으로서, 주주총회의 소집절차가 위법한 것이라 하여도 회사가 1인 주주로서 그 주주가 참석하여 총회개최에 동의하고 아무 이의 없이 결의를 한 것이라면 그 결의 자체를 위법한 것이라고 볼 아무런 이유가 없다'(대판 1966. 9. 20, 63다792)라든가 '임시주주총회가 법령 및 정관상 요구되는 이사회의 결의 없이 또한 그 소집절차를 생략하고 이루어졌다 하더라도 주주명부상의 주주 전원이 참석하여 총회를 개최하는데 동의하고 아무런 이의 없이 만장일치로 결의가 이루어졌다면, 이는 특별한 사정이 없는 한 유효하다'(대판 1996. 10. 11, 96다24309)라고 하는 등 그 입장이 확고하다.

대판 1993. 6. 11, 93다8702 주식회사에서 총 주식을 한 사람이 소유하고 있는 1인회사의 경우에는 그 주주가 유일한 주주로서 주주총회에 출석하면 전원총회로서 성립하고 그 주주의 의사대로 결의될 것임이 명백하므로 따로이 총회소집절차가 필요없다 할 것이고, 실제로 총회를 개최한 사실이 없다 하더라도 1인주주에 의하여 의결이 있었던 것으로 주주총회 의사록이 작성되었다면 특별한 사정이 없는 한 그 내용의 결의가 있었던 것으로 볼 수 있어 형식적인 사유에 의하여 결의가 없었던 것으로 다툴 수는 없다.

사 례 1

甲주식회사의 정관 규정에 의하면 주주총회의 의장은 대표이사가 맡도록 되어 있다. 이 회사의 발행주식 총수의 100분의 5에 해당하는 주식을 가지고 있는 주주 A는 회사자금의 유용혐의가 있는 대표이사 R을 해임하고자 한다. 법원의 소집허가 결정을 받은 A는 주주총회 소집통지 없이 뜻을 같이 하는 주주들을 모아 임시주주 총회를 개최하였다. 여기에 발행주식 총수의 3분의 1에 달하는 주식을 보유한 주주들이 출석하였고 만장일치로 R의 해임안이 가결되었다.

(1) 위 임시총회에서 의장은 누가 맡았어야 하는가.

(2) 주주총회 소집통지를 전혀 하지 않은 경우 그 하자는 주주총회결의의 하자를 다투는 네 가지 소송 중 어느 소송의 원인이 될 수 있는가.

(3) 해임등기까지 완료된 후 R은 주주총회 결의의 효력을 어떻게 다툴 수 있는가.

〈샘플 답안〉

Ⅰ. 논점의 정리

위 사안은 주주총회의 소집 중 소수주주에 의하여 소집된 임시총회에 해당된다. 우선 당해 임시총회의 의장은 누가 맡았어야 하는지에 대해서 살펴본다. 다음으로 당해 임시총회의 소집절차 상의 하자는 무엇이며 그 하자는 주주총회결의의 하자를 다투는 네 가지의 소송 중 어느 소송으로 다투어야 하는지 여부를 살펴보고 그 소송에서 해임등기까지 완료된 대표이사가 결의의 효력을 어떻게 다툴 수 있는 지에 대해서 살펴보기로 한다.

Ⅱ. 주주총회의 의장

1. 주주총회의 의의

주주총회는 주주전원에 의하여 구성되고 회사의 기본조직과 경영에 관한 중요사항을 의결하는 주식회사의 필요적 기관이다.

2. 주주총회의 의장

(1) 주주총회의 의장은 정관에 정함이 없는 때에는 총회에서 선임한다(제366조의 2 제1항). 정관으로 대표이사가 주주총회의 의장이 되도록 규정하는 것이 관행이다.

(2) 소수주주에 의하여 소집된 총회

1) 정관에서 주주총회의 의장이 될 자를 정하고 있는 경우에도 소수주주가 소집한 임시 총회에서는 그 회의를 주재할 의장을 별도로 선임하여야 회의의 공정한 진행을 담보할 수 있다.

2) 취지

이러한 총회는 비상총회의 성격을 띠는데 통상의 총회에서의 의장인 대표이사에 반대하는 세력의 주주가 소집하는 경우가 많을 것이므로 회의진행의 공정성을 확보하기 위함이다.

3) 판례

판례는 소수주주에 의해 소집된 임시 총회에서도 의장은 정관에 정해진 바에 따른다는 입장을 보이고 있다.

(3) 주주가 아닌 대표이사의 경우

주주가 아닌 대표이사라도 임시총회에서 의장이 될 수 있다. 1주식만 소유하면 쉽게 주주요건을 갖출 수 있기 때문이다.

(4) 의장의 권한

의장은 총회의 질서유지를 위한 권한을 행사하라 할 수 있다. 구체적인 권한으로 고의로 의사진행을 방해하기 위한 발언·행동을 하는 등 현저히 질서를 문란하게 하는 자에 대하여 그 발언의 정지 또는 퇴장을 명할 수 있다(제366조의2 제2항·제3항).

3. 사안에의 적용

본 사안은 소수주주에 의하여 소집된 임시총회에 해당하므로 의장은 정관의 규정에도 불구하고 별도로 선임하여야 한다. 그러나 판례는 소수주주에 의해 소집된 임시총회에서도 의장은 정관에 정해지는 바에 따른다는 입장을 취하고 있으므로 판례대로라면 본 사안의 임시총회는 정관에 정해진 의장이 맡아야 한다.

Ⅲ. 주주총회결의의 하자

1. 소주주주에 의하여 소집된 임시총회

(1) 의 의

소수주주(발행주식 총수의 100분의 3 이상에 해당하는 주식을 가진 주주)는 회의의 의안과 소집이유를 기재한 서면을 이사회에 제출하여 임시총회의 소집을 청구할 수 있다(제366조 제1항).

(2) 요 건

1) 발행주식총수의 100분의 3이상에 해당하는 주식을 보유할 것

① 발행주식 총수의 100분의 3의 보유요건은 1인의 주주에 한하지 않고 여러 명의 주주가 합산하여 요건을 갖추면 된다.

② 주식보유요건은 총회 소집 시까지 갖추어야 한다

③ 상장회사의 경우

상장회사의 특칙에서는 6월 전부터 계속하여 발행주식총수의 1천분의 15이상의 주식을 보유할 것을 요구하고 있다(상법 제542조의6 제1항). 판례는 (구)증권거래법상 요구되는 6월의 보유기간은 갖추지 못한 경우라도 상법 제366조 요건을 갖추면 그에 기하여 총회소집청구권을 행사할 수 있다고 한다.

2) 이사회에의 청구

소수주주는 회의의 의안과 소집이유를 기재한 서면을 이사회에 제출하여 임시총회의 소집을 청구할 수 있다.

3) 청구를 회사가 수용하지 않은 경우

주주의 소집청구를 회사가 수용하지 않은 경우에는 총회소집을 청구한 소수주주는 법원의 허가를 얻어 총회를 소집할 수 있다(제366조 제2항). 이 경우 소집허가결정에 대하여는 불복 신청할 수 없다(비송사건절차법 제81조 제2항). 다만, 판례는 이 소집허가결정에 대하여 민사소송법상 특별항고가 허용된다고 한다.

4) 의결권 없는 주주도 소수주주로서의 임시총회의 소집을 청구할 수 있는가의 문제에 대하여는 부정설이 다수설이다.

5) 소수주주에 의해서 소집된 임시총회에서는 법원의 허가를 얻은 의제만을 결의할 수 있다.

2. 소집절차

(1) 회일을 정하여 2주간 전에 각 주주에 대하여 서면 또는 전자문서로 통지를 발송하여야 한다. 다만, 그 통지가 주주명부상의 주주의 주소에 계속 3년간 도달하지 아니한 때에는 회사는 당해 주주에게 총회의 소집을 통지하지 아니할 수 있다(제363조 제1항).

(2) 회사가 무기명식 주권을 발행한 경우에는 회일의 3주간 전에 총회를 소집하는 뜻과 목적사항을 공고하여야 한다(제363조 제3항).

(3) 이러한 소집절차는 의결권이 없는 주주에 대하여는 적용하지 아니한다(제363조 제8항).

(4) 통지서에는 회의의 목적사항을 기재하여야 한다(제363조 제2항).

(5) 소집절차를 결여한 주주총회결의의 효력을 판정함에 있어서 그 결여(흠)의 정도에 따라 결의취소의 사유가 되기도 하고 결의부존재의 사유가 되기도 한다. 다만, 판례는 주주전원이 출석하여 결의를 한 경우에는 이른바 전원출석총회로서 소집절차

상의 하자를 문제 삼을 수 없다고 한다.

3. 주주총회의 특별결의사항

주주총회의 결의사항으로는 보통결의사항·특별결의사항·특수결의사항이 있다. 사안에서와 같은 이사의 해임은 특별결의사항에 해당된다. 출석한 주주의 의결권의 3분의 2 이상의 수와 발행주식 총수의 3분의 1이상의 수로써 하는 결의를 특별결의라 한다(제434조). 특별결의사항에는 정관의 변경, 영업의 전부 또는 중요한 일부의 양도, 이사의 해임, 자본감소 등이 있다. 회사는 정관으로 특별결의의 최소표결수나 의결정족수를 가중할 수 있으나 완화는 허용될 수 없다는 것이 다수설의 입장이다. 이에 대하여 가중하는 것도 허용되지 않는 다는 반대설이 있다.

4. 사안의 주주총회결의의 하자

위 사안에서 회사의 발행주식 총수의 100분의 3이상 즉 100분의 5에 해당하는 주식을 가지고 이는 주주가 법원의 소집허가를 받아 소집한 임시총회이므로 소수주주에 의한 임시 총회의 소집의 요건을 충족하였다. 또한 주주총회의 특별결의사항은 출석한 주주의 의결권의 3분의 2이상의 수와 발행주식 총수의 3분의 1이상의 수로써 하는 결의이므로 3분의 1에 달하는 주식을 보유한 주주들이 출석하였고 만장일치로 甲 주식회사의 대표이사 R의 해임 안이 가결되었으므로 정족수 요건도 충족하였다. 그러나 주주 A는 소집통지 없이 임시주주총회를 개최하였으므로 이에 주주총회 소집절차상의 하자가 있다.

Ⅳ. 본 사안의 하자를 다툴 수 있는 소송

1. 개 설

외관상 주주총회의 결의가 있었다 하더라도 결의의 절차 또는 내용에 어떠한 하자가 있을 경우 그 결의는 원칙적으로 무효로 보아야 할 것이다. 그러나 주주총회의 결의에는 다수의 이해관계자가 관련될 수 있으며 그 결의에 기초하여 여러 가지 후속 법률관계가 형성되어가기 때문에 결의의 효력을 가급적 존중하여 주는 것이 법률관계의 안정에 도움이 된다. 또 부득이 주주총회결의효력을 부인하는 경우에도 다수의 당사자에게 획일적으로 확정시킬 필요가 있다. 이러한 취지에서 상법은 주주총회결의의 하자의 정도 및 유형에 따라 결의취소의 소, 결의무효확인의 소, 결의부존재확인의 소, 부당결의 취소, 변경의 소 등 네 가지 소송을 규정하고 있다. 결의의 하자에 대한 주장은 원칙적으로 이 네 가지 중 하나의 소송에 의하여만 할 수 있도록 함으로써 법률관계의 안정을 도모하고 있다.

2. 결의취소의 소

(1) 의 의

주주총회의 결의에 절차상의 하자가 있거나 결의의 내용이 법령에 위반하지는 않으나 정관의 규정에 위반한 때와 같이 내용상의 하자가 상대적으로 가벼운 경우에는 결의취소의 소로써 그 하자를 주장하여 결의의 효력을 소멸시킬 수 있다(제376조).

(2) 취소의 원인

주주총회결의 취소의 원인이 되는 하자를 몇 가지로 그루핑하여 보면 다음과 같다.

1) 소집절차상의 하자

① 이사회의 결의 없이 주주총회가 소집된 경우 · 이사회의 결의는 있었으나 적법한 소집권자가 아닌 자가 총회를 소집한 경우 또는 무효인 이사회결의에 따라 총회가 소집된 경우

② 소집통지의 흠결 · 소집통지기간의 부족 또는 소지통지서의 기재사항(회의의 목적사항, 의안의 요령 등)이 누락된 경우

③ 총회의 개최일시 및 장소가 주주가 출석하기에 적당하지 않은 경우

2) 결의방법이 법령 또는 정관에 위반한 경우

① 주주 아닌 자 또는 주주의 적법한 대리인이 아닌 자의 결의 참가

② 정족수요건이 위반

③ 의결권 행사를 제한 받거나 의결권 없는 주식의 주주가 결의에 참가한 경우

④ 소집통지에 포함되지 않는 사항의 의결

⑤ 정관에 규정된 의장이 될 자 이외의 사람이 의사에 관여한 경우

3) 결의방법이 현저하게 불공정한 경우

① 자유로운 의결권행사를 방해한 경우

② 부당하게 토의과정을 생략했거나 표결 참가 기회를 봉쇄하고 결의를 강행한 경우

4) 결의의 내용이 정관에 위반한 때

정관소정의 인원수 이상의 이사를 선임한 경우가 여기에 해당한다.

5) 상법에서 제소권자와 제소기간을 제한하고 있다.

3. 결의무효확인의 소

(1) 의 의

총회의결의 내용이 법령에 위반하는 내용상의 또는 실질적인 하자가 있는 경우에 무효확인의 소를 제기할 수 있다(제380조).

(2) 무효의 원인

무효의 원인인 하자로는 다음과 같은 것이 있다.

1) 주주의 유한책임의 원칙을 위반한 경우, 예를 들어 추가출자의 결의

2) 위법배당안의 승인결의

3) 법률에 위한하는 내용을 정관에 규정하는 정관변경결의

4) 의결의 내용이 선량한 풍속 기타 사회질서 위반하는 경우

5) 상법상 강행규정에 위반한 경우

(3) 제소권자와 제소기간의 제한이 없다.

4. 결의부존재확인의 소

(1) 의 의

결의취소의 대상인 하자가 있는 경우에 비하여 총회소집절차 또는 결의방법상의 하자가 현저하여 총회결의가 존재한다고 볼 수 없는 정도인 때에는 결의부존재확인의 소를 제기할 수 있다(제380조)

(2) 결의부존재확인의 소의 원인

결의부존재확인의 대상이 되는 하자는 다음과 같다.

1) 소집권한이 없는 자에 의한 총회의 소집

2) 전혀 소집절차를 밟지 않은 경우, 대부분의 주주에게 소집통지를 하지 않은 경우

3) 극히 일부의 주주만이 모여 결의한 경우

4) 실제로는 총회가 개최되지 않고 의사록에만 결의가 있었던 것으로 기재되어 있는 경우

5. 부당한 결의의 취소·변경의 소

특별이해관계인으로서 특정 주주총회에서 의결권을 행사하지 못한 주주는 그 결의가 현저하게 부당하고 그 주주가 결의권을 행사했다면 그 결의를 저지할 수 있었을 경우에는 결의 취소·변경의 소를 제기할 수 있다(제381조).

6. 사안에의 적용

본 사안에서의 하자는 법원의 소집허가가 결정에 따라 소집권한을 가지고 있는자가 소집했으나 소집통지의 흠결이라는 절차상의 하자에 해당된다. 따라서 결의취소에 의해 그 결의의 효력을 다툴 수 있다(네 가지 소송 모두를 상세하게 설명한 것은 과도함 - 저자).

V. 해임등기까지 완료된 대표이사가 결의의 효력을 다투는 방법

1. 제소권자

결의취소의 소를 제기할 수 있는 주주·이사·감사이다.

(1) 주주

결의취소의 소를 제기할 수 있는 주주의 권리는 단독주주권으로서 당해회사의 주식을 1주만 소유한 경우라도 제소할 수 있다.

(2) 이사·감사

1) 각 이사 또는 감사가 단독으로 제소권을 행사할 수 있다. 이 때문에 이사를 주식회사의 기관이라고 보는 소수의 견해도 있다.

2) 임기 중 사임하거나 임기만료 퇴임한 경우

임기 중 사임하거나 임기만료로 퇴임한 후라도 후임자가 선임될 때까지 이사의 권리의무를 가지는 자는 제소권을 가진다(제386조 제1항·제415조). 이는 주로 당사

자적격의 문제이다.

3) 총회의 결의에 의하여 해임된 이사나 감사

총회의 결의에 의하여 해임된 이사나 감사는 그 해임결의의 취소를 위하여 결의취소의 소를 제기할 수 있다. 판례는 결의부존재확인의 소에 관하여 이러한 취지를 밝힌 바 있다. 이는 결의취소의 소에 대해서도 마찬가지일 것이다.

2. 소의 제기

(1) 소의 당사자

피고는 회사가 되고 원칙적으로 대표이사가 회사를 대표하지만 원고가 이사일 때에는 이사는 대표이사간의 소송이 공정하게 수행되지 어려울 것을 우려하여 상법에서는 감사가 회사를 대표하도록 하고 있다(제394조). 한편, 대표이사직무집행정지 및 직무대행자선임 가처분이 있은 경우에는 직무대행자가 회사를 대표하게 된다. 이 때 회사를 대표할 자는 제소 당시를 대표이사로 등기되어 그 직무를 행사는 자이고, 설령 그 대표이사가 하자 있는 당해 결의에 의하여 선임된 이사라 하더라도 마찬가지이다.

(2) 제소기간

결의취소의 소는 결의의 날로부터 2개월 내에 제기하여야 한다. 이는 제척기간에 해당되고, 원고적격자가 통지를 받지 못하는 등의 정당한 사유에 의하여 총회결의가 있음을 몰랐던 경우에도 기산일이 연기되지 않는다. 제소기간이 도과하면 취소사유가 있더라도 결의는 완전히 유효하게 된다.

3. 판결의 효력

(1) 판결의 대세적 효력

결의취소의 판결이 확정되면 그 효력은 소송당사자외에 제3자에 대하여도 미친다(제376조 제2항 · 제190조 본문). 이를 결의취소 판결의 대세적 효력이라고 한다. 합명회사의 설립무효판결의 효력에 관한 190조의 규정 중 본문만 준용되고 소급효 배제를 규정한 단서는 준용되지 아니하므로 결의취소의 확정판결의 효력은 소급한다(제376조 제2항). 따라서 결의한 사항이 등기한 경우 거래상대방은 상법 제39조의 적용 내지 유추적용에 의하여 보호받을 수 있을 것이다.

(2) 등 기

결의한 사항이 등기되었다면 결의취소의 판결이 확정된 후 취소사실을 본점과 지점의 소재지에서 등기하여야 한다(제378조).

(3) 원고패소의 경우 기판력은 당사자에게서만 미치고 대세적 효력이 없으므로 다른 제소권자가 같은 원인이나 다른 원인을 주장하여 다시 취소의 소를 제기할 수 있으나 제소기간이 단기이므로 사실상 별도의 제소는 생각할 수 없다고 하겠다.

(4) 패소한 원고는 악의 또는 중과실의 경우 회사에 대하여 연대하여 손해를 배상

하여야 한다(제376조 제2항 · 제191조).

4. 사안에의 적용

본 사안에서와 같이 총회의 결의에 의하여 해임된 이사는 그 해임결의의 취소를 위하여 결의취소의 소를 제기할 수 있음을 결의부존재확인의 소에 관하여 이러한 취지를 밝힌 판례를 통하여 인정할 수 있다. 따라서 甲 주식회사의 대표이사 R은 결의의 날로부터 2월내에 결의취소의 소를 제기할 수 있다. 결의취소의 소에서 원고인 대표이사 R이 승소할 경우 판결의 대세적 효력과 소급효에 의해 결의를 무효로 할 수 있다. 패소한 경우에는 R이 악의 · 중과실의 경우 회사에 대해서 연대하여 손해배상을 하여야 한다.

Ⅵ. 결 론

1. 위 임시총회에서 의장은 누가 맡았어야 하는가.

본 사안은 소수주주에 의하여 소집된 임시총회에 해당하므로 의장은 정관의 규정에도 불구하고 별도로 선임하여야 한다. 그러나 판례의 입장에 따르면 소수주주에 의해 소집된 임시 총회에서도 의장은 정관에 정해진 바에 따른다는 입장을 취하고 있으므로 본 사안의 임시총회는 정관에 정해진 의장이 맡아야 한다.

2. 주주총회의 소집통지를 전혀 하지 않은 경우 그 하자는 주주총회결의의 하자를 다투는 네 가지 소송 중 어느 소송의 원인이 될 수 있는가.

본 사안에서의 하자는 소집통지의 흠결이라는 절차상의 하자에 해당된다. 따라서 결의취소의 소에 의해 그 결의의 효력을 다툴 수 있다.

3. 해임등기까지 완료된 후 R은 위 주주총회 결의의 효력을 어떻게 다툴 수 있는가.

대표이사 R은 자신에 대한 해임 결의의 날로부터 2월내에 결의취소의 소를 제기할 수 있다. 결의취소의 소에서 원고인 대표이사 R이 승소할 경우 판결의 대세적 효력과 소급효에 의해 해임결의는 무효가 된다.

Ⅱ. 주주제안제도

1. 의 의

의결권없는 주식을 제외한 발행주식 총수의 100분의 3 이상에 해당하는 주식을 가진 주주는 이사에 대하여 일정한 사항을 주주총회의 목적사항으로 할 것을 제안할 수 있다(제363조의2 제1항). 이를 주주제안제도라고 한다.

원래 주주총회의 소집은 이사회에서 결정하며 주주총회를 소집할 때에는 소집통지에 목적사항을 기재하여야 한다(제363조 제1항 · 제2항). 그리고 주주총회에서는 소집통지에 기재된 목적사항에 한하여 결의할 수 있으므로 이사회만이 의안을 정할 수 있었다. 그런데 1998년 개정상법에서는 주주제안제도를 신설하여 일정한 요건을 갖춘 주주에게도 주주총회에서 의안을 제안할 기회를 부여한 것이다. 이 제도는 1996년에 구 증권거래법에 도입되었던 것인데 상법에 수용됨으로써 모든 주식회사에 확대 적용되게 된 것이다.

2. 주주제안의 요건

(1) 제안주주의 보유주식수

주주제안을 할 수 있는 주주는 의결권 없는 주식을 제외한 발행주식총수의 100분의 3 이상에 해당하는 주식을 가진 주주이다. 상장회사의 경우는 6개월 전부터 계속하여 발행주식총수의 1,000분의 10 이상을 가진 주주에게 제안권이 인정되며 최근 사업연도 말 자본금이 1,000억원 이상인 회사에 관하여는 1,000분의 5 이상을 가진 주주에게 주주제안권이 부여된다(제542조의6 제2항, 시행령 제32조).

(2) 제안기한

주주는 주주총회 회일의 6주전까지 이사에 대하여 서면으로 일정한 사항을 주주총회의 목적사항으로 할 것을 제안하여야 한다.

3. 의제제안권과 의안제안권

주주가 제안할 수 있는 주주총회의 목적사항은 (제3자에 대한 신주배정을 위한) '정관변경의 건'과 같이 의제의 형식을 취할 수도 있고(제418조 제2항 참조), '미국의 A회사에게 신주인수권을 부여하는 건'과 같이 의안의 요령이 될 수도 있다. 전자를 「의제제안권」이라고 부르고, 후자를 「의안제안권」이라고 부른다. 상법에서는 양자의 제안 모두를 허용하고 있다고 설명하는 것이 일반적이다.

그러나 이러한 구별이 필요한 것인지는 의문이다. 양자를 구별해서 설명하는 데는 의제제안권과 의안제안권의 명확한 구별기준이 전제되어야 할 것이나 그 구별이 명확하지 않기 때문이다. 주주총회의 목적사항 즉 제363조의2 제1항의 일정한 사항을 제안하는 것이 의제제안이고 동조 제2항의 '의안의 요령'의

제안을 의안제안이라 하더라도 일단 의제제안권을 행사한 주주가 자신이 제안한 의제에 대하여 의안의 요령을 덧붙인다면(제363조의2 제2항) 의제 및 의안제안이 되기도 한다.

4. 제안내용의 허용범위

상법에서는 주주제안의 내용이 법령 또는 정관에 위반되지 아니하는 한 이사회는 그것을 주주총회의 목적사항으로 하여야 한다고 규정하고 있다(제363조의2 제3항). 이 조항을 법문 그대로 읽으면 기존 정관의 규정을 변경하자는 제안(예를 들어, 이사 수를 증가시키는 정관규정의 변경)은 이사회에서 배척할 수 있는 것으로 해석될 수 있으나 주주제안제도의 취지에 비추어 정관변경의 제안은 주주제안권의 남용에 해당하지 않는 이상 허용되어야 할 것이다.

상법 시행령에서는 주주제안이 허용되지 않는 경우를 규정하고 있다(제363조의2 제3항, 시행령 제12조).

5. 제안의 절차와 설명기회의 부여

주주제안제도는 주주총회의 소집청구를 포함하지 아니하며 이사회에서 일단 주주총회를 소집했을 것을 전제로 거기에 끼어들어 일정한 안건을 추가해 달라고 청구하는 것이다. 제안의 상대방은 이사(실제로는 대표이사)가 되며(법문상 이사회가 제안의 상대방으로 되어있지 아니함) 제안을 받은 대표이사는 그 내용을 이사회에 보고하고 이사회가 그 내용을 주주총회의 목적사항에 포함시키게 된다. 이사회는 제안한 자의 청구가 있는 때에는 주주총회에서 당해 의안을 설명할 기회를 주어야 한다(제363조의2 제3항).

6. 주주제안의 무시와 주주총회결의의 하자

주주제안이 있었음에도 불구하고 이사가 그것을 무시하고 주주총회를 진행한 경우 총회결의에 어떠한 영향을 미치는가. 주주총회에서 주주가 제안한 의안과 관련되는 결의가 이루어진 경우 그 결의는 결의방법에 하자가 있는 것이 되고 결의취소사유가 된다고 보아야 한다. 그러나 제안된 내용에 관련되는 결의는 없고 원래 이사회에서 결정한 의안이 의결된 경우, 주주제안이 무시되었더라도 다른 의안의 결의의 효력에 영향을 미치는 것으로 해석할 수는 없다. 주주제안을 무시한데 대하여 이사의 책임을 물을 수 있을 뿐이다.

Ⅲ. 주주의 의결권

1. 의 의

주주의 의결권은 주주가 주주총회에 출석하여 표결에 참가할 수 있는 권리이다. 주주로서 가지는 중요한 공익권이다. 주주는 의결권을 반드시 회사의 이익을 위하여 행사할 필요는 없고 주주 개인에게 유리하게 행사하여도 무방하다. 의결권은 주주의 고유권으로서 법률에 특별한 정함이 없는 한 정관으로도 의결권을 제한하거나 박탈할 수 없다. 주주는 의결권만을 따로 떼어 양도하거나 신탁적으로 양도할 수 있다(반대: 이(철), 511면). 판례는 주주권 중 공익권의 처분을 허용하고 있는데 의결권의 경우도 같다고 이해된다.

대판 1985. 12. 10, 84다카319 주주권은 자유롭게 처분할 수 있는 것이고, 그 중 공익권(주주총회결의 부존재확인의 소 제소권 -저자)이라 하여 그 처분이 제한되는 것은 아니다.

〈사실관계 및 쟁점〉 원고 김재영은 피고 동방전자부품 주식회사를 상대로 피고 회사의 1980. 11. 5.자 임시주주총회 및 그 이후의 이사회결의의 부존재확인을 구하는 이 사건 소(이하 '後 소송'이라고 한다)를 제기하였다. 그런데 원고는 이 사건 소송을 제기하기 이전인 1981. 초순경 피고 회사를 상대로 이 사건 청구원인과 같은 이유를 들어 서울지법 남부지원에 이 사건 청구취지와 같은 주주총회 및 이사회결의 부존재확인의 소(이하 '前 소송'이라고 한다)를 제기하여 그 소송이 계속 중이던 같은 해 3. 5. 피고 회사 및 당시 그 대표이사로 등기되어 있던 소외 김점재와의 사이에 당시 원고가 실질적으로 소유하고 있던 주식 전부를 위 김점재에게 금 50,000,000원에 양도하면서 위 前 소송을 취하하는 동시에 향후 피고 회사에 대하여 어떠한 권리주장이나 청구도 하지 아니하기로 하는 내용의 약정을 맺었다. 그리고 원고는 위 약정에 따라 그 무렵 위 前 소송을 취하하였다.

그런데 원심(서울고법 1983. 12. 14, 83나1613 판결)은 '직권으로 살펴보아, 위 약정은 원고가 피고 회사에 대하여 향후 전에 취하한 바와 같은 내용의 청구는 다시는 하지 아니하기로 한 부제소약정이라 할 것이므로 그 약정에 반하여 제기된 원고의 이 사건 소는 권리보호의 이익이 없는 부적법한 것이다'라고 판단하여 원고의 이 사건 소를 각하하였다. 한편, 원고는 원심에서 소송이 계속 중에 다른 주장들은 별론으로 하고, '주주권 중 공익권은 임의로 처분할 수 없는 것이므로 공익권의 포기라고 볼 수 있는 위와 같은 부제소약정은 무효이다'라고 주장하였다. 그러나 대법원은 위 판결요지와 같이 '주주권은 자유롭게 처분할 수 있는 것이고 그 중 공익권이라 하여 그 처분이 제한되는 것은 아니다'라고 판시함으로써 원고의 위 주장을 배척하였다.

2. 의결권의 수

주식 1주당 1개의 의결권이 부여된다(제369조 제1항). 1주 1의결권의 원칙은 강행규정이므로 법률에 특별한 정함이 없는 한 정관 또는 주주총회의 결의로 의결권을 제한하거나 1주에 대하여 복수의 의결권을 부여하는 것은 허용되지 않는다. 소위 황금주라고 하는 것은 비록 1주식이지만 중요한 의결사항에 대하여 결정권 또는 거부권(veto power)을 가지는 주식을 가리킨다. 별도의 입법이 없는 한 우리나라에서는 인정될 수 없다.

주주총회표결의 결과 가부동수(可否同數)인 경우 의장에게 결정권(tie-breaking right)을 부여하는 것은 허용되지 아니한다. 의장이 주주가 아니라면 자격없는 자의 결의참가가 될 것이고 주주라 하더라도 주식평등의 원칙에 반하기 때문이다. 결국 부결된 것으로 다루어진다.

3. 정 족 수

주주총회의 결의에 있어서 의결권 없는 주식의 수는 발행주식총수에 산입하지 않는다. 여기서 의결권 없는 주식이라 함은 의안에 관계없이 모든 경우에 주주총회에서 의결권을 가지지 못하는 주식을 가리킨다. 의결권 없는 주식의 예로는 종류주식 중 하나인 무의결권주식, 자기주식, 상호보유주식 등이 있다(제371조 제1항). 제343조의3에서는 의결권이 배제되는 종류주식을 규정하고 있으며 제369조 제2항과 제3항에서 자기주식과 발행주식총수의 10분의 1을 초과하는 경우의 상호보유주식은 "의결권이 없다"라는 표현을 쓰고 있다. 한편 '의결권을 행사할 수 없는' 주식으로는 특별이해관계인이 보유한 주식(제368조 제4항), 집중투표배제에 관한 정관규정 또는 그 변경을 위한 결의에서 법정한도를 초과하는 수의 주식(제542조의7 제3항), 감사 또는 감사위원회위원 선임 결의에서 법정한도(의결권없는 주식을 제외한 발행주식총수의 100분의 3)를 초과하는 수의 주식

(제409조 제2항, 제542조의12 제3항 · 제4항) 등이 있다.

보통결의사항에 대하여는 발행주식총수의 4분의 1 이상(최소표결수)인 동시에 출석한 주주의 의결권의 과반수의 찬성으로 의결한다(제368조 제1항). 특별이해관계인(제368조 제3항)이 가지는 주식의 의결권의 수와 감사선임에 있어서의 의결권 없는 주식을 제외한 발행주식총수의 100분의 3을 초과한 보유주식의 의결권의 수(제409조 제2항 · 제3항), 그리고 상장회사에 있어서 정관규정으로 집중투표를 배제하려는 경우(제542조의7 제3항) 또는 감사 또는 감사위원회위원의 선임에 있어서 100분의 3을 초과한 보유주식의 의결권의 수(제542조의12 제3항 · 제4항)는 '의결권을 행사할 수 없는' 주식으로서 결의의 성립에 필요한 '출석한 주주의 의결권의 수'에 산입하지 아니한다(제371조 제2항). 다만 의결권행사금지가처분을 받은 주주의 주식 수는 위 발행주식총수에는 포함된다. 예를 들어 10,000주식을 발행한 회사에서 2,000주식이 무의결권주식이라 하자. 의결권을 행사할 수 있는 주식 3,000주식을 소유한 주주가 출석하였고 그 중 2,000주식을 가진 주주가 찬성투표를 하였다면 3,000주식의 과반수인 동시에 발행주식총수(10,000－2,000, 제371조 제1항) 8,000주식의 4분의 1을 채웠으므로 당해 의안은 가결된다.

대판 1998. 4. 10, 97다50619 주식 자체는 유효하게 발행되었지만 주식의 이전 등 관계로 당사자 간에 주식의 귀속에 관하여 분쟁이 발생하여 진실의 주주라고 주장하는 자가 명의상의 주주를 상대로 의결권의 행사를 금지하는 가처분의 결정을 받은 경우, 그 명의상의 주주는 주주총회에서 의결권을 행사할 수 없으나, 그가 가진 주식 수는 주주총회의 결의요건을 규정한 구 상법(1995. 12. 29. 법률 제505제3호로 개정되기 전의 것) 제368조 제1항 소정의 정족수 계산의 기초가 되는 '발행주식의 총수'에는 산입되는 것으로 해석함이 상당하다.

〈사실관계 및 쟁점〉 피고 조은물산 주식회사는 소외 강동근과 소외 김순남의 공동투자로 설립된 회사인데, 설립 당시 자본금은 300,000,000원이고, 발행주식은 10,000원권 보통주식 30,000주이며, 위 주식보유비율은 위 강동근측에서 47%(14,100주)를, 원고를 포함한 위 김순남측에서 53%(15,900주)를 각 인수하였다. 한편, 피고 회사는 1993. 5.경 피고 회사에 영업용 보세장치장을 설영함에 있어서, 관세청 고시에 의하여 그 설영법인의 자격이 자본금 500,000,000원 이상으로 제한되어 금 200,000,000원을 유상증자할 필요가 생겨, 1993. 5. 10.경 신주 20,000주(1주의 금액 10,000원)를 발행하게 되었다. 다만, 그 신주인수방법으로는 소외 동삼수산 주식회사(이하 '동삼수산'이라고 한다)가 피고 회사 발행의 위 신주 전부를 인수하되, 그 인수대금은 원고가 조달하기로 하여 원고가 위 신주인수대금을 위 동삼수산에게 제공하였고, 위 동삼수산은 위 금원으로 피고 회사 발행의 위 신주 전부를 인수하였다. 그 후 원고는 동삼수산 명의로 되어 있던 위 신주 중 김순남측의 지분비율(53%)에 상응하는 10,600주를 소외 최인조, 이근호 앞으로 명의개서를 마쳤다.

그런데 위 강동근과 김순남의 관계가 소원해지자 위 강동근측은 위 동삼수산을 내세워 1995. 6. 21. 부산지방법원 95카합161제6호로 위 최인조, 이근호 등 2인에 대하여 주주권확인청구 사건의 본안판결이 확정될 때까지 피고 회사의 주주총회에 참석하여 그 보유 10,600주에 관한 의결권을 행사하여서는 아니된다는 가처분결정을 받고, 이어 9,400주를 보유한 위 동삼수산 외에 위 강동근 및 그의 측근인 소외 강민철, 강광수, 최일권 등 5인 명의로 피고 회사 발행주식총수의 5/100 이상에 해당하는 23,500주를 보유하는 소수주주의 지위에서 1996. 2. 15. 부산지방법원 96파160호 결정으로 피고 회사의 주주총회 소집허가를 얻어 같은 해 3. 8. 이 사건 임시주주총회를 개최하였는데, 위 김순남측 불참으로 주주총회의 결의는 '발행주식총수의 과반수에 해당하는 주식을 가진 주주의 출석으로 그 의결권의 과반수'에 의하도록 한 당시의 상법(1995. 12. 29. 법률 제505제3호로 개정되어 1996. 10. 1. 시행되기 이전의 것) 제368조 1항의 정족수에 미달하게 되었다. 이에 위 강동근측은 1995. 6. 21.자 의결권행사금지가처분이 발하여진 위 최인조, 이근호 등 2인 보유주식 10,600주를 위 동삼수산 보유주식으로 계산함으로써 피고 회사 발행주식총수의 과반수에 해당하는 도합 34,100(=23,500+10,600)주를 가진 주주가 출석한 것으로 의제하고, 출석한 주주 5인의 만장일치로 원고를 피고 회사의 이사직에서 해임하며, 소외 최일권, 강민철, 이윤, 채수천을 그 이사로, 소외 김종원을 그 감사로 새로 선임하고, 이에 새로운 이사진으로 구성된 이사회에서 위 김순남을 대표이사직에서 해임하며 위 최일권을 새로운 대표이사로 선임하여 같은 날 이를 등기하였다. 그러나 1993. 5. 10.경 발행한 신주 중 적어도 위 최인조, 이근호 앞으로 명의개서된 10,600주는 원고를 포함한 위 김순남측에서 처음부터 인수한 것이었다.

이에 원고는 이 사건 주주총회결의는 상법상 의사정족수에 이르지 아니한 흠이 있어 결의방법상 부적법을 이유로 한 이 사건 주주총회 결의취소소송을 제기하였다. 피고 회사는 위 최인조, 이근호 앞으로 명의개서된 10,600주는 1995. 6. 21. 부산지방법원 95카합161제6호로 의결권행사금지가처분이 집행되었으므로 이는 상법상 의사정족수를 계산함에 있어서 발행주식총수에서 제외되어야 한다고 전제한 다음, 그렇다면 피고 회사의 발행주식총수는 39,400주(50,000−10,600)가 되는 만큼 그 가운데 9,400주를 보유한 위 동삼수산 등 출석주주 5인이 과반수를 넘는 23,500주를 가지고 있어 결의방법에 아무런 하자가 없다고 항변하였다.

여기서 쟁점이 된 것은 의결권행사금지가처분결정을 받은 주주의 주식 수가 주주총회의 결의요건을 규정한 상법상 정족수 계산의 기초가 되는 '발행주식총수'에 산입되느냐 하는 점이다.

원심(부산고법 1997. 10. 9, 97나2382 판결)은 의결권의 행사를 금지하는 가처분결정은 단지 그 의결권행사가 금지된 상태 내지 지위를 잠정적으로 실현함에 그칠 뿐이로써 그 의결권 자체를 박탈한다거나 반사적 효과로서 상대방에게 그 의결권행사를 대행하는 길을 열어주는 것은 아니라는 이유로 의결권행사금지 가처분결정을 받은 주주의 주식 수라 하더라도 정족수를 계산함에 있어서는 위 '발행주식총수'에 산입되어야 한다고 판시하였다. 한편, 대법원도 위 판결요지와 같은 이유로 원심의 결론을 지지하였다.

보통결의의 최소표결수(발행주식총수의 4분의 1 이상)를 계산함에 있어서 발행주식총수에 특별이해관계인이 가지는 주식 등 의결권을 행사할 수 없는(의결권행사가 제한되는) 주식을 제외시킬 것이냐 포함시킬 것이냐가 문제된다. 포함시켜야 한다는 견해에서는 상법 제371조 제1항에서 명문으로 발행주식총수에서 제외되는 것을 무의결권주식, 자기주식, 의결권 없는 상호주식만으로 한정시켜 규정하고 있음을 강조한다. 의결권의 행사가 제한되는데 불과한 특별이해관계인이 가지는 주식 등 의결권을 행사할 수 없는 주식의 수는 제외대상이 아니라고 한다(최, 497면). 그러나 그렇게 새기면 특별이해관계인이 가지는 주식의 수가 압도적으로 많은 경우 주주총회의 결의 자체가 성립할 수 없는 경우가 있을 수 있다. 예를 들어 주주총회에서 이사의 보수를 결정하는 경우에 이사들이 발행주식총수의 100분의 76을 소유하고 있다고 하자. 제371조 제1항의 규정에 충실하게 그들의 주식을 발행주식총수에 포함시켜 계산한다면 이사들은 특별이해관계인으로서 의결권을 행사할 수 없고 다른 주주 전원이 이사의 보수액 의안에 찬성한다 하더라도 발행주식총수의 100분의 24에 불과하여 발행주식총수의 4분의 1 미만이므로 의결이 불가능하다. 이와 관련하여 감사선임의 경우에도 대주주가 수인 있고 군소주주의 보유주식비율이 현저하게 낮은 회사에서는 감사선임을 위한 결의를 할 수 없게 되는 경우도 있을 수 있다. A, B, C, D 4인의 주주가 발행주식총수의 30%, 30%, 20%, 15%를 보유하고 있는 회사라면 각각 3%씩 A, B, C, D가 합하여 발행주식총수의 12% 해당하는 주식만 의결권을 행사할 수 있다. 기타 다른 주주 전부(발행주식총수의 5% 소유)와 합심하여 같은 감사후보를 감사로 선출하고자 한다 하더라도 발행주식총수의 100분의 17밖에 확보할 수 없어 선임결의를 성립시킬 수가 없게 되고 말 것이다. 이러한 문제를 해결하기 위한 방안으로 최소표결수 계산에 있어서도 100분의 3 초과분을 발행주식총수에 산입하지 않아야 100분의 17의 4분의 1로 최소표결수를 채울 수 있다는 것이다.

결국 이러한 문제가 최소표결수 요건을 제도화한 것 때문에 생기는 문제라고 볼 수도 있다. 그러나 현행제도 하에서는 최소표결수를 계산하는데 있어서 특별이해관계인이 가지는 주식의 수는 발행주식총수에서 제외할 수밖에 없다고 생각한다. 그 결과 압도적 다수의 주식을 소유하고 있는 주주들의 의사가 무시되는 문제가 생길 수 있다. 예를 들어 위의 이사보수결의에서 특별이해관계 있는 이사들의 보유주식수 100분의 76을 발행주식총수에서 제외한다면 특별이해관계가 없는 주주들이 보유하고 있는 발행주식총수의 100분의 24를 분모로 하여 그 4분의 1이 최소표결수가 된다. 극단적으로는 그 4분의 1에 해당하는 발행주식총수의 100분의 6(100분의 10에 해당하는 주식의 주주가 출석하여 과반수인 100분의 6이 찬성한 경우)으로 회사의 의사가 결정될 수 있다. 이러한 문제가 있음에도 불구하고 도대체 결의가 성립조차 못할 사태는 더욱 바람직하지 않으므로 최소표결수를 산정함에 있어서 의결권을 행사할 수 없는 주식의 수도 발행주식총수에 산입하지 않아야 할 것이다(동지: 채, 470면).

4. 의결권의 행사

기명주식의 주주는 총회당시에 주주명부상의 주주임이 확인되면 주권의 제시 없이 의결권을 행사할 수 있다. 주주로서 주주총회에서 의결권을 행사하는 것은 주식의 소유자로서 그 자격에서 권리를 행사하는 것이다.

대판 2004. 10. 28, 2004도1256 형법상 업무방해죄의 보호대상이 되는 '업무'라 함은 직업 기타 사회생활상의 지위에 기하여 계속적으로 종사하는 사무 또는 사업을 말하는 것인데, 주주로서 주주총회에서 의결권 등을 행사하는 것은 주식의 보유자로서 그 자격에서 권리를 행사하는 것에 불과할 뿐 그것이 '직업 기타 사회생활상의 지위에 기하여 계속적으로 종사하는 사무 또는 사업'에 해당한다고 할 수 없다.

〈사실관계 및 쟁점〉 공소외 주식회사 甲의 대표이사인 A는 위 회사의 직원 130여명과 공모하여 2001. 3. 30. 개최된 위 회사의 주주총회에서 위력으로 심종섭 등 21명의 개인주주들이 발언권과 의결권을 행사하지 못하도록 방해하였다. 이에 피고인 A는 형법상 업무방해죄로 공소가 제기되었다.

여기서 쟁점이 된 것은 주주로서 주주총회에서 의결권 등을 행사하는 것이 형법상 업무방해죄의 보호대상이 되는 '업무'에 해당하는지 여부이다.

이에 대해 원심(부산지법 2004. 2. 11, 2003노3951 판결)은 '주주로서 발언권 또는 의결권을 행사하는 것은 주주라는 사회생활상 지위에 기하여 주식을 보유하는 동안 계속되는 것이므로 형법상 업무방해죄의 보호대상이 되는 업무에 해당한다'라고 판시하여 피고인 A를 처단하였다. 그러나 대법원은 위 판결요지와 같은 이유로 주주로서의 주주총회에서 의결권 등을 행사하는 것은 형법상 보호대상인 '업무'에 해당하지 아니한다고 보아 원심판결을 파기환송하였다.

(1) 의결권의 대리행사

주식회사의 사원(주주)은 그 개성이 중요시되지 아니하므로 대리인으로 하여금 의결권을 행사하도록 시킬 수 있다. 주주 본인의 의결권행사를 고집한다면 경우에 따라 의결권 행사를 부당하게 제한하는 결과가 초래될 수 있다.

상법 제368조 제2항에서 의결권의 대리행사를 보장하는 규정은 강행법규에 해당한다. 정관의 규정으로도 대리행사를 금지하거나 부당하게 제한해서는 안 된다. 다만 주주총회에 방해가 될 제3자의 참석(이른바 총회꾼의 문제)을 막기 위하여 대리인의 자격을 주주로 한정하는 것은 허용된다. 위 규정이 대리인의 자격을 제한해야 할 합리적인 이유가 있는 경우 정관으로 상당한 정도의 제한을 가하는 것까지 금하는 것은 아니라고 해야 하기 때문이다. 판례는 의결권 대리행사로 말미암아 주주총회개최가 부당하게 방해받거나 또는 회사이익이 부당하게 침해될 염려가 있는 경우에 회사는 의결권대리행사를 거부할 수 있다고 한다.

한편 주주총회의 공정·적정한 운영을 기하기 위해서 정관으로 이사, 감사에 의한 의결권 대리행사를 금지할 수 있다고 본다.

대판 2001. 9. 7, 2001도2917 주주의 자유로운 의결권 행사를 보장하기 위하여 주주가 의결권의 행사를 대리인에게 위임하는 것이 보장되어야 한다고 하더라도 주주의 의결권 행사를 위한 대리인 선임이 무제한적으로 허용되는 것은 아니고, 그 의결권의 대리행사로 말미암아 주주총회의 개최가 부당하게 저해되거나 혹은 회사의 이익이 부당하게 침해될 염려가 있는 등의 특별한 사정이 있는 경우에는 회사는 이를 거절할 수 있다고 보아야 할 것이며, 주주가 자신이 가진 복수의 의결권을 불통일행사하기 위하여는 회일의 3일 전에 회사에 대하여 서면으로 그 뜻과 이유를 통지하여야 할 뿐만 아니라, 회사는 주주가 주식의 신탁을 인수하였거나 기타 타인을 위하여 주식을 가지고 있는 경우 외에는 주주의 의결권불통일행사를 거부할 수 있는 것이므로, 주주가 위와 같은 요건을 갖추지 못한 채 의결권불통일행사를 위하여 수인의 대리인을 선임하고자 하는 경우에는 회사는 역시 이를 거절할 수 있다.

〈사실관계 및 쟁점〉 대주주인 공소외 A로 대표되는 공소외 甲 주식회사와 소수주주인 공소외 B, 공소외 C 사이에 甲 회사운영을 둘러싸고 임대료 또는 주주배당금청구소송이 계속되어 분쟁이 있었다. 그런데, 甲 회사의 총 주주 6인 중 주식의 2.4%인 240주를 소유한 공소외 C는 결산 및 감사보고, 배당금 결정을 안건으로 하는 1999. 3. 24.자 정기주주총회에 자신이 직접 참석하고 있음에도 불구하고 위 계속 중인 소송에 증거로 사용될 수 있는 회사의 감사보고서에 관한 근거서류 등을 찾는다는 명목으로 오종학, 오문석, 김동휘, 이정일 및 피고인 乙 등 5인에게 각각 자신의 주식 중 1주씩에 대한 의결권의 대리행사를 위임하였다. 다만, 공소외 C가 소유한 위 주식은 타인으로부터 신탁받은 것이거나 혹은 타인을 위하여 주식을 가지고 있는 경우에 해당하지 아니할 뿐만 아니라 회일의 3일 전까지 회사에 대하여 서면으로 의결권을 불통일 행사하겠다는 뜻과 이유를 통지한 바는 없었다.

한편, 공소외 C와 그로부터 의결권의 대리행사를 위임받은 피고인 등은 1999. 3. 24. 12:00경 위 주주총회 장소인 서울 중구 남창동에 있는 공소외 甲 주식회사 사무실에 출석하여 주주총회 의장인 공소외 A가 피고인 등에게 밖으로 나가라고 요구하였음에도 불구하고 피고인 등이 이를 거절하여 공소외 A측과 피고인측 사이에 고성과 욕설이 오가던 중 공소외 A는 위와 같은 상황에서는 주주총회를 진행할 수 없다는 이유로 주주총회장 밖으로 나가버렸다. 또한 공소외 A가 위와 같이 주주총회장 밖으로 나가버리자 피고인 등이 공소외 C를 임시주주총회의장으로 선임하여 회의를 진행하면서 위 회사 경리직원인 주은영 등에게 '회사현금출납장부 등 경리장부를 가지고 오라'고 요구하면서 위 경리직원들이 이를 거절하자 피고인은 공소외 A의 책상과 甲 회사상무인 최연웅의 책상을 뒤지고, 계속하여 피고인과 이정일은 위 경리직원들의 책상 위에 있는 서류철을 뒤지고, 공소외 C는 이러한 사정을 최연웅에게 보고하기 위하여 전화를 하려는 주은영에게 전화를 하지 못하게 하였다.

피고인은 위와 같은 행위에 대하여 업무방해 및 방실수색으로 공소가 제기되었다. 여기서 쟁점이 된 것은 주주의 의결권행사를 위한 대리인선임에 대하여 회사가 일정한 경우에 이를 거절할 수 있느냐 하는 점이다.

이에 대해 제1심 및 원심(서울지법 2001. 5. 17, 2000노8777 판결)은 '정당하게 의결권을 위임받아 주주총회에 참석한 자에 대해서는 회사는 이를 거절할 수 없다'는 전제하에, 피고인에 대한 업무방해 및 방실수색의 점에 대하여 각 무죄판결을 내렸다. 그러나 대법원은 '주주인 공소외 C 자신이 직접 주주총회에 참석하면서도 소유주식 중 일부에 관한 의결권의 대리행사를 피고인 등 5인에게 나누어 위임하는 것은 의결권의 행사를 위하여 필요한 정당한 범위 내라기보다는 회사 대주주측에서 참가하는 주주 수보다 회사와 민사소송을 벌이고 있는 소수주주측 참가자 수를 더 많게 함으로써 주주총회에서 자신들의 위세를 과시하여 정상적인 주주총회의 진행을 저해할 의도가 있다고 보여진다'라고 하여 일정한 경우에는 회사가 의결권대리행사를 거절할 수 있다고 판시하였다. 결국 원심판결을 파기환송한 것이다.

대리인은 대리권을 증명하는 서면을 주주총회에 제출하여야 한다(제368조 제2항). 대리권의 증명을 서면으로 요구하는 취지는 대리권의 존부에 관한 법률관계를 명확히 하여 주주총회결의의 성립을 원활하게 하기 위한 것이다. 따라서 특별한 사정이 없는 한 그 원본을 제출해야 한다. 이러한 위임장을 미국에서는 Proxy라 하며 현재의 경영진이 회사의 비용으로 Proxy를 유치함으로써 경영권을 장악하려는 시도가 문제되고 있다.

Proxy fight(위임장쟁탈)의 문제와 관련하여 상법에서는 아무런 규정을 두고 있지 않으나 상장주권의 경우에 자본시장법 제152조부터 제158조와 동시행령 제163조 이하의 규정에 따라 의결권 대리행사의 권유가 엄격하게 규제되고 있다. 이는 현재의 경영진이 대중주주의 무관심을 기화로 다수의 주주로부터 의결권 행사를 수탁(受託)하여 회사의 경영을 전횡하는 것을 방지하기 위한 것이다.

한편, 의결권 대리행사에 있어서 포괄적으로 위임할 수 있는가가 문제되나 일정기간에 걸친 포괄적인 대리권 수여가 적법하다고 보는 것이 다수설(정(동), 555면; 정(찬), 843면; 최, 478면) 및 판례이다. 그러나 포괄적 위임은 주주의사의 왜곡가능성 및 의결권신탁을 인정하는 결과를 초래한다는 점에서 대리권 수여가 총회마다 이루어져야 한다고 보는 견해도 있다(이(철), 527면).

대판 1995. 2. 28, 94다34579 상법 제368조 제3항은 주주의 의결권을 대리행사하고자 하는 자는 대리권을 증명하는 서면을 총회에 제출하도록 규정하고 있는바, 그 규정은 대리권의 존부에 관한 법률관계를 명확히 하여 주주총회 결의의 성립을 원활하게 하기 위한 데에 그 목적이 있다고 할 것이므로, 대리권을 증명하는 서면은 위조나 변조 여부를 쉽게 식별할 수 있는 원본이어야 하고 특별한 사정이 없는 한 사본은 그 서면에 해당하지 않는다.

〈사실관계 및 쟁점〉 1969. 12. 26. 설립된 피고 태화섬유 주식회사는 1991. 9. 16. 임시주주총회를 개최하여 피고 회사가 발행할 주식의 총수를 67,200주에서 268,800주로 증가시키는 정관변경의 특별결의를 하였는데, 그 특별결의가 있기 전의 피고 회사의 주식은 원고 이광찬이 발행주식총수의 40%(26,880주), 피고 회사의 공동대표이사인 소외 이병걸과 박성동이 각 그 30%(20,160주)씩을 소유하고 있었다. 그런데 원고 이광찬은 그 소유 주식 중 7,120주를 원고 김승성에게, 4,720주를 원고 김호성에게, 위 이병걸은 그 소유 주식 중 5,160주를 소외 이병준에게, 위 박성동은 그 소유 주식 중 6,720주를 소외 임환에게 각 명의신탁하고 있었다. 원고 이광찬과 위 이병걸 및 박성동은 오랫동안 피고 회사를 공동으로 경영하여 왔기 때문에 서로 상대방의 위 명의신탁관계를 잘 알고 있었고, 그런 까닭에 위 3자만 모여 주주총회를 하여 왔던 것이다.

원고들은 1991. 8. 26.경 피고 회사로부터 위 임시주주총회 개최사실을 통보받고 1991. 9. 10. 변호사인 소외 김윤경, 이일우에게 위 주주총회에서 원고들을 대리하여 의결권을 행사하여 줄 것을 위임한 후, 그 다음날 피고 회사에 대하여 대리인 선임사실을 통보하였다. 원고들로부터 의결권 대리행사를 위임받은 소외인들 중 위 이일우 변호사가 같은 해 9. 16. 위 임시주주총회에 참석하여 의결권을 대리행사하려 하였으나 피고 회사의 대표이사인 위 이병걸과 박성동이 위 이일우 변호사가 지참한 위임장 중 원고 이광찬의 위임장은 원본이지만, 원고 김승성과 김호성의 위임장 및 그에 첨부된 인감증명서는 모두 사본이고, 특히 원고 김승성의 인감증명사본은 그 용도가 '위임용'이 아닌 '주식양도용'으로 되어 있다는 이유로 위 이일우 변호사에게 원고 이광찬을 위한 대리권은 인정할 수 있으나 나머지 원고들에 대한 대리권은 적법한 대리권수여라고 볼 수 없으니 원고 이광찬을 제외한 원고 김승성, 김호성의 의결권대리행사를 인정할 수 없다고 하자, 위 이일우 변호사는 원고 이광찬의 주주명부상의 소유 주식 15,040주에 대한 의결권 조차 대리행사하지 않은 채 위 임시주주총회에 참여하지 아니하였다. 위 1991. 9. 16.자 피고 회사의 임시주주총회에서는 피고 회사의 발행주식총수의 30%씩을 소유하고 있던 주주들인 위 이병걸과 박성동이 출석하여 전원찬성으로 '피고 회사가 발행할 주식의 총수를 67,200주에서 268,800주로 증가시키는 정관변경'을 의결하였고, 피고 회사 이사회는 위 변경된 정관에 근거하여 신주발행결의를 하고 같은 해 10. 26. 신주를 발행함으로써 피고 회사의 발행주식총수가 188,160주로 증가되었다. 한편 원고들은 위 신주발행 전에 피고 회사로부터 신주인수권배정 및 신주청약요령을 통지받았음에도 불구하고 신주대금을 납입하지 아니하여 실권되었다.

원고들은 주주총회에서 주주의 대리권을 증명하는 서면은 반드시 원본일 필요는 없음에도 원고 김승성 및 김호성의 위임장이 사본이고, 원고 김승성의 인감증명서가 '주식양도용'으로 되어 있다는 이유로 위 이일우 변호사의 의결권대리행사를 부인한 채 이루어진 위 1991. 9. 16.자 임시주주총회의 결의는 절차상 중대한 하자가 있고, 이에 기해 이사회에서 행해진 이 사건 신주발행은 무효라고 주장하였다.

여기서 쟁점은 상법상 요구되는 대리권을 증명하는 서면이 반드시 원본이어야 하는가 하는 점이다. 이에 대해 원심(부산고법 1994. 6. 9, 93나12176 판결)은 '대리권을 증명하는 서면은 이를 요구하는 제도의 취지에 비추어 보면 원본일 것이 요구되나, 한편 본 사안에서 피고 회사의 대표이사들도 원고 김승성, 김호성의 주식은 원고 이광찬이 명의신탁한 것으로서 원고 이광찬이 원고 김승성, 김호성의 주식에 대한 실질적 주주의 지위에 있음을 잘 알고 있었고 또한 위 이일우 변호사가 지참한 원고 이광찬의 위임장은 적법한 것으로 인정하였으면서도 단지 그 위임장 및 인감증명이 사본임을 들어 원고 김승성, 김호성을 위한 의결권의 대리행사를 제한한 것은 주식소유관계의 실질을 무시한 것으로서 결국 위 정관변경의 임시주주총회결의에는 의결권의 대리행사를 부당하게 제한한 절차상의 하자가 있다고 할 것이다. 다만, 위와 같은 절차상의 하자만으로는 그 결의에 의한 신주발행의 무효원인은 될 수 없다고 할 것이다'라고 판시하여 원고의 이 사건 신주발행무효 청구를 기각하였다.

한편, 대법원도 본 사안에서는 대리권을 증명하는 서면에 사본의 경우가 포함될 수 있는 특별한 사정이 인정된다고 보아 위 판결요지와 같은 이유로 원심판결의 결론을 지지하였다.

대판 1969. 7. 8, 69다688 주식회사에 있어서 주주권의 행사를 위임함에는 구체적이고 개별적인 사항에 국한한다고 해석하여야 할 근거는 없고 주주권행사를 포괄적으로 위임할 수 있다고 하여야 할 것이며, 포괄적 위임을 받은 자는 그 위임자나 회사 재산에 불리한 영향을 미칠 사항이라고 하여 그 위임된 주주권행사를 할 수 없는 것이 아니다.

(2) 의결권의 불통일행사

1인의 주주가 수개의 주식을 소유하는 경우에 그 의결권을 찬부간에 한쪽으로 통일하여 행사하여야 하는가의 문제가 제기된다. 이에 대하여 상법은 통일하여 행사하지 않을 수 있도록 허용하고 있다(제368조의2 제1항).

의결권의 불통일행사가 필요한 것으로 생각해 볼 수 있는 경우는 다음과 같다.

① 주식의 신탁

② 주식의 공유

③ 법인주주의 경우 당해법인의 구성원간의 의견이 일치하지 않는 경우

주권대체결제제도에 있어서도 주주명부상 1인의 주주(한국예탁결제원)에 속하는 주식이 실질적으로는 복수인(예탁자인 증권회사 또는 증권회사의 고객)에게 귀속되고 있기 때문에 한국예탁결제원에 의한 의결권의 불통일행사가 필요한 것으로 보인다. 그러나 이 문제는 실질주주에게 의결권행사의 기회를 부여함으로써 해결되었다. 실질주주명부상의 주주가 대체결제를 이용하지 않는 회사의 주주와 완전히 같은 지위를 인정받고 있다(자본시장법 제315조, 제316조). 다만 실

질주주가 주주총회일 5일 전까지 예탁결제원에 의결권을 직접행사하거나 행사하지 아니한다는 뜻을 표시하지 아니하면 예탁결제원이 의결권을 행사한다(자본시장법 제314조 제5항). 예탁결제원은 주주총회에 참석하여 총회에 참석한 다른 주주들의 찬성과 반대의 의결권수에 비례하여 자신의 예탁주식의 의결권을 분리행사하여야 한다(소위 '그림자투표', 동시행령 제317조 제1항 · 제2항).

불통일행사를 원하는 주주는 회의 날(會日)의 3일전에 회사에 대하여 서면으로 그 뜻과 이유를 통지하여야 한다(제368조의2 제1항 후단). 주주가 통지를 하지 않았거나 적법한 통지를 하지 않고 의결권을 불통일로 행사한 때는 결의방법이 법령에 위반하는 사유로서 주주총회결의취소소송의 원인이 된다.

회사는 원칙적으로 불통일행사를 거부할 수 있다. 이는 총회의 원활한 운영을 보장하기 위한 것이다. 다만 주주가 주식의 신탁을 인수하였거나 기타 타인을 위하여 주식을 가지고 있는 경우에는 불통일행사를 거부할 수 없다(제368조의2 제2항). 회사의 적법한 거부가 있었음에도 불구하고 이루어진 불통일행사는 무효이다.

이와 같이 상법에 규정된 두 가지 사유 외에도 타당한 사유(예를 들면, 위에서 본 법인주주의 구성원 간의 의견이 불일치하는 경우)가 있음에도 불구하고 회사의 거부가 있었다면 재량권의 남용이 문제될 수 있다.

(3) 서면에 의한 의결권의 행사

주주는 정관이 정한 바에 따라 총회에 출석하지 아니하고 서면에 의하여 의결권을 행사할 수 있다(제368조의3 제1항). 정관에서 서면에 의한 의결권행사를 허용하는 규정을 두고 있는 회사는 총회의 소집통지서에 주주가 서면으로 의결권을 행사하는데 필요한 서면과 참고자료를 첨부하여야 한다(제368조의3 제2항). 주주총회에 출석하지 않고 서면으로 의결권을 행사하기로 선택한 주주는 회사가 보내준 서면에 찬성 · 반대를 표시하여 회사에 반송하는 방법으로 의결권을 행사하여야 한다.

(4) 의결권의 전자적 행사

(가) 제도의 도입

상법에는 주주가 의결권을 행사함에 있어서 전자적 방법을 이용할 수 있도록 하는 제도가 마련되어 있다(제368조의4). 이 제도는 1999년에 도입된 서면에 의한 의결권 행사 방식(제368조의3)에서 한 걸음 더 나아가 주주의 의결권 행사 기회를 넓히고 주주총회의 의결정족수 확보를 쉽게 하는 데 기여할 것이다. 이미 주주총회의 소집통지가 전자문서로 발송할 수 있게 되어 있는(제363조 제1항) 점과 연결시켜 보면 의결권의 전자적 행사는 전자방식에 의한 주식회사의 경영 의사결정 구조라는 큰 틀로 발전해 나가는 과정에서의 중요한 계기가 될 것으로 보인다. 의결권을 전자적 방법에 의하여 행사하는 것은 서면으로 행사하는 것과 마찬가지로 주주총회의 회의장에 출석하지 않는 경우이므로 '서면투표'에 대응하는 용어로 '전자투표'라고 간략하게 부르기도 한다(정경영, 전자투표의 시행에 따른 법적 문제점에 관한 고찰, 증권예탁 제7제5호, 4면, 2010).

(나) 전자적 행사의 절차

의결권을 전자적 방법으로 행사할 수 있게 하기 위해서는 이사회의 결의로 그러한 정함을 하여야 하고 그러한 내용을 소집통지에서 알려야 한다(제368조의4 제1항·제2항).

주주는 주주확인 절차 등 상법시행령에서 정하는 바에 따라 의결권을 행사하여야 한다(동조 제3항). 상법시행령에서는 전자투표를 관리하는 기관을 지정하여 주주확인절차 등 의결권 행사절차의 운영을 위탁할 수 있다고 규정하고 있다(시행령 제13조의2 제4항). 하나의 주식에 관하여 주주는 서면방법 또는 전자적 방법 중 하나를 선택하여 의결권을 행사하여야 한다(동조 제4항).

회사는 의결권 행사에 관한 전자적 기록을 총회가 끝난 날부터 3개월간 본점에 갖추어 두어 열람하게 하고 총회가 끝난 날부터 5년간 보존하여야 한다(동조 제5항).

5. 의결권의 제한(의결권 없는 경우와 행사가 제한되는 경우)

(1) 자기주식

회사가 보유하는 자기주식에 대하여는 의결권을 행사할 수 없다(제369조 제2항). 제3자 명의로 자기회사의 계산으로 취득한 주식('숨은 자기주식')의 경우도 같다.

(2) 상호소유주식

회사(A), 모회사(A) 및 자회사(A′) 또는 자회사(A′)가 다른 회사(B)의 발행주식총수(의결권 있는 주식에 한정하지 않음, 제363조의2와 비교)의 10분의 1을 초과하는 주식을 가지고 있는 경우 그 다른 회사(B)가 가지고 있는 회사(A) 또는 모회사(A′에 대한 관계에서의 A)의 주식은 의결권을 행사하지 못한다(제369조 제3항). 회사지배의 왜곡을 방지하기 위한 취지에서 제한하는 것이다. 이러한 요건의 충족 여부는 실제로 소유하고 있는 주식수를 기준으로 하여 판단되며 주주명부상의 명의개서를 하였는지 여부는 상관이 없다.

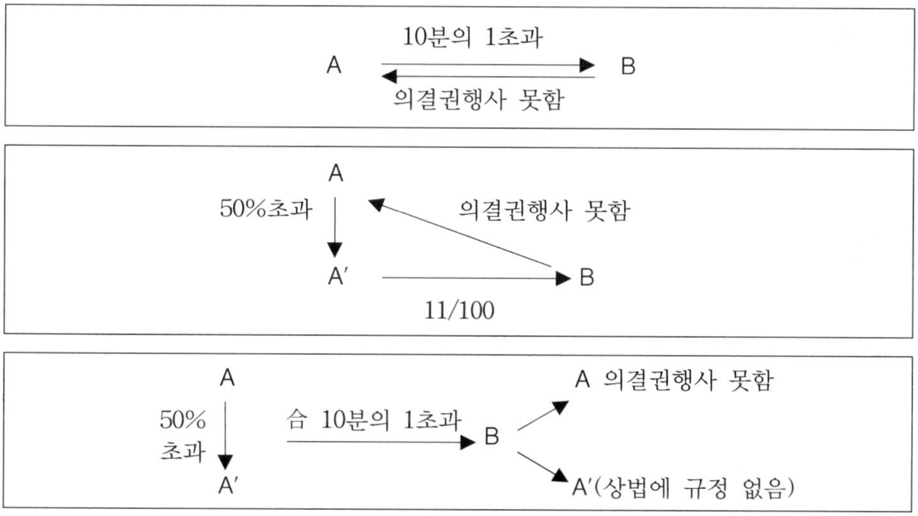

위의 세 번째 그림에서 B회사가 보유하는 A′회사(자회사)의 주식에 대하여 B회사가 의결권을 행사할 수 있는가. 이 문제에 대하여 상법에는 언급이 없다. 따라서 의결권을 행사할 수 있다고 하여야 하지만 입법론으로는 이 경우도 의결권을 행사할 수 없도록 하여야 할 것이다. A회사와 A′회사는 지배면에서는 동일회사로 볼 수 있기 때문이다.

모자회사간에서 자회사인 B가 상법의 금지를 위반하여 모회사 A의 주식을 15% 취득하였다 하자. 이 경우 A가 의결권을 행사하지 못한다면 모회사임에도 B를 지배할 수 없게 되어 부당하다. B의 취득은 상법위반이므로 A의 권리행사를 방해할 수 없다고 해석하여야 한다. 쌍방으로 발행주식총수의 10분의 1을 초과하는 주식을 보유하고 있으면 양사 모두 상대방 회사의 주주총회에서 의결권을 행사할 수 없다. 상대방 회사가 상호소유사실을 알 수 있도록 하기 위하여 상법에서는 회사가 다른 회사의 발행주식총수의 10분의 1을 초과하여 취득한 때에는 그 다른 회사에 대하여 지체 없이 이를 통지하도록 하고 있다(제342조의3). 이는 그 다른 회사가 역으로 상대방회사의 발행주식총수의 10분의 1 초과주식을 취득하여 경영권의 안정을 도모할 수 있도록 하기 위한 것이기도 하다(대판 2001. 5. 15, 2001다12973 참조).

대판 2009. 1. 30, 2006다31269 상법 제369조 제3항은 "회사, 모회사 및 자회사 또는 자회사가 다른 회사의 발행주식의 총수의 10분의 1을 초과하는 주식을 가지고 있는 경우 그 다른 회사가 가지고 있는 회사 또는 모회사의 주식은 의결권이 없다"고 규정하고 있다. 이와 같이 모자회사 관계가 없는 회사 사이의 주식의 상호소유를 규제하는 주된 목적은 상호주를 통해 출자 없는 자가 의결권 행사를 함으로써 주주총회결의와 회사의 지배구조가 왜곡되는 것을 방지하기 위한 것이다. 한편, 상법 제354조가 규정하는 기준일 제도는 일정한 날을 정하여 그 날에 주주명부에 기재되어 있는 주주를 계쟁 회사의 주주로서의 권리를 행사할 자로 확정하기 위한 것일 뿐, 다른 회사의 주주를 확정하는 기준으로 삼을 수는 없으므로, 기준일에는 상법 제369조 제3항이 정한 요건에 해당하지 않더라도, 실제로 의결권이 행사되는 주주총회일에 위 요건을 충족하는 경우에는 상법 제369조 제3항이 정하는 상호소유 주식에 해당하여 의결권이 없다. 이때 회사, 모회사 및 자회사 또는 자회사가 다른 회사 발행주식 총수의 10분의 1을 초과하는 주식을 가지고 있는지 여부는 앞서 본 '주식 상호소유 제한의 목적'을 고려할 때, 실제로 소유하고 있는 주식수를 기준으로 판단하여야 하며 그에 관하여 주주명부상의 명의개서를 하였는지 여부와는 관계가 없다.

(3) 의결권이 배제 · 제한되는 종류주식

회사는 의결권의 배제 · 제한에 관한 종류주식을 발행할 수 있는데 해당 정관조항의 정함에 따라 의결권이 전면 배제되거나 일정 사항에 대한 의결권 행사가 제한된다(제344조의3 제1항). 이러한 종류주식의 총수는 발행주식총수의 4분의 1을 초과하지 못한다(제344조의3 제2항).

자본시장법에는 의결권이 없거나 제한되는 주식의 총수에 관한 한도에 관하여 주권상장법인이 일정한 경우에 발행하는 의결권 없는 주식은 그 한도의 계산에 불산입하며, 이러한 의결권 없는 주식과 의결권이 없거나 제한되는 주식을 합한 의결권 없는 주식의 총수는 발행주식총수의 2분의 1을 초과하지 못한다는 특칙이 있다(자본시장법 제165조의15).

(4) 특별이해관계인

총회의 결의에 관하여 특별한 이해관계가 있는 자는 총회에 참석하여 의견을 진술하고 설명을 구할 수 있으나 해당 의안에 대하여 의결권은 행사하지 못한다(제368조 제4항). 특별한 이해관계가 있는 자의 의결권 행사를 금지하는 것은 의결권행사의 공정을 담보하기 위한 것이다. 그러나 특별이해관계인의 의결권 박탈은 다른 나라의 입법예에서는 이미 삭제되었음에 비추어 그 해당여부는 좁게 해석하여야 할 것이다.

특별이해관계인의 범위에 대해서는 ① 주주총회의 결의에 의하여 권리를 얻거나 의무를 면하는 등의 이해관계가 있는 자 및 그와 경제적으로 일체의 관계에 있는 자라는 '법률상 이해관계설', ② 모든 주주에게 평등하게 관계되지 않고 특정한 주주만에 관한 개인적 이해관계가 있는 자라고 보는 '특별이해관계설', ③ 특정한 주주가 사원인 지위와는 관계없이 개인적으로 갖는 이해관계로 보는 '개인법설'이 제시되는 바, 개인법설이 통설이고 하급심 판결의 입장이다. 개인법설에서는 회사의 지배에 관한 이해관계(예, 이사 선임의 경우)는 주주의 개인적 이해관계와 다르므로 특별이해관계에 해당하지 않는다고 본다. 이 견해에 의하면 특별이해관계인의 예는 다음과 같다.

① 회사와 주주간에 영업전부의 양도 등 제374조의 계약을 체결하는 경우의 주주총회결의에서 양수인인 주주(이 책 사례 3 참조)

② 주주인 이사・발기인・감사의 책임을 면제해주는 결의(제324조, 제400조, 제415조)에서 그 주주

③ 이사의 보수를 정하는 결의에 있어서 이사인 주주

한편 특별이해관계를 인정할 수 없는 경우, 즉 사원으로서의 이해관계만을 가지는 경우는 다음과 같다.

① 이사선임・해임결의에서의 후보 또는 대상인 주주

② 재무제표의 승인결의(제449조)에 있어서 이사·감사인 주주

③ 합병결의에서 피흡수회사인 주주

특별이해관계인은 자기의 의결권을 타인에게 대리행사시킬 수 없을 뿐 아니라 대리인 자신이 특별이해관계를 가지는 경우 본인 소유의 주식에 관하여 대리인으로서도 의결권을 행사할 수 없다.

특별이해관계인이 소유하는 주식의 수는 결의의 성립에 필요한 다수를 정함(의결정족수)에 있어서는 출석한 주주의 의결권의 수에 산입하지 않는다(제371조 제2항). 나아가 최소표결수(보통 결의의 경우 4분의 1)를 계산할 때 기준이 되는 발행주식총수에서도 특별이해관계인이 소유하는 주식의 수는 제외되는 것으로 새길 필요가 있음은 앞에서 설명하였다(반대: 최, 814면).

대판 2007. 9. 6, 2007다40000 **특별이해관계인의 판단기준**

… 주주총회가 재무제표를 승인한 후 2년 내에 이사와 감사의 책임을 추궁하는 결의를 하는 경우 당해 이사와 감사인 주주는 회사로부터 책임을 추궁당하는 위치에 서게 되어 주주의 입장을 떠나 개인적으로 이해관계를 가지는 경우로서 그 결의에 관한 특별이해관계인에 해당함은 원심이 쓴 대로이지만, 주주의 의결권은 주주의 고유하고 기본적인 권리이므로 특별이해관계인이라는 이유로 이를 제한하기 위하여는 그 결의에 관하여 특별한 이해관계가 있음이 객관적으로 명확하여야 하는데, 원심에 의하더라도 이 사건 안건이 "제13기 결산서 책임추궁 결의에 관한 건"이라는 제목에 비추어 2003. 4. 1.부터 2004. 3. 31.까지의 기간 동안의 재무제표에 대한 경영진에 대한 책임을 추궁하기 위한 것으로 추측된다는 것일 뿐, 구체적으로 위 기간 동안에 이사나 감사로 재임한 자들 전원의 책임을 추궁하려고 하는 것인지, 그 중 일부 이사나 감사만의 책임을 추궁하려고 하는 것인지, 나아가 어떠한 책임을 추궁하려고 하는 것인지 알 수 없고, 기록상 이를 알 수 있는 자료도 보이지 않는바, 그렇다면 원심이 들고 있는 사정만으로는 위 소외 1 등이 이 사건 결의에 관한 특별이해관계인에 해당한다고 단정할 수 없다.

부산고법 2004. 1. 16, 2003나12328 상법 제368조 제4항은 "총회의 결의에 관하여 특별한 이해관계가 있는 자는 의결권을 행사하지 못한다."고 규정하고 있고, 여기서 특별한 이해관계라 함은 특정한 주주가 주주의 입장을 떠나서 개인적으로 이해관계를 갖는 것을 말한다고 풀이되는바, 회사와 주주 사이에 영업양도를 할 경우 그 주주는 특별한 이해관계인에 해당한다고 볼 수 있으나, 사업의 양도인이 독점규제및

공정거래에관한법률상으로 합작회사의 대주주의 계열회사에 해당한다는 것만으로 그 대주주를 위 규정 소정의 특별한 이해관계인에 해당한다고 할 수는 없다.

(5) 집중투표 관련 정관규정의 경우

상장회사가 정관으로 집중투표를 배제하거나 배제된 정관을 변경하려는 경우에는 의결권 없는 주식을 제외한 발행주식총수의 100분의 3을 초과하는 수의 소유주주는 그 초과하는 주식에 관하여 의결권을 행사하지 못한다(제542조의7 제3항).

(6) 감사 · 감사위원회위원선임의 경우

의결권 있는 발행주식총수의 100분의 3 초과분은 감사선임에 있어서 의결권을 행사할 수 없다(제409조 제2항). 상장회사의 경우는 지배주주의 영향력 배제를 위하여 감사선임 관련 의결권 제한이 더욱 강화되어 있다. 즉 최대주주와 그의 특수관계인 기타 대통령령으로 정하는 자의 보유주식을 합산하여 100분의 3을 초과하는 부분의 주식은 감사 또는 사외이사가 아닌 감사위원회위원의 선임 또는 해임을 할 때 의결권행사가 금지된다(제542조의12 제3항). 최근 사업연도말 현재의 자산총액이 2조원 이상인 상장회사의 의결권 있는 발행주식총수의 100분의 3을 초과하는 수의 주식을 가진 주주는 그 초과하는 주식에 관하여 사외이사인 감사위원회위원을 선임할 때 의결권을 행사하지 못한다(제542조의12 제4항, 시행령 제38조 제2항).

(7) 특별법상의 제한

(가) 독점규제법

상호출자제한기업집단에 소속되어 있는 금융회사, 보험회사가 소유하는 계열회사 주식은 의결권을 행사할 수 없다(독점규제법 제11조 본문). 다만, 금융업 또는 보험업을 영위하는 회사가 금융업 또는 보험업을 영위하기 위해서나 보험자산의 효율적인 운용 · 관리를 위하여 관계법령에 의한 승인을 얻어 주식을 취득하거나 소유하는 경우 등에는 의결권을 행사할 수 있다(동조 단서).

(나) 자본시장법

공공적 법인이 발행하는 주식을 그 소유제한, 즉 당해 유가증권이 금융감독위원회에 등록될 당시에 총발행주식의 100분의 10 이상을 소유한 자는 그 소유비율, 그 외의 자는 총발행주식의 100분의 3 이내에서 정관이 정하는 비율을 초과하는 주식을 소유하는 경우에는 그 초과분에 대하여 의결권을 행사하지 못한다(자본시장법 제167조 제1항 · 제3항).

(다) 은행법

은행법의 적용을 받는 금융기관인 주식회사의 주식을 한도를 초과하여 소유하거나 사실상 지배하는 주주의 의결권은 그 소유한도로 제한된다(은행법 제16조 제1항). 그 소유한도는 원칙적으로 의결권 없는 주식을 제외한 발행주식총수의 100분의 4이다. 그러나 정부나 예금보험공사가 금융기관의 주식을 소유하는 경우, 또는 외국인투자촉진을 위한 몇 가지 경우는 예외이다(은행법 제15조 제1항; 제16조의2 제3항).

사 례 2

스마트폰 부품의 제조와 판매를 업으로 하는 비상장회사인 X주식회사는 자본금이 2억 5천만원이며 주주명부에는 동 회사의 발행주식총수 중 A가 50%, B가 30%, C가 10%, D가 10%를 각각 보유하는 것으로 기재되어 있다. 다만, D는 X주식회사의 주주명부에 주주로 기재되어 있지만 실제로는 E가 D 승낙을 얻어 D의 명의로 차용한 것이다. A의 추천으로 甲과 乙이 이사로 선임되었으며, 그중 甲이 대표이사를 맡고 있다. 나머지 1명의 이사는 B가 추천한 사람이다.

X주식회사는 신기술 도입에 필요한 자금을 조달하기 위하여 신주를 발행하기로 하고, 이사회 결의로 기존 주주들의 지분율에 비례하여 신주를 배정하고 기존 주주 전원이 신주인수대금을 전액 납입함에 따라 자본금을 3억원으로 변경하는 등기를 마쳤다(이하 '제1차 신주발행'이라고 함). 그런데 제1차 신주발행 당시 A는 대표이사 甲과 공모하여 丙으로부터 금전을 차용하여 납입하고 자본금 변경등기 후 곧바로 이를 인출하여 丙에게 변제하였으며, 이러한 사실이 전혀 알려지지 않은 상태에서 제1차 신주발행 직후에 개최된 주주총회에서 A와 B, 그리고 C의 의결권 행사를 대리하는 C의 배우자 F가 출석하고 출석주주 전원이 甲의 대표이사 재선임 결의에 찬성함으로써 甲이 대표이사직을 계속 유지하게 되었다.

그 후 X주식회사가 스마트폰 부품 제조분야에서 선도적인 지위를 차지함에 따라 X주식회사에 투자하기를 희망하거나 X주식회사의 경영권을 탐내는 기업이 많이 생겨났다. 이에 대표이사 甲은 이사 및 감사 전원에게 이사회 소집을 통지하고, 이에 따라 개최된 이사회에서 신주를 발행하여 甲에게 우호적인 Y주식회사에 그 전부를 배정하기로 결의하였다. Y주식회사는 신주인수대금 중 일부는 현금으로 납입하고 나머지는 시가 3천만원 상당의 공장부지를 X주식회사에 양도하되 검사인의 검사절차는 거치지 않았으며, X주식회사는 자본금을 3억 5천만원으로 변경하는 등기를 마쳤다(이하 '제2차 신주발행'이라고 함). X주식회사는 제2차 신주발행 당시 공장의 증축과 노후된 시설의 교체를 위하여 자금이 필요하였으나 금융기관으로부터의 차입 등을 통한 자금조달이 불가능한 상태는 아니었다.

X주식회사의 정관에서 관련 규정을 발췌하면 아래와 같다.

정 관

제8조(주식의 종류) 이 회사가 발행할 주식은 기명식 보통주식으로 한다.

제10조(신주인수권) ① 이 회사의 주주는 신주발행에 있어서 그가 소유한 주식수에 비례하여 신주의 배정을 받을 권리를 가진다.

② 제1항의 규정에 불구하고 긴급한 자금의 조달을 위하여 국내외 금융기관이나 투자자에게 신주를 발행하거나 기술도입의 필요상 제휴회사에게 신주를 발행하는 경우에는 주주 이외의 자에게 이사회의 결의로 신주를 배정할 수 있다.

제26조(의결권의 대리행사) ① 주주는 대리인으로 하여금 그 의결권을 행사하게 할 수 있다.

② 제1항의 대리인은 이 회사의 주주에 한하며, 주주총회 개시 전에 그 대리권을 증명하는 서면(위임장)을 제출하여야 한다.

제33조(대표이사의 선임) 이 회사의 대표이사는 주주총회의 결의에 의하여 선임한다.

1. X주식회사는 E의 명의차용 사실을 알고 있음에도 불구하고 제1차 신주발행에서 D에게 신주를 배정한 경우, 그러한 신주배정은 적법한가? (20점)
2. B가 제1차 신주발행에서 X주식회사의 수락 하에 자신의 신주인수대금 중 일부를 X주식회사에 대한 어음금채권 1천만원으로 납입하고 나머지는 현금으로 납입한 경우, 그러한 납입은 유효한가? (10점)
3. 제1차 신주발행 직후에 개최된 주주총회에서 甲을 대표이사로 재선임한 결의는 유효한가? (35점)
4. A가 제2차 신주발행의 효력을 다투고자 한다면 그 방법과 이유는 무엇인가? (35점)

[2013. 1. 제2회 변호사시험]

〈샘플 답안〉

Ⅰ. 설문 1의 해결

1. 타인명의의 주식인수와 주주 지위의 확정

(1) 견해의 대립

타인명의의 주식인수시 누구를 주주로 확정하여야 하는가에 관하여, ① 상법 제332조 제1항을 근거로 실질적인 주식인수인인 명의차용자가 주주라고 보는 실질설과 ② 주주명부상의 주식인수인이 주주가 된다고 보는 형식설이 대립한다.

(2) 판례의 태도

실질설의 입장에서, 타인의 승낙을 얻어 그 명의를 빌려서 주식을 인수하고 그 대금을 납입한 경우에는 그 명의차용인만이 실질상의 주식인수인으로서 주주가 되는 것이고, 단순한 명의대여인은 주주가 될 수 없다고 본다. 주주명부상의 주주임에도 불구하고 회사에 대한 관계에서 그 주식에 관한 의결권을 적법하게 행사할 수 없다고 인정하기 위하여는 주주명부상의 주주가 아닌 제3자가 주식인수대금을 납입하였다는 사정만으로는 부족하고, 그 제3자와 주주명부상의 주주 사이의 내부관계, 주식인수와 주주명부 등재에 관한 경위 및 목적, 주주명부 등재 후 주주로서의 권리행사내용 등에 비추어 주주명부상의 주주는 순전히 당해 주식의 인수과정에서 명의만을 대여해 준 것일 뿐 회사에 대한 관계에서 주주명부상의 주주로서 의결권 등 주주로서의 권리를 행사할 권한이 주어지지 아니한 형식상의 주주에 지나지 않는다는 점이 증명되어야 한다.

(3) 검 토

단순한 명의대여자는 주주의 지위를 취득할 의사가 없었으므로 실질설이 타당하며, 이에 의하면 E가 D의 승낙을 얻어 D의 명의를 차용한 것이므로, 명의차용인인 E가 실질주주가 된다.

2. 주주명부기재의 효력으로서의 면책력

(1) 면책력의 의의

회사가 주주명부의 기재대로 배당청구권, 의결권, 신주인수권 등을 인정하거나 권리행사의 내용을 정하는 경우, 그것이 실제에 부합하지 않아도 회사는 원칙적으로 면책된다.

(2) 면책력의 요건

통설은 주주명부에 따른 행위만으로는 부족하고, 형식주주가 주주권자가 아니라는 것에 대하여 회사가 선의이고 중과실이 없어야 한다고 본다.

판례는 회사가 주주명부상의 주주에게 주주총회의 소집을 통지하고 그 주주로 하여금 의결권을 행사하게 하면, 그 주주가 단순히 명의만을 대여한 형식주주에 불과하여도 그 의결권 행사는 적법하지만, 주주명부상의 주주가 형식주주에 불과하다는 것을 알았거나 중대한 과실로 몰랐고, 또한 이를 용이하게 증명하여 의결권 행사를 거절할 수 있었음에도 의결권 행사를 용인하거나 의결권을 행사하게 한 경우에는 위법하게 된다고 보고 있다.

(3) 사안의 경우

명의상 주주인 D는 주주명부상의 주주이므로 주식배당청구권을 행사할 수 있고, X주식회사는 D주주가 신주배정을 요구하면 응하여야 하며, 이 때 회사는 신주를 배정함으로써 면책된다.

그러나 X주식회사는 E의 명의차용사실을 알고 있다고 보이므로, 판례의 태도에 의하면 D에게 신주를 배정하여도 면책되지 않는다. 사안의 신주배정은 위법하다.

Ⅱ. 설문 2의 해결

1. 상계에 의한 납입의 가부

종래 상법에서는 자본충실을 위하여 상계납입을 금지하고 있었으나, 2011년 상법개정으로 신주의 인수인은 회사의 동의 없이 제1항의 납입채무와 주식회사에 대한 채권을 상계할 수 없다고 하였다(제421조 제2항).

2. 사안의 경우

X주식회사의 수락이 있었으므로 사안의 납입은 유효하다.

Ⅲ. 설문 3의 해결

1. 주주총회 결의에 의한 대표이사의 선임

회사는 이사회의 결의로 대표이사를 선정하여야 하나, 정관으로 주주총회에서 선정할 것을 정할 수 있다(제389조 제1항).

X주식회사의 정관 제33조에서는 대표이사를 주주총회의 결의에 의하여 선임할 수 있다고 규정하고 있으므로, 이사회가 아닌 주주총회에서 甲을 대표이사로 재선임하였어도 적법하다.

2. 일시차입금에 의한 가장납입

(1) 견해의 대립 및 판례의 태도

① 실질적인 자본의 유입이 없고 자본충실을 저해한다는 이유로 납입을 무효로 보는 견해와 ② 현실적으로 자금의 이동이 있었다는 점에서 납입이 유효하다고 보는 견해가 있다.

판례는 일시차입금에 의한 가장납입도 현실적으로 금원의 이동에 따른 불입이 있는 것이고, 설령 그것이 주금납입의 가장수단으로 이용된 것이라 하더라도 이는 납입을 하는 발기인의 주관적 의도에 불과하다고 보아 납입유효설의 입장에 있다.

(2) 검 토

주식회사의 최저자본금 요건이 폐지된 점, 주금납입의 상계금지 규정이 개정된 점 등을 고려하면, 납입유효설의 입장이 타당하고, 이에 의하면 A에 대한 신주발행은 유효하고, 따라서 A의 의결권행사도 적법하다.

3. 대리인을 주주로 제한하는 정관규정

(1) 견해의 대립

① 제368조 제3항은 주주보호를 위한 강행규정이고, 주주로의 제한을 허용하면 주주의 의결권 행사에 대한 중대한 제한으로 보아 무효로 보는 견해와, ② 회사와 무관한 제3자가 개입하여 주주총회의 혼란을 방지할 필요가 있다고 보아 유효로 보는 견해, ③ 일반적으로는 유효하지만 법인주주가 직원을 대리인으로 정하는 것을 제한하는 정관규정은 무효로 보는 제한적 유효설이 있다.

(2) 판례의 태도

상법 제368조 제3항의 규정은 주주의 대리인의 자격을 제한할 만한 합리적인 이유가 있는 경우에 상당하다고 인정되는 정도의 제한을 가하는 것까지 금지하는 취지는 아니라고 보아, 대리인의 자격을 주주로 한정하는 취지의 정관규정은 주주총회가 제3자에 의하여 교란되는 것을 방지하여 회사이익을 보호하는 취지에서 마련된 것으로 무효로 보지 않는다. 다만 주주가 국가, 지방자치단체, 주식회사인 경우, 그 소속 공무원, 직원이 주주를 위한 대리인으로서 의결권을 대리행사하는 것은 허용된다고 본다.

(3) 검 토

주주총회의 혼란을 방지할 필요가 있으나, 주주가 국가, 지방자치단체, 회사인 경우에는 사실상 주주로서의 권리행사가 봉쇄될 우려가 있어 예외를 인정할 필요가 있다는 점에서 판례의 태도가 타당하다. 이 견해에 의하면 X주식회사의 정관 그 자체는 유효하다. 다만 주주가 국가, 지방자치단체, 회사인 경우에는 예외를 인정하는 취지를 고려해볼 때, 개인주주라 하더라도 가족을 통하여 의결권을 대리행사하는 것은 주주총회의 교란여지가 적으므로 허용되어야 할 것이다.

Ⅳ. 설문 4의 해결

1. 문제의 제기

제2차 신주발행의 효력을 다투는 이유로서 신주의 제3자 배정이 적법한지, 현물출자시 검사를 생략한 것이 적법한지 문제된다. 제2차 신주발행의 효력을 다투는 방법으로서 신주발행유지청구와 신주발행무효의 소가 문제된다.

2. 제2차 신주발행의 효력을 다투는 이유

(1) 신주의 제3자 배정

① 신주의 제3자 배정의 요건

주주는 그가 가진 주식의 수에 따라 신주의 배정을 받을 권리가 있다(제418조 제1항). 그러나 ① 정관에 정함이 있고, ② 신기술의 도입, 재무구조의 개선 등 회사의 경영상 목적을 달성하기 위하여 필요한 경우에는 제3자에게 신주를 배정할 수 있다. 물론 이 경우에도 이사회의 결의는 필요하다(제416조).

② 경영권방어목적의 제3자 배정

제3자에 대한 신주배정은 정관이 정한 바에 따라서만 가능하도록 하면서, 그 사유도 신기술의 도입이나 재무구조 개선 등 기업 경영의 필요상 부득이한 예외적인 경우로 제한하고 있는바, 이는 기존 주주의 신주인수권에 대한 보호를 강화하고자 하는데 그 취지가 있다. 따라서 판례는 주식회사가 신주를 발행함에 있어 신기술의 도입, 재무구조의 개선 등 회사의 경영상 목적을 달성하기 위하여 필요한 범위 안에서 정관이 정한 사유가 없는데도, 회사의 경영권 분쟁이 현실화된 상황에서 경영진의 경영권이나 지배권 방어라는 목적을 달성하기 위하여 제3자에게 신주를 배정하는 것은 상법 제418조 제2항을 위반하여 주주의 신주인수권을 침해하는 것으로 보고 있다.

③ 사안의 경우

사안에서 이사회 결의도 있었고, 제3자 배정을 위한 정관규정도 마련되어 있음을 알 수 있다. X주식회사는 제2차 신주발행 당시 공장증축과 노후된 시설의 교체를 위하여 자금이 필요하였으나, 금융기관으로부터의 차입 등을 통한 자금조달이 불가능한 상태는 아니었고, 대표이사 甲에게 우호적인 Y주식회사에게 신주를 전부 배정하기로 한 것으로, 경영권이나 지배권의 방어라는 목적을 달성하기 위한 것으로 판단된다. 따라서 제418조 제2항을 위반하여 주주의 신주인수권을 침해하는 것이다.

(2) 현물출자 검사생략의 유효여부

Y주식회사가 신주인수대금 중 일부를 시가 3천만원 상당의 공장부지로 양도하면서 검사인의 검사절차를 거치지 않았는바, 이것이 신주발행의 무효사유가 되는지 문제된다.

2011년 상법개정시 현물출자의 규제를 완화하여, 현물출자의 목적인 재산의 가액이 자본금의 5분의 1을 초과하지 아니하고 5천만원을 초과하지 아니하는 경우 등에는 현물출자의 검사를 면제하였다(제422조 제2항, 상법 시행령 제14조 제1항).

사안의 경우, 자본금이 3억 5천만원인데, 현물출자의 대상은 3천만원으로 자본금의 5분의 1에 미치지 아니하면서, 5000만원 이하이어야 한다는 요건도 충족한다. 따라서 현물출자의 검사를 생략하였어도 무방하다.

(3) 소 결

현물출자 검사를 생략한 것은 문제가 없으나, 경영권을 방어하기 위한 목적으로 제3자에게 신주를 배정한 것은 제418조 제2항에 위반된다.

3. 제2차 신주발행의 효력을 다투는 방법

(1) 사전적 구제수단

신주발행에 하자가 있는 경우, 주주는 사전적 구제수단으로 신주발행유지청구권(제424조), 의결권행사금지 가처분(민사집행법 제300조 제2항)을 신청할 수 있다.

신주발행유지청구권은 회사가 법령 또는 정관에 위반하거나 현저하게 불공정한 방법에 의하여 신주를 발행함으로써 주주가 불이익을 받을 염려가 있는 경우에, 주주가 회사에 대하여 신주발행의 유지를 청구하는 것으로(제424조), 회사가 법령 또는 정관에 위반하거나 현저하게 불공정한 방법에 의하여 주식을 발행한 때 행사할 수 있다. 동 청구권은 주주만이 행사할 수 있으며, 유지청구의 방법에는 제한이 없어 재판 외의 청구도 가능하다.

(2) 사후적 구제수단

① 이사회결의의 하자

사안에서 신주를 제3자에게 배정할 요건이 갖추어지지 않았음에도 불구하고 제3자에게 신주를 배정하는 이사회의 결의가 있었다. 이사회의 결의에 하자가 있는 경우에는 상법상 특별한 규정이 없으므로, 일반원칙에 따라 당연무효로 본다.

② 신주발행무효의 소

신주발행이 무효인 경우, 주주, 이사 또는 감사는 신주를 발행한 날로부터 6월내에 소만으로 이를 주장할 수 있다(제429조). 이를 신주발행무효의 소라 한다.

신주발행의 무효는 소에 의하여만 주장할 수 있으며, 제소권자도 주주, 이사, 감사로 한정된다. 제소기간도 6개월의 제한이 있다. 신주발행의 무효판결은 법률관계의 획일적 처리를 위해 당사자 이외의 제3자에 대하여도 미치고, 동 판결이 확정되면 발행된 신주는 장래에 향하여만 효력을 잃는다.

신주발행무효의 소의 원인에 대하여 상법에 규정은 없으나, 판례는 신주가 발행되어 유통될 수 있고, 설령 유통되지 않더라도 다수의 이해관계인이 관련되어 있으므로 무효사유는 엄격하게 제한적으로 인정하여야 한다고 한다. 기존주주의 이익, 회사경영권과 지배권에 중대한 영향을 미치는 등 도저히 묵과할 수 없는 하자인 경우에 한하여 신주발행을 무효로 보고 있다.

(3) 사안의 경우

사안의 경우, 제2차 신주발행이 이미 이루어졌으므로 신주발행유지청구는 불가능하다. 그러나 경영권 방어목적의 제3자 신주배정을 이유로 신주발행 무효의 소를 제기할 수 있다.

4. 사안의 해결

신주를 전량 제3자에게 배정한 것은 경영권 방어목적을 위한 것으로 제418조 제2항 위반이며, 신주발행무효의 소를 제기하여 제2차 신주발행의 효력을 다툴 수 있다.

Ⅳ. 주주총회의 의장, 총회의 연기 · 속행, 의사록

1. 주주총회의 의장

주주총회의 의장은 정관에 정함이 없는 때에는 총회에서 선임한다(제366조의 2 제1항). 정관으로 대표이사가 주주총회의 의장이 되도록 규정하는 것이 관행이다. 다만 소수주주에 의하여 소집된 총회에서는 법원이 이해관계인의 청구나 직권으로 주주총회의 의장을 선임할 수 있다(제366조 제2항). 그러한 총회는 현재의 경영진에 대한 불신에서 비롯된 것이기 때문에 회의진행의 공정성을 담보하기 위하여 의장을 다르게 선출할 필요가 있는 것이다.

주주가 아닌 대표이사라도 의장이 될 수 있다고 할 수밖에 없다. 1주식만 소유하면 쉽게 주주요건을 갖출 수 있기 때문이다.

의장은 총회의 질서유지를 위한 권한을 행사할 수 있다. 구체적인 권한으로 고의로 의사진행을 방해하기 위한 발언 · 행동을 하는 등 현저히 질서를 문란하게 하는 자에 대하여 그 발언의 정지 또는 퇴장을 명할 수 있다(제366조의2 제2항 · 제3항).

2. 총회의 연기 · 속행

총회에서는 회의의 속행 또는 연기의 결의를 할 수 있다. 이 경우에는 별도의 통지(제363조 참조)를 필요로 하지 아니한다(제372조).

대판 1989. 2. 14, 87다카3200 주주총회의 계속회가 동일한 안건토의를 위하여 당초의 회의일로부터 상당한 기간내에 적법하게 거듭 속행되어 개최되었다면 당초의 주주총회와 동일성을 유지하고 있다고 할 것이므로 별도의 소집절차를 밟을 필요가 없다.

3. 총회의 의사록

총회의 의사에 관하여는 의사록을 작성하여야 한다. 의사록에는 의사의 경과요령과 그 결과를 기재하고 의장과 출석한 이사가 기명날인 또는 서명하여야 한다(제373조).

V. 특별결의사항으로서의 영업양도 등

1. 서 설

상법 편별을 보면 주주총회의 특별결의요건(정족수)을 정관변경결의에서 규정함으로써 꽤 뒷부분인 제434조에 위치시키고 있다. 이러한 제434조의 특별결의를 필요로 하는 의결사항으로는 주식의 포괄적 교환의 승인(제360조의3 제2항), 주식의 포괄적 이전의 승인(제360조의16 제2항), 영업전부의 양도 등(제374조), 사후설립(제375조), 이사의 해임(제385조 제1항), 자본금감소(제438조), 합병승인결의(제522조 제3항), 분할승인결의(제530조의3 제2항) 등을 찾아볼 수 있다. 이러한 특별결의사항 각각은 관련부분에서 설명하기로 하되 여기서는 다른 부분에서 관련지워 설명하기 어려운 제374조의 영업양도 등의 중요 논점을 설명하기로 한다.

2. 영업전부 또는 중요한 일부의 양도

(1) 특별결의사항으로 한 취지

상법 제374조 제1항 제1호에서 영업의 전부 또는 중요한 일부의 양도에 주주총회의 특별결의를 받도록 규정하고 있다. 주식회사가 영업전부를 (또는 그에 버금가는 중요한 부분을) 양도하고 나면 그 회사는 더 이상 영리활동을 수행할 수 없거나 종래와 크게 다른 규모 또는 크게 다른 종류의 영업만을 영위할 수밖에 없다. 이러한 변화는 주주의 이익에 커다란 영향을 미칠 수 있다고 보아 특별히 신중한 의사결정을 요구한 것이다. 이와 같이 소박하게 주주의 중대한 이해관계가 달려있는 사안이므로 특별결의대상으로 삼았다고 본다면 특별결의를 받아야 할 양도 대상으로서의 영업과 상법 총칙편의 영업양도(제41조 이하)에서 규정하는 유기적 일체로서의 '영업'을 반드시 같은 개념으로 보지 않아도 되지 않나 하는 의문이 제기된다.

(2) 영업양도의 개념

상법 총칙편의 영업양도의 절에서는 영업양도인의 경업금지의무(제41조)와 양수인의 책임(제42조) 등을 규정하고 있다. 총칙편의 영업양도는 '일정한 영업목적에 의하여 조직화된 유기적 일체로서의 기능적 재산의 이전을 목적으로 하는 채권계약'이라고 정의하는 것이 다수설(손, 574면; 이(철), 562면; 정(동), 117면; 정(찬), 166면; 최, 430면)이다. 대법원도 같은 취지의 판시를 한 예가 많다.

대판 2013. 2. 15, 2012다102247 **영업양도의 의미와 판단 기준**

상법상의 영업양도는 일정한 영업목적에 의하여 조직화된 업체, 즉 인적·물적 조직을 그 동일성은 유지하면서 일체로서 이전하는 것을 의미하고, 영업양도가 이루어졌는가의 여부는 단지 어떠한 영업재산이 어느 정도로 이전되어 있는가에 의하여 결정되어야 하는 것이 아니고 거기에 종래의 영업조직이 유지되어 그 조직이 전부 또는 중요한 일부로서 기능할 수 있는가에 의하여 결정되어야 하므로 영업재산의 일부를 유보한 채 영업시설을 양도했어도 그 양도한 부분만으로도 종래의 조직이 유지되어 있다고 사회관념상 인정되면 그것을 영업의 양도라 볼 것이지만, 반면에 영업재산의 전부를 양도했어도 그 조직을 해체하여 양도했다면 영업의 양도로 볼 수 없다(대법원 2003. 5. 30. 선고 2002다23826 판결, 대법원 2007. 6. 1. 선고 2005다5812, 5829, 5836 판결 등 참조). 또한 위와 같은 영업양도가 인정되려면 영업양도 당사자 사이의 명시적 또는 묵시적 계약이 있어야 한다(대법원 1997. 6. 24. 선고 96다2644 판결 등 참조).

(3) 중요한 재산의 양도

(가) 문제의 소재

위의 다수설과 판례에서처럼 영업양도에서 '유기적 일체로서의 기능적 재산'과 '영업의 동일성 유지'(양도인이 하던 것과 같은 영업적 활동, 대판 1997. 11. 25, 97다35085, 공보 1998. 1. 1)를 강조한다면 그러한 요건을 갖추지 못한 중요재산의 양도는 제374조 제1항 제1호의 영업양도에 해당하지 못하고 따라서 주주총회의 특별결의대상이 되지 않는다고 보아도 될 것이다. 여기서 특별결의대상으로서의 영업양도를 총칙편의 영업양도와 같은 것으로 볼 것인가 또는 사안의 중요성에 비추어 특별결의를 받도록 한다는 제374조의 취지를 살려서 그 용어는 총칙편의 영업양도와 같더라도 제374조의 영업양도에는 중요재산의 양도도 포함시킬 것인가가 문제된다. 이 문제에 대하여 논자들의 다양한 주장이 있으며 판례는 이해당사자의 이익조정을 위한 합리적 해결을 시도해왔다.

(나) 특별결의 불요설(형식설)

제374조의 영업양도를 총칙편의 영업양도와 같은 뜻으로 이해하자는 입장에서는 중요재산의 양도라도 영업양도에 이르지 못한 경우에는 그 양도에 주주총회의 특별결의를 요구할 수 없다고 한다(최, 430~431면). 이 설은 같은 상법 내에서 같은 용어에 통일적 해석을 기하고 거래상대방으로 하여금 특별결의의 필요성 여부를 확실하게 알 수 있게 해주어야 한다고 주장한다.

(다) 특별결의 필요설(실질설)

필요설은 중요재산의 처분으로 양도회사의 영업에 중대한 영향이 미칠 경우에는 특별결의를 받아야 한다고 주장한다. 회사존립의 기초가 되는 재산을 양도하는데도 불구하고 양수인이 영업활동을 승계하지 않는다는 이유만으로 주주총회의 특별결의를 받지 않아도 된다면 대표이사의 자의적 처분으로부터 회사와 주주의 이익을 방어할 수 없게 된다고 우려한다(이・최, 483면; 정(동), 540면).

(라) 판 례

대법원은 원칙적으로 제374조 제1항 제1호의 영업의 양도는 상법총칙 제7장의 영업양도와 같은 뜻으로 이해하고 ① 단순한 영업재산의 양도는 영업양도에 해당하지 않으므로 주주총회의 특별결의를 요하지 않는다고 한다. 다만 ② 주식회사 존속의 기초가 되는 중요한 재산의 양도는 영업의 폐지 또는 중단을 초래하는 행위이므로 이러한 경우에는 제374조 제1항 제1호를 유추적용하여 주주총회의 특별결의를 거쳐야 한다고 한다. 한편 ③ 영업이 폐지된 상태에서 중요재산을 양도하는 경우에는 주주총회의 특별결의가 필요없다고 한다(대판 1988. 4. 12, 87다카1662). 이것이 판례의 정리된 입장으로서 다수의 같은 취지의 판결이 있다. 주로 불요설(형식설)의 입장을 따르고 있음은 '유추적용'이라는 표현을 사용하고 있는데서 알 수 있다.

대판 1988. 4. 12, 87다카1662 상법 제374조 제1호 소정의 영업의 양도란 동법 제1편 제7장의 영업양도를 가리키는 것이므로 영업용재산의 양도에 있어서는 그 재산이 주식회사의 유일한 재산이거나 중요한 재산이라 하여 그 재산의 양도를 곧 영업의 양도라 할 수는 없지만 주식회사 존속의 기초가 되는 중요한 재산의 양도는 영업의 폐지 또는 중단을 초래하는 행위로서 이는 영업의 전부 또는 일부 양도의 경우와 다를 바 없으므로 이러한 경우에는 상법 제374조 제1호의 규정을 유추적용하여 주

주총회의 특별결의를 거쳐야 한다. … (중략)

이 사건 토지를 처분할 당시에는 이미 사실상 영업이 폐지된 상태였으므로 그 처분에 즈음하여 주주총회의 특별결의가 없었다하여 그 처분이 무효로 되는 것이 아니[다].

대판 2004. 7. 8, 2004다13717 주주총회의 특별결의가 있어야 하는 상법 제374조 제1항 제1호 소정의 '영업의 전부 또는 중요한 일부의 양도'라 함은 일정한 영업목적을 위하여 조직되고 유기적 일체로 기능하는 재산의 전부 또는 중요한 일부를 총체적으로 양도하는 것을 의미하는 것으로서, 이에는 양수 회사에 의한 양도 회사의 영업적 활동의 전부 또는 중요한 일부분의 승계가 수반되어야 하는 것이므로 단순한 영업용 재산의 양도는 이에 해당하지 않으나, 다만 영업용 재산의 처분으로 말미암아 회사 영업의 전부 또는 일부를 양도하거나 폐지하는 것과 같은 결과를 가져오는 경우에는 주주총회의 특별결의가 필요하다. 당해 특허권을 이용한 공사의 수주를 회사의 주된 사업으로 하고, 위 특허권이 회사의 자산에서 대부분의 비중을 차지하는 경우, 위 특허권의 양도는 회사 영업의 전부 또는 일부를 양도하거나 폐지하는 것과 같은 결과를 가져오는 것이므로 특허권의 양도에는 주주총회의 특별결의가 필요하다.

(마) 평 가

불요설·필요설의 대립은 문제의 합리적 해결이라는 관점에서 볼 때 중요한 의미를 가지지 못한다고 생각한다. 우선 이 문제는 주주총회의 특별결의를 받지 않은 영업전부 또는 중요한 일부의 양도의 효력을 어떻게 볼 것인가와 밀접하게 연결되어 있다. 특별결의를 거치지 않았다 하더라도 선의·무과실의 상대방에게는 무효를 주장할 수 없다고 하면(임, 337면) 거래상대방 보호는 배려하지 않아도 된다. 그러나 특별결의 대상인 양도행위에 특별결의를 거치지 않았다면 누구에 대한 관계에서든지 무효라고 본다면(절대적 무효설) 특별결의를 필요로 하는 중요재산의 범위를 극히 제한하지 않는 한 거래안전을 침해할 수 있다. 그럼에도 회사의 존속의 기초가 되는 영업용 재산, 나아가 회사의 모든 재산을 양도하는 것은 영업의 폐지나 중단을 초래하게 되므로 영업전부나 중요한 일부의 양도를 주주총회 특별결의사항으로 한 취지에 비추어 볼 때, 그와 같은 정도로 중요한 사안이라고 보아야 할 것이다. 결국 유기적 일체로서의 영업의 양도에 해당하지 않는 중요재산의 양도를 영업양도라고 할 수 없는 것은 사실이지만 그 중요도를 살펴서 특별결의 대상으로 삼아야 할 정도의 양도라면 중요재산의 양도에 특별결의를 받도록 하는 것이 합리적임에는 반대가 있을 수 없다. 중요도가 다소 낮은 자산의 처분 및 양도의 경우에는 이사회 결의로 할 수 있으나 이사회 결의를 반드시 받아야 한다(제393조 제1항).

(4) 영업의 중요한 일부양도

영업의 전부양도뿐 아니라 중요한 일부양도도 특별결의의 대상으로 되어있는데 어디까지를 '중요한' 일부라고 볼 것이냐가 핵심이다. 이 문제 역시 특별결의대상으로 삼은 법의 취지에 비추어 합리적으로 판단할 수밖에 없다. 너무나 쉬운 비유로는 영업전부의 양도에 버금할 정도의 양도라고 바꾸어 말해볼 수 있고 주주의 기대에 비추어 볼 때 이만큼의 사업부문이 떨어져 나가면 원래의 예정되어 있던 회사사업의 모습이 크게 변형되는 정도라고도 설명할 수도 있다.

3. 영업전부의 임대, 경영위임 등

(1) 영업전부의 임대 또는 경영위임, 타인과 영업의 손익전부를 같이 하는 계약 기타 이에 준할 계약의 체결, 변경 또는 해약을 하는 경우에도 주주총회의 특별결의를 받아야 한다(제374조 제1항 제2호).

(2) 영업전부의 임대는 임대인 회사의 입장에서는 더 이상 영업활동을 수행하지 않게 되고 임차인이 영업활동을 하게 된다는 점에서 임대인 회사의 주주에게 중요한 사안이 된다.

(3) 영업전부의 경영위임은 임대차와 달라서 영업의 명의상의 주체는 바뀌지 않지만 경영(management)업무를 수탁자가 담당하고 위탁회사의 기존 경영진은 더 이상 경영업무에서 손을 뗀다는 점에서 주주입장에서는 경영진 교체만큼 중요한 사안이 된다.

(4) 타인과 영업의 손익전부를 같이 하는 계약은 하나의 주식회사와 타인간에 조합이 형성되고 통일적인 경영을 하게 되는 기업결합을 예상한 것으로 보인다. 주주의 입장에서는 상대방 기업의 규모·자금·경영능력·성실도 등에 따라 장래 수익에 커다란 영향을 받게 될 것이므로 그 중요성에 비추어 특별결의대상으로 규정한 것이다.

(5) 기타 이에 준할 계약의 예로는 동업자간의 공동행위에의 참가, 중요기술

의 양도 또는 라이센스 등을 들 수 있다.

4. 영업에 중대한 영향 미치는 영업 전부 또는 일부의 양수

다른 회사의 영업전부의 양수는 사실상의 흡수합병에 해당하므로 합병승인이 주주총회의 특별결의사항인 만큼 양수회사의 영업에 중대한 영향을 미치는 다른 회사의 영업 전부 또는 일부의 양수 역시 상법의 주주총회의 특별결의사항으로 하고 있다(제374조 제1항 제3호). 흡수합병에서 발행되는 신주의 총수가 존속회사의 발행주식총수의 100분의 5를 초과하지 않는 소규모합병(제527조의3 제1항)의 경우에는 존속회사의 이사회 승인으로 갈음할 수 있도록 한 것과 균형을 맞추기 위하여 양수하는 회사의 영업에 '중대한' 영향을 미치는 다른 회사의 영업의 전부 또는 일부의 경우에 한하여 특별결의를 받도록 규정한 것이다.

다른 회사의 영업의 일부라도 그 규모가 클 수도 있고 양수회사의 기존 영업과의 상호관계 등에 비추어 영업 '일부'의 양수라 하더라도 회사의 장래에 중대한 영향을 미칠 수 있다는 점도 고려된 것이다.

5. 반대주주의 주식매수청구권

영업전부의 양도 등 주주총회의 특별결의 대상인 사항에 대하여 반대하는 주주는 회사에 대하여 그가 소유하고 있는 주식의 매수를 청구할 수 있다(제374조의2).

사 례 3

발전사업을 수행하는 A전력주식회사는 대용량의 화력발전기 두 대로 전기를 생산하여 H전력주식회사에 전량 판매해왔다. 규모의 경제에 미달하여 경제성이 떨어진다고 판단한 A회사의 경영진은 발전기 두 대 모두를 H회사에 매각하기로 결정하였다. A회사의 대표이사 甲은 이사회의 결의를 거쳤으나 일부 주주에게는 소집통지를 생략한 채 주주총회를 소집하였다. 발행주식총수 100,000 주식 중 주주총회에 80,000 주식의 주주가 출석하였고 과반수(2분의 1 이상부터 전부까지)의 주식을 가진 주주가 매각안에 찬성하였다. H회사는 A회사 주식 중 40,000주식을 보유하고 있다.

(1) A회사의 발전기를 매각함에 있어서 주주총회의 결의를 받아야 하는가.

(2) 보통결의로 충분한가, 특별결의를 받아야 하는가. 근거 조문은?

(3) H회사가 A회사의 위 주주총회 결의에서 의결권을 행사한 것은 적법한가.

(4) 위 재산양도 승인결의의 의결정족수를 계산하시오.

(5) 소집통지를 받지 못한 주주는 위의 재산양도의 효력을 어떻게 다툴 수 있는가.

(6) 위 매매계약이 A회사의 전무이사 乙(대표권 없음)과 H회사의 대표이사간에 체결되었고 매각을 승인한 주주총회결의의 취소판결이 확정되었다면 H회사는 상법 제395조의 규정에 따라 계약의 유효를 주장할 수 있는가.

〈샘플 답안〉

Ⅰ. 문제의 정리

갑은 대표이사로서 원칙적으로 회사의 영업에 관하여 재판상 또는 재판 외의 모든 행위를 할 권한이 있다(398조, 209조). 그런데 발전기는 중요한 재산으로 보이는바, 대표이사라 하여 마음대로 처분할 수 있는지가 문제가 된다. 그리고 일정한 절차가 필요하다면 그 것을 거치지 않은 경우 어떠한 하자가 존재하며 어떻게 다툴 수 있는지가 문제된다. 끝으로 설문 (6)에서는 대표권한이 없는 자가 회사를 대표하여 체결한 계약의 효력에 대해 묻고 있다. 차례로 검토한다.

Ⅱ. 374조 제1항 제1호의 영업양도

회사는 모든 법률행위를 대표이사를 통하여 하게 되지만 법률상 주주총회나 이사회의 결의가 요건으로 되어 있는 경우가 있다. 이를 대표권이 법률상 제한된다고 한다.

문제에서는 A전력회사가 전력을 생산하는 회사로서 발전기는 사업에 중요한 역할을 담당한다는 점에서 대표이사가 거래를 함에 있어 주주총회의 특별결의가 필요한 제374조 제1항 제1호의 영업양도가 아닌지가 문제된다(제393조에서 규정한 중요자산의 처분의 이사회의결 문제는 주주총회 특별결의가 필요하지 않을 경우에만 중요한 쟁점이 될 수 있으리라고 보인다).

1. 학 설

(1) 주주총회 특별결의 불요설

374조의 영업양도는 상법 41조의 그것과 같게 해석해야 한다는 점, 재산의 중요성 유무는 거래 상대방이 인식하기 어려운 회사의 내부 사정이므로 거래의 안전을 보호해야 한다는 점을 근거로 한다.

(2) 필요설

불요설에 의하면 전 재산의 처분을 대표이사의 자의에 맡기에 되어 회사의 이익이나 주주의 보호 또는 기업유지의 이념에 어긋난다는 점, 중요재산의 양도는 예외적인 현상이므로 동적 안전보다는 정적 안전을 중시해야 한다는 점을 근거로 든다.

(3) 절충설

사실상 영업양도의 경우(미국 판례상 '사실상 합병'이론을 원용하여) 당사자 쌍방에게 영업양도의 효과가 있는 경우이면 주주총회의 특별결의를 필요로 한다고 한다.

2. 판 례

판례는 기본적으로 불요설의 입장에서, 단순한 영업재산만의 양도는 회사의 유일한 재산일지라도 주주총회의 특별결의를 요하지 않는다고 한다.

그러나 양도한 재산이 회사의 존속의 기초가 되는 영업용 재산인 때에는 그러한 재산의 양도가 영업의 폐지나 중단을 초래하게 되어 영업의 양도나 다를 바 없으므로 제374조 제1항 제1호가 유추적용 된다고 한다. 관광 호텔업을 위해 설립된 회사가 호텔신축부지를 처분한 경우, 그리고 시장의 점포임대를 업으로 하는 회사가 시장건물을 양도한 경우에 대해 주주총회의 특별결의가 필요하다고 한 바 있다.

3. 검 토

불요설에 의하면 영업 일체의 양도가 아닌 이상 아무리 중요한 재산이라도 주주총회의 결의 없이 처분할 수 있게 되어 회사의 이익을 침해할 우려가 있다. 반면, 필요설은 거래안전의 보호를 해할 수 있는 문제점이 있다. 그에 비해 판례의 입장은 양자를 적절히 조화시키면서도 제374조의 적용기준을 명확하게 하고 있다고 본다. 사실상 영업양도를 기준으로 보는 견해도 일종의 절충설에 해당하지만 양도인과 양수인 모두에게 영업양도가 있었던 것과 사실상 같은 결과가 될 때에만 주주총회가 필요하다고 하는데, 양도하는 쪽에서는 회사를 존속하지 못한다면 특별결의를 받아야 한다고 하는 것으로 판례와 같은 결론에 이른다.

판례의 입장에 의해 판단할 때, 전력회사에서 회사의 영업에 필수불가결한 재산인 발전기 2대를 모두 팔게 되면 존속이 어렵게 된다. (만일 영업용 재산을 처분할 당시 이미 사실상 영업을 중단하고 있었던 상태라는 특별한 사정이 있다면 다를 것이다). 따라서 이를 매각하려면 주주총회의 특별결의를 거쳐야 한다.

Ⅲ. 주주총회 결의의 하자

주주총회의 결의는 다수 출자자의 의사를 단체의사로 수렴하는 것으로서 내용과 절차 면에서 적법하고 공정하게 이루어져야 한다. 그 성립과정에 다수인의 의사와 이해관계가 조정되고, 결의의 유효를 전제로 후속행위가 이루어진다. 이에 상법은 결의의 효력을 부정할 원인이 되는 하자의 유형과 정도에 따라 여러 가지 소송을 정하고 소로써 다투도록 하고 있다.

본 사안에서 드러나는 하자들을 찾아보고 그것을 다투는 방법을 기술한다.

1. 소집절차상의 하자

일부 주주에게 소집통지를 하지 않은 경우와 같이 소집절차에 흠이 있으면 결의취소사유가 된다. 그러나 대다수의 주주에게 통지하지 않았다면 주주총회결의 부존재사유가 된다.

판례는 발행주식총수의 41%를 소유한 주주에게 소집통지를 하지 않고 총회를 개최한 것은 취소사유가 된다고 한 바 있는데, 사안에서는 일부 주주에게 소집통지가 되지 않은 검을 고려한다면 이 정도의 하자만으로는 결의취소사유에 해당한다고 할 것이다.

2. 특별이해관계인의 의결권 행사

(1) 특별이해관계인에 해당하는지 여부

상법 368조에서는 주주총회의 결의에 관하여 특별한 이해관계가 있는 자는 의결권을 행사하지 못한다고 하고 있다(제368조 제4항).

여기에서 특별한 이해관계의 의미에 관하여 학설이 대립한다. i) 결의에 의해 권리의무의 득실이 생기는 등 법률상 특별한 이해관계가 생길 때를 뜻한다는 설, ii) (모든 주주에게 관계되지 않고) 특정주주의 이해에 관계될 때를 뜻한다는 설, iii) 특정한 주주가 주주로서의 지위와 관계없이 개인적으로 이해관계를 가질 때를 뜻한다는 설이 있다.

어느 견해를 취하든 특별한 차이가 없을 것으로 보이는데 통설은 iii)이라 한다. 구체적인 경우를 보면, 발기인・이사・감사・감사위원인 주주(제324조, 제400조, 제415조, 제415조 2조의2), 영업양도・영업양수・경영위임 등의 결의(제374조 제1항)를 할 때의 거래상대방인 주주, 임원의 보수를 정할 때(제388조, 제415조) 임원인 주주 들이다. 그러나 주주인 지위에서 회사지배와 관련되는 결의, 예컨대 이사・감사의 선임 또는 해임결의에서 당사자이며 주주인 이사・감사는 특별이해관계인이라고 할 수 없다.

사안에서 H회사는 374조의 결의를 할 때 거래상대방인 주주이다. 따라서 특별이해관계자이므로 의결권이 제한되고 H회사의 의결권 행사는 위법하다.

(2) 이는 결의방법상의 하자로서 일응 취소사유에 해당한다고 보인다. 대체로 판례는 과반수를 기준으로 판단하는데, 특별이해관계인인 H회사가 보유한 주식은 4만주로 출석 주주의 과반수는 아니고 발행주식 총수의 과반수도 아니기 때문에 그렇게 판단된다.

그러나 아래에서 정족수를 계산해볼 때에 그 하자가 중대하다면 부존재사유에 해당할 수도 있으므로 검토해 본다.

Ⅳ. 주주총회의 의결정족수

최소표결수를 계산함에 있어 발행주식총수에 특별이해관계인이 가지는 주식 등 의결권을 행사할 없는 주식을 포함시킬 것이냐가 문제된다. 포함시켜야 한다는 견해에서는 상법 제371조 제1항에 의하면 발행주식총수에서 제외되는 것은 무의결권주식, 자기주식, 상호 보유주식 등 의결권 없는 주식의 수일 뿐이고 의결권의 행사가 제한되는데 불과한 특별이해관계인이 가지는 주식 등 의결권을 행사할 수 없는 주식의 수는 제외대상이 아니라고 한다.

그러나 그렇게 새기면 특별이해관계인이 가지는 주식의 수가 압도적으로 많은 경우 주주총회의 결의 자체가 성립할 수 없는 경우가 있을 수 있다. 이와 관련하여 감사선임의 경우에도 대주주가 수인 있고 군소주주의 보유주식비율이 현저하게 낮은 회사에서는 감사선임을 위한 결의를 할 수 없게 되는 경우도 있을 수 있다. 결국 이러한 문제가 최소표결수요건을 제도화한 것 때문에 생기는 문제라고도 볼 수 있으나 현행 제도 하에서는 최소표결수를 계산하는데 있어서 특별이해관계인이 가지는 주식의 수는 발행주식총수에서 제외할 수밖에 없다고 생각한다. 그 결과 압도적 다수의 주식을 소유하고 있는 주주들의 의사가 무시되는 경우도 생길 수 있다. 이러한 문제가 있음에도 불구하고 결의가 성립조차 못할 사태는 더욱 바람직하지 않으므로 최소표결수를 산정함에 있어서 의결권을 행사할 수 없는 주식의 수 역시 발행주식 총수에 산입하지 않아야 할 것이다(다음 문단과 모순됨-저자).

이에 따라 사례의 특별결의 의결정족수를 계산해보면 발행주식총수는 100,000주(제371조 제1항)이고 출석의결권수는 40,000주(80,000주에서 H회사 보유분 40,000주를 뺌)이다. 출석의결권 수의 2/3 즉 26,667 주식 이상, 그리고 발행주식총수의 1/3이상, 즉 33,334주 이상이어야 한다. 정리하면 특별결의에 H회사의 의결권을 제외하고 33,334주 이상의 의결권을 행사할 수 있는 주식이 찬성해야 한다. 이미 특별이해관계인이 결의에 참가했다는 이유만으로 절차상의 하자에 해당하지만, 의결정족수에 현저히 미달하는 경우가 아니므로 결의부존재를 문제 삼을 수는 없다. 참석한 주주들의 주식 수 중 H회사의 주식 4만주를 뺀 나머지 4만 주 중 과반수 20,001주식 이상이 찬성했다고 하므로(설문에서 과반수라고 한 것은 40,001주식 이상을 가리킴-저자) 33,334 주식에 현저히 미달하는 경우는 아니다.

V. 주주총회결의취소의 소

1. 제소권자와 제소기간

결의취소의 소를 제기할 수 있는 자는 주주, 이사 또는 감사에 한한다(제376조 제1항).

주주는 결의에 의해 개별적으로 불이익을 입었는지를 묻지 않으며 하자와 무관한 주주도 다른 주주에 대한 소집절차의 하자를 이유로 제기할 수 있다. 제소 당시의 주주이기만 하면 족하다. 결의에 찬성했던 주주라도 제소할 수 있다. 다만 다수설은 의결권 없는 주식을 가진 주주는 최소의 소를 제기할 수 없다고 설명하지만 제소권은 의결권과는 별개의 주주권으로서 주주라면 누구나 회사의 구성원으로서 총회의 적정한 운영에 이익을 가지므로 의결권 없는 주주도 제소권이 있다고 할 것이다. 주주들은 특별한 제한 사유에 해당하지 않는다면 제소권이 있다.

2. 재량기각 사유

사안의 경우 주주는(설문 5에서 묻는 소집통지를 받지 못한 주주뿐 아니라) 소집통지 절차상의 하자를 이유로 결의취소의 소를 제기할 수 있다. 또한 의결정족수에 미달하는 경우에도 결의취소의 소를 제기할 수 있다. 이 경우 피고는 회사이고, 다만 제소기간(2월)을 도과하지 않아야 한다. 제379조에 의해 결의의 내용, 회사의 현황과 제반 사정을 참작하여 그 취소가 부적당하다고 인정한 때에는 법원은 그 청구를 기각할 수 있다(제379조)

본 사안에서 경제성이 떨어진다고 판단한 경영진의 결정으로 볼 때에 취소가 부적당하다고 생각한다면 법원이 청구를 기각할 수도 있다고 보이지만, 경제성이 떨어져서 사실상 영업 중단 상태 정도가 아니라면 영업을 양도한 것과 같은 중대한 재산의 처분에 해당한다 할 것이므로 경제성이 재량기각 사유로 인정되기는 어렵다고 보인다.

3. 판결의 효력

승소판결이면 대세적인 효력이 있고(제376조 제2항, 제380조 →제190조), 소급효가 인정된다. 패소판결은 민사소송법 제218조 일반 원칙에 따라 당사자 사이에만 효력(기판력)이 미친다.

Ⅵ. 주주총회 결의의 취소판결이 확정된 경우 양도의 효력

위와 같이 대표권이 법률상 제한되어 있는 경우 위반의 효과는 법률에 후행행위의 하자를 다투는 방법이 정해져 있으면 그에 따르고 그렇지 않으면 일반 무효의 법리에 따르게 된다. 그런데 제374조의 영업양도와 관련해서는 따로 그 자체를 다투는 방법이 정해져 있지 않으므로 주주총회 결의의 하자의 처리에 따라 효력이 달라진다.

학설상 항상 무효로 보아야 한다는 견해가 있는 반면, 영업양도와 같이 대외적인 거래라면 선의의 자를 보호하여야 한다는 입장이 있다. 그러나 주주총회의 결의가 법률상 요건인지가 분명하지 않은 사안의 경우 제3자가 이를 알 수 없으므로 악의가 아닌 한 사안의 거래는 유효로 보아야 한다.

Ⅶ. A회사의 전무이사 乙과 H회사간의 계약의 효력

乙은 진정한 대표이사가 아닌데도 H회사와의 계약을 체결하였다. 제395조의 표현대표이사의 책임이 문제된다. 요건을 검토한다.

1. 표현적 명칭사용

대표이사가 아닌 이사가 '회사를 대표할 만한 권한이 있는 것으로 인정할 만한 명칭'을 사용하였어야 한다. 법문의 예는 예시규정으로 해석되며 '영업담당상무'처럼 일부에 관한 대표권이 있다고 인정될 만한 명칭을 사용한 경우도 그 부분적인 업무에 관련되는 한 동조가 적용된다.

이사 아닌 자가 대표행위를 한 경우에도 제395조를 유추 적용해야 한다는 것이 판례의 입장이다.

2. 회사의 귀책사유

표현적 명칭의 사용을 회사가 명시적 또는 묵시적으로 허용하였어야 한다. 표현대표이사가 한 계약을 이의 없이 이행한다든지 또는 명칭사용의 사실을 알고도 제지하지 않고 방치한 경우 묵시적으로 허용한 것으로 보아야 한다.

명칭부여는 주주총회나 이사회, 대표이사에 의하여야 한다. 대체로는 업무집행기관인 대표이사를 기준으로 하게 될 것이나, 수인의 대표이사가 있는 경우에는 그 중의 1인이 명칭사용을 허용하였거나 이를 알고 있었던 경우에도 회사에 제395조의 책임을 물을 수 있다고 본다. 나아가 대표이사가 아니라고 하더라도 이사회의 결의에 필요한 이사의 수 또는 최소한 이사 정원의 과반수가 명칭사용을 허용하였거나 알고 있었던 경우도 마찬가지이다. 판례도 같은 취지이다. 대주주의 명칭부여만으로는 이에 해당하지 않는다.

3. 표현대표이사의 대표행위

표현대표이사가 '대표이사'의 권한 내에 속하는 대표행위를 하였어야 한다.

영업양도나 회사합병계약처럼 법률상 주주총회·이사회의 결의 등 법률상 일정한 절차를 거쳐야 하는 행위에 있어서는 적법한 대표이사의 행위라도 그 효력이 문제될 수 있다. 따라서 표현대표이사의 행위에 해당한다는 것만으로는 상대방이 보호받지 못한다.

4. 제3자의 선의·무중과실

표현대표이사가 성립하려면 거래상대방이 선의이고 중과실이 없어야 한다. 악의 또는 중과실의 입증책임은 회사가 부담한다. H회사는 선의라 해도 주의의무를 현저하게 게을리 한 경우가 아니라야 보호를 받는다.

5. 소 결

을의 계약체결행위는 그가 대표이사라 하더라도 법률상 대표권이 제한되는 중요재산의 처분(제374조 제1항 제1호)에 해당한다. 이 사안과 같이 주주총회 특별결의에 하자가 있어서 결의가 취소되는 경우에는 표현대표이사의 요건을 충족했다는 이유만으로 사안의 계약의 효력이 유지되는 것은 아니다.

Ⅷ. 결 론

1. 발전기는 사업의 계속에 필수적인 재산이므로 그것을 양도하는 데는 주주총회

의 결의를 받아야 한다.

2. 발전기 매각행위는 제374조 제1항 제1호 소정의 주주총회 특별결의를 요하는 행위에 해당한다.

3. H회사가 의결권을 행사한 것은 위법하다.

4. 의결정족수는 H회사의 의결권을 제외하고 33,334주식 이상이다(제371조 규정대로라면 40,000×2/3, 즉 26,667주 이상과 100,000×1/3, 즉 33,334주 이상 중 많은 수가 된다. 다만 본론에서의 주장과는 일관성 없음 - 저자).

5. 결의취소의 소를 제기하여 확정판결을 받아야 한다.

6. 전단적 행위에 해당하므로 표현대표이사가 성립한다 하더라도 그것만으로 계약의 효력이 유지되는 것은 아니다.

Ⅵ. 주식매수청구권

1. 의 의

반대주주의 주식매수청구권, 또는 주식매수청구권(appraisal right)은 주주가 회사의 중요한 의사결정에 반대하는 경우 또는 주주의 주식양도를 회사에서 허용하지 아니하는 경우에 그러한 주주가 자기소유의 주식을 회사에게 사달라고 청구할 수 있는, 정확하게는 회사가 사들이도록 강제할 수 있는 권리이다.

상법에서 주식매수청구권을 인정하고 있는 경우로는, ① 주주가 회사로부터 주식양도승인거부의 통지를 받은 때(제335조의2 제4항, 제335조의6), ② 주식의 포괄적 교환 또는 주식의 포괄적 이전에 반대하는 경우(제360조의5, 제360조의22), ③ 영업의 전부 또는 중요한 일부의 양도 등에 반대하는 경우(제374조의2) ④ 회사합병에 반대하는 경우(제522조의3), ⑤ 회사분할에 있어서 분할합병에 반대하는 경우(530조의11 제2항) 등이 있다.

이미 납입받은 주금액을 환급하는 것은 주식회사 본질을 훼손하고 주식회사의 자본충실·자본유지의 원칙에 위반되므로 허용될 수 없다. 그럼에도 불구하고 상법에서는 다수결의 횡포로부터 소수주주를 보호한다거나 거래소를 통하여 소유주식을 팔 수 없는 폐쇄회사의 주주에게 투하자본의 회수기회를 보장하는 등의 취지에서 극히 제한된 경우에 주식매수청구권을 인정하고 있는 것이다.

2. 주식매수청구권의 성질

주식매수청구권은 법이 보장하는 주주의 자익권의 하나로서 정관으로 이를 박탈할 수 없다. 주식매수청구권은 그 명칭에서 '청구권'이라는 표현을 쓰고 있으나 주주가 회사에 대해 매수를 청구하면(의사표시) 해당 주식의 매매계약이 성립하므로 형성권에 속한다. 다만 가격결정절차가 남아 있는 상태에서 매매계약이 성립한다고 볼 수 있는가는 의문으로 남는다. 가격은 매매계약에서 핵심조건이기 때문이다.

법문에서는 주주가 매수청구권을 행사할 경우 회사는 2월(주권상장법인의 경우는 1월, 자본시장법 제165조의5 제2항) 이내에 그 주식을 매수하여야 한다(제374조의2 제2항)고 하는 데 여기서 2월이라는 기간은 2월 이내에 매수대금의 지급을 하여야 한다고 새기는(이(철), 578면; 정(동), 573~574면; 최, 438면) 것이 형성권과 부합되는 학설로 생각한다. 형성권의 행사로 법률관계가 종결되어야 적당하기 때문이다. 한편 2월내에 회사가 매수가격을 협의할 의무를 부담하는 데 그친다고 보는 설도 있다(이 · 최, 490면; 정(찬), 859~860면). 문제는 2월이라는 기간 동안에 매수가격이 결정되지 못하면 어떻게 되느냐 하는 점이다. 그 후 상법에서 정한 절차에 따라 매수가격이 결정되면 2월의 기간경과시점부터 현실적 지급이 이루어질 시점까지의 지연이자를 더하여 지급하여야 한다고 보면 해결될 수 있다.

대판 2011. 4. 28, 2010다94953 **주식매수청구권의 행사와 주식매수대금의 이행기**

영업양도에 반대하는 주주(이하 '반대주주'라 한다)의 주식매수청구권에 관하여 규율하고 있는 상법 제374조의2 제1항 내지 제4항의 규정 취지에 비추어 보면, 반대주주의 주식매수청구권은 이른바 형성권으로서 그 행사로 회사의 승낙 여부와 관계없이 주식에 관한 매매계약이 성립하고, 상법 제374조의2 제2항의 '회사가 주식매수청구를 받은 날로부터 2월'은 주식매매대금 지급의무의 이행기를 정한 것이라고 해석된다. 그리고 이러한 법리는 위 2월 이내에 주식의 매수가액이 확정되지 아니하였다고 하더라도 다르지 아니하다.

… 원심판결 이유에 의하면, 원심은 그 채택 증거를 종합하여 그 판시와 같은 사실을 인정한 다음, 원고들의 주권은 모두 원고들에게 교부되지 않은 상태로 원고들이 주식매수청구권을 행사하기 이전부터 계속하여 피고가 주권을 새로 발행하면서 명의개

서대리인으로 선임한 주식회사 국민은행(이하 '국민은행'이라 한다)에 예탁되어 있었고, 원고들이 주식매수청구권의 행사를 통하여 피고가 공정한 매매대금을 지급함과 동시에 언제든지 자신들이 소지하고 있는 주권을 인도하겠다는 취지의 서면을 피고에게 제출하였으며, 원고들은 주식매수청구권의 행사 당시 피고로부터 주식매수대금 지급의 이행제공을 받기만 하면 피고의 업무를 대행하면서 원고들의 주권을 직접 점유하고 있던 국민은행을 통하여 지체 없이 피고에게 원고들의 주권을 교부할 수 있는 상태였고, 피고 역시 마찬가지로 원고들의 주권을 손쉽게 교부받을 수 있는 상태였던 점을 고려하면, 원고들로서는 주식매수청구권을 행사한 2004. 3. 16. 또는 2004. 3. 25.부터 2월이 경과하였을 당시에 비록 피고에게 별도로 주식매수대금 지급과 동시에 주권을 교부받아 갈 것을 최고하지 않았다 하더라도 주권 교부의무에 대한 이행제공을 마쳤다는 취지로 판단하여, 원고들의 주권 교부의무가 이행되지 아니하여 주식매수대금을 지급할 수 없었다는 피고의 동시이행의 항변을 배척하였다.

앞에서 본 법리에 비추어 볼 때 원심의 이러한 조치는 정당한 것으로 수긍이 가고, 거기에 이 부분 상고이유로 주장하는 바와 같은 동시이행에 관한 법리오해 등의 위법이 없다.

… 원심판결 이유에 의하면, 원심은 그 채택 증거를 종합하여 그 판시와 같은 사실을 인정한 다음, 주주인 원고들이 주식매수가액 결정에 있어 자신들의 희망 매수가액을 주장하는 것은 상법에 의하여 인정된 권리이고, 법원의 주식매수가액 결정에 대하여 항고 및 재항고를 하는 것 역시 비송사건절차법에 의하여 인정되는 권리이므로, 원고들이 위와 같은 권리를 남용하였다는 특별한 사정이 인정되지 않는 이 사건에 있어서 원고들이 법원의 주식매수가액 결정에 대하여 항고 및 재항고를 거치면서 상당한 기간이 소요되었다는 사정만으로 지연손해금에 관하여 감액이나 책임제한을 할 수 없다는 취지로 판단하여, 피고의 과실상계 또는 그를 유추한 신의칙상 책임제한 주장을 배척하였는바, 원심의 이러한 조치는 정당하고, 거기에 상고이유의 주장과 같은 과실상계에 관한 법리오해 등의 위법이 없다.

3. 주식매수청구권을 행사할 수 있는 자

위에서 살펴본 여러 가지 경우에 주식양도 승인거부의 통지를 받은 주주 또는 주주가 영업양도 등의 승인결의에 반대했음에도 의결된 때 반대주주는 주식매수청구권을 가진다. 그 중에서 영업을 양도·양수하는 경우 영업전부의 양도 또는 회사의 영업에 중대한 영향을 미치는 다른 회사의 영업의 양수라면 주주총회의 특별결의를 요하므로(제374조 제1항 제1호·제3호) 이에 반대하는 주주에게는 주식매수청구권이 인정된다. 영업의 일부양도라면 먼저 '중요한' 일부양도인지 여부가 먼저 결정되어야 반대주주에게 주식매수청구권을 인정할 것인가가 정해질 수 있다.

의결권 없는 주식을 가진 반대주주에게도 주식매수청구권을 인정할 것인가. 반대주주라고 했을 때 특정의안에 대한 주주총회결의에서의 반대를 요건으로 요구한다면 의결권 없는 주주에게 주식매수청구권을 부여할 수 없다는 입론이 가능할 것이다(손, 733면). 그러나 상법에서 '반대'주주의 요건을 보면 통지의 방식으로 반대의 표시를 요구하고 있을 뿐 주주총회 결의과정에서 반대를 요구하고 있지 아니하므로 의결권 없는 주주라 하여 주식매수청구권을 부인할 근거는 없다(권, 613면; 이(철), 575~576면; 최, 438면). 자본시장법에서는 명문으로 의결권 없는 주주에게 주식매수청구권을 인정하고 있다(자본시장법 제165조의5).

이사회에서 이미 영업양도나 합병을 결의하고 그 계획이 공표된 후에 주식을 취득한 주주는 이러한 사정을 알고 주식을 취득했으므로 주식매수청구권을 부여할 수 없다고 할 수도 있다. 이에 대하여 이사회 결의가 있었다 하더라도 취득자가 반드시 그러한 사정을 알았다고 의제할 수 없으므로 주식매수청구권을 박탈하는 것은 옳지 않다는 반대 견해(이(철), 576면; 정(동), 573면; 최, 437면)도 있다. 주식취득자라 하여 특별히 그 양도인과 다른 취급을 할 이유는 없고 계획 공표 후 취득자라도 주식양도인이 주식매수청구의 절차를 밟을 수 있는 기한 내에 그러한 절차(주주총회 전의 반대통지)를 밟은 이상 양도인과 취득자를 달리 대우하는 것은 타당하지 않다고 본다.

4. 주식매수청구절차

(1) 주식매수청구권의 명시

주식매수청구권이 인정되는 영업양도 등 또는 합병승인결의를 위한 주주총회소집의 통지 또는 공고에는 주식매수청구권의 내용 및 행사방법을 명시하여 반대주주에게 주식매수청구의 기회를 보장해 주어야 한다(제374조 제2항).

(2) 반대의 사전통지

주식매수청구권을 행사할 주주는 주주총회 전에 회사에 대하여 서면으로 문제의 의안에 반대한다는 의사를 통지하여야 한다(제374조의2 제1항, 자본시장법

제165조의5 제1항). 반대의사의 통지는 주주총회일 전에 회사에 도달해야 하며 그 도달여부에 대한 입증은 반대주주가 하여야 한다(이(철), 577면; 정(찬), 863면). 일단 반대의 의사를 통지한 이상 총회에 직접 출석하여 반대할 필요는 없다. 결의표결에서 반대주주의 의결권 있는 주식수는 반대표수로 계산하여야 한다는 지적이 있다(이(철), 577면). 반대주주가 주주총회에 출석하여 그 의사를 바꾸어 찬성하더라도 금지할 이유는 없으며 더 이상 매수청구는 할 수 없는 것으로 보면 된다(정(동), 573면).

(3) 서면에 의한 매수청구

매수청구를 하는 주주는 주주총회의 결의일로부터 20일내에 대상주식의 종류와 수를 기재한 서면으로 회사에 대하여 매수청구를 하여야 한다(제374조의2 제1항, 제522조의3 제1항, 자본시장법 제165조의5 제1항). 매수청구대상주식수를 기재하도록 한 것으로부터 알 수 있듯이 반대주주가 소유주식의 일부만에 대해서 매수청구할 수도 있는 여지가 마련되어 있다.

5. 매수가격의 결정

(1) 가격결정과 대금지급의 이행기

주식매수청구권은 형성권이므로 회사의 승낙 없이 매매계약이 성립한 것이 된다. 판례에서도 회사는 청구를 받은 날로부터 2월내에 매매대금을 지급하여야 한다고 한다. 그러나 문제는 매매계약이 성립되었다 하더라도 매매계약에서 가장 중요한 조건인 가격이 결정되지 않았을 수 있다는 점이다. 그럼에도 2월이라는 이행기는 지연배상의 청구를 할 수 있게 한다는 점에서 중요하다(대판 2011. 4. 28, 2010다94953)

(2) 협의절차

상법 규정대로라면 제1단계로 매수가격은 주주와 회사간의 협의에 의해 결정된다(제374조의2 제3항). 실무적으로는 회사가 주주에게 가격을 제시하고 주주가 그것을 수락하면 가격이 결정되게 된다.

(3) 법원의 결정

주주가 회사에 매수를 청구한 날로부터 30일 이내에 위의 협의가 이루어지지 않으면 그 다음 단계로 회사 또는 매수청구를 하는 주주는 법원에 대하여 매수가격의 결정을 청구할 수 있다(제374조의2 제4항). 이는 비송사건이 된다. 법원이 매수가격을 결정함에 있어서 어느 정도의 재량을 허용할 것인가. 법문에서는 "회사의 재산상태 그밖의 사정을 참작하여 '공정한 가액'으로 매수가액을 산정하여야 한다"고 규정하고 있다(제374조의2 제5항). 여기서 말하는 회사의 재산상태는 영업양도 등과 같은 특별결의사항 또는 회사합병이 실행되기 직전의 상태를 가리킨다고 해석하여야 할 것이다(이(철), 579면; 미국의 모범사업회사법(MBCA) §1301(3)). 실무적으로는 거래소시세가 있는 주식이라면 반대대상인 결의사항이 집행되기 직전의 주식가격이, 그리고 거래소시세가 없는 주식이라면 공인된 감정기관의 감정을 받은 주식의 가치가 주식가격 결정의 기준이 되어야 할 것이다. 이러한 기준에 재판부에서 상당한 가감을 하는 것은 '그밖의 사정'(계획공표에 따른 급등이나 급락)에 해당하는 것으로 보아 허용되어야 할 것이다. 이렇게 결정된 주식가격은 '공정하다'(fair)는 요건을 충족시킬 수 있다.

주권상장법인의 경우는 법원의 매수가격 결정에 앞서 증권시장에서 이사회 결의일 이전에 해당 주식이 거래된 가격을 기준으로 산정된 가격으로 매수가격을 산정하는 절차를 거쳐야 한다(자본시장법 제165조의5 제3항).

6. 매수청구의 실효

반대주주가 일단 주식매수를 청구했다가 그 대금을 받기 전에 철회하는 것은 허용되어야 할 것이다. 반대대상이 되었던 영업양도나 합병이 성사되지 않은 경우도 주식매수청구의 효력을 유지시킬 이유가 없다. 또 회사가 제시한 매수가액에 불만을 가진 반대주주가 법이 정한 기한내에 법원에 가액결정의 청구를 하지 않은 경우도 매수청구는 효력을 상실하는 것으로 보아야 할 것이다.

Ⅶ. 주주총회결의의 하자

1. 총 설

외관상 주주총회의 결의가 있었다 하더라도 결의의 절차 또는 내용에 어떠한 법률규정 위반이 있을 경우 그 결의는 원칙적으로 무효로 보아야 할 것이다. 그러나 주주총회의 결의에는 다수의 이해관계자가 관련될 수 있으며 그 결의에 기초하여 여러 가지 후속 법률관계가 형성되어 가기 때문에 결의의 효력을 가급적 존중하여 주는 것이 법률관계의 안정에 도움이 된다. 또 부득이 주주총회 결의의 효력을 부인하는 경우에도 다수의 당사자에게 획일적으로 확정시킬 필요가 있다.

이러한 취지에서 상법은 주주총회결의의 하자의 정도(중대/경미) 및 유형(절차상의/내용상의 하자)에 따라 결의취소의 소(제376조), 결의무효확인의 소(제380조), 결의부존재확인의 소(제380조), 부당결의취소·변경의 소(제381조) 등 네 가지 소송을 규정하고 있다. 결의의 하자에 대한 주장은 원칙적으로 이 네 가지 중 하나의 소송에 의하여만 할 수 있도록 함으로써 법률관계의 안정을 도모하고 있다. 아울러 판결의 대세적 효력을 인정함으로써 법률관계를 획일적으로 확정시키고 있다. 이러한 대세적 효력 때문에 주주총회 결의의 하자를 다투는 소송에서 소송당사자 간의 청구의 인낙이나 그 결의의 부존재·무효를 확인하는 내용의 화해나 조정은 허용되지 아니한다(대판 2004. 9. 24, 2004다28047). 다만 주주총회 결의의 하자를 더 이상 다투지 않기로 하는 내용의 조정은 허용된다.

대판 2004. 9. 24, 2004다28047 주주총회 결의의 부존재·무효를 확인하거나 결의를 취소하는 판결이 확정되면 당사자 이외의 제3자에게도 그 효력이 미쳐 제3자도 이를 다툴 수 없게 되므로, 주주총회 결의의 하자를 다투는 소에 있어서 청구의 인낙이나 그 결의의 부존재·무효를 확인하는 내용의 화해·조정은 할 수 없고, 가사 이러한 내용의 청구인낙 또는 화해·조정이 이루어졌다 하여도 그 인낙조서나 화해·조정조서는 효력이 없다.

〈사실관계 및 쟁점〉 원고 전영창은 임원해임 및 선임의 건, 상호변경의 건, 본점소재지 변경의 건 등을 회의목적사항으로 한 피고 대덕산업 주식회사의 1998. 9. 8.자 임시주주총회결의에 대하여 무효확인을 구하는 '주주총회결의 무효확인의 소'(이하

'이 사건 소'라고 한다)를 제기하였다. 이 사건 소가 제1심법원에 계속 중인 2002. 1. 4. 원고, 피고 회사 및 그 대표이사인 조정참가인 김영준 사이에, '(1) 원고와 피고 및 조정참가인은 1998. 9. 8.자 피고 회사의 임시주주총회의 결의가 모두 무효이거나 부존재임을 확인한다. (2) 원고는 2002. 1. 14.까지 피고 회사의 임시주주총회(안건은 위 1998. 9. 8.자 임시주주총회와 같다)를 소집하기 위한 이사회를 적법하게 소집·개최하고, 2002. 1. 31.까지 위 임시주주총회를 적법하게 소집·개최하여야 한다. (3) 만일 원고가 위 (2)항의 절차를 지체할 경우, 그 즉시 원고는 피고 회사의 대표이사 및 이사의 지위에서 물러나고, 그의 지위를 위 조정참가인 김영준에게 양도하는 것에 동의하며, 위 1998. 9. 8.자 피고 회사의 임시주주총회의 결의에 대하여 더 이상 이의를 제기하지 아니한다. (4) 원고의 나머지 청구를 포기한다. (5) 소송비용 및 조정비용은 각자 부담으로 한다'는 내용의 조정이 이루어지고, 그와 같은 내용의 조정조서가 작성되었다.

그런데 원고는 2002. 12. 11. 위 조정조서가 무효라고 주장하면서 제1심법원에 변론기일지정신청을 하였으나, 제1심법원은 회사관계소송이 당사자간의 조정으로 종료되었다 하더라도 바로 그러한 이유만으로 그 조정이 당연히 무효가 된다고는 할 수 없다는 이유로 소송종료선언을 하였다. 이에 원고가 항소하였으나, 항소심법원(대전고법 2004. 5. 13, 2003나2022 판결)도 '위 조정 당시 원고와 피고 회사 및 김영준은 위 1998. 9. 8.자 임시주주총회결의가 없었던 상태에서의 임기 만료된 전 대표이사인 원고의 책임하에 적법한 이사회 및 주주총회를 새로 소집·개최하여 거기에서 이루어지는 결의를 수용하되, 그 소집절차를 제대로 이행하지 못하는 경우 더 이상 위 1998. 9. 8.자 임시주주총회결의의 효력을 다투지 않기로 하는 것이다'라는 이유로 항소를 기각하였다. 원고가 대법원에 상고하였고 원심판결을 파기 환송한 것이다.

여기서 쟁점이 된 것은 주주총회결의의 하자를 다투는 소에 있어서 청구의 인낙이나 그 결의의 부존재·무효를 확인하는 내용의 화해·조정이 가능하느냐 하는 점이다. 이 점에 관해 원심 및 대법원은 청구의 인낙이나 결의부존재·무효를 확인하는 내용의 화해·조정은 할 수 없다는 입장이다. 다만 본 사안과 관련 이 사건 조정조항 제1항에 대한 해석에 있어서 원심과 대법원간에 서로 배치된다. 즉, 원심은 '이 사건 조정조항 제1항을 위 1998. 9. 8.자 임시주주총회결의의 효력을 둘러싸고 빚어진 원고와 김영준간의 분쟁을 원고의 책임하에 다시 적법한 이사회 및 주주총회를 소집·개최하여 해결하기 위한 방편에 불과한 것이고, 핵심은 원고가 새로운 주주총회의 소집절차를 제대로 이행하지 못하는 경우 더 이상 위 1998. 9. 8.자 임시주주총회결의의 효력을 다투지 않기로 하는 데 있는 것이다'라고 보고 이 사건 조정이 유효한 것이라고 판단한 반면, 대법원은 '일단 위 1998. 9. 8.자 임시주주총회결의가 무효 또는 부존재하는 것으로 하는 조정이 이루어지면, 이를 전제로 원고가 소집·개최할 임시주주총회에서 이루어지는 새로운 결의는 원심의 판시와 같이 원고와 김영준이 그저 '서로 수용'하는 것으로 그 효력 문제가 일단락 되는 것이 아니라 제3자에 대한 관계에서 그 효력이나 적법성이 다시 문제될 수 있는 것이고, 한편 이 사건 조정조항 제1항은 위 1998. 9. 8.자 임시주주총회결의가 무효 또는 부존재임을 확인하는 내용을 담고 있다' 고 하여 원심과는 다르게 판단하고 있다.

2. 결의취소의 소

(1) 의 의

주주총회의 결의에 절차상의 하자가 있는 경우 또는 결의의 내용이 법령에 위반하지는 않으나 정관의 규정에 위반한 때와 같이 내용상의 하자가 상대적으로 가벼운 경우에 제소권자는 결의취소의 소로써 그 하자를 주장하여 결의의 효력을 소멸시킬 수 있다.

결의취소의 소는 제소기간(2월)과 제소권자가 제한되어 있으며 형성의 소이다(제376조). 절차의 하자와 경미한 내용상의 하자를 다투는 소라는 점에서 무효확인의 소와 다르며 일단 외형상 성립한 결의의 효력을 다툰다는 점에서 절차상의 하자가 중대하여 도대체 결의의 성립을 인정할 수 없는 경우를 대상으로 하는 결의부존재확인의 소와 다르다.

(2) 취소의 원인(하자의 유형)

주주총회결의 취소의 원인이 되는 하자를 몇 가지로 그루핑하여 보면 다음과 같다.

(가) 소집절차상의 하자

1) 이사회의 결의없이 주주총회가 소집된 경우, 이사회결의는 있었으나 적법한 소집권자(예, 대표이사) 아닌 자(예, 대주주)가 총회를 소집한 경우 또는 무효인(하자있는) 이사회결의에 따라 총회가 소집된 경우(이사회 결의도 없었고 아울러 권한없는 자에 의하여 총회가 소집된 경우는 결의부존재에 해당한다)

대판 1980. 10. 27, 79다1264 이사회의 결정 없이 주주총회가 소집되었다고 하더라도 외관상 이사회의 결정이 있었던 것과 같은 소집형식을 갖추어 소집권한 있는 자가 적법한 소집절차를 밟은 이상 이사회의 결정이 없었다는 사정은 주주총회결의 부존재의 사유는 되지 않고 주주총회결의 취소의 사유가 됨에 불과하다.

대판 1993. 9. 10, 93도698 대표이사 아닌 자가 이사회의 소집 결의에 따라 주주총회를 소집한 것이라면 위 주주총회에 있어서 소집절차상 하자는 주주총회 결의의 취소사유에 불과하고 그것만으로 바로 주주총회 결의가 무효이거나 부존재가 된다고 볼 수 없다.

대판 1993. 10. 12, 92다21692 **주주총회 소집절차상의 하자**

제2차결의가 정당한 소집권자에 의하여 소집된 주주총회에서 정족수가 넘는 주주의 출석으로 출석주주 전원의 찬성에 의하여 이루어진 결의라면, 설사 일부 주주에게 소집통지를 하지 아니하였거나 소론과 같이 법정기간을 준수하지 아니한 서면통지에 의하여 주주총회가 소집되었다 하더라도 그와 같은 주주총회소집절차상의 하자는 주주총회결의의 부존재 또는 무효사유가 아니라 단순한 취소사유에 불과하다 할 것이[다.]

2) 소집통지의 흠결, 소집통지기간의 부족, 또는 소집통지서의 기재사항(회의의 목적사항, 의안의 요령 등)이 누락된 경우

대판 1981. 7. 28, 80다2746 적법한 소집권자에 의하여 소집된 주주총회에서 총 주식의 과반수를 넘는 주식을 소유한 주주가 참석하여 참석 주주 전원의 찬성으로 결의가 있었으나 일부 주주에게 소집통지를 하지 아니하였거나 법정기간을 준수한 서면통지를 하지 아니하여 그 소집절차에 하자가 있었다면 이 하자는 동 결정의 무효사유가 아니라 취소사유에 해당한다(판례는 주식수를 기준으로 소집통지가 누락된 주식수의 합계가 총발행주식수의 50% 미만이면 결의취소사유로 보았다. 한편 주주 인원수 기준으로 소집통지를 받은 주주 인원수보다 받지 못한 주주의 수가 많은 경우에 결의부존재사유로 보기도 하였다 - 저자).

대판 1987. 4. 28, 86다카553 정당한 소집권자에 의하여 소집된 주주총회가 아니라면 그 결의는 당연무효라 할 것이나(부존재확인의 대상이라는 뜻은 아님 - 저자) 그렇지 아니하고 정당한 소집권자에 의하여 소집된 주주총회의 결의라면 설사 주주총회의 소집에 이사회의 결의가 없었고 그 소집통지가 서면에 의하지 아니한 구두소집통지로서 법정소집기간을 준수하지 아니하였으며 또한 극히 일부의 주주에 대하여는 소집통지를 빠뜨렸다 하더라도 그와 같은 주주총회 소집절차상의 하자는 주주총회 결의의 단순한 취소사유에 불과하다 할 것이고, 취소할 수 있는 결의는 법정기간 내에 제기된 소에 의하여 취소되지 않는 한 유효하다.

대판 1969. 2. 4, 68다2284 주주총회 소집의 통지에 회의의 목적사항이나 의안의 요령을 기재하지 아니한 때에는 총회결의의 취소사유에 불과하다.

서울중앙지법 2004. 3. 18, 2003가합56996 **주주총회결의취소의 소의 원인**

이사후보자에 관한 사항을 미리 통지·공고되지 아니한 채 이루어진 이 사건 [주주총회]결의는 특별한 사정이 없는 한 주주총회 소집 절차 또는 결의방법이 법령 또는 정관에 위반된 것으로서 취소되어야 할 것이다.

3) 총회의 개최일시 및 장소가 주주가 출석하기에 적당하지 않은 경우

대판 2003. 7. 11, 2001다45584 주주총회의 개회시각이 부득이한 사정으로 당초 소집통지된 시각보다 지연되는 경우에도 사회통념에 비추어 볼 때 정각에 출석한 주주들의 입장에서 변경된 개회시각까지 기다려 참석하는 것이 곤란하지 않을 정도라면 절차상의 하자가 되지 아니할 것이나, 그 정도를 넘어 개회시각을 사실상 부정확하게 만들고 소집통지된 시각에 출석한 주주들의 참석을 기대하기 어려워 그들의 참석권을 침해하기에 이르렀다면 주주총회의 소집절차가 현저히 불공정하다고 하지 않을 수 없고, 또한 소집통지 및 공고가 적법하게 이루어진 이후에 당초의 소집장소에서 개회를 하여 소집장소를 변경하기로 하는 결의 조차 할 수 없는 부득이한 사정이 발생한 경우, 소집권자가 대체 장소를 정한 다음 당초의 소집장소에 출석한 주주들로 하여금 변경된 장소에 모일 수 있도록 상당한 방법으로 알리고 이동에 필요한 조치를 다한 때에 한하여 적법하게 소집장소가 변경되었다고 볼 수 있다.

(나) 결의방법이 법령 또는 정관에 위반한 경우

1) 주주 아닌 자 또는 주주의 적법한 대리인이 아닌 자의 결의 참가

대판 1998. 9. 8, 96다45818 주식회사가 주주명부상의 주주에게 주주총회의 소집을 통지하고 그 주주로 하여금 의결권을 행사하게 하면, 그 주주가 단순히 명의만을 대여한 이른바 형식주주에 불과하여도 그 의결권 행사는 적법하지만, 주식회사가 주주명부상의 주주가 형식주주에 불과하다는 것을 알았거나 중대한 과실로 알지 못하였고 또한 이를 용이하게 증명하여 의결권 행사를 거절할 수 있었음에도 의결권 행사를 용인하거나 의결권을 행사하게 한 경우에는 그 의결권 행사는 위법하게 된다.

〈사실관계 및 쟁점〉 원고 문재경과 피고 우림콘크리트공업 주식회사 대표이사인 소외 서립규는 1971년 공동으로 피고 회사를 설립하고, 1976. 8. 31. 및 1990. 3. 6. 피고 회사가 발행한 총 주식 200,000주 중 50%인 100,000주씩 각 소유하기로 합의하여 각 약정서를 작성하였다. 이에 피고 회사가 발행한 총 주식 200,000주는 실질적으로 원고와 소외 서립규가 절반씩 소유하고 있는데, 다만, 주주명부상으로는 위 서립규가 80,000주, 원고가 50,000주를 소유하고 나머지 주식은 세무상 편의를 위하여 원고와 위 서립규에게 명의를 대여한 17명의 주주가 소유하는 것으로 되어 있다. 피고 회사는 설립된 1971년부터 원고와 서립규 사이에 분쟁이 발생한 1990년경까지 형식주주들에게 소집통지를 하여 주주총회를 개최한 일이 없었고, 원고와 서립규가 그때 그때 합의한 내용으로 주주총회결의서를 작성하여 주주총회개최에 갈음하였다. 그런데 위 서립규는 사업확장을 위하여 발행예정주식총수를 300,000주에서 1,000,000주로 변경하고 이사 등 임원을 선임하려고 하였지만, 원고는 이에 반대하였다.

오히려 원고는 자신이 피고 회사의 주식 50% 소유자임을 주장하며 주식명의개서 청구의 소를 제기하여 1992. 10. 23. 제1심에서 승소판결을 선고받았고, 1994. 2. 16. 항소심에서 일부승소로 변경되기는 하였으나 피고 회사의 발행주식은 원고와 서립규 두 사람만이 50%씩 소유하고 있음은 인정되었다. 한편, 피고 회사의 대표이사인 위 서립규는 1991. 3. 6. 및 같은 해 6. 17. 형식주주들에게 소집통지를 하여 임시주주총회를 개최하려고 하였으나 원고가 50%의 실질주주임을 주장하며 형식주주들로 하여금 의결권을 행사하게 하여서는 아니되고 원고로 하여금 의결권을 행사하게 하여야 한다는 가처분신청을 하여 그 신청이 받아들여짐으로써 위 각 주주총회가 유회되기도 하였다. 그 후 위 서립규는 1994. 3. 30. 이사회결의를 거쳐 원고와 자신을 포함한 주주명부상 주주 19인 전원에게 주주총회 소집통지를 하였고 이에 따라 개최된 이 사건 주주총회에는 원고를 제외한 나머지 주주전원이 직접 참석하거나 대리인에게 의결권 행사를 위임하여 출석주주 전원의 찬성으로 발행예정주식총수를 1,000,000주로 변경하고 이사 등 임원을 변경하는 결의를 하였다.

이에 원고는 '실질주주가 아닌 형식주주에게 소집통지를 하고 의결권을 행사하게 한 것'은 그 총회결의가 소집절차 및 결의방법이 법령 또는 정관을 위배한다는 이유로 이 사건 주주총회결의취소 청구의 소를 제기하였다.

여기서 쟁점이 된 것은 '주주명부의 면책력 배제와 피고 회사의 악의 또는 중과실 여부, 입증의 용이성'이다.

이에 원심(서울고법 1996. 9. 13, 95나38730 판결)은 '주식회사가 주주명부상의 주주에게 주주총회 소집통지를 하고 그 주주로 하여금 의결권을 행사하게 하면 그 주주가 단순히 명의만을 대여한 이른바 형식주주에 불과하여도 그 의결권행사는 적법하지만, 주식회사가 주주명부상 주주가 형식주주에 불과하다는 것을 알았거나 중대한 과실로 알지 못하였고 또한 이를 용이하게 증명하여 의결권행사를 거절할 수 있었음에도 의결권행사를 용인하거나 의결권을 행사하게 한 경우에는 그 의결권행사는 위법하게 된다. 그런데 실질주주가 아닌 형식주주에게 소집통지를 하고 의결권을 행사하게 한 이 사건 주주총회의 결의는 소집절차 및 결의방법에 있어서 법령 또는 정관을 위배한 잘못이 있으나, 피고 회사로서는 그들 중 원고와 서립규를 제외한 나머지 사람들이 진정한 주주가 아닌 사실은 알고 있었으나 이를 용이하게 증명할 수 있었다고 볼 수 없으므로 주주명부의 면책력에 의하여 위와 같은 잘못을 이유로 이 사건 주주총회결의를 취소할 수 없다'고 판시하였다.

그러나 대법원은 위 판결요지 및 '원고와 위 서립규의 관계, 피고 회사의 운영상황, 원고의 주식명의개서청구소송에서의 승소판결을 받은 점, 위 서립규 일방에 의한 임시주주총회소집이 형식주주들에 대한 의결권행사금지가처분에 의하여 유회된 점, 특히 형식주주들이 이 사건 주주총회에서 의결권을 주장한 사실이 없고, 오히려 위 서립규가 그들로 하여금 의결권을 행사하게 한 것일 뿐이라는 점 등에 비추어 보면, 피고 회사로서는 이 사건 주주총회의 소집통지시나 결의시에 주주명부상 기재된 형식주주들에 대하여 그들이 진정한 주주가 아님을 쉽게 증명할 수 있었다'고 판시하여 주주가 아닌 자에 대한 소집통지 및 의결권행사를 하도록 한 것은 이 사건 주주총회결의에 소집절차 및 결의방법에 취소사유의 하자가 있다는 취지로 원심판결을 파기환송하였다.

2) 정족수요건의 위반

대판 1996. 12. 23, 96다32768,32775,32782 주주총회가 소집권자에 의하여 소집되어 개최된 이상 정족수에 미달한 결의가 이루어졌다고 하더라도 그와 같은 하자는 결의취소의 사유에 불과하고, 무효 또는 부존재한 결의라고 할 수 없다.

3) 의결권 행사를 제한받거나 의결권 없는 주식의 주주가 결의에 참가한 경우

대판 1983. 8. 23, 83도748 주주총회가 적법하게 소집되어 개회된 이상 의결권 없는 자가 의결권을 행사하였으며, 동인이 의결권을 행사한 주식 수를 제외하면 의결정족수에 미달하여 총회결의에 하자가 있다는 주장은 주주총회 결의방법이 법령 또는 정관에 위반하는 경우에 해당하여 결의취소의 사유에 해당한다.

4) 소집통지에 포함되지 않는 사항의 의결

대판 1962. 1. 31, 4294민상452 청산인을 해임하는 것이 청산종료를 위한 하나의 방법으로서 긴박을 요한다 할지라도 주주총회에서는 소집통지서에 기재된 바 없는 청산인 해임 및 선임에 관한 결의를 할 수는 없는 것이므로 이에 위배되는 임시주주총회결의는 취소를 면할 수 없다.

대판 1979. 3. 27, 79다19 상법 제363조 제1항, 제2항의 규정에 의하면 주주총회를 소집함에 있어서는 회의의 목적사항을 기재하여 서면으로 그 통지를 발송하게 되어 있으므로 주주총회에 있어서는 원칙적으로 주주총회 소집을 함에 있어서 회의의 목적사항으로 한 것 이외에는 결의할 수 없으며, 이에 위배된 결의는 특별한 사정이 없는 한 상법 제376조 소정의 총회의 소집절차 또는 결의방법이 법령에 위반하는 것으로 보아야 하고, 다만 회사 정관에 주주 전원의 동의가 있으면 미리 주주에게 통지하지 아니한 목적 사항에 관하여도 결의할 수 있다고 되어 있는 때에는 예외이나, 그 경우 주주 전원이란 재적주주 전원을 의미한다고 보아야 할 것이며, 미리 주주에게 통지하지 아니한 사항에 관한 결의에 가담한 주주가 그 결의의 취소를 구함이 곧 신의성실의 원칙 및 금반언의 원칙에 반한다고 볼 수 없다(밑줄 - 저자).

〈사실관계 및 쟁점〉 원고 서석수는 피고 서울고속화물 주식회사의 주주이다. 피고 회사는 1978. 2. 25. 제8기 정기주주총회를 개최하여 원고를 이사에서 해임하고 반면 소외 양원석, 최호석을 이사로 선임하는 결의를 하였다. 피고 회사는 위 주주총회 개최 당시 회의목적사항을 제8기 영업보고서, 대차대조표, 재산목록 및 손익계산서 승인의 건, 결손금처분안 승인의 건, 감사선임의 건, 임원보수 승인의 건으로 한정하여 소집하였다. 피고 회사의 총 주주는 15명이었는데, 위 주주총회에는 12명(총주식 70,000주 중 44,970주)이 참석하였다.

그런데 위 주주총회의 진행 도중 주주인 소외 조영구로부터 일부 이사들(원고와 소외 양원석이 그 대상임)에 대한 책임을 물어야 한다는 의사진행발언이 있은 후 소외 양원석은 이사직을 사퇴하는 의사를 표시하고, 원고는 '이는 개인의 신상문제이므로 총회결의사항에 따르겠다'고 말하면서 원고와 소외 양원석이 퇴장하였다. 이에 당시 의사이던 피고 회사의 대표이사는 피고 회사 정관 제17조 제2항 단서에 의거하여 주주전원의 동의가 있으면 회의목적사항이 아닌 안건도 의안으로 부의할 수 있다고 판단한 끝에, '이사 2명의 사퇴와 해임, 보선 등의 의안'부의와 그 결의에 관하여 무기명투표에 부친 결과 출석주주 10명(처음부터 3명은 불참하였고, 나머지 2명은 퇴장한 원고와 소외 양원석이었다) 전원찬성으로 원고와 위 양원석을 이사에서 해임하는 결의를 하고 나서 이어서 원고와 위 양원석을 입장시킨 다음 후임이사의 선임투표를 하여 위 양원석과 소외 최호길을 이사로 선임하였다.

이에 원고는 1978. 2. 25.자 피고 회사 제8기 주주총회에서 원고를 이사에서 해임하고 소외 양원석, 최호길을 이사로 선임한 각 결의는 상법과 피고 회사 정관에 위반하는 것으로서 취소되어야 한다고 주장하면서, 이 사건 소를 제기하였다.

한편, 피고 회사는 첫째 피고 회사 정관 제17조 제2항에 '주주총회는 미리 주주에게 통지한 회의의 목적사항 이외에는 결의를 하지 못하나 주주전원의 동의가 있으면 그러하지 아니한다'라고 규정되어 있으며 위 정관에서 말하는 주주전원이란 출석주주전원을 의미한다고 보아야 할 것인바 위 주주총회에 있어서 출석주주전원의 동의에 의하여 위 안건을 부의하여 결의한 것이므로 그 결의는 하자가 없는 것이고, 둘째 위 주주총회에서 원고 자신도 투표에 참가하였는바 개표결과 원고에게 불리한 결과가 나왔다고 하여 위 결의의 무효 또는 취소를 주장하는 것은 신의성실의 원칙 또는 금반언의 원칙에 위배되는 것이라는 항변을 제출하였다.

여기서 쟁점이 된 것은 주주총회에서 소집통지에 포함되지 아니한 사항이라도 결의할 수 있는지 여부 및 미리 주주에게 통지하지 아니한 사항의 결의에 가담한 주주가 그 결의의 취소를 구할 수 있는지 여부 등이다.

원심(서울고법 1978. 12. 1, 78나2372 판결)은 첫째의 쟁점에 관하여는 주주총회에 있어서는 원칙적으로 주주총회를 소집함에 있어서 회의의 목적사항으로 한 것 이외에는 결의할 수 없는 것이며, 이에 위배하여 목적사항 이외의 안건을 부의하여 결의하였다면 특별한 사정이 없는 한 상법 제376조 소정의 총회의 소집절차 또는 결의방법이 법령에 위반하는 것으로 보아야 할 것이고, 피고 회사 정관에 주주전원의 동의가 있으면 미리 주주에게 통지하지 아니한 목적사항에 관하여도 결의할 수 있고 되어 있는 때에는 예외이나, 이 때 피고 회사의 정관 제17조 제2항 단서에서 말하는 '주주 전원'이란 출석주주전원을 의미하는 것으로 보기는 어렵고 더욱이 사전에 주주 전원에게 회의목적사항을 통지하여 주도록 한 상법규정의 취지에 비추어 보면 위 '주주 전원'은 재적주주전원을 의미하는 것으로 보아야 할 것이라는 이유로, 둘째의 쟁점에 관하여는 위 주주총회에 안건으로 부의되어 결의된 이사해임 및 보선의안은 당초 재적주주전원에게 통지된 바 없이 회의 석상에서 갑자기 부의된 당초의 회의목적사항 이외의 안건이고 그 의안부의 및 결의에 관하여 재적주주 전원의 동의가 없었음은 위에서 본 바와 같으므로 설사 주주인 원고가 그 주주총회에 참석하여 결의에 가담하였다 하여도 그로써 곧 그 결의의 무효 또는 취소를 주장하는 것이 반드시 신의성실의 원칙에 위배되거나 금반언의 원칙에 반하는 것이라고 볼 수 없다는 이유로 피고 회사의 위 항변을 모두 배척하였다. 대법원도 위 판결요지와 같은 이유로 원심의 결론을 지지하였다.

5) 정관에 규정된 의장이 될 자 이외의 사람이 의장이 되어 의사에 관여한 경우

대판 1977. 9. 28, 76다2386 정관상 의장이 될 사람이 아닌 자가 정당한 사유 없이 주주총회의 의장이 되어 의사에 관여한 사유만으로서는 그 주주총회에서의 결의가 부존재한 것으로 볼 수는 없는 것이고, 그러한 하자는 다만 그 결의방법이 정관에 위반하는 것으로서 주주총회 결의취소사유에 해당하는 데 지나지 아니하는 것으로 볼 수밖에 없다.

(다) 결의방법이 현저하게 불공정한 경우

1) 자유로운 의결권행사를 방해한 경우

대판 1987. 9. 8, 86다카2971 주식회사가 결의사항을 위하여 주주총회를 개최하고 그 총회에서 속행을 결의하여 여러 차례에 걸쳐 회의를 반복 개최한 경우에는 그 속행결의가 의결정족수를 갖추어 적법한 이상 그 결의방법이 불공정하여 취소사유가 존재한다고 하더라도 그 결의에 따른 주주총회의 개최행위가 의안에 반대하는 주주들 또는 그들의 위임을 받아 출석한 대리인에 대한 관계에서 불법행위가 성립된다고는 할 수 없다. 한편, 결산기를 변경시행하기로 한 주주총회의 정관변경결의에 취소사유가 있으나 상법 제379조에 따라 법원이 그 결의취소청구를 기각하는 것은 정당하다.

〈사실관계 및 쟁점〉 피고 주식회사 안흥상호신용금고는 1984. 8. 11. 정관 제39조의 '이 금고의 매사업년도는 1월 1일부터 12월 31일까지로 한다'에서 '이 금고의 매사업년도는 7월 1일부터 다음해 6월 30일까지로 한다'로 변경하는 것을 목적사항으로 하여 피고 회사 발행주식총수 337,000주의 과반수에 해당하는 327,552주의 주식을 가진 주주 33명(일부는 위임장제출)의 출석으로 임시주주총회를 개최하였다. 위 총회에서 121,526주의 주식을 가진 원고 이관형 외 11인(다만 원고 이세동은 소외 이석희를, 원고 이동욱은 소외 이용원을, 나머지 원고들은 소외 이진형을 각 그들의 대리인으로 선임하여 위임장을 제출하였다)의 반대로 위 정관변경이 어렵게 되자 속행결의를 하고 그 후 1984. 9. 11.부터 1985. 9. 4.까지 사이에 2일 내지 1개월 정도의 간격으로 29회에 걸쳐 임시주주총회의 속행(계속회)을 개최하면서 같은 방법으로 속행결의를 하여 오다가 1985. 9. 18. 09 : 30 피고 회사 본점회의실에서 개최된 이 사건 계속회에서 위 나머지 원고들을 대리한 소외 이진형이 갑자기 유고로 참석할 수 없게 되어 부득이 나머지 원고들 중 9인(원고 이세동, 이동욱, 이재동은 제외)이 소외 이석희를 대리인으로 선임하는 위임장을 위 이석희를 통하여 제출하려 하였으나 '위 나머지 원고들은 이미 소외 이진형을 대리인으로 선임하는 위임장을 제출하여 위 이진형이 그동안 계속하여 위 속행된 주주총회에 참석하여 왔으므로 동일성이 있는 계속회에서 이미 한 대리인의 선임행위를 철회하지도 아니하고 새로운 대리인을 선임할 수 없다'는 이유로 위 위임장의 접수가 거절되어 위 이석희가 속행된 위 주주총회에 참석하지 못하게 됨으로써 위 정관변경에 찬성하는 주주측의 의결권이 출석주주의 의결권의 3분의 2 이상이 된 상태에서 이 사건 정관변경의 결의가 이루어졌다.

그런데 1982년 이래 각 상호신용금고들이 회계연도를 매년 7월 1일부터 다음해 6월 30일까지로 변경하여 시행하고 있고, 피고 회사도 1982년 이래 결산기를 매년 6월 30일로 변경하여 사실상 실시하여 오다가 1983. 6. 20.자 재무부 지침에 따라 같은 해 7. 30. 이사회결의로 회계규정을 변경하였다. 또한 피고 회사는 경영권을 둘러싸고 주주 사이에 소외 이석희를 지지하는 측과 소외 이보형을 지지하는 측으로 갈라져 분규가 계속되어 왔으며, 이 사건 정관변경을 목적사항으로 하는 임시주주총회에 있어서도 위 이석희를 지지하는 원고들은 위 이보형을 지지하는 측에 대하여 이 사건 정관변경과는 직접적인 관계가 없는 여러 가지 요구를 하면서 그것이 받아들여지지 않음을 이유로 위 정관변경에 반대하여 왔던 것이다.

이에 원고들은 피고 회사의 1985. 9. 18.자 이 사건 정관변경의 결의는 그 결의방법이 현저하게 불공정한 것으로서 취소되어야 한다고 주장하면서 이 사건 소를 제기하였다. 그러나 피고 회사는 '설사 위 정관변경 결의에 취소사유인 하자가 있다 하더라도 그 결의내용이나 원고들이 정관변경에 반대하는 목적 등에 비추어 볼 때 위 결의는 상법 제379조 소정의 그 취소가 부적당한 경우에 해당한다 할 것이므로 원고들의 이 사건 청구는 기각되어야 한다'라고 항변하였다.

여기서 쟁점이 된 것은 피고 회사의 위와 같이 무려 29회에 걸쳐 임시주주총회의 속행을 개최하면서 같은 방법으로 속행결의를 하여 온 것이 위 정관변경에 반대하는 원고 주주들의 주주권행사를 부당하게 침해하기 위한 것으로서 그 결의방법이 현저하게 불공정한 경우에 해당하는지 여부 및 주주총회 속행결의는 적법하나 그 결의방법에 취소사유가 존재하는 경우 그 결의에 따른 총회개최행위가 반대주주 등에게 불법행위가 되는지 여부, 그리고 위 사안에 대하여 상법 제379조 소정의 재량기각이 가능한가 하는 점이다.

원심(서울고법 1986. 11. 26, 86나2669 판결)은 위 정관변경은 원래 1984. 8. 11. 임시주주총회에서 부결될 것이었는데, 정관변경에 찬성하는 주주들이 이를 방지하기 위하여 속행결의를 하고 그 후의 계속회에서도 같은 목적으로 거듭 속행결의를 한 것으로서 이러한 속행결의는 정관변경에 반대하는 원고 주주들의 주주권행사를 부당하게 침해하기 위한 것이므로 위 속행결의에 의하여 개최된 계속회에서의 정관변경결의는 결의방법이 현저하게 불공정하여 취소사유가 되고, 다만, 위 정관변경은 1982. 2. 16. 전국상호신용금고연합회에서 각 상호신용금고의 결산기를 변경시행하기로 결의하고 재무부가 이를 인가승인하였으며 다른 상호신용금고들과 함께 피고 회사도 1982년 이래 이를 시행하여 오고 있는데 원고들이 피고의 경영권을 둘러싼 분규로 인하여 위 정관변경과는 관계없는 요구사항을 내세우고 그 요구가 받아들여지지 않음을 이유로 정관변경에 반대하여 온 점 및 금융기관의 업무는 다른 금융기관과의 유기적 · 통일적 연계가 필요하며 피고만이 사업년도를 달리할 경우 업무의 정상적인 운영이 어렵게 되고 회계연도의 변경은 주주의 이해관계에도 영향이 없는 점 등 제반사정을 참작하여 볼 때 위 주주총회의 결의를 취소함은 부적당하다고 보아 원고들의 이 사건 주주총회결의 취소청구를 기각하였다. 또한 피고 회사의 주주총회개최가 위법하여 원고들의 대리인이 위 주주총회에 참석함으로 인하여 일정한 손해를 입었다 하더라도 위 대리인들의 손해와 피고 회사의 위법한 주주총회 개최행위와 사이에 어떠한 인과관계가 있다고도 할 수 없다는 이유로 원고들의 불법행위로 인한 손해배상청구에 대해서도 기각하였다. 대법원도 위 판결요지와 같은 이유로 원심의 결론을 지지하였다.

2) 부당하게 토의과정을 생략했거나 표결 참가기회를 봉쇄하고 결의를 강행한 경우

대판 1996. 12. 20, 96다39998 원고를 제외한 피고 회사의 사실상의 유일한 주주인 위 홍평우가 이 사건 주주총회의 의장으로서 위 주주총회의 의사를 신행함에 있어서는 주주총회 개최시각으로 통지된 10:00 정각에 원고측이 회의장에 입장하지 아니하였으면 먼저 원고측의 의결권행사가 그 안건의 의결에 영향을 미치지 아니하는 위 제1, 3, 제4호 안건에 대하여 심의 표결한 후 마지막으로 원고의 의결권행사 여부가 그 안건의 의결에 영향을 미치고 원고와 나머지 주주들의 이해관계가 첨예하게 대립하는 위 제2호 안건에 대하여 심의 표결하거나, 먼저 위 제1호 내지 제4호 안건에 대하여 심의만을 한 후 위 제1, 3, 제4호 안건에 대하여 표결하고 마지막으로 제2호 안건에 대한 표결만을 하는 방법으로 의사를 진행하여 원고가 위 제2호 안건에 대하여 의결권을 행사할 기회를 최대한 보장하는 것이 신의칙에 부합하는 공정한 의사진행방식 내지 결의방식이라 할 것인데도 불구하고, 위 홍평우는 자신이 위 주주총회의 의장이고 원고를 대리한 위 정환상이 위 주주총회의 개최시각 무렵에 피고 회사 건물에 도착하여 회의장 입장이 수분간 지체됨을 기화로 위와 같은 방법으로 의사를 진행하지 아니하고 안건순서대로 심의 표결하는 방법으로 의사를 진행하여 위 제2호 안건에 대한 원고의 의결권행사의 기회를 봉쇄한 채 위 안건을 표결하여 가결처리하였으니, 위와 같이 피고 회사측이 위 정환상의 이 사건 주주총회 회의장 입장을 부당한 방법으로 지체시킨 점, 그 주주총회의 의사진행방식 내지 결의방식이 신의칙에 반하는 점 등을 종합하여 보면 이 사건 주주총회의 결의방법은 신의칙에 반하는 것으로서 현저하게 불공정한 것이라 할 것이다.

(라) 결의의 내용이 정관에 위반한 때

정관소정의 인원수 이상의 이사를 선임한 경우 등이 여기에 해당한다.

(3) 제소권자

결의취소의 소를 제기할 수 있는 자는 주주, 이사, 감사이다.

(가) 주 주

결의취소의 소를 제기할 수 있는 주주의 권리는 단독주주권으로서 당해회사의 주식을 1주식만 소유한 경우라도 제소할 수 있다.

결의당시 주주가 아니었더라도 제소시 주주이면 제소가 가능하다. 총회결의에 찬성하였던 주주도 원고적격이 인정된다. 제소시부터 판결확정시까지 주주자격을 유지하여야 한다. 그런데 주주인 원고가 소송계속 중에 사망하거나 주식전부를 양도한 경우에 소송승계를 허용할 것인가에 대해서 사망(포괄승계)의 경우에는 이를 허용하지만 양도(특정승계)의 경우에는 이를 부정하는 것이 다수설이다. 판례는 양도의 경우에도 제소기간 등 요건의 충족을 조건으로 소송승계를 허용하는 입장이다. 결의취소의 소는 '하자'를 다투는 것일 뿐 자기자신의 의결권의 침해에 대한 구제수단이 아니므로 무의결권주식의 주주도 제소할 수 있다. 명의개서를 마치지 아니한 주식양수인(실질상의 주주)은 주주총회결의 취소의 소를 제기할 수 없다. 제소권자는 형식적, 객관적으로 확정되어야 하기 때문이다.

대판 2003. 2. 26, 2000다42786 구 민사소송법(2002. 1. 26. 법률 제662제6호로 전문개정되기 전의 것) 제74조에서 규정하고 있는 소송의 목적물인 권리관계의 승계라 함은 소송물인 권리관계의 양도뿐만 아니라 당사자적격의 이전의 원인이 되는 실체법상의 권리이전을 널리 포함하는 것이므로, <u>신주발행무효의 소 계속 중 그 원고적격의 근거가 되는 주식이 양도된 경우에 그 양수인은 제소기간 등의 요건이 충족된다면 새로운 주주의 지위에서 신소를 제기할 수 있을 뿐만 아니라, 양도인이 이미 제기한 기존의 위 소송을 적법하게 승계할 수도 있다</u>(밑줄 – 저자). 승계참가가 인정되는 경우에는 그 참가시기에 불구하고 소가 제기된 당초에 소급하여 법률상의 기간준수의 효력이 발생하는 것이므로, 신주발행무효의 소에 승계참가하는 경우에 그 제소기간의 준수여부는 승계참가시가 아닌 원래의 소 제기시를 기준으로 판단하여야 한다(이와 같은 논리는 주주총회결의의 효력을 다투는 소에도 그대로 적용될 것이다 – 저자). 한편, 주식의 양수인이 이미 제기된 신주발행무효의 소에 승계참가하는 것을 피고 회사에 대항하기 위하여는 주주명부에 주주로서 명의개서를 하여야 하는바, 주식양수인이 명의개서절차를 거치지 않은채 승계참가를 신청하여 피고 회사에 대항할 수 없는 상태로 소송절차가 진행되었다고 할지라도, 승계참가가 허용되는 사실심 변론종결 이전에 주주명부에 명의개서를 마친 후 소송관계를 표명하고 증거조사의 결과에 대하여 변론을 함으로써 그 이전에 행하여진 승계참가상의 소송절차를 그대로 유지하고 있다면 명의개서 이전의 소송행위를 추인한 것으로 봄이 상당하여 그 이전에 행하여진 소송절차상의 하자는 모두 치유되었다고 보아야 한다.

(나) 이사 · 감사

각 이사 또는 감사가 단독으로 제소권을 행사할 수 있다. 이 때문에 이사를 주식회사의 기관이라고 보기도 한다(소수설).

임기 중 사임하거나 임기만료로 퇴임한 후라도 후임자가 선임될 때까지 이사의 권리・의무를 가지는 자는 제소권을 가진다(제386조 제1항, 제415조). 이는 주로 당사자적격의 문제이다.

주주총회의 결의에 의하여 해임된 이사나 감사는 그 해임결의의 취소를 위하여 결의취소의 소를 제기할 수 있다. 판례는 결의부존재확인의 소에 관하여 이러한 취지를 밝힌바 있는데 이는 결의취소의 소에 대해서도 마찬가지일 것이다.

대판 1985. 12. 10, 84다카319 이사 및 감사직을 사임하여 퇴임한 자라도 상법 제386조 및 제415조에 의하여 새로 적법하게 선임된 이사 및 감사가 취임할 때까지 여전히 이사 및 감사로서의 권리의무를 보유하는 경우에는 후임이사 및 감사선임결의의 하자를 주장하여 그 부존재확인을 구할 법률상 이익이 있다.

〈사실관계 및 쟁점〉 원고 김재영은 피고 동방전자부품 주식회사 설립일인 1976. 2. 11. 같은 원고 조경훈 및 공동소송참가인 김일우의 각 승낙을 얻어 액면 금 5,000원의 피고 회사 주식 200주를 위 두 사람 명의로 각 100주씩 인수하고 직접 그 주식대금을 모두 납입하였다. 한편, 원고 김재영은 1981. 3. 5. 피고 회사 및 당시 그 대표이사로 등기되어 있던 소외 김점재와 사이에 원고가 실질적으로 소유하고 있던 주식 전부를 위 김점재에게 금 50,000,000원에 양도하고 그 대표이사직을 사임하면서 피고 회사의 소유와 경영에서 완전히 손을 떼기로 하였다. 이에 원고 김재영은 1980. 10. 31. 당시 피고 회사의 이사로 재직하고 있던 공동소송참가인 김화자(위 김재영의 처), 같은 김일우(위 김재영의 처남)로부터, 피고 회사의 감사로 재직하고 있던 같은 김응식(김재영의 장인)으로부터 위임을 받아 위 공동소송참가인들이 피고 회사의 이사 및 감사직을 사임한다는 의사표시를 하고 피고 회사 직원을 시켜 그러한 내용이 담긴 공동소송참가인들 명의의 사직서를 작성케 하여 피고 회사에 제출하였고, 피고 회사도 이에 동의하였다(다만, 등기부상으로는 1980. 11. 5.자 임시주주총회에서 해임된 것으로 정리하였다).

그런데 공동소송참가인들은 위와 같이 이사 및 감사직에서 사임한 이후 이루어진 피고 회사의 주주총회 및 이사회결의에 하자가 있음을 이유로 이 사건 주주총회결의 등부존재확인의 소를 제기하였다.

여기서 쟁점이 된 것은 이사 및 감사직을 사임한 자도 주주총회 및 이사회결의의 하자를 다툴 수 있는 당사자적격이 인정되느냐 하는 점이다.

이에 원심(서울고법 1983. 12. 14, 83나1613 판결)은 '스스로 이사 및 감사직을 사임한 자는 별다른 사정이 없는 한 그 사임 이후에 이루어진 피고 회사의 주주총회나 이사회결의에 하자가 있다고 하여 이를 다툴 법률상 이익이 있다고는 할 수 없다'고

하여 공동소송참가인들의 이 사건 각 참가신청을 부적법하다 하여 각하하였다.

그러나 대법원은 위 판결요지와 같은 이유로 공동소송참가인들에게는 원고적격이 인정된다고 보아 원심판결을 파기환송하였다.

대판 1991. 12. 13, 90다카1158 이사가 임원개임의 주주총회 결의에 의하여 임기만료 전에 이사직에서 해임당하고 그 후임이사의 선임이 있었다 하더라도 그 후에 적법한 절차에 의하여 후임이사가 선임되었을 경우에는 당초의 이사개임결의가 부존재한다 할지라도 이에 대한 부존재확인을 구하는 것은 과거의 법률관계 내지 권리관계의 확인을 구하는 것에 귀착되어 확인의 소로서의 권리보호요건을 결여한 것이라 할 것이나 후임이사 선임결의가 부존재하거나 무효 등의 사유가 있어 상법 제386조 1항에 의하여 구 이사가 계속 권리의무를 가지게 되는 경우에는 당초의 해임결의의 부존재확인을 구할 법률상의 이익이 있다.

(4) 소의 피고와 소송수행

피고는 회사가 되고 원칙적으로 대표이사가 회사를 대표하지만 원고가 이사일 때에는 이사와 대표이사간의 소송이 공정하게 수행되기 어려울 것을 우려하여 상법에서는 감사가 회사를 대표하도록 하고 있다(제394조). 이 때 회사를 대표할 자는 제소당시를 기준으로 대표이사로 등기되어 그 직무를 행하는 자이고, 설령 그 대표이사가 하자 있는 당해 결의에 의하여 선임된 이사라 하더라도 마찬가지이다. 한편, 대표이사직무집행정지 및 직무대행자선임 가처분이 있은 경우에는 직무대행자가 회사를 대표하게 된다.

대판 1995. 12. 12, 95다31348 민법상의 법인이나 법인이 아닌 사단 또는 재단의 대표자를 선출한 결의의 무효 또는 부존재확인을 구하는 소송에서 그 단체를 대표할 자는 의연히 무효 또는 부존재확인청구의 대상이 된 결의에 의해 선출된 대표자이나, 그 대표자에 대해 직무집행정지 및 직무대행자선임가처분이 된 경우에는 그 가처분에 특별한 정함이 없는 한 그 대표자는 그 본안소송에서 그 단체를 대표할 권한을 포함한 일체의 직무집행에서 배제되고 직무대행자로 선임된 자가 대표자의 직무를 대행하게 되므로, 그 본안소송에서 그 단체를 대표할 자도 직무집행을 정지 당한 대표자가 아니라 대표자 직무대행자로 보아야 한다(본 판결은 민법상 법인이나 법인 아닌 사단 또는 재단의 대표자에 관한 것이나, 이러한 법리는 상법상 회사의 경우에도 동일하다고 할 것이다 - 저자).

대판 1982. 9. 14, 80다2425 주주총회결의 취소와 결의무효확인 판결은 대세적으로 효력이 있으므로 그와 같은 소송의 피고가 될 수 있는 자는 그 성질상 회사로 한정된다. 한편, 주주총회결의부존재확인의 소송은 일응 외형적으로는 존재하는 것 같이 보이는 주주총회결의가 그 성립과정에 있어서의 흠결이 중대하고도 명백하기 때문에 그 결의 자체가 존재하는 것으로 볼 수 없을 때에 법률상 유효한 결의로서 존재하지 아니한다는 것의 확인을 소구하는 것으로서 주주총회결의 무효확인의 소송과는 주주총회결의가 법률상 유효한 결의로서는 존재하지 않는다는 것의 확정을 구하는 것을 목적으로 한다는 점에서 공통의 성질을 가진다 할 것이므로 주주총회결의 부존재확인의 소송에는 그 결의무효확인의 소송에 관한 상법 제380조의 규정이 준용된다 할 것이므로 그 결의부존재확인판결의 효력은 제3자에게 미치고 그 부존재확인소송에 있어서 피고가 될 수 있는 자도 회사로 한정된다(다수설 및 판례는 주주총회결의의 효력을 다투는 소송에서는 소의 종류를 불문하고 회사만이 피고적격을 가진다고 본다 - 저자).

대판 1983. 3. 22, 82다카1810 회사의 이사선임결의가 무효 또는 부존재임을 주장하여 그 결의의 무효 또는 부존재확인을 구하는 소송에서 회사를 대표할 자는 현재 대표이사로 등기되어 그 직무를 행하는 자라고 할 것이고, 그 대표이사가 무효 또는 부존재확인청구의 대상이 된 결의에 의하여 선임된 이사라고 할지라도 그 소송에서 회사를 대표할 수 있는 자임에는 변함이 없다.

(5) 제소기간

결의취소의 소는 결의의 날로부터 2월 내에 제기하여야 한다(제376조). 이는 제척기간에 해당하고, 원고적격자가 통지를 받지 못하는 등의 정당한 사유에 의하여 총회결의가 있음을 몰랐던 경우에도 기산일이 연기되지 않는다. 제소기간이 도과하면 취소사유가 있더라도 결의는 완전히 유효하게 된다.

대판 2010. 3. 11, 2007다51505 주주총회결의 취소의 소는 상법 제376조 제1항에 따라 그 결의의 날로부터 2개월 내에 제기하여야 하고, 이 기간이 지난 후에 제기된 소는 부적법하다. 그리고 주주총회에서 여러 개의 안건이 상정되어 각기 결의가 행하여진 경우 위 제소기간의 준수 여부는 각 안건에 대한 결의마다 별도로 판단되어야 한다.

기록에 의하면, 원고는 2005. 4. 29. 개최된 피고 회사의 임시주주총회에서 이루어진 여러 안건에 대한 결의 중 소외 1을 이사로 선임한 결의(이하 '이 사건 이사선임결의'라고 한다)에 대하여만 그 결의의 날로부터 2개월 내인 2005. 6. 29. 주주총회결의 무효확인의 소를 제기한 사실, 그 뒤 원고는 위 임시주주총회에서 이루어진 정관변경결의 및 감사선임결의에 대하여 그 결의의 날로부터 2개월이 지난 후인 2006. 5. 17. 및 같은 해 7. 19.에 주주총회결의 무효확인의 소를 각각 추가적으로 병합한 사실, 그 후 원고는 2006. 11. 1. 위 각 결의에 대한 주주총회결의 무효확인의 소를 주주총회결의 취소의 소로 변경하면서, 피고 회사가 주주명부상의 형식주주를 위 임시주주총회에 참석시키고 이들에게 의결권을 행사하게 한 것은 그 결의방법이 현저하게 불공정하다는 내용을 청구원인으로 주장한 사실을 알 수 있다.

앞에서 본 법리에 비추어 살펴보면, 이 사건 소 중 정관변경결의 및 감사선임결의 취소에 관한 부분은, 위 각 주주총회결의 무효확인의 소가 추가적으로 병합될 때에 주주총회결의 취소의 소가 제기된 것으로 볼 수 있으나(대법원 2007. 9. 6. 선고 2007다40000 판결 참조), 그렇다고 하여도 위 추가적 병합 당시 이미 2개월의 제소기간이 도과되었음이 역수상 명백하므로 부적법하다.

대판 2003. 7. 11, 2001다45584 주주총회결의 취소의 소는 상법 제376조에 따라 결의의 날로부터 2월 내에 제기하여야 할 것이나, 동일한 결의에 관하여 부존재확인의 소가 상법 제376조 소정의 제소기간 내에 제기되어 있다면, 동일한 하자를 원인으로 하여 결의의 날로부터 2월이 경과한 후 취소소송으로 소를 변경하거나 추가한 경우에도 부존재확인의 소 제기시에 제기된 것과 동일하게 취급하여 제소기간을 준수한 것으로 보아야 한다.

대판 1966. 10. 4, 66다2269 주주총회의 결의내용이 등기할 사항이라든가 주주나 이사가 위 결의 있음을 몰랐다고 하는 경우라고 하더라도 위 제소기간의 기산일을 늦춰야 할 법적 근거는 없다.

(6) 전속관할 등

결의취소의 소는 회사의 본점소재지의 지방법원의 관할에 전속한다(제376조 제2항, 제186조). 결의취소의 소가 제기된 때에는 회사는 지체없이 공고하여야 한다(제376조 제2항, 제187조). 여러 개의 결의취소의 소가 제기된 때에는 법원은 이들을 병합심리하여야 한다(제376조 제2항, 제188조). 이로써 유사필요적 공동소송이 된다.

(7) 법원의 재량기각

결의취소의 소가 제기된 경우에 취소원인의 존재가 인정됨에도 불구하고 결의의 내용, 회사의 현황과 제반사정을 참작하여 그 취소가 부당하다고 인정할 때에는 법원은 그 청구를 기각할 수 있다(제379조). 이는 회사의 이익과 거래의 안전을 보호하기 위한 취지이다.

대판 1987. 9. 8, 86다카2971 주주총회결의 취소의 소에 있어 법원의 재량에 의하여 청구를 기각할 수 있음을 밝힌 상법 제379조는 결의의 절차에 하자가 있는 경우에 결의를 취소하여도 회사 또는 주주의 이익이 되지 않든가 이미 결의가 집행되었기 때문에 이를 취소하여도 아무런 효과가 없든가 하는 때에 결의를 취소함으로써 오히려 회사에게 손해를 끼치거나 일반거래의 안전을 해치는 것을 막고 또 소의 제기로써 회사의 질서를 문란케 하는 것을 방지하려는 취지이다.

(8) 담보제공의 청구

제소권의 남용을 막기 위하여 주주가 제소한 경우에 회사는 제소주주의 악의를 소명하여 상당한 담보제공을 명해줄 것을 법원에 청구할 수 있다(제377조, 제176조 제4항). 주주가 동시에 이사 또는 감사인 경우는 그러하지 아니하다. 악의라 함은 주주가 정당한 이유없이 회사를 괴롭히거나 손해를 끼칠 의도가 있는 것을 가리킨다.

법원은 담보액과 담보제공기간을 정하여야 하며 담보액은 소송비용외에 회사가 각심에서 현실적으로 지출할 비용의 총액을 기준으로 한다(민사소송법 제117조, 제110조). 이러한 기준이 있기는 하지만 실제로 담보액의 결정은 법원의 자유재량에 맡겨져 있다.

대결 1963. 2. 28, 63마2 주주가 결의취소의 소를 제기한 경우에 제공하는 담보는 그 소송제기로 인하여 회사가 받고 또 장차 받게 될 모든 손해를 담보하는 것이 목적이므로 그 담보액은 회사가 받게 될 모든 불이익을 표준으로 하여 법원의 자유재량에 의하여 정할 수 있다.

(9) 판결의 효력

결의취소의 판결이 확정되면 그 효력은 소송당사자 외에 제3자에 대하여도 미친다(제376조 제2항, 제190조 본문). 이를 결의취소 판결의 대세적 효력이라고 한다. 이러한 대세적 효력은 승소판결에 대해에서만 있으며 패소판결에는 대세효가 없다. 합명회사의 설립무효 판결의 효력에 관한 제190조의 규정 중 본문만 준용되고 소급효 배제를 규정한 단서는 준용되지 아니하므로(제376조 제2항) 결의취소의 확정판결의 효력은 소급한다. 따라서 그 결의는 처음부터 없었던 것이 되고 결의 내용은 효력이 없다. 다만 결의한 사항이 등기된 경우 거래상대방은 상법 제39조의 적용 내지 유추적용에 의하여 보호받을 수 있을 것이다.

결의한 사항이 등기되었다면 결의취소의 판결이 확정된 후 취소사실을 본점과 지점의 소재지에서 등기하여야 한다(제378조).

원고패소의 경우 기판력은 당사자에게만 미치고 대세적 효력이 없으므로 다른 제소권자가 같은 원인이나 다른 원인을 주장하여 다시 취소의 소를 제기할 수 있으나 제소기간이 단기(2개월)이므로 사실상 별도의 제소는 생각할 수 없다. 패소한 원고는 악의 또는 중과실의 경우 회사에 대하여 연대하여 손해를 배상하여야 한다(제376조 제2항, 제191조).

대판 2004. 2. 27, 2002다19797 이사선임의 주주총회결의에 대한 취소판결이 확정된 경우 그 결의에 의하여 이사로 선임된 이사들에 의하여 구성된 이사회에서 선정된 대표이사는 소급하여 그 자격을 상실하고, 그 대표이사가 이사선임의 주주총회결의에 대한 취소판결이 확정되기 전에 한 행위는 대표권이 없는 자가 한 행위로서 무효가 된다(대판 2013. 2. 28, 2012다74298 같음 - 저자). 이사선임의 주주총회결의에 대한 취소판결이 확정되어 그 결의가 소급하여 무효가 된다고 하더라도 그 선임결의가 취소되는 대표이사와 거래한 상대방은 상법 제39조의 적용 내지 유추적용에 의하여 보호될 수 있으며, 주식회사의 법인등기의 경우 회사는 대표자를 통하여 등기를 신청하지만 등기신청권자는 회사 자체이므로 취소되는 주주총회결의에 의하여 이사로 선임된 대표이사가 마친 이사선임 등기는 상법 제39조의 부실등기에 해당된다.

〈사실관계 및 쟁점〉 원고 주식회사 조은물산의 1996. 3. 8.자 임시주주총회에서 선임된 이사들에 의하여 대표이사로 선임된 소외 최일권은 당일 법인등기부에 같은 내용의 등기를 하여 법인등기부상으로는 그 이후부터 위 주주총회결의취소의 판결이 확정될 때까지 원고 회사의 대표이사로 등재되어 있었다. 그런데 거래상대방인 피고 노충량은 1996. 3. 19. 당시 법인등기부상 원고 회사의 대표이사로 등재된 위 최일권과 사이에 원고 회사 소유의 부동산에 대하여 근저당권설정계약을 체결하고 그에 기하여 근저당권설정등기를 경료하였다. 그 후 위 부동산은 위 노충량의 임의경매신청에 의하여 1997. 6. 30. 피고 곽풍일이 낙찰받아 그의 명의로 소유권이전등기를 마쳤다. 그 후 원고 회사의 주주인 소외 甲이 위 1996. 3. 8.자 임시주주총회결의에 대하여 그 취소를 구하는 소를 제기하였는바, 1998. 4. 10. 위 임시주주총회결의를 취소한다는 승소 확정판결을 받았다. 이에 원고 회사는 위 최일권은 원고 회사를 대표할 권한이 없으므로 위 최일권과 피고 노충량 사이에 체결된 원고 회사 소유의 위 부동산에 대한 근저당권설정계약은 그 효력이 없다고 주장하면서 피고 노충량 명의의 근저당권설정등기말소와 부당이득반환청구의 소를 제기하였다. 그런데 노충량을 비롯한 피고들은 이 사건 주주총회결의 취소판결이 확정될 때까지는 위 최일권이 원고 회사의 적법한 대표이사가 아니라는 사정을 전혀 알지 못하였다.

여기서 쟁점이 된 것은 '이사선임의 주주총회결의에 대하여 취소의 확정판결이 내려진 경우, 그 이사들이 선임한 대표이사의 대표권한의 상실 및 그 대표권에 기한 대표행위의 효력, 등기된 대표이사를 신뢰한 거래상대방의 보호여부'에 관한 점이다.

이에 대하여 원심(부산고법 2002. 3. 7, 2001나12379 판결)은 '원고 회사는 상법 제39조의 법리에 따라 원고 회사와 노충량과 체결된 근저당권설정계약과 근저당권설정등기 및 이에 터잡은 모든 거래행위에 대하여 책임을 져야 할 것이다'라고 판시하여 원고 회사의 청구를 모두 기각하였다. 대법원도 위 판결요지와 같은 이유로 원심의 결론을 지지하였다.

3. 결의무효확인의 소

(1) 의 의

주주총회결의의 내용이 법령에 위반하는 내용상의 또는 실질적인 하자가 있는 경우에 무효확인의 소를 제기할 수 있다(제380조). 무효확인의 소에는 제소권자나 제소기간의 제한이 없다.

(2) 성 질

주주총회결의 무효확인의 소의 성질에 관하여 이를 형성의 소로 보는 설과 확인의 소로 보는 설이 대립한다. 이 두 가지 입장에 따라 ① 결의무효의 주장을 소만으로 하여야 하는가, ② 문제된 결의의 무효를 다른 소송에서 공격·방어방법으로 주장할 수 있느냐, ③ 판결의 확정시까지 그 결의를 유효로 보느냐, 무효로 보느냐에 대한 대답이 달라진다.

(가) 형성의 소로 보는 설

주주총회결의 무효확인판결에 대세적 효력이 인정된 것을 주요근거로 형성의 소로 보는 설이 주장된다. 단체법률관계의 법적 안정성 확보와 획일확정의 필요성으로부터 결의무효확인의 소도 형성의 소로 보자고 한다(이(철), 597~598면). 회사법 상의 법률행위에 하자가 있을 경우 원칙적으로 소송으로만 다툴 수 있게 하자는 입장이기도 하다.

이 설에 의하면 소송 이외의 방법으로 주주총회결의의 무효를 주장할 수 없다. 즉 무효확인의 판결이 확정되기 전에는 위법의 내용을 정한 결의라도 유효한 것으로 다룰 수밖에 없다. 예를 들어 추가출자의 결의에 따라 회사가 주주를 상대로 추가출자를 청구하거나 이미 주주가 추가출자를 이행한 경우 주주는 결의무효확인의 소를 제기하여(선결소송) 확정판결을 받기 전에는 추가출자를 거절하거나 추가출자금액의 반환청구를 할 수 없다.

(나) 확인의 소로 보는 설

결의무효확인의 소에는 제소권자, 제소기간의 제한이 없다는 점이 확인소송설의 대표적 논거로 제시되고 있다(정(찬), 880면). 무효확인판결에 소급효가 부여되어 있는 것도 확인소송설의 유력한 논거가 될 수 있다. 확인소송설에 의하면 소송 이외의 방법으로도 법령에 위반한 내용의 결의의 무효를 주장할 수 있다. 즉 위의 예에서 무효확인의 소를 거치지 않고도 주주는 추가출자를 거절할 수 있고 이미 이행한 추가출자의 반환을 청구할 수 있다. 다만 확인판결에 대세적 효력을 인정할 수 있는가가 문제이다. 확인판결에는 원칙적으로 대세적 효력을 인정할 수 없으나 법률의 규정으로 그러한 효력을 부여할 수는 있을 것이다.

(다) 판 례

판례는 확인소송설과 동일한 입장을 취하고 있다. 따라서 결의무효확인의 소의 원인이 되는 사유는 소송 이외의 방법으로도 주장할 수 있다는 것이다.

대판 1992. 9. 22, 91다5365 주주총회결의의 효력이 그 회사 아닌 제3자 사이의 소송에 있어 선결문제로 된 경우에는 당사자는 언제든지 당해 소송에서 주주총회결의가 처음부터 무효 또는 부존재하다고 다투어 주장할 수 있는 것이고, 반드시 먼저 회사를 상대로 제소하여야만 하는 것은 아니며, 이와 같이 제3자간의 법률관계에 있어서는 상법 제380조, 제190조는 적용되지 아니한다.

(라) 결 론

사회질서에 위반하거나 주식회사의 본질에 반하는 결의까지 소송으로만 무효를 주장하여야 한다는 점에서 형성의 소로 보는 설은 무리한 점이 많다. 따라서 무효원인이 있는 경우 소송에 의하지 아니하고도 무효를 주장할 수 있도록 하여야 할 것이다. 확인의 소로 보는 것이 결의취소의 소(형성의 소)와 달리 무효확인의 소에는 제소권자와 제소기간을 제한하지 않고 있는 법규정의 취지를 살릴 수 있는 해석이 될 것이다. 추가출자결의 이후 추가출자이행의 소를 회사가 제기하는 경우 또는 이미 추가출자를 납입한 주주가 반환청구의 소를 제기하는 경우 무효확인의 소를 선결소송으로 요구하는 것은 불합리하다.

(3) 무효의 원인

이해하기 쉬운 무효의 원인인 하자로는 다음과 같은 내용의 결의를 들 수 있다.

① 주주의 유한책임의 원칙을 위반한 경우, 예를 들어 추가출자의 결의
② 상법규정에 위반된 이익배당안의 승인결의(제462조 제1항, 제464조 참조)
③ 법률에 위반하는 내용을 정관에 규정하는 정관변경결의
④ 결의의 내용이 선량한 풍속 기타 사회질서에 위반하는 경우
⑤ 상법상 강행규정 또는 주식 평등의 원칙에 위반한 내용을 결의한 경우, 예를 들어 차등배당
⑥ 주주총회의 권한사항이 아닌 내용을 결의한 경우

예를 들어 정관에 특별한 정함이 없이 주주총회에서 대표이사를 선임한 경우(제389조 제1항 단서 참조). 다만 이러한 대표이사 선임의 무효를 누구나 제소기간 제한없이 소송 이외의 방법으로 주장할 수 있도록 하는 것(확인소송설)이 적당한지는 거래의 안전과 같은 법적 안정성의 관점에서 의문이다.

광주고법 1979. 7. 26, 78나497 임시주주총회에서 주주인 원고를 제명한다는 결의는 원고의 피고 회사에 대한 주주권을 박탈 내지는 상실시키는 한편 원고의 위 주식은 피고 회사에 귀속시키는 취지로 밖에 볼 수 없는데, 이는 주주권은 주식의 양도, 주식의 소각 또는 실권절차 등 법정사유에 의하여서만 상실되는 것이고 특별한 경우 외에는 회사는 자기주식을 취득할 수 없는 것이므로 위와 같은 결의는 상법에 위

배되어 무효이다.

〈사실관계 및 쟁점〉 원고 양미찌고 및 소외 8명은 1975. 10. 20. 피고 정일청과 주식회사를 설립하기 위하여 발기인으로서 정관을 작성하였는데, 그 정관에 의하면 피고 회사는 청과물과 야채 및 건어물의 위탁판매사업을 경영함을 목적으로 하며 피고 회사 설립시에 기명식으로 된 액면금 1,000원의 보통주 5,000주를 발행하기로 하고, 원고는 피고 회사의 주식 500주를 인수하기로 하였다. 이에 따라 원고는 위 500주의 인수가액을 납입하였으며, 위 발기인들에 의하여 피고 회사의 이사로 선임되었다. 피고 회사는 1975. 10. 31. 설립등기가 이루어졌다.

한편, 원고를 포함한 위 발기인들은 피고 회사가 경영하는 사업을 이탈하여 타청에서 위 사업과 유사한 사업을 하는 자는 제명함과 동시에 출자금 및 일체를 포기하기로 한다는 내용의 동업자계약을 맺었다. 그런데 원고는 피고 회사가 경영하는 위탁판매사업의 중개인으로서 정읍 원예협동조합에서 중개인직무를 행하였다. 이에 피고 회사는 1977. 7. 2. 임시주주총회를 개최하여 원고에 대하여 위 동업자계약에 따라 제명하기로 하고 그 결의내용을 같은 달 4. 원고에게 통지하였다.

이에 원고는 위 임시주주총회에서 원고를 제명한다는 위 결의는 정관과 법령에 위배된 것으로서 무효이고 또 피고 회사는 그 설립 이래 주주인 원고에게 전혀 이익배당을 하여 주지 아니하였으므로 이익배당금의 지급을 구하는 이 사건 출자금반환청구의 소를 제기하였다.

법원은 '피고 회사의 1977. 7. 2.자 원고 제명결의는 원고의 피고 회사에 대한 주주권을 박탈 내지 상실시키는 것이고, 또 원고의 주주권이 박탈됨으로써 원고의 주식은 결국 피고 회사에 귀속하게 되는 것이라고밖에 볼 수 없는바, 주주권은 주식양도, 주식소각 또는 주금체납에 의한 실권절차 등 법정사유에 의해서만 상실되는 것이고 당사자 간의 특약에 의하여서는 주주권상실 사유로 할 수 없다 할 것이며, 또 상법 제341조에 의하면 회사는 주식을 소각하기 위한 때와 회사의 합병 또는 다른 회사의 영업전부의 양수로 인한 때 및 회사의 권리를 실행함에 있어 그 목적을 달성하기 위하여 필요한 때 이외에는 자기주식을 취득할 수 없다고 되어 있는 바이므로 이 규정에 위배하는 회사의 자기주식취득행위는 무효라 할 것이므로, 발기인 상호간에 상법의 규정과는 달리 주주권의 상실 또는 자기주식취득의 사유를 약정하였다고 보여지는 위 동업자계약의 내용은 무효라 할 것이다. 따라서 피고 회사의 위 임시주주총회에서 한 원고에 대한 제명결의는 상법에 위배되어 무효라 하지 않을 수 없다'라고 판시하였다. 다만, 원고의 이익배당금청구에 대해서는 피고 회사의 주주총회에서 이익금 처분안에 대한 승인결의가 있었다는 점에 대한 원고의 주장 입증이 없으므로 그 이유 없다라고 하여 기각하였다.

(4) 제소권자, 제소기간, 소송절차

당해회사 이외의 자는 누구나 '소의 이익'이 있는 한 제소할 수 있다. 채권자의 경우에는 그의 권리 또는 지위에 현실적으로 직접 어떤 구체적인 영향을 받고 있어야 제소할 수 있다. 다음 판결은 부존재확인의 소에 관한 것이지만 무효확인의 경우에도 같은 결론이 내려질 것이다.

대판 1980. 1. 29, 79다1322 회사채권자는 주주총회 결의로 인하여 채권자로서의 권리 또는 지위에 현실적으로 직접 어떤 구체적인 영향을 받고 있다는 것에 관한 주장과 입증이 없으면, 그 주주총회 결의부존재확인을 구할 소의 이익이 없다.

결의취소의 소의 경우와는 다르게 무효확인의 소에는 제소기간의 제한이 없다. 소송절차와 판결의 효력 등에 대하여는 상법 제186조~제188조(전속관할, 공고, 소의 병합심리), 제190조 본문(판결의 대세적 효력), 제191조(패소원고의 책임), 제377조(주주의 담보제공), 제378조(판결의 등기) 등이 준용되고 일부무효의 경우에는 민법 제137조가 적용된다.

확정된 무효확인판결의 효력은 소급한다(제190조 단서 참조). 이와 같이 소급효를 인정한 것은 결의시부터 무효인 것을 판결로 확인받는다는 점에서 확인소송설과 일관된다.

(5) 합병무효의 소 등과의 관계

회사합병의 경우 각 당사회사에서 합병계약서에 대한 주주총회의 승인을 받아야 하는데 특별결의의 정족수요건을 충족하여야 한다. 합병을 승인한 주주총회결의에 하자가 있을 경우 주주총회결의의 하자를 다투는 소송과 합병무효의 소를 조정해야 할 필요가 생긴다. 자본금 감소의 경우도 같은 문제가 있을 수 있다(제445조). 이러한 선택의 필요성은, 결의취소의 소의 경우에는 그 짧은 제소기간 때문에 부각되지 아니한다. 등기함으로써 합병의 효력이 발생(제234조)하기 전에는 합병을 승인한 주주총회결의의 취소·무효확인의 소를 제기할 수 있다. 그러나 합병이 효력을 발생한 후에는 합병무효의 소로만 합병의 효력을 무효화시킬 수 있다고 본다. 상법 제529조에서 합병무효는 반드시 합병무효의 소만으로 주장할 수 있게 한 취지를 살리려면 합병을 승인한 주주총회의 결의의 하자를 다투는 소는 합병무효의 소에 흡수시키는 것이 적당할 것이다(아래의 대판 1993. 5. 27, 92누14908 참조). 참고로 합병무효판결은 그 소급효가 배제된다(제530조 제2항, 제240조, 제190조 단서).

대판 1993. 5. 27, 92누14908 회사합병에 있어서 합병등기에 의하여 합병의 효력이 발생한 후에는 합병무효의 소를 제기하는 외에 합병결의 무효확인청구만을 독립된 소로서 구할 수 없다.

〈사실관계 및 쟁점〉 원고 신영건설 주식회사는 포장공사업을 업종으로 하는 건설업면허를 가지고 있는 회사이다. 원고 회사는 1990. 3. 27. 토목건축공사업을 업종으로 하는 건설업면허(토목건축 제21제9호, 이하 '이 사건 면허'라고 한다)를 가지고 있는 소외 재설공영 주식회사(이하 '재설공영'이라고 한다)를 흡수합병하였다. 그런데 원고 회사는 1990. 7. 18. 피고 건설부장관에게 이 사건 면허의 면허증 및 면허수첩을 분실하였다는 사유로 그 재교부신청하여 이를 재교부받았다. 한편, 피고는 1988. 3.경 광주지검 순천지청으로부터 위 재설공영이 건설업면허의 대여 등 건설업법위반사실이 있다는 통보를 받고 그 무렵 행정처분을 위한 청문을 시행한 결과 위 재설공영측이 위 법사실을 극구부인하자 건설업법위반으로 기소된 형사재판 결과를 기다리며 그 처분을 보류하여 오던 중, 위 형사사건이 1990. 1. 23. 대법원의 상고기각으로 벌금 1,000만원의 유죄판결이 확정되고, 또한 위 재설공영측의 소외 이영우가 원고 회사를 상대로 원고 회사와 위 재설공영 사이의 흡수합병의 효력을 다투어 제소한 대전지방법원 90가단3775 합병결의무효확인사건이 1990. 11. 9. 원고 회사가 위 이영우의 청구를 인낙하여 그에 대한 인낙조서가 작성되어 1990. 12. 19. 위 재설공영의 법인등기부가 부활되자, 피고는 1990. 12. 28. 원고 및 위 재설공영에 대하여 위 건설업법위반을 이유로 이 사건 면허의 취소를 통지하였다.

이에 원고는 위 재설공영의 이 사건 면허는 동 법인이 원고 회사에게 흡수합병되어 소멸되고 원고 회사의 건설업면허는 위 합병 후 피고가 원고 회사를 면허권자로 하여 새로이 발급(갱신)하여 준 면허이므로 위 합병전의 위 재설공영의 위법사실을 이유로 아무런 위법사실이 없는 원고 회사의 면허를 취소하는 것은 위법하다는 이유로 이 사건 건설업면허취소처분 취소의 소를 제기하였다. 그러나 피고는 원고 회사와 위 재설공영의 합병이 무효로 된 이상 원고 회사는 이 사건 면허취소처분의 취소를 구할 소의 이익이 없다는 본안전 항변과 이 사건 처분은 관계법령에 따른 적법한 처분이라고 주장하였다.

여기서 쟁점이 된 것은 합병등기 후 합병결의무효확인청구만을 독립된 소로서 구할 수 있는지 여부 및 회사합병무효의 소에서 청구인낙이 허용되는지 여부의 점이다.

원심(서울고법 1992. 8. 26, 91구850 판결)은 피고가 원고 회사에 대하여 면허증 등을 재교부해 준 것은 새로운 면허를 발급하거나 면허증을 갱신하여 준 것이 아니라

면허권자인 법인을 흡수합병한 원고 회사가 그 권리의무를 포괄승계한 것으로 보고 단순히 분실한 면허증 등을 재교부한 것에 불과한 것인데, 원고 회사와 위 재설공영의 1990. 3. 27.자 합병은 위 합병결의무효확인의 소의 인낙으로 무효로 되어 합병으로 인하여 원고 회사가 취득한 면허는 다시 원래의 면허권자인 합병전의 재설공영에게 귀속되었다 할 것이므로 그 후 피고가 원고 회사에 대하여 한 면허취소통지는 면허권자 아닌 자에 대하여 한 것이어서 아무런 효력이 없고, 따라서 원고 회사가 피고의 원고 회사에 대한 위 면허취소통지의 취소를 구하는 것은 소의 이익이 없어 부적법하다고 하여 원고 회사의 청구를 각하하였다.

그러나 대법원은 위 판결요지와 같은 이유로 재설공영의 주주총회에서 이루어진 원고 회사와 재설공영 사이의 합병결의의 효력을 다투어 소외 이영우가 원고 회사를 상대로 제기한 합병결의무효확인 청구소송에서 원고 회사가 위 이영우의 청구를 인낙하고 그에 관하여 인낙조서가 작성되었다 하여 그 합병이 무효로 되는 것은 아니라 할 것이므로 그 합병으로 인하여 원고 회사에게 이전된 이 사건 면허는 의연히 원고 회사에게 남아 있다고 보아야 할 것이며, 피고는 원고 회사를 상대로 하여 1990. 3. 27.자 합병전 재설공영이 가지고 있던 이 사건 건설업면허를 취소한 것이므로, 나아가 본안에 관하여 살펴보아야 할 것이라고 하여 원심판결을 파기환송하였다.

4. 결의부존재확인의 소

(1) 의 의

결의취소의 대상인 하자가 있는 경우에 비하여 총회소집절차 또는 결의방법상의 하자가 현저하여 총회결의가 존재한다고 볼 수 없는 정도인 때에는 결의부존재확인의 소를 제기할 수 있다(제380조). 상법에서는 결의부존재확인의 소를 무효확인의 소와 같은 방식으로 규정하고 있다.

(2) 결의부존재확인의 소의 원인

결의부존재확인의 대상이 되는 하자는 다음과 같다.

① 소집권한이 없는 자(예, 대주주)에 의한 총회의 소집

② 전혀 소집절차를 밟지 않은 경우, 대부분의 주주에게 소집통지를 하지 않은 경우

③ 극히 일부의 주주만이 모여 결의한 경우

④ 실제로는 총회가 개최되지 않고 의사록에만 결의가 있었던 것으로 기재되어 있는 경우

대판 2010. 6. 24, 2010다13541 **주주총회결의의 부존재**

주주총회를 소집할 권한이 없는 자가 이사회의 주주총회 소집결정도 없이 소집한 주주총회에서 이루어진 결의는, 1인 회사의 1인 주주에 의한 총회 또는 주주 전원이 참석하여 총회를 개최하는 데 동의하고 아무런 이의 없이 결의가 이루어졌다는 등의 특별한 사정이 없는 이상(대법원 1993. 6. 11. 선고 93다8702 판결, 대법원 1996. 10. 11. 선고 96다24309 판결, 대법원 2004. 12. 10. 선고 2004다25123 판결 등 참조), 총회 및 결의라고 볼 만한 것이 사실상 존재한다고 하더라도 그 성립과정에 중대한 하자가 있어 법률상 존재하지 않는다고 보아야 한다(대법원 1973. 6. 29. 선고 72다2611 판결, 대법원 1993. 10. 12. 선고 92다28235, 28242 판결 등 참조).

원심이 적법하게 확정한 사실과 그 채택 증거들에 의하면, 피고 회사의 정관은 이사의 수는 최소 2인이고, 이사회 소집권자는 대표이사이며, 그 결의는 이사 과반수의 출석과 출석이사 과반수로 한다고 규정하고 있는 사실, 소외 1과 소외 2가 임기만료로 퇴임한 후 피고 회사의 이사로는 대표이사인 원고와 소외 3이 있었던 사실, 그런데 소외 1은 임기가 만료된 후인 2008. 7. 23.경 원고 등에게 이사회 소집통지를 한 다음 2008. 7. 31. 10 : 00에 이사회를 개최한 사실, 위 이사회에는 소외 1과 소외 2, 3이 참석하여 원고를 대표이사에서 해임하고 소외 1을 대표이사로 선임하는 결의를 한 사실, 한편 소외 1은 곧이어 이 사건 주주총회를 소집하였는데, 그 주주총회 의사록에 따르면 소외 1, 2, 3이 주주로서 참석하여 원고를 이사에서 해임하고 소외 1과 소외 4를 이사로 선임한 것으로 기재되어 있는 사실, 피고 회사의 주주명부에 따르면 피고 회사의 발행주식 20,000주 중 원고와 소외 1이 6,000주씩을, 소외 2가 4,000주를, 소외 5와 소외 3이 2,000주씩을 각각 소유하는 것으로 등재되어 있으나, 원고는 2007. 1. 9. 소외 1로부터 100주, 소외 2로부터 4,000주를 각각 양도받은 사실을 알 수 있다.

위와 같은 사실관계를 앞에서 본 법리에 비추어 살펴보면, 소외 1을 대표이사로 선임한 위 이사회 결의는 소집권한 없는 소외 1이 소집하였을 뿐만 아니라 이사가 아닌 소외 1, 2를 제외하면 소외 3만이 참석하여 이루어진 것이 되어 정관에서 정한 소집절차 및 의결정족수에 위배되어 무효이고, 나아가 이 사건 주주총회 소집을 위한 적법한 이사회 결정이 있었다고 볼 아무런 증거도 없으며, 그 밖에 이 사건 주주총회가 주주 전원이 참석한 상태에서 개최되었다는 등의 특별한 사정이 있다고 볼 수도 없으므로, 결국 이 사건 주주총회에서의 결의는 소집권한 없는 소외 1이 이사회의 소집결정 없이 소집한 주주총회에서 이루어진 것으로서 그 하자가 중대하여 법률상 존재하지 않는다고 보아야 할 것이다.

대판 1969. 9. 2, 67다1705,1706 권한이 없는 자가 소집한 주주총회는 사실상 총회결의가 있었다 하여도 그 총회의 성립에 현저한 하자가 있다 할 것이므로 누구나 언제든지 그 결의의 무효확인이 아닌 부존재확인을 구할 수 있다.

대판 1978. 11. 14, 78다1269 주주의 전부 또는 대부분의 주주에게 소집통지를 발송하지 아니하고 개최된 주주총회는 특별한 사정이 없는 한 그와 같은 총회는 그 성립과정에 있어 하자가 너무나도 심한 것이어서 사회통념상 총회 자체의 성립이 인정되기 어렵다고 봄이 상당하다.

대판 1964. 5. 26, 63다670 소집통지한 지정된 일시에 주주총회가 유회된 후 총회소집권자의 적법한 새로운 소집절차 없이 동일 장소에서 동일자 다른 시간에 개최된 총회에서의 결의는 주주총회의 결의라 할 수 없다.

〈사실관계 및 쟁점〉 피고 대구석판인쇄 주식회사는 1962. 6. 15. 10 : 00 피고 회사 사무실인 대구 동성로 150에서 임시주주총회를 개최하기로 하고, 피고 회사의 대표이사인 원고 노동수 명의로 각 주주에게 소집통지하였다. 그런데 위 임시주주총회 개최 일시경에 원고 및 이사 최기준은 긴급통화조치법위반 혐의로 남대구경찰서에 구속되어 조사를 받고 있었기 때문에 같은 날 10 : 00에 개최될 위 임시주주총회를 개회하지 못하고 있다가 같은 날 16 : 30경 위 같은 장소에서 주주 하광진, 같은 박순열 두 사람만이 모여서 위 임시주주총회를 개회하였다.

이에 원고는 피고 회사의 위 임시주주총회는 그 소집절차나 결의방법의 하자가 현저하여 피고 회사의 임시주주총회라고는 볼 수 없다는 이유로 임시주주총회결의부존재확을 구하는 이 사건 소를 제기하였다.

여기서 쟁점이 된 것은 소집통지한 지정일시의 주주총회가 유회된 후 동일 장소에서 동일자 다른 시간에 개최한 주주총회의 적법여부의 점이다.

이에 대하여 원심(대구고법 1963. 8. 23, 62나540 판결)은 피고 회사의 위 임시주주총회결의는 적법하다는 이유로 원고의 청구를 기각하였다. 그러나 대법원은 '1962. 6. 15. 10 : 00에 개최한다고 소집통지를 한 피고 회사의 위 임시주주총회는 대표이사인 원고 및 이사 최기준의 불참으로 인하여 유회되었다고 할 것이며, 같은 날 16 : 30경에 비록 같은 장소라고 할지라도 주주 하광진, 같은 박순열 두 사람만이 참여하여 임시주주총회를 개최한 것은 같은 날 16 : 30에 임시주주총회를 개최한다는 총회소집권자의 적법한 새로운 소집절차 또는 같은 날 10 : 00에 개최된 총회에서의 적법한 결의에 의한 것으로 볼 수 없어 이는 적법한 피고 회사의 위 임시주주총회라고는 볼 수 없다'라고 판시하여 원심판결을 파기환송하였다.

(3) 결의부존재의 주장

부존재확인의 소는 소의 원인이 되는 하자의 중대성에 비추어 볼 때 확인의 소로 보는 것이 타당하다. 즉 결의부존재의 원인이 있는 때는 누구든지 언제라도 부존재를 소송과 관계없이 주장할 수 있고 다른 소송에서 소송상의 공격방어방법으로 원용할 수 있다. 즉 결의부존재는 항상 소로만 다투어야 하는 것은 아니다.

소의 이익이 있는 자는 누구나 결의부존재확인의 소를 제기할 수 있다. 결의부존재확인의 소가 제기되면 전속관할・소제기의 공고・소의 병합심리(제186조~제188조), 판결의 대세적 효력(제190조 본문), 패소원고의 책임(제191조), 주주의 담보제공의무(제377조), 결의취소의 등기(제378조) 등의 규정이 준용된다. 결의부존재확인판결의 효력은 소급하도록 되어있다. 제190조 단서가 준용되지 않는다.

대판 2011. 10. 13, 2009다2996 상법 제190조는 "설립무효의 판결 또는 설립취소의 판결은 제3자에 대하여도 그 효력이 있다. 그러나 판결확정 전에 생긴 회사와 사원 및 제3자 간의 권리의무에 영향을 미치지 아니한다."고 규정하고 있는데, 상법 제380조는 "제186조 내지 제188조, 제190조 본문, 제191조, 제377조와 제378조의 규정은 총회의 결의의 내용이 법령에 위반한 것을 이유로 하여 결의무효의 확인을 청구하는 소와 총회의 소집절차 또는 결의방법에 총회결의가 존재한다고 볼 수 없을 정도의 중대한 하자가 있는 것을 이유로 하여 결의부존재의 확인을 청구하는 소에 이를 준용한다."고 규정하여 구 상법(1995. 12. 29. 법률 제5053호로 개정되기 전의 것) 제380조와는 달리 주주총회결의 부존재확인 판결에 이른바 판결의 불소급효를 규정하고 있는 상법 제190조 단서를 준용하고 있지 않다. 따라서 상법 제190조 단서를 준용하여 주주총회결의 부존재확인 판결의 효력을 제한할 수는 없는 것이고, 그 결과 발생하는 제3자 보호의 문제는 상법이나 민법상의 선의의 제3자 보호규정 등에 의하여 개별적으로 해결하여야 할 것이다.

… [벤처기업인 주식회사 그라쎌(이하 '피고'라 한다)이 주주총회 특별결의에 따라 대표이사 원고 1 등과 주식매수선택권 부여계약을 체결하였는데, 피고 회사 주주 중 1인이 주주총회결의 부존재확인의 소를 제기하여 '위 결의가 존재하지 아니함을 확인한다'는 확정판결을 받은 사안에서, 위 확정판결은 제3자인 원고 1 등에 대하여도 효력이 있고 주식매수선택권 부여계약은 주주총회 특별결의 없이 이루어진 것으로서 무효이다.]

(4) 결의취소, 무효확인, 부존재확인소송의 소송물

결의취소소송, 결의무효확인소송, 결의부존재확인소송은 각각 소송물을 달리한다고 보는 것이 구소송물이론이다. 따라서 부존재사유가 있는 총회결의에 대하여 결의취소의 소를 제기한 것은 부적법을 이유로 각하된다고 한다.

다만, 부존재사유가 있는 총회결의에 대하여 무효확인의 소를 제기한 경우에는 부존재확인청구나 무효확인청구 모두 법률상 유효한 결의의 효과가 현재 존재하지 아니함을 확인받고자 하는 점에서 동일하다 할 것이므로 부존재확인 의미의 무효확인소송의 개념을 인정하여 부존재사유에 기한 무효확인판결이 가능하다고 보는 것이 아래의 1983년 대법원 판례의 입장이다.

대판 1978. 9. 26, 78다1219 주주총회결의취소의 소가 제기된 경우에 상법 제379조에 의하여 법원이 재량기각을 함에 있어서는 먼저 주주총회결의의 자체가 법률상 존재함이 전제가 되어야 할 것이므로 주주총회소집이 이사회의 결정 없이 소집된 경우에는 주주총회결의 자체가 법률상 존재하지 않은 경우로서 상법 제379조를 적용할 여지가 없다.

〈사실관계 및 쟁점〉 피고 로얄개발 주식회사는 이사회에서 이 사건 주주총회소집결의를 할 당시 3명의 이사가 있었다. 그런데 원고 박순조 및 소외 박원희는 이미 이사직을 사임하였으나 상법 제386조 1항의 규정에 의하여 후임 이사가 선임되어 취임할 때까지 이사로서의 권리의무가 있었다.

피고회사의 주주인 소외 이연과 이사인 소외 한광도는 1977. 4. 7. 위와 같이 후임 이사의 취임시까지 이사로서의 권리의무가 있던 원고 및 소외 박원희가 잔존이사인 위 한광도와 함께 이사회를 개최하여 이 사건 주주총회를 소집한다는 적식의 결의를 한 바가 없음에도 불구하고, 당일 원고와 위 박원희 및 위 한광도 등 이사전원이 이사회에 참석하여 이사회결의가 있는 것처럼 가장한 다음 대표이사의 직무권한 있는 위 박원희 명의로 원고 등 주주들에게 소집통지를 하였다.

이에 원고는 이 사건 주주총회에 소집절차상 하자가 있음을 이유로 주주총회결의 취소의 소를 제기하였다. 여기서 쟁점이 된 것은 결의취소의 소가 제기된 경우에 법원이 재량에 의하여 청구기각을 할 수 있는 전제요건이 무엇인가 하는 점과 결의취소의 소가 제기된 경우에 결의부존재사유가 있음이 인정되면 위 결의취소의 소를 어떻게 판단할 것인가 하는 점이다.

원심(서울고법 1978. 5. 4, 77나2678 판결)은 '이 사건 주주총회를 개최함에 있어 피고회사 이사회의 적법한 소집결정은 없었다 하더라도 어차피 소외 이연이 원고와 소외 박원희로부터 회사의 경영권을 인수하면서 사실상 이사로서의 권한과 아울러 총회의 과반수결의권을 위탁받고 있었던 이상 실제 적법한 이사회를 개최하였다고 하여 이 사건 주주총회의 내용인 즉 경영권을 인수한 소외 이연 자신과 부대사업에 속하는 골프장 경영을 위하여 골프업계의 저명인사인 소외 이병두를 이사로 선임한 것에 불과하여 이로써 회사 자체 또는 주주들에게 무슨 불이익을 초래하는 것이 아니고 도리어 위와 같은 경영진의 개편으로 기업경영의 정상화가 이룩되었던 것이라고 하지 아니할 수 없으므로 이와 같은 경우 단순히 이 사건 주주총회가 소집절차상 법령 또는 정관에 규정된 적식의 이사회 결의를 거치지 아니하였다는 잘못이 있다는 점만으로 위 주주총회의 결의를 취소함은 적당치 아니하다고 할 것이다'라고 판시하여 상법 제379조를 적용하여 원고의 청구를 기각하였다.

그러나 대법원은 '상법 제379조(법원의 재량에 의한 청구기각)는 결의취소의 소가 제기된 경우에 결의의 내용, 회사의 현황과 제반 사정을 참작하여 그 취소가 부적당하다고 인정한 때에는 법원은 그 청구를 기각할 수 있다라고 규정되어 있으므로 위 소위 재량기각을 함에 있어서는 첫째로 주주총회결의 자체가 법률상 존재함이 전제가 되어야 할 것이고, 만약에 주주총회결의 자체가 법률상 존재하지 않은 경우는 결의취소의 소는 부적법한 소에 돌아가고 따라서 상법 제379조를 적용할 여지도 없다 할 것이다. 그런데 이 사건에서 주주총회소집이 이사회에서 결정된 것이 아니고 이사회의 결정 없이 소집된 주주총회라면 주주총회 자체의 성립을 인정하기 어려웁고 주주총회 자체를 부인하는 이상 그 결의 자체도 법률상 존재한다고 할 수 없다 할 것이다'라고 판시하여 첫 번째의 쟁점에 관하여 법원의 재량에 의한 청구기각을 하기 위한 전제요건에 대하여 원심의 결정이 잘못되었음을 지적하고 있다. 또한 대법원은 둘째번의 쟁점에 관하여 '따라서 이 사건 소를 소송판결로써 각하하여야 함에도 불구하고 원심이 실체판결로써 원고의 청구를 기각하였음은 위법이라 아니할 수 없다'라고 판시하여 결의취소의 소와 결의부존재확인의 소의 소송물이 다름을 전제로 원심의 결정이 잘못되었음을 지적하여 파기환송하였다.

대판 1983. 3. 22, 82다카1810 회사의 총회결의에 대한 부존재확인청구나 무효확인청구는 모두 법률상 유효한 결의의 효과가 현재 존재하지 아니함을 확인받고자 하는 점에서 동일한 것이므로 예컨대, 사원총회가 적법한 소집권자에 의하여 소집되지 않았을 뿐 아니라 정당한 사원 아닌 자들이 모여서 개최한 집회에 불과하여 법률상 부존재로 볼 수밖에 없는 총회결의에 대하여는 결의무효확인을 청구하고 있다고 하여도 이는 부존재확인의 의미로 무효 확인을 청구하는 취지라고 풀이함이 타당하므로 적법하다고 할 것이다.

5. 부당한 결의의 취소 · 변경의 소

특별이해관계인으로서 특정 주주총회에서 의결권을 행사하지 못한(제368조 제3항) 주주는 그 결의가 현저하게 부당하고 그 주주가 의결권을 행사했다면 그 결의를 저지할 수 있었을 경우에는 결의취소 · 변경의 소를 제기할 수 있다(제381조). 특별이해관계인의 이익이 부당하게 침해당하는 것을 구제받도록 하기 위한 것이다. 제소권자는 특별이해관계인으로서 의결권행사를 봉쇄당했던 주주이고 제소기간도 결의의 날로부터 2개월이다.

부당결의 취소・변경의 소에도 전속관할, 소제기의 공고, 소의 병합심리(제186조 내지 제188조), 판결의 대세적 효력(제190조 본문), 패소원고의 책임(제191조), 제소주주의 담보제공의무(제377조), 결의취소의 등기(제378조)의 규정이 준용된다.

부당결의 취소・변경의 소는 실제 활용되는 예가 없었다. 여기서 이러한 소송을 독립한 소송의 종류로 존치시키는 것 보다 결의취소의 소에 흡수통합시켜야 한다는 주장이 설득력을 가진다(입법론).

사 례 4

甲주식회사(비상장회사임)의 부사장 겸 대주주인 A(발행주식총수의 25% 보유)는 평소 대표이사인 R이 독단적으로 회사경영을 하는데 대하여 불만을 가지고 있었다. R이 갑작스런 발병으로 상당기간 입원치료를 받게 되자 A는 자기를 지지하는 다른 주주 S_1, S_2, S_3(이들 세 주주의 합산주식수는 발행주식 총수의 25%임)를 A의 사무실에 소집하여 R을 해임시키고 A를 대표이사로 선임하는 주주총회의 결의를 하였다. 그 직후 A는 자신을 대표이사로 하는 대표이사 변경등기를 마쳤다. 그 후 A는 甲회사 소유의 사무실용 빌딩을 시세(200억원)보다 상당히 저렴한 가격으로 乙주식회사에 매각하였고 乙회사는 소유권이전등기를 마쳤다.

병원에서 퇴원한 R과 그를 지지하는 주주들이 위 부동산 매매의 무효를 주장하고 반환을 청구하고자 한다.

(1) 위 부동산 매매에는 주주총회의 결의를 받아야 하는가.

(2) 대표이사를 주주총회에서 해임하거나 선임할 수 있는가.

(3) 위 부동산 매매의 무효를 주장하기 위하여 R은 선결소송으로 대표이사 해임 및 선임의 주주총회 결의에 하자가 있었음을 소송으로 주장하여야 하는가 또는 곧바로 부동산 소유권이전등기의 말소청구소송을 제기할 수 있는가.

(4) 乙회사는 상법 제39조의 부실등기 규정을 원용하여 甲회사에게 대항할 수 있는가.

(5) 乙회사는 상법 제395조의 표현대표이사 규정에 따라 보호받을 수 있는가.

〈샘플 답안〉

Ⅰ. 문제의 제기

1. 甲회사 소유의 사무실용 빌딩은 중요재산으로서 상법 제374조의 영업양도로서 주주총회의 특별결의가 필요한지 문제된다.

2. 사안에서 대표이사를 주주총회에서 해임 및 선임하였는바, 대표이사를 선임하고 해임하는 기관이 어디인지 문제된다.

3. A를 대표이사로 선임한 주주총회의 절차상 하자가 결의취소의 소와 결의부존재 확인의 소 중 어느 소송유형에 해당하는지 문제되고, 해당 소송의 법적 성질에 따라 선결소송으로 다룰 것인지 바로 부동산 소유권이전등기의 말소청구소송을 제기할 수 있는지 문제된다.

4. 대표이사를 선임한 주주총회의 결의가 부존재한 경우라 하더라도 대표이사의 등기가 되어 있다면, 乙회사는 부실등기의 효력에 관한 제39조를 원용할 수 있는지 문제된다.

5. 乙회사가 제395조에 따라 보호받기 위하여는 제395조의 표현대표이사 요건을 충족하는지 문제된다.

Ⅱ. 주주총회 특별결의사항으로서의 영업양도(문(1))

1. 문제점

사안에서의 甲회사 소유의 사무실용 빌딩은 유기적 일체로서의 영업양도에는 해당하지 않으나, 200억원에 이르는 중요재산임에는 틀림없다. 상법총칙상 영업양도는 '유기적 일체로서의 기능적 재산의 이전을 목적으로 하는 채권계약'이고, 주식회사가 영업양도 또는 영업양수를 하는 경우에는 주주총회의 특별결의를 거치도록 하고 있는바(제374조 제1항), 이 경우 제374조의 영업양도가 상법총칙에서의 영업양도와 같은 개념인지 문제된다.

2. 학설의 대립 및 판례의 태도

특별결의 불요설(형식설)은 양자를 같은 뜻으로 이해하여, 중요재산의 양도라 하더라도 영업양도에 이르지 못한 경우에는 주주총회의 특별결의를 요구할 수 없다고 본다. 그러나 특별결의 필요설(실질설)은 중요재산의 처분으로 양도회사의 영업에 중대한 영향을 미칠 경우에는 주주총회의 특별결의를 받아야 한다고 본다.

판례는 단순한 영업용 재산의 양도는 본 규정 제374조의 영업양도에 해당하지 않으나, 영업용 재산의 처분으로 회사영업의 전부 또는 일부를 양도하거나 폐지하는 것과 같은 결과를 가져오는 경우에는 주주총회의 특별결의가 필요한 본 규정의 영업양도에 해당한다고 보아, 기본적으로는 형식설의 입장에 있는 것으로 보인다.

유기적 일체로서의 영업의 양도에 해당하지 않는 중요재산의 양도를 영업양도라고 할 수는 없겠으나, 그 중요도를 살펴 특별결의 대상으로 삼아야 할 정도의 양도라면 중요재산의 양도에 특별결의를 받도록 하는 것이 합리적일 것이다. 따라서 판례의 태도가 타당하다.

3. 검 토

甲회사 소유의 사무실용 빌딩은 200억원에 이르는 상당히 중요한 재산으로 볼 것이므로, 주주총회의 특별결의가 필요하다. 주주총회결의 이전에 제393조 제1항의 '중요한 자산'에 해당하므로 이사회결의도 받았어야 한다.

Ⅲ. 대표이사 선임 · 해임의 주주총회 결의요부(문(2))

1. 대표이사 선임 및 해임

대표이사는 이사회의 결의로 선임하는 것이 원칙이나, 정관으로 주주총회에서 선정할 것을 정할 수도 있고(제389조 제1항), 이는 보통결의 사항이다. 대표이사의 선임기관은 언제든지 대표이사를 해임할 수 있다. 또한 대표이사의 자격은 이사임을 전제로 하기 때문에 주주총회의 특별결의에 의한 이사의 해임 등 이사의 자격이 종료됨으로써 대표이사의 지위도 당연히 상실된다.

2. 사안의 경우

사안에서 甲회사의 정관에 주주총회에서 대표이사를 선임할 수 있다는 정함이 있다는 사정이 보이지 않는다. 따라서 甲회사의 대표이사는 이사회에서 선임하여야 하고, 따라서 해임도 이사회에서 하였어야 한다.

Ⅳ. 주주총회 절차상 하자(문(3))

1. 주주총회 절차상 하자 및 소송유형

주주총회의 소집은 본래 이사회의 결정에 의하여 하는 것(제362조)이나, 제366조에 의해 발행주식총수의 100분의 3이상에 해당하는 주식을 가진 소수주주가 회의의 목적사항과 소집의 이유를 기재한 서면을 이사회에 제출하거나 그것이 거부된 때에는 법원의 허가에 의해 적법한 주주총회를 소집할 수 있다.

주주총회의 절차상 하자가 경미한 경우에는 주주총회 결의취소의 소를, 절차상 하자가 중대한 경우에는 주주총회 결의부존재확인의 소를 제기할 수 있는데, 주주에게 총회소집통지를 하지 않은 경우, 그 통지가 흠결된 주주의 보유주식이 발행주식총수 중 어느 정도인가에 따라 달라지는데, 판례는 그 기준을 대체로 과반수로 보고 있다.

사안의 경우, 주주 A는 이사회의결, 소집권자에 의한 소집 등 소집절차를 전혀 거치지 않았고, 소집통지도 하지 아니한 채 일부의 주주들만으로써 주주총회의 결의를 하였다. A와 S_1 ~ S_3의 합산주식수가 50%이기는 하지만, 이는 주주총회가 전혀 존재하지 아니하였다고 볼 정도의 중대한 하자가 있는 것으로서 제380조의 결의부존재확인의 소의 대상이 된다.

2. 주주총회 결의부존재의 소의 법적 성질

주주총회 결의부존재의 소는 확인의 소의 성격을 가지며, 소송으로서만 주장할 수 있는 것이 아니라 소송외, 다른 소송에서 공격방어방법으로도 주장할 수 있고 제소권자, 제소기간에 제한이 없다. 또한, 이는 소급효를 가지고 제3자 보호의 문제를 남긴다.

3. 검 토

주주 A가 소집한 주주총회는 부존재한 것으로서 해임된 대표이사 R은 그 부존재를 확인할 이익이 있다. 결의부존재의 소는 확인의 소이므로, R은 바로 부동산소유권이전등기말소청구소송을 제기할 수 있다.

Ⅴ. 乙회사의 부실등기 효력규정의 원용가능성(문(4))

상법 제39조에서는 고의 또는 과실로 인하여 사실과 상위한 등기를 한 자는 그 상위를 선의의 제3자에게 대항하지 못한다고 하고 있다. 乙회사가 이 조항을 원용하여 회사가 대표이사 아닌 자를 대표이사로 등기하였으므로 부실등기에 대한 회사의 책임문제로 해결할 수 있을 것 같기도 하다.

그러나 제39조에 의한 상대방의 보호는 그 등기가 '회사'에 의하여 이루어진 경우에 한정되기 때문에, 적법하지 않게 선임된 대표이사가 등기한 경우에는 회사의 등기라고 보기 어렵다. 따라서 乙회사는 부실등기의 효력규정을 원용할 수는 없다할 것이다.

Ⅵ. 표현대표이사(문(5))

상법 제395조는 사장, 부사장, 전무, 상무, 기타 회사를 대표할 권한이 있는 것으로 인정될 만한 명칭을 사용한 이사의 행위에 대하여는 그 이사가 회사를 대표할 권한이 없는 경우에도 회사는 선의의 제3자에 대해 책임을 진다고 하고 있다. 본조가 적용되기 위하여는 ① 대표이사 아닌 이사가 표현적 명칭을 사용하고, ② 회사가 이를 허용하였으며, ③ 거래상대방이 선의이고 중과실이 없어야 한다(판례).

① A를 대표이사로 선임하는 주주총회 결의는 부존재하였으므로 이사가 아니었는바, 판례는 이사가 아닌 자에 대하여도 제395조를 유추적용하고 있으므로 동 요건은 충족하고, ② 甲회사는 적어도 묵시적으로는 A의 대표이사 명칭 사용을 허락한 것으로 보이며, ③ 거래상대방인 乙회사에게 악의 또는 중과실을 인정할 만한 정황이 없으므로 동 요건도 충족한다고 본다. 따라서 乙회사는 제395조에 따라 보호받을 수 있다.

Ⅶ. 사안의 해결

1. 甲회사 소유의 사무실용 빌딩은 중요한 재산으로 주주총회의 특별결의가 필요하다.

2. 甲회사의 정관에 주주총회에서 대표이사를 선임할 수 있다는 정함이 있다는 사정이 보이지 않으므로, 甲회사의 대표이사는 이사회에서 선임하여야 하고, 해임도 이사회에서 하였어야 한다.

3. 결의부존재확인의 소는 확인의 소이므로, R은 바로 부동산소유권이전등기말소청구소송을 제기할 수 있다.

4. 제39조에 의한 상대방의 보호는 그 등기가 '회사'에 의하여 이루어진 경우에 한정되기 때문에, 乙회사는 부실등기의 효력규정을 원용할 수 없다.

5. 乙회사는 제395조의 요건을 충족하므로 표현대표이사 규정에 따라 보호받을 수 있다.

제3 이사 · 이사회 · 대표이사

Ⅰ. 이 사

1. 의 의

주식회사의 이사는 이사회의 구성원으로서 회사의 업무집행의 의사결정에 참여하고 회사법상 여러 종류의 소송을 제기할 권한을 가지는 자이다. 이사도 회사의 기관인가에 대하여 논란이 있다. 우선 회사의 기관이라 함은 회사의 의사를 결정하고 법률행위를 수행하는 자연인 또는 자연인의 모임으로서 회사조직상의 지위를 말한다. 이사를 기관으로 볼 것인가는 이사의 권한과 '기관'의 정의를 비교함으로써 판단될 수 있다. 그런데 다음과 같은 이사의 권한 중 의미가 있는 것은 소송제기권뿐이므로 다수설은 이사의 기관성을 부인한다.

상법에 열거된 이사의 권한으로는 이사회의 소집(제390조), 주주총회 및 이사회 의사록에의 서명(제373조, 제391조의3), 각종의 소제기(제328조, 제376조), 검사인의 선임청구(제298조 제4항, 제422조 제1항)가 있다.

제363조의2 제3항, 제447조 등의 규정에서 "이사는"을 '대표이사는'으로 읽

어야 할 것이다. 그러나 이사가 1인인 회사에 있어서는 이사가 이사의 권한과 대표이사의 권한을 함께 가진다(제383조 제1항 · 제4항 · 제5항 · 제6항).

회사실무에서는 상법상의 이사(등기이사) 외에 회사 내부의 직급으로서 부장 위에 이사를 두고 있다. 그러한 직급명칭으로서의 이사는 등기의 대상이 아니며 상법상의 이사와 엄격하게 구별되어야 한다. 상법상의 이사(등기이사)는 사내이사, 사외이사, '그 밖에 상무(常務)에 종사하지 아니하는 이사'로 나누어지는데 (제317조 제2항 제8호) 사외이사에 대하여는 뒤에서 별도의 제목으로 설명하기로 한다. 근래 자산총액 2조원이상인 대규모의 회사도 등기이사의 수를 과도하게 줄이는 경향이다.

대판 2003. 9. 26, 2002다64681 상법상 이사와 감사는 주주총회의 선임 결의를 거쳐 임명하고 그 등기를 하여야 하며, 이사와 감사의 법정 권한은 위와 같이 적법하게 선임된 이사와 감사만이 행사할 수 있을 뿐이고 그러한 선임절차를 거치지 아니한 채 다만 회사로부터 이사라는 직함을 형식적 · 명목적으로 부여받은 것에 불과한 자는 상법상 이사로서의 직무권한을 행사할 수 없다.

2. 선 임

(1) 개 설

회사 설립시의 이사선임을 보자. 발기설립의 경우는 발기인의 의결권의 과반수로 선임하며(제296조) 모집설립의 경우는 창립총회에서 이사를 선임한다(제312조). 회사성립후에는 주주총회의 보통결의로 선임한다(제382조 제1항).

이사의 선임은 주주총회의 권한에 속하는데 제3자나 다른 기관에 위임하지 못한다. 현행 상법상 주주총회의 보통결의의 요건이 크게 완화되어 있음을 고려할 때 이사선임결의의 요건은 정관으로도 감경하지 못한다고 새겨야 할 것이다. 한편 상법상 출석한 주주의 의결권의 과반수로 이사를 선임할 수 있으나 정관으로 과반수 출석과 과반수 찬성까지로 이사선임의 결의요건을 가중할 수 있다고 본다. 상장회사가 주주총회에서 이사 또는 감사를 선임하려는 경우에는 542조의4 제2항에 따라 소집통지서에 기재하여 통지하거나 공고한 후보자 중에서 선임하여야 한다(제542조의5).

이사의 선임이 있고 취임 승낙을 받은 때는 등기하여야 한다(제317조 제1항).

(2) 집중투표제

(가) 의 의

집중투표(cummulative voting)라 함은 이사를 선임함에 있어서 선임하고자 하는 이사의 수만큼의 의결권을 1주식의 주주에게 부여하는 제도로서, 흔히 누적투표제도라고 불리운다. 이 제도는 1주 1의결권의 원칙에 대한 예외이며 소수파 주주도 자기가 적당하다고 생각하는 사람을 이사로서 선임하여 이사회에 진출시킬 수 있도록 한 제도이다. 종래 이사선임의 관례를 보면 수인의 이사를 같은 주주총회 회기에서 뽑더라도 선임결의는 이사 1인에 대하여 각각 이루어졌다(단순투표). 이러한 선임방법 하에서는 이사 전원이 지배주주가 지지하는 사람으로 선임될 수밖에 없었다. 그러나 집중투표제도 하에서는 동시에 이사 3인을 선임하는 경우 1주의 주주가 3개씩의 의결권을 가지므로 다수파 주주가 아니라도 이사선임의 의결권을 특정 후보에게 집중적으로 투표함으로써 3인의 이사 전원이 지배주주의 의도대로 선임되는 것을 방지할 수 있다. 집중투표제의 효용은 선출예정수의 이사를 동시투표로 선출하는 경우에 발휘된다.

집중투표의 예를 들어 보면 의결권있는 발행주식총수가 10,000주식인 회사에서 3인의 이사를 선임할 경우 주주전원이 출석하였는데 소수파 주주가 3,000주, 다수파 주주가 7,000주를 가지고 있고 후보가 5인 입후보하였다고 하자. 세 번에 나누어 이사 1인씩을 선임하는 결의를 순차적으로 진행할 경우 소수파 주주가 원하는 후보는 이사로 선임될 여지가 없다. 그러나 동시에 표결하는 집중투표제도에 의하면 소수파 주주는 9,000개의 의결권을 가지고 다수파 주주는 21,000개의 의결권을 가진다. 소수파 주주는 의결권 9,000개를 하나의 후보에게 모두 투표할 수 있으므로 소수파 주주가 원하는 이사를 1인은 선임할 수 있다.

다만 최다득표자순으로 예정된 수의 이사를 선출하는 동시투표만 이루어진다면 1주식 1의결권으로 투표하게 하더라도 다수파 주주가 원하는 사람만 이사로 선임되는 것은 방지할 수 있다(다수파 주주의 표가 분산되고 소수파 주주가 단합하여 한 명의 후보를 지지할 경우).

(나) 집중투표제도의 배제

회사는 정관에 정함을 둠으로써 집중투표를 배제할 수 있다(제382조의2 제1항). 상법에서 정관에 의한 배제를 허용함으로 인하여 이 제도를 도입하여 소수파 주주의 이사 선임 기회를 보장하려는 당초의 취지는 크게 퇴색되었음을 부인할 수 없다. 거의 모든 상장회사에서 정관으로 이를 배제하고 있다.

다만 자산총액이 2조원 이상인 상장회사에서 정관으로 집중투표를 배제하거나 그 배제된 정관을 변경하려는 경우에는 의결권 없는 주식을 제외한 발행주식총수의 100분의 3을 초과하는 수의 주식을 가진 주주는 그 초과하는 주식에 관하여 의결권을 행사하지 못하고(제542조의7 제3항), 주주총회의 목적사항으로 집중투표 배제에 관한 정관 변경에 관한 의안을 상정하려는 경우에는 그 밖의 사항의 정관 변경에 관한 의안과 별도로 상정하여 의결하여야 한다(제542조의7 제4항).

(다) 요 건

1) 2인 이상의 이사의 선임

집중투표는 2인 이상의 이사를 선임할 것을 목적으로 하는 주주총회의 소집이 있는 때에 실시할 수 있다.

2) 소수주주의 청구

집중투표를 실시하기 위하여는 발행주식총수의 100분의 3(자산총액이 2조원 이상인 대규모 상장회사의 경우 100분의 1 이상, 제542조의7 제2항) 이상에 해당하는 주식을 가진 소수주주가 이사선임을 위한 주주총회의 7일 전까지 서면 또는 전자문서로 집중투표에 의할 것을 청구하여야 한다(제382조의2 제1항·제2항). 이러한 요건을 충족하는 집중투표의 실시청구가 있는 이상 회사는 집중투표를 반드시 실시하여야 한다. 주주총회의 의장은 주주총회에서 이사선임결의를 하기 전에 집중투표의 청구가 있었음을 알려야 하며(제382조의2 제5항), 집중투표를 청구한 서면은 당해 주주총회가 종결될 때까지 본점에 비치하고 주주로 하여금 열람할 수 있게 하여야 한다(제382조의2 제6항).

(라) 집중투표의 실시

집중투표가 실시되면 1주식의 주주는 선임할 이사수만큼의 의결권을 가지고 그것을 하나의 이사 후보에게 모아서 투표할 수도 있고 둘 이상의 후보에게 나누어 투표할 수도 있다(제382조의2 제3항).

집중투표의 결과 최다투표수를 얻은 자로부터 순차적으로 이사에 선임된다(제382조의2 제4항).

(마) 상장회사의 특례

상장회사에 대하여 집중투표의 방법으로 이사를 선임할 것을 청구하는 경우 주주총회일의 6주 전까지 서면 또는 전자문서로 회사에 청구하여야 한다(제542조의7 제1항). 일반 비상장회사가 7일 전까지 임을 고려해보면 상장회사에 대해 절차적으로 엄격하게 한 것이다.

3. 이사의 인원수

주식회사의 이사의 수는 3인 이상이어야 한다(제383조 제1항). 보통 홀수로 정하나 합작법인의 경우는 짝수로 정하는 예가 많다. 자본금의 총액이 10억원 미만인 회사는 1인 또는 2인의 이사를 둘 수 있다(제383조 제1항). 이는 소규모의 주식회사가 많은 현실을 반영한 것이다. 이사가 1인 또는 2인인 회사에서는 이사회는 의미가 없고 그에 관한 상법의 규정도 적용될 여지가 없다. 이사회의 권한 중 대부분은 주주총회에서 대신하여야 하고 일부는 각 이사가 수행한다. 정관에 규정을 두고 그에 따라 대표이사를 정하지 않은 한 각 이사가 회사를 대표한다(제383조 제4항 · 제5항 · 제6항).

4. 이사와 회사의 관계

회사와 이사의 관계에는 민법의 위임에 관한 규정이 준용된다(제382조 제2항). 따라서 이사는 선량한 관리자의 주의로써 업무를 집행할 의무를 부담(민법 제681조)하는 외에 기타 여러 가지 민법상의 위임에 관한 규정(제683조, 제684조, 제692조 등)이 이사에게 준용된다. 이사와 회사간의 위임계약에 있어서 주주총회의 선임결의를 청약으로 보기도 하고 그와 별도로 대표이사에 의한 청약이 있어야 한다고 하기도 한다.

5. 이사의 임기

이사의 임기는 3년을 초과하지 않은 범위 내에서 정관 또는 주주총회의 결의로 이를 정할 수 있다(제383조 제2항). 정관 또는 주주총회의 결의로 이사의 임기가 정해져있지 않다 하여 그 임기를 3년이라고 해석할 수는 없다. 다만 정관으로 그 임기중의 최종의 결산기에 관한 정기주주총회의 종결시까지 연장할 수 있다(제383조 제3항). 이는 통상 이사의 선임이 정기주주총회에서 이루어지므로 그 때까지의 공백기간을 메꾸기 위한 것이기도 하며 아울러 정기주주총회에서 직전 영업년도에 대한 결산서류의 승인이 있으므로 그에 대한 설명의 기회부여와 책임소재를 분명하게 하기 위한 것이다.

이사의 연임은 무제한 허용된다.

대판 2010. 6. 24, 2010다13541 **이사의 임기의 연장**

상법 제383조 제3항은 이사의 임기는 3년을 초과할 수 없도록 규정한 같은 조 제2항에 불구하고 정관으로 그 임기 중의 최종의 결산기에 관한 정기주주총회의 종결에 이르기까지 이를 연장할 수 있다고 규정하고 있는바, 위 규정은 임기가 만료되는 이사에 대하여는 임기 중의 결산에 대한 책임을 지고 주주총회에서 결산서류에 관한 주주들의 질문에 답변하고 변명할 기회를 주는 한편, 회사에 대하여는 정기주주총회를 앞두고 이사의 임기가 만료될 때마다 임시주주총회를 개최하여 이사를 선임하여야 하는 번거로움을 덜어주기 위한 것에 그 취지가 있다. 위와 같은 입법 취지 및 그 규정 내용에 비추어 보면, 위 규정상의 '임기 중의 최종의 결산기에 관한 정기주주총회'라 함은 임기 중에 도래하는 최종의 결산기에 관한 정기주주총회를 말하고, 임기 만료 후 최초로 도래하는 결산기에 관한 정기주주총회 또는 최초로 소집되는 정기주주총회를 의미하는 것은 아니라고 할 것이므로, 위 규정은 결국 이사의 임기가 최종 결산기의 말일과 당해 결산기에 관한 정기주주총회 사이에 만료되는 경우에 정관으로 그 임기를 정기주주총회 종결일까지 연장할 수 있도록 허용하는 규정이라고 보아야 할 것이다.

6. 이사의 자격

이사는 이사회의 구성원으로서 토의에 참가하여 각자의 의견을 발표하고 결의에 참가하는 업무를 주로 수행하므로 판단력, 경영지식, 경험, 신중함 등이 요구되므로(개성이 중요시됨) 자연인이라야 하고 법인은 이사가 될 수 없다고 보는 것이 다수설이다(이(철), 628면; 정(찬), 894면; 최, 834면). 감사는 직무성질상 회사 및 자회사의 이사가 될 수 없다(제411조).

합리적인 범위 내에서 정관으로 이사의 자격을 제한할 수 있는데 정관으로 이사가 가질 주식의 수를 정하는 것이 그 예이다. 이를 자격주(資格株)라 한다. 이 경우에는 이사는 그 수의 주권을 감사에게 공탁하여야 한다(제387조). 이사에게 주인의식을 가지게 한다는 취지에서 많은 회사가 자격주 규정을 두고 있다. 공탁을 요구하는 것은 자격주의 양도를 제한하기 위함이다. 아울러 자격주는 회사경영에 대한 책임감을 고취하고 업무집행에 대한 손해배상책임의 담보기능을 하기도 한다. 자격주에 관한 정관규정은 이사의 취임요건이므로 선임결의 당시에는 자격요건을 구비하지 않았더라도 취임승낙시까지 구비되면 될 것이다.

7. 사외이사

상법에서는 회사의 일상업무, 즉 상무(常務)에 종사하지 아니하는 이사 중에서 '사외이사'와 '그 밖에 상무에 종사하지 아니하는 이사'를 구분하고 있다. 후자의 명칭은 상무에 종사하는 사내이사에 대비되는 용어이다. 회사실무에서는 상근이사, 비상근이사라고 대비시키기도 한다. 어쨌든 이들 이사는 모두 상법상의 이사이고 등기되어야 한다(제317조 제2항 제8호). 법에서 정한 권한과 책임면에서 이러한 구분에 따라 차이가 있는 것은 아니다.

사외이사는 종래 상장회사의 규제법규에서 그 독립성과 감독기능을 주목하면서 규율해 오던 제도이다. 상법에서도 그러한 관점에서 사외이사의 자격을 엄격히 제한하고(제382조 제3항), 일정규모 이상의 상장회사에는 일정비율의 사외이사를 반드시 두도록 강제하고 있다. 상장회사는 코스닥시장에 상장된 벤처기업 등 시행령에서 예외를 허용하는 경우를 제외하고 이사 총수의 4분의 1 이상을 사외이사로 두어야 한다. 특히 최근 사업연도 말 현재의 자산총액이 2조원 이상인 상장회사는 사외이사를 3명 이상 두어야 하며 사외이사의 수가 이사 총수의 과반수가 되도록 하여야 한다(제542조의8 제1항, 시행령 제34조 제1항·제2항). 상장회사에서 사외이사의 사임·사망 등의 사유로 인하여 사외이사의 수가 위 이사회 구성요건에 미달하게 되면 그 사유가 발생한 후 처음으로 소집되는 주주총회에서 위 이사회 구성요건에 합치되도록 사외이사를 선임하여야 한다(제542조의8 제3항).

한편 자산총액이 2조원 이상인 상장회사에서는 사외이사 후보를 추천하기 위하여 사외이사가 총위원의 과반수가 되는 사외이사 후보추천위원회를 설치하여야 하며(제542조의8 제4항), 주주총회에서 사외이사를 선임하려는 때에는 사외이사 후보추천위원회의 추천을 받은 자 중에서 선임하여야 한다(제542조의8 제5항).

회사가 감사위원회를 둘 경우 감사위원회는 3명 이상의 이사로 구성하여야 하고 사외이사가 위원의 3분의2 이상이어야 한다(제415조의2 제2항). 최근 사업연도 말 현재의 자산총액이 2조원 이상인 상장회사는 반드시 감사위원회를 설치하여야 하고 그 대표는 사외이사가 맡아야 한다(제542조의11, 시행령 제37조 제1항).

상법은 사외이사의 독립성을 확보하기 위하여 사외이사의 결격사유를 상세하게 규정하고 있다. 사내이사나 집행임원, 회사의 피용자가 사외이사를 겸할 수 없음은 당연하고 최대주주 본인과 그 배우자 직계 존속·비속, 회사와 중요한 이해관계에 있는 법인의 이사·집행임원·감사·피용자 등은 사외이사로 선임될 수 없다(제382조 제3항).

일반적 결격사유 외에 상장회사의 경우에는 미성년자, 파산선고를 받고 복권되지 아니한 자, 금고 이상의 형을 선고받고 그 집행이 끝나거나 집행이 면제된 후 2년이 지나지 아니한 자, 일정한 법률위반으로 해임·면직된 후 2년이 지나지 아니한 자, 본인과 특수관계인의 합산 주식수가 가장 많은 경우 그 본인('최대주주') 또는 그의 특수관계인, 발행주식총수의 100분의 10 이상 주식을 소유하거나 이사·집행임원·감사의 선임과 해임 등 상장회사의 주요 경영사항에 대하여 사실상의 영향력을 행사하는 주요주주 및 그의 배우자와 직계존속·비속 등은 사외이사에서 배제된다(제542조의8 제2항, 시행령 제34조 제4항).

8. 이사직무대행자

(1) 의 의

직무집행정지가처분제도는 특정한 이사의 지위에 다툼이 있어 장차 당해 이사의 지위가 박탈될 가능성이 있는 경우, 일시적으로 이사의 직무수행권한을 정지시키는 제도이다. 이로 인하여 직무수행자가 없게 되어 회사의 정상적 경영이 어려워지지 않도록 직무를 대신할 자로 선임되는 자가 직무대행자이다.

상법에서는 이사선임결의의 무효나 취소 또는 이사해임의 소가 제기된 경우에는 법원은 당사자의 신청에 의하여 가처분으로써 이사의 직무집행을 정지할 수 있고 또는 직무대행자를 선임할 수 있도록 규정하고 있다. 급박한 사정이 있는 때에는 본안소송의 제기전에도 그러한 처분을 할 수 있다(제407조 제1항). 법원은 당사자의 신청에 의하여 가처분을 변경 또는 취소할 수 있고, 이 처분이 있는 때에는 본점과 지점의 소재지에서 그 등기를 하여야 한다(제407조 제2항·제3항).

(2) 직무대행자의 권한

직무대행자는 가처분명령에 다른 정함이 없는 한 회사의 상무에 속하지 아니한 행위를 하지 못한다. 그러나 법원의 허가를 얻은 경우에는 상무에 속하지 아니한 행위라 하더라도 행할 수 있다(제408조 제1항).

여기에서 말하는 '상무'에 관하여 판례는 "일반적으로 회사의 영업을 계속함에 있어 통상업무범위 내의 사무, 즉 회사의 경영에 중요한 영향을 미치지 않는 보통의 업무를 뜻하는 것이고 직무대행자의 지위가 본안소송의 판결시까지 잠정적인 점 등에 비추어 보면 회사의 사업 또는 영업의 목적을 근본적으로 변경하거나 중요한 영업재산을 처분하는 것과 같이 당해 분쟁에 관하여 종국적인 판단이 내려진 후에 정규 이사로 확인되거나 새로 취임하는 자에게 맡기는 것이 바람직하다고 판단되는 행위가 아닌 한 직무대행자의 상무에 속한다"(대판 1991. 12. 24, 91다4355)고 보고 있다.

직무대행자가 상무에 속하지 아니한 행위를 법원의 허가없이 행한 경우에도 회사는 선의의 제3자에 대하여 책임을 진다(제408조 제2항).

대판 2007. 6. 28, 2006다62362 이사직무대행자의 권한

상법 제408조 제1항에 의하면 직무대행자는 가처분명령에 다른 정함이 있는 경우 외에는 회사의 상무에 속하지 아니한 행위를 하지 못하나, 법원의 허가를 얻은 경우에는 그러하지 아니하다고 규정하고 있는바, 여기서 회사의 상무라 함은 일반적으로 회사에서 일상 행해져야 하는 사무, 회사가 영업을 계속함에 있어서 통상 행하는 영업범위 내의 사무 또는 회사경영에 중요한 영향을 주지 않는 통상의 업무 등을 의미한다고 할 것이고, 어느 행위가 구체적으로 이 상무에 속하는가 하는 것은 당해 회사의 기구, 업무의 종류·성질, 기타 제반 사정을 고려하여 객관적으로 판단되어야 할 것이다. 이러한 법리에 따른다면 직무대행자가 정기주주총회를 소집함에 있어서도 그 안건에 이사회의 구성 자체를 변경하는 행위나 상법 제374조의 특별결의사항에 해당하는 행위 등 회사의 경영 및 지배에 영향을 미칠 수 있는 것이 포함되어 있다면 그 안건의 범위에서 정기총회의 소집이 상무에 속하지 않는다고 할 것이고, 직무대행자가 정기주주총회를 소집하는 행위가 상무에 속하지 아니함에도 법원의 허가 없이 이를 소집하여 결의한 때에는 소집절차상의 하자로 결의취소사유에 해당된다고 할 것이다.

9. 이사의 종임

(1) 위임관계상의 종임사유

이사의 사임은 언제든지 가능하다(민법 제689조). 그밖에 이사는 사망·파산·임기만료(민법 제690조)·총회의 해임결의(제385조)로 종임한다.

대판 1998. 4. 28, 98다8615 주식회사와 이사의 관계는 위임에 관한 규정이 준용되므로, 이사는 언제든지 사임할 수 있고 사임의 의사표시가 대표이사에게 도달하면 그 효과가 발생하나, 대표이사에게 사표의 처리를 일임한 경우에는 사임 의사표시의 효과 발생 여부를 대표이사의 의사에 따르도록 한 것이므로 대표이사가 사표를 수리함으로써 사임의 효과가 생긴다.

(2) 주주총회의 해임결의

특별한 사유 없이도 주주총회의 특별결의로 이사를 해임할 수 있다(제385조 제1항). 해임은 당해 이사에 대한 고지로써 효력을 발생한다.

정당한 사유가 없이 임기중의 이사를 해임함으로써 이사에게 손해를 입힌 경우에는 손해배상을 청구할 수 있다(제385조 제1항 단서). 다만, 여기서의 임기를 정한 경우라 함은 정관 또는 주주총회의 결의로 임기를 정하고 있는 경우를 가리킨다. 따라서 임기를 정하지 아니한 경우에는 이사 임기의 최장기인 3년을 경과하지 않는 동안에 해임되더라도 그로 인한 손해배상을 청구할 수는 없다고 할 것이다.

해임결의가 권리남용의 요건을 갖춘 경우는 무효이다. 주주총회의 해임결의와 대표이사의 해지통지로 회사와 이사간의 위임계약은 해지되지만 해임등기를 하여야만 회사는 선의의 제3자에게 대항할 수 있다. 대표이사가 그 직에서 해임되더라도 이사직을 유지하는 경우에 대해서는 손해배상청구 규정이 준용되지 않는다고 본다(대판 2004. 12. 10, 2004다25123).

대판 2001. 6. 15, 2001다23928 상법 제385조 제1항에 의하면 "이사는 언제든지 주주총회의 특별결의로 해임할 수 있으나, 이사의 임기를 정한 경우에 정당한 이유 없이 그 임기만료 전에 이를 해임한 때에는 그 이사는 회사에 대하여 해임으로 인한 손해의 배상을 청구할 수 있다"고 규정하고 있는바, 이 때 이사의 임기를 정한 경우라 함은 정관 또는 주주총회의 결의로 임기를 정하고 있는 경우를 말하고, 이사의 임기를 정하지 않은 때에는 이사의 임기의 최장기인 3년을 경과하지 않는 동안에 해임되더라도 그로 인한 손해의 배상을 청구할 수 없다고 할 것이고, 회사의 정관에서 상법 제383조 제2항과 동일하게 "이사의 임기는 3년을 초과하지 못한다"고 규정한 것이 이사의 임기를 3년으로 정하는 취지라고 해석할 수는 없다.

〈사실관계 및 쟁점〉 피고 주식회사 코미트신용금고의 발행주식 49%를 소유하고 있던 소외 신한종합금융 주식회사(이하 '소외 회사'라고 한다)는 1998. 2. 17. 재정경제원장관의 영업인가 취소로 해산되었다가, 같은 해 10. 9. 서울지방법원으로부터 파산선고를 받고 같은 날 소외 이현범이 파산관재인으로 선임되었다. 그런데 피고 회사는 위와 같이 위 소외 회사의 파산이 확실시되어 대주주변경이 예상되자, 당시 이사 및 감사 전원이 사임하고 1998. 8. 27. 제16기 정기주주총회에서 위 소외 회사가 추천한 원고 임승용, 강태환(대표이사), 최춘기, 이갑철을 이사로, 그리고 이경로, 박종대를 각 감사로 선임하였다. 그 후 1999. 3. 23. 이사 이갑철이 사임하였고, 같은 해 9. 29. 이사 강태환 및 감사 이경로가 각 사임하자, 피고 회사는 임원진의 결원을 보충하기 위하여 같은 해 9. 29. 제17기 정기주주총회를 개최하여 강희완(대표이사), 황덕남을 이사로, 권수안을 감사로 각각 선임하였다.

한편 소외 회사가 2000. 3. 15. 소외 코미트창업투자 주식회사에게 소외 회사가 소유하고 있던 피고 회사의 주식을 양도하는 계약을 체결하고 위 주식매매대금 전액을 수령하자, 같은 달 23. 피고 회사의 당시 이사이던 강희완, 황덕남, 최춘기, 감사이던 박종대가 각 사임하였고, 피고 회사는 같은 달 개최된 제18기 정기주주총회에서 원고를 해임하고 위 코미트창업투자 주식회사가 추천한 김정삼, 이통천, 윤현수, 장영광을 이사로, 김윤태를 감사로 각각 선임하였다.

그런데 피고 회사의 정관은 '이사는 주주총회에서 임면하고, 이사의 임기는 3년을 초과하지 못하나, 그 임기가 최종의 결산기에 관한 정기주주총회 전에 만료될 경우에는 그 총회의 종결시까지 그 임기를 연장할 수 있다'는 것으로 규정하고 있다.

이에 원고는 '피고 회사는 정관에 의하여 이사의 임기는 3년으로 정하여져 있음에도 불구하고 원고는 그 임기만료 전에 정당한 이유없이 해임되었으므로, 피고 회사는 상법 제385조 1항 단서의 규정에 의하여 그에 따른 손해배상으로 원고에게 잔여임기에 해당하는 임금 및 퇴직금, 위자료를 지급할 의무가 있다'고 주장하면서 이 사건 손해배상청구의 소를 제기하였다.

여기서 쟁점이 된 것은 피고 회사의 정관으로 원고의 임기가 정해져 있는가 하는 점이다. 이에 대하여 원심(서울고법 2001. 4. 3, 2000나52518 판결)은 '상법 제385조 1항 단서 소정의 임기를 정한 경우라 함은 정관 또는 주주총회의 결의로 이사의 임기에 관한 규정을 둔 경우를 의미한다고 할 것인데, 피고 회사의 정관이 이사의 임기는 3년을 초과하지 못하는 것으로 규정하고 있는 것은 임기의 최장기에 관한 제한에 불과할 뿐 임기 그 자체라고 할 수는 없다'는 이유로 원고의 임기는 정해진 것이 아니라고 판시하여 원고의 청구를 기각하였다. 한편, 대법원도 판결요지와 같은 이유로 원심의 결론을 지지하였다.

대판 2004. 10. 15, 2004다25611 상법 제385조 제1항에 규정된 "정당한 이유"란 주주와 이사 사이에 불화 등 단순히 주관적인 신뢰관계가 상실된 것만으로는 부족하고, 이사가 법령이나 정관에 위배된 행위를 하였거나 정신적・육체적으로 경영자로서의 직무를 감당하기 현저하게 곤란한 경우, 회사의 중요한 사업계획 수립이나 그 추진에 실패함으로써 경영능력에 대한 근본적인 신뢰관계가 상실된 경우 등과 같이 당해 이사가 경영자로서의 업무를 집행하는 데 장해가 될 객관적 상황이 발생한 경우에 비로소 임기 전에 해임할 수 있는 정당한 이유가 있다고 할 것이다.

대판 2004. 12. 10, 2004다25123 상법 제385조 제1항은 주주총회의 특별결의에 의하여 언제든지 이사를 해임할 수 있게 하는 한편, 임기가 정하여진 이사가 그 임기 전에 정당한 이유 없이 해임당한 경우에는 회사에 대하여 손해배상을 청구할 수 있게 함으로써 주주의 회사에 대한 지배권 확보와 경영자 지위의 안정이라는 주주와 이사의 이익을 조화시키려는 규정이고, 이사의 보수청구권을 보장하는 것을 주된 목적으로 하는 규정이라 할 수 없으므로, 이를 이사회가 대표이사를 해임한 경우에도 유추 적용할 것은 아니고, 대표이사가 그 지위의 해임으로 무보수, 비상근의 이사로 되었다고 하여 달리 볼 것도 아니다.

대판 1993. 8. 24, 92다3298 상법 제385조 제1항 단서의 규정은 주식회사의 이사가 주주총회의 특별결의에 의하여 그 임기 전에 해임된 경우에 한하여 적용되고 의원면직의 형식으로 해임된 경우에는 적용되지 않는다.

서울고법 1990. 7. 6, 89나46297 [1] 이사가 주주총회의 결의로 임기만료 전에 해임된 경우 그로 인하여 입게되는 손해는 이사로서 잔여임기 동안 재직하여 얻을 수 있는 상법 제388조 소정의 보수상당액인 정기적 급여와 상여금 및 퇴직금이라 할 것이고, 이사해임에 관한 상법 제385조 제1항의 규정은 주주총회에 대하여 사유여하를 막론하고 이사를 해임할 수 있는 권한을 부여하는 것으로서 그에 따른 주주총회의 이사해임은 불법행위를 구성하지 아니하는 것이므로 임기만료 전에 해임된 이사가 그로 인하여 정신적 고통을 받았다 하더라도 위자료는 청구할 수 없다.

[2] 임기가 정하여진 이사를 정당한 이유없이 임기만료 전에 해임한 회사의 손해배상책임은 채무불이행이나 불법행위책임과는 달리 고의, 과실을 요건으로 하지 아니하는 상법상의 법정책임이라 할 것이므로 여기에는 일반 채무불이행이나 불법행위책임에서와 같은 과실상계의 법리가 적용되지 아니한다.

(3) 소수주주의 해임청구

이사가 직무에 관하여 부정행위를 저질렀거나 또는 법령·정관에 위반한 중대한 사실이 있음에도 불구하고 주주총회에서 그 해임을 부결한 경우 발행주식총수의 100분의 3 이상에 해당하는 주식을 가진 소수주주는 총회의 결의가 있는 날로부터 1월내에 법원에 그 이사의 해임을 청구할 수 있다(제385조 제2항·제3항). 상장회사의 경우는 6개월 전부터 계속하여 1만분의 50(자본금 1,000억원 이상인 상장회사의 경우는 1만분의 25) 이상의 주식을 보유한 소수 주주권자가 해임을 청구할 수 있다(제542조의6 제3항, 시행령 제32조).

이사해임 청구소송은 형성의 소이며, 당해이사와 회사가 공동피고가 된다.

대판 2010. 9. 30, 2010다35985 직무에 관한 부정행위 또는 법령이나 정관에 위반한 중대한 사실이 있어 해임되어야 할 이사가 대주주의 옹호로 그 지위에 그대로 머물게 되는 불합리를 시정함으로써 소수주주 등을 보호하기 위한 상법 제385조 제2항의 입법 취지 및 회사 자본의 충실을 기하려는 상법의 취지를 해치는 행위를 단속하기 위한 납입가장죄 등의 입법 취지를 비롯한 위 각 규정의 내용 및 형식 등을 종합하면, 상법 제628조 제1항에 의하여 처벌 대상이 되는 납입 또는 현물출자의 이행을 가장하는 행위는 특별한 다른 사정이 없는 한, 상법 제385조 제2항에 규정된 '그 직무에 관하여 부정행위 또는 법령에 위반한 중대한 사실'이 있는 경우에 해당한다고 보아야 한다.

(4) 결원시의 임시조치

법률 또는 정관에 정한 이사의 인원수를 결한 경우에는 임기의 만료 또는 사임으로 인하여 퇴임한 이사는 새로 선임된 이사가 취임할 때까지 이사의 권리의무가 있다(제386조 제1항).

이러한 경우에 필요하다고 인정할 때(예, 이사가 사망한 경우)에는 법원은 이사, 감사 기타의 이해관계인의 청구에 의하여 일시 이사의 직무를 행할 자를 선임할 수 있다. 이 경우에는 본점의 소재지에서 그 등기를 하여야 한다(제386조 제2항). 이를 임시(일시)이사 또는 가이사(假理事)라고 한다. 임시이사는 결원시의 충원제도로서 가처분으로 이사의 직무집행이 정지된 경우에 선임되는 이사직무대행자(제407조 제1항)와는 구별된다. 이사직무대행자의 직무범위는 회사의 상무에 한정되므로(제408조 제1항) 임시이사의 직무범위는 이사직무대행자에 비해 그 범위가 더 넓다.

대판 1968. 9. 30, 68다515 임기만료된 구 이사는 신임 이사가 선임될 때까지 종전의 직무를 수행할 수 있다고 함이 판례이나, 그렇다고 아직 임기가 만료되지 않은 다른 이사들로서 정상적인 법인의 활동을 할 수 있는 경우에는 구태여 구 이사로 하여금 이사로서의 직무를 행사케 할 필요는 없는 것이다.

대판 2009. 10. 29, 2009마1311 [1] 상법 제386조 제1항은 법률 또는 정관에 정한 이사의 원수를 결한 경우에는 임기의 만료 또는 사임으로 인하여 퇴임한 이사로 하여금 새로 선임된 이사가 취임할 때까지 이사의 권리의무를 행하도록 규정하고 있는바, 위 규정에 따라 이사의 권리의무를 행사하고 있는 퇴임이사로 하여금 이사로서의 권리의무를 가지게 하는 것이 불가능하거나 부적당한 경우 등 필요한 경우에는 상법 제386조 제2항에 정한 일시 이사의 직무를 행할 자의 선임을 법원에 청구할 수 있으므로, 이와는 별도로 상법 제386조 제1항에 정한 바에 따라 이사의 권리의무를 행하고 있는 퇴임이사를 상대로 해임사유의 존재나 임기만료·사임 등을 이유로 그 직무집행의 정지를 구하는 가처분신청은 허용되지 않는다.

[2] 상법 제386조 제1항의 규정에 따라 퇴임이사가 이사의 권리의무를 행할 수 있는 것은 법률 또는 정관에 정한 이사의 원수를 결한 경우에 한정되는 것이므로, 퇴임할 당시에 법률 또는 정관에 정한 이사의 원수가 충족되어 있는 경우라면 퇴임하는 이사는 임기의 만료 또는 사임과 동시에 당연히 이사로서의 권리의무를 상실하는 것이고, 그럼에도 불구하고 그 이사가 여전히 이사로서의 권리의무를 실제로 행사하고 있는 경우에는 그 권리의무의 부존재확인청구권을 피보전권리로 하여 직무집행의 정지를 구하는 가처분신청이 허용된다.

대결 2000. 11. 17, 2000마5632 [1] 상법 제386조는 이사의 퇴임으로 말미암아 법률 또는 정관에 정한 원수를 결한 경우에 임기의 만료 또는 사임으로 인하여 퇴임한 이사로 하여금 새로 선임된 이사가 취임할 때까지 이사의 권리의무를 행하도록 하는 한편 필요하다고 인정할 때에는 법원은 이사, 감사, 기타의 이해관계인의 청구에 의하여 일시이사의 직무를 행할 자를 선임할 수 있도록 규정하고, 같은 법 제389조에 의하여 이를 대표이사의 경우에 준용하고 있는바, 여기에서 필요한 때라 함은 이사의 사망으로 결원이 생기거나 종전의 이사가 해임된 경우, 이사가 중병으로 사임하거나 장기간 부재중인 경우 등과 같이 퇴임이사로 하여금 이사로서의 권리의무를 가지게 하는 것이 불가능하거나 부적당한 경우를 의미한다고 할 것이나, 구체적으로 어떠한 경우가 이에 해당할 것인지에 관하여는 일시이사 및 직무대행자 제도의 취지와 관련하여 사안에 따라 개별적으로 판단하여야 할 것이다.

[2] 회사의 대표이사 및 이사의 임기 만료로 법률 또는 정관에 정한 원수에 결원이 발생한 경우, 회사 동업자들 사이에 동업을 둘러싼 분쟁이 계속되고 있다는 사정만으로는 그 임기 만료된 대표이사 및 이사에게 회사의 대표이사 및 이사로서의 권리의무를 보유하게 하는 것이 불가능하거나 부적당한 경우에 해당한다고 할 수 없다.

10. 이사의 보수

이사와 회사의 관계를 위임이라고 볼 때 민법 제686조 제1항에 따라 무보수의 원칙이 적용되느냐하는 문제가 발생한다. 그러나 실제로는 회사와 이사간의 개별약정에 따라 보수를 받는 것이 상례이다.

보수는 이사의 직무집행의 대가로 지급되는 금전이나 현물급여를 말하며 정관에서 그 액을 정하거나 정함이 없는 때는 주주총회에서 정한다(제388조). 정하는 방법은 개별이사에 대한 각각의 보수를 정하는 것이 아니라 이사전원에 대한 보수총액 또는 최고액을 정하고 각 이사에 대한 보수액의 결정은 이사회나 대표이사에게 위임하는 것이 보통이다. 다만 상법 제388조가 이사의 보수청구권을 부여하는 근거규정은 아니다.

퇴직금이나 퇴직위로금도 재임중의 직무집행에 대한 대가로서 지급될 때는 보수에 속한다. 회사의 이익잉여금중에서 상여금을 지급하는 경우는 정기주주총회에서 이익처분안에 대한 승인결의를 거쳐야 한다.

대판 2003. 9. 26, 2002다64681 주식회사의 이사, 감사 등 임원은 회사로부터 일정한 사무처리의 위임을 받고 있는 것이므로, 사용자의 지휘・감독 아래 일정한 근로를 제공하고 소정의 임금을 받는 고용관계에 있는 것이 아니며, 따라서 일정한 보수를 받는 경우에도 이를 근로기준법 소정의 임금이라 할 수 없고, 회사의 규정에 의하여 이사 등 임원에게 퇴직금을 지급하는 경우에도 그 퇴직금은 근로기준법 소정의 퇴직금이 아니라 재직중의 직무집행에 대한 대가로 지급되는 보수에 불과하다.

11. 주식매수선택권

(1) 의 의

상법에서는 회사가 그 임원이나 직원들이 특정 또는 일반 업무에 최선을 다하도록 유도하기 위하여 인센티브(장려금)를 제공할 수 있도록 규정하고 있다. 회사는 정관이 정한 바에 따라 주주총회의 특별결의를 거쳐 회사의 설립・경영과 기술혁신 등에 기여하거나 기여할 수 있는 회사의 임원 또는 피용자에게 미리 정한 행사가액으로 신주를 인수하거나 자기회사의 주식을 매수할 수 있는 권리를 부여할 수 있다(제340조의2 제1항). 이러한 권리를 주식매수선택권(stock option)이라고 부른다. '선택권'이라는 용어에서 볼 수 있듯이 부여받은 자는 신주를 인수하거나 회사가 가진 자기주식을 매수할지 여부를 스스로 결정할 수 있다. 미리 정한 가격 즉 주식매수선택권의 행사가격과 행사시점에서의 당해주식의 시세를 비교하여 유리할 때 즉 차익을 기대할 수 있을 때 주식매수를 선택할 것이다.

(2) 성 질

주식매수선택권을 부여받은 자는 정관과 주주총회의 특별결의에서 정한 바에 따라 선택권을 행사함으로서 주식을 취득하게 된다. 주식매수선택권은 형성권에 해당한다.

(3) 부여 대상자와 부여 한도

주식매수선택권은 이사・집행임원・감사・피용자에게 부여할 수 있다(제340조의2 제1항). 이들의 노력에 따라 회사의 경영성과가 향상된다면 그 성과가 주식가격에 반영될 것이고 그 과실을 주식매수선택권을 가진 임・직원이 차지할 수 있다. 상장회사의 경우는 관계회사(시행령 제30조 제1항)의 임・직원에게도 주식매수선택권을 부여할 수 있다(제542조의3 제1항). 주식매수선택권을 가지는 자에게 발행할 신주 또는 양도할 자기주식은 회사의 발행주식 총수의 100분의 10을 넘을 수 없다(제340조의2 제3항). 상장회사의 경우는 발행주식총수의 100분의 20의 범위내에서 시행령으로 정한 한도까지 주식매수선택권을 부여할 수 있다(제542조의3 제2항, 시행령 제30조 제3항). 상법에서는 대주주 또는 회사의 경영에 실질적 영향력을 행사하는 자가 개인적 이익을 얻기 위하여 주식매수선택권을 이용하지 못하도록 금지하고 있다. 부여가 금지되는 대주주 등은 다음과 같다(제340조의2 제2항).

① 의결권 없는 주식을 제외한 발행주식 총수의 100분의 10 이상의 주식을 가진 주주

② 이사·집행임원·감사의 선임과 해임과 같이 회사의 주요 경영사항에 대하여 사실상 영향력을 행사하는 자

③ 위의 대주주 또는 영향력 행사자의 배우자와 직계존속·비속

(4) 부여 절차

(가) 정관의 규정

회사가 주식매수선택권제도를 활용하고자 하면 정관에 근거규정을 두어야 한다(제340조의3 제1항). 정관의 규정에는 ① 일정한 경우 주식매수선택권을 부여할 수 있다는 뜻, ② 선택권의 행사에 응하여 발행하거나 양도할 주식의 종류와 수, ③ 선택권을 부여받을 자의 자격요건, ④ 선택권의 행사기간, ⑤ 일정한 경우 이사회결의로 선택권의 부여를 취소할 수 있다는 뜻.

주식매수선택권을 부여하기로 한 회사는 그 규정을 등기하여야 한다(제317조 제2항 제3호의3).

(나) 주주총회의 특별결의

정관의 근거규정을 기초로 하여 실제로 주식매수선택권을 부여하기 위해서는 주주총회의 특별결의(상장회사의 경우는 일정한 제한 하에 이사회의 결의로, 제542조의3 제3항)로 세부사항을 정하여야 한다(제340조의3 제2항). 상법에서 정하고 있는 결의사항으로는, 주식매수선택권을 부여받을 자의 성명, 부여방법, 주식매수선택권의 행사가액과 그 조정에 관한 사항, 행사기간, 부여받을 자 개개인

에 대하여 주식매수선택권의 행사로 발행하거나 양도할 (자기)주식의 종류와 수가 열거되어 있다.

행사가격은 상법에서 정하고 있는 하한선 금액 이상으로 정하여야 한다. 그 하한선을 보면 선택권 행사자에게 신주를 발행하여 교부하는 경우는 주식매수선택권의 부여일을 기준으로 한 주식의 실질가액과 권면액 중 높은 금액으로 되어 있고, 회사가 보유하는 자기주식을 양도하는 경우는 선택권 부여일을 기준으로 한 주식의 실질가액으로 되어 있다(제340조의2 제4항). 여기서 실질가액이라 함은 거래소의 시세가 있는 주식은 시가를, 비상장주식의 경우는 자격있는 자의 공정한 평가액을 가리키는 것으로 본다(이(철), 653면).

특별결의 이후의 행사가격의 '조정'을 특별결의사항으로 정한 것은 '조정'의 기준을 정하도록 한 것으로 이해된다. 이는 실질가액의 급격한 변동에 대비하여 주식매수선택권의 의미를 유지시킬 수 있도록 융통성을 허용한 것이다.

행사기간은 시기(始期)와 종기를 정하는 방식을 택하거나 일정한 시기로부터 ○년 ○개월 하는 식으로 정하게 될 것이다. 다만 주식매수청구권의 내용을 정하는 주주총회의 결의일로부터 2년 이상 재임 또는 재직하여야만 선택권의 수혜자가 될 수 있으므로(제340조의4 제1항) 이에 따라 시기(始期)가 제한을 받는다. 상장회사의 주식매수선택권을 부여받은 자는 시행령으로 정하는 경우를 제외하고는 주식매수선택권을 부여하기로 한 주주총회 또는 이사회의 결의일로부터 2년 이상 재임하거나 재직하여야 주식매수선택권을 행사할 수 있다(제542조의3 제4항, 시행령 제30조 제5항).

자본시장법상 주식매수선택권을 부여한 주권상장법인은 주주총회 또는 이사회에서 주식매수선택권을 부여하기로 결의한 경우 일정한 방법에 따라 금융위원회와 거래소에 그 사실을 신고하여야 하며, 금융위원회와 거래소는 신고일부터 주식매수선택권의 존속기한까지 그 사실에 대한 기록을 갖추어 인터넷 홈페이지 등을 이용하여 공시하여야 한다(자본시장법 제165조의17).

(다) 계약의 체결

위의 주주총회 결의에서 주식매수선택권을 부여받을 자가 정해지면 회사는 그들과 계약을 체결하고 상당한 기간 내에 주식매수선택권의 내용을 정한 계약서를 작성하여야 한다(제340조의3 제3항).

(5) 주식매수선택권의 행사

(가) 권리의 개별성

주식매수선택권을 부여받은 자는 계약에서 정한 바에 따라 그 선택권을 행사할 수 있다. 그 선택권은 형성권이라고 설명하였지만 다른 형성권과 다르게 권리의 행사만으로 법률관계가 '종결'되지는 못한다. 주식매수선택권자의 권리의 내용은 개인별로 다르게 정해질 수 있기 때문에(제340조의3 제2항 제5호) 권리의 행사와 그에 따르는 효과가 다양할 수 있다.

(나) 신주의 인수/효력 발생

주식매수선택권이 신주를 인수할 수 있는 권리로 되어 있을 경우에는 그 행사에 관하여 신주인수권부사채권자가 신주인수권을 행사하는 경우에 적용하는 상법규정이 준용된다(제340조의5, 제516조의8 제1항 · 제3항 · 제4항, 제516조의10 제1문). 즉 청구서 2통을 회사에 제출함으로써 선택권을 행사하지만 회사가 신주발행에 갈음하여 차액을 현금이나 자기주식으로 정산해주고 마무리할 수 있는 옵션을 가지므로(제340조의2 제1항 단서) 선택권의 행사만으로 바로 신주발행과 연결되는 것은 아니다. 선택권자도 회사에 의한 차액정산여부의 결정(제340조의2 제1항 단서)을 기다렸다가 행사가액을 납입하게 된다. 행사가액의 납입과 함께 주주가 된다(제340조의5, 제516조의10 제1문).

신주의 의결권행사, 이익배당, 등기 등에 관하여는 전환주식의 전환에 관한 규정이 준용된다(제340조의5, 제350조 제2항 · 제3항).

(다) 자기주식의 매수

주식매수선택권의 내용을 정하는 주주총회의 결의 및 회사와의 계약에서 회사가 보유하고 있는 자기주식을 매수할 수 있도록 정한 경우, 선택권자가 권리행사를 하고 행사가격을 회사에 납부하면 회사는 소정의 주식의 주권을 선택권자에게 교부한다. 주권의 교부로써 주식이 이전되도록 정한 상법 제336조 제1항이 적용되므로 주권의 교부와 함께 선택권자가 주주가 된다(이(철), 657면).

(라) 차액정산

주식매수선택권이 신주를 인수할 수 있는 권리로 정해져 있든 회사가 보유하고 있는 자기주식을 매수할 수 있는 권리로 정해져 있든 회사는 주식매수선택권의 행사가 있는 경우 신주배정 또는 주식의 양도에 갈음하여 차액을 정산하고 마무리할 수 있는 선택권을 가진다(제340조의2 제1항 단서). 주식매수선택권 제도는 회사를 위하여 일정기간 재직한 임·직원에 대한 상여금지급의 속성을 가지는 것이다. 그들에게 행사가격과 행사시점에서의 받게 될 주식의 시가의 차액만큼을 얻을 수 있도록 배려해준다면 구태여 주식으로 받지 못해도 불만을 가지지 않을 것이다. 이러한 차액지급의 옵션을 회사측에 유보한 것은 주식매수선택권이 현실적으로 행사되는 시점에서 기존 주주들이 지분율 감소를 걱정하는 경우에 이사회가(경영진이) 그러한 우려를 무마할 수 있는 방안을 마련해 준 것이다.

문제는 실질가액을 공정하게 산정하는 것이 조문에 기술된 것만큼 쉽지 않다는 점이다. 단순하게 '시가'를 실질가액이라고 할 수 있겠지만 시세가 형성되어 있지 않은 주식이라면 평가의 문제가 남고 평가주체의 공정성도 다투어질 수 있다. 소송의 대상이 될 수 있고 종국적으로 재판부의 판단에 따를 수밖에 없다.

(6) 주식매수선택권 부여의 취소

정관에 주식매수선택권에 관한 규정을 두면서 일정한 경우 이사회결의로 주식매수선택권 부여를 취소할 수 있도록 정할 수 있다(제340조의3 제1항 제5호). 회사의 자의적 결정에 따라 주식매수선택권이 박탈되지 않도록 상법시행령 제9조 제6항에서 취소가 허용되는 경우를 열거하고 있다. 선택권자의 행사기간 도래 전 사임, 고의·과실로 회사에 중대한 손해를 입힌 경우, 회사의 파산 등은 당연한 취소사유이다. 그밖에 주식매수선택권 부여계약에서 별도의 취소사유를 정할 수 있다.

(7) 주식매수선택권의 양도금지

주식매수선택권은 양도할 수 없다. 주식매수선택권자가 사망한 경우에는 그 상속인이 이를 행사할 수 있다(제340조의4 제2항). 제340조의4 제2항의 법문 단서 중 '동조 제2항'은 동조 제1항의 오기이다.

Ⅱ. 이 사 회

1. 기관의 특성

이사회는 상법이나 정관에서 주주총회의 권한으로 정하고 있는 이외의 사항에 대하여 회사의 업무집행에 관한 의사를 결정하는 이사 전원으로 구성되는 필요·상설의 기관이다. 뒤에서 설명하지만 회사의 업무집행에 관한 의사결정 중 일상적이거나 중요하지 않은 사항은 대표이사가 결정한다. 주식회사는 원칙적으로 3인 이상의 이사를 두어야 하는데 이들 이사를 구성원으로 하는 기관이 이사회이다. 정부조직에서 행정부에 실질적 권한이 부여되어 있는 것과 비교할 때 상법규정상뿐만 아니라 회사실무상으로도 주식회사 이사회의 권한은 법적으로 중요한 의사결정으로 제한되어 있다.

2. 이사가 1인 또는 2인인 회사의 특칙

자본금총액이 10억원 미만인 소규모 주식회사는 1인 또는 2인의 이사를 둘 수 있는데(제383조 제1항), 1인 또는 2인 이사의 회사에서는 이사회가 구성될 수 없고 이사회에 관한 상법의 규정도 적용될 여지가 없다.

이사가 2인인 경우에는 이론상 이사회는 구성될 수 있지만 2인의 의견이 서로 다르면 결의가 성립할 수 없고 1인의 이사가 특별이해관계인에 해당하면 (이사의 자기거래에 대한 승인의 경우, 제398조) 이사회 결의가 실효성이 없게 되고 만다. 따라서 2인 이사의 경우에까지 상법의 이사회 규정의 적용을 배제한 것이다.

이사회가 없는 회사의 경우 상법에서 이사회의 결의를 거치도록 규정하고 있는 주식양도에 대한 승인, 이사의 자기거래에 대한 승인 등은 대부분 주주총회의 의결을 받아야 한다(제383조 제4항). 이사가 1인 또는 2인인 회사에서는 정관의 정함에 따라 대표이사를 정하지 않는 한 각 이사가 회사를 대표하며, 자기주식의 소각(제343조 제1항 단서), 주주총회소집의 결정(제362조) 등 이사회의 권한 중 일부를 행사한다(제383조 제6항).

3. 이사회의 소집

상법은 이사회 결의로 이사회를 소집할 이사를 정할 수 있고 그러한 정함이 없는 경우 이사 각자가 이사회를 소집할 수 있는 것으로 규정하고 있으나(제390조 제1항), 실제로는 이사회 규칙이나 정관에서 이사회의 소집권자를 지정한다. 그러나 상법규정의 취지에 비추어 소집권자는 다른 이사의 정당한 소집요구를 거절할 수 없다고 보아야 할 것이다.

원칙적으로 회일의 일주간 전에 각 이사 및 감사에게 소집통지를 발송하여야 하나 이 기간은 정관으로 단축할 수 있고 이사 및 감사 전원의 동의가 있는 경우는 소집절차 없이 회의를 개최할 수 있다(제390조 제3항 · 제4항).

4. 이사회의 결의

이사전원의 과반수의 출석과 출석이사의 과반수로 결의한다(제391조 제1항). 가부동수인 경우 정관이나 이사회규칙에서 특정인에게 결정권을 부여하는 것은 허용되지 않는다. 이사회 권한의 강화에 비추어 결의요건이 너무 완화되어 있다는 비판이 높다. 예를 들어 이사가 5인인 회사에서 이사회에 3인의 이사가 출석한 경우 2인의 찬성으로 의결이 가능하다. 특별한 경우로서 이사의 회사기회이용과 자기거래에 대한 승인은 이사 3분의 2이상의 수로써 결의한다(제397조의2, 제398조).

이사회 결의는 적법하게 개최된 회의에서 이루어져야 하며 서면결의는 인정되지 않는다. 의결권의 대리행사 역시 허용되지 않는다. 이사 각자의 경영에 관한 경험과 지식을 활용하자는 것이 이사회제도의 목적이기 때문이다. 다만 이사회는 모든 이사가 음성을 동시에 송수신하는 원격통신수단(컨퍼런스콜)에 의하여 결의에 참가하는 것을 허용할 수 있다. 이 경우 당해 이사는 이사회에 직접 출석한 것으로 본다. 이사회결의에 특별한 이해관계가 있는 이사는 의결권을 행사하지 못한다. 그러한 이사의 의결권은 출석한 이사의 의결권의 수에서 제외된다(제391조 제2항 · 제3항, 제368조 제3항, 제371조 제2항).

이사회결의에 하자가 있는 경우는 회사법에 특별한 규정이 없으므로 무효의 일반이론에 따라 그 무효를 소 이외의 방법으로 주장할 수 있으며 결의무효확인의 소도 제기할 수 있다. 무효인 결의에 기초하여 행해진 대표이사의 행위의 효력은 지배인의 선임과 같은 회사내부의 행위는 무효이고 신주의 발행 등 제3자와의 거래행위는 효력에 영향을 받지 않는다고 보는 것이 회사의 이익과 거래의 안전을 보호할 수 있는 해결방안이 될 것이다.

대판 1995. 4. 11, 94다33903 재적 6명의 이사 중 3인이 참석하여 참석이사의 전원의 찬성으로 연대보증을 의결하였다면 위 이사회의 결의는 과반수에 미달하는 이사가 출석하여 상법 제391조 제1항 본문 소정의 의사정족수가 충족되지 아니한 이사회에서 이루어진 것으로 무효라고 할 것이다(이에 터잡은 거래행위의 효력까지 무효는 아님-저자).

대판 1982. 7. 13, 80다2441 이사회는 주주총회의 경우와는 달리 원칙적으로 이사자신이 직접 출석하여 결의에 참가하여야 하며 대리인에 의한 출석은 인정되지 않고 따라서 이사가 타인에게 출석과 의결권을 위임할 수도 없는 것이니 이에 위배된 이사회의 결의는 무효이며 그 무효임을 주장하는 방법에는 아무런 제한이 없다.

대판 1992. 4. 14, 90다카22698 특별이해관계가 있는 이사는 이사회에서 의결권을 행사할 수는 없으나 의사정족수 산정의 기초가 되는 이사의 수에는 포함되고 다만 결의성립에 필요한 출석이사에는 산입되지 아니하는 것이므로 회사의 3명의 이사 중 대표이사와 특별이해관계 있는 이사 등 2명이 출석하여 의결을 하였다면 이사 3명중 2명이 출석하여 과반수 출석의 요건을 구비하였고 특별이해관계 있는 이사가 행사한 의결권을 제외하더라도 결의에 참여할 수 있는 유일한 출석이사인 대표이사의 찬성으로 과반수의 찬성이 있는 것으로 되어 그 결의는 적법하다.

대판 2003. 1. 24, 2000다20670 [1] 이사회 결의요건을 충족하는지 여부는 이사회 결의 당시를 기준으로 판단하여야 하고, 그 결의의 대상인 행위가 실제로 이루어진 날을 기준으로 판단할 것은 아니다.

[2] 주식회사의 대표이사가 이사회의 결의를 거쳐야 할 대외적 거래행위에 관하여 이를 거치지 아니한 경우라도, 이와 같은 이사회 결의사항은 회사의 내부적 의사결정에 불과하다 할 것이므로, 그 거래 상대방이 그와 같은 이사회 결의가 없었음을 알았거나 알 수 있었을('주의의무' - 저자) 경우가 아니라면 그 거래행위는 유효하다 할 것이고, 이 경우 거래의 상대방이 이사회의 결의가 없었음을 알았거나 알 수 있었음은

이를 주장하는 회사측이 주장 · 입증하여야 한다.

대판 1988. 4. 25, 87누399 이사회의 결의에 하자가 있는 경우에 관하여 상법은 아무런 규정을 두고 있지 아니하나 그 결의에 무효사유가 있는 경우에는 이해관계인은 언제든지 또 어떤 방법에 의하든지 그 무효를 주장할 수 있다고 할 것이지만 이와 같은 무효주장의 방법으로서 이사회결의무효확인소송이 제기되어 승소 확정판결을 받은 경우 그 판결의 효력에 관하여는 주주총회결의 무효확인소송 등과는 달리 상법 제190조가 준용될 근거가 없으므로 대세적 효력은 없다.

5. 이사회의 권한

회사의 업무집행에 관한 의사결정 중 주주총회의 권한 이외의 것은 모두 이사회에서 결정할 수 있다. 이러한 '할 수 있다'를 넘어서 상법에서는 필요적 이사회결의사항을 제393조 제1항에 열거하고 있다. 중요한 자산의 처분 및 양도, 대규모재산의 차입, 지배인의 선임 또는 해임, 지점의 설치 · 이전 또는 폐지가 그것이다. 이들 항목 중 '중요한 자산'의 기준에 관하여는 "당해 재산의 가액, 총자산에서 차지하는 비율, 회사의 규모, 회사의 영업 또는 재산의 상황, 경영상태, 자산의 보유목적, 회사의 일상적 업무와 관련성, 당해 회사에서의 종래의 취급 등에 비추어 대표이사의 결정에 맡기는 것이 상당한가"에 따라 판단되어야 하고 이사회규칙의 정함은 참고기준이 될 뿐이다(대판 2005. 7. 28, 2005다3649). 제393조 제1항에 열거된 사항은 대표이사에게 일임할 수 없고 회사의 내규인 이사회 규정에서 정한 이사회 결의사항에 포함되어 있지 않더라도 반드시 이사회의 결의를 거쳐야 한다.

그밖에 상법의 개별규정에서 이사회의 권한으로 규정하고 있는 사항으로는 자기주식의 소각(제343조 제1항 단서), 주주총회소집결정(제362조), 대표이사의 선임과 공동대표의 결정(제389조 제1항 · 제2항), 신주의 발행(제416조), 사채발행(제469조), 준비금의 자본전입(제461조 제1항), 대표이사의 업무감사권(제393조 제2항) 등이 있다. 그리고 상법에서 이사회 결의사항으로 규정하고 있지 않으나 회사의 사업계획의 확정, 회사규칙의 제정 · 개정 · 폐지, 직원의 인사, 주주총회에서 결정한 사항의 집행에 필요한 구체적 지침의 결정 등은 이사회의 결의를 받아야 할 것이다.

이사회는 이사의 직무의 집행을 감독한다(제392조 제2항). 이사는 대표이사로 하여금 다른 이사 또는 피용자의 업무에 관하여 이사회에 보고할 것을 요구할 수 있다(제393조 제3항). 이사는 3월에 1회 이상 업무의 집행상황을 이사회에 보고하여야 한다(제393조 제4항). 보고하여야 할 이사는 대표이사 또는 상무(常務)에 종사하는 사내이사가 될 것이다(제382조 제3항 제1호, 제317조 제2항 제8호).

대판 2005. 7. 28, 2005다3649 상법 제393조 제1항은 주식회사의 중요한 자산의 처분 및 양도는 이사회의 결의로 한다고 규정하고 있는바, 여기서 말하는 중요한 자산의 처분에 해당하는가 아닌가는 당해 재산의 가액, 총자산에서 차지하는 비율, 회사의 규모, 회사의 영업 또는 재산의 상황, 경영상태, 자산의 보유목적, 회사의 일상적 업무와 관련성, 당해 회사에서의 종래의 취급 등에 비추어 대표이사의 결정에 맡기는 것이 상당한지 여부에 따라 판단하여야 할 것이고, 중요한 자산의 처분에 해당하는 경우에는 이사회가 그에 관하여 직접 결의하지 아니한 채 대표이사에게 그 처분에 관한 사항을 일임할 수 없는 것이므로 이사회규정(정관의 하부규칙 – 저자)상 이사회 부의사항으로 정해져 있지 아니하더라도 반드시 이사회의 결의를 거쳐야 한다.

〈사실관계 및 쟁점〉 원고 이앤씨산업개발 주식회사는 2002. 12. 23. 피고의 대표이사 송영호로부터 피고 소유의 서울 영등포구 양평동 3가 46 공장용지 3,154.7㎡, 같은 동 3가 47 공장용지 1,515㎡, 같은 동 3가 48 공장용지 3,256.5㎡ 및 위 3필지 지상의 건물(이하 '이 사건 부동산'이라 한다)과 위 각 토지 및 건물에 부착·설치된 부속설비 일체를 매매대금 160억 6,400만 원에 매수하는 매매계약을 체결하였다. 피고의 이사회규정(2002. 12. 24.자로 개정되기 전의 것)은 이사회에 부의할 사항으로 '자본금의 30% 이상에 상당한 주요 자산의 취득, 임대차 또는 처분'을 규정하였다가, 그 후 위 조항을 '최근 사업연도 말 자산총액의 10% 이상에 상당한 주요 자산의 취득, 임대차 또는 처분'으로 개정(2002. 12. 24.자)하였다.

이 사건 매매대금이 160억 6,400만 원이고, 피고는 1998. 9. 10. 서울지방법원으로부터 회사정리절차개시결정을 받았다가 이 사건 매매계약 체결 직전인 2002. 11. 19. 회사정리절차종결결정을 받았으며, 피고의 대차대조표상 자산총계는 2001. 12. 31. 현재 321,107,717,000원이고, 2002. 12. 31. 현재 276,980,648,000원으로서 이 사건 부동산은 그 매매가격을 기준으로 할 때 2001년 말 자산총액의 5% 상당이고, 2002년 말 자산총액의 5.8% 상당이다. 피고는 의류 제품의 생산·판매를 주된 사업으로 하는 회사로서 사업목적에 부동산 매매업이 포함되어 있기는 하나, 부동산 매매는 특별한 경우에 한하여 행하였던 사실, 피고는 2002. 10. 10.까지 자본금이 16억 3,217만 원에 불과하였으나, 이 사건 매매계약이 있기 약 두 달 전인 같은 달 11.과 12.의 증자로 인하여 자본금이 1,199억 804만 원으로 급증하였던 사실, 피고의 자산 중 유형자산은 2001. 12. 31. 기준으로 토지는 43,300,247,000원, 건물은 38,334,349,000원 상당이었고, 2002. 12. 31. 기준으로 토지는 43,300,247,000원, 건물은 38,335,350,000원 상당으로서 이 사건 부동산은 그 매매가격을 기준으로 할 때 2001년 및 2002년 말 부동산총액의 각 19.7%인 사실, 이 사건 부동산은 과거 생산공장으로 사용하였으나, 그 후 물류센터로 일시 사용하다가 이 사건 매매 당시는 제3자에게 대부분 임대하고, 극히 일부만을 피고가 창고와 지역영업부 사무실로 사용하던 상태였는데, 회사정리절차의 종결을 앞두고 수립되었던 피고의 자구계획상 매각대상 부동산에 포함되지 아니하였던 사실, 이 사건 부동산은 피고 소유의 부동산 중 세 번째로 규모가 큰 부동산인 사실을 인정할 수 있다. 이 사건 부동산의 가액, 총자산에서 차지하는 비율, 피고의 규모, 영업 또는 재산의 상황, 경영상태, 일상적 업무와의 관련성 등에 비추어, 이 사건 부동산에 대한 처분을 이사회의 결의 없이 피고의 대표이사의 결정에 맡기는 것은 상당하다고 보이지 아니하므로, 이 사건 매매계약은 피고의 중요한 자산의 처분에 해당하여 이사회의 결의를 거쳐야 한다고 할 것이고, 피고의 이사회규정이 이 사건 매매계약과 같은 경우를 이사회의 부의사항으로 정하지 아니하였다고 하더라도 마찬가지라고 할 것이다.

6. 의 사 록

이사회의 의사에 관하여는 의사록을 작성하여야 한다. 의사록에는 의사의 경과요령과 그 결과를 기재하고 출석한 이사 및 감사가 기명날인 또는 서명하여야 한다(제391조의3 제1항 · 제2항). 주주는 이사회 의사록의 열람 또는 등사를 청구할 수 있고 회사는 그 청구에 이유를 붙여 거절할 수 있다. 거절이 있는 경우 주주는 법원의 허가를 얻어 의사록을 열람 또는 등사할 수 있다(제391조의3 제3항 · 제4항). 영업비밀 등 회사 외부에 공개되어서는 안될 정보가 있을 수 있기 때문에 채권자의 열람 · 등사 청구를 배제하고 회사의 주주에 대한 거부권도 인정한 것이다.

이사의 책임과 관련하여 의사록에 이의를 한 기재가 없는 한 그 결의에 찬성한 것으로 추정한다(제399조 제3항).

7. 이사회내 위원회제도

(1) 도입배경

이사의 수가 많은 대규모의 주식회사에 있어서 업무집행에 관한 의사결정이 필요할 때마다 매번 이사회를 소집·개최하는 것은 번거롭고 시간이 걸려서 기동성있는 의사결정을 방해할 수도 있다. 특히, 합작회사의 경우 외국인 이사들이 많아서 이사회의 정족수를 채우기 어려운 경우도 있다. 이러한 문제점을 해소하기 위하여 상법에 근거는 없었으나 상당수의 회사들이 내부적으로 이사회 내에 상무회 또는 경영위원회라는 명칭의 위원회를 설치하여 제한된 범위 내에서 의사결정의 권한을 위임하여 왔다. 이러한 기관은 상법상의 제도는 아니었지만 정관이나 이사회 규칙에 의하여 구성되었다. 주로 대표이사, 전무이사, 상무이사 등 중요 이사들로 구성되는 것이 일반적이다. 상무회 등은 이사회의 권한을 위임받아 설치 근거 규정에서 정한 사항을 의결하는 이사회의 하부기관 내지는 종속기관이라고 할 수 있다. 상무회 등의 결의는 이사회 결의로 볼 수 있다. 미국의 경우 많은 주식회사에서 감사위원회(audit committee), 집행위원회(executive committee)를 두고 있다. 우리나라 주식회사들의 위원회 설치현황을 보면 그 종류가 다양하지는 않았고 주로 사외이사를 제외한 사내이사(상근이사)만으로 신속하게 의사결정을 하기 위하여 이용될 뿐이었다.

상법에서는 1999년, 감사위원회제도를 도입하면서 이사회내 위원회에 관한 일반적 근거규정을 입법하고 각 회사가 필요에 따라 감사위원회나 그밖의 기능을 담당할 위원회를 설치할 수 있게 하였다(제393조의2).

(2) 정관의 설치근거

상법에서 정한 이사회내 위원회를 설치하기 위하여는 정관에 근거규정을 마련하여야 한다(제393조의2 제1항). 정관에서 위원회설치에 관한 근거규정을 마련함에 있어서 위원회별로 권한의 내용, 위원의 선임방법 등 중요한 사항을 함께 정하여야 할 것이다.

(3) 위원회의 구성

위원회를 구성하기 위하여는 최소 2인의 이사가 필요하다(제393조의2 제3항). 다만 감사위원회는 3인 이상의 이사로 구성한다. 위원회 위원의 선임과 해임은 이사회에서 결정한다.

(4) 위원회의 임무

위원회에 어떠한 임무를 부여하는가는 정관규정의 범위 내에서 전적으로 이사회에 달려있다. 다만 상법에서 다음의 항목은 수권할 수 없다고 제한하고 있다(제393조의2 제2항). 이러한 항목은 이사회에서 직접 결정하여야 한다는 것이다.

① 주주총회의 승인을 요하는 사항의 제안(재무제표의 승인, 정관의 변경 등)

② 대표이사의 선임 및 해임

③ 위원회의 설치와 그 위원의 선임 및 해임

④ 정관에서 이사회 스스로 결정하도록 정하고 있는 사항

상법에서는 수권을 금지하고 있는 항목 외에는 모두 위원회에 위임할 수 있는 것으로 규정하고 있다. 그러나 신주발행이나 사채발행 등과 같이 주요한 사항은 위원회에 위임할 수 없도록 정관에 제한규정을 두어야 할 것이다. 그리고 이사에 대한 이사회의 감독권(제393조 제2항)과 같이 이사회의 고유권한에 속하는 것은 위임을 허용할 수 없다고 해석하여야 할 것이다(동지: 이(철), 570면).

(5) 위원회의 결의

위원회 회의의 소집과 결의에 관하여는 이사회의 관련규정이 준용된다(제393조의2 제5항, 제390조, 제391조, 제391조의3, 제392조). 이사회에서 일정 부분의 권한을 위원회에 위임한 이상 위원회에서 위임받은 사항에 관하여 결의를 하면 그 결의는 이사회의 결의로서 효력을 가진다.

위원회에서 위임받은 사항을 결의한 경우, 위원회는 결의된 사항을 이사전원에게 통지하여야 한다. 위원회 결의의 통지를 받은 이사가 그 결의가 부당하다고 판단하면 이사회의 소집을 요구할 수 있다(제393조의2 제4항). 이는 이사회를 소집하여 위원회 결의의 결과를 다시 검토할 기회를 갖도록 하기 위한 것이다. 이사회에서 위원회 결의와 다른 결의(번복결의)를 할 경우 위원회 결의는 효력을 잃게 된다. 번복결의에 관한 제393조의2 제4항 후단의 규정은 감사위원회에 대하여는 적용되지 않는다(제415조의2 제6항).

상법에서는 위원회 결의의 재검토를 위한 이사회 소집시한을 정하고 있지 않기 때문에 일단 위원회 결의가 집행된 후에는 법적 안정성의 문제가 발생할

수 있다.

(6) 위원회의 임무수행에 대한 감독

이사회는 이사의 직무집행을 감독할 권한을 가지므로 위원회의 결의에 대해서도 이사회는 감독권을 행사할 수 있다. 구체적으로는 위원회 소속위원이 아닌 이사들이 해당위원회의 결의가 정당하게 이루어졌는가를 감시할 의무를 부담한다고 새겨야 할 것이다. 감독은 이사회에 의한 위원회 결의의 번복으로 구체화될 것이다.

Ⅲ. 대표이사

1. 대표이사의 지위

주식회사의 대표이사는 대외적으로 회사를 대표하고 대내적으로 업무집행을 담당하는 주식회사의 필요 · 상설 · 독립적 기관이다(독립기관설). 이사회로부터 파생된 기관이라는 소수설도 있다(서(돈), 369면; 이(병), 458면). 이사회는 업무집행에 관한 의사결정을 담당하고 결정된 의사에 따라 대표이사가 업무를 집행한다고 하여 이사회와 대표이사간의 독립성을 설명할 수 있다. 문제는 실제에서 의사결정과 업무집행 사이에 선을 그어 엄격하게 구분하는 것이 어렵다는 점이다. 대표이사 역시 일상적이거나 중요하지 않은 사항에 관한 의사결정권을 가진다고 해석하는 것이 필요하다. 이러한 경우에도 이사회의 업무집행에 관한 의사결정권한을 존중하여 대표이사가 이사회로부터 위임받은 것으로 해석하는 것이 적당하다. 상법규정 중에는 '이사'라고 적혀 있으나 대표이사가 선임되어 있는 회사(자본금 10억원 미만의 소규모회사가 아닌 회사)에서는 대표이사로 읽어야 할 규정들이 많이 있다(제363조의2, 제447조 등). 업무집행상황의 이사회 보고의무도 그 중의 하나이다(제393조 제4항).

2. 선　　임

대표이사의 인원수는 1인 또는 수인으로서 제한이 없고 이사 전원이 대표이사로 선임될 수도 있다(제389조 제1항 본문). 원칙적으로 이사회에서 선임할 수 있으나 정관으로 주주총회의 권한으로 정하여 주주총회에서 선임하게 할 수도 있다(제389조 제1항 단서). 정관의 규정없이 주주총회에서 선임하였다면 그 결의는 상법을 위반한 것이 된다.

권한남용을 방지하고 신중한 권한행사를 확보하기 위하여 수인의 대표이사가 공동으로 대표할 수 있도록 정할 수 있다(제389조 제2항). 이를 공동대표이사라 한다.

3. 종 임

(1) 대표이사의 자격은 이사임을 전제로 하기 때문에 주주총회의 특별결의에 의한 이사의 해임 등 이사의 자격이 종료됨으로써 대표이사의 지위도 당연히 상실된다.

(2) 대표이사의 선임기관은 언제든지 대표이사를 해임할 수 있다. 이사회나 주주총회의 보통결의로 해임할 수 있다. 대표이사도 언제든지 사임할 수 있다. 회사에 불리한 시기에 사임하여 회사에 손해가 생긴 때에는 이를 배상하여야 한다(민법 제699조 제2항).

(3) 대표이사는 종임후에 이사로 복귀할 수 있다.

(4) 퇴임한 대표이사도 새로 선임된 대표이사가 취임할 때까지 대표이사의 권리·의무가 있으며 법원에 의하여 임시(일시)대표이사가 선임될 수 있다(제389조 제3항, 제386조 준용).

4. 권 한

대표이사는 회사의 업무를 집행하며 회사를 대표하는 권한을 가진다. 상법상 업무집행에 관한 의사결정은 이사회가 하고 그에 따른 업무집행은 대표이사가 하는 것으로 분리되어 있으나, 업무집행과 관련하여 일상적인 업무, 중요하지 않은 세부적 업무에 대하여는 이사회에서 대표이사에게 그 의사결정권을 위임한 것으로 보는 것이 현실에 부합하는 이해가 될 것이다.

(1) 업무집행권

원칙적으로 대표이사만이 업무집행권을 가진다. 그러나 실무상 일정규모 이상의 주식회사에서는 업무담당이사, 즉 상무(常務)에 종사하는 사내이사(제317

조 제2항 제8호)를 두고 있다. 이는 합명회사의 대표권없는 업무집행사원에 해당하는 것(제207조 단서)으로서 개별회사의 정관 기타 내부규칙에 그 권한의 근거가 마련되어 있다. 업무담당이사는 대표권을 가질 수 없으나 업무집행권과 연결하여 거래상대방이 가질 수 있는 신뢰는 표현대표이사제도로 보호가 이루어지므로 업무담당이사제도를 문제시할 필요는 없다.

(2) 대 표 권

(가) 대표권과 그 제한

대표이사는 회사의 영업에 관하여 재판상, 재판외의 모든 행위를 할 수 있는 권한을 가지지만 법률 또는 회사 내부의 규정으로 대표권을 제한할 수 있다. 법률로 대표권을 제한하는 경우로서 이사와 회사간의 소송에 있어서 감사가 회사를 대표하는 것이 있고(제394조 제1항), 회사 내부적으로 대표권을 제한하는 경우로서 정관이나 주주총회, 이사회에서 대표이사의 권한에 대하여 제한을 가하는 경우가 있다. 예를 들어, 여러 명의 대표이사에게 반도체/가전, 연구개발/생산판매 등으로 업무분담을 정해주고 담당업무에 대해서만 대표권을 가지도록 할 수 있다. 내부적 제한이 있더라도 선의의 제3자에게 대항하지 못한다. 제3자의 과실은 문제되지 아니한다. 즉 주의를 기울였다면 그러한 제한을 알 수 있었을 경우라도 제3자는 보호를 받는다. 상대방의 악의는 회사가 입증하여야 한다(대판 1993. 6. 25, 93다13391).

(나) 공동대표이사

대표이사를 선임하는 경우에 수인의 대표이사가 공동으로 회사를 대표할 것을 정할 수 있다(제389조 제1항 · 제2항). 공동대표의 정함은 정관기재사항에 포함되지 않지만 등기되어야 한다(제317조 제2항 제10호). 공동대표이사제도는 대표이사의 권한행사를 신중하게 하고 권한남용을 막기 위한 제도이다.

공동대표이사 상호간의 위임은 제도의 뜻에 어울리지 않으므로 원칙적으로 금지된다. 그러나 공동대표이사 중 일부의 질병이나 출장 등으로 상호간의 위임이 불가피하거나 현실적으로 필요한 경우가 있으므로 특정사안에 대한 개별적 위임은 가능하다고 보아야 할 것이다.

제3자의 회사에 대한 의사표시는 공동대표이사 중 1인에 대하여 함으로써 그 효력이 생긴다(제389조 제3항, 제208조 제2항). 이를 수동대표(受動代表)라 부른다.

(다) 대표권의 남용

대표이사가 대표권을 남용하여 대표이사 자신이나 제3자의 이익을 도모한 경우에 그 법률효과를 회사에 귀속시킬 수 있는가가 문제된다. 이 문제는 일단 권한내의 행위임을 전제로 한다. 회사의 이익만을 생각한다면 그러한 행위의 효과를 회사에 귀속시킬 수 없다고 하여야 할 것이고 거래의 안전을 보호하기 위하여는 회사의 책임을 인정하지 않을 수 없다.

이 문제의 해결방안으로 다음 몇 가지 견해가 제시되고 있다.

1) **심리유보설**

심리유보설에 의하면 대표이사가 대표권을 남용한 경우 거래상대방이 대표이사의 진의를 알았거나 알 수 있었을 때에는 진의아닌 의사표시를 규율하는 민법 제107조 제1항 단서의 규정을 유추적용하여 그 행위를 무효로 보자고 한다. 그러나 이러한 무효는 선의의 제3자에게는 대항하지 못한다(다수설, 대판 2008. 5. 15, 2007다23807).

2) **권리남용설**

이 설은 대표권 남용행위라도 그 효과는 회사에 귀속하지만 악의인 상대방이 회사의 책임을 묻는 것은 권리남용이나 신의성실의 법리에 따라 허용할 수 없다고 한다(손, 786면; 정(동), 617~618면). 권리남용설에 대하여는 안일하게 일반조항을 적용한다는 비판이 있다.

3) **대표권제한설**

대표권에 “본인의 이익을 위하여 행사하여야 한다”는 내재적 제한이 있다는 전제에서 대표권 남용의 경우도 대표권의 내부적 제한(제209조 제2항 참조)의 경우와 같이 해결하자는 견해가 있다. 그러한 대표권의 제한은 선의의 제3자에게 대항할 수 없다는 것이다. 또 권한남용행위를 대표권한 유월로 보아 표현대표에 관한 상법규정을 유추적용하여 상대방이 선의인 한 회사의 책임을 인정하자고 하기도 한다(손지열, ‘대표권의 범위’, 민사판례연구XI, 11면, 1989).

(라) 주주총회 또는 이사회결의의 요건에 위반한 행위(전단적 행위)

대표이사의 일정한 행위에 대하여는 상법에서 주주총회나 이사회의 결의를 거치도록 요구하고 있다. 이러한 절차적 요건에 위반한 행위(주주총회결의에 하자가 있는 경우, 이사회결의를 거치지 않은 경우, 또는 결의내용과 상이한 행위를 한 경우)를 언제나 무효로 보는 것이 적당한가가 문제된다. 그것이 지배인 선임(제393조 제1항)과 같은 대내적 행위라면 무효로 보더라도 별 문제가 없다. 대외적 행위로서 집단적 거래행위(사채발행 등)라면 거래안전을 우선시켜서 유효한 것으로 다룰 수밖에 없다. 다만 이사회결의 없이 행해진 신주발행이라면 소송(신주발행무효의 소)으로 무효를 주장할 수 있다(제429조). 대표이사가 주주총회의 결의 없이 감행한 합병의 경우는 합병무효의 소로 다투어지게 된다.

문제는 일률적 무효화가 거래안전을 해치게 된다는 점이다. 거래상대방이 주주총회나 이사회의 결의가 없었거나 흠이 있었음을 알았거나 알 수 있었다면 무효로 보는 것(대판 1997. 6. 13, 96다48282)이 거래안전과 회사이익의 보호를 조화시킬 수 있는 해석이 될 것이다. 예를 들어 일정규모 이상의 금전차입이나 회사재산의 처분에는 이사회의 결의를 거쳐야 하는데(제393조 제1항), 이사회결의 없이 대표이사가 독단적으로 이러한 행위를 하였다고 하자. 이 경우에 상대방이 내부적 요건 위반을 알았거나 알 수 있었다면 무효지만, 상대방이 선의·무과실이면 회사는 무효를 주장할 수 없다고 새기는 것(대판 1996. 1. 26, 94다42754)이 합리적이다. 이 경우에 상대방 입장에서는 회사가 내부적 절차를 마쳤을 것으로 신뢰하는 것이 상식에 맞다. 즉 알 수 없었다고 보는 것이 일반 경험칙에 부합한다(대판 2009. 3. 26, 2006다47677). 회사는 상대방의 과실을 입증하여야만 무효를 주장할 수 있다(대판 1998. 3. 24, 95다6885).

영업전부의 양도 등에 주주총회의 특별결의를 받도록 하거나 이사의 자기거래와 같이 독립한 조문에서 이사회 승인을 요구하고 있는 경우에는 해당 제도의 규정과 법이론이 적용되고 전단적 행위에 대한 일반이론이 적용될 여지는 없다. 전단적 행위의 문제는 대표행위에 절차적 제한이 가해져 있는 경우에 그러한 요건이 갖추어져 있지 않음을 이유로 '대표행위'의 효력을 문제삼는 것이다. 반면에 위법한 영업양도나 자기거래의 경우는 주주총회의 결의 또는 이사회 승인없는 영업양도 또는 이사와 회사 간의 거래 그 자체의 효력을 문제삼는 것이다. 즉 대표이사의 행위로서의 문제라기보다 막바로 상법에서 정한 요건을 갖추지 못한 '회사의 행위'의 효력이 문제되는 경우이다. 이 경우도 무효이지만 상대방이 선의이면 회사가 대항할 수 없다(상대적 무효설).

대판 2008. 5. 15, 2007다23807 **대표이사의 대표권 남용**

대표이사의 대표권한 범위를 벗어난 행위라 하더라도 그것이 회사의 권리능력의 범위 내에 속한 행위이기만 하면 대표권의 제한을 알지 못하는 제3자가 그 행위를 회사의 대표행위라고 믿은 신뢰는 보호되어야 하고, 대표이사가 대표권의 범위 내에서 한 행위는 설사 대표이사가 회사의 영리목적과 관계없이 자기 또는 제3자의 이익을 도모할 목적으로 그 권한을 남용한 것이라 할지라도 일단 회사의 행위로서 유효하고, 다만 그 행위의 상대방이 대표이사의 진의를 알았거나 알 수 있었을 때에는 회사에 대하여 무효가 되는 것이다(대법원 2004. 3. 26. 선고 2003다34045 판결, 대법원 2005. 7. 28. 선고 2005다3649 판결 등 참조).

… 상법 제393조 제1항은 주식회사의 대규모 재산의 차입 등은 이사회의 결의로 한다고 규정하고 있는바, 여기서 대규모 재산의 차입에 해당하는지 여부는 당해 차입재산의 가액, 회사의 규모, 회사의 영업 또는 재산의 상황, 경영상태, 당해 재산의 차입목적 및 사용처, 회사의 일상적 업무와 관련성, 당해 회사에서의 종래의 취급 등 여러 사정에 비추어 대표이사의 결정에 맡기는 것이 상당한지 여부에 따라 판단하여야 할 것이다.

한편, 주식회사의 대표이사가 이사회의 결의를 거쳐야 할 대외적 거래행위에 관하여 이를 거치지 아니한 경우라도, 이와 같은 이사회 결의사항은 회사의 내부적 의사결정에 불과하다 할 것이므로, 그 거래 상대방이 그와 같은 이사회 결의가 없었음을 알았거나 알 수 있었을 경우가 아니라면 그 거래행위는 유효하다 할 것이고, 이 경우 거래의 상대방이 이사회의 결의가 없었음을 알았거나 알 수 있었음은 이를 주장하는 회사 측이 주장·입증하여야 한다(대법원 1995. 4. 11. 선고 94다33903 판결, 대법원 2005. 7. 28. 선고 2005다3649 판결 등 참조).

대판 1990. 3. 23, 89다카555 **대표이사의 대표권 남용과 회사의 불법행위책임**

피고금고의 대표이사인 소외 1이 위 각 금원을 피고금고[가] 차용한 것처럼 가장하여 수취하였고, 상호신용금고법 제17조 제1항, 제2항에 정한 총사원의 3분의 2 이상의 동의나 이사회의 결의를 얻지 아니하는 등 실질적으로 그의 개인적인 융통행위로서 피고금고의 차용행위로서는 무효라 하겠으나, 소외 1의 행위는 피고금고 대표이사로서의 직무와 밀접한 관련이 있을 뿐만 아니라 외형상으로는 피고금고 대표이사의 직무범위내의 행위로 보아야 할 것이고, 원고들의 처지에서도 피고금고와의 거래로 알고 있었던 것이므로 피고금고는 그 대표이사인 소외 1의 직무에 관한 불법행위로 인하여 원고들이 입은 손해를 배상할 책임이 있다고 할 것이다(당원 1968. 1. 31. 선고 67다2785 판결, 1987. 12. 22. 선고 87다카595 판결, 1988. 11. 8. 선고 87다카

733 판결 참조).

5. 표현대표이사

(1) 총 설

(가) 제도의 취지

주식회사가 대외적으로 법률행위를 하기 위해서는 대표기관이 필요하다. 회의체로서의 이사회가 업무집행에 관한 의사를 결정하기는 하지만 그 집행은 자연인에게 맡길 수밖에 없다. 능률과 편의 그리고 거래의 명확성을 도모하기 위하여 상법은 대표이사제도를 두고 그에게 회사를 대표할 권한을 부여하고 있다(제389조 제1항). 대표이사만이 대표권을 가지고 평이사는 대표권을 가지지 못한다.

대표이사는 이사 중에서 원칙적으로 이사회의 결의로 선임되나, 정관에 특별한 정함이 있는 경우에는 주주총회에서 선임된다. 대표이사로 선임된 자는 그 성명, 주민등록번호, 주소가 등기로써 공시된다(제317조 제2항 제8호・제9호). 따라서 주식회사와 거래하는 자는 등기부를 열람하여 대표이사로 등기된 자와만 거래하면 보호받을 수 있겠지만, 실제에 있어서 거래시마다 등기를 확인하도록 요구하는 것은 무리이다. 더구나 우리나라의 회사실무를 보면 많은 경우에 주식회사의 이사가 회의체의 구성원에 머무르지 않고 회사의 업무집행에 참여하고 있기 때문에(사내이사, 업무담당이사) 외부인은 그러한 이사가 대표권도 가지는 것으로 오인하기 쉽다.

상법상의 표현대표이사제도는 대표권 없는 이사에게 표현적 명칭을 사용하도록 한 회사에 대하여 책임을 물음으로써 주식회사 거래의 신속과 안전을 도모하고 거래상대방을 보호하기 위한 것이다. 즉 상법 제395조는 "사장, 부사장, 전무, 상무 기타 회사를 대표할 권한이 있는 것으로 인정될 만한 명칭을 사용한 이사의 행위에 대하여는 그 이사가 회사를 대표할 권한이 없는 경우에도 회사는 선의의 제3자에 대하여 그 책임을 진다"라고 규정하고 있다.

우리 상법상의 표현대표이사제도는 영미법상의 표시에 의한 금반언의 법리(estoppel by representation)와 독일법의 권리외관이론(Rechtsscheintheorie)과 그 취지를 같이하는 것이다.

(나) 상업등기제도와의 관계

위에서 본 바와 같이 대표이사의 성명은 등기사항으로 되어 있으며 등기를 한 이상 회사는 제3자가 정당한 사유로 인하여 이를 알지못한 때를 제외하고 선의의 제3자에게 대항할 수 있다(제37조). 이 원칙을 관철시키기 위해서는 대표이사를 등기한 회사는 표현대표이사의 행위에 대하여 대표권이 없음을 이유로 책임을 지지 않을 수 있다고 하여야 할 것이다. 그러나 이렇게 해석하면 제395조의 표현대표이사제도는 거의 적용될 경우를 찾을 수 없다. 다음과 같은 경우를 생각해 보자. 어떤 회사가 대표이사는 대표이사대로 등기를 해 놓고 다른 사람에게 사장이라는 직함을 사용하여 거래하도록 한 다음, 그 거래의 결과가 회사에 불리하면 등기부를 근거로 그 사장에게 대표권 없음을 항변하여 책임을 회피하고자 하는 시도를 했다고 하자. 이러한 시도를 봉쇄하기 위하여 표현대표이사제도가 효용을 발휘할 수 있다.

그러면 상업등기의 공시의 효력과 표현대표이사제도를 어떻게 조화시켜 이해할 것인가. 상업등기의 효력은 공시를 장려하고 공시주의를 관철하기 위하여 상법이 인정한 것인데 반하여 표현대표제도는 외관을 작출한 데 대한 책임을 묻기 위하여 입법된 것이다. 따라서 두 제도는 그 취지 및 차원을 서로 달리한다고 보아야 할 것이다. 대법원 판례도 자세한 설명은 없었으나 "상법 제395조와 상업등기와의 관계를 헤아려 보면, 본조는 상업등기와는 다른 차원에서 회사의 표현책임을 인정한 규정이라고 해야 옳으리니 이 책임을 물음에 상업등기가 있는 여부는 고려의 대상에 넣어서는 아니된다"고 판시하였다(대판 1979. 2. 13, 77다2436). 이러한 입장을 이차원설(異次元說)이라고 부른다.

한편 주식회사가 회사를 대표할 이사를 등기하였을 때는 기타의 이사는 대표권이 없다는 것을 선의의 제3자에게 대항할 수 있는 것이지만 회사가 스스로 만든 외관에 대하여 책임을 져야 하는 경우에는 이 범위에서 상법 제37조의 적용이 배제된다는 견해(예외규정설)도 있다.

(2) 상법 제395조의 적용요건

(가) 표현적 명칭의 사용

표현대표이사로서의 행위가 성립하기 위하여는 대표이사 아닌 이사가 '회사를 대표할 만한 명칭'(표현적 명칭)을 사용하였어야 한다. 상법 제395조는 표현적 명칭의 예로서 "사장·부사장·전무·상무"를 들고 있는데 이는 예시적 열거로 보아야 한다. 실제 표현대표이사의 문제가 제기된 경우에는 회사실무와 거래계의 일반적 인식을 고려하여 그 명칭을 사용하는 자에게 대표권이 있다고 신뢰하는 것이 합리적인가를 판단하여 표현대표이사의 성립을 결정하여야 할 것이다. 대법원 판례에서는 대표이사, 부사장, 전무이사, 상무이사라는 직함을 사용한 경우에 표현대표이사의 성립을 인정하고 있으며 그밖의 명칭에 제395조를 적용한 예는 없는 것으로 보인다.

대판 2003. 2. 11, 2002다62029 **'경리담당이사'의 명칭과 표현대표이사**

상법 제395조에 정한 표현대표이사의 행위로 인한 회사의 책임이 성립하기 위하여는 회사의 대표이사가 아닌 이사가 외관상 회사의 대표권이 있는 것으로 인정될 만한 명칭을 사용하여 거래행위를 하여야 하고, 그와 같은 명칭이 표현대표이사의 명칭에 해당하는지 여부는 사회 일반의 거래통념에 따라 결정하여야 할 것인데, 원고 주장에 의하더라도 '경리담당이사'는 회사를 대표할 권한이 있는 것으로 인정될 만한 명칭에 해당한다고 볼 수 없다고 하여 피고 회사가 상법 제395조에 따라 소외인의 행위에 대하여 책임이 있다는 원고의 주장을 배척하였는바, 관계법리와 기록에 비추어 살펴보면 원심의 위와 같은 판단은 정당한 것으로 수긍이 가고, 거기에 채증법칙을 위배하여 사실을 잘못 인정하거나 표현대표이사에 관한 법리를 오해한 위법이 있다고 할 수 없으므로, 이 점을 지적하는 취지의 상고이유의 주장은 이유 없다.

대판 1999. 11. 12, 99다19797 **표현대표이사**

상법 제395조는 표현대표이사의 명칭을 예시하면서 사장, 부사장, 전무, 상무 등의 명칭을 들고 있는바, 사장, 부사장, 전무, 상무 등의 명칭은 표현대표이사의 명칭으로 될 수 있는 직함을 예시한 것으로서 그와 같은 명칭이 표현대표이사의 명칭에 해당하는가 하는 것은 사회 일반의 거래통념에 따라 결정하여야 할 것이다.

그런데 상법은 모든 이사에게 회사의 대표권을 인정하지 아니하고, 이사회 또는 주주총회에서 선정한 대표이사에게만 회사 대표권을 인정하고 있으며(상법 제389조 제1항), 그와 같은 제도는 1963. 1. 1. 상법이 시행된 이후 상당한 기간 동안 변함없이 계속하여 시행되어 왔고, 그 동안 국민 일반의 교육수준도 향상되고 일반인들이 회사 제도와 대표이사 제도를 접하는 기회도 현저하게 많아졌기 때문에 일반인들도 그와 같은 상법의 대표이사 제도를 보다 더 잘 이해하게 되었으며, 적어도 직제상 사장, 부사장, 전무, 상무 등의 직책을 두고 있는 주식회사의 경우라면 상법상 대표이사에게는 사장 등의 직책과는 별도로 대표이사라는 명칭을 사용하도록 하고 상법상 대표이사가 아닌 이사에게는 대표이사라는 명칭을 사용하지 못하도록 하고 있으며, 또한 규모가 큰 주식회사의 경우 직제상 사장의 직책을 가지는 이사는 대표이사로 선정되어 있는 경우가 많은 반면, 직제상 전무 또는 상무의 직책을 가지는 이사는 반드시 그러하지는 아니하고, 전무 또는 상무의 직책을 가지면서 동시에 대표이사로 선정되어 있는 이사들은 '대표이사 전무, 대표이사 상무' 등의 명칭을 사용하는 것이 현재 우리 나라 경제계의 실정이다. 이와 같은 사정은 이 사건 렌탈계약 체결 당시를 기준으로 하여 보더라도 마찬가지일 것이다.

따라서 상법 제395조가 표현대표이사의 명칭으로 사장, 부사장, 전무, 상무 등의 명칭을 나란히 예시하고 있다 하더라도, 그 각 명칭에 대하여 거래통념상 제3자가 가질 수 있는 신뢰의 정도는 한결같다고 할 수 없으므로 위와 같은 각 명칭에 대하여 제3자가 그 명칭을 사용한 이사가 회사를 대표할 권한이 있다고 믿었는지 여부, 그와 같이 믿음에 있어서 중과실이 있는지 여부 등은 거래통념에 비추어 개별적·구체적으로 결정하여야 할 것이다. 특히 규모가 큰 주식회사에 있어서 '대표이사 전무' 또는 '대표이사 상무' 등의 명칭을 사용하지 아니하고, 단지 '전무이사' 또는 '상무이사' 등의 명칭을 사용하는 이사에 대하여는 제3자가 악의라거나 중과실이 있다는 회사측의 항변을 배척함에 있어서는 구체적인 당해 거래의 당사자와 거래 내용 등에 관하여 신중한 심리를 필요로 하고, 함부로 그 항변을 배척하여서는 아니된다 할 것이다.

… 이 사건 렌탈계약체결에 있어서 … 반채운이 받은 박신흠의 명함에는 한자로 "전무이사/주택사업본부장", 영어로 "Dep. of Housing, Business/Managing Director"라는 기재가 되어 있었다. 반채운은 동방산업과 피고 회사 사이에 아무런 거래관계도 없음을 알고 있었고, 반채운은 김동환을 통하여 이 사건 어음을 받은 후 박신흠이 피고 회사 대표이사 명의로 어음에 배서할 권한이 있는지 여부에 대하여 피고 회사의 경리부서 등에는 아무런 확인도 하지 아니하고, 다만 박신흠에게 전화를 걸어 확인을 하였을 뿐 이 사건 어음에 구체적으로 누가 배서하였는지에 관하여는 확인도 하지 아니하였다.

그렇다면 … 반채운이 위와 같은 박신흠의 명함을 받고도, … 박신흠 자신이 … 이 사건 어음에 피고 회사를 대표하여 배서를 할 권한이 있다고 믿었다고 보는 것은 거래통념에 비추어 볼 때에 그 자체로 수긍하기 어렵다.

(나) 이사 아닌 자에 대한 제395조의 유추적용 문제

대법원 판례 중에는 피고회사의 이사직을 사임한 자가 계속하여 전무이사로서 행세하면서 대표이사명의로 원고회사와 매매계약을 체결한 사건에서 이사자격이 없는 자에 대해서도 제395조가 적용된다고 판시한 것이 있다(대판 1979. 2. 13, 77다2436).

표현대표이사제도의 취지에 비추어 이사자격 없는 자가 회사를 대표할 권한이 있는 것으로 인정될 만한 명칭을 사용한 경우에까지 회사의 표현책임을 확대하는 것은 타당하다고 본다. 그러나 법문에서 '이사'일 것을 그 요건으로 하고 있는 만큼 이사 아닌 자의 경우에는 동조가 유추적용되는 것임을 밝히는 것이 정확할 것이다. 위의 판결보다 나중의 대법원 판결에서는 '유추'적용이라는 점을 확실하게 하고 있다(대판 1985. 6. 11, 84다카963).

여기서 생각해볼 점은 회사의 이사나 피용자가 아니거나 전혀 아니었던 자, 극단적으로 회사와 아무런 관계가 없는 자가 표현적 명칭을 사용한 경우에까지 제395조를 유추적용할 수 있는가이다. 이 문제는 회사의 귀책사유, 즉 명칭사용에 대한 묵시적 허용과 관련지어 검토되어야 할 것이다.

(다) 회사의 명칭사용의 허용

1) 명시적 허용과 묵시적 허용

회사에 표현책임을 묻기 위해서는 이사가 표현적 명칭을 사용한 것에 대하여 회사에 귀책사유가 있어야 한다. 행위자가 제멋대로 표현적 명칭을 사용한 경우에 제395조가 적용될 수 없는 것은 그 입법취지로부터 당연하다. 회사가 적극적으로 표현적 명칭을 부여하여 그 명칭을 사용한 경우가 가장 확실한 경우이겠지만, 소극적으로 표현적 명칭을 사용하는 것을 알면서도 묵시적으로 허용한 경우도 회사는 책임을 부담하여야 한다. 명시적으로 명칭사용을 허용한 경우는 문제가 간단하므로 논의를 줄이고 묵시적 허용의 경우를 살펴보기로 하자.

대법원 판결 중에는 "표현대표이사의 명칭을 사용하는 것을 회사가 알고 그대로 둔" 경우까지 "회사에 명칭사용에 대해서 귀책사유가 충분히 있다"고 한 예가 있다(대판 1979. 2. 13, 77다2436). 회사가 표현적 명칭의 사용을 알고도 저지하지 않고 묵인한 경우에 회사의 표현책임을 인정할 수 있을까. 그러나 제395조의 취지에 비추어 볼 때 이것만으로는 충분하지 않고 회사가 명칭사용을 방치한 것에 대하여 책임을 져야 할 부가적 사정(과실)이 있는 경우에 한해서 회사의 책임을 인정하여야 할 것이다. 표현적 명칭을 사용하는 것을 알면서도 저지하지 아니한 데 대하여 회사의 주의의무(저지노력의무)위반을 인정할 수 없다면 '외관작출'에 해당한다고 볼 수 없기 때문이다. 여기서 회사에 어느 정도의 저지노력이 요구되는가는 표현적 명칭의 사용자가 이사인가 피용자인가 또는 회사와 무관한 자인가에 따라 달라질 것이다.

대법원 판례도 실제 결론에 있어서는 명칭사용의 방임 이외에, 표현대표이사가 제3자와 맺은 계약을 회사가 계속적으로 이행한 경우, 대표이사로 등기가 되어 있는 경우 등과 같이 다른 부가적 사정이 갖추어진 경우에 회사의 표현책임을 인정하고 있다. 구체적인 대법원 판결을 보면, 전무이사로 행세하는 자가 대표이사명의로 원고회사와 수차례에 걸쳐 계약을 체결한 것을 피고회사가 대부분 이행한 경우에 표현대표이사의 성립을 인정하였다(대판 1979. 2. 13, 77다2436).

대판 2005. 9. 9, 2004다17702 상법 제395조의 규정에 의하여 회사가 표현대표자의 행위에 대하여 책임을 지는 것은 회사가 표현대표자의 명칭사용을 명시적으로나 묵시적으로 승인함으로써 대표자격의 외관 현출에 책임이 있는 경우에 한하는 것이나(대법원 1995. 11. 21. 선고 94다50908 판결 참조), 이사 또는 이사의 자격이 없는 자가 임의로 표현대표자의 명칭을 사용하고 있는 것을 회사가 알면서도 이에 동조하거나 아무런 조치를 취하지 아니한 채 그대로 방치한 경우도 회사가 표현대표자의 명칭사용을 묵시적으로 승인한 경우에 해당한다고 봄이 상당하다(대법원 1992. 7. 28. 선고 91다35816 판결 참조).

대판 1975. 5. 27, 74다1366 상법 제395조에 의하여 표현대표자의 행위에 대하여 회사가 책임을 지는 것은 회사가 표현대표자의 명칭 사용을 명시적으로나 묵시적으로 승인할 경우에만 한하는 것이고 회사의 명칭 사용승인없이 임의로 명칭을 잠칭한 자의 행위에 대하여는 비록 그 명칭사용을 알지 못하고 제지하지 못한 점에 있어서 회사에게 과실이 있다고 할지라도 그 회사의 책임으로 돌려 선의의 제3자에 대하여 책임을 지게 하는 취지가 아니다.

2) 허용의 주체

구체적으로 누가 명칭사용을 허용한 경우에 '회사'가 명칭사용을 허용했다고 볼 것인가는 어려운 문제이다. 이론상은 대표이사나 이사회가 허용한 경우에 회사는 책임을 진다고 말할 수 있다. 그러나 허락이 정상적으로 적법하게 이루어졌다면 표현대표의 성립이 아예 문제되지도 않았을 것이다. 현실적으로는 대표이사를 기준으로 그가 타인의 표현적 명칭사용을 허락하였는가, 알면서 묵인하였는가를 따질 수밖에 없다고 본다. 그러나 이사 및 대표이사의 선임절차에 하자가 있는 대표이사에 대하여 제395조를 적용하여야 할 경우에는 이사 선임을 위한 주주총회의 결의에 필요한 의결권수를 가지고 있는 실질적 주주의 의사를 기준으로 명칭사용에 대한 허용 여부를 판단하여도 무방할 것이다.

대판 1992. 9. 22, 91다5365 회사가 표현대표를 허용하였다고 하기 위하여는 진정한 대표이사가 이를 허용하거나 이사 전원이 아닐지라도 적어도 이사회의 결의의 성립을 위하여 회사의 정관에서 정한 이사의 수, 그와 같은 정관의 규정이 없다면 최소한 이사 전원의 과반수의 이사가 적극적 또는 묵시적으로 표현대표를 허용한 경우이어야 한다.

(라) 제3자의 선의 · 무중과실

표현대표이사에게 대표권이 있다고 신뢰한 선의의 제3자에 대하여서만 회사가 책임을 진다. 제3자의 선의에 관한 입증책임은 회사가 부담한다. 회사가 제3자의 악의를 입증하지 못하면 표현대표이사의 행위에 대하여 책임을 져야 한다.

한편 상법 제395조는 제3자의 과실에 대하여 아무 언급을 하고 있지 아니하다. 이와 비교해 볼 때 민법 제125조의 표현대리가 성립하기 위하여는 제3자에게 과실이 없어야 한다. 여기서 제3자에게 과실이 있더라도 표현대표가 성립할 수 있는가가 문제된다. 대법원은 상법 제395조를 적용함에 있어서 제3자의 선의 이외에 무과실까지 필요로 하는 것은 아니라고 판시하였다.

대판 1973. 2. 28, 72다1907 상법 395조의 규정은 사장, 부사장, 전무, 상무 기타 회사를 대표할 권한이 있는 것으로 인정될 만한 명칭을 사용한 이사의 행위에 대하여는 그 이사가 회사를 대표할 권한이 없는 경우에도 회사는 선의의 제3자에게 대하여 그 책임을 진다고 규정하였을 뿐 무과실을 필요로 한다는 규정이 없고, 위 법조의 입법취지가 대표권이 없는 이사에게 대하여 회사를 대표하는 권한이 있는 것으로 인정될 만한 명칭을 부여하는 것을 가급적이면 금지하고, 그와 같은 명칭을 사용할 것을 허용한 이상 그에 대하여 회사로서는 선의의 제3자에게 대하여 책임을 져야 한다는 데 있을 뿐 아니라 거래의 신속과 안전등을 고려할 때 위의 법조해석에 있어서 그 제3자는 '선의'이외에 무과실까지도 필요로 한다고 해석할 수 없다.

표현대표이사제도에 있어서 제3자의 신뢰의 합리성 · 타당성을 강조한다면,

선의 이외에 무과실까지 요구하여야 할 것이고 회사의 외관작출책임을 중시한다면 제3자의 과실은 따질 필요가 없을 것이다. 이 문제에 관하여 과실을 문제삼아서는 안 된다는 입장에서는 제395조는 금반언의 법리와 그 이념을 같이하는 제도로서, 회사의 귀책사유에 대한 책임을 묻기 위한 제도이므로 상대방의 과실유무에 따라 책임존부가 결정되는 것은 부당하다고 한다. 또 대표이사의 선임은 등기사항임에도 불구하고(제317조 제2항 제9호), 이 제도는 등기부를 열람하지 않은 '과실'을 문제삼지 않겠다는 취지에서 마련된 것임을 고려할 때, 과실의 유무는 문제삼지 않는 것이 당연하다고 한다(이(철), 594~595면; 주석상법 회사(Ⅲ), 267면).

표현대표책임은 회사에 귀책사유가 있고 제3자가 표현적 명칭을 사용한 자에게 대표권이 있다고 신뢰한 경우에 어디까지나 예외적으로 인정되는 것이므로 그 신뢰가 합리적인 것이라야 함은 당연하다. 앞에서 보았듯이 상법 제395조의 적용을 받을 수 있는 표현적 명칭은, 거래계의 통념에 비추어 그러한 명칭을 사용하는 자가 회사의 대표권을 가진 것으로 보는 것이 합리적인 명칭에 한정된다. 이와 같이 외관이 객관화·정형화되어 있으며, 상거래의 반복성·개성상실성을 고려할 때 제3자의 신뢰의 과실은 일반적으로 문제삼을 필요가 없다. 이 때문에 상법 제395조는 제3자의 무과실을 구태여 요건으로 규정하지 않은 것이라고 볼 수 있다.

중과실 있는 제3자까지도 보호하여야 한다는 입장에서는 회사의 귀책사유에 대한 징벌적 측면만을 강조하지만 금반언의 책임을 불법행위책임과 연결시키고 있는 미국에서도 신뢰의 합리성은 중요시되고 있다. 뿐만 아니라 신뢰가 불합리한 경우에는 외관작출과 신뢰간에 상당한 인과관계가 있다고 하기도 어려울 것이다. 이렇게 본다면, 제3자의 신뢰가 거래통념에 비추어볼 때 현저하게 합리성을 잃고 있는 경우에까지 제3자를 보호하는 것은 이 제도의 취지에 어긋난다고 하여야 할 것이다(대판 1999. 11. 12, 99다19797 참조).

대법원 판례는 중과실의 상대방은 보호받지 못함을 밝히고 있다. 우리나라의 다수설도 제3자에게 중대한 과실이 있는 경우에는 회사에게 표현책임을 물을 수 없다고 해석하고 있다(송, 919면; 이(철), 702~703면; 정(경), 506면; 정(동), 622면; 정(찬), 947면; 최, 652면). 제3자의 중과실은 회사가 입증하여야 한다(이

(철), 702면; 정(찬), 948면; 최, 651면).

대판 2003. 7. 22, 2002다40432 [1] 상법 제395조는 표현대표이사가 자기의 명칭을 사용하여 법률행위를 한 경우는 물론이고 자기의 명칭을 사용하지 아니하고 다른 대표이사의 명칭을 사용하여 행위를 한 경우에도 유추적용되고, 이와 같은 대표권 대행의 경우 제3자의 선의나 중과실은 표현대표이사의 대표권 존부에 대한 것이 아니라 대표이사를 대행하여 법률행위를 할 권한이 있느냐에 대한 것이다.

[2] 상법 제395조가 규정하는 표현대표이사의 행위로 인한 주식회사의 책임이 성립하기 위하여는 법률행위의 상대방이 된 제3자의 선의 이외에 무과실까지도 필요로 하는 것은 아니지만, 그 규정의 취지는 회사의 대표이사가 아닌 이사가 외관상 회사의 대표권이 있는 것으로 인정될 만한 명칭을 사용하여 거래행위를 하고, 이러한 외관이 생겨난 데에 관하여 회사에 귀책사유가 있는 경우에 그 외관을 믿은 선의의 제3자를 보호함으로써 상거래의 신뢰와 안전을 도모하려는 데에 있다 할 것인바, 그와 같은 제3자의 신뢰는 보호할 만한 가치가 있는 정당한 것이어야 할 것이므로 설령 제3자가 회사의 대표이사가 아닌 이사가 그 거래행위를 함에 있어서 회사를 대표할 권한이 있다고 믿었다 할지라도 그와 같이 믿음에 있어서 중대한 과실이 있는 경우에는 회사는 그 제3자에 대하여는 책임을 지지 아니하고, 여기서 제3자의 중대한 과실이라 함은 제3자가 조금만 주의를 기울였더라면 표현대표이사의 행위가 대표권에 기한 것이 아니라는 사정을 알 수 있었음에도 만연히 이를 대표권에 기한 행위라고 믿음으로써 거래통념상 요구되는 주의의무에 현저히 위반하는 것으로, 공평의 관점에서 제3자를 구태여 보호할 필요가 없다고 봄이 상당하다고 인정되는 상태를 말한다.

대판 1994. 12. 2, 94다7591 **표현대표이사의 성립**

위 이의홍은 심각한 건강문제로 피고 회사의 주식을 양도하고 중도금까지 수령한 후 위 전위우에게 피고 회사의 경영권 및 회사운영권 일체 등 회사의 전권을 위임한다는 내용의 위임장(갑 제3호증의 2)을 작성하여 주고, 운영권 행사에 지장이 없도록 대표이사의 인감과 고무인을 인도하고 사무실까지 넘겨주었고, 이에 따라 위 전위우는 소외 유만근에게 부사장의 직함을 주어 회사의 운영을 돕도록 하는 한편 스스로 피고 회사에서 발생한 노사분규를 수습하였으며, 원고들과의 이 사건 택시운행권 매매 이전에도 여러 사람에게 피고 회사의 택시운영권을 매매하는 등 위 1990.6.30.경부터 위 이의홍과의 분쟁이 발생하기까지의 4개월 여동안 아무런 장애 없이 독자적으로 회사운영권을 행사하여 온데다가, 원고들은 이 사건 계약후 위 전위우로부터 계약이 불이행될 경우 대금반환의 확보를 위하여 피고 회사의 택시에 근저당권을 설정받기까지 한 사실을 알아볼 수 있는바, 이와 같은 사정하에서라면 달리 특단의 사정이 없는 한 원고들은 위 전위우가 피고 회사의 경영권을 가지고 적법한 대표권을 행사하는 자라고 믿을 만한 사정이 있었다고 보아야 할 것이고, 따라서 원고들이 위 전위우가 피고 회사의 적법한 대표이사가 아니라는 사실을 알았거나 알지 못한 데 중대한 과실이 있었다고 하기는 어렵다고 보아야 할 것이다.

(3) 표현대표이사의 성립범위

(가) 대표행위

제395조는 표현적 명칭을 가진 자가 대표행위를 한 경우에 적용된다. 대표행위에는 대외적 법률행위·준법률행위가 포함되며 의사표시의 수령도 대표행위가 된다. 다만 본조가 거래의 안전을 보호하기 위하여 제3자가 표현대표이사의 대표권의 존재를 신뢰한 경우에 회사의 책임을 인정하는 것이라면, '거래'를 전제로 하지 않는 표현대표의 성립은 생각할 수 없다. 국내의 학설은 소송행위와 불법행위에는 본조가 적용되지 않는다는 데 대하여 일치하고 있다.

한편 대법원 판례는 심판청구인인 회사의 대표권이 없는 전무이사가 한 항고심판청구취하의 효력을 인정한 바 있다(대판 1970. 6. 30, 70후7). 이 판례의 입장에 반대하는 견해는 소송행위는 거래행위가 아님에도 불구하고 제395조를 적용한 것은 부당하다고 지적한다. 아울러 표현대표이사제도와 그 취지를 같이하는 상법상의 표현지배인제도(제14조)가 명문으로 재판상의 행위에 대하여는 그 적용을 배제하고 있음에 비추어 소송행위에는 표현대표의 성립을 부인하여야 한다고 한다(정(동), 623면; 최, 646면).

소송행위의 경우에 대리인이 본인을 위하여 소송행위를 할 수 있기 위해서는 특별한 법률의 근거가 있어야 함에 반하여 법인의 대표는 당연히 소송행위를 할 수 있다는 차이를 감안하여야 할 것이다. 표현적 명칭을 사용한 자의 대표행위의 효과를 회사가 부인하지 못하도록 하는 것이 제395조의 취지라고 본다면, 소송행위에 표현대표의 성립을 긍정한 대법원 판례의 태도에 대하여 소송행위는 거래행위가 아니고 재판상 행위라는 근거만으로 반대하는 것이 적당하겠는가는 의문이다. 오히려 소송행위의 특수성(공식성, 정확성)을 근거로 이 분야에서는 표현책임을 인정할 필요성보다 대표의 진정성이 더 중요시되어야 한다는 등의 다른 근거를 주장하는 것이 나을 것이다.

불법행위에 관하여 표현대표가 성립할 수 있는가 하는 문제에 접근하기 위하여 표현대표이사제도와 그 이념을 같이하고 있는 영미법상의 금반언의 법리가 원래 불법행위법상의 이론으로서 발전해 나왔다는 사실을 참고할 필요가 있다. 또 이론상 불법행위의 대리는 인정되지 않으나 불법행위의 대표는 얼마든지 있을 수 있음을 주목할 필요가 있다(민법 제35조 제1항 참조). 거래행위에 사기가 개입된 경우에(그 사기가 표현적 명칭을 사용한 이사의 사기인 경우) 회사의 불법행위책임이 성립할 수 있다.

(나) 표현대표이사의 대표권의 범위

표현대표이사의 대표권의 범위는 진정한 대표이사의 대표권의 범위와 동일하다. 따라서 이사・감사의 선임 등과 같이 대표이사의 권한에 속하지 아니하는 행위에 대해서는 표현대표가 성립할 수 없다. 또 회사합병계약이나 영업양도와 같이 법에서 주주총회나 이사회의 결의 등 일정한 절차를 거치도록 규정하고 있는 행위에 대해서도 제395조는 적용될 수 없다. 적법한 대표이사의 행위라 하더라도 무효인 경우에 '표현대표이사'의 상대방이라 하여 우대(보호)해 줄 수는 없다. 다만 회사가 내부적으로 대표이사의 권한을 제한해 놓은 경우에는 이로써 선의의 제3자에게 대항할 수 없으므로(제389조 제3항, 제209조 제2항), 그 제한된 행위에 대해서도 표현대표가 성립할 수 있을 것이다.

대법원도 "(구)상법 제262조는 대외적으로는 회사를 대표할 권한이 없었으나 대외관계에 있어 그 권한을 가진 것으로 인정될 만한 동조에 예시한 바와 같은 명칭을 부친 [붙인] 이사가 회사를 대표하여 한 법률행위의 효력에 관한 규정이므로 그 법률행위 자체는 대표이사의 권한에 속하는 것이어야 할 것인바 대표이사로서도 상법 제245조 제1항에 정한 주주총회의 특별결의 없이는 할 수 없는 행위에 대하여는 동법 제262조가 적용될 여지가 없다"고 판시하였다(대판 1985. 6. 11, 84다카963).

대판 1998. 3. 27, 97다34709 **표현대표이사**

… 표현대표이사의 행위와 이사회의 결의를 거치지 아니한 대표이사의 행위는 모두 본래는 회사가 책임을 질 수 없는 행위들이지만 거래의 안전과 외관이론의 정신에 입각하여 그 행위를 신뢰한 제3자가 보호된다는 점에 공통되는 면이 있으나, 제3자의 신뢰의 대상이 전자에 있어서는 대표권의 존재인 반면, 후자에 있어서는 대표권의 범위이므로 제3자가 보호받기 위한 구체적인 요건이 반드시 서로 같다고 할 것은 아니

고, 따라서 표현대표이사의 행위로 인정이 되는 경우라고 하더라도 만일 그 행위에 이사회의 결의가 필요하고 거래의 상대방인 제3자의 입장에서 이사회의 결의가 없었음을 알았거나 알 수 있었을 경우라면 회사로서는 그 행위에 대한 책임을 면한다[.]

(다) 선임이 무효·취소된 대표이사의 행위

이사회의 대표이사 선임결의가 무효인 경우라도 대표이사의 등기가 되어 있다면, 그와 거래한 자는 부실등기의 효력에 관한 상법 제39조에 의해서 보호받을 수 있으므로 위와 같은 경우에는 제395조의 '표현적 명칭'의 사용에 해당하는 것으로 볼 필요가 없지 않은가 하는 의문이 있을 수 있다. 상법 제39조에서 고의 또는 과실로 인하여 사실과 상위한(서로 다른) 사항을 등기한 자는 그 상위를 선의의 제3자에게 대항하지 못하도록 규정하고 있기 때문에 '회사'가 이사 및 대표이사 아닌 자를 이사 및 대표이사로 등기한 경우에 구태여 표현대표이사의 법리를 원용하지 않더라도 부실등기에 대한 회사의 책임문제로 해결될 것 같기도 하다. 생각해보면 제39조에 의한 상대방의 보호는 그 등기가 '회사'에 의해서 이루어진 경우에 한정된다. 여기서 적법하지 않게 선임된 대표이사가 등기한 경우에는 회사의 등기라고 보기 어렵다. 제39조에 따라 제3자가 보호받기 어렵다면 결국 주주총회의 하자 있는 결의로 선임된 대표이사의 경우도 표현대표의 문제로 다룰 수밖에 없다.

대법원은 적법하게 선임되지 아니한 대표이사의 등기를 '회사'의 등기로 보아 제39조를 적용 또는 유추적용할 수 있다고 하기도 하였다(대판 2004. 2. 27, 2002다19797). 그러나 비슷한 경우에 최근의 판결에서는 '회사'의 부실등기로 볼 수 없다는 취지의 설시를 하고 있다. 이 부분에서 제395조의 효용이 커질 것으로 전망된다.

대판 2009. 3. 12, 2007다60455 **대표이사 선임이 무효인 경우의 표현대표이사 성립**

주주총회를 소집, 개최함이 없이 의사록만을 작성한 주주총회결의로 대표자로 선임된 자의 행위에 대하여 의사록 작성으로 대표자격의 외관이 현출된 데에 대하여 회사에 귀책사유가 있음이 인정될 경우 상법 제395조에 따라 회사에게 그 책임을 물을 수 있고(대법원 1992. 8. 18. 선고 91다14369 판결 등 참조), 이 경우 의사록을 작성하는 등 주주총회결의의 외관을 현출시킨 자가 사실상 회사의 운영을 지배하는 자인 경우와 같이 주주총회결의 외관 현출에 회사가 관련된 것으로 보아야 할 경우에는 회사에 귀책사유가 있다고 인정할 수 있을 것이다.

대판 2008. 7. 24, 2006다24100 [1] 등기신청권자에 대하여 상법 제39조에 의한 불실등기(부실등기) 책임을 묻기 위하여는 원칙적으로 그 등기가 등기신청권자에 의하여 마쳐진 것임을 요하지만, 등기신청권자가 스스로 등기를 하지 아니하였다 하더라도 그 등기가 이루어지는 데 관여하거나 그 불실등기의 존재를 알고 있음에도 이를 시정하지 않고 방치하는 등 등기신청권자의 고의 또는 과실로 불실등기를 한 것과 동일시할 수 있는 특별한 사정이 있는 경우에는 그 등기신청권자에 대하여 상법 제39조에 의한 불실등기 책임을 물을 수 있다.

[2] 등기신청권자 아닌 사람이 주주총회의사록 및 이사회의사록 등을 허위로 작성하여 주주총회결의 및 이사회결의 등의 외관을 만들고 이에 터잡아 대표이사 선임등기를 마친 경우에는, 주주총회의 개최와 결의가 존재는 하지만 무효 또는 취소사유가 있는 경우와는 달리, 그 대표이사 선임에 관한 주식회사 내부의 의사결정은 존재하지 아니하여 등기신청권자인 회사가 그 등기가 이루어지는 데 관여할 수 없었을 것이므로, 달리 회사의 적법한 대표이사가 그 불실등기가 이루어지는 것에 협조·묵인하는 등의 방법으로 관여하였다거나 회사가 그 불실등기의 존재를 알고 있음에도 시정하지 않고 방치하는 등 이를 회사의 고의 또는 과실로 불실등기를 한 것과 동일시할 수 있는 특별한 사정이 없는 한, 회사에 대하여 상법 제39조에 의한 불실등기 책임을 물을 수 없고, 이 경우 위와 같이 허위의 주주총회결의 등의 외관을 만들어 불실등기를 마친 사람이 회사의 상당한 지분을 가진 주주라고 하더라도 그러한 사정만으로는 회사의 고의 또는 과실로 불실등기를 한 것과 동일시할 수는 없다.

대판 2011. 7. 28, 2010다70018 등기신청권자 아닌 자가 주주총회 의사록 및 이사회 의사록 등을 허위로 작성하여 주주총회결의 및 이사회결의 등의 외관을 만들고 이에 터잡아 이사 및 대표이사 선임등기를 마친 경우는 물론이고, 그와 같은 허위의 의사록에 선임된 것으로 기재된 이사 및 대표이사가 기존에 적법하게 선임된 이사 및 대표이사를 배제한 채 과반수에 미달하는 일부 주주에 대하여만 소집통지를 보낸 후 주주총회를 개최하여 일부 주주만의 찬성으로 이사 선임결의를 하고, 거기서 선임된 이사들로 구성된 이사회를 개최하여 새로운 대표이사를 선임한 후 대표이사 선임등기를 마친 경우에는, 비록 외형상 주주총회결의 및 이사회결의가 존재한다고 하더라도 그것이 적법하게 선임된 대표이사와 이사들 및 나머지 주주들의 관여가 배제된 채 이루어진 이상 등기신청권자인 회사가 선임등기가 이루어지는 데에 관여한 것으로 볼 수 없고, 달리 회사의 고의·과실로 불실등기를 한 것과 동일시할 수 있는 특별한 사정이 없는 한 회사에 대하여 상법 제39조에 의한 불실등기 책임을 물을 수 없다.

(라) 표현대표이사가 진정한 대표이사의 명의를 모용한 경우

대법원은 표현대표이사의 명칭을 사용하는 이사가 자기명의로 행위할 때뿐 아니라, 행위자 자신이 표현대표이사인 이상 진정한 대표이사의 명칭을 사용하여(대리적 대행의 대리인으로) 행위한 경우에도 상법 제395조가 적용된다고 판시하였다.

대판 2003. 9. 26, 2002다65073 회사를 대표할 권한이 없는 표현대표이사가 다른 대표이사의 명칭을 사용하여 어음행위를 한 경우, 회사가 책임을 지는 선의의 제3자의 범위에는 표현대표이사로부터 직접 어음을 취득한 상대방뿐만 아니라, 그로부터 어음을 다시 배서양도받은 제3취득자도 포함된다.

대판 1979. 2. 13, 77다2436 표현대표이사의 명칭을 사용하는 이사가 자기명의로 행위할 때뿐 아니라 행위자 자신이 표현대표이사인 이상 다른 대표이사의 명칭을 사용하여 행위한 경우에도 본조가 적용된다고 보아야 할 것이다(같은 판결: 대판 1998. 3. 27, 97다34709 - 저자). 따라서 이런 법리 위에서 보면 소외 서인석이 표방한 전무이사는 본조에서 말하는 표현대표이사임에는 이론이 있을 수 없고 동인이 대표이사 이옥순 명의로 한 행위에 본조의 적용을 못한다고는 못 하리니 이에 관한 위 원심 판단은 위 법리를 안 따랐다하겠으니 위법하며, 또 이미 설시한 바와 같이 서인석이 이사로 그만둔 후에 한 설시 2차례의 계약(75. 2. 6과 3. 10)을 피고회사가 거의 이행했다는 사실에 원심이 배척치 아니한 1심 기록 검증결과(장상익 심문조서 기재 - 기록 219정 이하)에 의하여 서인석의 이사사임 후인 '74. 12. 31부터 '75. 2. 21에 이르는 사이에 그가 하던 종전방법으로 동아염직회사에 생사 10포(대금 700여 만원 상당)를 비롯하여 재경 생사관계 10사에 도합 170포(총대금 1억 1천만여 원 상당)를 팔았으며 피고회사는 사임한 서인석의 전무이사 행세를 묵인해 온 사실이 인정될 수 있음이 충분하다 하리니 피고회사는 서인석의 사임 후에 있는 본건 거래까지를 포함하여 계속적인 일련의 거래에 대하여 표현책임을 면할 수 없는 법리라 하겠다.

위 판결의 사안을 검토해 보면 회사의 책임을 인정한 결론 자체가 부당하다 할 수는 없으나 이러한 경우에 제395조를 적용한 것이 논리적이라고 볼 수 있는가는 의문이다. 이러한 경우는 대행권 없는 자의 대행(대리적 대행)에 해당하

는 것으로서 표현대리에 관한 규정(민법 제126조 또는 129조)을 유추적용할 수 있는 분야이다. 위 사안의 경우는 민법 제129조를 유추적용할 수 있다.

거래의 교섭단계에서 표현대표이사의 표현적 명칭을 상대방이 신뢰하였는데 계약서작성 또는 어음에 기명날인은 대표이사의 명의로 한 경우에는 본조를 적용할 수 있다는 설명도 있다(일본 신판 주석회사법(6), 189면). 그러나 제395조는 회사가 표현적 명칭의 사용을 허용했거나 묵인한 데 대하여 책임을 지우는 취지의 규정일 뿐 대행권 없는 자의 표현적 대행을 규율하는 규정이 아님을 분명히 할 필요가 있다(동지: 이(철), 705면; 정(찬), 948면). 또 동조는 회사의 외관작출과 상대방의 신뢰를 기초로 회사의 책임을 예외적으로 인정하는 규정이라는 점을 감안한다면 그 적용범위는 가급적 제한하는 것이 바람직할 것이다. 표현대리 규정을 유추적용하면 과실있는 상대방은 보호받지 못하지만 상법 제395조를 적용하면 과실있는 상대방도 중과실이 없는 한 보호받게 되는 차이가 있다. 이렇게 본다면 상무이사가 대표이사를 대리하여 법률행위를 한 경우에(대리적 대행이었을 것임) 대리에 관한 규정(표현대리에 관한 규정)을 적용했던 과거의 판례(대판 1968. 7. 30, 68다127)가 보다 논리적이었지 않았나 생각한다.

(마) 공동대표의 경우

공동대표의 제도는 회사의 이익을 보호하기 위한 것이다. 공동대표의 경우 대표이사 1인이 단독으로 회사를 대표한 경우에는 그 효력이 회사에 귀속될 수 없는 것이 원칙이다. 그런데 그 대표이사와 거래한 상대방이 공동대표의 정함이 있는 것을 몰랐다면, 즉 단독으로 대표권을 행사할 수 있는 것으로 믿었을 경우 그 상대방을 우선적으로 보호할 것이냐 또는 회사의 이익보호를 우선시킬 것이냐가 문제된다.

원래 표현대표이사제도는 전혀 대표권이 없는 이사의 행위에 대하여 대표권이 있는 것으로 신뢰한 거래상대방을 보호하기 위한 제도이다. 그렇다면 비록 제한되기는 하였지만 대표권을 가지는 공동대표이사 1인의 대표행위에 대하여 표현대표의 성립을 부인할 합리적인 근거는 찾기 어렵다. 문제는 공동대표의 경우에 표현대표를 인정하게 되면 신중한 대표권행사를 확보하고 대표권의 남용을 방지하기 위한 공동대표제도의 존재이유가 무시될 수 있다는 것이다. 분명이 점이 어렵기는 하지만 거래상대방의 신뢰보호를 위한 표현대표이사제도가 있는 이상 공동대표이사 1인의 행위라도 표현대표이사의 요건을 갖추었다면 회사의 책임을 인정하지 않을 수 없다고 본다. 판례도 이러한 입장이다(대판 1993. 12. 28, 93다47653).

회사가 수인의 대표이사가 공동으로 회사를 대표할 것을 정하고 이를 등기한 경우에도, 공동대표이사 중의 1인이 대표이사라는 명칭을 사용하여 법률행위를 하는 것을 용인하거나 방임한 때에는, 그 공동대표이사가 단독으로 회사를 대표하여 한 법률행위에 관하여 회사가 선의의 제3자에 대하여 상법 제395조에 따른 책임을 진다(대판 1993. 12. 28, 93다47653).

Ⅳ. 이사의 이익충돌행위의 제한

이사가 회사의 사업내용과 영업에 관한 비밀을 알게 된 것을 기화로 회사의 이익을 희생시키고 사리를 도모할 우려가 있으므로 이를 막기 위하여 상법은 경업금지, 자기거래금지에 관한 규정을 두고 있었다. 개정상법은 이사의 자기거래 승인 대상범위를 확대하고 이사의 회사기회 유용금지 조항을 신설하였다. 회사 경영진에 의한 회사 이익의 침해 행위를 차단하고 기업경영의 투명성을 높임으로써 회사이익보호를 강화하고 투자자 주주의 권익보호를 확대하기 위한 것이다.

이들 부작위의무를 뒤에서 설명할 선관의무의 내용으로 볼 것인가, 충실의무의 내용으로 볼 것인가에 대하여는 논자들의 견해가 갈라져 있다. 경업금지의무에 관한 아래의 1993년 대법원 판결에서는 선관의무로 보았다.

1. 경업금지

이사는 이사회의 승인(이사가 1인 또는 2인인 회사의 경우는 주주총회의 승인(제383조 제4항))이 없으면 자기 또는 제3자의 계산으로 회사의 영업부류에 속한 거래를 하거나 동종영업을 목적으로 하는 다른 회사의 무한책임사원이나 이사가 되지 못한다(제397조 제1항). 판례는 이사가 경쟁대상회사의 지배주주가 되어 그 회사의 의사결정과 업무집행에 관여할 수 있게 되는 경우에도 소속회사의 이사회의 승인을 얻어야 한다고 하였다. 이는 이사가 소속회사와 '경쟁'을 하지 못하도록 하는 금지규정이다. 이사는 영업종류가 다른 회사의 무한책임사원이나 이사는 될 수 있다는 점에서 상업사용인이 영업의 종류를 불문하고 다른 회사의 무한책임사원이나 이사가 될 수 없는 (직무전념의무) 경우와는 다르다(제17조 제1항 참조).

이사가 경업금지에 위반하여 거래를 한 때에는 회사는 이사회의 결의로 개입권이나 손해배상청구권을 행사할 수 있다(제397조 제2항, 제399조). 이 중 한 권리를 선택하여 행사한 이후에는 다른 권리를 행사할 수 없다는 것이 독일 주식법(동법 제88조 제2항)의 입장이고 이에 따르는 국내학설도 있으나 상법 제198조 제3항과의 균형상 동시행사가 가능하다고 본다(통설).

취임제한에 위반한 경우에는 개입권을 생각할 수 없고 손해배상을 청구할 수 있을 뿐이다. 개입권은 거래가 있은 날로부터 1년을 경과하면 소멸한다(제397조 제3항).

그 밖에 회사는 경업금지의무를 위반한 이사를 해임할 수 있고 소수주주는 이사해임의 소를 제기할 수 있다(제385조). 경업금지에 대한 상세한 논의는 합명회사 사원의 경업금지 설명부분에 실려있다.

대판 2013. 9. 12, 2011다57869 상법이 제397조 제1항으로 "이사는 이사회의 승인이 없으면 자기 또는 제3자의 계산으로 회사의 영업부류에 속한 거래를 하거나 동종영업을 목적으로 하는 다른 회사의 무한책임사원이나 이사가 되지 못한다."고 규정한 취지는, 이사가 그 지위를 이용하여 자신의 개인적 이익을 추구함으로써 회사의 이익을 침해할 우려가 큰 경업을 금지하여 이사로 하여금 선량한 관리자의 주의로써 회사를 유효적절하게 운영하여 그 직무를 충실하게 수행하여야 할 의무를 다하도록 하려는 데 있다(대법원 1993. 4. 9. 선고 92다53583 판결 참조). 따라서 이사는 경업 대상 회사의 이사, 대표이사가 되는 경우뿐만 아니라 그 회사의 지배주주가 되어 그 회사의 의사결정과 업무집행에 관여할 수 있게 되는 경우에도 자신이 속한 회사 이사회의 승인을 얻어야 하는 것으로 볼 것이다. 한편 어떤 회사가 이사가 속한 회사의 영업부류에 속한 거래를 하고 있다면 그 당시 서로 영업지역을 달리하고 있다고 하여 그것만으로 두 회사가 경업관계에 있지 아니하다고 볼 것은 아니지만, 두 회사의 지분소유 상황과 지배구조, 영업형태, 동일하거나 유사한 상호나 상표의 사용 여부, 시장에서 두 회사가 경쟁자로 인식되는지 여부 등 거래 전반의 사정에 비추어 볼 때 경업 대상 여부가 문제되는 회사가 실질적으로 이사가 속한 회사의 지점 내지 영업부문으로 운영되고 공동의 이익을 추구하는 관계에 있다면 두 회사 사이에는 서로 이익충돌의 여지가 있다고 볼 수 없고, 이사가 위와 같은 다른 회사의 주식을 인수하여 지배주주가 되려는 경우에는 상법 제397조가 정하는 바와 같은 이사회의 승인을 얻을 필요가 있다고 보기 어렵다.

대판 1993. 4. 9, 92다53583 [1] 이사의 경업금지의무를 규정한 상법 제397조 제1항의 규정취지는 이사가 그 지위를 이용하여 자신의 개인적 이익을 추구함으로써 회사의 이익을 침해할 우려가 큰 경업을 금지하여 이사로 하여금 선량한 관리자의 주의로써 회사를 유효적절하게 운영하여 그 직무를 충실하게 수행하여야 할 의무를 다하도록 하려는 데 있으므로, 경업의 대상이 되는 회사가 영업을 개시하지 못한채 공장의 부지를 매수하는 등 영업의 준비작업을 추진하고 있는 단계에 있다하여 위 규정에서 말하는 '동종영업을 목적으로 하는 다른 회사'가 아니라고볼 수는 없다.

[2] 회사의 이사가 회사와 동종영업을 목적으로 하는 다른 회사를 설립하고 다른 회사의 이사 겸 대표이사가 되어 영업준비작업을 하여 오다가 영업활동을 개시하기 전에 다른 회사의 이사 및 대표이사직을 사임하였다고 하더라도 이는 상법 제397조 제1항 소정의 경업금지의무를 위반한 행위로서 특별한 다른 사정이 없는 한 이사의 해임에 관한 상법 제385조 제2항 소정의 '법령에 위반한 중대한 사실'이 있는 경우에 해당한다.

2. 회사기회의 유용금지

(1) 규정의 취지

상법은 이사가 이사회의 승인 없이 현재 또는 장래에 회사의 이익이 될 수 있는 회사의 사업기회를 자기 또는 제3자의 이익을 위하여 이용하여서는 아니 된다고 규정하고 있다(제397조의2). 즉 회사의 차지가 되어야 할 사업기회를 이사가 이사회의 승인 없이 이사 개인 등의 이익을 위해 이용하는 것을 금지하려는 것이다. 이는 미국 판례법에 의해 발달된 '회사기회유용이론'(ursurpation of corporate opportunity doctrine)을 받아들여 입법화한 것이다.

이 규정은 회사의 수탁자인 이사에게 부여된 충실의무(제382조의3)를 구체화한 것이며, 기존의 경업금지, 자기거래금지 규정으로 처벌할 수 없었던 이사의 이익충돌행위의 다른 한 유형을 규제할 수 있는 법적근거를 마련하였다고 평가된다(이(철), 728면)(기존법의 이사의 충실의무와 경업금지의무의 해석으로도 같은 효과를 거둘 수 있다는 견해도 있었다. 최준선, "회사기회유용금지이론에 관한 고찰", 「저스티스」 통권 제95호, 132면, 한국법학원(2006)). 집행임원을 둔 회사의 경우에는 이사와 함께 집행임원도 회사기회유용의 금지 의무를 진다(제408조의9).

(2) 회사의 사업기회

이사는 1) 직무를 수행하는 과정에서 알게 되거나 회사의 정보를 이용한 사업기회(제397조의2 제1항 제1호) 또는 2) 회사가 수행하고 있거나 수행할 사업과 밀접한 관계가 있는 사업기회(제397조의2 제1항 제2호)를 자기 또는 제3자의 이익을 위하여 이용하여서는 아니 된다.

1) 직무를 수행하는 과정에서 알게 되거나 회사의 정보를 이용한 사업기회

사업기회가 회사의 영업부류(사업분야)에 속하지 않더라도 사업기회에 관한 정보 취득이 직무수행과 관련되어 있으면, 이사 또는 관련자의 이익을 위해 그 사업기회를 유용하여서는 아니된다.

2) 회사가 수행하고 있거나 수행할 사업과 밀접한 관계가 있는 사업기회

이 항목의 해당여부는 이사의 경업금지(제397조)의 대상인 '회사의 영업부류에 속하는 거래'에서와 같이 '경쟁가능성' 여부가 판단기준이 될 수 있다. 정관에 명시된 사업의 종류뿐 아니라 사실상 회사가 수행중인 사업 활동에 포함되는 모든 사업기회를 포함한다. 미국의 회사기회유용 판례인 Guth사건판결(Guth v. Loft, Inc., 23 Del. Ch. 225, 5 A. 2d 503(1939))의 "당해 사업분야(in the line of the corporation's business)"라는 판단기준이 참고될 수 있다.

회사기회의 유용이 문제된 하급심사건으로 서울중앙지방법원 2011. 2. 25, 2008가합47881 판결이 있다. 2000년 말 현대자동차의 지배주주 일가가 100% 출자하여 물류회사 글로비스를 설립한 후 글로비스에 현대자동차의 물량을 몰아주어 순이익이 급증하였다. 이에 경제개혁연대가 글로비스의 지분을 지배주주가 아닌 현대자동차가 인수했다면 그 이익은 현대자동차의 주주에게 돌아갔을 것이라고 주장하며 지배주주들이 현대자동차의 사업기회를 유용하였다고 주주대표소송을 제기하였다.

이 사건에서 재판부는, 회사기회 유용 금지에 대해 우리 상법상 이사의 충실의무를 적용할 여지는 있으나, 글로비스의 설립은 현대그룹 차원의 기회이지 현대자동차만의 독자적인 이해관계를 가진 사업기회로 보기 어렵다고 판시했다. 더불어 회사기회유용의 법리가 적용되기 위한 두 가지 요건을 제시하였다. 회사기회여부의 판단기준으로는 '현실적이고 구체적인 사업기회일 것'과 유용여부 판단기준으로는 '사업기회를 부당하게 유용하거나 탈취했을 것'을 제시하였다.

(3) 이사회의 승인

이사회에서 이사 전원의 3분의 2 이상의 찬성을 얻지 못하면 이사는 회사의 사업기회를 이용할 수 없다(제397조의2 제1항). 다만 이사가 1인 또는 2인 있는 소규모 회사는 이사회가 아닌 주주총회의 결의로 이를 승인한다(제383조 제4항). 이사가 2인이라 하더라도 당사자인 이사를 제외하면 1인의 이사만 남게 되기 때문이다.

이때의 이사회 결의에서 해당 이사는 사업기회의 이용에 관한 정보를 상세하게 개시(開示, disclose)하여야 한다. 사업기회를 이용하고자 하는 이사가 그 승인결의에서 특별이해관계인으로서 의결권을 행사하지 못하는 것은 경업금지 승인, 자기거래승인의 경우와 같다(제391조 제2항, 제368조 제4항).

개정전 상법에서는 경업의 승인과 자기거래의 승인 모두 보통결의(과반수 출석과 출석 이사의 과반수 찬성, 제391조 제1항)사항으로 하였는데, 개정상법에서는 자기거래의 승인에 대하여만 기회유용의 승인과 같은 엄격한 결의요건을 적용하고, 경업의 승인결의의 요건은 변경하지 않았다. 회사와의 이해충돌행위를 제한하는 같은 취지의 규정들에서 서로 다른 결의요건을 규정한 것은 납득하기 어렵다는 지적이 있다(이(철), 730면).

(4) 손해배상책임

1) 이사회의 승인 없이 회사의 사업기회를 이용하여 회사에 손해를 끼친 경우, 손해를 발생시킨 이사 및 승인한 이사는 회사에 연대하여 손해를 배상할 책임이 있다(제397조의2 제2항). 상법에 의하면 회사는 정관에 정함을 두어 이사의 회사에 대한 손해배상책임을 그 이사의 보수액의 6배 범위로 감경할 수 있으나(제400조 제2항 본문), 이사가 회사기회 유용금지의무에 위반하여 생긴 손해배상책임은 정관의 규정으로도 감경할 수 없다(동항 단서).

2) 이사의 기회유용으로 회사에게 생긴 손해는 측정하기도 어렵고, 예측하기도 어렵다. 이러한 점을 고려하여 상법에서는 사업기회유용제한을 위반하여 이사 또는 제3자가 얻은 이익을 회사의 손해로 추정(제397조의2 제2항)하는 규정을

두어 이사의 책임을 추궁하는 경우의 입증책임을 완화시켰다.

대판 2013. 9. 12, 2011다57869 이사는 회사에 대하여 선량한 관리자의 주의의무를 지므로, 법령과 정관에 따라 회사를 위하여 그 의무를 충실히 수행한 때에야 이사로서의 임무를 다한 것이 된다. 이사는 이익이 될 여지가 있는 사업기회가 있으면 이를 회사에 제공하여 회사로 하여금 이를 이용할 수 있도록 하여야 하고, 회사의 승인 없이 이를 자기 또는 제3자의 이익을 위하여 이용하여서는 아니 된다. 그러나 회사의 이사회가 그에 관하여 충분한 정보를 수집 · 분석하고 정당한 절차를 거쳐 회사의 이익을 위하여 의사를 결정함으로써 그러한 사업기회를 포기하거나 어느 이사가 그것을 이용할 수 있도록 승인하였다면 그 의사결정과정에 현저한 불합리가 없는 한 그와 같이 결의한 이사들의 경영판단은 존중되어야 할 것이므로, 이 경우에는 어느 이사가 그러한 사업기회를 이용하게 되었더라도 그 이사나 이사회의 승인 결의에 참여한 이사들이 이사로서 선량한 관리자의 주의의무 또는 충실의무를 위반하였다고 할 수 없다.

3. 회사와의 자기거래

(1) 규정의 취지

상법은 이사가 본인의 이익을 위하여 회사의 이익을 희생시키는 불공정한 거래를 방지하기 위하여 이사 및 상법에서 정한 자가 당사자가 되어 회사와 거래하는 것을 제한하고 있다(제398조). 개정전 상법에서는 이사만을 거래 주체로 규정하여 이사의 과반수 출석과 출석이사의 과반수 찬성에 의한 승인만 있으면 이사와 회사의 자기거래를 할 수 있게 하였었다.

상법에서는 자기거래 승인대상을 확대하고, 이사회의 승인요건도 엄격하게 변경하여 회사와 투자자주주의 이익보호를 강화하였다. 즉, 이사 이외에 주요주주, 그들의 친 · 인척 그리고 그들과 특수한 관계가 있는 회사도 이사회에서 이사 3분의 2 이상의 찬성을 얻어야만 회사와 거래를 할 수 있다. 이러한 절차적 요건 외에 거래의 내용과 절차는 공정하여야 한다는 실질적 요건도 추가하였다(제398조 후단). 상장회사의 경우에는 주요주주, 이사 등에 대한 신용공여 등이 금지되고 있으며 최대주주, 특수관계인 등과 상법에서 정한 거래를 하는 경우 이사회의 승인을 받도록 특칙이 규정되어 있다(제542조의9).

(2) 거래주체의 범위

1) 이사, 주요주주 및 특수관계인은 회사와의 거래가 제한된다

이들이 '자기 또는 제3자의 계산으로' 회사와 거래할 때, 거래결과가 회사에 손해를 끼칠 수 있는 거래를 할 때 이사회의 승인이 필요하다.

2) 이사(제398조 제1호)는 상법상의 이사로서 사내이사, 사외이사 등 모든 이사를 포함한다. 거래당시의 이사만 해당하고, 거래당시 이사의 직위를 떠난 사람은 포함되지 않는다(대판 1988. 9. 13, 88다카9098). 집행임원을 둔 회사의 경우 집행임원도 이사회의 승인을 받아야 회사와 거래할 수 있다(제408조의9).

3) 주요주주(제398조 제1호)는 발행주식총수의 100분의 10 이상의 주식을 소유한 자 또는 이사·감사의 선임과 해임 등 상장회사의 주요 경영사항에 대하여 사실상 영향력을 행사하는 주주이다(제542조의8 제2항 제6호).

4) 특수관계인(제398조 제2호~제5호)은 ① 이사 또는 주요주주의 배우자 및 직계존·비속, ② 이사 또는 주요주주의 배우자의 직계존·비속, ③ 이사 또는 주요주주와 ①②의 자가 단독 또는 공동으로, 의결권 있는 발행주식 총수의 100분의 50 이상을 가진 회사 및 그 자회사, 그리고 ④ 이사, 주요주주, ①②에 해당하는 자가 ③의 회사와 합하여 의결권 있는 발행주식총수의 100분의 50 이상을 가진 회사이다.

(3) 이익충돌의 거래

1) 이사와 회사 간의 거래라 하여 모두 이사회의 승인을 받아야 하는 것은 아니고 회사의 이익이 침해당할 우려가 있는 거래만 승인대상이 된다. 따라서 회사와 이사 간의 거래라도 보통거래약관에 의한 거래(은행이사의 소속은행에의 예금, 보험회사 이사의 소속회사에의 자동차보험가입 등), 일방적으로 회사에게만 유리한 거래(부담 없는 증여, 무이자·무담보로 회사가 이사로부터 자금을 빌리는 경우 등)는 제398조의 규제대상이 되지 않는다. 이와 관련하여 외관상 거래유형만으로 회사의 이익이 침해될 우려가 없다 하더라도 거래상대방의 침해의사까지 고려하여야 한다는 '주관설'도 주목된다.

자기거래의 승인요건이 상법에서 이사전원의 3분의2 이상의 찬성으로 엄격하게 규정되어 있으므로 '이익충돌'의 해당여부도 엄격하게 판단되어야 할

것이다.

대판 2010. 3. 11, 2007다71271 **이사 등의 자기거래**

상법 제398조 전문이 이사와 회사 사이의 거래에 관하여 이사회의 승인을 얻도록 규정하고 있는 취지는, 이사가 그 지위를 이용하여 회사와 직접 거래를 하거나 이사 자신의 이익을 위하여 회사와 제3자 간에 거래를 함으로써 이사 자신의 이익을 도모하고 회사 및 주주에게 손해를 입히는 것을 방지하고자 하는 것이므로, 이사와 회사 사이의 거래라고 하더라도 양자 사이의 이해가 상반되지 않고 회사에 불이익을 초래할 우려가 없는 때에는 이사회의 승인을 얻을 필요가 없는 것이다(대법원 2000. 9. 26. 선고 99다54905 판결 참조).

… 텔슨전자가 피고를 피보험자로 하여 퇴직보험계약을 체결한 것은 주주총회의 결의에 의하여 결정된 임원퇴직금지급규정상 임원의 보수를 지급하기 위한 수단에 불과하고, 이와 같은 보험가입에 따라 텔슨전자가 보험료 상당을 출연하였다고 하더라도 그 보험료의 지급은 장래에 지급할 퇴직금을 적립하여 그 퇴직금 지급시에 발생되는 커다란 규모의 자금 수요에 대비하기 위한 것으로서 비록 보험금의 수익자 및 해약환급금의 귀속주체가 피고라고 하더라도 그 퇴직금 지급사유 발생시까지는 이로 인하여 피고가 직접적인 이득을 얻는 것은 없다. 그리고 원심이 적법하게 채택한 증거들에 의하면 보험료에 금리 상황에 적합한 이율이 가산되어 보험금을 지급하도록 되어 있어 자금 적립에 따른 보상이 이루어지고 있음을 알 수 있으며, 또한 퇴직금 지급사유가 발생한 때에는 뒤에서 보는 바와 같이 피고가 직접 수령한 보험금이나 해약환급금 중 퇴직금 범위 내에서만 보유할 수 있고 이를 넘는 금액은 텔슨전자에게 반환하여야 하므로 피고가 정당한 퇴직금을 지급받는 외에 특별한 이익을 얻는다거나 이로 인하여 텔슨전자가 손해를 입는다고 할 수 없다.

따라서 이와 같은 사정을 종합하여 보면, 텔슨전자의 이사인 피고가 자신을 피보험자 및 수익자로 하여 텔슨전자의 명의로 퇴직보험에 가입하였다고 하더라도, 이로 인하여 텔슨전자에게 퇴직금을 조성하기 위한 일반적인 자금 운영의 범위를 넘는 실질적인 불이익을 초래할 우려가 없다고 할 것이므로, 이에 관하여 이사회의 승인을 얻을 필요가 없다고 봄이 상당하다.

2) 규제받는 거래 주체들이 회사와 거래하는 직접거래뿐 아니라, 제3자와 회사와의 거래에서 생기는 이익이 이사 등에게 귀속되는 간접거래도 이사회 승인이 필요한 이익충돌의 거래이다. 예를 들어 이사 A가 은행으로부터 돈을 빌리는 경우에 A가 소속한 회사에서 연대보증하는 경우도 제398조의 규제대상이 된다.

대판 1984. 12. 11, 84다카1591 상법 제398조에서 말하는 거래에는 이사와 회사사이에 직접 성립하는 이해상반하는 행위뿐만 아니라 이사가 회사를 대표하여 자기를 위하여 자기 개인 채무의 채권자인 제3자와의 사이에서 자기개인채무의 연대보증을 하는 것과 같은 이사개인에게 이익이 되고 회사에 불이익을 주는 행위도 포함하는 것이라 할 것이므로 별개 두 회사의 대표이사를 겸하고 있는 자가 어느 일방 회사의 채무에 관하여 나머지 회사를 대표하여 연대보증을 한 경우에도 역시 상법 제398조의 규정이 적용되는 것으로 보아야 한다.

3) 모회사의 이사와 자회사의 거래는 모회사에 대한 관계에서 제398조의 규율대상인 자기거래에 해당하지 아니한다(대판 2013. 9. 12, 2011다57869).

대판 2013. 9. 12, 2011다57869 구 상법(2011. 4. 14. 법률 제10600호로 개정되기 전의 것, 이하 '구 상법'이라 한다) 제398조가 이사와 회사 간의 거래에 대하여 이사회의 승인을 받도록 정한 것은 이사가 그 지위를 이용하여 회사와 직접 거래를 하거나 이사 자신의 이익을 위하여 회사와 제3자 간에 거래를 함으로써 이사 자신의 이익을 도모하고 회사 또는 주주에게 손해를 입히는 것을 방지하고자 하는 것이므로(대법원 2010. 3. 11. 선고 2007다71271 판결 참조), 위 규정이 적용되기 위하여는 이사 또는 제3자의 거래상대방이 이사가 직무수행에 관하여 선량한 관리자의 주의의무 또는 충실의무를 부담하는 당해 회사이어야 한다. 한편 자회사가 모회사의 이사와 거래를 한 경우에는 설령 모회사가 자회사의 주식 전부를 소유하고 있더라도 모회사와 자회사는 상법상 별개의 법인격을 가진 회사이고, 그 거래로 인한 불이익이 있더라도 그것은 자회사에게 돌아갈 뿐 모회사는 간접적인 영향을 받는 데 지나지 아니하므로, 자회사의 거래를 곧바로 모회사의 거래와 동일하게 볼 수는 없다. 따라서 모회사의 이사와 자회사의 거래는 모회사와의 관계에서 구 상법 제398조가 규율하는 거래에 해당하지 아니하고, 모회사의 이사는 그 거래에 관하여 모회사 이사회의 승인을 받아야 하는 것이 아니다.

4) 회사가 이사 등과의 거래의 결과 어음채무를 부담하게 되는 경우에 제398조가 적용되는지, 즉 원인관계에 대한 승인 이외에 회사의 어음행위에 대하여 별도로 이사회의 승인을 받아야 하는지 문제된다.

어음행위는 원인관계와는 다른 새로운 채무를 발생시키고, 일반적으로 단독판사의 관할, 가집행선고, 입증책임의 전환, 항변의 절단 등 여러 가지 점에서 어음채무자에게 불리하다. 나아가 은행도어음의 부도의 경우에 채무자는 영업상 치명적인 은행거래정지처분을 받을 수 있는 등 어음행위자에게 원인관계상의 책임보다 더 큰 책임이 따르는 거래이므로 별도로 이사회 승인을 받도록 하여야 할 것이다.

대판 2004. 3. 25, 2003다64688 [1] 회사의 대표이사가 이사회의 승인 없이 한 이른바 자기거래행위는 회사와 이사 간에서는 무효이지만, 회사가 위 거래가 이사회의 승인을 얻지 못하여 무효라는 것을 제3자에 대하여 주장하기 위해서는 거래의 안전과 선의의 제3자를 보호할 필요상 이사회의 승인을 얻지 못하였다는 것 외에 제3자가 이사회의 승인 없음을 알았다는 사실을 입증하여야 할 것이고, 비록 제3자가 선의였다 하더라도 이를 알지 못한 데 중대한 과실이 있음을 입증한 경우에는 악의인 경우와 마찬가지라고 할 것이며, 이 경우 중대한 과실이라 함은 제3자가 조금만 주의를 기울였더라면 그 거래가 이사와 회사간의 거래로서 이사회의 승인이 필요하다는 점과 이사회의 승인을 얻지 못하였다는 사정을 알 수 있었음에도 불구하고, 만연히 이사회의 승인을 얻은 것으로 믿는 등 거래통념상 요구되는 주의의무에 현저히 위반하는 것으로서 공평의 관점에서 제3자를 구태여 보호할 필요가 없다고 봄이 상당하다고 인정되는 상태를 말한다.

[2] 어음 할인 등 여신을 전문적으로 취급하는 은행이 대표이사의 개인적인 연대보증채무를 담보하기 위하여 대표이사 본인 앞으로 발행된 회사 명의의 약속어음을 취득함에 있어서 당시 위 어음의 발행에 관하여 이사회의 승인이 없음을 알았거나 이를 알지 못한 데 대하여 중대한 과실이 있다.

(4) 이사회의 승인

1) 승인기관

이익충돌의 우려가 없는 경우를 제외하고는 이사의 자기거래에는 이사회의 승인을 받아야 한다. 다만 이사가 1인 또는 2인 있는 회사의 경우에는 주주총회의 승인결의로 갈음한다(제383조 제4항). 자기거래에 대한 승인을 위한 이사회 결의에서 자기거래의 당사자인 이사는 특별이해관계인으로서 의결권을 행사하지 못한다(제391조 제3항, 제368조 제4항).

한편 주주전원의 동의 또는 회사의 정관규정으로 승인기관을 주주총회로 정하면 그것으로 이사회의 승인에 갈음할 수 있다는 견해(강, 557면; 정(동), 442면; 최, 946면)가 있다. 판례도 주주전원의 동의만 있으면 회사가 책임을 진다고 하였다(대판 2002. 7. 12, 2002다20544). 그러나 자기거래에 이사회의 승인을 받도록 한 것은 주주의 이익보호를 넘어서 회사와 채권자의 이익을 보호하기 위한 장치이다. 또한 이사회의 승인이 부당한 경우에는 이사들에게 책임을 추궁할 수 있다. 그런데 주주전원이나 주주총회의 결의로 거래를 승인할 수 있도록 한다면 주주들에게 책임을 물을 방법이 없다. 특히 1인주주 회사에서 그와 회사간의 거래에는 이사회의 승인 자체를 필요없게 하는 문제가 생긴다(이(철), 741면).

대판 2002. 7. 12, 2002다20544 회사의 채무부담행위가 상법 제398조 소정의 이사의 자기거래에 해당하여 이사회의 승인을 요한다고 할지라도, 위 규정의 취지가 회사 및 주주에게 예기치 못한 손해를 끼치는 것을 방지함에 있다고 할 것이므로, 그 채무부담행위에 대하여 사전에 주주 전원의 동의가 있었다면 회사는 이사회의 승인이 없었음을 이유로 그 책임을 회피할 수 없다.

2) 결의요건

상법은 이사의 과반수 출석에 출석이사 과반수 찬성이었던 개정전의 결의요건을 이사전원의 3분의 2 이상의 찬성으로 강화하였다(제398조). 이는 회사의 기회유용에 대한 승인과 같은 요건이다.

3) 승인시기

상법은 자기거래를 하기 위하여 '미리' 이사회에서 해당 거래에 관한 중요사실을 밝히고 이사회의 승인을 받아야 한다고 규정하여 사전승인 요건을 명문화하였다(제398조).

그러나 예상하지 못한 친인척 관계의 변화나 지분율 변화로 인하여 자기거래 승인 대상에 포함되는지 파악하기 곤란할 수 있다. 이 경우 사전승인의 요건을 갖추지 못하면 고의·중과실없이 거래가 무효화되어 법적 안정성을 해할 수 있다는 지적이 있다(전삼현, "회사기회의 유용 및 자기거래 규제에 따른 실무적 현안과 법적 과제", 「기업법연구」 제25권 제4호, 59면, 한국기업법학회(2011)).

4) 승인의 효과

이사회의 승인이 있으면 회사와 이사 등간의 거래행위가 유효하게 될 뿐이지 이로 인한 이사의 책임까지 면제되는 것은 아니다. 따라서 회사에 손해를 끼친 자기거래를 승인한 이사는 그 거래를 한 이사와 연대하여 손해를 배상할 책임이 있다(제399조 제1항·제2항).

(5) 실체적 공정성과 절차적 공정성

상법은 자기거래의 내용과 절차는 공정하여야 한다고 규정하고 있다(제398조 후단). 내용과 절차 모두 공정해야 하며 사전승인 전에 거래의 중요한 내용이 이사회에 개시(開示, disclose)되어야 한다. 실체적 · 절차적 양면에서 완전한 공정성(entire fairness)이 요구된다(양명조 · 문화경, "2011년 개정상법상 주식회사 이사의 자기거래에 있어서의 공정성 요건", 「법조」 통권 660호, 183~189면(2011)). 우리 판례(대판 2007. 5. 10, 2005다4284)에서 해석으로 요구하여 왔던 공정성 요건이 개정상법에 반영된 것이다.

형식적으로 이사회의 승인은 받았으나 문제의 거래가 실체적으로 현저하게 불공정한 경우, 불공정한 자기거래를 막기 위해 자기거래를 제한하는 취지가 무의미해지므로 이때의 이사회 승인결의는 무효로 보아야 할 것이다. 즉 공정성이 결여된 거래는 이사회의 승인이 없는 거래로 보아 불공정한 자기거래를 한 이사와 이를 승인한 이사에게 회사에 대해 연대하여 손해배상책임을 부과하는 것이 적당하다(제399조 제2항)(이(철), 743면).

이 경우 거래의 공정성 여부를 사후적으로 법원이 판단하는 것은 적당하지 않다는 지적을 고려하여 상장회사의 경우에는 일정규모 이상의 자기거래에 대하여 감독기관(예, 금융감독원)의 승인까지 받도록 하는 것도 고려할 만하다.

대판 2007. 5. 10, 2005다4284 이사와 회사 사이의 이익상반거래가 비밀리에 행해지는 것을 방지하고, 그 거래의 공정성을 확보함과 아울러 이사회에 의한 적정한 직무감독권의 행사를 보장하기 위해서는 그 거래와 관련된 이사는 이사회의 승인을 받기에 앞서 이사회에 그 거래에 관한 자기의 이해관계 및 그 거래에 관한 중요한 사실들을 개시하여야 할 의무가 있고, 만일 이러한 사항들이 이사회에 개시되지 아니한 채 그 거래가 이익상반거래로서 공정한 것인지 여부가 심의된 것이 아니라 단순히 통상의 거래로서 이를 허용하는 이사회의 결의가 이루어진 것에 불과한 경우 등에는 이를 가리켜 상법 제398조 전문이 규정하는 이사회의 승인이 있었다고 할 수는 없다.

(6) 승인 없는 자기거래의 효력

회사의 이익을 보호하기 위한 자기거래의 취지를 고려할 때 승인 없는 자기거래의 효력을 무효로 보는 견해(최, 681~682면)가 가장 효과적일 수 있다. 그러나 이사회 승인을 받지 않았다 하더라도 회사에게 필요하고 유리한 자기거래가 있을 수 있다. 후속 거래에서의 거래안전도 고려되어야 한다.

통설과 판례(대판 2004. 3. 25, 2003다64688)의 입장인 상대적 무효설은 승인 없는 자기거래는 이사와 회사 간의 내부관계에서는 무효이지만 선의이고 중대한 과실이 없는 제3자와의 외부관계에서는 유효하다고 한다. 즉 제3자의 악의(승인 없는 자기거래라는 것을 안 것) 또는 중대한 과실을 회사가 입증하지 못하면 자기거래는 유효하다는 것이다. 통설이 회사이익과 거래안전을 조화롭게 해석한 것으로 평가된다.

나아가 자기거래에서의 '이익충돌가능성'여부를 엄격하게 판단하면 자기거래의 인정 범위를 조정할 수 있고 상당한 정도 거래안전은 실현될 수 있으리라 생각한다.

대판 2004. 3. 25, 2003다64688 회사의 대표이사가 이사회의 승인 없이 한 이른바 자기거래행위는 회사와 이사 간에서는 무효이지만, 회사가 위 거래가 이사회의 승인을 얻지 못하여 무효라는 것을 제3자에 대하여 주장하기 위해서는 거래의 안전과 선의의 제3자를 보호할 필요상 이사회의 승인을 얻지 못하였다는 것 외에 제3자가 이사회의 승인 없음을 알았다는 사실을 입증하여야 할 것이고, 비록 제3자가 선의였다 하더라도 이를 알지 못한 데 중대한 과실이 있음을 입증한 경우에는 악의인 경우와 마찬가지라고 할 것이며, 이 경우 중대한 과실이라 함은 제3자가 조금만 주의를 기울였더라면 그 거래가 이사와 회사간의 거래로서 이사회의 승인이 필요하다는 점과 이사회의 승인을 얻지 못하였다는 사정을 알 수 있었음에도 불구하고, 만연히 이사회의 승인을 얻은 것으로 믿는 등 거래통념상 요구되는 주의의무에 현저히 위반하는 것으로서 공평의 관점에서 제3자를 구태여 보호할 필요가 없다고 봄이 상당하다고 인정되는 상태를 말한다.

(7) 자기거래와 자기계약

개정전 상법 제398조 단서(유한책임회사의 경우는 개정상법 제287조의11 단서)에서는 이사회의 승인을 얻어 자기거래를 하는 경우에는 민법 제124조의 규정을 적용하지 아니한다고 규정하고 있었다. 자기거래와 자기계약은 서로 다른 모습의 거래이므로 자기거래에 처음부터 민법 제124조가 적용될 일은 별로 없었다. 다만 법인의 대표에 관하여는 대리에 관한 규정이 준용되는데(민법 제59조

제2항) 주식회사의 대표이사가 일방당사자(회사)로서 회사를 대표하면서 자기자신을 타방당사자로 하여 계약을 체결할 경우 자기계약에 해당할 수도 있다. 이 경우 이사회의 승인을 본인(회사)의 허락에 해당하는 것으로 본다면 민법 제124조의 취지(본인의 이익보호)에 비추어 볼 때 그 행위의 공정성이나 유효성을 문제삼을 필요가 없는 것이다. 이와 같이 개정전 제398조의 단서가 의미를 가지는 경우는 극히 제한된 경우에 한정된다(임, 506면)는 점이 고려되어 현행법에서는 동조 단서를 삭제하였다. 다만 새로 도입된 유한책임회사의 경우는 자기거래제한규정에 그러한 단서가 규정되어 있다(제287조의11).

사 례 5

[제1문]

A주식회사(비상장회사임)에는 X, Y, Z 3인의 이사가 있다. 이들 중 X는 대표이사이고 Y는 전무이사, Z는 평이사로 업무를 수행하고 있다. Z가 B은행으로부터 대출을 받음에 있어서 A회사가 이사회의 승인을 거치지 않고 연대보증을 해 주었다.

(1) Z가 위 채무를 이행하지 않을 경우 B는 A회사를 상대로 보증채무의 이행을 청구할 수 있는가.

(2) 위 연대보증계약에 A회사의 1인 주주 S가 동의해 주었다면 어떠한가.

(3) 위 연대보증계약을 체결함에 있어서 대표권이 없는 전무이사 Y가 대표이사 X의 기명날인을 대행하였다면 B는 어떠한 법리에 따라 A회사에 책임을 물을 수 있는가.

(4) A회사가 위 보증채무를 이행한 경우 X와 Y는 A회사에 대하여 어떠한 책임을 부담하는가.

[제2문]

500,000주식을 발행하고 있는 H주식회사(비상장회사임)가 그 중 100,000주식은 의결권 없는 주식으로 발행하였다. 이 회사의 ○○년 정기주주총회에 의결권 없는 주식을 가진 주주 전원이 출석하였고 의결권 있는 주식 150,000주식을 가진 주주들이 출석하였다. 이사는 모두 출석하였다.

(1) 위 정기주주총회에 정관변경을 위한 의안이 상정되었다면 그 의안의 의결정족수를 설명하시오.

(2) H회사 이사들이 보유하는 주식수의 총수가 60,000주식(모두 의결권 있는 주식임)일 경우 위 정기총회에서 이사의 보수를 정하는 의안이 의결될 수 있는가.

〈샘플 답안〉

[제1문]

Ⅰ. 문제의 제기

1. Z가 B로부터 대출을 받을 때 A회사가 연대보증을 해준 행위가 이사의 자기거래에 해당하는지, 해당한다면 이사회의 승인을 받지 않았을 때 효력은 어떻게 되는지 문제된다.

2. 이사의 자기거래에 관한 이사회의 승인 대신, 1인 주주인 회사에서 그 1인 주주가 동의해주었을 경우 거래의 효력이 인정될 수 있는지 문제된다.

3. 표현대표이사가 진정한 대표이사의 이름으로 계약을 체결했을 경우에 상법 제395조의 표현대표이사 규정을 적용할 수 있는지 문제된다.

4. X는 대표이사로서, Y는 대표이사의 명의를 도용한 이사로서, 회사에 대하여 이사로서의 손해배상책임을 지는지 문제된다.

Ⅱ. 이사와 회사와의 자기거래(문(1))

1. 이사와 회사와의 자기거래에 해당하는지 여부

이사는 이사회의 승인이 있는 때에 한하여 회사와 거래를 할 수 있다(상법 제398조, 이하 법명생략). 여기에서 회사와의 '거래'란 이사와 회사 사이의 이익충돌행위를 의미하고, 이는 실질적으로 판단하여야 하므로 직접거래뿐만 아니라 간접거래도 해당된다. 따라서 사안에서 Z가 B로부터 대출을 받음에 있어서 회사가 연대보증한 것도 간접거래로서 이익충돌행위가 되고, 이사와 회사와의 자기거래에 해당한다.

2. 이사회의 승인을 받지 않은 거래의 효력

자기거래라 할지라도 이사회의 승인을 받았다면 유효하지만 사안에서는 이사회의 승인을 거치지 않았는바, 이 경우 보증행위의 효력이 문제된다. 보증행위를 무효로 보아야 한다는 견해도 있지만, 다수설과 판례는 이사와 회사와의 내부관계에서는 무효이고, 선의이고 중대한 과실이 없는 제3자와의 외부관계에서는 유효하다고 본다. 그리고 판례는 '중대한 과실'의 의미에 대하여 제3자가 조금만 주의를 기울였더라면 그 거래가 이사의 자기거래라는 사정을 알 수 있었음에도 불구하고 만연히 거래통념상 요구되는 주의의무에 현저히 위반하는 것을 의미한다고 본다. 거래의 안전을 고려할 때 판례의 입장이 타당하다.

3. 검 토

B의 선의여부가 불분명하나, 설령 이사의 자기거래라는 사실에 대하여 선의였다 하더라도, 금융기관인 이상 중과실에 해당하기 쉬울 것이다. 그렇다면 Z와 A회사와의 관계뿐만 아니라 B와의 관계에서도 무효가 되므로, B는 A를 상대로 보증채무의

이행을 청구할 수 없다.

Ⅲ. 1인 회사에서 이사회의 승인을 1인 주주의 동의로 대체할 수 있는지 여부(문(2))

이사의 자기거래에는 이사회의 승인을 받아야 하나, 주주전원의 동의로 이사회의 승인을 대체할 수 있는지 여부에 관하여, 판례는 이를 긍정한다. 그러나 자기거래에 이사회의 승인을 받도록 한 것은 주주의 이익뿐만 아니라 회사와 채권자의 이익도 보호하기 위함이므로, 주주전원의 결의로 거래를 승인할 수 있도록 한다면 주주들에게 책임을 물을 방법조차 없게 된다. 특히 1인주주 회사의 경우에는 이사회의 승인조차 불필요하다는 문제가 생기게 되므로, 1인 회사에서 이사회의 승인을 1인주주의 동의로 대체할 수는 없다. 따라서 A회사의 1인 주주인 S가 동의해주었다 하더라도 위 연대보증행위가 유효하게 되는 것은 아니다.

Ⅳ. 표현대표이사가 진정한 대표이사의 명의를 모용한 경우(문(3))

1. 표현대표이사제도의 적용범위

표현대표이사제도는 대표이사가 아닌 이사에게 표현적 명칭을 허용한 회사에 대한 책임을 묻는 제도로서, 표현대표이사가 표현적 명칭을 사용하고 그 명칭 사용을 회사가 허용하였으며 거래상대방이 선의·무중과실인 경우 제395조가 적용된다.

그러나 표현대표이사가 자신의 명의가 아닌 진정한 대표이사의 명의를 모용한 경우에도 상법 제395조를 적용할 수 있는지가 문제된다. 판례는 이 경우에도 본조의 적용을 허용하고 있으나, 제395조의 규정은 회사에 대해 표현책임을 묻는 것이지 대행권이 없는 자의 대리적 대행에 대해 적용할 것은 아니다. 표현대표이사가 자기명의로 행위를 했을 때 상대방의 신뢰는 대표자격에 대한 것이고, 대표이사명의로 행위를 했을 때 상대방의 신뢰는 대행권에 대한 것이므로, 이 경우에는 상법 제395조가 아니라 민법 제126조 또는 129조 표현대리가 유추적용 될 수 있다고 보아야 한다.

2. 검 토

사안에서 전무이사 Y가 대표이사 X의 기명날인을 대행해서 연대보증계약을 체결했다면 제395조 표현대표이사제도를 적용할 것이 아니라 민법 제126조의 표현대리로 해결하여야 한다. 따라서 민법 표현대리의 법리를 주장하여야 할 것이다.

Ⅴ. 회사에 대한 이사의 손해배상책임(문(4))

이사가 법령 또는 정관에 위반한 행위를 하거나 그 임무를 해태한 때에는 그 이사는 회사에 대해 연대하여 손해를 배상할 책임이 있다(제399조 제1항). Y는 대표권이 없음에도 불구하고 대표이사 X의 명의를 사용하여 연대보증계약을 체결하였으므로 이로 인하여 회사에게 손해를 입혔다면 법령위반을 원인으로 손해배상책임이 있고,

대표이사 X 또한 Y가 자신의 명의를 도용하도록 임무를 해태한 사실이 있고 그로 인하여 회사에게 손해를 입혔다면 손해배상책임이 있다.

Ⅵ. 사안의 해결

1. 이사와 회사의 자기거래에서 간접거래인 이익충돌행위도 금지의 대상이 되므로 B에 대한 보증행위도 제한의 대상이고, B는 금융기관이므로 이사회승인을 받지 않았다는 사실에 대하여 중과실에 해당하기 쉽다. B은행에게 제395조에 따른 표현대표이사의 성립을 인정할 수 없으므로 B는 A를 상대로 보증채무의 이행을 청구할 수 없다. 설령 A회사가 1인 회사로서 1인 주주가 동의해주었다고 하더라도, 이사회의 승인을 1인주주의 동의로 대체할 수는 없으므로, 연대보증행위가 유효하게 되는 것은 아니다.

2. 표현대표이사가 진정한 대표이사의 명의를 사용했다면 민법상 표현대리 규정을 유추해서 B는 A회사에게 책임을 물을 수 있다. Y의 행위는 법령을 위반하였으므로 대표이사 X는 임무해태를 이유로 회사에 대하여 상법 제399조에 따른 손해배상책임을 진다.

[제2문]

Ⅰ. 정관변경을 위한 의결정족수(문(1))

1. 정관의 변경에 관한 결의

정관의 변경을 위하여는 특별결의를 거쳐야 하므로 출석한 주주의 의결권의 3분의 2이상의 수와 발행주식 총수의 3분의 1이상의 수로써 하여야 한다(제434조).

2. 정족수, 의결권수의 계산

총회의 결의에 관하여 의결권 없는 주식, 자기주식, 상호보유주식의 수는 발행주식총수에 산입하지 않고(제371조 제1항), 특별한 이해관계가 있는 자가 보유한 주식, 감사 및 감사위원회 위원(상장회사의 경우) 선임시 100분의 3을 초과하는 주식은 출석한 주주의 의결권의 수에 산입하지 않는다(제371조 제2항).

3. 사안의 경우

정관변경을 위한 의결정족수는 무의결권 주식수를 차감한 발행주식총수(500,000주－100,000주＝400,000주)의 3분의 1인 133,334주식 이상이면서, 이와 동시에 출석한 주주의 의결권의 수(150,000주)의 3분의 2인 100,000주식 이상이어야 한다. 즉, 133,334주식 이상의 찬성으로 의결된다.

Ⅱ. 이사보수를 정하는 안에서의 최소표결수(문(2))

1. 문제점

이사보수를 정하는 의안에서 이사들은 특별이해관계인에 해당하므로 이들이 보유한 주식의 수를 출석한 주주의 의결권의 수에 산입하지 않는다. 그러나 최소표결수, 즉 발행주식총수에도 산입하지 않는 것은 아닌지 문제된다.

2. 견해의 대립 및 검토

특별이해관계인이 보유한 주식의 수는 제371조 제1항의 규정에 따라 출석한 주주의 의결권의 수에만 산입하지 않는 것이라고 보는 상법조문에 충실하게 따르는 견해도 있으나, 그렇게 되면 특별이해관계인이 가지는 주식의 수가 압도적으로 많은 경우 주주총회의 결의 자체가 성립할 수 없는 경우도 생길 수 있다. 따라서 특별이해관계인이 보유한 주식의 수는 출석한 주주의 의결권의 수뿐만 아니라 발행주식총수에도 포함시키지 않아야 할 것이다(유력설임-저자).

3. 사안의 경우

이사의 보수를 정하는 결의는 보통결의에 의하므로 출석한 주주의 의결권의 과반수와 발행주식총수의 1/4이상의 수로써 결의된다. 발행주식총수에서도 특별이해관계인인 이사들이 보유한 주식의 수를 제외하면, 발행주식총수(500,000주식－100,000주식－60,000주식＝340,000주식)의 4분의 1인 85,000주 이상의 찬성이 있어야 하고(최소표결수), 이와 동시에 출석주주(150,000주식－60,000주식＝90,000주식)의 과반수인 45,001주식 이상의 찬성이 있어야 이사의 보수를 정하는 의안이 의결될 수 있다. 결국 85,000주식 이상의 찬성이 있으면 해당 의안이 가결된다.

Ⅴ. 이사의 의무

1. 서　　설

이사가 주식회사의 기관으로서의 지위는 가지지 않는다 하더라도 회사와 이사간에는 위임에 준하는 관계가 형성되므로(제382조 제2항) 이사는 회사에 대하여 선량한 관리자로서의 주의의무를 부담한다. 이와 같이 이사의 일반적 주의의무 외에 상법에서는 이사의 충실의무에 관한 규정을 두고 있다(제382조의3). 이사의 의무와 관련하여 상법에서는 이사의 부작위의무라고 부를 수 있는 경업금지(제397조), 회사기회의 유용금지(제397조의2)와 자기거래제한(제398조) 규정을 두고 있다. 이들 부작위의무는 이사와 회사간의 이익충돌문제로서 이미 설명하였다. 그밖에 이사의 의무로서 이사회 출석의무와 감시의무, 그 중에서도 특히 평이사의 적극적 감시의무가 논의되고 있다. 이사의 이사회출석의무는 선량한 관리자의 주의의무의 이행을 담보하기 위하여 당연히 인정되어야 할 것이라는 점 외에 더 이상 상세한 설명은 필요하지 않다.

2. 선관의무

수임인은 원칙적으로 보수청구권이 없음에도 불구하고 선량한 관리자로서의 주의의무를 부담한다(민법 제686조 제1항, 제681조). 이에 비하여 주식회사의 이사는 당연히 보수청구권을 가지는 것으로 새기는 만큼 상당히 높은 주의의무를 다할 것을 요구받고 있다. 이사가 이사회의 구성원으로서 의사결정에 참여한 경우, 대표이사 또는 업무담당이사로서 회사의 업무를 집행하는 경우 등에 회사에 최선의 이익이 무엇인가를 판단하고 그것을 추구하여야 한다. 이사의 선관의무에는 경업금지 등 상법상 의무로 규정되어 있는 의무와 법령·정관을 준수하여야 할 의무 등과 같은 좁은 의미의 의무 외에 대표이사로서 또는 업무담당이사로서 최선을 다하여 업무집행에 임하여야 한다거나 이사회의 감독권행사(제393조 제2항)에 성실히 임하여야 한다는 것과 같은 넓은 의미의 의무도 포함된다. 선관의무의 위반은 이사의 회사에 대한 손해배상책임을 발생시킨다(제399조).

대판 2005. 10. 28, 2005도4915 회사의 대표이사는 이사회 또는 주주총회의 결의가 있더라도 그 결의내용이 회사 채권자를 해하는 불법한 목적이 있는 경우에는 이에 맹종할 것이 아니라 회사를 위하여 성실한 직무수행을 할 의무가 있으므로 대표이사가 임무에 배임하는 행위를 함으로써 주주 또는 회사 채권자에게 손해가 될 행위를 하였다면 그 회사의 이사회 또는 주주총회의 결의가 있었다고 하여 그 배임행위가 정당화될 수는 없다.

3. 충실의무

상법 제382조의3에서는 “이사는 법령과 정관의 규정에 따라 회사를 위하여 그 직무를 충실하게 수행하여야 한다”는 규정을 두고 있다. 이러한 충실의무의 규정에 커다란 의미를 부여하는 입장에 의하면 충실의무는 선관의무와 그 근본이 다른 의무라고 하면서 충실의무를 도입한 것은 주식회사의 거대화·국제화·공개화에 따라 기업경영의 투명성을 제고하고 지배구조의 선진화를 도모하기 위하여 이사의 의무를 엄중하게 할 필요에서 나온 것이라고 한다. 선관의무는 직무집행상의 의무이고 충실의무는 회사의 이익을 우선시켜야 할 의무라고 구별하기도 한다.

이러한 입법과는 다르게 충실의무도 선관의무와 같은 것으로서 상법이 특히 충실의무를 법정한 것은 선관의무를 구체적·주의적으로 표현한 것에 불과하다고 보는 주장이 있다. 후자의 입장에 의하면 선관의무의 내용은 통일적으로 정형화되는 것이 아니라 기업의 종류와 규모, 종업원의 수, 경기상황 등과 각 이사의 특별한 직무에 따라 달라지므로 이사회의 권한이 확대되면 선관의무의 내용도 강화되는 것으로 해석된다고 한다(최, 934~935면).

영미회사법상의 이사의 fiduciary duties를 신인의무로 번역하든 충실의무로 번역하든 그 내용으로 포섭되는 의무는 우리가 본래 선관의무의 내용으로 생각하던 것보다는 그 범위가 훨씬 넓다. 그러면 우리 상법이 충실의무 규정을 두고 있다 하여 주식회사의 이사에게 영미법상의 충실의무와 같은 충실의무를 부과한 것이라고 보아야 할 것인가. 우리의 기업풍토, 회사실무, 회사와 관련된 이해관계인의 법의식 그리고 우리의 회사법이 영미의 그것과 완전히 동일하지 아니한 점 등이 고려되어야 할 것이다. 충실의무라는 용어를 도입하였다 하여 영미에 있어서의 주식회사의 이사의 의무와 완전히 같은 내용의 의무를 우리나라 주식회사의 이사에게도 부과하기는 어렵다.

결국 선관의무의 내용이라는 것도 그 자체 고정된 것이 아니고 수임인의 직책의 유형이나 임무의 성질에 따라 달라질 수 있다. 그리고 선관의무에 포함될 의무와 충실의무에 포함될 의무를 종류별로 구분지우기도 쉽지 않다. 이렇게 볼 때 선관의무나 충실의무나 특히 다르게 볼 것은 아니다. 그럼에도 상법에서 충실의무에 관한 명문의 규정을 추가하고 있는 것은 급변하는 기업환경에서 이사의 선관의무의 중요성을 다시 한번 강조하고 이사직을 보유하고 있거나 이사에 취임하려는 자에게 주의를 촉구하고자 하는 입법의도에서 나온 것으로 보면 될 것이다.

4. 선관의무와 충실의무의 한계: 경영판단의 원칙

이사의 기능과 역할의 중요성에 비추어 그들에게 막중한 의무를 부과하는 것은 당연할지 모른다. 그러나 이사의 의무이행여부가 문제되는 것은 항상 회사에 손해 또는 불리한 '결과'가 발생한 경우일 것이다. 선량한 관리자의 주의의무 내지는 충실의무라는 것도 회사를 위한 최선의 노력의 경주 또는 회사의 최상의 이익을 위한 업무집행이라는 기준에서 볼 수 있듯이 경우에 따라 무한대의 주의의무로서 요구될 수 있다. 즉 회사에 불리한 결과 또는 손해가 초래되었다는 것으로부터 막바로 선관의무위반이 추정될 수도 있는 것이다.

이러한 과중한 의무를 지우다보면 경영능력이나 경험 · 지식을 고루 갖춘 적임자를 이사로 초빙하는데 장애가 될 수 있다. 여기서 참고할 수 있는 것이 미국의 회사법판례에서 발전해온 '경영판단의 원칙'(business judgment rule)이다. 이에 의하면 회사의 이사가 부정한 동기에 의하지 않고 신의에 좇아 성실하게 행동한 이상 '단순한 경영상의 판단의 잘못'에 대해서는 책임을 부담하지 않는다는 것이다. 이는 경영에 관한 판단 또는 사업상의 결정에 대한 잘잘못을 사후적으로 법원이 평가하도록 하는 것은 적당하지 않다는 생각에 기초를 두고 있다. 경영판단의 원칙이 확립된 경우 이사는 소신껏 적극적 · 전향적으로 경영을 수행할 수 있는 것이다. 다만 경영판단에 대한 면책을 너무 광범하게 허용하면 이사의 책임이 유명무실한 제도로 전락할 수 있으므로 엄격한 해석이 요구된다.

행위당시에 예견가능성이 없는 사정까지 고려할 필요가 없다는 것일 뿐 경영판단의 원칙하에서도 이사는 판단시점에서 제반사정을 충분히 고려하여 성실하게 판단할 주의의무를 면할 수 없다. 예견가능한 사태의 발생을 무시했다거나 판단시점에서 주의의무를 게을리 했다면 경영판단의 원칙에 따른 보호를 받지 못한다. 예를 들면, 인수대상회사로부터 중요한 기술자가 퇴직할 것으로 예상된다거나 당해 사업분야에 경쟁사업자의 신규진입이 예상됨에도 시장가격으로 피인수회사의 주식을 취득한 경우, 경영판단의 원칙(BJR)에 따른 보호를 받지 못한다.

대판 2007. 10. 11, 2006다33333 회사의 이사가 법령에 위반됨이 없이 관계회사에게 자금을 대여하거나 관계회사의 유상증자에 참여하여 그 발행 신주를 인수함에 있어서, 관계회사의 회사 영업에 대한 기여도, 관계회사의 회생에 필요한 적정 지원자금의 액수 및 관계회사의 지원이 회사에 미치는 재정적 부담의 정도, 관계회사를 지원할 경우와 지원하지 아니할 경우 관계회사의 회생가능성 내지 도산가능성과 그로 인하여 회사에 미칠 것으로 예상되는 이익 및 불이익의 정도 등에 관하여 합리적으로 이용가능한 범위 내에서 필요한 정보를 충분히 수집・조사하고 검토하는 절차를 거친 다음, 이를 근거로 회사의 최대 이익에 부합한다고 합리적으로 신뢰하고 신의성실에 따라 경영상의 판단을 내렸고, 그 내용이 현저히 불합리하지 않은 것으로서 통상의 이사를 기준으로 할 때 합리적으로 선택할 수 있는 범위 안에 있는 것이라면, 비록 사후에 회사가 손해를 입게 되는 결과가 발생하였다 하더라도 그 이사의 행위는 허용되는 경영판단의 재량범위 내에 있는 것이어서 회사에 대하여 손해배상책임을 부담한다고 할 수 없다. 그러나 회사의 이사가 이러한 과정을 거쳐 이사회 결의를 통하여 자금지원을 의결한 것이 아니라, 단순히 회사의 경영상의 부담에도 불구하고 관계회사의 부도 등을 방지하는 것이 회사의 신인도를 유지하고 회사의 영업에 이익이 될 것이라는 일반적・추상적인 기대하에 일방적으로 관계회사에 자금을 지원하게 하여 회사에 손해를 입게 한 경우 등에는, 그와 같은 이사의 행위는 허용되는 경영판단의 재량범위 내에 있는 것이라고 할 수 없다.

대판 2005. 10. 28, 2003다69638 상법 제399조는 이사가 법령에 위반한 행위를 한 경우에 회사에 대하여 손해배상책임을 지도록 규정하고 있는바, 이사가 회사에 대하여 손해배상책임을 지는 사유가 되는 법령에 위반한 행위는 이사로서 임무를 수행함에 있어서 준수하여야 할 의무를 개별적으로 규정하고 있는 상법 등의 제 규정과 회사가 기업활동을 함에 있어서 준수하여야 할 제 규정을 위반한 경우가 이에 해당된다고 할 것이고, 이사가 임무를 수행함에 있어서 위와 같은 법령에 위반한 행위를 한 때에는 그 행위 자체가 회사에 대하여 채무불이행에 해당되므로 이로 인하여 회사에 손해가 발생한 이상, 특별한 사정이 없는 한 손해배상책임을 면할 수는 없다 할 것이며, 위와 같은 법령에 위반한 행위에 대하여는 이사가 임무를 수행함에 있어서 선관주의의무를 위반하여 임무해태로 인한 손해배상책임이 문제되는 경우에 고려될 수 있는 경영판단의 원칙은 적용될 여지가 없다.

5. 이사의 능동적 감시의무

(1) 감시의무 인정여부

이사회는 이사의 직무집행을 감독할 권한을 가진다(제393조 제2항). 이러한 직무집행감독권의 행사는 실제로 업무를 집행하는 이사, 즉 대표이사와 업무담당이사를 대상으로 하며 기관으로서의 이사회가 행사하게 된다. 독립한 이사는 이러한 직무집행감독권의 행사 주체가 아니며 이사회를 통하여 감독권의 행사에 참여할 수 있을 뿐이다. 여기서 더 나아가 개별이사가 독립하여 다른 이사의 직무집행을 감시할 의무를 부담하는 것으로 새길 것인가에 대하여 논란이 있었다.

그런데 근래 상장법인 등에 일정 비율이상의 사외이사의 임명이 의무화되고 그들의 역할이 중요시됨에 따라 사외이사 또는 비상근 사내이사의 감시의무가 더 많은 관심을 끌게 되었다.

이사회의 감독기능을 실효성있는 것으로 하기 위하여는 사외이사나 평이사라 하더라도 독자적으로 업무집행을 담당하는 이사를 감시할 의무를 인정할 필요가 있다. 그리고 이러한 정도의 의무는 선관의무에서 어렵지 않게 도출할 수 있다. 이 때문에 대부분의 논자들은 이사 개인의 감시의무를 인정하는 데 찬성하고 있다(이 · 최, 393면; 정(동), 626~627면; 이 · 최(준), 662면; 최, 656면). 판례도 같다(대판 1985. 6. 25, 84다카1954).

> **대판 1985. 6. 25, 84다카1954** [2] 주식회사의 업무집행을 담당하지 아니한 평이사(사내이사 - 저자)는 이사회의 일원으로서 이사회를 통하여 대표이사를 비롯한 업무담당이사의 업무집행을 감시하는 것이 통상적이긴 하나 평이사의 임무는 단지 이사회에 상정된 의안에 대하여 찬부의 의사표시를 하는데에 그치지 않으며 대표이사를 비롯한 업무담당이사의 전반적인 업무집행을 감시할 수 있는 것이므로, 업무담당 이사의 업무집행이 위법하다고 의심할 만한 사유가 있음에도 불구하고 평이사가 감시의무를 위반하여 이를 방치한 때에는 이로 말미암아 회사가 입은 손해에 대하여 배상책임을 면할 수 없다.
>
> [3] 주식회사의 이사 또는 감사의 회사에 대한 임무해태로 인한 손해배상책임은 일반불법행위 책임이 아니라 위임관계로 인한 채무불이행 책임이므로 그 소멸시효기간은 일반채무의 경우와 같이 10년이라고 보아야 한다.

(2) 감시의무의 한계

개별이사의 감시의무를 인정한다 하더라도 문제의 이사가 대표이사인가, 업무담당이사인가, 사외이사인가에 따라 업무집행이 이루어지는 제반상황에 접할 수 있는 기회나 필요한 정보의 양에 있어서 현저한 차이가 있을 수밖에 없다. 이러한 차이를 무시하고 사외이사에게까지 상근 사내이사와 같은 정도의 감시의무를 부과하는 것은 불합리하고 가혹할 수 있다. 이에 따라 판례·통설은 다른 이사의 업무집행이 위법·부당함을 알았거나 또는 알 수 있었을 경우에 한하여 사외이사의 감시의무를 인정하고 있다. 사외이사라도 회사의 업무집행에 관한 큰 흐름을 알고 있어야 하지만 구체적이고 자세한 상황에 관하여는 그것을 알지 못하였더라도 감시의무의 위반책임을 지우기는 어려울 것이다.

(3) 위반의 효과

이사의 감시의무 역시 일반적 선관의무에 포섭되는 의무이므로 그에 위반하면 회사에 손해배상책임을 진다(제399조). 그러한 의무위반이 악의·중과실에 기인한 것이라면 제3자도 그 이사를 상대로 손해배상을 청구할 수 있다(제401조).

Ⅵ. 이사의 책임

1. 서 설

이사는 이사회를 통하여 회사의 업무집행에 관한 의사결정에 참여한다. 그 밖에 대표이사는 직접 업무를 집행하며 우리나라의 실무에서는 이사 중 다수가 업무집행을 담당한다. 업무집행에 관한 의사결정 또는 업무집행을 함에 있어서 이사는 건전한 경영과 회사의 수익증대 및 발전을 위하여 노력할 의무를 부담한다. 아울러 이사는 경업제한, 자기거래제한 등의 상법상 의무를 부담한다. 이사가 비록 기관은 아니라 하더라도 이사의 임무의 중요성에 비추어 상법에서는 이사에게 여러 가지의 책임을 부과하고 있다. 이사회 권한에 상응하여 이사의 책임을 무겁게 하자는 생각이 지배적인 것 같다. 그러나 업무집행을 담당하지 않는 사외이사의 경우에 한정된 정보를 기초로 회사의 의사결정에 참여할 수밖에 없는 현실적 제약을 고려할 때 오히려 그 책임을 감경, 제한하지 않는다면 유능한 경영전문가들이 주식회사의 이사취임을 기피할 우려가 있다는 점도 무시해서는 안 될 것이다. 근래 이 문제는 이사책임보험을 이용하면서 그 보험료를 회사가 부담하는 식으로 해결되고 있다.

2. 이사의 회사에 대한 손해배상책임의 성질

이사는 회사에 대하여 수임인으로서 선관의무를 부담하며 충실의무는 선관의무를 특별히 강조한 것으로 이해할 수 있음은 이미 설명하였다. 이사가 이러한 선관의무를 위반하면 회사는 이사를 상대로 위임계약의 위반에 따른 손해배상을 청구할 수 있음은 당연하다. 그런데 상법 제399조 제1항에서는 "이사가 고의 또는 과실로 법령 또는 정관에 위반한 행위를 하거나 그 임무를 게을리 한 경우에는 그 이사는 회사에 대하여 연대하여 손해를 배상할 책임이 있다"는 규정을 두고 있다. 이러한 상법의 별도 규정에 대하여 그것을 어떻게 의미있게 새길 것이냐가 문제된다. 이에 대하여 이사의 지위의 특수성을 고려하여 민법상의 채무불이행책임이나 불법행위책임과 다른 특수한 책임을 상법에서 부과한 것이라고 보는 입장이 있다. 이 견해는 법정책임설이라고 불리우기도 한다. 법정책임설에서는 이사의 손해배상책임에 관한 상법규정에서 문제의 행위에 찬성한 이사들이 연대책임을 지도록 하고 있는 점(제399조 제2항)과 그러한 행위가 이사회의 결의에 따라 이루어진 경우 이사회의 의사록에 이의를 한 기재가 없는 이사는 찬성한 것으로 추정하고 연대책임을 지우고 있는 점(제399조 제3항)을 들어 위임계약상의 책임과 다른 책임으로 보아야 한다고 한다(이(철), 747~748면).

이에 대하여 통설·판례는 이사의 손해배상책임은 근본적으로 채무불이행에 따른 책임이며 상법에서 별도의 규정을 둔 것은 위의 연대책임과 책임확장(제399조 제2항·제3항)을 위한 것일 뿐이라고 한다.

제399조의 규정에서 보는 바와 같이 일반 위임계약상의 책임보다는 가중되고 확장되어 있다는 점에서 특별한 것은 사실이지만 그것을 계약위반책임과 다른 제3의 책임이라고 볼 필요는 없다고 생각한다. 그리고 법정책임설과 채무불이행책임설간의 실제적인 차이도 의미를 부여할 정도의 것은 되지 못한다.

통설대로 이사의 손해배상책임을 채무불이행책임으로 본다면 이는 법령 또는 정관을 위반한 경우이든 임무해태의 경우이든 과실책임으로 보아야 법리의 일관성이 유지될 것이다. 개정상법에서는 "고의 또는 과실로 법령 또는 정관에 위반"이라고 표현함으로써 법문을 명확하게 손질하였다. 법령·정관위반의 경우에도 그것을 채무불이행책임으로 보는 이상 과실이 없었다는 입증책임은 문제의 이사가 부담하는데 이사가 과실 없음을 입증하여 책임을 면하기는 사실상 불가능할 것이다. 이와 같이 법령·정관 위반의 경우 이사는 엄격한 책임을 부담하게 된다.

3. 회사에 대한 책임

(1) 손해배상책임

이사는 회사에 대하여 선관의무(제382조 제2항, 민법 제681조)와 충실의무(제382조의3)에 기초한 채무불이행이 있을 경우 손해배상책임을 진다(민법 제390조). 이사의 행위가 불법행위의 요건을 갖출 경우에는 회사는 이사를 상대로 불법행위책임도 물을 수 있다(민법 제750조). 이들 외에 상법 제399조에서는 이사의 손해배상책임이라는 별도의 규정을 두고 있다. 이사가 고의 또는 과실로 법령 또는 정관에 위반한 행위를 하거나 그 임무를 게을리한 경우에는 이사는 회사에 대하여 연대하여 손해를 배상할 책임이 있다(제399조 제1항).

위에서 자세히 보았듯이 통설·판례는 상법에서 정한 이사의 손해배상책임을 위임계약의 불이행으로 인한 책임으로 설명한다.

(가) 법령 또는 정관위반에 대한 손해배상책임

법령위반행위의 대표적 사례는 다음과 같다.

① 경업금지에 위반한 거래(제397조)

② 이사회의 승인없는 회사기회의 유용(제397조의2)

③ 이사회의 승인없는 자기거래(제398조)

④ 위법배당안의 제출(제462조 제1항)

⑤ 주주의 권리행사와 관련한 이익공여(제467조의2)

법령이나 정관에 위반한 결의에 찬성한 이사는 연대하여 손해를 배상할 책임을 진다. 이 경우에 이의의 기재가 없는 자는 찬성한 것으로 추정한다(제399조 제2항·제3항). 법령 또는 정관위반에 대한 이사의 손해배상책임을 무과실책임으로 설명하는 견해가 있었으나 법문에서 고의·과실을 요구하고 있으므로 과실책임으로 보는 것이 타당하다. 채무불이행책임으로 보아 과실책임으로 이해하는 것이 임무해태의 경우와 일관성을 유지시킬 수 있다. 과실책임이라 하더라도 이사가 무과실의 입증책임을 부담하므로(이(철), 749면) 회사이익의 보호에 충분할 것이다.

(나) 임무해태의 손해배상책임

임무해태를 이유로 한 이사의 손해배상책임은 이사와 회사간의 위임계약의 불이행에 대한 과실책임이다. 예를 들어 대표이사나 업무담당이사가 업무집행과 관련하여 선량한 관리자의 주의의무를 위반한 경우, 이사가 대표이사 또는 업무담당이사에 대한 감시의무를 위반한 경우가 이 임무해태에 해당한다(대판 1985. 6. 25, 84다카1954). 임무해태로 인한 손해배상책임은 임무해태를 한 이사들의 연대책임으로 규정되어 있는 점이 특별하다(제399조). 임무해태를 이유로 한 손해배상청구가 있을 경우 피고인 이사가 과실이 없음을 입증할 책임을 부담한다고 하는 것이 위임계약을 위반으로 하는 손해배상책임과 일관된다. 그러나 학설은 임무해태에 대한 입증책임을 회사에 부과하고 있다(정(찬), 987면).

대판 2004. 12. 10, 2002다60467 [1] 주식회사의 이사는 이사회의 일원으로서 이사회에 상정된 의안에 대하여 찬부의 의사표시를 하는 데에 그치지 않고, 담당업무는 물론 다른 업무담당이사의 업무집행을 전반적으로 감시할 의무가 있으므로, 주식회사의 이사가 다른 업무담당이사의 업무집행이 위법하다고 의심할 만한 사유가 있음에도 불구하고 이를 방치한 때에는 이로 말미암아 회사가 입은 손해에 대하여 배상책임을 면할 수 없다.

[2] 이사가 법령 또는 정관에 위반한 행위를 하거나 그 임무를 해태함으로써 회사에 대하여 손해를 배상할 책임이 있는 경우에 그 손해배상의 범위를 정함에 있어서는, 당해 사업의 내용과 성격, 당해 이사의 임무위반의 경위 및 임무위반행위의 태양, 회사의 손해 발생 및 확대에 관여된 객관적인 사정이나 그 정도, 평소 이사의 회사에 대한 공헌도, 임무위반행위로 인한 당해 이사의 이득 유무, 회사의 조직체계의 흠결 유무나 위험관리체제의 구축 여부 등 제반 사정을 참작하여 손해분담의 공평이라는 손해배상제도의 이념에 비추어 그 손해배상액을 제한할 수 있다.

(2) 자본충실책임

신주발행의 경우에 변경등기를 마친 후 아직 인수하지 아니한 주식이 있거나 주식인수의 청약이 취소된 때에는 이사가 이를 공동으로 인수한 것으로 본다(제428조). 이것이 이사의 '자본충실책임'이다. 이사의 자본충실책임은 무과실책임이고 회사채권자의 보호를 위한 것이므로 주주총회결의로 면책시킬 수 없다. 발기인이 인수담보책임과 납입담보책임을 부담하였던 것에 비하여 이사는 납입담보책임을 부담하지 아니한다(제321조 참조).

4. 제3자에 대한 손해배상책임

이사가 그의 임무를 악의 또는 중대한 과실로 해태한 경우 그 이사는 제3자에 대하여도 연대하여 손해를 배상할 책임이 있다(제401조 제1항). 이러한 이사의 제3자에 대한 책임은 그 성질이 특이하다. 이사와 제3자 사이에 계약관계가 없고 민법상의 불법행위의 요건을 갖추지 못한 경우에 제3자의 보호를 위하여 상법에서 특별히 인정한 법정책임이다. 이사의 행위가 일반 불법행위(민법 제750조)의 요건까지 갖추었다면 두 가지 책임은 경합한다. 특수한 불법행위로 보는 견해도 있으나 법정책임으로 보는 경우와 시효기간(10년)에서 차이가 날 뿐이다.

제3자에 대한 손해배상책임이 인정되는 예로서는 주식청약서, 사채청약서, 재무제표 기타의 서류에 허위의 기재를 하거나 부실한 등기를 한 경우를 들 수 있다. 제3자가 입은 손해의 범위에 대해서는 직접손해만을 대상으로 한다는 것이 판례의 입장이다(대판 2003. 10. 24, 2003다29661). 이사의 행위로 회사가 손해를 입고 결과적으로 주주의 경제적 이익이 침해되는 손해와 같은 간접적 손해는 제401조 제1항에서 규정하는 손해에 포함되지 아니한다.

판례에서는 회사의 채권자가 회사에 책임을 묻는 대신 대표이사의 책임을 묻는 경우에 제401조의 책임을 인정한 사례도 있다(대판 2002. 3. 29, 2000다47316). 이러한 사례를 참고하여 회사의 채권자가 제401조를 원용하여 회사의 책임을 대표이사에게 묻는 것을 허용한다면 법인격부인의 법리를 적용하는 것과 같은 효과를 거둘 수 있다는 포인트가 지적되기도 한다(이(철), 771면; 정(찬), 995면; 최, 697~698면). 대주주가 이사를 맡아 경영을 담당하면서 개인기업처럼 운영하는 회사의 경우에 회사의 채권자가 그러한 이사를 상대로 이사의 제3자에 대한 책임을 물을 수 있도록 하면 회사의 책임을 지배주주에게 확대시키는 효용을 거둘 수도 있을 것이다.

이사를 상대로 손해배상을 청구할 수 있는 제3자에는 회사채권자, 주식인수인, 주주 등이 포함된다. 이사의 행위가 이사회의 결의에 의한 때에는 그 결의에 찬성한 이사도 연대책임을 부담한다(제401조 제2항, 제399조 제2항). 손해배상청구소송에서 이사의 악의·중과실에 대한 입증책임은 원고인 제3자가 부담한다.

대판 2012. 12. 13, 2010다77743 주식회사의 주주가 이사의 악의 또는 중대한 과실로 인한 임무해태행위로 직접 손해를 입은 경우에는 이사에 대하여 구 상법(2011. 4. 14. 법률 제10600호로 개정되기 전의 것, 이하 '상법'이라 한다) 제401조에 의하여 손해배상을 청구할 수 있으나, 이사가 회사의 재산을 횡령하여 회사의 재산이 감소함으로써 회사가 손해를 입고 결과적으로 주주의 경제적 이익이 침해되는 손해와 같은 간접적인 손해는 상법 제401조 제1항에서 말하는 손해의 개념에 포함되지 아니하므로 이에 대하여는 위 법조항에 의한 손해배상을 청구할 수 없다(대법원 2003. 10. 24. 선고 2003다29661 판결 등 참조).

그러나 회사의 재산을 횡령한 이사가 악의 또는 중대한 과실로 부실공시를 하여 재무구조의 악화 사실이 증권시장에 알려지지 아니함으로써 회사 발행주식의 주가가 정상주가보다 높게 형성되고, 주식매수인이 그러한 사실을 알지 못한 채 그 주식을 취득하였다가 그 후 그 사실이 증권시장에 공표되어 주가가 하락한 경우에는, 그 주주는 이사의 부실공시로 인하여 정상주가보다 높은 가격에 주식을 매수하였다가 그 주가가 하락함으로써 직접 손해를 입은 것이므로, 그 이사에 대하여 상법 제401조 제1항에 의하여 손해배상을 청구할 수 있다고 할 것이다.

[갑 주식회사 주주인 을 등이 이사 병을 상대로, 병의 횡령, 주가조작, 부실공시 등 임무해태행위로 인한 주가 하락으로 손해를 입었음을 이유로 구 상법(2011. 4. 14. 법률 제10600호로 개정되기 전의 것, 이하 '상법'이라 한다) 제401조 제1항에 기한 손해배상을 구한 사안에서, 병이 주가 형성에 영향을 미칠 수 있는 사정들에 관하여 언제 어떠한 내용의 부실공시를 하거나 주가조작을 하였는지, 을 등이 어느 부실공시 또는 주가조작으로 인하여 주식 평가를 그르쳐 몇 주의 주식을 정상주가보다 얼마나 높은 가격에 취득하였는지 등에 관하여 심리하여 을 등이 주장하는 손해가 상법 제401조 제1항에 정한 손해에 해당하는지 및 상당인과관계를 인정할 수 있는지를 가려본 후 손해액 산정에 나아가야 하는데도, 이에 관하여 제대로 심리하지 아니한 채 을 등의 청구를 인용한 원심판결에 상법 제401조 제1항의 해석 및 상당인과관계에 관한 법리오해의 위법이 있다.]

대판 2003. 4. 11, 2002다70044 [1] 상법 제401조 제1항에 규정된 주식회사의 이사의 제3자에 대한 손해배상책임은 이사가 악의 또는 중대한 과실로 인하여 그 임무를 해태한 것을 요건으로 하는 것이어서 단순히 통상의 거래행위로 인하여 부담하는 회사의 채무를 이행하지 않는 것만으로는 악의 또는 중대한 과실로 그 임무를 해태한 것이라고 할 수 없지만, 이사의 직무상 충실 및 선관의무 위반의 행위로서 위법성이 있는 경우에는 악의 또는 중대한 과실로 그 임무를 해태한 경우에 해당한다.

[2] 대표이사가 대표이사로서의 업무 일체를 다른 이사 등에게 위임하고, 대표이사로서의 직무를 전혀 집행하지 않는 것은 그 자체가 이사의 직무상 충실 및 선관의무를 위반하는 행위에 해당한다.

대판 2006. 12. 22, 2004다63354 상법 제401조에 기한 이사의 제3자에 대한 손해배상책임이 제3자를 보호하기 위하여 상법이 인정하는 특수한 책임이라는 점을 감안할 때, 일반 불법행위책임의 단기소멸시효를 규정한 민법 제766조 제1항은 적용될 여지가 없고, 달리 별도로 시효를 정한 규정이 없는 이상 일반 채권으로서 민법 제162조 제1항에 따라 그 소멸시효기간은 10년이[다.]

5. 책임의 소멸

이사의 회사에 대한 책임은 책임의 이행 또는 10년의 시효로 소멸한다. 그밖에 상법은 책임의 해제와 책임의 면제에 관한 규정을 두고 있다.

(1) 책임의 해제

정기주주총회에서 결산 서류의 승인을 한 후 2년내에 다른 결의가 없으면 회사는 이사와 감사의 책임을 해제한 것으로 본다(제450조). 이는 상법의 규정에 의한 법정효과이다. 그러나 이사의 부정행위가 있는 한 책임이 소멸하지 않는다(제450조 단서).

(2) 책임의 면제와 감경

이사의 회사에 대한 손해배상책임은 총주주의 동의로 면제할 수 있다(제400조). 총주주에는 의결권 없는 주주도 포함된다. 총주주의 동의는 결의형식으로 할 필요는 없으며 개별적 동의도 무방하다. 불법행위에 대해서도 면책이 가능하며 일단 개별적으로 구체화된 손해배상책임을 대상으로 한다. 즉 장래의 책임을 면제하거나 책임의 전면적 또는 일괄적 면제는 허용되지 아니한다.

회사는 정관으로 정하는 바에 따라 이사가 그 행위를 한 날 이전 최근 1년간의 보수액의 6배(사외이사의 경우는 3배)를 초과하는 금액에 대하여 이사의 책임을 면제할 수 있다. 다만 이사가 고의 또는 중대한 과실로 손해를 발생시킨 경우, 경업금지의무위반(제397조), 회사기회의 유용(제397조의2), 이사회의 승인없는 자기거래(제398조)를 한 경우에는 책임을 감경해줄 수 없다(제400조 제2항).

대판 2002. 6. 14, 2002다11441 상법 제399조 소정의 이사의 책임은 상법 제400조의 규정에 따라 총주주의 동의로 이를 면제할 수 있는데, 이 때 총주주의 동의는 묵시적 의사표시의 방법으로 할 수 있고 반드시 명시적, 적극적으로 이루어질 필요는 없으며, 실질적으로는 1인에게 주식 전부가 귀속되어 있지만 그 주주 명부상으로만 일부 주식이 타인 명의로 신탁되어 있는 경우라도 사실상의 1인 주주가 한 동의도 총주주의 동의로 볼 것이다.

대판 1989. 1. 31, 87누760 총주주의 동의를 얻어 대표이사의 행위로 손해를 입게 된 금액을 특별손실로 처리하기로 결의하였다면 그것은 바로 상법 제400조 소정의 이사의 책임소멸의 원인이 되는 면제에 해당되는 것이나 이로써 법적으로 소멸되는 손해배상청구권은 상법 제399조 소정의 권리에 국한되는 것이지 불법행위로 인한 손해배상청구권까지 소멸되는 것으로는 볼 수 없다.

Ⅶ. 업무집행관여자의 책임

1. 총　　설

상법상의 이사는 그 임무해태나 불법행위에 대하여 회사 또는 제3자에 대하여 손해배상책임을 부담하는 것은 앞에서 설명하였다. 그러나 회사의 업무집행에 막강한 영향력을 행사하고 있으면서도 이사로 선임·등기되지 아니한 대주주가 배후에서 부당·불법행위를 저지르고 이사의 의사결정을 사실상 지배함으로써 이사는 대주주의 의도대로 회사의 의사결정을 하는 예가 많이 있음은 모두 아는 사실이다. 대주주에 의하여 선임된 이사는 대주주의 대리인이라 볼 수 있다. 그러한 이사의 행위에 대하여 본인에 해당하는 대주주의 책임을 묻는 것은 불합리하다고 할 수 없다.

이러한 문제의 해소를 위하여 상법에서는 이사의 책임을 확장하여 상법상의 이사 이외의 자라도 자신의 영향력을 이용하여 이사에게 업무집행을 지시하거나 이사의 이름으로 직접 회사의 업무를 집행한 자에게 이사와 같은 손해배상책임을 지우고 있다(제401조의2 제1항). 이러한 자를 '업무집행관여자'라고 부르며 후술하는 세 가지 부류의 사람들이 이에 해당한다.

업무집행관여자에 대한 손해배상청구는 대표소송의 형태로 발행주식총수의 100분의 1 이상을 소유하는 주주가 소송을 제기할 수 있다. 다만 대주주의 횡포의 한 가지 예인 당해 회사의 주식을 저가로 매입하여 고가로 매도하는 등의 내부자거래행위는 회사의 업무집행에 해당하지 아니하므로 업무집행관여자의 책임을 규정한 제401조의2의 규율대상이 되지 아니한다.

2. 업무집행관여자의 유형

(1) 업무집행지시자

(가) 영향력을 가진 자

이사가 아니면서도 이사의 책임을 부담하는 업무집행관여자의 첫번째 유형은 "회사에 대한 자신의 영향력을 이용하여 이사에게 업무집행을 지시한 자"이다(제401조의2 제1항 제1호). 여기서 영향력이라 함은 일상적 언어 용례에서의 영향력을 말하며 법의 관점에서 특별한 정의를 요하지 아니한다. 영향력 자체는 가치중립적인 용어이며 그 자체에 부당·불공정의 의미를 내포하고 있지 아니하다. 여기서의 영향력은 '회사에 대한' 영향력을 요구하므로 지시를 받은 이사 개인에 대한 영향력은 포함되지 아니한다.

회사에 대한 영향력이라 하면 주주총회에서의 의결권 행사를 통한 영향력의 행사를 생각할 수 있겠고 이사 선임을 좌우할 수 있는 정도의 주식수를 보유한 대주주는 영향력을 가지는 것으로 보는 데 어려움이 없다.

그밖에 회사의 대규모 채권자(은행), 회사에 대한 독점적 공급자나 수요자 등도 회사에 대한 영향력을 행사할 수 있는 자에 해당한다. 그러나 거래상의 우월적 지위 또는 교섭력(bargaing power)이 우세한 자 등까지 영향력을 가진 자의 범위에 포함시킬 수 있느냐는 '업무집행의 지시'와 연결지어서 판단하여야 할 것이다. 이와 관련하여 회사에 영향력을 행사할 수 있다면 정부의 권력기관, 대규모 채권자인 은행, 도급기업, 회사의 노동조합 역시 영향력을 가진 자에 해당할 수 있다고 넓게 해석하는 입장이 있다(이(철), 778면). 반면에 지배주주의 권한남용을 막기 위한 제도의 취지를 강조하면서 영향력을 가진 자의 범위를 넓게 해석하는데 반대하는 견해가 다수이다(주석상법 회사(Ⅱ) 295면; 손, 814면).

영향력을 가진 자의 대표적인 예로서 대주주를 생각한다면 그 대주주가 개인인 경우는 그 개인이 영향력을 가진 자가 되고, 대주주가 회사라면 그 회사의 대표이사나 이사 나아가 다시 또 그 회사의 대주주가 영향력을 가진 자가 될 수 있다.

(나) 업무집행의 지시

회사에 대하여 영향력을 가진 자가 그 영향력을 이용하여 회사의 이사에게 업무집행을 지시하면 이사와 같은 책임을 진다. 여기서 지시라 함은 어떤 복종의무를 전제로 하지 않는 일방적 영향력의 행사를 가리킨다. 영향력 행사의 실효성이 없는 경우는 업무집행지시자의 책임을 논의할 필요가 없다. 즉 지시를 받은 이사가 그 지시에 따라 업무를 집행하고 그 집행행위가 제399조나 제401조의 요건을 갖춘 경우에 업무집행지시자의 책임도 발생한다.

(2) 이사대행자

업무집행관여자의 두 번째 유형은 "이사의 이름으로 직접 업무를 집행한 자" 이다(제401조의2 제1항 제2호). 이를 '무권대행자'라는 표제로 분류하는 교과서도 있으나, '무권'을 강조할 필요가 있을지는 의문이다. 일정한 요건 하에 이사가 자기의 권한을 적법하게 위임할 수 있다고 보아야 할 경우도 있기 때문이다. 다만 제401조의2의 입법취지가 이사의 위임을 받아 회사업무를 집행한 자의 책임을 묻기 위한 것이 아니라 회사의 업무집행에 영향력을 행사한 배후의 자, 즉 사실상의 이사의 책임을 묻기 위한 것이므로 법문상의 요건은 아니지만 이 경우도 대행자가 회사에 대하여 영향력을 가지는 자일 것을 요하는 것으로 새겨야 할 것이다(이(철), 780면).

영향력과는 무관한 단순한 수임자인 경우 이사의 책임만을 물을 수 있을 뿐이고 대행자의 책임을 물을 수 없다고 보는 것이 입법취지에 부합할 것이다.

(3) 표현적 명칭의 사용자

"이사가 아니면서 명예회장·회장·사장·부사장·전무·상무·이사 기타 회사의 업무를 집행할 권한이 있는 것으로 인정될 만한 명칭을 사용하여 회사의 업무를 집행한 자" 역시 이사와 같은 책임을 부담한다(제401조의2 제1항 제3호). 이러한 명칭의 사용으로부터 회사에 대한 영향력을 추정하는 것이 이 세번째 유형의 업무집행관여자의 책임의 근거로 제시된다. 제395조의 표현대표이사와의 차이는 제395조의 경우는 표현적 명칭을 허용한 회사의 책임을 묻기 위한 규정인데 반하여 제401조의2의 경우는 회사가 부여한 표현적 명칭을 기초로 하여 인정되는 영향력을 가진 자의 업무관여에 대하여 표현적 명칭을 사용한 자 자신의 책임을 묻기 위한 규정이다.

3. 업무집행관여자의 책임

업무집행관여자는 이사와 마찬가지로 제399조, 제401조의 책임을 부담하며 제403조에 따라 대표소송의 피고가 될 수 있다. 이는 업무집행관여자가 이사로 선임된 것은 아니나 책임면에서는 이사로 선임된 것과 같이 본다는 의미이다.

논리적으로 다소 무리가 따르지만 이사로 간주되므로 업무집행관여자도 임무해태에 따른 책임을 질 수 있다. 즉 제399조, 제401조의 '이사'에 '업무집행관여자'를 바로 대입하여 해당 조문을 적용할 수 있다. 구태여 업무집행관여자는 이사가 아닌데 '임무해태'가 있을 수 있는가 하는 의문을 강조하는 것은 적당하지 않은 것으로 생각한다.

Ⅷ. 이사의 업무집행에 대한 주주의 감독

이사의 업무집행에 대한 주주의 통제를 가능하게 하기 위하여 상법에서는 사전적 구제수단으로서 유지청구권(留止請求權)제도와 사후적 구제수단으로서 대표소송제도를 두고 있다. 이 두 가지 제도 모두 소수주주권으로 구성되어 있다.

1. 유지청구권

이사가 법령 또는 정관에 위반한 행위를 하여 회사에 회복할 수 없는 손해가 생길 염려가 있는 때에는 감사나 발행주식총수의 100분의 1 이상에 해당하는 주식을 가진 주주는 회사를 위하여 이사에 대하여 그 행위를 유지할 것을 청구할 수 있다(제402조). 상장회사의 경우는 6개월 전부터 계속하여 발행주식총수의 10만분의 50(최초사업연도말 현재의 자본금이 1천억원 이상인 회사의 경우는 10만분의 25)이상에 해당하는 주식을 보유한 자는 유지청구권을 행사할 수 있다(제

542조의6 제5항, 시행령 제32조).

소수주주의 유지청구는 회사의 대표기관으로서 권리를 행사하는 것이다. 유지청구권은 주주의 공익권에 속한다. 이 권리는 간접적으로 다수파주주의 의결권남용을 견제하는 기능을 할 수 있다.

유지청구는 반드시 소에 의할 필요는 없으나 현실적으로 그 실효성을 확보하기 위하여는 유지의 소를 제기하고 이 소를 전제로 한 가처분을 신청하여 그 행위를 중지시켜야 할 것이다(민사집행법 제300조 제2항). 이 경우에는 대표소송에 관한 규정을 유추적용하여야 할 것이며 그 판결의 효력은 회사에 미친다(민사소송법 제218조 제3항).

유지청구에도 불구하고 이사가 이를 무시하고 유지청구의 대상인 위법행위를 강행한 때에는 그에 대한 이사의 책임을 물을 수 있음은 당연하다. 나아가 유지청구를 무시하고 행하여진 행위의 효력이 문제된다. 우선 그 행위가 유지청구와 무관하게 무효일 수 있는데(예, 위법한 자기거래), 그러한 경우에는 특별히 유지청구의 효력을 논의할 필요가 없다.

유지청구를 무시한 사채발행, 신주발행은 대외적 법률관계를 형성하므로 거래의 안전을 보호하기 위하여 유효로 보아야 할 것이고, 한편 개별적 거래행위에서 상대방이 유지청구의 사실을 안 때 또는 가처분있음을 안 때에는 회사가 무효를 주장할 수 있다고 하는 설(손, 820~821면)이 있다. 그러나 유지청구가 있었다 하여 유지청구 자체가 정당한 것인지도 모르는 상황에서 유지청구에 대상행위의 효력을 무효화시키는 효과까지 인정하여서는 안 될 것이다.

2. 대표소송

(1) 의 의

대표소송(derivative suit)은 회사가 이사에 대한 책임추궁을 게을리할 경우 주주가 회사를 위하여 이사의 책임을 추궁하기 위하여 제기하는 소송이다(제403조 제3항). 그밖에 주주의 대표소송규정은 발기인, 감사, 청산인 등의 책임을 추궁하기 위한 경우(제324조, 제415조, 제542조 제2항), 불공정한 가액으로 신주를 인수한 자(제424조의2), 주주권의 행사와 관련하여 이익을 공여받은 자(제467조의2)에 대하여 회사의 권리를 행사하기 위한 경우에 준용된다. 또 자본시장법

제172조에 따라 내부자거래로 인한 이득을 회사에 반환시키기 위하여도 대표소송이 이용될 수 있다.

대표소송은 본래 회사가 자기의 권리행사로서 제기할 소송을 주주가 대신하여 제기하는 것이라는 점에서 동종의 권리를 가지는 자의 1인 또는 수인이 전체를 위하여 소송을 수행하는 Representative suit나 Class action 내지는 우리 민사소송법상의 선정당사자제도와 구별된다.

대표소송제도는 소수주주권자에게 회사의 기관적 지위를 인정한 것이다.

(2) 소송의 당사자

(가) 제소권자

대표소송제도가 남용되는 폐단을 막기 위하여 상법은 발행주식총수의 100분의 1 이상을 가진 소수주주권자만이 대표소송을 제기할 수 있도록 규정하고 있다. 상장회사의 경우는 6개월 전부터 발행주식총수의 10,000분의 1 이상에 해당하는 주식을 보유한 주주는 대표소송을 제기할 수 있다(제542조의6 제6항). 의결권 없는 주식의 주주를 포함한다. 대표소송을 제기한 주주는 소의 제기시로부터 소송완료시까지 계속하여 주주의 자격은 유지하여야 하지만 보유주식수가 감소하더라도 소송은 유지된다(제403조 제5항). 판례는 제소주주가 주주의 지위를 유지하는 이상 대표소송 제기 후 보유주식수가 그 요건에 미달하게 되더라도 무방하다고 하였다(대판 2013. 9. 12, 2011다57869).

자회사의 이사가 대표소송의 상대방 당사자가 될 요건이 충족된 경우에 그 자회사의 모회사의 주주도 자회사의 이사를 상대로 대표소송을 제기할 수 있는가가 다루어진 판결이 있다. 이른바 이중대표소송을 허용할 것인가의 문제인데 대법원은 모회사의 주주가 자회사의 이사를 상대로 대표소송을 제기하는 것을 허용하지 않았다(대판 2004. 9. 23, 2003다49221).

(나) 피 고

책임사유가 있는 이사가 대표소송의 피고가 된다. 퇴임한 이사라도 재임중의 행위에 책임이 있는 경우는 그를 상대로 제소할 수 있다. 감사·발기인·청산인(제415조, 제324조, 제542조, 제403조 내지 제406조)도 책임을 추궁당할 사정이 있으면 대표소송의 피고가 될 수 있다.

(3) 소의 제기

대표소송에 앞서 서면으로 먼저 회사에 대하여 이사의 책임을 추궁하는 소의 제기를 청구하여야 한다. 회사와 이사간의 소송에서는 그 소에 관하여 감사가 회사를 대표하므로 대표소송의 전제로서 회사에 소송제기를 청구하는 때에는 감사에게 청구하여야 한다(제394조). 회사, 즉 감사가 청구를 받은 날로부터 30일 내에 소를 제기하지 아니하면 주주는 즉시 회사를 위하여 소를 제기할 수 있다.

다만 회사에 회복할 수 없는 손해가 생길 염려가 있는 때에는 주주는 회사에 대하여 소의 제기를 청구하지 않고 즉시 제소할 수 있다(제403조 제4항). 예를 들어, 30일의 대기기간을 기다릴 경우 이사가 재산도피 등으로 무자력이 된다거나, 회사의 채권이 시효에 걸린다든가 하는 경우에 회복할 수 없는 손해가 생길 염려가 있게 된다.

(4) 책임의 종류

대표소송에 의하여 추궁할 수 있는 이사의 책임의 종류로는 이사의 회사에 대한 손해배상책임(제399조), 자본충실책임(제428조), 거래상의 채무불이행책임 등이 있다.

(5) 주주의 담보제공의무

소수주주의 대표소송이 제기된 경우, 피고인 이사는 그 청구가 악의임을 소명함으로써 상당한 담보의 제공을 명하여 줄 것을 법원에 청구할 수 있다(제403조 제7항, 제176조 제3항·제4항) 여기서 악의라 함은 원고인 주주가 피고인 이사를 해할 것을 안 경우를 말한다. 법원의 명에 따라 원고가 제공한 담보에 대하여 피고인 이사가 담보권자가 된다.

(6) 소송의 고지, 회사의 소송참가, 재심의 소

소수주주가 대표소송을 제기한 경우 다른 주주나 회사는 같은 피고를 상대로 별도의 소를 제기할 수 없다. 회사는 그 소송에 참가할 수 있는데(제404조 제1항) 이 경우 공동소송참가가 된다. 소수주주의 청구에 따라 이사의 책임을 추궁하는 소송을 제기한 회사 또는 대표소송을 제기한 원고는 법원의 허가없이 소의 취하, 청구의 포기·인낙·화해를 할 수 없다(제403조 제6항). 이는 회유나 매수를 방지하기 위한 것이다.

원고·피고가 공모하여 소송의 목적인 회사의 권리를 사해할 목적으로 판결하게 한 때에는 회사 또는 주주는 확정된 종국판결에 대하여 재심의 소를 제기할 수 있다(제406조). 재심의 소는 단독주주 아무나 제기할 수 있다.

(7) 판결의 효과

주주의 대표소송은 제3자의 소송담당에 해당한다. 따라서 원고가 받은 판결은 회사에 대하여 효력이 있다(민사소송법 제218조 제3항).

원고승소의 경우 소송비용은 패소한 이사가 부담하지만 원고는 회사에 대하여 소송비용 외에 소송으로 인하여 지출한 실비액(예를 들면, 변호사 선임비용)의 범위 내에서 상당금액을 청구할 수 있다(제405조 제1항). 특히 자본시장법상의 금융투자업자의 소수주주가 승소한 때에는 소송비용 기타 소송으로 인한 모든 비용의 지급을 청구할 수 있다(자본시장법 제29조 제8항). 주주가 패소하더라도 악의가 없는 한 회사에 대하여 손해를 배상할 책임이 없다(제405조 제2항).

대판 2013. 9. 12, 2011다57869 **신세계 대표소송사건**

여러 주주들이 함께 대표소송을 제기하기 위하여는 그들이 회사에 대하여 이사의 책임을 추궁할 소의 제기를 청구할 때와 회사를 위하여 그 소를 제기할 때 보유주식을 합산하여 상법 또는 구 증권거래법이 정하는 주식보유요건을 갖추면 되고, 소 제기 후에는 보유주식의 수가 그 요건에 미달하게 되어도 무방하다고 할 것이다. 그러나 대표소송을 제기한 주주 중 일부가 주식을 처분하는 등의 사유로 주식을 전혀 보유하지 아니하게 되어 주주의 지위를 상실하면, 특별한 사정이 없는 한 그 주주는 원고적격을 상실하여 그가 제기한 부분의 소는 부적법하게 되고, 이는 함께 대표소송을 제기한 다른 원고들이 주주의 지위를 유지하고 있다고 하여 달리 볼 것은 아니다.

대판 2002. 3. 15, 2000다9086 주주의 대표소송에 있어서 원고 주주가 원고로서 제대로 소송수행을 하지 못하거나 혹은 상대방이 된 이사와 결탁함으로써 회사의 권리보호에 미흡하여 회사의 이익이 침해될 염려가 있는 경우 그 판결의 효력을 받는 권리귀속주체인 회사가 이를 막거나 자신의 권리를 보호하기 위하여 소송수행권한을 가진 정당한 당사자로서 그 소송에 참가할 필요가 있으며, 회사가 대표소송에 당사자로서 참가하는 경우 소송경제가 도모될 뿐만 아니라 판결의 모순·저촉을 유발할 가능성도 없다는 사정과, 상법 제404조 제1항에서 특별히 참가에 관한 규정을 두어 주주의 대표소송의 특성을 살려 회사의 권익을 보호하려한 입법 취지를 함께 고려할 때, 상법 제404조 제1항에서 규정하고 있는 회사의 참가는 공동소송참가를 의미하는 것으로 해석함이 타당하고, 나아가 이러한 해석이 중복제소를 금지하고 있는 민사소송법 제234조에 반하는 것도 아니다.

대판 2004. 9. 23, 2003다49221 어느 한 회사가 다른 회사의 주식의 전부 또는 대부분을 소유하여 양자간에 지배종속관계에 있고, 종속회사가 그 이사 등의 부정행위에 의하여 손해를 입었다고 하더라도, 지배회사와 종속회사는 상법상 별개의 법인격을 가진 회사이고, 대표소송의 제소자격은 책임추궁을 당하여야 하는 이사가 속한 당해 회사의 주주로 한정되어 있으므로, 종속회사의 주주가 아닌 지배회사의 주주는 상법 제403조, 제415조에 의하여 종속회사의 이사 등에 대하여 책임을 추궁하는 이른바 이중대표소송을 제기할 수 없다.

Ⅸ. 집행임원

1. 제도의 취지

상법은 주식회사의 대표이사를 대신하는 업무집행기구로서 집행임원제도를 마련하였다. 종래의 회사실무에서 업무집행에 관여하는 비등기임원들을 상법상의 기관으로 격상시키고, 그 권한과 책임을 상법에서 규율함으로써 주식회사의 지배구조를 현실화하고자 마련된 것이다. 회사경영진의 책임경영(accountability)과 기업경영의 투명성(transparency)을 확보하기 위한 제도이지만 우리나라의 대기업 실무에 비추어 가까운 장래에 채택되거나 적극적 활용을 기대하기는 어렵다.

2. 집행임원의 의의

회사는 집행임원을 둘 수 있으며, 이 경우 집행임원을 둔 회사(이하 "집행임원 설치회사"라 한다)는 대표이사를 두지 못한다(제408조의2 제1항). 즉 회사는 종래의 대표이사와 집행임원 중 하나를 업무집행기구로 선택할 수 있고 집행임원의 설치여부는 회사의 임의에 맡겨져 있다.

3. 집행임원의 선임 · 해임, 임기, 수

상법은 집행임원제도의 채택을 위해 집행임원 설치회사의 이사회가 집행임원과 대표집행임원의 선임 · 해임에 관한 권한을 갖는다고 규정하고 있을 뿐이다(제408조의2 제3항 제1호). 집행임원의 자격에 관해서도 특별한 제한 규정이 없다. 집행임원의 임기는 정관에 다른 규정이 없으면 2년을 초과하지 못한다. 다만, 정관에 그 임기 중의 최종 결산기에 관한 정기주주총회가 종결한 후 가장 먼저 소집하는 이사회의 종결 시까지로 정할 수 있다(제408조의3 제1항 · 제2항). 집행임원의 수에는 제한이 없으므로 회사는 1인 또는 수인의 집행임원을 선임할 수 있다. 집행임원이 1명인 경우에는 그 집행임원이 대표집행임원이 되고(제408조의5 제1항 단서), 집행임원이 여러 명인 경우에 이사회가 집행임원의 직무분담 및 지휘 · 명령관계, 그 밖에 집행임원의 상호관계에 관한 사항을 결정하지 않는 한 각자가 업무집행을 한다(제408조의2 제3항 제5호).

4. 집행임원의 권한

(1) 업무집행권

집행임원의 권한으로는 1) 집행임원 설치회사의 업무집행, 2) 정관이나 이사회의 결의에 의하여 위임받은 업무집행에 관한 의사결정이 규정되어 있다(제408조의4). 여기서 '업무집행'은 종래 대표이사의 권한으로 인정되는 회사의 경영(업무)을 말한다. 제408조의2 제3항 제4호에서 집행임원 설치회사의 이사회가 "집행임원에게 업무집행에 관한 의사결정의 위임(상법에서 이사회 권한사항으로 정한 경우는 제외)"에 관한 권한을 갖는다고 규정하고 있으므로 위 2)는 이 규정에 근거하여 이사회로부터 수권 받은 사항을 가리킨다.

(2) 이사회 소집권

집행임원은 필요하면 회의의 목적사항과 소집이유를 적은 서면을 이사(소집권자가 있는 경우에는 소집권자)에게 제출하여 이사회 소집을 청구할 수 있다(제408조의7 제1항). 이때 이사가 지체 없이 이사회 소집의 절차를 밟지 아니하면 소집을 청구한 집행임원은 법원의 허가를 받아 이사회를 소집할 수 있다. 이 경우 이사회 의장은 법원이 이해관계자의 청구에 의하여 또는 직권으로 선임할 수 있다(제408조의7 제2항).

(3) 대표권

집행임원이 1인인 경우에는 그 집행임원이 대표집행임원이 되고(제408조의5 제1항 단서), 2명 이상의 집행임원이 선임된 경우에는 이사회 결의로 집행임원 설치회사를 대표할 대표집행임원을 선임하여야 한다(제408조의5 제1항 본문). 대표집행임원에 관하여는 상법에 다른 규정이 없으면 주식회사의 대표이사에 관한 규정이 준용된다(제408조의5 제2항). 수인의 대표집행임원이 선임된 경우 공동으로 회사를 대표할 것을 정할 수 있다(제408조의5 제2항, 제389조 제2항). 집행임원 설치회사에 대하여는 표현대표이사에 관한 제395조가 준용된다(제408조의5 제3항).

5. 집행임원의 의무

집행임원 설치회사와 집행임원의 관계는 민법 중 위임에 관한 규정을 준용한다(제408조의2 제2항). 따라서 집행임원은 그 선임의 본지에 따라 선량한 관리자의 주의로써 회사의 사무를 처리하여야 한다(민법 제681조). 선관주의 이외에도 상법은 이사의 특별한 의무에 관한 규정을 집행임원에 준용하므로 집행임원은 이사와 마찬가지로 회사에 대해 충실의무와 비밀준수의무 등을 진다(제408조의9, 제382조의3, 제382조의4, 제397조, 제397조의2, 제398조). 집행임원은 회사 업무 전반에 걸쳐 위임받은 자이므로(제408조의2 제2항), 집행임원이 수인인 경우 집행임원 상호간에 이사의 일반적 선관의무에 들어있는 감시의무가 인정된다.

6. 집행임원의 책임

(1) 책임 일반

집행임원이 업무집행과 관련하여 회사 또는 제3자에게 손해를 가했을 경우 그 책임은 이사의 경우와 같다. 집행임원이 고의 또는 과실로 법령이나 정관을 위반한 행위를 하거나 그 임무를 게을리 한 경우에는 그 집행임원은 집행임원 설치회사에 손해를 배상할 책임이 있으며(제408조의8 제1항), 집행임원이 고의 또는 중대한 과실로 그 임무를 게을리한 경우에는 그 집행임원은 제3자에게 손해를 배상할 책임이 있다(제408조의8 제2항). 집행임원이 집행임원 설치회사 또는 제3자에게 손해를 배상할 책임이 있는 경우에 다른 집행임원·이사 또는 감사도 그 책임이 있으면 다른 집행임원·이사 또는 감사와 연대하여 배상할 책임이 있다(제408조의8 제3항).

(2) 업무집행관여자의 책임

집행임원에 대하여는 업무집행관여자의 책임 규정이 준용되므로, 집행임원 설치회사에 있어서 업무집행관여자는 집행임원으로 보고 그 책임을 진다(제408조의9, 제401조의2 제1항).

(3) 회사에 대한 책임의 감면

회사에 대한 집행임원의 책임은 주주 전원의 동의로 면제할 수 있다(제408조의9, 제400조 제1항). 이사의 책임을 감경할 수 있는 상법의 규정도 집행임원에 준용되므로, 회사는 정관으로 정하는 바에 따라 집행임원의 책임을 집행임원이 그 행위를 한 날 이전 최근 1년간의 보수액(상여금과 주식매수선택권의 행사로 인한 이익 등을 포함한다)의 6배를 초과하는 금액에 대하여 면제할 수 있다. 다만, 집행임원이 고의 또는 중대한 과실로 손해를 발생시킨 경우와 경업금지위반, 회사기회유용, 승인없는 자기거래(제397조, 제397조의2, 제398조)에 해당하는 경우에는 감경받을 수 없다(제408조의9, 제400조 제2항).

(4) 유지청구 및 대표소송

집행임원이 법령 또는 정관에 위반한 행위를 하여 이로 인하여 회사에 회복할 수 없는 손해가 생길 염려가 있는 경우에는 감사 또는 발행주식의 총수의 100분의 1 이상에 해당하는 주식을 가진 주주는 회사를 위하여 집행임원에 대하여 그 행위를 유지할 것을 청구할 수 있다(제408조의9, 제402조). 회사가 집행임원에 대한 책임추궁을 게을리 할 경우 주주가 회사를 위하여 집행임원의 책임을 추궁할 수 있다(제408조의9, 제403조~제406조).

7. 이사회의 감독권과 감사

(1) 이사회의 감독

집행임원 설치회사의 이사회는 집행임원의 업무집행에 대하여 감독 권한을 가지며(제408조의2 제3항 제2호), 집행임원이 여러 명인 경우 집행임원의 직무 분담 및 지휘·명령관계, 그 밖에 집행임원의 상호관계에 관한 사항을 결정한다(제408조의2 제3항 제5호). 정관에 규정이 없거나 주주총회의 승인이 없는 경우 이사회가 집행임원의 보수를 결정한다(제408조의2 제3항 제6호). 후순위이기는 하나 이사회가 집행임원의 보수를 정할 수 있도록 한 것은 이사회에 집행임원의 실적을 평가할 수 있는 기능을 부여하고 이를 통해 집행임원을 감독·통제할 수 있도록 한 것이다(이(철), 812면). 집행임원은 3개월에 1회 이상 업무의 집행상황을 이사회에 보고하여야 하며(제408조의6 제1항), 이 외에도 이사회의 요구가 있으면 언제든지 이사회에 출석하여 요구받은 사항을 보고하여야 한다(제408조의6 제2항). 이사는 대표집행임원으로 하여금 다른 집행임원 또는 피용자의 업무에 관하여 이사회에 보고할 것을 요구할 수 있다(제408조의6 제3항).

(2) 감사(監査)

감사(監事)는 집행임원의 직무의 집행을 감사한다. 감사는 언제든지 집행임원에 대하여 영업에 관한 보고를 요구하거나 회사의 업무와 재산상태를 조사할 수 있다(제408조의9, 제412조 제1항·제2항). 집행임원은 회사에 현저하게 손해를 미칠 염려가 있는 사실을 발견한 때에는 즉시 감사에게 이를 보고하여야 한다(제408조의9, 제412조의2).

사 례 6

[문 1]

K시에서 제철업을 영위하던 H주식회사는 국제 고철시세가 급등함에 따라 소규모의 제철회사로서는 더 이상 이윤을 얻을 수 없게 되었다. H회사의 경영진은 동사의 용광로 등 대부분의 제철설비를 국내 굴지의 제철회사 I주식회사에 매각하였다. H회사의 대표이사 甲은 철강업계의 전문경영인으로서 동시에 I회사의 이사를 맡고 있다. H회사의 주주들은 매각대금이 부당하게 낮게 책정되었다고 불만을 표시하고 있다.

(1) H회사의 주주들은 이 사안에 매매계약이 주주총회의 특별결의를 얻지 못하였음을 이유로 무효를 주장할 수 있는가.

(2) 이 사안의 매매계약이 상법 제398조의 제한을 받는가.

(3) 이 사안의 매매계약에 대하여 주주전원의 승인결의가 있었다면 이사회의 승인을 갈음할 수 있는가.

[문 2]

A주식회사는 150,000주식을 발행하였는데 그 중 30,000주식은 무의결권 주식이다. 이 회사의 ○○년 정기주주총회에 무의결권 주식을 가진 주주 전원이 출석하였고 의결권 있는 주식 60,000주식을 가진 주주들이 출석하였다. 이 회사의 이사 중 1인을 교체하기 위하여 이사를 선임하는 의안과 정관의 일부를 개정하는 의안 각각의 의결정족수를 해당조문을 적시하여 설명하라.

[문 3]

대표이사 乙과 전무이사 丙, 2인의 이사를 두고 있는 T주식회사는 두 사람의 이사를 공동대표로 정하여 등기하여 두었다. T회사는 丙소유의 창고 건물을 임차하여 사용하기 위하여 "임차인: T주식회사 대표이사 乙"과 "임대인: 丙"간의 임대차 계약을 체결하였다.

(1) T주식회사는 이 사안의 임대차계약이 무효라고 주장할 수 있는가.

(2) 乙 단독의 대표행위에 대하여 상대방은 표현대표이사의 성립을 주장할 수 있는가.

(3) 위 T회사의 거래가 민법 제124조의 자기 계약에 해당하려면 임대차계약서상의 계약당사자 쌍방이 어떻게 기재되어야 하는가.

〈샘플 답안〉

[문 1]

Ⅰ. 문제의 제기

제철회사인 H주식회사의 제철설비 매매계약은 소규모의 제철회사인 H회사의 중요한 재산의 양도로서, 이러한 '중요한 재산의 양도' 행위가 상법 제374조 제1호의 '영업전부 또는 중요한 일부'에 해당하여 특별결의를 요하는가가 문제된다. 또한 이 사안에서 H주식회사의 대표이사 갑이 매매계약의 상대방인 I회사의 이사를 맡고 있다는 사실로부터 이 사안의 매매계약이 상법 제398조에서 제한하고 있는 회사와 이사간의 거래에 해당하여 이사회의 승인을 요하는가가 문제된다. 아울러, 주주전원의 승인결의로 이사회의 승인을 갈음할 수 있는가도 살펴볼 필요가 있다.

Ⅱ. 중요재산의 양도

1. 문제점

상법 제374조 제1호에서 '영업전부 또는 일부의 양도'를 특별결의 요건으로 하고 있는데, 이때의 영업양도의 개념이 상법총칙 제7장의 영업양도의 개념과 같다고 볼 수 있는가를 따져봐야 한다. 상법총칙의 영업양도란, '일정한 목적에 의해 조직화된 유기적 일체로서의 기능적 재산의 이전을 내용으로 하는 채권계약'이다. 상법 제374

조의 영업양도를 이와 같은 개념으로 이해하는 견해에 따르면, 양도의 대상인 영업이 유기체적 일체로서의 성질을 갖추고 양도 전후에 '영업의 동일성의 유지'를 요하므로 중요한 재산의 양도는 특별결의의 대상이 되지 않는다. 이에 반하여 주주총회의 특별결의를 받도록 하는 취지를 살려 판단하여야 한다는 주장이 있다.

2. 학설의 대립

(1) 특별결의 불요설(형식설)

제374조의 영업양도를 상법총칙의 영업양도개념과 동일하게 보아, 특별결의가 필요하지 않다는 견해이다. 이는, 법체계의 내부에서 용어의 개념의 획일성이 강조되고, 일정한 기준을 제시해 주려는 것을 반영한 견해이다. 다수설과 판례의 입장이라고 볼 수 있다.

(2) 특별결의 필요설(실질설)

회사의 존립의 기초가 되는 중요한 재산의 양도를 특별결의 대상으로 하지 않는다면 대표의사의 자의적 처분으로 인하여 회사의 손실이 발생할 수도 있기 때문에 특별결의의 대상을 합목적적으로 확대하여야 한다는 견해이다.

3. 판례의 태도

대법원은, 원칙적으로 제374조의 영업양도는 상법총칙상의 영업양도의 개념과 동일하게 보아, 중요한 재산의 양도는 원칙적으로는 특별결의의 대상이 아니라고 한다. 다만 그 재산의 양도로 인해 회사의 존립이 위태로워지거나 회사의 이익에 큰 영향을 끼치게 될 정도의 중대한 결과를 낳는다면 예외적으로 특별결의 대상으로서 인정해야 한다고 하며, 이때는 제374조의 규정을 '유추적용'한다고 한다. 즉, 판례는 형식설(특별결의 불요설)의 입장을 취하고 있다

4. 평 가

이러한 논의는, 특별결의를 받지 않았거나 특별결의에 하자가 있을 때 양도를 무효로 한다면 어떠한 영향이 있게 될까와 관련이 있다. 양도가 무효가 될 경우에, 이는 '대세적 효력'을 갖기 때문에 거래의 안전도 고려되어야 한다. '중요한 재산'의 범위를 취지에 적합하게 이해하여야 한다. '중요한 재산의 양도'에서의 재산의 성격이 회사의 존립에 큰 영향을 줄만한 것이면, 특별결의를 요구하는 것이 당연하다고 할 것이다.

Ⅲ. 상법 제398의 자기거래

제398조에 의하면, '이사는 이사회의 승인이 있는 때에 한하여 자기 또는 제3자의 계산으로 회사와 거래할 수 있다.' 이 규정은 이사의 이기적 법률행위로 인하여 회사에 손해를 가져오는 것을 방지하기 위한 것이며, 이때의 이사회의 승인은 이사의 과반수 출석, 출석한 이사의 과반수 찬성이 있어야 한다. 자본총액이 10억원 미만인 회사에서 이사를 1인 또는 2인만 둔 경우는 이사회 승인 대신 주주총회의 승인을 받아

야 한다(제383조). 사안과 같이 H회사의 대표이사인 甲이 I회사의 대표이사가 아닌 이사를 겸하고 있을 경우 그 회사와의 거래를 성사시키는 것이 이 규정의 제한을 받는 것인가가 문제된다. 甲이 I주식회사의 대표이사가 아닌 이사이므로, 형식적으로만 본다면 H회사와 I회사간 거래가 I회사의 계산으로 거래한 것도 아니고, I회사가 H회사의 직접 거래상대방이 되지 않는다고 볼 수 있다.

이와 같이 형식적으로만 보면 이 사안의 거래를 자기거래에 해당한다고 하기 어렵다. 그러나 제398조의 취지가 이익충돌거래에서 회사의 이익을 보호하는데 있다는 점과 동일인이 거래당사자인 두 회사의 이사를 겸하고 있는 경우에 그가 한쪽 당사자의 이익을 우선시킬 우려가 있다는 점이 고려되어야 한다. 이 사안의 경우도 회사이익의 보호를 위하여는 거래내용과 관련정보를 정확하고 자세하게 이사회에 공개하여 승인을 받도록 하는 것이 제398조의 제도의 취지에 맞다고 본다.

Ⅳ. 주주전원의 승인결의가 있을 경우

제398조에서 이사회의 승인을 받도록 하고 있으므로 이사회가 구성되지 않은 소규모회사가 아닌 한 이사회의 승인을 받아야 한다. 이사회의 승인이 없더라도 1인 주주나 총주주의 동의가 있는 자기거래는 유요하다는 견해가 있지만, ① 비전문가들의 일시적 모임인 주주총회 또는 주주전원의 결의가 이사회 승인을 갈음할 수 없고, ② 제398조는 주주뿐만 아니라 회사재산을 건전하게 유지하고 채권자를 보호하는데 목적이 있으며, ② 이사의 경우 책임추궁이 가능하나, 총주주의 동의로 자기거래를 한 경우에는 주주에 대한 책임추궁이 어렵다는 점에서 총주주의 동의로 이사회의 승인을 갈음하는 것은 타당하지 않다.

Ⅴ. 문제의 해결

1. 다수설과 판례의 입장을 따라, '중요한 재산의 양도'가 회사의 존립에 중대한 영향을 끼칠 경우에만 예외적으로 특별결의를 요한다고 본다. H회사의 대부분의 제철설비의 매각행위는, 회사의 영업유지에 중대한 의미를 가지는 중요재산의 양도로 보아 특별결의를 요한다고 해야 한다. 따라서 주주들은 주주총회 특별결의가 없었음을 주장하여 '무효'를 다툴 수 있다.
2. 이 사안의 거래는 이익충돌의 우려가 있으므로, 제398조의 제한을 받는다.
3. 주주전원의 승인결의가 있다 할지라도 이사회의 승인을 갈음할 수 없다.

[문 2]

Ⅰ. 의결정족수

주주총회의 보통결의의 정족수는 출석한 주주의 보유주식의 1/2이상, 발행주식총수의 1/4 이상을 요구하며(제368조 제1항), 특별결의의 정족수는 출석한 주주의 2/3 이상, 발행주식 총수의 1/3 이상을 요구하고 있다(제434조). 이때, 의결정족수의 계산에 있어서 무의결권주식과 이해관계인의 주식수는 제외되며, 최소표결수에도 마찬가지이다. 최소표결수의 계산에는 무의결권 주식뿐만 아니라, 의결권을 행사할 수 없는 주식도 제외된다.

Ⅱ. 이사를 선임하는 의안

이는 보통결의 사안이다(제368조 제1항). 따라서 최소표결수는

(150,000－30,000)×1/4＝30,000주식이고, 의결정족수는 60,000×1/2＝30,000주식이다. 과반수인 30,001주식 이상이 확보되어야 의결된다.

Ⅲ. 정관의 일부를 개정하는 의안

이는, 특별결의 사안이다(제434조). 따라서 최소표결수는

(150,000－30,000)×1/ 3＝40,000주식, 의결정족수 60,000×2/3＝40,000이며, 최소 40,000주 이상의 찬성으로 의결된다.

[문 3]

Ⅰ. 문제의 제기

공동대표이사 乙과 丙은 공동으로 대표행위를 하여야 하는데, 그 중 1인만이 대표한 경우 무효인가. 또 공동대표 1인이 "대표이사"라는 직함으로 수행한 대표행위에 대하여 상대방은 표현대표이사의 성립을 주장할 수 있는가도 살펴봐야 한다(자기거래의 논점, 이사가 2인인 회사의 경우 주주총회의 승인을 받아야 함-저자). 마지막으로 T회사의 거래가 민법 제124조의 자기계약에 해당하려면 계약서상의 당사자가 어떻게 기재되어야 하는지 상법 제398조 제2문(개정상법에서 삭제-저자)의 규정의도와 관련하여 살펴보아야 한다.

Ⅱ. 임대차계약의 무효

乙과 丙은 공동대표이사로서, 회사의 거래행위가 있을 시에는 다른 대표이사와 공동으로서만 회사를 대표하여야 한다(제389조 제2항·제3항). 이 사안에서 T회사의 공동대표이사 乙은 대표이사의 명의로 단독으로 임대차계약을 체결하였으므로 무권한의 대표행위가 된다. 특별히 다른 공동대표이사인 丙으로부터 포괄적 위임이나 임대차 계약에 대한 개별적 위임도 받았다는 사정이 보여지지 않으므로 다른 공동대표이사인 丙이 추인하지 않는 한 임대차계약은 무효가 된다. 따라서 T회사는 무효를 주장할 수 있다.

Ⅲ. 표현대표이사의 성립여부

1. 문제점

공동대표이사의 1인이 단독으로 대표행위를 한 경우에는 회사에 대해서는 효력이 없다. 그러나 이 경우, 공동대표이사의 1인이 회사의 '대표이사'라는 직함만을 사용하여 행위를 하였고, 거래 상대방이 그 대표이사가 단독으로 회사를 대표할 권한이 있다고 믿은 경우에 회사가 책임을 질 것인지 문제된다.

2. 견해의 대립

(1) 적용긍정설

제395조의 적용을 긍정하는 견해는 제395조가 실질적으로 대표권 없는 자의 행위에 대하여 회사의 책임을 부담시키는 것이므로 대표권 있는 자가 다만 그 행사방법상의 제약을 받고 있는 데에 지나지 않는 경우에도 그 적용을 하는 것이 공평하다고 한다.

(2) 적용부정설

제395조의 적용을 부정하는 견해는 제395조가 대표권 없는 자의 행위에 대한 규정이므로 대표권 있는 자의 공동대표에까지 확대적용하는 것은 무리이며, 상업등기와의 관계에서도 등기제도의 존립 의의를 상실케 할 염려가 있다고 한다.

3. 판례의 태도

판례는 회사가 공동대표이사에게 대표이사라는 명칭의 사용을 용인 내지 방임한 경우에는 회사가 이사 자격이 없는 자에게 대표이사의 명칭을 사용하게 한 경우와 마찬가지라고 하여 적용긍정설의 태도를 취하고 있다.

4. 검 토

공동대표이사의 등기의 효력을 강력히 주장한다면 원래부터 제395조를 적용할 여지가 없는 것이다. 그러나 동조는 이와 다른 차원의 규정으로 보아 회사의 표현책임을 인정하는 것이고, 대표권 없는 자의 행위에 대해 회사의 책임을 인정하는 것이다. 공동대표이사는 공동직이라 하더라도 대표권이 있으므로 실질적인 형평의 관점에서 볼 때 제395조의 적용을 긍정하는 판례의 태도가 타당하다.

5. 사안에의 적용

제395조가 적용되기 위해서는 ① 사장, 부사장 등의 적절한 명칭 사용으로 인한 외관 작출, ② 회사가 명칭사용에 대한 명시적 또는 묵시적 허용, ③ 외관에 대한 상대방의 신뢰가 선의여야 하는 요건이 요구된다. 사안에서 명시적으로 드러나지는 않으나 丙은 임대차계약의 상대방이기도 하지만 T주식회사의 공동대표이사로서 임대차계약 체결시 乙의 대표행위가 공동대표규정에 위반된 무권한의 대표행위임을 알았다고 본다(악의). 따라서 丙은 乙의 표현대표이사의 성립을 주장할 수 없다.

Ⅳ. 자기계약

대리인이 한편으로는 본인을 대리하고 다른 한편으로는 자기 자신이 상대방이 되어 계약을 맺는 것을 '자기 계약'이라 한다(민법 제124조 전단). 따라서 丙이 한편으로는 본인인 T주식회사를 대리(대표)하고, 또 한편으로는 丙 자신이 상대방이 되어 계약을 맺어야 한다. 즉 丙이 T주식회사의 대표이사로서 T주식회사를 대표하고, 동시에 창고건물의 임대인으로서 기재되어 있어야 한다. "임차인: T주식회사 대표이사 '丙'", "임대인: '丙'"으로 기재되어야 한다.

제4 감사 · 감사위원회 · 외부감사인 · 검사인

Ⅰ. 감 사

1. 의 의

감사는 회계 및 업무의 감사를 임무로 하는 주식회사의 필요적 상설기관이다. 최근 사업연도 말 현재의 자산총액이 1000억원 이상인 상장회사는 감사위원회를 설치하지 않는 한 주주총회 결의에 의하여 상근감사를 1명 이상 두어야 한다(제542조의10 제1항, 시행령 제36조 제1항). 상장회사의 경우에는 미성년자 등, 최대주주와 그의 특수관계인, 발행주식의 10분의 1 이상 주식을 소유한 자, 주요 경영사항에 사실상의 영향력을 행사하는 주요주주 등은 상근감사에서 배제된다(제542조의10 제2항).

주식회사에 있어서 업무감독권한은 주주총회, 이사회, 소주주주, 감사에게 분산귀속되어 있다. 주주총회는 이사회가 제출한 결산서류를 검토하여 승인하는 권한(제449조 제1항)을 가지는 외에 이사의 해임권을 가진다(제385조). 이사회 역시 대표이사의 업무집행을 감독하는 권한을 가진다(제393조 제2항). 소수주주는 유지청구권, 대표소송제소권을 가지는 외에 이사해임청구의 소를 제기할 수 있다(제385조 제2항).

2. 선임 · 종임

(1) 주식회사의 감사는 주주총회에서 선임한다. 의결권 없는 주식을 제외한 발행주식총수의 100분의 3을 초과하는 수의 주식을 가진 주주는 그 초과하는 주식에 관하여 감사선임결의에서 의결권을 행사하지 못한다. 이러한 100분의 3의 비율은 정관으로 낮출 수 있다(제409조 제2항 · 제3항).

감사의 수는 1인이라도 무방하다. 감사와 회사와의 관계는 위임이다(제415조, 제382조 제2항). 자본금의 총액이 10억원 미만인 소규모 회사의 경우에는 감사를 선임하지 아니할 수 있다(제409조 제4항). 이 경우 각종 감사의 권한은 주주총회가 대신한다(제409조 제6항).

대판 1995. 2. 28, 94다31440 주식회사와 임용계약을 체결하고 새로이 회사의 감사의 지위에 취임하여 감사로서의 직무를 수행할 권리와 의무를 가지게 된 자로서는, 아직 감사로서 회사등기부에 등재되지 아니한 상태라면 등기에 의하여 선의의 제3자에 대항할 수 없어 완전한 감사로서의 직무를 수행할 수 없으므로, 회사에 대하여 회사와의 임용계약에 기하여 회사등기부상 감사변경의 등기절차의 이행을 구할 수 있으나, 감사의 선임에 관한 주주총회의 결의는 피선임자를 회사의 기관인 감사로 한다는 취지의 회사 내부의 결정에 불과한 것이므로, 주주총회에서 감사선임결의가 있었다고 하여 바로 피선임자가 감사의 지위를 취득하게 되는 것은 아니고, 주주총회의 선임결의에 따라 회사의 대표기관이 임용계약의 청약을 하고 피선임자가 이에 승낙을 함으로써 비로소 피선임자가 감사의 지위에 취임하여 감사로서의 직무를 수행할 수 있게 되는 것이므로, 주주총회에서 감사선임의 결의만 있었을 뿐 회사와 임용계약을 체결하지 아니한 자는 아직 감사로서의 지위를 취득하였다고 할 수 없고, 따라서 감사로서의 지위에서 회사와의 임용계약에 기하여 회사에 대하여 감사선임등기가 지연됨을 이유로 감사변경의 등기절차의 이행을 구할 수 없다.

(2) 종임사유는 이사의 경우와 같으나 회사의 해산후에도 청산회사의 감사를 위하여 계속 임무를 수행한다는 점은 (청산인으로 대체되는) 이사의 경우와 다르다.

3. 임기 · 자격 · 보수

(1) 감사의 임기는 취임 후 3년내의 최종의 결산기에 관한 정기총회의 종결시까지로 한다(제410조). 이 임기는 정관으로 연장 · 단축할 수 없다고 해석된다.

감사의 현실적 임기는 그 취임시기에 따라 세력상의 3년보다 짧을 수도 있다.

(2) 회사 및 자회사의 이사 또는 지배인 기타의 사용인은 그 임무의 성질상 (모)회사의 감사의 지위를 겸하지 못한다(제411조).

(3) 감사의 보수는 정관이나 주주총회의 결의로 이사의 보수와 구분하여 정하여야 한다.

4. 권 한

(1) 회계 및 업무 감사권

감사는 이사의 직무의 집행을 감사한다(제412조 제1항). 감사는 이사가 주주총회에 제출할 의안 및 서류를 조사하여 법령 또는 정관에 위반하거나 현저하게 부당한 사항이 있는지의 여부에 관하여 주주총회에서 그 의견을 진술하여야 한다(제413조). 제413조와 같이 특정 사안을 대상으로 한 감사의 타당성 감사권에 관한 명문의 규정이 없을 때, 감사의 범위가 적법성 감사에만 한정되는가, 또는 타당성 감사도 포함되는가. 이에 대하여 다수설은 적법성 감사에 한정된다고 한다(이(철), 821면; 정(경), 540면; 정(찬), 1019면). 그러나 이사회에 의한 타당성 감사가 실효를 거두기 어렵다는 점에서, 또 구체적 사안에서 타당성과 적법성의 구분도 용이하지 않다는 점에서 타당성 감사도 포함된다(최, 739면)고 보아야 할 것이다.

감사는 언제든지 이사에 대하여 영업에 관한 보고를 요구하거나 회사의 업무와 재산상태를 조사할 수 있다(제412조 제2항). 감사는 회사의 비용으로 전문가의 도움을 구할 수 있다(제412조 제3항).

(2) 이사회 출석권, 의견진술권, 이사회소집통지수령권

감사는 이사회에 출석하여 의견을 진술할 수 있다(제391조의2 제1항).

제391조의2 제2항과 같이 감사의 업무가 법정된 경우 외에 출석권으로부터 출석의무도 나오는가에 대하여는 학설의 대립이 있다. 부정설은 출석의무를 인정할 경우 오히려 감사의 독립성을 침해할 수 있음을 강조한다.

이사회의 소집이 있는 경우 회일의 1주간 전에 감사에게도 그 통지를 발송하여야 한다(제390조 제3항). 이사전원 및 감사전원의 동의가 있는 때에는 이사회의 소집절차를 생략할 수 있다(제390조 제4항). 감사에 대한 소집통지 없이 한 이사회의 결의는 무효이다.

감사가 이사회에 출석한 경우 감사도 이사회의 의사록에 기명날인 또는 서명하여야 한다. 그러나 감사의 경우는 이의의 기재가 없더라도 그 감사가 의결에 찬성한 것으로 추정되는 것은 아니다(제399조 제3항 참조).

부산고법 2004. 1. 16, 2003나12328 감사는 이사회 결의시 의견을 진술할 권한이 있을 뿐 의결권은 없어 그에 대한 소집통지가 되지 않아 감사가 출석하지 않은 상황에서 주주총회 소집을 의결하는 이사회 결의가 되었다고 하더라도 그 이사회의 의사형성에 결정적인 영향을 미쳤다고 보기 어려워, 이사회 결의가 무효라고 볼 수 없고, 그 후 이사회가 다시 소집되어 주주총회 소집을 재의결하면서 비록 정관에서 정한 통지기일보다 하루가 늦었지만 이사회가 개최되기 6일 전에 감사에 대한 이사회 소집통지가 되었고, 이에 따라 감사가 서면으로 자신의 의견을 진술하기도 하였다면 최초 이사회 소집통지의 절차상 하자가 치유되어 주주총회 결의를 취소할 수 없다.

(3) 유지청구권

이사가 법령 또는 정관에 위반한 행위를 하여 이로 인하여 회사에 회복할 수 없는 손해가 생길 염려가 있는 경우에는 감사는 회사를 위하여 이사에 대하여 그 행위를 유지할 것을 청구할 수 있다(제402조).

(4) 회사대표권

회사가 이사에 대하여 또는 이사가 회사에 대하여 소를 제기하는 경우에 감사는 그 소에 관하여 회사를 대표한다(제394조). 회사가 제403조 제1항의 청구(주주의 대표소송)를 받는 경우에도 같다.

자본금의 총액이 10억원 미만인 소규모 회사에서 감사를 선임하지 아니한 경우, 이 회사가 이사에 대하여 또는 이사가 그 회사에 대하여 소를 제기하는 경우에 회사, 이사 또는 이해관계인은 법원에 회사를 대표할 자를 선임하여 줄 것을 신청하여야 한다(제409조 제5항).

대결 2013. 9. 9, 2013마1273 회사의 이사로 등기되어 있던 사람이 회사를 상대로 사임을 주장하면서 이사직을 사임한 취지의 변경등기를 구하는 소에서 상법 제394조 제1항은 적용되지 아니하므로 그 소에 관하여 회사를 대표할 사람은 감사가 아니라 대표이사라고 보아야 한다. 그 이유는 다음과 같다.

이러한 소에서 적법하게 이사직 사임이 이루어졌는지는 심리의 대상 그 자체로서 소송 도중에는 이를 알 수 없으므로 법원으로서는 소송관계의 안정을 위하여 일응 외관에 따라 회사의 대표자를 확정할 필요가 있다. 그런데 위 상법 규정이 이사와 회사의 소에 있어서 감사로 하여금 회사를 대표하도록 규정하고 있는 이유는 공정한 소송수행을 확보하기 위한 데 있고, 회사의 이사가 사임으로 이미 이사직을 떠난 경우에는 특별한 사정이 없는 한 위 상법 규정은 적용될 여지가 없다(대법원 2002. 3. 15. 선고 2000다9086 판결 등 참조). 한편 사임은 상대방 있는 단독행위로서 그 의사표시가 상대방에게 도달함과 동시에 효력이 발생하므로 그에 따른 등기가 마쳐지지 아니한 경우에도 이로써 이사의 지위를 상실함이 원칙이다. 따라서 이사가 회사를 상대로 소를 제기하면서 스스로 사임으로 이사의 지위를 상실하였다고 주장한다면, 적어도 그 이사와 회사의 관계에서는 외관상 이미 이사직을 떠난 것으로 보기에 충분하고, 또한 대표이사로 하여금 회사를 대표하도록 하더라도 공정한 소송수행이 이루어지지 아니할 염려는 거의 없기 때문이다.

대판 1990. 5. 11, 89다카15199 피고 회사의 이사인 원고가 피고 회사에 대하여 소를 제기함에 있어서 상법 제394조에 의하여 그 소에 관하여 회사를 대표할 권한이 있는 감사를 대표자로 표시하지 아니하고 대표이사를 피고 회사의 대표자로 표시한 소장을 법원에 제출하고, 법원도 이 점을 간과하여 피고 회사의 대표이사에게 소장의 부본을 송달한 채, 피고 회사의 대표이사로부터 소송대리권을 위임받은 변호사들에 의하여 소송이 수행되었다면, 이 사건 소에 관하여는 피고 회사를 대표할 권한이 대표이사에게 없기 때문에 소장이 피고에게 적법유효하게 송달되었다고 볼 수 없음은 물론 피고 회사의 대표이사가 피고를 대표하여 한 소송행위나 피고 회사의 대표이사에 대하여 원고가 한 소송행위는 모두 무효이다.

대판 2002. 3. 15, 2000다9086 상법 제394조 제1항에서는 이사와 회사 사이의 소에 있어서 양자 간에 이해의 충돌이 있기 쉬우므로 그 충돌을 방지하고 공정한 소송수행을 확보하기 위하여 비교적 객관적 지위에 있는 감사로 하여금 그 소에 관하여 회사를 대표하도록 규정하고 있는바, 소송의 목적이 되는 권리관계가 이사의 재직중에 일어난 사유로 인한 것이라 할지라도 회사가 그 사람을 이사의 자격으로 제소하는 것이 아니고 이사가 이미 이사의 자리를 떠난 경우에 회사가 그 사람을 상대로 제소하는 경우에는 특별한 사정이 없는 한 위 상법 제394조 제1항은 적용되지 않는다.

전 이사들을 상대로 하는 주주대표소송에 회사가 참가하는 경우, 상법 제394조 제1항의 적용이 배제되어 회사를 대표하는 자는 감사가 아닌 대표이사[이다.]

(5) 각종의 소 제기권

감사는 설립무효의 소(제328조) 또는 주주총회 결의취소의 소(제376조) 등을 제기할 수 있다.

(6) 주주총회 · 이사회 소집청구권

감사는 회의의 목적사항과 소집 이유를 기재한 서면을 이사회에 제출하여 임시주주총회의 소집을 청구할 수 있다. 이러한 감사의 청구에 불구하고 이사회가 지체 없이 총회소집의 절차를 밟지 아니한 때에는 감사는 법원의 허가를 얻어 주주총회를 소집할 수 있다(제412조의3, 제366조 제2항).

감사는 필요하면 회의의 목적사항과 소집이유를 서면에 적어 이사(또는 소집권자)에게 제출하여 이사회 소집을 청구할 수 있다. 소집청구가 있었음에도 이사가 지체없이 이사회를 소집하지 않으면 그 청구한 감사가 이사회를 소집할 수 있다(제412조의4).

(7) 자회사에 대한 조사권

모회사의 감사는 그 직무를 수행하기 위하여 필요한 때에는 자회사에 대하여 영업의 보고를 요구할 수 있다. 모회사의 감사는 자회사가 지체없이 보고를 하지 않거나 보고의 내용을 확인할 필요가 있는 때에는 자회사의 업무와 재산상태를 조사할 수 있다. 자회사는 정당한 이유가 없는 한 이러한 보고 또는 조사를 거부하지 못한다(제412조의5).

5. 의　　무

(1) 감사록의 작성

감사는 감사에 관하여 감사록을 작성하여야 한다. 감사록에는 감사의 실시요령과 그 결과를 기재하고 감사를 실시한 감사가 기명날인 또는 서명하여야 한다(제413조의2).

(2) 이사회에 대한 보고

감사는 이사가 법령 또는 정관에 위반한 행위를 하거나 그 행위를 할 염려가 있다고 인정한 때에는 이사회에 이를 보고하여야 한다(제391조의2 제2항).

(3) 주주총회에 대한 조사 · 보고의무

감사는 이사가 주주총회에 제출할 의안 및 서류를 조사하여 법령 또는 정관에 위반하거나 현저하게 부당한 사항이 있는지의 여부에 관하여 주주총회에 그 의견을 진술하여야 한다(제413조).

(4) 감사보고서의 제출

감사는 재무제표와 영업보고서(제447조, 제447조의2)를 받은 날로부터 4주간 내에 감사보고서를 이사에게 제출하여야 한다(제447조의4 제1항).

(5) 감사는 회사기회유용금지, 경업금지, 자기거래제한의무를 부담하지 않는다

6. 책 임

감사가 그 임무(민법 제681조의 선량한 관리자의 주의의무로부터 나온다)를 해태한 때에는 그 감사는 회사에 대하여 연대하여 손해를 배상할 책임이 있다(제414조 제1항). 이사에 대한 것과 같이 총주주의 동의로 감사의 책임을 면제할 수 있으며 감사의 책임추궁도 대표소송의 대상이 된다(제415조, 제400조, 제403조).

감사가 악의 또는 중대한 과실로 인하여 그 임무를 해태한 때에는 그 감사는 제3자에 대하여 연대하여 손해를 배상할 책임이 있다(제414조 제2항).

대판 2012. 7. 12, 2012다20475 불법행위로 인한 손해배상청구권의 단기소멸시효의 기산점은 '손해 및 가해자를 안 날'부터 진행되며, 법인의 경우에 손해 및 가해자를 안 날은 통상 대표자가 이를 안 날을 뜻한다. 그렇지만 법인의 대표자가 법인에 대하여 불법행위를 한 경우에는, 법인과 그 대표자의 이익은 상반되므로 법인의 대표자가 그로 인한 손해배상청구권을 행사하리라고 기대하기 어려울 뿐만 아니라 일반적으로 그 대표권도 부인된다고 할 것이어서, 법인의 대표자가 그 손해 및 가해자를 아는 것만으로는 부족하다. 따라서 위의 경우에는, 적어도 법인의 이익을 정당하게 보전할 권한을 가진 다른 대표자, 임원 또는 사원이나 직원 등이 손해배상청구권을 행사할 수 있을 정도로 이를 안 때에 비로소 위 단기소멸시효가 진행한다고 할 것이고, 만약

위 임원 등이 법인의 대표자와 공동불법행위를 한 경우에는 그 임원 등을 배제하고 위 단기소멸시효 기산점을 판단하여야 한다(대법원 2002. 6. 14. 선고 2002다11441 판결 등 참조).

… 원고 회사의 대표이사였던 망 소외 1(이하 '망인'이라 한다)이 2006. 12. 22. 이사회결의를 거치지 않고 독단적으로 소외 2의 원고 회사에 대한 공사대금 채무를 면제해 주는 불법행위를 할 당시 원고 회사의 감사였던 소외 3이 그 자리에 함께 있었[으나] 망인의 이러한 불법행위에 대하여 그 행위를 유지할 것을 청구하거나 이사회나 주주총회에 이를 보고하는 등 필요한 조치를 전혀 취하지 않은 [경우] 이는 고의에 의한 방조행위에 해당하거나 적어도 앞서 본 바와 같은 감사로서의 주의의무를 다하지 못한 과실에 의한 방조에 해당[하고] 소외 3의 고의 또는 과실에 의한 방조행위와 망인의 채무면제행위는 객관적으로 관련 공동되어 소외 2에 대한 원고 회사의 채권의 소멸이라는 단일한 결과를 발생시킨 것으로서, 그로 인한 원고 회사의 손해와 사이에 상당인과관계도 있으므로, 공동불법행위가 성립한다고 할 것이다.

그리고 위와 같이 소외 3이 원고 회사의 대표이사인 망인과 공동불법행위를 한 이상 원고 회사를 대표하여 망인을 상대로 손해배상청구권을 행사하리라고 기대하기는 어려우므로, … 원고 회사의 이익을 정당하게 보전할 권한을 가진 다른 임원 또는 사원이나 직원 등이 손해배상청구권을 행사할 수 있을 정도로 망인의 불법행위를 안 때를 소멸시효의 기산점으로 잡아 소멸시효의 완성 여부를 판단해야 할 것이다.

대판 2013. 9. 26, 2011다42348 상법 제415조, 제385조 제1항에 규정된 '정당한 이유'란 주주와 감사 사이에 불화 등 단순히 주관적인 신뢰관계가 상실된 것만으로는 부족하고, 감사가 그 직무와 관련하여 법령이나 정관에 위반된 행위를 하였거나 정신적·육체적으로 감사로서의 직무를 감당하기 현저하게 곤란한 경우, 감사로서의 직무수행능력에 대한 근본적인 신뢰관계가 상실된 경우 등과 같이 당해 감사가 그 직무를 수행하는 데 장해가 될 객관적 상황이 발생한 경우에 비로소 임기 전에 해임할 수 있는 정당한 이유가 있다고 할 것이다(대법원 2004. 10. 15. 선고 2004다25611 판결 등 참조).

… 채무불이행이나 불법행위 등으로 인하여 손해를 입은 채권자 또는 피해자 등이 동일한 원인에 의하여 이익을 얻은 경우에는 공평의 관념상 그 이익은 손해배상액을 산정함에 있어서 공제되어야 하고, 이와 같이 손해배상액의 산정에 있어 손익상계가 허용되기 위해서는 손해배상책임의 원인이 되는 행위로 인하여 피해자가 새로운 이득을 얻었고, 그 이득과 손해배상책임의 원인인 행위 사이에 상당인과관계가 있어야 한다(대법원 1992. 12. 22. 선고 92다31361 판결 등 참조). 임기가 정하여져 있는 감사가 그 임기만료 전에 정당한 이유 없이 주주총회의 특별결의로 해임되었음을 이유로 상법 제415조, 제385조 제1항에 의하여 회사를 상대로 남은 임기 동안 또는 임기 만료

시 얻을 수 있었던 보수 상당액을 해임으로 인한 손해배상액으로 청구하는 경우, 당해 감사가 그 해임으로 인하여 남은 임기 동안 회사를 위한 위임사무 처리에 들이지 않게 된 자신의 시간과 노력을 다른 직장에 종사하여 사용함으로써 얻은 이익이 해임과 사이에 상당인과관계가 인정된다면 해임으로 인한 손해배상액을 산정함에 있어서 공제되어야 한다.

대판 2008. 2. 14, 2006다82601 **감사의 제3자에 대한 책임**

감사[가] … 만약 실질적으로 감사로서의 직무를 수행할 의사가 전혀 없으면서도 자신의 도장을 이사에게 맡기는 등의 방식으로 그 명의만을 빌려줌으로써 회사의 이사로 하여금 어떠한 간섭이나 감독도 받지 않고 재무제표 등에 허위의 사실을 기재한 다음 그와 같이 분식된 재무제표 등을 이용하여 거래 상대방인 제3자에게 손해를 입히도록 묵인하거나 방치한 경우 감사는 악의 또는 중대한 과실로 인하여 임무를 해태한 때에 해당하여 그로 말미암아 제3자가 입은 손해를 배상할 책임이 있다고 할 것이나, 이처럼 결산과 관련하여 감사로서의 직무를 전혀 수행하지 아니한 경우와는 달리 감사로서 결산과 관련한 업무 자체를 수행하기는 하였으나 재무제표 등에 허위의 기재가 있다는 사실을 과실로 알지 못한 경우에는 문제된 분식결산이 쉽게 발견 가능한 것이어서 조금만 주의를 기울였더라면 허위로 작성된 사실을 알아내어 이사가 허위의 재무제표 등을 주주총회에서 승인받는 것을 저지할 수 있었다는 등 중대한 과실을 추단할 만한 사정이 인정되어야 비로소 제3자에 대한 손해배상의 책임을 인정할 수 있을 것이고, 분식결산이 회사의 다른 임직원들에 의하여 조직적으로 교묘하게 이루어진 것이어서 감사가 쉽게 발견할 수 없었던 때에는 분식결산을 발견하지 못하였다는 사정만으로 중대한 과실이 있다고 할 수는 없고, 따라서 감사에게 분식결산으로 인하여 제3자가 입은 손해에 대한 배상책임을 인정할 수는 없다고 할 것이다.

Ⅱ. 감사위원회

1. 제도의 도입배경

감사위원회제도는 1999년 개정상법에서 도입되었다. IMF구제금융이후에 IBRD 등 국제금융기관에서 우리나라의 기존 감사제도의 실효성을 의문시하면서 회사지배구조 개선방안의 하나로서 감사위원회제도의 도입을 요구하였고 그에 따라 제도의 도입이 추진된 것이다. 새로운 제도를 통하여 회사경영의 투명성을 확보하고 경영책임을 효과적으로 추궁할 수 있도록 한다는 것이 입법의 취지였다.

2. 감사위원회의 지위

감사위원회는 이사회내 위원회의 하나로 설치된다. 감사위원회를 두기 위하여는 정관에 근거규정이 있어야 한다(제393조의2 제1항). 다만 최근 사업연도말 현재의 자산총액이 2조원 이상인 상장회사는 반드시 감사위원회를 설치하여야 한다(제542조의11 제1항, 시행령 제37조 제1항, 자본시장법 제26조).

감사위원회를 두는 회사는 기존제도인 감사를 둘 수 없고 감사위원회가 감사의 권한을 행사한다(제415조의2 제1항・제7항).

3. 감사위원회의 구성

감사위원회는 3인 이상의 이사로 구성된다. 이사 총수가 3인 이하인 회사에서는 감사위원회를 둘 수가 없다. 한편 이사 전원이 감사위원회의 위원을 겸하는 것은 감사위원회제도의 취지를 살릴 수 없다. 감사위원회 위원의 3분의 2 이상은 사외이사라야 한다(제415조의2 제2항).

최근 사업연도말 현재의 자산총액 2조원 이상인 상장회사의 경우 위원 중 1인은 회계 또는 재무전문가이어야 하고 감사위원회의 대표는 사외이사이어야 한다(제542조의11 제2항, 시행령 제37조 제1항).

4. 감사위원회 위원의 선임과 해임

정관에 다른 정함이 없는 한 감사위원은 이사회결의로 선임한다. 감사위원을 해임하기 위하여는 이사 총수의 3분의 2의 결의가 있어야 한다(제415조의2 제3항).

자산총액 2조원 이상의 상장회사의 경우 감사위원회위원을 선임하거나 해임하는 권한은 주주총회에 있으며, 주주총회에서 이사를 선임한 후 선임된 이사 중에서 감사위원회위원을 선임하여야 한다(제542조의12 제1항・제2항). 미성년자, 파산선고를 받고 복권되지 아니한 자, 회사의 상무에 종사하는 이사・집행임원 및 피용자, 기타 회사의 경영에 영향을 미칠 수 있는 자 등은 자산총액 2조원 이상의 상장회사에서 사외이사가 아닌 감사위원회위원이 될 수 없고, 이에 해당하게 된 경우에는 그 직을 상실한다(제542조의11 제3항).

5. 감사위원회의 대표

감사위원회는 그 결의로 위원회를 대표할 자를 선정하여야 한다. 이 경우 수인의 위원이 공동으로 위원회를 대표할 것으로 정할 수 있다(제415조의2 제4항).

6. 감사위원회의 권한

감사위원회는 다음의 권한을 가진다(제415조의2 제7항).

① 이사의 직무집행에 대한 감사권(제412조 제1항)

② 회사 및 자회사에 대한 영업보고 요구권 및 업무와 재산상태의 조사권(제412조 제2항, 제412조의5 제1항)

③ 이사의 법령 또는 정관의 위반행위에 대한 유지청구권(제402조)

④ 이사로부터 보고를 받을 권리(제412조의2)

⑤ 총회소집청구권(제412조의3)

⑥ 이사와 회사간의 소에 관한 대표권(제394조, 제403조)

감사위원회는 직무수행을 위하여 필요한 경우에 회사의 비용으로 전문가의 조력을 구할 수 있다(제415조의2 제5항). 감사위원회가 결의한 사항은 이사회에서 다시 결의할 수 없다(제415조의2 제6항).

감사위원회는 감사와 같은 권한을 가진다. 따라서 감사위원회도 적법성 감사만을 할 수 있다고 새기는 것이 다수설이다. 그러나 감사의 경우에 설명한 것과 같이 감사위원회는 이사의 직무에 관하여 적법성 감사뿐만 아니라 타당성 감사도 할 수 있다고 하여야 할 것이다. 감사의 권한과 감사위원회의 권한을 다르게 보는 견해도 있다. 이 견해는 감사위원이 동시에 이사회의 구성원이라는 점을 주목하는 것이다. 이 견해에 의하면 적법성 감사만이 허용되는(다수설의 입장) 감사의 경우와 감사위원회의 권한범위(타당성 감사도 포함)가 달라지게 된다.

7. 감사위원회의 의무와 감사위원의 책임

감사위원회는 ① 감사록의 작성, ② 이사회에 대한 보고(제391조의2 제2항), ③ 주주총회에 대한 보고(제413조), ④ 이사에 대한 감사보고서의 제출(제447조의4 제1항) 등의 의무를 부담한다(제415조의2 제7항).

감사위원은 회사와 제3자에 대하여 감사와 동일한 책임을 진다(제415조의2 제7항, 제414조). 이와는 별도로 감사위원은 이사를 겸하므로 이사로서의 책임을 부담하는 것은 당연하다(제399조, 제401조).

Ⅲ. 외부감사인

상법에서는 주식회사 감사의 독립성을 확보하기 위하여 그 선임에 대주주의 의결권행사를 제한하고 조치를 취하고 있다(제409조 제2항). 그럼에도 불구하고 경우에 따라 감사의 회계감사에 있어서 공정성을 확보하기 어려운 사정이 있을 수 있다. 이 문제를 해결하기 위하여 「주식회사의 외부감사에 관한 법률」이 제정되었으며 이에 의하면 직전 사업년도의 자산총액이 100억원 이상인 회사는 매사업연도 개시일로부터 4월 이내에 외부감사인을 선임하여야 한다(주식회사의 외부감사에 관한 법률 제2조, 시행령 제2조 제1항).

외부감사인은 회사의 감사의 제청으로 이사회 의결로 선임한다. 다만 감사를 받을 자가 외부감사인을 선임한다는 점에 대한 공정성 시비를 불식시키기 위하여 외부감사인의 선임은 주주총회의 승인을 받도록 하고 있다.

그밖에 공정성의 확보가 의문시되는 경우 및 특히 공정성의 확보가 필요한 경우에는 증권관리위원회가 감사인을 지명·변경할 수 있다.

Ⅳ. 검 사 인

검사인은 회사, 주주총회 또는 법원에 의하여 선임되어 각종서류·계산관계의 정확성, 주주총회절차의 적법성, 회사업무와 재산상태 등을 조사하는 임시기관이다.

검사인의 선임이 필요한 경우는 다음과 같다.

① 회사설립시 변태설립사항을 조사하는 경우(제290조, 제298조 제4항, 제310조)

② 소수주주의 소집청구에 의한 주주총회에서 회사업무와 재산상태를 조사시키는 경우(제366조 제3항)

③ 이사·감사가 총회에 제출한 서류를 조사시키기 위하여 총회가 선임한 경우(제367조 제1항)

④ 회사 또는 소수주주가 총회의 소집절차나 결의방법의 적법성을 조사하기 위하여 총회전에 법원에 선임을 청구한 경우(제367조 제2항)

⑤ 소수주주가 법원에 선임을 청구하여 회사업무와 재산상태를 조사시키는 경우(제467조)

소수주주에 의한 검사인의 선임청구는 회사의 업무집행에 관하여 부정행위 또는 법령이나 정관에 위반한 중대한 사실이 있음을 의심할 사유가 있는 때에 소수주주가 취할 수 있는 조치이다. 선임된 검사인은 그 조사의 결과를 법원에 보고하여야 하며 보고를 받은 법원이 필요하다고 인정하면 대표이사에게 주주총회의 소집을 명할 수 있다(제467조 제2항·제3항). 이와 별도로 이사와 감사는 검사인의 보고서의 정확여부를 조사하여 그 결과를 주주총회에 보고하여야 한다(제467조 제4항).

Ⅴ. 준법지원인

1. 의　　의

최근 사업연도 말 현재의 자산총액이 5천억원 이상인 상장회사는 법령을 준수하고 회사경영을 적정하게 하기 위하여 임직원이 그 직무를 수행할 때 따라야 할 준법통제에 관한 준법통제기준을 마련하고, 준법통제기준의 준수에 관한 업무를 담당하는 준법지원인을 1명 이상 두어야 한다(제542조의13 제1항·제2항, 시행령 제39조).

2. 도입 배경

그동안 「은행법」에 따라 금융기관에는 준법감시인이 설치되어 있었으나, 비금융기관의 경우 준법경영을 위한 제도가 부족하였다. 최근 윤리·준법경영(compliance) 및 기업의 사회적 책임이 강화되고 있는 세계적 추세에 부응하기 위하여 개정상법에서 준법지원인제도를 도입하였다.

3. 준법지원인의 임명

회사는 이사회 결의를 거쳐, 변호사, 법학교수 등 일정 요건을 구비한 자 중에서 준법지원인을 임명하여야 한다(제542조의13 제4항 · 제5항). 준법지원인의 임기는 3년으로 하고, 상근으로 한다(제542조의13 제6항).

준법지원인에 관하여 다른 법률에 특별한 규정이 있는 경우를 제외하고는 상법에서 정한 바에 따르나, 다른 법률의 규정이 준법지원인의 임기를 3년보다 단기로 정하고 있는 경우에는 그 다른 법률규정에도 불구하고 3년으로 한다(제542조의13 제11항).

4. 준법지원인의 의무

준법지원인은 선량한 관리자의 주의로 그 직무를 수행하여야 하고, 준법통제기준의 준수여부를 점검하여 그 결과를 이사회에 보고하여야 한다(제542조의13 제3항 · 제7항). 준법지원인은 재임 중뿐만 아니라 퇴임 후에도 직무상 알게 된 회사의 영업상 비밀을 누설하여서는 아니된다(제542조의13 제8항).

5. 회사의 의무

준법지원인을 둔 상장회사는 준법지원인이 그 직무를 독립적으로 수행할 수 있도록 하여야 하고, 준법지원인이었던 사람에 대하여 그 직무수행과 관련된 사유로 부당한 인사상의 불이익을 주어서는 아니 된다. 해당 회사의 임직원 역시 준법지원인이 그 직무를 수행할 때, 자료나 정보의 제출을 요구하는 경우 이에 성실하게 응하여야 한다(제542조의13 제9항 · 제10항).

사 례 7

X주식회사(상장회사가 아님)의 회장 겸 대주주인 A(발행주식총수의 40% 소유)는 전문경영인인 대표이사 R이 A의 의사를 묻지 않고 회사를 경영하는데 대하여 불만을 가져왔다. R이 갑작스러운 사고로 상당기간 입원치료를 받게 되자 A는 다른 주주 S_1, S_2, S_3, S_4(이들 네 주주의 합산 보유주식수는 발행주식총수의 55%)를 소집하여 R을 해임시키고 A를 대표이사로 선임하는 주주총회결의를 감행하였다. 그 직후 A는 자신을 신임 대표이사로 하는 대표이사 변경등기를 마쳤다. 수주일 후 A는 X회사 소유의 비업무용 토지를 시세(500억원 정도)보다 현저하게 저렴한 가격으로 Y주식회사에 매각하였다. X회사는 그 대금으로 A소유였던 사무실용 건물을 시세대로 구입하여 사옥으로 사용하고 있다. 그때까지 X회사는 사무실을 임차하여 사용했었다.

위 토지매매가 X회사에게 터무니없이 불리한 거래이었음을 알게 된 주주들이 그 매매의 무효를 주장하고 그 토지의 반환을 청구하고자 한다.

(1) X회사의 위 토지를 매도하는 데는 주주총회의 결의가 있어야 했는가.

(2) 위 토지의 매도에는 이사회의 결의가 있었어야 하는가.

(3) 대표이사를 주주총회에서 해임하거나 선임할 수 있는가.

(4) 위 토지매매의 무효를 주장하기 위하여 R은 어떠한 선결소송으로 대표이사를 해임하고 선임한 주주총회결의에 하자가 있었음을 다투어야 하는가 또는 곧바로 부동산소유권이전등기의 말소청구소송을 제기할 수 있는가.

(5) Y회사는 상법 제39조의 부실등기규정을 원용하여 X회사에 대항할 수 있는가.

(6) X회사는 A를 상대로 손해배상을 청구할 수 있는가 A가 X회사의 회장이면서도 이사는 아니었다면 어떠한 상법규정을 근거로 A에게 손해배상을 청구할 수 있는가.

〈샘플 답안〉

Ⅰ. 논점의 정리

1. X회사 소유의 비업무용 토지를 Y주식회사에 매각하는 경우에 이 토지가 중요재산에 해당하여 주주총회의 특별결의를 거쳐야 하는지가 문제된다. 또한 이 토지의 매도가 이사회의 권한에 속하여 이사회의 결의가 있어야 하는지도 문제된다.

2. 대주주인 A가 다른 주주들과 함께 대표이사 R을 해임시키고 자신을 대표이사로 선임한 경우에, 대표이사의 선임과 해임이 주주총회의 권한에 속하는지가 문제된다. 주주총회의 권한에 속하지 않는 사항을 결의한 경우에 주주총회결의의 하자를 다투는 소송 중 어느 것에 해당할지가 문제된다.

3. R과 그를 지지하는 주주들이 X회사와 Y회사간의 토지매매의 무효를 주장할 때, Y회사는 표현대표이사의 규정(제395조)에 따라 보호받을 수 있는지, 부실등기규정(제39조)에 의해 보호받을 수 있는지가 문제된다.

4. X회사가 A를 상대로 손해배상을 청구할 때, A가 X회사의 회장이면서도 이사가 아닌 경우 A가 업무집행관여자에 해당하는지가 문제된다.

Ⅱ. 중요재산의 양도와 영업양도

1. 제374조 제1항 제1호에서는 '영업의 전부 또는 중요한 일부의 양도'의 경우 주주총회의 특별결의를 얻도록 하고 있다. 이는 주주의 이익에 커다란 영향을 미치기 때문에 의사결정을 신중히 하기 위함이다.

2. 영업양도의 개념

상법총칙편의 영업양도(제41조, 제42조)는 영업목적을 위하여 조직화된 유기적 일체로서의 기능적 재산의 동일성이 유지된 일괄 이전을 의미한다.

3. 중요한 재산의 양도

(1) 문제의 소재

제374조 제1항 제1호의 영업양도를 상법총칙편의 영업양도와 동일하게 이해할 것인지, 아니면 제374조의 취지를 살려서 중요재산의 양도를 포함할 것인가가 문제된다.

(2) 특별결의 불요설

상법총칙편의 영업양도와 동일하게 보자는 입장으로, 영업양도에 이르지 않는 중요재산의 양도의 경우에 특별결의를 요하지 않는다고 한다.

(3) 특별결의 필요설

회사의 영업에 중요한 영향을 미치는 중요재산의 양도의 경우 특별결의가 필요하다고 한다. 특별결의를 밟지 않으면 대표이사의 자의적 처분으로부터 회사와 주주의 이익을 방어할 수 없기 때문이다.

(4) 판 례

판례는 원칙적으로 제374조 제1항 제1호의 영업양도를 상법총칙편의 영업양도와 동일하게 이해하여 단순한 영업재산의 양도의 경우 특별결의를 요하지 않는다고 한다. 다만 회사의 존속에 기초가 되는 중요재산의 양도의 경우 제374조 제1항 제1호를 유추적용하여 특별결의를 받아야 한다고 한다.

(5) 결 론

유기적 일체로서의 영업양도에 이르지 않는 중요재산의 양도를 영업양도라고 볼 수는 없으나, 그 중요도에 비추어 보아 회사의 존속에 기초가 되는 재산의 양도라면 주주총회의 특별결의를 받아야 한다.

(6) 이사회의 결의

제393조 제1항에서는 중요한 자산의 처분 및 양도, 대규모 재산의 차입의 경우 이사회의 결의를 받도록 하고 있다.

Ⅲ. 총회결의무효확인의 소

1. 주주총회 결의하자에 따른 소송종류의 선택

주주총회의 결의에 하자가 있는 경우 원칙적으로 무효에 해당한다. 하지만 주주총회의 결의에는 다수의 이해관계인이 존재하고, 후속 법률관계가 연결되어 형성되기 때문에 가급적 그 효력을 존중해야 하며, 효력을 부인하는 경우에도 누구에게나 획일적으로 확정해야 한다. 따라서 상법에서 하자의 정도와 유형에 따라 네 가지 소송을 정하고, 이 소송 중 하나로 그 하자를 다투도록 하고 있다. 문제의 사례에서는 거의 주주전원이 의결하였으므로 절차적 하자를 문제삼기는 어렵다.

2. 결의무효확인의 소

(1) 의 의

총회의 결의의 내용이 법령에 위반하는 내용상의 하자가 있는 경우(제380조) 결의무효의 소로써 그 하자를 다툴 수 있다. 무효확인의 소에는 제소기간과 제소권자의 제한이 없다.

(2) 무효원인

1) 주주총회의 권한이 아닌 사항에 대한 결의(대표이사의 선임)

2) 위법배당안 승인결의

3) 주주의 유한책임의 원칙에 위반하는 결의(추가출자)

4) 주식평등의 원칙에 위반하는 결의, 주식회사의 본질에 반하거나 주식회사로서의 대원칙에 반하는 경우

(3) 성 질

결의무효확인의 소를 형성의 소로 보는가 확인의 소로 보는가에 대하여 대립이 있다.

1) 형성의 소로 보는 학설

무효확정 판결에 대세적 효력이 인정되는 것을 근거로 형성의 소로 본다. 이 견해에 따르면 소송 이외의 방법으로 그 무효를 주장할 수 없으며, 판결확정전까지는 유효한 것으로 취급한다.

2) 확인의 소로 보는 학설(다수설)

제소기간과 제소권자의 제한이 없는 것을 근거로 한다. 이 경우 소송 이외의 방법으로 그 무효를 주장할 수 있다.

3) 판례

판례는 다수설과 같이 확인의 소로 본다.

4) 결론

명백한 무효원인이 있는 경우 소송 이외의 방법으로, 즉 선결소송을 거치지 않고 그 무효를 주장할 수 있도록 하는 것이 합리적이므로 확인의 소로 본다.

Ⅳ. 표현대표이사

1. 의 의

주식회사는 대표를 통해 법률행위를 한다. 대표이사는 대외적으로는 대표권을 행사하며 대내적으로는 업무집행을 담당한다. 원칙적으로 대표이사의 성명과 주소는 제317조 제8호, 제9호의 등기사항이어서 이것을 매번 확인하고 거래하도록 하면 좋지만, 거래의 신속성과 편의를 위해 융통성을 부여할 필요가 있다. 표현대표이사제도 제395조는 제3자 보호와 실무상 널리 이용되고 있는 업무집행이사와 관련하여 외관법리, 금반언원칙과 취지를 같이하는 제도이다.

2. 제37조와의 관계

등기를 한 경우, 등기되지 않은 자와 거래한 제3자는 보호받을 길이 없어 보인다. 제37조는 공시제도를 장려하고 공시주의를 관철하기 위한 제도임에 반해 표현대표이사제도는 회사의 외관작출 책임을 묻는 것으로 그 차원을 달리한다(이차원설).

3. 요 건

(1) **표현적 명칭의 사용**

1) 제395조의 표현적 명칭은 예시적인 것으로 구체적으로는 실무관행과 합리적 판단에 따라 판단해야 할 것이다.

2) 이사 아닌 자에도 적용되는지 여부

판례는 사임한 대표이사에 제395조를 유추적용한다고 판시한 바 있다. 전혀 무관한 자와는 묵시적 허용의 문제와 관련해 논하여야 할 것이다.

(2) **회사의 표현적 명칭 사용 허용**

1) 명시적 허용, 묵시적 허용

명시적 허용의 경우에는 당연히 표현대표이사의 성립이 인정된다. 묵시적 허용과 관련하여 표현적 명칭의 사용을 방치한 경우에 표현책임이 성립한다는 견해가 있으나, 그 외에 부가적인 사정이 있어야 할 것이다. 판례도 표현대표이사가 체결한 계약을 계속적으로 이행하거나 대표이사 아닌 자가 대표이사로 등기된 경우에 표현책임을 인정하였다.

2) 허용의 주체

이사회, 대표이사 일 것이나 현실적으로 대표이사를 기준으로 명칭사용을 묵시적으로 허용, 방치하였는가를 판단해야 할 것이다.

3) 제3자의 선의·무중과실

표현대표이사제도의 보호를 받기 위하여는 제3자가 선의여야 하나, 조문에는 과실에 대한 언급이 없다. 그러나 대표이사가 등기사항임에도 이를 열람하지 않은 경우에도 인정되는 법리이므로 무과실은 요하지 않으나, 중과실은 악의와 같이 보는 것이 다수설과 판례의 입장이다.

(4) **표현대표의 성립범위**

1) 대표행위

법률행위, 준법률행위, 의사표시수령에 적용되고 거래를 전제로 인정하여야 한다. 소송행위는 대표의 전정성과 정확성이 더 중요시되어야 하므로 적용될 수 없다. 불법행위의 경우 성립 가능하다.

2) 대표권의 범위

진정한 대표이상의 권한과 동일하며 이사선임과 같은 경우는 표현대표이사의 성립을 인정할 수 없다. 이사회의 결의나 주주총회결의가 필요한 경우에도 제395조는 적용되지 않는다.

(5) 선임이 무효·취소된 대표이사

이사를 선임한 주주총회결의가 무효·최소된 경우 그 효력은 소급하기 때문에 제3자 보호의 문제가 있다. 이 때 제3자를 보호하기 위하여 제395조를 활용할 것인가, 제39조를 활용할 것인가가 문제된다. '대표이사 선임등기를 회사'에서 한 것이라고 새기면, 제39조의 부실등기 규정을 활용할 수 있다. 그러나 그 등기를 '적법하지 않게 선임된 대표이사'가 한 것이라고 새기면 제395조를 활용해야 할 것이다. 이 등기 자체가 적법하지 않게 선임된 대표이사가 신청한 것이므로 회사에 '부실등기'의 책임을 지우는 것은 옳지 않다. 따라서 제395조에 따라 해결되어야 한다.

Ⅴ. 이사의 책임과 업무집행관여자

1. 회사에 대한 손해배상 책임

이사가 법령 또는 정관에 위법한 행위를 하거나 그 임무를 해태한 경우에는 회사에 대하여 손해배상책임이 있다(제399조). 이러한 책임은 위임계약의 불이행으로 인한 책임으로 과실책임이라고 새겨야 한다.

2. 업무집행관여자의 책임

회사거래에 있어서 이사는 아니면서 회사에 대한 막강한 영향력을 행사하여 회사업무를 장악하는 자가 있는데 이러한 사람을 업무집행관여자라고 하며, 업무집행지시자, 이사의 이름으로 직접 업무를 집행한 자, 표현적 명칭(회사의 업무를 집행할 권한이 있는 것으로 오인할 만한 명칭) 사용자가 있다. 상법은 이들에 대하여 일정한 책임(399조, 401조의 책임)을 부여하고 있다(401조의2)

Ⅵ. 문제의 해결

1. 중요재산에 해당하지 않으므로 주주총회의 결의를 거치지 않아도 된다.
2. 이사회의 결의가 있어야 한다.
3. 주주총회에서 해임할 수 있으나 선임은 할 수 없다(본론에서 대표이사의 선임과 해임을 설명했어야 함 - 저자). 사안의 경우 법률위반으로 무효확인의 소의 대상이 된다.
4. 총회결의 무효확인의 소는 확인소송이므로 선결소송 없이 곧바로 부동산 이전등기 말소청구소송을 제기할 수 있다.
5. 제39조를 원용하며 X회사에 대항할 수 없다.
6. 제395조의 표현대표이사 규정에 따라 보호받을 수 있다.
7. X회사는 A를 상대로 제401조의 2 제1항 제2호 또는 제3호에 따라 손해배상을 청구할 수 있다.

제 5 절 신주의 발행

제1 총 설

1. 주식회사의 자본조달

주식회사가 기존사업의 확장을 위해서 또는 신규사업분야에 진출하기 위하여는 상당한 규모의 자본조달이 필요하다. 이러한 주식회사의 자본조달은 자기자본조달방식에 의할 수도 있고 타인자본조달방식에 의할 수도 있다.

자기자본의 조달이라 함은 이 절에서 다룰 증자신주발행 또는 통상의 신주발행을 가리키고 타인자본의 조달은 다시 사채발행, 금융기관 차입, 사채차입 등에 의한다.

주식회사가 증자신주발행을 함에 있어서 기존주주의 지주비율(持株比率, 지배력) 유지를 위하여, 그리고 신주가 시가이하로 발행되는 경우의 주주의 손실을 방지하기 위하여는 기존주주에게 신주인수권을 부여하여야 한다. 그러나 한편 주주의 신주인수권을 절대적인 것으로 고집하면 회사의 유리한 자본조달, 자본조달의 기동성을 저해하게 된다.

2. 통상의 신주발행과 특수한 신주발행

(1) 통상의 신주발행

위에서 본 자기자본조달을 위한 신주발행 이외에도 주식회사가 신주를 발행하여야 할 경우는 여러 가지이다. 그러한 여러 가지 경우를 '특수한 신주발행'이라고 하며 증자신주발행을 '통상의 신주발행'이라고 하여 대비시키는 것이 일반적이다.

증자신주발행은 상법 제416조 이하의 신주의 발행에 관한 규정의 규율을 받는 신주발행이다. 수권자본의 범위, 즉 발행예정주식총수 내에서 회사의 자기자본의 조달을 위하여 주식을 발행하여 회사의 자본을 실질적으로 증가시키는 것이다.

(2) 특수한 신주발행

특수한 신주발행의 경우는 다음과 같다. 각각의 경우에 발행요건과 절차가 따로 규정되어 있다.

① 전환주식 또는 전환사채의 전환(제346조 이하, 제513조 이하)

② 신주인수권부사채권자의 신주인수권의 행사(제516조의8)

③ 준비금의 자본금전입(제461조 제2항)

④ 주식배당(제462조의2)

⑤ 주식병합(제440조 이하)

⑥ 흡수합병(제523조)

⑦ 주식의 포괄적 교환(제360조의2)

⑧ 주식회사의 분할(제530조의5 제3호 · 제4호)

(3) 통상의 신주발행과 특수한 신주발행의 비교

(가) 공통점

정관에 규정한 발행예정주식총수(제289조 제1항 제3호)의 범위 내에서 발생할 수 있고 종류주식을 신주로 발행하려면 정관에 그에 관한 규정이 있어야 한다.

(나) 차이점

1) 자산의 변동

통상의 신주발행의 경우는 자산이 증가하지만 특수한 신주발행의 경우는 보통 자산에는 변동이 없다.

주식배당의 경우에 자산의 증가는 없다. 흡수합병의 경우에 존속회사의 신주가 발행되어 소멸회사의 주주에게 교부된다. 이 경우는 소멸회사의 재산이 존속회사에 포괄적으로 승계되므로 그 범위에서 존속회사의 자산증가가 있게 된다. 전환사채의 전환의 경우에는 현금의 사내유입은 없으나 부채가 자본으로 전환하므로 그러한 의미에서 순자산의 증가가 있게 된다. 이와는 달리 주식의 병합에 의한 신주발행의 경우에 실질적인 자본감소가 있게 되면 자산이 감소한다.

2) 자본금의 변동

통상의 신주발행의 경우는 항상 자본금이 증가한다. 반면에 특수한 신주발행에 있어서도 보통 자본금이 증가하지만, 전환주식의 전환에 있어서 전환비율이 1 대 1이라면 자본금의 변동이 없고 주식의 병합에 의한 자본감소의 경우는 신주발행에 따라 자본금이 감소한다.

3) 신주발행의 절차

통상의 신주발행의 경우 발행사항은 이사회의 결의로 결정한다. 다만 정관에 정함이 있으면 주주총회의 결의에 의할 수도 있다(제416조).

준비금의 자본전입은 이사회의 결의가 있어야 한다(제461조 제1항).

주식의 병합에는 주주총회의 특별결의를 요한다(제438조 제1항).

주식배당의 경우는 주주총회의 보통결의를 요한다(제462의2).

전환주식의 전환, 전환사채의 전환, 신주인수권부사채의 신주인수권의 행사는 미리 정해진 조건에 따르게 된다.

자산재평가적립금의 자본전입의 경우는 특별법의 절차에 따라 신주발행이 이루어진다(자산재평가법 제30조).

4) 효력발생시기

통상의 신주발행의 경우는 납입기일의 다음날로부터 납입 또는 현물출자를 이행한 범위내에서 신주발행의 효력이 생긴다(제423조 제1항).

특수한 신주발행에 있어서는 각 경우에 따라 효력발생시기가 다음과 같이 다양하다.

① 준비금의 자본전입: 배정일 또는 주주총회의 결의가 있는 때(제461조 제3항・제4항)

② 주식배당: 주식배당을 한다는 주주총회가 종결한 때(제462의2 제4항)

③ 주식병합: 주권제출기간이 만료한 때 또는 채권자이의절차가 종료한 때(제441조)

④ 전환주식・전환사채: 전환청구를 한 때(제350조, 제516조 제2항)

⑤ 신주인수권부사채권자의 신주인수권 행사 : 신주의 발행가액 전액을 납입한 때(제516조의9)

(4) 통상의 신주발행과 설립시의 주식발행의 비교

주식회사 설립시의 주식발행에 비하여 통상의 신주발행은 여러 가지 차이를 보인다.

(가) 전부인수·납입의 필요성

1) **설립시**: 엄격성이 요구되어 발행주식 전부에 대하여 인수와 납입이 되어야 한다.

2) **신주발행시**: 예정발행주식수 전부에 대한 인수, 납입이 없더라도 납입과 이행이 있는 범위내에서 신주발행의 효력이 생긴다(제423조 제1항).

(나) 주주가 되는 시기(주주권의 발생시기)

1) **설립시**: 설립등기시에 주식이 효력을 발생하고 주주의 지위를 취득한다(제172조).

2) **신주발행시**: 납일기일 다음날 신주의 주식이 효력을 발생하고 주주로서의 권리의무를 가지게 된다(제423조 제1항).

(다) 주식인수의 하자

1) **설립시**: 회사성립후 또는 창립총회에 출석하여 권리를 행사한 때에는 그 무효와 취소를 주장할 수 없다(제320조).

2) **신주발행시**: 변경등기후 1년 경과 또는 주주권을 행사한 때에는 하자를 이유로 무효·취소를 주장할 수 없다(제427조).

(라) 현물출자

1) **설립시**: 원시정관에 기재하여야(제290조 제2호) 하고, 검사인의 검사 또는 공인된 감정인의 감정(제299조, 제299조의2) 외에 창립총회의 승인이 있어야(제314조 제1항) 한다.

2) **신주발행시**: 신주발행시의 현물출자는 이사회결의사항이다. 검사인의 선임을 청구하여야 하며, 현물출자를 할 수 있는 자에 대한 제한은 없다.

(마) 자본충실책임

1) **설립시**: 발기인이 인수담보책임과 납입담보책임을 부담한다.

2) **신주발행시**: 이사가 인수담보책임을 부담하나 납입담보책임은 규정되어 있지 않다(제428조).

제2 신주인수권

1. 서 설

신주인수권이라 함은 회사가 성립한 후에 신주를 발행하는 경우에 우선적으로 신주를 인수할 수 있는 권리를 말하며 통상의 신주발행의 경우에 신주를 인수할 권리를 가리킨다.

주주에 대한 신주인수권 보장의 필요성은 다음 몇 가지 근거에서 인정된다.

첫째, 신주발행의 경우에 주주의 지주비율을 유지시키기 위한 것이다.

둘째, 소수주주의 이익을 보호하기 위한 것이다. 증자전에 1% 이상의 지주비율을 유지하던 주주가 신주발행으로 인하여 지주비율이 낮아져서 더이상 소수주주권을 행사할 수 없게 될 가능성이 있기 때문이다.

셋째, 불공정한 신주발행의 경우에는 배당률의 감소나 주가하락으로 기존주주가 불이익을 당할 수 있다.

나아가 신주인수권은 그 자체가 경제적인 가치를 가지고 있다.

(예) 신주발행 전 1주의 시가 ············ 15,000원
신주발행 후 1주의 (예상)시가 ···· 12,000원
발행가 ·· 7,000원
신주인수권의 가치 ·········· 5,000원(premium)

그렇다고 하여 기존의 주주에게만 신주인수권을 부여하는 것이 회사의 전반적·장기적인 경영계획에 비추어 적당하지 않을 수도 있다. 이러한 경우에는 제3자의 신주인수권을 허용하는 것이 필요하다. 예를 들어 거액의 자금조달이 필요한 경우에는 기존 주주의 재력만으로는 발행할 신주 전부를 소화하기에 부족하므로, 기동성이 있는 자본조달을 위하여는 정관의 규정을 두어 제3자에게 신주인수권을 부여할 필요가 있다(제418조 제2항, 제420조 제5호).

2. 주주의 신주인수권

(1) 의의와 제한

회사가 자본조달을 위하여 신주를 발행할 경우에 기존의 주주에게 신주를 인수할 권리를 보장하여야 할 근거는 위에서 살펴본 바와 같다. 상법에서도 "주주는 그가 가진 주식수에 따라서 신주의 배정을 받을 권리가 있다"는 원칙을 정하고 있다(제418조 제1항). 그러한 주주의 신주인수권은 preemptive right(우선권)이라는 용어에서 보듯이 기득권 또는 고유권으로 인정되기도 하였다. 그러나 현대 회사경영의 실제에서 신규자본조달의 기동성 확보, 기술제공자의 자본참여 요구, 외국자본의 직접투자 요구 등을 반영하여 상당부분 주주의 신주인수권을 제한하고 제3자에게 신주를 배정할 필요성이 인정되었다. 제418조 제2항에서는 정관에 정하는 바에 따라 주주 아닌 자에게 신주를 배정할 수 있다고 규정하여 주주의 신주인수권을 정관의 규정으로 제한할 수 있도록 허용하고 있다. 다만 정관으로 제3자 배정을 규정하더라도 '합리적 필요성'이 인정되는 경우에 한정된다는 한계를 설정해둠으로써 주주의 신주인수권이 유명무실해지지 않도록 배려하고 있다. 제2항 단서규정에서 제3자 배정의 경우는 "신기술의 도입, 재무구조의 개선 등 회사의 경영상 목적을 달성하기 위하여 필요한 경우에 한한다"고 하여 합리적 필요성의 한계를 명확하게 해주고 있다.

(2) 성 질

추상적 신주인수권은 상법의 규정에 의하여 주주의 자격에서 가지는 권리를 가리키는 반면 구체적 신주인수권은 이사회 결의로 주주가 취득하게 된 권리로서 주식과 독립한 채권적 권리이다(대판 2010. 2. 25, 2008다96963, 96970; 대판 1995. 7. 28, 94다25735). 이사회에서 신주발행사항을 정하면서 신주인수권을 양도할 수 있다고 정한 때에는 주식과 분리하여 신주인수권을 양도할 수 있다(다수설). 대법원 판례는 이사회에서 신주인수권의 양도에 관한 사항을 결정하지 않았다 하더라도 회사가 신주인수권의 양도를 승낙한 경우에는 회사에 대하여 그 효력이 있다고 하였다(대판 1995. 5. 23, 94다36421).

대판 1995. 5. 23, 94다36421 상법 제416조 제5호에 의하면, 회사의 정관 또는 이사회의 결의로 주주가 가지는 신주인수권을 양도할 수 있는 것에 관한 사항을 결정하도록 되어있는바, 신주인수권의 양도성을 제한할 필요성은 주로 회사측의 신주발행사무의 편의를 위한 것에서 비롯된 것으로 볼 수 있고, 또 상법이 주권발행 전 주식의 양도는 회사에 대하여 효력이 없다고 엄격하게 규정한 것과는 달리 신주인수권의 양도에 대하여는 정관이나 이사회의 결의를 통하여 자유롭게 결정할수 있도록 한 점에 비추어 보면, 회사가 정관이나 이사회의 결의로 신주인수권의 양도에 관한 사항을 결정하지 아니하였다 하여 신주인수권의 양도가 전혀 허용되지 아니하는 것은 아니고, 회사가 그와 같은 양도를 승낙한 경우에는 회사에 대하여도 그 효력이 있다.

(3) 신주인수권과 주주평등의 원칙

원칙적으로 모든 주주는 그가 소유하는 주식수에 비례하여 평등하게 신주인수권을 가진다(제418조). 다만 정관의 규정으로 주주의 신주인수권을 제한·박탈할 수 있으며 종류주식이 발행된 경우에는 정관에 다른 정함이 없더라도 주식의 종류에 따라 신주인수에 관하여 특수하게 정할 수 있다(제344조 제3항). 이와 관련하여 신주발행시 생기게 되는 단주에 대하여도 신주인수권이 미치는가가 문제된다. 발행되는 신주의 수가 주주의 지주수에 의하여 정제되지 않고 1주 미만의 단주가 생기는 때에는 이를 공정한 방법으로 처리하여 발행가와의 차액을 단주의 신주인수권자에게 분배하여야 한다는 것이 다수설이다(제443조 참조). 예를 들어 10주식당 3주식을 배정한 경우 9주식의 주주는 2주식을 취득하고 0.7주의 단주를 가지고 정산을 받게 된다고 한다. 이에 대하여 단주에 대하여는 주주의 신주인수권이 배제되며 이사회가 그 처분을 결정할 수 있다는 반대설이 있다.

(4) 주주의 신주인수권의 범위와 자본시장법의 특칙

통상의 신주발행의 경우에만 주주의 신주인수권이 인정된다. 다만 현물출자가 있는 경우 그 부분에 대하여는 주주의 신주인수권은 미치지 아니한다(대판 1989. 3. 14, 88누889). 주권상장법인은 위에서 말한 '합리적 필요성'의 한계를 적용받지 않는다. 즉 제418조 제1항 및 제2항의 적용없이 정관으로 정하는 바에 따라 이사회의 결의로써 일반공모증자 방식으로 신주를 발행할 수 있다. 이 경우 발행가격의 통제를 받는다(자본시장법 제165조의6). 주권상장법인이 신주를 발행하는 경우 100분의 20 범위내에서 우리사주 조합원에게 신주를 배정해야 하므로(자본시장법 제165조의7) 이에 대하여도 주주의 신주인수권은 미치지 못한다.

(5) 주주의 신주인수권의 침해

이사회에서 주주의 신주인수권을 무시하고 신주발행을 결정한 경우 주주는 신주발행유지청구(제424조)와 신주발행무효의 소를 제기할 수 있다(제429조). 그로 인하여 손해를 입은 경우에는 회사 또는 이사를 상대로 손해배상청구를 할 수 있다(제389조 제3항, 제210조, 제401조).

3. 제3자의 신주인수권

(1) 의 의

회사는 정관에 규정을 두면 주주가 아닌 자에게 신주를 배정할 수 있는데 이것이 제3자의 신주인수권이다(제418조 제2항). 위에서 본 바와 같이 상법에서는 회사 경영상 필요한 경우에 주주의 우선권을 배제하고 제3자에게 신주를 배정할 수 있도록 융통성을 부여하고 있다. 제3자 배정은 그러한 근거가 정관에 마련되어 있어야 하고 경영상의 필요성이 인정되는 경우에 한정된다. 정관의 규정으로 제3자 배정이 허용되고 합리적 필요성이 인정된다면 특정 회차에 발행되는 신주 전부를 제3자에게 배정하여도 된다.

(2) 성 질

정관의 규정에 따라 제3자에게 신주를 배정하는 경우 제3자의 신주인수권은 정관의 규정으로부터 곧 발생하는가가 문제된다. 생각할 점은 정관의 규정에 따라 제3자에게 신주를 배정하는 경우 그러한 규정에서 제3자를 특정인으로 지명하여 규정하는 예는 드물고 배정을 받게 될 제3자가 회사내부의 사람이어서 정관이라는 자치법규의 적용대상이 되는 경우는 예외적일 것이다.

정관은 회사 내부의 법률관계를 규율하는 자치법규이다. 변태설립사항의 하나인 발기인에게 부여하는 특별이익으로서 신주인수권을 정한 경우 그러한 정함은 정관의 제3자에 대한 신주배정조항에 다시 한 번 반영되게 될 것이다. 이러한 경우에 그 발기인에게도 제3자 신주배정규정의 효력이 적용된다고 볼 수 있다(이(철), 861면). 이때 정관의 규정으로부터 곧바로 발기인(이었던 자)의 신주인수권이 발생한다는 점은 수긍할 수 있다. 그러나 주식회사 설립실무에서 발기인의 특별이익을 변태설립사항으로 정관에 기재하는 예는 찾아보기 어렵다. 이러한 점을 감안할 때 제3자의 신주인수권은 정관의 규정만으로 생기는 것은 아니고 그러한 규정에 따라 이사회의 의결을 거쳐 회사가 제3자에게 배정함으로써 그가 신주인수권을 취득한다고 설명하는 것이 적당하다. 이렇게 볼 때 구체적 신주인수권과 추상적 신주인수권이라는 용어 중에서 제3자의 신주인수권의 경우에는 대부분 이사회의 의결에 의해서 가시화될 것이므로 추상적 신주인수권은 관심의 대상이 되지 않고 구체적 신주인수권만 논의함으로써 충분할 것이다.

제3자의 신주인수권을 법률에서 보장하고 있는 경우(예, 종업원지주제도, 자본시장법 제165조의7 제1항)를 제외하고 제3자의 신주인수권이 계약으로부터(정관의 규정이 아니고) 발생한다고 보면 그러한 제3자의 신주인수권을 추상적 신주인수권과 구체적 신주인수권으로 구별할 실익은 없어 보인다.

(3) 요 건

(가) 정관의 규정

회사가 신주를 제3자에게 배정하기 위하여는 정관에 그러한 뜻의 규정이 있어야 한다. 제3자 배정은 주주의 신주인수권에 대한 제약이 되므로 반드시 정관의 규정을 둔 후에만 제3자 배정을 할 수 있다. 주주총회의 특별결의로써 정관에 해당 조항을 신설할 수 있다는 점에서 주주총회의 특별결의만으로도 제3자 배정을 할 수 있다는 견해가 있다(이(철), 858; 정(동), 692면). 그러나 법문에 충실하기 위해서는 정관을 변경한 후 제3자 배정을 하도록 하여야 할 것이다. 정관에 규정을 둠으로써 제3자 배정을 공시하는 효과를 거둘 수 있고 주주가 될 자에게 예측가능성을 제공할 수도 있다. 제3자 배정은 주식청약서에 공시되어야 한다(제420조 제5호).

(나) 정관 규정의 방식

더 이상 주주의 신주인수권을 불가침의 특권으로 보지 않는 이상 제3자 배정을 위한 정관규정의 기재방식에 까다로운 제한을 가할 필요는 없다. 그러나 상법규정에서 제3자 배정을 '회사의 경영상 목적을 달성하기 위하여 필요한 경우'로 한정하고 있으므로 막연히 '제3자에게 배정할 수 있다'고 규정하는 것은 제도의 취지를 살릴 수 없다. 합리적 필요성을 인정받을 수 있는 범위 내에서 장래 제3자 배정이 있어야 할 경우를 예상하여 정관의 문구를 조정하여야 할 것이다. 외국인 투자자, 생산기술의 보유자, 임원, 종업원 등으로 기재한다면 충분하고 특정인을 기재할 필요는 없다. 특정 회차의 신주 모두를 제3자에게 배정하는 것도 합리적 필요성만 인정된다면 금지할 수 없으므로 제3자에 대한 배정 수량의 제한은 필요하지 않다. 회사의 필요에 따라 발행주식 총수의 ○○%로 제3자 배정의 한도를 설정할 수도 있다.

(다) 이사회의 결정

정관에 근거규정이 있더라도 구체적으로 제3자 배정의 신주발행을 하려면 이사회에서 세부적 발행사항을 결정하여야 하는 것은 주주에 대한 신주발행의 경우와 같다. 정관으로 주주총회에서 결정하라고 정한 경우는 별도이다(제416조). 이사회 결의의 하자가 있다 하여 제3자 배정의 신주발행이 곧바로 무효가 되는 것이 아님은 신주발행 전반에 대한 법리와 같다.

(4) 제3자 신주인수권의 구제 문제

종업원지주제도에 의한 신주인수권의 경우와 같이 법률에 의해 보장받는 신주인수권은 별론으로 하고 정관의 규정에 근거를 둔 제3자의 신주인수권의 침해와 그에 대한 구제를 논의할 실익은 없어 보인다. 통설에서 설명하는 바와 같이 정관의 규정만으로 제3자가 신주인수권을 가지게 되는 것이 아니고 계약에 의하여 제3자가 신주인수권을 취득한다고 한다면 제3자의 신주인수권은 계약법의 법리에 따라 보호받게 된다. 이 경우 회사가 제3자의 신주인수권을 부인한다면 제3자는 회사를 상대로 채무불이행책임을 물을 수 있다. 한편 외국자본의 유치를 위하여 외국 투자자에게 신주인수권을 부여할 수 있다는 정관의 규정이 있는 경우라면 이사회의 결의가 있기 전에는 제3자가 신주인수권을 가질 수 없고 따라서 침해도 있을 수 없다.

대부분의 경우 제3자 배정을 정한 정관의 규정은 일정한 경우에 제3자에게 신주를 배정할 수 있다는 방식을 택하는 것이고 특정인에게 신주를 배정한다는 방식을 택하지 않고 있다. 특정인에게 신주인수권을 부여한다고 규정했더라도 그 규정대로 배정을 받지 못한 제3자가 신주발행의 유지청구나 신주발행 무효의 소로써 구제받을 수는 없다. 주주가 아닌 제3자는 유지청구나 무효의 소의 당사자 적격을 갖출 수 없기 때문이다(제424조, 제429조).

대판 2009. 1. 30, 2008다50776 [1] 상법 제418조 제1항, 제2항의 규정은 주식회사가 신주를 발행하면서 주주 아닌 제3자에게 신주를 배정할 경우 기존 주주에게 보유 주식의 가치 하락이나 회사에 대한 지배권 상실 등 불이익을 끼칠 우려가 있다는 점을 감안하여, 신주를 발행할 경우 원칙적으로 기존 주주에게 이를 배정하고 제3자에 대한 신주배정은 정관이 정한 바에 따라서만 가능하도록 하면서, 그 사유도 신기술의 도입이나 재무구조 개선 등 기업 경영의 필요상 부득이한 예외적인 경우로 제한함으로써 기존 주주의 신주인수권에 대한 보호를 강화하고자 하는 데 그 취지가 있다. 따라서 주식회사가 신주를 발행함에 있어 신기술의 도입, 재무구조의 개선 등 회사의 경영상 목적을 달성하기 위하여 필요한 범위 안에서 정관이 정한 사유가 없는데도, 회사의 경영권 분쟁이 현실화된 상황에서 경영진의 경영권이나 지배권 방어라는 목적을 달성하기 위하여 제3자에게 신주를 배정하는 것은 상법 제418조 제2항을 위반하여 주주의 신주인수권을 침해하는 것이다.

[2] 신주발행을 사후에 무효로 하는 경우 거래의 안전과 법적 안정성을 해할 우려가 큰 점을 고려할 때 신주발행무효의 소에서 그 무효원인은 가급적 엄격하게 해석하여야 한다. 그러나 신주발행에 법령이나 정관의 위반이 있고 그것이 주식회사의 본질 또는 회사법의 기본원칙에 반하거나 기존 주주들의 이익과 회사의 경영권 내지 지배권에 중대한 영향을 미치는 경우로서 주식에 관련된 거래의 안전, 주주 기타 이해관계인의 이익 등을 고려하더라도 도저히 묵과할 수 없는 정도라고 평가되는 경우에는 그 신주의 발행을 무효라고 보지 않을 수 없다.

대판 2007. 2. 22, 2005다73020 주식회사가 타인으로부터 돈을 빌리는 소비대차계약을 체결하면서 "채권자는 만기까지 대여금액의 일부 또는 전부를 회사 주식으로 액면가에 따라 언제든지 전환할 수 있는 권한을 갖는다"는 내용의 계약조항을 둔 경우, 달리 특별한 사정이 없는 한 이는 전환의 청구를 한 때에 그 효력이 생기는 형성권으로서의 전환권을 부여하는 조항이라고 보아야 하는바, 신주의 발행과 관련하여 특별법에서 달리 정한 경우를 제외하고 신주의 발행은 상법이 정하는 방법 및 절차에 의하여만 가능하다는 점에 비추어 볼 때, 위와 같은 전환권 부여조항은 상법이 정한 방법과 절차에 의하지 아니한 신주발행 내지는 주식으로의 전환을 예정하는 것이어서 효력이 없다(현행 상법 제421조 제2항에서는 출자전환을 허용하고 있음 - 저자).

제3 신주발행절차

1. 신주발행사항의 결정

(1) 결정기관

신주발행절차는 신주발행의 내용결정으로부터 진행된다. 신주발행에 관한 결정은 어느 기관에 맡겨져 있는가. 신주발행 역시 회사의 의사결정에 주도적 역할을 담당하고 있는 이사회에서 결정하는 것이 원칙이다(제416조 본문). 한편 신주발행으로 인하여 기존주주의 이익이 영향을 받을 수 있으므로 그 결정을 주주총회에서 할 수 있도록 유보할 수 있다. 이를 위하여는 신주발행의 결정을 주주총회에서 한다는 정함을 정관에 두어야 한다. 신주발행의 권한을 이사회에서 가지든 주주총회에서 가지든 해당기관은 그 결정권한을 다른 기관에 위임할 수 없다.

(2) 결정사항

이사회나 주주총회가 신주발행을 결정할 때에는 다음 사항 중 정관에 규정이 없는 사항을 결정하여야 한다.

(가) 신주의 종류와 수

당회 신주발행에서 발행할 주식의 종류와 종류별 발행주식수를 결정하여야 한다. 발행할 수 있는 각 종류주식의 내용과 수는 이미 정관에 정하여져 있어야 한다(제344조 제2항).

(나) 신주의 발행가액과 납입기일

신주의 발행가액은 신주를 인수할 자들에게 제시되는 가격이다. 발행가액은 원칙적으로 액면가액 미만이어서는 안 된다(후술). 주주평등의 원칙에 비추어 한 회차에 발행되는 신주에 있어서 그 발행가액은 모든 주주에게 균등하여야 하나, 제3자가 인수하는 부분에 대하여는 다르게 정할 수 있다고 본다. 신주인수인이 인수가액을 납입하고 현물출자를 이행하여야 할 납입기일도 결정되어야 한다.

무액면주식을 발행하는 경우에는 신주의 발행가액 중 자본금으로 계상하는 금액도 결정하여야 한다. 참고로 무액면주식을 발행하는 회사는 액면주식을 발행할 수 없다(제329조 제1항).

(다) 신주의 인수방법

인수방법이라고 되어 있으나 신주의 발행방법을 결정하여야 한다는 의미이다. 주식의 청약단위·청약방법, 청약증거금의 금액, 납입사무를 처리할 은행, 실권주와 단주의 처리방법 등 중요사항이 결정되어야 한다. 구체적·세부적 사항의 결정은 대표이사에게 위임될 수 있다.

(라) 현물출자에 관한 사항

현물출자를 받을 경우 현물출자자의 성명, 출자대상재산의 종류·수량·가격과 그에 부여할 주식의 종류와 수가 결정되어야 한다. 설립시의 변태설립사항과는 달라서 신주발행시의 현물출자는 정관에 기재될 필요가 없다.

(마) 신주인수권을 양도할 수 있는 것에 관한 사항

회사가 주주의 구체적 신주인수권의 양도를 허용하고자 하는 경우에는 이사회에서 신주발행사항을 결정할 때 그 내용을 포함시켜야 한다. 이러한 정함을 두지 아니한 경우에도 주주가 구체적 신주인수권을 양도할 수 있는가에 대하여는 부정하는 것이 통설이나 반대설(이(철), 709면)이 있다.

(바) 주주의 청구가 있는 때에만 신주인수권증서를 발행한다는 것과 그 청구기간

주주가 신주인수권의 양도를 할 수 있는 경우 그 양도는 신주인수권증서의 교부에 의하여야 한다(제420조의3 제1항). 따라서 회사는 신주인수권증서를 발행하여야 하는데(제420조의2 제1항), 발행사항의 결정에서 모든 주주에게 신주인수권증서의 발행을 하지 않고 그 발행을 청구하는 주주에게만 발행한다는 정함을 둘 수 있다. 이는 구체적으로 신주인수권 양도의 의사가 없는 주주에게까지 신주인수권증서를 발행하는 낭비를 막을 수 있도록 한 것이다.

(사) 신주배정기준일

이사회나 주주총회에서 결정하여야 할 신주의 발행사항 항목 중에 신주배정기준일은 포함되어 있지 않으나(제416조 참조), 배정기준일은 신주발행절차상 중요한 기준이 되므로 발행사항결정시에 지정되어야 한다. 배정기준일은 그 날에 주주명부에 기재된 주주가 신주인수권을 가지도록 정한 일정한 날을 가리킨다

(제418조 제3항). 배정기준일을 지정함으로써 회사는 신주인수권자를 확정할 수 있고 그 때까지 명의개서를 하지 아니한 주식양수인은 명의개서를 서두르게 될 것이다. 또 잠재적 투자자도 배정기준일을 감안하여 투자결정을 내릴 수 있다. 배정기준일은 신주발행절차 진행중에 요구되는 여러 가지 공고(제418조 제2항) 시점을 정하는 기준이 된다.

2. 신주배정기준일의 공고와 신주청약의 최고

(1) 배정기준일의 공고

위에서 본 바와 같이 회사는 신주의 발행사항을 결정하면서 신주배정기준일을 정하게 된다. 이렇게 정하여진 배정기준일은 그 취지를 살리기 위하여는 주주들에게 공시되어야 한다. 회사는 신주배정기준일이 정하여지면 그 날의 2주간 전에 신주배정기준일 당일의 주주명부에 기재된 주주가 신주인수권을 가진다는 뜻과 신주인수권을 양도할 수 있을 경우에는 그 뜻을 공고하여야 한다. 배정기준일이 주주명부폐쇄중인 때에는 폐쇄기간의 초일의 2주간 전에 공고하여야 한다(제418조 제2항).

배정기준일 당일의 주주명부상의 주주가 신주인수권을 가지므로 명의개서를 게을리하고 있는 주식양수인이나 배정기준일 경과 후에 주식을 취득한 자는 신주인수권을 가지지 못한다.

(2) 제3자 신주발행사항의 주주에 대한 통지

주주외의 자에게 신주를 배정할 경우 회사는 그와 관련된 사항을 그 납입기일 2주전까지 주주에게 통지하거나 공고하여야 한다(제418조 제4항).

(3) 신주청약의 최고

배정기준일이 도래하여 신주인수권을 가지는 자가 확정되면 회사는 청약기일을 정하고 그 기일의 2주간 전에 신주인수권자를 대상으로 신주청약을 최고하여야 한다. 이러한 최고의 통지에는 ① 신주인수권자가 인수권을 가지는 주식의 종류와 수, ② 청약기일까지 주식인수의 청약을 하지 아니하면 그 권리를 잃는다는 뜻, ③ 신주인수권의 양도를 허용하면 그 뜻, ④ 주주의 청구가 있는 경우에만 신주인수권증서를 발행하기로 하였으면 그 뜻, 그리고 ⑤ 신주인수권증서의 청구기간을 정하였으면 그 내용이 포함되어야 한다(제419조 제1항). 청약기일까지 신주인수권자가 청약을 하지 아니하면 인수권을 상실하고 실권주가 발생한다(제419조 제3항).

3. 신주의 인수와 출자의 이행

신주인수권자를 대상으로 한 청약의 최고까지가 신주발행의 준비단계라고 한다면 인수권자가 인수권을 행사하여 주식을 인수하고 주금액을 납입하는 과정은 출자이행단계라고 할 수 있다.

(1) 주식의 인수

신주발행시의 주식인수도 회사설립시와 마찬가지로 입사계약에 해당하는데 이러한 계약은 인수인의 청약과 회사의 승낙에 의하여 성립한다. 회사의 승낙은 구체적으로 배정이라는 행위로 이루어진다. 청약과 배정을 나누어 살펴보자.

(가) 청 약

1) 모집설립의 경우와 같이 신주발행시에도 주식인수의 청약은 원칙적으로 주식청약서에 의한다. 이사는 주식청약서를 작성(인쇄)하여야 한다(제420조). 청약서에는 ① 상호, 발행예정주식총수, ② 주식의 이익소각을 정한 때에는 그 규정, ③ 납입담당금융기관과 납입장소, ④ 신주의 종류와 수, 발행가액과 납입기일, 인수방법, 현물출자의 내용, ⑤ 액면미달발행실적이 있는 경우는 발행조건과 미상각액 ⑥ 주주의 신주인수권에 대한 제한이나 특정의 제3자에게 신주인수권이 부여된 경우 그 내용, ⑦ 신주발행결의를 한 연월일이 기재되어야 한다(제420조).

2) 신주인수권증서가 발행된 경우에는 주식청약서에 의하여 청약할 수 없고 신주인수권증서에 의하여 청약하도록 되어 있다(제420조의5 제1항). 신주인수권증서를 상실한 자는 주식청약서에 의하여 주식의 청약을 할 수 있다. 그러나 그 청약은 신주인수권증서에 의한 청약이 있는 때에는 그 효력을 잃는다(제420조의5 제2항).

3) 현물출자에 따르는 신주발행의 경우는 이사회 또는 주주총회에서 결정한 대로 출자자와 회사간에 현물출자계약이 체결된다. 이 경우도 청약과 승낙에 의

하여 계약이 성립하지만 주식청약서에 의해 청약할 필요가 없으며 성립한 현물출자계약의 내용이 주식청약서에 기재되게 된다(제420조 제3호, 제416조 제4호).

4) 일정금액 이상의 주식을 공모하는 경우 발행회사는 그에 관하여 신고서를 금융위원회에 제출하여 수리되지 아니하면 그 발행을 할 수 없다. 이 경우 발행회사는 금융위원회가 정하는 바에 따라 투자설명서를 작성하여 본점, 금융위원회, 한국거래소, 청약사무를 취급하는 장소 등(자본시장법 시행규칙 13조)에 비치하고 일반인이 공람하게 하여야 한다(자본시장법 제123조 제1항) 응모자의 교부청구가 있으면 발행회사는 투자설명서의 교부 없이는 주식을 발행하지 못한다(자본시장법 제124조 제1항)

(나) 배 정

신주인수의 청약에 대한 승낙은 배정의 형태를 취한다. 회사는 신주인수권을 가지는 자에 대한 관계에서는 배정의 의무를 부담하지만 그밖의 청약에 대하여는 배정의 재량을 가진다. 배정통지의 발송으로 주식인수계약이 성립하므로 이로써 청약인은 주식인수인이 되고 납입기일까지 주금액을 납입할 의무를 부담한다. 현물출자의 경우에는 배정이 필요없다.

(2) 출자의 이행

신주인수계약의 이행으로서 금전출자의 경우는 주금액의 납입 그리고 현물출자의 경우는 현물의 급부가 있게 된다.

(가) 주금액의 납입

신주인수인은 인수계약에 따라 인수가액을 납입할 의무를 부담한다(제425조, 제303조). 배정받은 주식수에 따라 납입기일에 그 인수한 각주에 대한 인수가액의 전액을 납입하여야 한다(제421조). 납입장소, 납입금보관자의 증명과 책임, 납입금보관자의 변경 등에 관한 사항은 설립시의 규정이 그대로 준용된다(제425조, 제305조 제2항, 제318조, 제306조).

인수인이 주금액을 납입하지 않는 경우, 회사설립의 경우와 달리 실권절차를 밟을 필요 없이 납입기일의 경과로 당연히 그 권리를 잃는다(제423조 제2항, 제307조와 비교). 이와 같이 실권이 발생한 부분에 대하여는 다시 주주를 모집하여 발행절차를 계속할 수도 있고, 미발행부분으로 남겨둘 수도 있다. 회사는 납입을 해태한 주식인수인에 대하여 손해배상을 청구할 수 있다(제423조 제3항), 그러나 실무상으로는 신주청약을 받을 때 회사가 주금액 전액에 상당하는 청약증거금을 받았다가 납입기일에 주금액에 충당하고 있기 때문에 실권주가 발행하는 일이 없다.

(나) 현물출자의 이행

현물출자를 하는 인수인은 납입기일에 지체없이 출자의 목적인 재산을 인도하고 등기, 등록 기타 권리의 설정 또는 이전을 필요로 하는 경우에는 이에 관한 서류를 완비하여 교부하여야 한다(제425조, 제295조 제2항, 제305조 제3항). 납입기일에 현물출자의 이행을 하지 않으면 신주인수의 권리를 잃는다(제423조 제2항).

현물출자가 있는 경우 이사는 이를 조사하게 하기 위하여 법원에 검사인의 선임을 청구하여야 한다. 법원은 검사인의 보고서를 심사하여 현물출자가 부당하다고 인정하면 이를 변경하여 이사와 현물출자자에게 통고할 수 있다. 이에 불복하는 현물출자자는 주식의 인수를 취소할 수 있다. 통고 후 2주간 내에 취소가 없으면 통고한 내용대로 변경된 것으로 본다(제422조). 신주발행시의 현물출자에 대하여도 법원이 선임한 검사인의 조사를 받는 대신 공인된 감정인의 감정으로 대신할 수 있다(제299조의2와 비교). 이에 대한 예외로서 제422조 제2항에 열거된 사유에 해당하면 검사인의 조사(감정인의 감정)가 면제된다. 그러나 이러한 검사절차를 거치지 않았다 하더라도 신주발행의 효력에 영향을 미치지 아니한다(대판 1980. 2. 12, 79다509).

4. 실권주와 단주의 처리

청약기일까지 신주인수권자가 인수의 청약을 하지 아니한 경우(제419조 제4항)와 일단 인수한 주식에 대하여 인수인이 납입기일까지 주금액을 납입하지 아니한 경우(제423조 제2항)에 실권주가 발생한다. 실권주 부분에 대하여 회사는 이사회 결의로 다시 주주를 모집할 수도 있고 그만큼을 제외하고 당회차의 신주발행을 마무리할 수도 있다.

신주발행시 발생하는 단주, 예를 들면 100주당 11주의 신주인수권을 가지는 경우 150주식을 가진 주주에 대하여는 16.5주가 배정되어야 하나 0.5주는 단주가 된다. 이러한 단주에 대하여 자본감소에서와 같은 단주처리규정은 없으므로

(제443조 비교) 형평의 관점에서 시가로 처분하여 발행가와의 차액을 단주의 각 주주에게 지급하도록 새겨야 할 것이다(다수설).

자본시장법상 주권상장법인이 신주를 배정하는 경우에 실권주가 발생하면 발행을 철회하여야 한다(자본시장법 제165조의6 제2항).

대판 2012. 11. 15, 2010다49380 상법 제429조는 신주발행의 무효는 주주·이사 또는 감사에 한하여 신주를 발행한 날부터 6월 내에 소만으로 주장할 수 있다고 규정하고 있는데, 이는 신주발행에 수반되는 복잡한 법률관계를 조기에 확정하고자 하는 것으로서, 새로운 무효사유를 출소기간의 경과 후에도 주장할 수 있도록 하면 법률관계가 불안정하게 되어 위 규정의 취지가 몰각된다는 점에 비추어, 위 규정은 무효사유의 주장시기도 제한하고 있는 것이라고 해석함이 상당하므로, 신주발행의 무효의 소에서 신주를 발행한 날부터 6월의 출소기간이 경과한 후에는 새로운 무효사유를 추가하여 주장할 수 없다(대법원 2004. 6. 25. 선고 2000다37326 판결 등 참조).

신주 등의 발행에서 주주배정방식과 제3자배정방식을 구별하는 기준은 회사가 신주 등을 발행함에 있어서 주주들에게 그들의 지분비율에 따라 신주 등을 우선적으로 인수할 기회를 부여하였는지 여부에 따라 객관적으로 결정되어야 하고, 신주 등의 인수권을 부여받은 주주들이 실제로 인수권을 행사함으로써 신주 등을 배정받았는지 여부에 좌우되는 것은 아니다(대법원 2009. 5. 29. 선고 2007도4949 전원합의체 판결 등 참조). 회사가 주주배정방식에 의하여 신주를 발행하려는데 주주가 인수를 포기하거나 청약을 하지 아니함으로써 그 인수권을 잃은 때에는(상법 제419조 제4항) 회사는 이사회의 결의에 의하여 그 인수가 없는 부분에 대하여 자유로이 이를 제3자에게 처분할 수 있고, 이 경우 그 실권된 신주를 제3자에게 발행하는 것에 관하여 정관에 반드시 근거 규정이 있어야 하는 것은 아니다.

5. 신주발행의 효력발생과 등기

신주인수인이 주금액을 납입하거나 현물출자를 이행한 경우 납입기일의 다음 날로부터 신주의 효력이 발생한다. 즉 신주에 대하여 주주로서의 권리의무를 가지게 된다(제423조). 변경등기여부와 관계없이 주식발행의 효력이 발생하며 그 후에 주권의 발행이 있게 된다. 상법에서 신주발행의 효력발생시기를 특별히 정한 것은 신주의 출자자가 가능한 한 신속하게 주주로서의 권리를 취득하게 하는 한편 같은 회차에 발행하는 신주의 효력발생시기를 일치시키고자 한 것이다.

신주에 대한 이익의 배당에 관하여는 정관이 정하는 바에 따라 그 신주가 발행된 때가 속하는 영업년도의 직전영업년도말에 발행된 것으로 할 수 있다(제423조 제1항, 제350조 제3항 후단). 이는 일할배당의 불편을 배제하기 위한 배려이다. 따라서 정관에 그러한 정함을 두지 아니한 경우에는 납입기일 다음날로부터 기산하여 일할배당을 할 수밖에 없다. 전액(full) 배당을 하려면 정관에 정함을 두어야 한다. 대부분의 상장회사는 정관에 그러한 정함을 두고 있다.

신주발행의 결과 자본금의 총액과 발행주식의 총수가 증가할 것이므로 이에 상응하는 변경등기가 있어야 한다(제317조 제2항 제2호·제3호, 제317조 제4항, 제183조). 일단 자본금변경의 등기가 있은 후에는 그러한 등기를 신뢰한 거래상대방을 보호하기 위하여 이사에게 인수담보책임이 부과되어 있다. 신주발행으로 인한 변경등기를 한 날로부터 1년을 경과한 후에는 신주를 인수한 자(이미 주주)는 주식청약서 또는 신주인수권증서의 요건의 흠결을 이유로 하여 그 인수의 무효를 주장하거나 사기, 강박 또는 착오를 이유로 하여 그 인수를 취소할 수 없다. 또 그 주식에 대하여 주주로서 권리를 행사한 이상 변경등기의 시점과 관계없이 바로 위의 무효주장 또는 취소를 할 수 없다(제427조). 주주총회에의 출석, 배당금수령, 주식양도 등이 주주로서의 권리행사에 해당한다.

제4 신주의 액면미달발행과 불공정가액발행

1. 신주의 액면미달발행

(1) 액면미달발행규제의 취지

주식회사의 자본금은 발행주식의 액면총액으로 정하여지므로(제451조) 신주를 액면미달로 발행하면 회사에 실제 유입된 금액이 자본금의 증가분에 미달하게 된다. 이 경우 대차대조표에 공시된 자본금을 신뢰한 회사채권자가 이익을 침해당할 수 있다. 이 때문에 주식의 액면미달발행은 원칙적으로 금지되고 있는 것이다(제330조 본문). 그러나 이러한 원칙은 주식시세가 액면가에 못미치는 회사의 자기자본조달의 길을 봉쇄하는 장애사유가 된다. 상법에서는 회사가 적기에 기동성 있는 신주발행을 할 수 있도록 일정한 제한 하에 액면미달의 신주발행을 예외적으로 허용하고 있다.

(2) 액면미달발행의 요건

회사는 다음의 요건이 갖추어진 경우에 한하여 액면미달가액으로 신주를 발행할 수 있다.

(가) 회사성립 후 2년의 경과

일단 회사가 액면미달로 신주를 발행하더라도 그 미달액은 일정기간 동안 상각하여야(채워 넣어야) 하므로 그러한 상각의 가능성을 감안하여 회사성립후 2년이 경과한 후, 즉 상당한 기반이 갖추어진 후에만(제417조 제1항) 액면미달발행을 할 수 있도록 한 것이다.

(나) 주주총회의 특별결의

액면미달발행은 액면가 또는 액면가 이상으로 주식을 인수하였던 기존 주주의 이익에도 상당한 영향을 미칠 수 있으므로 주주총회의 특별결의를 받도록 한 것이다(제417조 제1항). 주주총회의 결의에서는 주식의 최저발행가액을 정하여야 한다(제417조 제2항).

(다) 법원의 인가

액면미달발행의 경우에는 일반적 채권자 보호절차가 요구되지 않는 대신 법원의 인가를 받도록 되어 있다(제417조 제1항). 법원은 회사의 현황과 제반사정을 참작하여 그 최저발행가액을 변경하여 인가할 수 있으며 아울러 법원은 회사의 재산상태 기타 필요한 사항을 조사하게 하기 위하여 검사인을 선임할 수 있다(제417조 제3항).

자본시장법상 주권상장법인은 액면미달금액의 총액에 대하여 상각을 완료하였다면 법원의 인가 없이 주주총회의 특별결의만으로 주식을 액면미달의 가액으로 발행할 수 있다(자본시장법 제165조의8).

(라) 발행기한

법원의 액면미달발행인가는 특정시점에서의 회사의 제반사정을 고려하여 내려진 것이므로 회사는 인가를 얻은 날로부터 1월 내에 신주를 발행하여야 한다. 이 기간은 법원의 다른 인가에 따라 연장될 수 있다(제417조 제4항).

(3) 공 시

액면미달발행의 경우 주식청약서에 발행조건과 미상각액이 기재되어야 하며(제420조 제4호), 신주발행으로 인한 변경등기에서는 미상각액이 등기되어야 한다(제426조).

2. 신주의 불공정가액발행

(1) 규제의 방식

신주발행에 있어서 이사가 특정인에게 부당하게 낮은 발행가로 주식을 인수시키는 특혜를 베푼다면 회사의 자본충실을 해치고 다른 주주와 회사채권자들에게 손해를 끼치게 된다. 이 경우 회사는 이사를 상대로 손해배상을 청구할 수 있으며(제399조), 주주나 회사채권자도 불공정한 가격을 책정한 이사를 상대로 손해배상을 청구할 수 있다(제401조). 이러한 구제방법 외에 상법은 일정한 요건하에 회사가 이사와 통모한 신주인수인을 상대로 인수가액과 공정한 발행가액과의 차액 상당액을 청구할 수 있도록 하는 규정을 두고 있다(제424조의2).

이 책임은 상법이 주주에게 부과한 특수한 법정책임으로서 주주의 보충적 출자의무를 이룬다. 주주는 인수가액을 한도로 책임을 진다는 유한책임은 주식회사의 대원칙중의 하나이지만 통모인수인에 대하여 예외적 추가출자의무를 지움으로써 실질적 자본충실을 도모하고자 한 것이다.

(2) 통모인수인의 책임의 요건

(가) 이사와 통모하여 주식을 인수하였을 것

통모에 해당하기 위하여는 인수인이 현저하게 불공정한 가액임을 안 것만으로는 부족하고 이사와 인수인 사이에 불공정한 가액으로 인수하기로 하는 의사의 교환 내지는 양해가 있어야 한다. 이러한 통모의 존재가 입증되지 않는 한 인수가액이 객관적으로 현저하게 불공정하더라도 인수인의 책임이 발생하지 않는다. 통모는 이사중 1인과의 통모로써 충분하다.

(나) 발행가액이 현저하게 불공정할 것

법문에서의 '발행가액'은 이사회에서 신주발행사항을 결정할 때 정하는 발행가액(제416조 제2호)을 가리키는 것이 아니고 인수인이 현실적으로 납입한 인수가액을 가리키는 것으로 보아야 제도의 취지에 부합한다(이(철), 884면; 채, 709면). 실제에 있어서 이사회에서 정한 발행가액과 인수인이 납입한 인수가액은 서로 다를 수 있는데 전자가 현저하게 불공정하더라도 후자가 불공정하지 않는 한 통모인수인의 추가납입의무는 발행하지 아니한다.

그러면 어떠한 경우에 현저하게 불공정한 가액이라고 할 수 있는가. 우선 회사의 자본충실과 연결지워 생각한다면 액면가액을 하회하지 않는 한 현저한 불공정을 인정하기 어려울 것이다. 특히 기존 주주에게만 신주인수권이 부여된 경우에는 액면가로 인수한 이상 시가와 비교해서 불공정을 논의할 필요는 없다는 것이 다수설이다. 이에 대하여 회사의 자본충실을 수입가능한 최대한의 주식대가를 취득함으로써 달성할 수 있다고 보는 입장에서는 시가를 기준으로 현저한 불공정성 여부를 판단하자고 한다(최, 833면).

이와는 달리 일부 주주에게만 신주를 배정하였거나 제3자가 신주인수권을 행사한 경우에는 시가를 기준으로 현저한 불공정성 여부를 판단하여야 한다. 이 경우에는 기존주주들의 보유주식가치를 하락시킬 수 있기 때문이다.

(3) 책임의 내용

통모인수인은 인수가액과 공정한 가액과의 차액에 상당하는 금액을 회사에 지급하여야 한다. 공정한 가액은 시가가 있는 주식이라면 시가에 의하고 시가가 없는 주식이라면 회사의 재정상태, 장래의 수익가능성 등을 고려하여 평가한 주식의 가치를 기준으로 비교하면 될 것이다. 차액은 인수시를 기준으로 계산되어야 한다. 차액의 규모와 책임발생의 요건은 모두 회사가 입증하여야 한다(채, 710면). 회사가 수입한 차액은 자본준비금으로 적립하여야 할 것이다(제459조 제1항).

차액의 지급책임은 통모한 주식인수인이 부담하므로 그가 해당주식을 양도하였더라도 그 책임이 승계되는 것이 아니다. 이사가 통모와 관련하여 회사에 손해배상책임을 부담하게 될 경우 주식인수인의 책임과 부진정연대의 관계에 있다고 보는 견해(정(희), 530면; 채, 710면)도 있으나, 별개의 독립한 책임으로 보는 것이 옳다고 생각한다(동지: 이(철), 886면).

이 책임은 이사의 통모로 인하여 발생하였기 때문에 회사가 책임추궁을 제대로 하지 않을 수 있다. 이에 대비하여 주주의 대표소송이 활용될 수 있다(제

424조의2 제2항).

제5 신주발행의 하자

신주발행절차에 하자가 있는 경우 상법에서는 두 가지 구제수단을 마련하고 있다. 그중 신주발행유지청구제도는 사전적 구제수단이고 신주발행무효의 소는 사후적 구제수단이다.

1. 신주발행유지청구권

(1) 의 의

회사가 법령 또는 정관에 위반하거나 현저하게 불공정한 방법에 의하여 주식을 발행함으로써 주주가 불이익을 받을 염려가 있는 경우에 그 주주는 회사에 대하여 신주의 발행을 유지할 것을 청구할 수 있다(제424조). 이것이 신주발행유지청구제도인데 신주발행으로 기존주주의 주식가치가 감소하는 것을 예방할 수 있도록 마련된 제도이다. 신주발행유지청구는 신주발행절차상의 하자를 예방하기 위한 특정종류의 사안을 대상으로 하는 제도라는 점에서 이사의 위법행위일반을 대상으로 하는 상법 제402조의 유지청구제도와 비교된다. 신주발행유지청구는 1주식을 소유한 주주라도 개인적으로 불이익을 받을 염려가 있으면 그 권리를 행사할 수 있는데 반하여 이사의 위법행위유지청구는 발행주식총수의 100분의 1 이상에 해당하는 주식을 소유한 주주(소수주주)만이 할 수 있다는 점이 다르다. 또 신주발행유지청구는 주주가 불이익을 받을 염려가 요건으로 되어 있는데 반하여 이사의 위법행위유지청구는 회사에 회복할 수 없는 손해가 생길 염려를 요건으로 한다.

(2) 요 건

(가) 법령 또는 정관에 위반하거나 현저하게 불공정한 방법에 의하여 주식을 발행하려 할 것

신주발행이 법령에 위반하는 경우로는 신주발행을 위한 이사회의 결의가 없거나 결의방법이 위법한 경우 등이 있고, 정관에 위반하는 예로는 정관에서 정한 발행예정주식총수를 초과하거나 정관에서 정하지 아니한 종류의 주식을 발행하는 경우 등이 있다. 다음으로 신주발행이 현저하게 불공정한 방법에 의한 경우로는 신주배정에 있어서 차별대우를 하거나 합리적 이유없이 청약증거금의 책정에 차별을 두는 경우가 있다.

(나) 유지청구를 하는 주주가 불이익을 받을 염려가 있을 것

주주만이 신주발행유지청구를 할 수 있다. 주주가 아닌 자는 신주인수권을 가지더라도 신주발행유지를 할 수 없다. 의결권 없는 주주라도 요건이 갖추어진 이상 신주발행유지청구를 할 수 있다. 문제는 하자있는 신주발행으로 인하여 직접 불이익을 받을 주주만 유지청구를 할 수 있느냐 또는 회사의 손해로 인하여 주주가 간접적으로 손해를 입게 될 경우에도 유지청구를 허용할 것이냐이다. 다수설(이(철), 882면 등)은 직접손해에 한하는 것으로 새기고 있으나, 간접손해의 경우도 유지청구가 허용되어야 한다고 보는 소수설(채, 712면)이 있다.

(다) 유지청구의 방법과 시기

유지청구는 이사를 상대로 하는 것이 아니라 회사를 상대로 한다. 신주발행유지청구는 그 자체로는 신주발행의 중지를 청구하는 것에 지나지 않으므로 반드시 유지청구의 소를 제기하여야 하는 것은 아니다. 그러나 소송 이외의 유지청구가 과연 실효성을 가질 것인가는 의문이다. 실무상으로는 유지청구의 소제기 전에 이 소를 본안으로 하여 신주발행유지의 가처분을 신청함으로써 그 실효성을 확보하고 있다.

신주발행유지청구는 사전적 구제수단이라는 제도의 취지에 비추어 신주의 효력이 발생하기 전인 신주의 납입기일까지만 할 수 있다고 새긴다(최, 820면; 이(철), 883면).

(3) 유지청구의 효과

소송이나 가처분에 의하지 않는 신주발행유지청구에는 이렇다 할 법적 효과를 인정할 것이 없다. 한편 신주발행유지의 가처분을 무시하고 강행된 신주발행은 무효로 보아야 한다는 것이 다수설이다(최, 821면; 손, 820면; 이(병), 756면; 이·최(준), 711면; 정(동), 711면; 채, 713면). 이에 대하여 가처분은 어디까지나 잠정적인 보전절차에 지나지 아니하므로 가처분을 무시한 신주발행이라도 그 자

체는 유효하다고 보아야 법률관계의 안정을 도모할 수 있으며 이 경우 이사의 책임을 물을 수 있을 뿐이라는 소수설이 있다(이(철), 883면).

2. 신주발행무효의 소

(1) 의 의

하자있는 채로 신주가 발행된 경우 주주, 이사 또는 감사는 신주를 발행한 날로부터 6월내에 소만으로 그 무효를 주장할 수 있다(제429조). 이것이 신주발행무효의 소이다. 신주발행의 무효는 당회에 새로 발행된 주식의 전부를 무효로 하는 것이며 개별적 주식인수의 무효와는 구별된다. 신주발행의 하자를 다투는 소송제도가 마련되어 있으므로 하자있는 신주발행에 대하여 대표이사의 전단적 행위로 다루는 것은 적당하지 아니하다. 신주발행이 법령이나 정관에 위반하여 이루어졌더라도 그것을 바로 무효로 다루지 아니하고 제소권자와 제소기간을 제한하고 소송을 통하여만 무효를 주장할 수 있도록 한 것은 회사법상의 다른 소송제도와 마찬가지로 법률관계의 안정을 도모하고 획일적 처리를 가능하게 하기 위한 것이다. 일단 발행된 신주가 유통에 들어간 후에 이해관계인이 누구나 제소기간의 제한을 받지 않고 신주발행의 무효를 주장할 수 있고 그 효력이 소송당사자에게만 미친다면 법률관계의 혼란이 초래될 것이기 때문이다.

신주발행의 무효와 신주발행의 부존재는 구별되어야 한다. 후자는 비록 신주발행의 변경등기가 되어 있다 하더라도 신주발행의 실체가 전혀 없었다거나 하자의 정도가 극히 중대하여 신주발행이 존재하지 않는다고 볼 수밖에 없는(대판 1989. 7. 25, 87다카2316) 경우이다. 부존재의 경우는 무효의 소의 경우와 달리 그 부존재를 누구나 언제든지 주장할 수 있고 설령 신주발행부존재확인의 소를 제기하여 승소판결이 확정되었다 하더라도 그 효력은 제3자에게 미치지 아니한다.

대판 1989. 7. 25, 87다카2316 [1] 상법 제335조 제2항 단서의 규정이 시행되기 전에 이미 주권이 발행되어 주권발행전의 주식양수인 이외의 자들에게 주권이 교부된 경우에는 같은법 부칙 제6조의 규정을 적용하여 주권발행전의 주식양도를 유효하다고 볼 여지가 없다.

[2] 주주들에게 통지하거나 주주들의 참석없이 주주 아닌 자들이 모여서 개최한 임시주주총회에서 발행예정 주식총수에 관한 정관변경결의와 이사선임결의를 하고, 그

와 같이 선임된 이사들이 모인 이사회에서 대표이사 선임 및 신주발행결의를 하였다면 그 이사회는 부존재한 주주총회에서 선임된 이사들로 구성된 부존재한 이사회에 지나지 않고 그 이사들에 의하여 선임된 대표이사도 역시 부존재한 이사회에서 선임된 자이어서 그 이사회의 결의에 의한 신주발행은 의결권한이 없는 자들에 의한 부존재한 결의와 회사를 대표할 권한이 없는 자에 의하여 이루어진 것으로서 그 발행에 있어 절차적, 실체적 하자가 극히 중대하여 신주발행이 존재하지 않는다고 볼 수 밖에 없으므로 회사의 주주는 위 신주발행에 관한 이사회결의에 대하여 상법 제429조 소정의 신주발행무효의 소의 제기기간에 구애되거나 신주발행 무효의 소에 의하지 않고 부존재확인의 소를 제기할 수 있다.

(2) 무효원인

(가) 신주발행의 절차나 내용이 법령이나 정관에 위반한 경우가 신주발행무효의 소의 원인이 된다고 대강 말할 수 있다. 그러나 아무리 제소기간에 제한이 있다 하더라도 발행된 주식이 그 기간 중에 유통될 수 있으며 유통전이라도 다수인의 이해관계가 관련되어 있기 때문에 무효사유는 제한적으로 새기는 것이 거래안전상 바람직하다.

(나) 대표적인 무효사유로 열거되는 것은 다음과 같다.

① 이사회의 결의가 없는 신주발행

이사회 결의가 전혀 없는 신주발행은 무효사유가 되지만(이(철), 888면; 최, 1005면) 이사회 결의에 하자가 있는 정도로는 무효사유가 되지 못한다. 한편 이사회 결의가 없었더라도 유효로 보자는 설이 있다. 이 설에 의하면 무효의 소의 원인을 중대한 위법행위만으로 제한한다(강, 661면; 정(동), 712면; 이・최, 570면; 정(찬), 1074면). 판례는 유효설을 취하고 있다(대판 2007. 2. 22, 2005다77060,77077).

② 발행예정주식총수를 초과한 신주발행, 전환주식・전환사채를 가진 자의 권리행사에 대비하여 유보한 주식수를 잠식하는 신주발행

③ 정관에 정함이 두어져 있지 아니한 종류주식을 신주로 발행한 경우

④ 법정요건을 갖추지 아니한 액면미달발행(제417조 참조)

⑤ 주주의 신주인수권을 전부 또는 대부분 무시하거나 신주인수권을 일부 무시한 신주발행으로 회사의 지배권에 변동을 초래할 우려가 있는 신주발행(제3자의 신주인수권을 무시한 경우는 신주발행무효사유가 되지 아니한다.)

대판 2010. 4. 29, 2008다65860 신주발행 무효의 소를 규정하는 상법 제429조에는 그 무효원인이 따로 규정되어 있지 않으므로 신주발행유지청구의 요건으로 상법 제424조에서 규정하는 '법령이나 정관의 위반 또는 현저하게 불공정한 방법에 의한 주식의 발행'을 신주발행의 무효원인으로 일응 고려할 수 있다고 하겠으나 다른 한편, 신주가 일단 발행되면 그 인수인의 이익을 고려할 필요가 있고 또 발행된 주식은 유가증권으로서 유통되는 것이므로 거래의 안전을 보호하여야 할 필요가 크다고 할 것인데, 신주발행유지청구권은 위법한 발행에 대한 사전 구제수단임에 반하여 신주발행 무효의 소는 사후에 이를 무효로 함으로써 거래의 안전과 법적 안정성을 해칠 위험이 큰 점을 고려할 때, 그 무효원인은 가급적 엄격하게 해석하여야 하고, 따라서 법령이나 정관의 중대한 위반 또는 현저한 불공정이 있어 그것이 주식회사의 본질이나 회사법의 기본원칙에 반하거나 기존 주주들의 이익과 회사의 경영권 내지 지배권에 중대한 영향을 미치는 경우로서 신주와 관련된 거래의 안전, 주주 기타 이해관계인의 이익 등을 고려하더라도 도저히 묵과할 수 없는 정도라고 평가되는 경우에 한하여 신주의 발행을 무효로 할 수 있을 것이다.

신주발행을 결의한 갑 회사의 이사회에 참여한 이사들이 하자 있는 주주총회에서 선임된 이사들이어서, 그 후 이사 선임에 관한 주주총회결의가 확정판결로 취소되었고, 위와 같은 하자를 지적한 신주발행금지가처분이 발령되었음에도 위 이사들을 동원하여 위 이사회를 진행한 측만이 신주를 인수한 사안에서, 위 신주발행이 신주의 발행사항을 이사회결의에 의하도록 한 법령과 정관을 위반하였을 뿐만 아니라 현저하게 불공정하고, 그로 인하여 기존 주주들의 이익과 회사의 경영권 내지 지배권에 중대한 영향을 미쳤으므로 무효이다.

(3) 소송절차

제소권자는 주주, 이사, 감사이다. 제소권자는 그 지위를 변론종결시까지 유지하여야 한다. 하자있는 신주발행으로 주주가 된 자도 제소할 수 있다. 피고는 회사가 된다. 이사가 소를 제기한 때에는 감사가 회사를 대표한다(제394조). 제소기간은 신주발행일로부터 6개월이다.

신주발행무효의 소는 본점소재지 지방법원의 전속관할에 속한다. 이 소가 제기된 때에는 회사는 지체없이 공고하여야 하며, 수개의 소가 제기된 때에는 법원은 이를 병합심리하여야 한다. 심리중에 원인이 된 하자가 보완되고 법원이 제반사정을 참작하여 신주발행을 무효로 하는 것이 부적당하다고 인정하면 그 청구를 기각할 수 있다(제430조, 제186조~189조).

이사와 감사가 아닌 주주가 소를 제기한 때에는 법원은 제소주주의 악의를 소명한 회사의 청구에 의하여 상당한 담보의 제공을 명할 수 있다(제430조, 제377조).

(4) 무효판결의 효력

(가) 대세적 효력과 효력불소급

신주발행무효의 판결은 형성판결로서 그것이 확정되면 대상인 신주발행은 무효가 되며 주주권은 소멸한다. 그 판결은 제3자에게도 효력이 있다(제430조, 제190조). 이로써 법률관계의 획일확정이 이루어진다.

신주발행무효의 판결이 확정되더라도 소급효는 인정되지 아니한다. 신주는 무효판결의 확정에 의하여 장래에 대하여 그 효력을 잃는다(제431조 제1항). 따라서 무효판결의 확정전에 당해 신주발행의 유효함을 전제로 이미 생긴 권리·의무에는 아무런 영향이 없다. 신주의 주주가 무효판결확정전에 받은 이익배당을 반환할 필요가 없고 주식의 양도에 따라 명의개서까지 있었다면 양수인이 주주로서 권리를 가진다.

(나) 무효판결에 따르는 후속처리

무효판결이 확정되면 회사는 지체없이 그 뜻과 3개월 이상의 일정한 기간 내에 신주의 주권을 회사에 제출할 것을 공고하고 주주명부에 기재된 주주와 질권자에 대하여는 각각 그 통지를 하여야 한다. 그리고 회사는 신주의 주주에 대하여 그 납입한 금액을 반환하여야 한다(제432조 제1항). 현물출자자에 대하여는 그 평가액을 금전으로 반환하여야 한다. 다만 회사가 반환할 금액이 판결확정시의 회사의 재산상태에 비추어 현저하게 부당한 때에는 법원은 회사 또는 신주의 주주의 청구에 의하여 그 금액의 증감을 명할 수 있다(제432조 제2항). 이는 출자시로부터 무효판결확정시까지의 자본적 기여에 대한 성과를 반영하도록 한 것이다. 무효화된 신주의 질권자는 물상대위를 하게 된다(제432조 제3항, 제339조, 제340조 제1항·제2항).

문제의 신주발행에 따른 변경등기를 하였던 회사는 무효판결의 확정에 따라 무효화된 주식수만큼 주식수가 감소하고 자본금도 감소하므로 그에 따른 등기의 경정을 하여야 한다(비송사건절차법 제232조).

(5) 주주총회결의취소의 소와 신주발행무효의 소의 관계

특별히 정관에 그러한 정함이 있어서 신주발행을 주주총회에서 결의한 경우 두 가지 소송이 고려될 수 있다. 흡수설과 병존설이 대립하는 바, 상법이 특별히 신주발행무효의 소를 마련한 취지를 고려해 볼 때, 다수설이자 판례의 태도인 흡수설이 타당하다.

3. 이사의 자본충실책임

회사설립 시 발행한 주식에 대하여 인수가 되지 아니한 것으로 밝혀지거나 인수가 취소되면 그 부분에 대하여 발기인이 인수담보책임을 부담하고 납입이 완료되지 아니한 부분에 대하여도 발기인이 납입담보책임을 부담함(제321조)은 주식회사의 설립에 관한 책임이라는 제목 하에서 발기인의 자본충실책임으로 살펴본 바 있다. 신주발행시에는 이사가 자본충실책임을 부담하는데 상법은 납입담보책임은 묻지 않고 인수담보책임만을 부과하고 있다. 이러한 설립시의 자본충실책임과 신주발행시의 자본충실책임의 차이는 설립 시에는 발행하는 주식총수에 대한 인수와 납입이 강제되는 데 반하여 신주발행 시에는 인수・납입이 흠결되면 그 부분을 실권시키고 나머지만으로 신주발행이 효력을 발생하기 때문이다. 다만 신주발행의 효력발생을 전제로 변경등기가 이루어진 후에는 그 공시에 대한 책임을 이사에게 지우고 있는 것이다.

신주의 발행으로 인한 변경등기가 있은 후에 아직 인수되지 아니한 주식이 있거나 주식인수의 청약이 취소된 때에는 이사가 이를 공동으로 인수한 것으로 본다(제428조 제1항). 여기서 인수되지 아니한 주식에는 인수가 무효인 경우뿐 아니라 인수 후 납입이 이행되지 아니하여 인수인이 실권한 경우도 포함된다. 공동인수로 인하여 이사들은 그에 대한 주금액의 연대납입의무를 부담한다(제333조 제1항). 이 경우 이사들의 인수담보책임은 무과실책임이며 회사채권자의 이익보호와 직결되므로 총주주의 동의로도 면제할 수 없다. 인수의 흠결에 이사의 임무해태가 개입될 경우 그로 인한 이사의 손해배상책임(제399조 제1항)은 인수담보책임과 전혀 별개로 다루어진다. 즉 회사는 이사들이 인수담보책임을 이행하였더라도 별도로 손해배상을 청구할 수 있다(제428조 제2항).

사 례 8

비상장회사인 K 자동차주식회사("K 회사")는 주식회사 T 연구소로부터 전기자동차 생산에 필수적인 전기배터리 특허를 라이센스(기술이전) 받고자 하였고, T 연구소는 기술이전대가로 경영참여를 요구하였다. K 회사의 대표이사 R은 주주총회 소집통지를 하지 않은 채 뜻을 같이 하는 주주 S_1, S_2, S_3와 함께 (이들이 합하여 의결권 있는 주식총수의 100분의 75 소유) 2011년 10월 1일, 주주총회를 개최하고 만장일치로 신주발행을 의결하였다. 의결된 신주발행의안을 보면 기발행주식총수의 20%에 해당하는 수의 주식을 신주로 발행하여 전량을 T 연구소에 배정하되 그 발행가액은 신주발행의결 직전에 평가된 K 회사 주식가치의 80% 상당액으로 정하였다. 본건 신주발행의 납입기일은 동년 11월 10일이고 T 연구소는 주식인수가액 전액을 납입했으며 K 회사는 동년 11월 14일에 변경등기를 마쳤다. K 회사의 정관에는 신주발행에 관하여 특별한 규정이 들어있지 아니하다. K 회사의 주주 X(발행주식총수의 100분의 3 소유)는 본건 신주발행으로 인하여 피해를 입었다고 주장하면서 구제를 받고자 한다.

1. X는 위 신주발행을 의결한 주주총회 결의의 절차상 하자를 어떠한 소송으로 언제까지 다툴 수 있는가.
2. 본건 신주발행의 효력을 논의함에 있어서 대표이사의 전단적 행위에 대한 판례의 입장("거래상대방이 선의·무과실이면 유효이다")을 적용하는 것이 적당한가.
3. X는 이 사건의 사실관계에 비추어 어떠한 무효원인을 주장하여 신주발행무효의 소를 제기할 수 있는가.
4. 법원은 X가 제기한 신주발행무효의 소에 대하여 인용할 것인가, 기각할 것인가.
5. 본건 신주발행 전에 적법한 정관변경절차를 거쳐 어떠한 사항들이 정관에 추가되었어야 신주발행무효의 소를 사전에 예방할 수 있었을까.

〈샘플 답안〉

Ⅰ. 문제의 소재

1. 주주총회 소집통지를 하지 않은 채 주주총회를 개최하여 결의를 한 절차상 하자에 대해 다툴 수 있는 소송이 주주총회 결의취소의 소인지 아니면 주주총회 결의부존재확인의 소인지 문제되고, 제소기간의 제한은 받는지 문제된다.

2. 이사회 결의없는 신주발행에 대표이사의 전단적 행위에 관한 기존의 판례이론을 적용하는 것이 적절한지 문제된다.

3. K회사의 일련의 신주발행행위 중 신주발행무효의 소를 제기할 원인으로 이사회 결의없는 신주의 발행, 제3자에게의 신주배정, 주주의 신주인수권을 무시한 신주발행, 요건을 구비하지 않은 액면미달의 발행을 살펴본다.

4. 주주 X가 3의 사유를 원인으로 신주발행무효의 소를 제기하였을 경우, '도저히 묵과할 수 없는 정도'의 하자인지가 문제된다.

5. 정관에서 신주발행을 주주총회결의사항으로, 또 제3자 배정의 근거를 규정했더라면 분쟁을 예방할 수 있었을 것인가를 검토한다.

Ⅱ. 주주총회 절차상 하자를 다투는 소송(문1)

1. 결의취소의 소 및 결의부존재확인의 소

(1) 문제점

주주총회의 하자를 다투는 소송 중 사안과 같이 '절차상' 하자를 다툴 수 있는 소송으로 주주총회 결의취소의 소(이하 '결의취소의 소'라 함)와 주주총회 결의부존재확인의 소(이하 '결의부존재확인의 소'라 함)가 있다(주주총회 결의무효확인의 소는 총회결의내용이 법령에 위반하는 내용상 또는 실질상 하자가 있는 경우에 제기할 수 있으므로 부적합하다). 이 중 대표이사 R이 주주총회 소집통지를 하지 않은 채 뜻을 같이하는 일부 주주와 함께 주주총회를 개최하여 결의를 한 하자는 이중 어떤 소송으로 다툴 수 있을지 문제되며, 그 제소기간의 제약은 없는지 문제된다.

(2) 두 소의 제소원인

주주총회의 결의에 절차상 하자가 있거나 결의의 내용이 법령에 위반하지는 않으나 정관규정에 위반한 경우와 같이 내용상의 하자가 상대적으로 가벼운 경우에는 결의취소의 소를 제기할 수 있다(상법 제376조, 이하 법명생략). 그리고 결의취소의 소에 비하여 주주총회의 소집절차 또는 결의방법에 총회결의가 존재한다고 볼 수 없을 정도의 중대한 하자가 있는 때에는 결의부존재확인의 소를 제기할 수 있다(제380조).

판례는 적법한 소집권자에 의하여 소집된 주주총회에서 총 주식의 과반수를 넘는 주식을 소유한 주주가 참석하여 참석 주주 전원의 찬성으로 결의가 있었으나 일부 주주에게 소집통지를 하지 않았다면 취소사유에 해당한다고 보는 한편, 소집권한이 없는 자가 소집하였거나 전혀 소집절차를 밟지 않은 경우 및 대부분의 주주에게 소집통지를 하지 않은 경우에는 그 절차상 하자가 중대하다고 보아 결의부존재확인의 소의 원인이 된다고 보고 있다. 판례는 대체로 주식수의 50%를 기준으로 판단하고 있는 것으로 보인다.

(3) 검 토

사안과 같이 주주총회 소집통지를 하지 않았다 하더라도, 출석한 주주 S_1, S_2, S_3가 소유한 주식이 의결권 있는 주식 총수의 100분의 75가 되고 이들이 만장일치로 의결한 이상, 총회의 절차상 하자는 그 하자가 크지 않다고 할 것이므로 결의취소의 소의 원인이 된다고 할 것이다.

2. 주주총회 취소의 소의 제소기간

결의취소의 소는 결의의 날로부터 2월 내에만 제기할 수 있으며(제376조 제1항), 이 기간이 경과한 때에는 취소의 사유가 있더라도 그 결의의 효력을 다투지 못한다. 이 기간을 제척기간으로 보기 때문이다. 따라서 주주 X는 결의일인 2011. 10. 1.로부터 2월 내인 2011. 11. 30.까지 결의취소의 소를 제기할 수 있다.

다만 결의취소의 소와 신주발행무효의 소와의 관계에 대해 다수설인 흡수설에 의할 경우, 신주의 효력이 발행한 이후에는 결의취소의 소를 제기할 수 없고 결의취소의 소는 신주발행무효의 소에 흡수된다고 보므로, 신주의 효력이 발생하는 2011. 11. 11. 전까지만 결의취소의 소를 제기할 수 있다고 보아야 할 것이다.

Ⅲ. 대표이사 R의 전단적 행위(문2)

1. 대표이사의 전단적 행위

일정한 대표이사의 행위에 대하여 상법이나 정관에서 주주총회나 이사회의 의결을 거치도록 요구하고 있는 경우, 대표이사가 이러한 제한에 위반하여 대표행위를 한 경우를 가리켜 대표이사의 전단적 행위라 한다. 판례는 이러한 경우 그 내부적 제한을 위반하였음을 거래상대방이 알았거나 알 수 있었을 경우가 아니라면 그 거래행위는 유효하다고 보고 있다. 이러한 판례의 입장을 본 사안에도 적용할 수 있을지 문제된다.

2. 견해의 대립 및 검토

신주발행에 있어 이사회의 결의를 흠결한 경우에 거래의 안전을 위해 신주발행을 유효하다고 보는 입장도 있으나, 신주발행은 단순한 업무집행행위가 아니라 조직법상의 행위이므로 이사회 결의를 흠결한 신주발행은 제3자의 선악을 불문하고 무효라고 보아야 할 것이다. 따라서 대표이사 R의 전단적 행위에 대해 기존의 판례이론을 적용하는 것은 타당하지 않다.

Ⅳ. 신주발행무효의 소의 원인(문3)

1. 문제점

신주발행무효의 소의 원인에 대해서는 상법상 규정이 존재하지 않고 해석에 의해 인정되고 있다. 사안에서 이사회 결의없는 신주의 발행, 제3자에게의 신주배정, 주주의 신주인수권을 무시한 신주발행, 요건을 구비하지 않은 액면미달의 발행이 각각 신주발행무효의 소의 원인이 될 수 있는지 문제된다.

2. 이사회의 결의 없는 신주발행

신주발행의 결정은 정관으로 주주총회에서 결정한다고 정하지 않는 한 이사회에서 하여야 한다(제416조). 사안에서는 정관에 특별한 정함이 없음에도 불구하고 이사회의 결의없이 신주를 발행하였으므로 신주발행무효의 소의 원인이 된다.

3. 제3자에게의 신주배정

신주발행시 주주가 아닌 제3자에게도 신주배정을 할 수 있으나, ① 정관에 정함이 있고, ② 신기술의 도입, 재무구조의 개선 등 회사의 경영상 목적을 달성하기 위하여 필요한 경우에 한하여 가능하다(제418조 제2항). 사안에서, K회사가 신기술의 도입 등 회사의 경영상 목적을 달성하기 위한 경우였다 하더라도 정관에 정함이 없었으므로 절차를 위반하였으므로, 신주발행무효의 소의 원인이 된다.

4. 주주의 신주인수권을 무시한 신주발행

설령 제418조 제2항의 규정을 준수하였다 하더라도 주주의 신주인수권을 전부 또는 대부분 무시하거나 신주인수권을 일부 무시한 신주발행으로 회사의 지배권에 변동을 초래할 우려가 있는 신주발행의 경우, 신주발행무효의 소를 제기할 수 있다.

그러나 K회사는 발행한 신주 전량을 T연구소에 배정하였으나, 이는 기발행주식총수의 20%에 불과하므로 이로 인하여 회사의 지배권에 변동을 초래할 우려가 있는 정도라고 보기는 어렵다.

5. 요건을 구비하지 않은 액면미달의 발행

회사가 신주를 액면가 이하로 발행하기 위해서는 i) 회사성립일로부터 2년이 경과하여야 하고, ii) 주주총회의 특별결의, iii) 법원의 인가, iv) 법원의 인가를 받은 날로부터 1월내 발행하여야 한다(제417조).

사안에서 ii) 주주 S_1, S_2, S_3가 참석하여 만장일치로 의결하였으므로 주주총회 특별결의의 요건은 구비하였으나, i), iii), iv)의 요건을 갖추었다는 정황이 없다. 따라서 신주발행무효의 소의 원인이 된다고 할 것이다.

6. 소 결

주주 X는 이사회의 결의없는 신주발행, 요건을 구비하지 못한 제3자에의 신주배정, 법정요건을 갖추지 못한 액면미달발행을 이유로 신주발행무효의 소를 제기할 수 있다.

Ⅴ. 신주발행무효의 소의 인용여부(문4)

1. 신주발행무효의 소에서의 대법원의 태도

대법원은 주식회사의 본질이나 회사법의 기본원칙에 반하거나 기존주주들의 이익과 회사의 경영권 내지 지배권에 중대한 영향을 미치는 경우로서, 주식에 관련된 거래의 안전, 주주 기타 이해관계인의 이익 등을 고려하더라도 도저히 묵과할 수 없는 정도라고 평가되는 경우에 한하여 신주의 발행을 무효로 보고 있다.

2. 검 토

위 Ⅳ에서 신주발행무효의 소의 원인이 되었던 것 중, 이사회의 결의 없는 신주발행에 관하여는, 무효라고 보는 견해도 있으나, 신주발행무효의 소가 거래의 안전과 법적 안정성을 해칠 위험이 크기 때문에 무효의 사유를 엄격하게 해석하는 판례의 태도가 타당한바, 이에 의하면 이사회의 결의 없이 신주를 발행한 사실만으로는 신주발행무효의 소의 원인이 된다고 보기 어렵다. 한편, 요건을 구비하지 못한 제3자에의 신주배정은 비록 정관에 정함은 없었으나 신기술의 도입이라는 회사의 경영상 목적은 구비하였다는 점에서, 그리고 법정요건을 갖추지 못한 액면미달발행은 액면가 미달로 발행하였다 하더라도 회사 가치의 80%로 현저성을 인정하기 어렵다고 본다. 따라서 법원으로서는 X의 신주발행무효의 소를 기각할 가능성이 크다.

Ⅵ. 정관에 추가되어야 할 사항(문5)

1. 이사회의 결의 없는 신주발행

신주발행은 이사회에서 결정하여야 하나, 주주총회에서 한다는 정함이 정관에 있을 경우 문제되지 않는다(제417조). 따라서 정관에 주주총회에서 신주발행의 결정을 할 수 있다는 사항을 추가하면 이 하자는 문제되지 않을 것이다.

2. 주주의 신주인수권을 무시한 신주발행

신주인수권은 주주가 갖는 것이 원칙이나, ① 정관에 규정을 두고, ② 경영상의 필요성이 인정되는 경우에는 제3자의 신주인수권이 인정된다(제418조 제2항). 사안에서 경영상의 필요성은 인정되고 있으므로, 정관에 제3자의 신주인수권에 대한 근거 규정을 두었다면 이 하자 역시 문제되지 않을 것이다.

Ⅶ. 사안의 해결

1. 주주 X는 위 주주총회 결의의 절차상 하자에 대해 결의취소의 소를 제기할 수 있으나, 2011. 11. 11.전까지 제기되어야 한다.
2. 대표이사 R의 전단적 행위에 대해 기존의 판례이론을 적용하는 것은 타당하지 않다.
3. 주주 X는 ① 이사회의 결의없는 신주발행, ② 요건을 구비하지 못한 제3자에의 신주배정, ③ 법정요건을 갖추지 못한 액면미달발행을 이유로 신주발행무효의 소를 제기할 수 있다.
4. 그러나 법원으로서는 X의 신주발행무효의 소를 기각할 가능성이 크며,
5. K회사는 정관에 주주총회에서 신주발행의 결정을 할 수 있다는 사항을 추가하고, 제3자의 신주인수권에 대한 근거 규정을 두면 신주발행무효의 소를 예방할 수 있다.

사 례 9

비상장회사인 주식회사 A의 정관에는 "회사는 다음 각 호의 경우에 주주 이외의 자에게 이사회의 결의로 신주를 배정할 수 있다. 1. 긴급한 자금의 조달을 위하여 국내외 금융기관에게 신주를 발행하는 경우 2. 기술도입을 필요로 그 제휴회사에게 신주를 발행하는 경우 3. 기타 회사의 경영상 필요한 경우"라는 규정이 포함되어 있다.

주식회사 A의 대표이사 甲은 지난 주말 몇몇 친한 이사들과 골프장에서 앞으로 있을 회사의 증자계획에 대하여 골프를 치면서 이야기를 나누었다. 골프장에서 돌아온 대표이사 甲은 골프장에서 자신의 말을 들은 이사들에게 이번 증자시 우선적으로 주식을 배정하기로 생각하고, 다음날 출근 후 즉시 이사회를 소집하여 골프장에 있었던 3명의 이사에게 3만주씩 제3자 배정으로 신주를 발행하는 것을 준비하라고 비서실에 지시하였다. 이에 따라 비서실에서는 오전에 이사들에게 전화통화하여 이사회 소집을 통지하였고, 오후 6시에 이사회를 소집하기로 하였다. 소집통지를 위한 연락시 이사 중 한 명은 해외에 체류 중이어서 전화 통화를 할 수 없었다. 이사회에는 총 7명의 이사 중 X와 골프장에 있었던 다른 3명의 이사 등 총 4명이 출석하였으며, 4명 전원의 찬성으로 제3자 배정을 승인하였다.

대표이사 甲의 행위는 상법상 어떤 문제점이 있으며, 대표이사 甲이 추진하는 제3자 배정방식의 신주발행 및 이사의 책임과 관련하여 주주는 어떠한 법적조치를 취할 수 있는가.

[2010. 1. 법무부 변호사시험 모의시험 문제]

〈문제의 논점〉

1. 신주인수권

(1) 기존주주의 신주인수권

영어 용례에서 신주인수권을 preemptive right이라고 한다. 과거에는 주주의 신주인수권을 지분 비율의 유지를 위해 필수적인 특권(고유권)으로 보았다. 근래에는 자본조달의 기동성, 기술제휴의 필요성, 외국자본의 투자유치 등의 이유로 정관으로 인정하는 경우에만 기존주주의 신주인수권을 인정하는 것이 다수의 입법이다. 그러나 우리 상법은 아직까지 주주의 신주인수권을 원칙적으로 보장하고 예외적으로 정관의 규정으로 '합리적 필요성'이 인정되는 경우에만 제3자에게 신주인수권을 부여할 수 있도록 규정하고 있다(상법 제418조 제1항, 제2항).

(2) 제3자 배정의 합리적 필요성

설문의 회사는 주주의 신주인수권을 정관으로 제한하고 있으나 설문의 사실관계만 보면 제3자 배정의 '합리적 필요성'을 인정하기 어렵다. 다만 수험생의 입장에서 '합리적 필요성'을 자신 있게 부인할 만큼 설문의 사실관계가 정리되지 못하였음은 지적

대상이 될 수 있다. 이 회사 정관의 해당조항 1. 2. 3 각 항목의 경우에 '합리적 필요성'을 긍정할 수 있는 사례와 부정하여야 할 사례를 수험생이 제시한다면 고득점의 포인트가 될 수 있다.

2. 이사회 결의의 하자
(1) 이사회 소집통지와 관련한 하자
(2) 정족수 충족여부 검토
(3) 이사회 결의의 하자가 있더라도 신주발행 무효사유가 되지 못한다.

3. 신주발행 유지청구
(1) 청구권자
(2) 청구절차: 가처분의 효용과 필요성이 강조되어야 한다.

4. 신주발행 무효원인
(1) 중대한 하자에 국한된다.
(예) 자본충실의 원칙 위반, 제3자 배정의 '합리적 필요성' 결여 즉, 주주의 신주인수권 침해
(2) 사안의 경우
기존주주의 신주인수권을 침해했으므로 무효사유에 해당한다.

5. 신주발행무효의 소
아직 신주발행이 완료되지 못한 설문의 신주발행 추진단계에 비추어 신주발행무효의 소를 언급하는 것은 적절하지 못할 수 있다. 신주가 발행된 후에만 무효의 소를 제기할 수 있다(상법 제423조).

6. 이사(대표이사)의 책임추궁
이사를 상대로 상법 제401조에 따른 제3자의 손해배상청구를 할 수 있다. 사안의 경우 이사의 중대한 과실이 분명하다. 회사를 상대로도 손해배상을 청구할 수 있다(상법 제210조, 제389조 제3항).

사 례 10

Y철강주식회사(비상장회사임, 이하 'Y회사')는 경기도 김포에 생산시설을 두고 건축용 철근자재를 생산판매하는 회사이다. 2001년 설립되었고 2014년 6월 현재 발행주식총수 500만주, 자본금은 250억원이다. Y회사는 최근 몇 년간 건설경기가 부진하여 철근 수요가 감소함에 따라 자금경색에 직면하게 되었다.

Y회사는 2014년 6월말에 변제기가 도래하는 시설자금 100억원의 은행채무에 대하

여 채권자로부터 상환기한 연장거부를 통지 받았다. 이러한 대출금을 상환할 자금을 마련하기 위하여 대표이사 R은 새로운 투자자를 알아보던 중 과거에 사채업을 영위하다가 새로운 투자처를 찾고 있는 F로부터 신주인수의 제안을 받게 되었다.

Y회사의 정관에는 증자신주발행(통상의 신주발행)에 관하여 별다른 규정을 두고 있지 아니하다.

R은 F의 의사를 대주주 S_1, S_2, S_3(이들 모두의 합산 주식소유비율은 발행주식총수의 50퍼센트임)에게 전달하였다. 액면가액 5000원인 Y회사의 주식을 액면미달인 2500원으로 4백만 주식을 신주발행하여 F에게 전량 배정하기로 동의를 받아낸 R은 F와 각서를 주고받았다.

2014년 5월 12일, R은 S_1, S_2, S_3를 Y회사 회의실에 소집하여 주주총회를 개최하고 본건 신주발행안을 가결시켰다. 주금액의 납입기일은 2014년 6월 25일로 정하였다.

곧이어 Y회사와 F 간에 금번 발행할 신주의 전량인수계약이 체결되었다.

Y회사의 주주 P(발행주식총수의 5퍼센트 보유)는 그렇게 낮은 가격으로 신주가 발행된다면 자기도 신주를 인수하겠다고 R에게 항의하면서 이러한 신주발행을 저지하고 강행되면 무효를 주장하겠다고 한다.

1. P가 위 주주총회결의의 하자를 다툴 수 있는 방안을 제시하시오.
   (1) 내용상의 하자와 절차상의 하자를 나누어 검토하시오.
   (2) 이러한 하자를 다투는 소송은 언제까지 제기할 수 있는가.
2. 위 신주발행에 있어서 주금액의 전액(100억원) 납입이 이루어진 2014년 6월 25일 이후에 P가 그 신주발행의 무효를 주장할 수 있는 근거(무효의 원인)를 제시하시오.
3. Y회사의 사내변호사는 위와 같은 분쟁을 예방하기 위하여 위 주주총회가 있기 전에 R에게 어떠한 절차와 조치를 권고했어야 하는가.
4. 기존의 판례에 비추어 위 사안에 관한 신주발행무효의 소를 다루게 될 재판부는 어떠한 판결을 내릴 것인가.
5. 위 신주발행가액의 결정시점에서 Y사의 1주의 공정한 평가금액이 3500원이었다면 이 건 신주발행의 납입이 완료된 후 P는 신주발행무효의 소 외에 어떠한 구제수단을 활용할 수 있는가.

〈샘플 답안〉

Ⅰ. 설문 1의 해결

1. 주주총회결의의 내용상 하자와 절차상 하자

(1) 내용상의 하자

신주발행은 정관에서 주주총회 결의로 한다고 정하고 있지 않은 이상 이사회 결의사항이다. Y회사의 정관에는 신주발행에 관하여 별다른 규정이 없으므로 이사회 결의가 있었어야 하나, 이를 주주총회 결의로 한 내용상 하자가 있다. 주주총회 결의의 내용상 하자에 관하여는 주주총회 결의 무효확인의 소를 제기할 수 있다.

정관에 제3자의 신주인수권에 관한 근거규정이 없음에도 불구하고 주주총회에서 제3자 신주배정의 결의를 한 것은 상법의 규정에 위반된다. 이 또한 내용상의 하자에 해당한다.

제3자에게 신주인수권을 부여하는 정관의 규정을 두기 위하여는 신기술의 도입, 재무구조의 개선 등 합리적 필요성이 인정되어야 한다. 그러한 제3자를 특정할 필요는 없다.

(2) 절차상의 하자

① 주주총회 소집통지를 주주 중 S_1, S_2, S_3에게만 한 것과 ② 신주의 액면미달발행시 주주총회 특별결의를 요하나, 그렇게 한 사정이 보이지 않는다.

절차상의 하자가 경미하면 주주총회결의 취소의 소를, 중대하면 주주총회결의 부존재확인의 소를 제기할 수 있는데, 판례는 그 기준을 주식소유비율 50%로 보는 듯하다. S_1, S_2, S_3의 주식소유비율이 50%나 되고 소집권을 가진 자가 소집한 것이므로 주주총회결의 부존재 확인의 소보다 취소의 소가 적당하다고 할 수 있다.

2. 하자를 다투는 소의 제소기한

주주총회결의 부존재확인의 소라면 소제기 기간의 제한이 없으나, 주주총회결의 취소의 소라면 2개월 내에 소를 제기해야 하는 제소기간의 제한이 있다. 그러나 신주의 효력이 발생한 이후에는 흡수설에 따라 신주발행무효의 소만 제기할 수 있으므로, 사실상 주주총회결의 하자를 다투는 소송은 신주의 효력이 발생하기 전인 2014. 6. 25.까지만 가능하다고 할 것이다.

Ⅱ. 설문 2의 해결

신주발행의 무효를 주장할 수 있는 근거로, ① 이사회 결의없는 신주발행, ② 액면미달발행시 규정 미준수, ③ 제3자 신주배정 요건불비, ④ 주주의 신주인수권 침해를 들 수 있다.

1. 이사회 결의없는 신주발행

신주발행은 정관에서 주주총회 결의로 한다고 정하지 않는 이상 이사회 결의사항이다. Y회사의 정관에는 특별한 정함이 없음에도 이사회 결의를 받지 아니한 신주발행은 무효원인이 된다.

2. 액면미달 발행시 규정 미준수

액면미달 발행을 위해서는 ① 회사성립후 2년 경과, ② 주주총회의 특별결의, ③ 법원허가의 요건이 필요하다. ①의 요건은 충족하였으나, ② S_1~S_3만으로도 특별결의는 가능하지만 특별결의를 했다는 사정이 보이지 않고, ③ 무엇보다도 법원의 허가가 없다.

3. 제3자에게 신주배정시 요건불비

제3자에게 신주를 배정하려면 ① 정관에 규정이 있고, ② 재무구조개선 등의 경영상 목적을 위하여야 한다. ② Y회사가 자금경색에 직면하여 경영상 목적을 위한 것이었다고 하더라도 ① 정관에 그에 관한 정함이 없다.

4. 주주의 신주인수권 침해

제3자에게 신주를 배정하더라도, 이로 인하여 기존 주주의 회사의 지배권에 영향을 미칠 정도가 되면 기존 주주의 신주인수권을 침해한 것이 된다. Y회사의 발행주식총수가 500만주임에도 불구하고, 400만주를 발행하여 전량 F에게 배정하였다면 회사의 지배권에 영향을 미칠만한 경우로서 기존 주주의 신주인수권 침해가 된다.

Ⅲ. 설문 3의 해결

1. 정관변경의 권고

① 신주 발행시 이사회 결의 대신 주주총회 결의만으로도 가능하다고 정하고, ② 제3자 신주배정이 가능하도록 '재무구조개선 등의 경영상 목적'을 위해 제3자 신주발행이 가능하도록 사전에 정관규정을 신설하도록 권고하였어야 한다.

2. 액면미달 발행시 법정요건 준수하도록 권고

액면미달발행을 하려면, ① 주주총회 특별결의를 거치고, ② 법원의 인가를 받고, ③ 법원의 인가를 받은 날로부터 1월 내에 신주를 발행하는 절차를 준수하도록 권고했어야 한다.

3. 주주총회 절차 준수

주주총회 소집시 ① 모든 주주에게 사전소집통지를 하고, ② 주주총회 소집을 위한 이사회 결의를 하도록 권고하였어야 한다.

4. F의 통모인수인으로서의 책임가능성 권고

F가 통모인수인으로서 책임을 질 수 있고, 이 경우 대표이사 R도 책임을 질 수 있음을 알렸어야 한다.

Ⅳ. 설문 4의 해결

1. 신주발행 무효의 소의 원인에 대한 판례의 태도

대법원은 신주가 발행되어 유통될 수 있고, 설령 유통되지 않더라도 다수의 이해관계인이 관련되어 있으므로 무효사유는 엄격하게 제한적으로 인정하여야 한다고 한다. 기존주주의 이익, 회사경영권과 지배권에 중대한 영향을 미치는 등 도저히 묵과할 수 없는 하자인 경우에 한하여 신주발행을 무효로 보고 있다.

2. 사안의 경우

① 이사회 결의없이 신주발행한 사정만으로는 판례는 무효로 보지 않는다. ② 그러한 정관규정이 없음에도 불구하고 제3자에게 신주를 발행한 것과, ③ 액면미달 발행시 법정요건을 구비하지 않는 것도 도저히 묵과할 수 없는 하자로 보기는 어렵다.

④ 주주의 신주인수권 침해, 즉 발행주식총수가 500만주인 Y회사가 400만주의 신주를 발행하면서 신주 전량을 제3자에게 배정한 것은 기존 주주의 이익, 회사 경영권과 지배권에 중대한 영향을 미칠 것이므로 도저히 묵과할 수 없는 하자로서 신주발행을 무효로 볼 수도 있다. 그러나 이 사건 신주발행이 무효로 확정될 경우 Y회사는 납입받은 주금액 100억원을 초과하는 금액을 반환하여야 하고, 도산위기에 봉착하게 될 것이다. 이 사건 신주발행 당시의 상황을 보면, 그러한 자금조달이 이루어지지 않을 경우 Y회사는 부도처리될 위기에 놓여 있었다.

따라서 여러 가지 분명한 하자가 있음에도 불구하고 Y회사의 기업유지를 위해서는 부득이하게 신주발행 무효의 소가 기각될 수밖에 없을 것이다.

Ⅴ. 설문 5의 해결

1. 통모인수인의 책임과 발행가액의 부적절성

F가 대표이사 R과 통모하여, 액면가액 5000원, 평가금액 3500원인 주식을 2500원으로 발행받게 하였는바, 현저하게 불공정한 발행가액으로서 F는 통모인수인의 책임을 추궁당할 수 있다. 그러나 이것은 통모인수인 F가 회사에 대하여 부담하는 것으로, P가 직접 F를 상대로 차액을 청구할 수는 없다.

2. 주주대표소송의 가능성

통모인수인의 책임을 회사가 묻지 않을 경우, 발행주식 총수의 100분의 1 이상의 주식을 보유한 주주는 대표소송으로 차액지급을 청구할 수 있다(제424조의2 제2항). P는 발행주식총수의 5% 주식을 보유하였으므로 회사에 대하여 이사의 책임을 추궁하는 소의 제기를 청구할 수 있고 대표소송을 제기할 수 있다.

제 6 절 자본금의 감소

제1 자본금감소의 의의

상법에서 정하는 절차에 따라 주식회사는 자본금을 감소시킬 수 있다. 자본금감소는 그 경제적 효과에 따라 실질적인 자본금감소와 명목상의 자본금감소로 구분된다. 실질적인 자본금감소는 자본금감소와 함께 그 상당액을 주주에게 환급함으로써 회사의 순자산액이 감소하는 경우이다.

반면에 명목상의 자본금감소는 이미 자본결손상태에 있는 회사에서 주주에게 환급하는 것 없이 자본금액을 순자산액에 일치시키는 경우이다. 이는 자본금의 현실화를 위한 것이다. 명목상 자본금감소를 함으로써 배당가능이익의 산출이 가능해지고 주가가 액면을 하회하는 경우 그 회복을 도모할 수 있다.

제2 자본금감소의 방법

1. 주금액의 감액

액면주식 1주의 액면금액이 100원을 초과하는 경우에만 이 방법에 의한 자본금감소가 가능하다. 실질적인 자본금감소를 위하여는 예를 들어 10,000원인 1주의 액면금액을 5,000원으로 감액하고 그 차액을 주주에게 환급하면 된다. 명목상의 자본금감소라면 주금액의 일부를 주주에 대한 환급없이 감액시키게 된다. 발행 주식수는 줄어들지 않는 방법이다.

2. 주식수의 감소

(1) 주식의 소각

주식의 소각은 회사가 발행주식중의 일부를 취득·환수하여 절대적으로 소멸시키는 것이다. 주주의 동의를 받아서 하느냐의 여부에 따라 임의소각과 강제소각, 취득과정에서 대가를 지급하느냐 여부에 따라 유상소각과 무상소각으로 구분된다. 유상소각이 실질적 자본금감소에 해당한다. 회사가 배당가능이익을 재원으로 자기주식을 취득해둔 경우에는 그 주식을 이사회결의로 소각할 수 있다(제343조 제1항 단서).

(2) 주식의 병합

자본금감소를 위한 주식의 병합은 1주의 액면금액을 유지하면서 수개의 주식을 합하여 그보다 적은 수의 주식으로 바꾸는 회사의 행위이다. 회사는 1월 이상의 기간을 정하여 그 뜻과 그 기간 내에 주권을 회사에 제출하도록 공고하고 주주명부상의 주주에게 개별적으로 통지하여야 한다(제440조). 병합에 적합하지 아니한 수의 주식이 있는 때에는 그 병합에 적당하지 아니한 부분에 대하여 발행한 신주를 경매하여 각 주수에 따라 그 대금을 종전의 주주에게 지급하여야 한다. 그러나 거래소의 시세있는 주식은 거래소를 통하여 매각하고 거래소의 시세없는 주식은 법원의 허가를 받아 경매 외의 방법으로 매각할 수 있다(제443조 제1항).

대판 2009. 12. 24, 2008다15520 주식병합의 절차 흠결과 그 효력

구 상법(1991. 5. 31. 법률 제4372호로 개정되기 전의 것, 이하 같다) 부칙 제5조 제2항에 의하여 주식 1주의 금액을 5천 원 이상으로 하기 위하여 거치는 주식병합은 자본의 감소를 위한 주식병합과는 달리 자본의 감소가 수반되지 아니하지만, 주식병합에 의하여 구 주식의 실효와 신 주식의 발행이 수반되는 점에서는 자본감소를 위한 주식병합의 경우와 차이가 없다. 그런데 위와 같은 주식병합 절차에 의하여 실효되는 구 주식과 발행되는 신 주식의 효력을 어느 누구든지 그 시기나 방법 등에서 아무런 제한을 받지 않고 다툴 수 있게 한다면, 주식회사의 물적 기초와 주주 및 제3자의 이해관계에 중대한 영향을 미치는 주식을 둘러싼 법률관계를 신속하고 획일적으로 확정할 수 없게 되고, 이에 따라 주식회사의 내부적인 안정은 물론 대외적인 거래의 안전도 해할 우려가 있다. 따라서 이러한 경우에는 그 성질에 반하지 않는 한도 내에서 구 상법 제445조의 규정을 유추 적용하여, 주식병합으로 인한 변경등기가 있는 날로부터 6월 내에 주식병합 무효의 소로써만 주식병합의 무효를 주장할 수 있게 함이 상당하다.

한편, 구 상법 제445조에서 규정하는 '소'라 함은 형성의 소를 의미하는 것으로서, 일반 민사상 무효확인의 소로써 주식병합의 무효확인을 구하거나 다른 법률관계에 관한 소송에서 선결문제로서 주식병합의 무효를 주장하는 것은 원칙적으로 허용되지 아니한다. 그러나 주식병합의 실체가 없음에도 주식병합의 등기가 되어 있는 외관이 존재하는 경우 등과 같이 주식병합의 절차적·실체적 하자가 극히 중대하여 주식병합이 존재하지 아니한다고 볼 수 있는 경우에는, 주식병합 무효의 소와는 달리 출소기간의 제한에 구애됨이 없이 그 외관 등을 제거하기 위하여 주식병합 부존재확인의 소를 제기하거나 다른 법률관계에 관한 소송에서 선결문제로서 주식병합의 부존재를 주장할 수 있다.

… 구 상법 부칙 제5조 제2항이 구 상법 제440조를 준용하여 주식병합에 일정한 기간을 두어 공고와 통지의 절차를 거치도록 한 취지는, 신 주권을 수령할 자를 파악하고 실효되는 구 주권의 유통을 저지하기 위하여 회사가 미리 구 주권을 회수하여 두려는 데 있다(대법원 2005. 12. 9. 선고 2004다40306 판결 참조). 회사가 위와 같은

공고 등의 절차를 거치지 아니한 경우에는 특별한 사정이 없는 한 주식병합의 무효사유가 존재한다고 할 것이지만, 회사가 주식병합에 관한 주주총회의 결의 등을 거쳐 주식병합 등기까지 마치되 그와 같은 공고만을 누락한 것에 불과한 경우에는 그러한 사정만으로 주식병합의 절차적·실체적 하자가 극히 중대하여 주식병합이 부존재한다고 볼 수는 없다. 따라서 구 상법 부칙 제5조 제2항의 주식병합에 관하여 공고누락의 하자만을 이유로 주식병합의 무효를 주장하기 위해서는 구 상법 제445조에 따라 주식병합의 등기일로부터 6월 내에 주식병합 무효의 소를 제기하지 않으면 아니된다.

제3 자본금감소의 절차

1. 주주총회의 결의

자본금감소에는 주주총회의 특별결의(제434조)가 있어야 한다. 다만 결손의 보전(補塡)을 위한 자본금의 감소는 주주총회의 보통결의(제368조 제1항)에 의한다(제438조 제1항·제2항). 이 결의에서 자본금감소의 방법도 정하여야 한다. 종류주식을 발행하고 있는 경우에는 종류주주총회의 결의가 있어야 한다(제435조). 다만 배당가능이익을 재원으로 취득한 자기주식의 소각은 자본금감소에 해당하지 않고 이사회결의로 결정한다(제343조 제1항 단서).

2. 채권자보호절차

주식회사의 자본금은 회사채권자에 대하여 최소한도의 담보로서 규범적 수치의 기능을 하는데 그것의 감소는 회사채권자의 이익을 침해할 우려가 있다. 이 때문에 주식회사의 자본금을 감소하는 경우에는 회사채권자의 이익을 보호하는 특별한 조치가 필요한 것이다. 상법은 회사채권자에 대하여 자본금감소에 이의를 제출할 기회를 부여하고 있다(제439조 제2항, 제232조 제1항). 다만 이미 발생한 결손의 보전을 위하여 자본금을 감소하는 경우에는 채권자 보호절차가 필요하지 아니하다(제439조 제2항). 채권자에 대한 담보가치가 이미 자본금에 미달하는 경우에 그 수치만을 실제에 맞도록 조정하는 것이기 때문에 회사 채권자를 특히 불리하게 하지 않는다고 본 것이다.

이의를 제출하지 않은 자는 승인한 것으로 간주되고, 이의제출자에게는 변제, 상당한 담보제공을 하거나 이를 목적으로 상당재산을 신탁회사에 신탁하여야 한다(제439조 제2항, 제232조 제2항 · 제3항). 이러한 절차의 이행없이 자본금감소의 효력이 발생한 때에는 이의를 제출한 채권자는 감자무효의 소를 제기할 수 있다.

제4 자본금감소의 효력발생

절차의 완료와 함께 자본금감소의 효력이 발생한다. 자본금감소로 인하여 등기사항에 변경이 생기므로 변경등기를 해야 한다. 그러나 등기는 자본금감소의 효력발생요건이 아니다. 발행예정주식총수 중에서 감소된 부분의 새로운 신주발행은 허용되지 않는다.

제5 감자무효의 소

1. 소송에 의한 무효주장

자본금감소의 무효는 주주 · 이사 · 감사 · 청산인 · 파산관재인 또는 자본금감소를 승인하지 아니한 채권자에 한하여 자본금감소로 인한 변경등기가 있은 날로부터 6월내에 소만으로 주장할 수 있다(제445조). 이와 같이 자본금감소의 무효를 소만으로 주장할 수 있도록 한 것은 감자의 효력발생 후 그것을 기초로 이루어진 법률관계의 안정을 도모하고 그 효력이 획일적으로 유지되도록 하기 위한 것이다.

2. 무효원인

자본금감소의 무효가 될 수 있는 원인으로는 주주총회의 결의가 없었거나, 그 결의의 내용이나 절차에 하자가 있는 경우, 감자방법이 주주평등의 원칙에 위반된 경우, 이의채권자에 대한 보호절차를 이행하지 아니한 경우, 종류주주총회의 결의를 거치지 아니한 경우 등이다.

3. 제소권자, 제소기간

감자무효의 소는 주주, 이사, 감사, 청산인, 파산관재인 또는 자본금감소를 승인하지 아니한 채권자만이 제기할 수 있으며 제소기간은 자본금감소에 따른 변경등기가 된 날로부터 6월내에 제기하여야 한다.

4. 소송절차, 판결의 효력, 제소주주의 담보제공의무

감자무효의 소에는 합명회사의 설립무효·취소의 소에 관한 절차규정과 패소원고의 책임 등에 관한 규정 그리고 주주총회결의 취소의 소에 있어서의 제소주주의 담보제공의무에 관한 규정 등이 준용된다(제446조, 제186조~제192조, 제377조).

대판 2004. 4. 27, 2003다29616 [1] 법원이 감자무효의 소를 재량 기각하기 위해서는 원칙적으로 그 소제기 전이나 그 심리중에 원인이 된 하자가 보완되어야 한다고 할 수 있을 것이지만, 하자가 추후 보완될 수 없는 성질의 것으로서 자본감소 결의의 효력에는 아무런 영향을 미치지 않는 것인 경우 등에는 그 하자가 보완되지 아니하였다 하더라도 회사의 현황 등 제반 사정을 참작하여 자본감소를 무효로 하는 것이 부적당하다고 인정한 때에는 법원은 그 청구를 기각할 수 있다.

[2] 주주총회의 감자결의에 결의방법상의 하자가 있으나 그 하자가 감자결의의 결과에 아무런 영향을 미치지 아니하였고, 감자결의를 통한 자본감소 후에 이를 기초로 채권은행 등에 대하여 부채의 출자전환 형식으로 신주발행을 하고 수차례에 걸쳐 제3자에게 영업을 양도하는 등의 사정이 발생하였다면, 자본감소를 무효로 할 경우 부채의 출자전환 형식으로 발행된 신주를 인수한 채권은행 등의 이익이나 거래의 안전을 해할 염려가 있으므로 자본감소를 무효로 하는 것이 부적당하다고 볼 사정이 있다.

5. 감자무효의 소와 주주총회결의취소·무효확인의 소

자본금감소가 효력을 발생하기 전에는 그러한 의결을 한 주주총회결의의 하자를 다툴 수 있으나 감자의 효력이 발생한 후에는 감자무효의 소에 흡수된다고 보아야 할 것이다. 청구의 변경의 문제로 해결하면 될 것이다(민사소송법 제

262조).

대판 2010. 2. 11, 2009다83599 **자본금 감소와 주주총회결의**

상법 제445조는 자본감소의 무효는 주주 등이 자본감소로 인한 변경등기가 있은 날로부터 6월 내에 소만으로 주장할 수 있다고 규정하고 있으므로, 설령 주주총회의 자본감소 결의에 취소 또는 무효의 하자가 있다고 하더라도 그 하자가 극히 중대하여 자본감소가 존재하지 아니하는 정도에 이르는 등의 특별한 사정이 없는 한 자본감소의 효력이 발생한 후에는 자본감소 무효의 소에 의해서만 다툴 수 있다(대법원 1993. 5. 27. 선고 92누14908 판결, 대법원 2004. 8. 20. 선고 2003다20060 판결 등 참조).

6. 판결의 효과

감자무효의 판결은 형성판결로서 제3자에 대하여도 그 효력이 있다(대세적 효과)(제446조, 제190조 본문). 감자무효의 판결이 확정된 때에는 본점과 지점의 소재지에서 등기하여야 한다(제446조, 제192조).

제 7 절 회사의 회계

제1 회사의 회계

1. 총 설

상법은 영업상의 재산 및 손익의 상황을 명백히 하기 위하여 상인에게 공정타당한 회계관행에 따라 회계장부와 대차대조표를 작성할 의무를 부과하고 있다(제29조 제1항). 상법은 기업회계에 관한 일반적이고 일차적인 법규범이다. 자본시장법과 「주식회사의 외부감사에 관한 법률」(이하 '외감법'이라 한다)에 의하여 한국회계기준원이 제정한 회계기준에 따라 회계처리를 하여야 하는 기업을 제외하고는 모든 기업이 상법에 의해 회계처리를 하여야 한다.

상법상의 회계규정은 재무제표를 제대로 작성할 수 있을 만큼 상세한 회계

이론을 담고 있지 않다. 기업회계기준이 국제회계기준을 채택하여 꾸준히 변모하고 있는 것과는 달리, 상법은 '법률'이라는 특성상 회계규정 변화에 신속히 적응하기 어려워서 기업회계기준과 상법간에 상당한 차이가 있게 되었다. 그로 인해 자본시장법이나 외감법의 적용대상이 아닌 주식회사에 대하여서 상법의 회계규정을 적용하는 것이 실무상 적당하지 않았다. 개정상법은 상법 규정과 기업회계기준간의 불일치를 해소하기 위하여 상법 제3편 제4장 제7절의 제목을 '회사의 계산'에서 '회사의 회계'로 변경하고, 주식회사의 이사·감사가 각종의 회계관련 장부나 서류를 작성함에 있어 일반적으로 공정하고 타당한 회계관행에 따르도록 하는 회계의 원칙 규정을 신설하였다(제446조의2).

'공정하고 타당한 회계관행'은 국제회계기준위원회의 국제회계기준을 채택하여 정한 회계처리기준을 의미한다(시행령 제15조 제1호). 구체적으로는 모든 상장기업 및 상장회사가 되려는 회사와 금융회사들은 국제회계기준위원회(IASB; International Accounting Standards Boards)가 제정한 국제회계기준(IFRS; International Financial Reporting Standards)을 도입·채택한 한국채택국제회계기준(K-IFRS; Korean International Financial Reporting Standards)을 적용하여야 하고, 그 밖에 K-IFRS의 적용의무가 없는 외감법 대상법인은 일반기업회계기준을 적용한다.

한편 개정전 상법에 규정되어 있던 회계관련 규정(구 상법의 제452조 자산의 평가방법, 제453조 창업비의 계상, 제453조의2 개업비의 계상, 제454조 신주발행비용의 계상, 제455조 액면미달금액의 계상, 제456조 사채차액의 계상, 제457조 건설이자배당의 계산, 제457조의2 연구개발비의 계상)은 대폭 삭제함으로써 상법은 회계처리에 대한 기본규범으로서의 지위를 확보하였고, 기업회계처리기준은 기업의 회계정보 제공이라는 본래의 기능에 충실할 수 있게 되었다.

2. 재무제표 등의 작성

(1) 작성의무

주식회사의 이사는 매결산기에 재무제표 및 그 부속명세서와 영업보고서를 작성하여 이사회의 승인을 받아야 한다(제447조, 제447조의2). 이때 그 작성내용과 방법에 관하여는 개정상법에서 신설된 회계원칙의 규정에 따라 일반적으로 공정하고 타당한 회계관행에 따라야 한다(제446조의2).

(2) 재무제표 등의 종류

이사가 작성하는 재무제표에는 대차대조표, 손익계산서가 있으며 그밖에 회사의 재무상태와 경영성과를 표시하는 것으로서 대통령령으로 정하는 서류 및 부속명세서가 있다.

(가) 대차대조표

대차대조표는 일정 시점에 있어서 회사의 총재산을 자산(차변)과 부채 및 자본(대변)의 양부로 나누어 기재하는 표를 말한다. 대차대조표는 차변과 대변을 나누어 양자의 합계를 일치시키고 그 형평을 유지한다는 점에서 balance sheet라고 한다. 회계정보 이용자들은 회사의 대차대조표상의 자산총액에서 부채총액을 공제한 순자산을 자본금과 준비금의 합계액과 비교함으로써 회사의 재무상태를 파악할 수 있다. 기업회계기준에서는 일정 시점의 회사의 재무상태를 보여준다는 의미에서 상법상의 대차대조표를 재무상태표라고 부르고 있으며, 차변과 대변을 나누어 작성하는 계정식 외에 자산·부채·자본금 등을 차례로 나열하는 보고식으로도 작성할 수 있음을 규정하고 있다(일반기업회계기준 2.17). 회사는 성립한 때와 매결산기에 회계장부에 의하여 대차대조표를 작성하고 작성자인 이사가 이에 기명날인 또는 서명하여야 한다(제30조 제2항).

(나) 손익계산서

손익계산서(profit or loss statement)는 당해 영업연도에 발생한 모든 수익과 그에 대응하는 모든 비용을 기재하여 순손익을 표시하는 서류이다. 손익계산서가 '일정 기간'의 수익과 비용을 기재하여 경영성과를 나타낸다는 점에서 '일정 시점'의 회사의 재무상태를 나타내는 대차대조표와 다르다. 따라서 회계정보의 이용자는 대차대조표와 손익계산서를 함께 보아야 기업의 회계정보를 정확하게 파악할 수 있게 된다. 손익계산서의 작성은 당기업적주의에 따라 당해 영업연도의 정상적인 경영활동에서 반복적인 수익·비용만을 기재하는 방식도 있으나, 우리의 기업회계기준은 경상손익 외에 비반복적이거나 이상적인 수익·비용까지 기재하도록 하는 포괄주의 방식을 채택하고 있다.

(다) 연결재무제표

상법은 외감법의 적용대상이 되는 지배회사에 대하여 연결재무제표의 작성 의무를 부과하고 있다(제447조 제2항, 시행령 제16조 제2항). 이에 따르면 회사가 다른 회사와 지배종속관계에 있는 경우, 그 지배회사인 주식회사는 연결재무제표를 작성하여야 한다. 이는 법률적으로는 별개의 회사들이라 하더라도 경제적으로 밀접하게 연결되어 있는 기업집단이라면 이를 하나의 조직체로 보아 회계정보이용자에게 연결실체의 재무정보를 제공하려는 기업회계기준의 입장과 일치한다(일반기업회계기준 4.2 및 4.8 참조).

(3) 재무제표 부속명세서

재무제표는 자산과, 부채, 수익과 비용, 이익 또는 손실 등을 중요항목 위주로 기재한 것이기 때문에 그에 대한 세부적 설명이 있어야 계산의 신뢰성을 보장받을 수 있다. 이에 기업회계기준은 재무제표 이용자의 의사결정에 유용할 것으로 판단되는 여러 가지 명세서와 경영자의 분석보고서 및 검토보고서 등과 같은 설명자료를 첨부할 수 있도록 하고 있다(일반기업회계기준 부록 실2.1). 이사는 재무제표와 함께 그 부속명세서도 작성하여 이사회의 승인을 받은 다음(제447조) 본점과 지점에 비치하여야 한다(제448조 제1항). 부속명세서는 재무제표를 구체적으로 설명하는 참고자료일 뿐 재무제표의 범위에는 포함되지 않는다.

(4) 영업보고서

영업보고서는 회사의 현황, 당해 영업연도의 영업실적의 개요, 주식소유 상황 등 회사의 조직과 활동성과에 관한 중요한 사항을 기재하는 서류로서, 회사의 재무구조를 수치로 나타내는 것이 아니라 서술적으로 설명하는 보고서의 방식을 취한다. 이사는 매 결산기에 영업보고서를 작성하여 이사회의 승인을 얻은 다음 주주총회에 보고한다(제447조의2 제1항, 제449조 제2항).

영업보고서에는 상법 시행령 제17조에 열거된 다음 11가지 사항을 기재하여야 한다(제447조의2 제2항).

① 회사의 목적 및 중요한 사업내용, 영업소 · 공장 및 종업원의 상황과 주식 · 사채의 상황

② 그 영업연도에 있어서의 영업의 경과 및 성과(자금조달 및 설비투자의 상황

을 포함한다)

③ 모회사와의 관계, 자회사의 상황 그밖에 중요한 기업결합의 상황

④ 과거 3년간 영업성적 및 재산상태의 변동상황

⑤ 회사가 대처할 과제

⑥ 그 영업연도에 있어서의 이사·감사의 성명, 회사에 있어서의 지위 및 담당업무 또는 주된 직업과 회사와의 거래관계

⑦ 상위 5인 이상의 대주주(주주가 회사인 경우에는 그 회사의 자회사가 보유하는 주식을 합산한다), 그 보유주식수 및 회사와의 거래관계와 회사의 당해 대주주에 대한 출자의 상황

⑧ 회사, 회사 및 그 자회사 또는 회사의 자회사가 다른 회사의 발행주식총수의 10분의 1을 초과하는 주식을 가지고 있는 경우에는 그 주식수 및 그 다른 회사의 명칭과 그 다른 회사가 가지고 있는 회사의 주식수

⑨ 중요한 채권자, 채권액 및 당해 채권자가 가지고 있는 회사의 주식수

⑩ 결산기 후에 생긴 중요한 사실

⑪ 그밖에 영업에 관한 사항으로서 중요하다고 인정되는 사항

3. 재무제표의 승인

(1) 이사회의 승인

대표이사는 재무제표와 부속명세서를 작성한 후 그에 관하여 이사회의 승인을 얻어야 한다(제447조). 상법은 이사회의 승인을 받기 위한 제출시기에 대하여는 언급하고 있지 않다. 그러나 이사가 이사회의 승인을 받은 재무제표와 부속명세서를 주주총회 6주 전에 감사에게 제출하여야 하므로 그 이전에 이사회의 재무제표 승인이 끝날 수 있도록 이사회에 제출하여야 한다.

(2) 감사의 감사

이사는 이사회로부터 승인을 받은 재무제표와 그 부속명세서 및 영업보고서를 정기총회 6주간 전에 감사(監事)에게 제출하여야 한다(제447조의3). 감사는 재무제표 등의 서류를 받은 날로부터 4주 내에 감사보고서를 작성하여 이사에게 제출하여야 한다(제447조의4 제1항). 상법에서는 감사가 감사(監査)하여야 할 항목과 기재사항을 다음과 같이 열거하고 있다(제447조의4 제2항).

① 감사방법의 개요

② 회계장부에 기재될 사항이 기재되지 아니하거나 부실기재된 경우 또는 대차대조표나 손익계산서의 기재 내용이 회계장부와 맞지 아니하는 경우에는 그 뜻

③ 대차대조표 및 손익계산서가 법령과 정관에 따라 회사의 재무상태와 경영성과를 적정하게 표시하고 있는 경우에는 그 뜻

④ 대차대조표 또는 손익계산서가 법령이나 정관을 위반하여 회사의 재무상태와 경영성과를 적정하게 표시하지 아니하는 경우에는 그 뜻과 이유

⑤ 대차대조표 또는 손익계산서의 작성에 관한 회계방침의 변경이 타당한지 여부와 그 이유

⑥ 영업보고서가 법령과 정관에 따라 회사의 상황을 적정하게 표시하고 있는 지의 여부

⑦ 이익잉여금의 처분 또는 결손금의 처리가 법령 또는 정관에 맞는지 여부

⑧ 이익잉여금의 처분 또는 결손금의 처리가 회사의 재무상태나 그 밖의 사정에 비추어 현저하게 부당한 경우에는 그 뜻

⑨ 제447조의 부속명세서에 기재할 사항이 기재되지 아니하거나 부실기재된 경우 또는 회계장부・대차대조표・손익계산서나 영업보고서의 기재 내용과 맞지 아니하게 기재된 경우에는 그 뜻

⑩ 이사의 직무수행에 관하여 부정한 행위 또는 법령이나 정관의 규정을 위반하는 중대한 사실이 있는 경우에는 그 사실

감사가 감사를 하기 위하여 필요한 조사를 할 수 없었던 경우에는 감사보고서에 그 뜻과 이유를 적어야 한다(제447조의4 제3항).

(3) 외부감사

외감법에 의하여 상장법인 기타 외부감사를 받아야 하는 주식회사는 재무제표를 주식회사로부터 독립된 외부감사인에게 제출하여 회계감사를 받아야 한다(외감법 제2조). 이때 재무제표 외에 자본변동표, 현금흐름표, 주석도 함께 제출하여야 한다(외감법 제1조의2 제1호, 시행령 제1조의 제1항). 재무제표는 주주총회 6주일 전에 감사에게 제출되어야 하며, 연결재무제표를 작성하는 회사는 한국채

택국제회계기준을 적용하는 회사의 경우는 정기총회 4주일 전에, 일반기업회계기준을 적용하는 회사는 사업연도 종료일 후 90일 이내에 외부감사인으로부터 감사를 받아야 한다(외감법 제7조, 동법 시행령 제6조 제1호 · 제2호).

(4) 재무제표 등의 비치 · 공시

이사는 감사로부터 감사받은 재무제표와 영업보고서 및 감사보고서를 정기총회일 1주간 전부터 본점에 5년간, 그리고 그 등본은 지점에 3년간 비치하여야 한다(제448조 제1항). 주주와 채권자는 영업시간 내에 언제든지 재무제표 등의 서류를 열람할 수 있으며 회사가 정한 비용을 지급하고 그 서류의 등본이나 초본의 교부를 청구할 수 있다(제448조 제2항).

(5) 주주총회의 승인 및 특칙

이사는 감사로부터 감사받은 재무제표를 정기총회에 제출하여 그 승인을 요구하여야 한다(제449조 제1항). 이때 영업보고서도 재무제표와 함께 제출대상 서류에 포함되나 이는 승인을 받을 대상은 아니다(제449조 제2항). 주주총회는 이사가 제출한 서류와 감사보고서를 조사시키기 위해 검사인을 선임할 수 있다(제367조 제1항).

이에 대한 특칙으로, (i) 정관의 정함이 있고, (ii) 대차대조표, 손익계산서 등 재무제표가 회사의 재무상황 및 경영성과를 적정하게 표시하고 있다는 외부감사인의 의견이 있으며, (iii) 감사(감사위원회 설치회사의 경우에는 감사위원을 말한다) 전원의 동의가 있는 경우에는 이사회에서 재무제표를 승인할 수 있다(제449조의2 제1항 각호). 이사회가 재무제표 등의 서류를 승인하는 경우 이사는 이사회의 승인 후 주주총회에 보고하여야 한다(제449조의2 제2항).

(6) 재무제표 등의 공고

주주총회에 제출한 재무제표가 승인을 얻은 때에는 이사는 지체없이 대차대조표를 공고하여야 한다. 그리고 정관이 정하는 바에 따라 이사회가 재무제표를 승인하는 경우에도 주주총회에 보고 한 후에 지체없이 공고하여야 한다(제449조 제3항). 재무제표 등이 승인되면 결산이 확정되고 이사는 그 내용에 따라 이익배당금을 지급하는 등 집행에 들어가게 된다.

4. 이사 등의 책임해제

(1) 의 의

상법은 주주총회에서 재무제표를 승인한 후 2년 내에 다른 결의가 없으면 회사는 재무제표의 작성과 관련한 이사와 감사의 책임을 해제하는 것으로 본다고 규정하고 있다(제450조 본문). 이 규정은 이사와 감사의 책임(제399조, 제414조)을 총주주의 동의에 의하여서만 면제할 수 있도록 하는 상법상 제400조와 제415조에 대한 예외규정이라고 할 수 있다.

(2) 책임해제의 요건

1) 2년의 제척기간 경과

책임해제의 효과가 발생하기 위해서는 재무제표의 승인 후 주주총회에서 다른 결의 없이 2년을 경과하여야 한다. 이 2년의 기간은 제척기간으로서 2년 내에 재무제표 승인에 이의를 제기하는 총회의 결의가 없는 경우에는 이사의 책임이 해제되어 이사에게 그 책임을 물을 수 없음을 의미한다.

2) 다른 결의가 없을 것

여기서의 다른 결의란 이사·감사의 책임을 추궁하도록 하는 결의와 재무제표 승인을 철회하는 결의 등 이사·감사에 대한 책임해제와 상반되는 모든 결의를 포함한다.

3) 부정행위가 없을 것

이사와 감사의 부정행위가 없어야 한다(제450조 단서). 따라서 재무제표의 승인 후 다른 결의 없이 2년이 경과하였다고 하더라도 이사·감사의 부정행위가 있는 경우에는 그 책임이 해제되지 않는다. 책임해제를 인정하는 취지는 회사에 대한 과중한 부담을 덜어주기 위함이므로 이사와 감사의 부정행위에 대해서까지 책임해제의 혜택을 부여하는 것은 그 취지에 반하기 때문이다. 여기의 부정행위에는 배임이나 문서위조 등과 같은 범죄행위는 물론 고의의 부당행위도 포함된다(서울고법 1977. 1. 28, 75나2885). 그리고 부정행위로 손해배상책임을 부담하게 되는 경우뿐 아니라 재무제표를 승인받는 과정에서 감사를 매수하여 '재무제표가 적정하게 작성되었다'는 등의 의견을 받아내는 등의 기망행위도 책임해제가 배제되는 부정행위에 해당한다.

(3) 책임해제의 범위

책임해제의 효과는 재무제표에 기재되어 있거나 이로부터 알 수 있는 사항에 한정된다. 판례도 재무제표에 금액으로 표시된 사항의 원인이 되는 거래관계에 관하여 이사·감사가 임무를 해태한 경우 그 임무해태에 대해서까지 책임이 해제되는 것은 아니라고 보아 책임해제의 범위를 좁게 해석하고 있다. 그리고 책임해제의 증명책임은 책임해제의 적용을 주장하는 이사와 감사가 부담한다(대판 1969. 1. 28, 68다305).

대판 2002. 2. 26, 2001다76854 상법 제450조에 따른 이사의 책임해제는 재무제표 등에 기재되어 정기총회에서 승인을 얻은 사항에 한정되는데, 상호신용금고의 대표이사가 충분한 담보를 확보하지 아니하고 동일인 대출 한도를 초과하여 대출한 것은 재무제표 등을 통하여 알 수 있는 사항이 아니므로, 상호신용금고의 정기총회에서 재무제표 등을 승인한 후 2년 내에 다른 결의가 없었다고 하여 대표이사의 손해배상책임이 해제되었다고 볼 수 없다.

대판 2005. 10. 28, 2003다69638 이사가 회사가 보유하고 있는 비상장주식을 매도하면서 그 매도에 따른 회사의 손익을 제대로 따져보지 않은 채 당시 시행되던 상속세법 시행령만을 근거하여 주식의 가치를 평가함으로써 적정가격보다 현저히 낮은 가액으로 거래가액을 결정하기에 이른 것은 회사의 손해를 묵인 내지는 감수하였던 것이라 할 것이므로, 이러한 이사의 행위는 상법 제450조에 의하여 책임이 해제될 수 없는 부정행위에 해당한다.

(4) 조항 수정

상법은 제449조에서 '정기총회'가 재무제표 승인권한을 가진다고 하면서 제449조의2를 신설하여 일정한 요건을 충족하는 경우 '이사회'에서도 재무제표를 승인할 수 있다고 규정하고 있다. 그런데 그 다음 조문인 제450조가 이사·감사의 책임해제를 규정하면서 그 경우를 '정기총회에서 전조 제1항의 승인을 한 후'라고 언급하고 있다. 상법개정으로 인하여 제450조의 전조는 제449조의2가 되었지만 정기총회에서 재무제표의 승인권한을 인정하고 있는 조문은 제449조이므로 제450조에서의 '전조'는 제449조를 가리키는 것으로 보아야 하고 법문의 정비가 필요한 부분이다.

제2 준 비 금

1. 자본금과 준비금

주식회사의 자본금은 계산상·장부상의 수치에 지나지 않으나 회사는 자본금과 준비금 그리고 당기순이익의 합계액에 상당하는 순자산을 보유하여야 한다는 규범적인 의의가 중요하다. 자본금은 회사가 액면주식을 발행한 경우는 발행주식의 액면총액을 말하고, 무액면주식을 발행한 경우는 주식발행가액의 2분의 1 이상의 금액으로서 이사회에서 자본금으로 계상하기로 한 금액을 말한다(상법 제451조 제1항·제2항). '(자기)자본'은 회계학상의 개념으로 대차대조표상의 순자산(총자산－부채)을 가리킨다.

준비금은 영업연도 말에 회사가 보유하는 순자산액 중에서 일정한 목적을 위해 주주에게 배당하지 않고 별도로 적립하여 회사내에 유보해둔 계산상의 금액을 말한다. 회계학에서는 준비금 대신 잉여금이라는 용어를 사용한다. 이렇게 볼 때 회사의 순자산 중 자본금과 준비금의 합계액을 초과하는 부분이 배당가능이익이 된다.

2. 준비금의 종류

주식회사의 준비금은 회사가 의무적으로 적립하여야 하는 법정준비금과 회사가 임의로 적립할 수 있는 임의준비금으로 나누어진다. 그리고 그 밖에 이들과 성질이 다른 비밀준비금도 있다.

(1) 법정준비금

법정준비금은 자본금의 결손전보와 기업의 유지와 발전 그리고 회사채권자의 보호 등을 위하여 상법상 그 적립이 강제되는 준비금을 말하는 것으로 그 재원에 따라 자본준비금과 이익준비금으로 구별된다.

(가) 자본준비금

자본준비금은 자본거래에서 발생한 차익의 사외유출을 막기 위해 상법상 적립이 강제되는 금액을 말한다. 개정전 상법에서는 액면초과금, 감자차익금, 합병차익금, 기타 자본거래에서 발생한 잉여금 등 자본준비금으로 적립이 강제되는 항목들을 구체적으로 명시하고 있었다(구 상법 제459조 제1항 각호). 그러나 상법상 자본준비금으로 명시된 항목들이 기업회계기준상 이익잉여금에 해당하는 등(합병차익) 그 범위가 일치되지 않는다는 문제점이 지적되었고, 이에 개정상법은 자본준비금을 '자본거래에서 발생한 잉여금'이라고 규정하고(제459조 제1항), 그 위임을 받은 시행령에서 기업회계기준의 자본잉여금을 상법상 주식회사가 적립할 자본준비금이라고 규정하였다(시행령 제18조). 이로써 자본준비금의 범위는 기업회계기준상의 자본잉여금의 개념과 일치하게 되었다.

합병, 분할 또는 분할합병의 경우 소멸 또는 분할되는 회사의 이익준비금이나 그 밖의 법정준비금은 합병·분할·분할합병후 존속되거나 신설되는 회사가 승계하여 준비금으로 적립할 수 있다(제459조 제2항).

(나) 이익준비금

이익준비금은 장래의 영업부진, 수지악화에 대비하고 회사의 재무구조를 견실하게 유지하고 현금의 사외유출을 억제하기 위한 목적으로 적립이 강제되는 금액을 말한다. 상법은 자본준비금에 대하여는 적립한도에 제한을 두고 있지 않지만, 이익준비금에 대해서는 자본금의 2분의 1에 달할 때까지 매 결산기의 금전과 현물에 의한 이익배당액의 10분의 1이상을 이익준비금으로 적립하도록 강제하고 있다(제458조). 따라서 회사존속중 신주발행으로 인하여 자본금이 증가하면 그에 상응하여 의무적립 한도액의 크기도 증가하게 된다. 만일 정관의 규정으로 자본금의 2분의 1을 초과하여 이익준비금을 적립할 것을 정하였다면 그 초과분은 회사가 이익준비금의 법정적립한도액을 초과하여 임의로 적립한 것이므로 임의준비금이 된다.

적립의 강제는 금전배당액과 현물배당액을 대상으로 하고 주식배당의 경우에는 적립강제가 적용되지 않는다(제458조 단서). 주식배당의 경우도 금전배당과 마찬가지로 배당가능이익을 재원으로 하지만 현금의 사외유출은 수반하지 않으므로 이익준비금의 적립을 강요할 필요가 없다고 본 것이다.

(다) 법정준비금의 사용

1) 결손의 전보

법정준비금은 원칙적으로 자본금의 결손을 보전하는 목적에만 사용할 수 있다(제460조). 여기서의 자본금의 결손은 회사의 순자산액(자산-부채)이 자본금과 법정준비금의 합계액에 미달되는 경우를 말하며, 그 결손의 보전은 순자산액의 마이너스 분만큼 준비금으로 충당하여 준비금의 금액을 감액시키는 장부상의 조정을 의미한다.

개정전 상법은 준비금을 결손보전에 충당하는 경우 전입순서에 제한을 두고 있었다. 그러나 개정상법은 법정준비금의 감소제도를 신설하여(제461조의2) 이익준비금이나 자본준비금으로부터 감소되어 나온 금액을 배당가능이익에 포함시킬 수 있도록 하고 있다. 그 결과 법정준비금의 신축적인 사용이 가능하게 되어 자본금으로의 전입순서 제한은 무의미하게 되었으므로 그 순서제한을 폐지하였다.

2) 자본금전입

상법은 법정준비금의 용도에 관하여 자본금에 결손이 발생한 경우 그 결손부분의 충당을 위해서 사용하는 것(제460조)과는 별도로 이사회의 결의 또는 주주총회의 결의에 따라 준비금의 전부 또는 일부를 자본금에 전입할 수 있도록 하고 있다(제461조 제1항).

(2) 임의준비금

임의준비금은 정관의 규정 또는 주주총회의 결의로 당기순이익 중에서 이익준비금을 적립한 다음 잔여잉여금을 재원으로 하여 적립하는 것을 말하는 것으로 이는 상법상 적립이 강제되는 준비금은 아니다.

임의준비금은 그 용도가 지정되어 있는가에 따라 용도지정적립금과 별도적립금으로 구별된다. 용도지정적립금에는 결손전보준비금, 배당평균준비금, 상환주식의 상환기금, 사채상환준비금, 퇴직급여준비금 등이 있으며 지정된 목적대로 사용하는 것은 이사회 결의로 할 수 있고 사용목적을 변경하는 데는 정관의 변경이나 주주총회의 결의가 필요하다. 용도지정이 없는 별도적립금은 정기주주총회의 결의로 그 사용방법을 정할 수 있다.

(3) 비밀준비금

비밀준비금은 대차대조표상의 자산항목을 과소평가하거나 부채항목을 과대평가하여 실제 회사내에 유보된 순자산이 대차대조표상으로 나타나는 순자산액보다 큰 경우에 그 차액을 말한다. 비밀준비금은 대차대조표상 준비금의 항목으로 계상되는 것은 아니지만 실질상 준비금의 성질을 갖는다. 회사가 비밀준비금을 조성하였다고 하더라도 회사의 재무구조가 위태로워질 염려는 없으나 대차대조표가 회사의 재산상태를 정확하게 나타내지 않게 되므로 대차대조표의 공시기능을 제대로 발휘될 수 없게 되고 그 결과 주주의 이익배당청구권을 침해할 수 있고 탈세의 수단으로 악용될 수도 있다.

3. 준비금의 자본금전입

(1) 의 의

준비금의 자본금전입은 이사회결의 또는 정관에 특칙규정을 둔 경우에는 주주총회의 결의에 따라 준비금의 전부 또는 일부를 대차대조표상 준비금의 계정과목으로부터 자본금의 항목으로 이체하여 자본금을 증가시키는 것을 말한다(제461조). 법정준비금이 과다하게 적립된 경우에 초래되는 자본금과 준비금의 불균형 현상을 시정하기 위하여 상법은 준비금의 자본금전입을 허용하고 있는 것이다.

(2) 자본금전입 대상 준비금

자본금전입의 대상이 되는 준비금은 법정준비금에 한하며 임의준비금은 자본금 전입대상이 될 수 없다. 그 이유는 1) 임의준비금은 정관이나 주주총회의 결의에 의하여 적립되는데, 적립된 준비금의 자본금전입은 이사회의 결의에 의하므로, 주주의 의사에 따라 적립된 임의준비금을 이사회의 권한에 따라 자본금으로 전입하는 것은 주주의 이익배당청구권을 침해할 수 있기 때문이다. 또한 2) 임의준비금은 원래 배당가능이익을 재원으로 하므로 이를 자본금에 전입하는 것은 사실상 주식배당에 해당한다. 주식배당은 주주총회결의를 받아야 하는데 이사회에 의한 임의준비금의 자본금전입을 허용하면 이사회결의만으로 주식배당이 가능하게 되어 주주총회결의를 회피하여 주식배당을 하는 수단이 될 수 있기 때문이다.

따라서 법정준비금은 자본준비금과 이익준비금에 한하여서만 어느 것이나 순서에 제한없이 자본금에 전입할 수 있다, 다만 이익준비금은 자본금으로 전입한 후에 다시 법정한도(자본금의 2분의 1)까지 적립하여야 하므로 이익준비금의 자본금전입은 장래 주주에 대한 이익배당의 감소를 초래할 수 있다.

(3) 전입한도

준비금을 자본금에 전입하면 신주가 발행되므로 발행예정주식총수의 범위 내에서 준비금의 전부 또는 일부를 자본금에 전입할 수 있다(제461조 제1항). 그 밖에 전입한도의 제한은 없다.

(4) 전입절차

(가) 자본금전입의 결정

회사는 이사회의 결의로(정관의 정함이 있으면 주주총회의 결의로) 법정준비금 중 어느 준비금을 어느 정도 전입할 것인지와 준비금의 자본금 전입으로 발행될 신주의 액면과 종류를 결정한다(제461조 제1항).

(나) 신주발행

1) 주주에 대한 신주발행

준비금을 자본금에 전입하게 되는 경우 회사 입장에서는 자본금이 증가하지만 그 만큼의 재산이 유입되는 것은 아니므로 주주에 대하여 주주의 주식수에 따라 무상으로 신주를 발행하여야 한다. 주주 입장에서는 주금액을 납입하지 않고 신주를 배정받는 것이므로 이는 무상신주가 된다. 1주 미만의 단주가 생기면 단주를 경매하여 그 대금을 각 주수에 따라 기존 주주에게 지급하여야 한다. 다만 거래소의 시세있는 주식은 거래소를 통하여 매각하고 거래소의 시세없는 주식은 법원의 허가를 받아 경매 이외의 방법으로 매각할 수 있다(제461조 제2항, 제443조 제1항).

2) 신주배정기준일의 지정 · 공고

준비금의 자본금전입을 '이사회'의 결의에 의하는 경우 회사는 일정한 날을 정하여 그 날의 주주명부에 기재된 주주에게 (무상)신주의 주주가 된다는 뜻을 신주배정기준일의 2주간 전에 공고하여야 한다(제461조 제3항). 그날이 주주명부

폐쇄기간 내에 속하는 때에는 그 폐쇄기간의 첫날의 2주 전에 그 취지를 공고하여야 한다(제461조 제3항). 이는 주식을 양수했음에도 불구하고 명의개서를 해태하고 있는 사실상의 주주에게 무상신주를 배정받을 수 있는 기회를 부여하기 위한 것이다.

한편 정관의 정함으로 '주주총회'가 준비금의 자본금 전입을 결의하는 경우에는 신주배정기준일제도가 적용되지 않는다. 주주는 주주총회결의일에 신주의 주주가 된다. 이는 주주총회의 소집통지에 의해 주주에게 자본금 전입사실이 알려지고 주주명부폐쇄에 앞서 명의개서를 독려하는 공고가 있었기 때문이다(제354조 제4항).

(다) 자본금 전입의 효과

1) 주주가 되는 시기

신주의 주주가 되는 시기는 이사회결의 날이 아니라 신주배정기준일이 된다. 한편 주주총회가 준비금의 자본금전입을 결의하는 경우에는 신주배정기준일제도가 적용되지 않으므로 주주총회결의일에 신주의 주주가 된다(제461조 제4항).

2) 주주에 대한 통지

이사회결의 또는 주주총회결의에 의하여 신주의 주주가 된 때에는 이사는 지체없이 신주를 받은 주주와 주주명부에 기재된 질권자에 대하여 그 주주가 받은 주식의 종류와 수를 통지하여야 한다(제461조 제5항).

3) 신주에 대한 이익배당

준비금의 자본금전입으로 발행되는 신주에 대하여는 일할배당 문제를 고려할 필요가 없다. 새로운 자본기여가 인정될 수 없기 때문이다. 즉, 자본금전입이 있은 영업연도의 배당은 받지 못한다. 다만 정관의 정함에 따라 신주의 발행시기를 직전 영업연도말에 발행된 것으로 처리해줄 수 있다(제461조 제6항, 제350조 제3항). 이 경우 기존주식과 동액배당을 받게 된다.

4) 질권자의 물상대위

준비금의 자본금전입이 있는 경우 질권자는 종전의 주주가 받을 금전(단주의 경우)이나 주식에 대하여서도 종전의 주식을 목적으로 한 질권을 행사할 수 있다(제461조 제7항, 제339조). 따라서 등록질권자는 물론 약식질권자도 준비금의 자본전입으로 인한 물상대위권을 행사할 수 있다. 등록질의 질권자는 회사에 대하여 직접 청구할 수 있으나(제340조 제1항) 약식질의 질권자는 회사에 대하여 직접 청구할 수는 없고, 교부・지급이 있기 전에 압류하여야 한다. 다만 약식질권자는 회사로부터 통지를 받을 수 없기 때문에 사실상 권리행사가 어렵다.

5) 변경등기

준비금의 자본금전입이 있게 되면 자본금과 발행주식총수가 증가하므로 그에 따른 변경등기가 있어야 한다(제183조, 제317조 제2항 제2호・제3호).

(5) 위법한 자본금전입

준비금의 자본금전입이 이사회나 주주총회의 결의 없이 행해지거나 결의가 있더라도 그 결의에 하자가 있는 등 법령 또는 정관에 위반하여 이루어진 경우, 주주나 이사・감사는 통상의 신주발행의 경우와 같은 구제방법 즉, 신주발행유지청구(제424조)와 신주발행무효의 소(제429조) 제도를 활용할 수 있다. 위법인 자본금전입만 있고 신주발행은 하지 않은 경우에는 하자 있는 이사회결의에 해당하여 누구나 언제든지 소송이외의 방법으로도 소급적인 무효를 주장할 수 있다.

4. 준비금의 감소

회사에 적립된 자본준비금 및 이익준비금의 총액이 자본금의 1.5배를 초과하는 경우에는 주주총회의 결의에 따라 그 초과된 금액 범위에서 자본준비금과 이익준비금을 감액할 수 있다(제461조의2). 이로써 배당가능이익이 증가한다.

제3 이익의 배당

1. 이익(금전)배당

(1) 이익배당의 의의

이익배당은 회사가 경영활동을 통하여 얻은 이익을 주주에게 배당하는 것을 말한다. 이익배당은 배당이 이루어지는 시기를 기준으로 정기배당과 중간배당으로 나누어지는데 정기배당은 매 영업연도 말에 주주총회결의 또는 이사회결의에 의하여 정기적으로 이루어지는 배당을 말하고, 중간배당은 정관의 정함에 따라 이사회결의에 의하여 영업연도 중간에 1회에 한하여 이루어지는 배당을 말한다. 이익배당의 목적물을 기준으로는 금전배당, 주식배당, 현물배당이 있다. 회사의 이익배당은 주주가 투하자본을 회수할 수 있는 중요한 수단으로서 그에 따른 배당소득은 주주의 중요한 소득원이 된다. 일반 투자자주주들은 매 결산기 말에 주주총회결의 또는 이사회결의에서 결정되는 배당률에 지대한 관심을 가지고 있으며 주가도 배당률에 상당한 영향을 받게 된다(대중성).

자본시장법에는 주권상장법인 중 연 1회의 결산기를 정한 법인은 정관으로 정하는 바에 따라 이사회 결의로써 분기배당을 할 수 있다는 특칙이 있다(자본시장법 제165조의12).

(2) 이익배당청구권

(가) 이익배당청구권과 배당금지급청구권

주주는 주주권의 일부로서 회사에 대하여 이익배당청구권을 갖는다. 이는 추상적인 권리로서 주주총회 또는 이사회의 이익처분안 승인결의에 의하여 구체적 이익배당청구권인 배당금지급청구권으로 변한다. 배당금지급청구권은 주식으로부터 분리·독립한 권리로서 주주의 지위와 관계없이 양도하거나 압류할 수 있고 전부명령의 대상이 된다.

(나) 배당금의 지급시기

주주총회 또는 이사회에서 이익처분안 승인결의 과정에서 배당금의 지급시기를 따로 정하지 아니한 경우, 회사는 주주총회 또는 이사회의 이익배당 승인결의 후 1월 내에 주주에게 배당금을 지급하여야 한다(제464조의2 제1항). 이익배당의 승인결의가 있었음에도 회사가 그 지급을 부당하게 지연하는 것은 주주의 자익권을 침해하는 것으로서 회사는 채무불이행책임(민법 제397조)을, 이사는 손해배상책임(제401조)을 부담한다.

(다) 소멸시효

주주가 배당금지급청구권을 5년간 행사하지 아니하면 소멸시효가 완성하며(제464조의2 제2항). 그 기산점은 이익배당결의 후 1개월이 경과한 때 또는 배당결의시에 따로 정한 배당금지급시기가 경과한 때이다(이(철), 957면). 따라서 회사가 배당금지급의무를 게을리하는 경우 주주는 5년 내에 배당금지급청구권을 행사하여야 한다.

(라) 배당정책

주주가 회사에 대하여 이익배당청구권을 가진다하더라도 회사가 매 결산기의 배당가능이익의 전부를 주주에게 배당하여야 하는 것은 아니다. 회사는 주주총회 또는 이사회 결의로, 배당가능이익을 주주에게 배당하지 않고 사내에 유보할 것을 결정할 수 있다(서울고등법원 1976. 6. 11, 75나1555).

(마) 실념주의 문제

양수인이 주식 양수 후 명의개서를 해태하는 동안 양도인이 회사로부터 배당금을 수령한 경우에는 준사무관리 또는 부당이득 이론에 따라 양수인은 양도인에게 수령한 배당금의 인도를 청구할 수 있다.

(3) 이익배당의 요건

(가) 이익배당의 한도

주주의 이익배당청구권은 회사채권자의 권리에 우선할 수 없다. 따라서 회사는 회사내에 채권자를 위한 책임재산이 확보된 상태 즉, 배당가능이익이 있는 경우에 한하여서만 주주에 대하여 이익배당을 할 수 있다.

배당가능이익은 대차대조표의 순자산액으로부터 자본금, 그 결산기까지 적립된 법정준비금, 당해 결산기에 적립하여야 할 이익준비금 그리고 대통령령으로 정하는 미실현이익을 공제한 금액으로 한다(제462조 제1항). 미실현이익은 개정전 상법에서는 순자산액으로부터의 공제대상이 아니었으나 개정법에서 공제대상에 추가된 것으로서, 회계원칙(제446조의2)에 따른 자산 및 부채에 대한 평가로 증가한 대차대조표상의 순자산액으로서 미실현손실과 상계하지 아니한 금액을 말한다(시행령 제18조). 구체적으로 실현되지 않은 평가익까지 포함하여 배당가능이익을 산정하는 것은 미실현이익을 실현 이전에 배당으로 사외유출하는 것이 되어 회사의 자본충실을 해할 수 있기 때문에 개정상법은 미실현이익을 배당가능이익의 범위에서 제외하고 있다.

(나) 이익배당의 승인

개정전 상법에서는 재무제표와 이익배당의 승인은 예외 없이 주주총회 결의에 의하여야 했으므로 주주총회에서 재무제표를 승인하면 재무제표에 포함되었던 이익잉여금처분계산서에 기재된 이익배당까지 승인하는 것으로 볼 수 있었다. 그러나 개정상법은 이익잉여금처분계산서를 재무제표에서 제외하였고 일정한 경우 이사회가 재무제표를 승인할 수 있도록 하였다. 이에 따라 재무제표의 승인과는 별도의 이익배당결의가 필요하게 되었고 이사회가 재무제표를 승인하는 경우에는 이익배당까지도 승인할 수 있도록 규정하였다(제462조 제2항).

(4) 이익배당의 기준

(가) 주식평등의 원칙

모든 주주에게 소유주식수에 따라 평등하게 이익배당을 하여야 한다(제464조 본문). 따라서 대주주에게 이익배당을 하면서 일반주주에게는 이익배당을 하지 않거나 대주주보다 낮은 비율로 배당하는 것은 허용되지 않는다. 그러나 회사 실무에서 일반주주에게 대주주보다 높은 비율로 배당하는 것은 대주주 스스로 이익배당청구권의 일부를 포기하거나 양도하는 것으로서 허용된다(대판 1980. 8. 26, 80다1263). 그리고 회사가 정관에 따라 종류주식을 발행하는 경우에는 그 이익배당의 순서나 조건에 대하여 차등배당을 할 수 있다(제464조 단서, 제344조 제1항). 회사가 자기주식을 취득한 경우 그에 대한 이익배당은 금지된다.

(나) 일할배당

회사가 영업연도 중간에 신주를 발행한 경우 그 신주의 효력발생일 이후부터 결산기까지의 일수를 계산하여 배당하는 일할배당은 '자본기여'의 정도를 반영한 것으로서 해석상 허용된다. 준비금을 자본금에 전입하여 신주발행을 하는 경우는 일할배당이 허용되지 않는 것과 비교된다(자본금전입에 따른 신주의 이익배당 설명 참조)(제461조 제6항, 제350조 제3항 후단).

2. 주식배당

(1) 의 의

회사는 주주에게 이익을 배당함에 있어서 주주총회 결의에 의하여 배당의 목적물을 금전이 아닌 주식으로 결정할 수 있다. 즉 주식배당은 회사가 주주총회 또는 이사회 결의를 통해 배당하여야 할 이익을 금전으로 확정한 후, 별도의 주주총회결의(이사회결의로는 안 됨)를 거쳐 배당의 목적물을 주식으로 결정하고 주주에게 배당금 가액에 상당하는 주식을 배당하는 것을 말한다. 상법은 주식배당의 목적물을 '새로이 발행하는 주식'으로 규정하고 있으므로 회사가 가지고 있는 이미 발행된 주식(보유자기주식)으로 배당을 하는 것은 '현물배당'에 해당한다(이(철), 957면).

(2) 법적 성질

주식배당도 배당가능이익을 재원으로 하는 이익배당임에는 반대이론이 있을 수 없으나 금전배당과의 차이점을 규명하기 위해 유사제도와 비교하여 그 법적 성질을 논의하면 다음과 같다.

(가) 임의준비금의 자본금전입

(상법은 자본금으로의 전입대상 준비금을 법정준비금에 한정하고 있으므로 비교대상 제도로 보기는 어렵지만) 배당가능이익을 재원으로 주식이 발행되고 자본금과 발행주식수의 증가를 가져온다는 점에서 경제적 효과만을 요하게 본다면 임의준비금을 자본금에 전입하는 경우와 주식배당은 실질이 같다고 할 수 있다.

(나) 법정준비금의 자본금전입

법정준비금을 자본금에 전입하여 신주를 발행하는 경우 자본금과 발행주식수가 증가한다는 점에서는 주식배당을 위한 신주발행과 유사하다. 그러나 준비금의 자본금전입은 일반적으로 이사회결의에 의한다는 점에서 주주총회결의에 의하는 주식배당과 의결기관에서 차이가 있다.

(다) 주식분할

주식의 분할은 주주총회결의(특별결의)를 거쳐 주식을 발행하고(제329조의2 제1항, 제434조) 발행주식수를 증가시킨다는 점에서 주식배당과 유사하다고 볼 수 있다. 그러나 주식배당에 따른 신주의 교부는 배당가능이익이 자본금화되어 발행주식수와 자본금이 증가되는 것이므로, 액면분할에 의해 신주가 교부되고 발행주식총수가 증가되지만 자본금은 증가하지 않는 주식분할과 다르다.

(3) 주식배당의 요건

(가) 주식배당의 승인

통상의 신주발행이나 준비금의 자본금전입에 의한 신주발행의 경우에는 이사회결의에 의하는 것이 원칙이며 정관으로 정함이 있는 때에 한하여 주주총회결의에 의한다. 그러나 주식배당을 위한 신주발행은 주주총회결의에 의하여서만 할 수 있다(제462조의2 제1항 본문). 상법이 이익배당의 승인기관(제462조 제2항)과는 별도로 주식배당의 승인기관을 규정하고 있는 점에 미루어 볼 때 개정상법에 따라 이사회에서 이익배당을 승인하였다고 하더라도 배당의 목적물을 주식으로 하기 위해서는 다시 주주총회의 결의를 거쳐야 하는 것으로 이해된다.

(나) 주식배당의 한도

주식배당은 금전배당과 마찬가지로 배당가능이익을 재원으로 하며, 이익배당 총액의 2분의 1에 상당하는 금액을 초과할 수 없다(제462조의2 제1항 단서). 즉 금전배당과 현물배당의 합계액을 초과하는 주식배당을 할 수 없도록 규정하고 있다. 상법이 주식배당한도를 설정하고 있는 것은 회사가 주식배당의 한도를 과도하게 설정하여 주주의 금전배당청구권을 침해할 수 있기 때문이다. 대중투자자의 현금수요에 부응할 수 있도록 하고 발행주식총수의 급격한 증가로 인한 주가하락을 방지하기 위함이다.

그러나 자본시장법상 주권상장법인은 해당 주식의 시가가 액면액에 미치지 못하지 않는 한, 이익배당총액에 상당하는 금액까지 새로 발행하는 주식으로 이익배당을 할 수 있다(자본시장법 제165조의13).

(다) 신주의 발행

1) 신주의 발행가액

주식배당으로 발행되는 신주의 발행가액은 권면액으로 한다(제462조의2 제2항). 한편 개정상법이 무액면주식의 발행을 인정하고 있어 주식배당을 무액면주식으로도 할 수 있는지가 문제되는데, 주식배당은 배당이익을 액면가로 나눈 수의 주식을 발행하는 구조이므로 무액면주식으로의 주식배당은 현실성이 없다(이(철), 958면).

2) 신주의 종류

회사가 종류주식을 발행한 때에는 동일한 종류의 주식을 배당할 수도 있고 다른 종류의 주식을 배당할 수도 있다. 그와 같은 종류의 주식으로 배당할 수도 있고 보통의 주식으로 배당할 수도 있다(제462조의2 제2항).

3) 신주의 수

회사가 주식배당을 하면 그 만큼 발행주식총수가 증가하므로 발행예정주식총수 중에서 미발행주식수가 남아있는 경우에 한하여 주식배당이 가능하다. 따라서 미발행주식수가 부족한 회사는 정관변경 결의를 통해 발행예정주식총수를 늘린 후 주식배당을 하여야 한다.

(4) 주식배당의 효과

(가) 주주가 되는 시기

주식배당을 받은 주주는 주주총회가 '종결한 때' 신주의 주주가 된다(제462조의2 제4항 본문). 신주발행의 효력발생시기를 주주총회 결의시로 보게 되면 주주총회 개최 중에 신주식이 발생하여 그 주주도 당기 배당에 참가하게 되는가 하는 문제가 발생하기 때문이다. 다만 신주에 대한 이익배당의 기산점을 정하는 문제에 있어서는 정관의 정함으로 신주의 효력이 직전 영업연도의 말일에 발생한 것으로 할 수 있다(제462조의2 제4항 후문, 제350조 제3항 후단). 따라서 회계연도 중간에 주식배당이 있는 경우에 정관의 정함이 있으면 그 주주는 배당받은 주식에 대하여 당해 영업연도의 전(全) 기간에 대한 이익배당을 받을 수 있다.

(나) 주식배당의 통지

주식배당결의가 있는 때에는 대표이사는 배당을 받을 주주와 등록질의 질권자에게 그 주주가 받을 주식의 종류와 수를 통지하여야 한다(제462조의2 제5항).

(다) 단주의 처리

주식배당으로 인하여 단주가 발생한 경우에는 그 단주를 경매하여 대금을 주주에게 지급하며 거래소의 시세있는 주식은 거래소를 통해 매각한다(제443조 제1항, 462조의2 제3항).

(라) 질권자의 물상대위

등록질권자의 권리는 주주가 주식배당으로 받을 주식에 대해서도 그 효력이 미친다. 그리고 질권자는 회사에 대하여 신주식의 주권의 교부를 청구할 수 있다(제462조의2 제6항).

(마) 변경등기

주식배당을 하면 발행주식총수와 자본금 총액이 증가하게 되므로 변경등기를 하여야 한다(제317조 제1항 제2호 · 제3호).

3. 현물배당

(1) 의 의

현물배당은 회사의 정관에 정함이 있는 경우 이익배당의 목적물을 금전 이외의 재산 즉, 회사내의 재산으로 주주에게 배당하는 것을 말한다(제462조의4). 개정전 상법에서는 이익배당의 목적물을 금전과 주식으로 한정하고 있었으나 개정상법은 이익배당을 현물로도 할 수 있는 규정을 신설하고, 상환주식을 상환하거나 합병교부금을 지급하는 경우에도 현물로 할 수 있도록 하였다(제345조 제4항, 제523조 제4호).

(2) 요 건

(가) 현 물

배당가능한 현물이란 금전이 아닌 회사보유의 경제적 가치가 있는 재산을 의미하는 것으로서 그 종류를 한정하기는 어려우나 구체적인 배당가능한 현물로는 자회사의 주식, 사채, 옵션물, 회사가 그전부터 보유하던 자기주식 등이 포함될 수 있을 것이다. 상법은 금전배당(배당가능이익)과 주식배당(이익배당의 2분의 1)에 대하여 각각 배당의 한도를 규정하고 있으나 현물배당의 경우에는 배당한도에 관한 규정을 두고 있지 않다.

(나) 현물배당의 승인

상법은 주식배당의 경우 주주총회의 결의에 의하도록 규정하고 있는 것과는 달리 현물배당의 의사결정기관에 대하여는 별도의 언급을 하지 않고 있다. 이 점에 대해서는 주주총회 또는 이사회에서 이익배당결의를 할 때 현물로 배당할 것인지의 여부를 같이 결정할 수 있다고 해석된다.

(다) 금전교부의 예외적 허용

주주총회 또는 이사회에서 현물배당을 결정하였다고 하더라도 현금수취를 원하는 주주는 그러한 정함이 있는 경우 회사에 대하여 현물 대신 금전의 교부를 청구할 수 있다(제462조의4 제2항 제1호). 이 경우 회사는 정관에 그 금액 및 청구기간을 정하여야 하고, 일정 수 미만의 주식을 보유한 주주에게 현물 대신 금전을 지급하기로 한 경우에는 그 일정 수 및 금액을 정하여야 한다(제462조의

4 제2항 제2호).

회사의 입장에서는 금전의 수취를 원하는 주주에 한하여서만 금전으로 배당하고 나머지 주주에 대해서는 회사가 보유한 현물로 배당할 수 있게 됨으로써 금전배당의 부담을 덜고 현금의 사외유출을 피할 수 있다. 또한 주주의 입장에서는 배당의 목적물을 금전과 현물 중 원하는 형태로 선택할 수 있다는 장점이 있다. 이익배당은 목적물을 기준으로 금전배당, 주식배당, 현물배당으로 나누어지는데, 주식배당의 경우 주식 이외의 목적물로는 배당이 이루어질 수 없는 반면에 현물배당은 금전교부가 예외적으로 허용된다. 이 점에서 금전으로 하는 배당이 이익배당의 원칙임을 지키면서 배당목적물의 선택에 융통성도 부여되어 있다.

4. 위법배당

(1) 의 의

위법배당은 第462조에서 정하는 배당가능이익이 없음에도 불구하고 주주에게 이익배당을 하거나 배당가능이익을 초과하여 배당한 경우를 말한다. 배당가능이익이 없음에도 재무상태가 건전한 것처럼 분식회계를 하여 주주에게 이익배당을 하는 경우도 위법배당에 해당한다.

대판 2007. 11. 30, 2006다19603 기업회계기준에 의할 경우 회사의 당해 사업연도에 당기순손실이 발생하고 배당가능한 이익이 없는데도, 당기순이익이 발생하고 배당가능한 이익이 있는 것처럼 재무제표가 분식되어 이를 기초로 주주에 대한 이익배당금의 지급과 법인세의 납부가 이루어진 경우에는, … 회사의 임직원이 대주주 겸 대표이사의 지시에 따라 위법한 분식회계 등에 고의·과실로 가담하는 행위를 함으로써 회사에 손해를 입힌 경우 회사의 그 임직원에 대한 손해배상청구가 신의칙에 반하는 것이라고 할 수 없고, 이는 위와 같은 위법한 분식회계로 인하여 회사의 신용등급이 상향 평가되어 회사가 영업활동이나 금융거래의 과정에서 회사가 영업활동이나 금융거래의 과정에서 유형·무형의 경제적 이익을 얻은 사정이 있다고 하여 달리 볼 것은 아니다.

(2) 효 과

(가) 회사의 반환 청구

배당가능이익이 없는 위법배당도 주주총회 또는 이사회 결의를 통하여 이루어지는 것이므로 회사가 주주에게 반환을 청구하는 경우, 주주총회 결의무효확인의 소를 제기하여 무효판결을 받은 후에 반환을 청구해야 하는 것인지 아니면 무효판결 없이 직접 회사가 반환을 청구할 수 있는지가 문제된다.

주주총회 결의무효확인의 소의 성질을 형성의 소로 보는 입장은 소송 이외의 방법으로는 위법배당결의를 무효화시킬 수 없다고 하고, 확인의 소로 보는 입장은 소송이외의 방법으로도 주주에 대하여 위법배당의 무효를 주장하여 반환을 청구할 수 있다고 한다. 그러나 위법배당은 배당결의와는 별도로 그 자체가 상법상 강행규정(제462조 제1항) 위반이므로, 통설은 주주총회 결의무효확인의 소의 성질과 연결시키지 않아도 그 자체가 무효이고 따라서 민법 제741조에 의한 부당이득반환법리에 따라 회사가 직접 반환을 청구할 수 있다고 본다. 그러나 주주총회 또는 이사회 결의를 통하여 위법한 이익배당을 결정하고 주주에게 배당금을 지급한 회사가 사후에 주주가 수취한 배당금이 위법배당에 해당한다는 이유로 부당이득반환청구권을 인정하는 것이 적당한가에 대한 의문이 제기되고 있다. 이러한 반환청구는 회사실무상 그 사례를 찾기 어렵다.

(나) 회사채권자의 반환 청구

배당가능이익이 없는 위법배당은 회사채권자를 위한 책임재산을 감소시키는 것이므로 회사채권자는 위법하게 배당을 받은 주주를 상대로 회사에 배당금을 반환할 것을 청구할 수 있다(제462조 제3항). 주주에 대한 배당금의 반환을 청구할 수 있는 회사채권자에는 위법배당 당시의 채권자뿐만 아니라 배당결의가 있은 후에 회사의 채권자가 된 자도 포함된다.

(다) 이사·감사 등의 책임

① 회사에 대한 책임

위법한 배당안을 작성한 이사는 회사와 채권자에 대하여 손해배상책임을 부담한다(제399조). 그리고 문제의 재무제표 승인결의에 찬성한 이사, 허위 또는 부실한 감사보고를 한 감사도 회사에 대하여 손해배상책임을 부담한다(제399조, 제414조 제2항). 위법배당에 관하여 외부감사인의 과실이 있는 경우에는 그 외부감사인도 회사 및 제3자에 대하여 손해배상책임을 진다(외감법 제17조).

② 제3자에 대한 책임

위법배당으로 회사의 책임재산이 감소하여 채권을 회수할 수 없게 된 채권자 또는 위법배당안을 믿고 주식을 매수한 자 등도 이사, 감사에게 위법배당으로 인한 손해배상청구를 할 수 있다(제401조, 제414조 제2항).

③ 위법배당죄

위법배당을 한 이사·감사는 5년 이하의 징역 또는 1,500만 원 이하의 벌금에 처한다(제625조 제3호).

(3) 위법한 주식배당의 경우

위법한 주식배당의 경우 주주는 받은 금액이 없으므로 금전배당의 경우와 같은 회사채권자의 반환청구의 문제는 발생할 여지가 없다. 위법배당의 효력과 그로 인해 발행된 신주의 효력이 문제될 수 있을 뿐이다. 신주발행의 유지청구(제424조)와 신주발행무효의 소(제429조)가 제기될 수 있다. 이사에게 자본충실의 책임이 있는가에 대하여 다수설은 회사채권자의 보호를 위해 신주발행에 따른 변경등기 후에는 이사의 책임을 인정한다.

5. 중간배당

(1) 의 의

중간배당은 연 1회의 결산기를 정한 회사가 정관의 정함에 따라 영업연도 중간에 1회에 한하여 주주에게 이익을 배당하는 것을 말한다. 개정전 상법에서는 금전배당에 한하여서만 중간배당을 인정하였으나 현행 상법은 중간배당관련 조문에서 '금전으로'의 문언을 삭제하여 해석상 주식배당과 현물배당에 대하여서도 중간배당이 가능하게 되었다(제462조의3 제1항). 중간배당은 매 결산기 1회에 이익배당을 해야 한다는 회사의 부담을 완화해주는 장점이 있으나 당해 사업연도의 손익이 확정되기도 전에 배당으로 회사재산이 유출되므로 자본충실을 해할 수 있다는 단점이 있다. 이에 상법은 일정한 요건을 충족하는 회사에 대하여서만 중간배당을 허용하고 있으며 위법한 중간배당에 대하여 이사에게 엄중한 책임을 묻고 있다.

(2) 중간배당의 요건

상법에서 정하고 있는 중간배당의 요건은 아래와 같다(제462조의3 제1항).

① 연 1회의 결산기

회사의 결산기가 연 1회인 회사에 한하여 중간배당이 허용된다.

② 정관의 규정으로 중간배당을 정하고 있을 것

③ 영업연도 중 1회에 한할 것

중간배당은 영업연도 중 1회에 한하여 할 수 있는데 그 중간배당기준일은 정관으로 정하여야 한다.

중간배당을 위한 위의 세 요건이 충족된 경우 이사회는 중간배당을 결의할 수 있다.

(3) 중간배당의 금액한도

중간배당은 직전결산기의 대차대조표 상의 순자산액에서 직전 결산기의 자본금, 직전 결산기까지 적립된 법정준비금, 직전 결산기 정기총회에서 이익배당하기로 정한 금액, 그리고 당해 결산기에 적립할 이익준비금을 공제한 금액의 범위 내에서 이루어져야 한다(제462조의3 제2항 각호).

개정상법은 일정한 경우 이사회에서도 정기배당을 승인할 수 있도록 규정하고 있는데(제462조 제2항), 제462조의3 제2항 제3호의 '직전 결산기 정기총회에서 이익배당하기로 정한 금액'은 그에 맞추어 개정작업이 이루어지지 않은 것으로 보인다. 이는 이사회에서 이익배당을 승인하는 경우에 대하여서는 '이사회에서 이익배당하기로 정한 금액'을 의미하는 것으로 해석해야 할 것이다.

한편 정기배당의 배당가능이익을 산정함에 있어 개정상법이 미실현이익을 순자산액으로부터의 공제대상에 추가하였으나 중간배당의 배당가능이익의 산정에 관하여서는 언급하고 있지 않은데 이는 입법의 착오로서 미실현이익은 중간배당에서도 순자산액으로부터의 공제대상에 포함되어야 한다(이(철), 960면).

(4) 중간배당의 절차와 기준

1) 이사회 결의

이사회는 결의를 통하여 일정한 날의 주주에게 '중간배당을 한다는 것'과 '배당률'을 결정하여야 한다. 이때 중간배당의 기준일인 '일정한 날'을 이사회가 정하는 것으로 오해할 소지가 있으나 중간배당의 기준일은 정관으로 정하는 것이며 이사회는 그 기준일의 주주에게 중간배당을 할 것인지의 여부와 그 배당률을 결정하는 것임에 유의하여야 한다.

2) 중간배당의 공고

회사는 이사회가 정한 신주배정기준일에 주주명부에 기재된 주주가 주식배당으로 인한 신주의 주주가 된다는 뜻을 배정기준일의 2주간 전에 공고하여야 한다(제462조의3 제5항, 제354조 제1항). 그에 따라 이사회가 정하는 일정한 날의 주주명부상의 주주가 중간배당을 받게 된다.

3) 중간배당금의 지급

이사회의 중간배당결의가 있으면 배당기준일의 주주명부상 주주는 구체적 중간배당청구권을 가지게 된다. 회사는 이사회결의로 배당금의 지급시기를 따로 정한 경우를 제외하고는, 이사회의 결의가 있는 날부터 1월 이내에 주주에게 중간배당금을 지급해야 한다(제464조의2 제1항). 이익배당에 관한 주식평등규정, 구체적 이익배당청구권의 5년의 시효기간, 신주에 대한 이익배당의 규정 모두가 중간배당의 경우에도 준용된다(제462조의3 제5항).

(5) 위법한 중간배당

(가) 중간배당의 제한

상법 제462조의3 제2항에서는 직전 결산기를 기준으로 하여 중간배당의 배당가능이익 산출방법을 규정하고 있고, 동조 제3항에서는 당해 결산기를 기준으로 일반적 이익배당의 배당가능이익(제462조 제1항)이 생기지 않을 우려가 있는 경우에는 중간배당을 금지하고 있다. 즉 직전 결산기의 미처분이익을 재원으로 중간배당가능이익을 산출하여 중간배당을 하는 것이 그 시점에서는 적법한 중간배당이라 할지라도 그 중간배당으로 인하여 당해 결산기의 정기배당을 위한 배당가능이익이 생기지 않을 우려가 있는 경우라면 중간배당을 할 수 없도록 하는 것이다. 회사의 이사는 존속기업의 자산을 관리하는 자이므로 중간배당이 미래의 결손의 원인이 되지 않는다는 확신하에 중간배당을 실시하여야 하며 그러한 확신에 이르는 판단에 대하여 이사에게 책임을 지우자는 것이다(이(철), 951면).

(나) 이사의 책임

이사가 상법의 제한에 위반하여 중간배당을 함으로써 당해 결산 결과 결손이 발생한 경우에는 이사는 연대하여 그 결손액(배당액이 결손액보다 적을 경우에는 배당액)을 회사에 배상하여야 한다(제462조의3 제4항). 다만 이사가 결손의 우려가 없다고 판단함에 있어 주의를 게을리하지 아니하였음을 증명한 때에는 그 책임을 지지 않는다(제462조의3 제4항). 이러한 중간배당의 경우 이사가 배당액을 반환하는 것뿐만 아니라, 중간배당을 받은 주주도 배당금을 회사에 반환하여야 하며, 회사채권자는 그 주주를 상대로 배당금을 회사에 반환하도록 (소송으로) 청구할 수 있다(제462조의3 제6항, 제462조 제2항 · 제3항, 제186조).

회사가 주주에 대하여 제462조의3 제2항에서 정한 배당가능한 중간배당이익을 초과하여 중간배당을 한 경우 이는 위법한 중간배당이 되고 이사는 형벌의 제재를 받을 수 있다(제462조의3 제5항, 제625조 제3호).

(다) 중간배당과 배당금반환청구

제462조의3 제6항은 동조 제3항의 규정에 위반한 중간배당의 경우 제462조 제3항과 제4항을 준용하도록 규정하고 있다. 즉 위 조문들에 의하면 이사가 중간배당을 한 결과 당해 결산기에 결손이 나면 통상의 위법배당의 경우와 마찬가지로 회사채권자의 주주에 대한 배당금반환청구를 인정한다는 의미가 된다.

그러나 제462조의3 제6항이 회사채권자의 반환청구를 인정하는 경우로 보고 있는 동조 제3항은 위법한 중간배당이 아니라, 중간배당 당시에는 중간배당가능이익의 한도를 초과하지 않은 적법한 중간배당으로 볼 여지가 있다. 이를 사후에 당해 결산기에 결손을 초래하였다는 이유로 위법배당과 관련한 조문을 준용하여 주주에 대한 회사채권자의 반환청구를 인정하는 것은 적법하게 중간배당금을 수령한 주주에게 예상치 못한 배당금의 반환을 부담지우게 되므로 타당하지 않다는 지적이 있다(이(철), 952~953면). 또한 현행의 조문에 따르게 되면 제462조의3 제2항의 중간배당가능이익을 초과한 위법한 중간배당에 대하여 채권자가 주주에게 배당금의 반환을 청구할 수 있는 것인지도 분명하지 않게 된다. 회사채권자에 의한 반환청구는 제462조의3 제3항에 위반한 때뿐 아니라 동조 제2항에 위반하여 이루어진 배당도 포함되도록 명확하게 정리되어야 할 것이다.

제4 그 밖의 회계 관련 규정들

1. 주주의 회계장부열람권

주주 및 회사채권자는 영업시간 내에 언제든지 회사에 비치되어 있는 재무제표와 그 부속명세표, 영업보고서 및 감사보고서를 열람할 수 있고 그 등본이나 초본의 교부를 청구할 수 있다(제448조 제2항). 이렇게 비치된 서류는 회사의 재정상태에 대한 대강의 정보만 수록하고 있을 뿐이므로 발행주식총수의 100분의 3 이상(상장회사의 경우는 1만분의 10 이상, 제542조의6 제4항)의 소수주주는 이유를 붙인 서면으로 재무제표 등 작성의 기초가 되는 원천 회계장부와 서류의 열람 또는 등사를 청구할 수 있고 회사는 그러한 주주의 청구가 부당함을 증명하지 아니하면 이를 거부하지 못한다(제466조). 모회사에 보관되어 있는 자회사의 회계장부도 열람 대상인 모회사의 회계서류에 포함될 수 있다(대판 2001. 10. 26, 99다58051). 아래의 대법원 결정은 소수주주에 의한 열람청구의 '부당함'을 판단함에 있어서 실질적인 기준을 제시하고 있다.

대판 2001. 10. 26, 99다58051 **주주의 회계장부 열람 · 등사청구권**

상법 제466조 제1항에서 정하고 있는 소수주주의 열람・등사청구의 대상이 되는 '회계의 장부 및 서류'에는 소수주주가 열람・등사를 구하는 이유와 실질적으로 관련이 있는 회계장부와 그 근거자료가 되는 회계서류를 가리키는 것으로서, 그것이 회계서류인 경우에는 그 작성명의인이 반드시 열람・등사제공의무를 부담하는 회사로 국한되어야 하거나, 원본에 국한되는 것은 아니며, 열람・등사제공의무를 부담하는 회사의 출자 또는 투자로 성립한 자회사의 회계장부라 할지라도 그것이 모자관계에 있는 모회사에 보관되어 있고, 또한 모회사의 회계상황을 파악하기 위한 근거자료로서 실질적으로 필요한 경우에는 모회사의 회계서류로서 모회사 소수주주의 열람・등사청구의 대상이 될 수 있다.

대판 1999. 12. 21, 99다137 **회계장부 열람 · 등사 허용 가처분**

주주의 회계장부열람등사청구권을 피보전권리로 하여 당해 장부 등의 열람・등사를 명하는 가처분이 실질적으로 본안소송의 목적을 달성하여 버리는 면이 있다고 할지라도, 나중에 본안소송에서 패소가 확정되면 손해배상청구권이 인정되는 등으로 법률적으로는 여전히 잠정적인 면을 가지고 있기 때문에 임시적인 조치로서 이러한 회계장부열람등사청구권을 피보전권리로 하는 가처분도 허용된다고 볼 것이고, 이러한 가처분을 허용함에 있어서는 피신청인인 회사에 대하여 직접 열람·등사를 허용하라는 명령을 내리는 방법뿐만 아니라, 열람·등사의 대상 장부 등에 관하여 훼손, 폐기, 은닉, 개찬이 행하여질 위험이 있는 때에는 이를 방지하기 위하여 그 장부 등을 집행관에게 이전 보관시키는 가처분을 허용할 수도 있을 것이다.

… 주식회사 소수주주가 상법 제466조 제1항의 규정에 따라 회사에 대하여 회계의 장부와 서류의 열람 또는 등사를 청구하기 위하여는 이유를 붙인 서면으로 하여야 하는바, 회계의 장부와 서류를 열람 또는 등사시키는 것은 회계운영상 중대한 일이므로 그 절차를 신중하게 함과 동시에 상대방인 회사에게 열람 및 등사에 응하여야 할 의무의 존부 또는 열람 및 등사를 허용하지 않으면 안 될 회계의 장부 및 서류의 범위 등의 판단을 손쉽게 하기 위하여 그 이유는 구체적으로 기재하여야 할 것이다.

… 한편 주주의 회계장부 및 서류의 열람, 등사청구권이 인정되는 이상 그 열람, 등사청구권은 그 권리행사에 필요한 범위 내에서 허용되어야 할 것이지, 열람 및 등사의 횟수가 피신청인 회사의 주장과 같이 1회에 국한되는 등으로 사전에 제한될 성질의 것은 아니[다.]

대결 2004. 12. 24, 2003마1575 상법 제391조의3 제3항, 제466조 제1항에서 규정하고 있는 주주의 이사회의 의사록 또는 회계의 장부와 서류 등에 대한 열람·등사청구가 있는 경우, 회사는 그 청구가 부당함을 증명하여 이를 거부할 수 있는바, 주주의 열람·등사권 행사가 부당한 것인지 여부는 그 행사에 이르게 된 경위, 행사의 목적, 악의성 유무 등 제반 사정을 종합적으로 고려하여 판단하여야 할 것이고, 특히 주주의 이와 같은 열람·등사권의 행사가 회사업무의 운영 또는 주주 공동의 이익을 해치거나 주주가 회사의 경쟁자로서 그 취득한 정보를 경업에 이용할 우려가 있거나, 또는 회사에 지나치게 불리한 시기를 택하여 행사하는 경우 등에는 정당한 목적을 결하여 부당한 것이라고 보아야 할 것이다.

재항고인과 상대방은 모두 부산·경남 지역에 영업기반을 두고 오랜 기간 경쟁관계를 유지해 오고 있는 점, 재항고인은 상대방이 139억 원 남짓의 자본금을 33억 원 남짓으로 대폭 감자한 후 비로소 상대방의 주식을 매입하기 시작하였고, 더구나 상대방의 계속된 자본전액 잠식으로 인하여 대부분의 보통주가 상장폐지 되었음에도 액면의 5배에 달하는 가격으로 그 주식을 매입하여 그 주주가 되었으므로, 재항고인의 주식 취득은 그 본래의 목적인 회사의 경영성과를 분배받고자 하는 데 있지 않음이 분명한 점, 재항고인이 상대방의 주식 취득과 때를 같이하여 공개적으로 상대방의 경영권 인수를 표방하면서 50% 이상의 주식 취득을 위한 주식 공개매수에 착수함과 아울러 이미 재항고인의 주식 취득 이전에 드러난 상대방 전 대표이사 최병석의 부정행위, 미수금 채권관계, 상장폐지건 등을 내세워 이 사건과 같은 회계장부 열람청구 외에도 임원 해임 요구, 손해배상청구 등을 통하여 상대방의 경영진을 압박하는 한편, 상대방의 주주 및 채권자들을 상대로 한 설득작업을 통하여 상대방의 경영권 인수를 시도하고 있는 점 등 두 회사의 관계, 재항고인이 상대방의 주식을 취득한 시기 및 경위, 주식 취득 이후에 취한 재항고인의 행동, 상대방의 현재 상황 등 제반 사정을 고려할 때, 재항고인이 주주로서 부실경영에 책임이 있다는 상대방의 현 경영진에 대한 해임청구 내지는 손해배상청구의 대표소송을 위한 사실관계 확인 등 상대방의 경영감독을 위하여 이 사건 서류들에 대한 열람·등사를 구하는 것이 아니라, 주주라는 지위를 내세워 상대방을 압박함으로써 궁극적으로는 자신의 목적인 경영권 인수(적대적 M&A)를 용이하게 하기 위하여 위 서류들에 대한 열람·등사권을 행사하는 것이라고 보아야 할 것이고, 나아가 두 회사가 경업관계에 있기 때문에 이 사건 열람·등사청구를 통하여 얻은 상대방의 영업상 비밀이 재항고인의 구체적인 의도와는 무관하게 경업에 악용될 우려가 있다고 보지 않을 수 없으므로, 결국 재항고인의 이 사건 열람·등사 청구는 정당한 목적을 결한 것…….

2. 회사의 업무·재산상태의 검사

회사의 업무집행에 관하여 부정행위 또는 법령이나 정관에 위반한 중대한 사실이 있음을 의심할 사유가 있는 때에는 발행주식 총수의 100분의 3의 소수주주(상장회사의 경우는 1천분의 15, 제542조의6 제1항)는 회사의 업무와 재산상태를 조사하게 하기 위하여 법원에 검사인의 선임을 청구할 수 있다. 선임된 검사인은 그 조사의 결과를 법원에 보고하여야 한다. 법원은 그 검사인의 보고를 받고 필요하다고 인정하면 대표이사에게 주주총회의 소집을 명할 수 있다. 소집된 주주총회에는 그 검사인의 보고서가 제출되어야 한다. 이사와 감사는 지체없이 그 검사인의 보고서의 정확여부를 조사하여 그 결과를 주주총회에 보고하여야 한다(제467조, 제310조 제2항).

3. 이익공여의 금지

회사는 누구에게든지 주주의 권리행사와 관련하여 재산상의 이익을 공여할 수 없다. 다음 두가지 경우에는 이러한 이익공여를 한 것으로 추정된다. ① 회사가 특정의 주주에게 무상으로 재산상의 이익을 공여한 경우, ② 유상으로 공여하였더라도 회사가 얻은 이익이 공여한 이익에 비하여 현저하게 적은 경우(제467조의2 제1항·제2항). 회사가 이익공여의 금지규정에 위반하여 재산상의 이익을 공여하였다면 그 이익을 공여받은 자는 그것을 회사에 반환하여야 한다. 이 경우 그 자가 회사에 대가를 지급한 것이 있으면 그 반환을 받을 수 있다(제467조의2 제3항). 100분의 1의 소수주주는 대표소송으로 그 이익의 반환을 청구하는 소를 수행할 수 있다(제467조의2 제4항, 제403조~제406조).

4. 사용인의 우선변제권

회사가 사용인에 대하여 신원보증금을 반환할 채무 기타 고용관계로 인한 채무를 부담하고 있는 경우, 그 사용인은 회사의 총재산에 대하여 우선변제를 받을 권리가 있다. 다만 회사에 대한 질권·저당권이나 「동산·채권 등의 담보에 관한 법률」에 따른 담보권보다 우선하지는 못한다(제468조).

제 8 절 사 채

제1 사채의 의의와 발행

1. 사채(社債)의 효용

(1) 회사의 자본조달방법

회사가 기존사업을 확장하거나 신규사업에 진출하기 위하여는 새로운 자금을 필요로 한다. 이를 위하여 신주를 발행하는 것을 가리켜 자기자본조달이라 하고, 금전을 빌리는 것을 널리 타인자본조달이라 한다. 타인자본조달에도 여러 가지 방법이 있다.

(가) 사채(私債): 단기긴급자금의 조달에 적당하나, 규모의 한계가 있다.

(나) 금융기관대출(여신): 조달에 시간이 걸리고 충분한 담보제공이 필요하며 각종 행정규제 때문에 기업의 긴급한 자금수요를 충족시키기 어렵다.

(다) 사채(社債): 장기의 대규모 자금조달이 가능하고 유가증권이 발행된다.

위 세 가지의 타인자본조달과 비교할 때 신주발행을 통한 자기자본조달은 기존 주주의 지분율에 영향을 미치고 회사가 장래 배당압력을 받게 된다.

(2) 사채의 정의

사채는 주식회사가 일반공중 투자자로부터 채권(債券)을 발행하여 부담하는 채무이다.

합명회사, 합자회사와 같은 인적회사의 경우도 사채발행이 금지되는 것은 아니다. 인적회사의 경우 사원의 직접·무한책임 때문에 사채권자 보호를 위한 상세한 규정은 필요하지 않다. 한편 유한회사의 경우는 사채를 발행할 수 없다고 본다. 그 이유는 사원이 유한책임을 부담함에도 불구하고 사채권자 보호 규정이 없을 뿐 아니라 사채상환을 완료하지 아니한 주식회사의 유한회사와의 합병 및 유한회사로의 조직변경을 금지하고 있는 제600조 제2항, 제604조 제1항과의 관계에서도 사채발행은 허용할 수 없다. 유한회사에 관한 제604조 제1항 규정이 유한책임회사에도 준용되고 있어서(제287조의44) 유한책임회사의 경우도 사채발행이 허용되지 않는다.

사채계약의 성질에 관하여는 채권의 매매로 보는 설과 소비대차에 유사한 무명계약(無名契約)으로 보는 설이 있다(제478조 제1항 참조). 매출발행의 경우는 채권의 매매이고 그 이외의 경우는 소비대차와 유사한 무명계약이라고 보는 것이 무난하다.

(3) 사채와 주식의 비교

(가) 유사성(양자의 접근)

1) 주식에 대한 배당을 결정하게 될 여러 가지 사정은 항상 변동한다. 따라서 배당을 확실하게 예측할 수는 없다. 그러나 회사는 기업의 자본유지와 명성·주가를 유지하기 위해서 임의준비금의 적립 또는 배당평균준비금의 항목을 마련함으로써 연도별 배당률의 평균화를 도모한다. 그 결과 투자자의 연간수입면에서 보면 확정이자를 받는 사채와 비슷하게 된다.

2) 양자 모두 유가증권이 발행된다는 점에서 같다. 그 증권이 기명식인 경우 명의개서를 하여야 회사에 대항할 수 있다는 점에서 공통점이 있다.

3) 비참가적·누적적 우선주, 의결권 없는 주식, 상환주식은 사채와 유사한

성질을 가진다.

4) 사채 중 전환사채, 이익참가부사채는 주식과 접근하고 있다.

(나) 차이점

1) 사채는 확정이자를 지급받음에 반하여 주식은 불확정한 이익배당을 받는다. 이 때문에 전자를 투자증권, 후자를 투기증권이라고 부르기도 한다.

2) 사채권자는 단순한 회사 채권자에 불과한 제3자(외부인)이나, 주주는 주식회사의 사원으로서 단체의 의사결정에 참여한다.

3) 사채는 타인자본으로서 회사의 채무에 불과하고 주식은 자기자본으로서 회사의 자본금을 증가시킨다.

4) 사채는 액면미달발행이 허용되지만(제474조 제2항 제6호), 주식은 액면미달발행이 엄격하게 통제된다(제330조, 제417조).

5) 사채는 분할납입이 허용되지만(제476조 제1항), 주식은 전액을 납입하여야 한다(제295조, 제305조).

6) 사채의 납입은 상계로써 회사에 대항할 수 있으나, 주식의 납입은 회사의 동의가 없는 경우 상계로써 대항하지 못한다(제421조 제2항).

7) 자기사채의 취득은 아무 제한이 없으나, 자기주식의 취득은 배당가능이익을 재원으로 하거나 상법에서 허용하는 경우에만 취득할 수 있다(제341조, 제341조의2).

8) 사채는 만기에 상환을 받으며 회사가 해산한 경우에는 주주에 우선하여 회사재산에서 변제를 받지만 주주는 출자의 반환을 청구할 수 없고 다만 회사가 해산한 경우 회사의 채무청산이 끝난 후 잔여재산의 분배를 받게 된다(제542조, 제260조).

2. 사채의 발행

(1) 사채의 발행방법

(가) 총액인수

특정인(1인 또는 수인)이 회사와의 계약으로 사채총액을 인수하는 방법이다. 사채청약서를 작성할 필요가 없다(제475조 제1문). 인수인은 그 스스로 사채권자가 될 수 있다. 또 총액을 인수한 다음 일반 공중에게 채권을 매출하여 인수가액과 매출가액과의 차액을 취득하기도 한다.

사채의 금액은 일반적으로 거액이라서 자금부담의 문제도 있고 위험도 크므로 증권·금융회사라 하더라도 단독으로 하는 총액인수는 기피하는 경향이다.

(나) 공 모

공모는 사채를 일반공중으로부터 모집하는 방법으로서 사채청약서를 사용한다(제474조). 공모에도 여러 가지 방법이 있다.

1) **직접공모**

사채발행회사가 직접 공중으로부터 모집하는 방법이다. 발행회사가 증권시장에 정통하지 않으면 이 방법을 택하기 어렵다.

2) **위탁모집**

모집절차를 수탁회사에게 위탁하는 방법이다. 수탁회사는 사채의 발행회사를 위하여 자기 명의로 타인으로부터 청약을 받고 배정을 한 후 납입을 받는다(제476조 제2항). 개정상법에서 신설된 사채관리회사의 지위·기능·역할은 개정전 상법의 수탁회사의 그것과 많은 부분에서 같지만 일단 새로운 제도가 도입된 이상 수탁회사의 임무는 사채모집의 단계에 국한되는 것이고 사채가 발행된 후에는 개정전 상법에서의 수탁회사의 임무를 사채관리회사가 수행하게 된다(제480조의2 이하).

3) **인수모집(도급모집)**

위탁모집에 있어 사채응모액이 총액에 달하지 않을 때에는 수탁회사가 그 잔액을 인수하기로 하는 방법이다(제474조 제2항 제14호). 이 경우에도 사채청약서의 작성을 요하나 수탁회사가 인수하는 부문에 대하여는 사채청약서를 사용하지 않는다(제475조 제2문). 사채발행실무에서는 대부분이 인수모집방법에 의한다.

(다) **채권매출**

상법상의 사채발행의 방법은 아니다. 특별법에 의하여 설립된 특수회사 중에는 채권을 미리 작성한 후 매출하는 식으로 사채를 발행할 수 있다(한국산업은행법 제25조 이하에 의한 산업금융채권, 한국주택은행법 제30조에 의한 주택채권).

(2) 사채의 발행절차

(가) 이사회의 결의 또는 위임

사채발행 역시 신주발행과 마찬가지로 이사회결의사항이다(제469조). 전환사채, 신주인수권부사채의 발행도 원칙적으로 이사회의 결의로 한다. 이 결의에서 사채의 종류·총액, 각 사채의 금액, 이율, 상환방법, 발행방법 등이 정하여진다.

개정상법에서는 정관으로 정하는 바에 따라 이사회가 대표이사에게 사채의 금액과 종류를 정하여 1년을 초과하지 아니하는 기간 내에 사채를 발행할 것을 위임할 수 있도록 하고 있다(제469조 제4항). 이는 금융시장의 상황을 살펴서 기동성있게 사채발행을 추진할 수 있도록 배려한 규정이다.

(나) 유가증권신고와 공시

사채의 모집·매출은 자본시장법의 적용을 받는다. 사채총액이 일정금액 이상인 경우 발행회사는 증권관리위원회에 유가증권신고서를 제출하고 그 신고서의 효력이 발생하여야만 모집·매출을 할 수 있다(자본시장법 제119조, 제121조). 이와 관련하여 투자설명서의 작성·공람 등 공시를 하여야 하며(자본시장법 제123조), 외부감사도 받아야 한다(자본시장법 제169조). 법에서 정한 절차를 마친 후에 사채청약을 승낙할 수 있다(자본시장법 제121조).

(다) 인 수

사채의 인수는 총액인수의 경우 외에는 사채청약서에 의한다. 사채청약서는 이사가 작성하나 수탁회사가 할 수도 있으며 법정사항을 기재하여야 한다(제474조 제2항, 제476조 제2항). 사채청약은 사채청약서 2통에 인수할 사채의 수와 주소를 기재하고 기명날인 또는 서명하여야 한다(제474조 제1항). 청약에 대한 배정이 있으면 인수는 확정되고 사채계약이 성립한다.

사채발행에 있어서는 신주발행에 있어서와 같은 마감발행(제423조)의 규정이 없다. 여기서 사채는 1회의 모집총액이 전부 인수되지 않으면 사채가 성립하지 않는다고 볼 여지가 있다. 특히 사채청약의 통일적 일체성을 강조하는 입장에서는 이러한 견해를 취한다.

그러나 사채는 회사가 타인자본을 조달하는 한 방법이므로 인수된 부분에 한하여 사채를 성립시키는 것도 부당하지 않다. 다만 예정했던 총액에 비하여 현저하게 적은 금액만 인수된 경우라면 당회의 사채발행으로 추진하려던 사업이 추진될 수 없게 되어 인수인의 기대를 침해할 수 있고 그것이 회사의 재정상태의 부실로 이어질 수 있다면 사채계약의 성립을 부인할 수도 있을 것이다.

(라) 납 입

사채의 모집을 완료하면 대표이사는 인수인에 대하여 지체없이 각 사채의 전액 또는 제1회의 납입(분납의 경우)을 시켜야 한다(제476조 제1항). 위탁모집의 경우는 이를 사채관리회사가 할 수 있다(제476조 제2항). 현금납입에 한하지 않고 상계, 대용납입, 대물변제 등에 의할 수 있다.

(마) 등 기

전환사채와 신주인수권부사채와 같은 특수사채의 경우는 사채발행 후 등기를 하여야 하지만 그 밖의 일반사채의 발행은 등기사항이 아니다. 회사의 채무부담은 원래 공시의 대상이 아니기 때문이다.

(3) 사채권(社債券)

사채권자의 권리가 화체되어 있는 유가증권이 사채권이다. 회사는 사채총액의 납입이 완료되면 사채권을 발행할 수 있는데(제478조 제1항), 사채권에는 상법에서 정한 사항이 기재되어야 한다(제478조 제2항). 사채권자는 사채권을 양도함으로써 사채에 투자했던 자금을 환수할 수 있다. 회사는 사채권을 발행하는 대신 정관에서 정하는 대로 전자등록부에 사채를 등록할 수 있고 이 경우 주식의 전자등록제도의 예에 따른다(제478조 제3항, 제356조의2). 회사는 사채원부를 작성하고 상법에서 정한 사항을 적어야 한다(제488조).

제2 전환사채

1. 의 의

전환사채(convertable bond)라 함은 사채권자에게 일정한 조건에 따라 사채를 주식으로 전환할 수 있는 권리를 부여한 사채를 말한다(제513조). 전환사채의 전환권을 행사함으로써 그 권리자의 지위가 채권자로부터 주주로 바뀌게 된다. 회사의 영업실적의 부진 또는 장래의 수익율에 대한 불확실성으로 인하여 회사가 신주발행을 통한 자기자본의 조달이 불가능한 경우에는 사채에 의존하게 된다. 사채에 전환권이라는 인센티브를 부여하게 되면 그 소화를 촉진할 수 있을 뿐만 아니라 주식으로 전환하게 되면 회사의 이자부담이 없어지게 되어 배당가능이익을 확보할 수 있게 된다.

주권상장법인이 전환사채를 발행하는 경우 주식의 발행 및 배정, 주주에 대한 통지 또는 공고 등에 관하여 자본시장법에 특칙이 규정되어 있다(자본시장법 제165조의10 · 제165조의11).

2. 전환사채의 발행

(1) 사채권자가 전환권을 행사하면 그만큼 발행주식총수가 증가하기 때문에 기존 주주들의 지주비율에 영향을 미치고 주식시세에도 영향이 있을 수 있다. 따라서 기존 주주 이외의 자에게 전환사채를 발행하는 경우에는 기존 주주의 이익을 침해하지 않도록 하는 제도적 장치를 마련할 필요가 있다.

(2) 주주이외의 자에 대한 발행

발행할 수 있는 전환사채의 총액, 전환의 조건, 전환으로 발행할 주식의 내용과 전환을 청구할 수 있는 기간에 관하여 정관에 규정을 두거나 주주총회의 특별결의로써 정하여야 한다(제513조 제3항). 주주이외의 자에게 전환사채를 발행하는 것은 그 전환청구에 따라 주주의 신주인수권을 침해할 수 있으므로 상법에서는 주주이외의 자에 대한 전환사채의 발행을 엄격하게 제한하고 있다. 즉 신기술의 도입, 재무구조의 개선 등 회사의 경영상 목적을 달성하기 위하여 필요한 경우에 한한다(제418조 제2항 준용).

(3) 주주에 대한 발행

(가) 원칙적으로 이사회에서 발행 및 발행사항을 결정한다(제513조 제2항).

발행사항은 ① 전환사채의 총액, ② 전환의 조건, ③ 전환으로 인하여 발행할 주식의 내용, ④ 전환을 청구할 수 있는 기간, ⑤ 주주에게 전환사채의 인수권을 준다는 뜻과 인수권의 목적인 전환사채의 액, ⑥ 주주외의 자에 대하여 전환사채를 발행하는 것과 이에 대하여 발행할 전환사채의 액으로 되어 있다.

(나) 주주의 인수권

주주의 전환사채인수권은 정관의 규정, 정관에 따른 주주총회의 결의 또는 이사회결의에 따라 부여된다. 주주에게 전환사채인수권이 부여된 경우 각 주주는 보유주식수에 비례하여 전환사채를 배정받을 권리를 가진다. 다만 전환사채금액 중 최저액에 미달하는 단수에 대하여는 그러하지 아니하다(제513조의2 제1항).

자기주식에 대하여는 이론상 전환사채의 인수권을 인정할 수 없다.

(다) 주주에 대한 최고

주주가 전환사채의 인수권을 가지는 경우에는 각 주주에게 발행사항을 알리고, 일정한 기일까지 전환사채의 청약을 하지 아니하면 그 권리를 상실한다는 뜻을 통지하여야 한다(제513조의3 제1항). 이러한 최고에도 불구하고 그 기일까지 주주가 전환사채의 청약을 하지 아니하는 때에는 인수권이 소멸한다(제513조의3 제2항, 제419조 제3항).

(라) 배정일의 지정 · 공고

주주에게 인수권을 부여하는 경우에는 명의개서를 해태하고 있는 주주를 보호하기 위하여 배정일을 정하고 그날에 주주명부에 기재된 주주가 전환사채의 인수권을 가진다는 뜻을 그날의 2주간 전에 공고하여야 한다(제513조의2 제2항, 제418조 제3항).

(4) 전환사채의 불공정발행

(가) 발행유지청구

신주발행유지청구의 규정이 준용된다(제516조 제1항, 제424조).

(나) 차액지급의무

불공정 신주발행규정(제424조의2)을 준용한다(제516조 제1항).

(5) 전환사채발행절차

전환할 수 있다는 뜻, 전환의 조건 등 발행사항을 사채청약서, 채권, 사채원부에 기재하여야 한다(제514조).

(6) 전환사채의 등기

회사가 전환사채를 발행한 때에는 그 납입이 완료된 날로부터 2주간 내에 본점의 소재지에서 전환사채의 등기를 하여야 한다(제514조의2). 이 경우의 등기사항은 전환사채의 총액, 각 전환사채의 금액, 각 전환사채의 납입금액, 사채를 주식으로 전환할 수 있다는 뜻, 전환의 조건, 전환으로 인하여 발행할 주식의 내용, 전환을 청구할 수 있는 기간이다(제514조의2 제2항, 제514조 제1항).

(7) 전환사채발행무효의 소

전환사채의 발행은 주식회사의 물적 기초와 기존 주주들의 이해관계에 영향을 미친다는 점에서 사실상 신주를 발행하는 것과 유사하다. 전환사채는 대부분의 경우에 신주발행으로 연결되므로 전환사채발행의 경우에도 신주발행무효의 소에 관한 제429조가 유추적용된다. 다만 전환사채발행 부존재확인의 소에 있어서는 제429조 소정의 제소기간 6개월의 제한이 적용되지 아니한다.

대판 2004. 8. 20, 2003다20060 상법은 제516조 제1항에서 신주발행의 유지청구권에 관한 제424조 및 불공정한 가액으로 주식을 인수한 자의 책임에 관한 제424조의2 등을 전환사채의 발행의 경우에 준용한다고 규정하면서도, 신주발행무효의 소에 관한 제429조의 준용 여부에 대해서는 아무런 규정을 두고 있지 않으나, 전환사채는 전환권의 행사에 의하여 장차 주식으로 전환될 수 있는 권리가 부여된 사채로서, 이러한 전환사채의 발행은 주식회사의 물적 기초와 기존 주주들의 이해관계에 영향을 미친다는 점에서 사실상 신주를 발행하는 것과 유사하므로, 전환사채 발행의 경우에도 신주발행무효의 소에 관한 상법 제429조가 유추적용된다(대법원 2004. 6. 25. 선고 2000다37326 판결).

한편, 상법 제429조는 신주발행의 무효는 주주·이사 또는 감사에 한하여 신주를 발행한 날로부터 6월 내에 소만으로 이를 주장할 수 있다고 규정하고 있으므로, 설령 이사회나 주주총회의 신주발행 결의에 취소 또는 무효의 하자가 있다고 하더라도 그 하자가 극히 중대하여 신주발행이 존재하지 아니하는 정도에 이르는 등의 특별한 사정이 없는 한 신주발행의 효력이 발생한 후에는 신주발행무효의 소에 의하여서만 다툴 수 있다(대법원 1989. 7. 25. 선고 87다카2316 판결 참조).

… 전환사채 발행의 경우에도 신주발행무효의 소에 관한 상법 제429조가 유추적용되나(대법원 2004. 6. 25. 선고 2000다37326 판결), 전환사채 발행의 실체가 없음에도 전환사채 발행의 등기가 되어 있는 외관이 존재하는 경우 이를 제거하기 위한 전환사채발행부존재 확인의 소에 있어서는 상법 제429조 소정의 6월의 제소기간의 제한이

적용되지 아니한다(대법원 1989. 7. 25. 선고 87다카2316 판결 참조).

… 전환사채발행유지청구는 회사가 법령 또는 정관에 위반하거나 현저하게 불공정한 방법에 의하여 전환사채를 발행함으로써 주주가 불이익을 받을 염려가 있는 경우에 회사에 대하여 그 발행의 유지를 청구하는 것으로서(상법 제516조 제1항, 제424조), 전환사채 발행의 효력이 생기기 전, 즉 전환사채의 납입기일까지 이를 행사하여야 할 것이다.

… 상법 제334조에 의하면 주주는 납입에 관하여 상계로써 회사에 대항하지 못한다고 규정되어 있다. 그런데 전환사채는 발행 당시에는 사채이며, 사채권자가 전환권을 행사한 때 비로소 주식으로 전환되어 회사의 자본을 구성하게 되므로, 전환사채의 인수에 관해서는 상계금지에 관한 상법 제334조의 규정이 적용되지 않는다고 보아야 할 것이다.

… 실제의 소집절차와 회의절차를 거치지 아니한 채 주주총회의사록을 허위로 작성하여 도저히 그 결의가 존재한다고 볼 수 없을 정도로 중대한 하자가 있는 경우에는 그 주주총회의 결의는 부존재한다고 보아야 할 것이다(대법원 1992. 9. 22. 선고 91다5365 판결).

3. 전환사채의 주식으로의 전환

(1) 전환의 청구

전환사채의 사채권자는 청구서 2통에 채권을 첨부하여 회사에 제출함으로써 전환을 청구한다. 정관의 정함에 따라 채권(債券)을 발행하는 대신 전자등록기관의 전자등록부에 사채권(社債權)을 등록한 경우에는 그 채권을 증명할 수 있는 자료를 첨부하여 회사에 제출하여야 한다(제515조 제1항). 전환청구권은 사채권자의 일방적 의사표시만으로 사채권자의 지위를 주주의 지위로 변경시키는 효력을 발생시키므로 형성권으로 볼 수 있다. 회사는 전환청구에 따라 신주를 발행하여야 한다.

(2) 주주가 되는 시기

전환청구가 있는 때에 주주가 되지만 이익의 배당에 관하여는 계산의 불편을 피할 수 있도록 전환청구를 한 후 최초로 도래하는 영업연도 말에 전환된 것으로 본다. 다만 정관에 정함을 두어 청구를 한 때가 속하는 영업년도의 직전 영업연도 말에 전환된 것으로 할 수 있다(제516조 제2항, 제350조).

전환으로 신주가 발행되고 회사의 발행주식총수와 자본금이 증가되며 그에 따른 변경등기가 필요하다(제516조 제2항, 제351조). 전환사채를 목적으로 하는 질권이 설정되어 있었다면 그 질권자는 전환으로 받게 되는 주식에 물상대위를 하게 된다(제516조 제2항, 제339조).

대판 2004. 6. 25, 2000다37326 [1] 상법은 제516조 제1항에서 신주발행의 유지청구권에 관한 제424조 및 불공정한 가액으로 주식을 인수한 자의 책임에 관한 제424조의2 등을 전환사채의 발행의 경우에 준용한다고 규정하면서도 신주발행무효의 소에 관한 제429조의 준용 여부에 대해서는 아무런 규정을 두고 있지 않으나, 전환사채는 전환권의 행사에 의하여 장차 주식으로 전환될 수 있는 권리가 부여된 사채로서, 이러한 전환사채의 발행은 주식회사의 물적 기초와 기존 주주들의 이해관계에 영향을 미친다는 점에서 사실상 신주를 발행하는 것과 유사하므로, 전환사채의 발행의 경우에도 신주발행무효의 소에 관한 상법 제429조가 유추적용된다고 봄이 상당하고, 이 경우 당사자가 주장하는 개개의 공격방법으로서의 구체적인 무효원인은 각각 어느 정도 개별성을 가지고 판단할 수밖에 없는 것이기는 하지만, 전환사채의 발행에 무효원인이 있다는 것이 전체로서 하나의 청구원인이 된다는 점을 감안할 때 전환사채의 발행을 무효라고 볼 것인지 여부를 판단함에 있어서는 구체적인 무효원인에 개재된 여러 위법 요소가 종합적으로 고려되어야 한다.

[2] 구 상법(2001. 7. 24. 법률 제648제8호로 개정되기 전의 것) 제513조 제3항은 주주 외의 자에 대하여 전환사채를 발행하는 경우에 그 발행할 수 있는 전환사채의 액, 전환의 조건, 전환으로 인하여 발행할 주식의 내용과 전환을 청구할 수 있는 기간에 관하여 정관에 규정이 없으면 상법 제434조의 결의로써 이를 정하여야 한다고 규정하고 있는바, 전환의 조건 등이 정관에 이미 규정되어 있어 주주총회의 특별결의를 다시 거칠 필요가 없다고 하기 위해서는 전환의 조건 등이 정관에 상당한 정도로 특정되어 있을 것이 요구된다고 하겠으나, 주식회사가 필요한 자금수요에 대응한 다양한 자금조달의 방법 중에서 주주 외의 자에게 전환사채를 발행하는 방법을 선택하여 자금을 조달함에 있어서는 전환가액 등 전환의 조건을 그때그때의 필요자금의 규모와 긴급성, 발행회사의 주가, 이자율과 시장상황 등 구체적인 경제사정에 즉응하여 신축적으로 결정할 수 있도록 하는 것이 바람직하다 할 것이고, 따라서 주주총회의 특별결의에 의해서만 변경이 가능한 정관에 전환의 조건 등을 미리 획일적으로 확정하여 규정하도록 요구할 것은 아니며, 정관에 일응의 기준을 정해 놓은 다음 이에 기하여 실제로 발행할 전환사채의 구체적인 전환의 조건 등은 그 발행시마다 정관에 벗어나지 않는 범위에서 이사회에서 결정하도록 위임하는 방법을 취하는 것도 허용된다.

[3] 정관이 전환사채의 발행에 관하여 "전환가액은 주식의 액면금액 또는 그 이상의 가액으로 사채발행시 이사회가 정한다"라고 규정하고 있는 경우, 이는 구 상법

(2001. 7. 24. 법률 제648제8호로 개정되기 전의 것) 第513조 第3항에 정한 여러 사항을 정관에 규정하면서 전환의 조건 중의 하나인 전환가액에 관하여는 주식의 액면금액 이상이라는 일응의 기준을 정하되 구체적인 전환가액은 전환사채의 발행시마다 이사회에서 결정하도록 위임하고 있는 것이라고 할 것인데, 전환가액 등 전환의 조건의 결정방법과 관련하여 고려되어야 할 특수성을 감안할 때, 이러한 정관의 규정은 같은 법 第513조 第3항이 요구하는 최소한도의 요건을 충족하고 있는 것이라고 봄이 상당하고, 그 기준 또는 위임방식이 지나치게 추상적이거나 포괄적이어서 무효라고 볼 수는 없다.

[4] 상법 第429조는 신주발행의 무효는 주주·이사 또는 감사에 한하여 신주를 발행한 날로부터 6월 내에 소만으로 이를 주장할 수 있다고 규정하고 있는바, 이는 신주발행에 수반되는 복잡한 법률관계를 조기에 확정하고자 하는 것이므로, 새로운 무효사유를 출소시간의 경과 후에도 주장할 수 있도록 하면 법률관계가 불안정하게 되어 위 규정의 취지가 몰각된다는 점에 비추어 위 규정은 무효사유의 주장시기도 제한하고 있는 것이라고 해석함이 상당하고, 한편 상법 第429조의 유추적용에 의한 전환사채발행무효의 소에 있어서도 전환사채를 발행한 날로부터 6월의 출소기간이 경과한 후에는 새로운 무효사유를 추가하여 주장할 수 없다고 보아야 한다.

[5] 신주발행무효의 소에 관한 상법 第429조에도 무효원인이 규정되어 있지 않고 다만, 전환사채의 발행의 경우에도 준용되는 상법 第424조에 '법령이나 정관의 위반 또는 현저하게 불공정한 방법에 의한 주식의 발행'이 신주발행유지청구의 요건으로 규정되어 있으므로, 위와 같은 요건을 전환사채 발행의 무효원인으로 일응 고려할 수 있다고 하겠으나 다른 한편, 전환사채가 일단 발행되면 그 인수인의 이익을 고려할 필요가 있고 또 전환사채나 전환권의 행사에 의하여 발행된 주식은 유가증권으로서 유통되는 것이므로 거래의 안전을 보호하여야 할 필요가 크다고 할 것인데, 전환사채발행유지청구권은 위법한 발행에 대한 사전 구제수단임에 반하여, 전환사채발행무효의 소는 사후에 이를 무효로 함으로써 거래의 안전과 법적 안정성을 해칠 위험이 큰 점을 고려할 때, 그 무효원인은 가급적 엄격하게 해석하여야 하고, 따라서 법령이나 정관의 중대한 위반 또는 현저한 불공정이 있어 그것이 주식회사의 본질이나 회사법의 기본원칙에 반하거나 기존 주주들의 이익과 회사의 경영권 내지 지배권에 중대한 영향을 미치는 경우로서 전환사채와 관련된 거래의 안전, 주주 기타 이해관계인의 이익 등을 고려하더라도 도저히 묵과할 수 없는 정도라고 평가되는 경우에 한하여 전환사채의 발행 또는 그 전환권의 행사에 의한 주식의 발행을 무효로 할 수 있을 것이며, 그 무효원인을 회사의 경영권 분쟁이 현재 계속중이거나 임박해 있는 등 오직 지배권의 변경을 초래하거나 이를 저지할 목적으로 전환사채를 발행하였음이 객관적으로 명백한 경우에 한정할 것은 아니다.

[6] 전환사채의 인수인이 회사의 지배주주와 특별한 관계에 있는 자라거나 그 전환가액이 발행시점의 주가 등에 비추어 다소 낮은 가격이라는 것과 같은 사유는 일반적

으로 전환사채발행유지청구의 원인이 될 수 있음은 별론으로 하고 이미 발행된 전환사채 또는 그 전환권의 행사로 발행된 주식을 무효화할 만한 원인이 되지는 못한다.

제3 신주인수권부사채

1. 의 의

신주인수권부사채는 특수사채의 일종으로서 사채권자에게 회사가 발행하는 신주를 미리 확정한 가액에 따라 인수할 권리를 부여한 사채이다. 전환사채는 전환에 따라 사채가 주식으로 바뀌는 데 반하여 신주인수권부사채는 사채권자가 사채권자의 지위를 유지하며 일정한 이자를 받으면서 별도의 신주인수권을 가지는 것이다. 이는 회사가 사채의 발행을 용이하게 하기 위하여 신주인수권이라는 인센티브를 제공하는 경우이다. 이 경우에 사채권자는 정해진 신주의 발행가액과 시가를 비교하여 유리하다고 판단할 경우 신주를 인수할 수 있는 선택권을 가진다. 또 유리한 신주발생의 경우에는 프리미엄을 챙기고 그 신주인수권을 양도할 수도 있다.

신주인수권부사채는 다시 두 가지 종류로 나누어지는데 사채권이 채권과 신주인수권을 함께 표창하고 있어서 신주인수권만을 분리하여 양도할 수 없는 비분리형과 채권을 표창하는 사채권과 별도로 신주인수권을 표창하는 신주인수권증권이 발행되어 신주인수권만의 양도가 허용되는 분리형이 있다(제516조의6 제1항). 회사는 비분리형과 분리형 양자 중 선택할 수 있다.

주권상장법인이 신주인수권부사채를 발행하는 경우 주식의 발행 및 배정, 주주에 대한 통지 또는 공고 등에 관하여 자본시장법에 특칙이 규정되어 있다(자본시장법 제165조의10 · 제165조의11).

2. 발 행

(1) 주주이외의 자에 대한 발행

발행할 수 있는 신주인수권부사채의 총액, 신주인수권의 내용, 신주인수권을 행사할 수 있는 기간 등을 정관 또는 주주총회의 특별결의로써 정하여야 한다.

(2) 주주에 대한 발행

주주인수권부사채의 인수권을 주주에게만 주는 경우에는 정관에 별도의 규정이 없는 한 원칙적으로 이사회에서 발행 및 발행사항을 결정한다(제516의2 제2항).

(3) 신주의 발행가액제한

사채권자의 신주인수권의 행사로 인하여 발행할 주식의 발행가액의 합계액은 각 신주인수권부사채의 금액을 초과할 수 없다(제516조의2 제3항). 이는 사채발행과 관련하여 과도한 주식이 발행될 경우 주주의 이익이 침해될 수 있음을 고려한 것이다.

(4) 발행절차

주주가 신주인수권부사채의 인수권을 가지는 경우의 배정비율, 배정일, 주주에 대한 최고, 주주의 실권에 관한 규정 및 사채청약서·채권·사채원부에 일정한 사항을 기재하여야 하는 것, 불공정발행에 대한 유지청구 및 차액지급의무 및 신주인수권부사채의 등기 등은 전환사채의 경우와 모두 같다.

3. 신주인수권의 양도

신주인수권부사채가 비분리형이라면 신주인수권은 채권의 교부에 의하여 채권과 함께 양도된다. 분리형의 경우에는 회사는 채권과 별도로 신주인수권증권(신주인수권증서와 비교, 제420조, 제420조의3)을 발행하며(제516조의5 제1항), 이 신주인수권증권의 교부에 의하여 신주인수권이 양도된다(제516조의6 제1항).

신주인수권증권은 신주인수권을 표창하는 유가증권이며 법정사항을 기재하고 대표이사가 기명날인하여 발행한다(제516의5 제2항).

신주인수권증권의 점유자는 적법한 소지인으로 추정되며 주권의 제권판결에 관한 규정이 준용된다(제516조의6 제2항, 제336조 제2항, 제360조). 이러한 점유자로부터 악의 또는 중대한 과실없이 신주인수권증권을 취득한 때에는 선의취득이 인정된다(제516조의6 제2항, 수표법 제21조).

4. 신주인수권의 행사

(1) 행사절차

분리형의 경우에는 신주인수권증권을 첨부한 청구서 2통을 회사에 제출함으로써, 비분리형의 경우에는 청구서 2통을 제출함과 동시에 채권을 제시하여 신주인수권을 행사한다. 채권(債券)이나 신주인수권증권을 발행하는 대신 전자등록기관의 전자등록부에 채권(債權)이나 신주인수권을 등록한 경우에는 그 채권이나 신주인수권을 증명할 수 있는 자료를 첨부하여 회사에 제출하여야 한다(제516조의9 제1항·제2항).

신주인수권의 행사와 동시에 신주의 발행가액 전액을 납입하여야 하는 것이 원칙이다(제516조의9 제1항). 예외적으로 신주인수권부사채의 상환대금으로 신주에 대한 납입을 할 수 있도록 하는 정함이 있는 경우에는 대용납입이 허용된다(제516조의2 제2항 제5호).

(2) 행사의 효과

(가) 주주가 되는 시기

신주발행가액의 전액을 납입한 때 주주가 된다(제516조의10). 대용납입의 경우에는 신주인수권의 행사를 위한 청구서에 신주인수권증권이나 채권을 첨부하여 회사에 제출한 때 주주가 된다(제516조의9 제1항·제2항). 이익배당에 관하여는 그 납입을 한 때가 속하는 영업년도말에 주주가 되는 것으로 본다(제516조의10, 제350조 제3항).

신주인수권부사채에 설정된 질권의 효력은 신주인수권의 행사로 발행된 신주에는 미치지 않는다.

(나) 변경등기

신주인수권의 행사로 발행주식총수의 증가나 사채총액의 감소 등 등기사항에 변경이 생긴 때에는 변경등기를 하여야 한다(제516조의11, 제351조).

제4　새로 규정된 특수사채

상법에서는 전환사채와 신주인수권부사채에 더하여 이익참가부사채, 교환사채, 상환사채, 파생결합사채를 발행할 수 있도록 규정하고 있다(제469조 제2항).

1. 이익참가부사채

(1) 의　의

사채권자가 그 사채발행회사의 이익배당에 참가할 수 있도록 발행된 사채를 이익참가부사채라 한다(시행령 제21조 제1항).

(2) 발행의 결정

사채발행회사의 정관으로 다음의 발행사항을 정할 수 있고 정관에 정함이 없는 사항은 이사회에서, 정관에서 주주총회에서 정하도록 규정한 경우에는 주주총회에서 그 사항을 결정한다(시행령 제21조 제1항).

① 이익참가부사채의 총액

② 이익배당 참가의 조건 및 내용

③ 주주에게 이익참가부사채의 인수권을 준다는 뜻과 인수권의 목적인 이익참가부사채의 금액

(3) 주주에 대한 발행

이익참가부사채의 인수권을 가진 주주는 그가 가진 주식수에 따라 이익참가부사채의 배정을 받을 권리가 있다. 그러나 각 이익참가부사채의 금액 중 최저액에 미달하는 끝수에 대해서는 그 권리가 미치지 아니한다(시행령 제21조 제4항). 회사는 기준일을 정하여 그날의 2주일 전에 공고하여야 한다. 그날이 주주명부폐쇄기간 중일 때에는 폐쇄기간의 초일의 2주일 전에 이를 공고하여야 한다(시행령 제21조 제5항). 주주가 이익참가부사채의 인수권을 가진 경우에는 각 주주에게 대상인 이익참가부사채의 액, 발행가액, 이익참가의 조건과 일정한 기일까지 이익참가부사채 인수의 청약을 하지 아니하면 그 권리를 잃는다는 뜻을

통지하여야 한다(시행령 제21조 제6항).

(4) 제3자에 대한 발행

주주 외의 자에게 이익참가부사채를 발행하는 경우에 그 발행할 수 있는 이익참가부사채의 가액과 이익배당참가의 내용에 관하여 정관에 규정이 없으면 주주총회의 특별결의로 정하여야 한다(시행령 제21조 제3항).

(5) 등 기

회사가 이익참가부사채를 발행하였을 때에는 그 사채가액의 납입이 완료된 날로부터 2주일 내에 본점 소재지에서 다음의 각 사항을 등기하여야 한다(시행령 제21조 제10항).

① 이익참가부사채의 총액

② 각 이익참가부사채의 금액

③ 각 이익참가부사채의 납입금액

④ 이익배당에 참가할 수 있다는 뜻과 이익배당참가의 조건 및 내용

2. 교환사채와 상환사채

(1) 의 의

교환사채는 사채권자가 회사 소유의 주식이나 그 밖의 다른 유가증권으로 교환할 수 있는 사채이고(시행령 제22조 제1항) 상환사채는 회사가 그 소유주식이나 그밖의 다른 유가증권으로 사채권자에게 상환할 수 있는 사채이다(시행령 제23조 제1항). 교환사채의 경우는 결정권(선택권)을 사채권자가 가지고 상환사채의 경우는 사채발행회사가 결정권을 가진다.

(2) 발행의 결정

교환사채의 경우는 이사회에서 ① 교환할 주식의 종류 및 내용, ② 교환의 조건, ③ 교환을 청구할 수 있는 기간을 결정한다(시행령 제22조 제1항). 상환사채의 경우는 이사회가 ① 상환할 주식이나 유가증권의 종류 및 내용, ② 상환의 조건, ③ 회사의 선택 또는 일정한 조건의 성취나 기한의 도래에 따라 주식이나 그밖의 다른 유가증권으로 상환한다는 뜻을 결정한다(시행령 제23조 제1항).

(3) 제3자에 대한 발행

교환사채나 상환사채를 주주외의 자에게 발행하려면 그 사채를 발행할 상대방을 정관으로 정하거나 이사회에서 결정한다(시행령 제22조 제2항, 제23조 제2항).

(4) 대상물의 예탁

교환사채를 발행하는 회사는 교환청구에 대비하여 그에 필요한 주식 또는 유가증권을 한국예탁결제원에 예탁하여야 하고(시행령 제22조 제3항), 상환사채를 발행하는 회사는 해당기간 동안 상환에 필요한 주식 또는 유가증권을 한국예탁결제원에 예탁하여야 한다(시행령 제23조 제3항). 두 경우 모두 한국예탁결제원은 대상물이 신탁재산임을 표시하여 관리하여야 한다.

3. 파생결합사채

파생결합사채는 '유가증권이나 통화 또는 그밖에 시행령으로 정하는 자산이나 지표 등의 변동과 연계하여 미리 정하여진 방법에 따라 상환 또는 지급금액이 결정되는 사채'이다(제469조 제2항 제3호). 연계대상과 상환 또는 지급금액을 결정하는 방법은 이사회에서 정한다(시행령 제24조).

제5 사채관리회사와 사채권자집회

1. 사채관리회사

개정상법에서는 사채발행회사가 사채관리회사를 지정하여 변제의 수령, 채권의 보전, 기타 사채의 관리를 위탁할 수 있도록 하고 있다(제480조의2). 개정전 상법에서의 수탁회사의 역할과 임무는 사채의 모집사무에 한정시키고 그 후의 관리업무는 신설된 사채관리회사가 맡게 될 것이다.

2. 사채권자집회

사채권자집회는 분산된 사채권자의 의사를 결집시킬 수 있는 조직인 동시에 회사와 사채권자들 간의 의사전달의 통로(창구) 기능을 수행하는 기구이다. 사채권자집회는 상법에서 정한 사항과 사채권자의 이해관계가 있는 사항을 결의한다(제490조).

사 례 11

A 주식회사는 2013. 4. 1. 사모(私募) 방법으로 전환사채를 발행하였다(발행가액 10억원, 만기 2015. 3. 31., 전환가격 50,000원, 전환기간 2013. 10. 1.부터 2015. 3. 31.까지 이자 연 6%). 그 중 5억원은 계열회사인 B 주식회사에게, 나머지 5억원은 B회사의 대주주 甲에게 발행하였다. A회사의 정관에서는 이사회결의를 거쳐 전환사채를 발행할 수 있도록 규정하고 있다.

위 전환사채의 발행을 위한 이사회는 2013. 3. 25. 개최되어 이사 총원 6인중 3인이 참석하여 전원 찬성하였고, 출장중인 1인의 이사는 서면으로 동의함으로써 전환사채 발행사항이 의결되었다. 위 전환사채 발행당시 A회사의 1주식 가격은 54,000원이었다. B회사와 甲은 2014. 7. 1. 그들이 인수한 전환사채 전부에 대하여 전환권을 행사하여 주식을 취득하였는데 이들의 전환권 행사 시점에서 A회사의 1주식 가격은 120,000원이었다. A회사의 소액주주 乙은 위 전환사채 발행의 무효를 주장하고자 한다.

(1) 위 전환사채의 발행이 A회사의 주주의 신주인수권을 침해한 것이 되는가.

(2) A회사는 정관의 규정으로써 전환사채 발행에 관한 상법상의 제한을 회피할 수 있는가.

(3) 전환사채 발행의 효력은 누가 어떻게 언제까지 다툴 수 있는가.

(4) 이사회 결의의 하자를 이유로 전환사채 발행의 무효를 주장할 수 있는가.

〈샘플 답안〉

Ⅰ. 논점의 정리

1. A 주식회사는 주주 이외의 제3자에게 전환사채를 발행했는데, 전환사채의 경우 전환권이 행사되면 신주가 발생된 것과 동일한 효과를 가져오므로 기존 주주의 신주인수권을 침해할 우려가 있어 상법(이하 법명 생략함) 제513조 제3항은 제3자에의 사채발행에 관한 요건을 규정하고 있다. 설문의 사채발행이 요건에 위반하지는 않았는지 문제된다.

2. 정관규정으로 전환사채발행에 관한 상법상 제한을 회피할 수 있는지 문제된다.

3. 신주발행과는 달리 사채발행의 경우 무효의 소가 상법상 규정되어있지 않고 신주발행의 소를 준용하고 있지도 않은 바, 주주 乙이 전환사채발행의 무효를 다툴 수 있는지 문제된다.

4. 이사회결의의 하자를 이유로 전환사채발행의 무효를 주장할 수 있는지 대외적 ·

집단적 행위인 사채발행의 성질과 관련하여 문제된다.

Ⅱ. 전환사채의 의의

1. 의 의

회사는 전환사채를 발행할 수 있다(제513조 제1항). 전환사채란 발행 후 일정한 시기에 발행회사의 신주로 전환할 수 있는 특수사채를 의미한다. 전환사채권자는 투자자로서 사채의 안정성과 주식의 투기성을 비교·교량하여 행사할 수 있고, 회사로서는 전환으로 사채상환의 효력이 있고, 자금조달이 용이하다는 이점이 있다.

2. 문제점

전환사채는 전환되면 신주의 발행과 유사한 성격을 가지게 되므로 기존주주의 지위에 중대한 영향을 미칠 수 있다. 따라서 상법은 전환사채발행유지청구 및 통모인수인의 책임(제516조 제1항, 제424조, 제424조의2) 등을 규정하여 전환사채 발행을 규제하고 있다.

Ⅲ. 전환사채발행의 방식 및 요건

1. 전환사채발행의 방식

전환사채는 주주에게 발행하는 방식과 주주 이외의 자에게 발행하는 방식이 있다. 주주 이외의 자에게 발행하는 경우 특정인에게 전환사채인수권이 부여된 제3자 배정과 인수권이 없는 모집의 방식이 있다.

전환사채가 발행되면 후에 신주를 인수할 수 있는 가능성이 생기게 된다. 특히 주주 이외의 자나 일부 주주에게 발행된 사채가 신주로 전환되게 되면 그 비율에 따라 회사지배의 왜곡이 생기게 되며, 주식의 가치는 희석화 된다. 따라서 전환사채의 제3자인수의 경우 주주보호의 필요성이 크다. 상법은 제513조 제3항에서 전환사채의 제3자인수의 경우에도 정관의 규정이나 주주총회 특별결의를 요하도록 규정하고 있다.

2. 제3자에의 전환사채발행의 요건

(1) 정관의 규정

정관에는 전환사채의 액, 전환의 조건, 전환으로 인하여 발행할 주식의 내용과 전환을 청구할 수 있는 기간에 관하여 규정이 있어야 하며 그 기재는 상당하여야 한다. 그러나 구체적·획일적으로 정할 필요는 없고, 일응의 기준만을 마련해두고 구체적인 조건 등을 이사회가 결의하는 것으로 규정해도 정관은 적법하다는 것이 판례이다.

전환사채 발행은 경영상황에 따라 신속히 결정되어야 할 수 있어야 하므로 정관에는 일응의 기준만 두고 나머지는 이사회에 위임하는 것도 적법하다고 보는 것이 타당하다. 그러나 사안의 경우 A회사의 정관은 이사회결의를 거쳐 전환사채를 발행할 수 있는 근거는 규정하고 있으나, 개별적 발행사항에 대해서는 전혀 규정하고 있지 않으므로 위법하다.

(2) **경영상의 목적**

주주 외의 자에게의 전환사채 발행은 신기술의 도입, 재무구조의 개선 등 회사의 경영상 목적을 달성하기 위하여 필요한 경우에만 할 수 있다(제513조 제3항, 제418조 제2항). 이는 전환사채가 주식으로 전환될 경우 신주발행과 다를 바 없으므로 기존 주주의 출자금액의 비례가치가 침해되지 않도록 전환사채 발행을 제한하는 취지라 할 수 있다.

지배권 유지를 위한 편법적 주식 상속의 목적으로 전환사채가 발행된 경우에 대하여는 그 효력유무에 대한 학설의 대립이 있다. ① 유효설은 전환사채의 경우 신주발행무효의 소를 준용하고 있지 않다는 점, 경영권 방어도 일종의 경영상 목적으로 볼 수 있다는 점을 그 근거로 하고 있으며, ② 무효설은 전환사채의 발행이 지배주주의 경영권 확보수단으로 악용되는 것은 허용되지 않으며 이러한 전환사채 발행은 내부거래에 국한될 것이므로 무효로 보아도 거래의 안전을 해하지 않는다는 점을 근거로 한다. ③ 판례는 무효로 본 판결과 유효로 본 판결이 하급심 판결이 모두 존재하고 있다. ④ 검토해보면, 경영권 방어를 위한 전환사채의 발행은 상법의 제한 규정을 잠탈하여 일반 주주의 이익을 침해하므로 무효로 보는 것이 타당하다.

계열회사인 B회사와 그 회사의 대주주 甲에게 전환사채를 발행한 것은 경영상 목적을 달성하기 위하여 필요한 경우가 아닌, 지배권 승계나 지배권 유지 등의 목적으로 볼 수 있어 위법하다.

(3) **발행가액이 현저히 불공정하지 아니할 것**

발행가액은 공정해야 한다. 전환사채권자의 이익만을 위해 발행가액을 현저히 낮게하여 발행하면 나중에 주식으로 전환된 경우 주식의 희석화에 의해 회사의 자본구조가 약화되어 회사법상 자본충실이념에 반하기 때문이다.

사안의 경우 발행당시 주식가격은 54,000원, 전환가격은 50,000원이었는 바, 현저히 불공정하다고 보이지 않는다. 불공정여부의 판단은 주가조작 등의 위법한 수단이 개입된 경우를 제외하고는 원칙적으로 전환사채 발행당시를 기준으로 해야할 것이므로 B회사와 甲이 전환권 행사시 주식가격이 120,000원이라는 사정은 공정성의 판단에 고려되지 않아야 한다.

3. 주주총회 특별결의 없이 한 전환사채발행의 효력

상법은 주주 이외의 자에게 전환사채발행시 정관에 규정이 없으면 주주총회의 특별결의를 거치도록 규정하고 있는데(제513조 제3항), 정관에 주주총회의 특별결의 없이 이사회결의만으로 주주 이외의 자에게 전환사채를 발행할 수 있도록 규정하여 전환사채발행에 관한 상법상의 제한을 회피할 수 있는지 문제된다.

회사는 정관에 전환사채발행에 대한 규정을 둘 수 있고, 이는 이사회결의, 주주총회 특별결의에 우선하여 적용된다. 그러나 정관규정의 효력을 인정할 수 있으려면 발행의 중요사항에 대하여 정관에 구체적이고도 명확한 규정이 필요한데, 사안의 A회사 정관은 전환사채발행의 근거는 규정하고 있으나 실질적으로 개별적인 발행사항에 대해서는 전혀 규정하고 있지 않다.

또한 주주 이외의 자에게 전환사채를 발행하기 위한 상법상의 요건은 강행규정이고, 이러한 상법상 규정을 회피하는 정관 규정은 무효로 보아야 한다.

4. 소 결

사안의 경우 A회사의 정관은 이사회결의를 거쳐 전환사채를 발행할 수 있는 근거는 규정하고 있으나, 개별적인 발행사항에 대해서는 전혀 규정하고 있지 않다. 또한 A회사의 전환사채발행은 주주 이외의 자에게 전환사채를 발행한 경우에 해당됨에도 불구하고, 정관으로 주주총회 특별결의 없이 이사회결의만으로 전환사채를 발행한 경우로서 강행규정인 제513조 제3항에 위반되어 위 정관규정은 무효에 해당한다.

Ⅳ. 전환사채발행의 무효를 다투는 방법

1. 문제점

제516조는 신주발행유지청구권에 관한 제424조와, 불공정한 가액으로 주식을 인수한 자의 책임에 관한 제424조의2 규정을 준용하고 있다. 그러나 신주발행 무효의 소에 관한 제429조 규정을 준용하지 않고 있어 사후적 제재수단인 신주발행무효의 소 규정의 유추적용을 인정할 것인지에 대한 학설대립이 있다.

2. 학 설

(1) 긍정설

전환사채의 경우 전환권이 행사되면 신주가 발행되는 것은 신주발행과 동일하고 따라서 주주의 신주인수권 보호차원에서 당연히 제429조의 신주발행무효의 소를 유추적용할 수 있다는 견해이다.

(2) 부정설

무효의 소는 형성의 소로서 대세효를 갖는 등의 효력이 있으므로 법적 안정성을 위해 명문의 규정이 없고 준용규정도 결여되어 있는 이상 유추적용을 할 수 없다는 견해이다.

3. 판 례

판례는 전환사채가 장차 주식으로 전환될 수 있는 권리를 가지고 있어 전환사채발행은 사실상 신주발행과 같으므로 전환사채발행에 무효사유가 있는 경우 신주발행무효의 소에 관한 제429조를 전환사채에 유추적용할 수 있다고 하여 전환사채발행무효의 소를 인정하였다.

4. 검 토

전환사채발행 이후의 법률관계가 신주의 발행과 비슷하다는 점 및 전환사채발행이 기존 주주 등에게 미치는 영향의 중대성에 비추어볼 때 전환사채 발행의 무효도 소로써 다툴 필요가 있고, 무효가 되는 요건을 엄격히 하면 법적안정성의 침해도 방지할 수 있으므로 유추적용을 인정하는 긍정설과 판례의 태도가 타당하다. 다만 제516조에서 준용규정을 결여한 것은 입법상 오류라고 보여지며 준용규정을 두는 것이 바람직하다.

5. 전환사채발행무효의 소

전환사채발행무효의 소는 신주발행무효의 소에 관한 규정(제429조~제432조)이 유추적용되므로 소의 성질은 형성소송으로 무효 판결이 있기까지는 전환사채 발행은 유효하고, 제소권자는 주주·이사·감사에 한하고, 제소기간은 전환사채를 발행한 날로부터 6개월 내에 소로써만 그 무효를 주장할 수 있다.

사안의 경우 2013. 4. 1. 전환사채를 발행하였고, 2013. 10. 1.까지 소를 제기할 수 있으나, 2014. 7. 1. 전환권을 행사하였으므로 결국 제소기간은 도과하였다.

V. 전환사채 발행의 효력

1. 이사회결의의 하자 유무

이사회결의 없이 또는 이사회결의에 하자가 있는 경우 전환사채발행의 효력이 문제된다. 이사회 결의는 이사 과반수 출석과 출석 과반수로 한다(제391조 제1항). 결의 방법에 대해서는 상법상 규정이 없고 어떠한 방법으로든 가능하다. 회사가 이사의 개인적 능력을 신뢰하여 회사의 업무집행을 수행케 하는 것에 비추어 주주총회 특별결의와는 달리 이사회결의에 있어 의결권의 대리행사나 서면동의는 인정되지 않는다고 본다.

설문의 경우 출장중인 1인의 이사는 참석하지 않고, 서면으로만 동의하였는데 그 의결권 행사는 무효이므로 이사회의 과반수에 미치지 못하는 3인의 출석으로 이사회 결의가 이루어진 것으로 결의에 하자가 있다. 이사회결의에 하자가 있는 경우 그 무효는 당연무효로서 누구든지 또한 어떠한 방법으로든 주장할 수 있다는 것이 학설과 판례의 태도이다.

2. 이사회결의가 무효인 경우 전환사채발행의 효력

(1) 학 설

이사회결의 없이 신주발행된 경우의 효력에 관한 논의가 여기에도 적용될 수 있다. ①이사회결의는 대내적 과정에 불과하고 사채의 발행은 대외적 행위이므로 상대방보호 및 법률관계의 획일적 처리를 위해 유효하다는 유효설, ② 이사회결의는 전환사채발행의 유효요건이므로 무효라는 무효설, ③ 원칙적으로는 무효이나 상대방이 선의 · 무과실일 경우에는 유효하다는 상대적 무효설이 대립한다.

(2) 판 례

전환사채발행의 경우 대외적 · 집단적 행위로서 다수의 이해관계인의 이해가 관련되어 있는 만큼, 이사회결의에 하자가 있는 전환사채 발행이라 할지라도 무효사유는 중대하여야 하므로 회사법상 수권자본제도, 자본충실이념 등의 침해가 있지 않은 한 무효가 아니며, 지배주주와 가까운 관계 또는 전환가격이 발행당시 주가보다 낮은 사정 등은 전환사채발행유지청구권의 사유는 될 수 있을지언정 무효를 주장할 만한 사유는 되지 않는다고 보았다.

(3) 검 토

전환사채발행은 대외적 거래인 동시에 집단적 행위로서 다수인의 이해관계가 문제되므로 이사회결의의 하자 즉 대내적 문제로서 무효를 주장하는 것은 회사의 이익과 거래안전의 보호를 해칠 우려가 있어 상대방의 악의 · 과실을 회사가 입증하지 못하는 한 유효이다. 통설과 판례의 입장이 타당하다.

Ⅵ. 사안의 해결

A회사의 정관은 이사회결의를 거쳐 전환사채를 발행할 수 있는 근거는 규정하고 있으나, 개별적인 발행사항에 대해서는 전혀 규정하고 있지 않다. 또한 주주 이외의 자에게 전환사채를 발행하기 위한 요건을 규정한 상법상의 규정은 주주의 신주인수권을 보호하고, 전환사채발행을 통한 대기업의 법적상속을 규제하기 위한 개정상법의 취지상 강행규정으로 보아야 하므로 이에 위반한 정관규정은 무효라고 본다.

따라서 이사회결의만으로 전환사채를 발행할 수 있도록 한 A회사의 정관규정은 무효로서 이에 기한 주주 이외의 자에 대한 전환사채발행은 주주의 신주인수권을 침해한 위법이 있다.

전환사채발행에 무효원인이 있는 경우 신주발행무효의 소의 규정을 준용하여 주주 · 이사 · 감사가 소로써, 전환사채를 발행한 날로부터 6개월 내에 그 무효를 주장할 수 있는데, 사안의 경우 2013. 4. 1. 전환사채를 발행하였고, 2013. 10. 1.까지 소를 제기할 수 있었으므로 이미 제소기간이 도과하였다.

상대방의 악의 · 과실을 입증하지 못하는 한 이사회결의의 하자를 이유로 전환사채발행의 무효를 주장하지는 못한다.

제 9 절 해산과 청산

제1 주식회사의 해산

1. 해산사유

주식회사는 존립기간의 만료 기타 정관으로 정한 사유의 발생, 합병, 파산, 법원의 명령 또는 판결 외에 주주총회의 해산결의에 의하여 해산한다(제517조). 이들 사유 중 법원의 해산명령과 해산판결에 관하여는 회사법총론 부분에서 설명하였다. 해산결의는 특별결의의 요건(제434조)을 갖추어야 한다. 회사가 존립기간의 만료 기타 정관에 정한 사유의 발생 또는 주주총회의 결의에 의하여 해산한 경우에는 다시 주주총회의 특별결의를 거쳐서 회사를 계속할 수 있다(제519조).

회사가 해산한 때에는 파산의 경우를 제외하고 이사는 지체없이 주주에 대하여 그 통지를 하여야 한다(제521조).

주식회사의 해산사유에서 특별한 것으로는 주주가 1인으로 줄어들더라도 해산하지 않는다는 것과 휴면회사는 해산한 것으로 의제되는 것이 있다. 휴면회사의 해산에 관하여는 따로 설명한다.

2. 휴면회사의 해산의제

(1) 의 의

휴면회사라 함은 상당히 오랫동안 등기를 하지 않았기 때문에 사업활동을 중단한 것으로 보아 해산을 의제하기 위한 개념이다. 정상적으로 사업활동을 수행하는 회사라면 신주발행, 이사·감사의 교체 등으로 몇년에 한번은 변경등기가 필요하다. 따라서 최후의 등기후 5년 동안이나 등기를 한 적이 없다는 사실로부터 해산을 의제하는 것은 주식회사제도의 남용을 막을 수 있고 그 회사상호를 다른 기업이 사용할 수 있게 한다. 그밖에 휴면회사를 사업중의 회사로 오인한 제3자의 보호를 위하여도 해산의제는 필요하다.

상법은 법원행정처장의 공고를 통하여 휴면회사의 해당여부를 명확하게 하고 있다. 즉 최후의 등기후 5년을 경과한 회사를 대상으로 본점소재지를 관할하는 법원에 아직 영업을 폐지하지 아니하였다는 뜻을 신고할 것을 법원행정처장이 관보로써 공고함으로써(제520조의2 제1항) 휴면회사의 해산의제절차가 개시된다. 법원행정처장의 위 공고가 있는 때에는 법원은 해당회사에 대하여 그 공고가 있었다는 뜻의 통지를 발송하여야 한다(제520조의2 제2항).

(2) 해산의제

위와 같은 법원행정처장의 공고가 있은 경우에 그 공고일을 기준으로 최후의 등기 후 5년을 경과한 회사가 그 공고일로부터 2월 이내에 영업을 폐지하지 않았음을 신고하지 아니하면 그 회사는 신고기간(2월)이 만료된 때에 해산한 것으로 본다. 신고기간 내에 등기를 하였다면 위 신고는 필요없고 해산의제도 당하지 않는다(제520조의2 제1항).

(3) 회사계속 또는 청산의제

휴면회사로서 해산이 의제된 회사는 그 후 3년 이내에 주주총회의 특별결의에 의하여 회사를 계속할 수 있다(제520조의2 제3항). 해산의제된 휴면회사가 회사를 계속하지 아니한 경우에는 그 3년이 경과한 때에 청산이 종결된 것으로 의제된다(제520조의2 제4항). 휴면회사는 청산종결의 의제로써 법인격을 상실한다. 다만 이러한 청산의제의 경우에 현실적으로 청산이 완료되지 아니하였다면 그 범위에서 법인격이 소멸하지 아니한 것으로 다룰 수밖에 없다(대결 1991. 4. 30, 90마672).

제2 주식회사의 청산

1. 의 의

주식회사가 해산을 하면 합병과 파산의 경우를 제외하고 청산절차를 밟게 된다. 청산절차에 들어간 회사를 '청산중의 회사'라고 하며 청산중의 회사 역시 해산전의 회사와 같이 법인격은 유지되지만 청산의 목적범위 내에서 권리능력을 가진다. 그밖에 주식회사의 청산에는 합명회사의 청산에 관한 규정이 대부분 준용된다(제542조 제1항). 다만 합명회사의 경우는 청산방법을 정관이나 총사원의 동의로 정할 수 있는데 반하여, 주식회사의 경우는 주주들에 의한 청산방법의 선택은 허용되지 않고 상법의 규정에 따른 청산절차만 인정된다.

대판 2002. 10. 11, 2001다84381 원·피고가 현금과 현물(토지)을 출자하여 공동으로 주식회사를 설립하여 운영하고, 그 회사를 공동으로 경영함에 따르는 비용의 부담과 이익의 분배를 지분 비율에 따라 할 것을 내용으로 하는 동업계약은 원·피고의 공동사업을 주식회사의 명의로 하고 대외관계 및 대내관계에서 주식회사의 법리에 따름을 전제로 하는 것이어서 이에 관한 청산도 주식회사의 청산에 관한 상법의 규정에 따라 이루어져야 한다.

2. 청산중의 회사의 기관

청산절차가 개시되더라도 주주총회와 감사는 그대로 그 기능과 권한을 유지한다. 그러나 회사가 해산전의 사업활동을 수행할 수는 없으므로 이사·이사회·대표이사는 그 지위를 잃고 청산인·청산인회·대표청산인이 청산업무를 집행한다.

(1) 청산인

정관에 다른 정함이 있거나 주주총회에서 별도로 청산인을 선임하지 않는 한 이사가 청산인이 된다(제531조 제1항). 청산인이 될 자가 없는 때에는 이해관계인의 청구에 의하여 법원이 청산인을 선임한다(제531조 제2항).

해산명령이나 해산판결에 의하여 해산하는 경우에는 이사가 청산인이 되는 것이 아니고 주주 등 이해관계인이나 검사의 청구에 의하여 또는 직권으로 법원이 청산인을 선임한다(제542조 제1항, 제252조). 감사는 청산인이 되지 못한다(제542조 제2항, 제411조).

청산인은 법원이 선임한 경우 외에는 언제든지 주주총회의 보통결의로 해임할 수 있다(제539조 제1항). 청산인이 그 업무를 집행함에 현저하게 부적임하거나 중대한 임무에 위반한 행위가 있는 때에는 발행주식의 100분의 3 이상에 해당하는 주식을 가진 주주는 법원에 그 청산인의 해임을 청구할 수 있다(제539조 제2항).

청산인은 이사와는 달리 상법에 정원에 관한 규정이 없으므로 1인이라도 무방하고 그 경우에는 그 자가 대표청산인이 된다(대판 1989. 9. 12, 87다카2691). 청산인은 그 임기가 법정되어 있지 아니하며 청산사무 종결시까지 재임한다. 청산인 결원시의 퇴임청산인의 권리의무 및 청산인의 직무를 행할 임시청산인의 선임에 관하여는 이사에 관한 해당규정이 준용된다(제542조 제2항, 제386조). 그밖에도 청산인과 회사와의 관계, 청산인의 보수, 청산인의 회사와 제3자에 대한 책임 등 제반 사항에 이사에 관한 해당규정이 모두 준용된다(제542조 제2항).

(2) 청산인회와 대표청산인

수인의 청산인이 있는 경우 청산인회를 구성하며 청산인회의 의사결정에 따라 대표청산인이 청산사무를 집행하고 청산중의 회사를 대표한다. 청산인회의 제반 법률관계에는 이사회에 관한 해당 규정이 준용되고 대표청산인에 관하여는 대표이사에 관한 해당 규정이 준용된다(제542조 제2항).

3. 청산사무

청산인이 집행하여야 할 청산사무의 내용은 기본적 사무와 부수적 사무로 나누어 볼 수 있다.

(1) 기본적 사무

주식회사의 청산사무 역시 합명회사의 그것과 같이 현존사무의 종결, 채권의 추심과 채무의 변제, 재산의 환가처분, 잔여재산의 분배 등을 내용으로 한다(제542조 제1항, 제254조 제1항). 주식회사의 청산사무에 특히 정하여진 상법 규정을 중심으로 설명하기로 한다.

(가) 채무의 변제

청산인은 취임한 날로부터 2월 내에 회사채권자에 대하여 일정한 기간(2개월 이상이라야 함)내에 그 채권을 신고할 것과 그 기간 내에 신고하지 않으면 청산에서 제외된다는 뜻을 2회 이상의 공고로써 최고하여야 한다(제535조 제1항). 한편 청산인이 알고 있는 채권자에 대하여는 개별적으로 그 채권신고를 최고하여야 하고 그 채권자가 신고하지 않았다 하더라도 그 채권을 청산에서 제외하지 못한다(제535조 제2항). 이미 회사를 상대로 소송이 제기되어 있는 채권은 그 신고가 없더라도 청산에서 제외할 수 없다(대판 1968. 6. 18, 67다2528).

청산인은 위 신고기간 내에는 채권자에게 변제를 하지 못한다. 그렇다고 하여 변제기가 유예되는 것은 아니고 지연배상을 하여야 한다(제536조 제1항). 예외적으로 청산인은 소액의 채권, 담보있는 채권, 기타 변제로 인하여 다른 채권자를 해할 염려가 없는 채권에 대하여는 법원의 허가를 얻어 변제할 수 있다(제536조 제2항).

채권신고기간이 경과하면 변제가 개시된다. 변제기가 도래하지 아니한 채무도 중간이자를 공제하여 변제할 수 있고 조건부채권, 존속기간이 불확정한 채권, 기타 가액이 불확정한 채권은 법원이 선임한 감정인의 평가에 의해 변제하여야 한다(제542조 제1항, 제259조). 회사재산이 채무를 변제하기에 부족한 때에는 청산인은 지체없이 파산선고를 신청하여야 한다(제542조 제1항, 제254조 제4항, 민법 제93조).

신고를 게을리하여 청산에서 제외된 채권자는 주주에게 분배되지 아니한 잔여재산에 대해서만 변제를 청구할 수 있다(제537조 제1항). 일단 주주 일부에 대하여 재산의 분배가 있었으면 나머지 주주들에게까지 그와 같은 비율로 분배할 금액을 공제하고 남는 잔여재산에 대하여서만 청산에서 제외된 채권자가 변제를 청구할 수 있다(제537조 제2항).

(나) 잔여재산의 분배

회사의 채무를 완제한 후에 남는 재산은 각 주주가 가진 주식수에 따라 주주에게 분배하여야 한다(제538조). 분쟁이 있는 채무에 대하여는 그 변제에 필요한 재산을 보류하고 잔여재산을 분배할 수 있다(제542조 제1항, 제260조). 회사가 잔여재산의 분배에 관하여 권리가 다른 종류주식을 발행한 경우에는 그에 따라 분배하여야 한다(제538조, 제344조 제1항).

(2) 부수적 사무

(가) 청산인 신고

청산인은 취임한 날로부터 2주간 내에 해산의 사유와 그 연월일, 청산인의 성명, 주민등록번호 및 주소를 법원에 신고하여야 한다(제532조).

(나) 회사재산의 조사보고

청산인은 취임후 지체없이 회사의 재산상태를 조사하여 재산목록과 대차대조표를 작성하고 이를 주주총회에 제출하여 그 승인을 받아야 하고 주주총회의 승인을 받은 재산목록과 대차대조표를 지체없이 법원에 제출하여야 한다(제533조).

(다) 대차대조표 등의 공시와 승인

청산인은 정기총회회일로부터 4주간 전에 대차대조표 및 그 부수명세서와 사무보고서를 작성하여 감사에게 제출하여야 한다. 감사는 정기총회회일로부터 1주간 전에 위의 서류에 관한 감사보고서를 청산인에게 제출하여야 한다. 청산인은 정기총회회일의 1주간 전부터 위의 서류와 위의 서류에 관한 감사보고서를 본점에 비치하여야 한다. 상법 제448조 제2항의 규정은 위의 서류와 그 감사보고서에 관하여 이를 준용한다. 청산인은 대차대조표 및 사무보고서를 정기총회에 제출하여 그 승인을 요구하여야 한다(제534조).

4. 청산의 종결

(1) 결산보고서의 승인

청산사무가 종결한 때에는 청산인은 지체없이 결산보고서를 작성하고 이를 주주총회에 제출하여 승인을 얻어야 한다(제540조 제1항). 위의 승인이 있는 때에는 회사는 청산인에 대하여 그 책임을 해제한 것으로 본다. 그러나 청산인의 부정행위에 대하여는 그러하지 아니하다(제540조 제2항).

(2) 청산종결등기

청산이 종결된 때에는 청산인은 위 승인이 있은 날로부터 본점소재지에서는 2주간 내에, 지점소재지에서는 3주간 내에 청산종결의 등기를 하여야 한다(제542조 제1항, 제264조).

(3) 서류의 보존

회사의 장부 기타 영업에 관한 중요한 서류는 본점소재지에서 청산종결의 등기를 한 후 10년간 이를 보존하여야 한다. 다만 전표 또는 이와 유사한 서류는 5년간 이를 보존하여야 한다. 위의 보존에 관하여는 청산인 기타의 이해관계인의 청구에 의하여 법원이 보존인과 보존방법을 정한다(제541조).

(4) 법인격의 소멸

청산사무가 현실적으로 종료된 때 청산회사의 법인격이 소멸한다. 청산사무가 일부라도 종료되지 않은 이상 청산종결의 등기가 되었더라도 회사의 법인격은 소멸하지 않는다.

제10절 합병 · 분할

근래 기업구조조정(구조개편, restructuring)의 필요에 따라 주식회사의 합병과 분할이 과거보다 큰 의미를 가지게 되었다. 일견 합병은 기업의 규모를 확대시키는 수단이고 분할은 기존의 기업을 세분화하는 수단으로 보이지만 분할의 한 종류인 분할합병의 경우는 '헤쳐 모여'의 성격을 가지는 것으로서 당사회사 중 일부의 규모를 키우는 결과를 낳기도 한다.

제1 주식회사의 합병

Ⅰ. 총 설

회사의 합병은 주식회사에 한정되는 것은 아니고 여러 종류의 회사 모두에게 허용되는 기업개편수단이다. 상법에서 정한 합병절차에 따라 합병당사회사의 일부 또는 전부가 해산하고 그 재산이 청산절차를 거치지 않고 포괄적으로 존속회사 또는 신설회사로 이전함과 동시에 사원 또는 주주가 존속회사 또는 신설회사의 사원 또는 주주로 되는 회사간의 행위가 합병이다. 회사간의 합병에 공통되는 문제는 이 책 제1장 제5절에서 이미 다루었으므로 이하에서는 주식회사의 합병에 고유한 부분만 설명하기로 한다.

주식회사의 합병이라 함은 다른 주식회사와의 합병이 대부분을 차지하지만 합명회사 · 합자회사와 같은 인적회사와 합병할 수 있고 유한책임회사 또는 유한회사와 합병할 수도 있다. 이 경우 존속회사 또는 신설회사가 주식회사이면 된다(제174조 제2항). 합병에 있어서 당사회사의 주주들은 상대방회사의 재산상태나 합병의 조건에 따라 심각한 불이익을 당할 수 있으므로 상법에서는 당사회사의 대표자들에 의하여 작성된 합병계약을 당사회사의 주주총회의 승인을 받게 하고 있다.

회사채권자 입장에서도 합병 후의 존속회사 또는 신설회사의 재정상태가 소멸회사의 그것과 차이가 있을 수 있으므로 회사채권자의 이익을 보호하는 절차도 필요하다. 그 밖에 신설회사의 정관작성, 해산회사의 주주에 대한 신설회사의 주식배정, 합병절차의 조사를 위한 보고총회 또는 창립총회 등을 거쳐 합병등기로써 합병절차가 종료된다. 합병은 그 효력이 발생하기까지 일련의 계속되는 절차로서 적법성과 적정성의 검토가 중요하다.

자본시장법상 주권상장법인은 합병시 그 요건, 방법 등에 관하여 특칙이 규정되어 있고, 이 경우 투자자 보호 및 건전한 거래질서를 위하여 외부의 전문평가기관으로부터 합병가액 등에 대하여 평가를 받아야 한다(자본시장법 제165조의 4).

Ⅱ. 합병절차

1. 합병계약서의 작성

주식회사의 합병에 앞서서 합병당사회사의 실무진간에 합병의 조건에 관한 협상이 진행될 것이며 그 성과가 모아지면 서면화되고 이것이 합병계약서이다. 합병계약서에 대한 주주총회의 승인을 거쳐 당사회사의 대표이사간에 합병계약이 체결되게 된다. 상법에서는 합병계약서의 기재사항을 흡수합병과 신설합병의 경우로 나누어 규정하고 있다.

(1) 흡수합병시의 법정기재사항

합병 당사회사 중 일방이 합병후 존속하는 흡수합병의 경우에는 합병계약서에 다음 사항을 기재하여야 한다(제523조).

① 존속회사가 합병으로 인하여 그 발행할 주식의 총수를 증가하는 때에는 그 증가할 주식의 총수, 종류와 수

② 존속회사의 증가할 자본금과 준비금의 총액

③ 존속회사가 합병당시에 발행하는 신주의 총수, 종류와 수 및 소멸회사의 주주에 대한 신주의 배정에 관한 사항

④ 존속회사가 합병으로 인하여 소멸회사의 주주에게 그 대가의 전부 또는 일부로서 금전이나 그 밖의 재산을 제공하는 경우에는 그 내용 및 배정에 관한 사항

⑤ 합병 당사회사에서 합병의 승인결의를 할 사원총회 또는 주주총회의 기일

⑥ 합병을 할 날

합병계약서 기재사항으로서의 '합병을 할 날'은 합병의 효력발생일과는 연결이 없다. 합병의 효력은 합병등기를 한 날에 발생하는데 계약단계에서 등기일을 미리 예정할 수는 없기 때문이다. 합병에 필요한 사실상의 조치를 마쳐야 할 시한 정도의 의미를 가지는 것으로 이해하면 될 것이다.

⑦ 존속회사의 정관을 변경하기로 한 경우는 그 규정

존속회사에서의 합병계약서의 승인결의의 정족수요건이나 정관변경결의의 요건이나 모두 특별결의의 요건을 갖추어야 하므로(제522조 제3항, 제434조) 승인결의를 거침으로써 별도로 정관변경결의까지 이루어진 것으로 볼 수 있을 것이다.

⑧ 합병회사가 합병으로 인하여 이익배당을 할 때에는 그 한도액

합병계약 당시 당사회사의 재정상태를 감안하여 합병비율이 정해졌기 때문에 그 이후 일부회사가 배당으로 자금유출을 하게 되면 상대방 회사의 주주들에게 불이익이 발생하게 되므로 합병계약서 작성단계에서 배당유출의 한도액을 설정하도록 한 조치이다.

⑨ 존속회사에 취임할 이사와 감사 또는 감사위원회의 위원을 정한 때는 그 성명 및 주민등록번호

회사규모의 확대에 따라 증원되는 이사 등이 있을 경우 그 선임을 위한 주주총회 개최를 생략하기 위한 조치이다. 특히 보고총회를 신문공고로 갈음할 때(제526조 제3항) 유용할 것이다.

대판 2008. 1. 10, 2007다64136 상법 제523조 제2호가 흡수합병계약서의 절대적 기재사항으로 '존속하는 회사의 증가할 자본'을 규정한 것은 원칙적으로 자본충

실을 도모하기 위하여 존속회사의 증가할 자본액(즉, 소멸회사의 주주들에게 배정・교부할 합병신주의 액면총액)이 소멸회사의 순자산가액 범위 내로 제한되어야 한다는 취지라고 볼 여지가 있기는 하나, 합병당사자의 전부 또는 일방이 주권상장법인인 경우 그 합병가액 및 합병비율의 산정에 있어서는 증권거래법과 그 시행령 등이 특별법으로서 일반법인 상법에 우선하여 적용되고, 증권거래법 시행령 제84조의7 소정의 합병가액 산정기준에 의하면 주권상장법인은 합병가액을 최근 유가증권시장에서의 거래가격을 기준으로 재정경제부령이 정하는 방법에 따라 산정한 가격에 의하므로 경우에 따라 주당 자산가치를 상회하는 가격이 합병가액으로 산정될 수 있고, 주권비상장법인도 합병가액을 자산가치・수익가치 및 상대가치를 종합하여 산정한 가격에 의하는 이상 역시 주당 자산가치를 상회하는 가격이 합병가액으로 산정될 수 있으므로, 결국 소멸회사가 주권상장법인이든 주권비상장법인이든 어느 경우나 존속회사가 발행할 합병신주의 액면총액이 소멸회사의 순자산가액을 초과할 수 있게 된다. 따라서 증권거래법 및 그 시행령이 적용되는 흡수합병의 경우에는 존속회사의 증가할 자본액이 반드시 소멸회사의 순자산가액의 범위 내로 제한된다고 할 수 없다.

(2) 신설합병시의 법정기재사항

신설합병시에 합병계약서에 기재하여야 할 사항은 흡수합병시의 합병계약서의 기재사항에 덧붙여 회사설립을 위한 신설회사의 목적, 상호, 수권자본, 1주의 금액, 종류주식을 발행할 때에는 그 종류 및 수와 본점소재지를 기재하여야 한다(제524조). 신설합병의 경우에는 금액만 지급할 수 있고 금전이외의 재산을 교부할 수 없다(제523조, 제524조 각각의 제4호 비교).

(3) 임의적 기재사항

법정기재사항에 더하여 합병계약서의 내용에 포함되는 것으로는 합병계약체결후의 회사재산에 대한 선관의무, 합병계약의 변경・해제, 종업원의 지위 변경사항 등이 흔한 예이다. 다만 존속회사는 소멸회사의 피용자와의 고용관계를 포괄적으로 승계하므로 고용관계에 변경이 있다면 이는 합병계약의 내용으로 규율될 대상은 아니고 존속회사와 소멸회사의 피용자간에 합의에 따라 정해질 문제이다.

2. 합병계약서의 사전공시

합병승인 결의에 앞서 당사회사의 주주는 합병계약의 내용 특히 합병비율을 알아야 할 필요가 있다. 각 당사회사의 이사는 합병승인결의를 위한 주주총회의 2주전부터 합병을 한 날(합병등기일) 이후 6월이 경과하는 날까지 합병계약서, 소멸회사의 주주에게 발행하는 주식의 배정사항과 그 이유를 기재한 서면, 합병당사회사의 대차대조표와 손익계산서를 비치하여야 한다(제522조의2 제1항). 주주와 회사채권자는 영업시간 내에는 언제든지 이 서류의 열람을 청구하거나 회사가 정한 비용을 지급하고 그 등본 또는 초본의 교부를 청구할 수 있다(제522조의2 제2항).

3. 합병승인결의

합병계약서의 승인은 주주총회의 특별결의사항이다. 출석한 주주의 의결권의 3분의 2 이상의 수와 발행주식총수의 3분의 1 이상의 수로써 하여야 한다(제522조 제1항, 제3항, 제434조). 합병계약의 중요내용(요령)은 합병승인을 위한 소집통지에 기재하여야 한다(제522조 제2항).

합병 당사회사 중에 합명회사나 합자회사가 있고 합병후에 존속하는 회사 또는 합병으로 신설되는 회사가 주식회사라면 당사회사인 합명회사 또는 합자회사의 합병계약서를 작성함에 있어서 총사원의 동의를 받아야 한다(제525조 제1항).

4. 반대주주의 주식매수청구권

합병계약서에 대한 주주총회결의에 앞서 이사회의 결의가 있는 때에 합병조건에 불만이 있다든지 하여 그 결의에 반대하는 주주는 주주총회 전에 우선 그 결의에 반대하는 의사를 서면으로 회사에 통지한 다음 총회결의일 20일 이내에 주식의 종류와 수를 기재한 서면으로 회사에 대하여 자기가 소유한 주식의 매수를 청구할 수 있다(제522조의3 제1항).

한편 소멸회사의 주주총회 승인결의를 필요로 하지 않는 간이합병의 경우에(제527조의2 제2항) 합병에 반대하는 주주는 주주총회의 승인없이 합병한다는 뜻의 공고 또는 통지를 한 날로부터 2주내에 회사에 대하여 서면으로 합병에 반대하는 의사를 통지한 다음 그 기간이 경과한 날부터 20일 이내에 주식의 종류와 수를 기재한 서면으로 회사에 자기소유 주식의 매수를 청구할 수 있다(제522조의3 제2항).

5. 채권자보호절차

합병 당사회사는 합병계약서에 대한 주주총회의 승인결의(간이합병 또는 소규모합병의 경우에는 이사회의 승인결의, 제527조의2, 제527조의3)가 있은 날로부터 2주내에 자기회사의 채권자에 대하여 합병에 이의가 있으면 1월 이상의 기간내에 이를 제출할 것을 공고하고, 알고 있는 채권자에 대하여는 개별적으로 이를 최고하여야 한다(제527조의5 제1항 · 제2항). 합명회사 합병시의 채권자보호절차에 관한 규정이 주식회사 합병에 준용된다(제527조의5 제3항).

6. 주식의 병합과 주식배정

합병으로 소멸하는 회사의 주주에게 존속회사 또는 신설회사의 주식을 배정함에 있어서 그 비율이 정확하게 1 : 1로 되는 경우는 극히 드물 것이다. 이것을 합병비율이라고 하는데 소멸회사의 주식 10주에 7주, 2주에 3주 등으로 교부비율이 정해지게 된다. 이러한 경우 절차의 원활한 진행을 위하여 소멸회사의 주식을 사전에 병합하거나 분할해두는 것이 필요하다. 이를 위하여 자본금감소절차에서의 주식병합에 관한 규정(제440조, 제441조)과 주식분할규정(제329조의2)이 준용된다(제530조 제2항 · 제3항). 단주처리에 관하여는 제443조가 준용된다(제530조 제3항).

7. 보고총회 · 창립총회

(1) 보고총회

흡수합병의 경우 합병절차가 종료되면 존속회사의 이사는 지체없이 주주총회를 소집하여 합병에 관한 사항을 보고하여야 하는데 이것을 보고총회라 한다(제526조 제1항). 이러한 보고는 보고에 그치고 승인결의를 받으라는 것은 아니다. 소멸회사의 주주는 존속회사의 주식을 받게 되는데 신주식을 받기 전이라도 보고총회에서 존속회사의 주주와 동일한 권리를 가진다(제526조 제2항). 이사회는 공고로써 보고총회의 개최를 갈음할 수 있다(제526조 제3항).

(2) 창립총회

신설합병의 경우 새로운 회사의 설립이 있게 되므로 합병절차가 종료된 후 설립위원은 지체없이 창립총회를 소집하여야 한다(제527조 제1항). 창립총회에서는 정관변경의 결의를 할 수 있으나 합병계약의 취지에 위반하는 결의는 하지 못한다(제527조 제2항). 신설합병시의 창립총회에도 주식회사 설립시의 창립총회에 관한 규정과 창립총회에 준용되는 주주총회의 규정이 다시 준용된다(제527조 제3항, 제308조 제2항). 신설합병시의 창립총회도 이사회의 공고로 갈음할 수 있다(제527조 제4항).

8. 합병의 사후공시

상법에서는 주주와 회사채권자의 이익보호를 위하여 합병관련서류의 사후공시의무를 부과하고 있다. 합병 종료후 존속회사 또는 신설회사의 이사는 채권자보호절차의 경과, 합병을 한 날, 소멸회사로부터 승계한 재산과 채무의 액, 기타 합병에 관한 사항을 기재한 서면을 합병을 한 날로부터 6월간 본점에 비치하여야 한다(제527조의6 제1항). 주주 및 채권자는 이 공시서류의 열람 또는 등·초본의 교부를 청구할 수 있다(제527조의6 제2항, 제522조의2 제2항).

이러한 사후공시는 보고총회와 창립총회를 이사회의 공시로 대체한 경우에 특히 중요성이 클 것이다.

9. 합병의 등기와 효력발생

지금까지 살펴본 합병의 법정 절차가 끝나면 존속회사에서는 변경등기, 해산회사는 해산등기, 신설회사는 설립등기를 하여야 하는데 존속회사 또는 신설회사의 이러한 등기에 의하여 합병의 효력이 발생한다(제530조 제2항, 제234조).

합병등기는 법이 정한 기산점으로부터 본점소재지에서는 2주간 내에 그리고 지점소재지에서는 3주간 내에 하여야 하며 그 기산점은 보고총회나 창립총회가 종결한 날을 가리키는데 보고총회나 창립총회가 생략되는 경우에는 그를 대체하는 이사회의 공고일이 기산점이 된다(제528조 제1항). 존속회사 또는 신설회사가 합병으로 인하여 전환사채 또는 신주인수권부사채를 승계한 때에는 합병등기와 함께 사채의 등기도 하여야 한다(제528조 제2항).

10. 합병의 무효

위에서 설명한 합병절차에 하자가 있더라도 그러한 합병이 곧바로 무효가 되는 것이 아니고 합병무효의 소라는 소송절차를 거쳐 무효화시킬 수 있을 뿐이다. 회사법률관계의 안정을 도모하고 획일적 처리가 이루어지도록 하기 위한 것으로 설립무효의 소 등 회사법상의 여러 소송제도와 그 취지를 같이 한다. 합병무효의 소는 합병등기일로부터 6월내에 각 당사회사의 주주 · 이사 · 감사 · 청산인 · 파산관재인 또는 합병을 승인하지 아니한 채권자가 제기할 수 있고 무효판결이 확정되더라도 소급효는 배제된다(제529조, 제530조 제2항, 제240조, 제190조). 회사합병에 관한 총괄적 설명(제1장 제5절)에서 합병무효의 소에 대하여 이미 상세하게 설명하였다(46면 이하).

11. 간이합병과 소규모합병

흡수합병에 있어서 거의 완전모회사에 가까운 회사에 흡수당한다거나 소멸회사의 주주 모두가 동의를 하였다거나 존속회사의 규모에 비하여 소멸회사의 규모가 특별히 작다거나 하는 특별한 사정이 있는 경우에 쌍방 회사 모두의 주주총회 승인을 받도록 하는 것은 절차의 낭비가 될 수 있다. 이러한 점을 고려하여 상법에서는 간이합병과 소규모합병에 관한 특칙을 규정해 놓고 있다.

(1) 간이합병(소멸회사의 간편절차)

(가) 간이합병은 흡수합병이 이루어지는 경우에 ① 소멸회사(B)의 주주 전부의 동의가 있거나 ② 소멸회사(B, 자회사)의 발행주식 총수의 100분의 90 이상을 존속회사(A, 모회사)가 소유하는 경우를 가리킨다.

(나) 간이합병에 해당되면 소멸회사(B)는 합병승인총회를 개최하는 대신 이사회의 승인으로 갈음할 수 있다(제527조의2 제1항). 소멸회사의 합병절차를 간소화시켜주기 위한 것이며 존속회사는 이러한 특례를 적용받지 아니한다. 소멸회사의 이사회 승인으로 대체하는 것이므로 소멸회사가 자본금 10억원 미만의 회사로서 이사가 1인 또는 2인밖에 없는 회사라면(제383조 제1항 단서) 간이합병의 특혜를 누릴 수 없다.

(다) 소멸회사(B)는 주주총회의 승인을 얻지 않고 합병한다는 뜻의 공고 또

는 통지를 하여야 한다. 다만 간이합병 중 총주주의 동의에 따른 간이합병이라면 공고 또는 통지는 필요하지 아니하다(제527조의2 제2항).

(라) 모회사에 흡수되는 간이합병의 경우에도 100분의 10 미만의 주주 중에서 합병에 반대하는 주주가 있을 수 있는데 이들에게는 주식매수청구권이 인정된다. 소규모합병의 경우에 존속회사의 주주에게 주식매수청구권이 인정되지 않는 것과 다른 점이다(제527조의3 제5항과 비교).

(2) 소규모합병(존속회사의 간편절차)

(가) 소규모합병은 존속회사(A)가 합병으로 인하여 발행하는 신주의 총수가 A회사의 발행주식 총수의 100분의 10을 초과하지 않는 경우를 가리킨다(제527조의3 제1항). 상대적으로 작은 규모의 회사를 취득하는 경우이므로 존속회사의 합병승인 총회의 생략을 허용해주겠다는 것이 특례의 취지이다.

(나) 소규모합병의 경우 존속회사의 주주총회 승인결의는 이사회의 승인으로 갈음할 수 있다(제527조의3 제1항). 이 경우에도 이사가 1인 또는 2인이라서 이사회가 없는 회사라면 특례의 혜택은 누릴 수 없다. 주주총회의 합병승인결의를 생략한다는 뜻은 합병계약서에 기재되어야 하고 존속회사는 합병계약서를 작성한 날로부터 2주간 내에 소멸하는 회사의 상호 및 본점의 소재지, 합병을 할 날, 주주총회의 승인을 얻지 아니하고 합병을 한다는 뜻을 공고하거나 주주에게 통지하여야 한다(제527조의3 제2항, 제3항).

(다) 소규모합병에 해당하여 존속회사의 승인총회를 이사회결의로 갈음하는 경우에는 합병에 반대하는 주주가 있더라도 주식매수청구권이 배제된다(제527조의3 제5항). 절차의 간소화라는 취지를 관철시키기 위한 입법적 배려로 보이나 이러한 주식매수청구권 박탈은 주주의 이익을 침해하는 규정이라고 비판하는 견해도 있다(이(철), 1052면).

(라) 승인결의 생략의 제한

소규모합병에 대한 특례는 다음 두 경우에는 허용되지 아니한다.

① 소멸하는 회사의 주주에게 지급할 금액을 정한 경우에 그 금액이 존속회사의 최종 대차대조표상 현존하는 순자산액의 100분의 5를 초과하는 때에는 이사회의 승인으로 갈음할 수 없다(제527조의3 제1항 단서).

② 존속회사의 발행주식총수의 100분의 20 이상에 해당하는 주식을 소유한 주주(대주주)가 승인결의를 위한 주주총회를 생략한다는 뜻의 공고 또는 통지를 한 날로부터 2주내에 서면으로 주주총회대신 이사회 승인으로 갈음하는 것에 반대하는 의사를 통지하면 이사회 승인으로 갈음할 수 없다(제527조의3 제4항).

제2 주식회사의 분할

Ⅰ. 회사분할의 의의

1. 개 념

상법상 회사분할제도는 1998년 12월 개정시에 신설되었다. 우리나라가 1997년 말 국제통화기금(IMF)의 구제금융을 받기 시작한 후 기업의 구조조정(구조개편)을 돕기 위한 여러 가지 제도정비 입법이 있었다. 회사분할제도 역시 그러한 일련의 입법의 하나로 도입된 제도였다. 회사분할은 그 용어에서 볼 수 있듯이 하나의 회사(주식회사)가 두 개 이상의 회사로 나누어지는(divided) 현상을 가리킨다. 여기서 분할되는 회사와 분할 후 남거나 설립되는 회사가 있게 되는데 분할되는 회사를 분할회사(용어상으로는 피분할회사라고 부르는 것이 정확할 듯)라고 부르고 분할 후의 회사는 승계회사 또는 상대방회사 등으로 부르는 것이 보통이다. '분할'에 해당하여야 하므로 분할회사가 소멸하는 경우라면 분할후의 회사가 반드시 둘 이상이라야 한다. 하나만 남게 된다면 흡수합병과 같게 되고 '회사분할'에는 해당할 수 없다. 주석서의 정의를 빌리면, 회사분할은 "분할회사의 적극·소극 재산의 전부 또는 일부가 분리되어 신설회사 또는 기존회사에 부분적으로 포괄승계되고 그 대가로 승계회사의 주식이 원칙적으로 분할회사의 (기존) 주주들에게, 그리고 예외적으로 (물적분할의 경우) 분할회사 자신에게 부여되는 단체법·조직법상의 행위 또는 제도"이다(주석상법 회사(Ⅳ), 569면).

2. 회사분할제도의 활용

상법상의 회사분할제도는 하나의 회사가 단순하게 둘 이상으로 분리되는 방식 외에 분리된 부분이 기존의 회사와 합병하게 되는 방식도 채택하고 있다. 다양한 회사분할방식을 이용하여 거둘 수 있는 경제적 효용은 적지 않을 것이다.

① 일반적으로 회사규모의 확대에 따라 규모의 경제를 누릴 수 있겠지만 그 규모가 너무 커지면 규모의 불경제가 초래될 수 있다. 이러한 대규모회사를 적절하게 분할하면 최적의 규모로 회사를 경영할 수 있게 된다. ② 여러 개의 사업부문을 서로 독립시켜 경영실적을 투명하게(transparently) 드러나게 하면 효율성 높은 경영인에게 경영책임(accountability)을 맡길 수 있다. ③ 비효율적 사업부문을 독립시킴으로써 편승효과(free-ride)를 차단하고 자생력이 없을 경우 도태시킬 수 있다. ④ 상속인이 여럿 있을 경우 상속후의 재산분쟁을 미연에 방지하기 위하여 오너(지배주주) 사망전에 회사분할을 하여 수인의 상속권자에게 회사재산을 분배해 줄 수 있다. ⑤ 분할합병을 이용하여 수익성이 높은 사업부문을 수익성이 낮은 회사에 포함시켜 수익률을 조정함으로서 절세 효과를 얻을 수 있다.

3. 사실상의 회사분할과의 비교

회사분할이 상법상의 제도로 편입되기 전에도 영업양도, 현물출자, 재산인수 등으로 사실상 회사분할과 같은 경제적 결과를 얻는 예가 있었다. 이러한 방법들은 통틀어 '사실상의 회사분할'이라고 부른다. 몇 가지 예를 들면, 회사분할과 같은 경제적 효과를 원하는 회사 A가 그 영업의 일부분을 현물출자하여 B회사를 신설할 수도 있고 기존회사 C의 신주발행시에 현물출자할 수도 있다. 또 A가 그 영업의 일부분을 D회사에게 대가를 받고 영업양도할 수 있다.

위와 같은 사실상의 회사분할과 상법에 제도화된 회사분할의 차이는 분할되는 재산이 승계회사에 포괄적으로 승계되는가에 있다. 사실상의 회사분할의 경우는 영업재산을 개별적으로 양도하여야 하고 채무의 이전에는 채무인수의 절차를 밟아야 한다. 회사분할을 이용하면 개별적 권리이전 · 채무인수의 절차가 필요 없고 포괄적 승계가 이루어진다.

사실상의 회사분할에 있어서는 위의 현물출자의 예에서 출자회사 자신인 A가 B 또는 C의 주주가 되는데 반하여 회사분할의 경우에는 분할회사의 주주가 승계회사의 주식을 취득하게 된다. 영업양도의 방식을 택할 경우 양도회사 A는 양도재산의 대가를 받을 뿐 양수회사의 주식을 취득하는 것은 아니고 더욱이 양도회사 주주가 양수회사의 주식을 취득하는 일은 없다.

Ⅱ. 회사분할의 유형

1. 총 설

상법에서는 네 가지 유형의 회사분할을 규정하고 있다. 제530조의2 제1항과 제2항에서 각각 정한 단순분할과 흡수분할합병, 제530조의6 제2항에서 정한 신설분할합병과 제530조의12에서 규정한 물적분할이 그것이다. 이러한 상법상의 유형외에 강학상으로는 소멸분할(완전분할)과 존속분할(불완전분할) 그리고 인적분할과 물적분할로 분류한다. 강학상의 분류를 먼저 살펴보고 상법상의 유형 하나 하나를 설명하기로 한다.

2. 소멸분할과 존속분할

회사분할에 있어서 분할회사(정확하게는 분할되는 회사)가 소멸하는 형태를 소멸분할이라 부르고 분할회사가 소멸하지 않는 형태를 존속분할이라 부른다.

(1) 소멸분할(완전분할)

분할회사가 소멸하는 형태의 소멸분할 후, 분할회사의 재산을 승계하는 회사는 기존회사일 수도 있고 분할과 함께 신설되는 신설회사일 수도 있다. 이러한 차이에 따라 소멸분할은 다시 단순분할과 분할합병의 형태로 나누어지는데 소멸회사가 없어지므로 승계하는 회사가 반드시 둘 이상이라야 '분할'에 들어맞게 된다는 점을 주목하여야 한다.

(가) 단순분할(소멸신설분할)

소멸분할(완전분할) 중 단순분할은 분할회사 A가 해산하고 그 분할재산으로 B회사와 C회사를 신설하는 경우를 가리킨다. A가 소멸하고 신설된 회사 B와 C가 남게 된다. 신설회사가 하나뿐이라면 '분할'에 해당하지 아니한다. 분할 후 A회사의 주주는 B회사와 C회사의 주주가 된다. A회사는 해산할 뿐이고 청산은 하지 않는다.

(나) 분할합병

1) 소멸흡수분할(소멸분할합병)

분할회사 A가 해산하고 그 분할재산을 나누어 존속중인 B회사와 또 다른 기존회사 C가 승계하는 경우이다. 분할재산을 승계할 B회사와 C회사는 자본증가에 상응하는 신주를 발행하여 A회사의 주주에게 배정한다.

2) 소멸혼합분할

분할회사 A의 재산을 기존회사 B와 신설회사 C가 승계하는 경우이다. B회사의 자본증가에 따라 발행되는 신주와 신설 C회사의 주식이 A회사의 주주에게 교부된다.

(2) 존속분할(불완전분할)

분할회사가 소멸하지 않는 형태의 회사분할은 불완전분할 또는 일부분할이라고 한다. 존속분할은 다시 단순분할과 분할합병으로 나누어 볼 수 있다.

(가) 단순분할(존속신설분할)

분할회사 A가 존속하면서 그 일부(특정 사업부문)를 떼어 B회사를 신설하는 경우이다. 이 경우에 A회사는 그의 일부사업을 B회사로 독립시키는 만큼 자본감소를 하고 그의 대가로 A회사의 주주가 B회사의 주식을 취득한다.

(나) 분할합병

1) 존속분할합병

분할회사 A가 존속하면서 그 일부 사업부문을 분리하여 기존의 B회사에 출자할 수 있다. A회사는 자본감소를 하게 되고 B회사는 자본이 증가하게 된다. B회사의 자본증가에 따라 발행되는 신주는 A회사의 주주에게 배정된다.

2) 신설분할합병

분할회사 A의 일부 사업부문을 분리하여 B회사와 합병시켜 C회사를 신설하고 B회사는 해산할 수도 있고 A회사의 일부와 B회사의 일부로써 C회사를 신설하고 A회사와 B회사는 모두 존속할 수도 있다. A·B 두 회사는 자본이 감소하고 신설된 C회사의 주식은 A·B 두 회사의 주주에게 교부된다.

3) 존속혼합분할

분할회사 A가 존속하면서 그 일부 사업부문으로써 B회사를 신설하고 다른 일부를 C회사에 흡수시키는 형태도 있을 수 있다(제530조의2 제3항). A회사는 자본감소를 하고 C회사의 자본증가에 따른 신주와 신설되는 회사의 발행주식은 A회사의 주주에게 배정된다.

3. 인적분할과 물적분할

인적분할과 물적분할은 분할후 승계회사의 주식이 분할회사의 주주에게 교부되는가 분할회사에 교부되는가에 따른 구분이다. 상법상의 회사분할은 인적분할 위주로 규정되어 있으나 예외적으로 물적분할방식도 들어 있다(제530조의12). 물적분할의 경우 분할재산을 출자받는 승계회사는 신설회사라야 한다.

4. 상법상의 회사분할의 방식

(1) 단순분할(제530조의2 제1항)

"회사는 분할에 의하여 1개 또는 수개의 회사를 설립할 수 있다"는 상법의 규정은 위에서 살펴본 여러 가지 분할 형태중 소멸분할과 존속분할 각 경우의 단순분할을 가리키는 것으로 해석된다. A회사가 소멸하고 B회사와 C회사를 신설하거나(단순소멸분할) A회사의 특정사업부문을 떼내어 B회사를 신설하는(단순존속분할) 예가 단순분할에 해당한다. 신설회사의 주식은 A회사의 기존주주에게 배정된다.

(2) 흡수분할합병(제530조의2 제2항)

"회사는 분할에 의하여 1개 또는 수개의 존립중의 회사와 합병할 수 있다"는 상법의 규정이 분할합병의 경우(그 중에서도 흡수분할합병)를 가리킨다. 단순분할의 경우에는 당사회사가 분할회사 하나임에 반하여 흡수분할합병의 경우는 당사회사가 분할회사와 승계회사 양 회사가 된다. 따라서 주주총회의 승인대상도 단순분할에 있어서의 '분할계획서'가 아니라 '분할합병계획서'가 된다.

우리상법에서는 승계회사가 신설되는 때에만 물적분할을 허용하고 있기 때문에(제530조의12) 기존의 회사에 합병시키는 흡수분할합병에 있어서 물적분할은 있을 수 없다. 흡수분할합병의 경우에 A회사의 두 가지 사업부문이 기존회사 B와 기존회사 C에게 합병되고 A회사는 소멸하는 소멸분할형태를 취할 수도 있고 A회사는 존속하면서 A회사의 특정사업부문만 분리하여 기존회사 B에게 합병시키는 존속분할의 형태를 취할 수도 있다.

(3) 신설분할합병(제530조의2 제3항)

"회사는 분할에 의하여 1개 또는 수개의 회사를 설립함과 동시에 분할합병할 수 있다"는 상법의 규정은 분할되는 회사 A가 존속하면서 일부 사업부문을 B라는 신설회사와 결합시키는 경우와 A회사의 일부 사업부문을 떼어서 X회사 또는 X회사의 일부와 결합시켜 Y회사를 신설하는 경우(존속신설분할합병 제530조의6 제2항)가 있을 수 있다. 그밖에 사업부문 일부는 흡수분할합병, 다른 일부는 신설분할합병을 시키는 형태도 생각해 볼 수 있다. 어느 경우든 당사회사 모두 간에 분할합병계약서가 작성되어야 한다.

(4) 물적분할

상법 제530조의12에서는 "분할되는 회사가 분할 또는 분할합병으로 인하여 설립되는 회사의 주식의 총수를 취득하는 경우"를 가리켜 물적분할로 규정하고 있다. 승계회사가 신설되는 경우에 한하여 물적분할이 인정된다.

Ⅲ. 회사분할의 성질

회사분할의 성질을 논함에 있어서 인격의 분할이라고 규정지우는 견해(강, 829면; 이 · 최(준), 859면; 정(찬), 506면), 회사의 영업을 분리하여 그 주체인 법인격을 달리하는 동시에 분할되는 영업에 상응하여 회사의 주식소유관계를 분리하는 회사법적 법률사실이라고 설명하는 견해(이(철), 1067면; 최, 1161면), 회사재산의 부분적 포괄승계와 그 대가로서의 사원권(주식)의 부여를 본질적 요소로 하는 조직법 · 단체법상의 행위 내지 제도로 보는 견해(주석상법 회사(Ⅳ), 571면) 등이 있다.

물적분할의 경우에는 현물출자라고 보아 무방하겠으나(손, 1029면) 인적분할의 경우에는 영업단위의 분할에 따라 주식의 교부가 있게 되는 단체법적 법률사실이라고 설명하면 충분할 것이다. 제도의 성질규명이라는 것이 그 제도를 어떠한 법원칙이나 법규정에 따라 규율할 것이냐를 정하기 위한 것인데 합병을 수반하지 않는 분할은 유사한 제도를 찾기 어렵다. 다만 분할합병의 경우는 합병의 대상이 분할회사의 전부가 아니고 그 일부라는 점은 특별하지만 가장 유사한 합병의 법리와 법규정을 분할합병에 적용하여야 할 것이다.

상법에서는 합병에 관한 규정 중 주식매수청구권(제522조의3), 채권자보호절차(제527조의5), 보고총회(제526조), 창립총회(제528조), 합병무효(제529조)에 관한 규정을 분할합병의 경우에 준용하고 있다(제530조의11 제1항 · 제2항).

Ⅳ. 회사분할의 허용범위

1. 개별자산만의 분할

대부분의 경우 회사분할은 독립성이 있는 영업단위(unit) 또는 영업부문(department)을 분할하여 독립한 회사를 설립하거나 제3의 회사에 흡수합병시키기 위하여 이용된다. 이는 주로 기업의 구조조정(reorganization) 또는 재편(restructuring)을 위하여 이용될 것이 예상되며 독립기업의 분사화(分社化)를 통한 경쟁체제의 수립과 효율성증대를 도모하기 위하여도 유용한 수단이 될 수 있다.

그렇다면 회사분할의 객체 내지는 대상은 독립하여 기능할 수 있는(viable) 유기적 일체로서의 영업단위 또는 사업단위에 한정된다고 볼 것인가, 그렇지 않으면 이보다 범위를 넓혀서 영업을 구성하는 개별자산만으로도 분할의 객체를 삼을 수 있다고 보아야 할 것인가. 이에 대하여 개별자산만 분리시키는 회사분할도 허용되어야 한다는 주장이 다수의 입장으로 보인다. 이러한 입장에서는 ① 회사분할에 관한 상법의 규정 어디에도 개별자산만을 대상으로 하는 회사분할을 금지하는 규정이 없는 점과 ② 상법에서는 '영업'이라는 용어와 '재산'이라는 용어를 구별하여 쓰고 있다는 점을 논거로 제시한다(주석상법 회사(Ⅳ), 582면). 지적하는 바와 같이 상법 제530조의5 제1항 제7호에서는 분할계획서의 기재사항으로서 "설립되는 회사에 이전될 '재산'과 그 가액"을 열거하고 있고 제530조의6 제1항 제6호와 동조 제2항 제4호에서도 분할합병계약서의 기재사항 중 하나로 "분할되는 회사가 분할합병의 상대방회사에 이전할 '재산'과 그 가액" "각 회사가 설립되는 회사에 이전할 '재산'과 그 가액"을 들고 있다. 그리고 여기서 규정된 재산이라 함은 적극재산뿐 아니라 소극재산도 포함시켜 생각해야 할 것은 당연하다. 또 개별자산이라 하더라도 공장 또는 사업장 단위는 되어야 분할

대상으로서 의미가 있는 것이지 공장내 기계설비 또는 공장이라 하더라도 유기적 일체로서의 생산라인 중 일부만을 구성하는 부속생산설비 등을 분할대상으로 삼을 수는 없다 할 것이다. 그렇다면 상법에서 분할의 객체를 영업으로 하는 명문의 규정은 두고 있지 아니하지만 회사분할제도의 효용이나 활용도를 생각할 때 회사의 영리기능의 분리수행이라는 제도의 취지에 부합할 만한 정도의 단위(unit)가 되어야 분할의 객체가 될 수 있다고 보는 것이 합리적이다. 구태여 상법상의 용어에 집착한다면 '영업'을 회사분할의 객체로 삼아야 한다는 소수설(이(철), 894면)이 옳다고 생각한다.

2. 해산회사의 분할

일단 회사가 해산한 후에는 분할방법에 제한을 받는다. 상법에서는 흡수분할합병과 소멸분할만 허용하고 있다. "해산후의 회사는 존립중의 회사를 존속하는 회사로 하거나 새로 회사를 설립하는 경우에 한하여 분할 또는 분할합병할 수 있다"(제530조의2 제4항).

해산한 회사는 소멸단계에 돌입했으므로 해산회사를 존속시키는 분할은 허용할 수 없다는 취지의 제한으로 해석된다. 그러나 존립기간의 만료 기타 정관에 정한 사유에 의해 해산하는 경우(제517조 제1호, 제227조 제1호)와 주주총회의 결의에 의하여 해산하는 경우(제517조 제2호, 제518조)에는 주주총회의 특별결의로 회사를 계속할 수 있는데(제519조) 회사계속이 허용되는 이상 분할회사를 존속시키는 분할은 왜 금지되는지 이해할 수 없다는 지적(이(철), 1066~1067면)은 충분히 수긍할 만하다.

해산후의 회사가 청산절차가 진행되어 승계회사에 출자할 것이 없는 단계에 이르렀다면 회사분할을 허용할 수 없다(손, 1030면).

3. 1인회사

1인주주로 구성된 회사가 분할될 수 있느냐에 대한 논의가 있다(손, 1030면). 1인회사의 경우에도 수개의 영업단위나 사업장을 가질 수 있고 상속 등에 대비한 분할의 필요성이 있을 수 있으므로 1인회사라 하여 회사분할에 어떤 제한을 가할 필요는 없다.

V. 회사분할의 절차

1. 분할결의 전의 절차

(1) 분할대차대조표 · 분할계획서 등의 공시

(가) 분할회사의 공시

분할회사의 이사는 제530조의3 제1항에서 정한 주주총회의 회일의 2주간 전부터 법에서 정한 서류를 본점에 비치하여야 한다. 제530조의7 제1항에서 열거된 공시서류를 보면, ① 분할계획서 또는 분할합병계약서, ② 분할되는 부분의 대차대조표, ③ 분할합병의 경우 합병상대방회사의 대차대조표, ④ 분할회사의 주주에게 발행한 주식의 배정에 관하여 그 이유를 기재한 서면들이다.

(나) 분할합병의 상대방회사의 공시

분할합병의 경우 승계회사의 이사는 다음 사항을 공시하여야 한다. 공시사항은 ① 분할합병계약서, ② 분할회사의 분할되는 부분의 대차대조표, ③ 분할회사의 주주에게 승계회사의 주식을 배정하는 근거 내지 그 이유를 기재한 서면(제530조의7 제2항)이다.

(다) 공시기간 · 공시불이행의 효과

위의 공시는 분할등기를 한 날 또는 분할 합병을 한 날 이후 6월간 계속되어야 한다(제530조의7 제1항). 공시불이행의 경우 회사분할무효의 소(제530조의11 제1항, 제529조)의 원인이 되고 과태료를 부과당할 수 있다(제635조 제1항 제24호).

(2) 분할계획서 · 분할합병계약서의 작성

(가) 분할계획서

단순분할의 경우 회사분할의 구체적 내용을 분할계획서에 기재하여 주주총회의 승인을 받아야 한다. 단순분할 중 분할회사 A가 소멸하고 새로운 B · C의 회사가 설립되는 경우에는 새로운 회사설립에 관한 것이 분할계획서의 주된 내용이 되고(제530조의5 제1항) 분할회사기 존속하면서 새로운 회사를 설립하는 경우(존속신설분할)에는 분할 후 존속하는 분할회사의 변동사항 역시 분할계획서의 주된 내용이 된다(제530조의5 제2항).

(나) 분할합병계약서

1) 총 설

분할합병의 경우에는 분할합병계약서를 작성하여야 한다. 분할합병 중에서 분할회사가 소멸하는 경우에는 분할합병계약서만으로 충분할 수 있으나 분할회사의 일부만 출자되고 나머지가 존속하는 경우에는 분할계획서가 별도로 작성되어야 한다.

분할합병계약서는 흡수분할합병의 경우와 신설분할합병의 경우에 그 기재사항이 다르게 규정되어 있다. 아울러 회사분할 당사회사 각각에 있어서 분할합병을 하지 않는 부분에 대하여는 분할계획서의 기재사항(제530조의5)이 기재되어야 한다(제530조의6 제3항).

2) 흡수분할합병의 경우

분할회사 A의 일부는 분리하여 기존의 회사 B(승계회사)와 합병하고 A회사, B회사 모두 존속하게 되는 경우에는 제530조의6 제1항에서 정한 ① 승계회사 B가 분할합병으로 인하여 발행할 주식의 총수를 증가하는 경우에는 증가할 주식의 총수, 종류 및 종류별 주식의 수, ② 승계회사 B가 분할합병을 함에 있어서 발행하는 신주의 총수, 종류 및 종류별 주식의 수, ③ 분할회사 A에 대한 승계회사 B의 주식의 배정에 관한 사항 및 배정에 따른 주식의 병합 또는 분할을 하는 경우에는 그에 관한 사항, ⑨ 분할합병을 할 날, ⑩ 승계회사 B의 이사와 감사를 정한 때에는 그 성명과 주민등록번호, ⑪ 승계회사 B의 정관변경을 가져오게 하는 그밖의 사항 등이 기재되어야 한다.

3) 신설분할합병의 경우

분할회사 A의 일부를 분리하여 다른 회사 B의 전부 또는 B의 일부와 결합시켜(분할합병) 새로운 회사 C를 설립하는 경우에는 제530조의6 제2항에서 정한 ① 신설회사 C의 상호, 목적, 본점의 소재지 및 공고의 방법, ② 신설회사 C가 발행할 주식의 총수 및 1주의 금액, ③ 신설회사 C의 자본금과 준비금에 관한 사항, ④ 정관에 기재할 그밖의 사항, ⑤ 신설회사가 분할합병을 함에 있어서 발행하는 주식의 총수, 종류 및 종류별 주식의 수, ⑥ 각 회사가 신설회사에 이전할 재산과 그 가액, ⑦ 각 회사의 주주에게 지급할 금액을 정한 때에는 그 규정, ⑧ 각 회사에서 분할, 분할합병결의를 할 주주총회의 기일, ⑨ 분할합병을 할 날 등이 분할합병계약서에 기재되어야 한다.

2. 분할결의와 분할합병결의

(1) 주주총회의 승인결의

회사분할을 위하여 분할회사의 주주총회에서 분할계획서나 분할합병계약서에 대한 승인결의를 받아야 한다(제530조의3 제1항). 이를 위한 주주총회의 소집통지에는 분할계획 또는 분할합병계약의 요령을 기재하여야 한다(제530조의3 제4항). 분할결의(이하 분할합병결의를 포함함)는 특별결의사항이며(제530조의3 제2항) 분할결의에 있어서는 의결권 없는 주식(제344조의3 제1항)의 주주도 의결권을 가진다(제530조의3 제3항). 의결정족수를 산정하는데 있어서는 의결권 없는 주식수도 발행주식총수에 산입된다(제371조 제1항과 비교).

(2) 종류주주총회 등

회사가 종류주식을 발행한 경우에 분할 또는 분할합병으로 인하여 어느 종류의 주주에게 손해를 미치게 되는 때에는 제435조의 규정에 의하여 그 종류주식의 주주의 총회의 결의를 받아야 한다(제436조). 분할관련 개별 당사회사의 주주의 부담이 가중되는 경우에는 특별결의 및 종류주주총회의 결의 외에 그 주주 전원의 동의가 있어야 한다(제530조의3 제6항). 여기서 부담이 가중된다는 것은 추가출자를 가리킨다고 새긴다(이(철), 897면).

(3) 간이분할합병 · 소규모분할합병

분할합병이 당사회사간의 관계에서 간이합병(제527조의2) 또는 소규모합병(제527조의3)의 요건에 해당하면 각각 분할회사 또는 승계회사의 주주총회의 승인결의를 생략하고 이사회승인으로 갈음할 수 있다(제530조의11 제2항). 먼저 간이분할합병에 해당될 수 있는 예를 보면, 분할회사 A가 그 일부(트럭사업부문)를 B회사에 이전하고 A회사는 나머지 부분(승용차사업부문 등)만으로 존속하고자 한다. 이때 A회사의 총주주가 동의하거나 B회사가 A회사의 발행주식총수의 100분의 90 이상을 소유하고 있다면 분할합병을 위한 A회사의 주주총회승인결의를 받을 필요가 없다.

소규모분할합병의 예로서는 분할회사 A의 사업의 일부를 분리하여 승계회사 B에게 합병시키는 경우에 B회사의 자본증가에 따라 발행될 신주의 총수가 B회사의 발행주식총수의 100분의 10을 초과하지 않는다면 B회사의 주주총회 승인결의를 받을 필요가 없다. 그러나 소규모합병의 주주총회 승인결의 생략 규정을 소규모분할합병에 준용하는데 대해서는 문제가 있다는 지적이 주목된다. B회사가 비록 적은 비율의 신주발행을 한다 하더라도 흡수분할합병에 따라 A회사의 채무총액에 대해 연대책임을 부담하게 되므로(제530조의9 제1항) B회사의 주주총회의 분석과 검토를 거치도록 하는 것이 필요하다는 것이다(이(철), 1084~1085면).

(4) 자본시장법상의 외부평가요건

주권상장법인이 분할 또는 다른 법인과 분할합병하고자 하는 경우에는 외부평가기관의 평가를 받아야 한다(자본시장법 제165조의4 제4호, 자본시장법 시행령 제176조의6 제3항).

3. 분할결의 후의 절차

(1) 분할반대주주의 주식매수청구권

(가) 단순분할의 경우

분할회사 A가 소멸하고 A의 영업이 둘로 분리되어 B회사와 C회사로 신설되는 단순분할의 경우라면 A회사의 주식이 B회사와 C회사의 주식으로 분할될 뿐 그 가치는 그대로 유지되므로 A회사의 주주의 이익이 훼손되는 일은 없다. 상법은 단순분할의 경우에는 반대하는 주주가 있더라도 주식매수청구권을 부여하지 않고 있다.

(나) 분할합병의 경우

A회사가 존속하면서 그 일부만 분리하여 B회사와 합병하는 경우에 A회사는 발행주식총수가 감소하고 B회사는 주식총수를 증가시켜 증가분을 A회사의 주주에게 배정한다. A회사의 주주 중에서는 B회사의 주주가 되는 것을 원하지 않는 자가 있을 수 있기 때문에(B회사의 재무구조나 사업의 종류가 마음에 들지 않는 등의 이유로) A회사의 주주 중 분할에 반대하는 주주에게는 주식매수청구권이 인정된다. 분할합병에 반대하는 주주의 주식매수청구권에도 회사합병에 있

어서의 주식매수청구권에 관한 규정이 준용된다(제530조의11 제2항, 제522조의3). 의결권 없는 주식의 주주에게도 분할합병시의 주식매수청구권이 인정된다.

한편 분할합병의 상대방회사(승계회사)의 주주가 분할합병에 반대할 경우에도 주식매수청구권이 인정된다(제530조의11 제2항, 제522조의3).

(2) 채권자보호절차

(가) 단순분할의 경우

분할회사 A가 소멸하고 그 영업이 신설회사 B회사와 C회사에게 분리 귀속하는 경우 또는 분할회사 A가 존속하면서 그 영업의 일부를 분리시켜 B회사를 신설하는 경우와 같은 단순분할이 있은 후에 A · B · C 3사 또는 A · B 두 회사는 분할 전의 A회사의 채무에 대하여 원칙적으로 연대책임을 진다(제530조의9 제1항). 분할 후의 회사들이 연대책임을 진다면 A회사의 기존채권자의 입장에서 그 권리가 침해될 것은 없고 분할에 대하여 채권자의 이의도 인정되지 아니한다. 한편 예외적으로 분할회사의 분할승인총회에서 신설된 승계회사(B와 C)가 출자받은 부분에 관한 채무에 한정하여 채무를 부담할 것으로 결의할 수 있는데 이 때 분할회사가 존속한다면 분할 후의 승계회사가 부담하지 않는 채무만을 존속회사가 부담하게 된다(제530조의9 제2항). 이러한 예외적인 책임분할 또는 책임제한의 경우에는 채무자의 변동이 있게 되고 그에 따라 채권자의 권리실행에 영향이 있게 되므로 분할회사의 채권자에게 이의권이 인정된다(제530조의9 제4항, 제527조의5). 즉 분할회사는 분할의 승인결의가 있은 날로부터 2주간 내에 채권자에 대하여 분할에 이의가 있으면 일정한 기간내에 이를 제출할 것을 공고하여야 한다.

정해진 기간내에 채권자가 이의를 제출하지 않으면 분할을 승인한 것으로 본다. 이의제출이 있다면 회사는 이의를 제출한 채권자에게 변제 또는 상당한 담보를 제공하거나 상당한 재산을 신탁회사에 신탁하여야 한다(제530조의9 제4항, 제527조의5 제3항, 제232조 제2항 · 제3항).

(나) 분할합병의 경우

분할합병의 경우에도 분할회사와 분할합병의 상대방회사(흡수분할합병의 경우) 또는 분할회사와 신설회사(신설분할합병의 경우)는 분할회사의 채권자에 대하여 연대책임을 진다(제530조의9 제1항). 연대책임을 진다 하더라도 상대방 존속회사 또는 신설회사의 재무상태가 분할회사보다 부실하다면 분할회사의 채권자가 분할합병 후 채권행사면에서 불리해질 수 있다. 이러한 채권자의 보호를 위하여 분할합병의 경우에 합병의 채권자보호절차가 준용되고 있다(제530조의11 제2항, 제527조의5).

분할합병의 상대방회사의 채권자도 분할합병으로 인하여 담보가치의 감소라는 불이익을 당할 수 있으므로 이의제출권 기타의 보호를 받을 수 있다.

4. 등 기

분할에 따른 등기시기에 관하여 상법규정에서는 합병의 등기시기에 관한 제528조를 준용하고 있다(제530조의11 제1항). 분할로 인하여 회사가 신설되느냐 또는 흡수분할합병의 경우이냐에 따라 등기할 시기가 달라진다. 회사설립이 있게 되는 경우에는 신설회사의 창립총회, 그밖의 경우에는 보고총회(제530조의11 제1항에서 준용하는 제527조 제1항과 제528조 제1항)가 종결된 날로부터 본점소재지에서는 2주간 내에, 지점소재지에서는 3주간 내에 신설되는 회사에 있어서는 설립등기, 분할 후 존속하는 회사 회사에 있어서는 변경의 등기, 분할로 소멸하는 회사에 있어서는 해산의 등기를 하여야 한다(제530조의11 제1항).

합병에 관한 규정에서 창립총회나 보고총회를 개최하는 대신 이사회는 공고로써 보고를 갈음할 수 있게 하고 있는데(제530조의11 제1항, 제526조 제3항, 제527조 제4항) 분할의 경우에도 공고로써 갈음한다면 분할에 있어서 등기기간의 기산점은 공고일이 될 수밖에 없다. 이러한 등기를 함으로써 회사분할의 효력이 발생한다(제530조의11 제1항, 제234조).

회사분할 후 승계회사가 전환사채 또는 신주인수권부사채를 승계한 때에는 위의 등기 외에 사채의 등기를 하여야 한다(제530조의11 제1항, 제528조 제2항).

앞에서 본 분할 관련 서류의 공시는 분할계획서 또는 분할합병계약서의 승인을 위한 주주총회의 회일의 2주간 전부터 위의 등기를 한 날 이후 6월간 계속되어야 한다(제530조의7). 이사는 분할에 관한 사항을 기재한 서면을 분할을 한 날로부터 6월간 본점에 비치하여야 한다(제530조의11 제1항, 제527조의6).

Ⅵ. 회사분할의 효과

회사분할의 효력은 신설회사 및 분할 당사회사의 설립등기 또는 변경등기(예를 들면 자본증가 또는 자본감소)로써 발생한다(제530조의11 제1항, 제234조). 회사분할의 효과로서 다음과 같은 법률관계의 변동이 있게 된다.

1. 회사구조의 변경

합병과 분할의 가장 큰 차이로서 법인격의 동일성이 인정되지 않는다는 점이 두드러진다. 분할의 결과 회사구조 내지 조직에는 변경이 발생한다. 우선 소멸분할의 경우 분할회사의 해산이 있게 되고 존속분할의 경우는 자본금감소가 수반된다. 승계회사가 새로운 회사로 성립하기도 하고 흡수분할합병의 경우에는 상대방회사의 자본금이 증가하게 된다.

2. 권리 · 의무의 이전

(1) 권리 · 의무의 포괄적 승계

분할 또는 분할합병으로 인하여 신설되는 회사 또는 존속하는 회사는 분할되는 회사의 권리와 의무를 분할계획서 또는 분할합병계획서가 정하는 바에 따라서 승계한다(제530조의10). 분할로 인한 권리의 이전은 분할등기로 분할의 효력이 생긴다고 한 상법의 규정(제530조의11, 제234조)에 따르는 것이므로 법률의 규정에 의한 물권변동(민법 제187조)의 예에 해당하여 개별적 권리의 이전행위나 소유권이전등기와 같은 등기를 필요로 하지 않는다. 의무승계에 있어서도 채권자의 승낙은 필요하지 않다.

(2) 분할 당사회사의 연대책임

분할회사의 채권자에 대한 관계에서 분할회사와 분할 후의 신설회사 또는 존속회사는 연대하여 책임을 지는 것이 원칙이다(제530조의9 제1항). 다만 위에서 본 바와 같이 분할승인총회의 결의로 이 책임을 제한할 수 있다(제530조의9 제2항 · 제3항).

(3) 영업권

분할후의 신설회사 또는 흡수분할합병의 상대방회사가 분할회사로부터 영업권을 취득한 경우에는 그 취득가액을 대차대조표상의 자산의 부에 계상할 수 있으며 그렇게 한 경우는 분할 또는 분할합병의 등기를 한 후 5년내의 매 결산기에 균등액 이상을 상각하여야 한다(제530조의8).

(4) 주주권의 변동

분할회사의 주주는 신설회사 또는 분할합병의 상대방회사의 주식을 배정받게 되는데 자본증가에 따른 신주를 배정받을 수도 있고 분할합병의 상대방회사가 보유하고 있던 자기주식을 교부받을 수도 있다. 존속분할의 경우 자본금감소에 따라 보유하고 있던 분할회사의 주식수는 줄어들게 된다.

(5) 경업금지의무의 부과문제

존속분할의 경우에 분할회사가 신설회사 또는 분할합병의 상대방회사에 이전한 영업을 다시 영위할 수 있는가 문제된다. 이에 대하여 특정 영업 전부를 이전한 이상 영업양도에 준하는 것이므로 상법 제41조를 준용(유추적용)하여 경업금지의무를 인정해야한다는 주장이 있다(이(철), 1090면). 그러나 영업양도인의 경업을 금지하는 취지는 양도인이 양도대상인 영업의 가치를 평가하여 그에 상응한 대가를 받고 양도하였다는 점과 그 대가의 계산에 있어서 양수인이 양도인과의 경쟁 없이 영업을 계속할 수 있도록 보장받는다는 점이 고려된 것이다. 회사분할에 있어서 영업단위의 분리 이전과 관련지어 영업기회의 제한(즉 경쟁금지)의 가치가 계산되었다고 볼 수 없으므로 당연히 경업금지의무를 인정하는 것은 무리라고 생각한다.

대판 2010. 8. 26, 2009다95769 [1] 분할 또는 분할합병으로 인하여 설립되는 회사 또는 존속하는 회사(이하 '분할당사회사'라고 한다)는 특별한 사정이 없는 한 상법 제530조의9 제1항에 의하여 각자 분할계획서 또는 분할합병계약서에 본래 부담하기로 정한 채무 이외의 채무에 대하여 연대책임을 지는 것이 원칙이고, 이 연대책임은 채권자에 대하여 개별 최고를 거쳤는지 여부와 관계없이 부담하게 되는 법정책임이므로, 채권자에 대하여 개별 최고를 하였는데 채권자가 이의제출을 하지 아니하였다거나 채권자가 분할 또는 분할합병에 동의하였기 때문에 개별 최고를 생략하였다는 등의 사정은 상법 제530조의9 제1항이 규정하는 분할당사회사의 연대책임의 성부에 영향을 미치지 못한다.

[2] 분할합병으로 인하여 설립되는 회사 또는 존속하는 회사(이하 '분할당사회사'라고 한다)가 상법 제530조의9 제1항에 의한 연대책임을 면하고 각자 분할합병계약서에 본래 부담하기로 정한 채무에 대한 변제책임만을 지는 분할채무관계를 형성하기 위해서는, 분할합병에 따른 출자를 받는 존립 중의 회사가 분할되는 회사의 채무 중에서 출자한 재산에 관한 채무만을 부담한다는 취지가 기재된 분할합병계약서를 작성하여 이에 대한 주주총회의 승인을 얻어야 하고(상법 제530조의9 제3항, 제2항 후단, 상법 제530조의3 제1항, 제2항), 이러한 요건이 충족되었다는 점에 관한 주장・증명책임은 분할당사회사가 연대책임관계가 아닌 분할채무관계에 있음을 주장하는 측에게 있다. 단순히 분할합병계약서에 상법 제530조의6 제1항 제6호가 규정하는 '분할되는 회사가 분할합병의 상대방 회사에 이전할 재산과 그 가액'의 사항 등을 기재하여 주주총회의 승인을 얻었다는 사정만으로는 위와 같이 분할책임관계를 형성하기 위한 요건이 충족되었다고 할 수 없으므로, 분할당사회사는 각자 분할합병계약서에 본래 부담하기로 정한 채무 이외의 채무에 대하여 연대책임을 면할 수 없다.

[3] 甲 주식회사의 전기공사업 부문을 분할하여 乙 주식회사에 합병하는 내용의 분할합병이 이루어진 사안에서, 甲 주식회사가 출자한 재산에 관한 채무만을 乙 주식회사가 부담한다는 취지가 기재된 분할합병계약서가 작성되어 이에 대한 甲 주식회사의 주주총회의 승인이 이루어졌다는 사정을 인정할 수 없으므로, 乙 주식회사는 상법 제530조의9 제1항에 의하여 위 분할합병계약서에 의하여 본래 부담하기로 정한 채무 이외의 채무에 대하여 연대책임을 지고, 나아가 위 분할합병계약서에 아무런 기재가 없고 주주총회의 승인을 얻은 적이 없는데도 甲 주식회사가 출자한 재산에 관한 채무만을 乙 주식회사가 부담한다는 취지가 일간신문에 공고되었다고 하여 그에 따른 효력이 발생한다고 볼 수 없고, 채권자가 분할합병에 동의한 관계로 개별 최고를 생략하였다는 사정 등 역시 乙 주식회사가 상법 제530조의9 제1항에 의하여 부담하게 되는 연대책임의 성부에 아무런 영향을 미치지 못한다.

[4] 분할 또는 분할합병으로 인하여 설립되는 회사 또는 존속하는 회사(이하 '분할당사회사'라고 한다)가 상법 제530조의9 제1항에 의하여 각자 분할계획서나 분할합병계약서에 본래 부담하기로 정한 채무 이외의 채무에 대하여 연대책임을 지는 경우, 이는 회사분할로 인하여 채무자의 책임재산에 변동이 생기게 되어 채권 회수에 불이익한 영향을 받는 채권자를 보호하기 위하여 부과된 법정책임으로서 특별한 사정이 없는 한 그 법정 연대책임의 부담에 관하여 분할당사회사 사이에 주관적 공동관계가 있다고 보기 어려우므로, 분할당사회사는 각자 분할계획서나 분할합병계약서에 본래 부담하기로 정한 채무 이외의 채무에 대하여 부진정연대관계에 있다고 봄이 상당하다.

대판 2010. 8. 19, 2008다92336 [6] 회사가 분할되는 경우 분할로 인하여 설립되는 회사 또는 존속하는 회사는 분할 전 회사 채무에 관하여 연대하여 변제할 책임이 있으나(상법 제530조의9 제1항), 분할되는 회사가 상법 제530조의3 제2항에 따라 분할계획서를 작성하여 출석한 주주의 의결권의 3분의 2 이상의 수와 발행주식총수의 3분의 1 이상의 수로써 주주총회의 승인을 얻은 결의로 분할에 의하여 회사를 설립하는 경우에는 설립되는 회사가 분할되는 회사의 채무 중에서 출자한 재산에 관한 채무만을 부담할 것을 정하여(상법 제530조의9 제2항) 설립되는 회사의 연대책임을 배제할 수 있다. 여기서 분할되는 회사가 '출자한 재산'이라 함은 분할되는 회사의 특정재산을 의미하는 것이 아니라 조직적 일체성을 가진 영업, 즉 특정의 영업과 그 영업에 필요한 재산을 의미하며, '출자한 재산에 관한 채무'라 함은 신설회사가 분할되는 회사로부터 승계한 영업에 관한 채무로서 당해 영업 자체에 직접적으로 관계된 채무뿐만 아니라 그 영업을 수행하기 위해 필요한 적극재산과 관련된 모든 채무가 포함된다.

[7] 분할 전 회사의 분식회계로 손해를 입었음을 주장하는 일부 실질주주명부상 주주들이 상법 제530조의9 제4항, 제527조의5 제1항에 정한 채권자보호절차에서 분할에 대한 이의 여부를 개별적으로 최고하여야 하는 분할 전 회사가 '알고 있는 채권자'에 해당한다고 볼 수 없다.

[8] 상법 제530조의3 제6항은 "회사의 분할 또는 분할합병으로 인하여 분할 또는 분할합병에 관련되는 각 회사의 주주의 부담이 가중되는 경우에는 제2항 및 제5항의 결의 외에 그 주주 전원의 동의가 있어야 한다"고 규정하고 있다. 이 규정은 회사의 분할 또는 분할합병과 관련하여 주주를 보호하기 위하여 마련된 규정이고 분할 또는 분할합병으로 인하여 회사의 책임재산에 변동이 생기게 되는 채권자를 보호하기 위하여 마련된 규정이 아니므로, 회사의 채권자는 위 규정을 근거로 회사분할로 인하여 신설된 회사가 분할 전 회사의 채무를 연대하여 변제할 책임이 있음을 주장할 수 없다.

대판 2010. 2. 25, 2008다74963 [1] 회사가 분할되는 경우 분할로 인하여 설립되는 회사 또는 존속하는 회사는 분할전 회사채무에 관하여 연대하여 변제할 책임이 있으나(상법 제530조의9 제1항), 분할되는 회사가 상법 제530조의3 제2항에 따라 분할계획서를 작성하여 출석한 주주의 의결권의 3분의 2 이상의 수와 발행주식총수의 3분의 1 이상의 수로써 주주총회의 승인을 얻은 결의로 분할에 의하여 회사를 설립하는 경우에는 설립되는 회사가 분할되는 회사의 채무 중에서 출자한 재산에 관한 채무만을 부담할 것을 정하여(상법 제530조의9 제2항) 설립되는 회사의 연대책임을 배제할 수 있고, 이 경우 분할되는 회사가 '출자한 재산'이라 함은 분할되는 회사의 특정재산을 의미하는 것이 아니라 조직적 일체성을 가진 영업, 즉 특정의 영업과 그 영업에 필요한 재산을 의미하는 것으로 해석된다.

[2] 분할되는 회사와 신설회사가 분할 전 회사의 채무에 대하여 연대책임을 지지 않는 경우에는 채무자의 책임재산에 변동이 생기게 되어 채권자의 이해관계에 중대한 영향을 미치므로 채권자의 보호를 위하여 분할되는 회사가 알고 있는 채권자에게 개별적으로 이를 최고하고 만약 그러한 개별적인 최고를 누락한 경우에는 그 채권자에 대하여 신설회사와 분할되는 회사가 연대하여 변제할 책임을 지게 된다고 할 것이나, 채권자가 회사분할에 관여되어 있고 회사분할을 미리 알고 있는 지위에 있으며, 사전에 회사분할에 대한 이의제기를 포기하였다고 볼만한 사정이 있는 등 예측하지 못한 손해를 입을 우려가 없다고 인정되는 경우에는 개별적인 최고를 누락하였다고 하여 그 채권자에 대하여 신설회사와 분할되는 회사가 연대하여 변제할 책임이 되살아난다고 할 수 없다.

대판 2008. 2. 14, 2007다73321 상법 제530조의9 제1항에 따라 주식회사의 분할 또는 분할합병으로 인하여 설립되는 회사와 존속하는 회사가 회사 채권자에게 연대하여 변제할 책임이 있는 분할 또는 분할합병 전의 회사 채무에는, 회사 분할 또는 분할합병의 효력발생 전에 발생하였으나 분할 또는 분할합병 당시에는 아직 그 변제기가 도래하지 아니한 채무도 포함된다.

대판 2011. 9. 29, 2011다38516 **분할합병**

분할되는 회사와 수혜회사가 분할 전 회사의 채무에 대하여 연대책임을 지지 않는 경우에는 채무자의 책임재산에 변동이 생기게 되어 채권자의 이해관계에 중대한 영향을 미치므로 채권자의 보호를 위하여 분할되는 회사가 알고 있는 채권자에게 개별적으로 이를 최고하도록 규정하고 있는 것이고, 따라서 분할되는 회사와 수혜회사의 채무관계가 분할채무관계로 바뀌는 것은 분할되는 회사가 자신이 알고 있는 채권자에게 개별적인 최고절차를 제대로 거쳤을 것을 요건으로 하는 것이라고 보아야 하며, 만약 그러한 개별적인 최고를 누락한 경우에는 그 채권자에 대하여 분할채무관계의 효력이 발생할 수 없고 원칙으로 돌아가 수혜회사와 분할되는 회사가 연대하여 변제할 책임을 지게 된다(대법원 2004. 8. 30. 선고 2003다25973 판결 참조).

이와 같이 분할 또는 분할합병으로 인하여 회사의 책임재산에 변동이 생기게 되는 채권자를 보호하기 위하여 상법이 채권자의 이의제출권을 인정하고 그 실효성을 확보하기 위하여 알고 있는 채권자에게 개별적으로 최고하도록 한 입법 취지를 고려하면, 개별 최고가 필요한 '회사가 알고 있는 채권자'라 함은 채권자가 누구이고 그 채권이 어떠한 내용의 청구권인지가 대체로 회사에게 알려져 있는 채권자를 말하는 것이고, 그 회사에 알려져 있는지 여부는 개개의 경우에 제반 사정을 종합적으로 고려하여 판단하여야 할 것인바, 회사의 장부 기타 근거에 의하여 그 성명과 주소가 회사에 알려져 있는 자는 물론이고 회사 대표이사 개인이 알고 있는 채권자도 이에 포함된다고 봄이 상당하다.

… 주식회사 영림이엔씨(이하 '소외 회사'라 한다)[와 피고회사가, 소외 회사의 전기공사업, 전문소방시설공사업 부분을 분할하여 분할된 부분을 피고회사가 분할합병하면서 연대책임을 부담하지 않기로 정하였으나, 소외 회사가 발행한 약속어음을 소지하고 있는 원고에게 개별 최고를 하지 않은 사안에서, 원고는] 소외 회사의 개별 최고기간에 어음발행인인 소외 회사에 대하여 이 사건 약속어음에 관한 권리를 행사할 수 있는 채권자의 지위에 있었던 것으로 인정된다. [또한 원고가 소외 회사 대표이사로부터 약속어음을 배서양도받은 어음 소지인 또는 약속어음을 제3자에게 배서양도한 배서인으로서 지위를 가지는 점 등을 고려하면] 원고는 소외 회사에게 알려져 있는 어음상의 채권자로 봄이 상당하다. 따라서 소외 회사로서는 분할합병으로 인하여 이 사건 약속어음상의 권리에 중대한 영향을 입게 되는 원고의 이의제출권 행사가 보장될 수 있도록 개별 최고를 하였어야 했는데도 불구하고 그러한 개별 최고를 누락하였으므로 이 사건 약속어음금채무에 관하여 연대책임배제는 적용이 없고 원칙으로 돌아가 피고는 소외 회사와 연대하여 이 사건 약속어음금채무를 변제할 책임이 있다[.]

대판 2004. 7. 9, 2004다17191 **상법 제530조의3 제2항에 의한 특별결의로 분할에 의하여 회사를 설립하는 경우, 신설회사에 출자한 재산에 관한 채무의 승계 범위**

상법은 회사분할에 있어서 분할되는 회사의 채권자를 보호하기 위하여, 분할로 인하여 설립되는 회사(이하 '신설회사'라 한다)와 존속하는 회사는 분할 전의 회사채무에 관하여 연대책임을 지는 것을 원칙으로 하고 있으나(제530조의9 제1항), 한편으로는 회사분할에 있어서 당사자들의 회사분할 목적에 따른 자산 및 채무 배정의 자유를 보장하기 위하여 소정의 특별의결 정족수에 따른 결의를 거친 경우에는 신설회사가 분할되는 회사의 채무 중에서 출자한 재산에 관한 채무만을 부담할 것을 정할 수 있다고 규정하고 있고(같은 조 제2항), 신설회사 또는 존속하는 회사는 분할하는 회사의 권리와 의무를 분할계획서가 정하는 바에 따라서 승계하도록 규정하고 있다(제530조의10).

이 사건에서, … 분할계획서상 분할기준일 이전의 분할 전의 회사채무에 관하여 신설회사의 연대책임 원칙을 배제하는 규정을 두고 있음에도, 분할기준일 후의 분할 전의 회사채무에 대하여 분할계획서에 특별한 규정을 두고 있지 아니하는 경우, 회사분할에 있어서 신설회사는 원칙적으로 분할 전의 회사채무에 관하여 연대하여 변제할 책임이 있고(상법 제530조의9 제1항), 회사가 상법 제530조의3 제2항의 규정에 의한 특별결의로 분할에 의하여 회사를 설립하면서, 신설회사가 분할되는 회사의 채무 중에서 출자한 재산에 관한 채무만을 부담할 것을 정함으로써 출자한 재산에 관한 채무

외의 채무에 대하여는 부담하지 아니할 것을 정할 수 있으나(상법 제530조의9 제2항), 출자한 재산에 관한 채무에 관하여는 위 규정에 의하더라도 신설회사가 그 책임을 면할 수 없는 것이 원칙이므로, 특별한 사정이 없는 한 신설회사에 출자한 재산에 관한 채무는 그것이 분할기준일 후부터 분할 전까지 발생한 것이라도 신설회사에게 승계되는 것으로 보아야 할 것[이다.]

Ⅶ. 회사분할의 무효

1. 무효의 사유

회사분할의 절차나 방식이 상법의 규정에 위반되거나 분할계획 또는 분할합병계약서의 내용이 강행법규에 위반되거나 그 승인결의에 주주총회결의의 하자가 있는 경우에는 무효가 된다. 분할의 무효에는 합병무효에 관한 제529조가 준용된다(제530조의11 제1항, 제529조).

2. 분할무효의 소

(1) 제소권자

분할의 무효는 소로써만 주장할 수 있다. 분할무효의 소를 제기할 수 있는 자는 주주, 이사, 감사, 청산인, 파산관재인, 분할을 승인하지 않는 채권자이다(제530조의11 제1항, 제529조 제1항). 존속하는 분할회사, 신설회사, 분할합병에서의 상대방회사 각각의 주주, 이사 모두가 제소할 수 있다.

(2) 피 고

분할후의 존속회사, 신설회사가 피고가 된다. 분할에 관련된 회사가 수개라면 피고회사 모두가 공동피고로 되고 그들 상호간에 필요적 공동소송이 된다.

(3) 제소기간

분할의 등기가 있은 날로부터 6월내에 제기하여야 한다(제530조의11, 제529조 제2항).

(4) 소의 성질

분할의 무효는 소만으로 주장할 수 있으므로 분할무효의 소는 형성의 소에 해당한다.

(5) 소송절차

분할무효의 소가 제기되면 회사가 이를 공고하여야 하고 병합심리, 법원의 재량기각, 전속관할 등에 합병회사의 설립무효의 소에 관한 규정이 준용된다(제530조의11 제1항, 제240조, 제186조~제191조). 제소자에 대한 담보제공명령에 관해서는 해산명령에 관한 규정이 준용된다(제530조의11 제1항, 제237조, 제176조 제3항 제4항).

3. 분할무효판결의 효력

(1) 분할무효의 등기

분할무효판결이 확정되면 본점과 지점의 소재지에서 원상회복을 위한 등기를 하여야 한다. 즉 존속회사에 있어서는 변경등기, 분할로 인하여 소멸한 회사에 있어서는 회복등기, 신설회사에 대하여는 해산등기를 하여야 한다(제530조의11 제1항, 제238조).

(2) 대세적 효력과 불소급효

분할무효의 판결은 당사자간 이외에 제3자에 대하여도 효력이 있다(제530조의11 제1항, 제240조, 제190조 본문). 분할무효의 판결이 확정되기 전에 생긴 회사와 주주 및 제3자 간의 권리의무에는 영향을 미치지 아니한다(제530조의11 제1항, 제240조, 제190조 단서).

(3) 분할합병무효의 효과

분할합병무효의 판결이 확정된 때에는 회사합병무효의 판결이 확정된 경우의 효과에 관한 제239조가 준용된다. 분할후의 존속회사 또는 신설회사가 부담한 채무는 분할전 당사회사의 연대채무로 된다. 분할합병후 존속한 회사 또는 신설된 회사가 분할합병후 취득한 재산은 분할합병을 한 회사의 공유로 된다. 이러한 연대채무 또는 공유의 부담부분은 당사회사의 협의로 정하되 협의가 이루어지지 않으면 법원은 그 청구에 의하여 분할당시 각 회사의 재산상태 기타의 사정을 참작하여 이를 정한다(제530조의11 제1항, 제239조). 분할무효의 소송에서 패소한 원고는 악의 또는 중대한 과실이 있을 경우 회사에 대하여 연대하여 손해를 배상하여야 한다(제530조의11 제1항, 제240조, 제191조).

대판 2010. 7. 22, 2008다37193 [3] 상법 제530조의11 제1항 및 제240조는 분할합병무효의 소에 관하여 상법 제189조를 준용하고 있고 상법 제189조는 "설립무효의 소 또는 설립취소의 소가 그 심리 중에 원인이 된 하자가 보완되고 회사의 현황과 제반 사정을 참작하여 설립을 무효 또는 취소하는 것이 부적당하다고 인정한 때에는 법원은 그 청구를 기각할 수 있다"고 규정하고 있으므로, 법원이 분할합병무효의 소를 재량기각하기 위해서는 원칙적으로 그 소 제기 전이나 그 심리 중에 원인이 된 하자가 보완되어야 할 것이나, 그 하자가 추후 보완될 수 없는 성질의 것인 경우에는 그 하자가 보완되지 아니하였다고 하더라도 회사의 현황 등 제반 사정을 참작하여 분할합병무효의 소를 재량기각할 수 있다.

[4] 분할합병계약의 승인을 위한 주주총회를 개최하면서 소수주주들에게 소집통지를 하지 않음으로 인하여 위 주주들이 주식매수청구권 행사 기회를 갖지 못하였으나, 주식매수청구권은 분할합병에 반대하는 주주로 하여금 투하자본을 회수할 수 있도록 하기 위해 부여된 것인데 분할합병무효의 소를 제기한 소수주주가 자신이 보유하고 있던 주식을 제3자에게 매도함으로써 그 투하자본을 이미 회수하였다고 볼 수 있고, 위 분할합병의 목적이 독점규제 및 공정거래에 관한 법률상 상호출자관계를 해소하기 위한 것으로 위 분할합병을 무효로 함으로 인하여 당사자 회사와 그 주주들에게 이익이 된다는 사정이 엿보이지 아니하는 점 등을 참작해 볼 때, 분할합병무효청구를 기각한 원심판단을 수긍한 사례.

사 례 12

A주식회사(이하 'A회사'라고 한다)는 난방설비업과 전기공사업을 영위하는 회사이고 현재 지배주주인 甲이 발행주식총수 100만주 중 40만주를 소유하고 있다. B주식회사(이하 'B회사'라고 한다)는 A회사에 2012년 10월 1일부터 난방용 보일러를 공급하기로 약정하였고, A회사의 지배주주 甲은 A회사의 보일러 대금지급채무에 대하여 보증을 하였다.

A회사와 난방설비 공급관계에 있던 C주식회사(이하 'C회사'라고 한다)는 사업확장을 위하여 A회사의 주식을 매수하기로 계획하였다. C회사는 주식취득자금을 조달하기 위하여 은행으로부터 자금을 대출받았는데, A회사가 C회사의 대출채무에 대하여 보증을 하였다. C회사는 이와 같이 조달한 자금으로 甲 소유의 A회사 주식 중 30만주를 매수하였다.

C회사는 A회사의 주식을 취득한 후 A회사의 사업 중 전기공사업 부문을 분할하여 D주식회사(이하 'D회사'라고 한다)에 합병하기로 하였다. 분할합병계약서에는 아래와 같이 규정하였다.

1. 2013년 3월 15일 현재 재산목록을 기준으로 D회사는 A회사(분할회사)의 영업 일부인 전기공사업 부문의 제반 면허, 장비 및 인원, 계약권리 및 하자보수 등의 권리 의무를 포괄적으로 승계한다.

2. D회사는 A회사(분할회사)의 채무 중에서 출자한 재산에 관한 채무(책임을 포함한다)만을 부담하며, D회사로 이전되지 아니한 A회사의 다른 채무에 대해 연대하여 변제할 책임을 지지 아니한다.

3. 출자한 재산에 관한 채무란 전기공사업의 계속을 위한 상거래 및 이에 준하는 순수 영업관련 채무를 말한다.

A회사는 2013년 3월 20일 분할합병계약서 승인을 안건으로 하는 주주총회를 개최하였다. 이 주주총회에는 C회사(30만주)와 甲(10만주)을 포함하여 총 60만주의 주식을 소유한 주주가 출석하였고, 甲의 반대에도 불구하고 C회사와 기타 20만주 총 50만주의 주식을 가진 주주가 찬성하여 분할합병계약서가 승인되었다.

A회사는 2013년 3월 21일 일간신문에 "A회사는 상법 제530조의9 제2항의 결의절차를 밟아 상법 제530조의9 제1항의 출자재산 이외의 채무에 대하여는 연대책임을 부담하지 않기로 결의하였으므로 회사분할합병에 이의가 있는 채권자는 공고게재일로부터 1개월 이내에 회사에 이의를 제출하라"는 취지의 분할공고를 마쳤으나, 甲에게 개별적 최고를 하지는 아니하였다. 채권자의 이의제기가 없자 2013년 5월 1일 A회사와 D회사는 분할합병에 관한 등기를 마쳤다.

甲은 2013년 7월 1일 A회사에 난방용 보일러를 공급한 B회사에 대한 A회사의 채무를 대위변제하였다. (이상 A회사, B회사, C회사, D회사는 모두 비상장회사이다.)

1. C회사가 甲이 소유하고 있는 A회사의 주식을 취득한 행위는 효력이 있는가? (25점)

2. 甲은 주식매수청구권을 행사할 수 있는가? 그리고 주식매수청구권을 행사한 甲이 분할합병무효의 소를 제기할 수 있는가? (25점)

3. D회사는 甲의 구상금채권에 대하여 변제할 책임이 있는가? (50점)

[2013. 10. 법학전문대학원협의회 모의시험]

〈샘플 답안〉

Ⅰ. 설문 1의 해결

1. 문제의 제기

비록 A회사가 직접 자사의 주식을 취득한 것이 아니지만, C회사의 대출채무에 대하여 A회사가 보증하였는바, 이것이 자기주식취득에 해당하는지 문제된다.

2. 자기주식의 취득규제 및 지위

(1) 자기주식 취득에 관한 상법의 규정

과거 주식회사는 자기주식의 취득에 대하여 원칙적으로 금지하는 태도를 취했으나, 2011년 제341조 제1항에 따라 배당가능이익의 범위 내에서 자기의 명의와 계산으로 자기의 주식을 취득할 수 있도록 개정되었다. 한편 특정목적에 의한 자기주식의 취득은 과거와 마찬가지로 허용된다(제341조의2).

(2) 자기주식의 지위

적법하게 취득한 자기주식에 관하여는 의결권이 없다고 규정하고 있으나(제362조 제2항), 그 외에 공익권은 성질상 인정되지 않는다고 본다. 자익권에 대하여는 견해가 대립하지만, 자익권도 전면적으로 휴지된다고 보는 전면적 휴지설이 타당하다.

한편 자기주식 취득규제를 위반하여 취득한 자기주식에 관하여는, 무효설과 유효설, 상대적 무효설로 견해가 나뉘나, 판례는 무효설의 입장에 있다. 개정상법에서 자기주식의 취득을 허용하고 있더라도 일정한 요건 하에 인정하는 것으로 절차를 준수하여야 하는바, 이러한 절차규정은 다수인의 이해관계를 조절하기 위한 강행규정으로 보아 무효로 보는 견해가 타당하다.

3. C회사의 주식취득이 A회사의 자기주식 취득에 해당하는지 여부

A회사가 C회사의 주식취득을 위하여 보증해준 것은 자신의 명의와 계산이 아니므로 '상법상의' 자기주식취득에 해당하지 않지만, 타인명의와 회사계산에 의하여 자기주식을 취득한 경우로서 '사실상의' 또는 '숨은 자기주식'에 해당하는지 문제된다.

판례는 "회사의 계산"의 의미에 대하여 주식취득을 위한 자금이 회사의 출연에 의한 것이고 주식취득에 따른 손익이 회사에 귀속되는 경우로 보고 있다. 그러나 대출채무에 관하여 보증하는 방법으로 금융지원을 한 사정만으로는 "회사의 계산"으로 볼 수 없다. 따라서 숨은 자기주식에도 해당하지 않으므로 유효하다.

Ⅱ. 설문 2의 해결

1. 甲의 주식매수청구권 행사가부

회사합병을 위한 주주총회 결의사항에 관하여 이사회의 결의가 있는 때에 그 결의에 반대하는 주주는 주주총회 전에 회사에 대하여 서면으로 그 결의에 반대하는 의사를 통지한 경우에는 그 총회의 결의일부터 20일 이내에 주식의 종류와 수를 기재한 서면으로 회사에 대하여 자기가 소유하고 있는 주식의 매수를 청구할 수 있다(제530조의11 제2항, 제522조의3). 그리고 회사는 영업양도 등을 위한 주주총회 특별결의를 위하여 주주총회의 소집통지를 하는 때 주식매수청구권의 내용 및 행사방법을 명시하여야 한다(제530조의11 제2항, 제374조 제2항).

甲이 주주총회 승인결의 전에 서면으로 반대의 의사를 통지하였다는 사정이 보이지 않지만, A회사 역시 주주의 주식매수청구권 행사의 내용 및 방법에 관한 통지 또는 공고를 하지 않았다. 회사가 주식매수청구권의 내용 및 행사방법에 관한 통지를 하지 않은 경우에도 분할합병에 반대하는 주주로 하여금 반대의사를 통지하도록 하는 것은 사실상 소수주주의 주식매수청구권의 행사를 형해화할 수 있으므로, A회사가 주식매수청구권의 내용 및 행사방법에 관한 통지를 하지 않은 경우에는 비록 甲이 주주총회 승인결의 전에 반대의사를 통지하지 않았어도 주식매수청구권을 행사할 수 있다고 보아야 한다.

2. 주식매수청구권을 행사한 甲이 분할합병무효의 소를 제기할 수 있는지 여부

(1) 분할합병무효의 소의 원고적격

분할합병무효의 소는 각 회사의 주주·이사·감사·청산인·파산관재인 또는 분할합병을 승인하지 아니한 채권자에 한하여 소만으로 이를 주장할 수 있다(제530조의11 제1항, 제529조).

주식매수청구권을 행사하게 되면 甲이 주주의 지위를 잃게 되어 분할합병무효의 소의 원고적격을 잃게 되는 것인지 문제된다.

(2) 주식매수청구권을 행사한 주주의 지위

주식매수청구권은 형성권이므로 분할합병에 반대하는 주주가 주식매수청구권을 행사하면 회사의 승낙 여부와 관계없이 바로 매매계약이 성립한다. 그러나 회사가 매매대금을 지급한 때에 비로소 해당 주식은 회사로 이전하며, 주식매수청구권을 행사하였으나 매매대금이 지급되기 전에는 반대주주가 여전히 주주의 지위를 가진다(판례동지).

따라서 주식매수청구권을 행사한 주주라도 제소시 회사로부터 주식의 매매대금을 아직 받지 못한 경우에는 주식의 소유자로서 지위를 여전히 가지고 있으므로 분할합병 무효의 소의 원고가 될 수 있다.

3. 사안의 해결

甲은 비록 사전에 반대의사를 통지하지 않았음에도 불구하고 주식매수청구권을 행사할 수 있으며, 이 경우 A회사로부터 매매대금을 지급받기 전까지는 주주의 지위에서 분할합병무효의 소를 제기할 수 있다.

Ⅲ. 설문 3의 해결

1. 분할합병 전의 회사채무의 범위

분할 또는 분할합병으로 인하여 설립되는 회사 또는 존속하는 회사는 분할 또는 분할합병 전의 회사채무에 관하여 연대하여 변제할 책임이 있다(제530조의9 제1항). 甲의 A회사에 대한 구상금채권은 분할합병의 효력이 발생한 이후에 발생하였는바,

위 구상금채권이 연대책임의 대상이 되는 '분할 전 회사의 채무'에 포함되는지 문제된다.

판례는 연대책임의 대상이 되는 채무에 분할합병의 효력발생 전에 발생하였으나 분할 또는 분할합병 당시에는 아직 그 변제기가 도래하지 아니한 채무도 포함된다고 보고, 회사 분할합병의 효력발생 전에 아직 발생하지는 아니하였으나 이미 그 성립의 기초가 되는 법률관계가 발생한 채무도 포함한다고 본다(대판 2012. 5. 24, 2012다18861). 채권자보호라는 상법규정의 취지를 고려할 때, 판례의 태도가 타당한바, 이에 의하면 甲의 A회사에 대한 구상금채권도 분할합병 전 회사의 채무에 포함되므로, D회사는 A회사와 연대하여 甲에 대한 구상금채무에 대하여 변제할 책임이 있다.

2. 출자한 재산에 관한 채무 이외의 채무에 대한 책임배제 여부

(1) 책임배제가 가능한 채무인지 여부

분할합병의 경우에 분할되는 회사는 주주총회의 특별결의로 분할합병에 따른 출자를 받는 존립 중의 회사가 분할되는 회사의 채무 중에서 출자한 재산에 관한 채무만을 부담할 것을 정할 수 있다(제530조의9 제3항).

그러나 판례는 신설회사가 분할되는 회사의 채무 중에서 출자한 재산에 관한 채무만을 부담할 것을 정함으로써 출자한 재산에 관한 채무 외의 채무에 대하여는 부담하지 아니할 것을 정할 수 있으나, 출자한 재산에 관한 채무에 관하여는 위 규정에 의하더라도 신설회사가 그 책임을 면할 수 없는 것이 원칙이라고 보고 있다. 또 '출자한 재산'이라 함은 분할되는 회사의 특정재산을 의미하는 것이 아니라 조직적 일체성을 가진 영업, 즉 특정의 영업과 그 영업에 필요한 재산을 의미하며, '출자한 재산에 관한 채무'라 함은 신설회사가 분할되는 회사로부터 승계한 영업에 관한 채무로서 당해 영업 자체에 직접적으로 관계된 채무뿐만 아니라 그 영업을 수행하기 위해 필요한 적극재산과 관련된 모든 채무가 포함된다고 본다.

판례의 입장에 의하면 난방설비대금 지급채무의 대위지급에 따른 구상금채무는 D회사에 출자한 재산에 관한 채무로 볼 수 없으므로 연대책임배제가 가능한 채무이다.

(2) 적절한 절차를 거쳤는지 여부

분할합병으로 인하여 설립되는 회사 또는 존속하는 분할당사회사가 연대책임을 면하고 각자 분할합병계약서에 본래 부담하기로 정한 채무에 대한 변제책임만을 지는 분할채무관계를 형성하기 위해서는, 분할합병에 따른 출자를 받는 존립 중의 회사가 분할되는 회사의 채무 중에서 출자한 재산에 관한 채무만을 부담한다는 취지가 기재된 분할합병계약서를 작성하여 이에 대한 주주총회의 승인을 얻어야 한다(상법 제530조의9 제3항 · 제2항 후단, 상법 제530조의3 제1항 · 제2항). 이러한 요건이 충족되었다는 점에 관한 주장 · 증명책임은 분할당사회사가 연대책임관계가 아닌 분할채무관계에 있음을 주장하는 측에게 있으며, 단순히 분할합병계약서에 상법 제530조의6 제1항 제6호가 규정하는 '분할되는 회사가 분할합병의 상대방 회사에 이전할 재산과

그 가액'의 사항 등을 기재하여 주주총회의 승인을 얻었다는 사정만으로는 위와 같이 분할책임관계를 형성하기 위한 요건이 충족되었다고 할 수 없으므로, 분할당사회사는 각자 분할합병계약서에 본래 부담하기로 정한 채무 이외의 채무에 대하여 연대책임을 면할 수 없다고 보는 것이 판례의 태도이다.

사안에서 분할합병계약서에 위와 같은 내용이 명시되어 있고, 60만주의 주식을 소유한 주주가 출석하여 50만주의 주식을 가진 주주가 찬성하였으므로 주주총회 특별결의 요건도 충족하였다.

3. 채권자보호절차

회사는 주주총회의 승인결의가 있은 날부터 2주내에 채권자에 대하여 합병에 이의가 있으면 1월 이상의 기간내에 이를 제출할 것을 공고하고, 알고 있는 채권자에 대하여는 따로따로 이를 최고하여야 한다(제527조의5 제1항).

甲은 주주총회에서 분할합병을 반대하였으므로, 회사로서는 알고 있는 채권자에 해당한다고 할 것이나, 甲에 대한 개별최고를 누락하였다. 따라서 분할채무관계의 효력이 발생할 수 없고 원칙으로 돌아가 연대하여 변제하여야 한다.

4. 사안의 해결

D회사는 甲의 구상금청구에 대하여 변제할 책임이 있다.

사 례 13

A와 B는 2010년 3월 15일 내비게이션 제조·판매업을 목적으로 하는 甲 주식회사(비상장회사이며, 자본금과 기업가치는 각 100억 원임)를 설립하였고, 동 회사의 현행 정관에는 주식을 양도할 시에는 이사회 승인을 요하는 규정과 이사회의 결의로 일정한 날을 정하여 중간배당을 할 수 있다는 규정을 두고 있다. 또한 甲 회사는 현재 내비게이션에 필요한 소프트웨어 개발을 영업으로 하는 丙 주식회사(비상장회사이며, 자본금과 기업가치는 각 5억 원임)의 발행주식총수의 97%를 소유하고 있다. 甲 회사의 주식은 A가 40%, B가 20%를 소유하고 있으며, 나머지는 기타 10인의 주주들이 소유하고 있다. 甲 회사의 이사회는 상근이사인 A, B, C와 비상근이사인 2인으로 구성되어 있으며, A는 대표이사로, A의 동생인 D는 감사로 각 선임되어 필요한 등기절차를 모두 경료하였다.

2012년 4월 16일 A와 D는 내비게이션 제품을 생산 및 판매하는 것을 주된 업으로 하는 乙 주식회사(비상장회사임)를 개인적으로 설립하고, A는 乙 회사의 대표이사, D는 乙 회사의 이사로 선임된 후, D는 乙 회사의 공장 부지를 전국 각지에서 물색하고, A는 거래처를 확보하기 위하여 종전 甲 회사의 거래처와 협상을 진행하였다. 그러던 중 A와 D가 乙 회사를 설립한 사실을 우연히 인지하게 된 B는 A와 D에 대하여 강력한 항의를 하였고, 이에 A는 乙 회사의 이사 및 대표이사직을 사임하면서 A 자신이 가지고 있던 乙 회사의 지분 전부를 내비게이션 제품의 생산 및 판매에 전혀 경험이 없는 자신의 동생의 배우자인 E에게 양도하였다. 또한 A는 甲 회사의 대표이사 직도 사임하면서 甲 회사에 대한 자신의 지분 전부를 E에게 양도하고 경영일선에서 물러났고, 甲 회사는 B를 대표이사로 선임하여 필요한 등기절차를 모두 경료하였다. E가 A로부터 주식을 양수함에 있어서 이사회의 승인절차는 거치지 않았지만 甲 회사에게 주주가 A로부터 자신으로 변경되었다고 구두로 통지를 하였다.

B는 대표이사로 취임한 후 A와 D가 乙 회사의 영업을 준비하느라 甲 회사에 제대로 출근도 하지 않았을 뿐만 아니라, 중요한 몇몇 대형 거래처와의 납품기일을 여러 차례 준수하지 못하여 甲 회사가 다액의 위약금을 부담하게 된 사실을 알게 되었다. 이에 B는 이사회를 개최하고 A의 이사해임의 건 및 D의 감사해임의 건을 상정하여 2013년 6월 10일 임시주주총회를 소집하였으나 총회소집일에 B 이외의 다른 주주들이 주주총회에 출석하지 않아 임시주주총회가 유회되었다.

1. E는 甲 회사의 중간배당금을 수령할 자격이 있는가? (20점)
2. 2013년 6월 28일 현재 甲 회사의 의결권 있는 주식 2%를 각각 소유하고 있는 주주 F와 G는 공동으로 법원에 대하여 A와 D를 이사직과 감사직으로부터 각 해임하여 줄 것을 청구하고자 한다. 이에 대하여 검토하라. (40점)
3. 丙 회사가 발행한 주식총수의 2%를 가진 주주인 H는 긴급하게 자금이 필요하다. H가 단독으로 자신의 목적을 달성할 수 있는 상법상 방법을 제시하고 논하라. (10점)
4. 甲 회사가 내비게이션 제조와 관련하여 지속적인 성장을 목표로 하여 丙 회사를 합병하고자 하는 경우 상법상 가능한 방법을 제시하고 논하라. (30점)

※ 상법 이외의 특별법은 논외로 한다.

[2013. 6. 법학전문대학원협의회 모의시험]

〈샘플 답안〉

Ⅰ. 설문 1의 해결

1. 문제점

E가 중간배당금을 수령하기 위해서는 甲회사의 주주이어야 한다. 甲회사의 정관에는 주식을 양도할 때 이사회의 승인을 요하고 있으나 A가 E에게 주식을 양도할 때 이사회의 승인을 받지 않았고, E는 주식양수의 사실을 구두로만 통지하였는바, ① 정관규정을 위반한 주식양수인의 지위와 ② 명의개서 미필주주의 권리행사 허용여부가 문제된다.

2. E의 법적 지위

(1) 이사회 승인 없는 주식양수인의 법적 지위

주식은 타인에게 양도할 수 있지만, 회사는 정관으로 정하는 바에 따라 그 발행하는 주식의 양도에 관하여 이사회의 승인을 받도록 할 수 있고, 이를 위반하여 이사회의 승인을 얻지 아니한 주식의 양도는 회사에 대하여 효력이 없다(제335조 제1항·제2항).

여기에서 "회사에 대하여 효력이 없다"는 의미에 관하여 판례는 양수인이 회사에 대하여 주주의 지위를 주장할 수 없을 뿐만 아니라, 회사도 임의로 양수인을 주주로 인정할 수 없다는 의미로 보고 있다. 물론 당사자 사이의 채권적 효력은 인정된다(대판 2008. 7. 10, 2007다14193).

E가 회사에 대하여 한 구두통지는 서면에 의하지 않았으므로 주식양도의 승인청구로도 볼 수 없다(제335조의7).

(2) 명의개서 미필주주의 권리행사의 허용여부

E는 명의개서 미필주주가 되는데, 판례는 회사가 명의개서 미필주주를 주주로서 임의로 인정하는 것은 허용된다고 보고 있다. 그러나 사안과 같이 정관상 주식양도 제한을 위반한 경우에는 회사가 임의로 주주로 인정하는 것도 허용되지 않는다.

3. 사안의 경우

결국 E는 회사에 대하여 주식양도의 효력을 주장할 수 없으며, 甲회사도 임의로 E를 주주로 인정할 수도 없기 때문에 E는 중간배당금을 수령할 권리가 없다.

Ⅱ. 설문 2의 해결

소수주주에 의한 이사 및 감사 해임청구의 소의 요건을 구비하였는지 문제된다(제385조 제2항, 제415조).

1. 소송요건

(1) 원고적격

원고가 되기 위하여는 발행주식총수의 100분의 3이상을 요하며, F와 G가 보유한 주식을 합산하면 가능하다.

(2) 피고적격

이사 및 감사 해임청구의 소의 피고적격에 대하여 회사라고 보는 견해도 있지만, 해당 이사 또는 감사로 보는 것이 타당하다.

(3) 제소기간

주주총회에서 해임을 부결한 결의가 있은 날부터 1월 내에 소를 제기하여야 하는데, 사안의 경우 주주총회가 유회되었는바, 판례는 주주총회가 유회된 경우도 부결된 것으로 보고 있다. 따라서 주주총회가 유회된 2013년 6월 10일로부터 1월 이내인

2013년 6월 28일에 제소하였으므로 제소기간 요건은 충족하였다.

2. 이사 A에 대한 해임 청구의 당부

이사해임청구의 소를 제기하기 위하여는 이사가 그 직무에 관하여 부정행위 또는 법령이나 정관에 위반한 중대한 사실이 있어야 한다(제385조 제2항).

(1) 이사의 경업금지의무 위반여부

이사는 이사회의 승인이 없으면 자기 또는 제3자의 계산으로 회사의 영업부류에 속한 거래를 하거나 동종영업을 목적으로 하는 다른 회사의 무한책임사원이나 이사가 되지 못한다(제397조 제1항). A가 甲회사의 대표이사의 직위에서만 사임하였을 뿐, 甲회사의 이사직은 그대로 유지하고 있어 이사로서의 경업금지의무 위반여부가 문제된다. 乙회사는 아직 영업활동을 개시하기 전이었으나, 판례는 영업준비단계에 있는 회사라 하더라도 "동종영업을 목적으로 하는 다른 회사"라고 보고 있다(대판 1993. 4. 9, 92다53583). 따라서 乙회사가 영업활동을 개시하기 전이라 하더라도 A가 甲회사의 이사로서 경업금지의무를 위반하였다고 할 것이다.

(2) 회사의 기회 유용금지의무 위반

이사는 직무를 수행하는 과정에서 알게 되거나 회사의 정보를 이용한 사업기회나 회사가 수행하고 있거나 수행할 사업과 밀접한 관계가 있는 사업기회를 이사회의 승인 없이 자기 또는 제3자의 이익을 위하여 이용하여서는 아니 된다(제397조의2). 乙회사는 내비게이션 제품의 생산 및 판매를 업으로 하므로, A는 내비게이션을 제조·판매하고 있는 甲회사의 이사로서 甲회사의 기회 유용금지의무를 위반하였다고 할 것이다.

(3) 소 결

A는 경업금지의무, 기회 유용금지의무를 위반하였으므로 이사 A에 대한 해임청구의 소는 그 요건을 갖추었다.

3. 감사 D에 대한 해임 청구의 당부

감사의 경우도 이사의 경우와 같이 그 직무에 관하여 부정행위 또는 법령이나 정관에 위반한 중대한 사실이 있어야 한다(제415조, 제385조).

(1) 경업금지의무 위반여부

감사는 당해 회사 및 자회사의 이사 등을 겸직하지 못한다는 겸직금지의무에 관하여는 규정이 있으나(제411조), 경업금지의무에 관한 명문의 규정이 없고 이사의 경업금지의무 조항 또한 준용되지 않고 있다. 이에 관하여 감사에게도 경업금지의무가 인정되는지 견해가 나뉘나, 감사는 회사의 업무집행에 관여하지 않아 경업금지의무(제397조), 회사기회유용금지의무(제397조의2) 등이 인정되지 않는다고 보아야 할 것이다.

(2) 임무해태 여부

감사도 임무를 해태한 때에는 회사에 대하여 연대하여 손해를 배상할 책임을 부담하는바(제414조), D는 乙회사의 영업을 준비하느라 甲회사에 제대로 출근하지도 않았고, 납품기일을 준수하지 못하여 위약금을 부담하게 되었으므로 임무를 해태한 사실은 인정된다. 그러나 임무해태한 사실만으로는 손해배상책임을 부담할 뿐, 법령 또는 정관을 위반한 중대한 사실에 해당한다고 보기는 어렵다.

(3) 소 결

감사 D에 대한 해임청구의 소는 그 요건을 갖추었다고 보기 어렵다.

4. 소 결

F와 G가 이사 및 감사해임의 소를 제기하기 위한 절차적 요건, 즉 원고적격, 피고적격, 제소기간의 요건은 갖추어졌다. 그러나 이사 A에게 직무에 관한 부정행위 또는 법령이나 정관에 위반한 중대한 사실이 인정되나, 감사 D에게는 인정되기 어렵다.

Ⅲ. 설문 3의 해결

1. 소수주주의 지배주주에 대한 주식매수청구권

지배주주가 있는 회사의 소수주주는 언제든지 지배주주에게 그 보유주식의 매수를 청구할 수 있다. 이 경우 매수청구를 받은 지배주주는 매수를 청구한 날을 기준으로 2개월 내에 매수를 청구한 주주로부터 그 주식을 매수하여야 하며, 매매가액은 매수를 청구한 주주와 매수청구를 받은 지배주주 간의 협의로 결정하되, 협의가 이루어지지 아니한 경우에는 법원에 대하여 매매가액의 결정을 청구할 수 있다(제360조의25).

한편 주식을 취득하는 지배주주가 매매가액을 소수주주에게 지급한 때에 주식이 이전된 것으로 본다(제360조의26).

2. 사안의 경우

현재 甲회사가 丙회사 발행주식총수의 97%를 가지고 있으므로 甲회사는 지배주주에 해당되며, 소수주주인 F는 자신의 주식을 매수할 것을 청구할 수 있다.

Ⅳ. 설문 4의 해결

甲회사가 지속적인 성장을 목표로 하여 丙회사를 합병할 수 있는 방법으로 간이합병과 소규모합병이 있다.

1. 간이합병

합병할 회사의 일방이 합병후 존속하는 경우에 합병으로 인하여 소멸하는 회사의 총주주의 동의가 있거나 그 회사의 발행주식총수의 100분의 90이상을 합병후 존속하는 회사가 소유하고 있는 때에는 합병으로 인하여 소멸하는 회사의 주주총회의 승인은 이를 이사회의 승인으로 갈음할 수 있다. 그리고 이 경우 합병으로 인하여 소멸하는 회사는 총주주의 동의가 없는 한, 합병계약서를 작성한 날부터 2주내에 주주총회의 승인을 얻지 아니하고 합병을 한다는 뜻을 공고하거나 주주에게 통지하여야 한다(제527조의2).

사안에서 甲 회사는 丙 회사 발행주식총수의 97%를 소유하고 있으므로 상법상 간이합병의 요건을 충족한다.

2. 소규모합병

합병후 존속하는 회사가 합병으로 인하여 발행하는 신주의 총수가 그 회사의 발행주식총수의 100분의 10을 초과하지 아니하는 때에는 그 존속하는 회사의 주주총회의 승인은 이를 이사회의 승인으로 갈음할 수 있다. 다만, 합병으로 인하여 소멸하는 회사의 주주에게 지급할 금액을 정한 경우에 그 금액이 존속하는 회사의 최종 대차대조표상으로 현존하는 순자산액의 100분의 5를 초과하는 때에는 그러하지 아니하다(제527조의3 제1항). 이 경우 존속하는 회사의 합병계약서에는 주주총회의 승인을 얻지 아니하고 합병을 한다는 뜻을 기재하여야 하며, 존속하는 회사는 합병계약서를 작성한 날부터 2주내에 소멸하는 회사의 상호 및 본점의 소재지, 합병을 할 날, 주주총회의 승인을 얻지 아니하고 합병을 한다는 뜻을 공고하거나 주주에게 통지하여야 한다(제527조의3 제2항 · 제3항).

사안에서 甲회사는 자본금 및 기업가치가 100억원으로, 자본금 및 기업가치가 5억원인 丙회사를 합병할 때 발행하는 신주의 총수는 甲회사의 발행주식총수의 100분의 5에 해당할 것이므로 소규모합병의 요건도 충족한다.

제11절 주식의 포괄적 교환과 포괄적 이전

제1 제도의 의의

주식의 포괄적 교환과 포괄적 이전제도는 2001년 상법개정시 도입되었다. 이 두 가지 제도는 완전모회사 즉 자회사의 주식을 100퍼센트 소유하는 모회사를 만들어내는 방법으로서 입법되었다. 그 중 주식의 포괄적 교환은 기존의 회사를 완전모회사로 전환하는 방법이고 포괄적 이전은 새로운 회사를 완전모회사로 설립하는 방법이다. 1999년 독점규제법의 개정시에 종래 지주회사의 금지를 해제함에 따라 상법에서 완전모회사의 설립방법을 마련해준 것이다. 100퍼센트 지주회사 제도를 통하여 지주회사는 자회사를 전면적으로 지배하여 방해받지 않고 모회사의 경영정책을 자회사에 실현시킬 수 있게 되었다. 반면에 경영성과에 대한 전면적 책임(accountability)은 회피할 수 없게 되었다. 완전모회사는 자회사의 1인주주가 되는데 1인 주주회사의 설립과 존속이 상법상 허용되는 것도 100퍼센트 지주회사와 유기적 관련을 가진다.

자본시장법상 주권상장법인은 주식의 포괄적 교환이나 포괄적 이전을 하는 경우, 그 요건, 방법 등에 관하여 특칙이 규정되어 있고, 이 경우 외부의 전문평가기관으로부터 합병가액 등에 대하여 평가를 받아야 한다(자본시장법 제165조의4).

제2 주식의 포괄적 교환

1. 의 의

주식의 포괄적 교환은 이미 존재하는 주식회사(A)가 이미 존재하는 다른 주식회사(B)의 발행주식총수를 포괄적으로 취득하는(완전모회사가 되는) 제도이다(제360조의2 제1항). 주식의 포괄적 교환을 통하여 완전자회사(B)가 되는 회사의 원래 주주가 가졌던 주식은 완전모회사에 이전하고 그 주주들은 완전모회사(A)가 주는 A회사의 주식을 받음으로써 A회사의 주주로 바뀌게 된다. 즉 B회사의 주주였던 자들에게 A회사의 주식으로 바꾸어 주는(교환) 결과가 된다.

포괄적 교환의 경우 A회사는 B회사의 주식에 대한 대가로 A회사의 신주를 발행해 주기 때문에 주식매입에 소요되는 자금이 필요하지 않다. 포괄적 교환도 흡수합병과 비슷한 절차를 밟아야 하지만 포괄적 교환의 경우는 교환 후에도 모회사와 자회사 두개의 회사가 있게 되는데 반하여 흡수합병의 경우는 흡수되는 회사가 소멸하고 하나의 회사만 남게 되는 것이 다르다. 모회사와 자회사가 각각 독립한 회사로 남게 되므로 권리·의무의 포괄적 승계는 이루어지지 않는다.

2. 성 질

주식의 포괄적 교환은 경제적으로는 현물출자와 같은 효과를 나타내지만 상법에서는 개별 주주들의 의사와 관계없이 주주총회의 결의를 거쳐 주식교환이 이루어지도록 함으로써 주식의 포괄적 교환을 회사 합병과 같은 조직법적 행위로 다루고 있다. 교환으로 인하여 자회사 주주가 모회사 주주로 바뀌는 것은 회사간의 계약이나 회사와 주주간의 계약의 효과가 아니라 상법상의 해당규정에서 정한 조직법적 효력에 의한 것이라고 설명된다(이(철), 1111면).

3. 주식교환계약에 대한 승인절차

(1) 포괄적 주식교환계약서

주식의 포괄적 교환은 모회사가 될 회사와 자회사가 될 회사간의 포괄적 교환을 위한 계약으로부터 시작된다. 회사가 계약당사자가 되고 주주가 당사자가 되는 것이 아니다. 이러한 계약은 합병의 예에서 보는 것과 같이 계약서가 작성되어 각 회사의 대표이사간에 계약이 체결되고 그에 대한 각 회사의 이사회 결의와 주주총회의 승인을 받는 순서로 진행된다.

주식교환계약서에 기재되어야 할 사항은 다음과 같다(제360조의3 제3항).

(가) 완전모회사가 되는 회사가 주식교환으로 인하여 정관을 변경하는 경우에는 그 규정

포괄적 주식교환으로 인하여 완전모회사가 되는 회사의 정관기재사항 중 일부가 변경되어야 할 경우가 생길 수 있다. 먼저 순수지주회사를 지향하는 경우라면 사업목적에 지주회사가 된다는 점을 밝혀야 할 것이다. 자회사의 사업의 종류를 모회사의 정관에까지 기재할 필요는 없다고 생각한다. 주식교환을 위하여 발행하게 될 신주식의 수를 확보하기 위하여 발행예정주식총수를 증가시키는 정관변경이 필요할 수도 있다.

(나) 완전모회사가 되는 회사가 주식교환을 위하여 발행하는 신주의 총수·종류와 종류별 주식의 수 및 완전자회사가 되는 회사의 주주에 대한 신주의 배정에 관한 사항

포괄적 주식교환에 있어서 완전모회사가 되는 회사가 발행하여 완전자회사가 되는 주주에게 배정하는 신주는 그 배정비율과 발행되는 신주의 수와 종류 등 모든 사항이 쌍방회사의 주주들의 이해관계에 중대한 영향을 미치므로 교환계약서의 핵심내용을 이룬다.

(다) 완전모회사가 되는 회사의 증가할 자본금과 자본준비금에 관한 사항

1) 완전모회사가 신주를 발행하여 완전자회사의 주주에게 교부할 경우에 완전모회사의 자본금증가가 있게 된다. 모회사가 이미 가지고 있던 자기주식을 자회사 주식에 대한 교환대가로 자회사의 주주에게 양도하는 경우에는 자기주식의 교부부분만큼은 자본금증가에 반영되지 아니한다.

2) 교환계약서에 기재하여야 하는 자본준비금은 교환차익(交換差益)을 가리킨다. 완전모회사가 되는 회사의 자본금은 주식교환의 날에 완전자회사가 되는 회사에 현존하는 순자산액에서 완전자회사의 주주에게 지급할 금액과 자회사의 주주에게 주는 모회사의 자기주식의 회계장부가액의 합계액을 공제한 금액을 초과하여 증가시킬 수 없다(법 제360조의7 제1항).

(라) 완전자회사가 되는 회사의 주주에게 지급할 금액을 정한 때에는 그 규정

주식교환을 전제로 평가한 자회사의 1주당 평가액이 모회사 주식의 1주당 평가액보다 다소 많은 경우 계산상의 편의를 위하여 교환비율을 1 : 1로 하였다면 정산에 해당하는 자회사의 주주에 대한 현금보상이 필요하게 된다. 이것을 '주식교환교부금'이라 한다.

(마) 당사회사가 포괄적 주식교환의 승인결의를 할 주주총회의 기일

일단 체결된 주식교환계약에 대하여는 계약당사회사에서 각각 주주총회의 승인을 받아야 한다. 그러한 주주총회를 언제 개최할 것인가를 예견할 수 있도록 교환계약서의 기재사항에 총회일을 기재해 넣도록 한 것이다.

(바) 주식교환을 할 날

주식교환계약서에 기재되는 주식교환을 할 날은 주식교환의 효력발생일을 가리킨다. 주식의 포괄적 교환이 이루어지면 완전모회사의 자본증가 등을 반영하여 변경등기를 하여야 하는데 그러한 변경등기와 주식교환의 효력발생은 시점을 같이 하지는 않는다.

(사) 각 회사가 주식교환을 할 날까지 이익배당을 할 때에는 그 한도액

주식교환계약이 체결된 후에 각 회사의 주주에게 이익배당이 지급될 경우에는 주주들이 그러한 수입과 제시된 주식교환비율을 감안하여 포괄적 주식교환에 대한 승인여부를 판단할 수 있도록 하기 위한 것이다.

(아) 완전모회사가 자기의 주식을 이전하는 경우(제360조의6)에는 이전할 주식의 총수·종류 및 종류별 주식의 수

완전모회사는 자회사의 주주에게 신주발행 대신 모회사가 보유하고 있던 자기주식을 이전해 줄 수도 있는데 그렇게 할 경우 그에 대한 내용이 주식교환계약서에 기재되어야 한다.

(자) 완전모회사가 되는 회사에 취임할 이사와 감사 또는 감사위원회의 위원을 정한 때에는 그 성명 및 주민등록번호

자회사의 주주가 완전모회사의 주주로 바뀜에 따라 완전모회사의 주주구성에 중대한 변화가 초래되게 된다. 주식교환전의 이사·감사는 원칙적으로 주식교환후 최초로 도래하는 결산기에 관한 정기총회에서 교체되도록 되어 있다(제360조의13). 그러한 이사·감사의 연임 또는 새로운 이사·감사의 보충 등을 교환계약서의 내용으로 포함시켜 놓으면 그러한 계약서 내용이 주주총회의 승인을 거쳐서 이사·감사의 교체나 선임결의의 효력을 가질 수 있다.

(2) 주주총회의 승인

주식교환계약서는 완전모회사가 될 회사와 완전자회사가 될 회사 쌍방회사의 주주총회의 승인을 받아야 효력이 생긴다. 주주총회의 결의와 관련하여 상법에서는 주식교환에 관한 서류를 공시하도록 강제하고 있다(제360조의4).

(가) 관련서류의 공시

이사는 주식교환계약서의 승인을 위한 주주총회의 회일의 2주전부터 주식교환의 날 이후 6월이 경과하는 날까지 ① 주식교환계약서, ② 완전자회사가 되는 회사의 주주에 대한 주식의 배정에 관하여 그 이유를 기재한 서면, ③ 주식교환을 하는 각 회사의 대차대조표 및 손익계산서를 본점에 비치하여야 한다. 이들 중 ③은 승인총회의 회일 전 6월 내의 날에 작성된 최종의 대차대조표 및 손익계산서라야 한다.

다만 완전자회사가 되는 회사의 총주주의 동의가 있거나 그 회사의 발행주식총수의 100분의 90 이상을 완전모회사가 되는 회사가 이미 소유하고 있는 때

에는 완전자회사의 주주총회승인결의가 필요하지 않으므로(간이주식교환의 경우, 제360조의9) 이 경우 공시기간의 계산은 완전자회사가 총회의 승인없이 주식교환을 한다는 뜻을 공고하거나 주주에게 통지하는 날을 기준으로 정할 수밖에 없다(법 제360조의9 제2항).

주주는 이러한 공시서류를 회사영업시간내에 언제든지 열람 또는 등본을 청구할 수 있다(제360조의4 제2항, 제391조의3 제3항).

(나) 회사채권과 보호절차의 문제

주주의 공시서류에 대한 열람·등본청구 외에 완전모회사와 완전자회사에서의 회사채권자 보호절차는 요구되지 않는다. 쌍방회사 모두 주식의 포괄적 교환으로 인한 재산감소는 일어나지 않기 때문이다.

(다) 승인총회의 소집과 결의

승인총회의 소집의 통지와 공고에는 ① 주식교환계약서의 주요내용, ② 주식교환에 반대하는 주주의 주식매수청구권의 내용과 행사방법, ③ 일방회사의 정관에 주식의 양도에 관하여 이사회의 승인을 요한다는 뜻의 규정이 있고 다른 회사의 정관에 그 규정이 없는 경우의 그 뜻이 기재되어야 한다(제360조의3 제4항).

주식교환계약서의 승인은 완전모회사가 되는 회사와 완전자회사가 되는 회사 모두의 주주총회에서 특별결의로 이루어져야 한다. 자회사의 주주총회의 특별결의까지 거치도록 한 것은 학자들이 주식의 포괄적 교환이 현물출자가 아니고 합병과 같은 조직법적 행위에 해당한다고 보는 근거로 제시되고 있다(이(철), 1114면).

(라) 주주부담의 증가와 동의

주식교환으로 인하여 관련 각 회사의 주주의 부담이 가중된다면 주주총회의 특별결의와 종류주식의 주주총회의 결의 외에 그 주주 전원의 동의가 있어야 한다(제360조의3 제5항).

4. 반대주주의 주식매수청구권

완전모회사와 완전자회사간의 주식의 포괄적 교환에 반대하는 완전모회사의 주주 또는 완전자회사의 주주는 누구든지 소속회사에 주식매수를 청구할 수 있다(제360조의5).

주식교환계약서에 대한 주주총회의 승인결의에 반대하는 의사를 그 주주총회 전에 서면으로 회사에 통지한 주주는 총회의 결의일로부터 20일 이내에 회사에 대하여 자기가 소유하고 있는 주식의 매수를 청구할 수 있다. 매수청구를 하는 주식의 종류와 수는 서면에 기재하여 제출하여야 한다. 반대의사의 통지는 모회사의 주주든 자회사의 주주이든 각자의 소속회사에 하여야 한다.

주식매수가액의 결정은 제1단계로 주주와 회사간의 협의, 협의가 이루어지지 않은 경우에는 제2단계로 법원에 매수가액의 결정을 청구할 수 있다(제360조의5, 제374조의2 제2항～제5항).

5. 신주의 배정과 주식의 이전

완전모회사가 되는 회사는 주식교환계약서에 기재된 대로 완전자회사가 되는 회사의 기존 주주가 가진 자회사 주식을 취득하고 그 대가로 모회사의 신주를 발행하여 교부한다(제360조의3 제3항 제2호). 이러한 신주발행 대신 완전모회사가 되는 회사는 완전자회사가 되는 회사의 기존주주에게 완전모회사가 이미 보유하고 있던 자기주식을 이전해 줄 수도 있다. 자기주식 이전의 경우에도 그러한 내용이 주식교환계약서에 기재되어 있어야 한다(제360조의3 제3항 제8호).

상법 제360조의7에서는 완전모회사의 주식교환후의 자본금증가의 한도를 규정하고 있는데 자본금증가의 한도액에서 말하는 자본금은 제451조의 자본금(발행주식의 액면총액)을 가리키는 것이 아니고 회계학상의 자기자본을 가리킨다. 따라서 제451조의 자본과의 구별을 위해서는 '자본액 증가의 한도'라는 표현이 더 적당했을 수도 있다.

6. 완전모회사의 이사·감사의 임기

주식의 포괄적 교환이 있게 되면 종래 완전자회사의 주주이었던 자들이 완전모회사의 주주가 됨으로써 완전모회사의 주주구성이 확대되게 된다. 이러한 새로운 주주집단의 의사에 따른 경영기구의 재편을 위하여 상법에서는 특별한 배려를 하고 있다. 즉 주식교환계약서에 완전모회사가 되는 회사의 이사·감사·감사위원회의 위원을 정하여 주식교환계약서에 대한 주주총회 승인을 받도록 하였다(제360조의3 제3항 제9호). 주식교환계약서에서 그러한 정함을 두지 않은 경우에는 기존의 이사 · 감사 · 감사위원회의 위원들이 주식교환 이후 최초로 도래하는 결산기에 관한 정기주주총회의 종료시에 퇴임한다(제360조의13).

완전자회사의 이사 · 감사 · 감사위원회의 위원의 임기에 관하여는 상법에 특별한 정함이 없으나 완전자회사의 이사 · 감사의 구성에 완전모회사의 의사가 반영되어야 함은 당연하다. 이러한 점을 고려하면 주식교환계약서에 기재함으로써 완전자회사의 이사 · 감사 등도 주식교환의 날에 교체할 수 있도록 하여야 할 것이다. 합병계약서의 이사 · 감사의 임기기재에 관해 제523조 제9호를 유추한다(손, 1059면).

7. 완전자회사의 주권의 실효절차

완전자회사가 되는 회사는 주식교환의 날 이전의 주권을 무효화시키고 새로운 주주인 완전모회사에 새로운 주권을 교부하거나 주권불발행조치를 취하여야 한다. 주주총회의 주식교환계약서 승인결의가 있으면 완전자회사는 주식교환의 날 1월 전에 ① 주식교환계약서의 승인사실, ② 주식교환의 날의 전날까지 주권을 회사에 제출하여야 한다는 뜻, ③ 주식교환의 날에 주권의 무효가 된다는 뜻을 공고하고 주주 및 질권자에게 통지하여야 한다(제360조의8).

8. 주식교환의 효력 발생

주식의 포괄적 교환은 주식교환계약서에 기재된 '주식교환을 할 날'에 그 효력이 발생한다. 주권실효절차에 따르면 주식교환을 할 날의 전날까지 주권을 회사에 제출하여야 하므로 주권제출기간 만료일 그 다음날에 주식교환의 효력이 발생한다. 주식교환의 효력발생(시점)과 주식교환에 따른 변경등기와는 관계가 없다. 주식교환의 경우는 합병의 효력이 등기에 의하여 발생하는 것과 다르다(제234조, 제530조 제2항 참조).

9. 주식교환정보의 사후공시

완전모회사가 되는 회사의 대표이사와 완전자회사가 되는 회사의 대표이사는 주식교환의 날로부터 6월간 상법에서 정한 사항을 기재한 서면을 본점에 비치하여야 한다. 이러한 사후공시제도는 주주로 하여금 주식교환이 상법의 규정을 준수하였는가를 검토하고 상법규정에 위반하여 이루어진 주식교환에 대하여 주식교환 무효의 소로써 다툴 수 있도록 해준다. 이 점에서 사후공시의 비치기간을 주식교환 무효의 소 제기기간 6개월과 일치시킨 입법규정을 이해할 수 있다(손, 1061면).

상법에서 정한 사후공시사항은 ① 주식교환의 날, ② 주식교환의 날에 완전자회사가 되는 회사에 현존하는 순재산액, ③ 주식교환으로 인하여 완전모회사에 이전한 완전자회사의 주식의 수, ④ 그밖의 주식교환에 관한 사항이다(제360조의12 제1항).

10. 특수한 주식교환

상법은 합병의 경우에 간이합병제도(제527조의2)와 소규모합병제도(제527조의3)를 규정하여 간편한 절차에 의한 합병을 할 수 있게 하고 있다. 그러한 취지가 주식의 포괄적 교환의 경우에도 반영되어 간이주식교환과 소규모주식교환이 제도화되어 있다.

(1) 간이주식교환

(i) 완전자회사가 되는 회사의 총주주의 동의가 있거나, (ii) 완전자회사가 되는 회사의 발행주식 총수의 100분의 90 이상을 완전모회사가 되는 회사가 소유하고 있는 경우에는 완전자회사가 되는 회사의 주주총회의 승인은 이사회의 승인으로 갈음할 수 있다(제360조의9 제1항). 이를 '간이주식교환'이라 부른다.

간이주식교환을 하려는 완전자회사가 되는 회사는 주식교환계약서를 작성한 날로부터 2주내에 주주총회의 승인을 거치지 아니하고 주식교환을 한다는 뜻을 공고하거나 주주에게 통지하여야 한다. 다만 총주주가 동의한 때에는 공고나 통지가 필요하지 아니하다(제360조의9 제2항).

(2) 소규모주식교환

(가) 요 건

완전모회사가 되는 회사가 주식교환을 위하여 배정하는 신주의 총수 또는 완전모회사의 주주가 완전자회사의 주주에게 이전해주는 자기주식의 총수가 완전모회사의 발행주식총수의 100분의 5를 초과하지 않는 경우에는 완전모회사가 되는 회사의 주주총회의 승인을 이사회의 승인으로 갈음할 수 있다. 이를 '소규모주식교환'이라고 한다.

다만 완전자회사가 되는 회사의 주주에게 지급할 주식교환교부금이 완전모회사가 되는 회사의 현존하는 순자산액의 100분의 2를 초과하는 때에는 소규모주식교환을 이용할 수 없다(제360조의10 제1항).

완전모회사의 발행주식총수의 100분의 20 이상에 해당하는 주식을 가지는 주주가, 승인없이 주식교환을 한다는 뜻의 공고・통지 후 2주 내에 회사에 서면으로 소규모주식교환, 즉 주주총회결의의 생략에 반대하는 의사를 통지한 때에도 소규모주식교환을 이용할 수 없다(제360조의10 제5항).

(나) 절 차

완전모회사가 소규모주식교환을 이용하고자 할 때에는 주식교환계약서에 완전모회사에 관하여는 주주총회의 승인을 얻지 아니하고 주식교환을 할 수 있다는 뜻을 기재하여야 한다(제360조의10 제3항). 완전모회사가 주식교환으로 인해 그 정관을 변경할 경우 교환계약서의 승인결의만으로 정관변경이 이루어지는데 반하여 주주총회 결의를 거치지 않는 소규모주식교환의 경우에는 주식교환계약서에 정관변경에 관한 사항을 기재해 넣어서는 안 된다.

소규모주식교환을 하고자 하는 완전모회사는 주식교환계약서를 작성한 날로부터 2주 내에 자회사의 상호와 본점, 주식교환을 할 날 및 소규모주식교환 즉 주주총회 승인없이 주식교환을 진행한다는 뜻을 공고하거나 주주에게 통지하여야 한다(제360조의10 제4항).

소규모주식교환의 경우 완전모회사의 주주총회 승인결의가 생략되므로 주식교환계약서 기타의 공시기간을 정하는 기준점이 주주총회회일 대신 위의 공고・통지일로 대체된다(동조 제6항).

(다) 반대주주의 주식매수청구권의 배제

소규모주식교환의 경우에는 완전모회사의 주주가 당해 포괄적 주식교환에 반대하더라도 주식매수청구권을 행사하지 못한다(제360조의10 제7항). 당해 주식교환을 위하여 발행되는 신주 또는 교부되는 교부금의 규모가 비교적 작아서 완전모회사의 주주의 이익을 침해할 여지가 크지 않다고 본 것이다.

11. 주식교환무효의 소

주식의 포괄적 교환에 절차적 위법이 있거나 주식교환계약에 무효원인이 있는 경우 등에 상법은 그러한 흠이 있다는 것만으로 주식교환의 효력을 바로 무효화시키는 것이 아니고 주식교환무효의 소를 제기하여 판결에 의해서만 그 효력을 무효화시키도록 하고 있다. 여러 가지 점에서 주식교환무효의 소는 합병무효의 소와 같이 운용된다.

(1) 무효사유

주식교환이 상법에서 정한 절차적 요건이나 실질적 규제에 위반한 경우에 무효원인이 있게 된다. 주식교환계약서의 법정기재사항(제360조의3 제3항)의 흠결, 승인결의의 부존재·하자, 관련공시의무의 위반, 자회사의 순자산을 초과한 모회사의 자본증가 등을 무효원인의 예로 들 수 있다.

(2) 관할·제소권자 등

주식교환무효의 소는 완전모회사가 되는 회사의 본점 소재지의 지방법원의 관할에 전속한다(제360조의14 제2항).

이 소는 형성의 소이고 제소권자는 완전모회사와 완전자회사 쌍방회사의 주주·이사·감사·감사위원회의 위원 또는 청산인에 한정된다. 제소기간은 주식교환의 날로부터 6월로 되어 있다(동조 제1항). 피고는 완전모회사로 하여야 한다(이(철), 1123면). 이에 대하여 완전모회사와 완전자회사를 공동피고로 하여야 한다는 견해도 있다.

(3) 소제기의 공시, 병합심리, 재량기각 등

주식교환무효의 소에도 합명회사 설립무효의 소에 관한 규정이 준용된다(제360조의14 제4항, 제187조 내지 제189조, 제191조, 제192조). 주주총회 결의취소의 소에 관한 제소주주의 담보제공의무규정(제377조)도 준용된다.

(4) 판결의 효력

(가) 대세적 효력과 소급효의 배제

주식교환무효의 소송에서 원고승소의 판결이 확정되면 그 효력은 당사자 이외의 제3자에게까지 미친다(제360조의14 제4항, 제190조 본문). 그러나 판결의 소급효는 인정되지 않는다. 신주발행 무효판결이 확정된 경우와 같이 주식교환 무효판결의 확정에 따라 주식의 포괄적 교환을 위하여 발행되었던 모회사의 신주는 장래에 대하여 효력을 잃게 된다. 소급효를 규정한 제190조의 단서가 준용되지 아니하고 신주발행무효의 소에서 소급효를 배제한 제431조 제1항이 준용되고 있는 것이다. 이로써 판결확정 전에 이루어진 신주에 대한 배당, 신주의 양도행위의 효력은 모두 그대로 유지된다.

(나) 자회사 주식의 반환

주식교환무효판결의 효력이 소급하지는 않지만 주식교환이 무효화됨으로써 완전모회사, 완전자회사 관계가 해소되므로 그에 따른 주식소유관계의 원상회복이 이루어져야 한다. 즉 주식교환에 따라 모회사의 신주 또는 주식을 취득한 종전의 자회사의 주주이었던 자에게 모회사는 자회사의 주식을 반환하여야 한다(제360조의14 제3항). 모회사가 주식교환을 통하여 취득한 자회사 주식을 그대로 보유하지 않고 있다면(제3자에게 처분한 경우) 자회사의 주주이었던 자에게 금전으로 돌려줄 수밖에 없을 것이다. 자회사의 주주이었던 자가 주식교환으로 인하여 받은 모회사의 신주 또는 주식을 처분하였다면 주식교환무효판결이 확정된 시점에 모회사 주식을 보유하고 있는 자에게 자회사 주식의 반환이 행해져야 한다.

제3 주식의 포괄적 이전

1. 의 의

주식의 포괄적 이전은 이미 존재하는 주식회사(A)가 스스로 자회사가 되고 새로운 주식회사(B)를 완전모회사로 설립하는 제도이다. A회사 주식전부를 새로 설립되는 B주식회사에 포괄적으로 이전하고 B회사의 설립시에 발행하는 주식을 기존 A회사의 주주들에게 교부하는 경우이다(제360조의15). 이로써 A회사는 B회사의 완전자회사가 되고 A회사의 기존주주는 B회사의 주주가 된다.

2. 성 질

주식의 포괄적 이전의 결과 이미 존재하던 A회사의 주주들은 신설된 B회사의 주식을 교부받지만 A회사의 주주들이 A회사의 주식을 B회사에 현물출자한 것이 아니고 상법에서 정한 기존회사의 주주총회의 특별결의 기타 요건과 절차에 따라 주식의 포괄적 이전이 이루어지는 것이다.

기존의 회사가 새로운 회사를 설립한다는 점에서 주식의 포괄적 이전은 신설합병과 비슷하지만 포괄적 이전 후에도 기존회사가 존속한다는 점에서 기존회사가 소멸하는 신설합병의 경우와 다르다. 그러나 주식의 포괄적 이전을 위한 완전모회사의 설립은 발기인이나 검사인의 조사를 요구하지 않으며 기존회사(자회사)의 주주총회의 특별결의에 의하여 그 효과가 발생한다는 점에서 주식의 포괄적 이전은 신설합병과 가까운 조직법상의 행위로 볼 수 있다(이(철), 1125면; 최, 1148면; 손, 1069면).

3. 절 차

(1) 주주총회의 주식이전계획서

주식의 포괄적 이전은 자회사가 될 회사(B회사)가 스스로의 계획에 의하여 모회사(A회사)를 신설하는 절차이다. B회사는 다음 각호의 사항을 기재한 주식이전계획서를 작성하여 주주총회의 승인을 받아야 한다(제360조의16 제1항).

① 설립될 완전모회사의 정관규정

포괄적 이전은 모회사를 신설하게 되므로 설립될 회사의 정관내용을 정하는 것이 주식이전계획의 중요한 부분이 된다.

② 완전모회사의 발행주식의 종류와 수 및 주식배정에 관한 사항

③ 완전모회사의 자본금·자본준비금

신설되는 완전모회사의 자본금은 주식이전의 날에 완전자회사가 되는 회사에 현존하는 순자산에서 완전자회사의 주주에게 지급할 금액(주식이전교부금)을 공제한 액을 초과하지 못한다(제360조의18). 이것은 모회사의 자본충실을 보장하기 위한 규정이다.

④ 주식이전교부금

완전자회사가 되는 회사의 주주에 대하여 지급할 금액을 정하는 경우 이것을 주식이전교부금이라 한다. 주식이전교부금은 주식이전비율(자회사의 주식 몇 주에 신설되는 모회사의 주식 몇 주를 배정하느냐 하는 비율), 특히 여러 회사가 공동으로 주식의 포괄적 이전을 할 경우 자회사별 주식이전비율의 공평을 이루기 위하여 지급될 수 있다. 문제는 신설될 모회사에는 아직 주식이전교부금을 지급할 재원이 마련되어있지 않을 것이므로 일단 주식이전교부금채무를 부담하였다가(미지급금) 설립후 재원을 마련하여 지급할 수밖에 없다(이(철), 1125~1126면).

⑤ 주식이전을 할 시기

포괄적 주식교환에 있어서 '주식교환을 할 날'과 비교할 때 '주식이전을 할 시기'는 명확한 시점을 가리키는 것이 아니라는 차이가 있다. 전자의 경우 당일에 주식교환의 효력이 발생하지만 주식이전은 회사신설을 전제로 하므로 완전모회사가 본점소재지에서 설립등기를 한 때(제360조의20) 주식이전의 효력이 발생한다(제360조의21). 주식교환을 할 날은 주식이전의 절차가 종료되는 날 즉 주권실효절차에서(제360조의19) 주권제출기간이 만료한 날(제360조의19 제2항, 442조) 정도를 가리키는 것으로 이해되어야 한다.

⑥ 완전자회사의 이익배당 · 중간배당

완전자회사가 되는 회사가 주식이전의 날까지 이익의 배당 또는 중간배당(제462조의3)을 할 때에는 그 한도액 역시 승인사항이다. 주식교환에 있어서의 기재사항(제360조의3 제3항 제7호)과 같다.

⑦ 완전모회사의 이사와 감사 또는 감사위원회 위원의 성명 및 주민등록번호

주식이전계획서의 승인으로써 신설될 완전모회사의 이사와 감사 또는 감사위원회의 위원이 선정된다. 주식이전절차의 이행 외에 별도의 회사설립절차를 밟지 않는다.

⑧ 공동의 주식이전

"회사가 공동으로 주식이전에 의하여 완전모회사를 설립하는 때에는 그 뜻"에 대하여 개별 자회사(B, C)의 주주총회의 승인을 받아야 한다(제360조의16 제1항 제8호). 이와 같이 상법에서는 여러 회사가 주식이전을 통하여 공동으로 완전모회사를 설립할 수 있도록 근거를 마련해 주고 있다. 다만 주식교환의 경우에

도 근거규정은 없으나 수개의 회사가 하나의 모회사와 주식교환을 통하여 자회사로 될 수 있다고 해석된다(이(철), 1127면).

주식이전에 참가하는 각각의 자회사는 다른 자회사의 주식이전조건에 이해관계를 가지기 때문에 공동설립에 대하여 참가하는 자회사 모두의 주주총회의 승인을 받도록 한 것이다. 참가 자회사 일부(B 또는 C)에서 공동설립에 대한 주주총회승인을 받지 못하였다면 전체 자회사의 주식이전을 무효로 한다고 새겨야 한다(이(철), 1127면). 공동의 주식이전의 경우에 설립될 모회사의 자본이나 발행할 주식수는 '공동'이전의 결과로 정해지므로 참가 자회사 중 일부가 주주총회승인을 받지 못하여 계획에서 탈락하면 원래의 계획대로 모회사를 설립할 수 없게 되기 때문이다.

(2) 주식이전계약서등 정보의 공시

완전자회사가 될 회사의 이사회에서 주식이전에 의한 완전모회사의 승인을 위한 주주총회의 소집을 결의하면 (대표)이사는 주주에게 필요한 정보를 개시하기 위하여 소정의 서류를 주주총회일 2주 전부터 주식이전의 날로부터 6월을 경과하는 날까지 본점에 비치하여야 한다(제360조의17 제1항). 주주는 이 서류의 열람 또는 등본을 청구할 수 있다(동조 제2항, 제391조의3 제3항).

공시 대상서류로는 ① 주식이전계획서, ② 완전자회사가 될 회사의 주주에 대한 주식의 배정에 관한 사항, ③ 승인총회의 회일전 6월내의 날에 작성한 완전자회사가 될 회사의 최종대차대조표 및 손익계산서가 있다.

이상의 사전 공시외에 주식이전 종료후 6월간 소정의 서류를 사후 공시하여야 하는 것은 포괄적 주식교환의 경우와 같다(제360조의22, 제360조의12).

(3) 반대주주의 주식매수청구권

주식의 포괄적 이전에 반대하는 (자회사의) 주주에게는 주식의 포괄적 교환에서와 같은 주식매수청구권이 주어져 있다(제360조의22, 제360조의5).

(4) 주권의 실효절차

① 주식의 포괄적 이전에 따라 자회사의 주주가 보유하던 주권은 효력을 잃게 된다. 상법에서는 그 절차에 관한 규정을 두고 있다. 완전자회사가 되는 회사의 주주총회에서 주식이전의 승인결의가 있은 후 다음 사항을 공고하고 주주

명부상의 주주와 질권자에게 따로 그 통지를 하여야 한다(제360조의19 제1항). 공고할 사항은 (i) 승인결의가 있었다는 것, (ii) 1월을 초과하여 정한 기간내에 주권을 회사에 제출하여야 한다는 것, (iii) 주식이전의 날에 주권이 무효가 된다는 것 등이다.

② 주권을 제출할 수 없는 자가 있으면 그 자의 청구에 따라 3월 이상의 기간을 정하여 이해관계인에게 그 주권에 대한 이의제출을 하도록 공고하고 그 기간이 경과한 후 회사는 청구자에게 신주권을 교부할 수 있다(제360조의19 제2항, 제442조).

(5) 주식의 배정 · 주식이전교부금의 지급 · 이전차익의 처리

① 주식의 배정 · 주식이전교부금의 지급

완전자회사의 주주에게는 완전모회사의 주식이 발행되어 배정된다. 완전모회사는 신설되므로 기왕에 보유하던 자기주식을 교부하는 일은 있을 수 없다. 승인받은 주식이전계획에 주식이전교부금의 정함이 있으면 이전교부금이 지급된다.

② 이전차익의 처리

모회사의 자본금이 자회사의 순자산액에 미달할 경우 이전차익이 발생하는데 이 이익은 자본준비금이 되어 적립된다(제459조 제1항).

(6) 주식이전의 등기와 효력발생

① 주식이전의 등기

주식이전의 등기는 완전모회사의 설립등기(제317조 제2항)로써 이루어지는데 주식이전을 한 때로부터 본점소재지에서 2주내 지점의 소재지에서는 3주내에 등기를 하여야 한다(제360조의20). 여기서 '주식이전을 한 때'는 주권실효절차에 있어서 완전자회사가 되는 회사의 주권의 제출기간이 끝나는 날을 가리킨다.

② 주식이전의 효력발생

주식이전은 그로 인한 완전모회사가 본점소재지에서 설립등기를 한 때 그 효력이 발생한다(제360조의21). 이는 포괄적 주식교환의 효력이 주식교환계약서에 기재된 '주식교환을 할 날'에 발생하고 주식교환에 따른 변경등기시점과는 관련이 없는 것과 비교된다.

4. 주식이전의 무효

① 무효의 소

주식이전의 무효는 각 회사의 주주·이사·감사·감사위원회의 위원 또는 청산인에 한하여 주식이전의 날로부터 6월내에 소만으로 이를 주장할 수 있다(제360조의23 제1항). 그밖의 제소기간·소의 관할·소의 절차·피고·판결의 효력 등은 주식교환무효의 소에 관한 내용과 같다.

② 자회사주식의 반환

주식이전을 무효로 하는 판결이 확정되면 모회사는 주식이전을 위하여 발행한 주식의 주주에게 완전자회사가 된 회사의 주식을 반환해 주어야 한다(제360조의23 제3항).

③ 완전모회사의 준청산

주식이전의 무효판결이 확정된 때에는 설립무효판결의 불소급효에 관한 규정(제190조 단서)과 준청산에 관한 규정(제193조)이 준용된다(제360조의23 제4항). 이러한 상법상의 처리는 주식이전이 무효로 되는 경우에는 완전모회사가 소멸하므로 설립무효의 경우와 같이 해산에 준한 청산이 필요하다고 본 데서 나온 것이다. 주식교환의 무효와 비교하면 주식교환의 무효의 경우에는 완전모회사나 완전자회사 어느 회사도 소멸하는 것은 아니라는 차이가 중요하다. 주식이전의 무효에 따른 준청산에 대하여 완전모회사의 채권자의 이익이 침해될 수 있다는 문제제기가 있다(이(철), 1130면). 즉 주식이전이 무효가 되면 완전모회사의 보유주식을 자회사의 종전의 주주에게 반환해야 하는데(제360조의23 제3항) 그렇게 되면 완전모회사에는 더 이상 회사채권자에게 변제할 책임재산(잔여자산)이 없게 될 수 있기 때문이다. 자회사의 종전 주주의 주식이전(반환)청구권을 완전모회사의 채권자의 권리에 우선시키는 것은 적당하지 않다는 것이다.

제4 주식의 강제매도 · 매수제도

1. 총 설

(1) 의 의

회사의 발행주식총수의 100분의 95 이상을 자기의 계산으로 보유하고 있는 지배주주가 회사의 경영상 목적을 달성하기 위하여 필요한 경우에는 회사의 다른 주주, 즉, 소수주주에게 그 보유하는 주식의 매도를 청구할 수 있고, 한편 지배주주가 있는 회사의 소수주주 역시 언제든지 지배주주에게 그 보유주식의 매수를 청구할 수 있는데, 전자를 주식의 강제매도, 후자를 주식의 강제매수라고 하며, 상법개정에서 새로 도입되었다.

(2) 구별개념

강제매도 · 매수제도는 절대적인 지배권을 보유하고 있는 지배주주가 합병절차에 의하지 아니하고도 소수주주의 주식대가를 현금으로 지급하고 퇴출시키는 거래라는 점에서 합병교부금(제523조, 제524조 각각의 제4호)과는 차이가 있다.

2. 도입배경

특정주주가 주식의 대부분을 보유하는 경우 회사로서는 주주총회 운영 등과 관련하여 관리비용이 들고 소수주주로서는 정상적인 출자회수의 길이 막히기 때문에 대주주가 소수주주의 주식을 매입함으로써 출자액을 회수할 수 있도록 허용할 필요가 있다. 따라서 발행주식총수의 95퍼센트 이상을 보유하는 지배주주가 소수주주의 주식을 공정한 가격에 매입할 수 있도록 하는 한편, 소수주주도 지배주주에게 주식매수청구권을 행사할 수 있게 하여 소수주주 보호방안을 마련한 것이다.

3. 강제매도 · 매수절차

(1) 지배주주의 매도청구권

(가) 주주총회의 사전승인

지배주주가 강제매도청구를 할 때에는 미리 주주총회의 승인을 받아야 하는 바, 지배주주는 자신의 회사 주식 보유 현황, 매도청구의 목적, 매매가액의 산정 근거와 적정성에 관한 공인된 감정인의 평가 및 매매가액의 지급보증을 미리 적어 주주총회의 소집통지를 하고, 주주총회에서 그 내용을 설명하여야 한다(제360조의24 제3항 · 제4항).

(나) 공고 및 통지

지배주주는 매도청구의 날 1개월 전까지, 소수주주가 매매가액의 수령과 동시에 주권을 지배주주에게 교부하여야 한다는 뜻과 교부하지 아니할 경우 매매가액을 수령하거나 지배주주가 매매가액을 공탁(供託)한 날에 주권은 무효가 된다는 뜻을 공고하고, 주주명부에 적힌 주주와 질권자에게 따로 그 통지를 하여야 한다(제360조의24 제5항).

(다) 매도가격의 협의

매도청구를 받은 소수주주는 매도청구를 받은 날부터 2개월 내에 지배주주에게 그 주식을 매도하여야 하는 바, 이 때 그 매매가액은 매도청구를 받은 소수주주와 매도를 청구한 지배주주 간의 협의로 결정하되, 매도청구를 받은 날부터 30일 내에 매매가액에 대한 협의가 이루어지지 아니한 경우에는 매도청구를 받은 소수주주 또는 매도청구를 한 지배주주는 법원에 매매가액의 결정을 청구할 수 있다. 법원이 주식의 매매가액을 결정하는 경우에는 회사의 재산상태와 그 밖의 사정을 고려하여 공정한 가액으로 산정하여야 한다(제360조의24 제6항 내지 제9항).

(라) 보유주식 수의 산정

보유주식의 수를 산정할 때에는 모회사와 자회사가 보유한 비율을 합산하여 산정하고, 회사 이외의 주주가 발행주식총수의 100분의 50을 초과하는 주식을 가진 회사가 보유한 주식도 그 주주가 보유한 주식과 합산한다(제360조의24 제2항).

(2) 소수주주의 강제매수청구권

(가) 매수청구권의 행사시기

지배주주가 있는 회사의 소수주주는 언제든지 지배주주에게 그 보유주식의 매수를 청구할 수 있고, 매수청구를 받은 지배주주는 매수를 청구한 날을 기준으로 2개월 내에 매수를 청구한 주주로부터 그 주식을 매수하여야 한다(제360조의25 제1항 · 제2항).

(나) 매매가격의 협의

매매가액은 매수를 청구한 주주와 매수청구를 받은 지배주주 간의 협의로 결정하되, 제2항의 매수청구를 받은 날부터 30일 내에 제3항의 매매가액에 대한 협의가 이루어지지 아니한 경우에는 매수청구를 받은 지배주주 또는 매수청구를 한 소수주주는 법원에 대하여 매매가액의 결정을 청구할 수 있다(제360조의25 제3항 · 제4항). 법원이 주식의 매매가액을 결정하는 경우에는 회사의 재산상태와 그 밖의 사정을 고려하여 공정한 가액으로 산정하여야 한다(제360조의25 제5항).

4. 주식의 이전

주식의 강제매도 · 매수제도를 통하여 주식을 취득하는 지배주주가 매매가액을 소수주주에게 지급한 때에 주식이 이전된 것으로 본다. 만일 매매가액을 지급할 소수주주를 알 수 없거나 소수주주가 수령을 거부할 경우에는 지배주주는 그 가액을 공탁할 수 있으며, 이 경우 주식은 공탁한 날에 지배주주에게 이전된 것으로 본다(법 제360조의26).

제 3 장
합명회사

제 1 절 총　　설

합명회사라는 명칭의 어원은 각 사원의 성명을 집합적으로 표시할 것을 요구했던 프랑스의 합명회사제도(société en nom collectif)에서 유래한다. 그러나 이 명칭은 상호에 사원의 성명을 밝히도록 요구하지 않는 우리나라의 제도와는 어울리지 아니한다.

합명회사는 소수의 사원을 예정한 회사로서 신뢰관계가 중요시된다. 그 내부관계는 조합성이 농후하고 상법에서도 "합명회사의 내부관계에 관하여는 정관 또는 본법에 다른 규정이 없으면 조합에 관한 민법의 규정을 준용한다"고 규정함으로써 그 조합적 성질을 인정하고 있다(제195조).

합명회사는 사원전원이 무한책임사원으로 구성된다. 행위무능력자라도 무한책임사원이 될 수 있다. 법정대리인의 허가를 얻어 무한책임사원이 된 미성년자와 한정치산자는 사원의 자격에서 하는 행위에 관하여는 능력자로 보게 된다(제7조).

제 2 절 설　　립

설립행위는 정관작성 및 설립을 위해 행해지는 사원이 될 자의 법률행위이다. 합명회사에서는 정관작성이 설립행위이고 주식회사에서는 정관작성 외에 주식인수까지 설립행위로 보는 견해가 다수이다. 합명회사의 회사설립행위는 합동행위라고 하는 것이 통설이고 주식회사의 설립행위 역시 합동행위로 보는 것이 다수설이다.

제1 설립절차

1. 설립을 위한 계약

합명회사의 사원이 될 자들이 모여 회사설립에 관한 합의를 함으로써 회사설립계획이 구체화된다. 이것이 회사설립을 위한 계약이며 회사설립이라는 공동사업을 수행하기 위한 재산, 노무 등의 출자를 내용으로 하는 조합계약(민법 제703조 제1항)이다.

2. 정관의 작성

정관은 회사내부의 자치적 기본규범이다. 이러한 정관의 추상적 의미 외에 구체적으로 정관은 정관이 인쇄되어 있는 책자를 가리키기도 한다. 합명회사의 경우 설립을 위한 계약체결과 정관의 작성만으로 회사의 실체가 형성되며 출자의무의 이행은 불필요하다.

합명회사 정관의 절대적 기재사항은 정관에 반드시 기재하여야 할 최소한의 사항으로서 그 중 하나라도 누락되면 정관의 효력에 영향을 미치는 사항이다. 절대적 기재사항은 다음과 같다(제179조).

① 목적

② 상호

③ 사원의 성명·주민등록번호 및 주소

④ 사원의 출자의 목적과 그 가격 또는 평가의 표준

⑤ 본점의 소재지

⑥ 정관의 작성연월일

위 기재사항 중 '목적'은 일상적 의미에서의 회사설립의 목적이 아니라 회사가 영위할 사업의 종류를 가리킴을 주의하여야 한다.

절대적 기재사항과는 달리 해당사항이 있을 경우에 반드시 정관에 기재하여야 하는 사항으로 상대적 기재사항이 있다. 그 예로는 ① 특정사원의 업무집행의 배제(제200조 제1항), ② 회사의 존립기간(제227조) 등이 있다. 상대적 필요적 기재사항은 정관에 기재하지 않으면 그 효력을 인정받을 수 없다.

3. 설립등기

합명회사는 설립등기를 함으로써 회사로 성립하여 법인격을 취득한다(제172조). 동시에 회사의 등기는 제3자 공시를 목적으로 한다. 합명회사의 등기사항은 다음과 같다(제172조, 제180조).

① 목적, 상호, 사원의 성명・주민등록번호 및 주소, 본점의 소재지, 지점의 소재지. 다만, 회사를 대표할 사원을 정한 때에는 그 외의 사원의 주소는 제외한다.

② 사원의 출자의 목적, 재산출자에는 그 가격과 이행한 부분

③ 존립기간 기타 해산사유를 정한 때에는 그 기간 또는 사유

④ 회사를 대표할 사원을 정한 때에는 그 성명・주소 및 주민등록번호

⑤ 수인의 사원이 공동으로 회사를 대표할 것을 정한 때에는 그 규정

제2 설립의 무효와 취소

회사의 법률행위에는 이해관계인이 많고 하나의 법률행위에 기초하여 여러 가지 후속 법률관계가 형성된다. 회사의 행위에 하자가 있는 경우 일반이론에 따라 그것을 무효로 하게 되면 법률관계의 안정을 크게 해치게 된다. 또 회사의 법률행위에는 다수의 이해관계인이 있게 되는데 그들 모두에게 법률효과를 통일시켜서 일관성을 유지시켜야 한다. 이 때문에 회사법에서는 회사의 법률행위에 하자가 있더라도 많은 경우에 소송을 통하여만 그 무효를 주장할 수 있도록 하고 있는데, 합명회사의 설립에 하자가 있는 경우가 대표적인 예이다. 여기서 '대표적'이라고 하는 것은 상법전의 조문 편별상 회사법상의 소(訴) 중에서 맨 먼저 등장하는 규정이기 때문이다. 다른 회사법 소송에 이들 규정이 준용된다.

1. 설립무효

(1) 무효의 소

상법에서는 합명회사의 설립행위에 하자가 있더라도 설립무효의 주장은 소만으로써 하게 하고 소송 이외의 방법으로 주장할 수 없게 하고 있다. 이는 회사설립을 전제로 한 이해관계인의 신뢰를 보호하고 법률효과의 획일확정을 위한 것이다. 설립무효판결이 확정되더라도 회사성립시에 소급하여 법률관계를 무효로 하지 않는다. 무효판결확정까지의 회사를 '사실상의 회사'로서 인정하고 해산에 준하여 청산하도록 조치하고 있다(제193조 제1항). 사실상의 회사는 청산의 목적범위 내에서 존속한다.

(2) 무효원인

설립무효의 원인에는 정관의 무효(절대적 기재사항의 흠결 등)와 같은 객관적 원인과 설립당사자(사원)의 개인적 의사무능력(심신상실)과 같은 주관적 원인이 있다. 당해 사원의 배제로 문제를 해결하지 아니하고 설립무효사유로 하는 것은 사원의 개성을 중요시하기 때문이다. 문제된 사원의 존재를 전제로 하여 설립에 참여한 사원들이 있을 것이므로 그러한 사원들의 기대를 존중하기 위한 것으로도 이해할 수 있다.

(3) 제소권자, 제소기간 등

합명회사의 설립무효의 소에 관한 상법규정은 회사법률관계의 안정을 도모하기 위하여 설립무효의 소의 제소기간을 회사성립의 날로부터 2년내로 한정하고(제184조) 제소권자(원고)를 사원에 한정하고 있다(제184조). 피고는 당연히 회사가 된다. 설립무효의 소제기에 신중을 기하고 남소를 방지하기 위하여 무효의 소에 패소한 원고가 악의 또는 중대한 과실이 있는 경우에는 회사에 대하여 연대하여 손해배상을 하도록 하고 있다(제191조). 회사가 지출한 변호사 비용이 대표적인 손해가 될 것이다. '악의'라 함은 무효원인이 없음을 알고도 설립무효의 소를 제기했음을 가리키고 '중대한 과실'이라 함은 조금만 주의를 기울였다면 무효원인에 해당하지 않음을 알 수 있었음을 가리킨다.

하나의 합명회사에서 여러 개의 설립무효의 소가 중복 제소될 경우 서로 다른 판결이 나오는 것을 막기 위하여 전속관할의 규정(제186조)과 소제기의 공고, 병합심리의 규정(제187조, 제188조)이 두어져 있다. 설립무효의 소는 본점소재지의 지방법원의 관할에 전속한다(제186조). 설립무효의 소가 제기된 때에는 회사는 지체없이 공고하여야 한다(제187조). 하나의 합명회사를 대상으로 여러 개의 설립무효의 소가 제기된 때에는 법원은 단일 재판부에서 모두 심리하도록 조치하여야 한다(제188조).

(4) 하자보완시의 재량기각

설립무효의 소의 심리중에 원인인 하자가 보완되고 여러 사정을 고려하여 설립을 무효로 하는 것이 부적당하다고 인정되면 설립시 하자의 존재가 명백하더라도 법원은 원고의 청구를 기각할 수 있다(재량기각)(제189조). 이는 기업유지의 원칙이 구현된 것이며 행정법상의 사정판결과 유사하다.

(5) 무효판결의 효력

설립무효판결이 확정되면 당해 회사는 처음부터 법인격을 취득하지 못한 것이 된다. 그러나 당해 회사가 이미 체결한 법률관계를 처리할 주체를 인정하여야 하므로 설립무효판결 확정시까지와 그 후의 청산을 위하여 가공의 주체로서 '사실상의 회사'가 존재한 것으로 구성해 볼 수 있다(제193조).

무효판결은 형성판결로 제소당사자뿐만 아니라 제3자에 대하여도 효력(대세적 효력, 기판력과 다름)이 있으나(제190조 본문) 회사와 그 사원 및 제3자간에 이미 존재하는 권리·의무에 영향을 미치지 않는다(소급효 배제, 제190조 단서). 이러한 소급효의 제한은 회사법률관계의 안정을 도모하기 위한 것이다.

(6) 설립무효와 회사의 계속

설립무효판결의 확정 후, 그 무효원인이 특정사원에 한정된 경우에는 다른 사원 전원의 동의로써 회사를 계속할 수 있으며 이 경우에 무효원인이 있는 사원은 퇴사한 것으로 본다(제194조). 남은 사원이 1인뿐이면 새로운 사원을 가입시켜 회사를 계속할 수 있다(제194조 제3항).

2. 설립취소

(1) 취소원인(사원의 주관적 사유)

(가) 합명회사의 성립으로 사원이 된 설립당사자의 행위무능력이나 설립당사자에게 착오, 사기, 강박이 있는 등 사원에게 설립과 관련된 주관적 하자가 있는 경우 회사설립취소의 사유가 된다. 합명회사의 설립취소도 소송만으로써 주장할 수 있다(제184조 제1항). 사원의 주관적 사유를 이유로 회사의 성립을 부인하는 것은 합명회사가 사원의 개성을 중요시하는 인적회사이기 때문이다.

(나) 사해행위(詐害行爲)에 의한 설립의 경우에도 설립취소의 소제기가 허용된다. 사해행위에 의한 설립이란 채무자가 채권자의 강제집행을 면하거나 재산을 은닉하기 위하여 그 재산을 출자하여 합명회사를 설립하는 것이다. 이 경우에 사원의 채권자는 두 가지 구제수단을 가진다. 그 중 하나는 퇴사고지제도이다. 즉 채권을 만족시킬 만한 재산이 채무자에게 남지 않게 되면 채권자는 채무자가 가지는 회사지분을 압류하고 채무자의 퇴사고지를 할 수 있다(제223조, 제224조). 채권자는 그 선택에 따라 설립취소의 소도 제기할 수 있다.

(2) 제소권자 등 소송절차

설립취소의 소의 경우 설립무효의 소에 비하여 제소사유가 다를 뿐 아니라, 제소권자에도 차이가 있다. 사원의 주관적 사유를 이유로 설립취소의 소를 제기하는 경우에는 취소권이 있는 사원이 제소할 수 있고 사해행위를 이유로 제소하는 경우는 그 채권자가 제소할 수 있다. 설립취소의 소의 피고는 원칙적으로 회사이고 사해행위의 경우는 회사와 당해 채무자인 사원이 공동피고가 된다. 그 밖에 제소기간, 소송절차나 판결의 효력 등에 관하여 상법은 무효의 소와 같이 취급하고 있다(제186조~제194조).

제 3 절 합명회사의 법률관계

제1 총 설

합명회사의 법률관계는 사단법인인 이상 회사와 사원간의 관계, 회사와 제3자와의 관계만 살펴보면 충분할 것 같다. 그 실체가 조합이라는 점에 사원과 사원 서로간의 관계, 직접책임을 부담한다는 점에서 사원과 제3자의 법률관계까지 고찰의 대상이 되고 있다. 이를 포함하여 합명회사의 법률관계는 다음과 같이 나누어 볼 수 있다.

① 회사와 사원의 내부관계

② 사원과 사원의 내부관계

③ 회사와 제3자의 외부관계

④ 사원과 제3자의 외부관계

내부관계에 속하는 문제로는 출자, 지분, 업무집행, 경쟁회피의무, 정관변경, 손익분배 등이 중요하며 외부관계에서는 회사대표, 사원의 회사채무에 대한 책임 등이 문제된다.

합명회사는 원래 조합으로서의 성질을 가지므로 내부관계에 관한 문제의 해결은 원칙적으로 사원의 자치(정관이나 사원계약)에 맡겨져 있고 내부관계에 관한 상법의 규정은 보충적인 임의법규에 지나지 않는다. 한편 외부관계에 관한 상법의 규정은 제3자의 이익에 영향을 미치게 되므로 거래의 안전을 위하여 엄격한 강행법규로 해석되고 있다.

제2 내부관계

1. 사원의 출자

(1) 의의 및 종류

합명회사에 있어서 출자는 사원이 그 의무로서 회사에 대하여 유형·무형의 수단(재산)을 급여하는 것이다. 출자는 합명회사의 사원이 되기 위한 필수적인 요건이다. 합명회사의 사원은 그 개성이 중요시되므로 자연인이라야 하며 무능력자도 법정대리인의 허락을 얻으면 무한책임사원이 될 수 있다(제7조). 회사는 합명회사의 사원이 될 수 없다(제173조). 이는 회사가 무한책임을 부담함으로써 무한책임사원으로 속해있는 회사와 운명을 같이 하는 결과를 예방하기 위한 것이다.

합명회사의 경우에는 출자의 대상에 따라 재산출자, 노무출자, 신용출자 모두가 허용된다. 재산출자 외에 노무와 신용의 출자가 허용되는 것은 사원이 무한책임을 지기 때문에 과대평가의 경우와 같이 그 평가가 설령 불공정하더라도 회사채권자를 해할 우려가 작기 때문이다. 노무와 신용의 출자는 정관에 그 뜻과 평가의 표준을 정한 경우에 한하여 할 수 있다(제179조 제4호).

(가) 재산출자

재산출자는 금전출자와 현물출자를 포함한다. 현물출자의 경우 금전이외의 재산을 대상으로 하는데 재산의 종류를 불문한다. 출자의 방법은 소유권의 이전이든 사용권의 설정이든 불문한다. 사무실용 건물이나 공장용부지의 양도·임대, 특허권의 양도나 라이센스가 그 예가 될 수 있다. 현물출자에 있어서는 평가의 정확성·엄격성이 지켜져야 한다. 과대평가가 있게 되면 회사의 재정상의 부실이 발생할 수밖에 없다. 특허권의 가치는 특히 평가가 어렵다.

(나) 노무출자

합명회사의 사원은 노무를 출자의 목적으로 할 수 있다(제222조, 제195조, 민법 제703조 제2항). 회사를 위하여 기술자로서 노무를 제공하는 경우뿐 아니라 사원으로서 당연히 하여야 할 업무의 집행(제201조)을 하는 것도 정관에서 출자로 인정한다면 노무의 출자가 된다. 특히 일부 사원만이 업무집행을 담당하는 경우에 노무를 출자로 인정할 필요가 클 것이다.

(다) 신용출자

신용을 출자의 목적으로 한다는 것은 합명회사의 사원으로서 당연한 무한책임과 별도로 회사를 위하여 보증인이 되거나, 물적담보를 제공하는 것, 회사가 발행하는 어음에 배서하는 경우 등을 가리킨다. 보증의 대가를 인정받는다는 점에서 보증의 무상성에 대한 일반적 원칙과 비교된다.

(2) 출자의무의 내용과 발생

개별사원의 출자의무의 내용은 사원이 될 자들의 '설립을 위한 계약'에서 정하여지지만 이것이 정관의 기재로써 확정된다. 출자의무는 사원자격의 취득시, 즉 설립등기시에 발생한다.

(3) 출자의무의 이행

(가) 이행시기

합명회사의 사원은 회사의 채무에 대하여 무한책임을 부담하므로 반드시 회사성립(설립등기) 전에 출자의무를 이행할 필요가 없으며 정관으로 자유롭게 이행기를 정하면 된다. 그러나 이에 관한 정관의 규정이 없는 때에는 회사가 업무집행의 방법에 따라(제195조, 민법 제706조 제2항) 출자이행을 청구한 때 이행하여야 한다.

출자청구는 사원평등(비례)의 원칙에 따라야 한편 청산 또는 파산의 경우에는 이행기에 불구하고 사원은 모든 출자를 이행하여야 한다(제258조 제1항, 채무자회생 및 파산에 관한 법률 제425조).

(나) 이행의 방법

현금출자의 경우는 해당금액을 납입하면 되고, 현물출자 중에서 목적물의 권리를 이전하여야 하는 경우는 그에 필요한 효력요건을 갖추어야 한다. 사용권의 출자의 경우에는 회사가 그것을 안전하게 사용할 수 있도록 목적물의 이전, 사용권 설정의 등록 등을 마쳐야 한다.

(다) 불이행의 효과

사원의 출자의무의 이행이 불완전하거나 이행되지 아니한 경우의 효과는 민법의 일반원칙에 따른다. 채권을 출자의 목적으로 한 사원은 그 채권이 변제기에 변제되지 아니한 때에는 그 채권액을 변제할 책임을 지며 이자의 지급 외에 그로 인한 손해를 배상하여야 한다(제196조).

출자의무를 이행하지 아니한 사원에 대하여서는 다른 사원 과반수의 결의에 의하여 법원에 제명의 선고를 청구할 수 있다(제220조 제1항 제1호).

2. 합명회사의 업무집행

(1) 의 의

상법은 합명회사의 법률관계를 내부관계와 외부관계로 구별하여 규정하고 있는데 전자 중에서 중요한 것이 업무집행에 관한 규정이다. 업무집행은 다시 업무집행에 관한 의사결정과 결정된 의사의 현실적 수행(실행행위) 두 단계로 나누어 볼 수 있다. 이러한 업무집행에는 법률행위뿐만 아니라 업무협의, 사업계획의 수립 등 사실행위(생산, 포장, 발송행위 등 기계적·물리적 행위는 제외)도 포함된다. 다만 상법에서 관심을 가질만한 정도의 사항에 한정된다. 상당부분의 업무집행은 외부관계(회사대표)를 수반하기도 한다. 이 경우에는 업무집행과 회사대표는 표리의 관계에 있게 된다.

(2) 업무집행의 권리와 의무

(가) 원칙적으로 각 사원은 회사의 업무를 집행할 권리와 의무가 있다(제200조 제1항). 이와 같은 전면적 업무집행권의 인정은 사원의 수가 극히 적은 경우에는 별 어려움이 없겠지만 사원의 수가 많을 경우는 오히려 혼잡과 충돌을 야기할 수 있다. 이 때문에 상법은 다소 발전된 업무집행의 형태로 회사가 정관으로 사원의 1인 또는 수인을 업무집행사원으로 정할 수 있도록 규정하고 있다. 이 경우에는 업무집행사원으로 선임된 각자가 업무집행기관을 구성하고 다른 사원의 업무집행권은 배제된다(제201조 제1항). 업무집행사원을 선임함으로써 업무집행의 효율성과 일관성을 도모할 수 있다. 수인의 업무집행사원이 두어진 경우라도 각자 단독으로 업무집행을 할 수 있다. 다만 정관으로 그들간에 공동으로만 업무집행을 하도록 정할 수 있다(제202조). 공동업무집행사원제도는 권한의 남용을 방지하고 권한의 행사를 신중하게 하기 위함이다. 공동업무집행사원의 정함이 있는 때에는 그 전원의 동의가 없으면 업무집행에 관한 행위를 하지

못한다. 그러나 지체할 염려가 있는 때에는 그러하지 아니하다(제202조).

합명회사는 인적 결합을 중요시하는 회사이므로 여하한 방법으로든 사원 이외의 자에게 업무집행을 위임하는 것은 허용되지 아니한다. 다만 청산중의 회사는 사원이 아닌 자라도 청산인으로 선임할 수 있다(제251조 제1항).

(나) 업무를 집행하는 사원 또는 업무집행사원과 회사와의 관계에는 위임에 관한 민법 규정이 준용되므로(제195조, 민법 제707조, 민법 제681조) 사원 또는 업무집행사원은 선량한 관리자의 주의로써 업무를 집행하여야 한다. 업무집행사원은 정당한 사유 없이 사임하지 못하며 사원총회는 정당한 사유 없이 해임하지 못한다(민법 제708조).

(3) 업무집행(의사결정)의 방법

업무집행은 업무집행에 관한 의사결정과 결정된 의사에 따른 현실적 집행으로 구분해볼 수 있다. 상법에서는 그 의사결정의 방법에 관하여 규정하고 있다. 업무집행의 의사결정은 상법(제202조)이나 정관에서 특별한 정함을 두지 않는 한 총사원의 과반수로 결정하고 업무집행사원이 선임되어 있는 경우에는 그들의 과반수로 결정한다(제195조, 민법 제706조 제2항). 사원의 의결권은 1인 1개의 두수(頭數)주의에 의하고 사원의 개성이 중요시되므로 의결권의 대리행사는 허용되지 않는다. 합명회사에는 사원총회라는 법률상의 기구가 존재하지 않으므로 결의의 형식적인 절차를 규율하는 상법의 규정도 없으며 아무런 제한을 받지 아니한다. 다음 사안은 합자회사와 관련한 것인데, 제269조에 의하여 합자회사에 대해서도 합명회사에 관한 규정이 준용되므로, 여기서 인용한다.

대판 1995. 7. 11, 95다5820 합자회사는 정관에 특별한 규정이 없는 한 소집절차라든지 결의방법에 특별한 방식이 있을 수 없고, 따라서 사원의 구두 또는 서면에 의한 개별적인 의사표시를 수집하여 본 결과 총사원의 동의나 사원 3분의 2 또는 과반수의 동의 등 법률이나 정관 및 민법의 조합에 관한 규정이 요구하고 있는 결의요건을 갖춘 것으로 판명되면 유효한 결의가 있다고 보아야 한다.

〈사실관계 및 쟁점〉 피고 태평운수 합자회사는 본래 대명운수 합자회사였는데, 1988. 12. 26. 前 사원인 소외 김(정), 김재영, 이관수의 지분합계 금 72,000,000원 전부를 원고 김춘성이 양수하여 무한책임사원으로 입사하였고, 前 사원인 소외 박세철의 지분 중 금 20,000,000원은 원고의 처인 소외 이봉녀가, 금 10,000,000원은 원고의

아들인 소외 김기석이 각 양수하여 유한책임사원으로 각 입사하였으며, 같은달 30. 위 대명운수의 상호를 현재의 피고 회사로 변경하였고, 당시의 사원은 무한책임사원으로는 원고가, 유한책임사원으로는 위 이봉녀, 김기석 외에 1986. 7. 15. 피고회사의 전신인 위 대명운수에 입사한 소외 김동주가 있었다. 피고보조참가인 이창순(이하 '참가인'이라 한다)은 위 대명운수에게 금 12,000,000원의 채권이 있었는데 피고회사로 상호가 변경된 후인 1989. 2. 4.경 금 10,000,000원을, 같은해 4. 10.경 은행 융자금 80,000,000원을 피고회사에 각 추가로 대여하였고 그해 5. 15. 원고의 권유로 위 채권 합계 금 102,000,000원을 피고회사에 대한 투자금으로 전환하면서 피고회사에 무한책임사원으로 입사하였다. 그런데 그해 5. 30. 원고가 소외 고영길, 이진수, 이상배에 대한 배임사건으로 구속된 후 그달 31. 참가인이 공동대표사원으로 등기되었고 그해 6. 8. 원고는 참가인에게 원고의 구속기간 중 원고의 공동대표사원권한 일체를 참가인에게 일임하였다. 그해 6. 19. 원고가 수감 중이던 춘천교도소에서 원고와 참가인사이에 원고가 참가인에게 청구취지기재 사원결의사항을 이행함과 동시에 참가인이 원고의 위 고영길, 이진수, 이상배에 대한 채무금 32,000,000원을 변제하기로 약정하였고 참가인은 소지하고 있던 원고의 도장을 사용하여 1990. 7.초순 일자불상경 소외 오만영 법무사 사무실에서 위 약정서대로 원고 명의의 피고회사의 정관을 위조하고 그해 8. 23. 피고회사 사무실에서 대표자를 참가인으로 변경하는 결의내용이 기재된 원고 명의의 이사회 회의록을 위조한 후 그달 24. 위 법원 화천등기소에서 그곳 직원에게 위 정관과 이사회 회의록을 제출하여 청구취지 기재와 같이 피고회사의 변경등기를 마쳤다. 그후 원고는 그가 피고회사의 1989. 6. 19.자 사원결의에 참가한 바 없고 다른 사원들도 이를 인정한 바 없으므로 위 사원결의는 원인무효이고 따라서 그 무효확인을 구한다고 주장하여 이 사건 사원결의무효확인을 구하는 소를 제기하였다.

여기서 쟁점이 된 것은 피고 회사가 자신의 의사를 결정하는데 있어서 일정한 형식적인 절차를 거쳐야 하는지가 문제되었다.

이에 대하여 원심(서울고법 1994. 12. 15, 93나24362 판결)은 위 1989. 6. 19.자 사원결의는 원고와 참가인만이 원고가 수감 중이던 춘천교도소에서 위와 같이 약정한 것일 뿐 유한책임사원들은 그 자리에 참석하지 아니하였고 피고회사 정관에 의하면 지분 양도, 정관변경 등의 경우에 총사원의 동의를 요건으로 하는 것은 사실이지만, 1989. 6. 20. 위 이봉녀, 김기석은 각 그 지분을 포기하기로 하였고 김동주는 원고와 참가인 사이의 위 약정내용을 알고 있었고 1990. 8. 23. 원고와 참가인 외에 김동주가 모인 자리에서 위 약정내용에 동의한 사실을 인정할 수 있고 반증이 없으므로 결국 위 사원결의는 무한책임사원의 동의 및 유한책임사원들의 사후추인에 의하여 적법히 성립된 것으로 유효하다고 보고 원고의 청구를 기각하였다.

한편 대법원은 위 판결요지와 같은 이유로 피고 회사의 총사원이 위와 같은 내용의 결의를 적법하게 하였다고 보아야 할 것이라고 하여 원심의 결론을 지지하였다.

공동업무집행사원의 정함이 있는 경우에는 지체할 염려가 없는 한 업무집행의 의사결정에 공동업무집행사원 전원의 동의가 필요하다(제202조).

지배인의 선임과 해임은 업무집행사원이 선임되어 있더라도 총사원의 과반수의 결의에 의하여야 한다(제203조).

(4) 사원의 이의권

개개의 업무집행이 모두 의사결정과 현실적 집행의 단계로 구분될 수 있는 것은 아니다. 특히 일상적인 업무나 중요하지 않은 업무는 공식적 의사결정단계를 거치지 않고 바로 집행행위가 이루어진다. 이 경우에 다른 사원이 불만을 가질 수 있고 그것을 조정하기 위하여 의사결정이 사후적으로 있게 된다.

업무집행권을 가지는 사원의 업무집행이라 하더라도 그에 대하여 다른 업무집행권을 가진 사원이 반대하는 의사를 표시할 수 있다. 이와 같이 사원 또는 업무집행사원간에 업무집행에 관하여 의견대립이 있는 경우에 그것을 조정하는 기준이 상법에 규정되어 있다. 먼저 업무집행사원이 선임되지 않은 경우에는 사원 1인의 업무집행에 관한 행위에 대하여 다른 사원의 이의가 있는 때에는 곧 그 행위를 중지하고 총사원의 과반수의 결의에 의하여야 한다(제200조 제2항). 한편 업무집행사원이 선임된 경우에는 업무집행사원 중 1인의 업무집행에 관한 행위에 대하여 다른 업무집행사원의 이의가 있는 때에는 곧 그 행위를 중지하고 업무집행사원 과반수의 결의에 의하도록 되어 있다(제201조 제2항). 반대의 의사표시는 개별적 행위를 대상으로 하여서만 할 수 있다.

(5) 사원의 업무감시권

업무집행권이 없는 사원은 업무와 재산상태를 언제든지 검사할 수 있다(제195조, 민법 제710조). 그들이 업무집행에는 관여하지 않으나 결국은 업무집행의 결과에 대하여 무한책임을 부담함에 비추어 업무감시권을 부여한 것이다.

(6) 업무집행권의 상실

사원이 업무를 집행함에 있어서 현저하게 부적임하거나 중대한 의무에 위반한 행위가 있는 때에는 법원은 사원의 청구에 의하여 업무집행권의 상실을 선고할 수 있다. 회사는 업무집행권 상실선고 판결이 확정된 때에는 본점과 지점의 소재지에서 이를 등기하여야 한다(제205조).

상법규정상은 다른 사원 전원이 법원에 업무집행권의 상실선고를 청구하도록 되어 있으나 이는 임의규정으로 보아야 할 것이다. 따라서 법원에 청구함이 없이 다른 사원의 결의로 특정 사원의 업무집행권을 박탈할 수 있다는 규정을 정관에 둘 수 있다.

업무집행권한상실이 선고된 경우(제205조 제1항) 등에 회사에 업무집행할 자가 없게 되면 회사는 법원에 직무대행자를 선임하는 가처분을 청구할 수 있다. 사원의 업무집행을 정지하거나 직무대행자를 선임하는 가처분을 하거나 그 가처분을 변경·취소하는 경우에는 본점 및 지점이 있는 곳의 등기소에서 이를 등기하여야 한다(제183조의2). 이 경우에 직무대행자는 가처분명령에 다른 정함이 있는 경우이외는 법인의 통상 업무에 속하지 아니한 행위를 하지 못한다. 다만 법원의 허가를 얻은 경우에는 그러하지 아니하다(제200조의2 제1항). 직무대행자가 가처분명령에 다른 정함이 있는 경우나 법원의 허가를 얻은 경우이외에 통상 업무범위를 넘어서 행위한 경우에도 회사는 제3자에 대하여 책임을 진다(제200조의2 제2항).

3. 경업의 금지

(1) 의 의

사원은 다른 사원의 동의가 없으면 자기 또는 제3자의 계산으로 회사의 영업부류에 속하는 거래를 하지 못하며 동종영업을 목적으로 하는 다른 회사의 무한책임사원 또는 이사가 되지 못한다(제198조 제1항).

사원은 업무집행이나 감시활동을 통하여 회사의 정보에 정통할 수 있는 지위에 있기 때문에 이것을 기화로 경업적 행동을 하여 사리를 도모할 수 있다. 예를 들어 명품수입의류를 판매하는 합명회사의 사원이 자기 자신의 개인매장에서 같은 브랜드의 의류를 수입하여 판매하는 경우 소규모 점포운영으로 비용을 절감할 수 있어서 고객선호도가 높은 제품만을 선정하여 저렴한 가격으로 판매를 할 수 있다. 합명회사 사원의 경업제한은 사원이 회사와 경쟁사업을 수행함으로써 회사에 손해를 끼치는 것을 막기 위한 제도이다. 택시사업을 영위하는 합명회사의 사원이 개인택시를 운행하는 경우는 외견상 경쟁관계에 있는 것으로 보이지만 법이 간섭(규제)할 만한 의미있는 경쟁에는 해당하지 아니한다.

회사의 영업부류에 속하는 거래의 범위는 '경쟁관계' 여부를 판단기준으로 삼으면 제품이나 서비스의 동종여부, 대체성여부, 그리고 같은 지리적 시장에 속하는가에 따라 결정된다. 이러한 경쟁가능성의 판단에는 독점규제법에 있어서의 '일정한 거래분야'가 참고 기준이 될 수 있다. 동법 제2조 제8호에서는 '일정한 거래분야'를 "거래의 객체별·단계별 또는 지역별로 경쟁관계에 있거나 경쟁관계가 성립될 수 있는 분야"라고 정의하고 있다. 여성의류와 남성의류, 신사정장과 청소년 캐주얼복간의 경쟁관계유무를 생각해 보면 이해에 도움이 될 것이다. 같은 여객운송업에 속하지만 택시사업과 버스사업은 같은 영업부류에 속한다고 보기 어렵다. 다만 상법에서 "영업부류"라고 규정하고 있으므로 지리적 시장을 달리 하더라도 같은 영업부류에 속하는 것으로 볼 수 있다(대판 2013. 9. 12, 2011다57869 ㈜신세계 사건).

합명회사의 사원이 소속회사와 다른 종류의 영업을 하는 회사의 무한책임사원 또는 이사가 되는 것은 제한되지 않고 동종영업 즉 같은 사업을 목적으로 하는 회사에 대하여 제한된다는 점에서 상업사용인의 직무전념의무(제17조 제1항)와 다르다. 합명회사 사원의 경업금지의무는 충실의무의 한 가지라고 할 수 있다. 동종영업에 해당하는가 여부는 경쟁관계에 있는가 여부에 따라 판단한다.

(2) 금지의 해제

다른 사원이 동의하면 경업금지의무가 면제된다. 경업에 대한 동의는 다른 사원 전원의 동의라야 하며 사전동의를 원칙으로 한다. 해당 조문에서 과반수를 언급하고 있지 않으므로 전원동의를 필요로 한다고 새긴다. 전원동의를 받는 이상 사후동의라 하더라도 손해배상을 청구하지 않겠다는 의사로 이해할 수 있다.

(3) 위반의 효과

(가) 개입권

사원이 자기의 계산으로 경업거래를 한 때에 회사는 그 경제적 효과를 회수할 수 있다. 이와 같이 회사는 경제적 효과만을 취득할 뿐 회사가 문제된 거래의 당사자가 되는 것은 아니다. 한편 사원이 경업거래를 제3자의 계산으로 한 것인 때에는 그 거래로 사원이 취득한 보수를 회사에 양도하도록 청구할 수 있다(제198조 제2항). 개입권의 행사는 다른 사원 과반수의 결의에 의하여야 하며 다른 사원의 1인이 그 거래를 안 날로부터 2주간을 경과하거나 그 거래가 있은 날로부터 1년을 경과하면 개입권이 소멸한다(제198조 제4항).

동종영업을 하는 다른 회사의 무한책임사원이나 이사의 취임을 못하도록 한 제한규정에 위반한 때에는 개입권 행사가 문제될 수 없고 회사는 위반한 사원을 상대로 손해배상청구를 할 수 있을 뿐이다.

(나) 손해배상청구

경업금지에 위반한 사원이 있는 경우 회사는 개입권 행사와는 별도로 그로 인하여 회사가 당한 손해의 배상을 청구할 수 있다(제198조 제3항).

(다) 제명, 업무집행권의 상실선고

합명회사의 사원이 경업제한 규정에 위반한 경우 다른 사원들은 과반수의 결의로 위반 사원의 제명 또는 업무집행권·대표권의 상실의 선고를 법원에 청구할 수 있다(제220조 제1항 제2호, 제205조 제1항, 제216조).

4. 자기거래의 제한

사원은 다른 사원 과반수의 결의가 있는 때에 한하여 자기 또는 제3자의 계산으로 회사와 거래를 할 수 있다(제199조). 이 경우에는 민법 제124조(자기계약)의 규정을 적용하지 아니한다(상세는 주식회사 이사의 자기거래제한 설명 참조, 334면 이하). 자기거래를 통제하는 것은 사원의 지위를 이용하여 불공정한 거래를 함으로써 회사에 손해를 입히는 것을 방지하기 위하여 다른 사원들의 심사(screening)를 받도록 한 것이다. 이러한 제도의 취지에 비추어 볼 때 사원과 회사간에 처음부터 '이익충돌'의 우려가 없는 거래는 자기거래의 제한대상에 포함시킬 이유가 없다. 예를 들어 택시사업을 수행하는 합명회사의 사원이 자기회사 택시에 승차하는 경우 여객운송계약의 체결에 다른 사원 과반수의 결의를 받도록 할 이유가 없음은 누구나 수긍할 것이다. 제한되는 자기거래에는 일방당사자가 사원이고 타방당사자가 회사인 직접거래뿐 아니라 사원이 거래의 당사자가 아니면서도 그 불공정성으로 인하여 회사가 피해를 입을 수 있는 간접거래도 포함된다. 사원이 은행으로부터 대출을 받는 경우에 회사가 그 대출채무에 연대보증을 해주는 것이 간접거래의 좋은 예이다. 보증계약은 대출은행과 보증인인 회사간에 체결되는 것이므로 회사와 사원간의 (직접) 거래는 아닌 것이다. 자기거래에 대한 다른 사원 과반수의 동의는 사전동의라야 하며 사후동의는 자기거래를 제한하는 제도의 취지에 반하므로 허용될 수 없다(통설). "제3자의 계산으로"라 함은 거래의 당사자는 사원이지만 그 경제적 효과는 제3자에게 귀속되는 경우를 가리킨다.

자기거래제한에 위반하여 회사와 거래한 사원은 손해배상책임을 지는 외에 제명이나 업무집행권 또는 대표권의 상실선고를 받을 수 있다(제220조, 제205조 제1항, 제216조). 다른 사원 과반수의 동의를 얻지 않고 한 자기거래의 효력에 대하여는 무효설, 유효설, 상대적 무효설이 대립한다. 이 중 상대적 무효설이 다수설이다. 이에 의하면 다른 사원 과반수의 동의결의가 없는 자기거래는 회사와 거래상대방인 사원 사이에서는 무효이지만 선의의 제3자에 대하여는 그 무효를 주장할 수 없다고 새긴다. 회사의 이익을 보호하되 거래안전에는 회사의 이익을 양보시킬 수밖에 없다는 입장이다. 이와 같이 상대적 무효설은 무효를 원칙으로 하면서도 선의의 제3자에 대한 관계에서는 예외적으로 유효로 보자는 견해이다. 그런데 이러한 상대적 무효설의 입장은 간접거래의 경우에는 옳다고 하기 어렵다. 위에서 본 회사가 연대보증을 한 예에서 그 보증계약은 원칙적으로 유효이되 은행이 악의였다면 무효로 보는 것이 옳다. 이러한 경우에 '무효'를 원칙으로 하는 상대적 무효설이 적당할지 의문이다.

5. 손익분배

상법에서는 합명회사의 이익분배나 손실분배에 관하여 전혀 규제하지 않고 있다. 따라서 특정 영업년도에 이익발생이 없더라도 이익배당을 할 수 있다. 이는 합명회사 사원이 무한책임을 부담하기 때문에 회사재산이 다소간 사원에게 유출되더라도 회사 채권자의 이익을 해치지 않는다고 본 것이다.

6. 지 분

(1) 지분의 의의

민법상 공유자의 지분은 1인의 재산을 수인이 분할소유하는 경우 각자의 몫을 가리킨다(민법 제262조). 이에 반하여 합명회사의 지분은 사원 각자의 출자지분에서 유래한 개념으로서 다음 두 가지 의의를 가진다.

(가) 하나는 사원이 회사에 대하여 갖는 각종의 권리·의무의 기초가 되는 법률관계인 사원권 또는 사원의 법률상의 지위이다. 여기서 사원의 공익권과 자익권이 나온다.

(나) 다른 하나는 회사의 해산 또는 사원의 퇴사의 경우에 사원이 회사에 청구할 수 있는 금전적 액수를 가리킨다.

(2) 지분의 양도

합명회사는 인적회사로서 사원 서로간에 다른 사원의 개성이 중요시된다. 따라서 사원의 개성과 상호신뢰관계를 유지할 수 있도록 지분의 양도가 특별히 제한된다. 지분의 양도를 원할 경우 다른 사원 전원의 동의를 받아야만 지분을 양도할 수 있다(제197조). 다른 사원의 동의는 지분양도의 효력발생요건이다.

상법 제179조 제3호에 사원의 성명과 주민등록번호와 주소가 정관기재사항으로 되어 있으므로 사원의 변동이 있게 되면 정관을 변경하여야 하나 이 경우의 정관변경을 위한 총사원의 동의(제204조)는 양도행위 자체에 대한 동의로 갈음하게 된다.

지분을 전부양도한 사원도 지분양도에 따르는 정관변경의 등기를 하기 전에 생긴 회사채무에 대하여는 등기후 2년내에는 다른 사원과 동일한 책임이 있다(제225조 제2항).

사원의 성명과 주민등록번호와 주소는 등기사항이므로(제180조) 지분의 양도로 사원이 변경된 때에 그러한 지분의 양도로써 제3자에게 대항하기 위하여는 변경등기를 하여야 한다(제180조).

(3) 지분의 압류

합명회사 사원의 채권자가 그 사원의 지분을 압류하면 지분의 압류의 효력은 압류당한 사원의 이익배당청구권과 지분환급청구권에 미친다(제223조).

대판 1971. 10. 25, 71다1931 본건에서 문제되어 있는 사원권은 피고 (합자)회사의 무한책임사원의 지분을 의미하고 있음이 분명하고, 이와 같은 무한책임사원의 지분은 상법 제269조, 제197조 및 제223조, 제224조의 규정들에 의하면 이를 양도할 수 있으며 채권자에 의하여 압류될 수도 있는 것이므로, 채무자에 속한 무한책임사원의 지분이 그 의사에 반하여 제3자에게 양도된 것으로 등기되었다면, 채무자는 이의 회복을 위하여 그 말소등기를 청구할 수 있다고 하여야 할 것이고, 이 채무자의 채권자는 자기의 채권을 보전하기 위하여 필요한 경우에는 채무자에 속하는 위의 말소청구권을 대위행사할 수 있다고 함이 상당할 것이다.

사원의 지분을 압류한 채권자는 영업년도말에 그 사원을 퇴사시킬 수 있다. 그러나 회사와 그 사원에 대하여 6월전에 그 예고를 하여야 한다(제224조 제1항). 퇴사예고를 하여 사원을 퇴사시킨 압류채권자는 지분환급청구권의 전부명령(轉付命令)을 구할 수 있다(민사집행법 제229조). 임의청산의 경우 지분의 압류채권자가 있으면 그 자의 동의를 얻어야 한다(제247조 제4항).

(4) 지분의 상속

사원의 사망은 원칙적으로 퇴사사유(제218조 제3호)에 해당하며 상속인은 지분의 환급청구권만을 가질 뿐이다. 예외적으로 정관에서 지분의 상속을 인정한 때에는 상속인은 상속의 개시를 안 날로부터 3월내에 회사에 대하여 승계 또는 포기의 통지를 발송하여야 한다. 아무런 통지 없이 3월을 경과한 때는 사원이 될 권리를 포기한 것으로 본다(제219조).

제3 외부관계

1. 합명회사의 대표

(1) 의 의

법인인 합명회사는 대외적으로 자연인인 대표기관을 통하여 법률행위를 하게 된다. 거래상대방의 법적 지위의 안정을 도모하기 위하여 대표권에 대하여는 상법에서 그 귀속과 범위를 명시적으로 규정하고 있으며 정관에 의한 사적자치가 허용되지 아니한다.

(2) 대표자격

원칙적으로 사원 각자가 회사를 대표하며 정관으로 업무집행사원을 정한 경우에는 각 업무집행사원이 회사를 대표한다(제207조). 이것이 가장 기초적이고 단순한 대표권의 귀속방식이다. 그러나 업무집행사원이 수인인 경우에 회사가 대외적 거래창구를 단일화할 필요가 있다. 이를 위한 것이 대표사원제도이다. 합명회사는 정관 또는 총사원의 동의로 업무집행사원 중 대표사원을 정할 수 있다(제207조 단서). 그러나 조문에서는 "특히 회사를 대표할 자"라는 표현을 쓰고 주식회사의 대표이사에 비교되는 '대표사원'이라는 용어를 사용하고 있지는 않다. 대표사원이 정해진 경우 다른 사원은 대표권을 잃는다. 회사와 거래하는 상대방의 입장에서는 대표사원이 정해져 있는지를 유의할 필요가 있다. 대표권이 없는 자와 거래할 경우 계약의 효력을 다투는 분쟁에 휘말릴 수 있기 때문이다.

회사는 정관 또는 총사원의 동의로 수인의 사원이 공동으로 회사를 대표할 것을 정할 수 있다(제208조). 이를 '공동대표'라 한다. 공동대표제도는 대표사원의 권한남용을 막고 대표권행사를 신중하게 하기 위한 것이다. 다만 수동대표(受動代表)의 경우는 공동대표가 요구되지 아니한다. 공동대표의 정함이 있는 경우에도 제3자의 회사에 대한 의사표시는 공동대표의 권한 있는 사원(대표사원) 1인에게 대하여 하더라도 유효하다(제208조 제2항).

회사와 사원간의 소송에서 회사를 대표할 사원이 없으면 다른 사원 과반수의 결의로 회사를 대표할 자를 선정하여야 한다(제211조). 1인의 대표사원을 두고 있는 합명회사의 경우 회사와 그 대표사원간의 소송을 생각해 보자. 이 경우 회사대표자는 반드시 사원이 아니라도 무방하다고 보는 것이 통설이다(이·최, 781면; 최, 1030면; 정(동), 889면).

(3) 대표권한의 상실선고

대표사원이 업무를 집행함에 현저하게 부적임하거나 중대한 의무에 위반한 행위가 있는 때는 법원은 사원의 청구에 의하여 대표권한의 상실을 선고할 수 있다(제216조, 제205조).

(4) 대표기관의 등기

합명회사에서 특히 대표사원을 정한 때와 공동대표를 정한 경우에는 등기하여야 한다(제180조 제4호·제5호).

(5) 대표권의 범위

대표권을 가진 사원은 회사의 영업에 관하여 재판상 또는 재판외의 모든 행위를 할 권한이 있고 이에 대한 제한은 선의의 제3자에게 대항하지 못한다(제209조). 이를 가리켜 대표권의 포괄성·불가제한성이라 한다. 영업에 관한 행위인가의 판단은 행위의 추상적·객관적 성질에 따라 결정되며 대표사원의 주관적 사정은 고려되지 않는다. 대표권의 제한은 원칙적으로 선의의 제3자에게 대항하지 못하지만 제3자가 사원이거나 공모자 등으로서 악의인 경우는 대항할 수 있다.

기업조직에 관한 행위인 정관의 변경, 사원의 입사나 제명, 회사의 해산 등은 처음부터 대표권의 범위에 속하지 않는다.

2. 사원의 책임

(1) 총 설

합명회사의 사원은 회사의 채권자에 대하여 직접·연대·무한의 책임을 부담한다(제212조 제1항). 사원이 법인격상 별개의 타인인 회사의 채무에 대하여 책임을 지는 것은 특별한 예외로서 합명회사가 실질적으로는 조합이라는 성격을 근거로 회사채권자를 보호해주기 위한 수단이다. 이러한 합명회사 사원의 무한책임은 주식회사의 주주의 유한책임과 비교된다. 즉 합명회사 사원의 경우는 출자의무의 이행시기에 제한이 없고 합명회사에 대하여는 자본유지의 원칙이 법정되어 있지 않음에서 비롯한다. 회사성립후 가입한 사원도 그 가입전에 생긴 회사채무에 대하여 책임을 진다(제213조).

사원이 아닌 자가 타인에게 자기를 사원이라고 오인시키는 행위를 하였을 때에는 오인으로 인하여 회사와 거래한 자에 대하여 사원과 동일한 책임을 진다(제215조). 이러한 자칭사원의 책임은 외관법리나 금반언의 법리와 동일한 맥락에서 인정된 것이다. 자칭사원과 다른 사원과는 부진정연대책임관계에 있게 된다.

퇴사한 사원이나 지분을 양도한 사원도 퇴사 또는 변경의 등기를 하기 전에 생긴 회사채무에 대하여 등기 후 2년 내에는 다른 사원과 동일한 책임을 진다(제225조). 거래상대방이 퇴사·지분양도의 사실을 알았더라도 책임을 진다는 점에서 제37조 제1항은 적용이 없다. 법률관계의 획일적 해결을 위한 것이다.

사망으로 퇴사한 때에는 그 상속인은 지분을 승계하지 않는 한 책임을 지지 않는다.

(2) 책임의 내용

(가) 발 생

회사채무의 발생과 동시에 이와 병존하는 동일한 내용의 채무가 사원에 대하여 발생한다. 사원의 책임은 인적책임으로, 사원은 자기의 전재산으로써 책임을 진다. 회사채권자에 대한 관계에서는 직접책임이고 사원상호간의 관계에서 연대책임이다.

(나) 성 질

합명회사사원의 회사채무에 대한 책임은 보충적 책임으로서 보증인의 책임과 유사하다. 즉 회사의 재산으로 회사의 채무를 완제할 수 없을 때 또는 회사재산에 대한 강제집행이 주효하지 못한 때 각 사원은 연대하여 회사채무를 변제할 책임이 있다. 사원이 회사에 변제의 자력이 있으며 집행이 용이한 것을 증명한 때에는 책임을 지지 않는다(제212조).

대판 1996. 2. 9, 95다719 [1] 근로기준법 제30조의2 제2항의 규정은 근로자의 최저생활을 보장하고자 하는 공익적 요청에서 예외적으로 일반 담보물권의 효력을 일부 제한하고 임금 채권의 우선변제권을 규정한 것으로서, 그 입법취지에 비추어 보면 여기서 임금 우선변제권의 적용대상이 되는 '사용자의 총재산'이라 함은 근로계약의 당사자로서 임금채무를 1차적으로 부담하는 사업주인 사용자의 총재산을 의미하고, 따라서 사용자가 법인인 경우에는 법인 자체의 재산만을 가리키며 법인의 대표자 등 사업경영 담당자의 개인 재산은 이에 포함되지 않는다고 봄이 상당하다.

[2] 합자회사가 회사 재산으로 채무를 완제할 수 없거나 또는 회사 재산에 대한 강제집행이 주효하지 못하여 결국 합자회사의 무한책임사원이 근로자들에 대한 회사의 임금채무를 변제할 책임을 지게 되었다 하더라도, 보충적인 위 책임의 성질이나 일반 담보권자의 신뢰보호 및 거래질서에 미치는 영향 등을 고려할 때 이를 회사가 사업주로서 임금채무를 부담하는 경우와 동일하다고 보아 무한책임사원 개인 소유의 재산까지 임금 우선변제권의 대상이 되는 '사용자의 총재산'에 포함된다고 해석할 수는 없다.

〈사실관계 및 쟁점〉 소외 합자회사 충원건설(이하 소외 회사라고 한다)의 대표사원이자 무한책임사원인 소외 이남영 개인 소유의 이 사건 부동산에 관하여 1992. 7. 29. 원고(중소기업은행)를 근저당권자로 한 채권최고액 금 280,000,000원의 근저당권설정

등기가 경료되었다. 원고가 위 근저당권의 피담보채권 합계 금 220,112,328원을 변제받기 위해 1993. 6. 10. 이 사건 부동산에 대한 임의경매를 신청하여 그 절차가 진행된 결과, 위 부동산은 금 233,000,000원에 경락되었으며, 경매법원은 같은 해 11. 29.자 배당기일을 열어 경락대금에서 집행비용을 공제한 금 226,631,040원에 대한 배당을 실시하게 되었다. 피고들(강성도 외 85인)은 소외 회사에 재직하다가 1993. 1. 31.자로 퇴직한 근로자들로서 소외 회사로부터 체불된 최종 3월간의 임금 및 퇴직금 등 합계 금 430,606,405원을 지급받지 못하자, 무한책임사원인 위 이남영에게 상법 제269조, 제212조에 의한 책임을 물어 동인에 대한 승소판결까지 받은 후, 이 사건 경매법원에 위 임금채권의 우선변제를 주장하면서 배당요구를 하였다. 경매법원은 위 이남영 소유의 이 사건 부동산도 근로기준법 제30조의2 제2항 소정의 임금우선변제권의 적용대상인 사용자의 총재산에 해당한다고 보아 근저당권자인 원고의 피담보채권보다 피고들의 위 임금채권을 우선시킴으로써 위 배당할 금액 전액을 피고들의 임금채권에 안분 배당하는 내용의 배당표를 작성하였다. 이에 원고는 이 사건 부동산이 사용자인 법인(소외 회사)의 재산이 아니라 위 이남영 개인 재산이므로 이를 사용자의 총재산으로 보아 원고의 채권보다 피고들의 임금채권을 우선시킨 것은 부당하다면서 이 사건 배당이의의 소를 제기하였다.

여기서 쟁점이 된 것은 위 부동산의 경매대금 배당에 관하여 피고들의 배당요구채권이 임금 등 채권으로서 근저당권에 의하여 담보되는 원고의 배당요구채권보다 우선변제권이 있는지 하는 점이다. 즉, 근로기준법 제30조의2 제2항에서 말하는 사용자의 범위에 합자회사의 경우 무한책임사원도 포함하는가 하는 점이다.

이에 대하여 원심(대전고법 1994. 11. 24, 94나1683 판결)은 '근로기준법 제30조의2 제2항 소정의 사용자라 함은 사업주만을 의미하고 따라서 개인경영의 업체의 경우는 경영주 개인을, 법인경영의 업체의 경우는 법인 그 자체를 의미하는 것으로 법인의 경우 임금채권 우선변제권의 대상은 그 법인의 재산만을 가리키며 법인의 대표자 등 개인의 재산은 이에 포함되지 아니하고, 다만 합자회사의 경우 그 무한책임사원은 상법 제269조, 제212조의 규정에 의하여 회사가 부담하는 채무를 회사의 재산으로 완제할 수 없거나 회사재산에 대한 강제집행이 주요하지 못한 때에는 회사에 대하여 연대하여 변제할 책임이 있는 것이지만 무한책임사원이 보충적 책임을 지게 되는 경우라 하여 위에서 본 사용자의 개념이 확대되어 무한책임사원의 개인재산도 임금채권 우선변제권의 대상이 된다고 할 수는 없다 할 것이다'라고 판시하여 경매법원이 원고의 배당요구를 무시한 채 위와 같은 배당표를 작성한 것은 채권의 배당순위를 그르친 것으로 부당하다고 하여 위 배당표를 변경하였다. 대법원도 판결요지와 같은 이유를 들어 원심의 결론을 지지하였다.

(다) 회사채무전액에 대한 책임

내부적으로 사원 상호간에 부담부분이 정해져 있더라도 회사채권자에 대하여는 회사채무 전액에 대하여 각 사원이 변제할 책임을 부담한다.

(라) 책임의 배제

회사의 사원이 사원인 자격에서 회사에 대하여 가지는 채권(비용·보수청구권)에 대하여는 다른 사원은 책임을 지지 않는다(통설). 다만 사원이 제3자의 자격에서 가지는 채권에 대하여는 다른 사원들이 제212조의 변제책임을 부담한다.

회사만이 이행하여야 할 것이거나 회사만이 이행할 수 있는 채무(일신전속적 채무)에 대하여는 사원이 동일한 내용의 이행을 할 수 없으므로 금전에 의한 배상책임을 질 뿐이다.

(마) 사원의 항변권

사원이 회사채무에 관하여 변제의 청구를 받은 때에는 회사가 주장할 수 있는 항변으로 그 채권자에게 대항할 수 있다. 그리고 회사가 그 채권자에 대하여 상계, 취소 또는 해제할 권리가 있는 경우에는 사원은 변제를 거부할 수 있다(제214조).

(3) 책임이행의 효과

사원이 회사채권자에게 변제함으로써 회사의 채무가 소멸한다. 회사채무를 변제한 사원은 민법 제425조(연대채무자의 구상권)에 따라 회사에 대하여 구상권을 행사할 수 있고 채권자를 대위한다(민법 제481조). 사원의 회사에 대한 구상권에 연대채무자의 구상권 규정을 원용하는 것은 사원의 채무가 회사와의 관계에서 연대채무라고 보아 그렇게 새기는 것은 아니다. 보증인의 구상권은 수탁·불수탁의 경우로 구분되어 있기 때문에 그러한 구분이 없이 단순한 연대채무자의 구상권규정을 활용하도록 하기 위한 것이다.

아울러 회사채무를 변제한 사원은 회사채권자의 권리를 대위할 수 있다(민법 제481조). 그밖에 다른 사원에 대한 부담부분에 따른 구상을 할 수 있다. 이때 다른 사원은 회사에 자력이 있음을 이유로 구상을 거절할 수 없다(통설). 부담부분은 손실부담의 비율에 따른다.

(4) 책임의 소멸

합명회사 사원의 책임은 본점소재지에서 해산등기 후 5년을 경과하면 소멸한다(제267조 제1항).

그 후는 잔여재산만이 회사채권자를 위한 유일한 담보가 된다(제267조 제2항).

퇴사한 사원이나 지분양도사원의 책임은 퇴사등기나 지분양도의 등기 후 2년을 경과하면 소멸한다(제225조). 다음 판례는 무한책임사원은 퇴사등기일로부터 2년내에는 책임을 부담함을 지적하고 있다.

대판 1975. 2. 10, 74다1727 상법 제269조, 제225조에 의하여 (합자)회사에서 퇴사한 무한책임사원은 본점 소재지에서 퇴사등기를 하기 전에 발생한 회사의 채무에 대하여는 등기 후에 2년 이내에는 다른 무한책임사원과 동일한 책임이 있으므로 합자회사에 변제의 자력이 있으며 집행이 용이하다는 사실을 주장・입증하지 못하는 한 책임을 면할 수 없다.

〈사실관계 및 쟁점〉 피고 김운종은 자동차 운송업을 하는 합자회사 신일택시(이하 '소외 회사'라 한다)의 무한책임사원으로 재직하다가 1971. 8. 19.에 그 해임등기를 마치고 퇴사를 하였다. 그런데 원고 박광복은 1971. 8. 5. 15:00경 경기도 파주군 주내면 봉서 2리 노상에서 위 소외 회사 소속 경기 영1-150제3호 코로나 택시 운전수 소외 전광희의 운전과실로 충격되어 좌측전두부 두개골 개방성 골절상을 입었다. 한편 원고는 위 소외 회사를 피고로 하여 손해배상 청구의 소를 제기하여 승소확정판결을 받았으나 위 소외 회사는 위 손해배상채무를 이행하지 아니하였다. 이에 원고는 1973. 8. 3. 위 소외 회사의 사고 당시 무한책임사원으로 재직하였던 피고를 상대로 이 사건 손해배상을 구하는 소를 제기하였다.

여기서 쟁점이 된 것은 퇴사한 무한책임사원이 회사의 채무에 대하여 언제까지 책임을 지는가 하는 점과 회사에 변제의 자력이 있고 그 집행이 용이하다는 점에 대해서는 누가 주장・입증책임을 지는가 하는 점이다.

이에 대하여 원심(서울고법 1974. 9. 25, 73나2428 판결) 및 대법원은 '상법 제269조, 제225조에 의하여 퇴사한 합자회사의 무한책임사원은 본점소재지에서 퇴사등기를 하기 전에 생긴 회사 채무에 대하여는 등기후 2년 이내에는 다른 무한책임사원과 동일한 책임이 있는바, 합자회사 신일택시 소속 운전수가 이 사건 사고를 일으킨 것은 1971. 8. 5.로서 이 때에 이 사건 사고로 인한 위 회사의 채무는 발생한 것이고, 위 회사의 무한책임사원인 피고가 퇴사등기를 한 것은 위 회사의 위 채무발생후인 1971. 8. 19.이라는 것이고, 원고가 피고에 대하여 이 사건 청구를 한 것은 위 피고의 퇴사등기일부터 2년 내인 1973. 8. 3.이므로 피고는 위 조항에 의하여 다른 무한책임사원과 동일한 책임이 있는 것이고, 한편 소외 합자회사 신일택시에 변제의 자력이 있으며 집행이 용이하다는 사실은 피고가 그의 책임을 면하기 위하여 적극적으로 주장・입증하여야 할 사유이다'라고 판시하여 원고의 청구를 인용하였다.

제 4 절 사원의 입사와 퇴사

제1 사원의 입사

합명회사에 있어서 사원의 입사는 회사성립후 회사와 사원이 되고자 하는자 사이의 입사계약을 거쳐 그가 원시적으로 사원자격을 취득하는 것이다. 새로운 사원지위의 창설이라는 점에서 지분의 귀속주체의 변경에 불과한 지분양수와 구별된다.

대판 2002. 4. 9, 2001다77567 (합자)회사 설립 후 제3자가 (합자)회사의 사원으로 되는 방법으로는 입사에 의하여 원시적으로 사원 자격을 취득하는 방법과 기존의 사원으로부터 지분을 양수하는 방법이 있는데, 전자의 입사 방법은 입사하려는 자와 회사 사이의 입사계약으로 이루어지고 후자의 입사 방법은 입사하려는 자와 기존 사원 개인 사이의 지분매매계약으로 이루어진다.

사원의 성명과 주민등록번호와 주소는 정관기재사항이고 정관변경에는 총사원의 동의가 있어야 하므로 새로운 사원의 입사에는 총사원의 동의가 있어야 한다(제179조 제3호, 제204조).

사원의 입사가 있으면 변경등기도 하여야 한다(제180조 제1호, 제183조). 다만 신입사원의 사원으로서의 지위를 취득하는 시점은 총사원의 동의를 얻은 때이다. 판례도 이 점을 지적하였다.

대판 1996. 10. 29, 96다19321 합자회사의 성립 후에 신입사원이 입사하여 사원으로서의 지위를 취득하기 위하여는 정관변경을 요하고 따라서 총사원의 동의를 얻어야 하지만, 정관변경은 회사의 내부관계에서는 총사원의 동의만으로 그 효력을 발생하는 것이므로 신입사원은 총사원의 동의가 있으면 정관인 서면의 경정이나 등기부에의 기재를 기다리지 않고 그 동의가 있는 시점에 곧바로 사원으로서의 지위를 취득한다.

입사한 사원은 입사전에 생긴 회사채무에 대하여 다른 사원과 동일한 책임을 부담한다(제213조).

제2 사원의 퇴사

1. 의 의

합명회사 사원의 퇴사는 회사의 존속중에 사원자격이 절대적으로 소멸하는 것이다. 사원 지위의 상대적 변경인 지분의 전부양도와 구별된다.

2. 퇴사사유

(1) 단독의사에 의한 퇴사

정관으로 회사의 존립기간을 정하지 아니하거나 어느 사원의 종신까지 존속할 것을 정한 때에는 사원은 영업년도말에 한하여 퇴사할 수 있다. 그러나 6월전에 이를 예고하여야 한다(제217조 제1항). 사원이 부득이한 사유가 있을 때(예를 들면, 이민 또는 다액의 치료비부담)에는 언제든지 퇴사할 수 있다(제217조 제2항). 이는 사원이 무한책임의 과중한 부담을 벗을 수 있게 한 제도이기도 하다. 이 때 부득이한 사유의 유무는 그 사원을 중심으로 하는 모든 사정을 참작해서 결정하여야 할 것이다.

(2) 지분압류채권자에 의한 퇴사

사원의 지분을 압류한 채권자는 영업년도말에 그 사원을 퇴사시킬 수 있다. 그러나 회사와 그 사원에 대하여 6월전에 그 예고를 하여야 한다(제224조).

(3) 상법 제218조에서 정한 사유

그밖에 사원은 정관에 정한 사유의 발생, 총사원의 동의, 사망, 금치산, 파산의 경우에 퇴사한다. 그 중 총사원의 동의(제218조 제2호)에 의한 퇴사의 경우는 퇴사고지(제217조)의 경우와 같은 제한(6월전 예고 또는 부득이한 사유)을 받지 아니한다.

(4) 제 명

합명회사 사원의 제명은 사원의 의사에 반하여 그 사원자격을 박탈하는 것이다. 회사의 이익을 위하여(업무집행권의 박탈·제한 등) 다른 방법으로 해결할 수 없는 경우에 최종적인 수단으로 인정되어야 한다. 2인의 사원만이 있는 합명회사에서는 회사의 해산을 초래할 수 있으므로 인정되지 않는다.

사원에게 다음의 사유가 있는 때에는 회사는 다른 사원 과반수의 결의에 의하여 그 사원의 제명의 선고를 법원에 청구할 수 있다(제220조 제1항). 판례는 '다른 사원의 과반수의 결의'란 제명대상 사원 이외에 다른 사원 2인 이상의 존재를 요구한다고 본다.

① 출자의 의무를 이행하지 아니한 때

② 경업금지의무(제198조 제1항)의 규정에 위반한 행위가 있는 때

③ 회사의 업무집행 또는 대표에 관하여 부정한 행위가 있는 때, 권한 없이 업무를 집행하거나 회사를 대표한 때

④ 기타 중요한 사유가 있는 때

대판 1991. 7. 6, 90다19206 상법 제220조 제1항, 제269조는 합자회사에 있어서 사원에게 같은 법조 소정의 제명사유가 있는 경우에는 다른 사원과반수의 결의에 의하여 그 사원의 제명선고를 법원에 청구할 수 있다고 규정하고 있는 바, 다른 사원 과반수의 결의란 그 문언상 명백한 바와 같이 제명대상인 사원 이외에 다른 사원 2인 이상의 존재를 전제로 하고 있으므로, 무한책임사원과 유한책임사원 각 1인만으로 된 합자회사에 있어서는 한 사원의 의사에 의하여 다른 사원의 제명을 할 수는 없다고 보아야 할 것이다. 그리고 유한책임사원과 무한책임사원의 2인만으로 된 경우에 그 1인의 제명은 상법 제285조 제1항에 의하여 회사가 해산되는 결과가 되는데, 상법 제220조 제1항에서 사원의 제명을 인정하는 이유가 회사를 해산상태로 몰고 가자는 것이 아니고 회사의 존속을 도모하여 회사의 해산 및 신설의 불이익을 면하도록 하는데 있음을 감안하여 볼 때, 한 사람의 의사에 의하여 다른 사원을 제명하는 것을 인정하는 것은 위 취지에 어긋나고 또 제명이란 사원자격을 박탈하는 비상수단이므로 신중한 절차를 요하여야 할 것이라는 제도자체의 성질에도 합치되며, 그와 같이 해석하지 않으면 소수자에 의하여 회사내분이 야기될 위험성이 있게 될 것이다.

〈사실관계 및 쟁점〉 원고 명지교통 합자회사는 무한책임사원인 피고 송희자와 유한책임사원인 소외 이규호 등 2인으로 구성된 회사인바, 유한책임사원인 위 소외 이규호의 결의에 의하여 무한책임사원인 피고에게 상법 제269조, 제220조 1항 1, 3, 제4호

의 제명사유가 있다고 주장하여 위 피고의 제명을 구하는 이 사건 사원제명청구의 소를 구하였다.

여기서 쟁점이 된 것은 제220조 1항 소정의 '다른 사원과반수의 결의'에는 제명대상인 사원을 포함하는 것인지 여부, 사원이 2인만이 존재하는 경우에도 다른 사원 1인만의 결의에 의하여 제명을 청구할 수 있는지 여부 및 유한책임사원에 의한 무한책임사원의 제명이 가능한가 하는 점 등이다.

이에 대하여 원심(서울고법 1990. 11. 15, 90나20512 판결)은 유한책임사원과 무한책임사원이 각 1인으로 구성된 합자회사에서 유한책임사원에 의한 무한책임사원의 제명은 합자회사의 본질에 어긋나고, 제285조 1항에 의하여 해산되는 결과를 가져오며, 2인으로 구성된 회사에서 사원 1인에 의한 결의를 과반수결의라고 할 수 없다는 등의 이유로 원고의 청구를 기각한 제1심 판결을 유지하여 원고의 항소를 기각하였다. 대법원도 위와 같은 이유로 원심의 결론을 지지하였다. 다만 유한책임사원에 의한 무한책임사원의 제명 가부에 대해서는 명시적으로 언급하지 않았다.

대판 1976. 6. 22, 75다1503 합자회사의 사원 중 수 명이 제명대상인 경우에는 피제명 각인에 대하여 타의 사원의 동의여부의 기회를 주어 개별적으로 그 제명의 당부를 나머지 다른 사원의 과반수의 의결로 결의하여야 하는 것이고, 가사 그 제명원인 사유가 피제명사원 전원에 공통되는 경우라 할지라도 타의 사원의 동의여부의 기회도 주지 않고 일괄제명 의결방법으로 한 제명결의는 적법한 제명결의라 할 수 없다.

〈사실관계 및 쟁점〉 원고 합자회사 선일상사는 보통여객자동차 운수사업 등을 목적으로 설립된 회사로서, 그 사원은 무한책임사원인 피고 최용식, 유한책임사원인 피고 이복순, 소외 이영수, 김상조 등 4인이었다. 원고회사는 피고 최용식은 원고 회사의 무한책임사원 겸 업무집행사원의 지위에서 피고 이복순과 상호공모하여, 피고 이복순이 원고회사의 업무를 담당한 사실이 없는데도 동인에게 월급 및 여비명목으로 금원을 지급하여 동액상당의 금원을 횡령하였고, 원고회사의 사원총회를 개최함에 있어 다른 사원들에게는 통지도 없이 각종 결의를 한 것처럼 서류를 조작하였고, 유한책임사원인 소외 이영수 및 김상조의 제277조 소정의 감시권에 기한 원고회사의 대차대조표 등의 열람을 방해하는 등 원고회사의 직무를 집행함에 있어 부정한 행위를 하였으며, 한편 피고 이복순은 위 피고 최용식의 부정행위에 가담하였다는 사유를 제명사유로 하여 1973. 9. 11. 제269조, 제220조에 기하여 이들에 대하여 행한 제명결의에 따라 이 사건 제명의 선고를 청구하였다. 그런데, 원고회사의 피고들에 대한 위 제명결의는 그 피제명사원 각인에 대한 나머지 사원과반수의 결의로 한 것이 아니라 피제명사원인 피고 최용식, 이복순에 대하여 나머지 사원인 소외 이영수, 김상조 양인의 찬성의결로 일괄제명결의를 하였다.

여기서 쟁점이 된 것은 사원 중 제명대상사원이 수 명이고, 또한 그들에게 제명사유가 공통된 경우, 제220조 1항 소정의 사원과반수의 결의에는 제명사유가 없는 다른 사원들만의 과반수결의로도 가능한가가 문제된다. 즉, 일괄제명이 가능한가의 문제이다.

이에 대하여 원심(서울고법 1975. 6. 12, 74나1681 판결)은 본건과 같이 합자회사 사원 중 수 명이 제명대상이 되는 경우에는 가사 그 제명사유가 피제명사원 수 명에 있어 공통되는 경우라 할지라도 원래 특정사원을 제명할 것인가 여부는 그 성질상 피제명자별로 개별적으로 그 당부를 결정하여야 하는 것이므로 피제명자 각인에 관하여 그 사원을 제외한 다른 총사원 과반수의 제명결의를 요하고 피제명자 수 인을 일괄하여 그 나머지 사원 과반수만의 결의로서 제명할 수는 없다고 할 것인바, 본건의 경우 원고 회사 총사원 4명 중 피고들 2명을 제외한 나머지 사원인 유한책임사원 소외 이영수, 김상조 2인만이 한 피고들에 대한 일괄제명의 결의는 제269조, 제220조에 정한 유효한 제명결의라고 할 수 없다는 이유를 들어 피고 최용식에 대한 원고회사의 청구를 인용하였던 제1심판결을 취소하고 원고회사의 청구를 기각하였으며, 피고 이복순에 대해서는 제명사유를 인정할 수 없다는 이유를 들어 원고회사의 항소를 기각하였다.

대법원은 위 판결요지와 같은 이유를 들어 원심판결의 결론을 지지하였다.

(5) 회사계속의 반대

존립기간의 만료 기타 정관으로 정한 사유의 발생으로 해산하는 경우 또는 총사원의 동의로 해산하는 경우에는 사원의 전부 또는 일부의 동의로 회사를 계속할 수 있다. 이 때 동의를 하지 아니한 사원은 퇴사한 것으로 본다(제229조 제1항).

(6) 설립무효 · 취소판결 확정후 취소 · 무효의 원인이 있는 해당 사원

설립무효의 판결 또는 설립취소의 판결이 확정된 경우에 그 무효나 취소의 원인이 특정한 사원에 관한 것인 때에는 다른 사원전원의 동의로써 회사를 계속할 수 있다. 이 경우에도 설립의 무효 또는 취소의 원인이 있는 사원은 퇴사한 것으로 본다(제194조 제2항).

제3 퇴사와 정관변경

사원의 성명, 주민등록번호 및 주소는 정관기재사항이므로(제179조 제3호) 사원의 퇴사가 있게 되면 정관의 기재사항이 변경되어야 하지만 퇴사의 원인에 따라 퇴사의 효과가 생기므로 별도의 정관변경 절차는 필요 없다. 사원의 퇴사에 따른 변경등기는 하여야 한다(제183조).

제4 퇴사의 효과

1. 퇴사원의 책임

회사채권자의 보호를 위하여 상법은 퇴사한 사원에게도 일정기간 계속하여 책임을 지도록 하고 있다. 퇴사한 사원이라도 본점소재지에서 퇴사등기를 하기 전에 생긴 회사채무에 대하여는 등기 후 2년까지는 다른 사원과 동일한 책임을 진다(제225조). 다만, 사원의 사망으로 인하여 퇴사한 경우에는 그 퇴사등기 전이라 하더라도 그 상속인은 책임을 지지 아니한다고 보아야 할 것이다.

2. 상호변경청구권

퇴사한 사원의 성명이 회사의 상호 등에 사용된 경우에는 그 사원은 회사에 대하여 그 사용의 폐지를 청구할 수 있다(제226조). 자칭사원(自稱社員)의 책임을 면하기 위한 것이다(제215조 참조).

3. 지분환급청구권

금전이나 현물을 출자한 사원이 퇴사하면 그 지분의 환급을 받을 수 있음은 당연하다. 노무나 신용을 출자의 목적으로 한 경우에도 그 지분을 환급받을 수 있다(제222조).

지분환급액은 정관의 규정이 없으면 퇴사당시 회사의 재산상태에 따라 정산한다(제195조, 민법 제719조 제1항). 제명의 경우에는 제명의 소를 제기한 때의 회사재산의 상태에 따라 계산하게 되며 그 때부터 법정이자를 붙여야 한다(제221조).

정산의 결과 지분이 플러스로 나타나면 환급청구할 수 있고 마이너스로 나타나면 해당금액을 회사에 납입하여야 한다. 지분환급청구에 대하여 잔류사원은 연대·무한의 책임을 진다.

제 5 절 정관의 변경

합명회사의 정관을 변경함에는 총사원의 동의가 있어야 한다(제204조). 이와 같이 정관변경에는 총사원의 동의를 요구하고 있으나 정관에서 다수결로 정관을 변경할 수 있음을 규정할 수 있다고 해석한다.

정관변경의 효력은 총사원의 동의로 즉시 효력을 발생하며 정관이 기재된 서면의 변경은 효력발생과 관계가 없다. 이미 정관기재사항인 사실이 변경된 후에는 사실에 부합하게 서면을 변경할 수 있다.

제 6 절 합명회사의 해산과 청산

합명회사는 다음의 사유로 인하여 해산한다(제227조).

① 존립기간의 만료 기타 정관으로 정한 사유의 발생

② 총사원의 동의

③ 사원이 1인으로 된 때

④ 합병

⑤ 파산

⑥ 법원의 명령 또는 판결

일반적으로 회사의 청산이라 함은 합병과 파산 이외의 사유로 인한 회사 해산의 경우에 해산회사의 채권·채무를 정리하고 재산을 처분하는 절차이다. 합명회사의 청산절차에는 '임의청산'과 '법정청산' 두 가지가 있다.

임의청산은 정관 또는 총사원의 동의로 정한 방법에 따라 하는 청산이다. 이에 비하여 법정청산은 상법에 규정된 청산절차에 따라 이루어지는 청산을 가리킨다.

합명회사에 있어서 사원의 의사에 따른 임의의 청산방법을 허용하는 것은 해산 후에도 사원이 무한책임을 부담하므로 회사채권자의 이익을 침해할 우려가 적고 또 사원간의 인적 신뢰관계가 존재하기 때문이다.

제 4 장 합자회사

제 1 절 총 설

제1 합자회사의 개념

합자회사는 무한책임사원과 유한책임사원 각각 1인 이상으로 조직된 회사이다(제268조). 합자회사는 합명회사, 주식회사, 유한책임회사, 유한회사와 같이 상법상의 다섯 가지 종류의 회사 중 하나로서 무한책임사원만으로 조직된 합명회사에 유한책임사원이 추가된 회사형태이다. 합명회사가 무한책임사원만으로 구성되는 일원적 조직체인데 반하여 합자회사는 무한책임사원과 유한책임사원이라는 이원적 조직으로 되어 있다는 점에서 법률관계가 다소 복잡한 양상을 띨 수 있다. 그러나 합자회사의 법률관계의 기본골격은 합명회사의 그것에 의존하고 있으며 유한책임사원제도가 추가된 데 따른 변경·수정이 있을 뿐이라고 이해하여도 그 골격을 파악하는 데 무리가 없을 것이다.

상법상의 회사의 종류를 떠나 학문적으로 회사를 분류하는 인적회사·물적회사의 구분에 의하면 합자회사는 합명회사와 함께 인적회사 그룹에 소속시키는 것이 일반적이다. 정확하게는 물적회사의 성질을 상당히 가지는 인적회사라고 볼 수 있다.

합자회사의 무한책임사원은 회사채무전액에 대하여 자기의 전 재산으로 직접·연대·무한의 책임을 진다. 그리고 이와 같이 무거운 책임을 부담하므로 회사의 업무집행과 회사대표를 전담한다. 반면에 유한책임사원은 회사채권자에 대하여 직접책임을 부담하나 그 출자가액을 한도로 하며 출자를 전부 이행한 이상 책임을 부담하지 않는 것이 원칙이다. 이와 같이 유한책임사원의 책임은 그 유한성이라는 점에서 물적회사의 출자자의 책임과 유사하므로 기업경영에서 배제되고 감시권만을 가질 뿐이다(제277조).

유한책임사원의 책임이 유한하다는 점에서는 합자회사에 물적회사적인 속성이 가미되어 있음을 부인할 수 없다. 그러나 합자회사의 대내적 관계면에서는 합명회사와 마찬가지로 소수인의 신뢰관계에 기초하여 조직된 조합적 기업의 범위를 벗어나지 못하고 있으며 이 점에서 주식회사와 크게 다르다. 이러한 인적회사로서의 속성과 무한책임사원을 골격으로 하면서 유한책임사원이 추가되어 있다는 구조로부터 합자회사에는 별도의 정함이 없는 한 합명회사에 관한 상법규정이 그대로 준용되고 있다(제269조).

제2 합자회사의 연혁

합자회사의 기원에 대하여는 익명조합과 같이 10세기경 해상무역이 발달하였던 지중해 지방에서 널리 이용된 코멘다(commenda)에서 찾는 것이 일반적이다. 합명회사가 당초 가족적 결합으로 출발했던 데 반하여 합자회사는 순자본적인 결합으로 발전해 왔다고 한다. 원래 코멘다는 계약이라는 뜻을 가지고 있는 용어로서 자본제공자(commendator)가 사업경영자(tractator)에게 상품 또는 금전을 위탁하고 해상기업 등에 의하여 얻어진 이윤을 양자가 분배하기로 한 계약을 가리켰다. 그 후 코멘다는 사업경영자측에서도 출자를 하는 형태로 분화되어 꼴레간티아(collegantia)나 소키에타스 마리스(societas maris)라는 형태로의 조합적 기업으로 발전하였다. 15세기를 지나면서 자본제공자가 공동기업자로서 대외적 관계를 가지는 형태와 자본제공자가 외부에 전혀 나타나지 않고 제3자에 대하여 책임도 부담하지 않는 형태로 나뉘어지게 되었다. 전자가 아코만디타(accomandita)로서 합자회사의 기원이 되었고 후자는 빠르티치파티오(participatio)로서 익명조합의 기원이 되었다.

합자회사에 관한 최초의 입법은 1673년의 프랑스 상법조례이었다. 현재 프랑스에서는 1966년 상사회사법 제27조 내지 제33조에서 합자회사에 관한 규정을 두고 있다. 독일에서는 익명조합의 형태가 지배적으로 이용되어 왔으며 합자회사제도는 1861년 독일보통법전에 도입되었고 현재는 1897년 상법전 제161조 내지 제177조에 규정되어 있다.

영국에서는 1907년 Limited Partnership Act를 제정하여 limited partnership을 인정하였으나 당시 이미 중소기업들이 주식회사제도를 이용하고 있었기 때문에 현실적으로는 별로 이용되지 않는다고 한다. 미국에서는 1822년 뉴욕주법에서 처음으로 limited partnership 제도를 도입한 이래 미국내 거의 모든 주가 1916년 Uniform Limited Partnership Act를 채택하였으며 현재는 상당수의 주에서 1976년 Revised Uniform Partnership Act를 채택하고 있으며 이 1976년 통일법은 다시 1985년에 일부 조문이 추가되었다.

실질적으로 합자회사에 해당하는 조직에 법인격을 부여할 것인가는 입법정책적인 문제이다. 프랑스, 일본에서는 우리나라와 같이 합자회사를 법인으로 하고 있으나 독일이나 영국, 미국에서는 법인으로 규정하고 있지 않다. 법인격의 유무는 사법적 법률관계에서보다 오히려 세무상취급 내지는 세법적용에서 커다란 차이를 보일 수 있다.

제 2 절 설　　립

제1 설　　립

합자회사의 설립절차 역시 합명회사의 경우에 준하여 무한책임사원이 되려는 자 및 유한책임사원이 되려는 자 각 1인 이상이 정관을 작성하고(제269조, 제178조, 제179조, 제270조) 설립등기를 함으로써(제269조, 제180조, 제271조) 회사가 성립한다(제172조). 합자회사 정관의 기재사항, 등기사항은 유한책임사원의 존재를 나타내야 한다는 차이가 있을 뿐이다. 합자회사의 설립에 하자가 있는 경우를 규율하는 특별한 규정은 없고 합명회사의 설립의 무효・취소에 관한 규정이 준용된다.

합자회사는 정관의 작성과 설립등기에 의해 성립한다. 정관이 그 효력을 인정받기 위하여는 법이 요구하는 최소한의 필요사항을 기재하여야 한다. 본조는 합자회사 정관의 절대적 기재사항을 규정하고 있다.

합자회사의 정관에는 합명회사 정관의 절대적 기재사항 외에 각 사원의 책임이 유한인가 무한인가를 기재하여야 한다. 합명회사의 사원은 전원이 무한책임사원인데 반하여 합자회사의 사원에는 무한책임사원과 유한책임사원이 있기 때문에 그 책임의 종류를 정관에 명확히 하도록 한 것은 당연하다. 본조에서 요구하는 사항의 흠없는 기재와 총사원의 기명날인 또는 서명으로써 정관은 완전하게 효력을 발생하며 그밖에 정관의 효력에 영향을 미칠 추가적 기재사항은 인정되지 않는다.

제2 합자회사의 정관의 절대적 기재사항

1. 제179조에 열거된 사항

상법 제179조에서는 합명회사의 정관의 절대적 기재사항으로서 다음의 사항을 규정하고 있는데 이는 합자회사의 정관에도 그대로 준용된다.

① 목적

② 상호

③ 사원의 성명, 주민등록번호와 주소

④ 사원의 출자의 목적과 그 가격 또는 평가의 표준

⑤ 본점의 소재지

⑥ 정관의 작성연월일

상호중에는 합자회사라는 문자를 사용하여야 한다(제19조).

2. 각 사원의 책임의 무한 또는 유한의 구별

합자회사의 정관에는 위의 합명회사 정관의 기재사항 외에 각 사원별로 무한책임사원인가 유한책임사원인가를 명백하게 기재하여야 한다(제270조). 책임의 구별이 분명하게 나타나기만 하면 되고 각 사원의 책임의 무한 또는 유한을 기재하는 방법에는 제한이 없다. 각 사원의 성명기재의 앞이나 뒤에 '무한책임사원 ○○○' '○○○, 유한책임사원' 등과 같이 무한책임사원 또는 유한책임사원의 표시를 부기하거나 기명날인이나 서명란에 책임의 종류를 표시할 수도 있을 것이다. 그 밖에 출자의 목적과 가격에 표시에 덧붙여 '이 밖에 책임을 부담하지 않음'이라고 표시하여도 무방하다.

합자회사의 정관에는 무한책임사원 및 유한책임사원 전원이 기명날인 또는 서명하여야 한다(제269조, 제179조).

제3 등기사항

상법 제271조는 합자회사의 설립등기사항을 정하고 있다. 합자회사 역시 본점소재지에서 설립등기를 함으로써 성립 즉 법인격을 취득한다(제172조). 그 설립등기에 있어서는 합명회사의 설립등기사항과 동일한 사항(제180조)의 등기를 하여야 하는 외에 합자회사에 특유한 사항인 각 사원의 책임이 무한책임인가 유한책임인가에 관한 사항도 등기하여야 한다. 합자회사의 설립등기의 절차면에서도 합명회사의 등기절차에 관한 규정이 준용되고 있다(상업등기법 제77조, 제57조).

1. 제180조에 열거된 사항

합자회사의 설립등기사항도 기본적으로 합명회사의 설립등기사항과 같다. 합자회사의 설립등기에 있어서 총사원의 공동신청으로 다음 사항을 등기하여야 한다(제271조 제1항).

① 목적, ② 상호, ③ 사원의 성명, 주민등록번호와 주소(그러나 회사를 대표할 사원을 정한 때에는 그 이외의 사원의 주소는 등기하지 않는다), ④ 본점과 지점의 소재지, ⑤ 사원의 출자의 목적, 재산출자에는 그 가격과 이행한 부분, ⑥ 존립기간 기타 해산사유를 정한 때에는 그 기간 또는 사유, ⑦ 회사를 대표할 사원을 정한 때에는 그 성명, ⑧ 공동대표의 정함이 있는 때에는 그 규정

지점의 등기에서는 무한책임사원만을 등기하되 회사를 대표할 사원을 정한 경우에는 다른 사원은 등기하지 않는다(제271조 제2항).

2. 각 사원의 무한책임 또는 유한책임인 것

합자회사는 유한책임사원과 무한책임사원 두 가지 종류의 사원으로 이루어

진 이원적 조직의 회사인 바 회사와 거래를 하는 제3자의 입장에서는 어느 사원이 무한책임을 부담하며 어느 사원이 유한책임을 부담하는가에 중대한 이해관계를 가진다. 이에 따라 합자회사의 등기에서는 각 사원의 책임의 유한 또는 무한을 등기하여 공시하도록 하고 있다.

책임의 유한 또는 무한 외에 사원의 출자의 목적과 재산출자에 있어서의 그 가격과 이행한 부분의 등기는 유한책임사원의 책임의 한도액을 공시하는 것으로서 중요하다.

제 3 절 내부관계

제1 출자와 손익분배

1. 개 설

상법은 합자회사 유한책임사원의 출자의 종류를 제한하고 있다. 신용이나 노무의 출자는 허용되지 아니하고 유한책임사원은 금전 기타의 재산의 출자만을 할 수 있다(제272조). 이와 같이 출자의 종류를 제한한 것은 유한책임사원은 업무집행에 참여하지 않고 출자만 하여 손익을 분담하는데 기인한다. 나아가 유한책임사원은 회사의 채권자에 대하여 출자가액을 한도로 하여 책임을 부담하는 바 회사의 자산충실을 기하고 유한책임사원의 그 책임한도를 명확하게 하기 위한 것이기도 하다. 합자회사의 무한책임사원은 합명회사의 사원과 마찬가지로 금전 기타의 재산 외에 노무나 신용을 출자의 목적으로 할 수 있다.

본조를 강행규정으로 볼 것인가. 바꾸어 말하면 합자회사의 정관으로 유한책임사원의 신용 또는 노무출자를 허용하는 정함을 둘 수 있는가에 대하여는 학설이 갈린다. 통설은 본조의 규정을 강행규정으로 본다. 그 이유로는 합자회사 제도의 연혁상 자본제공자가 유한책임사원이 되었다는 점, 회사실무에서도 유한책임사원을 가입시키는 목적은 회사의 자력의 충실이 자본조달에 있다는 점, 재산출자가 유한책임의 본지에도 적합하다는 점 등이 지적되고 있다.

2. 유한책임사원의 출자의 목적

유한책임사원은 신용 또는 노무를 출자의 목적으로 하지 못한다는 외에는 출자에 아무런 제한이 없다. 출자의 목적은 금전 또는 기타의 재산이 될 것이다. 기타 재산으로는 사업에 필요한 동산, 부동산 외에 특허권, 영업비밀 노우하우 등과 같은 지적재산권, 영업의 전부 또는 일부가 포함될 수 있다. 그 출자는 부동산의 소유권이전이나 특허권의 양도와 같이 이전의 방식을 취할 수도 있고 임대나 라이센스와 같이 사용허락 또는 실시허락의 방식을 취할 수도 있다.

3. 유한책임사원의 출자의무

(1) 출자의무의 발생

합자회사는 사원이 공동으로 사업을 경영하여 그 이익을 분배하는 것을 목적으로 하므로 각 사원은 회사에 대하여 출자를 하여야 하며 출자의무가 없는 사원은 인정되지 않는다(제269조, 제195조, 민법 제703조). 따라서 합자회사의 내부관계에서 전사원의 일치에 의하더라도 특정 유한책임사원의 출자의무를 면제시키는 것은 무효이다. 사원의 출자의무는 회사에 대하여 부담하는 것이므로 상호간에 동시이행의 관계에 있는 것은 아니다.

대판 1972. 5. 30, 72다369 합자회사에 있어서의 각 사원의 출자의무는 회사설립과 동시에 회사에 대하여 부담하는 것이므로 사원들의 출자의무가 동시이행관계에 있다고는 할 수 없다.

사원의 출자의무는 사원으로서의 자격에서 부담한다. 따라서 회사설립시에는 회사의 성립에 의하여 출자의무가 발생하고 일단 회사가 성립한 후에는 입사에 의하여 발생한다. 한편 지분의 양도나 퇴사로 인하여 사원의 자격을 상실하거나 회사의 법인격이 소멸하면 출자의무도 소멸한다. 인적회사인 합자회사에 있어서는 무한책임사원이 있으며 유한책임사원도 회사채권자에 대하여 직접 책임을 부담하므로 회사의 성립이나 사원의 입사로 인하여 즉시 출자를 이행하여야 하는 것은 아니다. 합자회사의 설립시에 정관소정의 출자가 이루어져야 한다는 것은 회사성립의 요건이 아니다.

(2) 출자의무의 확정

각 사원이 회사에 대하여 부담하는 출자의무의 내용은 정관으로 확정된다(제269조, 제179조 제4호). 각 사원이 사원의 자격에서 회사에 대하여 부담하는 출자의무는 소위 추상적 출자의무로서 사원의 지위의 내용에 지나지 않고 사원의 지위와 독립한 채무인 소위 구체적 출자의무와 구별된다. 구체적 출자의무는 정관이나 총사원의 동의로 회사성립과 동시에 발생하도록 정할 수도 있으나 대부분은 회사로부터의 청구에 의하여 발생한다.

출자의무가 구체화되기 이전에 사원이 퇴사하면 출자의무를 면하게 된다. 금전출자의 경우라도 출자의무가 구체화되기 이전의 출자의무에 대한 회사의 출자청구권은 일반금전채권으로 볼 수 없다. 따라서 그것을 양도하거나 질권의 목적으로 하는 등 처분할 수 없고 강제집행의 목적이 될 수 없다. 또 독립하여 시효에 걸리지도 아니한다.

(3) 출자의무의 이행

회사가 설립등기를 마쳤다하여 사원의 출자의무의 이행기가 도래하는 것은 아니다. 출자의무의 이행의 시기 및 정도는 정관이나 총사원의 동의로 자유로이 정할 수 있으며 그러한 정함이 없는 경우에는 회사로부터의 청구에 의하여 출자의무의 이행기가 도래한다. 회사의 출자의무의 이행청구는 보통의 업무집행에 해당한다. 따라서 업무집행의 방법과 절차에 따라 청구를 하면 충분하다.

회사의 청구 등으로 사원의 출자의무가 구체화된 후 이를 이행하지 않으면 채무불이행에 해당하게 되어 법정이자의 지급 및 손해배상의 책임을 부담한다. 아울러 출자의무의 불이행은 제명사유가 된다(제269조, 제220조 제1항 제1호). 유한책임사원이 회사의 채무를 변제할 책임을 부담함에 있어서 회사에 대하여 이행한 가액만큼은 공제하고 책임을 진다(제279조).

4. 손익의 분배

합자회사의 사원에 대한 손익분배에 관하여 특별한 상법 규정이 없으며 합명회사의 경우와 다르지 않다. 손익분배의 표준은 정관에 별도의 정함이 없는 한 출자의 가액에 의하며(제269조, 제195조, 민법 제711조) 무한책임사원이냐 유한책임사원이냐에 따라 손익분배의 비율이 달라지지 않는다. 문제는 유한책임사원에게 출자가액을 초과하여 손실을 분담시킬 수 있는가 하는 것이다. 사원의 책임은 대외적인 것이고 손실분담은 대내적인 것이므로 유한책임과 손실분담액의 출자가액내 제한이 반드시 논리적으로 연관되어야 할 것은 아니다. 또 출자를 완료한 후에도 유한책임사원은 계속하여 회사의 경영실적에 따라 그 이익을 배당받고 해산시에는 누적된 이익의 분배에 참가하게 되므로 일시적으로 출자지분이 마이너스가 되도록 하는 손실분담도 인정할 수 있다는 입장도 부당하지 않은 것 같다. 그러나 유한책임사원의 의사를 추측해보면 아무리 일시적이라고는 하지만 출자가액을 초과하여, 즉 출자지분이 마이너스로 되는 것은 유한책임사원의 기대에 반한다고 보아야 할 것이다. 따라서 유한책임사원에게 출자액을 넘어서 손실을 분담시켜서는 안 된다고 새긴다.

위와 같이 새기더라도 손실분담은 회사의 대내문제이므로 정관으로 다르게 정하는 것은 허용된다. 즉 출자가액을 초과하여 손실을 분담하는 것으로 정할 수도 있고 유한책임사원은 전혀 손실을 분담하지 않는 것으로 정할 수도 있다. 정관에서 유한책임사원의 출자가액을 초과하여 손실을 분담하도록 정함을 둔 경우 그에 따라 지분이 마이너스로 되었다 하더라도 유한책임사원은 그것을 현금으로 채워 넣어야 하는 것은 아니다. 장래에 배당받을 이익으로 보전하면 충분하다.

제2 업무집행

1. 개 설

상법 제273조에서는 합자회사에 있어서 업무집행의 권리의무가 누구에게 귀속하는가를 정하고 있다. 이는 합자회사제도의 취지를 반영하여 유한책임사원은 출자만을 하고 회사의 업무집행이나 대표를 못하도록 한 제278조의 규정에 대응하여 업무집행의 권리의무를 무한책임사원에게 귀속시킨 것이다.

이와 관련하여 업무집행의 방법 내지는 수인의 무한책임사원이 있는 경우의 업무집행의 결정(제195조, 제201조 제1항, 민법 제706조 제2항), 공동업무집행(제202조), 회사대표(제207조) 등에 관해서는 합명회사의 규정이 그대로 준용된다(제

269조).

2. 업무집행의 권리 · 의무의 주체

합자회사의 무한책임사원은 회사의 채무에 대하여 자기의 전 재산으로 연대무한책임을 부담하기 때문에 업무집행의 권리를 가지고 나아가 그러한 의무를 벗어날 수 없음은 당연하다. 무한책임사원이 2인 이상 있는 경우에 특정 무한책임사원의 업무집행권을 배제하고 그 의무를 면제시키기 위하여는 정관으로 업무집행사원을 지정하면 업무집행사원으로 지정되지 아니한 나머지 무한책임사원은 업무집행의 권리의무를 가지지 않게 된다(제269조).

업무집행과 관련하여 상법 제278조에서 유한책임사원의 업무집행권을 배제하고 있음에도 불구하고 정관으로 유한책임사원에게 업무집행권을 부여할 수 있는가가 문제된다. 업무집행은 합자회사의 내부관계의 문제이며 내부관계에 관한 상법규정은 임의법규로서 보충적 성격을 가지는 것이므로 유한책임사원에게 업무집행권을 부여하는 정관의 규정은 유효한 것으로 보아야 할 것이다. 그러나 정관으로 유한책임사원에게 업무집행권을 부여한다 하더라도 그 유한책임사원이 대표권을 가지지 못한다. 회사대표는 외부관계로서 유한책임사원의 대표권을 배제하고 있는 상법 제278조는 강행법규로 보는데 이론이 있을 수 없기 때문이다. 합자회사의 대표는 업무집행권을 가지는 무한책임사원만이 할 수 있는 것이다.

대판 2012. 12. 13, 2010다82189 상법 제205조 제1항은 합명회사의 업무집행사원의 권한상실선고에 관하여 "사원이 업무를 집행함에 현저하게 부적임하거나 중대한 의무에 위반한 행위가 있는 때에는 법원은 사원의 청구에 의하여 업무집행권한의 상실을 선고할 수 있다."고 규정하고 있고, 상법 제269조는 "합자회사에는 본장에 다른 규정이 없는 사항은 합명회사에 관한 규정을 준용한다."고 규정하여 상법 제205조 제1항을 합자회사에 준용하고 있다. 이러한 상법 규정의 문언과 취지 등에 비추어 볼 때, 합자회사의 무한책임사원뿐만 아니라 유한책임사원도 각자 업무집행사원에 대한 권한상실선고를 청구할 수 있다고 해석하는 것이 타당하다.

대판 1966. 1. 25, 65다2128 상법 제278조에 의하면 합자회사에 있어서 유한책임사원은 회사의 업무집행이나 대표행위를 하지 못한다고 규정하고 있고 같은 법 제273조에 의하면 무한책임사원은 정관에 다른 규정이 없는 때에는 각자가 회사의 업무를 집행할 권리와 의무가 있다고 규정하는 바이므로 합자회사에 있어서는 정관 또는 총사원의 동의로서 회사의 대표자로 될 수 있는 자는 무한책임사원에 한할 것이고 유한책임사원은 설사 정관 또는 총사원의 동의로써 회사의 대표자로 지정되어 그와 같은 등기까지 경유되었다 하더라도 회사대표권을 가질 수 없다. 그러므로 위와 같은 경우에는 회사대표에 관한 정관의 규정은 없는 것과 같은 결과가 될 것이므로 무한책임사원이 각자 합자회사를 대표할 권리와 의무를 가진다고 봄이 상당하다.

〈평석〉 본건에 있어서 판례는 유한책임사원에게는 정관 또는 총사원의 동의에 의하여서라도 회사의 대표권을 위임할 수 없다고 본다. 그러나 유한책임사원에게 정관 또는 총사원의 동의에 의하여 업무집행권을 부여할 수 있느냐 하는 점에 관해서는 명시적으로 판단하지는 아니하였다. 다만 아래에서 보는 바와 같이 판례는 회사의 대표권과 업무집행권을 분리하여 유한책임사원에게도 정관 또는 총사원의 동의에 의하여 업무집행권을 부여할 수 있음을 인정하고 있다.

대판 1977. 4. 26, 75다1341 상법 제269조에서 준용하는 같은 법 제205조가 규정하고 있는 합자회사의 업무집행사원의 권한상실선고제도는 현저하게 부적임하거나 중대한 의무위반행위가 있는 업무집행사원의 권한을 박탈함으로써 회사의 운영에 있어서 장애사유를 제거하는데 목적이 있고 결코 그 회사를 파탄 내지는 해산상태로 몰아가자는데 그 목적이 있는 것이 아니므로 무한책임사원이 1인 뿐인 합자회사에서 그 무한책임사원에 대한 업무집행권한상실이 선고된다면 위 회사는 업무집행사원이 없는 상태에 들어가게 되고 무한책임사원의 업무집행권의 박탈은 당연히 그 대표권의 박탈까지를 수반하게 되는 것이므로 위 회사는 업무집행사원 및 대표사원이 없는 상태에 도달하게 회사의 운영을 기할 수 없는 지경에 이르게 되고 이는 권한상실선고제도를 규정한 취지에 어긋나게 되어 이를 할 수 없다.

또한 새로운 유한책임사원 또는 무한책임사원을 가입시켜 회사를 계속할 수 있다는 상법 제285조는 무한책임사원 또는 유한책임사원 전원이 퇴사한 경우를 규정한 것이므로 이러한 회사의 결과를 가져오지 않는 본건의 경우에는 이 규정이 적용될 수가 없고, 본건에서 사원전원의 동의로써 새로운 무한책임사원을 가입시킨다는 것은 정관의 변경을 의미한다할 것인바, 이는 결국 사원전원의 동의로 인한 정관의 변경이 없는 한 회사를 계속할 수 없다는 결과가 되어 이러한 정관의 변경을 강요하면서까지 권한상실을 선고할 수는 없다 할 것이고 또 유한책임 사원의 업무집행이나 대표행위를 인정하지 않고 있는 상법 제278조에 불구하고 정관 또는 내부규정으로서 유한책임사원에게 업무집행권을 부여할 수는 있는 것이라고 하더라도 유한책임사원에게 대표권까지를 부여할 수는 없는 것이므로(본원 1966. 1. 25, 65다2128 판결참조) 원심이 설시하는 이유는 본건에서 권한상실을 선고할 수 있다는 근거가 되지 못한다 할 것이다.

〈사실관계 및 쟁점〉 소외 합자회사 선일상사는 4인의 사원으로 구성되어 있었는데, 그 중 무한책임사원은 피고 최용식 1인뿐이고, 나머지 소외 이복순, 원고들인 김상조, 이영수 등 3인은 모두 유한책임사원이었다. 그런데 원고들은 피고 최용식이 상법 제269조에 의하여 준용되는 제205조 소정의 사유가 있음을 이유로 피고의 업무집행권한상실선고를 청구하였다. 다만 피고에게는 법 제205조 소정의 '현저하게 부적임하거나 중대한 의무위반행위가 있음'은 인정되었다.

여기서 쟁점이 된 것은 법 제205조의 업무집행권한 상실선고제도가 합자회사에 있어서 무한책임사원이 1인뿐인 경우에도 적용될 수 있는지 하는 점 및 정관 또는 내부규정에 의하여 유한책임사원에게 회사의 업무집행권한과 대표권을 부여할 수 있는지 하는 점이다.

이에 대해 원심(서울고법 1975. 6. 18, 74나581 판결)은 '본건에서 합자회사 선일상사는 사원전원의 동의로써 무한책임사원을 가입시켜서 업무집행권을 부여할 수가 있고 또 합자회사에 있어서 유한책임사원의 업무집행권과 대표권은 상법이 이를 인정하지 않고 있는 바이지만, 정관이나 내부규정으로 유한책임사원에게 업무집행권과 대표권을 부여하는 방법까지를 금하고 있는 것은 아니라는 이유로 피고의 권한상실을 선고할 수 있다'고 하여 원고들의 청구를 인용하였다. 즉 원심은 합자회사에 있어서 무한책임사원이 1인뿐인 경우라 할지라도 그 사원에 대한 업무집행권한의 상실을 선고할 수 있으며, 또한 정관이나 내부규정에 의하여 유한책임사원에게 회사의 업무집행권한과 대표권을 부여할 수 있다는 입장이다.

그러나 대법원은 위와 같은 이유로 '업무집행사원의 권한상실선고제도는 합자회사에 있어 무한책임사원이 2인 이상 있는 경우를 전제로 한 것이라고 할 것이고 따라서 본건에 있어서와 같이 무한책임사원이 한 사람뿐인 경우에는 이 제도가 적용될 여지가 없다고 보지 않을 수 없다'고 판시하여 원심판결을 파기환송하였다. 다만 방론으로서 정관이나 내부규정에 의하여 유한책임사원에게 회사의 업무집행권한은 부여할 수 있지만, 대표권은 부여할 수 없다고 하였다.

제3 유한책임사원의 경업과 자기거래 허용

1. 개 설

합자회사의 무한책임사원은 합명회사의 사원과 같이 경업금지의무를 부담하는데 반하여(제269조, 제198조) 본조는 합자회사의 유한책임사원은 경업금지의무를 부담하지 않음을 규정하고 있다. 합자회사의 무한책임사원은 원칙적으로 회사의 업무집행을 담당하고 비록 업무집행권을 배제당하는 경우라도 회사업무 중 중요한 사항의 결정에는 관여하게 되며(제274조 등) 업무집행에 대하여 광범위한 감시권을 가지고 있다(제277조). 이와 같이 무한책임사원은 회사의 경영에 관한 정보에 쉽게 접할 수 있는 지위에 있다. 이러한 정보습득을 기화로 무한책임사원은 자기 또는 제3자의 이익을 도모하고 회사에 손해를 입힐 수가 있다. 이를 염려하여 상법은 합명회사 사원에 대한 경업금지규정(제198조)을 합자회사에도 준용하고 있는 것이다(제269조).

무한책임사원과는 달리 유한책임사원은 회사에 대하여 단순히 자본참가만 하는 것이며 그 책임도 출자의 가액을 한도로 하는 유한책임만을 부담한다. 유한책임사원은 원칙적으로 회사의 업무집행에 관여하지 않으며(제278조) 그 업무집행권도 제한되어 있다(제277조). 이와 같이 유한책임사원이 회사의 경영에 관한 정보를 취득할 가능성은 낮다고 할 수 있다. 따라서 유한책임사원에게는 회사와 경쟁하는 행위를 허용하여도 회사의 이익을 침해할 개연성은 적다고 할 수 있으며 그것을 제한하는 것은 자본참가자에 불과한 유한책임사원과 주주의 지위를 비교할 때 균형을 잃은 것이 될 수 있다. 이러한 점을 고려하여 본조에서는 유한책임사원의 경업을 적극적으로 허용하고 있는 것이다.

2. 유한책임사원의 경업의 자유에 대한 예외

합자회사의 유한책임사원은 경업을 금지당하지 않기 때문에 다른 사원의 승낙없이 자기 또는 제3자의 계산으로 회사의 영업부류에 속하는 거래를 할 수 있고 동종영업을 목적으로 하는 다른 회사의 무한책임사원 또는 이사가 될 수 있다(제275조).

다만 유한책임사원의 경업을 허용하는 제275조의 규정은 임의규정이므로 정관의 규정 등에 의하여 유한책임사원의 경업을 금지할 수 있음은 물론이다. 그리고 본조에서 유한책임사원의 경업을 허용하고 있는 것은 유한책임사원에게 업무집행권이 없는 보통의 경우를 예상한 것이므로 정관 또는 총사원의 동의로 유한책임사원에게 업무집행권을 부여한 경우에는 제269조와 제198조의 규정을 유추하여 경업금지를 인정하여야 할 것이다. 유한책임사원이라도 회사의 영업에 관한 기밀을 접할 기회를 가진다면 경업을 통하여 회사의 이익을 침해할 가능성이 있기 때문이다.

3. 유한책임사원의 자기거래

합자회사의 무한책임사원의 자기거래에 대하여는 합명회사의 사원에 관한 규정이 준용되므로 다른 사원 과반수의 결의가 있는 때에 한하여 자기 또는 제3자의 계산으로 회사와 거래를 할 수 있다(제269조, 제199조). 그런데 유한책임사원의 자기거래에 대하여는 경업금지의 경우와 같은 특별한 규정이 없다. 이에 대하여 특별규정이 없으므로 유한책임사원도 다른 사원 과반수의 결의가 있어야만 자기 또는 제3자의 계산으로 회사와 거래를 할 수 있다는 견해도 있을 수 있다. 그러나 유한책임사원은 회사의 영업에 관한 기밀에 접할 기회가 별로 없으므로 회사의 이익을 침해하고 사리를 도모할 가능성이 낮다. 또 합명회사사원의 경업금지규정과 자기거래 제한 규정을 비교하여 보더라도 전자의 경우는 '다른 사원 (전원의) 동의'를 허용요건으로 하고 있으며 후자의 경우는 '다른 사원 과반수의 결의'를 허용요건으로 함으로써 경업을 훨씬 엄격하게 통제하고 있음을 알 수 있다. 보다 엄격한 통제를 받는 경업행위를 유한책임사원에 대하여 전면 허용하고 있는 본조와의 균형을 생각할 때 유한책임사원의 자기거래는 전면 허용되는 것으로 해석하는 것이 타당할 것이다.

제4 지분의 양도

1. 지분양도의 의의

합자회사에 있어서 무한책임사원과 유한책임사원의 지분의 양도에 관한 요건은 차이가 있다. 무한책임사원의 지분의 양도에는 합명회사 사원의 지분양도에 관한 규정이 준용되므로 무한책임사원과 유한책임사원을 불문하고 다른 사원 전원의 동의가 필요하다(제269조, 제179조).

대판 1989. 11. 28, 88다카33626 합자회사인 피고회사의 정관상 사원이 그 지분권을 다른 사원에게 양도함에는 총사원의 동의가 있어야 하도록 되어 있는데, 원고가 무한책임사원인 갑에 대한 채권의 담보로 갑의 지분을 양수하기로 하되 그 전부를 원고 명의로 이전할 경우 피고회사의 운영권을 좌우하게 되므로 이를 피하기 위하여 다른 무한책임사원인 을, 병 및 원고의 3인 명의로 갑의 지분을 분산하여 변경등기를 경료하였다면 을, 병 명의의 지분변경등기가 원고를 위한 명의신탁이었다고 하여도 원고가 위 을, 병에 대하여 명의신탁을 해지하고 지분이전을 구하려면 정관의 규정에 의하여 총사원의 동의를 얻어야 한다.

대판 1971. 10. 25, 71다1931 무한책임사원의 지분은 상법 제269조, 제197조 및 제223조, 제224조의 규정들에 의하면 이를 양도할 수 있으며, 채권자에 의하여 압류될 수도 있는 것이므로 채무자에 속한 무한책임사원의 지분이 그의 의사에 반하여 제3자에게 양도된 것으로 등기되었다면, 채무자는 이의 회복을 위하여 그 말소등기를 청구할 수 있다고 하여야 할 것이고, 이 채무자의 채권자는 자기의 채권을 보전하기 위하여 필요한 경우에는 채무자에 속하는 위의 말소청구권을 대위행사할 수 있다고 함이 상당할 것이다.

이와는 다르게 유한책임사원의 지분의 양도에는 다른 유한책임사원의 동의는 요하지 않고 무한책임사원 전원의 동의만 있으면 된다. 유한책임사원은 무한책임사원에 비교할 때 회사에 자본적으로 기여하는 데 불과하고 그 개성이 별로 중요시 되지 않기 때문에 지분의 양도에 대한 제한이 완화된 것이다.

유한책임사원의 지분의 양도로 인하여 사원의 변동이 있게 되면 정관을 변경하여야 하는데(제270조, 제179조 제3호) 원래 정관변경은 전사원의 동의로 하여야 하는 것이다(제269조, 제204조). 그러나 이는 절차의 낭비에 불과하므로 본조에서는 무한책임사원의 동의로 유한책임사원의 지분의 양도가 있게 된 경우 별도로 정관변경절차를 밟을 필요가 없음을 선언하고 있다.

본조에서 규율하는 지분의 양도는 사원으로서의 지위의 양도를 가리킨다. 합자회사사원의 지분에는 두 가지 의미가 있다. 하나는 사원권, 즉 사원이 사원의 자격에서 회사에 대하여 가지는 권리의무의 발생기초인 사원으로서의 지위를 의미한다. 다른 하나는 회사의 순자산에 대한 각 사원의 몫을 의미하는데 구체적으로는 회사가 해산할 때 또는 개별 사원이 퇴사할 때 그 사원이 환급을 받거나 지급하여야 할 계산상의 금액을 의미한다. 본조에서 무한책임사원 전원의 동의를 받아 할 수 있게 한 유한책임사원의 지분의 양도는 전자의 의미이고 후자의 의미로서의 지분의 양도는 그 지분이 플러스로 남아있는 경우에 채권양도가 된다.

2. 지분양도의 요건

합자회사의 유한책임사원이 그 지분의 전부 또는 일부를 양도하는 데에는 무한책임사원 전원의 동의가 필요하다(제276조 제1문). 무한책임사원 전원의 동의는 유한책임사원의 지분양도의 효력요건이며 그 동의를 얻지 않는 한 지분의 양도는 무효이다. 여기서 지분양도가 무효라는 의미는 물권적인 권리이전으로서 무효라는 것이고 양도당사자간의 채권적인 효력은 인정된다.

유한책임사원의 지분양도의 요건인 무한책임사원 전원의 동의는 원칙적으로 사전의 동의라야 하겠지만 사후에 동의를 받아도 무방하다고 새긴다. 사후의 동의를 인정하여서는 안 될 이유를 찾을 수 없기 때문이다.

본조 제1문의 규정은 합자회사의 내부관계를 규율하는 규정이므로 임의규정이다. 따라서 정관에 정함을 두어 유한책임사원의 동의를 전혀 요하지 않도록 하거나 무한책임사원 중 제한된 수의 동의를 받으면 되는 것으로 할 수 있다.

3. 지분양도의 효과

유한책임사원이 그 지분의 전부를 기존의 사원이 아닌 자에게 양도하면 양도인은 사원의 지위를 잃고 양수인이 새로 사원의 지위를 취득한다. 지분의 일부를 양도한 경우에는 양도인, 양수인 양자 모두 유한책임사원으로 있게 된다.

유한책임사원 상호간에 지분양도가 있게 되면 전부양도의 경우 양도인은 사원의 지위를 잃게 되고 양수인의 지분은 수량적으로 증가한다. 일부 양도만 있었다면 양도인, 양수인 각각의 지분이 수량적으로 감소, 증가하게 된다.

문제는 유한책임사원이 같은 회사의 무한책임사원에게 지분을 양도한 경우인데 무한책임사원이 유한책임사원으로부터 지분을 양수하였다고 하여 무한책임사원과 유한책임사원의 지위를 겸병한다고 해보았자 아무 의미가 없으므로 양수받은 만큼 지분의 증가만 있을 뿐이라고 해석하면 될 것이다. 반대로 유한책임사원이 무한책임사원의 지분을 양수한 경우에 양수인이 무한책임사원이 된다고 보아야 할 것인가. 이에 대하여는 위에서 본 무한책임사원이 유한책임사원의 지분을 양수한 경우와의 균형 및 회사채권자의 이익을 해할 염려가 없음을 논거로 유한책임사원으로서의 지위를 유지하면서 지분의 수량적 증가만 있는 것으로 새기는 견해가 유력하다. 무한책임사원이 그 지분의 전부를 유한책임사원에게 양도하여 사원의 지위를 잃게 된다 하더라도 퇴사원으로서의 책임을 부담하므로(제269조, 제225조) 회사채권자의 이익을 해하지 않는다는 것이다.

무한책임사원이 그 지분의 전부를 채권담보를 위하여 양도한 경우에 그 양수인은 대외적으로 그 지분권자임을 인정받을 뿐 아니라 주장할 수 있다.

대판 1968. 10. 29, 68다1088 합자회사의 무한책임사원이 채권담보를 위하여 동 회사에 대하여 가진 지분을 양도한 경우에 위 지분 양수인은 대외적으로 그 지분권자임을 주장할 수 있는 지위에 있다.

〈사실관계 및 쟁점〉 원고 강순익은 피고 신양섭에 대하여 금 1,000,000원의 대여금채권을 가지고 있었는데, 위 피고는 다른 자력은 없었다. 다만 위 피고는 같은 피고인 합자회사 범양산업사의 무한책임사원으로서 같은 회사에 대한 435/900의 지분을 가지고 있었다. 이에 피고 신양섭은 1961. 9. 20. 위 무한책임사원으로서 가지고 있는 지분 전부를 위 대여금채권에 대한 담보로 제공하고, 원고는 위 피고의 지분 전부를 채권담보의 목적으로 양수하되 위 피고가 2개월 이내에 채무를 변제하면 이를 반환하기로 약정하였다. 그러나 원고는 위 피고가 2개월이 경과하여도 위 채무를 변제하지 아니하자 위 피고 신양섭을 상대로 하여서는 같은 피고 합자회사 범양산업사에 대하여 가지고 있던 무한책임사원으로서의 지분 전부를 1961. 9. 20. 원고에게 양도하였음의 확인을 구하고, 같은 피고 합자회사 범양산업사를 상대로 하여서는 같은 회사 등기 중 무한책임사원 신양섭은 1961. 9. 20. 그 지분 전부를 원고 강순익에게 양도·퇴사하고 같은 날 강순익이 이를 양수하여 무한책임사원으로 입사하라는 사원변경등기절차의 이행을 구하는 이 사건 소를 제기하였다.

여기서 쟁점이 된 것은 무한책임사원이 그 지분 전부를 채권담보를 위하여 양도한 경우 그 양수인이 대외적으로 지분권자임을 주장할 수 있느냐 하는 점이다.

이에 대하여 대법원은 위 판결요지와 같은 이유로 위 지분 양수인은 대외적으로 그 지분권자임을 주장할 수 있는 지위에 있게 되므로, 위 지분권자의 지위를 다투는 자를 상대로 하여서는 그 확인을 구할 수 있고, 한편 회사를 상대로 하여서는 위 지분양수를 주장하여 그에 따르는 사원변경등기의무의 이행을 구할 수 있다고 하였다.

4. 변경등기

유한책임사원의 지분양도로 등기사항에 변경이 있게 되는 바 변경등기절차를 밟아야 한다(제269조, 제183조, 제271조). 사원의 변경과 관련하여 양수인은 양도인에게 변경등기를 청구할 수 있는 것이 아니고 회사에 대하여 등기를 청구할 수 있다(위 68다1088 판결 참조).

5. 지분의 질권설정

유한책임사원의 지분을 질권의 목적으로 할 수 있는가에 대하여 상법에서는 아무런 규정을 두고 있지 아니하다. 그러나 유한책임사원의 지분도 재산적 가치가 있는 권리이므로 그것을 대상으로 질권을 설정할 수 있다고 해석한다. 유한책임사원의 지분에 대한 질권은 권리질(민법 제345조)에 해당하므로 대항요건 문제는 민법 제349조를 유추하여 무한책임사원 전원의 동의를 받아야 회사 또는 제3자에게 대항할 수 있다고 새기면 될 것이다. 한편 질권의 행사로써 지분의 양도와 같은 결과가 초래될 수 있으므로 무한책임사원 전원의 동의가 없는 질권설정을 무효라고 보아야 할 필요성도 없지 않다.

6. 지분양도와 정관변경

합자회사의 정관변경에는 원래 무한책임사원과 유한책임사원 총사원의 동의가 있어야 하지만(제269조, 제204조) 유한책임사원의 지분양도로 정관의 기재사항에 변경이 있게 되는 경우에는 제276조 제2문에 따라 무한책임사원 전원의 동의만으로 유한책임사원의 동의를 요하지 않고 정관변경의 효력이 생긴다.

제5 유한책임사원의 감시권

1. 개 설

합자회사의 유한책임사원은 원칙적으로 회사의 업무집행에 관여하지 아니한다(제278조). 그러나 회사의 업무집행에 관여하지 않더라도 유한책임사원이 회사의 재산 및 업무집행의 당부에 중대한 이해관계를 가진다는 것은 당연하다. 이 때문에 본조에서 유한책임사원에게도 회사의 업무 및 재산상황에 대한 감시권을 인정하고 있는 것이다.

그러나 합자회사의 유한책임사원의 감시권에 대하여는 제278조 제1항에서 다소간의 제한을 가하고 있다. 즉 유한책임사원은 시기적으로 영업년도말에 그리고 시간적으로 영업시간내에 한하여 감시권을 행사할 수 있을 뿐이다. 이는 회사영업의 방해 또는 기밀의 누설 등 폐해 내지 남용을 방지하기 위한 것이다. 반면에 중요한 사유가 있는 경우에는 이 제한을 완화하여 법원의 허가를 받아 시기적 · 시간적 제한 없이 감시권을 행할 수 있도록 하고 있다.

2. 감시권의 내용

(1) 일반감시권

유한책임사원의 감시권을 일반감시권이라 부른다면 이는 다음과 같은 방법으로 행사할 수 있다.

유한책임사원은 본조의 감시권에 근거하여 회사의 회계장부 · 대차대조표 기타의 서류의 열람을 청구할 수 있고 또 회사의 업무와 재산상태를 조사할 수 있다. 이 권리에 따라, 대차대조표에 변조가 이루어질 염려가 있는 경우 회사의 장부를 집달관의 보관에 맡기도록 하는 가처분을 법원에 청구할 수도 있다.

그러나 감시권을 행사함에 있어서는 회사의 영업년도말에 영업시간내에 해야하는 제약이 있다. 이는 업무집행권이 없는 무한책임사원이 가지는 감시권에 아무런 제약이 없는 것과 비교된다(제195조, 민법 제710조). 각 유한책임사원은 각자 독립하여 이러한 감시권을 행사할 수 있는데 이는 주식회사에 있어서 회계장부 · 서류열람권(제466조)과 업무 및 재산상태의 검사권(제467조)을 단독주주가 행사할 수 없고 소수주주(발행주식 총수의 100분의 5 이상 보유)만 행사할 수 있는 것과 비교된다.

(2) 특별감시권

중요한 사유가 있는 경우에는 유한책임사원은 위의 제약을 받지 않고 감시권을 행사할 수 있다. 이 경우의 '중요한 사유'라 함은 제467조 제1항의 "회사의 업무집행에 관하여 부정행위 또는 법령이나 정관에 위반한 중대한 사실이 있음을 의심할 사유"와 같이 해석할 수 있다.

이 유한책임사원의 감시권은 법원의 허가를 얻어 행사하여야 한다. 이 경우 법원에 대한 허가신청은 「비송사건절차법」에 의한다. 검사의 허가신청을 하는 데는 서면으로 검사를 필요로 하는 사유를 소명하여야 하며(비송사건절차법 제80조) 법원은 이유를 붙인 결정으로써 재판을 하여야 한다. 신청을 인용한 재판에 대하여는 불복의 신청을 할 수 없다(비송사건절차법 제81조).

3. 정관에 의한 본조의 적용제한

본조의 유한책임사원의 감시권은 정관의 규정으로 확장할 수 있으며 법원의 허가를 받아 감시권을 행사하는 특별감시권은 정관으로 제한할 수 없다는 데 대하여는 이론이 없는 부분이다.

그러나 본조 제1항의 일반감시권을 정관의 규정으로 제한하거나 박탈할 수 있는가에 대하여는 견해의 대립이 있을 수 있다. 유한책임사원의 감시권은 회사의 내부관계에 해당하므로 정관으로 상법규정과 다르게 제한하거나 박탈할 수 있다는 견해가 있을 수 있다. 반면에 유한책임사원의 감시권은 사원개인의 자익권인 동시에 공익권이며 부정행위의 시정은 회사의 이익보호와 기업유지라는 공익과 관련이 있으므로 정관의 규정으로 제한하거나 박탈해서는 안 된다는 견해도 있다.

제 4 절 외부관계

제1 회사대표

합자회사의 유한책임사원의 회사대표를 금지하고 있는 본조 제278조의 규정은 회사의 외부관계를 규율하는 규정이므로 강행규정이다. 따라서 총사원의 동의나 정관의 규정으로도 유한책임사원에게 회사대표권을 부여할 수 없다. 유한책임사원이 회사대표자로 지정되어 그와 같은 등기까지 경유되었다 하더라도 대표권을 가질 수 없다. 무한책임사원 중 대표사원으로 선임되었던 자가 유한책임사원으로 지위를 변경하게 되면 그 대표권을 상실한다. 반면 유한책임사원의 신분으로 대표사원의 등기를 한 후 그 유한책임사원을 무한책임사원으로 변경등기를 한 때에는 그 대표사원 자격의 흠결은 소멸된다고한 판결이 있다. 유한책임사원이라도 회사의 지배인 기타 대리인이 되는 것은 무방하다.

대판 1972. 5. 9, 72다8 합자회사의 대표사원의 등기를 할 때에는 유한책임사원의 신분으로 그 등기를 한 흠이 있어도 그 후 그 유한책임사원을 무한책임사원으로 변경등기를 한 이상 그는 이 변경등기를 한 때에 그 대표사원자격의 흠결은 소멸된다.

〈사실관계 및 쟁점〉 피고 배현익은 1966. 9. 13. 원고 합자회사 부국가축 보급목장의 대표사원인 소외 이타관으로부터 동 회사 소유인 이 사건 부동산을 매수한 후, 소유권이전등기를 경료하였다. 위 이타관은 원고 회사의 유한책임사원이었는데, 원고회사의 다른 사원인 박정균, 박도신, 홍순영, 정인봉 등의 대리인이자 그 실질적 출자자인 소외 김용순은 이 사건 부동산을 매각하기로 하고 그 매각권한을 소외 이타관에게 위임하여 위 이타관은 1965. 3. 24. 자신을 원고 회사의 대표사원으로 등기를 하고, 같은 해 7. 25. 유한책임사원을 무한책임사원으로 변경등기를 하였다. 이에 대하여 원고회사는 합자회사의 대표사원은 유한책임사원은 될 수 없고, 무한책임사원만이 될 수 있을 뿐이므로 소외 이타관의 이 사건 부동산 처분행위는 그 대표권에 흠결이 있어 무효라고 주장하면서 이 사건 부동산에 관하여 피고 명의로 경료된 소유권이전등기의 말소등기절차이행을 구하였다.

여기서 쟁점이 된 것은 유한책임사원의 신분으로 대표사원의 등기를 한 후에 그 유한책임사원을 무한책임사원으로 변경등기를 한 때에 그 대표사원의 자격에 생긴 흠결이 소멸되느냐 하는 점이다.

이에 대하여 원심 및 대법원은 위와 같은 경우에도 유한책임사원을 무한책임사원으로 변경등기를 한 때에 그 대표사원의 자격에 생긴 흠결은 소멸된다고 하여 원고회사의 청구를 기각하였다.

제2 사원의 책임

1. 무한책임사원의 책임

합자회사의 무한책임사원은 회사채권자에 대하여 합명회사의 사원과 같은 책임을 진다(제269조, 제212조). 여기서의 회사채권자에는 사법상뿐만 아니라 공법상 채권자도 포함한다.

대판 1990. 9. 28, 90누4235 (구) 국세기본법 제39조 제1호에 의하여 법인의 무한책임사원에게 제2차 납세의무를 부과시키기 위하여는 체납국세의 납세의무성립일 현재 실질적으로 무한책임사원으로서 그 법인의 운영에 관여할 수 있는 위치에 있음을 요하고, 단지 형식상으로 법인의 등기부상 무한책임사원으로 등재되어 있다는 사유만으로 곧 무한책임사원으로서 납세의무를 부과시킬 수 없다.

〈사실관계 및 쟁점〉 소외 합자회사 옹진건설(이하 '소외 회사'라 한다.)은 1985. 9. 26. 원고 김기성이 금 15,000,000원, 소외 최영훈이 금 10,000,000원을 각 출자하여 무한책임사원이 되고, 소외 김경운·이용근·이승남 등이 각 금 5,000,000원을 출자하여 유한책임사원이 되어 설립된 회사로서, 원고가 위 소외 회사의 업무집행사원 겸 대표사원으로 등기되었다. 그 후 원고는 1986. 1.경 소외 유한책임사원인 김경운과 사이에 원고의 지분 전부를 양도·퇴사하고, 위 김경운은 원고의 지분 전부를 양수하고 무한책임사원 및 대표사원이 되기로 하는 등 계약을 맺은 다음 위 소외 회사 사원 전원이 1986. 1. 5. 임시총회를 열어 위와 같은 내용의 지분 양도·양수에 동의하고 위 김경운을 업무집행사원 겸 대표사원으로 선임하는 내용의 결의를 하였다. 그 무렵 원고는 위와 같은 지분 양도 및 퇴사등기 등에 따르는 필요한 서류를 작성하여 이를 위 김경운에게 교부하기까지 하였다. 그러나 위 김경운 등 소외 회사의 사원들은 그 등기를 경료하지 않고 있던 중인 1986. 4. 29. 그들 지분의 전부 및 회사 운영권 일체를 소외 이재성에게 양도하였으며, 위 이재성 역시 이에 따른 등기를 하지 않았다.

그런데 위 이재성은 소외 회사의 대표사원으로 원고의 명의를 내세워 피고 인천세무서장에게 1986. 10.경 부가가치세 신고서를, 1987. 3. 31. 법인세 과세표준 및 세액신고서를 각 제출하였고, 또한 1987. 3. 31.자 신문지상에 1986사업년도 제2기 결산공고를 하였다.

이에 피고 인천세무서장은 소외 회사에 대한 각 부가가치세 및 법인세의 각 납세의무성립일은 물론 현재에 이르기까지 원고가 소외 회사의 무한책임사원으로 등기되어 있음을 이유로 원고에게 국세기본법 제39조 1항에 의하여 제2차 납세의무를 부담시키는 이 사건 제2차납세의무자지정처분을 행하였다.

여기서 쟁점이 된 것은 무한책임사원은 어떤 조건하에서 합자회사의 부가가치세 및 법인세 납부의무에 대한 제2차납세의무를 부담하느냐 하는 점이다.

이에 대하여 원심(서울고법 1990. 5. 4, 89구4095 판결) 및 대법원은 '체납국세의 납부의무성립일 현재 실질적으로 무한책임사원으로서 그 법인의 운영에 관여할 수 있는 위치에 있어야 하고, 단지 형식상으로 법인의 등기부상 무한책임사원으로 등재되어 있다는 사유만으로는 무한책임사원으로서 제2차납세의무를 부담하지 아니한다'라고 판시하여 피고의 원고에 대한 이 사건 과세처분은 위법하다고 판시하였다.

한편 피고는 원고가 이 사건 체납국세의 납세의무성립일 현재 소외 회사의 무한책임사원으로 등기되어 있어 국가는 상법 제37조 소정의 '제3자'에 해당하므로 이 사건 과세처분은 적법하다고 항변하였으나, 원심 및 대법원은 이에 대하여도 상법 제37조 소정의 '제3자'라 함은 대등한 지위에서 하는 보통의 거래관계의 상대방을 말한다 할 것이고, 조세권에 기하여 조세의 부과처분을 하는 경우의 국가는 여기에 규정된 '제3자'라 할 수 없다고 판시하여 피고의 위 항변을 배척하였다.

2. 유한책임사원의 책임

(1) 책임의 성질과 내용

(가) 개 설

합자회사의 유한책임사원이 회사채권자에 대하여 직접책임을 지는 것은 합자회사 역시 합명회사와 마찬가지로 개인기업적, 조합적 실질을 가진다는 점에서 그 타당성의 근거를 찾는 것이 일반적이다.

유한책임사원의 책임은 그것이 출자가액에 한정되는 점을 제외하고는 무한책임사원의 책임과 동일하다(제269조, 제212조). 이 책임은 회사재산으로써 회사의 채무를 완제할 수 없거나 회사재산에 대한 강제집행이 주효하지 않을 것을 조건으로 한다. 즉 이 책임은 회사채무에 대하여 보충적 지위에 있는 것이고 회사채무에 대하여 부종성을 가진다. 연대하여 책임을 진다는 의미는 유한책임사원 상호간의 연대일 뿐 아니라 유한책임사원과 무한책임사원간에도 연대하여 책임을 진다는 것이다.

(나) 출자의무와 책임과의 관련성

유한책임사원은 그 출자의 가액을 한도로 회사채무에 대한 책임을 부담한다. 이론상은 내부관계인 출자의무와 외부관계에 속하는 책임은 전혀 별개의 것으로서 유한책임사원의 책임의 한도가 출자의 가액에 따라 결정되어야 할 필연성은 없다. 그러나 유한책임사원의 회사업무와 관련된 위험부담을 출자액으로 한정시켜 합자회사에의 자본적 기여에 인센티브를 부여한다는 취지에서 본조에서는 출자의 가액을 책임의 한도로 정한 것이다.

유한책임사원이 출자의무의 전부 또는 일부를 회사에 대하여 이행한 경우에는 유한책임사원이 출자가액의 전부 또는 일부에 상당하는 금액의 변제를 한 경우에도 그만큼 책임의 한도가 소진 또는 감액될 뿐 아니라 출자의무도 감면된다. 유한책임사원이 일단 출자의 환급을 받은 때에는 환급받은 금액만큼 이미 이행한 출자가액에서 공제하여야 한다.

유한책임사원의 출자가액은 불변의 것은 아니며 정관변경을 통하여 감액시킬 수 있다. 출자감소로 유한책임사원의 책임한도가 낮아지면 회사채권자의 이익을 침해하게 되므로 상법 제280조에서는 그러한 경우에 회사채권자의 보호를 위한 규정을 두고 있다.

(다) 이익 없이 지급받은 배당금의 가산

합자회사의 유한책임사원이 회사에 이익이 없음에도 불구하고 배당을 받은 경우 그 금액은 변제책임을 정함에 있어서 이를 가산한다(제279조 제2항). 합자회사의 경우에는 주식회사와는 달리 이익배당이 엄격하게 통제되지 아니한다. 이익 없이 배당이 이루어지더라도 사원 개개인이 회사의 채무에 대하여 직접, 연대책임을 부담하므로 회사채권자에게 커다란 위협이 되지 않는다고 보기 때문이다. 이익이 없음에도 불구하고 이익배당을 받았다면 그것은 사실상 출자를 환급받은 것과 같으므로 책임한도액의 계산에 있어서 그 금액만큼 가산하는 것은 당연하다 하겠다. 이러한 조치에 의하여 회사와 유한책임사원이 통모하여 일단 출자의 이행을 한 후, 이익배당의 명목으로 출자의 환급을 받음으로써 책임을 면하는 식으로 회사채권자를 해하는 것을 방지할 수 있다.

구체적인 예를 들면, 1,000만원의 출자의무가 있는 유한책임사원이 600만원의 출자를 이행했다면 나머지 400만원에 대해서만 회사채권자에 대하여 책임을 진다. 그런데 그 사원이 회사에 이익이 없음에도 불구하고 300만원의 배당을 받았다면 그 300만원을 기존의 책임한도액 400만원에 합산하여 그 사원은 700만원을 한도로 회사채권자에게 책임을 진다.

(라) 현물출자의 경우

회사채무에 대한 유한책임사원의 책임을 출자가액에 한정시키는 제279조는 금전출자의 경우에는 적용상의 문제가 없다. 그러나 금전 이외의 재산을 출자의 목적으로 하는 현물출자의 경우에는 본조규정을 해석하는 데 어려움이 있을 수 있다. 이 문제에 대하여는 제279조 제1항의 "출자가액"을 정관에 기재되고 또

등기가 된 "그 가격"(제269조, 제179조 제4호, 제180조 제2호)으로 보는 것이 합리적일 것이다. 예를 들어 부동산출자의 경우 이를 약속한 유한책임사원이 그 부동산을 회사에 인도하고 이전등기를 완료한 후라도 부동산의 실가가 정관에 기재되고 등기가 된 가격에 미달하는 것이 증명되면 그 유한책임사원은 그 차액만큼을 회사채권자에 대하여 책임을 져야 한다고 해석한다. 이렇게 함으로써 재산의 과대평가로 인한 회사채권자의 손해를 방지할 수 있을 것이다.

한편 유한책임사원이 토지를 현물출자하였다가 퇴사하면서 지분의 환급으로 그 토지를 다시 찾아 가지고 나온 경우에 위 현물출자에 대한 양도소득세를 부과할 수 있느냐 하는 것이 문제되었다. 위 토지는 원상회복된 것이므로 이에 대한 양도소득세는 부과할 수 없다고 보아야 할 것이다.

대판 1986. 6. 24, 86누111 합자회사에 토지를 현물출자하고 동 회사의 유한책임사원이 되었다가 동 회사를 퇴사하면서 그 지분의 환급으로 위 토지를 그대로 찾아 가지고 나왔다면 위 토지는 출자자에게 원상회복이 되었다 할 것이므로 유상양도를 전제로 한 양도소득세부과처분은 위법하다.

〈사실관계 및 쟁점〉 원고 정상길은 1973. 2. 17. 이 사건 토지를 취득한 후 1979. 3. 27. 자동차학원을 설립하기 위하여 위 토지를 금 5,000,000원으로 평가하여 소외 합자회사 삼성사에 이를 현물출자하고, 같은 회사의 유한책임사원이 되었다. 그 후 원고는 1979. 7. 9. 위 소외 회사를 퇴사하면서 그 지분의 환급으로 이 사건 토지를 그대로 찾아 가지고 나왔다. 그런데 피고 청주세무서장은 원고가 이 사건 토지를 취득한 후 이를 소외 회사에 현물출자한 것은 이를 유상으로 양도한 것이므로 그 현물출자가액 금 5,000,000원을 양도가액으로 하고 지가지수로 환산한 금 427,525원을 취득가액으로 하여 양도차익을 산출한 후 이를 기초로 양도소득세 및 방위세 부과처분을 하였다. 이에 원고는 피고의 양도소득세부과처분의 취소를 구하는 이 사건 소를 제기하였다.

여기서 쟁점이 된 것은 유한책임사원이 합자회사를 퇴사하면서 현물출자의 대상인 토지를 그대로 가지고 나온 경우 이를 유상양도로 보아 위 현물출자에 대하여 양도소득세를 부과할 수 있느냐 하는 점이다.

이에 대하여 원심(서울고법 1985. 12. 6, 85구418 판결) 및 대법원은 위 판결요지와 같은 이유로 그 유상양도를 전제로 한 피고의 위 양도소득세부과처분은 위법하다고 판시하였다.

유한책임사원이 채권을 출자의 목적으로 한 경우, 그 채무자가 변제기에 이행을 하지 아니하면, 그 사원이 출자미이행의 경우와 같이 회사채권자에게 직접

책임을 부담한다. 이 경우에 제269조가 준용하는 제196조를 근거로 할 수도 있으나 제196조는 회사 내부관계에 있어서 사원의 출자에 대한 담보책임을 정한 규정이므로 회사의 외부관계에 제196조를 직접 적용하는 것은 적당하지 않은 것으로 보인다.

(마) 입증책임

회사채권자가 유한책임사원에게 직접 변제를 청구하기 위하여는 그 청구액이 출자가액의 범위내에 있음을 증명하여야 한다. 이에 대하여 유한책임사원은 이미 출자의무를 전부 이행하였거나 다른 채권자에게 자기의 책임한도액까지 변제하였음을 입증하여 책임을 면할 수 있다. 출자의 목적이 금전 이외의 재산인 때에는 그 급부가 등기된 출자가액에 상당하는 것임을 증명하여야 한다. 또 채권을 출자의 목적으로 한 경우에는 목적인 채권이 변제기에 변제되지 않은 이상 그 출자의무를 이행한 것으로 되지 아니한다.

(2) 출자감소의 경우의 책임

(가) 개 설

출자의 가액을 불문하고 회사채무에 대하여 무한책임을 부담하는 무한책임사원의 경우에는 출자감소가 있다하여 회사채권자 보호를 위한 특별한 조치는 필요하지 않다. 반면에 유한책임사원은 각자의 출자가액을 한도로 회사채권자에 대하여 책임을 부담하므로 유한책임사원의 출자가 감소되면 회사채권자에게 피해를 줄 수 있다. 이에 상법은 내부관계에 속한다고 할 수 있는 출자감소 그 자체는 규제하지 않는 대신 회사채권자에 대한 외부관계에서는 출자감소의 등기가 되기 전에 생긴 회사채무에 대하여 유한책임사원에게 감소전의 책임을 유지시키고 있는 것이다(제280조). 다만 이러한 책임을 너무 장기간 유지시키는 것은 당해 사원을 과대하게 구속하는 것이고 출자감소를 무용의 것으로 만들게 되므로 출자감소의 변경등기 후 2년이 경과하면 종전의 책임을 면하도록 한 것이다.

(나) 출자감소의 등기의 효과

유한책임사원의 출자감소의 정관변경이 이루어진 경우에도 회사의 본점소재지에서 그 등기 전에 생긴 회사채무에 대하여 유한책임사원은 출자감소전의 자기의 출자가액까지의 책임을 면할 수 없다. 출자감소의 변경등기(제269조, 제183조, 제271조) 전에 회사에 대하여 채권을 가지게 된 채권자가 출자감소의 사실에 대하여 악의인 경우에도 출자를 감소한 유한책임사원은 감소 전과 동일한 책임을 진다. 채권자의 악의 여부를 묻지 않고 본조는 등기만을 표준으로 하여 책임을 결정하고 있는 것이다.

유한책임사원이 출자감소의 등기 전에 생긴 회사채무에 대하여 그 등기전의 출자가액을 한도로 하여 부담하는 책임은 출자감소의 등기 후 2년의 경과로 소멸한다. 따라서 출자감소 전의 회사채권자가 그 채권을 확보하기 위하여는 상법에는 명문의 규정이 없지만 그 등기 후 2년 이내에 회사에 대하여가 아니라 당해사원에 대한 청구 기타의 채권의 행사가 있어야 한다.

본점소재지에서 출자감소의 등기가 있은 후에 발생한 회사채무에 대하여 당해 유한책임사원은 출자감소 후의 가액을 한도로 책임을 진다. 회사채권자가 출자감소의 사실을 몰랐다 하더라도 마찬가지이다.

3. 자칭 무한책임사원의 책임

(1) 개 설

자칭 무한책임사원의 책임규정은 영미법상의 금반언의 법리와 같은 기초를 가지는 규정으로서 유한책임사원이 그 책임에 관하여 타인에게 오인시킨 경우 그 유한책임사원에게 타인이 오인한대로의 책임을 지우고 있다.

제1항은 자칭무한책임사원의 책임에 관한 규정이고 제2항은 유한책임사원이 책임의 한도를 실제의 한도보다 과장한 경우를 규율하는 규정이다.

(2) 자칭 무한책임사원의 책임

합자회사의 유한책임사원이 자기를 무한책임사원이라고 오인시키는 행위를 한 때에는 그 사원은 그것을 믿고 회사와 거래한 자에 대하여 무한책임사원과 동일한 책임을 져야 한다(본조 제1항). 이것이 자칭 무한책임사원의 책임이다. 한편 사원이 아닌 자가 자기를 합자회사의 무한책임사원이라고 오인시킨 행위가 있는 경우, 그 자는 선의의 제3자에 대하여 무한책임사원과 동일한 책임이 있다고 해석할 수밖에 없는데(제269조, 제215조) 이는 유한책임사원이 무한책임사원으로 오인받는 본조의 경우와는 구별된다.

유한책임사원이 타인에게 자기를 무한책임사원이라고 오인시키는 행위를 자칭행위라고 하는데 자칭행위에는 법률행위(예를 들면, 무한책임사원인 것 같이 가장하여 회사의 명의로 제3자와 계약을 체결한 경우)가 있을 수 있고 사실행위(예를 들면, 합자회사의 무한책임사원이라고 진술한 경우)도 있을 수 있다. 그 행위는 객관적으로 타인이 무한책임사원이라고 오인할 개연성이 있어야 한다. 그러나 그 오인을 유발한 데 대하여 유한책임사원에게 고의나 과실이 있어야 하는 것은 아니다.

자칭행위가 있었는가에 대한 판단은 사실관계에 따라 구체적으로 판단할 수밖에 없는데 유한책임사원이 지배인 또는 상업사용인이라는 것을 표시하지 않고 회사를 대표한 경우, 유한책임사원이 자기의 명칭을 합자회사의 상호로 사용할 것을 허락한 경우, 유한책임사원이 회사의 업무를 집행한 경우 등은 자칭행위의 예라고 할 수 있다.

본조에 의하여 보호되는 자는 오인으로 인하여 회사와 거래를 함으로써 회사채권자가 된 자이다. 여기서 '오인으로 인하여'라는 것은 유한책임사원이 무한책임사원이라고 한 것이 회사와 거래하기에 이른 동기의 일부가 되면 족하다는 의미이며 엄격한 인과관계의 존재를 요구하는 것은 아니다. 회사채권자는 자칭 무한책임사원이 무한책임사원이 아님을 몰랐어야(선의) 하지만 그 선의에 관한 과실의 유무는 묻지 아니한다. 따라서 회사와 거래를 하는 자가 등기를 확인하지 않고 안일하게 유한책임사원의 자칭행위를 오신하였다 하더라도 본조의 책임의 성립에 영향을 미치지 아니한다.

본조 제1항의 요건이 충족되면 유한책임사원은 선의의 제3자에 대하여 무한책임사원과 동일한 책임을 부담한다. 이에 따라 유한책임사원은 오인으로 인하여 회사와 거래한 제3자에 대한 회사채무에 대하여 다른 무한책임사원과 연대하여 책임을 부담한다. 자칭 무한책임사원이 선의의 제3자에 대하여 회사채무를 변제한 경우에 회사 및 다른 사원에 대하여 구상할 수 있다(민법 제425조).

(3) 책임한도의 오인

유한책임사원이 그 책임의 한도를 오인시키는 행위를 한 경우에는 그 오인된 한도까지 책임을 부담하여야 한다는 것이 제281조 제2항의 의미이다. “책임의 한도를 오인시키는 행위”는 당해 행위로부터 유한책임사원이 실제로 부담하고 있는 책임보다 많은 책임을 부담하는 것으로 상대방이 오해하도록 하는 것이다. 자기의 출자가액이 실제로는 1,000만원임에도 불구하고 2,000만원인 것으로 거래의 상대방이 오해하도록 한 유한책임사원은 2,000만원을 한도로 책임을 져야 한다는 것이다. 한편 유한책임사원이 출자가액을 실제의 출자가액보다 적게 표시한 경우에는 그 책임의 한도가 표시된 가액으로 줄어드는 것은 아니고 실제의 출자가액대로 결정될 뿐이다. 본조에 정함은 없지만 사원이 아닌 자가 자기를 유한책임사원으로 오인하게 하는 행위를 한 경우에는 유한책임사원과 동일한 책임을 부담한다고 해석된다.

4. 책임을 변경한 사원의 책임

(1) 개 설

합자회사는 최소한 무한책임사원과 유한책임사원 각 1인씩만 있으면 되기 때문에 무한책임사원이 2인 이상 있는 경우에 그 중 1인의 책임을 유한으로 변경하거나 또는 유한책임사원이 2인 이상 있는 경우에 그 중 1인의 책임을 무한으로 변경하여도 합자회사를 유지할 수 있다. 합자회사의 사원의 책임의 변경은 정관의 변경에 의하여 하게 되며(제270조, 제269조, 제204조) 이러한 변경사항은 등기하여야 한다(제271조, 제269조, 제183조).

유한책임사원이 무한책임사원으로 변경된 경우에는 합자회사의 신입사원에 관한 규정(제213조)이 준용되어 변경전에 생긴 회사채무에 대하여도 무한책임을 부담하고 무한책임사원이 유한책임사원으로 변경된 경우에는 합명회사의 퇴사원의 책임에 관한 규정(제225조)이 준용되어 변경등기후 2년간은 무한책임을 부담한다.

(2) 유한책임사원이 무한책임사원으로 된 경우의 책임

책임을 무한으로 변경한 유한책임사원은 유한책임사원으로서의 지위를 상실하고 무한책임사원으로 남게 되는데 이는 사실상 무한책임사원의 입사와 같다. 따라서 이 경우에 합명회사의 사원의 입사에 관한 상법 제213조가 준용된다. 이러한 준용으로 책임을 무한으로 변경한 합자회사의 유한책임사원은 그 변경전에 이미 발생한 회사채무에 대하여 무한책임을 진다.

(3) 무한책임사원이 유한책임사원으로 된 경우의 책임

합자회사에서 책임을 유한으로 변경한 무한책임사원은 무한책임사원으로서의 지위를 상실하고 유한책임사원으로 남게 되는데 이는 사실상 무한책임사원의 퇴사와 같다. 따라서 이 경우에 합명회사의 퇴사원의 책임을 규율하는 상법 제225조의 규정이 준용된다. 즉 책임을 유한으로 변경한 무한책임사원은 변경등기를 하기 전에 생긴 회사의 채무에 대하여 등기 후 2년내에는 무한책임사원으로서의 책임을 부담한다. 이러한 책임변경의 등기 전의 회사채권자가 그 채권을 확보하기 위하여는 상법에 명문의 규정은 없지만 그 등기 후 2년내에 회사에 대하여서가 아니라 당해 사원에 대한 청구 기타의 권리행사가 있어야 한다.

대판 2012. 4. 12, 2010다27847 상법 제269조에 의하여 합자회사에 준용되는 상법 제212조 제1항은 "회사의 재산으로 회사의 채무를 완제할 수 없는 때에는 합명회사의 각 사원은 연대하여 변제할 책임이 있다"고 규정하고, 제2항은 "회사재산에 대한 강제집행이 주효하지 못한 때에도 전항과 같다."고 규정하고 있는바, 합자회사의 무한책임사원의 책임은 회사가 채무를 부담하면 법률의 규정에 기해 당연히 발생하는 것이고, "회사의 재산으로 회사의 채무를 완제할 수 없는 때" 또는 "회사재산에 대한 강제집행이 주효하지 못한 때"에 비로소 발생하는 것은 아니며, 이는 회사채권자가 그와 같은 경우에 해당함을 증명하여 합자회사의 무한책임사원에게 보충적으로 책임의 이행을 청구할 수 있다는 책임이행의 요건을 정한 것으로 봄이 타당하다(대법원 2009. 5. 28. 선고 2006다65903 판결 참조).

따라서 합자회사의 무한책임사원이 한 대물변제계약 등의 법률행위가 사해행위에 해당하는지 여부를 판단함에 있어, 무한책임사원 고유의 채무 총액과 합자회사의 부채 총액을 합한 액이 무한책임사원 고유의 재산 총액을 초과하는 경우에는 그 법률행위는 특별한 사정이 없는 한 사해행위에 해당한다고 볼 수 있지만, 합자회사의 무한책임사원의 책임이 위와 같이 보충성을 갖고 있는 점 등에 비추어 그 법률행위 당시 합자회사가 그 재산으로 채무를 완제할 수 있었다는 점(상법 제212조 제1항)이 주장·입증된 경우에는 합자회사의 채무를 고려함이 없이 무한책임사원 고유의 채무 총액과 그 고유의 재산 총액을 비교하여 그 법률행위가 사해행위에 해당하는지 여부를 판단함이 상당하다(대법원 2001. 10. 23. 선고 2001다40763 판결 참조).

한편 상법 제212조 제1항에서 규정하는 "회사의 재산으로 회사의 채무를 완제할 수 없는 때"라 함은 회사의 부채 총액이 회사의 자산 총액을 초과하는 상태, 즉 채무초과 상태를 의미하는바, 이는 회사가 실제 부담하는 채무의 총액과 실제 가치로 평가한 자산의 총액을 기준으로 판단하여야 하고, 대차대조표 등 재무제표에 기재된 명목상의 부채 및 자산의 총액을 기준으로 판단할 것은 아니며(대법원 2007. 11. 15.자 2007마887 결정 참조), 나아가 회사의 신용·노력·기능(기술)·장래의 수입 등은 원칙적으로 회사의 자산 총액을 산정함에 있어 고려할 대상이 아니다.

제 5 절 사원의 변동

제1 유한책임사원의 사망

1. 개 설

유한책임사원이 사망한 경우 그것이 퇴사원인이 되지 아니하고 상속인이 그 지분을 승계하여 사원이 된다. 이는 무한책임사원의 사망이 퇴사원인이 되는 것과(제269조, 제218조 제3호) 비교된다. 유한책임사원은 회사에 일정한 재산출자를 하고 배당을 받을 뿐 업무집행권과 대표권을 가지지 못하므로(제278조) 그 사원으로서의 개성은 중요시 되지 않는다. 따라서 유한책임사원의 사망을 퇴사원인으로 할 필요가 없는 것이다.

제283조 제2항은 상속인이 수인인 경우 그들이 유한책임사원으로서 권리행사를 하는 방법 등을 규정하고 있다.

2. 유한책임사원의 사망과 지분의 상속

유한책임사원이 사망한 때에는 그 상속인이 사망한 자의 지분을 승계하여 사원이 된다. 상속인은 유한책임사원으로서의 지위를 취득하고 피상속인이 상속의 개시당시까지 이행하지 아니한 출자의무의 한도에서 회사채권자에 대한 책임을 부담한다. 그러나 제283조가 상속인의 상속포기의 자유를 제한하는 것은 아니므로 상속인이 상속을 포기한 경우(민법 제1041조~제1044조)에는 사원이 되지 않는다. 상속의 한정승인을 한 경우에도 상속인은 역시 사원이 되는데 그 상속인은 출자의무에 있어서 상속재산을 한도로 책임을 부담한다.

상속인이 이미 그 회사의 무한책임사원이었던 경우에는 무한책임사원과 유한책임사원의 두 가지 지위를 가지게 되는 것이 아니고 무한책임사원으로서 지분의 증가가 있을 뿐이다. 한편 상속인이 이미 유한책임사원인 경우에는 유한책임사원으로서의 지분의 증가가 있게 된다.

第283조 제1항의 규정은 회사내부관계에 관한 임의규정이므로 정관으로 유한책임사원의 사망을 퇴사원인으로 하는 등 다르게 정할 수 있다.

3. 상속인이 수인인 경우

사망한 유한책임사원에게 2인 이상의 상속인이 있는 경우에 그 수인의 상속인이 하나의 지분을 공유한다고 볼 수도 있고 각각 분할된 지분으로써 수인의 상속인이 각각 유한책임사원이 되는 것으로 구성할 수도 있다. 제283조 제2항은 전자의 입장을 취하여 주식의 공유(제333조)와 같이 취급하고 있다.

유한책임사원의 공동상속인은 공동으로 유한책임사원으로서의 권리를 행사하고 의무를 부담한다. 수인의 상속인은 상법 제333조 제1항의 유추에 의하여 회사에 대하여 연대하여 출자의무를 이행하여야 한다고 해석된다. 권리의 행사에 관하여는 권리를 행사할 자 1인을 정하여야 한다(제283조 제2항 전문). 이를 정하지 아니한 때에는 상속인 전원이 공동으로 하더라도 사원의 권리를 행사할 수 없다. 사원의 권리를 행사할 자 1인을 정하지 아니한 때에는, 회사의 통지 또는 최고는 그 중의 1인에 대하여 하면 전원에 대하여 그 효력이 있다.

제2 유한책임사원의 금치산

합자회사에서 무한책임사원의 금치산이 퇴사원인인 데 반하여(제269조, 제218조 제4호) 제284조에서는 유한책임사원이 금치산을 퇴사원인에서 제외시키고 있다. 이는 유한책임사원의 사망을 퇴사원인으로 하지 않은 것(제283조)과 마찬가지로 유한책임사원은 회사에 자본적 기여를 할 뿐이고 개성이 중요시되지 않기 때문이다. 금치산선고를 받은 유한책임사원이 사원의 지위를 유지함에 있어서 행위능력이 없기 때문에 그 권리의 행사와 의무의 이행은 후견인(민법 제929조)이 하여야 한다.

제284조의 규정은 임의규정이므로 정관으로 제284조와 다르게 정할 수 있다.

제 6 절 회사의 해산 · 계속 · 조직변경

제1 해산 · 계속

1. 개 설

합자회사의 해산 및 계속에 대하여도 합명회사에 관한 규정이 일반적으로 준용되지만(제269조) 합명회사가 무한책임사원만으로 구성된 일원적 회사인 것과는 달리 합자회사는 무한책임사원과 유한책임사원의 두 종류 사원에 의하여 구성되는 이원적 회사이기 때문에 본조는 이러한 차이를 반영하여 마련된 보충적 규정이다.

2. 합자회사의 해산

합자회사의 해산원인과 그 절차는 합명회사의 경우와 같다(제269조, 제227조, 제228조). 합자회사의 해산원인 역시 ① 존립기간의 만료 기타 정관으로 정한 사유의 발생, ② 총사원의 동의, ③ 사원이 1인으로 된 때, ④ 합병, ⑤ 법원의 명령 또는 판결이다. 여기에 추가하여 본조에서는 합자회사에 특유한 해산원인으로 무한책임사원 전원 또는 유한책임사원 전원이 퇴사한 것을 들고 있다(제285조 제1항). 위의 "사원이 1인으로 된 때"는 결국 무한책임사원 전원이나 유한책임사원 전원이 퇴사한 경우와 같게 될 것이다.

유한책임사원의 전원이 퇴사한 때에는 무한책임사원이 그 퇴사와 해산의 등기를 하면 되고, 무한책임사원 전원이 퇴사한 때에는 그 퇴사와 해산의 등기는 유한책임사원이 퇴사한 무한책임사원에게 청구하여 하도록 할 수밖에 없다.

3. 합자회사의 계속

합자회사에 있어서도 그 회사의 계속이 인정되는 경우는 합명회사에 관한 규정이 준용된다.

① 존립기간의 만료 기타 정관으로 정한 사유의 발생, 또는 ② 총사원의 동의로 합자회사가 해산한 경우에는 사원의 전원 또는 일부의 동의로 회사를 계속할 수 있고 이에 반대한 사원은 퇴사한 것으로 본다(제269조, 제229조 제1항). ③ 사원이 1인으로 됨으로써 회사가 해산한 경우에는 잔존한 사원과 다른 종류의 사원을 새로 가입시켜 회사를 계속할 수 있다(제269조, 제229조 제2항). ④ 사원의 주관적 하자로 인하여 회사의 설립무효 또는 설립취소의 판결이 확정되고 해산에 준하여 청산이 된 경우에는 설립의 무효·취소의 원인이 없는 사원 전원의 동의에 의해 회사를 계속할 수 있는데 그 경우 설립의 무효·취소원인이 있는 사원은 퇴사한 것으로 본다.

무한책임사원 전원 또는 유한책임사원 전원에 무효·취소 원인이 있는 경우에는, 무한책임사원 전원 또는 유한책임사원 전원이 퇴사한 경우(제285조 제2항)와 같이 무효·취소원인이 없는 사원 전원의 동의로, 없게 된 무한책임사원 또는 유한책임사원을 새로 가입시켜 회사를 계속할 수 있다. 무효·취소원인이 없는 사원이 1인에 불과한 경우에도 다른 종류의 사원을 새로 가입시켜 회사를 계속할 수 있다.

위와 같은 합명회사에 관한 규정이 준용되는 회사의 계속 외에 합자회사에 특유한 회사의 계속은 무한책임사원 전원 또는 유한책임사원 전원이 퇴사하여 해산하는 경우로서, 이 때에는 잔존한 유한책임사원 전원 또는 무한책임사원 전원의 동의로 없어진 종류의 사원을 새로 가입시켜 회사를 계속할 수 있다(제285조 제1항·제2항). 유한책임사원 전원이 퇴사한 경우는 제285조에 따라 유한책임사원을 가입시켜 회사를 계속할 수 있는 외에 상법 제286조 제2항에 따라 무한책임사원 전원의 동의로 합명회사로 조직변경할 수도 있다.

합자회사의 무한책임사원 전원 또는 유한책임사원 전원이 퇴사하여 잔존사원 전원의 동의로 다른 종류의 사원을 새로 가입시켜 회사를 계속하게 된 경우, 신입사원은 그 가입전에 생긴 회사채무에 대하여 그 종류에 따라 유한책임사원으로서 또는 무한책임사원으로서 책임을 져야 한다(제285조 제3항, 제213조).

위와 같이 합자회사를 계속하는 경우, 이미 회사의 해산등기가 되어 있는 때에는 본점 소재지에서는 2주간내에 또 지점소재지에서는 3주간내에 회사계속의 등기를 하여야 한다(제285조 제3항, 제229조 제3항).

제2 조직의 변경

1. 개 설

회사의 조직변경은 회사가 그 법인격의 동일성을 유지하면서 다른 종류의 회사로 그 법률상의 존재형태를 변경하는 것으로서 종전의 회사를 해산하고 새로운 회사를 설립하는 번거로운 절차를 생략할 수 있다. 회사의 조직변경은 인적회사 상호간의 변경과 물적회사 상호간의 변경만 인정되므로 합자회사는 합명회사로만 조직변경이 허용되는 것이다.

합자회사의 조직변경에는 존속 중의 조직변경과 해산 후의 조직변경이 있다.

2. 회사존속중의 조직변경

합자회사는 존속 중에 무한책임사원전원과 유한책임사원전원 즉 총사원의 동의를 받아 그 조직을 변경하여 합명회사로 될 수 있다(제286조 제1항). 이 경우 조직변경후의 합명회사의 정관을 작성하여야 하는데 이에는 상호를 합명회사로 변경하는 것과 사원의 책임에 관한 존재의 무한·유한의 구별을 삭제하는 것이 최소한 필요하다.

합자회사가 합명회사로 조직변경이 되면 그때까지 유한책임사원이었던 자가 모두 무한책임사원이 되어 그때까지의 회사채무에 대하여 무한책임사원으로서의 책임을 지게 된다. 이러한 변경은 회사채권자에게 이익이 될 뿐 불이익이 될 리가 없으므로 채권자보호를 위한 특별한 절차는 마련되어 있지 않다.

3. 회사해산후의 조직변경

합자회사의 유한책임사원 전원이 퇴사하면 회사가 해산하는데(제285조 제1항), 이 경우 잔존한 무한책임사원 전원의 동의로 유한책임사원을 새로이 가입시켜 회사를 계속할 수 있는(제285조 제2항) 외에 무한책임사원 전원의 동의로 그 조직을 변경하여 합명회사로 계속할 수 있다. 후자의 경우에는 조직변경과 회사계속이 함께 이루어지지만 유한책임사원 없이 무한책임사원만 남게 된 경우는 그 실질면에서 합명회사와 다를 바 없으므로 간단한 절차에 의한 변경을 인정한 것이다. 회사의 계속이라고는 하지만 절차상으로는 합자회사는 해산등기, 합명회사는 설립등기를 하게 된다.

4. 조직변경의 등기

합자회사가 합명회사로 그 조직을 변경한 경우에는 본점소재지에서는 2주간 내에, 지점소재지에서는 3주간 내에 합자회사의 해산등기와 합명회사의 설립등기를 하여야 한다(제285조 제3항). 합자회사가 합명회사로서 회사를 계속하거나 합명회사로 조직을 변경한 경우에 하는 해산등기와 설립등기의 신청은 동시에 하여야 하며(비송사건절차법 제201조 제2항, 제199조 제1항) 합명회사에 관하여 하는 설립등기의 신청서에는 정관을 첨부하여야 한다(비송사건절차법 제201조 제1항).

조직변경 전후의 회사간에 법인격의 동일성이 유지되므로 실질적인 권리의무의 승계는 없으며 해산등기와 설립등기는 단순히 등기기술상의 필요성에 따른 것이다.

제3 청 산

1. 개 설

합자회사의 해산으로 회사의 존재가 바로 소멸하는 것이 아니고 기존의 법률관계를 정리・결제하기 위하여 필요한 범위 내에서 회사가 존속하는데(제269조, 제245조), 이 정리・결제를 위한 절차가 청산이다. 합자회사의 청산에 있어서 잔여재산의 분배는 정관에 다른 정함이 없으면 유한책임사원과 무한책임사원의 구별 없이 그 출자가액에 따라 하게 된다(제269조, 제195조, 민법 제711조). 청산 중에는 유한책임사원도 청산인이 아닌 무한책임사원과 다름없이(제277조의 제한을 받지 않고) 청산에 관한 감시권을 가진다고 할 것이다.

합자회사의 청산에 대하여는 합명회사의 청산의 규정이 그대로 준용되는데 본조에서는 유한책임사원이 추가되어 있다는 이원적 조직을 감안하여 청산인이 될 자에 관한 특칙을 두고 있는 것이다. 즉 선임청산인을 원칙으로 하고(제287조 제1문), 그 예외로서 법정청산인이 인정된다. 그밖에 법원이 청산인을 선임하여야 할 경우로서는 ① 사원이 1인이 되어 해산한 때, ② 법원의 명령 또는 판결로 해산한 때, ③ 무한책임사원전원의 퇴사로 회사가 해산한 때, ④ 본조에 의한 청산인이 없거나 가처분에 의하여 직무를 수행할 수 없는 때 등이 있는데 법원은 사원 기타의 이해관계인이나 검사의 청구에 의하거나 직권으로 청산인을 선임한다(제269조, 제252조). 청산인은 등기사항이다(제269조, 제253조).

2. 선임청산인

합자회사의 청산인은 무한책임사원의 과반수의 결의로 선임한다(제287조 제1문). 상법이 이러한 선임청산인을 원칙으로 하고 있는 것은 청산사무의 수행에는 특별한 능력이 필요하며 무한책임사원이나 업무집행사원이라 하여 적임자가 아닐 수 있기 때문에 그 적임자의 선정을 회사내의 의사결정에 맡긴 것이라고 설명된다.

청산인으로 선임될 수 있는 자는 무한책임사원에 한하지 아니하며, 유한책임사원은 물론 회사외부의 자라도 무방하다. 선임청산인은 회사와의 임용계약에 의하여 취임하며 회사와는 위임관계에 있게 된다.

3. 법정청산인

합자회사의 청산인은 선임청산인을 원칙으로 하지만 이를 선임하지 아니한 때에는 업무집행사원이 청산인이 된다(제287조 제2문). 이를 법정청산인 또는 당연청산인이라고 한다.

합자회사의 업무집행권은 무한책임사원에게 속하므로(제273조) 원칙적으로 무한책임사원이 법정청산인이 된다. 그러나 정관의 규정 등으로 유한책임사원에게도 업무집행권을 부여할 수 있다고 하면 업무집행권을 가지는 유한책임사원도 법정청산인이 될 수 있다. 업무집행사원은 그 지위로 인하여 법률상 당연히 청산인으로 되기 때문에 법정청산인을 사임하는 것은 불가능하다.

제 5 장
유한책임회사

제 1 절 총 설

제1 유한책임회사의 도입

유한책임회사는 미국의 Limited Liability Company(이하 'LLC')와 일본의 합동회사를 모델로 삼아 입법되었다. 그러나 일본의 합동회사는 미국의 LLC 제도를 수정하여 도입한 것이므로, 결국 미국의 LLC제도가 유한책임회사제도의 근원이라고 볼 수 있다. 미국의 LLC는 모든 구성원이 유한책임사원이면서도 사원들의 경영참여가 보장되는 분권적 지배를 원칙으로 하는 법인격있는 공동기업형태이다.

유한책임회사는 대내적인 관계에서는 합명회사와 유사한 조합적 요소를 가지면서 대외적 관계에서는 주식회사적인 요소를 가지고 있는 혼합적 회사이다. 유한책임회사는 정관에 다른 규정이 없는 한 정관변경을 위해서는 총사원의 동의가 있어야 하고(제287조의16), 정관 또는 상법에 다른 규정이 없는 한 내부관계에 대해 합명회사에 관한 규정을 준용한다는 점(제287조의18)에서 인적회사의 특징을 지닌다. 한편 유한책임회사의 사원은 회사채권자에 대해서 출자한 금액을 한도로 유한책임을 지며(제287조의7), 신용이나 노무출자가 허용되지 않는다는 측면에서는 주식회사와 유사한 물적회사의 특징을 나타낸다.

유한책임회사는 사원에게 유한책임을 인정하면서도 인적회사의 특성인 사적자치를 넓게 허용한 활용성 · 신축성이 큰(flexible) 회사제도로 평가된다. 이러한 유한책임회사는 사모투자펀드와 같은 펀드나 벤처기업 등 새로운 기업형태를 요구하는 수요에 부응할 수 있고 다국적기업의 한국 내 자회사형태로도 선호될 수 있다(국회 상법개정안 의안 원문(의안번호 11092), 2~3면 참조). 그러나 개정상법에 새로 도입된 유한책임회사에 대해서 세제상 조합과세를 할 것인지 법인세 부과를 할 것인지 명확하지 않다. 국내 기업인들의 주식회사 선호경향에 비추어 그 활용도는 크지 않을 것으로 전망한다.

제2절 설 립

제1 설립절차

1. 유한책임회사 설립 사원의 수

유한책임회사를 설립하기 위해서는 사원이 정관을 작성해야 한다(제287조의2). 유한책임회사는 합명회사・합자회사(제178조, 제268조)와 달리 정관을 작성할 때 요구되는 사원의 수를 2인 이상으로 제한하지 않았으므로 주식회사・유한회사와 같이 1인의 사원만으로도 유한책임회사를 설립할 수 있다.

2. 정관의 작성

유한책임회사를 설립하기 위하여는 정관에 다음과 같은 사항을 기재해야 한다(제287조의3).

① 설립목적(제287조의3 제1호, 제179조 제1호)

② 상호(제287조의3 제1호, 제179조 제2호)

③ 사원의 성명, 주민등록번호 및 주소(제287조의3 제3호)

④ 본점의 소재지(제287조의3 제1호, 제179조 제5호)

⑤ 정관의 작성년・월・일(제287조의3 제1호, 제179조 제6호)

⑥ 사원의 출자의 목적 및 가액(제287조의3 제1호).

⑦ 자본금의 액(제287조의3 제2호).

⑧ 업무집행자의 성명(법인인 경우에는 명칭)및 주소(제287조의3 제3호).

유한책임회사에서는 대외적인 책임이행능력의 표지로서 자본금이 중요한 역할을 하게 될 것이므로 주식회사의 경우와 다르게 자본금을 정관의 기재사항으로 한 것이다(이(철), 189면). 또한 유한책임회사에서 업무집행자는 사원 이외의 제3자가 될 수도 있으므로(제287조의12 제1항) 이를 정관에 기재하도록 하였다.

3. 출자의 이행

유한책임회사의 사원은 정관 작성 이후 설립등기를 할 때까지 금전이나 그 밖의 출자를 전부 이행하여야 한다(제287조의4 제2항). 그러나 신용이나 노무는 출자의 목적으로 하지 못한다(제287조의4 제1항). 현물출자를 하는 사원은 납입기일에 지체 없이 회사에 출자의 목적인 재산을 인도하고, 등기, 등록, 그 밖의 권리의 설정 또는 이전이 필요한 경우에는 이에 관한 서류를 모두 갖추어 교부하여야 한다(제287조의4 제3항).

4. 설립등기

유한책임회사는 본점의 소재지에서 등기함으로써 성립한다(제287조의5). 유한책임회사의 등기사항은 다음과 같다(제287조의5 제1항).

① 회사 설립의 목적과 상호, 본점의 소재지와 지점을 둔 경우 그 소재지

② 존립기간 기타 해산사유를 정한 때에는 그 기간 또는 사유

③ 자본금의 액

④ 업무집행자의 성명, 주소 및 주민등록번호

다만, 유한책임회사를 대표할 업무집행자를 정한 경우에는 그 외의 업무집행자의 주소는 제외

⑤ 유한책임회사를 대표할 자를 정한 경우에는 그 성명 또는 명칭과 주소

⑥ 정관에서 공고방법을 정한 경우에는 그 공고방법

⑦ 둘 이상의 업무집행자가 공동으로 회사를 대표할 것을 정한 경우에는 그 규정

합명회사와 달리 사원은 등기사항이 아니다(제180조 제1호). 지점을 설치하거나 본점이나 지점을 이전하는 경우에는 합명회사법을 준용한다(제287조의5 제2항·제3항). 등기된 사항이 변경된 경우에는 본점소재지에서 2주 이내에, 지점소

재지에서는 3주 이내에 변경등기를 할 수 있다(제287조의5 제4항). 유한책임회사의 업무집행자가 업무집행을 정지하거나 직무대행자를 선임하는 가처분을 하거나 그 가처분을 변경 또는 취소하는 경우에는 본점 및 지점이 있는 곳의 등기소에서 등기해야 한다(제287조의5 제5항).

제2 설립의 무효와 취소

유한책임회사의 설립의 무효와 취소에 관해서는 합명회사의 설립의 무효와 취소에 관한 제184조 부터 제194조의 규정을 준용하며, 다만 설립무효의 소의 제소권자는 합명회사와는 달리 사원 외에 사원이 아닌 업무집행자도 포함된다(제287조의6).

1. 설립무효

(1) 무효의 소

상법상 유한책임회사의 설립행위에 하자가 있더라도 설립무효의 주장은 소송 이외의 방법으로는 주장할 수 없도록 규정하고 있다. 이는 회사성립을 전제로 한 이해관계인의 신뢰를 보호하고 법률효과의 획일확정을 위한 것이다. 설립무효의 판결이 확정되더라도 회사성립시에 소급하여 법률관계를 무효로 하지 않는다. 무효판결확정시까지의 회사를 '사실상의 회사'로서 인정하고 해산에 준하여 청산하도록 조치하고 있다(제193조 제1항). 사실상의 회사는 청산의 목적범위 내에서 존재한다.

(2) 무효원인

설립무효의 원인에는 정관의 무효(절대적 기재사항의 흠결)와 같은 객관적 원인과 설립당사자(사원)의 개인적 의사무능력(심신상실)과 같은 주관적 원인이 있다. 주관적 원인이 있는 때에 당해사원의 배제로 문제를 해결하지 않고 설립무효사유로 정한 것은 사원의 개성을 중시함과 동시에, 문제된 사원의 존재를 이유로 설립에 참여한 사원들의 기대를 존중하기 위한 것이기도 하다.

(3) 제소권자, 제소기간 등

유한책임회사의 설립무효의 소에 관한 상법 규정은 회사법률관계의 안정을 도모하기 위하여 설립무효의 소의 제소기간을 회사성립의 날로부터 2년내로 한정하고(제287조의6, 제184조) 제소권자(원고)를 사원과 업무집행자로 한정하고 있다(제287조의6). 유한책임회사에서의 업무집행자는 사원이 아닌 자도 가능하므로, 결국 무효소송의 제소권자는 사원과 사원이 아닌 업무집행자에 한정된다고 볼 수 있다.

피고는 회사가 된다. 설립무효의 소제기에 신중을 기하고 남소를 방지하기 위하여 무효의 소에 패소한 원고가 악의 또는 중대한 과실이 있는 경우에는 회사에 대하여 연대하여 손해배상을 하도록 하고 있다(제297조의6, 제191조). 악의라 함은 무효원인이 없음을 알고도 설립무효의 소를 제기했음을 가리키고, 중대한 과실이라 함은 조금만 주의를 기울였다면 무효원인에 해당하지 않음을 알 수 있었다는 것을 가리킨다.

하나의 유한책임회사에서 여러 개의 설립무효의 소가 중복 제소될 경우 서로 다른 판결이 나오는 것을 막기 위하여 전속관할의 규정(제287조의6, 제186조)과 소제기의 공고, 병합심리의 규정(제287조의6, 제187조, 제188조)을 두고 있다. 설립무효의 소는 본점소재지의 지방법원의 관할에 전속한다(제287조의6, 제186조). 설립무효의 소가 제기된 때에는 회사는 지체없이 공고하여야 한다(제287조의6, 제187조). 하나의 유한책임회사를 대상으로 여러 개의 설립무효의 소가 제기된 때에는 법원은 단일 재판부에서 모두 심리하도록 조치하여야 한다(제287조의6, 제188조).

(4) 하자보완시의 재량기각

설립무효의 소의 심리중에 원인인 하자가 보완되고 여러 사정을 고려하여 설립을 무효로 하는 것이 부적당하다고 인정하면 설립시 하자의 존재가 명백하더라도 법원은 원고의 청구를 기각할 수 있다(재량기각)(제287조의6, 제189조).

(5) 무효판결의 효력

설립무효의 판결이 확정되면 당해 회사는 처음부터 법인격을 취득하지 못한 것이 된다. 그러나 당해 회사가 설립시부터 설립무효판결 확정시까지 이미 체결한 법률관계의 처리 및 그 후의 청산을 위해서 '사실상의 회사'를 인정하고 있다(제287조의6, 제193조).

무효판결은 형성판결로 제소당사자뿐만 아니라 제3자에 대하여도 효력이 있으나(제287조의6, 제190조 본문), 회사와 그 사원 및 제3자 간에 이미 존재하는 권리·의무에 영향을 미치지 않는다(소급효 배제, 제287조의6, 제190조 단서). 이러한 소급효의 제한은 회사법률관계의 안정을 도모하기 위한 것이다.

(6) 설립무효와 회사의 계속

설립무효판결의 확정 후 그 무효원인이 특정사원에 한정된 경우에는 다른 사원 전원의 동의로써 회사를 계속할 수 있으며, 이 때 그 무효 또는 취소의 원인이 있는 사원은 퇴사한 것으로 본다(제287조의6, 제194조 제1항·제2항).

회사가 존속기간의 만료 기타 정관으로 정한 사유가 발생하여 해산한 때(제287조의40, 제229조 제1항, 제227조 제1호)와 총사원의 동의로 해산한 때(제287조의40, 제229조 제1항, 제227조 제2호)에는 사원의 전부 또는 일부(2인 이상)의 동의로 회사를 계속할 수 있다(제287조의40, 제229조 제1항). 그러나 동의하지 않은 사원은 퇴사한 것으로 본다(제287조의40, 제229조 제1항).

파산선고에 의하여 해산한 경우(제227조 제5호)에 파산폐지결정이 있으면 정관변경에 따라 회사를 계속할 수도 있다(채무자 회생 및 파산에 관한 법률 제540조).

2. 설립취소

(1) 취소원인(사원의 주관적 사유)

(가) 유한책임회사의 성립으로 사원이 된 설립당사자의 행위무능력이나 설립당사자에게 착오, 사기, 강박이 있는 등 사원에게 설립과 관련된 주관적 하자가 있는 경우 회사설립취소의 사유가 된다. 유한책임회사의 설립취소도 소송만으로써 주장할 수 있다(제287조의6, 제184조 제1항). 사원의 주관적 사유를 이유로 회사의 성립을 부인하는 것은 유한책임회사가 사원의 개성을 중시하는 인적회사로서의 특징을 가지고 있다는 것을 보여준다.

(나) 사해행위(詐害行爲)에 의한 설립의 경우에도 설립취소의 소제기가 허용

된다. 사해행위에 의한 설립이란 채무자가 채권자의 강제집행을 면하거나 재산을 은닉하기 위하여 그 재산을 출자하여 유한책임회사를 설립하는 것이다. 이 경우에 사원의 채권자는 두 가지 구제수단을 가진다. 그 중 하나는 퇴사고지제도이다. 채권을 만족시킬만한 재산이 채무자에게 남아있지 않게 되면 채권자는 채무자가 가지는 회사지분을 압류하고 채무자의 퇴사고지를 할 수 있다(제287조의29, 제224조). 채권자는 그 선택에 따라 설립취소의 소도 제기할 수 있다.

(2) 제소권자 등 소송절차

설립취소의 소의 경우 설립무효의 소에 비하여 제소사유가 다를 뿐 아니라, 제소권자에도 차이가 있다. 사원의 주관적 사유를 이유로 설립취소소송을 제기하는 경우에는 취소권이 있는 사원이 제소할 수 있고, 사해행위를 이유로 제소하는 경우에는 그 채권자가 제소할 수 있다. 설립취소의 소의 피고는 원칙적으로 회사이고 사해행위의 경우는 회사와 당해 채무자인 사원이 공동피고가 된다. 그 밖에 제소기간, 소송절차나 판결의 효력 등에 관하여 상법은 무효의 소와 같이 취급하고 있다(제287조의6, 제186조~제194조).

제 3 절 내부관계

유한책임회사는 내부관계에서는 합명회사와 거의 유사하며, 유한책임회사의 내부관계에 관해서는 합명회사에 관한 규정이 일반적으로 준용된다(제287조의18). 내부관계에 속하는 문제로는 출자, 지분, 업무집행, 경업금지 및 자기거래제한, 정관변경, 손익분배 등이 중요하다. 내부관계에 관해서는 정관자치 및 자율적 규율이 가능하지만, 채권자 보호와 관련된 문제에서는 자율적 운영이 제한될 수 있다(이(철), 191면).

제1 출 자

유한책임회사의 사원은 정관 작성 이후 설립등기를 할 때까지 금전이나 그

밖의 출자를 전부 이행해야 한다(제287조의4 제2항). 즉 출자는 유한책임회사의 사원이 되기 위한 필수적인 요건이다.

유한책임회사의 사원은 금전 기타 재산으로 출자를 해야 하며, 노무 또는 신용의 출자는 금지된다(제287조의4 제1항). 현금출자의 경우에는 해당금액을 납입하면 되고, 현물출자를 하는 사원은 납입기일에 지체 없이 유한책임회사에 출자의 목적인 재산을 인도하고, 등기, 등록, 그 밖의 권리의 설정 또는 이전이 필요한 경우에는 이에 관한 서류를 모두 갖추어 교부하여야 한다(제287조의4 제3항).

제2 업무집행

1. 업무집행자의 권리와 의무

(가) 유한책임회사는 정관에서 사원 또는 사원이 아닌 자를 업무집행자로 정하여야 하고(제287조의12 제1항), 1명 또는 둘 이상의 업무집행자를 정한 경우에는 업무집행자 각자가 회사의 업무를 집행할 권리와 의무가 있으며(제287조의12 제2항), 각 업무집행자의 업무집행에 관하여 다른 업무집행자가 이의가 있는 때에는 곧 그 행위를 중지하고 업무집행자 과반수의 결의에 의하여야 한다(제287조의12 제2항, 제201조 제2항). 만일 정관에서 둘 이상을 공동업무집행자로 정한 경우에는 그 전원의 동의가 없으면 업무집행에 관한 행위를 하지 못한다.

유한책임회사는 사원이 아닌 자도 업무집행자로 될 수 있으며, 청산중의 회사도 사원이 아닌 자를 청산인으로 선임할 수 있다(제287조의44, 제251조 제1항).

(나) 법인이 업무집행자인 경우

유한책임회사에서는 법인도 업무집행자가 될 수 있음을 정하고 있다. 이 때에는 그 법인은 해당 업무집행자의 직무를 행할 자를 선임하고, 그 자의 성명과 주소를 다른 사원에게 통지하여야 한다(제287조의15 제1항). 이에 따라 선임된 직무수행자는 다른 업무집행자들과 동일한 권리와 의무를 갖는다(제287조의15, 제287조의11, 제287조의12).

(다) 유한책임회사의 업무집행사원과 회사와의 관계에서는 위임에 관한 민법 규정이 준용되므로(제287조의18, 제195조, 민법 제707조, 민법 제681조), 사원 또는는

업무집행사원은 선량한 관리자의 주의로써 업무를 집행하여야 한다. 업무집행사원은 정당한 사유 없이 사임하지 못한다(민법 제708조). 업무집행자가 임무를 해태한 경우 회사에 대해 채무불이행책임으로서 손해배상책임을 진다. 사원은 회사에 대해 업무집행사원의 손해배상책임을 추궁하는 소의 제기를 청구할 수 있으며, 회사가 소를 제기하지 않을 경우 사원이 회사를 대표하여 소를 제기할 수 있다(제287조의22 제1항). 이 소에는 제소요건으로서의 소유주식수를 제외하고 주식회사의 대표소송에 관한 규정이 전반적으로 준용된다(제287조의22 제2항, 제403조 제2항~제4항·제6항·제7항, 제404조~제406조).

2. 업무집행(의사결정)의 방법

(1) 상법상의 특별 규정

(가) 업무집행자의 선정(제287조의12 제1항), 대표자의 선정(제287조의19 제2항·제3항), 사원의 가입(제287조의23), 사원의 사망시 상속인의 권리의무 승계에 관한 사항(제287조의26, 제219조), 제명의 결의방법(제287조의27), 잉여금의 분배(제287조의37 제5항)는 정관의 규정으로 정한다.

(나) 업무집행자의 경업승인(제287조의10 제1항), 대표자의 선정(제287조의19 제2항·제3항), 자본금의 감소(제287조의36 제1항)는 총사원의 동의로 정한다. 정관의 변경은 총사원의 동의로 하게 되므로(제287조의16), 결국 (가)의 정관에서 정하는 사항은 모두 총사원의 동의가 필요하다(이(철), 196면).

(다) 업무집행자의 자기거래 승인(제287조의11), 사원과의 소에서의 회사대표의 선정(제287조의21)은 사원의 과반수의 결의로 할 수 있다.

(2) 일반 규정

업무집행의 의사결정은 상법이나 정관에서 특별한 정함을 두는 이외에는 총사원의 과반수로 결정하고 업무집행자가 선임되어 있다면 업무집행자의 과반수로 결정한다(제287조의18, 제195조, 민법 제706조 제2항). 공동업무집행자의 정함이 있는 경우에는 업무집행의 의사결정에 공동업무집행자 전원의 동의가 필요하다(제287조의18, 제187조의12 제3항).

3. 사원의 업무감시권

업무집행자인 사원의 업무집행에 관하여 업무집행자가 아닌 사원은 합자회사의 유한책임사원의 감시권과 동일한 권리를 가진다(제284조의14, 제277조).

4. 업무집행권의 상실

업무집행자가 업무를 집행함에 있어서 현저하게 부적임하거나 중대한 의무에 위반한 행위가 있는 때에는 법원은 사원의 청구에 의하여 업무집행권의 상실을 선고할 수 있다. 회사는 업무집행권 상실선고 판결이 확정된 때에는 본점과 지점의 소재지에서 이를 등기하여야 한다(제287조의17 제1항, 제205조). 이 소송은 본점소재지의 지방법원의 관할에 전속한다(제287조의17 제2항).

업무집행권한상실이 선고된 경우 회사에 업무집행할 자가 없게 되면 회사는 법원에 직무대행자를 선임하는 가처분을 청구할 수 있다. 유한책임회사의 업무집행자의 업무집행을 정지하거나 직무대행자를 선임하는 가처분을 하거나 그 가처분을 변경 또는 취소하는 경우에는 본점 및 지점이 있는 곳의 등기소에서 등기하여야 한다(제287조의5 제5항).

업무집행자의 직무대행자가 선임된 경우에는 직무대행자는 가처분명령에 다른 정함이 있거나 법원의 허가가 달리 있는 경우 외에는 그 유한책임회사의 통상업무에 속하지 아니한 행위를 하지 못한다(제287조의13, 제287조의5 제5항, 제200조의2 제1항).

제3 경업의 금지 및 자기거래제한

유한책임회사의 업무집행자는 합명·합자회사의 무한책임사원이나 주식·유한회사의 이사의 경우처럼 경업금지와 자기거래제한의 규제를 받는다.

1. 경업의 금지

(1) 의 의

유한책임회사의 업무집행자는 자기 또는 제3자의 계산으로 회사의 영업부류에 속한 거래를 하거나, 같은 종류의 영업을 목적으로 하는 다른 회사의 업무집행자·이사 또는 집행임원이 되기 위해서는 사원 전원의 동의를 받아야 한다(제287조의10 제1항).

(2) 위반의 효과

(가) 개입권

만일 이를 위반할 시에는 자기의 계산으로 한 경우에는 회사는 이를 자기의 계산으로 한 것으로 볼 수 있고, 제3자의 계산으로 한 경우에는 회사는 그 업무집행자에 대하여 이로 인한 이득의 양도를 청구할 수 있다(제287조의10 제2항, 제198조 제2항). 이러한 회사의 권리행사는 다른 사원 과반수의 결의에 의하여 행사하여야 한다(제287조의10 제2항, 제198조 제4항).

(나) 손해배상청구

개입권 행사는 손해배상의 청구에 영향을 미치지 않는다(제287조의10 제2항, 제198조 제3항). 이러한 권리는 다른 사원 중 1인이 그 거래를 안 날로부터 2주간을 경과하거나 그 거래가 있은 날로부터 1년을 경과하면 소멸한다(제287조의10 제2항, 제198조 제4항).

(다) 제명, 업무집행권의 상실선고

유한책임회사의 업무집행자가 경업금지규정에 위반한 경우에는 다른 사원들은 과반수의 결의로 그 업무집행자의 제명 또는 업무집행권 상실의 선고를 법원에 청구할 수 있다(제287조의17 제1항, 제205조 제1항).

2. 자기거래제한

업무집행자는 다른 사원 과반수의 결의가 있으면 자기 또는 제3자의 계산으로 회사와 거래를 할 수 있으며, 이 경우 민법 제124조를 적용하지 않는다(제287조의11). 자기거래제한에 위반하여 회사와 거래한 업무집행자는 손해배상책임을 지는 외에 업무집행권의 상실선고를 받을 수 있다(제287조의17 제1항, 제205조 제1항).

제4 지 분

1. 지분의 의의

유한책임회사에서의 지분은 사원각자의 출자지분에서 유래한 개념으로서 두 가지의 의의를 가진다. 먼저 지분은 사원이 회사에 대하여 갖는 각종의 권리·의무의 기초가 되는 법률관계인 사원권 또는 사원의 법률상의 지위이다. 다른 하나는 회사의 해산 또는 사원의 퇴사의 경우에 사원이 회사에 청구할 수 있는 금전적 액수를 가리킨다.

2. 지분의 양도

유한책임회사의 사원이 자신의 지분을 양도하기 위해서는 다른 사원 전원의 동의를 얻어야 하는 것이 원칙이다(제287조의8 제1항). 업무를 집행하지 않는 사원은 업무집행사원 전원의 동의가 있으면 지분양도가 가능하며, 업무를 집행하는 사원이 없는 경우에는 사원 전원의 동의를 받아야 한다(제287조의8 제2항). 그러나 정관에서 지분양도에 관한 사항을 다르게 정할 수 있도록 하여(제287조의8 제3항) 합명회사에 비해 그 기준을 완화하였다.

3. 자기지분의 취득금지

상법은 유한책임회사가 그 지분을 취득하는 것을 금지하고 있다(제287조의9 제1항). 이에 위반하여 유한책임회사가 지분을 취득하는 경우에는 그 지분은 취득한 때에 소멸한다(제287조의9 제2항).

4. 지분의 압류

사원의 지분을 압류한 채권자는 그 사원을 퇴사시킬 수 있다(제287조의29). 그러나 회사와 그 사원에 대하여 6월전에 그 예고를 하여야 한다(제287조의29,

第224조 第1항).

5. 지분의 상속

사원의 사망은 원칙적으로 퇴사사유(第287조의25, 第218조 第3항)에 해당하며 상속인은 지분의 환급청구권만을 가진다. 다만 예외적으로 정관에서 지분의 상속을 인정한 때에는 상속인은 상속의 개시를 안 날로부터 3월 내에 회사에 대하여 승계 또는 포기의 통지를 발송하여야 한다. 아무런 통지 없이 3월을 경과한 때는 사원이 될 권리를 포기한 것으로 본다(第287조의26, 第219조).

제5 손익분배

1. 분배가능이익

유한책임회사는 대차대조표상의 순자산액으로부터 자본금의 액을 뺀 액(잉여금)을 한도로 하여 잉여금을 분배할 수 있다(第287조의37 第1항).

2. 분배기준과 방법

분배 비율은 각 사원이 출자한 가액을 기준으로 하지만, 정관에 의하여 출자 비율과 다른 잉여금 분배가 가능하다(第287조의37 第4항). 잉여금의 분배를 청구하는 방법이나 그 밖에 잉여금의 분배에 관한 사항은 정관에서 정할 수 있다(第287조의37 第5항).

3. 압류채권자의 권리

사원의 지분에 한 압류는 잉여금의 배당청구권에도 그 효력이 미친다(第287조의37 第6항).

4. 위법분배

상법은 유한책임회사의 손익분배에 대해 정관자치를 인정하는 한편, 회사가 상법에 위반하여 잉여금을 분배한 경우에는 회사채권자가 잉여금을 분배받은 자에 대하여 회사에 반환할 것을 청구할 수 있도록 하여(제287조의37 제2항) 회사채권자를 보호하고 있다.

제6 정관변경

유한책임회사에서 정관을 변경할 때에는 '정관에 다른 규정이 없는 경우' 총사원의 동의를 요한다고 규정되어 있다(제287조의16). 원칙적으로 유한책임회사에서 정관을 변경하려면 총사원의 동의가 필요하지만, 정관에서 정관변경방법을 다르게 정할 수 있는 여지를 두고 있다. 합명회사의 정관변경에 관한 "정관을 변경함에는 총사원의 동의를 요한다"(제204조)는 규정과 다르게 명시적으로 정관에 의한 자치를 인정하고 있는 것이다(박세화, "유한책임회사제도에 대한 검토", 「부산대학교 법학연구」, 제48권 제1호·통권5 제7호(下) (2007. 08), 1113면).

제 4 절 외부관계

유한책임회사의 외부관계에 속하는 문제로는 회사대표, 사원의 회사채무에 대한 책임 등이 문제된다.

제1 회사대표

1. 대표의 선정

업무집행자는 유한책임회사를 대표한다(제287조의19 제1항). 업무집행자가 둘 이상인 경우 정관 또는 총사원의 동의로 회사를 대표할 업무집행자를 정할 수 있다(제287조의19 제2항). 유한책임사원의 업무집행자는 사원이 아닐 수도 있으므로(제287조의12 제1항), 사원이 아닌 자를 유한책임사원의 대표로 선정할 수 있다.

2. 공동대표

둘 이상의 대표가 있는 경우 정관 또는 총사원의 동의로 둘 이상의 업무집행자가 공동으로 회사를 대표할 것을 정할 수 있다(제287조의19 제3항). 공동대표를 정한 경우 이를 등기해야 제3자에게 대항할 수 있다(제287조의5 제1항 제7호, 제37조 제1항).

공동대표를 선정하였더라도 제3자의 유한책임회사에 대한 의사표시는 공동대표의 권한이 있는 자 중 1인에 대하여 하면 된다(제287조의19 제4항).

3. 대표권의 범위

대표는 유한책임회사의 영업에 관하여 재판상·재판외의 모든 행위를 할 권한이 있으며, 그 권한의 제한은 선의의 제3자에게 대항하지 못한다(제287조의19 제5항, 제209조).

4. 대표자의 불법행위

대표자가 그 업무집행으로 타인에게 손해를 입힌 경우에는 회사도 그 대표자와 연대하여 손해를 배상할 책임이 있다(제287조의20).

5. 대표소송

사원은 회사에 대하여 업무집행자의 책임을 추궁하는 소의 제기를 청구할 수 있으며, 이 소에 대해서는 주식회사의 대표소송에 관한 절차를 준용한다(제287조의22).

6. 회사와 사원 간의 소

유한책임회사가 사원(사원이 아닌 업무집행자를 포함한다)에 대하여 또는 사원이 유한책임회사에 대하여 소를 제기하는 경우에 유한책임회사를 대표할 사원이 없을 때에는 다른 사원 과반수의 결의로 대표할 사원을 선정하여야 한다(제287조의21).

제2 사원의 책임

유한책임회사의 사원은 유한·간접책임을 부담한다. 유한책임회사의 사원은 상법에 다른 규정이 있는 경우 외에는 그 출자금액을 한도로 책임을 진다(유한책임)(제287조의7). 한편 합자회사의 유한책임사원이 출자를 이행하지 않는 범위에서는 회사채권자에 대해 직접 책임을 지는 것과(제279조 제1항) 다르게, 유한책임사원은 회사의 설립등기 전에 출자금의 전액을 납입하였으므로 채권자에 대해 직접책임을 지는 경우는 없다(간접책임).

제 5 절 사원의 변동

제1 사원의 입사

유한책임회사는 정관을 변경함으로써 새로운 사원을 가입시킬 수 있다(제287조의23 제1항). 사원은 정관의 기재사항(제287조의3)이므로 새로운 사원의 가입을 위해서는 정관변경의 절차를 거쳐야 한다. 새로운 사원을 받아들이기 위해 정관변경절차를 거칠 때 총사원의 동의가 필요하지만 정관으로 달리 정할 수도 있다(제287조의23 제1항, 제287조의16). 사원의 가입은 정관을 변경한 때에 효력이 발생하지만, 정관을 변경할 때까지 해당 사원이 출자에 관한 납입 또는 재산의 전부 또는 일부의 출자를 이행하지 아니한 경우에는 그 납입 또는 이행을 마친 때에 사원이 된다(제287조의23 제2항). 입사하는 사원이 현물출자를 할 경우에는 회사설립시와 같이 인도, 등기, 등록 등 권리의 설정 및 이전에 필요한 일체의 서류를 갖추어 교부해야 한다(제287조의23 제3항, 제287조의4 제3항). 합명회사와 다르게 사원은 등기사항이 아니므로 변경등기도 필요없다(제180조 제1호, 제183조).

제2 사원의 퇴사

1. 의 의

퇴사는 사원이 회사채권자에 우선하여 출자를 회수하는 것을 의미하는 것이므로 모든 사원이 유한책임을 지는 유한책임회사에서는 사원의 퇴사라는 제도를 두지 않는 것이 논리적이다. 그러나 유한책임회사에서는 채권자의 이익을 보호하면서 사원의 퇴사를 허용하고 있다(이(철), 200면).

2. 퇴사사유

(1) 사원의 퇴사권

유한책임회사의 사원의 퇴사에 관하여는 정관에서 달리 정하지 않는 경우에는 합명회사에 관한 제217조 제1항의 규정을 준용한다. 즉 정관으로 회사의 존립기간을 정하지 않거나 어느 사원의 종신까지 존속할 것을 정한 때에는 사원은 영업연도말에 한하여 퇴사할 수 있다. 그러나 6월 전에 이를 예고하여야 한다(제287조의24, 제217조 제1항). 그러나 정관으로 다르게 정할 수도 있다.

(2) 제218조에서 정한 사유

그 밖에 사원은 정관에 정한 사유의 발생, 총사원의 동의, 사망, 금치산, 파산, 제명의 경우에 퇴사한다(제287조의25, 제218조).

(3) 제 명

유한책임회사 사원의 제명(제287조의25, 제218조 제6호)은 사원의 의사에 반하여 그 사원자격을 박탈하는 것이다. 사원에게 다음의 사유가 있는 경우에는 회사는 다른 사원 과반수의 결의에 의하여 그 사원의 제명의 선고를 법원에 청구할 수 있다(제287조의27, 제220조 제1항). 그러나 제명에 필요한 결의는 정관에서 달리 정할 수 있다(제287조의27).

① 출자의 의무를 이행하지 않은 때(제220조 제1항 제1호)

② 경업금지의무(제198조 제1항)의 규정에 위한한 행위가 있을 때(제220조 제

1항 제2호)

③ 회사의 업무집행 또는 대표에 관하여 부정한 행위가 있는 때, 권한 없이 업무를 집행하거나 회사를 대표한 때(제220조 제1항 제3호)

④ 기타 중요한 사유가 있는 때

(4) 지분압류채권자에 의한 퇴사

사원의 지분을 압류한 채권자는 영업년도 말에 그 사원을 퇴사시킬 수 있다. 그러나 회사와 그 사원에 대하여 6월전에 예고를 하여야 한다(제287조의29, 제224조 제1항). 그러나 그 예고는 사원이 변제를 하거나 상당한 담보를 제공한 때에는 효력을 잃는다(제287조의29, 제224조 제2항).

(5) 회사계속의 반대

존립기간의 만료 기타 정관으로 정한 사유의 발생으로 해산하는 경우 또는 총사원의 동의로 해산하는 경우에는 사원의 전부 또는 일부의 동의로 회사를 계속할 수 있다. 이 때 동의를 하지 아니한 사원은 퇴사한 것으로 본다(제287조의40, 제229조 제1항).

(6) 설립무효 · 취소판결 확정 후 취소 · 무효의 원인이 있는 해당 사원

설립무효의 판결 또는 설립취소의 판결이 확정된 경우에 그 무효나 취소의 원인이 특정한 사원에 관한 것인 때에는 다른 사원전원의 동의로써 회사를 계속할 수 있다. 이 경우에도 설립의 무효 또는 취소의 원인이 있는 사원은 퇴사한 것으로 본다(제287조의6, 제194조 제2항).

3. 퇴사의 효과

(1) 지분환급청구권

퇴사하는 사원은 그 지분의 환급을 금전으로 받을 수 있다(제287조의28 제1항). 환급금액은 퇴사시의 회사의 재산 상황에 따라 정하되, 구체적인 기준과 방법은 정관으로 정할 수 있다(제287조의28 제2항 · 제3항).

유한책임회사의 이익배당에 관하여 상법에서는 지분압류채권자의 권리가 미친다는 규정을 두고 있으나(제287조의37 제6항), 지분환급청구권에까지 지분압류채권자의 권리가 미치는지는 규정되어있지 않아 의문이다(이(철), 201면).

(2) 채권자보호절차

퇴사하는 사원에게 환급하는 금액이 잉여금(제287조의37)을 초과하는 경우에는 회사의 채권자는 그 환급에 관하여 이의를 제기할 수 있다(제287조의30 제1항). 회사는 채권자에 대해 일정기간 내에 이의제기 할 것을 공고하고, 채권자의 이의가 있을 경우 회사는 변제 또는 상당한 담보를 제공하거나 이를 목적으로 하여 상당한 재산을 신탁회사에 신탁하여야 한다(제287조의30 제2항 본문, 제232조 제3항). 그러나 지분을 환급하더라도 채권자에게 손해를 끼칠 우려가 없는 경우에는 이러한 조치는 필요하지 않다(제287조의30 제2항 단서).

(3) 퇴사원의 상호변경청구권

퇴사한 사원의 성명이 유한책임회사의 상호 중에 사용된 경우에는 그 사원은 유한책임회사에 대하여 그 사용의 폐지를 청구할 수 있다(제287조의31).

제 6 절 회사의 회계

유한책임회사의 회계에 관한 기본원칙은 상법과 대통령령에 규정한 것을 제외하고는 일반적으로 공정·타당한 회계 관행에 의한다(제287조의32).

제1 자 본 금

유한책임회사에서는 사원이 출자한 금전이나 그 밖의 재산을 자본금으로 한다(제287조의35). 자본금은 정관의 기재사항(제287조의3 제3호)이며, 따라서 유한책임회사는 정관 변경의 방법으로 자본금을 감소할 수 있다(제287조의36 제1항). 자본금감소는 회사채권자들의 책임재산을 감소시키므로 채권자보호절차를 밟아야 하는 것이 원칙이다(제287조의36 제2항 본문, 제232조). 다만 자본금을 감소한 후 자본금의 액이 순자산액 이상인 경우에는 채권자보호절차를 밟을 필요가 없다(제287조의36 제2항 단서). '자본금의 액이 순자산액 이상'이라는 의미는 결손이 생긴 것을 의미한다. 이 경우 이미 결손은 발생한 것이므로 자본금의 감소가 채권자의 이해관계에 영향을 미치지 않는다. 이것은 자산의 사외유출을 수반하지 않는 명목상의 자본금감소(제439조 제2항 단서)와 유사한 것이므로 채권자보호절차는 필요 없다고 규정한 것이다.

제2 재무제표의 작성과 보존 및 열람청구

업무집행자는 결산기마다 대차대조표(재무상태표), 손익계산서, 그 밖에 유한책임회사의 재무상태와 경영성과를 표시하는 것으로서 시행령으로 정하는 서류를 작성하여야 한다(제287조의33). 업무집행자는 이 서류들을 본점에 5년간 갖추어 두어야 하고, 그 등본을 지점에 3년간 갖추어 두어야 한다(제287조의34 제1항). 유한책임회사의 사원과 채권자는 회사의 영업시간 내에는 언제든지 재무제표의 열람과 등사를 청구할 수 있다(제287조의34 제2항).

제 7 절 회사의 해산 · 청산

제1 해 산

1. 해산사유

유한책임회사는 사원이 1인으로 된 때에도 해산이 되지 않는다는 사유를 제외하고는 합명회사의 해산사유를 준용한다(제287조의38 제1호). 유한책임회사의 해산사유는 다음과 같다(제287조의38).

① 존립기간의 만료 기타 정관으로 정한 사유의 발생(제287조의38, 제227조 제1호)

② 총사원의 동의(제287조의38, 제227조 제2호)

③ 합병(제287조의38, 제227조 제4호)

④ 파산(제287조의38, 제227조 제5호)

⑤ 법원의 명령 또는 판결(제287조의38, 제227조 제6호)

⑥ 사원이 없게 된 경우(제287조의38 제2호)

2. 해산등기

유한책임회사가 해산된 경우에는 합병과 파산의 경우 외에는 그 해산사유가 있었던 날부터 본점소재시에서는 2주 내에 해산등기를 하고, 지점소재지에서는 3주 내에 해산등기를 하여야 한다(제287조의39).

제2 청 산

유한책임회사는 회사의 재산만이 회사채권자에 대한 유일한 담보가 되는 물적 회사의 성격을 가지고 있으므로 임의청산(제247조~제249조)은 허용되지 않고 상법에 규정된 청산절차를 따르는 법정청산만 가능하다(제287조의45). 회사가 해산하면 총사원의 과반수로 청산인을 선임해야 하며, 청산인을 선임하지 않는 때에는 업무집행자가 청산인이 된다(제287조의45, 제251조). 기타 청산절차는 합명회사의 청산을 준용한다(제287조의45).

제 6 장
유한회사

1. 의 의

유한회사는 상법상의 회사로서 사원이 유한책임을 지는 물적회사이지만 사원의 구성 면에서 폐쇄적이고 상당부분 인적회사의 요소가 결합된 회사이다. 유한회사의 특성으로는 사원의 유한책임, 자본단체성, 폐쇄성을 들 수 있다. 유한회사의 모든 사원은 그가 인수한 출자가액에 대한 출자의무를 질 뿐 회사채권자에 대하여는 직접 책임을 지지 아니한다.

자본단체로서의 유한회사의 자본금 총액은 다수의 균등액으로 분할된다. 유한회사의 사원은 회사채권자에 대한 관계에서 책임을 지지 아니하므로 회사채권자에게는 회사재산만이 유일한 담보가 된다. 회사채권자의 보호를 위하여 유한회사의 경우에도 자본금이 중요한 의의를 가지며 자본금확정의 원칙, 자본유지의 원칙, 자본금불변의 원칙이 엄격하게 적용된다.

유한회사의 폐쇄성은 지분의 양도가 제한될 수 있는 점(제556조), 지분을 표창하는 증권의 발행이 금지되고 있는 점(제555조)에 상당 부분 나타나 있다.

2. 설 립

(1) 설립절차

유한회사의 설립절차는 주식회사의 발기설립절차와 유사하지만 그 절차가 단순화되어 있다. 유한회사의 설립에는 발기인이 따로 없고 사원이 될 사람 또는 사람들이 정관작성 등 설립사무를 담당한다. 유한회사도 물적회사이므로 설립절차는 ① 정관의 작성, ② 회사실체의 형성, ③ 설립등기의 3단계를 필요로 한다.

(가) 정관의 작성

유한회사의 설립에는 사원(정확하게는 사원이 될 자)이 정관을 작성하여야 한다(제543조 제1항). 정관에는 일정한 사항을 기재하고 각 사원이 기명날인 또는 서명하여야 한다(제543조 제2항). 정관은 공증인의 인증을 받음으로써 효력이 생긴다(제543조 제3항, 제292조). 정관에 기재할 사항으로는 절대적 기재사항, 상대적 기재사항, 임의적 기재사항이 있다.

1) 절대적 기재사항

유한회사의 정관에 반드시 기재되어야 할 사항으로서 그 흠결이 정관의 무효 나아가 설립의 무효로 연결될 수 있는 것이 절대적 기재사항이다. 상법에서는 절대적 기재사항으로서 ① 목적(사업의 종류), ② 상호, ③ 사원의 성명·주민등록번호 및 주소, ④ 자본금의 총액, ⑤ 출자 1좌의 금액, ⑥ 각 사원의 출자좌수, ⑦ 본점의 소재지를 열거하고 있다(제543조 제2항). ⑤ 출자 1좌의 금액은 100원 이상으로 균일하여야 한다(제546조).

2) 상대적 기재사항

설립시의 변태적 설립사항이 정관의 상대적 기재사항에 해당한다. 다음 사항이 변태설립사항으로서 정관에 기재함으로써 그 효력이 인정된다(제544조).

① 현물출자를 하는 자의 성명과 그 목적인 재산의 종류, 수량, 가격과 이에 대하여 부여하는 출자좌수

② 회사의 성립 후에 양수할 것을 약정한 재산의 종류, 수량, 가격과 그 양수인의 성명

③ 회사가 부담할 설립비용

기타의 상대적 기재사항으로는 지분양도의 제한(제556조), 감사의 설치(제568조 제1항), 1좌 1의결권 원칙의 예외 설정(제575조), 차별적 이익배당의 정함(제580조) 등이 있다.

3) 임의적 기재사항

절대적 기재사항이나 상대적 기재사항에 해당하지 아니한 사항이라도 유한회사의 본질이나 강행법규에 반하지 아니하는 한 회사의 자치법규로 필요한 사항을 정관에 기재할 수 있다.

(나) 실체의 형성

유한회사는 정관의 작성으로 사원과 출자액이 확정되므로 주식회사에서의 주식인수와 같은 별도의 실체형성절차는 필요하지 아니하다. 이사는 회사성립전에 사원으로 하여금 출자전액의 납입 또는 현물출자의 목적인 재산 전부의 급여를 하도록 하여야 한다(제548조 제1항). 납입불이행에 따른 실권절차(제307조 비교), 현물출자에 대한 검사절차는 없다.

유한회사는 주식회사와 달리 정관으로 이사와 감사를 정할 수 있다. 특히 발기인제도가 없기 때문에 설립중의 회사의 기관역할을 담당할 이사가 필요한데, 정관으로 이사를 정하지 아니한 때에는 회사성립전에 사원총회를 개최하여 이사를 선임하여야 한다(제547조 제1항). 사원총회는 각 사원이 소집할 수 있다(제547조 제2항). 회사성립전 사원총회의 소집 및 결의절차에 대하여는 자세한 규정이 없으므로 회사성립후의 사원총회에 관한 규정을 유추적용하여야 할 것이다.

(다) 설립등기

출자금액의 납입 또는 현물출자의 이행이 있은 날로부터 2주간 내에 법정사항(제549조 제2항)을 등기하여야 한다(제549조 제1항). 주의할 점으로 사원의 성명·주민등록번호·주소와 각 사원의 출자좌수는 정관의 절대적 기재사항이지만 설립등기사항은 아니다. 설립등기를 함으로써 유한회사는 법인격을 취득하여 성립한다.

(2) 설립에 대한 책임

(가) 총　설

유한회사는 주식회사에 비하여 그 설립절차가 간단하고 외부에서 출자자를 모집하는 방식을 이용하지 않기 때문에 설립에 대한 책임에 관하여 자세한 규정을 두고 있지 아니하다. 그렇다 하더라도 유한회사의 설립에 관여한 이사·감사·사원은 선량한 관리자의 주의의무를 부담하며 그에 따른 책임을 져야 함은 위임의 법리상 당연하다.

이러한 일반적 책임 외에 상법은 유한회사의 자본충실을 위하여 설립당시의 사원에게 부족가액전보의무를 부과하고 있으며 사원·이사·감사에게 납입(이행)담보책임을 지우고 있다.

(나) 부족가액전보의무

유한회사 설립시의 현물출자(제544조 제1호)나 재산인수(제544조 제2호)의 대상인 재산의 회사성립 당시의 실가가 정관에 정한 가격에 현저하게 부족한 때에는 회사성립 당시의 사원은 회사에 대하여 그 부족액을 연대하여 지급할 책임이 있다(제550조 제1항). 원래 유한회사의 사원은 자신의 출자금액은 넘어서 책임을 지지 않는다는 유한책임의 원칙이 확립되어 있으나 부족가액전보의무는 상법에서 특히 사원에게 자본충실책임을 부과한 것이다. 이는 주식회사와 달리 유한회사의 경우에는 현물출자와 재산인수에 대한 검사제도가 없기 때문에 혹시 있을 수 있는 부실회사의 출범을 막기 위한 제도이다.

사원의 부족가액전보책임은 무과실책임이며 이 책임은 면제가 금지된다(제550조 제2항). 이 책임은 회사성립 당시의 재산의 실가가 정관에서 정한 가격에 비하여 현저하게 부족한 때에 발생하므로 그 부족분이 사소한 때에는 책임을 지지 않는다. 각 사원은 연대책임을 부담하므로 부족분 전액에 대하여 지급책임을 지지만 내부적으로는 지분의 좌수에 비례하여 부담부분이 정해지므로 전보의무를 이행한 사원은 다른 사원에 대하여 구상권을 가진다.

(다) 납입과 이행담보책임

회사성립 후에 출자금액의 납입 또는 현물출자의 이행이 완료되지 아니하였음이 발견된 때에는 회사성립 당시의 사원・이사・감사는 회사에 대하여 그 납입되지 아니한 금액 또는 이행되지 아니한 현물의 가격을 연대하여 지급할 책임이 있다(제551조 제1항).

주식회사 발기인의 자본충실책임과 비교하면 유한회사의 경우는 인수담보책임이 없이 납입담보책임만 부과되어 있으며 현물출자의 미이행 부분에 대하여도 이행책임이 인정되고 있는 점이 특별하다. 또 설립당시의 사원만 납입 및 이행의 책임을 지는 것이 아니라 이사와 감사도 연대책임을 지는 것이 주식회사 발기인의 자본충실책임과 다르다.

사원・이사・감사의 납입 및 이행담보책임 역시 무과실책임이다. 사원의 이러한 책임은 면제될 수 없으나 이사와 감사의 이 책임은 총사원의 동의로써 면제될 수 있다(제551조 제2항・제3항).

(3) 설립의 하자

유한회사의 설립에 하자가 있는 경우 그 하자는 소송으로만 주장할 수 있다. 설립무효의 소는 그 사원·이사·감사에 한하여, 설립의 취소는 그 취소권 있는 자에 한하여 회사설립의 날로부터 2년 내에 제기할 수 있다(제552조 제1항). 유한회사의 설립무효의 소와 설립취소의 소에는 합명회사의 설립무효의 소와 설립취소의 소에 관한 규정이 준용되고 있다. 유한회사에는 인적회사로서의 성격이 가미되어 있기 때문에 주식회사와 달리 설립취소의 소가 인정되어 있으며 합명회사에 관한 규정이 전적으로 준용되고 있는 것이다(제552조 제2항, 제184조 제2항, 제185조~제193조).

3. 사원과 지분

(1) 사원의 수와 권리·의무

(가) 사원의 수

유한회사는 자본단체로서 물적회사의 성격이 농후하므로 사원의 개성은 중요시되지 아니한다. 사원의 자격에 제한이 없으며 법인도 유한회사의 사원이 될 수 있다. 2001년 상법 개정전에는 유한회사의 사원은 2인 이상이라야 하며 사원의 수가 1인으로 줄어들면 회사가 해산하는 것으로 규정되어 있었다. 개정법은 주식회사와 마찬가지로 유한회사도 1인설립을 할 수 있게 하고 아울러 사원이 1인으로 된 때를 해산사유에서 삭제하였다(제543조 제1항, 제609조 제1항 제1호). 유한회사의 지분은 수인이 공유할 수 있다. 지분을 공유하는 수인은 사원의 수를 계산함에 있어서 그 모두를 1인의 사원으로 보아야 한다(제558조, 제333조).

(나) 사원의 권리

유한회사의 사원의 권리는 자익권(自益權)과 공익권(共益權)으로 나누어진다.

자익권에는 이익배당청구권(제580조), 잔여재산분배청구권(제612조), 자본증가시의 출자인수권(제588조) 등이 있다.

공익권은 사원이면 누구나 행사할 수 있는 단독사원권과 자본의 100분의 3 이상에 해당하는 출자좌수를 가진 사원만이 행사할 수 있는 소수사원권이 있다. 단독사원권에는 의결권(제575조), 사원총회결의의 하자를 다투는 소의 제기권

(제578조, 제376조～제381조), 설립무효·설립취소의 소 제기권(제552조) 등, 사원총회의 의사록 등 서류열람청구권(제566조 제3항) 등이 있다.

소수주주권에는 대표소송제기권(제565조), 이사해임청구권(제567조, 제385조), 사원총회의 소집청구권(제572조), 회사의 업무 및 재산상태의 검사청구권(제582조), 회계장부의 열람청구권(제581조) 등이 있다. 그 중 회계장부열람청구권은 정관의 정함으로 단독사원으로 할 수도 있다(제581조 제2항).

(다) 사원의 의무

사원은 회사에 대하여 출자의무를 진다. 유한회사의 사원은 재산만을 출자할 수 있고 노무나 신용의 출자는 허용되지 아니한다. 출자의무는 회사성립전 또는 자본증가의 효력발행전에 모두 이행되어야 한다(제548조, 제596조).

유한회사의 사원은 회사에 대하여만 출자의무를 질 뿐 회사채권자에 대하여는 아무런 책임을 지지 아니한다. 유한회사의 설립·증자시에 사원은 부족가액전보책임을 지고(제550조, 제593조), 설립시에는 납입담보책임을 진다(제551조). 그밖에 유한회사의 인적회사성에 비추어 사원이 회사와 다른 사원에 대하여 충실의무를 진다고 보는 견해가 유력하다(정(동), 851면; 최, 986면).

(2) 사원명부

주식회사의 주주명부에 상당하는 것으로 유한회사에는 사원명부가 있다. 이사는 사원의 성명과 주소, 그 출자좌수를 기재한 사원명부를 작성하여 이를 본점에 비치하여야 한다(제566조 제1항·제2항). 사원과 회사채권자는 영업시간 내에는 언제든지 사원명부의 열람 또는 등사를 청구할 수 있다(제566조 제3항).

지분의 이전이나 입질은 그 내용을 사원명부에 기재하지 아니하면 회사나 제3자에게 대항하지 못한다(제557조, 제559조 제2항, 제601조 제2항, 제607조 제5항). 회사가 하는 사원이나 질권자에 대한 통지 또는 최고는 사원명부에 기재된 주소로 하면 되고 이 통지 또는 최고는 보통 도달할 시기에 도달한 것으로 본다(제560조 제2항, 제353조 제2항, 제304조 제2항). 그밖에 유한회사의 사원명부에도 주주명부와 같이 추정적 효력과 면책적 효력이 인정되어야 할 것이다.

(3) 지분의 양도와 질권설정

(가) 지분의 의의

유한회사의 지분은 사원의 지위 또는 사원권을 말한다. 각 사원은 그 출자좌수에 따라 지분을 갖는다. 상법은 유한회사의 폐쇄성을 예정하여 사원의 지분에 관한 지시식 또는 무기명식의 증권을 발행하지 못하도록 금지하고 있다(제555조). 이에 위반하여 지시식 또는 무기명식의 증권을 발행한 이사 등은 과태료의 제재를 받는다(제635조 제1항 제31호). 지분이 이전되는 경우로는 상속·합병과 같은 포괄승계와 특정승계로서의 양도가 있다.

(나) 지분의 양도

유한회사에 금전 또는 현물을 출자한 사원은 그 투자의 환수기회를 보장받아야 할 것이다. 그러나 상법에서는 유한회사의 폐쇄성을 감안하여 정관으로 지분의 양도를 제한할 수 있도록 하고 있다(제556조).

주식회사의 경우 자기주식취득에 관한 규정이 유한회사의 자기지분취득에 대하여도 준용된다(제560조, 제341조, 제341조의2).

양도인과 양수인간의 지분양도의 합의와 사원총회의 특별결의에 의하여 양도의 효력이 발생하지만 양수인의 성명·주소와 그 목적이 되는 출자좌수를 사원명부에 기재하지 아니하면 양수인은 지분양수를 회사와 제3자에게 대항하지 못한다(제557조).

(다) 지분의 질권설정

유한회사의 지분에 질권을 설정할 수 있다(제559조 제1항). 다만 유한회사가 자기지분에 대하여 질권을 취득하는데는 총발행출자좌수의 20분의 1을 초과할 수 없음은 주식회사에 있어서 자기주식의 질권취득이 제한되는 것과 같다(제560조, 제341조의3). 지분의 질권설정에도 사원총회의 특별결의가 있어야 하며 지분의 질권설정을 회사와 제3자에게 대항하기 위하여는 사원명부에 기재하여야 한다(제559조 제2항, 제556조, 제557조).

지분을 표창하는 증권이 발행되지 아니하므로 유한회사지분에 대하여는 약식질이 허용되지 않고 등록질만이 허용된다. 주식질의 경우를 규율하는 질권자의 물상대위와 등록질의 효력에 관한 규정은 유한회사의 지분질의 경우에 준용된다(제560조, 제339조, 제340조 제1항).

4. 기 관

유한회사의 기관도 주식회사의 기관과 마찬가지로 분화되어 있으나 주식회사에 비하여 단순화되어 있다. 유한회사에는 주주총회에 상응하는 사원총회가 있으며 업무집행기관은 이사만으로 되어 있어 간단하다. 감독기관인 감사는 설치할 수도 있고 설치하지 않을 수도 있다.

(1) 사원총회

(가) 의 의

유한회사의 사원총회는 총사원으로 구성되고 회사의 의사를 결정하는 필요기관으로서 최고기관이다.

(나) 소 집

1) 소집절차

사원총회는 원칙적으로 이사가 소집한다(제571조 제1항 본문). 유한회사에서는 이사가 수인이라도 이사회제도가 없으므로 이사 각자가 사원총회를 소집할 수 있다고 보는 것이 통설이다. 감사를 둔 경우에는 감사도 임시총회의 소집을 청구할 수 있다(제571조 제1항 단서). 그밖에 정관에 다른 규정이 없는 한 자본총액의 100분의 3 이상에 해당하는 출자좌수를 가진 사원(소수사원)은 회의의 목적사항과 소집의 이유를 기재한 서면을 이사에게 제출하여 총회의 소집을 청구할 수 있고 이 청구가 있은 후 지체없이 이사가 총회소집의 절차를 밟지 아니한 때에는 그 소수사원은 법원의 허가를 얻어 사원총회를 소집할 수 있다(제572조 제1항 · 제2항). 그밖에 업무 · 재산상태의 검사결과에 따라 법원이 감사 또는 이사에게 사원총회의 소집을 명하는 경우도 있다(제582조 제3항).

2) 소집시기

사원총회의 소집시기도 주주총회와 같이 정기총회와 임시총회로 구분된다(제578조, 제365조).

3) 소집통지

사원총회를 소집하기 위하여는 원칙적으로 1주일 전에 각 사원에게 서면으로 또는 각 사원의 동의를 받아 전자문서로 소집통지서를 발송하여야 한다(제571

조 제2항). 그러나 총사원의 동의가 있으면 소집절차 없이 총회를 열 수 있다(제573조).

(다) 결의방법

1) 사원의 의결권

각 사원은 출자 1좌마다 1개의 의결권을 가진다. 그러나 정관으로 다른 정함을 할 수 있다(제575조). 유한회사 역시 자본단체이므로 출자좌수에 따라 의결권을 가지는 것은 당연하겠으나 그에 부가된 인적회사성을 반영하여 주식회사에 있어서의 주식평등의 원칙과 같은 원칙을 요구하지 아니하고 융통성을 가질 수 있도록 한 것이다. 정관으로 특정사원의 의결권을 완전히 박탈하는 것은 허용되지 않지만 두수주의(頭數主義)를 채택하여 1인 1의결권으로 하거나 출자좌수와 다른 의결권수를 정하는 것이 허용된다.

2) 서면결의의 허용

유한회사의 소규모성을 감안하여 상법은 총사원의 동의가 있는 때에 서면결의를 할 수 있도록 허용하고 있다(제577조 제1항). 결의의 목적사항에 대하여 총사원이 서면으로 동의를 한 때에는 서면에 의한 결의가 있은 것으로 보며 서면에 의한 결의는 총회의 결의와 동일한 효력이 있다(제577조 제2항 · 제3항).

(라) 결의사항

사원총회는 법령이나 정관에 위반되지 않는 한 회사에 관한 모든 사항을 결의할 수 있다. 유한회사는 인적회사로서의 성격을 다소 가지고 있으며 그 규모가 비교적 작을 것이 예정되어 있기 때문에 사원총회의 권한을 제한하지 않고 있다. 이는 주주총회의 권한이 상법과 정관에 정하여진 사항의 결의로 한정되어 있는 것(제361조)과 비교된다.

사원총회의 결의사항은 보통결의사항과 특별결의사항, 그리고 특수결의사항으로 나누어져 있다. 상법이나 정관에서 별도의 정함이 없는 경우는 모두 보통결의사항이다. 보통결의는 총사원의 의결권의 과반수를 가지는 사원의 출석과 그 의결권의 과반수의 찬성으로 성립한다.

특별결의사항에는 정관의 변경(제585조, 제586조), 이사 · 감사의 책임추궁(제567조, 제570조, 제385조 제1항), 영업전부의 양도(제576조), 회사의 해산(제609조) 등과 같이 중요한 사안이 들어 있다. 특별결의는 각 사원이 가지는 출자좌수와는 상관없이 총사원의 반 수 이상이며 총사원의 의결권의 4분의 3 이상의 찬성으로 성립한다(제585조 제1항).

특수결의는 주식회사로의 조직변경(제607조 제1항)이나 서면결의(제577조 제1항) 등의 경우에 총사원의 동의로써 하는 결의이다.

사원총회의 결의사항과 관련하여 특히 논의되는 것으로 이사의 경업에 대한 승인 문제가 있다. 유한회사의 이사의 경업에 대한 승인에는 주식회사 이사의 경업에 대한 승인 규정이 준용되는데(제567조), 주식회사의 경우 이사회의 승인을 받아야 한다(제397조). 그런데 유한회사에는 이사회제도가 없기 때문에 '사원총회'의 승인을 받도록 하고 있다(제567조 제2문).

(2) 이 사

(가) 의 의

유한회사의 이사는 회사의 업무를 집행하고 대외적으로 회사를 대표하는 필요적 상설기관이다. 유한회사도 주식회사와 마찬가지로 출자자인 사원이 회사의 경영을 담당하지 아니하고 사원총회에서 선임된 이사가 경영을 담당한다는 점에서 타인기관회사에 속한다. 그러나 이사가 이사회의 구성원에 불과한 주식회사의 경우와는 달리 유한회사의 이사는 독립된 기관으로서 회사의 업무를 집행한다. 주식회사의 업무집행기관은 이사회와 대표이사로 이원화되어 있는데 반하여 유한회사의 경우는 이사로 일원화되어 있는 것이다.

(나) 선임과 종임

유한회사는 1인 또는 수인의 이사를 두어야 하며(제561조) 그 선임은 사원총회에서 한다(제567조, 제382조 제1항). 설립시의 이사는 정관으로 정하거나 설립시의 사원총회에서 선임한다(제547조). 이사의 수에 제한이 없고 정관으로 정하게 된다. 임기나 자격에 법상의 제한은 없으나 정관으로 제한을 가할 수 있다. 감사는 이사가 될 수 없다(제570조, 제411조).

이사는 사원총회의 해임결의(제567조, 제386조 제1항)나 소수사원의 해임청구에 따른 법원의 해임판결(제567조, 제385조 제2항·제3항)에 의하여 종임한다. 그 밖에 회사와 이사의 관계는 위임에 해당하므로(제570조, 제382조 제2항) 이사는 위임관계의 일반적 종료사유(민법 제689조, 제690조)로도 종임한다.

(다) 권 한

1) 업무집행권

이사는 회사의 업무를 집행한다. 업무의 종류에 따라 사원총회의 소집(제571조 제1항)과 같이 상법에 열거되어 있는 것도 있으나, 열거되어 있지 않더라도 이사는 모든 업무집행에 관한 권한을 가진다. 이사가 수인인 경우에 정관에 다른 정함이 없으면 회사의 업무집행, 지배인의 선임 또는 해임과 지점의 설치·이전 또는 폐지는 이사 과반수의 결의에 의하여야 한다(제564조 제1항). 다만 지배인의 선임 또는 해임은 사원총회에서 할 수 있다(제564조 제2항).

2) 대표권

이사는 각자 회사를 대표한다(제562조 제1항). 이사가 수인인 경우에 정관에 다른 정함이 없으면 사원총회에서 회사를 대표할 이사를 선정하여야 하며 정관 또는 사원총회는 수인의 이사가 공동으로 회사를 대표하도록 정할 수 있다(제562조 제2항·제3항). 회사가 이사에 대하여 또는 이사가 회사에 대하여 소를 제기하는 경우에는 사원총회는 그 소에 관하여 회사를 대표할 자를 선정하여야 한다(제563조).

이사가 자기 또는 제3자의 계산으로 회사와 거래하는 경우 감사가 있는 때에는 감사의 승인을, 감사가 없는 때에는 사원총회의 승인을 얻어야 한다(제564조 제3항).

3) 책 임

이사가 법령 또는 정관에 위반한 행위를 하거나 그 임무를 해태한 때에는 회사에 대하여 손해배상의 책임을 진다(제567조, 제399조). 이사의 손해배상책임은 총사원의 동의로 면제할 수 있다(제567조, 제400조). 이사는 회사설립의 경우(제551조), 자본금증가의 경우(제594조), 조직변경의 경우(제607조)에 자본충실의 책임을 진다. 유한회사의 이사도 주식회사의 이사와 같이 제3자에 대한 책임을 부담한다(제567조, 제401조).

(3) 감 사

(가) 의 의

유한회사에 있어서 감사는 주식회사의 경우와 다르게, 둘 수도 있고 두지 않을 수도 있는 임의기관이다. 감사를 둘 경우에는 그에 관한 정함을 정관에 두게 된다(제568조 제1항). 감사의 설치여부를 회사의 선택에 일임하고 있는 것은 유한회사의 규모의 영세성을 고려한 것이다.

(나) 선 임

초대감사는 원시정관으로 정하거나 회사성립전의 사원총회에서 선임하고(제568조 제2항, 제547조) 회사성립후에는 사원총회에서 선임한다(제570조, 제382조 제1항). 감사는 정관의 정함에 따라 1인 또는 수인을 선임할 수 있으며 상법에 의한 임기의 제한은 없다. 감사와 회사와의 관계 역시 위임에 해당하며 회사는 사원총회의 특별결의로 언제든지 감사를 해임할 수 있다. 그밖에 유한회사감사의 법률관계 대부분에 주식회사 이사에 관한 규정이 준용되고 있다(제570조).

(다) 권한과 책임

감사는 언제든지 회사의 업무와 재산상태를 조사할 수 있고 이사에 대하여 영업에 관한 보고를 요구할 수 있다(제569조). 그밖에 감사는 임시사원총회의 소집청구권(제571조 제1항), 각종의 소제기권(제552조, 제595조), 이사의 자기거래승인권(제564조 제3항) 등을 가진다.

감사는 위임에 따른 일반적인 선관주의의무를 부담하는 외에 감사보고서의 제출의무(제579조 제3항), 자본충실책임(제551조, 제594조, 제607조 제4항), 임무해태로 인한 회사와 제3자에 대한 손해배상책임(제570조, 제414조)을 진다.

(4) 검사인

유한회사의 경우에는 회사설립시에 설립경과를 조사시키기 위한 검사인 선임제도는 없다. 회사성립 후에는 사원총회(제578조, 제367조)나 소수사원의 청구에 따라 법원이(제582조) 회사의 업무나 재산상태를 조사시키기 위하여 검사인을 선임할 수 있다.

5. 유한회사의 계산

(1) 총 설

유한회사는 물적회사로서 사원은 회사채권자에 대하여 책임을 지지 않고 회사재산만이 회사채권자에 대한 유일한 담보가 되므로 자본충실의 원칙이 엄격하게 준수되어야 한다. 이를 위하여 회사의 계산관계에 대한 법의 통제가 필요하다. 유한회사의 계산에 대하여도 주식회사의 경우와 같은 방식을 따르도록 되어 있으나 그 폐쇄적 성격으로 인하여 대차대조표의 공고는 요구되지 아니한다. 유한회사에는 준비금의 자본금전입이나 건설이자배당제도가 인정되지 않는다.

(2) 결산절차

이사는 매 결산기에 대차대조표·손익계산서·기타 회사의 재무상태와 경영성과를 표시하는 것으로서 시행령에서 정하는 서류(이상 재무제표 등) 그리고 영업보고서를 작성하여야 한다(제579조 제1항, 제579조의2 제1항). 그리고 감사가 있는 때에는 이 서류들을 정기총회회일의 4주간 전에 감사에게 제출하여야 한다. 감사는 이 서류들을 받은 날로부터 3주간 내에 감사보고서를 이사에게 제출하여야 한다(제579조 제3항, 제579조의2 제3항). 이를 받아 이사는 사원총회에 제출하여 재무제표 등의 승인을 받아야 한다(제583조 제1항, 제449조 제1항·제2항). 유한회사에 감사가 설치되어 있지 아니한 경우에는 위 절차가 단순화되어 감사절차 없이 정기총회에 막바로 재무제표 등의 승인요구와 영업보고가 이루어진다. 정기총회의 승인 후 2년이 경과하면 이사와 감사는 책임을 면한다(제583조 제1항, 제450조).

이사는 재무제표 등과 영업보고서, 감사보고서를 정기총회 1주전부터 5년간 본점에 비치하여야 한다(제579조의3 제1항). 소수사원권자 또는 정관에 그러한 정함이 있으면 각 사원은 회계의 장부와 서류의 열람 또는 등사를 청구할 수 있다(제581조).

6. 정관의 변경과 자본의 증감

(1) 정관의 변경

유한회사의 정관변경에는 사원총회의 특별결의가 필요하다. 특별결의를 요하므로 총사원의 반수 이상이며 총사원의 의결권의 4분의 3 이상을 가지는 자의 동의가 있어야 한다(제584조, 제585조 제1항). 의결정족수를 계산함에 있어서 의결권을 행사할 수 없는 사원은 이를 총사원의 수에, 그 행사할 수 없는 의결권은 이를 의결권의 수에 산입하지 아니한다(제585조 제2항). 의결정족수에서 의결권의 수를 기준으로 하는 외에 사원총수의 과반수(頭數主義)를 요구하고 있는 것은 유한회사의 인적회사성이 반영된 것이다.

(2) 자본금의 증가

(가) 총 설

유한회사의 자본금을 증가시키는 데 있어서 특별한 것은 자본금의 총액과 각 사원의 출자좌수가 정관의 절대적 기재사항이므로 자본증가를 위해서는 정관변경이 필요하다는 점이다.

자본금을 증가시키는 방법으로는 출자좌수를 증가시키는 것이 일반적이겠으나 총사원의 동의가 있다면 출자 1좌의 금액을 증가시키는 방법에 의할 수도 있다.

(나) 자본금증가의 절차

1) 사원총회의 특별결의

위에서 본대로 증자를 위한 사원총회의 특별결의가 있어야 한다. 이 결의에서 ① 현물출자, ② 증자후에 양수할 것을 약정한 재산의 종류, 수량, 가격과 그 양수인의 성명(재산인수), ③ 증자분에 대한 출자인수권을 부여할 자의 성명과 그 권리의 내용을 정할 수 있다(제586조).

2) 출자의 인수

유한회사의 기존 사원은 출자좌수 증가방식에 의한 증자의 경우에 지분비례로 신규출자좌수에 대한 인수권을 가진다(제588조 본문). 그러나 사원총회의 증자결의에서 특정한 자에게 출자인수권을 부여하기로 정한 경우에는 기존 사원의 출자인수권은 그만큼 제한된다(제588조 단서). 출자인수권자가 인수권을 행사하지 않는 경우 광고 기타의 방법에 의하여 인수인을 공모하는 것은 금지된다(제589조 제2항). 이는 유한회사의 폐쇄성을 유지시키기 위한 규정이다. 인수를 하고자 하는 자는 인수를 증명하는 서면에 그 인수할 출자의 좌수와 주소를 기재하고 기명날인 또는 서명함으로써 인수를 한다(제589조 제1항).

출자인수인은 출자의 전액을 납입 또는 현물출자의 목적인 재산 전부를 급여하여야 한다(제596조, 제548조). 출자의 이행이 완료되면 본점 소재지에서 2주간 내에 자본금증가에 따른 변경등기를 하여야 하며(제591조) 이로써 증자의 효력이 발생한다(제592조). 다만 이익배당에 관하여는 이행일로부터 다른 사원과 동일한 권리를 가진다(제590조).

(다) 자본금증가에 대한 책임과 증자무효

1) 증자시의 자본충실책임

현물출자와 재산인수의 목적인 재산의 실가가 현저하게 부족한 때에 증자결의에 동의한 사원은 회사에 대하여 그 부족액을 연대하여 지급할 책임을 진다(제593조 제1항). 이사와 감사는 증자후에 인수되지 아니한 출자가 있는 경우에 출자의 인수책임을 지며(제594조 제1항), 증자후에 아직 출자전액의 납입 또는 현물출자의 목적인 재산의 급여가 미필된 출자가 있는 때에 연대하여 그 납입 또는 급여미필재산의 가액을 지급할 책임이 있다(제594조 제2항).

2) 증자무효

자본금증가의 무효는 본점 소재지에서 증자에 따른 변경등기를 한 날로부터 6개월 내에 사원, 이사 또는 감사에 한하여 소로써만 이를 주장할 수 있다(제595조 제1항). 증자무효의 소에는 신주발행무효의 소의 규정이 준용된다(제595조 제2항, 제430조~제432조).

(3) 자본금의 감소

유한회사의 자본금감소는 출자 1좌의 금액을 감액하거나 출자좌수를 줄이는 방법에 의한다. 출자좌수의 감소는 지분을 소각하거나 병합하는 방법으로 이루어진다. 자본금감소 역시 정관이 변경되어야 하므로 사원총회의 특별결의를 거쳐야 한다. 채권자보호절차를 밟아야 하는 것은 주식회사의 경우와 같다(제597조, 제439조, 제232조).

자본금감소의 경우에도 변경등기를 하여야 하지만 증자때에는 등기가 효력발생요건이었던 것과는 달리 감자 때에는 등기가 효력발생요건이 아니다.

7. 합병과 조직변경

(1) 합 병

유한회사가 당사회사가 되는 합병에 있어서 특기할 만한 사항은 유한회사가 주식회사와 합병을 하는 경우에 존속회사 또는 신설회사가 주식회사인 때에는 법원의 인가를 얻어야 한다(제600조 제1항). 합병의 당사회사인 주식회사가 사채의 상환을 완료하지 아니한 때에는 합병 후의 존속회사 또는 신설회사는 유한회사로 하지 못한다(제600조 제2항). 유한회사는 사채의 발행이 허용되지 않기 때문이다.

(2) 조직변경

주식회사는 총주주의 일치에 의한 주주총회의 결의로 그 조직을 변경하여 유한회사로 될 수 있다. 이를 위하여는 사채의 상환을 완료하였어야 한다. 주식회사의 유한회사로의 조직변경의 경우에는 회사에 현존하는 순재산액보다 많은 금액을 자본금의 총액으로 하지 못하며 조직변경의 주주총회에서는 정관 기타 조직변경에 필요한 사항을 정하여야 한다(제604조).

유한회사는 총사원의 일치에 의한 사원총회의 결의로 그 조직을 변경하여 이를 주식회사로 할 수 있다. 이러한 조직변경은 법원의 인가가 있어야 효력이 생긴다(제607조 제1항·제3항). 변경후 주식회사의 주식의 발행가액의 총액은 회사에 현존하는 순재산액을 초과하지 못한다(제607조 제2항). 회사에 현존하는 순재산액이 조직변경시에 발행하는 주식의 발행가액의 총액에 부족하는 때에는 조직변경을 위한 사원총회의 결의 당시의 이사, 감사와 사원은 회사에 대하여 연대하여 그 부족액을 지급할 책임이 있다(동조 제2항·제4항). 이러한 자본전보책임 중에서 사원의 책임은 면제할 수 없으나 이사와 감사의 책임은 총사원의 동의로 면제할 수 있다(제607조 제4항, 제550조 제2항, 제55조 제2항·제3항).

유한회사를 주식회사로 그 조직을 변경할 때 또는 주식회사를 유한회사로 조직변경할 때에는 본점 소재지에서 2주간, 지점 소재지에서 3주간 내에, 변경전 회사는 해산등기, 변경후 회사는 설립등기를 하여야 한다(제606조, 제607조 제5항).

8. 해산과 청산

(1) 해 산

유한회사의 해산원인을 보면, ① 존립기간의 만료 기타 정관으로 정한 사유의 발생, ② 합병, ③ 파산, ④ 법원의 해산명령 또는 해산판결, ⑤ 사원총회의 특별결의 등이 있다(제609조). 해산원인 중 ①과 ⑤의 경우는 사원총회의 특별결의에 의하여 회사를 계속할 수 있다(제610조). 이미 해산등기를 한 후 회사를 계속하려면 계속등기를 하여야 한다(제611조, 제229조).

(2) 청 산

유한회사 역시 회사의 재산만이 회사채권자에 대한 유일한 담보가 되는 물적회사이므로 청산절차가 법에 정하여져 있고 임의청산은 인정되지 아니한다. 청산중의 유한회사에 있어서는 원칙적으로 이사가 청산인이 되고(제613조, 제531조 제1항) 사원총회와 감사(선임된 경우)는 그대로 존속한다. 유한회사의 청산절차에는 주식회사의 청산절차에 관한 규정이 대부분 준용된다(제613조).

유한회사의 잔여재산은 각 사원의 출자좌수에 따라 사원에게 분배하여야 하나 정관에서 이와 다른 정함을 둘 수 있다(제612조).

제 7 장
외국회사

1. 의　　의

상법의 회사편에서는 외국회사에 관하여 하나의 장을 할애하고 있으나 어떠한 회사를 외국회사로 볼 것인가에 대한 정의는 내리고 있지 아니하다. 통설은 설립준거법주의를 채택하여 외국의 법에 따라 설립한 회사를 외국회사라고 정의한다. 그러나 전적으로 설립준거법만을 기준으로 내국회사와 외국회사를 구분한다면 국내에 영업본부를 두고 실질적으로 중요한 영업활동을 국내에서 수행하면서도 국내법을 회피하기 위한 수단으로 외국법에 따라 회사를 설립하는 경우도 있을 수 있다. 이러한 법의 회피에 대처하기 위하여 상법에서는 외국에서 설립된 회사라도 대한민국에 그 본점을 설치하거나 대한민국에서 영업을 할 것을 주된 목적으로 하는 때에는 국내의 동종 또는 유사회사에 적용되는 법규의 적용을 받도록 하고 있다(제617조).

2. 외국회사의 지위

상법에서는 국내에서 영업활동을 하고자 하는 외국회사에 대하여 대한민국에서 설립된 동종 또는 유사한 회사와 같이 규율하는 외에 다른 법률의 적용에 있어서도 법률에 다른 규정이 있는 경우 외에는 대한민국에서 성립된 동종 또는 가장 유사한 회사로 보고 있다(제621조).

3. 국내영업의 요건

(1) 영업소의 설치와 대표자의 선임

외국회사가 우리나라에서 영업을 하고자 하는 때에는 대한민국에서의 대표자를 정하고 영업소를 설치하거나 대표자 중 1명 이상이 대한민국에 그 주소를 두어야 한다(제614조 제1항). 대표자의 권한은 합명회사의 대표사원의 권한과 같고 대표자의 불법행위에 대하여는 회사와 대표자가 연대하여 손해배상책임을 진다(제614조 제4항, 제209조, 제210조).

(2) 등 기

외국회사가 우리나라에서 영업을 하고자 하는 때에는 우리나라에서 대표자를 정하고 영업소를 설치하여야 한다. 위의 경우에는 외국회사는 그 영업소의 설치에 관하여 우리나라에서 설립되는 동종의 회사 또는 가장 유사한 회사의 지점과 동일한 등기를 하여야 한다(제614조 제2항). 위의 등기에서는 회사설립의 준거법과 우리나라에서의 대표자의 성명과 그 주소를 등기하여야 한다(제614조 제3항). 위의 등기사항이 외국에서 생긴 때에는 등기기간은 그 통지가 도달한 날로부터 기산한다(제615조).

외국회사는 그 영업소의 소재지에서 위의 규정에 의한 등기를 하기 전에는 계속하여 거래를 하지 못한다(제616조 제1항). 위의 규정에 위반하여 거래를 한 자는 그 거래에 대하여 연대하여 책임을 진다(제616조 제2항).

(3) 대차대조표 등의 공고

외국회사로서 상법에 따라 등기를 한 외국회사(대한민국에서의 같은 종류의 회사 또는 가장 비슷한 회사가 주식회사인 것에 한한다)는 상법의 주식회사의 재무제표 등의 승인과 같은 절차 또는 이와 비슷한 절차가 종결된 후 지체없이 대차대조표 또는 이에 상당하는 것으로서 시행령에서 정하는 것을 대한민국에서 공고하여야 한다(제616조의2).

4. 유사외국회사

외국에서 설립된 회사라도 대한민국에 그 본점을 설치하거나 대한민국에서 영입할 것을 주된 목적으로 하는 때에는 대한민국에서 설립된 회사와 같은 규정에 따라야 한다(제617조).

5. 유가증권의 특칙

외국회사가 우리나라에서 주권이나 채권을 발행하는 경우 그 발행에 대하여, 그리고 그 주식의 이전이나 입질 또는 그 사채의 이전에 대하여는 우리 상법이 적용된다(제618조 제1항). 이 경우에는 처음 우리나라에 설치한 영업소를 본점으로 본다(제618조 제2항).

제 8 장
벌 칙

1. 의 의

상법 회사편의 규정은 회사기업의 법률관계를 규율하기 위한 것이다. 대부분은 주주, 회사채권자, 회사의 거래상대방 등 회사기업의 관련 당사자들의 이해관계를 조정하는 사법적 규정들이지만 회사기업의 유지·보호를 위한 공법적 규정도 상당수 포함되어 있다. 회사관련 범죄를 처벌하는 규정을 상법 회사편에 둔 것은 회사의 적법·투명한 경영과 회사재무의 건전성을 침해하는 행위를 일반 범죄행위나 질서위반행위와 구별하여 특별한 제재를 가하기 위한 것이다. 회사편에서 규정하고 있는 벌칙조항은 징역·벌금 등 형사벌과 과태료의 질서벌이 있는데 형벌은 「형사소송법」의 절차에 따라 부과되고 과태료는 「비송사건절차법」의 적용을 받는다.

2. 형사처벌 규정

(1) 발기인, 이사 기타의 임원 등의 특별배임죄

회사의 발기인, 업무집행사원, 이사, 집행임원, 감사위원회 위원, 감사, 그 직무대행자, 지배인, 부분적 포괄대리권을 가진 상업사용인이 그 업무에 위배한 행위로써 재산상의 이익을 취하거나 제3자로 하여금 이를 취득하게 하여 회사에 손해를 가한 때에는 10년 이하의 징역 또는 3천만원 이하의 벌금에 처한다(제622조 제1항). 형법상의 업무상 배임죄(형법 제356조)와 형량이 같다. 회사의 청산인, 그 직무대행자, 합병 후 신설회사의 설립위원(제175조) 모두 특별배임죄의 행위주체로 규정되어 있다. 사채권자집회의 대표자 또는 그 결의를 집행하는 자가 특별배임죄를 범한 경우는 7년 이하의 징역 또는 2천만원 이하의 벌금에 처한다(제623조). 특별배임죄는 미수도 처벌되며(제624조) 행위자가 법인이라면 해당 조항에서 정해진 벌칙이 그 행위를 한 이사, 집행임원, 감사, 기타 업무를 집행한 사원 또는 지배인에게 적용된다(제637조). 특별배임죄의 주체는 적법한 이사 등의 지위에 있는 자에 한하고 비록 등기되어 있는 이사라도 선임자체가 무효라면 같은 죄의 주체가 될 수 없다(대판 1986. 9. 9, 85도218). 제622조의 특별배임행위는 사무의 내용, 성질 등 구체적 상황에 비추어 법률의 규정, 계약의 내용 혹은 신의칙상 당연히 할 것으로 기대되는 행위를 하지 않거나 당연히 하지 않아야 할 것으로 기대되는 행위를 함으로써 본인과 사이의 신임관계를 저버리는 행위를 말한다(대판 1998. 2. 10, 96도2287).

(2) 주요 주주 등 이해관계자와의 거래위반의 죄

주요주주 등 이해관계자와의 거래금지(제542조의9)에 위반하여 신용공여를 한 자는 5년 이하의 징역 또는 2억원 이하의 벌금에 처한다(제624조의2).

(3) 회사재산을 위태롭게 하는 죄

회사의 발기인, 업무집행사원, 이사, 집행임원, 감사위원회 위원, 감사, 그 직무대행자, 지배인, 부분적 포괄대리권을 가진 상업사용인, 검사인, 공증인, 감정인이 ① 주식 또는 출자의 인수나 납입, 현물출자의 이행 등에 관하여 법원, 총회 또는 발기인에게 부실한 보고를 하거나 사실을 은폐한 때, ② 누구의 명의로 하거나를 불문하고 회사의 계산으로 부정하게 그 주식 또는 지분을 취득하거나 질권의 목적으로 이를 받은 때, ③ 법령 또는 정관에 위반하여 이익배당을 한 때, ④ 회사의 영업범위 외에서 투기행위를 하기 위하여 회사재산을 처분한 때에는 5년 이하의 징역 또는 1천500만원 이하의 벌금에 처한다(제625조).

상법상 허용되지 않는 자기주식취득의 경우라도 자기주식취득의 위법상태가 '바로' 해소되는 것을 예정하고 취득한 때와 같이 회사재산에 대한 추상적 위험이 없다고 생각되는 경우 형법상으로는 '실질적' 위법성이 없으므로 '부정하게' 주식을 취득한 경우에 해당하지 않아 자기주식취득금지위반죄로 처벌할 수 없다(대판 1993. 2. 23, 92도616).

(4) 주식의 취득제한 등에 위반한 죄

자회사에 의한 모회사주식 취득제한(제342조의2 제1항·제2항)에 위반한 자는

2천만원 이하의 벌금에 처한다(제625조의2).

(5) 부실보고죄 · 부실문서행사죄

법에서 정한 행위주체에 해당하는 자가 조직변경의 경우에 부실보고 · 사실은폐를 한 경우(제626조)와 주식 또는 사채를 모집 또는 매출함에 있어서 부실기재가 있는 문서를 행사한 경우에는 5년 이하의 징역 또는 1천500만원 이하의 벌금에 처한다(제627조).

(6) 납입가장죄 등

회사의 이사 등이 납입 또는 현물출자의 이행을 가장하는 행위를 한 때 그 행위자와 그러한 자의 행위에 응하거나 이를 중개한 자에게는 5년 이하의 징역 또는 1천500만원 이하의 벌금에 처한다(제628조). 납입가장죄는 회사의 자본충실을 해치는 행위를 단속하기 위한 것이다. 주식회사의 설립을 위하여 은행에 납입하였던 인수가액을 그 설립등기 후 바로 인출하였다 하더라도 그 인출금을 주식납입금에 해당하는 자산을 취득하는 대금으로 사용하였다면 납입가장죄가 성립하지 않는다는 대법원 판결이 있다(대판 2001. 8. 21, 2000도5418).

(7) 초과발행의 죄

법에서 정한 행위주체에 해당하는 자가 회사의 발행예정주식총수를 초과하여 주식을 발행한 때에는 5년 이하의 징역 또는 1천500만원 이하의 벌금에 처한다(제629조).

(8) 독직죄

법에서 정한 행위주체에 해당하는 자가 그 직무에 관하여 부정한 청탁을 받고 재산상의 이익을 수수, 요구 또는 약속한 때에는 5년 이하의 징역 또는 1천500만원 이하의 징역에 처한다. 이러한 자의 상대방으로서 그러한 이익을 약속, 공여 또는 공여의 의사를 표시한 자도 같은 처벌을 받는다(제630조).

(9) 권리행사방해 등에 관한 이익수수죄

① 주주총회 등에서의 발언 또는 의결권의 행사, ② 회사법상의 소의 제기, 소수주주권 등의 권리행사, ③ 이사의 위법행위유지청구권(제402조) 또는 신주

발행유지청구권(제424조)의 행사에 관하여 부정한 청탁을 받고 재산상의 이익을 수수, 요구 또는 약속한 자는 1년 이하의 징역 또는 300만원 이하의 벌금에 처한다. 이러한 자의 상대방으로서 이익을 약속, 공여 또는 공여의 의사를 표시한 자도 같은 처벌을 받는다(제631조).

(10) 납입책임면탈죄

납입의 책임을 면하기 위하여 타인 또는 가설인의 명의로 주식 또는 출자를 인수한 자는 1년 이하의 징역 또는 300만원 이하의 벌금에 처한다(제534조).

(11) 주주의 권리행사에 관한 이익공여죄

법에서 정한 행위주체에 해당하는 자가 주주의 권리행사와 관련하여 회사의 계산으로 재산상의 이익을 공여한 경우와 그러한 이익을 수수하거나 제3자에게 이를 공여하게 한 자는 1년 이하의 징역 또는 300만원 이하의 벌금에 처한다(제634조의2).

3. 과 태 료

법에서 정한 행위주체에 해당하는 자가 상법 회사편에서 정한 ① 등기를 해태한 때, ② 공고 또는 통지를 해태하거나 부정한 공고 또는 통지를 한 때, ③ 검사 또는 조사를 방해한 때 등 제635조에 열거된 의무불이행 행위 등에 해당하면 500만원 이하의 과태료를 부과받을 수 있다. 그 행위에 대하여 형벌이 부과될 때는 과태료는 면하게 된다(제635조). 과태료는 등기를 게을리한 경우를 제외하고는 법무부 장관이 부과·징수한다. 그 처분을 받은 자는 60일 이내에 이의를 제기할 수 있고 이의를 제기받은 법무부 장관은 관할법원에 그 사실을 통보하고 법원에서 「비송사건절차법」에 따른 과태료재판을 한다(제637조의2).

사 례 14

甲주식회사(이하 '甲회사'라고 함)는 건설업을 정관상의 목적으로 하여 2010. 1.경 설립된 비상장회사이며 B를 대표이사, C와 D를 이사로 등기하고 있었다.

주주 A는 甲회사가 발행한 전체 주식의 35%를 보유하고 있는데 평소 甲회사에 절대적인 영향력을 행사하며 B에게 업무집행을 지시하는 방법으로 甲회사를 운영하여 왔다. A는 이러한 운영방식에 불편을 느껴 대표이사직에 취임하기로 결심하고, 자신을 대표이사로 선출하여 등기할 것을 B에게 지시하였다. 이에 따라 B는 다른 모든 주주들에게 소집통지를 하지 않고 A만 참석한 주주총회에서 A를 이사로 선임한다는 결의를 거친 후 그러한 내용의 임시주주총회 의사록을 작성하였다. 그후 B는 이사회를 개최함이 없이 A를 대표이사로 선출한다는 취지의 이사회 의사록을 작성하였고, 甲회사의 대표이사를 B에서 A로 변경하는 상업등기를 2010. 9. 1. 경료하였다.

그 후부터 A는 대내외적으로 대표이사 사장이라는 직함을 사용하면서 업무를 하였는데, 甲회사의 다른 이사들은 이를 알고도 아무런 이의를 제기하지 않았으며, A는 甲회사의 법인인감을 보관하면서 사용하였다. A는 자신을 대표이사로 믿고 거래해 온 乙주식회사(이하 '乙회사'라고 함)와 건설자재의 공급에 관한 계약을 2011. 1. 31. 체결하면서(이하 '납품계약'이라고 함) 그 계약서 서명란에 대표이사 직함과 자신의 성명을 기재하고 날인하였다. 납품계약의 주된 내용은 甲회사가 乙회사로부터 건설자재를 2011. 10. 31.까지 납품받으면서 3억 원의 대금을 지급하기로 하되, 계약체결일로부터 1개월 이내에 선급금(先給金)으로 1억 원을 지급하고 건설자재 인도 후 잔금(殘金) 2억 원을 지급하기로 하는 것이었다.

위 납품계약을 체결한 직후 B는 A로의 대표이사 변경 등기를 문제 삼는 다른 주주들의 항의를 받았다. 이에 B가 A를 제외하고 C와 D에게만 이사회 소집통지를 하여 개최된 이사회에서 C를 대표이사로 선출하기로 의결한 후 2011. 2. 말경 C를 대표이사로 등기하였다.

한편 乙회사는 납품계약에 따라 甲회사에 납품할 건설자재를 丙주식회사(이하 '丙회사'라고 함)로부터 구매하고 대금을 지급한 후, 2011. 3. 초순경 납품계약에 따른 선급금 1억 원의 지급을 甲회사에 요청하였다. 그런데 甲회사가 기대했던 공사의 수주가 무산되어 납품계약에 따라 공급받기로 했던 건설자재가 필요 없게 되었고, 이에 C는 위 납품계약의 효력을 인정할 수 없다는 내용의 회신을 하였다.

1. 甲회사의 대표이사로 등기된 A가 적법한 이사로서의 지위를 갖는지 여부를 검토하고, 그에 따라 C를 대표이사로 선임한 甲회사의 이사회 결의가 유효한지 논하시오. (30점)
2. 乙회사가 甲회사에 납품계약이 유효하다고 주장하며 계약 이행을 청구할 수 있는 상법상 근거를 설명하시오. (50점)
3. 乙회사는 甲회사의 납품계약상의 책임이 성립하지 않을 경우를 대비하여, 丙회사로부터 구매한 건설자재의 대금 상당액을 A에게 손해배상청구하고자 한다. 이 경우 A의 법적 책임을 검토하시오. (20점)

[2012. 1. 제1회 변호사시험]

〈샘플 답안〉

Ⅰ. 문제의 제기

1. A가 이사로서의 지위를 갖는지와 관련하여 주주총회 결의의 하자가 문제되고, A가 이사인지의 여부에 따라 A에게 소집통지를 하지 않은 이사회 결의의 유효성이 문제된다.

2. 乙회사가 甲회사에 대하여 계약이행을 청구할 수 있는 근거로 A가 대내외적으로 대표이사의 직함으로 업무를 한 점과 관련하여 표현대표이사가 성립할 수 있는지 여부와, A가 甲회사의 대표이사로 등기되어 있는 점과 관련하여 부실등기의 책임이 문제된다.

3. 乙회사가 甲회사가 아닌 A 개인에 대하여 손해배상을 청구할 때 법적근거로서 업무집행지시자로서의 책임을 지는지 문제된다.

Ⅱ. 주주총회 결의의 하자 및 이사회 결의의 유효성(문1)

1. 문제점

사안에서 발행주식 총수의 35%를 보유한 주주 A만 참석시키고, 다른 모든 주주들에게는 소집통지를 하지 않은 하자가 주주총회 결의의 하자 중 어떠한 소의 원인이 되는지 문제되고, 이를 토대로 A가 이사의 지위를 가지는지 여부에 따라 A를 배제하고 소집한 이사회 결의의 유효성이 문제된다.

2. 주주총회 결의의 하자

(1) 결의 취소의 소와 부존재 확인의 소

주주총회 결의의 하자에 대하여 다투는 방법으로는 결의취소의 소, 부존재확인의 소, 무효확인의 소가 있다. 이 중 발행주식총수의 65%를 차지하는 주주들에게 소집통지를 하지 않은 하자는 절차에 관한 하자로서 결의 취소의 소(상법(이하 법명생략) 제376조 제1항) 또는 부존재 확인의 소(제380조)의 대상이 될 수 있고, 이 중 하자로 인하여 총회 결의가 존재한다고 볼 수 없을 정도의 중대한 하자가 있는 경우에는 부존재 확인의 소의 대상으로 보는 것이 판례의 태도이다.

(2) 판례의 태도

발행주식총수의 65%를 차지하는 주주들에게 소집통지를 하지 않은 것이 절차적 하자가 큰 경우에 해당하는지 여부에 관하여, 판례는 대부분의 주주에게 통지하지 않은 경우에는 부존재확인의 소로 보지만, 일부 주주에게만 통지하지 않는 경우에는 결의 취소의 소로 보는바, 그 기준은 대략 발행주식총수의 50%를 기준으로 보고 있는 것으로 판단된다.

(3) 소 결

사안의 경우 65%의 주주에게 주주총회 소집통지를 결하였으므로 부존재 확인의 소의 대상이 된다 할 것이다.

부존재확인의 소의 원고는 상법상 제소권자에 대하여 별다른 제한이 없으나, 판례는 "정당한 법률상의 이익이 있는 자"에 한하고 있으므로, 사안에서 주주총회의 소집통지를 받지 못한 주주는 원고가 되어 제소기간의 제한없이 회사를 상대로 소를 제기할 수 있다. 부존재확인의 소의 성질에 관하여 확인소송설과 형성소송설의 대립이 있는데, 확인소송으로 보는 것이 다수설과 판례의 태도이므로 반드시 결의부존재확인의 소를 제기하여 판결을 받지 않더라도 결의부존재확인의 소의 원고는 甲회사에 대하여 위 주주총회 결의의 부존재를 주장할 수 있다.

3. 이사회 결의의 유효성

이사회를 개최하기 위해서는 소집권자인 이사가 각 이사 및 감사에 대하여 통지를 발송하여야 한다(제390조 제3항). 사안의 경우 B는 A를 제외하고 나머지 이사인 C, D에게만 이사회 소집통지를 하였는 바, A를 이사로 선임한 주주총회 결의가 부존재하여 결의부존재확인의 소를 제기하여 판결을 받지 않더라도 A는 이사가 아니므로, 적법한 이사인 B, C, D에게는 모두 소집통지를 한 이상 이사회 소집절차는 적법하고, 이사회 의결절차상 별다른 하자가 보이지 않으므로 이사회에서 C를 대표이사로 선임한 행위는 적법하다.

4. 소　결

A를 이사로 선임한 주주총회 결의는 부존재 확인의 소의 대상이 되어, 소에 의하지 않고도 이사가 아님을 주장할 수 있으며, 따라서 이사가 아닌 A를 제외하고 소집된 이사회에 대하여 절차상 하자가 있지 아니하므로 C를 대표이사로 선임한 결의는 유효하다.

Ⅲ. 甲회사에 대하여 청구할 수 있는 방법(문2)

1. 문제점

A는 甲회사의 대표이사가 아님에도 불구하고 대표이사로 등기되어 있는 바, 이를 신뢰하고 甲회사와 거래한 乙회사는 상법 제39조에 따라 부실등기의 책임을 물을 수 있는지 문제된다.

또한 A는 대내외적으로 대표이사의 직함으로 업무를 하였으므로 표현대표이사의 요건을 갖추었는지 문제된다.

2. 부실등기의 책임

(1) 부실등기의 내용 및 요건

고의 또는 과실로 인하여 사실과 상위한 사항을 등기한 자는 그 상위를 선의의 제3자에게 대항하지 못한다(제39조).

부실등기의 책임을 회사에 대해 묻기 위해서는 ① 사실과 상위한 사항이 등기되었어야 하고, ② 부실등기에 대하여 회사의 귀책사유, 즉 고의 또는 과실이 있어야 하며, ③ 회사와 거래한 제3자는 이러한 등기를 신뢰한 선의이어야 한다.

(2) 소 결

사안에서 ① 甲회사의 대표이사인 B가 A를 대표이사로 변경하는 등기를 하였고, ② 대표이사 B가 대표이사 변경등기를 하였는바, 비록 등기신청권자는 회사이지만, 회사는 대표자를 통하여 등기를 신청하므로 대표이사가 등기를 하는데 관여하였다면 회사 자체의 귀책사유로 볼 수 있다 할 것이므로, 대표이사 B의 고의에 의한 변경등기행위는 甲회사의 귀책사유로 볼 수 있다. ③ 乙회사는 이러한 등기에 대하여 신뢰하여 甲회사와 거래하였으므로 선의이므로, 부실등기의 요건을 충족한다.

따라서 甲회사는 乙회사에 대하여 그 등기가 사실과 다름을 이유로 대항하지 못하므로, 乙회사는 이를 근거로 계약이행의 책임을 추궁할 수 있다.

3. 표현대표이사의 성립

(1) 표현대표이사의 내용 및 요건

거래의 안전을 보호하기 위하여 회사를 대표한 권한이 있는 것으로 인정될만한 명칭을 사용한 이사의 행위에 대하여는 그 이사가 회사를 대표할 권한이 없는 경우에도 회사는 제3자에 대하여 그 책임을 진다(제395조).

표현대표이사가 성립하기 위해서는 ① 외관이 존재하고, ② 회사의 귀책사유가 있으며, ③ 외관에 대한 제3자의 신뢰가 요구되는 바, ① A는 甲회사의 대표이사 직함을 사용하고, 甲회사 법인인감을 보관하고 사용하였으므로 甲회사를 대표할 권한이 있는 것으로 인정될만한 명칭을 사용한 것으로 볼 수 있고, ② 甲회사는 A로 하여금 법인인감을 사용하게 하였고, A를 대표이사로 등기하였으므로 甲회사에게 귀책사유가 인정되며, ③ 乙회사는 甲회사의 대표이사가 A라는 점에 대해 신뢰한 것으로 보이므로 표현대표이사의 요건을 충족한다 할 것이다.

(2) 효 과

甲회사는 A가 한 행위가 표현대표이사 규정의 요건을 충족하므로, 제395조에 따라 乙회사에 대하여 A의 행위에 대해 책임을 진다. 따라서 乙회사는 甲회사에 대하여 납품계약의 유효성을 주장하며 표현대표이사를 그 근거로 주장할 수 있다.

4. 소 결

A는 대표이사가 아님에도 불구하고 대표이사로 등기되어 있었으므로 甲회사는 A의 행위에 대하여 제39조에 따른 부실등기의 책임을 지고, A가 한 행위는 표현대표이사 규정의 요건 또한 충족하므로 제395조에 따라 표현대표이사의 책임도 부담한다.

따라서 甲회사는 乙회사에 대하여 부실등기의 책임과 표현대표이사의 책임으로 인하여 납품계약의 유효성을 부인하지 못한다.

Ⅳ. 업무집행지시자의 책임(문3)

1. 문제점

乙회사가 甲회사 아닌 A에 대하여 손해배상청구를 하기 위한 근거로서, A는 이사가 아니므로 이사의 책임규정을 바로 적용할 수는 없지만, 업무집행지시자의 책임이 성립할 경우, 이사의 책임규정을 적용하여 이사의 책임을 추궁할 수 있는 바, ① 업무집행지시자에 해당하는지 여부와 ② 만일 그 요건을 충족한다면 A는 어떠한 책임을 지는지 문제된다.

2. 업무집행지시자의 성립

법률상의 이사는 아니지만 회사에 대한 자신의 영향력을 이용하여 이사에게 업무집행을 지시하였거나, 이사의 이름으로 직접 업무를 집행하였거나, 이사가 아니면서 명예회장·회장·사장·부사장·전무·상무·이사 기타 회사의 업무를 집행할 권한이 있는 것으로 인정될 만한 명칭을 사용하여 회사의 업무를 집행한 자는 그 지시하거나 집행한 업무에 관하여 이사로서의 책임을 진다(제401조의2 제1항).

사안의 경우 A는 대표이사가 아니면서 대표이사라는 회사의 업무를 집행할 권한이 있는 것으로 인정될만한 명칭을 사용하여 회사의 업무를 집행하였으므로 업무집행지시자에 해당한다(제401조의2 제1항 제3호).

3. 업무집행지시자의 책임

업무집행지시자는 그 지시하거나 집행한 업무에 관하여 제399조, 제401조, 제403조의 적용에 있어서 이를 이사로 본다(제401조의2 제1항 본문). 따라서 회사 및 제3자는 업무집행지시자에 대하여 임무해태로 인한 손해배상책임을 추궁할 수 있고, 회사가 업무집행지시자에 대하여 책임추궁을 게을리 하면 주주는 대표소송을 통해 이를 추궁할 수 있다. 업무집행지시자가 회사 및 제3자에 대하여 손해배상책임을 지는 경우 이들의 행위에 협조한 이사 또는 다른 업무집행지시자도 연대하여 그 책임을 진다(제401조의2 제2항).

따라서 제3자인 乙회사가 A에게 손해배상책임을 묻기 위해서는 A가 고의 또는 중대한 과실로 임무를 게을리한 경우여야 하는바, A에게 이러한 고의가 있음은 인정된다 할 것이므로 乙회사는 A에 대하여 손해배상책임을 추궁할 수도 있다(제401조, 제401조의2 제1항). 또한 乙회사는 A에 대하여 민법상 불법행위책임(민법 제750조)과 무권대리책임(민법 제135조, 제59조 제2항)도 물을 수 있다 할 것이다.

Ⅴ. 사안의 해결

1. A를 이사로 선임한 주주총회 결의는 부존재 확인의 소의 대상이 되어, 소에 의하지 않고도 A는 이사가 아니므로, A를 제외하고 소집된 이사회에서 C를 대표이사로 선임한 결의는 유효하다.

2. 甲회사는 乙회사에 대하여 부실등기의 책임(제39조)와 표현대표이사(제395조)의 책임을 부담하므로, 乙회사는 이를 근거로 甲회사에게 납품계약의 이행을 청구할 수 있다.

3. A는 업무집행지시자로서 乙회사에 대하여 손해를 배상할 책임이 있고(제401조, 제401조의2 제1항), 민법상 불법행위책임(민법 제750조)과 무권대리책임(민법 제135조, 제59조 제2항)도 부담한다.

판례색인

【대 법 원】

【하 급 심】

사항색인

[저자 약력]

서울대학교 법과대학 졸업
캘리포니아대학교 로스쿨 LL.M.
툴레인대학교 로스쿨 S.J.D.
하버드 로스쿨 연구교수(Yenching Scholar)
워싱턴대학교 로스쿨 강의교수
사법시험 · 행정고시 · 입법고시 위원
법무부 법무자문위원회 상법개정특별위원회 위원
공정거래위원회 비상임위원
현재 이화여자대학교 법학전문대학원 교수

〈주요 저서〉

미국계약법(법문사, 1996)
주석 상법[총칙 · 상행위](공저, 한국사법행정학회, 2013)
주석 상법[회사](공저, 한국사법행정학회, 2003)
미국유통증권법(세창출판사, 2007)
회사법개론(법문사, 2007)
어음 · 수표법 제3판(법문사, 2009)
유가증권법 - 판례와 사례- 제2판(법문사, 2013)
경제법 제2판(신조사, 2014)

會社法 [第3版]

2011년 2월 25일 초 판 발행
2012년 8월 10일 제2판 발행
2014년 8월 20일 제3판 1쇄 발행

저 자 梁 明 朝
발행인 裵 孝 善
발 행 처 도서출판 法 文 社

주 소 413-120 경기도 파주시 회동길 37-29
등 록 1957년 12월 12일 제2-76호 (倫)
전 화 031-955-6500~6, 팩 스 031-955-6525
e-mail(영업) : bms@bobmunsa.co.kr
(편집) : edit66@bobmunsa.co.kr
홈페이지 http://www.bobmunsa.co.kr

조 판 광 암 문 화 사

정가 38,000원 ISBN 978-89-18-08448-0